Research Report on Disciplinary Development of Sport Science

体育科学学科发展研究报告（2016—2019）

上册

中国体育科学学会　编

人民体育出版社

目录 CONTENTS

体育社会科学学科发展研究报告 …………………… 001

运动训练学学科发展研究报告 ……………………… 089

运动生物力学学科发展研究报告 …………………… 141

运动心理学学科发展研究报告 ……………………… 173

体质与健康学科发展研究报告 ……………………… 237

体育信息学学科发展研究报告 ……………………… 287

体育工程学学科发展研究报告 ……………………… 351

体育统计学学科发展研究报告 ……………………… 455

体育社会科学学科发展研究报告

Research Report on Disciplinary Development of Sport Sociology

（2016—2019）

体育社会科学分会
China Sport Science Society for Sport Sociology
2019.10

前 言

在体育与社会生活的不断融合中，体育已演变成为一种独立体系的文化形态，深入社会的每一个领域，深刻影响着人类的社会生活。随着人们对体育运动与社会之间的关系有了新的认识，也促进了体育社会科学学科近几年快速的发展。本报告收集了该学科2016年至2019年5月之间的研究成果，通过归纳与整理，从宏观层面将研究成果大体分为6个领域，其下包括体育发展战略研究、体育社会学研究、奥林匹克运动研究、体育人类学研究、体育法学研究、体育哲学研究（含体育伦理学）、体育美学研究等。

体育社会学研究成果呈现全面性与现代化的特征，呈现方式多元化，研究的主题设置注重对现实体育社会问题深入剖析，增添了"一带一路"体育与电子竞技体育新内容，应用"互联网+"与大数据技术对体育现象进行分析，衍生体医融合的新功能，同时引入治理理念倡导体育改革。而理论性不足、实践基础弱、缺乏问题意识及解释力不足成为体育社会学研究的困境。

奥林匹克运动研究成果表现出可持续发展体系的初步构成，包括北京2022年冬奥会的研究围绕奥运周期建设为中心，奥林匹克文化研究注重传承、倡导革新与融合；奥林匹克教育突出青少年群体研究主体及治理理念引导奥林匹克改革研究。但以上成果却缺乏实证研究，对北京冬奥会成果不足，并且高质量研究体系尚未建成。

体育人类学研究部分的报告主要结合了近4年国家社会科学项目课题立项、教育部人文社会学基金项目与国家体育总局决策咨询项目的立项结果。从中可发现，体育人类学研究范围不断扩大，整体成果效益显著，研究主题突出本土化发展特征，但也面临研究方法深入性不足，选题设置不全面与理论构建性研究不足等困境。

体育法学、体育哲学（含体育伦理学）、体育美学研究的跨学科特点突出，体现学科的交叉与融合。体育法学紧跟国家"依法治国"建设，体育伦理学突显对体育认知与价值研究，体育哲学探讨体育与人之关系的研究，体育美学基于人体价值观构建运动美学。但以上学科同质化研究严重，缺乏对已有研究的总结和讨论，同时研究主题设置无法超过母学科研究范畴，研究方法单一，研究队伍建设不足。

体育社会科学学科各个领域的研究存在诸多问题，而这些问题也成为该学科未来的重点研究方向。体育社会科学学科发展应紧跟新时代社会发展步伐,拓展研究内容的深度、注重多样化研究方法的使用,同时需要壮大学术队伍,加强学科交叉与融合的衔接。

体育社会科学分会
2019 年 10 月

课题组

组　长：杨　桦

副组长：任　海　王家宏　黄亚玲

成　员：（按姓氏笔画排序）

丁　洁　王家宏　任　海　刘志国　李景繁

杨　桦　张　昀　胡博然　黄亚玲　温　融

撰稿人
Writers

(按姓氏笔画排序)
In Surname Strrokes Sequence

丁　洁	北京体育大学
Ding Jie	Beijing Sports University
王家宏	苏州大学体育学院
Wang JiaHong	School of Physical Education, Soochow University
任　海	北京体育大学
Ren Hai	Beijing sports university
刘志国	北京体育大学
Liu ZhiGuo	Beijing Sports University
李景繁	北京体育大学
Li JingFan	Beijing Sports University
杨　桦	北京体育大学
Yang Hua	Beijing Sports University
张　昀	北京体育大学
Zhang Yun	Beijing Sports University
胡博然	北京体育大学
Hu BoRan	Beijing Sports University
黄亚玲	北京体育大学
Huang YaLing	Beijing Sports University
温　融	北京体育大学
Wen Rong	Beijing Sports University

体育社会科学学科发展研究报告
Research Report on Disciplinary Development of Sport Sociology (2016—2019)

Abstract

With the development and progress of society, sports are no longer an independent activity using human body. In the continuous integration with social life, sports have evolved into a kind of cultural form with an independent system, reaching every field of society and affecting the social life of mankind deeply. With the gradual deepening of reform and opening up, the development of Chinese sports has become an indispensable way of life in human life. Especially after the 2008 Beijing Olympic Games, people began to gradually have a new understanding of the relationship between sports and society. This has also guided the emergence of the discipline of sports social science, which has developed rapidly in recent years. The research field involves from the theoretical construction of disciplines to the realistic analysis of sports social phenomena. The report collects the research results of the discipline from 2016 to May 2019. Through induction and collation, the research results are roughly divided into six areas from the macro level, including strategy research on sports development, research on sports sociology, research on Olympic Games, research on sports culture, research on national traditional sports culture, as well as research on sports law, sports ethics, sports philosophy and sports aesthetics. Overall, each of them has achieved fruitful research results.

The research results of strategy of sports development highlight the development tasks of our age, including five major parts: the analysis of sports status in the new era, the research on sports development strategy of "national fitness" and "healthy China", the study on sports policy and reform practice, the analysis of the development strategy of internal subsystems in sports, and the foreign sports development strategy. However, there exist some major problems such as theoretical deficiencies, incomplete contents, confusion of concepts, and the lack of certain development stages.

The research results of sports sociology show the characteristics of comprehensiveness and modernization, and the presentation methods are diversified. The research theme focuses on thein-depth analysis of realistic sports social issues, adding new contents of sports and the Belt and Road initiative as well as e-sports, applying Internet+ and big data technologyto analyze sports phenomena, generating the new function of integration of sports and medicine, while introducing the concept of governance to advocate sports reform. The lack of theories, weak practical foundation, inadequate problem awareness and insufficient explanatory ability have become the dilemma of research on sports sociology.

The research results of the Olympic Games show the initial composition of the sustainable development system, including the study on the Beijing 2022 Winter Olympics which centers on the construction during the Olympic cycle, the study on Olympic culture which focuses on inheritance, and advocates innovation and integration, the study on Olympic education which highlights adolescents, the research subject, and the study on Olympic reform which is led by the concept of governance. However, the above results lack empirical research. And the results on the Beijing Winter Olympics are insufficient, and the high-quality research system has not yet been completed.

The report on sports culture mainly combines the results of the projects funded by national social science fund, the projects funded by the humanities and sociology fund of the Ministry of Education and the decision-making projects funded by the General Administration of Sport of China. According to this, it can be found that the scope of the research on sports culture is expanding and the effects of the overall results are significant. And the research theme highlights the characteristics of local development. However, it also faces some problems such as the insufficiency of research methods, the lack of comprehensive in terms of topic selection and the lack of research about constructing theory.

The study of national traditional sports culture highlights the study on the value and development process of ethnic minority culture, and presents the features such as wide coverage of research contents, significant problem-oriented consciousness of research topics, and interdisciplinary research theory. However, the research results are more casual and less convincing. And the research methods and academic research are insufficient.

The research of sports law, sports ethics, sports philosophy, and sports aesthetics are prominent in interdisciplinary features, reflecting the intersection and integration ofdifferent disciplines. Sports law closely follows the policy of " rule of law" . Sports ethics highlights the study on sports cognition and value while sports philosophy explores the relationship between sports and people. And sports aesthetics builds sports aesthetics based on human values. However, the discipline integration produces some inevitable problems: serious homogenization exists in research, and there is a lack of summary and discussion on existing researches. At the same time, the setting of research themes does not exceed the scope of their own researches. The diversification of research methods and the research team are also insufficient.

There are many problems in the research of various fields in sports social science, and these problems have become the future research direction of the discipline. Building a theoretical research system is the foundation of discipline construction. Keeping up with the pace of social development of the new era, expanding the depth of research contents, and paying attention to the use of diverse research methods are also of great significance. At the same time, it is necessary to expand the academic team and strengthen the connection between discipline intersection and discipline integration.

目 录

引言

一、体育发展战略研究进展

（一）体育发展战略研究体系凸显时代发展任务

1. 确立新时代中国体育地位以构建体育强国目标
2. 以"全民健身"与"健康中国"为体育发展战略引领
3. 体育发展战略的政策宣示与改革实践逐渐趋向一致
4. 治理体育结构扩大战略影响范围
5. 借鉴国外发达国家体育发展战略精神

（二）我国体育发展战略研究中存在的主要问题

1. 理论深度不够
2. 研究内容面窄
3. 概念混淆使用
4. 阶段性成果不足

（三）体育发展战略研究的展望

1. 进一步加强理论研究，构建体育战略的理论体系
2. 不断丰富研究内容，提高体育战略的研究水平

二、体育社会学研究进展

（一）体育社会学研究成果全面性与现实化

1. 研究成果涉及的领域多元化
2. 研究主题突出现实问题的敏锐性

（二）体育社会学研究的特点："五新"

1. 增添新内容：一带一路体育
2. 应用新方法：互联网、大数据技术与体育
3. 衍生新功能：体医融合
4. 型构新业态：电子竞技成为体育社会学关注新热点
5. 催生新理念：体育治理理论

(三) 体育社会学研究存在的问题

1. 理论构建单薄

2. 实践应用欠缺

3. 问题意识薄弱

4. 解释力差强人意

(四) 体育社会学研究趋势与展望

1. 理论体系构建：紧迫性与独特性

2. 研究方法创新：大数据、互联网与合作研究

3. 学术视野开辟：本土化与全球视野

4. 学科内容融通：交叉与融合

5. 社会功能转变：预测性与决策性研究

6. 理论联系实际：精准扶贫与小康社会

三、奥林匹克运动研究进展

(一) 奥林匹克运动可持续发展研究体系初步建成

1. 北京2022年冬奥会研究以奥运周期建设为中心

2. 奥林匹克文化研究注重传承，倡导革新与融合

3. 奥林匹克教育突出青少年群体研究主体

4. 治理理念引导奥林匹克改革研究

(二) 奥林匹克运动研究存在的问题

1. 研究方法以文献与归纳总结为主，缺乏实证研究

2. 北京冬奥会周期内相关研究热度不浓，成果数量相对不足

3. 研究体系尚未完全建立，高质量研究团队数量较少

(三) 奥林匹克运动研究展望

1. 实证研究成果的应用性逐步增强

2. 关注国际主流奥林匹克的研究动向

3. 加强与国际奥林匹克研究学者的合作

4. 更为重视研究方法的作用

四、体育人类学研究进展

(一) 从近4年三大基金项目立项情况看体育人类学研究进展

1. 国家社会科学基金项目选题指南与立项分析

2. 教育部人文社会学基金项目立项分析

3. 国家体育总局决策咨询项目立项分析

(二) 从近4年专著、教材及体育类核心期刊刊文情况看体育人类学研究进展

1. 研究范围不断扩大，整体成果效益显著

2. 研究主题突出本土与发展特征

(三) 近4年我国体育人类学研究存在的问题
  1. 研究方法论意识较为欠缺
  2. 研究方法综合运用开启，深入使用不足
  3. 前瞻性、系统性、跟踪性选题不够
  4. 多数研究的随意性较强，结论难以令人信服
  5. 研究的学理探讨普遍不足

(四) 体育人类学研究趋势与愿景
  1. 考察新时代背景下民族体育文化的传承与发展
  2. 体育文化研究的几个热点仍将持续
  3. 采用多学科理论与方法进行研究
  4. 重视理论应用与理论对话
  5. 研究者研究背景呈现多元化，地域分布以少数民族地区为主

五、体育法学研究进展

(一) 从近4年三大基金项目立项情况看体育法学研究进展
  1. 国家社会科学基金项目选题指南与立项分析
  2. 教育部人文社会学基金项目立项分析
  3. 国家体育总局决策咨询项目立项分析

(二) 从近4年体育类核心期刊刊文情况看体育法学研究进展
  1. 理论梳理数量多、体系全
  2. 实践应用层面突出反思性成果
  3. 比较研究旨在借鉴国外经验

(三) 近4年我国体育法学研究存在的问题
  1. 学科地位有待加强
  2. 研究主题较为松散

(四) 体育法学研究展望
  1. 开展系统而深入的研究
  2. 加大研究人员的培养力度
  3. 加强学科体系的建设

六、体育哲学研究进展

(一) 从近4年三大基金项目立项情况看体育哲学研究进展

(二) 从近4年体育类核心期刊刊文情况看体育哲学研究进展
  1. 以体育哲学思想为主的研究
  2. 从哲学意义探讨体育价值
  3. 以问题为导向，对体育伦理道德问题进行探讨
  4. 突出交叉学科引导体育伦理学问题的解决

(三）近4年我国体育哲学研究存在的问题

1. 体育哲学学科理论建设薄弱
2. 缺乏对全民健身等体育现实问题的把握
3. 缺乏有关体育与人的关系的哲学研究

（四）体育哲学研究展望

1. 以马克思主义哲学世界观与方法论为指导
2. 从体育科学发展实际开拓研究课题
3. 注重中国哲学对体育影响的研究

七、体育美学研究进展

（一）从近4年三大基金项目立项情况看体育美学研究进展

（二）从近4年体育类核心期刊刊文情况看体育美学研究进展

（三）近4年我国体育美学研究存在的问题

1. 研究总体水平不高，同质化严重，缺乏总结和讨论
2. 研究基础薄弱，主题无法超过自身学科研究范畴
3. 学术队伍建设力度不足，后备人才匮乏
4. 研究方法单一陈旧，难以适应学科发展

（四）体育美学研究展望

1. 提高解决体育实践难题研究的能力
2. 注重对既往研究的回顾和总结
3. 跨学科研究人才整合

参考文献

Contents

Preface

1 Research progress in strategies for sports development

  1.1 The research system of sports development strategy highlights the task of the times

    1.1.1 Establishing sports status in China in the New Era to realize the goal of building a sports power

    1.1.2 Taking "National Fitness" and "Healthy China" as the leading strategy of sports development

    1.1.3 Consistent policies and reform practices on sports development strategy

    1.1.4 Governing the structure of the sports system to expand the scope of strategic influence

    1.1.5 Learning from the essence of sports developement strategy of foreign developed countries

  1.2 The main problems in the study of sports strategy

    1.2.1 Deficient theoretical depth

    1.2.2 Narrow research contents

    1.2.3 Mistaken use of concept

    1.2.4 Insufficient research results of different stages

  1.3 Prospect of the research on sports strategy

    1.3.1 Strengthening theoretical research further to build a theoretical system of sports strategy

    1.3.2 Enriching research content constantly to raise the research level of sports strategy

2 Research progress in sports sociology

  2.1 Comprehensive and realistic research results of sports sociology

    2.1.1 Diversified presentation methods of research results

    2.1.2 Highlighted sensitivity to realistic problems in terms of research theme

  2.2 The "five new" characteristics of the research on sports sociology

    2.2.1 New content: One Belt and One Road and sports

    2.2.2 New methods: Internet, big data and sports

    2.2.3 New functions: integration of sports and medicine

    2.2.4 New focuses: e-sports

    2.2.5 New ideas: sports governance

2.3 Problems in the study of sports sociology

    2.3.1 Deficient theoretical construction

    2.3.2 Weak practical application

    2.3.3 Insufficient problem-oriented awareness

    2.3.4 Poor explanatory ability

2.4 Trends and prospects of the development of sports sociology

    2.4.1 Theoretical system construction: urgency and uniqueness

    2.4.2 Research method innovation: big data and internet and cooperated research

    2.4.3 Academic vision expansion: localization and global perspective

    2.4.4 Discipline integration: intersection and integration

    2.4.5 Social Function Transformation: predictive and decision-making research

    2.4.6 Combination of theory and practice: targeted poverty alleviation and a well-off society

3 Research progress in the Olympic Games

3.1 Initially established research system of the Olympic Games sustainable development

    3.1.1 Beijing 2022 Winter Olympics research centers around the construction during the Olympic Cycle

    3.1.2 Olympic culture research focuses on inheritance and advocates innovation as well as integration

    3.1.3 Olympic education highlights the research subject: adolescents

    3.1.4 The concept of governance guides the research on Olympic Reform

3.2 Main problems of the research on Olympic

    3.2.1 The research method is mainly based on the summary of literature, and lacking in empirical research

    3.2.2 Insufficient research results on Beijing 2022 Winter Olympic

    3.2.3 Not fully established research system and a small number of high-quality research teams

3.3 Prospect of research on Olympic

    3.3.1 Gradually enhanced application of empirical research results

    3.3.2 More concern about the international mainstream research trends on Olympic Games

    3.3.3 Strengthened cooperation with international Olympic research scholars

    3.3.4 More attention to the role of research methods

4 Research progress in sports anthropology

4.1 Progress of sports anthrplology research according to the three fund projects

    4.1.1 Analysis of National Social Science Fund Guidance and Projects

    4.1.2 Analysis of the Humanities and Social Science Fund Project of the Ministry of Education

    4.1.3 Analysis of Decision-making Consultation Project of General Administration of Sports

4.2 Progress in sports anthropologyresearch according to monographs, textbooks and articles in core journals in the past four years

4.2.1 Constantly expanding research scope, and significant overall results

4.2.2 Highlighted locality and developmental characteristics in terms of research topics

4.3 Problems in the study of sports anthropologyin the past 4 years

4.3.1 Lack of awareness of research methodology

4.3.2 Comprehensive use of research methods without in-depth use

4.3.3 Insufficient forward-looking, systematic, and follow-up topics

4.3.4 Most of the studies are quite random and the conclusions are not convincing

4.3.5 The theoretical discussion of the research is generally insufficient

4.4 Trends and visions of the development of future sports anthropology research

4.4.1 To investigate the inheritance and development of national sports culture in the new era

4.4.2 Consistent research on several hot spots in sports anthropology

4.4.3 Using Multi-disciplinary theory and method to carry out the research

4.4.4 Attach importance to theoretical application and theoretical dialogue

4.4.5 Diversified research background of the researchers and more minority area research in geographical distribution

5 Research progress in sports law

5.1 Progress in sports law research according to the three fund projects

5.1.1 Analysis of National Social Science Fund Guidance and Projects

5.1.2 Analysis of the Humanities and Social Science Fund Project of the Ministry of Education

5.1.3 Analysis of Decision-making Consultation Project of General Administration of Sports

5.2 Progress in sports law research according to monographs, textbooks and articles in core journals in the past four years

5.2.1 Many theoretical contents and comprehensive theoretical system

5.2.2 Highlighted reflective results on the practical level

5.2.3 Comparative research to draw on foreign experience

5.3 Problems of researches on sports law in the past four years

5.3.1 Relatively low subject status

5.3.2 Loose research topics

5.4 Prospects of the research on sports law

5.4.1 Undertaking systematic and profound researches

5.4.2 Promoting the cultivation of researchers

5.4.3 Emphasizing the construction of subject system

6 Research progress in sports philosophy

6.1 Progress in sports philosophy research according to the three fund projects in the past four years

6.2 Progress in sports philosophy research according to monographs, textbooks and articles in core journals in the past four years

    6.2.1 Mainly focusing on sports philosophy ideologies

    6.2.2 Exploring sports value based on philosophical meaning

    6.2.3 Problem-oriented researches on sports ethics

    6.2.4 Leading the settlement of problems on sports ethics through cross-discipline method

6.3 Problems of researches on sports philosophy in the past four years

    6.3.1 Weak theoretical foundation

    6.3.2 Lacking in the analysis of practical problems such as National Fitness

    6.3.3 Lacking in philosophical research on the relationship between sports and humans

6.4 Prospects of the future research on sports philosophy

    6.4.1 Guided by the Marxist philosophical outlook and methodology

    6.4.2 Developing research topics according to the practical situation of sports science development

    6.4.3 Focusing on the research on the influence exerted by Chinese philosophy on sports

7 Research progress in sports aesthetics

7.1 Progress in sports aesthetics research according to the three fund projects in the past four years

7.2 Progress in sports aesthetics research according to monographs, textbooks and articles in core journals in the past four years

7.3 Main problems in the studies on subjects such as sports aesthetics

    7.3.1 Low overall level of research, serious homogenization and lacking in summary and discussion of existing research

    7.3.2 Weak research foundation and theme setting cannot exceed the scope of its own research

    7.3.3 Insufficient academic team construction, and lacking in reserve talents

    7.3.4 Lacking in diverse research methods leads to difficulties in adapting to discipline development

7.4 Prospects of research on subjects such as sports aesthetics

    7.4.1 Raising the ability in solving difficult problems in sports practice

    7.4.2 Focusing on review and summary of previous researches

    7.4.3 Integration of cross-disciplinary talents

References

引言

2014年，国务院发布了《关于加快发展体育产业促进体育消费的若干意见》（以下简称国务院46号文），提出将全民健身上升为国家战略，推动全民健身和全民健康深度融合，赋予了中国体育发展新使命；2017年，习近平在中国共产党第十九次全国代表大会上提出实施健康中国战略。在国家双重战略的指导下，中国体育事业倡导"以人为本"的价值观，关注体育与社会生活的融合，表明中国体育社会科学学科发展进入新时代，也必然要和我国社会所处的时代背景相契合，引导学者从更新的文化角度去认知、理解体育与社会现象，关注人与体育、人与社会的关系，推动体育社会科学学科的发展。

本报告收集了2016—2019年体育社会科学学科的研究成果，经过归纳与整理，可以发现该阶段的该学科发展呈现以下特征：

①学科研究成果显著。近4年随着社会对体育价值的了解逐渐深入，中国体育地位逐步提升，体育与人类社会生活融合更加紧密，也促使中国体育社会科学学科的研究领域不断拓展，研究成果显著，研究领域涉及群众体育、体育经济、体育史、体育管理、体育文化、奥林匹克运动及体育社会问题等多个领域。

②学科发展紧跟社会发展新动向。新时代，我国社会主要矛盾已经转化为人民日益增长的美好生活需要和不平衡不充分的发展之间的矛盾，为此学科发展更注重对群众生活与社会问题进行深入思考，以体育改革为中心，突出对群众体育服务供给、体育社会组织、体育场馆、全民健身活动和竞赛创新发展、区域体育发展创新、冬季运动等领域的研究，同时结合新兴互联网技术将体育与大数据、互联网及电子竞技联系起来，引导民众形成一种健康且时尚的体育生活方式。

③学科体系建设基本完成。中国体育社会科学学科起步较晚，但是在改革开放之后发展速度显著加快，体育社会科学的学科特点、属性、对象、领域、发展历程、主要内容及与其他学科的关系等内容构成的学科框架基本形成，同时随着学科地位的不断提升，众多学者加入学科建设当中，包括卢元镇、吕树庭等学科带头人和新生代的博士、硕士及本科学生。

④跨学科的交叉与融合效果显著。体育本是一个包罗万象的社会缩影，集中反映了社会与人对体育的各种需要，从体育角度对各种社会问题进行解释时，不同学科融合将提供不同的见解，通过与经济学、法学、美学、哲学、管理学、哲学等学科的交叉与融合，丰富学科研究内容和方法，提供相关的理论依据，促进了学科体系建设。

体育社会科学学科在新时代社会发展背景下，从研究成果与特征来看，已经取得了显著的进步，并且在体育科学体系中的重要性得到显著提高，但不免存在诸多困境，包括学科带领人断层、交叉学科的深入融合不足、应用性研究成果缺乏等,这也成为该学科建设努力的方向,需要不断壮大与培养新生代学科带领人,提高该学科地位,并且明确把握学科发展新动向,构建多元化、立体化的交叉学科体系。

一、体育发展战略研究进展

体育战略是全面规划和指导体育事业发展的纲领,具有方向性、长期性、全局性和层次性等特点[1]。对体育战略进行研究,不仅是制定、实施和评估战略的基础,也可为今后我国体育战略的研究与制定提供借鉴。随着全民健身、健康中国上升为国家战略,学界对体育战略的相关研究也日益增多。本文以"体育战略"为主题、关键词在"中国知网"检索 2016 年 1 月至 2019 年 5 月的文献,并进行分类整理,从而发现在此期间我国相关研究存在的问题,并进行展望。

(一)体育发展战略研究体系凸显时代发展任务

以战略的内涵来看,体育发展战略属于全面的执行性政策,对体育事业的发展具有指导性和纲领性的意义;从体育发展战略自身来看,其制定与实施需要同国家发展战略一脉相承。为此,在新时代中国社会主要矛盾已经转化为人民日益增长的美好生活需要和不平衡不充分的发展之间的矛盾的背景下,中国体育发展战略也需要突显时代发展任务,结合中国体育发展特点,以解决新时代中国社会主要矛盾为主要目标。

1. 确立新时代中国体育地位以构建体育强国目标

新时代中国以构建体育强国为发展目标,全面发展体育各个领域,以促进中国体育的全面发展。通过对近 4 年的文献搜索、整理与分析,我国学者以新时代社会发展任务为视角,剖析中国体育的国家地位,描述出对我国体育发展的总体方向。

体育改革是转变体育现状的突破口,体育改革与战略研究表现出名家多、成果多、范围广等特点,2016—2019 年发表核心期刊文章 95 篇。杨桦、任海(2017、2018、2019)提出,以体育体制改革作为深化体育改革的攻坚点,并对新一轮改革瞄准体育管理体制,在政府职能转变、单项协会实体化、全运会改革、训练竞赛体制改革、国家队管理等方面所进行的改革举措进行了分析论证,提出了在体育管理体制改革中需要认真思考并解决好"凝聚共识、形成合力,先立后破、不立不破,整体设计、统筹谋划,积极稳妥、渐进深化"几个问题,才能攻破堡垒,将改革纵深推进[2]。同时认为,改革开放以来,我国体育文化呈现出多元化发展的鲜明趋势,赶超体育文化、商业体育文化和惠民体育文化 3 种主要形态均从不同的角度为体育发展和社会进步做出贡献。随着社会转型发展进程的加快,既有体育文化内在的不足与局限也逐渐显露,难以为体育的进一步发展提供支撑。为了遏制体力活动不足导致的慢病流行,并满足人民群众美好生活的需要,体育全面融入人们的生活势在必行,这需要在既有体育文化的基础上,紧扣新的社会需求,围绕生活进程,建构生活体育文化。季浏对学校体育的发展、杨文轩对体育课程、毛振明对学校体育目标、卢元镇针对全民健身、王家宏等人对改革中政府与市场的关系、于善旭对法制体系建设、白晋湘对民族传统体育、任海对体力活动和身体素养方面、吕树庭对竞技体育等方面的体育改革都进行了深入的研究，鲍明晓还对改革开放前35年的体育改革进行了归纳。

以整体体育发展事业地位为研究对象，鲍明晓（2016）对"十二五"期间我国体育工作进行了总结，指出"十二五"期间，我国在深化体育改革、推动群众体育和竞技体育发展、促进体育产业创新发展等方面取得了重大成就，但依然存在体育与经济社会的发展不协调、竞技体育与群众体育联动不足和体育组织建设落后等问题。并以此为基础，深入剖析"十三五"时期我国体育的发展环境，认为"十三五"期间将是挑战与机遇并存的时期，国内外发展环境将会为体育的进一步发展提供有利条件。体育在推进国家治理体系和治理能力现代化、推动经济结构的转型与升级、促进社会建设、展现国家文化软实力等5个方面发挥重要作用。为此，鲍明晓提出"实施以国民为中心，以社会为本位，以开放、透明、分享、协作为新要求的发展战略"[3]，以改革体育管理体制和运行机制、完善全民健身公共服务体系、发展体育产业等为目标，完成改善治理体系和治理能力、推动群众体育和竞技体育全面协调发展、加快发展体育产业和促进体育文化发展等任务。彭国强、舒盛芳（2016）从历史角度出发，认为中国的体育战略服务于不同时期的国家利益需求，与相应阶段的国家发展战略相适应。展望新时期，体育战略不仅需要迎合"健康中国"的国家战略和全面建成小康社会的奋斗目标，也需要面临新的挑战。两位学者在同年的研究中剖析了我国体育发展的历史走向，认为要切实发挥体育战略的重要作用，必须使其满足国家战略需要和利益诉求，在青少年体育、公共体育服务和体育文化等领域重点发挥作用[4]。刘青、王洪坤等（2018）立足社会责任视角，以体育强国建设目标为引领，认为随着时代的不断发展，体育强国目标要求体育应当承担更多的责任：以推动人民健康为基本目标，以实现小康社会建设和中华民族的伟大复兴为深层目标，为此，研究提出应"以人民为中心"，借助科学发展，推进体育领域改革，并最终以体育的方式助力中国走向国际舞台中央[5]。黄莉（2018）结合宏观战略目标、途径与手段，提出对体育强国战略进行顶层设计[6]。

同时，也有部分学者以体育内部各领域的地位为研究对象进行相关研究，如黄海燕（2018）从国民经济角度出发，确定了体育产业在国民经济中的地位与作用，认为体育产业不仅是"幸福产业""绿色产业""朝阳产业"和"高度融合"的产业，而且在转变我国经济发展模式、调整产业结构、扩大内需等方面发挥重要作用[7]。赵勇（2018）提出，新时代中国体育产业的发展要求我国体育主管部门应以习近平新时代中国特色社会主义思想为引领，统一认识、凝聚共识、汇集力量，推进体育产业高质量发展[8]。

在学校体育领域，龙佳怀、刘玉（2018）通过文献资料与逻辑分析法等研究方法，根据中国体育发展新趋势，确立了学校体育新定位，认为目前学校体育存在诸多问题，包括学校体育战略地位重视不够、政策执行力不足；学校"重智轻体"现象严重；多数学校领导对体育工作重视程度不够；体育课堂教学简单化、应试化，教学随意性大、不够科学[9]。为此，董翠香等（2018）结合党的十九大报告精神，在阐释习近平总书记关于体育工作的重要论述的基础上，基于当前我国学校体育发展实际，对新时代中国学校体育落实总书记有关重要论述的发展战略进行理论思考，提出的建议包括坚持"健康第一"的指导思想；重视学校体育发展，构建"校内外"体育多元一体联动机制；进一步全面深化学校体育改革，确立学校体育发展的"六步"方略，共谋一代新人培养大计[10]。

在竞技体育领域，杨国庆、彭国强（2018）结合新时代的发展背景，对我国竞技体育的新任务和存在的问题进行梳理，论述了竞技体育的发展目标、发展任务和践行路径，为我国竞技体育改革发展的顶层设计提供思路。该研究认为，新时代我国竞技体育不仅需要拓宽功能和价值、完善自身发展战略，同时应当与群众体育加速融合发展，并健全自身治理体系[11]。钟秉枢（2018）基于体育强国建设目标，认为新时代我国竞技体育面临着新的历史使命，应当赋予竞技体育之举国体制新的内涵，形成社会主义市场经济条件下集中力量办大事的新机制[12]，应构建新时代竞技体育举国体制的新机制[13]。鲍明晓（2018）认为，应打造基础扎实、发展均衡、核心表现突出的竞技体育新体系[14]。

2. 以"全民健身"与"健康中国"为体育发展战略引领

体育的本质在于人身体的健康发展，着眼于人的全面发展，而后才是社会功能与附加功能。从全民健身国家战略到健康中国国家战略，无疑体现出"以人为本"的体育发展理念，突出了体育的本质，更明确了中国体育发展的战略思想。

全民健身旨在全面提高国民体质和健康水平，成为目前中国构建体育强国的基础，为此，胡鞍钢、方旭东（2016）通过厘清"全民健身"与"健康中国"两大国家战略的内涵与发展思路，认为二者应为2020年全面建成小康社会和2030年建成富强、民主、文明、和谐的社会主义现代化国家提供重要保障。全民健身不仅与富民强国息息相关，对于体育强国的建设也至关重要。从全民健身的内涵来看，它不仅是全面建成小康社会的重要保障是健康中国建设的重要内容[15]，也对我国经济结构的调整与转型起到了重要作用。对此，董传升、汪毅等（2018）以大体育为研究视角，指出必须明确全面健身国家健康战略定位，将体育上升到国家健康安全战略高度，充分发挥体育在健康治理领域的基础性战略作用[16]。基于此，鲍明晓（2016）认为，应从国家战略的高度推动群众体育全面快速发展[17]。

以学校体育改革为研究视角，胡鞍钢、方旭东（2016）以全民健身国家战略为背景，认为全民健身战略的实施与学校体育有密切关系。要加强学校体育，需要将提高青少年的体育素养和养成健康行为方式作为学校体育的重要内容，保证学生在校的体育场地和锻炼时间[18]。同时，李彦龙、常凤、曾吉（2017）运用案例分析法，依据

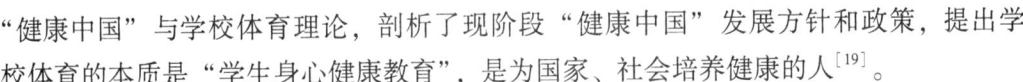

"健康中国"与学校体育理论,剖析了现阶段"健康中国"发展方针和政策,提出学校体育的本质是"学生身心健康教育",是为国家、社会培养健康的人[19]。

3. 体育发展战略的政策宣示与改革实践逐渐趋向一致

随着深化改革与"依法治国"建设的深入推进,中国体育事业也紧跟改革步伐,自国务院46号文的颁发,中国体育开始全面推进改革,从顶层设计、推进实施至效果评价层层推进,也引领学者们对中国体育改革进行不同层面的研究。

钟秉枢等(2018)以问题为导向,结合新时代我国体育改革环境的背景,剖析了体育强国建设过程中所面临的一系列问题,包括在竞技体育、全民健身国家战略、青少年体育、体育产业等领域存在的诸多问题,提出应当确立体育强国建设的奋斗目标和战略地位,即将体育事业的发展融入我国发展的整体战略布局中,"以体育强国助力中华民族伟大复兴的中国梦"[20]。易剑东(2019)结合国际奥委会近年来的改革理念和措施,提出了当前我国体育改革的战略构想。该研究从国际奥委会改革的进程、特征入手,结合目前桎梏我国体育发展的主要矛盾和问题,包括体育体制改革程度不够、社会化水平不高、竞技体育结构布局不合理、体育产业总体规模有限和体育文化功能发挥不足等,提出思想和理论创新、体制和机制创新、开展的体育活动和项目创新3条建议[21]。刘盼盼(2018)基于建设体育强国与健康中国的背景,从目标科学性、任务系统性、发展方式突破性、制度针对性、发展路径正确性和举措有效性等方面,对中国体育供给侧问题进行思考[22]。

同时,不少学者将供给侧理念引入体育改革工作中,主要涉及体育产业的供给侧改革,例如,顾志平(2018)应用文献资料法,从供给侧理论视角分析我国体育产业发展中正面临着有效供给不足、无效供给成常态的困境[23]。黄道明(2018)通过文献资料、逻辑分析法等方法对我国体育产业供给现状的产业规模、结构、从业人员和区域发展进行分析,指出我国体育产业供给"量"不足、"质"总体不高、结构不合理、体系不健全的内在困境[24]。戴平(2017)结合著名战略管理学家迈克尔·波特的"钻石"模型理论,认为应当从生产要素、需求条件要素、相关产业和支持产业要素及企业的战略、结构要素4个维度研究我国体育产业供给侧改革问题,提出以"供给侧结构性改革"理论为指导,加快推进中国体育产业供给侧改革,加快推进体育产业升级[25]。

还有不少学者将国家战略指导思想引导学校体育改革为研究对象,例如,钟秉枢(2017)认为,从战略定位来看,我国学校体育战略应与中国梦相匹配;从改革方向来看,学校体育的改革方向应与健康中国相联系;从发展要求来看,学校体育的发展方向应与素质教育相适应[26]。黄道名、杨群茹、张晓林(2018)基于《"健康中国2030"规划纲要》,针对学校体育改革面临的困境,提出了学校体育发展的新路径,认为学校体育工作应该站在更高的战略视角,明确学校体育定位,把"健康""教育"作为学校体育工作的出发点和落脚点,落实责任,强化体育教师的保障,建立学校、家庭、社会体育的联合机制[27]。

4. 治理体育结构扩大战略影响范围

中国体育事业包含领域甚广，总体而言包括体育产业、学校体育、竞技体育、群众体育等领域，体育发展战略从宏观层面对各个领域进行顶层设计，但各个领域又有其各自特点。

全民健身国家战略将中国群众体育工作提升到了战略高度，关于群众体育发展的研究也成为学术界的研究热点。李俊怡（2018）综合了关于群众体育战略的众多理论基础，包括城乡均衡论、政府主控论、转型发展论、经济链条论等理论范畴，并结合"十三五"期间我国群众体育工作规划，指出我国群众体育面临的诸多问题[28]。朱伟（2018）以文献资料法为主要的研究方法，基于党的十九大报告与体育强国建设的背景，提出创建公共体育服务体系、统筹城乡区域体育协调发展、推动全民健身活动向广度和深度拓展、科学配置公共体育资源的发展战略，让体育发展的成果惠及全民[29]。路云亭（2018）应用对比分析法，将我国群众体育发展水平与其他发达国家进行比较，发现二者仍有较大差距，应借助体育强国的战略目标，积极推动群众体育发展[30]。张治华、钟秉枢（2018）认为，从战略定位上来看，应促进并推动群众体育与竞技体育实现互动发展，解决二者现实中分离发展的困境[31]。

体育产业为中国经济市场注入了新鲜血液，黄海燕、张林等（2016）结合"十三五"期间中国体育产业面临的机遇与挑战，以适应发展规划，提出从体育产业自身革新出发，应当在产业地位、产业体系和产业环境三方面进行改善与提高，进一步深化改革、发展重点业态、优化产业结构、改善产业布局、培育市场主体、促进体育消费和产业融合发展[32]。黄海燕还（2018）从国民经济角度出发，确定了体育产业在国民经济中的地位与作用，认为体育产业不仅是"幸福产业""绿色产业"和"朝阳产业"，具有较强的融合性特征，还在转变我国经济发展模式、调整产业结构、扩大内需、减少医疗支出等方面发挥重要作用[33]。因此，赵勇（2018）提出新时代中国体育产业的发展要求我国体育主管部门应以习近平新时代中国特色社会主义思想为引领，凝聚共识、把握现状、紧扣目标、明确方向，推进体育产业高质量发展[34]。

随着学科的发展，交叉学科的出现为体育领域研究带来了新的研究视角。钟明宝、张春燕等（2016）以我国竞技体育发展状况为基本研究对象，以经济学理论——竞争优势理论为指导，探讨我国竞技体育竞争优势发展的战略问题，指出我国竞技体育存在高成本低效益、资源竞争劣势等问题，从竞争成本战略、差异化战略和目标集聚战略3个竞争战略层面提出相应的战略设计[35]。辜德宏（2018）以供需理论为指导，基于供需关系的视角对我国竞技体育产品从生产与供给对象、内容、主体、方式、资源配置5个方面分析相应的问题，提出了结构性调整的思路，规划了推进竞技体育供给方面改革的路径[36]。田麦久（2018）以项群训练理论为指导，构建竞技体育发展规划的战略思维，提出应当积极推进优势项群的率先发展，并以理论为依据，为建设有重点、全面发展的竞技体育大国的战略目标做了项群设计[37]。

从体育外交战略研究方面来看，刘乃宝等（2018）认为，在新时代，促进共同发展是体育外交的基本理念，"以体育为载体推动国家文化外交新转变是新时代体育外交的基本模式"[38]。韩会君（2019）对新时代习近平总书记的体育外交思想进行梳理，认为习近平总书记的体育外交战略蕴涵了合作共赢的新型大国关系，体育元素拓展了公共外交的范围，深化了民间的体育交往[39]。

从青少年体育战略研究方面来看，杨运涛、刘红建、陈茜茜（2016）基于英国"让运动成为生活习惯——新青少年体育战略"的优势认为，该战略的目标明确，包括在学校建立可持续发展的竞技体育遗产、改善学校与社区体育俱乐部之间的关系、与国家单项体育治理组织合作、投资兴建与升级社区体育场馆设施、寻求合作伙伴等，并基于此提出我国青少年体育发展战略[40]。

从农村体育战略方面来看，郭修金等（2016）在全面建成小康社会的奋斗目标下，针对农村体育服务进行研究，认为"农村公共体育服务是全面建成小康社会的重要支撑"，对于社会建设、社会治理和城镇化建设均具有重要意义[41]。

5. 借鉴国外发达国家体育发展战略精华

国外发达国家体育的发展战略对我国体育战略的制定提供了借鉴，因此，关于这部分的研究主要集中在中外体育发展战略的对比研究方面，同时结合中国体育实情，在借鉴的基础上，提出相应的发展战略。

彭国强、舒盛芳（2016）通过对日俄两国的体育战略进行对比分析，发现两国在特定历史阶段的体育战略都是服务于当时的国家利益诉求，而忽略本国民众的需求，导致竞技体育与群众体育之间的发展失衡。为此提出我国体育战略的制定、实施和评估都应当在全面体育战略价值的基础上，推动其发展，并注重国家政治诉求和民众的利益需求。此外，2018年，两位又对美国国家健康战略的实施历程、内容与评估过程进行阐述，认为美国国家健康战略的实施依靠的是不同部门之间的协作，并注重公平地获得健康，把身体活动作为重要指标，且评估具有可实施性和便捷性。同时提出不仅需要将体育相关内容纳入健康中国战略的实施过程，同时，体育也应注意配合健康中国战略做出相应调整[42]。杨晓光（2018）在分析西班牙体育演进逻辑的基础之上，提出体育战略要服务于国家发展战略，满足国家利益结论[43]。杨鸣等（2018）运用文献资料、案例分析的方法，分析了英国群众体育发展战略的实施背景，从组织机构治理、经济手段运用、配套政策保障、监管评价方式等方面归纳了英国群众体育发展战略的实现路径，以此提出我国群众体育应当进一步探索深化体育体制改革，促进管理方式的转变；明确服务型政府定位，重视多组织合作；充分发挥经济手段的杠杆作用，重视彩票公益金的使用；重视审计工作，加强监督评价机制建设[44]。

(二) 我国体育发展战略研究的主要问题

1. 理论深度不够

我国学者对于体育战略领域的研究成果较为丰富，但多数研究以战略规划为主，缺乏理论支撑。一方面，就体育领域的某一问题提供规划性建议，多从我国的具体实际出发，理论高度不够，结果可能导致在借鉴此领域的研究成果的应用价值时，过多地关注眼前的具体问题，以解决问题为主而忽略了长远的利益，无法规避某些未来发展中的问题；另一方面，就我国体育战略的发展规律进行总结，并提出相应的体育发展战略，但总体上很难上升到理论高度，无法形成中国体育战略的顶层设计，借鉴价值不高。

2. 研究内容面窄

从我国近几年的研究成果来看，无论是从数量还是从内容上，针对体育战略领域的研究多以宏观视角为主，将中国体育事业视为一个整体，进行顶层设计，这是由体育战略本身的性质与特点决定的。同时，由于全民健身、健康中国等上升为国家战略，使之成为了较多研究的理论依据。此外，微观层面的研究成果主要聚焦体育产业战略研究、竞技体育战略研究和学校体育战略研究，研究内容多以对国内体育事务的战略研究为主，忽略了在国际上我国应有的体育战略研究。目前，随着中国国际体育地位的提升，迫切需要有关增强我国的软实力、话语权和影响力的相关战略研究，国际体育战略研究的缺失也成为体育战略研究的一大弱点。

3. 概念混淆使用

从相关研究成果来看，"战略"这一词汇的使用过于随意且存在混淆。部分成果主要研究的是发展策略和发展路径，实际很难提升到战略高度，却被冠以"战略"之名，造成"战略"一词的使用过于随意，究其原因在于对"战略"一词的概念和内涵理解有误。

4. 阶段性成果不足

从本阶段的研究成果来看，对于体育战略的研究，多停留在战略规划与制定阶段，现状问题的总结性成果甚多，即战略的应然阶段，缺乏对于战略实然阶段的探讨。目前多数研究对于体育战略的实施、评估等阶段的内容涉及不足，评估不足使得后期无法监督体育战略实施效果，造成多数体育战略的研究成果得不到落实和应用，流于表面，脱离实际。考虑到战略应有的理论意义和实践价值，若体育战略研究仅限于规划阶段，则不利于体育战略的反思与修改，以及体育战略的实施。

(三) 体育发展战略研究的展望

1. 进一步加强理论研究，构建体育战略的理论体系

体育战略作为中国体育事业的顶层设计，对其进行研究、理论体系的构建，十分重要。只有有完善的理论体系为支撑，才能在不断变迁的社会秩序中正确定位，实现战略地位价值，这也是体育事业不断发展的必然要求。一方面需要加强相关理论认识，以跨学科的研究视角，从理论的高度把握体育战略，在总结体育战略相关实践规律的基础上，将体育战略融入社会整体发展潮流之中，顺应时代发展，合理、有效地规划中国体育事业；另一方面，需要将研究视域延伸至国际体育平台，中国体育事业经过跨越式发展，在短时期内完成了大跨度发展，但也突出较多问题，基于此，需要拓展对国外发达体育国家的体育战略领域研究范围，在借鉴其精华的基础上，结合中国体育发展实际，构建起中国特色的体育战略理论体系。

2. 不断丰富研究内容，提高体育战略的研究水平

在"全民健身""健康中国"国家战略背景下，群众体育、学校体育等领域的研究成果逐渐增加，研究内容辐射范围也从宏观至微观逐步渗透，这将研究层次提升至战略高度，也将丰富国际体育战略研究成果。一方面，群众体育、学校体育作为中国体育事业的基础工作，对我国体育强国的建设具有重要意义，对该领域的战略研究，将提升群众体育事业与学校体育事业总体规划的战略高度，把握整体发展方向，也将有利于体育强国建设目标的实现。另一方面，随着全球化发展，我国的国际影响力不断加深，体育事业面临国际与国内双重环境的影响，只有适应体育全球化与现代化发展，丰富国内学者对国际体育战略领域的研究，才能把握全球体育的发展趋势。

二、体育社会学研究进展

改革开放40年来我国社会进入转型期，我国体育社会学围绕改革开放、市场经济、小康社会、"一带一路"等重大社会转型事件，对中国体育实践中出现的新问题、新思潮、新领域进行了广泛而深入的探讨。一方面在深度上通过积极的学术研究将对体育的认知推进到更高的层次，建立起由浅入深的研究梯度和理论构想；另一方面在广度上开阔体育研究的视野与场域，促进体育与社会各领域的交流、互鉴、融合、碰撞，形成联系实际、追踪热点、服务社会的社会科学体系。体育社会学作为体育社会科学体系中的重要组成部分，在实际应用与理论研究的互构共振中获得了难逢的发展机遇，形成了求真务实的学术风格，取得了斐然的成绩，也表现出了新的特点，当然也存在着部分问题。

（一）体育社会学成果全面性与现实化

1. 研究成果涉及的领域多元化

近年来，我国体育社会学在诸多领域进展明显[45]，包括社会学理论熟稔应用、社会组织研究、体育治理体系建设、女性体育等。从表1中可以发现，专著研究集中在体育社会组织研究、理论整体性研究、女性体育研究、体育志愿者研究、体育功能研究及体育与社会关系研究等几个领域，其中体育社会组织研究是近年来学界的热点。

表1　2016—2019年国内出版体育社会学专著汇总表

作者	著作名称	出版机构	出版时间	所属领域
田宝山	体育社会组织建设与群众体育实践探索	中国原子能出版社	2018年1月	体育社会组织研究
薛林峰	我国社会体育组织的公共服务研究：以浙江省为例	人民出版社	2018年4月	体育社会组织研究
姜振	自发性群众体育组织在现代社会中的构建与发展	电子科技大学出版社	2018年6月	体育社会组织研究
仇军、田恩庆	欧美体育社会学研究图景	清华大学出版社	2017年7月	理论整体性研究
夏树花	城市社区体育志愿者服务模式研究	北京体育大学出版社	2017年4月	体育志愿者研究
熊欢	性别、身体、社会——女性体育研究的理论、方法与实践	中国社会科学出版社	2016年8月	女性体育研究
张德胜	口述体育：现代体育与社会进步	华中科技大学出版社	2017年4月	体育与社会关系研究
张德安	身体教育的历史（1368—1919）：关于近世中国教育的身体社会史研究	中国社会科学出版社	2016年12月	体育功能研究
樊杰	古希腊体育的教化意义	中国社会科学出版社	2017年11月	体育功能研究

2. 研究主题突出现实问题的敏锐性

随着体育与社会关系的日渐密切，体育运动不再是一种孤立的人体肢体活动，而体现出的是与人类各种社会实践活动关系密切，尤其是北京2008年奥运会成功举办之后，我国民众对体育运动与社会之间的关系有了新的认识，为此，在社会变革与转型期，为更好地将体育与社会发展融合，不同学者以不同视角开展了大量的体育社会学研究。

（1）体育社会学理论体系建构研究

构建理论体系是推动学科前进的动力。体育社会学是社会学的分支学科，诸多的社会学理论对体育社会学理论体系建构具有深刻且复杂的影响。仇军（2016）运用内容分析法，以社会科学引文索引（SSCI）数据中收录的1997—2014年国际期刊上刊载的787篇文献为样本，对欧美体育社会学理论的研究进行总结发现布迪厄的实践理论、福柯的知识考古社会学、埃利亚斯的构型社会学、吉登斯的结构化理论、康奈尔的男性气概理论及女权主义理论等是欧美体育社会学研究的几种主要理论依据[46]。戴金明、吕树庭（2019）基于中层理论的概念，认为中国体育社会学中层理论建设滞后，理论体系存在空心化倾向[47]。

（2）体育社会学学科体系研究

学科是体育社会学科学研究的重要基础。中国体育社会学的学科建设始于在20世纪80年代，并随着对该学科的认识逐渐加深，使其在20世纪90年代以后得到了快速发展。吕树庭（2019）从体育社会学学科建设的角度提及我国体育社会学存在领军人物断档、学术组织萎缩、理论建设停滞等问题，应从凝练方向、应用新方法等方面投入精力[48]。郭振、乔凤杰（2016）认为，历史社会学为体育社会学的视角拓展提供了新的领域[49]，洪建平（2019）运用学术访谈录的形式，与科克利教授进行非结构性的访谈，探讨国际体育社会学发展的历史、现状和未来，从中为中国体育社会学学科建设提供实践价值，也为体育社会学研究者提供完整、准确的研究图景[50]。

（3）不同领域研究成果体现出体育社会研究主题对现实问题的敏锐性

①性别、年龄专题。女性主义体育研究。通过期刊文章检索共搜得相关文章63篇，研究主题有女性主义、女子体育、女性体育参与、性别角色与差异、女子体育观等。李群、季浏（2016）运用文献资料法，整理了古希腊、文艺复兴时期及启蒙运动时期的女性主义理论，并梳理西方女性主义理论的思想来源和主要流派，以及这些理论的发展趋势，旨在为我国女性主义的体育理论研究提供理论依据[51]。刘宏超、吴光远（2018）结合历史研究法，剖析西方自由女性主义体育理论对中国近代女子教育的影响，认为随着社会的进步，中国女子体育教育从无到有，自由主义与妇女解放的观念深入人心，为此中国近代体育教育观也开始倡导男女平等的，并逐渐成为一种文化形态[52]。熊欢（2016）结合社会性别理论、体育系统发展理论，以及社会变迁理论视角的基础上，对当前我国女性大众体育发展目标的选择进行思考[53]。尹伊（2016）采用文献资料、逻辑分析等研究方法对体育中的性别平等与差异现象进行研究。以身体操演的性别区隔、体育中的性别变迁、体育性别变迁引发的问题及其出路为内容进行深层次解读[54]。

体育社会学中青少年研究专题主要集中在体育对青少年的正向作用、负向作用及青少年体育组织构建、体育服务治理等研究主题上。顾明远（2019）认为，学校体育在青少年成长成才过程中坚持以"以健康第一"的教育理念，需要全社会的共同参与和重视[55]。毛振明、李捷（2019）就习近平面向全国教育工作者提出对学校体育工作的一系列指示，探讨学校体育和体育课程教学的问题[56]。王华倬（2016）运用实地调查法、访谈法对北京市青少年课外体育服务实践进行调研，反思政府购买青少年课外体育服务的制度困境与制度创新[57]。邱招义（2017）以我国青少年体质对学校体育的依赖思维为研究对象，发现学校教育存在忽视人的主体性的问题，无力推动终身体育发展[58]。宋亨国（2019）以治理理论为依据，分析为西方学界青少年体育活动促进及其治理的相关研究，明确青少年体育活动促进治理权结构性问题[59]。舒宗礼（2018）为建设服务型政府，在已有研究和实证分析的基础上，建构并实证了青少年公共体育服务满意度测评模型[60]等。可见，以上研究主题分别对体育促进社会适应、体育干预、行为养成、体育组织建设、体育理念、体育服务体系、政府政策方面支持及家庭、社区体育进行研究，认为需要在政策、组织、理念、服务、人才培养、活动开展、目标达成等方面进行实践与创新，并提出以青少年为"重点人群"的应对措施。

我国体育改革已进入"深水区"，如何进一步推动全国性与地方单项体育协会体制改革，使其真正成为实体化运作的体育社团，从而更好地承担政府转移的职能、肩负起运动项目管理的职责，是体育发展面临的巨大挑战。近年来中国社会组织改革研究较多，学者主要关注"'脱钩'如何进行"与"'脱钩'之后怎样"两大主题。关于前者，贾西津等（2016）提出，"脱钩"改革的目标是在组织体制特别是治理结构上，加快形成政社分开、责权明确、依法自治的现代社会组织体制[61]。关于"脱钩"的路径，史康（2013）认为，在宏观上要采取"总体设计、分类指导、梯次推进、配套改革"的原则，积极、稳妥地逐步深化全国性体育社团的改革[62]。体育社团在改革中的社会责任不容忽视，李理、黄亚玲（2018）认为，我国体育事业的改革和发展需要政府、市场和社会组织等多元主体的协同合作，体育社团在分享治理权力、资源的同时，也应当积极主动分担相应的责任。体育社团社会责任体系的构建不仅要关注体育社团自身发展和利益相关者的需求，还应当符合国家治理体系和治理能力现代化建设的需要，关注我国社会改革和发展的总体要求，与建设中国特色社会主义的总体布局相一致。提出了体育社团社会责任体系是由包括体育社团的政治责任、经济责任、文化责任、社会建设责任、生态文明责任在内的5个子系统构成的五位一体社会责任有机整体[63]。陈丛刊（2017）认为，体育社会组织监管是体育创新和完善国家体育治理体系的重要内容。我国体育社会组织监管存在政府监管执行力软散、社会监管驱动力不足、社会组织自身监管责任缺失、多元协同监管乏力等问题。引入社会责任国际标准指导体育社会组织监管，通过分类制定体育社会组织履行社会责任的国家和地方标准，创新体育社会组织履行社会责任的评价与评估，发挥互联网平台在"互联网+"时代的新兴监督作用，引导体育社会组织发布《社会责任年度报告》，实现体育社会组织有效监管[64]。王家宏、蔡鹏龙（2018）认为，项目协会改革由管理到治理引发治理目的、理念、结构、体制、手段的五大转变。项目协会改革因管理向治理转型而面对着合法性难题、改革价值迷离、管理体制的刚性与固化、法人治理不健全、立法滞后于改革等问题[65]。郭静、黄亚玲（2018）认为，实现体育治理的关键，是构建政府与体育社团间"共建、共治、共享"的双向互动治理模式[66]。冯欣欣（2017）认为，单项体育协会的实体化路径不仅仅来自政府的顶层设计，还来自自身内部结构和能力的优化。南音（2017）提出，"脱钩"的关键是要建立一种基于沟通和谈判的合作博弈机制，使改革各方利益共享、风险与成本分摊。当前，更多学者关注体育民非的研究，许宁、孙璐、黄亚玲认为，体育类社会服务机构（体育民非）的内部治理结构以理事会为核心，理事会代表组织各利益相关方行使决策职能，共同对组织进行治理。监事制度是组织内部自律的体现，通过监督理事会和执行机构负责人，体育类社会服务机构的外部治理包括政府监管、行业自律和其他利益相关者的监督；同时，大力购买体育类民办非企业单位的公共体育服务，税务优惠向小微企业看齐；在组织内部，应尽快完善会计制度，提升谋求社会赞助的能力，通过推动公益职业化，提高体育类民办非企业单位人员待遇，释放系统内场馆资源，降低房租水电费用支出[67~68]。

对于"'脱钩'之后怎样"，学者普遍担忧协会"脱钩"后会独立面对资源不足、能力缺陷、重新建立与政府互动合作关系等一系列新问题。朱江华（2017）认为，协会要达到"脱钩不脱管"的状态，就不能只依赖行政管理和一味控制，不能只单纯地相互分离，其关键在于形成治理机制，并需要做到4个方面：第一，防止明脱暗不脱、形脱实不脱；第二，规范自我治理，允许适度竞争；第三，建设独立专业高效的政府监管体系；第四，警惕商业化，避免异化为利益集团。

这类研究关注"脱钩"之后政府与协会的关系将虽然会呈现权责明确的格局，但相互之间的互动与博弈只是由"暗"转"明"，对双方新格局、新关系的研究，尤其是对政府既要鼓励扶持协会能力提升、又要保障国家体育事业继续发展的双重策略，学界还关注较少。较有代表性的是戴红磊（2016）的研究，提出中国体育社会组织会通过"妥协"和"互依"的策略来实现自身的运行。刘东峰（2018）提出协会改革的3种模式，即中国足协改革模式、参照行业协会及商会类的脱钩模式、部分奥运项目协会的功能优化改革模式，但都存在着缺乏有针对性的顶层设计和配套方案，缺乏明确的归口部门的针对性跟踪指导，跨部门协调难度大，体育协会社会基础薄弱，权威性与公信力有待提高等问题[69]。可见，随着对政府与协会的关系从理想构建走向现实层面，将给体育发展带来意想不到的问题与困扰。

中国进入老龄化社会，关于老年体育研究成果增多，集中在老年体育的服务提供、组织化与政策研究方面。主要研究包括：阮云龙、王凯珍、李骁天（2016）以北京市社区老年人为研究对象，对该群体的体育参与现状与需求以及存在的问题进行探讨[70]。湛冰（2017）运用政策工具理论，分析美国41个与老年体育紧密相关政策文本，揭示美国老年体育政策中存在的问题，并为我国老年人体育政策的制定与实施提供借鉴[71]。李慧、王凯珍（2019）结合健康中国国家战略背景下，探讨体医融合模式的意义[72]。金育强（2019）基于魅力质量理论及Kano模型对老年人的体育服务需求进行调查，试图构建有效的老年体育公共服务供给体系[73]等。通过对相关文献的梳理，对老年人体育发展对策的研究呈现出越来越认同的趋势，认为老年体育服务供给政府应该承担责任，而老年体育"组织化"可降低政府管理压力、促进老年体育组织的发达，需从体育组织自运营、场地设施供给、活动开展等几个方面同步推进老年体育。

②体育与国际化、种族主义、民族主义研究专题。体育的民族化和国际化一直是我国体育社会学者研究的内容之一。在体育国际化的研究中，卢元镇（2016）认为，中华民族传统体育的国际化首先须有民族自信作为支撑，在形成共同价值观和语言交流的基础，借用技巧和适当的策略可促进民族体育国际化[74]。中华民族的传统体育的精神弘扬、形象塑造、情感培植、民族团结与融合功能对于民族的复兴具有积极意义[75]，中华民族体育精神的现代构建对于树立文化自信具有帮助。

③体育与社会化、生活方式研究专题。体育生活化、体育生活方式研究对于体育功能发挥具有意义。赵翼虎、黄亚玲（2018）从共时性和历时性角度出发，以自行车的变化现象为研究出发点，探讨体育意识、体育形态与体育生活方式三者之间的相互影响，以及逻辑关系和演化路径[76]。王春顺（2018）基于传播学与社会学的交叉理论视角，探讨新传媒环境中大众体育生活方式嬗变的形式、问题及引导策略[77]。董跃春、谭华（2016）分析西方国家群众体育的历程，探讨中国建设终身体育社会的价值，认为终身体育社会具有丰富、多元的体育价值观与体育文化，是形成现代社会体育文化的基础，是实现人的全面发展的重要途径[78]。杨洁、倪湘宏、唐炼（2017）利用Bem性别角色量表（BSRI），抽取了湖南1254名大学生进行调查分析，认为不同性别角色类型大学生的体育生活方式存在差异，而性别角色对男生体育生活方式的影响更大，同时男性化和双性化的性别特质有助于大学生体育生活方式的良性形成，基于此现象提出了相应的解决以解析性别角色与大学生体育生活方式特征的关系[79]等。可见不同的学者从服务生活、机制建设、挖掘价值、国家政策支持、健康生活方式的引导等方面探讨加强体育生活化与体育生活方式的养成。

④体育与社会其他领域的关系研究专题。首先，体育与政治。体育与政治关系之所以紧密在于重大体育事件可以释放政治信号，有助于政治意向间接表达，当然，体育对政治的影响不止于此，在近代史上体育多次成为政治斗争的起点和借口，体育与政治的纠缠多对政治目标有益，而对体育形成实质的伤害和侵蚀。不过，体育可以借助政治家扩大影响、完成跃迁。其次，体育与经济。体育的产业效应屡被提及，江小涓（2018）运用经济学理论分析市场经济产业发展的规律，同时用产业理论框架分析今后增长潜力，认为职业体育促进经济增长[80]。黄海燕（2018）认为，新时代体育产业在国民经济中的地位、对建设经济强国的作用显著，体育产业不仅有助于转变经济发展方式、调整产业结构、扩大内需、增加就业机会、提高劳动效率，还有助于减少医疗支出。同时，黄海燕指出在46号文件的助推下，对体育产业以及相关产业的消费需求不断提升，体育产业具有广阔发展前景。因此基于供给侧结构性改革的北京，采用新供给经济学、产业经济学相关理论，剖析体育产业结构的现状与问题，探寻体育产业结构的形塑逻辑，解构体育产业结构的供给侧改革路径[81]。最后，体育与国家意识。王真真（2019）认为，体育可以通过意识认同达到国家认同，学者研究认为体育可以促进对政治共同体的认同、促进国家社会和谐发展、促进边疆稳定、促进民族共

同繁荣，最终实现对国家观念的认同，并指出体育传播中的文化性单薄、国家意识淡漠、符号意义浅薄等问题，影响港澳台等地居民对国家认同的构建[82]。钟智锦（2018）通过对1984—2016年我国奥运冠军新闻报道的内容与文本分析，媒体在报道中有意构建国家意识和国家话语[83]，同时王舜（2016）在研究中也指出德国与日本的竞技体育政策也存在类似情况[84]。

⑤体育社会问题专题。体育问题的应对是体育社会学研究的重点领域，体育社会问题包括暴力行为、越轨行为、失范行为及物质使用等。体育越轨行为主要集中在观众或球迷越轨的研究上，对运动员、教练员、体育官员以及体育组织越轨行为的研究成果很少，而体育暴力行为的研究集中在运动员个体上。王华倬等（2019）在对职业体育中行为失范的研究中发现，导致运动员行为失范的原因主要是社会道德、体育文化和职业体育，而失范行为进行治理则须从主体、制度和道德3个方面入手[85]，当然，吴合斌，曹景川（2016）在研究中指出，用"软硬兼施"的控制手段实现行为的规范是较为常见的策略[86]。体育中的兴奋剂问题一直是体育被外界诟病的问题之一，当前兴奋剂研究多从法律角度切入，而从社会学较多对兴奋剂研究的成果较少，代表研究是仇军（2019）对"兴奋剂问题的理论、方法与视点"进行了系统的梳理[87]。

⑥国外体育社会学研究专题。国内外交流是促进学科发展重要渠道。仇军与田恩庆发表系列论文，分别对西方体育社会学的理论应用、体育社会学研究学者及研究机构、兴奋剂问题进行综合研究。熊欢（2016）则将研究领域集中在体育社会学的理论译介及方法论体系的构建上，分别对行动理论、女性主义理论、质性研究方法及近50年来国际体育社会学发展概括进行评述[88]。

另外，新的研究方法在体育社会学研究中开始使用，可视化分析的使用、战略决策研究体育组织治理、权力配置研究青少年体育，其他还有体育服饰、国外学校体育、竞赛表演业、体育社团与宗教关系研究等。

（二）体育社会学研究的特点："五新"

当前阶段的体育社会学研究紧密结合社会经济发展的态势，联系我国整体运行中实践，呈现出内容新、方法新、功能新、业态新、理念新的"五新"特色。

1. 增添新内容：一带一路体育

体育社会学的研究内容与社会的发展息息相关、紧扣时代、响应国家重大战略布局，针对"一带一路"的体育问题进行研究与探讨，"一带一路"体育研究是近5年来的热点领域和重点领域。截至目前，共发表相关文章145篇，其中北大核心期刊文章31篇，CSSCI期刊文章24篇（图1）。

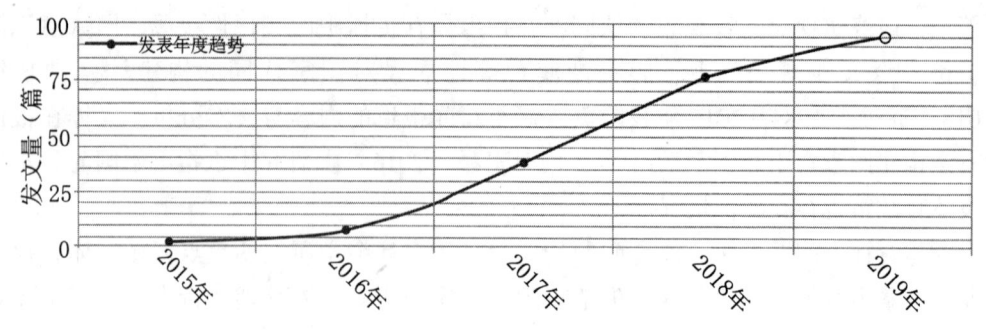

图1 "一带一路"体育研究发文趋势图

王子朴对"一带一路"体育赛事开展的价值功能、面临的挫折困境和应对的方式方法进行了系统的阐述[89]。"一带一路"沿线国家众多,国际间的合作与交流是"一带一路"体育研究关注的要点,如李庚全、孙壮志对"一带一路"的国际体育交流进行研究,并认为这是塑造体育大国气度的好时机。"一带一路"在强化国际体育合作的同时,给民族传统体育的挖掘、保护和传承提供了新的思路,如"一带一路"少数民族传统体育现代化、滇越铁路沿线少数民族体育遗产传承、开发、保护等研究。

2. 应用新方法：互联网、大数据技术与体育

科学技术与社会科学发展具有关联,体育社会学同样使用了最新的科技成果。互联网技术和大数据技术为体育社会学提供新的思路,大数据技术在体育中的应用始于2012年,用于对职业体育相关信息收集、统计与处理。2012至2019年我国期刊发表的体育"大数据技术"研究论文如图2所示。

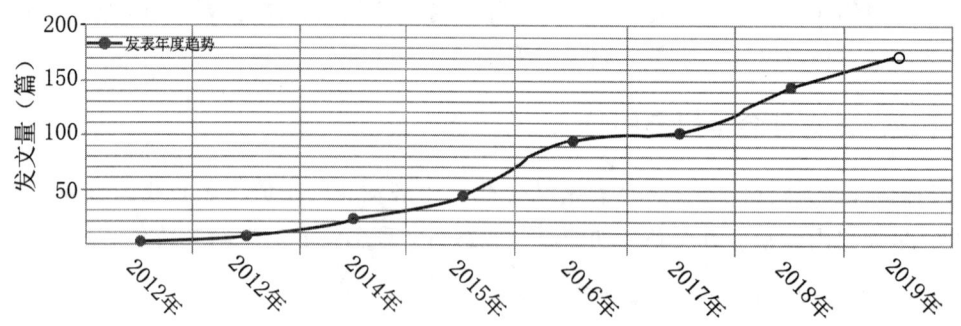

图2 2012—2019年体育"大数据技术"研究发文趋势图

"互联网+体育"的结合改变了体育的信息获取、传播、组织形式、学习、服务及活动特征,使得体育活动发生时间、空间更加多元化和随意化,引导体育产业向着网络化、移动化、数字化方向发展。大数据技术成为当前体育社会学研究中使用技术手段,推动体育社会学研究向实证、量化、大数据量的研究方向迈进。在大众体育、竞技体育、体育产业、体育公共服务等领域都可以应用大数据技术。其他还有人工智能、智能穿戴设备等都具有与体育社会学研究的结合点。

3. 衍生新功能：体医融合

面对逐渐高涨的公共医疗费用及日益下降的国民体质状况，学界及政界人士提出体育与医疗深度融合促进健康的理念，于是"体医融合"概念于2015年在学术期刊上正式被提出，并在2016年以后成为学者研究的新热点（图3）。

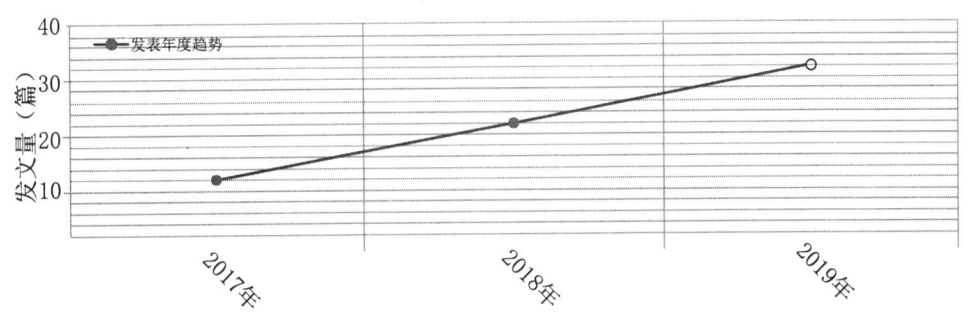

图3 2015—2019年体医融合核心期刊发文年度趋势图

胡杨将我国体育与健康的关系分为两个阶段，即体医分离与体医融合，只有学界与政界率先完成从体医分离到体医融合的观念转变，才能实现全民健身与全面健康的深度融合，才能切实将公共健康置于社会良性运行和协调发展的范畴之内予以关注[90]。冯振伟（2018）研究认为，政府应负责"体医融合"框架的顶层设计，体育和医疗机构负责实现平台搭建，以"共同分担、明确责任"为体医融合的基准，从而实现以"融合"促健康[91]。

4. 型构新业态：电子竞技成为体育社会学关注新热点

新业态是基于产业之间分化、融合、整合、嫁接而形成的新的产业组织形式。电子竞技就是一种体育与计算机、互联网技术融合的新业态。体育学界对电子竞技的研究包括产业化、归属和应用研究3个部分：第一，产业化研究多从电子竞技的产业属性、经济价值、职业化路径等角度切入；第二，归属研究则是对电子竞技应否归入体育范畴的争辩成果；第三，电子竞技的应用研究主要聚焦在电子竞技俱乐部的发展状况上。如黄亚玲团队认为，电子竞技俱乐部作为体育社会组织形式[92]，其发展中"内忧外患"俱存，外部缺乏国家层面倾斜帮扶、社会舆论支持，内部人才培养、分配制度、管理运营问题丛生。建议电子竞技俱乐部加强外"引援"和内"自生"同步进行，即在政策倾斜、产业关注、资本投注、监管、宣传、职业化、人才选拔等方面加强规范与制度化，以促进这一新生事物、新业态的有序、健康发展。

5. 催生新理念：体育治理理论

体育治理与治理能力的现代化是时代赋予体育社会学的历史使命[93]，也是完善体育体制、制度建设，提升体育治理能力、实现体育目标的过程。杨桦认为，体育治理理论体系的构建是历史使命，治理目标顺应时代发展和社会发展[94]。体育治理按照治理对象领域的不同分为制度治理、职业体育组织治理、业余体育治理等几个领域。黄亚玲团队对体育社团治理进行了一系列的持续研究，范畴囊括体育服务类社会团体的治理、社团社会责任的治理及体育社团的治理价值等。认为理想的体育社团治理需要从政治、经济、文化、社会责任及生态文明5个方面借助政府的监管，通过体育社团的实体化、法治化、规范化达到善治的目标，要求体育社团做到"超越技术治理逻辑，以重构存量制度为取向，消除政策不协调张力，调整政社关系，规范监管体制，培育独立自主运作机制，形成持久而稳定的改革发展预期"[95]。另外，体育治理还涉及体育外交、职业体育组织、农村体育服务、社区体育及体育智库的建设等[96]。

（三）体育社会学研究存在的问题

1. 理论构建单薄

理论体系是学科体系构建的基础也是学科独立的标志。经过近40年的发展体育社会学学科体系基本建立，吕树庭认为，中层理论建设还存在极大欠缺[97]。郑杭生曾援引马尔科姆·沃特斯"恪守理论取向"的社会学研究理路，认为社会学家"必须继续坚持做出一些一般性、概念性和抽象性的陈述"[98]，在体育社会学的研究中理论体系的搭建具有优先性。我国当前体育社会学研究中不注重对理论体系的整体性构建和探索，还须强化理论研究。

2. 实践应用欠缺

我国体育社会学研究较少使用社会调查法、跟踪研究、实验法等逻辑实证主义的研究方法，在社会学和欧美体育社会学中普遍应用的比较、抽样、数据分析、三角互证、理论建模等研究方法于我国而言是鲜见的。郑杭生在研究"从实证主义社会学的局限性和狭隘眼光中解脱出来，仍然是中国社会学界要面对的一个问题"[99]，而体育社会学却还在为实证研究的稀少而忧虑。

3. 问题意识薄弱

习近平曾指出："坚持和发展中国特色社会主义，哲学社会科学具有不可替代的重要地位，哲学社会科学工作者具有不可替代的重要作用。"由此可见，哲学社会科学对国家的价值，体育社会学作为哲学社会科学的重要组成部分在促进我国社会良性运行、协调发展中发挥着重要的作用。体育社会学价值的实现还依赖于研究中"问题意识"的坚持，因为坚持"问题导向""问题意识"是学术界进行学术研究的根本原则，更是党的十八大以来，党中央治国理政的鲜明特色。因此，体育社会学的更要以问题为切入点，这样才能提高研究的应用型、针对性，只有研究方法上坚持问题意识，才能解决中国的体育问题[100]。我国学者对体育人文社会学专业的博士[101]与硕士论文进行内容分析[102]，发现问题意识淡薄问题是较为普遍的现象。

4. 解释力差强人意

体育社会学在解释体育社会现象时由于所选取的角度、方法的不同，所获取的证据、资料的完整性问题，对现象的解释力度、客观性和科学性无法保证。体育社会学需要借助跨学科的视角，比如，历史社会学的理论和方法在解释体育问题时可以获得充分、完整、准确的画面，从而让体育社会学的研究更具解释力。单一学科的研究理路、研究框架和研究范式在解释一些独特问题时缺乏说服力和可信度，最终影响对体育问题的应对与治理。所以，我国的体育社会学需要在研究范式、理论框架、话语体系等方面进行借鉴与深耕[103]，形成多元、丰富、规范的体育社会学研究范式。

（四）体育社会学研究趋势与展望

体育社会学的研究领域逐渐拓宽，呈现出新的特点，同时也存在一些问题影响体育社会学研究的进步开展，经过对上述问题的简单论述，结合社会学研究热点和社会发展趋势，本研究对体育社会学未来发展趋势进行了展望，认为我国的体育社会学突破如下。

1. 理论体系构建：紧迫性与独特性

体育社会学理论的构建是体育社会学的永恒主题。针对体育社会学研究中理论欠缺问题，学者应将特色体育社会学理论的构建作为当前研究的重点。无论是从母学科还是西方同行的研究进展情况来说，体育社会学都与之存在差距，在社会学从实证主义传统向实证与理论并重转型的过程中，如果体育社会学按部就班地按照既往的经验自然的发展，体育社会学短期内难以实现大的跨越，只有在抓紧社会学转向的机遇，实现体育社会学的"弯道超车"，才可能拉近体育社会学与母学科差距，即在强化体育社会学实证研究的同时，同步推进体育社会学人文研究方法（如质性方法）体系的理论构建。

在借用社会学理论和西方体育社会学理论时，还需注意两个问题：第一，理论的适应性问题。由于文化传统、哲学思维的差异，在西方体育社会学中应用成熟的理论在中国语境中不一定表现同样的适应性，同样，在社会学中普遍应用的研究理论，在体育情景中因为与社会其他领域的差异或者亚文化的影响，其效力和解释力需重新考虑。第二，本土化与全球化平衡问题。体育社会学应具有全球视野，从全球一体化的角度审视体育社会现象和体育问题没错，但更应该立足本土，在体育社会学理论的构建中考虑本土化因素，建立起中国风格、中国气派的体育社会学理论，用于描述、解释、预测中国的体育社会问题。

2. 研究方法创新：大数据、互联网与合作研究

体育社会学研究方法应与新技术、社会发展紧密结合。互联网的出现极大地推动了人类社会的发展速度，改变了人与人之间的交互方式，将信息传输方式与交通运输

彻底割裂，实现了信息的自由、大容量交换。在这种技术形势和社会背景下，体育社会学的研究方法不再拘泥于以前的信息获取、信息表达、信息传递及信息处理模式，而是在便捷的计算科学辅助下实现"互联网+体育""大数据+体育"发展模式。如通过网络、朋友圈进行数据收集已经在研究中出现。

我国体育社会学学者之间相关激发、切磋、合作是重要的学术创新方式。我国的体育社会学研究者之间的合作主要集中在 2 人合作与 3 人合作上，且合作较为稳定；机构之间合作情况显示北京体育大学、国家体育总局处于机构合作的中心位置，其他体育研究机构之间合作较少。现有研究未对跨国合作进行研究，从中国知网体育社会学论文检索情况看，存在一定数量的跨国机构或学者的合作情况，如美国体育社会学家 Kevin Young 与北京体育大学洪建平的跨国、跨机构合作[104]、中国学者与马来西亚研究生的合作[105]、中美学者合作研究体育生活化促进机制[106]等，这些跨国合作研究成果的出现，丰富了我国体育社会学的研究领域，提供了独特的研究视角，客观上促进了我国体育社会学的繁荣发展。

总之，体育社会学的研究方法将呈现出更多与技术革新联系密切、与日常生活息息相关、与境外机构或作者合作的成果。

3. 学术视野开辟：本土化与全球视野

世界进入全球化时代，体育也须以全球视野进行研究[107]。体育社会学的全球视野要求将问题置于全球化的背景中思考、辨认、治理。运用比较的方法把不同体育社会现象特征、发展历程、产生原因、治理策略与全球的发展关联起来，不再限于一隅，而是将其视为世界人类体育命运共同体组成部分开看待，让体育与世界范围内的日常生活世界"互构"起来，全球化视野包含了全球性的本土化和本土性的全球化[108]，是多种文明相互作用、多个民族共建共享的具有二重性的过程。

坚持研究全球视野的同时不能忽视本土化的研究，只有在坚持本土化的过程中才能厘清"本"文化的优势与长处，也才能树立起民族体育的自信。立足本土的文明是多样性的文明，而多样性是文明之间交流的前提，只有多样性体育社会学才能如文明一样"因交流而多彩，因互鉴而丰富"[109]。在厘清本土体育社会学的同时以全球视野关照"他者"的体育社会学，在参照中"知优劣""懂得失"，才能更好地开阔学术视野。

4. 学科内容融通：交叉与融合

体育社会学经过多年的发展逐渐形成了完整的学科框架、独特的研究方法、特定的研究对象与研究内容[110]，有宏观的理论体系，也形成了个别的中层理论，但分化发展到极致导致学科"壁垒"的产生，造成体育社会学后继乏力[111]，需要对学科的规划进行创新，并在交叉融合中实现进步，研究发现学科融合正在加速。从体育科学学科体系发展的趋势可以看出，体育社会学在遵循学科体系规律性和系统性的基础上，以"交叉学科、学科群为网络结点"形成纵横交错的交互网络型学科体系[112]。未来几年内,体育社会学与其他学科的交叉、融合、互鉴、交流将会成为体育社会学创新的主要突破口和来源。

5. 社会功能转变：预测性与决策性研究

社会学的精神本性是关注现在、指向未来,体育社会学作为社会学的分支学科继承了社会学"关注现在,指向未来"的精神本性,即在探究当前体育领域中人与社会的关系而为未来的体育、社会、人的发展提供正确的引领,从而实现体育与社会的良性运行与协调发展,进而达到人的自由与解放。从这一点看,体育社会学在说明、解释现状的同时应具有预测性,对体育领域的发展进行客观、科学的预测,并在关键时刻为决策部门的政策制定、出台、实施提供符合社会事实的建议。

6. 理论联系实际：精准扶贫与小康社会

体育社会学是一门应用性极强的综合学科,使用实证的方法做了大量调查与研究工作,实用性或实践性是其鲜明特点,并且应用性特点会伴随我国社会转型、社会变迁的深入而更加彰显。全面建成小康社会将在2020年实现,而体育参与情况是衡量社会发达程度的重要指标,特别是大众体育参与、休闲体育普及以及城市、农村体育的平衡发展将成为我国体育社会学研究中新的热点。同时,全面建设体育强国的奋斗目标也将在2020年达成[113],初步实现中国体育的现代化。体育强国的衡量标准、特征及相关软、硬性指标的研究将成为体育社会学的重要内容。

针对我国贫困人口问题,习近平提出"实事求是、因地制宜、分类指导、精准扶贫"的指导原则,用于消除贫困人口。体育具有的生产性和整合属性决定了体育在"精准扶贫"中发挥作用,体育与精准扶贫的关系研究就有了现实的意义。通过在贫困地区建立特色体育小镇、体育旅游区、体育探险线路的方式发展体育旅游业,通过体育参与干涉进城务工的农业区域人员的社融入,借助体育人才选拔与培养计划提高贫困地区的青少年学生通过体育实现社会流动的愿望,在贫困地区开展群众体育提高贫困人口对社会的满意度和幸福感,这些都可以作为我国体育社会研究的课题。

三、奥林匹克运动研究进展

(一) 奥林匹克运动可持续发展研究体系初步建成

随着北京获得2022年冬季奥运会举办权,学术界就奥林匹克运动的研究主要集中在北京2022年冬奥会、奥林匹克文化研究、奥林匹克教育研究、奥林匹克治理研究等方面,其中有关北京2022年冬奥会的研究是该时期内最主要的研究热点,取得了可喜的研究成果。

1. 北京2022年冬奥会研究以奥运周期建设为中心

作为目前唯一既成功举办过夏奥会,又将举办冬奥会的"双奥之城",如何举办好一届精彩、非凡、卓越的冬奥会成了近时期内我国体育事业的首要任务，与2008年奥运会相比，北京2022年冬奥会已被赋予全新的历史使命和时代任务，在《奥林匹克2020议程》的改革方案引领下，北京2022年冬奥会的筹办将实现全民冬季运动推广普及、加强青少年奥林匹克教育的良好作用。这部分中有代表性的研究成果如下。

（1）冬奥会筹办理念研究

北京2022年冬奥会筹办是一个奥运周期内的系统工程，与政治、经济、社会等各方面是紧密相连的。其中王润斌等（2019）从新发展理念角度出发，归纳办冬奥理念是以新发展理念为中国式纲领，围绕着《奥林匹克2020议程》的"可持续性、公信力和青少年"3个主题映射到筹办的各项重要承诺、具体要求中来，最终为北京办奥理念深化提供具体思路[114]。黄莉（2019）从北京2022冬奥会的国际形势和国内形势切入，提出应把握当前我国综合实力和民族自信大幅提升的优势，充分利用2008年奥运会的经验得失力争使北京冬奥会助力我国体育事业的全面发展，进而为中国崛起再添新动力[115]。刘东锋（2019）从冬奥会对提升国家形象与软实力影响角度，认为举办冬奥会有助于使我国国家形象得以形成品牌效应，从而实现国家营销，进一步提升我国国家软实力[116]。徐子齐等（2018）指出，从申报期到筹办期，北京冬奥会在赛事认知、赛事追求、赛事价值3个层面体现出国家对奥运赛事定位和解决我国社会实际问题的变化，是对奥林匹克文化的动态传递[117]；马毅、吕晶红（2016）认为，冬季重点项目后备人才培养是我国备战北京冬奥会工作的关键问题，组建重点项目青少年运动员多元化培养模式有助于实现社会化和市场化的必然要求[118]。

（2）冬奥会与区域发展研究

北京2022年冬奥会对于全国范围内推广普及冰雪运动、实现京津冀一体化发展、完善京张地区基础设施建设、改善民生经济等方面产生重要影响，有代表性的观点如易剑东等（2016）认为，北京冬奥会会在多方面有利民生的改善，治理雾霾改善空气质量，新建京张高铁拉近两地距离，新增就业岗位提升住宿接待能力，赛后留下高标准的滑雪场馆等[119]。吴玲敏等（2019）指出，"北京周期"内连续举办高水平国际冰雪赛事和建设高质量的冰雪场馆，有利于京津冀三地实现冰雪体育产业和冰雪文化的协同推进，"冰雪旅游+文化"红利促进冰雪体育产业链的形成，最终释放地区经济增长的新活力[120]。张卫星、王颖（2018）以打造北京国际体育中心城市效应的视角，认为举办冬奥会是提升北京国际体育文化城市影响力和竞争力重要的战略机遇，助推北京社会、经济、文化、体育等事业的融合发展[121]。顾久贤（2016）认为，举办冬奥会能够实现河北的冰雪运动服务业和装备制造业的更新升级，冰雪产业的上下游链条对于拉动地方经济增长、推动"体育+旅游"和"体育+文化"等相关产业具有关键作用，促使京津冀地区成为国内冰雪产业的核心区域，传导、带动全国冰雪体育需求的增长[122]。

（3）冬奥会遗产与可持续发展研究

《奥林匹克2020议程》是国际奥委会于2014年通过的奥运会改革方案，其核心内容之一就是可持续发展，这与北京 2022 年冬奥会的三大申办理念高度契合，我国学者也从多角度论证了可持续发展理念在北京冬奥会的践行方案。徐宇华、林显鹏（2016）总结了近 12 届冬奥会的可持续发展管理经验，发现目前我国冬奥会筹办存在管理机构与职责不匹配、管理规范性亟待提升、雪场运营水平不高、高新科技应用范围较窄 4 方面的可持续管理问题，指出我国应加强与国际可持续发展管理认证机构合作，开展标准化的全盘管理工作[123]。冯雅男、孙葆丽（2017）认为北京 2022 年冬奥会的可持续发展，关键是实现人、环境与城市、社会的积极长效互动，从场馆设施、空间规划、能源使用等范畴进行奥运实践[124]。

2. 奥林匹克文化研究注重传承，倡导革新与融合

奥林匹克文化是奥林匹克运动长盛不衰、永葆活力的源泉和动力，已经成为世界体育文化系统的主导力量，我国学者主要分析了奥林匹克文化的传承与革新问题，奥林匹克文化与本国传统文化的融合问题，奥林匹克文化教育价值的挖掘和利用问题，以及主办国借助奥运会的举办展示本国优秀历史文化等问题。

代表性的研究主要有：冯雅男等（2018）着眼于新媒介对奥林匹克文化传播的双面影响，认为新媒介促成了奥林匹克文化的跨地区、跨种族传播效果，使奥林匹克文化展现出多元价值，然而如何确保价值观传承、发挥治理能力、提高青少年关注度等方面的冲击影响着新媒介技术在奥林匹克文化传播的作用[125]。张海军、郭小涛等（2018）基于跨文化视域下现代奥林匹克运动国际化成功原因探究，研究认为国际化成功原因主要包括：跨文化组织管理使奥林匹克运动引领世界体育健康发展；跨文化思想体系使奥林匹克运动拥有广泛的国家基础；跨文化交流和展示使各民族文化得到尊重和发展[126]。此外，张铁民等对"冬奥会主题口号的解读"[127]、景慧敏等对"奥林匹克文化的影像传播"[128]、刘邦华等人对"现代奥林匹克文化视域下反思当今全运会体育文化缺失"[129]等研究完善了奥林匹克文化的涵盖范围，辩证地认识了奥林匹克文化和本国文化的关系问题，极大地丰富了国际奥林匹克文化研究的理论体系。

3. 奥林匹克教育突出青少年群体研究主体

奥林匹克运动的教育价值是其价值观的核心组成部分，历届奥运会举办国家都希望通过奥运会来教育本国的每一代青少年，2008 年奥运周期内奥林匹克教育已经在我国取得了良好的实践效果，而正在经历的 2022 年冬奥周期，学者们主要阐释了我国奥林匹克教育价值的多元化和转向、推广"冰雪进校园"和奥林匹克教育课程等问题。例如，孙湛宁等（2018）从"人类命运共同体"思想角度，论证了其与新时代奥林匹克教育的时代使命的内在契合，认为北京冬奥会应成为培养新一代我国青年世界公民理念的重要平台，促进世界多元文化在我国的交流与融合[130]。余莉萍、任海（2018）指出历届冬奥会面临的环境问题迫切需要加强奥林匹克环境教育，使冬运会成为实施环保活动的助推剂，传授青少年环境保护的知识技能，形成持续有效的奥运环境遗产[131]。赵松等（2016）梳理现代奥林匹克运动教育思想的历史特征发现，当代奥林匹克运动更为注重与健康、环境、文化等国际社会组织的相互合作,可持续发展的理念使教育内涵更为广泛[132]。

4. 治理理念引导奥林匹克改革研究

奥林匹克治理理念是在奥林匹克运动发展出现较多困难的背景下,国际奥委会诸多改革措施的核心理念之一,其目的是实现奥林匹克运动的革新和延续,然而改革进程中问题层出不穷,遭遇的困境更为复杂。为此,学者们开展了就奥林匹克改革的若干问题的研究,代表观点如下:

易剑东(2019)认为,国际奥委会改革举措与我国全面深化改革的形势吻合,国际奥委会要求其改革措施应贯彻到北京 2022 年冬奥会的筹办工作中,我国体育发展战略应首先分析面临的主要矛盾和具体问题,以体育思想和理论创新为先导,全面系统创新体育体制和机制,持续推进体育活动和项目创新[133]。胡孝乾等(2019)以"奥林匹克治理"模式的转变入手,指出随着多重利益集团的进入,新的奥林匹克系统已经形成,正在形成的奥林匹克治理体系包括 3 条主线:协调多元主体与多重利益、强调"善治"原则、以政策主导为主要方式[134]。王成等(2016)认为,国际奥委会推行的奥林匹克善治原则,其实施的关键在于能否在协调多方利益和多种关系的基础上,保证未来国际体育秩序不被众多矛盾所干扰,重在建立奥林匹克重在育人的美好愿景[135]。贺幸辉(2016)从国际奥委会与媒介关系的发展趋势的角度入手,发现进入 21 世纪后,国际奥委会对媒介的管理格局日趋严格,希望在新的治理语境下,抵制负面信息的干扰,强化奥林匹克核心价值观和奥林匹克精神[136]。此外,黄璐以"国际体育组织自治问题审视"[137]、战文腾以"现代奥林匹克治理体系的演变"[138]等不同角度,思考了奥林匹克治理的实施效果及奥林匹克运动发展的问题,为宣传奥林匹克运动、倡导奥林匹克理念做出了重要贡献。

(二)奥林匹克运动研究存在的问题

1. 研究方法以文献与归纳总结为主,缺乏实证研究

近几年我国已有的奥林匹克研究主要以文献理论研究为主,可以反映出奥林匹克运动发展的新趋势、新动态、新理念,但这种理论研究的方法依然存在一定的局限,体现在宏观理论研究侧重于从整体上把握国际奥林匹克运动和我国筹办北京冬奥会期间的发展脉络,且一手文献资料数量较少、多为二次加工,专注于奥林匹克运动的顶端设计,然而奥林匹克运动在各主办国和其他国家的落地执行情况,需要借助大量的实证调查研究,以便掌握具体发展现状,例如,有关北京 2022 年冬奥周期内"冰雪进校园""中小学推行奥林匹克教育"的执行情况和教育效果,需要学者进行多次实证调查或长期跟踪关注等手段,进而实现奥林匹克运动真正的发挥教育价值。

2. 北京冬奥会周期内相关研究热度不浓,成果数量相对不足

奥林匹克相关研究在北京 2008 年奥运会和南京 2014 年青奥会周期内已经取得诸多

成果，诸多学术研究能够证明奥林匹克运动在我国已经取得了重要的普及教育和传播影响。然而，随着2015年北京获得2022年冬奥会举办权，以中国知网的数据为例，近5年核心期刊发表数量尚不足2001—2008年的八分之一，研究视角存在单一性、重复性的不足，有标志意义的研究成果屈指可数，学术界并未跟上国家推广冬季项目活动的步伐，形成2022年冬奥会周期内奥林匹克运动的研究热潮，不利于引导"三亿人参与冰雪运动"、培育冰雪体育文化氛围。

3. 研究体系尚未完全建立，高质量研究团队数量较少

北京2008年奥运周期内，众多体育界资深学者，如任海、熊斗寅、卢元镇等进行了许多极高学术价值和见解独到的研究，然而在近年来，除了少数学者仍然坚持继续将研究思路延续到北京冬奥会，多数学者的研究热情有待提高，而且我国奥林匹克研究学者多从事独立研究，以个人的学术兴趣和知识领域出发，缺乏研究连续性和全面性，缺少了稳定的团队学术成果贡献。与此同时，国内奥林匹克的研究始终缺乏可以由此及彼、触类旁通、循序推演的研究体系，特别是一些研究成果还停留在照搬西方学者成果，简单加以改造的程度，对我国总体国情、体育事业发展水平和筹备北京2022年冬奥会的情况把握不足，研究成果的滞后性特征明显。

（三）奥林匹克运动研究展望

1. 实证研究成果的应用性逐步增强

进入北京冬奥周期以来，为适应2022年冬奥会的筹办工作，奥林匹克研究应当成为国内体育界的研究热点，这就给我们提出了新的要求，即在北京已经拥有成功举办奥运会的办赛经验基础上，如何将冬季运动和发展全民健身事业相结合，将冰雪项目和学校体育课程结合，将西方冰雪体育文化与我国传统体育文化结合起来，在今后几年中，我国奥林匹克实证研究主要将集中在3个方面。第一，围绕北京2022年冬奥会筹办、举办进行全方位的谋划和总结，特别是对冬季运动在我国普及发展情况的观察与研究，将会成为实证研究的热点；第二，围绕"三亿人参与冰雪运动""北冰南展冬雪西扩"的愿景，大众参与冬季项目热情、冰雪体育产业发展将成为又一个热点；第三，围绕"冰雪进校园""推广奥林匹克教育课程"的进展、总结与反思，青少年的冬季项目参与、奥林匹克教育实施效果等事关青少年全面发展的问题，将成为应用研究的关键点。

2. 关注国际主流奥林匹克的研究动向

从总体上看，国内研究更多着眼于对奥林匹克运动的变革与影响对国内奥林匹克运动的启示，更多的是立足国际奥委会总体布局，推广、借鉴甚至照搬国外经验，缺少对我国开展奥林匹克运动的独立研究。随着我国体育事业国际影响力的增长，在《奥林匹克2020议程》框架指引下，我国学者应尝试着以国际视角，以中国体育事业

的独特性去分析举办冬奥会对我国的影响以及存在的问题，冬奥会可持续发展、冬奥会自然环境保护、奥林匹克教育实施效果、冬奥会技术攻关、奥运遗产赛后利用问题等，既是国际奥林匹克运动发展面临的主要难题，也将是我国学者研究的重点。

3. 加强与国际奥林匹克研究学者的合作

在全球化背景下，加强国际范围内的合作是促进奥林匹克运动发展的必由之路，奥林匹克运动本身也是超越地域、种族、文化的多元化体育事业。当前，北京冬奥会筹办过程中遇到的问题，都带有一定共性，如气象条件、交通运输、通讯保障等，随着北京2022年冬奥会的日益临近，我国体育学术界与国际体育学术界在奥林匹克相关研究的合作会日益增长，这种合作是双向交流的，既学习、吸收国外研究成果，同时将我国奥林匹克研究经验与国际体育学术界共享，其合作方向主要集中在以下4个方面：第一，北京冬奥会对政治、经济、社会、民生的影响和对中国国际地位提升的研究；第二，可供借鉴的历届冬奥会主办城市经验的研究；第三，现阶段国际奥委会理念与北京冬奥会融合的研究；第四，北京冬奥会遗产的开发与利用问题等。

4. 更为重视研究方法的作用

近年来，我国体育社科研究的方法更为多样，逐步摆脱了原始的文献积累和个人经验的传统方法，规范化、综合化、利用跨学科理论成为研究方法的主流，然而，实际学术研究中存在错用研究方法，甚至只提及不使用的现象，因此，我们应首先从思想上高度重视研究方法的使用，田野调查要扎实的深入基层去开展，问卷调查要结合研究对象特点准确的发现问题，文献研究要查阅一手原文资料；其次，要注意研究方法的适用性，针对不同研究问题，合理结合不同研究方法，有助于我们把握奥林匹克运动的发展全貌；最后，重视定量研究的实际效果，利用收集的数据和经验观察共同助力奥林匹克研究的开展。

四、体育人类学研究进展

体育人类学是一门只有短短30年历史的新兴学科，它的发生、发展始终和母学科——人类学有着千丝万缕的联系，特别是在理论背景和研究方法上，一直有着人类学的深刻烙印和产生的深远影响。我国第一本体育人类学专著是1999年广东人民出版社出版的华南师范大学胡小明的《体育人类学》，由此奠定了我国"体育人类学"学科发展的基础。20多年来，我国第一代体育人类学学者在该领域持续探索、深入研究，使体育人类学逐渐形成了独立的学科体系，2005年，胡小明、陈华编著，高等教育出版社出版了高等学校教材《体育人类学》（第一版），该教材是体育人类学作为我国体育人文社会科学中一门重要组成学科的里程碑。在《体育人类学》（第一版）的基础上，编者又对这门新兴学科核心内容进行了梳理、充实和创新，2017年，胡小明编著，高等教育出版社出版高等学校体育教育专业教材《体育人类学》（第二版）。

由于文化人类学的主要内容是民族学，所以也将民族学几乎等同于文化人类学。

因此，研究体育文化、体育人类学都离不开民族，民族体育是体育人类学的重要研究对象，民族传统体育是剖析体育起源和发展各阶段诸形态的活化石，是挖掘和创造新体育项目和形式的源泉，是一笔特殊的无形文化遗产。总而言之，体育人类学最终注重的是体育的文化行为，对人类的体育及相关的文化现象的研究，都可以归入体育人类学的范畴。

综上所述，以 2005 年胡小明、陈华编著，高等教育出版社出版的《体育人类学》（第一版）中体育人类学的概念——"体育人类学是运用人类学的理论和方法，对人类有关体育的文化活动进行研究的一门学科"为理论依据，本报告着重从体育文化、民族传统体育文化两个层面考量 2016—2019 年体育人类学学科的研究进展情况。

体育文化、民族传统体育文化研究一直是体育社会科学的重点、热点研究领域，也是体育人类学的主要研究内容。2016—2019 年，在我国建设文化强国的时代背景下，体育文化、民族传统体育文化研究呈现出较为繁荣的局面，据不完全统计，该研究范畴下的相关专著、教材数十部，16 个体育类核心期刊共发表相关文章数百篇。纵观整体，近几年来，国内学者有关体育人类学的研究视野在秉持传统的研究范式和研究范畴的基础上有所拓展，在体育人类学学科建设、理论研究、实践研究、跨文化研究四类成果中，涉及民俗与民族传统体育文化的保护和传承发展、体育非物质文化遗产、体育文化传播、体育文化产业、体育文化旅游、高校体育文化建设、冰雪体育文化、村落体育文化、民族传统体育参与社会治理等诸多方面，呈现出学术成果的现实功能和应用价值，也反映出当前学术研究学科交叉的趋势。

（一）从近 4 年三大基金项目立项情况看体育人类学研究进展

1. 国家社会科学基金项目选题指南与立项分析

（1）课题指南分析

国家社会科学基金是我国体育科学领域级别最高的科研基金项目之一，代表着国家人文社会科学研究领域的最高层次和水平，对体育科学尤其是体育社会科学发展发挥着引领和导向作用。本报告从体育人类学研究视角出发，初步分析 2016—2019 年国家社会科学基金体育人类学方向选题指南，以明确近几年课题指南中体育人类学发展导向和趋势。

由表 2 可以看出，2016—2019 年国家社会科学基金选题指南所提供的体育人类学范畴下的体育文化、民族传统体育文化方向的研究项目以宏观层面的引导为主，立足体育人类学不同层面发展需要，以现实理论问题与实践问题作为主要研究内容。从课题指南的整体布局上看，国家社会科学基金项目研究内容具有突出的政策性和时效性，折射出一段时期内社会发展的动态变化和体育人类学学科研究发展趋势。其中"非物质文化遗产保护""少数民族传统体育文化保护""少数民族传统体育文化传承"始终是近几年体育人类学学科研究的热点问题，而"'一带一路'的体育文化建设与传播"

"冰雪体育文化""马拉松文化现象"则是新兴的研究课题。

表2 2016—2019年国家社会科学基金体育人类学方向选题指南

年份	选题指南
2016	"一带一路"战略与亚欧体育文化交流研究
	马拉松赛事与城市文化建设研究
	民间民俗体育项目的文化价值研究
	体育与农村文化建设研究
	少数民族体育文化遗产的挖掘与整理研究
	我国体育非物质文化遗产保护与发展研究
	体育与文化、旅游等产业融合研究
2017	体育促进社会主义文化建设研究
	"一带一路"战略与体育文化传播研究
	体育运动项目文化研究
	城市、农村及特殊区域体育文化建设研究
	我国公民体育文化素养研究
	少数民族传统体育跨文化传播研究
	民族传统体育与非物质文化遗产研究
	"马拉松跑现象"与中国城市文化发展研究
	学校体育中竞技运动项目文化研究
2018	"一带一路"倡议与体育文化建设研究
	"一带一路"背景下体育文化国际传播研究
	我国体育文化国际传播能力研究
	我国公民体育文化素养研究
	民族传统体育非物质文化遗产研究
2019	中华民族传统体育跨文化传播研究
	"一带一路"背景下我国体育文化传播研究
	中外体育迷(球迷)文化比较研究
	冰雪运动与文化旅游产业融合发展研究
	中国特色社会主义体育文化研究
	北京2008年奥运会文化遗产保护对2022冬奥会创新的启示研究

（2）立项分析

由表3可以看出，2016—2018年（截至2019年10月，2019年国家社科基金项目正在评审中），国家社会科学基金包含体育文化、民族传统体育文化的体育人类学方向的立项项目共65项，直接以"体育人类学""文化人类学"为题名的项目共4项，占6.15%。其中重点项目共4项，占6.15%；一般项目共49项，占75.38%；青年项目共12项，占18.46%。从时间分布情况来看，2016年共立项21项，2017年共立项27项，2018年共立项17项，其中民族传统体育文化备受关注，这可能与2017年中共中央办公厅、国务院办公厅印发《关于实施中华优秀传统文化传承发展工程的意见》存在一些关联，反映出保护、复兴、传承与传播中华优秀传统体育文化对于中国当代体育发展的重大责任与时代使命，反映出中华优秀传统体育文化对于实施中华优秀传统文化传承的重要作用。

表3 2016—2018年国家社会科学基金体育人类学方向立项情况

年份	类别	项目名称
2016	重点项目	同源民俗体育交流与两岸文化认同研究
	一般项目	我国体育非物质文化遗产保护的社区参与式治理研究
	一般项目	"一带一路"沿线区域体育文化与旅游融合创新研究
	一般项目	国家形象视阈下的中国乒乓球文化传播研究
	一般项目	西藏乡村旅游与藏族传统体育文化融合发展研究
	一般项目	藏族传统体育文化与乡村旅游融合发展研究
	一般项目	精准扶贫背景下西部地区民族传统节庆体育与旅游产业融合发展机理与路径研究
	一般项目	京杭运河传统体育文化的传承与发展研究
	一般项目	中国武术非物质文化遗产传承人生存现状调查研究
	一般项目	明清商帮与区域武术文化发展研究
	一般项目	跨界民族共有传统体育文化的调查研究
	一般项目	博物馆学视阈下武术非物质文化遗产保护与发展的研究
	一般项目	青海少数民族体育文化史
	一般项目	社会文化共同体背景下东盟龙狮运动融合发展路径研究
	一般项目	国家形象视阈下的中国乒乓球文化传播研究
	一般项目	纳西族东巴体育文化研究
	一般项目	史前身体运动形态与古文字演进的文化人类学研究
	青年项目	武术技术的文化蕴含研究
	青年项目	少数民族武术文化影像志
	青年项目	民俗体育文化保护研究
	青年项目	中华民族传统体育的东盟推广与文化适应研究
2017	重点项目	中国足球振兴的文化策略研究
	重点项目	中国武艺岩画的历史文化研究
	一般项目	新疆少数民族体育非物质文化遗产保护与传承机制研究

续表

年份	类别	项目名称
	一般项目	基于传统养生文化理念下的民族传统体育与健康促进的研究
	一般项目	武陵山区民族传统体育非物质文化遗产传承模式与发展路径研究
	一般项目	中华民族传统体育文化自信的理论基础与保障机制研究
	一般项目	贵州体育类非物质文化遗产调查研究
	一般项目	中国传统龙舟文化的现代发展研究
	一般项目	"马拉松跑现象"对我国城市文化发展的影响机理及实现路径研究
	一般项目	英国体育非物质文化遗产保护的路径选择及其镜鉴研究
	一般项目	文化人类学视域下中国少数民族武术的田野考察研究
	一般项目	甘青特有民族濒危体育文化资源数字化保护与传承研究
	一般项目	民族体育文化治理模式的构建、运行机制及其发展路径研究
	一般项目	"一带一路"视域下的新疆少数民族体育文化传播研究
	一般项目	"一带一路"背景下中华龙狮文化传播及产业化发展研究
	一般项目	"一带一路"战略下民俗体育文化的产业化发展路径研究
	一般项目	"一带一路"沿线国家武术文化传播的发展战略研究
	一般项目	"一带一路"背景下中韩民族传统体育比较研究
	一般项目	"一带一路"国家战略下我国体育非物质文化遗产传播研究
	一般项目	湘鄂渝黔边区少数民族民俗体育的固态保护与活态传承研究
	青年项目	我国"直过民族"传统体育文化资源库建设研究
	青年项目	文化强国战略背景下体育文化代际冲突研究
	青年项目	宁夏回族传统体育跨文化传播研究
	青年项目	藏棋在西藏文化建设中可持续发展研究
	青年项目	马拉松赛事与城市文化的耦合共生关系及发展路径研究
	青年项目	体育人类学视角下中国朝鲜族传统体育跨文化传播研究
	青年项目	"一带一路"国家战略下我国体育非物质文化遗产传播研究
2018	重点项目	中国竞技运动项目文化建设研究
	一般项目	中国传统养生运动的文化特质与健身理论体系建构研究
	一般项目	"一带一路"倡议下宁夏与阿拉伯国家体育文化交流研究
	一般项目	"一带一路"进程中的我国体育文化建设研究
	一般项目	边疆军垦体育文化的挖掘、传承与创新研究
	一般项目	基于田野考察的西北村落民间体育文化生态的统摄研究
	一般项目	青海省蒙藏传统体育文化交互发展及变迁研究
	一般项目	乡镇振兴战略理念下藏族工布响箭文化的可持续发展研究

续表

年份	类别	项目名称
	一般项目	中国特色竞技体育文化研究
	一般项目	"一带一路"背景下"大香格里拉"藏族传统体育文化传播与提升策略研究
	一般项目	"一带一路"背景下体育文化国际传播研究
	一般项目	中原汉画像石体育文化的社会学研究
	一般项目	我国"一带一路"沿线特色体育文化与生态旅游融合品牌创新研究
	一般项目	西南多民族聚居区体育文化的创造性转化路径与乡村振兴战略研究
	一般项目	新疆少数民族体育非物质文化遗产口述历史研究
	一般项目	中华武术国家级非物质文化遗产项目传承体系研究
	青年项目	民族传统体育参与式发展的文化人类学研究

2. 教育部人文社会学基金项目立项分析

2016—2018年教育部人文社会科学基金项目未设申报指南（专项任务项目除外），因此仅对立项情况进行分析。

教育部人文社会科学基金项目是面向全国普通高等学校公开竞标，仅次于国家社会科学基金项目的高级别基金项目，权威性、创新性、引领性十分突出，成为衡量我国高等教育系统科研人员科研能力的一杆标尺。由表4可以看出，2016—2019年，教育部人文社会科学基金包含体育文化、民族传统体育文化的体育人类学方向的立项项目共43项，其中规划项目12项，占27.91%；青年基金31项，占72.09%。从时间分布情况来看，2016年8项，2017年10项，2018年17项，2019年8项，其中民族传统体育文化立项33项，占76.74%。从立项数量与立项主题可以看出，近几年体育人类学研究的整体趋势一致，区域选择上，我国少数民族聚居区居多；项目选择上，我国民族传统体育项目居多。总之，"民族传统体育文化"研究热度明显。

表4 2016—2019年教育部人文社会科学基金体育人类学研究立项情况

年份	类别	项目名称
2016	规划	中国学校武术教育的文化逻辑
	规划	困境与出路：中华龙舟文化传承与发展策略研究
	青年基金	中国传统体育文化在朝鲜半岛的传衍研究
	青年基金	三晋武术文化体系与事业模式研究
	青年基金	丝绸之路经济带民族传统体育文化资源与产业发展
	青年基金	新疆维、哈、柯、汉族青少年体质健康动态变化及比较研究
	青年基金	民族传统体育健康效益生态模型的建构与应用研究

续表

年份	类别	项目名称
	青年基金	集体记忆的消解与异化：凉山彝族火把节仪式的现代反思
2017	规划	藏羌彝走廊传统体育文化保护空间透视与传承绩效评价研究
	规划	体育非物质文化遗产教育传承与学校课外体育活动融合模式的研究
	青年基金	湖南省民族传统体育文化景观基因的数字化保护研究
	青年基金	君与君不与：中国武术竞赛历史文化研究
	青年基金	"一带一路"背景下广西体育非物质文化遗产的保护与传承——以宾阳炮龙节为个案研究
	青年基金	东盟华侨华人对中华传统体育文化的传承与发展研究
	青年基金	跨文化视域下"一带一路"与体育文化传播研究
	青年基金	全球化视域下瑜伽与我国传统体育文化融合发展研究
	青年基金	"马拉松跑"与中国城市文化发展研究
	青年基金	"一带一路"战略背景下中西体育文化互鉴研究
2018	规划	要素独占性视角下体育文化产业与"中国制造"融合发展研究
	规划	新时代武术中美跨文化传播研究
	规划	粤港澳大湾区武术非物质文化遗产的协同保护与开发研究
	规划	桂东南村落醒狮文化的传承与创新研究
	规划	桂西北少数民族体育文化解析与传承研究
	规划	少数民族地区多元体育文化协同发展研究——以广西为例
	青年基金	岷江上游藏羌传统体育文化纵横立体研究
	青年基金	湘桂黔边区民族传统体育活态传承与健身休闲产业融合发展研究
	青年基金	闽东畲族民间体育的族群认同研究
	青年基金	从文化迷失到文化自信：中国体育非物质文化遗产保护与发展研究
	青年基金	构建人类命运共同体思想下中国—东盟民俗体育文化交流研究
	青年基金	中华优秀传统体育文化中的德育资源及其当代价值研究——以中国传统射箭为例
	青年基金	岷江上游藏羌传统体育文化纵横立体研究
	青年基金	民族传统体育文化复兴的政府责任及其落实机制研究
	青年基金	民族传统体育非物质文化遗产创造性转化研究
	青年基金	基于客居受众视角的中国武术文化国际传播效果研究
	青年基金	中华优秀传统武术剑文化传承体系研究
2019	规划	新时代"场域—惯习"视角下我国校园武术文化传承与推广研究
	规划	中华凤舟文化遗产的调查发掘与保护传承研
	青年基金	贵州山地民族体育文化研究

续表

年份	类别	项目名称
	青年基金	"乡村振兴"战略下村落民族传统体育的现代适应研究
	青年基金	新时代中国足球文化研究
	青年基金	中国体育文化国际传播能力精准提升研究
	青年基金	媒介社会中体育文化的话语表征、变迁和治理研究
	青年基金	民俗体育身体叙事的本土化转向研究

3. 国家体育总局决策咨询项目立项分析

国家体育总局决策咨询项目不能自行拟定题目，因此，课题指南与立项一致，在此，不再分别分析。

国家体育总局决策咨询项目是我国体育类研究项目的权威品牌，指向体育发展的重点、热点、难点问题，对体育研究的发展起着引领作用。课题指南基本以事关当前体育改革发展的全局性、战略性和前瞻性的重大理论问题和实践问题为主要方向，以服务当前体育改革和发展实践的针对性和时效性为导向。2016—2019 年，共立项 26 项。从分布情况来看，2016 年立项 20 项，均为一般项目；2017 年 1 项重大项目，1 项重点项目（2017 年未设一般项目）；2018 年 1 项重点项目，1 项一般项目；2019 年 1 项重点项目，1 项一般项目。由表 5 可以看出，所列 6 个方向基本涵盖了体育文化、民族传统体育文化等关键领域。国家体育总局咨询决策项目立项情况体现出以质量为导向的体育科学研究发展方向。理论研究突出基础性和前沿性，应用研究突出现实性和时代性，为实际问题提供科学引导，力图取得良好的社会效益和现实效应。对体育科学研究人员而言，国家体育总局咨询决策项目对把握当前我国体育科学研究的整体趋势具有极大的参考价值和指导意义。

表 5　2016—2019 年国家体育总局咨询决策课题体育文化研究课题指南与立项情况

年份	类别	项目名称
2016	一般项目	体育与文化、旅游等产业融合发展的研究
	一般项目	健身气功国际推广策略研究——兼论中美政府间体育文化交流项目实施路径
	一般项目	"一带一路"视域下我国体育文化输出战略研究
	一般项目	我国城乡小广场体育文化建设研究
	一般项目	体育文化传承理论体系中"身体知"的研究
	一般项目	新媒体环境下我国体育文化国际传播能力研究
	一般项目	京津冀体育文化创意产业协同发展研究
	一般项目	我国海洋体育文化发展战略与对策研究
	一般项目	中国新型城镇化战略框架下传统体育文化保护和发展机制研究

续表

份	类别	项目名称
	一般项目	武术非物质文化遗产资源价值评价与分层保护利用研究
	一般项目	武陵山片区体育非物质文化遗产文化生态的反思与重建
	一般项目	区域性民族传统体育发展的文化生态学研究
	一般项目	新时期江苏体育文化建设研究
	一般项目	体育博物馆为平台的体育文化建设研究——以英格兰国家足球博物馆为例
	一般项目	乡土武术的集体记忆与文化再生产——以伏羲八卦拳为个案
	一般项目	竞技场域下的体育媒介暴力文化学研究
	一般项目	丝绸之路体育文化交流史研究
	一般项目	全球化语境下的中国球迷文化变迁研究
	一般项目	南岭民族走廊的民俗体育变迁研究
	一般项目	客家民俗体育对村落社会族群认同的建构研究
2017	重大项目	体育文化的时代内涵和实现路径研究
	重点项目	弘扬中华体育精神、发扬体育文化在聚集实现中国梦的强大力量研究
2018	重点项目	如何利用好北京冬奥会平台，展现中国的大国形象和文化自信的研究
	一般项目	"一带一路"战略下中华优秀传统体育文化"走出去"研究
2019	重点项目	民族民间民俗体育文化挖掘与传承研究
	一般项目	中国传统体育文化海外传播新模式研究

（二）从近4年专著、教材及体育类核心期刊刊文情况看体育人类学研究进展

1. 研究范围不断扩大，整体成果效益显著

以"体育人类学""体育文化""民族体育""传统体育""民俗体育""体育非物质文化"为检索主题词，以馆藏目录下藏书为检索条件，对北京体育大学图书馆馆藏书籍进行检索，收集2016年1月至2019年5月出版的专著、教材，经过甄别和筛选，剔除不属于本学科研究范畴的样本，共检索出相关专著、教材70余部（图4）。

通过中国知网全文数据库对2016年1月至2019年5月体育人类学学科方向研究文献进行检索，设定与体育人类学高度相关的主题词"体育文化""民族体育""传统体育""民俗体育""体育非物质文化""体育人类学"进行高级搜索，查阅具有代表性的博硕学位论文约60篇。以16个体育类核心期刊刊文为选取对象，统计出刊发在2016年1月至2019年5月期间的体育人类学方向论文约500篇。

本部分主要以检索获得的相关专著、教材和核心期刊文章为基础，对体育人类学学科的研究进展进行分析。

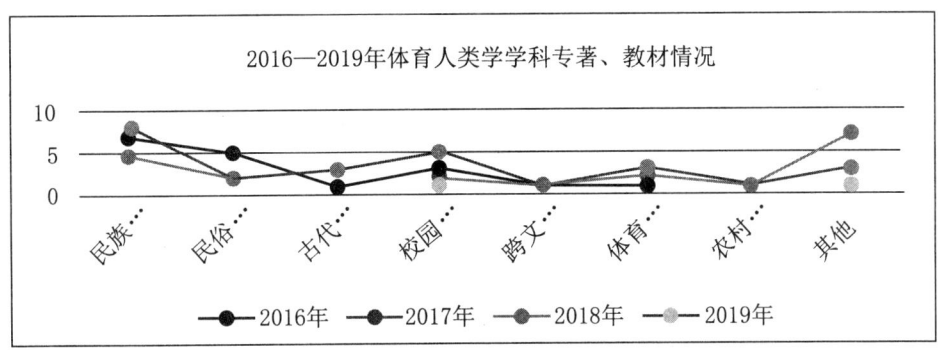

图4 2016—2019年体育人类学方向专著、教材出版情况

(1) 学科建设的成果

胡小明在《体育人类学》（第二版）前言中曾满怀热忱地说道："体育人类学这门新兴的学科……不仅仅是利用成熟的人类学来研究体育问题，而是构建一门理论性很强的综合应用学科，在体育研究领域自称学科体系，用创新性理论成果去积极影响体育实践。"自20世纪末、21世纪初，建构体育人类学学科体系成为体育理论研究的热点，我国学者围绕该方面进行了大量的研究工作，此阶段，伴生出许多优秀的科研成果，对体育人类学的界定、学科性质、研究对象、研究方法、研究任务、体系结构、历史沿革等方面进行了深入的探索、探讨，搜集、翻译了大量国外文献资料，紧跟国际研究前沿与热点，初步完成建构我国体育人类学学科体系的理论基础。在前人研究的基础上，近4年来，我国学者对体育人类学体系的构成要素、发展沿袭等方面从人类学、文化学、民族学等不同的研究视角展开剖析。这些方面的主要成果有：胡小明编著《体育人类学》（高等教育出版社，2017）；杨世如、胡小明编著《乡野体育——体育人类学理论与实践》（中央民族大学出版社，2016）；鲁威人著《体育文化学》（清华大学出版社，2016）；黄正禀著《仡佬族传统体育文化发展研究》（中央民族大学出版社，2017）；刘健著《体育文化探究》（科学出版社，2017）；林小美等著《吴越文化与民族体育文化融合研究》（浙江大学出版社，2017）；李延超著《民族体育文化生态困境与发展》（人民出版社，2017）；李乃琼著《中国—东盟民族体育的融合发展》（中国社会科学出版社，2018）等。

(2) 理论探讨的成果

近4年来，中国进入全面深化改革阶段，当体育文化融于建设体育强国和健康中国的历史进程与社会使命，很多学者睿智地认识到体育发展与社会发展的必然联系。他们就全面深化改革阶段民族传统体育文化、村落体育文化、体育非物质文化、体育文化传播等发展问题进行了大量的理论探讨。他们期望通过对体育文化、民族体育本质的再认识，解读我国体育发展中存在的主要问题；期望通过探寻新时代的社会发展需要，来推动体育的现代化发展。这些方面的成果主要有：任海（2019）的《聚焦生活，重塑体育文化》[139]；赵伟、王玉（2016）的《竞技体育文化意识的形成、发展与异变——以里约奥运会为例》[140]；陈高朋（2018）的《竞技体育文化失范证因分析》[141]；朱培榜（2016）的《试论高校体育文化建构》[142]；杨中皖（2018）的《"国家—社会"关系中的民俗体育考察——来自骆山村"骆山大龙"的田野报告》[143]等。

近4年来，由于国家对文化软实力高度重视，对文化自信反复强调，民族传统体育文化领域的研究成果无论从数量上还是质量上都较以前有较大幅度提升，学者们就中国民族传统体育文化、民俗体育文化、中国武术文化等发展问题进行了理论探讨，力求从中国民族传统体育学科体系的角度出发探究民族传统体育文化的全貌，力求从探寻现代社会转型的文化学视角出发省思中国武术发展的出路。这些方面的研究成果主要有崔乐泉著《中国民族传统体育学》（科学出版社，2018）；王岗、龙行年、赵海涛等编撰《中国武术文化丛书》（北京体育大学出版社，2017）；沈锡昂、王钧（2018）的《大众文化视角下的少数民族体育文化转型》[144]；刘次琴，陆宇榕（2018）的《文化自信主题下民族传统体育文化传承与发展研究》[145]；白晋湘（2019）的结合新时代社会发展任务特征，对中国民族传统体育文化建设的使命与担当进行剖析[146]等，以上优秀成果夯实了进一步研究民族传统体育文化的理论基础。

（3）应用研究的成果

近4年来，我国体育文化在深入理论问题研究的同时，对体育文化的实践问题也开展了较为深入的探讨。研究者在深入认识体育文化资源潜在的经济、社会价值的基础上，对如何利用冰雪体育、少数民族体育等体育文化资源培育相关产业链，发展产业结构；如何利用政策红利对民族传统体育文化、体育非物质文化遗产进行保护与传承；如何通过体育文化对外传播树立国家形象；高校如何利用体育文化建设贯彻社会主义核心价值观的同时培育新一代大学生的生活体育观；如何利用社区体育文化建设应对中国社会老龄化难题等方面进行了探索。这部分具有代表性的成果有：刘青健著（2018）《妈祖民俗体育文化及产业化研究》；钱建东、刘跃峰著（2018）《新疆少数民族体育文化遗产研究报告》；王智慧著（2018）《尚武精神的消逝：社会变迁下的民族传统体育文化记忆与传承》；田玲玲，王清著（2018）《我国民族传统体育文化的传承与发展研究》；陈炜、朱岚涛、文冬妮著（2017）《桂滇黔少数民族传统体育文化资源调查与开发利用研究》；邓星华著（2018）《体育文化传播与国家形象构建研究》；喻俊著（2019）《高校体育文化及其建设的综合性探论》；赵金林著（2018）《校园体育文化建设与实践探究》；赵金林著（2018）《休闲体育文化多元解析与运动方法指导》，郭朕，刘君玲著（2018）《现代社区体育文化建设与锻炼指导》。李博、程丽丽等（2019）的《黑龙江冰雪体育文化产业结构优化途径》[147]；赵富学等（2017）的《"一带一路"背景下散存少数民族体育文化信息资源的数字化保护问题研究》[148]；孙科（2018）的《基于心态·体制·形式对中国校园足球改革障碍及其突破策略访谈录》[149]；周涌（2017）以现代信息技术为研究视角，对民俗体育文化保护和推广作用进行分析[150]；陈立华、李孟华（2017）以锡伯族射箭为研究对象，对该民族的文化传承和发展进行分析[151]；姜霞、刘新民等人（2019）的《体育非物质文化遗产保护传承中原生态和现代生存需求的矛盾——以西部红拳为例》[152]；王怀建、林小美（2018）基于体育文化和科技创新的视角，对中国掼牛非物质文化遗产的保护机制研究[153]等成果。

（4）跨文化研究的成果

近4年来，我国学者在对中西体育文化的文化特征差异、认知差异、价值内涵差异展开比较和探讨的基础上，对中西体育文化在"内敛、静养"和"竞争冒险、拼搏至上"的文化内核，"天人合一与身心二元、中庸仁爱与崇武尚争、集体本位和个人本位"的价值取向，"西方竞技体育文化"对"中国传统体育文化"的冲击、交际和交融等方面也进行了深入的探讨。这些方面的代表成果有：孙麒麟、毛丽娟、李重申著（2017）《从长安到雅典：丝绸之路古代体育文化》；涂传飞（2018）的《美国体育人类学研究进展及对中国体育人类学研究的启示》；高翔、王文清（2019）的《西方奥林匹克思想对铭贤体育文化构建的影响》[154]；赵晓琳、竺大力（2019）的对《媒介深度参与与国外体育文化产业发展经验探析》[155]；张波、姚颂平（2018）的《中西体育赛会的文化比较——以古中国射礼赛会与古希腊奥林匹克赛会为例》[156]；孙群群、白晋湘（2018）基于工具的认同抑或隔离，通过对西班牙斗牛舞与水族斗角舞的田野考察，对中外民俗体育性别参与的文化人类学研究[157]；杨丹、施兰平（2018）基于体育文化差异视角，对中美大学生运动员运动动机比较[158]等研究。

2. 研究主题突出本土与发展特征

从表6可以看出，截至2019年5月，体育类核心期刊刊发的体育人类学主题包括民族传统体育文化（含民俗民间体育文化）、武术文化、体育非物质文化遗产、中西体育文化研究、运动项目文化、体育文化理论等，论文主题分布走向与三大基金项目的立项走向较为一致，说明民族传统体育文化备受关注。

表6　2016—2019年体育人类学学科论文研究主题分析

主题	2016年（篇）	2017年（篇）	2018年（篇）	2019年（篇）	合计（篇）	比例（%）	排序
民族传统体育文化	29	27	22	9	87	22.03	1
体育非物质文化遗产	6	13	13	4	36	9.11	3
中西体育文化研究	6	13	13	4	36	9.11	3
民俗民间体育文化	3	8	8	1	20	5.06	7
农村体育文化	1	5	1	0	7	1.77	15
区域体育文化	7	8	3	2	20	5.06	7
运动项目文化	10	11	6	2	29	7.34	5
武术文化	10	14	16	4	44	11.14	2
体育文化理论	6	7	4	5	22	5.57	5

续表

主题	2016年（篇）	2017年（篇）	2018年（篇）	2019年（篇）	合计（篇）	比例（%）	排序
体育文化史	4	3	3	0	10	2.53	12
体育文化产业	2	2	1	2	7	1.77	15
体育文化传播	2	3	1	0	6	1.52	17
校园体育文化	4	2	3	0	9	2.28	13
区域体育文化	7	8	3	2	20	5.06	7
"一带一路"	3	4	4	0	11	2.78	11
互联网体育文化	0	1	3	0	4	1.01	18
象征体育文化	2	4	2	0	8	2.03	14
其他	4	10	4	1	19	4.81	10
合计					395		

注：数据截至2019年5月。

(1) 民族传统体育文化研究热度集中，武术文化研究持续性突出

在实现中华民族伟大复兴中国梦的进程中，我们坚定文化自信、增强文化自觉，学者们清醒认识到，文化软实力对于国家建设、民族发展的重要意义。民族传统体育是中华民族世代繁衍生息、关乎生活智慧与劳动创造的体现，对于民族传统体育文化的研究是我们深入认识民族优秀传统文化的重要途径和必要手段，是坚定文化自信、增强文化自觉的必经之路。在这样的时代背景下，体育学者对民族传统体育给予了越来越多的关注，民族传统体育文化研究的热度也持续升温，且指向较为集中，以"少数民族传统体育文化保护与传承"和"非物质文化遗产保护"视角为主，如陈小蓉主编（2018）的《中国体育非物质文化遗产》（丛书）[159]，以行政区为划分单位，每个省（自治区、直辖市、特别行政区）为一卷，呈现不同省份中的体育非物质文化遗产，为我们留下了真实、生动、宝贵的中国体育非物质文化遗产记忆。武术作为中华民族优秀传统文化之瑰宝，一直以来是体育文化研究领域的重要研究主题，长期以来热度不减，一批深耕于此的中青年学者脱颖而出，如王岗等（2017）著的《中国武术文化丛书》，从文化学视角出发，对中国武术展开剖析、解读，引发读者对武术文化进行深入思考。不仅如此，一批青年学者在民族传统体育文化研究领域崭露头角[160]，如张世威（2018）的《乌江流域民族传统体育文化通融性考论》、王洪珅（2018）的《中国传统体育文化的生态适应论》等，为体育人类学研究注入了新鲜血液。

(2) "一带一路""互联网+"成为研究选题背景新宠

体育文化是新时代中国主流社会文化不可或缺的组成部分。在全球化进程加速的背景下，中西方体育文化激烈碰撞、相互融会，流畅、高效、便捷的体育文化传播就显得尤为重要，并且体育本身具有文化传播的功能，也是文化传播的重要手段。鉴于

此，在我国推行"一带一路"建设工程以来，体育文化传播研究搭乘上"一带一路"的大船，将我国优秀的民族传统体育文化传播至世界各地，代表性成果有：吕韶钧（2018）"一带一路"文化传播背景下，以武术国际推广 3.0 时代为例，对中国"文化走出去"的战略转型研究[161]；陈刚（2017）对"一带一路"战略实施中推进体育文化国际传播的研究[162]；王钧（2016）对"一带一路"战略背景下少数民族体育文化遗产廊道构建研究[163]等成果。

（3）体育文化基础理论视角出新

卢元镇说："凡体育，必文化。"体育作为人类世界重要的文化构成，在人类文明发展进程中扮演着无法取代的重要角色，始终与人类文明进程同步发展、共享繁荣。因此，学者们早已认识到"体育文化的确是一个亟待深入研究和深刻认识的课题"[164]。从 20 世纪 80 年代开始，我国学者及开启体育文化基础理论探索，过去 30 多年，时代变迁，体育文化理论的探索视角应运新的突破，如乔凤杰（2016）基于符号视角诠释"运动，与文化何干"？[165]；王洪珅（2017）运用文献资料法和历史研究法，在阐明中国体育文化生态概念和内涵的基础上，对中国体育文化生态进行阶段式总结与阐释[166]；易剑东（2018）的《从为国争光到文化软实力——对中国体育文化发展的思考》[167]；任海（2019）的《聚焦生活，重塑体育文化》。以上体育文化探索研究视角不同，但都从不同的侧面揭示了体育文化是"以人为本"这一精神内核的本质存在和意义。正如易剑东所说，"使体育文化为人的全面发展服务，为小康社会服务，为人民的幸福生活和美好生活服务"，并能够最终实现体育文化的重塑，让"'爱体育，会体育，懂体育，能体育'的文化氛围在全社会形成，……引领体育随着人民群众生活的变化而变化，让体育文化始终保持与人民的血肉联系"[168]。

（4）民族体育文化研究覆盖面广阔

我国是由 56 个民族构成的多元一体国家，各个民族在自身的发展历程中都可能积淀了具有本民族特色的体育文化。因此，挖掘、整理、分析、研究各民族体育文化是民族体育工作者的使命和责任。同时，研究成果是对中华民族文化整体的充实和丰富，在某种程度上体现了研究的人文价值。从现有研究的实际情况看，研究者的涉猎面较为广泛。

人口在 500 万以上的民族（汉、壮、回、满、维吾尔、苗、彝、土家、藏、蒙古）的体育人类学有数量庞大的研究者涉猎。人口在 30 万~500 万之间的民族（侗、布依、瑶、白、朝鲜、哈尼、黎、哈萨克、傣、畲、傈僳、东乡、仡佬、拉祜、佤、水、纳西、羌）的体育人类学也有一定数量的研究成果。杨铃春等（2018）从"抢花炮"运动发展历程管窥侗族传统体育文化变迁，以侗族"抢花炮"运动发展的体育文化特征为基础，较为系统地分析了侗族传统体育文化的基本特征、变迁脉络、变迁的影响因素等问题[169]；何丽苹（2019）通过对布依族一个村落传统体育的研究，在对布依族传统体育的现状进行分析后，提出布依族村落传统体育传承和发展的路径[170]。王辉

（2016）对白族的民间体育进行了考析，认为白族民间体育的发展脉络根源于高原稻作农耕和湖泊渔业的生产生活方式，表现于白族民间节庆与婚丧嫁娶活动仪式形式，依赖于群众体系传承，植根于"本土"信仰[171]。李成龙（2018）在国家认同的视野下对朝鲜传统体育的文化价值进行了探讨[172]。王钧等（2017）从少数民族文化保护入手，对箐口村哈尼族磨秋运动施以个案调查，并以文化空间理论为研究理论支持，探寻少数民族体育活动由原始走向文明进程中文化空间的变迁及其影响因素[173]。尹作亮（2016）运用文献资料、逻辑分析等方法对黎族传统体育从优势、劣势、机会、威胁4个维度进行剖析。研究表明：新时期黎族传统体育优势和劣势同在，机会和威胁并存。[174]陈静静（2017）梳理了新疆哈萨克传统体育的起源、形成、发展和传承过程[175]。陈利红（2017）以傣族传统体育作为个案之一论述了民族传统体育对族群建构的文化意义[176]。贺军萍（2016）对景宁畲族传统体育文化进行了研究，认为：畲族传统体育展现了其农耕、游猎的文化类型，具有原生态型、民族性、地域性、经济性和表演性等特点[177]。邱良武（2017）对傈僳族典型传统体育"上刀山、下火海"的文化功能进行了研究，认为其具有民族凝聚功能、精神激励功能、经济发展功能和文化传承功能等社会功能[178]。郭军等（2017）以傈僳族"爬刀杆"为个案分析，通过仪式体育的身体叙事解读身体社会文化[179]。董茜（2017）以东乡族传统体育为例，对临夏回族自治州民族传统体育的现状和发展进行了探讨[180]。杨彩虹（2017）对东乡族传统体育作为课程资源的可行性方面进行了论证[181]。陈利红（2017）采用文献资料法和比较法，从文化人类学视角，以仡佬族、彝族和傣族为例分析民族传统体育。研究发现：民族传统体育不仅蕴含了族群建构中的宗教、信仰、习俗、历史记忆、行为模式等文化元素，还是族群文化的主要叙事方式和传递手段，对族群建构具有重要意义[182]。张燕（2018）对拉祜族传统体育的保护和传承进行论述[183]。吴履昊（2017）运用文献资料、实地考察、问卷调查等方法，对仫佬族民族传统体育开展现状、发展历史进行研究，发现作为民族传统体育一部分的仫佬族传统体育保护迫在眉睫，许多项目都已消失和濒临灭绝[184]。冯强（2016）对佤族节庆传统体育的现代适应进行了研究，从社会制度、生存环境、文化主体等方面展开了探讨[185]。孙群群（2017）对水族斗角舞和西班牙斗牛舞的文化结构和内在动作逻辑进行了比较研究[186]。屈植斌（2017）从自然环境、生活方式、社会历史、宗教信仰、传统节日、文化制度等方面比较了水族赛马和蒙古族赛马的文化特点[187]。韩明均（2016）从生产劳动、军事斗争、宗教文化等方面探讨了羌族体育的起源[188]。

人口在30万以下的民族（土、仫佬、锡伯、柯尔克孜、达斡尔、景颇、毛南、撒拉、布朗、塔吉克、阿昌、普米、鄂温克、怒、京、基诺、德昂、保安、俄罗斯、裕固、乌兹别克、门巴、鄂伦春、独龙、塔塔尔、赫哲、高山、珞巴）体育文化也有不少学者进行研究。马祥（2018）从文化形态、价值功能等几方面对土族体育进行剖析。林文峰（2018）挖掘整理了贵州仫佬族传统体育项目遗存，分析了贵州仫佬族传统体育文化的特点、当代价值[189]。陈立华（2017）对锡伯族传统体育"射箭"的历史和文化特点进行了梳理和分析[190]。王红蕾（2016）对柯尔克孜族传统体育项目"奥尔达"的起源、发展、特点和价值进行了初步探索[191]。丛密林（2018）运用文献资料、逻辑分析和比较分析等方法，对达斡尔聚居区的体育非物质文化遗产的概念、分类及其相关概念之间关系等问题进行诠释与重构[192]。卜秀秀（2018）对贵州平塘县卡蒲毛南自治乡的毛南族猴鼓舞的审美特征和价值进行了描述和分析[193]。张雪莹（2016）通过解析鄂伦春族图腾信仰文化、鄂伦春族传统体育文化图腾信仰崇拜与文化认同，在鄂伦春族传统体育文化传承危机的基础上，提出了鄂伦春族传统体育文化传承路径[194]。贺小花（2017）对京族民间传统体育按现代体育标准进行了分类，并分析了其文化特征[195]。杨彩虹（2017）把保安族传统体育当作一种课程资源，探讨了将其引入学校的路径和方案[196]。刘茂昌（2017）从自然场域与社会场域对裕固族民间传统体育的传承和嬗变进行研究[197]。杨建鹏（2016）对门巴族传统体育的现代变迁进行了梳理和分析[198]。张珊珊（2018）运用文献资料法，对中俄跨界民族（赫哲族—那乃族）体育文化流变的历程进行研究[199]。

从上面的简述可以看出，除普米、基诺、俄罗斯、乌兹别克、塔塔尔等少数几个民族的传统体育文化暂无研究人员涉猎外，其他民族的传统体育都有或多或少的学者进行研究，体现了当前关于民族传统体育文化研究对象的覆盖面的广阔度。

（5）研究主题的问题导向意识渐显

从体育人类学研究的既有文献总体情况看，研究的关注侧面较为多样，但在这个研究周期内的绝大部分文献体现出一个共同的特征：较为明显的问题意识。也就是说，以往民族传统文化研究更多关注的是所研究对象的起源、文化特点和文化价值等描述性的内容，现在民族传统体育文化研究更多指向的是关于民族传统体育的传承与发展策略、民族传统体育与社会其他构成之间的关联等方面，显现出较为明确的问题导向。

以新时代民族传统体育文化为研究对象。郑国华（2016）提到，当今民族传统体育处于失衡和适应之间的区限中，要解除失衡、达成适应，需要通过融合民族传统体育的原始意义与时代意义，保存民族传统体育的核心形式，融合民族传统体育的民族性与时代性来实现。同时，在发展道路选择上，要让民族传统体育通过服务社会来实现自身的发展[200]。王洪珅（2016）对中国传统体育文化的演进过程进行分析，认为中国传统体育文化是在不断适应所处自然生态、社会生态和文化生态的过程中发展演变的，从上古时期的萌芽到古代的繁荣发展，再到近代以来的转向，都是以生态适应为演进轴线的[201]。王广虎（2018）在论及民族体育发展与中华民族伟大复兴之间的关系时，认为新时代的民族传统体育，应依据新的历史方位及时地做出调整，并在中华民族伟大复兴的目标下，以中华民族作为发展的定位、以民族认同作为发展的定向、以民族复兴作为发展的定性；在实现中华民族伟大复兴的进程中，民族传统体育的发展，要充分保持中华民族的民族特色，积极提炼中华民族的民族符号、培养中华民族的民族情感、弘扬中华民族的民族精神、塑造中华民族的民族形象[202]。葛耀君等（2018）把民族传统体育文化置于媒介生态视野中研究其传播问题，认为民族传统体育文化的失范，归根到底在于民族传统体育文化媒介生态的失衡，媒介体育的信息偏向与符号权利表达与体育文化传媒化、同质化现象互构同生，而媒介体育符号消费的市场逻辑导致的体育文化娱乐化和碎片化也成为民族传统体育文化媒介生态的现实表征[203]。

对体育非物质文化遗产问题与保护的研究。白晋湘（2018）在分析了体育非物质文化遗产保护与中国特色社会主义新时代的关系之后，提出形成中国特色社会主义新时代体育非物质文化遗产的治理体系，实现政府与民众参与主体的治理能力现代化，实现体育非物质文化遗产的良好保护的愿景[204]。万义（2016）基于"原生态体育"悖论，体育非物质文化遗产保护模式进行分析，指出"原生态体育"是文化加工、文化移植、文化重建等文化再生产的过程和结果，但也存在虚无主义、封闭守旧、市场裹挟等不良倾向。体育非物质文化遗产保护必须摒弃"原生态体育"的保守理念，进一步厘清保护的对象与边界、树立可持续生态观、构建文化生态模式，并注重社区居民自治、地方政府管理、社会组织指导等生态系统间的动态平衡[205]。陈小蓉（2017）对我国国家级和省级非物质文化遗产进行实证性分析，并在此基础上提出我国体育非物质文化遗产保护的评估体系，且对保护评价体系的可行性进行验证，同时也对我国体育非遗的保护现状进行了评估。实证研究表明，体育非遗保护实践评价指标的鉴别力较为理想，该评价体系的各指标能够区分和鉴别不同类型体育非遗保护措施的优劣程度[206]。汪雄等（2017）对体育非物质文化遗产传承人的身份认同展开了研究，认为国家层面对其身份认同出现错位；社会环境对其身份认同的凝视；地方文化持有者对其身份认同的越位和充斥等。据此建议：从国家力量的介入、社会的多重凝望、个人的文化自觉3个方面入手，采用自上而下与自下而上相结合的模式，提升体育非遗传承人的身份认同，对体育非物质文化遗产的保护与传承发展起到推动作用[207]。

（6）跨学科理论介入的趋势逐渐明朗

理论来源于实践，既成的理论又反过来指导实践，这是科学研究中理论与实践相辅相成的矛盾辩证关系。一般来说，某个学科或方向的研究能够应用的理论越多，意味着这个学科或研究方向的研究逐渐趋向成熟。从这个周期的民族传统体育文化方面的研究成果看，有相当一部分引入了相关理论对相应研究对象进行分析，民族传统体育文化方面研究的理论应用趋势逐渐明朗化，反映该方向的研究逐步走向成熟。较有代表性的研究成果如下：

杨海晨（2017）在研究广西南丹黑泥屯"演武"活动的过程中，通过口述史获取第一手资料，再借助"仪式"相关理论和"国家—社会"关系理论进行分析，最后通过个案提出如今的民族传统体育活动呈现的是国家和社会相互在场的文化事实[208]。韦晓康（2016）利用文化人类学中的结构功能理论与社会治理理论对民俗体育文化与社会治理之间的关系展开了分析。认为民俗体育文化可作为一种非正式制度的表达方式对正式制度下的社会治理实践起到有益的补充[209]。杨海晨、吴林隐（2017）基于社会性别理论，对广西马山县壮族会鼓与打扁担参与中的性别变化问题进行田野考察，发现原本具有性别隔离特征的会鼓与打扁担活动逐渐呈现为性别融合的状态，但是性别融合并非是全方位,而是在特定时间和特定社会空间下的表征[210]。王钧(2018)利用文化空间概念及文化空间再生产理论观照我国少数民族传统体育的演化进程,认为少数民族体育文化的变迁是一个随社会变化而不断演化的过程,文化在这个空间中的生产与再生产,有效地保持了文化的活态性[211]。郭学松(2017)利用仪式理论和族群理论对"三公下水操"身体活动进行研究,发现乡土社会仪式中身体运动的展演具有重要的历史记忆保持与传递功能;在身体运动呈现历史记忆的现实场域中,始发性历史记忆勾勒出民间乡土体育文化的多元化源起,建构性历史记忆强化了族群认同,历史记忆的现实"结构与反结构"升华了身体运动象征内涵[212]。

(三) 近4年我国体育人类学研究存在的问题

经历近30年的发展,我国的体育人类学研究取得了丰硕的成果,但仍存在很多不足与缺陷,而且有些研究过程中的问题存在多年,尚未得到解决,再次提出,望有所改善。

1. 研究方法论意识较为欠缺

通过对2016—2019年博硕学位论文和体育类核心期刊刊发的数百篇体育人类学方向论文采用的研究方法进行分析,总体来看,体育人类学研究采用的方法多种多样,逻辑推演、比较法、田野调查是较为多见的方法。如果单纯从方法本身来看,这些方法的使用并没有问题,都有可能为研究的主题和目的服务。问题在于大部分研究者对于研究方法和研究对象及目的关系并没有深入地思考,这其实涉及的是方法论层面的问题。本来,研究者在选择和采用某种研究方法之前,应该对选择的方法进行思考和探讨,考虑研究方法对于研究对象的揭示和研究目的的达成是否有效。然而,从大部门研究成果看,研究者的方法论意识是较为欠缺的,通常把对方法的选择看成是习惯性而无须加以细致考量的程序,这样造成的结果就是研究过程的有效性和可信性不得不令人生疑。因为研究方法作为科学研究的重要工具,如果研究者自身对工具(研究方法)的特点和性能都不够了解的话,那在使用工具的过程中会产生什么样的效果也就是研究者无法估量的,这样必定让研究的科学性大打折扣。

2. 研究方法综合运用开启,深入使用不足

《体育人类学》(第二版)前言中提到:我国的体育人类学方法论的特色是,深入实地的多学科短周期式调查、结合身体运动的测量及生态环境现状记录、具有"类"意识的参与式发展评估目标。

近年来,在民族传统体育文化相关研究中,使用文献资料法、逻辑归纳与演绎法、访谈法、田野调查法、科学文献计量法等研究方法采用较多,虽在体育非物质文化遗产研究领域采用GIS空间分析技术进行分析,但总体而言以田野调查法、文献资料法、逻辑归纳/演绎法的运用频率最高,总体上,研究方法运用比较单一,方法论上没有实质性的突破,综合运用方法特别是一些重要的定性研究方法和新的学科的方法的使用,尤其是针对民族传统体育文化、体育非物质文化遗产的研究，研究方法缺乏综合运用。

当代体育人类学学科在国际文化全球化、国内社会转型快速发展的时代背景下，呈现出横向跨学科发展、纵向更加深入的发展的特点，使科研的广度、深度与难度日益加大，过去单一研究方法已不能满足今日研究任务的需要，必须采用多种研究方法进行综合性研究，更客观、更深刻、更全面地认识事物发展的本质。这既符合现代体育人类学发展的趋势，也是体育科学研究方法的进步。特别是体育文化研究，综合运用研究方法亟待提高。

3. 前瞻性、系统性、跟踪性选题不够

从2016—2019年三大基金项目立项、体育类核心期刊刊发的论文及博硕学位论文有关体育人类学研究的成果来看，研究选题呈现出常规性选题较多，前瞻性、系统性、跟踪性选题不够的特征。学者们围绕少数民族地区体育文化的传承、保护、传播、产业发展升级，体育非物质文化遗产的特征、发展现状、保护，体育文化传播模式、传播策略，体育文化产业管理、发展、建设路径，不同运动项目体育文化的发展现状，高校体育文化建设等领域进行选题，这种选题一方面凸显了当前社会发展的指向，另一方面，某种程度造成低水平重复选题。一些有关体育文化的基础理论、体系发展、发展内核转变的前瞻性研究还相对较少；系统性选题与同一选题的系列研究数量较少；面对快速的时代变迁，针对同一研究问题，特别是民族传统体育文化等极具时代变迁色彩的选题，缺乏跟踪性的选题与研究。

同时，由于受当前社会快速发展的影响，学术研究者们追求"短平快"，重视容易立项、容易发表、容易通过的选题，重视时政类选题轻视基础理论选题，对于民族传统体育、体育非物质文化遗产方面的选题"一哄而上"。总而言之，前瞻性、系统性、跟踪性选题的不足，在一定程度上制约了体育文化学科理论研究水平的提高。

4. 多数研究论证的随意性较强，结论难以令人信服

除了少数论文的论证过程比较严谨外，大部分关于民族传统体育文化的论证都较为随意，从而令研究结论难以让阅读者信服。一般的论证过程由"提出论点"和多方"寻找依据来支撑论点"这两个基本步骤所组成。相当一部分研究者在研究民族传统体育文化时提出的论点宽泛而模糊，要么无法取证，要么流于随意取证的状况，致使论证过程缺乏基本的逻辑，层次显得混乱。比如，很多研究者对所要研究民族传统体育文化的价值和功能进行分析时，通常都会脱离具体民族传统体育所依赖的社会文化空间进行探讨，而倾向于用体育的一般价值（健身、娱乐、交往等）强行附着其上；又如，在对所研究的民族传统的源流和文化特征进行描述和分析时，很多研究者只在当地短期逗留和访谈后就开始书写，容易和实际情况产生偏差；再如，在解释民族传统体育的变迁时，大部分研究者在没有深入分析的基础上往往把宏观因素（现代化、城市化等）作为理所当然的主要因素，导致对研究对象的误读或解释力不够。

5. 研究的学理探讨普遍不足

从这个周期的研究成果看，大部分相关研究已经脱离了挖掘和整理某种民族传统体育文化的初级阶段，更多地开始关注民族传统体育文化的特点、结构、功能及与周围社会结构之间的关系等方面。这样一种转变原本意味着研究从浅层过渡到深层，必定涉及诸多学理方面的探讨。但是，有些遗憾的是，大部分研究者要么没有认识到理论视野对于考察民族传统体育文化的必要性和重要性而流于主观的分析和解释，要么虽然引入了某种理论，却出现生搬硬套而对理论消化不良的情形。比如，在某些自称为采用田野调查方法的关于民族传统体育文化的研究中，有的研究者直接视访谈者（文化持有人）的经验和说法为准绳，不加辨别地引用为研究的论据；有的研究者则宣称在某种理论的视域下不加考量地根据理论本身的尺度去选择性地组织材料，从而使得依据其与理论符合的程度征用或忽略在田野调查中获得的资料。真正能具有理论视野，又能根据掌握的资料与相关理论进行不断往返对话的研究还较为少见。

（四）体育人类学研究趋势与愿景

学科属性与社会发展需要是判断一门学科发展趋势的重要依据，且学科发展有其自身延续性，综合近几年体育人类学学科研究及其发展的特点及我国体育学科发展的需要，并针对现存的问题提出体育人类学学科发展的趋势与一些"愿景"。

1. 考察新时代背景下民族体育文化的传承与发展

新时代社会矛盾关系的转换必然也会在民族传统体育文化传承和发展的方式上有所体现。作为研究者，应紧跟时代的步伐，注意考察民族体育文化在新的时代背景下的发展实践。不但要描述民族体育文化传承与发展的地方性知识，同时要深入研究民族体育文化在新时代背景下与总体社会之间的互动关系，并在此基础上，提出民族传统体育文化健康而可持续传承与发展的方案。

2. 体育文化研究的几个热点仍将持续

体育人类学研究中几个热点如民族传统体育文化研究成果（含武术文化、民俗民间体育文化）、非物质文化遗产视角研究民族优秀传统体育文化研究成果仍将持续。2013年，国家体育总局宣传司成立"体育文化处"，专门负责体育文化工作，随后连续下发了《关于加强体育文化工作的通知》《关于进一步做好体育文化工作的通知》《关于进一步加强运动项目文化建设的通知》等系列文件，加强顶层设计。2016年5月5日，由国家体育总局发布实施的《体育发展"十三五"规划》中全面肯定了体育文化建设工作取得的成绩以及发展体育文化的重要性和紧迫性。2017年，中共中央办公厅、国务院办公厅印发《关于实施中华优秀传统文化传承发展工程的意见》，该文件的发布实施对我国优秀传统体育文化的发展具有极大的指导意义和巨大的推动作用。

综上所述，反映了在我国体育事业中，发展体育文化的重要性和必要性，这也必将对体育文化基础理论研究提出更高的要求，由此可见，体育文化研究的热度还将持续，民族传统体育文化和体育非物质文化遗产研究主题可能会呈现"井喷"的态势。此外，当今国际全球化背景下，体育文化传播、体育文化产业等新兴跨专业交叉研究将会成为新的热点。

3. 采用多学科理论和方法进行研究

现代社会的不断推进促使民族体育文化与外部世界的联系变得多元和复杂。越来越多的民族体育文化被列为不同级别的非物质文化遗产，越来越多的民族体育文化与旅游业融合式发展都使得以前对民族体育文化进行封闭的、单一的考察变得不可能也缺乏现实意义。民族体育文化的多元与复杂的现实状态要求研究者站在多学科的视野中，通过综合多种方法才能产生民族体育文化有更有解释力的研究成果。在学科理论的应用上，在以前文化学、人类学、民族学、社会学为主的基础上还须融入管理学、经济学、旅游学等学科理论对当下的民族体育文化进行探讨；在方法应用上，在以前以思辨、比较和田野调查为主的基础上须适当性增加调查统计方法。

4. 重视理论应用与理论对话

已经有部分民族体育文化研究者意识到理论引入对于研究的深入的重要性，但是从总体情况看，能够在既有理论视野下展开对相关民族体育文化研究的成果数量仍然偏少。这是在下一步的研究中引起研究中注意的问题，因为理论的介入有助于把民族体育文化研究引向纵深，从而在一般的描述性研究的基础上能够进行学理层面的探讨，克服低水平研究循环，把研究不断推向更高水平。此外，还应注意把引入的相关理论与获取的资料进行往返对话，在对话中加深对所研究的民族体育文化理解；同时通过对话，对既有理论解释资料的适用范围进行检视，可以深化对于相关理论的认识。

5. 研究者研究背景呈现多元化，地域分布以少数民族地区为主

体育文化学科研究涉及多个领域及诸多内容，如文化产业、文化传播、非物质文化遗产保护、文化学理论、武术文化、文化史、人类学等，由此体育文化学研究需要不同学科背景的学者加入，实现研究人员多元化的研究背景布局。随着经济社会的快速发展，体育学科呈现出其综合性、交叉性、时代性的学科特点，相应的，体育文化学科的发展也会吸引越来越多不同研究背景的研究者，体育文化研究者研究背景将呈现多元化。

研究者的地域分布仍以少数民族地区为主，辅以经济发达地区。一方面，深厚、优秀的民族传统体育文化多源自全国各地的少数民族聚居地，体育非物质文化遗产也多源自不同省市的乡镇村寨，反映在体育文化学研究领域便是如此。另一方面，经济决定上层建筑，体育文化属于上层建筑范畴，因此，经济发达地区对体育文化工作的投入和推广、重视程度一般优于经济欠发达地区，研究者也因此呈现出地域差异。由于我国幅员辽阔，经济发展水平不均，这种现象还将持续。

6. 加快完善体育人类学学科体系，加强理论建设、深化理论研究

如前所述，体育人类学深深根植于人类社会发展的文化土壤中，因此，研究体育文化现象、本质、体系及体育文化发生、发展的内在规律，体育文化与社会发展之间的关系等内容需要系统的学科体系和深厚的理论基础。但令人困惑的是，体育文化、民族传统体育文化为近年研究重点领域，体育人类学学科体系已初步建成，我国体育人类学学科却出现方兴未艾，发展乏力的现象。分析原因，或许正如胡小明曾经说过："体育研究者不仅要从外面借鉴成熟学科的理论和方法解释体育行为，还应从体育的立场出发，借助体育学科的理论和方法，用体育文化的最新研究成果说明其对文化发展的作用。"[213] 由此可见，学科体系建构与理论建设的重要性不言而喻，至关重要。此外，应加大体育人类学的课程建设，加大该专业方向研究生的培养力度，壮大学术研究队伍。

五、体育法学研究进展

（一）从近4年三大基金项目立项情况看体育法学研究进展

通过对近4年三大基金项目横向、纵向的分析，可以清晰地发现，体育法学在我国体育事业发展过程中的重要性，其紧跟时代发展脉搏，时刻关注体育事业发展中遇到的重大事件，特别是诸如《中华人民共和国体育法》修改的哲学基础研究、我国深化体育改革重大问题的法律研究、《中华人民共和国体育法》修改重大问题的法理学研究等立项课题，更是当下体育法学、体育事业发展对时代要求作出的积极回应。

1. 国家社会科学基金项目选题指南与立项分析

2016—2019年国家社会科学基金体育法学方向选题指南与立项情况见表7。

表7　2016—2019年国家社会科学基金体育法学方向选题指南与立项汇总

年份	选题指南	立项汇总
2016	体育法理论与实践研究	中国体育深化改革重大问题的法律研究（重大项目）
	公民体育权利研究	体育法核心价值研究（一般项目）
	体育改革与发展中的法律问题研究	转型中国运动员权利实现研究（一般项目）
	体育著作权保护研究	法治中国语境下体育依法行政实现机制研究（青年项目）
	中外体育法比较研究	体育职务犯罪刑法规制研究（青年项目）
	赛风赛纪与反腐败研究	
2017	公共体育服务治理法治化研究	北京冬奥会的法律保障机制研究（一般项目）

续表

年份	选题指南	立项汇总
	政府向社会购买公共体育服务的法律研究	我国青少年体育活动促进的法治体系研究（一般项目）
	新时期廉洁体育建设研究	残疾青少年体育纠纷解决机制研究（一般项目）
	体育竞赛赛风、赛纪与反腐败研究	反对与防治兴奋剂的法律机制研究（一般项目）
	青少年体育法律问题研究	
2018	公民体育权利研究	《中华人民共和国体育法》修改重大问题的法理学研究（重大项目）
		国际反兴奋剂法律范式变革及中国措施研究（一般项目）
		加快推进体育强国建设背景下《体育法》修改重大问题研究（一般项目）
		国际体育仲裁院仲裁案例研究与裁判要旨通纂（1986—2016）（一般项目）
		全民健身和全民健康融合的法制保障研究（一般项目）
2019	无	

2. 教育部人文社会学基金项目立项分析

2016—2019 年教育部人文社会科学基金体育法学研究立项情况见表8。

表8　2016—2019 年教育部人文社会科学基金体育法学研究立项情况

年份	类别	项目名称
2016		无
2017	青年	法律多元视角下国际体育组织的治理机制研究
		体育旅游法律问题研究
2018	规划	全球体育自治法律秩序及对中国体育治理的影响与启示研究
	青年	三网融合下北京冬奥会赛事转播的法律保护研究
		学校体育伤害纠纷司法审判中的利益衡量研究
		新时代我国体育法基本原则的法理剖析与重构研究
		高风险体育旅游项目立法问题研究
		基于 ISCP 范式的中国体彩业竞争环境评估与法律规制改进研究
		体育赛事转播的知识产权法律问题研究
2019	规划	政府购买公共体育服务机制的法政策学研究

3. 国家体育总局决策咨询项目立项分析

2016—2019 年国家体育总局决策咨询研究项目体育法学立级情况见表 9。

表 9 2016—2019 年国家体育总局决策咨询研究项目体育法学立项情况

年份	项目名称
2016	体育赛事转播权的法理研究
	体育人身损害司法实务研究——以法院典型案例为视角
	《中华人民共和国体育法》修改的法哲学基础研究
	防止体育赛事节目网络盗播之著作权法研究
	体育行业法治型反腐模式研究
	法治社会建设视域下体育公共服务机制创新研究
	2022 年北京—张家口冬奥会主办城市合同法律问题研究
	我国区际体育法律冲突解决机制研究——以大陆与台湾地区《体育法》比较为视角
	长三角地方体育立法比较研究
	利益博弈视域下我国校园足球政策执行研究
	社会结构分化对群众体育政策利益整合的影响研究
2017	无
2018	无
2019	完善国家体育市场管理法律制度研究
	完善体育行政处罚法律规范研究
	新时代我国体育法治框架体系研究
	英、德、法、日、加拿大等国体育 ADR（替代性纠纷解决）机制比较研究

（二）从近 4 年体育类核心期刊刊文情况看体育法学研究进展

随着社会经济的快速发展和体育改革的深入发展，"法治"成为体育事业发展的新动力，体育法学领域逐渐开启了新的研究篇章。当前，我国体育领域立法处于相对滞后的阶段，需要通过加强体育法学领域的研究，厘清理论与实践层面的发展脉络，分析体育相关法律、法规颁布与实施过程中的若干问题，寻求体育领域法治建设的新途径，以契合国际化发展的需求。近 4 年中以体育法学为主题的研究，主要从理论梳理、实际应用和国内外对比三大视角切入。

1. 理论梳理数量多、体系全

理论梳理层面的研究在统计的过程中数量最多，体系最全，多是进行针对性的理论研究，反思法制建设过程中出现的问题，围绕依法治国的目标进行论述。在近 4 年中，许多研究都围绕着修订体育法来进行：周爱光（2019）认为，24年来我国各领域发生了深刻的变革，现行体育法已经不适应我国经济社会的需求，严重制约了我国体育事业的健康发展，体育法的修改势在必行。结合我国体育法学领域关于修改体育法的各种观点，我国体育法修改的总体思路应是坚持中国共产党的领导、坚持以人民为中心的理念、坚持以权利与义务为内容主线、坚持全面融入社会主义核心价值观、坚持以问题为导向、坚持国际视野等[214]。杨国庆等（2019）认为，在全面深化改革、全面依法治国的新时代，积极推进竞技体育改革发展、建设体育强国需要加快修改《中华人民共和国体育法》（以下简称《体育法》）；为深化竞技体育改革提供法律依据，为发展新型竞技体育关系拓展制度空间，为保障运动员权益确立根本遵循，是修改《体育法》竞技体育部分的三大目标[215]。于善旭（2018）从全面深化改革、迈向体育强国、发展人权事业、建设健康中国、全面依法治国等多个维度，探讨了修改《体育法》面临的迫切需求，并从我国已进入普遍修法时代及修改《体育法》的社会共识、学术研究和工作基础方面，指出了《体育法》修改所处的良好时机和有利条件[216]。姜熙（2017）从比较法视角出发，运用文献资料法、历史研究法、比较法、案例分析等方法，以《体育法》修改为切入点，对我国体育立法进行了系统的研究[217]。王家宏等（2018）对改革开放40年来我国体育法治的进展、难点与前瞻做了梳理，指出改革开放40年来，我国的体育法治建设取得了巨大进展，顶层设计日趋重视体育法治工作，体育行政执法工作成效显著。同时，体育法治建设也面临诸多难点，突出表现在亟待完善全民健身国家战略的法治环境，构建竞技体育深化改革的法律机制，强化体育社会团体改革的法律保障，探索体育产业新型法律问题的解决路径，建立体育仲裁机构。新时代的体育法治建设，重点在于坚持依法治体基本方针不动摇，进一步健全体育法律法规体系，探索体育产业新型法律问题的民商事解决路径，加快建立体育仲裁机构，完善体育法治文化建设[218]。贾文彤（2017）提出了研究我国配套立法中存在的空白配套问题、时间方面问题、内容和形式方面问题及变动方面问题等，并对出现问题的原因进行了探讨，包括法律授权泛化、时间限制及立法监督疏忽等，提出的相关对策包括明确立法原则、改进配套立法程序、完善清理制度等[219]。

2. 实践应用层面突出反思性成果

相比之下，实践应用层面的研究，主要是结合实践过程提出若干反思与建议，并最终围绕问题的根源阐述问题解决的方式与方法。汪全胜等（2018）从制度的3个层次来考察我国现行学校体育设施社会化开放政策，发现现行的正式规则难以保障学校体育设施社会化开放政策的合法性；非正式规则已构成我国学校体育设施社会化开放的阻力；制度实施机制的缺失难以保障学校体育设施社会化开放政策的可操作性。同时提出，我国应加强学校体育设施社会化开放政策的制度创新，修改《体育法》关于体育制度的顶层设计；增强现行制度的可操作性；完善现行的学校体育设施社会化开放的实施机制；注意科学意识形态如价值观念、道德观念的培育与形成[220]。戴羽、张健等（2019）在研究中表明，我国体育公共服务领域存在着"软硬兼施"的混合法结构，软法具有严格区别于硬法的个性特征与独特功能。通过对体育公共服务软法的实证考察，分析软法创制与运作机制，软法的规范结构与分类。体育公共服务领域软法之治有利于促进体育公共服务领域多元化治理主体发展，实现公民体育权利。当前，体育公共服务"软法之治"存在理念缺失、规范性不足等问题，应针对当前存在问题做出变革，提升体育公共服务软法的品质，以全面实现体育公共服务的法治化目标[221]。李志锴（2017）讨论了我国俱乐部与职业运动员法律关系，提到我国劳动法对职业竞技体育中劳资双方的力量变化和诉求缺乏回应，导致利益安排失衡，劳资谈判体系的孱弱、资本的介入和强势的行政机构则进一步加剧了冲突。应当将《劳动法》与《体育法》相结合，构建包含"是否"和"强弱"相结合的从属性理论双重判定模式，以保证体育市场的公正性，实现人才的有序流动和劳资共赢[222]。

3. 比较研究旨在借鉴经验反思不足

学者们还对国内外体育法学领域进行了一系列对比研究，力求借鉴国外重要理论以反思我国现行机制下不足之处。闫士展等（2018）对芬兰、越南等国体育法的基本内容、立法进程、立法特征进行了剖析。其中，芬兰体育法的立法特点表现为：通过完善立法原则提高立法质量，厘清政府责任促进体育法的基层执行，明确政府与市场参与体育资源配置的界限，利用转移性支付制度搭建体育公共服务网络和注重体育法立法内容与国内相关法律制度的衔接；越南体育法的立法特点表现为明确军事体育发展的核心地位，通过政府控制优化体育资源配置，倡导体育"自治"和"他治"的衔接，注重区域民俗体育文化的保护，通过体育提高国家的国际影响力[223]。陈华荣（2017）综合分析了欧洲各国体育法文本的总体情况，认为体育法在各国体育实践中的作用和地位越来越重要，体育权利、政府责任、体育保障及体育发展中的具体问题都需要体育法进行全面的制度安排和法律保障，科学、民主、现代的体育治理体系需要完善的体育立法提供坚强的保障，并认为欧洲各国体育立法对我国《体育法》的修订具有较好的参考借鉴作用[224]。

（三）近4年我国体育法学研究存在的问题

1. 学科地位有待加强

体育法学属于体育人文社会学下的研究方向，目前，"中国法学会体育法学研究会"会定期召开学术交流活动，但会议影响甚微。关于体育法学课程，除中国政法大学持续在本科阶段开设之外，在我国体育学院和法学院都未能普遍开设，只有部分体育学院与法学院针对硕士研究生、博士研究生开设体育法相关课程。作为新兴学科，一方面由于学科体系建设滞后，另一方面由于研究人员培养滞后，体育法学至今没有独立的学科地位，在母学科也处于边缘地带。现实涉及法律问题的体育纠纷中，依旧依赖我国已经形成的法律体系，同时也暴露出体育法研究领域的薄弱与亟待加强建设。

2. 研究主题较为松散

从近4年三大基金项目立项与体育核心期刊刊文情况来看，体育法学研究数量明显上升，研究问题也十分突出时代诉求，针对亟待解决的问题展开了大量研究，但从课题立项年份、立项题目、立项数量，刊文研究的主题、侧重面、主要方法，研究人员针对研究领域持续性等几个方面来看，整体上呈现研究主题松散的问题，研究跨度较大。这与研究队伍不稳定有一定关系，研究者大多半路出家，也不可避免地有打游击战与追逐研究热点之嫌。

（四）体育法学研究展望

1. 开展系统而深入的研究

针对《中华人民共和国体育法》修订、体育全面深化改革两大时代诉求，应从理论层面、实践层面展开系统而深入的研究。

2. 加大研究人员的培养力度

一方面，鼓励法学专业的学生与研究人员从事体育法学的研究工作，另一方面加大体育法学跨学科人才的培养。根据现实需要，努力尝试打破体育院校与法学院的专业壁垒，设立体育法学本科专业，联合培养，逐渐形成一支专业的体育法学研究人员队伍。

3. 加强学科体系的建设

努力建设"专业、教材、人员"三元素齐备的学科体系，使体育法学人才能够系统地学习母学科的理论知识、完整地掌握母学科的研究方法和全面地了解国际体育法学的研究前沿与趋势，为体育法学学科体系的建设奠定坚实的基础，同时为体育学研究的深入提供技术支持，为我国体育领域立法建设提供智囊保障。

六、体育哲学研究进展

（一）从近4年三大基金项目立项情况看体育哲学研究进展

本课题对2016—2019年国家社会科学基金项目立项、教育部人文社会学基金项目立项、国家体育总局决策咨询项目立项情况进行了分析，近4年国家社科基金项目（2019年国家社会科学基金项目立项正在评审中，该统计不包含2019年数据）体育学立项课题共455项，体育哲学（含体育伦理学）共7项，占1.54%；近4年教育部人文社会学基金项目体育学立项课题共233项，体育哲学（含体育伦理学）共5项，占2.15%；近4年国家体育总局决策咨询项目立项课题共277项，体育哲学共1项，占0.36%。从立项分析数据来看，近4年体育哲学（含体育伦理学）研究数量较少，主要关注体育与人之间的关系、体育的发展等问题，总体而言研究内容也较为分散。

主要是立项题目有：《体育本体论研究》《体育学体系中身体认知的价值及传承机制研究》《身体哲学视角下中国体育发展研究》《非理性主义的中国体育哲学意蕴及其实践意义研究》《身体哲学视域下体育教练员专业发展》等。

（二）从近4年体育类核心期刊刊文情况看体育哲学研究进展

近4年体育哲学（含体育伦理学）方面的研究，主要从体育哲学思想、体育哲学意义、体育道德、体育价值观等角度出发，探讨体育与人之间的关系。

1. 以体育哲学思想为主的研究

高强（2019）认为，基于"体育哲学中的身体"的形而上学范式主导着当今体育哲学身体研究，主要呈现为概念化与社会学化范式。在现象学理论的批判反思下，概念化范式受困于"西西弗斯困境"，而以"运动身体"为代表理论的社会学化范式受困于"解释鸿沟"与"李贝特实验"，两者均悬置于体育学科研究之外，无法与体育直接关联。基于"体育中的身体"的研究范式源发于现象学理论对体育哲学身体研究的重建，梅洛·庞蒂的"身体图式"与"意向弧"理论重建了体育哲学身体哲学度，从而将体育哲学与体育心理学、体育社会学积极关联，形成了现象学化体育哲学身体研究范式与对体育哲学研究任务的反思[225]。李金锁等（2018）对李力研先生的体育哲学思想进行了梳理，首先从体育的思维谱系入手，解释世界中的体育价值；其次，在体育的历史线索中，描绘出体育历史流变的文化图景；再次，在体育的哲学内涵中，阐明体育是生命活力的重要途径；最后，在体育的自然人化中，追溯体育与人的自然本性联系，即体育是拯救人类生命的一剂解药。将体育的纯然本原、存在价值和实践意义，都引向生命发展的自然要求中，认为体育在思想纯化过程中，将成为人生命自然化的有益补充[226]。

2. 从哲学意义探讨体育价值

刘欣然等（2016）基于"力"的哲学意义，探讨了体育的纯然本原、存在根据和知识基础。"力"是世界得以运动的推动因，是自然关系的客观存在者，它是一种势能或功，推动着事物进行演化和发展。"力"的规定和帮助，使体育的动作位移、行为节奏、活动载体和知识结构获得价值内涵，使体育成为人生命有机体的实践途径[227]。邹月辉等（2017）基于身体理论中身体哲学的研究，谈到人本能需要身体自由、身体自由追诉的演变历程和现实身体的场域中身体自由的缺失。继而以身体社会学为研究视角，以"文明病"在现代生活中的凸显这一微观现象为切入点，具体分析文明进程中身体的社会性使其不可避免地遭受了"文明病"的侵占，身体自由的阻碍和身体自由的迷失，并探讨了体育与身体自由的内在联系。研究得出，身体健康是对身体自由的实现，在"文明病"的困境下，体育完成了对身体器官的整合，增强了身体延展的张力，弥补了文明进程中身体自由的缺席[228]。

3. 以问题为导向，对体育伦理道德问题进行探讨

刘正等（2018）对智慧体育发展中出现的伦理问题进行研究，认为当前智慧体育在其迅速发展的同时也产生了智慧技术对人的异化和损害、对体育权利的剥夺、沉溺电子竞技对体育本质的挑战等伦理问题。应加强对智慧体育技术的伦理规制，加快基础设施建设推进信息扶贫和体育扶贫，完善法律规范及监督机制，以化解智慧体育发展中的伦理困境[229]。蒋红霞（2018）对30年来我国体育价值相关研究做了梳理，提到经过30年的发展，我国体育价值研究已经走过了起步、发展和壮大3个阶段。已有的研究主要从体育价值的内涵、类型、变迁、比较研究、不同的体育价值观念等几个方面展开，既取得了积极进展，也暴露出在体育价值研究的逻辑起点、研究路径、内涵界定、体系建构等方面的不足。在坚持历史与逻辑相统一的原则下，通过回顾我国体育的演变历程可发现，我国体育的内涵在经过两次"否定"之后，已经孕育出以学校体育为主体、以竞技体育和社会体育为两翼的"新体育观"。以此"新体育观"为中心的诸如本体价值、价值冲突和价值形态等多方面的研究任务将成为今后一段时期体育价值研究的主要趋向[230]。陈翀（2017）从我国体育诚信偏失现象入手，剖析体育诚信缺失根源为价值观念扭曲、道德水准低下和价值精神丧失；体育诚信文化的内涵为体现公平与竞争的统一，是一种非正式制度要求，是一种道德规范。提出构建我国体育诚信文化的思路：加强正确的体育价值观建设；加强体育主体的道德规范；加强体育法制建设[231]。顾善光等（2017）认为，身体危机是体育领域中的一个常见问题。从表面看，身体危机是由不合理的体育实践方式所致，但透过这一现象背后，实则是体育异化使然。体育异化的原因是人在欲求身体运动价值时，颠倒了需要与欲望的关系，是人被欲望所奴役的结果。拯救身体危机和体育异化，必须将"人"从欲望中解救出来。在伦理意义上，欲望表达着人对身体的恶，是人在身体面前迷失了自己的道德本性。根据马克思"人是对象性存在物"的观点，体育只有将人性的"真善美"在身体上显现出来，才能拯救人于欲望之中，才能最终化解身体危机与自身异化[232]。

4. 突出交叉学科引导体育伦理学问题的解决

刘岩（2017）认为，开展体育伦理学研究有助于将人们把认识体育的观念上升到哲学层面，并以哲学思维审视体育领域中纷繁复杂的问题。中共中央十八届四中全会强调"法治"与"德治"的结合，指出推进国家治理体系和治理能力现代化就必须发挥"法治"与"道德"协同作用。体育治理就是要以"体育法治"观念体现体育道德理念，以"体育道德"理念滋养体育法治精神。在体育治理中，体育法学和体育伦理学在各自领域都很重要，两个学科间跨学科、跨领域的协同研究更为重要[233]。上官戎（2018）认为，中国体育因其蕴含独特的伦理价值诉求而与西方体育具有显著差异，提到受中国传统伦理思想、特别是儒家伦理思想的深刻影响，中国体育除了强调以体育强身健体的基本伦理价值目标之外，比西方体育更多地倡导身心和谐、人际关系和谐等伦理价值取向，也不像西方体育那样强调竞技性和竞争性。在体育全球化时代，中

国体育既应该批判地吸取西方体育伦理精神，也应该保持自身内含的传统伦理精神[234]。龚正伟（2016）认为，国家体育道德责任的明晰必须建立在科学的价值秩序的分析基础上，其中尤为重要的是正确认识该领域的核心价值及其在整个价值体系中的关系。为此，需要借助"价值守恒定律"等原理，将人的体育的权利置于人权的思考之下，分析出体育的教育、健康及经济等具体权利形态，以利于国家实现体育的法治化[235]。邵天逸（2017）认为，学校体育的育人价值在于增进学生身体健康、培养学生爱国意识与积极进取精神，培养学生公平与公正意识、正确的竞赛胜负观，培养学生合作精神与社会道德；提出了新时期学校体育深化改革过程中进一步实现"育人价值"的策略：正确处理"教书"与"育人"的辩证关系；坚持尊重个性和个别差异，为每个学生提供均等的教育机会；大力提高体育教师的师德水平[236]。潘丽英（2018）认为，新时代背景下，体育道德有助于恪守诚信，引领时代新风尚；有助于彰显公平公正，树立新时代的规则意识；有助于发扬竞技精神，提升自我约束力；有助于规制育人理念，以立德而树人；有助于激发全民体育事业蓬勃发展，映照健康中国新内涵。应深化中华体育精神的道德认知与精神信念；增强体育道德的育人功能和道德情感；提升各主体道德修养与道德意志；完善体育道德行为评价标准与内在约束力[237]。

（三）近4年我国体育哲学研究存在的问题

1. 体育哲学学科理论建设薄弱

体育哲学是体育学科发展的基础学科，体育哲学课程在体育院校开设多年，有独立的学科体系与教材，并形成了具有中国特色的体育哲学理论体系，但近年来，体育哲学在学科建设、课程建设、教材建设、人才培养等方面发展缓慢，内容陈旧，学科理论建设薄弱。在我国社会全面深化改革的当下，在体育与社会加深交融广度与深度的当下，亟须加强体育哲学的理论建设，对体育学科的发展作出方向性与功能性的宏观指导。

2. 缺乏对全民健身等体育现实问题的把握

"没有全民健康，就没有全面小康"，新时代的中国对全民健身发展提出了新目标、新要求，也对体育哲学提出了新任务。但从体育哲学现有研究中发现，从认识论与方法论的角度，对全民健身等体育发展过程规律性、实质性、时代性的现实问题进行深入探讨，多层面、多维度反映时代变革下广大人民群众认识与实践的重大变化，强化健身意识、参与意识、发展意识的相关研究还十分欠缺。

3. 缺乏有关体育与人的关系的哲学研究

体育是人的全面发展的重要影响因素，体育与人的关系的深度研究是体育哲学必须关注的问题，其中涉及体育的本质、体育的功能等重要问题，特别是在"坐位生活方式"席卷全球，"文明病"侵蚀身体健康的现代社会中。针对社会发展的现实要求，体育与人的关系的哲学探讨有待进一步加强。

(四)体育哲学研究展望

1. 以马克思主义哲学世界观与方法论为指导

以新时代的马克思主义哲学世界观与方法论指导体育的发展本质、发展动力、发展规律及发展趋势，注重体育学科发展的主要矛盾、内外矛盾，从整体上把握并认识体育领域中的多重矛盾关系，这是体育哲学研究的核心问题，它为人们科学认识体育、制订体育发展战略目标、促进人的全面发展提供科学指导。

2. 从体育科学发展实际开拓研究课题

体育哲学应从体育科学发展实际开拓研究课题，关注体育与人、体育与社会发展、体育自身发展等现实问题，着重从认识论、方法论、价值选择等基本概念入手，充分发挥体育促进社会发展、促进人的全面发展的本质功能。

3. 注重中国哲学对体育影响的研究

在借鉴、学习与吸收国外体育哲学先进研究方法与研究理论的同时，要关注中国传统哲学思想对中国社会发展与体育发展的滋养与影响。体育是一种古老的社会文化现象，它的发展富含深厚的哲学思想内涵。中国体育是历史发展与时代更迭的产物，它的存在与发展深受中国哲学的影响，因此，中国体育哲学研究应重视中国哲学思想的研究。

七、体育美学研究进展

(一)从近4年三大基金项目立项情况看体育美学研究进展

近4年三大基金项目只有2018年国家社会科学基金有关于体育美学方向的选题指南与立项，见表10。

表10　2016—2019年三大基金体育美学方向选题指南与立项汇总

年份	选题指南	立项汇总
2016	无	无
2017	无	无
2018	体育哲学理论与美学实践研究	哲学视阈下解析竞技体育表演艺术的美学构成研究 体育促进美好生活的美学向度研究
2019	无	无

（二）从近 4 年体育类核心期刊刊文情况看体育美学研究进展

随着人本价值观的确立，体育的美学功能越来越为人们所关注，近 4 年体育美学方面的研究逐步增加，涉及的内容颇为广泛，其分类与界定条件众多，在这一阶段内，研究主要从以下两大视角出发：中外体育审美观的对比和运动项目的审美。

以中外体育审美观对比的视角出发，高强（2016）对古希腊竞技审美的"历史困境"进行了解析与突破，提到基于康德判断力理论的体育美学学者对古希腊竞技进行审美时，往往会因于它既不能与古希腊艺术及诗歌相契合，又充满了现代人厌恶的血腥暴力，形成"历史困境"。这是因为在康德的判断力理论中充满了"同时在场"预设，默认审美主体与对象，审美过程与结果均在同一个时空背景下而漠视了历史因素的作用。提出的建设是借鉴斯宾格勒对康德理论的批判，可重构历史背景下体育审美的逻辑过程，由此跨越古希腊竞技审美中的"历史困境"，实现体育审美理论中的历史维度[238]。俞鹏飞等（2016）对杜威实用主义美学视域下的体育美学做了探析，认为当今审美经验理论的渊源可以追溯到杜威的实用主义美学，杜威美学是对欧美传统美学思想的一次颠覆和超越。通过对杜威美学思想的梳理，可以尝试将审美经验的理论引入到体育美学的研究范畴中，并针对体育自身的特点和学科属性，为体育美学的研究开辟一条新路径，实现体育美学研究从本体论向认识论的转变，以丰富完善体育美学理论体系[239]。

以运动项目的审美视角出发，李向前、吴光远（2016）以 NBA 篮球中的扣篮及其美学特征作为研究对象，对扣篮所蕴含的动作本质和人文精神进行研究，并从体育美学的角度对扣篮的美学特征进行进一步的探讨与分析，提出加强对体育美学中野性美的研究和提高大众对体育暴力属性的审美水平，对我国对抗类体育项目审美水平的发展具有重要意义[240]。赵犇（2017）对健美运动蕴含的美、健美运动中国化的审美困境及未来发展导向进行分析，认为健美运动的肌肉美源于人类对原始力量的尊崇、肤色美体现为太阳崇拜的延续、体型美遵循数字和谐的思想、内在美彰显了身体的解放和人性的高贵；健美运动在中国的审美困境，受到中国传统文化、封建纲常思想、中西方不同审美取向和科学技术介入的影响；在未来，中国健美运动的发展，需要避免市场和科技的粗暴干预，同时应以追求自然美为基本导向，以追求体验美为价值归属[241]。

（三）近 4 年我国体育美学研究存在的问题

体育美学是体育科学与美学的交叉学科，也是体育人文社会学研究领域的新兴学科。随着我国人民道德水平、审美能力和哲学思维的不断增强，近 4 年来，体育美学研究也日益丰富，不但从母学科汲取营养，运用母学科的理论、方法进行创新研究，而且各个学科之间也出现了交融的趋势，但研究进程中仍存在许多问题，特别是学科体系不健全、研究队伍不稳定后、备人才匮乏等问题突出，这些问题也直接导致以上学科研究水平不高、数量不多，无法高屋建瓴地引导中国体育在新时代的发展。

1. 研究总体水平不高，同质化严重，缺乏总结和讨论

根据上述三大基金立项情况及期刊论文检索数据情况分析，近4年来，体育美学的课题立项数量未呈现出递增趋势的同时还有所减少，学术论文发表数量虽逐年递增，但是发表在体育类核心期刊上的高质量论文数量有限。仅从学术规范和学术创新的角度来看，多数论文研究领域视野狭窄，内容同质化，逻辑分析薄弱，创新性不足，深度不够，难以形成对该学科有影响的高质量论文，缺乏对现有研究成果的梳理和总结，高质量的综述论文较少。

2. 研究基础薄弱，主题无法超过自身学科研究范畴

一个领域的发展，应该由一个学科体系作为支撑。目前，体育美学属于体育学与伦理学、美学和哲学的交叉学科，在母学科中多处于边缘地位，缺乏对母学科理论和范式的应用，缺乏母学科与体育的有效整合，缺乏对母学科理论的贡献。例如，体育美学虽然主要关注体育领域的哲学、美学等方面的问题，但作为哲学的一个分支，它需要用理论成果和研究方法来解释体育哲学问题，同时为哲学母学科的发展做出一定的贡献。然而基于目前的研究情况来看，大多运用哲学理论来解释体育现象的研究，仅仅停留在借鉴哲学母学科研究成果的阶段，没有反映出体育本身的特点。目前，体育美学的学科体系尚不健全，仍处于松散的集成状态，与其他成熟学科相比，仍有较大差距，主要体现在以下几个方面：第一，对该学科的基础理论缺乏系统的、高水平的研究，围绕体育学科建设的研究成果不多；第二，对不同学科的研究对象、研究方法没有明确的区分和界定；第三，基础理论与学科专门理论的建立与完善还存在较大差距。

3. 学术队伍建设力度不足，后备人才匮乏

高素质的科研人员是科学研究的基础，也是推进学科建设和科学研究的基本保证。一个学科建设的水平、一项学科研究成果的质量，都取决于学科带头人和学术团队的整体水平。但目前我国体育美学尚无独立的学科地位，学术团队的合作能力较弱，整体水平参差不齐，规范性和稳定性较差。目前从事体育美学学术研究的研究者主要分为两类：一类是从伦理学、美学、哲学的母学科当中分离出来，转而从事体育有关研究的学者；另一类则是多年从事体育理论研究，进而转向研究体育美学的学者，特别是青年学者，势必会经历一个学术成长期。因此，目前体育美学研究者和研究团队的理论素养和研究水平总体不高，青年学者从事研究的学术动力不够，断层现象明显，后备人才匮乏。

4. 研究方法单一陈旧，难以适应学科发展

目前体育伦理学、体育美学、体育哲学大部分的研究属于理论研究，仍以现状研究、初探式研究、思考式研究、概念性研究为主，而理论与实践结合的研究相对较少。

同时，在研究方法方面，多以采用文献资料、逻辑分析等常用方法，造成研究不规范、资料获取途径单一、缺少第一手资料等问题频现。

（四）体育美学研究展望

1. 提高解决体育实践难题研究的能力

体育是社会发展和人类进步的重要标志，是综合国力和社会文明的重要体现。新时代体育美学研究，应注重发掘体育在提高人民身体素质和健康水平，促进人的全面发展，丰富人民精神文化生活，推动经济社会发展，激励全国各族人民弘扬追求卓越、突破自我的精神方面的作用，从实践层面分析问题、解决问题，探索体育的功能和应用，使其更好地促进人的全面发展，推动社会进步和国家建设。

2. 注重对既往研究的回顾和总结

在研究的过程中，只有对既往研究进行全面的分析、归纳、整理和审核，跟踪和吸收最新的国内外学术观点和研究成果，了解科学研究的前沿趋势，才可以更好地预测这一领域的发展，寻找新的研究突破。因此，总结本学科在该领域的研究成果，梳理学术研究的脉络，探讨研究的理论、方法和材料，对于本学科的发展是非常必要的，特别是对新兴学科意义更为重大。因此，在研究过程中要注重对体育美学既有研究的回顾、分类与整理，讨论前人的研究成果，力求发现该学科发展的阶段性问题，为今后的研究提供阶梯和积累。

3. 跨学科研究人才整合

体育美学等新兴交叉学科在体育人文社会学的发展中起到了重要的弥补与渗透作用，促进了体育科学的丰富、分化和组合。因此，要从母学科吸收具有专业理论知识的人才进入体育美学研究领域，促进体育美学与母学科的融合，加强新兴学科的学科建设，加大体育美学的课程比例和研究生培养力度，壮大学术人才队伍。同时，要加强与母学科的沟通与合作，吸收母学科的营养，是体育美学繁荣发展的强大支撑，还应该加强自身与其他分支学科之间的交流，以求更加深入、全面地理解体育问题。

参考文献

[1] 张晓义. 中国体育战略研究存在的问题及对策——基于"中国知网"文献的分析 [J]. 北京体育大学学报, 2015, 38 (2): 1-6.

[2] 杨桦. 体育改革: 成就、问题与突破 [J]. 体育科学, 2019 (1): 5-11.

[3] 鲍明晓. "十三五"我国体育发展战略研究 [J]. 上海体育学院学报, 2016, 40 (2): 1-6.

[4] 彭国强, 舒盛芳. 中国体育战略重心转移的历史回眸与未来瞻望 [J]. 武汉体育学院学报, 2016, 50 (10): 5-12.

[5] 刘青, 王洪坤, 孙淑慧, 等. 国际发展视野中的大国体育崛起 [J]. 成都体育学院学报, 2018, 44 (3): 1-6.

[6] 黄莉.体育强国的理论框架与顶层设计——从"十九大"报告中的国家大战略思考体育发展战略[J].北京体育大学学报,2018,41(1):9-16.

[7] 黄海燕.新时代体育产业助推经济强国建设的作用与策略[J].上海体育学院学报,2018,42(1):20-26.

[8] 赵勇.新时代中国体育产业发展战略路径和对策措施研究[J].体育文化导刊,2018(3):1-7.

[9] 龙佳怀,刘玉.新时代学校体育发展新思考[J].中国学校体育(高等教育),2018,5(4):32-37.

[10] 董翠香,郑继超,刘超,等.新时代中国学校体育落实总书记有关重要论述的发展战略研究[J].北京体育大学学报,2018,41(11):1-8.

[11] 杨国庆,彭国强.新时代中国竞技体育的战略使命与创新路径研究[J].体育科学,2018,38(9):3-14.

[12] 钟秉枢.新时代竞技体育发展与中国强[J].上海体育学院学报,2018,42(1):12-9.

[13] 钟秉枢,何俊,郝晓岑,等.基于"补短板"视野下的新时代中国体育强国发展道路探索[J].首都体育学院学报,2018,30(1):4-9.

[14] 鲍明晓.关于加快推进体育强国建设的几个基本理论问题——基于党的十九大报告提出体育发展全局的战略性问题[J].北京体育大学学报,2018,41(2):1-6,16.

[15] 胡鞍钢,方旭东.全民健身国家战略:内涵与发展思路[J].体育科学,2016,36(3):3-9.

[16] 董传升,汪毅,郑松波.体育融入大健康:健康中国治理的"双轨并行"战略模式[J].北京体育大学学报,2018,41(2):7-16.

[17] 鲍明晓."十三五"我国体育发展战略研究[J].上海体育学院学报,2016,40(2):1-6.

[18] 胡鞍钢,方旭东.全民健身国家战略:内涵与发展思路[J].体育科学,2016,36(3):3-9.

[19] 李彦龙,常凤,曾吉."健康中国"战略下学校体育的本质与价值研究[J].中国学校体育(高等教育),2017,4(6):25-28.

[20] 钟秉枢,何俊,郝晓岑,等.基于"补短板"视野下的新时代中国体育强国发展道路探索[J].首都体育学院学报,2018,30(1):4-9.

[21] 易剑东.国际奥委会改革理念阐释与中国体育的战略选择构想[J].上海体育学院学报,2019,43(1):7-16.

[22] 刘盼盼.中国体育供给侧改革若干问题探讨[J].体育学刊,2018,25(3):27-31.

[23] 顾志平,江新华.基于供给侧改革的体育产业发展策略研究[J].广州体育学院学报,2018,38(4):34-36,46.

[24] 黄道名,周民,陈丛刊,等."供给侧改革"视域下我国体育产业的供给困境与治理对策[J].中国体育科技,2018,54(2):15-20,72.

[25] 戴平.体育产业供给侧改革的理论思考与基本设想[J].北京体育大学学报,2017,40(8):2-26,47.

[26] 钟秉枢.学校体育工作的新定位、新方向、新要求[J].中国学校体育,2017,10:2-3.

[27] 黄道名,杨群茹,张晓林."健康中国"战略下我国学校体育的改革困境与发展路径[J].体育文化导刊,2018(3):103-107+123.

[28] 李俊怡.我国群众体育的理论范畴及发展战略研究[J].广州体育学院学报,2018,38(2):2-23.

[29] 朱伟,徐卫华.从十九大报告解读体育强国视角下全民健身事业发展策略[J].广州体育学院学报,2018,38(4):1-4.

[30] 路云亭.中国共产党十九大决议中的体育战略:基于奥运遗产的学理记述[J].体育与科学,2018,39(1):7-13,25.

[31] 张治华,钟秉枢.新发展理念下我国体育事业的改革与发展[J].首都体育学院学报,2018,30(2):109-112.

[32] 黄海燕,张林,陈元欣,等."十三五"我国体育产业战略目标与实施路径[J].上海体育学院学报,2016,40(2):13-18.

[33] 黄海燕.新时代体育产业助推经济强国建设的作用与策略[J].上海体育学院学报,2018,42(1):20-26.

[34] 赵勇.新时代中国体育产业发展战略路径和对策措施研究[J].体育文化导刊,2018(3):1-7.

[35] 钟明宝,张春燕,史丹,等.基于竞争优势理论的我国竞技体育发展战略问题探析[J].北京体育大学学报,2016,39(9):1-11.

[36] 辜德宏.供需视阈下我国竞技体育发展战略研究[J].北京体育大学学报,2018,41(3):14-25,32.

[37] 田麦久,刘爱杰,易剑东.聚焦"跨项选材":我国运动员选拔培养路径的建设与反思[J].体育学研究,2018,1(5):69-77.

[38] 刘乃宝,焦英奇.新时代体育外交的理念、行为主体与战略诉求[J].体育与科学,2018,39(3):23-29.

[39] 韩会君.新时代习近平总书记大国治理进程中的体育外交战略研究[J].体育与科学,2019,40(1):18.

[40] 杨运涛,刘红建,陈茜茜.让运动成为生活习惯——英国新青少年体育战略:内容、特征及启示[J].南京体育学院学报(社会科学版),2016,30(6):79-83,122.

[41] 郭修金.全面建成小康社会进程中农村公共体育服务发展的战略使命[J].体育科学,2016,36(4):42-50.

[42] 彭国强,舒盛芳.美国国家健康战略的特征及其对健康中国的启示[J].体育科学,2016,36(9):10-19.

[43] 杨晓光.西班牙体育演进的逻辑基础、治理机制及对我国的镜鉴[J].体育与科学,2018,39(1):78-83.

[44] 杨鸣,冯晓露,徐校飞,等.英国群众体育发展战略的实现路径——基于英格兰体理事会的实践[J].武汉体育学院学报,2018,52(6):26-31.

[45] 卢元镇.从"体育理论"到"体育人文社会学"——对学科分化与整合的思考[J].体育科学,2018,38(7):3-5.

[46] 田恩庆,仇军.欧美体育社会学研究中的理论运用及比较[J].上海体育学院学报,2016,40(5):25-36.

[47] 戴金明,吕树庭.体育社会学中层理论建设的框架、内容与发展思路[J].上海体育学院学报,2019,43(1):51-56.

[48] 吕树庭.加强学科建设 回应全民健身——体育社会学学科建设的成绩、问题与应对策略[J].

广州体育学院学报，2018，38（1）：1-6.

[49] 郭振，乔凤杰. 体育社会学的想象力：历史社会学的切入和拓展［J］. 沈阳体育学院学报，2016，35（5）：19-23.

[50] YOUNG K，洪建平. 体育社会学作为职业和学科：对历史、现状和未来的反思——杰·科克利教授学术访谈录［J］. 体育与科学，2019，40（2）：9-18.

[51] 李群，季浏，虞轶群. 西方女性主义体育理论发凡、流派与未来展望［J］. 沈阳体育学院学报，2016，35（2）：31-35.

[52] 刘宏超，吴光远. 女性主义视角下的中国近代女子体育教育史——从父权制到自由主义［J］. 北京体育大学学报，2018，41（10）：96-101.

[53] 熊欢. 我国女性大众体育发展目标选择的思考［J］. 体育学刊，2016，23（4）：68-73.

[54] 尹伊. 同一与差异：体育参与中的性别属性认同［J］. 体育与科学，2016，37（2）：50-54，79.

[55] 顾明远. 以健康第一的教育理念筑牢学校体育在青少年成长成才中的基础［J］. 首都体育学院学报，2019，31（1）：9-11.

[56] 毛振明，李捷. 响应全国教育大会号召，让学生在体育锻炼中享受运动乐趣［J］. 北京体育大学学报，2019，42（1）：23-29.

[57] 舒宗礼，夏贵霞，王华倬. 高校承接政府购买青少年体育服务：行动逻辑、问题透视与策略跟进——以北京"高参小"实践为例［J］. 北京体育大学学报，2016，39（11）：97-103.

[58] 叶茂盛，邱招义. 青少年体质之学校体育依赖思维研究［J］. 体育文化导刊，2017（1）：144-149.

[59] 宋亨国. 西方国家青少年体育活动促进治理的研究述评——基于权力配置视角［J］. 体育科学，2019，39（2）：51-62.

[60] 夏贵霞，舒宗礼. 青少年公共体育服务满意度的测评与政策建议［J］. 天津体育学院学报，2018，33（5）：385-391.

[61] 贾西津，张经. 行业协会商会与政府脱钩改革方略及挑战［J］. 社会治理. 2016（1）：99-105.

[62] 史康成. 全国性体育社团从"同构"到"脱钩"改革的路径选择［J］. 北京体育大学学报，2013（12）：1-5.

[63] 李理，黄亚玲. 治理视域下体育社团社会责任的概念溯源及体系构建［J］. 北京体育大学学报，2018（2）：25-29，39.

[64] 陈丛刊. 体育社会组织监管的价值诉求、多维困境与实现路径——基于社会责任国际标准视角［J］上海体育学院学报. 2017（7）：13-18.

[65] 陈丛刊. 体育社会组织监管的价值诉求、多维困境与实现路径——基于社会责任国际标准视角［J］. 上海体育学院学报. 2017（7）：13-18.

[66] 郭静，黄亚玲. 新时期体育社团参与体育治理：困境与实现路径［J］. 北京体育大学学报，2018（12）：36-42.

[67] 许宁，黄亚玲. 体育类民办非企业单位的资产困境与路径选择——资源依赖理论的视角［J］. 天津体育学院学报，2016（1）：18-23.

[68] 孙璐，黄亚玲. 体育类社会服务机构治理结构的研究［J］. 北京体育大学学报，2019（1）：78-86.

[69] 刘东峰，等 . 全国性单项体育协会改革：模式、问题与对策［J］. 上海体育学院学报，2018（4）：50-55.

[70] 阮云龙，王凯珍，李骁天 . 北京市社区老年人群体育参与和需求研究［J］. 体育文化导刊，2016（6）：30-34.

[71] 湛冰，王凯珍 . 政策工具视角下美国老年体育政策文本特征分析［J］. 体育科学，2017，37（2）：28-36，56.

[72] 李慧，王凯珍 . 健康中国建设背景下体医融合模式在养老地产中的运用［J］. 山东体育学院学报，2019，35（1）：1-5.

[73] 范成文，刘晴，金育强，等 . 基于魅力质量理论及 Kano 模型的老年人体育服务需求层次研究［J］. 成都体育学院学报，2019，45（2）：55-61.

[74] 卢元镇 . 中华民族传统体育的国际化［J］. 体育学刊，2016，23（5）：1-3.

[75] 王广虎，冉学东 . 论中华民族伟大复兴中的民族传统体育发展［J］. 北京体育大学学报，2018，41（12）：1-12，18.

[76] 赵翼虎，黄亚玲 . 基于生活方式演变中的体育意识与体育形态研究——源于对自行车骑行目的的思考［J］. 山东体育学院学报，2018，34（5）：27-30.

[77] 王春顺 . 新时代传媒背景下大众体育生活方式嬗变研究［J］. 体育文化导刊，2018（5）：41-45.

[78] 董跃春，谭华 . 日本学校体质教育的演变及启示——以"身体形成运动"解析为中心［J］. 体育学刊，2016，23（1）：127-130.

[79] 杨洁，倪湘宏，唐炼 . 社会性别视域下大学生体育生活方式特征的性别角色差异分析［J］. 武汉体育学院学报，2017，51（3）：94-100.

[80] 江小涓 . 职业体育与经济增长：比赛、快乐与 GDP［J］. 体育科学，2018，38（6）：3-13.

[81] 黄海燕 . 新时代体育产业助推经济强国建设的作用与策略［J］. 上海体育学院学报，2018，42（1）：20-26.

[82] 王真真，王相飞，李进，等 . 人民网体育频道在对里约奥运会报道中的国家认同建构［J］. 体育学刊，2019，26（2）：21-26.

[83] 钟智锦，王友 ."王者"的意义：奥运冠军报道的特征与话语中的国家意识（1984—2016）［J］. 新闻记者，2018（7）：73-83.

[84] 王舜，张莉清，李宗浩 . 德国和日本竞技体育政策发展特征及启示［J］. 体育文化导刊，2016（12）：112-116.

[85] 徐家林，徐正旭，王华倬 . 我国职业运动员行为失范治理：中国逻辑与欧美借鉴［J］. 天津体育学院学报，2019（2）：137-143.

[86] 吴合斌，曹景川 . 我国竞技体育职业化进程中道德失范现象的表征及应对策略研究［J］. 北京体育大学学报，2016，39（8）：14-19.

[87] 田恩庆，仇军 . 国际体育社会学兴奋剂问题研究的理论、方法与视点［J］. 上海体育学院学报，2019，43（2）：6-17.

[88] 熊欢 . 机遇与挑战：对国际体育社会学 50 周年大会的审视［J］. 成都体育学院学报，2016，42（4）：15-20，39.

[89] 王子朴，朱亚成 ."一带一路"背景下体育赛事发展的价值、困境与策略［J］. 北京体育大学

学报，2017，40（7）：1-6.

[90] 胡扬．从体医分离到体医融合——对全民健身与全民健康深度融合的思考［J］．体育科学，2018，38（7）：10-11.

[91] 冯振伟，张瑞林，韩磊磊．体医融合协同治理：美国经验及其启示［J］．武汉体育学院学报，2018，52（5）：16-22.

[92] 朱东普，黄亚玲．我国职业电子竞技俱乐部发展探析［J］．体育文化导刊，2016（10）：109-114

[93] 杨桦．中国体育治理体系和治理能力现代化的概念体系［J］．北京体育大学学报，2015，38（8）：1-6

[94] 杨桦．论体育治理体系的价值目标［J］．北京体育大学学报，2016，39（1）：1-6.

[95] 何强．技术治理逻辑与行动策略选择——基于体育社会组织改革历程的考察与审视［J］．体育科学，2019（4）：90-97.

[96] 杨国庆．体育治理视野下我国高端体育智库的建设研究［J］．体育科学，2017，37（12）：38-45.

[97] 戴金明，吕树庭．体育社会学中层理论建设的框架、内容与发展思路［J］．上海体育学院学报2019，43（1）：51-56.

[98] 郑杭生，杨敏．社会互构论：世界眼光下的中国特色社会学理论的新探索——当代中国"个人与社会关系研究"［M］．北京：中国人民大学出版社，2010.

[99] 郑杭生，杨敏．社会互构论：世界眼光下的中国特色社会学理论的新探索——当代中国"个人与社会关系研究"［M］．北京：中国人民大学出版社，2010.

[100] 赵毅，韩进飞．体育人文社会学的方法意识与问题意识——徐晓光教授学术访谈录［J］．体育与科学，2016，37（1）：9-13，53.

[101] 刘显，张爱红．体育人文社会学博士学位论文的科学方法解构——研究对象分析［J］．北京体育大学学报，2017，40（10）：17-23.

[102] 陈家起，高奎亭，刘红建．体育人文社会学硕士学位论文的学理性审视——基于1310篇硕士学位论文的整理［J］．体育与科学，2016，37（2）：107-114.

[103] 郑国华，何平香．我国体育社会科学研究范式存在的问题与反思［J］．北京体育大学学报，2017，40（6）：1-11.

[104] Kevin Young，洪建平．体育社会学作为职业和学科：对历史、现状和未来的反思——杰·科克利教授学术访谈录［J］．体育与科学，2019，40（2）：9-18.

[105] 李晓栋，吕夏顿，祁海南．国外体育社会化研究的前沿热点与演化分析［J］．中国体育科技，2017，53（5）：22-36，109.

[106] 黄美蓉，张艳平，SUN，等．基于社会生态模型的我国大学生体育生活化促进机制研究［J］．天津体育学院学报，2019，34（1）：14-22.

[107] 刘志国．体育全球化表现模式研究［J］．贵州体育科技，2010（2）：11-13.

[108] 郑杭生，杨敏．社会互构论：世界眼光下的中国特色社会学理论的新探索——当代中国"个人与社会关系研究"［M］．北京：中国人民大学出版社，2010.

[109] 习近平．文明交流互鉴是推动人类文明进步和世界和平发展的重要动力［J］．求是，2019（9）．

[110] 王颢霖. 从学科交叉与分化管窥近代中国体育学演进发展 [J]. 体育科学, 2015, 35 (6): 3-12, 24.

[111] 谭兴强. 中国体育学科发展的"体育圈"壁垒及其突破路径 [J]. 体育文化导刊, 2016 (11): 137-142.

[112] 席玉宝. 论现代体育科学学科体系 [J]. 北京体育大学学报, 2018, 41 (8): 17-25.

[113] 国家体育总局政策法规司. 中国体育哲学社会科学研究（1978—2010）[M]. 北京: 人民体育出版社, 2010.

[114] 王润斌, 肖丽斌. 新发展理念下北京冬奥会举办理念的贯彻与前瞻 [J]. 上海体育学院学报, 2019, 43 (1): 17-23.

[115] 黄莉. 异同分析与经验借鉴: 北京 2022 冬奥会凝思 [J]. 体育学研究, 2019, 2 (1): 26-32.

[116] 刘东锋. 冬奥会对国家形象与软实力的影响机制研究 [J]. 体育学研究, 2019, 2 (1): 17-25.

[117] 徐子齐, 孙葆丽, 董小燕. 北京 2022 年冬奥会赛事理念从申办到筹办嬗变探究 [J]. 体育文化导刊, 2018 (6): 25-29.

[118] 马毅, 吕晶红. 我国备战 2022 年冬奥会重点项目后备人才培养问题探究 [J]. 体育科学, 2016, 36 (4): 3-10.

[119] 易剑东, 王道杰. 论北京 2022 年冬奥会的价值和意义 [J]. 体育与科学, 2016, 37 (5): 34-40, 33.

[120] 吴玲敏, 任保国, 和立新, 等. 北京冬奥会推动京津冀冰雪旅游发展效应及协同推进策略研究 [J]. 北京体育大学学报, 2019, 42 (1): 50-59.

[121] 张卫星, 王颖, 孔垂辉. 筹办冬奥会促进北京国际体育中心城市建设效应及发展策略研究 [J]. 北京体育大学学报, 2018, 41 (5): 23-31.

[122] 顾久贤. 2022 年冬奥会的举办对区域消费需求与行为影响的研究——以河北冰雪体育旅游为分析个案 [J]. 体育与科学, 2016, 37 (3): 11-120.

[123] 徐宇华, 林显鹏. 冬季奥运会可持续发展管理研究: 国际经验及对我国筹备 2022 年冬奥会的启示 [J]. 北京体育大学学报, 2016, 39 (1): 13-19.

[124] 冯雅男. 冬季奥运会可持续发展研究及对北京 2022 年冬奥会的启示 [J]. 沈阳体育学院学报, 2017, 36 (5): 1-8.

[125] 冯雅男, 孙葆丽, 毕天杨. 新媒介对奥林匹克文化传播的影响 [J]. 体育学刊, 2018, 25 (6): 18-24.

[126] 张海军, 郭小涛, 张尚晏, 等. 跨文化视域下现代奥林匹克运动国际化成功原因探究 [J]. 体育文化导刊, 2018 (4): 36-39, 124.

[127] 张铁民, 张海波. 冬奥会主题口号的社会学解读 [J]. 体育文化导刊, 2016 (12): 192-196.

[128] 景慧敏, 黄欢, 于薇薇. 奥林匹克文化的影像传播——国际体育电影电视联盟主席弗兰克·阿斯卡尼访谈录 [J]. 体育与科学, 2018, 39 (2): 36-40.

[129] 刘邦华, 周怀球, 曾佑辉. 现代奥林匹克文化视域下反思当今全运会体育文化缺失的研究 [J]. 广州体育学院学报, 2017, 37 (2): 17-19, 28.

[130] 孙湛宁, 胡博然. 世界公民教育: 新时代中国奥林匹克教育价值研究 [J]. 北京体育大学学报, 2018, 41 (6): 7-12, 139.

[131] 余莉萍，任海. 冬季奥运会开展环境教育的现实诉求、历史基础与价值前瞻［J］. 北京体育大学学报，2018，41（3）：87-94.

[132] 赵松，白春燕，魏彪. 现代奥林匹克运动教育思想的历史流变与当代发展［J］. 成都体育学院学报，2016，42（2）：27-31.

[133] 易剑东. 国际奥委会改革理念阐释与中国体育的战略选择构想［J］. 上海体育学院学报，2019，43（1）：7-16.

[134] 胡孝乾，陈姝姝，KENYON J，等. 国际奥委会《遗产战略方针》框架下的奥运遗产愿景与治理［J］. 上海体育学院学报，2019，43（1）：36-42.

[135] 王成，靳铁军.《奥林匹克2020议程》解析——兼论新时期奥林匹克运动改革新动向［J］. 上海体育学院学报 2016，40（2）：90-94.

[136] 贺幸辉. 国际奥委会与媒介关系的历史考察与创新发展——从传统管理模式走向善治［J］. 体育与科学，2016，37（4）：26-35.

[137] 黄璐. 国际体育组织自治问题审视——以奥林匹克善治改革为背景［J］. 天津体育学院学报，2016，31（1）：6-11.

[138] 战文腾. 现代奥林匹克运动治理体系的演变［J］. 武汉体育学院学报，2018，52（6）：32-38.

[139] 任海. 聚焦生活，重塑体育文化［J］. 体育科学，2019，39（4）：3-11.

[140] 赵伟，王玉. 竞技体育文化意识的形成、发展与异变——以里约奥运会为例［J］. 南京体育学院学报（社会科学版），2016，30（5）：122-128.

[141] 陈高朋. 竞技体育文化失范症因分析［J］. 体育文化导刊，2018（5）：58-61，73.

[142] 朱培榜. 试论高校体育文化建构［J］. 体育文化导刊，2015（6）：118-121.

[143] 杨中皖，袁广锋，麻晨俊，等."国家—社会"关系中的民俗体育考察——来自骆山村"骆山大龙"的田野报告［J］. 体育与科学，2018（3）：91-99.

[144] 沈锡昂，王钧. 大众文化视角下的少数民族体育文化转型［J］. 广州体育学院学报，2018，38（4）：92-95.

[145] 刘次琴，陆宇榕. 文化自信主题下民族传统体育文化传承发展研究［J］. 广州体育学院学报，2018，38（1）：42-46.

[146] 白晋湘. 中国民族传统体育文化建设的使命与担当［J］. 体育学研究，2019，2（1）：1-6.

[147] 李博，程丽丽，刘立军. 黑龙江冰雪体育文化产业结构优化途径［J］. 中外企业家，2016（34）：35-37.

[148] 赵富学，程传银，高继科，等."一带一路"背景下散存少数民族体育文化信息资源的数字化保护问题研究［J］. 武汉体育学院学报，2017，51（1）：5-11.

[149] 孙科. 心态·体制·形式——中国校园足球改革障碍及其突破策略访谈录［J］. 体育学研究，2018，1（1）：83-94.

[150] 周涌. 现代信息技术对民俗体育文化保护和推广作用研究［J］. 体育文化导刊，2017（12）：42-46.

[151] 陈立华，李孟华. 锡伯族射箭文化的传承和发展［J］. 中国学校体育（高等教育），2017，4（7）：74-77.

[152] 姜霞，刘新民，黄繁，等. 体育非物质文化遗产保护传承中原生态和现代生存需求的矛盾——以西部红拳为例［J］. 武汉体育学院学报，2019，53（2）：60-65，88.

[153] 王怀建,林小美. 中国掼牛非物质文化遗产的保护机制研究——基于体育文化和科技创新的视角[J]. 中国体育科技, 2018, 54(6): 136-141.

[154] 高翔,王文清. 西方奥林匹克思想对铭贤体育文化构建的影响[J]. 山东体育科技, 2019, 41(1): 11-14.

[155] 赵晓琳,竺大力. 媒介深度参与与国外体育文化产业发展经验探析[J]. 广州体育学院学报, 2019, 39(1): 57-59, 73.

[156] 张波,姚颂平. 中西体育赛会的文化比较——以古中国射礼赛会与古希腊奥林匹克赛会为例[J]. 上海体育学院学报, 2018, 42(5): 87-92, 98.

[157] 孙群群,白晋湘,张小林,等. 工具的认同抑或隔离: 中外民俗体育性别参与的文化人类学研究——西班牙斗牛舞与水族斗角舞的田野考察[J]. 中国学校体育(高等教育), 2018, 5(11): 69-75.

[158] 杨丹,施兰平, Mackenzie Wartenberger. 体育文化差异视角下中美大学生运动员运动动机比较[J]. 沈阳体育学院学报, 2018, 37(5): 92-98.

[159] 陈小蓉. 中国体育非物质文化遗产(丛书)[M]. 兰州: 甘肃教育出版社, 2018.

[160] 王岗. 中国武术文化丛书[M]. 北京: 北京体育大学出版社, 2017.

[161] 吕韶钧. "一带一路"倡议下中国"文化走出去"的战略转型——以武术国际推广3.0时代为例[J]. 北京体育大学学报, 2018, 41(6): 1-6.

[162] 陈刚. "一带一路"战略实施中推进体育文化国际传播的研究[J]. 首都体育学院学报, 2017, 29(1): 4-7, 25.

[163] 王钧,王长生,谷松. "一带一路"战略背景下少数民族体育文化遗产廊道构建研究[J]. 中国体育科技, 2016, 52(4): 38-43.

[164] 古柏. 漫谈体育文化[J]. 成都体育学院学报, 2013, 39(12): 5-8.

[165] 乔凤杰. 符号视角的诠释: 运动, 与文化何干?[J]. 体育文化导刊, 2016(6): 192-197.

[166] 王洪珅. 中国体育文化生态的历史演变论绎[J]. 上海体育学院学报, 2017, 41(1): 1-6.

[167] 易剑东. 从为国争光到文化软实力——对中国体育文化发展的思考[J]. 体育科学, 2018, 38(7): 17-18.

[168] 任海. 聚焦生活, 重塑体育文化, 体育科学, 2019, 39(4): 3-11.

[169] 杨铃春,高扬,耿迪. 从"抢花炮"运动发展历程管窥侗族传统体育文化变迁[J]. 广州体育学院学报, 2018, 38(6): 85-87.

[170] 何丽苹. 布依族村落传统体育文化的传承与发展[J]. 湖北体育科技, 2019, 38(1): 16-18.

[171] 王辉. 白族民间体育活动考析[J]. 武术研究, 2016, 1(9): 82-85.

[172] 李成龙. 中国朝鲜族民俗体育文化发展研究[M]. 延吉: 延边大学出版社, 2018.

[173] 王钧,王长生,谷松,等. 少数民族体育文化空间生态建设研究——以哈尼族磨秋为例[J]. 中国体育科技, 2017, 53(2): 113-118.

[174] 尹作亮,陈家起. 新时期黎族传统体育发展战略的SWOT分析[J]. 山东体育科技, 2016, 38(2): 29-32.

[175] 陈静静,周风祥,马云霞. 新疆哈萨克族传统体育文化的形成及历史嬗变[J]. 体育文化导刊, 2017(5): 94-97, 120.

［176］陈利红．论民族传统体育对族群建构的文化意义——以仡佬族、彝族和傣族为例［J］．体育文化导刊，2017（11）：44-48，63．

［177］贺军萍，郝玉，徐昶楠．景宁畲族传统体育文化研究［J］．体育文化导刊，2016（3）：60—63，116．

［178］邱良武，曹俊，江汎．傈僳族体育"上刀山、下火海"的文化功能探析［J］．四川体育科学，2017，36（6）：79-81．

［179］郭军，仇军，敬龙军．仪式体育的身体叙事解读——以傈僳族"爬刀杆"为个案［J］．武汉体育学院学报，2017，51（8）：20-26．

［180］董茜，杨静选，王晓东，等．临夏回族自治州少数民族传统体育文化的研究——以保安族、东乡族为例［J］．兰州文理学院学报（自然科学版），2017，31（1）：82-86．

［181］杨彩虹，党玮玺．东乡族、裕固族和保安族体育课程资源开发与利用［J］．浙江体育科，2017，39（5）：67-71．

［182］陈利红．论民族传统体育对族群建构的文化意义——以仡佬族、彝族和傣族为例［J］．体育文化导刊，2017（11）：44-48，63．

［183］张天华．澜沧拉祜族武术文化的传承与保护研究［D］．昆明：云南师范大学，2016．

［184］吴履昊．广西罗城仫佬族民族体育的现状与对策研究［D］．北京：北京体育大学，2017．

［185］冯强．佤族节庆民俗体育活动的现代适应研究［J］．体育文化导刊，2016（6）：74-77，85．

［186］孙群群，白晋湘，张小林，等．工具的认同抑或隔离：中外民俗体育性别参与的文化人类学研究——西班牙斗牛舞与水族斗角舞的田野考察［J］．中国学校体育（高等教育），2018，5（11）：69-75．

［187］屈植斌，高会军．文化生态视域下水族、蒙古族赛马比较研究［J］．体育研究与教育，2017，32（3）：64-68，75．

［188］韩明均．论羌族体育起源［J］．四川体育科学，2016，35（5）：27-30．

［189］林文峰．贵州仫佬族传统体育文化研究［J］．贵州民族研究，2018，39（12）：145-148．

［190］陈立华，李孟华．锡伯族射箭文化的传承和发展［J］．中国学校体育（高等教育），2017，4（7）：74-77．

［191］王红蕾．柯尔克孜族传统体育项目"奥尔达"的初探［J］．武术研究，2016，1（8）：105-106．

［192］丛密林，张晓义．体育非物质文化遗产概念及分类的诠释与重构——基于对达斡尔、鄂温克、鄂伦春族聚居区的田野考察［J］．沈阳体育学院学报，2018，37（2）：123-128，137．

［193］卜秀秀，鲁林波．民俗体育活动的美学研究——以平塘县卡蒲乡毛南族猴鼓舞为例［J］．四川体育科学，2018，37（5）：8-11．

［194］张雪莹，何胜保．图腾信仰崇拜与文化认同：鄂伦春族传统体育文化考略［J］．沈阳体育学院学报，2016，35（1）：140-144．

［195］贺小花．京族民族民间体育起源分类特征的分析与研究［J］．广州体育学院学报，2017，37（2）：84-86，90．

［196］杨彩虹，党玮玺．东乡族、裕固族和保安族体育课程资源开发与利用［J］．浙江体育科学，2017，39（5）：67-71．

［197］刘茂昌，祁进玉．试析"一带一路"背景下裕固族民间传统体育文化的传承与嬗变［J］．原

生态民族文化学刊，2019，11（2）：140-145.

[198] 杨建鹏，耿献伟．门巴族传统体育变迁研究——以山南错那县勒布门巴族传统体育为个案[J]．西藏大学学报（社会科学版），2016，31（2）：126-131.

[199] 张珊珊，王韶峰，隋东旭．中俄跨界民族（赫哲族-那乃族）体育文化流变研究[J]．体育文化导刊，2018（6）：73-77.

[200] 郑国华，祖庆芳，何平香．我国少数民族群众体育政策的历史演进[J]．北京体育大学学报，2016，39（2）：16-22.

[201] 王洪珅，韩玉姬，梁勤超．中国传统体育文化的演进轴线：生态适应[J]．武汉体育学院学报，2016，50（4）：20-25.

[202] 王广虎，冉学东．论中华民族伟大复兴中的民族传统体育发展[J]．北京体育大学学报，2018，41（12）：1-12+18.

[203] 葛耀君，张业安，李海．媒介生态视阈下我国民族传统体育文化传播问题研究[J]．北京体育大学学报，2018，41（10）：133-138，145.

[204] 白晋湘，万义．中国特色社会主义新时代民族传统体育学科的建设研究[J]．体育科学，2018，38（10）：12-18.

[205] 万义．"原生态体育"悖论：体育非物质文化遗产保护模式的解构与重塑[J]．中国体育科技，2016，52（1）：3-10.

[206] 陈小蓉，何嫚，张勤，等．我国体育非物质文化遗产综合评价体系的构建与应用[J]．体育科学，2017，37（5）：48-60.

[207] 汪雄，杜宁，崔家宝，等．体育非物质文化遗产传承人的身份认同研究[J]．体育文化导刊，2017（7）：70-74.

[208] 杨海晨，吴林隐，王斌．走向相互在场："国家—社会"关系变迁之仪式性体育管窥——广西南丹黑泥屯"演武活动"的口述历史[J]．体育与科学，2017，38（3）：84-93.

[209] 韦晓康，蒋萍．民俗体育文化在社会治理中的作用研究[J]．中国体育科技，2016，52（4）：31-37.

[210] 杨海晨，吴林隐，王斌．走向相互在场："国家-社会"关系变迁之仪式性体育管窥——广西南丹黑泥屯"演武活动"的口述历史[J]．体育与科学，2017，38（3）：84-93.

[211] 王钧，王长生，谷松，等．少数民族体育文化空间生态建设研究——以哈尼族磨秋为例[J]．中国体育科技，2017，53（2）：113-118.

[212] 郭学松，王伯余，杨海晨，等．仪式、记忆与认同："三公下水操"中的身体运动研究[J]．成都体育学院学报，2017，43（6）：52-57，72.

[213] 胡小明，张洁，王广进，等．开拓体育文化研究的新领域——以探索身体运动对原始文化形成的作用为例[J]．上海体育学院学报，2012，36（2）：1-5.

[214] 周爱光．中国《体育法》修改的总体思路——基于国外体育立法修法经验的分析[J]．体育学研究，2019（3）．

[215] 杨国庆，闫成栋．新时代我国竞技体育改革发展的法治保障——基于《体育法》竞技体育部分修改思路和内容的探讨[J]．体育科学，2019，39（2）：15-21.

[216] 于善旭，李先燕．论修改《体育法》的内容结构调整与技术质量提高[J]．上海体育学院学报，2018，42（2）：1-8.

[217] 姜熙. 比较法视角下的我国体育立法研究 [D]. 上海：上海体育学院，2017.

[218] 王家宏，赵毅. 改革开放40年我国体育法治的进展、难点与前瞻 [J]. 上海体育学院学报，2018，42（5）：1-8，14.

[219] 贾文彤. 我国体育法律体系形成中的配套立法研究 [J]. 山东体育学院学报，2017，33（2）：1-5.

[220] 汪全胜，卫学芝. 学校体育设施社会化开放的制度约束 [J]. 山东体育学院学报，2018，34（5）：55-60.

[221] 戴羽，张健，徐帆. 体育公共服务的软法之治 [J]. 武汉体育学院学报，2019，53（3）：34-38.

[222] 李志锴. 我国俱乐部与职业运动员法律关系的困境与出路——以从属性理论为视角 [J]. 天津体育学院学报，2017，32（3）：233-237，260.

[223] 闫士展，汤卫东. 芬兰体育法的基本内容与立法特征 [J]. 广西大学学报（哲学社会科学版），2018，40（4）：103-109.

[224] 陈华荣. 欧洲各国体育立法的经验与启示 [J]. 成都体育学院学报，2017，43（5）：1-7.

[225] 高强，程一帆. 从"体育哲学中的身体"到"体育中的身体"——对体育哲学身体研究范式的现象学批判与重建 [J]. 体育科学，2019，39（4）：29-38.

[226] 李金锁，刘欣然，黄亚玲. 李力研体育哲学思想内涵探析 [J]. 成都体育学院学报，2018，44（3）：70-75.

[227] 刘欣然，黄传想，李丽君. 意义的凝聚：基于"力"的体育自然哲学考察 [J]. 武汉体育学院学报，2016，50（5）：19-25.

[228] 邹月辉，张佳. 体育：还原"文明病"下身体的自由 [J]. 武汉体育学院学报，2017，51（6）：32-37.

[229] 刘正，曹宇. 智慧体育的伦理审视 [J]. 体育文化导刊，2018（3）：149-153.

[230] 蒋红霞，朱兴林. 我国体育价值研究的进展、不足及趋向 [J]. 山东体育学院学报，2018，34（5）：37-43.

[231] 陈翀. 偏失与重塑：我国体育诚信文化构建研究 [J]. 体育文化导刊，2017（5）：11-14，35.

[232] 顾善光，周学荣. 体育与人性——伦理视阈下身体危机的实质追问 [J]. 成都体育学院学报，2017，43（3）：43-48.

[233] 龚正伟，徐正旭. 全国首届体育伦理研讨会简讯 [J]. 探索与争鸣，2017（9）：107.

[234] 上官戎. 中国体育的伦理价值诉求 [J]. 伦理学研究，2018（4）：133-136.

[235] 龚正伟. 国家体育道德责任研究：价值秩序与实现机制 [J]. 上海师范大学学报（哲学社会科学版），2016，45（5）：14-23，29.

[236] 邵天逸. "立德树人"背景下学校体育的育人价值 [J]. 体育学刊，2017，24（4）：63-67.

[237] 潘丽英，肖丹丹. 新时代背景下体育道德及其实现路径 [J]. 体育文化导刊，2018（12）：35-39.

[238] 高强. 古希腊竞技审美的"历史困境"解析与突破 [J]. 上海体育学院学报，2016，40（5）：8-12，24.

[239] 俞鹏飞，周学荣. 审美经验——杜威实用主义美学视域下的体育美学探析 [J]. 体育科学，

2016，36（5）：85-90.
［240］李向前，吴光远. 体育美学视角下 NBA 扣篮的美学特征研究［J］. 北京体育大学学报，2016，39（3）：23-27，33.
［241］赵犇. 身体文化视角下健美运动的美学阐释［J］. 体育学刊，2017，24（3）：30-34.

运动训练学学科发展研究报告

Research Report on Disciplinary Development of Sport Training

（2016—2019）

运动训练学分会

China Sport Science Society for Sport Training

2019.10

前　言

　　运动训练学是研究运动训练活动规律和有效组织运动训练活动的行为科学，其主要任务是揭示运动训练活动的普遍规律，指导各专项运动训练实践，使各专项的训练活动建立在科学的训练理论基础之上，努力提高训练的科学化水平。随着科技的发展和运动训练水平的不断提高，运动训练理念与训练方法和手段等随之改变，促使运动训练理论也要进行更新。在当前竞技体育职业化、商业化的大背景下，全面回顾、梳理、总结当前运动训练实践领域有价值的理论与发展轨迹，及时丰富和更新运动训练理论，发挥运动训练理论对训练实践的指导作用具有重要的现实意义。

　　运动训练学是体育科学中的一门综合性应用学科，包含训练和比赛的各个方面。本研究在2012—2015年运动训练科学报告的基础上，根据国内外有关竞技体育训练的最新研究成果，以及对原有问题的最新理解等方面，仅对2016—2019年这一周期进行综合分析。在总体结构上，本书主要由5个部分所构成。通过引言部分，对编写本书的重要意义进行说明；第一部分，对运动训练基础理论的最新研究进行总结分析；第二部分，对国外训练思想进行了研究，为国内的运动训练提供借鉴；第三部分，在科技助力奥运的背景下，对大数据在运动训练中的应用研究进行归纳梳理；第四部分，正值2022年北京冬奥会关键备战时期，对冬季项目运动训练进行研究。

　　在具体结构上，引言部分总结了我国以往的训练理论成果并提出了对当前训练理论热点进行研究的必要性。第一，运动训练基础理论部分主要对运动能力敏感期内涵、存在及趋势进行了再探讨；从负荷剂量的计量和负荷效应的评价对运动负荷评价方法进行归纳；青少年运动员运动疲劳监控现状及识别竞技体育疲劳的评定方法研究。第二，国外训练思想部分主要对跨项选材和康希尔曼训练思想进行了研究，并为我国的运动训练理论与实践提供启示。第三，大数据在运动训练中的应用研究部分阐述了运动训练中大数据的理念，归纳并分析了国内和国外运动训练中大数据的研究热点。第四，冬季项目的运动训练研究部分中对冬季项目运动训练的研究问题中的训练特征、训练策略、科研助力，主场优势及影响因素、主办国备战经验及启示等方面进行研究。

　　本报告由北京体育大学主持编写，第一部分由米靖、万炳军负责；第二部分由陈小平、黎涌明负责；第三部分由张莉清负责；第四部分由刘俊一、张莉清负责，陈立人担任本报告的编写组组长。北京体育大学学生李瑞媛、李月、金乃婧、李晓焱、冯度、刘朦、王泽宏、米安、彭勃也参与了部分内容的修改及校对工作。

感谢北京体育大学在本报告编写过程中的大力支持，同时也要感谢为此书编写内容做出卓越贡献的全体编写组成员，以及相关引文文献的研究者。

运动训练学分会

2019 年 10 月

课题组

组　　长：陈立人

副组长：张莉清

组　　员：（按姓氏笔画排序）

　　　　　万炳军　刘俊一　米　靖　陈小平　黎涌明

撰稿人
Writers

（按姓氏笔画排序）
In Surname Strokes Sequence

万炳军	陕西师范大学
Wan BingJun	Shaanxi Normal University
刘俊一	东北师范大学
Liu JunYi	Northeast Normal University
米　靖	北京体育大学
Mi Jing	Beijing Sport University
张莉清	北京体育大学
Zhang LiQing	Beijing Sport University
陈小平	国家体育总局体育科学研究所
Chen XiaoPing	China Institute of Sport Science
黎涌明	上海体育学院
Li YongMing	Shanghai University of Sport

运动训练学学科发展研究报告
Research Report on Disciplinary Development of Sport Training (2016—2019)

Abstract

With the continuous improvement of scientific and technological level and people's understanding of the basic rules of sports training activities, as a comprehensive applied discipline in sports science, sports training plays an increasingly important role in training practice. This report mainly uses the literature method to sort out and summarize the current situation and research hotspots of sports training field from 2016 to 2019, including the basic theory research of sports training, foreign training thought research, application research of big data in sports training, and sports training research of winter sports. The purpose is to understand the current situation of sports training development at China and abroad, find out the advantages and disadvantages, grasp the development direction, strengthen the guiding role of training theory, and promote the common development of sports training theory and practice. Specific research results are as follows:

(1) Basic theoretical research of sports training

Sensitive period, sports load and competitive sports fatigue have been the key and difficult points in the field of sports training. On the research of the sensitive period, after summarizing the viewpoints of many scholars, the sensitive period is redefined as the age (or time) period with high trainability of various sports ability; The sensitive period exists objectively and the time period of the sensitive period of each competitive ability and quality has not been determined. The main methods of defining the sensitive period are theoretical deduction combined with experience and horizontal comparison of the natural growth rate of sports ability of children and adolescents in different age groups. According to the nature of "high trainability" in the sensitive period, the sensitive period of each athletic ability can be precisely defined by experiments or meta-analysis in the future.

In terms of the research on sports load, the evaluation of sports load is mainly carried out from two aspects. One is to measure the dose of the load through GPS and video recording. Another one is to evaluate the effect after load by physiological, biochemical and psychological indicators such as cardiac RPE scale and questionnaire.

In terms of athletic sports fatigue, some researchers tested the biochemical indexes of young sprinters after HIIT, and identified sports fatigue through CV analysis. The results showed that the effects of exercise stimulation on thebiochemical indicators of the body were mainly reflected in the quantitative grading of indicators. Among the 7 monitoring indicators, HB, RBC and Neu could not be quantified. The HCT and BLA levels of young male first-class athletes were not affected by the training load. Load intensity has a great impact on LYM. WBC (level 1) and LYM (level 3) were used in training monitoring to estimate the critical value of "routine" and "excessive" training.

(2) Foreign training thought research

Domestic scholars have combed and analyzed Counsilman training thought and cross-discipline selection, and found that Counsilman training thought is embodied in the philosophy of teaching, biology-based training, emphasis on the support of science and technology for training, and integration of multidisciplinary theory and technology to enrich the theory and practice of sports training. This paper summarizes the successful mechanism of cross-sports selection in foreign countries, and puts forward that under the background of severe Olympic preparation situation in China, the current cross-sports selection strategy should be as follows: improve the existing athlete selection and training system in China; Establish relevant policies and organizational mechanisms suitable for athletes' cross-sports mobility; Rationally understand the relationship between cross-item selection and traditional selection; To summarize and absorb the practical experience of athlete selection and training; Scientific selection of sports before and after cross-sports; Scientific development of cross-item selection test methods.

(3) Application research of big data in sports training

Big data refers to the real-time and comprehensive generation of data with sufficient volume with training guidance value, and its effective application in sports training practice. The core is prediction, and the essence is to seek rules from data to improve cognitive ability, so as to predict and guide decision-making. Domestic hardware and software investment based on big data technology is low, data analysts are scarce, big data technology application is narrow, the use process is not systematic, lack of in-depth application analysis; International sports big data research has been relatively in-depth, especially in the professional top-level events, high-tech data acquisition and analysis system is widely used, involving multiple aspects of athletes' training and competition process; There are great differences in research hotspots at home and abroad. Big data research in foreign countries has become systematic, and theoretical research and practical application have been integrated. However, the application of big data in China is at the initial stage, and the research mainly focuses on the advantages and potential advantages of China's projects or areas of concern, and focuses on theoretical discussion, with few practical cases.

(4) Research on winter sports training

This paper analyzes the development status of China's current winter sports, and summarizes the research problems of China's current winter sports in the aspects of training characteristics, scientific research support and training strategies. In terms of training characteristics, the research on winter sports training characteristics of Chinese scholars mainly focuses on the rules, characteristics, training methods, training contents, training principles and training arrangements of winter sports. China's winter sports training research is relatively backward, it is difficult to form a systematic research results on a project. In terms of scientific research support, research and demonstration work on key technologies in the direction of athletes' special ability characteristics, scientific selection of talents, training and competition, skill optimization, international training platform for potential advantages and backward projects, and construction of national scientific training base, etc. On the training strategy, make full use of good opportunities of the 2022 winter Olympic Games held in China, adhere to the principle of comprehensive development and multipoint linkage, and strive to achieve the common development of the latent advantage projects and advantages, pushing the winter project " south exhibition westward", gradually form " in the northeast - northwestern region - southern provinces" Beijing -Tianjin-Hebei region coordinated development of regional landscape.

Winter sports also have home advantage, which is composed of environment, psychology and other factors. The successful preparation experience of the host country for the recent three winter Olympic Games shows that the important reasons for the excellent achievements are giving full play to the host country's home advantage, selecting the key breakthrough projects reasonably and introducing talents.

目　录

引言

一、运动训练学基础理论研究

（一）运动能力发展敏感期最新研究

1. 运动能力发展敏感期的概念
2. 运动能力发展敏感期是否存在
3. 运动能力敏感期存在的年龄阶段
4. 运动能力敏感期的界定方法

（二）运动负荷评价方法研究进展

1. 负荷剂量的计量
2. 负荷效应的评价

（三）青少年运动员运动疲劳最新研究

1. 青少年运动员运动疲劳监控研究现状
2. 青少年短跑运动员运动疲劳的变异系数分析

二、国外训练思想研究

（一）康希尔曼训练思想研究

1. 康希尔曼训练思想理念
2. 康希尔曼训练思想的启示

（二）跨项选材—运动员长期培养的新策略

1. 跨项选材概念
2. 国际跨项选材成功机制
3. 完善我国跨项选材机制的策略

三、大数据在运动训练中的运用研究

（一）国内运动训练中大数据应用研究

1. 体能训练大数据应用研究
2. 球类项目大数据应用研究
3. 体育数据软硬件设备研发应用研究

（二）国外运动训练中大数据应用研究

1. 基于软件设备的实时数据实践应用研究
2. 基于人工分析的赛后数据应用研究

（三）国内外运动训练大数据研究热点分析

1. 国外运动训练大数据研究热点分析
2. 国内运动训练大数据研究热点分析

四、冬季项目的运动训练研究

（一）冬季项目运动训练的研究问题

1. 冬季项目训练特征的研究
2. 冬季项目科研助力的研究
3. 冬季项目训练策略的研究

（二）冬季项目主场优势研究进展

1. 冬季项目主场优势分析研究
2. 冬季项目主场优势影响因素研究
3. 近三届冬奥会主办国备战经验及启示

参考文献

Contents

Preface

1　Basic theory research of sports training

　1.1　The latest research on sensitive period in sports field

　　1.1.1　Concept of sensitive period of athletic ability development

　　1.1.2　The existence or absence of sensitive period for the development of athletic ability

　　1.1.3　Movement sensitive period of age

　　1.1.4　Definition method of sensitive period of motor ability

　1.2　Research progress of sports load evaluation methods

　　1.2.1　Measurement of load dose

　　1.2.2　Evaluation of load effect

　1.3　The latest research on athletic fatigue of young athletes

　　1.3.1　Research status of sports fatigue monitoring of young athletes

　　1.3.2　CV analysis of exercise fatigue of young sprinters HIIT

2　Research on training thoughtsin the domestic and abroad

　2.1　Counsilman training thought research

　　2.1.1　Counsilman trains the mind

　　2.1.2　Counsilman trains in thought revelation

　2.2　Cross-direction selection——a new strategy for long-term training of athletes

　　2.2.1　Concept of cross-item selection

　　2.2.2　International cross-project selection mechanism

　　2.2.3　Improve the strategy of cross-item selection mechanism in China

3　Application of big data in sports training

　3.1　Application research of big data in domestic sports training

　　3.1.1　Application research of big data of physical fitness training

　　3.1.2　Big data application research of ball games

　　3.1.3　Research on r&d and application of hardware and software equipment of sports data

3.2 Foreign large data applications in sports training study

    3.2.1 Research on the practical application of real-time data based on software equipment.

    3.2.2 Post-match data application research based on manual analysis.

3.3 Analysis of hot spots in sports training big data research at home and abroad

    3.3.1 Hot spot analysis of foreign sports training big data research

    3.3.2 Hot spot analysis of domestic sports training big data research

4 Sports training research of winter sports

4.1 Research on winter sports training

    4.1.1 Research on training characteristics of winter sports

    4.1.2 Research on scientific support for winter sports

    4.1.3 Research on winter sports training strategies

4.2 Research progress on home field advantage of winter sports

    4.2.1 Analysis and research on home field advantage of winter sports

    4.2.2 Research on influencing factors of home field advantage in winter sports

    4.2.3 Preparation experience of the host countries for the last three winter Olympics

References

引言

运动训练学是研究运动训练活动规律和有效组织运动训练活动的行为科学,其主要任务是揭示运动训练活动的普遍规律,指导各专项运动训练实践,使各专项的训练活动建立在科学的训练理论基础之上,努力提高训练的科学化水平。在竞技能力与运动成绩的转化过程中,需要科学的训练理论来指导。我国运动训练理论的发展经历了近四十年的引进、本土化努力、自我创新和调整等阶段,初步建立了部分项目和部分领域较为完善的运动训练科学理论和方法体系。众多学者从实践中总结的具有中国特色的项群训练理论、竞技能力非衡结构的补偿理论、竞技能力的双子模型理论、高原训练理论、运动训练博弈理论以及我国优势项目的制胜规律等训练学研究成果为世界运动训练学的发展做出了积极而卓越的贡献。

随着运动训练理论与实践发展趋势的国际化,我国的专家学者紧跟国际运动训练理论与实践的发展,立足于我国运动训练自身发展实际,不断开拓、不断进取、不断反思总结。尤其是近5年中在学习与引进西方运动训练科学的基础上进行了有益探索,在很多问题上进行了深度的分析和研究,极大推动了我国运动训练理论与实践的发展。

本报告旨在通过对近5年运动训练学相关领域研究成果进行深度总结和梳理,敏锐地捕捉最新的训练理论研究信息,了解当前训练研究的最新进展,包括对运动训练基础理论中的敏感期的内涵、存在及趋势、运动负荷的评价方法、竞技体育疲劳的识别进行了再探究等;国外训练思想中康希尔曼训练思想与跨项选材研究;国内外大数据在运动训练中的应用研究及其研究热点分析;冬季项目运动训练中的研究热点问题(训练特征、训练策略、科研助力)、主场优势及影响因素和主办国备战经验及启示。

此报告编写过程中,在力求体现科学性、创新性、实用性、新颖性等特点的同时,也在文中展望了今后一个时期运动训练学的发展趋势,以期为运动训练学的理论建设和实践活动的科学性提供借鉴,为研究者未来的努力方向指明道路。

一、运动训练学基础理论研究

(一)运动能力发展敏感期最新研究

在运动训练领域,敏感期一直是研究的难点,众多学者均对此进行了较为系统的研究,一些成果被列入运动生理学、运动训练学等学科的专业教材中。以下对近几年运动能力发展敏感期研究的热点问题进行论述。

1. 运动能力发展敏感期的概念

关于运动能力敏感期的概念目前有一些争议。部分学者认为敏感期就是对训练刺激敏感的时期，即可训期。Paul 在研究敏感期时采用敏感发展期（SensitiveDevelopment Period）这个词，他强调了敏感期中运动训练在促进运动员运动能力中的重要作用[1]，与"可训性"的内涵一致，仅是名称描述上的差异。石磊等用"敏感发展期"或"最佳发展期"来指代敏感期，他认为人体生长发育过程中，遗传因素和环境因素所起作用的大小会随年龄的增大而发生变化，在生长速度最快的时期（出生后 1~2 年和性成熟期），机体对外界环境的影响比较敏感，所以他将这个时期称为"敏感发展期"或"最佳发展期"[2]。这些研究者都强调了敏感期内外界环境因素即运动训练活动对机体的影响，符合用可训性的大小来评价运动能力敏感期的黄金标准。

除此之外，还有部分学者用"窗口（Window）"一词来表述敏感期。Naughton 等根据运动能力尤其是有氧能力的提高与训练适应的高度相关性，把敏感期称为可训性窗口（Windows of Trainability）[3]。还有些学者认为当儿童青少年处于身高突增期阶段时给予恰当的刺激（如运动训练），他们就能得到快速发展，但若错过这个时期，意味着窗口关闭，能力提升变得不再容易，因而将这个时期称为机会窗口（Windows of Opportunity）。Kukoji 等从动作发展的角度提出，动作发展最重要的年龄段是 7~12 岁，在这个时期里的儿童青少年在生理上可以承受动作技能训练刺激，在心理上具有强烈的内在学习动机，为他们在训练中获得最佳的训练效果提供了更多的可能，所以将这个年龄段称为动作技能发展的可能性窗口（The Window of Possibilities）[4]。McNarry 等将可训性与窗口期（有开有合的特定时期或阶段）结合起来，将敏感期称为最佳可训性窗口（Windows of Optimal Trainability）并将其作为运动员长期发展模型（LTAD）的重要理论基础[5]。

敏感期是对刺激反应快的时间阶段，运动能力发展敏感期即运动能力对刺激反应快的时间阶段，刺激可能是阳光、温度、营养、训练等因素，但在体育领域，外界刺激指的显然是训练，因此，可以将运动能力发展敏感期进一步定义为"各运动能力对训练刺激反应快的时间阶段"。而对训练刺激的反应程度又叫"可训性"（生理学、训练学中的专业术语），进而可以将运动能力敏感期更简单、精确地定义为：各运动能力可训性较高的年龄（或时间）段。可训性既表现了儿童和青少年对特定训练的反应程度，也表明了运动员的训练潜力（运动员通过训练能在多大程度上提高运动能力）。在遗传度相似的情况下，可训性较高的青少年即对训练敏感的青少年未来发展的潜力更大[6][7]。

2. 运动能力发展敏感期是否存在

关于运动能力发展敏感期是否存在各研究结论具有较大的争议。虽然大部分研究指向敏感期是存在的，且在敏感期进行科学地强化训练，能诱发和促进各运动能力更加充分和完善地自然增长，使其超出一般的增长水平，收到事半功倍的良好效果。但仍有学者提出质疑，从训练过程的长期性和整体性来看，敏感期的训练是否真的提高了运动员未来发展潜力的最高值，还是仅仅致使运动员在较年轻时就达到他们运动生涯的最高水平[7]？甚至有学者认为，敏感期可能只是建立在"经验观察"的基础之上，在敏感期进行的身体训练与运动成绩提高之间缺乏直接的因果关系[8]。另外，Melitta等人指出速度、力量和耐力等基本身体素质在儿童和青少年时期的整个过程中都是可以被训练的，并建议在敏感期尤其是青春期的强化训练应该停止，因为在这个时期中运动成绩某些方面的提高很可能被过度训练和过度疲劳所带来的潜在的负面风险所抵消[5]。因此，儿童和青少年应该在各个年龄段采取恰当的方法进行训练，而不是被所谓的"机会窗口"所束缚。Rumpf等通过对17项实验研究进行元分析发现，青春期前期和青春期后期的儿童在进行相对等量的训练后，速度素质的提高幅度并无差别[9]。卓金源等对处于力量素质敏感期和非敏感期的男子进行相对等量力量训练干预后发现，处于敏感期和非敏感期阶段的男子最大力量的提高幅度并没有统计学上的显著性差异，进而认为男子最大力量素质可能不存在敏感期[10]。

尽管有一些研究认为某些运动能力的敏感期并不存在，但本研究认为运动能力发展敏感期是客观存在的，就像语言学习领域的很多实例及研究成果证实的一样，越早开始训练第二语言，在以后的生活中就能更熟悉地运用该语言。如有些人在家里就是说第二语言长大的，与试图在高中或者大学习得第二语言的人相比，其语言发展要容易得多[11]。再如，在视力发展方面，除非婴儿在出生后的前6个月看到光线，否则从眼睛通到大脑的处理光信号的视觉皮层神经将会退化并消失[12]。

3. 运动能力敏感期存在的年龄阶段

关于生长发育过程中运动能力敏感期的阶段到底有几个的问题，不同学者的认识也有较大差异。有学者认为各运动能力的敏感期只有一个，即青春期或者生长发育高峰期；也有学者认为是两个，如力量素质的敏感期一个在青春期前期与神经-肌肉的协同发展相关，另一个在青春期后期与肌肉维度的增加及性激素浓度的增加相关；还有学者[13]认为运动能力敏感期可能存在多个。

此外，关于运动能力敏感期的具体年龄段，不同研究的结论也有较大差别。在速度素质敏感期的研究中，Rachev通过综述提出速度素质的敏感期为9~12岁，而Bruizgalov则认为速度素质的敏感期为10~12岁[14]。国内体育院校通用的国家级规划教材《运动生理学》中提出速度素质发展的敏感期为7~12岁，其中反应速度敏感期为9~12岁，动作速度的敏感期为7~13岁[15]。然而，Istvan将速度素质的敏感期分为两个阶段，第一个阶段是男子7~9岁、女子6~8岁，这个阶段主要发展青少年直线的、横向的以及多方向速度素质；第二个阶段是男子12~14岁、女子11~13岁，这个阶段主要发展直线、侧向、多方向及混合方向的速度素质[14]。

在协调能力[16][17]、力量[18][19]、耐力[20]、技术[21][22]及动作技能[23]等其他运动能力的相关研究中，敏感期阶段的数量及每个阶段的具体年龄不一致的现象也普遍存在。因此，针对各运动能力敏感期的阶段到底有几个以及每个阶段具体的年龄从几岁开始到几岁结束的问题，不同学者的研究结论差别较大，产生这些差异的主要原因是不同学者界定敏感期年龄阶段的方法有所不同。

4. 运动能力敏感期的界定方法

从现有研究看，界定运动能力敏感期的方法大致有两种。

第一种是通过理论推导结合经验来确定运动能力敏感期的年龄阶段。其中理论推导的依据是人体生长发育的基本规律（如突增期、青春期等）和不同年龄段儿童青少年身体、心理的基本特征。如有学者认为人体生长发育过程中各组织和器官等增长较快的青春期或者生长发育高峰期同时也是运动能力快速增长的时期，所以将这个阶段界定为运动能力敏感期的年龄段。也有学者以神经及内分泌等与运动高度相关的系统的发育情况为依据确定运动能力敏感期，认为男性力量素质有两个敏感期，一个与神经发育有关，年龄段大约为11~14岁，一个与激素的激增有关，大约在15~18岁之间。还有学者[21]依据大脑不同功能区的发育程度来解释和确定敏感期，他们认为尽管多种学习方式都能够完成相同的任务，但是在敏感期内的学习与非敏感期的学习所使用的大脑部位不同，所以学习效率也有所差别。从研究逻辑上讲，通过理论推导结合经验来界定敏感期年龄阶段的这种方式本身是恰当的，然而由于各运动能力影响因素的复杂性以及目前诸如脑科学、神经科学等重要的基础研究对此还没有真正有价值的成果出现[24]，导致由此推导出的敏感期年龄阶段的科学依据不足，带有明显主观主义的色彩，其准确性值得商榷。

第二种是通过横向比较不同年龄段儿童青少年各运动能力的自然增长率来确定运动能力敏感期的年龄阶段。这些研究利用国民体质监测或自测的数据，通过横向对比大样本量、不同年龄段学生各身体素质的自然增长率，分别将各运动能力增长率大于或等于平均数加1个标准差（M+1S）[18]、平均数加0.7个标准差（M+0.7S）、平均数加0.75个标准差（M+0.75S）及年增长率在90%以上[17]的年龄阶段界定为运动能力的敏感期。这种通过横向对比不同年龄段学生运动能力自然增长率的方式所界定的敏感期，实际上是运动能力的快速增长期，而对训练是否敏感并没有涉及。因此，采用此种方式来界定敏感期存在逻辑错误。

如上所述，运动能力发展敏感期是存在的，可训性大小是评价各运动能力敏感期的黄金标准，且目前两种界定运动能力敏感期的方式，其科学性和准确性均有所欠缺。因此，根据敏感期可训性高的本质，未来可以通过实验或元分析的方式，精确界定各运动能力的敏感期。

第一，实验是确定运动能力敏感期年龄阶段最基本的方式。在实验研究中，较为严谨的实验设计是对同一年龄的实验对象进行长期纵向实验追踪，通过计算训练前后每一个年龄阶段运动能力的增长率，并将其与对照组（同年龄、不专门进行运动训练的人群）进行对比，计算出效果量，进一步确定该能力的敏感期。

第二，采用元分析技术进行研究则是选取前人已经做过的、较高质量的、以对比不同年龄段人群某种运动能力的可训性为目的实验研究，将其结局指标的数据（实验组对照组前后测的成绩、增长幅度或效果量等）进行统计分析（合并分析、亚组分析或 Meta 回归等），通过探讨各年龄阶段的可训性的大小，界定敏感期。

（二）运动负荷评价方法研究进展

恰当的负荷评价方法有助于教练员和科研人员及时了解运动员对负荷的适应情况，以此做出调控运动负荷的相应对策。纵观当前的训练实践和理论研究，运动负荷的评价主要是从两方面进行。一是通过一些训练学指标对负荷的剂量（dose）进行计量，如采用次数、组数、时间、强度等指标来直接反映负荷的大小；二是通过一些生理生化、心理指标对负荷后的效应（response）进行评价，如采用心率、血乳酸、主观体力感觉等指标来间接反映机体对负荷的适宜程度。以下将从这两方面对近年来运动负荷评价方法研究的热点问题进行相关陈述。

1. 负荷剂量的计量

对负荷剂量的计量可以直接反映负荷的大小，而负荷的剂量主要表现在负荷量和负荷强度两方面，负荷量可以采用时间、距离、重量、次数、组数等指标来进行评价，负荷强度可采用速度、高度、远度等指标进行评价。目前，关于负荷剂量的计量出现了一些新的测量工具和方法，如基于 GPS 和视频录像对负荷的剂量进行定量评价。

（1）基于 GPS 的负荷评价

全球定位系统（GPS）是由 Schutz 于 1997 年首次应用于负荷评价中，现已应用于众多项目的负荷评价中，尤其是集体球类项目，如足球、橄榄球、棒球和曲棍球等。GPS 可根据卫星系统的追踪实时反映运动员在场上的移动距离、速度、持续时间情况。冯锐采用 GPS 对中国优秀男子曲棍球运动员在比赛和训练中的负荷特征进行研究发现，教练员可根据 GPS 所反馈的信息对不同位置的运动员进行相应的训练负荷调整[25]。Sampson 采用 GPS 对美国大学生足球运动员在整个赛季中的急性负荷和慢性负荷进行量化发现，大学生足球运动员赛前训练损伤率较高可能与较高的急性负荷有关[26]。Lazarus 等人的研究表明，GPS 能够有效量化集体球类项目运动员的高速跑动距离、平均跑速、加速度、减速度[27]。GPS 监测运动的可靠性取决于一些因素，如运动员的移动速度、速率、持续时间和运动类型。从现有的文献资料来看，虽然采用 GPS 能够有效评价运动员的负荷状态，但是运动员的动作速度越快，GPS 评价运动负荷的可靠性就越低。而且，由于 GPS 不能量化跳跃、击球与铲球等动作的负荷，在监测此类动作时，GPS 的可靠性也会下降。

（2）基于视频录像的负荷评价

随着现代科技的飞速发展，视频录像被越来越多地用于运动员的负荷监控当中。与 GPS 手段相比，视频录像不仅可以获得运动的时间、总距离、速度、不同速度下的移动距离等参数，还可统计出运动员某一专项动作的使用频次，分析复杂动作的技术特征，且视频录像不受比赛规则的限制，同时花费也远低于 GPS 设备。李晓康等人采用视频录像的方法对中超联赛各个比赛位置球员的跑动距离和强度特征进行研究发现，中前卫的跑动距离最长，中后卫的跑动距离最短；边后卫的跑动距离居中，高强度跑比例较高；前锋的跑动距离较短，跑动强度位居第二。这表明总跑短距离和高强度跑距离的差距是影响联赛水平的一个重要因素[28]。Pettersen 对 GPS 和视频录像采集到的足球运动员比赛负荷相关数据的精度进行比较发现，基于视频录像的负荷评价方法能够更加精确地量化足球运动员的比赛负荷[29]。因此，通过视频录像监控运动负荷时可以精准地统计不同运动员的专项动作使用频次，分析其在专项动作上的不足。但迄今为止，此方法只能统计出不同专项动作的使用频次，而无法对其质量进行精准评价。此外，在视频拍摄完成之后，往往需要耗费大量的时间对各专项动作进行统计，教练员无法实时掌握运动员的负荷状态。

2. 负荷效应的评价

（1）基于心率的负荷评价

基于心率的两个衍生指标——心率变异性和心率恢复是近年来负荷评价的常用方法。心率变异性是指逐次心跳 RR 间期之间随着时间而发生的一些微小波动，一般采用 Polar 表、Suunto 表或 Firstbeat 监测系统（Polar、Suunto、Firstbeat 均为监测系统的品牌）进行监测。目前常采用的心率变异性指标有两次心跳之间间期差值的均方根（RMSSD）、均方根的自然对数（Ln RMSSD）、高频率功率的自然对数（Ln HF）、心率变异性指数（TLHRV）。大多数研究表明，在运动后即刻和恢复期内测 HRV 可有效地反映耐力项目运动员心脏对运动强度的适应情况，优秀耐力运动员在中等强度和高强度运动后，HRV 分别呈现出上升和下降的趋势，但有时会表现出较大的个体差异，如有些运动员的 HRV 上升，但是 VO_2max 并没有增加，而有些运动员在机体状况不佳、运动能力下降时，HRV 反而高出基础值，但目前关于出现这种现象的机制的研究较少[30]。HRV 一般用来判别自主神经的活性状态，而高强度的无氧运动对自主神经的刺激比较强烈，因此在这些项目中 HRV 的敏感性较高。

心率恢复是指运动过程中的最大心率与运动结束后恢复期内不同时刻的心率之间的差值，一般采用运动后的 1、2、3、4、5、7 分钟这 6 个时刻来进行差值计算，分别记为 HRR1、HRR2、HRR3 等。目前，大多研究采用的 HRR 异常的标准为：HRR1≤12b/min，HRR2<42b/min。有研究表明，运动员在有氧耐力训练后的 HRR 值会升高，这说明 HRR 与运动员的有氧能力呈正相关，因此 HRR 可以很好地评价有氧耐力运动员的负荷情况。但随着运动负荷的增强，运动后不同时刻的 HRR 值是呈下降趋势的[31]。在实践研究中，申慧祥观察后发现，60 名男兵不同强度运动后恢复期内相同时刻的 HRR 情况不同，相同运动强度后不同时刻恢复期内 HRR 情况也不相同，因此，HRR 具有较大的个体差异，应根据不同运动员的训练状态和水平来推测其运动强度等级，由此来把握运动强度的合理分配[32]。

训练冲量（Trimp）是由 Banister 提出来的持续性耐力项目负荷评价方法，其计算公式为Trimp=T×HR，其中T为运动时间，HR为平均心率。刘也等人采用Trimp计算了两组运动员8周的负荷情况发现，间歇训练组在80%~90%HRmax区间和90%~100%HRmax区间的Trimp值明显高于常规训练组，并且表现出显著性差异（p<0.05），Trimp计算方法能够有效地反映运动负荷的大小[33]。Marcus等人的研究表明，训练冲量能够有效量化足球的运动负荷，训练冲量和yoyo测试结果之间的相关性较高[34]。

虽然基于心率的负荷评价比较简单快捷，但是心率的相关指标会受很多因素的影响，如运动员的身体健康状况、外界环境的改变以及人体的HR和%HRmax（最大心率百分比）每天会分别存在着6次/min和<6.5%的差值。因此，在实际应用中应结合不同的负荷评价指标进行综合评价，以此减少评价误差。

（2）基于RPE量表的负荷评价

人体在运动时随着运动强度的增加，会出现呼吸频率加快、汗量增多和肌肉收缩剧烈等生理现象，伴随着这些生理指标的改变，主观心理效应也会发生变化，如肌肉酸痛感和疲劳感增强，意志力减弱等。因此，Borg根据运动后产生的主观心理变化编制出主观体力感觉量表（6-20级）来反映客观生理机能变化，这一量表的制定为运动负荷强度评价提供了新思路。后经Foster等人的优化提出sRPE，即分段主观体力感觉量表，其计算方法为RPE得分×训练时间。众多的研究结果显示，RPE和sRPE无论在个人类项目、集体类项目，还是在技战术训练、体能训练中都是一种有效的评价负荷方法，目前在橄榄球、排球、足球、拳击、体操、网球、柔道等众多项目中应用广泛[35]。sRPE不仅可以应用于量化运动负荷中，还可广泛用于与损伤风险的相关性分析。Hulin采用sRPE量表对28名橄榄球运动员进行两个赛季的运动负荷进行评价发现，当急性负荷和慢性负荷的比值（过去7天的平均日负荷比过去28天的平均日负荷）在0.8~1.3时，运动损伤风险最小（≤10%），而当两者比值超过1.5时，运动伤病风险会成倍增加[36]。除此之外，一些学者还根据某些项目的特征将Borg的主观体力感觉量表改良为具有项目特征的量表，如Michael根据力量项目的特点将Borg的15级RPE量表改编为10级RPE量表，并以运动员能重复的次数为划分等级的依据（表1）[37]。这种方法相比于传统的主观体力感觉量表来说更能详细具体地指导力量项目运动员描述训练后的主观感受。

表1 力量项目主观体力感觉量表

等级	体力感觉描述
10	最大努力
9.5	不能再重复但是可以增加负荷
9	能重复1次
8.5	能重复1~2次
8	能重复2次

续表

等级	体力感觉描述
7.5	能重复 2~3 次
7	能重复 3 次
5-6	能重复 4~6 次
3-4	稍微费力
1-2	不费力

RPE 和 sRPE 是一种便捷、无创的负荷评价手段，且其信度和效度较高，适用范围广泛。但是，运动员的主观感觉会受多方面因素影响，如意志力、环境因素、身体健康状况、能量物质的供能情况（糖、脂肪、蛋白质）、心理状态等，这些因素均会限制 RPE 的取值，因此使用时应结合不同的生理生化指标如 HR、HRV、Trimp 等，以此提高负荷评价的客观性和准确性。

（3）基于心理学问卷的负荷评价

除了采用传统的 RPE 量表对运动员负荷后的心理效应进行评价外，目前使用较多的还有一些心理学问卷，主要反映运动员在负荷后的疲劳、情绪、恢复、压力等多方面的情况，如情绪状态（POMS）、运动员恢复—压力问卷（REST-Q-Sport）、运动员日常生活需求分析（DALDA）、多成分训练困扰量表（MTDS）、瑞典大学人格量表（SSP）、状态焦虑量表（STAI）、运动焦虑量表（SAS）、运动应对技能问卷—28（ACSI-28）、急性恢复和应激量表（ARSS）、短期恢复和应激量表（SRSS）、运动动机问卷和运动承诺量表（Ct Es）等，在实际运用中可根据不同的评价目的选择相应量表[38]。Nassi 通过对 267 名不同项目运动员在运动后的 ARSS 量表和 SRSS 量表得分之间的相关性进行分析发现，两个心理问卷间具有较高的相关性[39]。Michel 验证了运动员在训练后的心率恢复、心率、心率变异性等指标与 REST-Q-Sport 量表得分之间有较高的相关性，REST-Q-Sport 能够有效反映运动员负荷状态[40]。心理学问卷操作起来简单快捷，无需专门的仪器设备，对优秀运动员比较适用，但不适用于一般水平的运动员，容易夸大主观感受，导致其评价结果不精准。

随着运动训练实践的飞速发展，传统的负荷评价方法远远不能满足竞技体育发展的需求。新兴的运动负荷评价方法不仅能从宏观上反映运动负荷的大小，还能从微观上反映机体负荷后的心理和生理效应，揭示不同项目的负荷特征，从而降低运动损伤风险，优化训练效果。在现代科技的助力下，运动负荷评价更加趋向于大数据化、精准化和便捷化。运动负荷评价指标和方法种类繁多，不同的指标和方法适用于不同的运动项目，且各具特点和局限性，因此在实践应用中应结合自身训练条件和不同运动项目特点进行合理选择，提高负荷评价的精准性。

（三）青少年运动员运动疲劳最新研究

近几年，青少年运动疲劳一直备受关注。竞技训练中，机体必须不断经过高强度负荷刺激，训练水平和竞技能力才能得到新的增长与突破。只要机体进行运动训练，就会产生一定程度的疲劳，可以说疲劳是运动成绩上升到新高度的"阶梯"，准确识别运动疲劳成为竞技训练的重中之重。

1. 青少年运动员运动疲劳监控研究现状

20 世纪 50 年代，塞利提出了训练适应理论。他认为，运动员只有通过运动负荷刺激，不断挑战身体极限，打破原有运动适应，努力构建新的适应，才有可能提高运动成绩，所以运动疲劳的监控也是对施加于人体的负荷的监控，运动负荷管理得好坏是决定训练质量的关键。

国际奥林匹克委员会在 2016 年提出了关于运动负荷和损伤风险的共识声明，声明中将运动负荷分为内部负荷及外部负荷。外部负荷指的是施加于运动员的外部刺激，与运动员内在特征无关，客观监测外部负荷主要以量化运动员的训练及比赛负荷为主，如训练时长、完成某一动作的次数等。此外，外部因素的影响也很重要，如生活事件、人际交往等。个体与外部负荷相互作用，外加环境对运动员的变异作用，使运动员生理及心理产生一系列的变化，这种个体反应就是内部负荷。内部负荷的监测分为内部生理负荷的监测和心理的主观监测。

运动员参与运动训练时，体内代谢过程加快，代谢产物增加，内环境发生暂时性变化，使血液、尿液中某些成分发生改变，甚至出现某些暂时性的异常变化。同时，这些成分的改变或出现，可能会引起人体生命活动和各器官机能发生变化。因此，常以血液、尿液中某些成分的变化，作为评定运动负荷和身体状态的重要内容。现阶段我国对于运动疲劳的监控，主要以监测生化指标的变化为主。何全玲将监控运动疲劳的生化指标体系分为机能状态评定指标、血液学指标、代谢指标、内分泌学指标、免疫学指标以及自由基生成及抗氧化能力评定指标[41]。此外，冯连世在《优秀运动员训练中的生理生化监控实用指南》[42]中对竞技训练中常用的生理生化指标做了详细的解释。

对于生理生化指标的应用，仅是对成年运动员而言，并没有针对青少年运动员设计专门的监控手段，其原因可能是青少年运动员个体差异极大，且处于生长发育期，生理生化指标的变化难以制定统一的标准，所以目前我国并没有具体的与青少年运动员相关的指标评价方法。

2. 青少年短跑运动员运动疲劳的变异系数分析

有学者对青少年短跑运动员高强度间歇训练（High Intensity Interval Training，HIIT）后的疲劳程度进行了研究，采用黄金分割常数（$\tau \approx 0.618$）对生化指标进行量化分级，并利用变异系数分析法（Coefficient of Variation，CV）分析生化指标的敏感性及稳定性，探索指标数据的变化与疲劳的内在联系及规律，确定识别运动疲劳的非常规中枢指标。

（1）变异系数分析法和黄金分割常数分级法

变异系数是衡量资料中各观测值变异程度的另一个统计量。当进行两个或多个资料变异程度的比较时，如果度量单位与平均数相同，可以直接利用标准差来比较。如果单位和（或）平均数不同时，比较其变异程度就不能采用标准差，而需采用标准差与平均数的比值（相对值）来比较。标准差与平均数的比值称为变异系数，记为CV。变异系数可以消除单位和（或）平均数不同对两个或多个资料变异程度比较的影响。

在CV差异分析法计算指标稳定性的基础上，进一步利用基于黄金对数的定量差异来对监控指标进行分级，采用黄金分割常数对生化指标的定量分级，可以确定运动训练活动的核心监控指标，为教练员进行合理化、科学化训练提供理论依据。其中指标分级越多，说明受运动负荷影响越大，越敏感。

（2）HIIT后监控指标的变化

①一级运动员指标CV普遍低于二级运动员，表明一级运动员指标的稳定性整体要优于二级运动员，其中男子一级运动员BLA（血乳酸）、RBC（红细胞）、LYM（淋巴细胞）的稳定性显著好于二级运动员。

②男运动员指标CV值整体要低于女子运动员，其中男运动员一级组LYM、Neu（嗜中性粒细胞）和二级组WBC（白细胞）、BLA、RBC、LYM与女运动员相比有显著性差异；且男女运动员的Hb（血红蛋白）都稍偏低（与正常值相比），这可能与青少年运动员贫血有关，尤其是女运动员。此外，一级组中男运动员多于女运动员，这也是男子运动员指标稳定性整体好于女子运动员的重要因素。

（3）监控指标的定量分级

①总的来看，7个监控指标中，LYM可分为4级，WBC可分为3级，HCT（红细胞压积）、BLA可分为2级，Hb、RBC及Neu不能分级。

②对青少年男子短跑运动员一级组和二级组进行定性分析后发现，一级组男子运动员机能指标的稳定性好于二级组男子运动员。定量差异分析结果：BLA（1级）CV值、WBC（1级）和LYM（4级）的均值及CV值在两组间的定量差异均非常显著；而Hb、RBC、HCT的均值和CV值的定量差异在一级组和二级组间均无明显差异。

③对不同级别女子短跑运动员定量分级及稳定性分析发现，女运动员监测指标的分级规律和男运动员非常相似，WBC（1级）、LYM（4级）及CV值在两组间均有非常显著性定量差异。

（4）结论与讨论

本研究中男子短跑运动员HIIT后LYM（3级）处于正常范围的中等偏上水平，说明此时运动员机体免疫代谢功能处于较好的训练适应状态，且大负荷刺激后机能状态可以较快恢复，因而，维持LYM（3级）数量范围是防止运动员过度疲劳及提升其竞技能力等方面至关紧要的保证。WBC（1级）与机能状态、心理疲劳紧密关联，此时相应的运动强度亦是提升运动员竞技水平及稳定性的参考指标。而BLA、HCT及Neu

等指标均可参照具体分级结果，作为辅助指标进行运动状态的判定。

研究结果中 WBC（1级）数目和 LYM（3级）数目为运动训练监控中非常用指标的优选评定参数。Hb、BLA 为目前训练监控中常用的生化指标。BLA 可以说是最直观、最常用的反映运动强度的指标，其含量会随着运动员机能水平和机体耐乳酸能力的提升而下降；并且 BLA 在机体基本处于一个产生与消除的动态平衡过程之中。Hb 反映血液携氧能力，大负荷训练初始运动员 Hb 浓度易出现下降，经过一段时间机体对训练负荷适应了，Hb 浓度又会升高，此时运动员机能状态改善、运动能力提高。训练水平较高的一级组运动员 CV 值普遍偏小，Hb 浓度偏离正常范围值较小，也易恢复，说明运动水平高的运动员对训练方案的适应性较好。以上两个指标在常规训练监控中的确产生了显著的影响，但是若要发掘运动员更深层次的运动潜力，更大限度地提高运动成绩，就需要通过主要参数更精确地分析运动员训练状态。事实上，WBC 和 LYM 一直是非常重要的监控指标，测定 WBC 和 LYM 数目水平变化可以判断一个阶段训练负荷的合理性及有效性，对监控机能状态及识别运动疲劳有重要作用，也可以反映运动后机体的恢复情况。此外，不同运动水平的运动员对负荷刺激的反应也不同，负荷后 LYM 和 WBC 数目的变化程度也存在着明显差异[43]。

运动刺激对机体生化指标的影响主要体现为指标量化分级的结果，7个监测指标中，Hb、RBC 及 Neu 不能量化分级别，可能是因为其对训练负荷反应的敏感性与其他4个指标相比较差。青少年男子一级运动员的 HCT、BLA 水平显示运动员的合成代谢能力能够维持在较高水平，其变化受训练负荷影响不大。LYM 是7个监测指标中分级最多的，表明负荷强度对其影响较大。训练监测中量化分级将 WBC（1级）和 LYM（3级）综合运用，用以估量"常规"和"过度"训练的临界值，为运动员制定个性化训练方案提供参考。

变异系数是联接生化指标与训练水平、运动能力的纽带，CV 的大小反映了数据的离散程度。目前体育学科中，CV 主要应用于运动成绩的相关研究中，是评定运动成绩的有效指标。诸多研究结果都大致相同，CV 值越低，数据的稳定程度越高。Smith[44]等和 Spence[45]等尝试将 CV 指标用于评估竞赛排名中，而国内对于 CV 值的运用及归纳总结还处于发展阶段，目前 CV 多应用在田径项目竞技成绩的稳定性方面，未来我们可以将此种方法运用到运动员生化指标检测的数据分析中，利用变异系数分析法分析生化指标的敏感性及稳定性，探索指标数据的变化与疲劳的内在联系及规律，确定识别运动疲劳的非常规中枢指标，为运动训练提供科学依据，通过选择合理的训练手段和合理的运动负荷并进行合理的组合与调配，使训练更加合理与科学。

二、国外训练思想研究

（一）康希尔曼训练思想研究[46]

近年来，我国竞技体育得到了快速发展，但仍然存在诸多问题，尤其是作为竞技体育核心竞争力的运动训练与世界水平存在较大差距。目前，我国游泳项目拥有一批进入世界前列的选手，但缺少像菲尔普斯、莱德基那样的世界顶级选手，如何跻身于世界顶级水平，已成为我国游泳界亟待解决的问题。无论从竞技运动训练理论与实践的整体发展出发，还是当下备战奥运训练的需求，都极有必要重温康希尔曼的训练思想，以此反思和审视我们的训练，汲取其理论与经验，推动我国运动训练科学化的发展。

1. 康希尔曼训练思想理念

詹姆斯·爱德华·康希尔曼是美国著名游泳教练，他执教的运动员共创造了52项世界纪录，获得47枚奥运会奖牌和27枚奥运会金牌。这位曾经创造过世界蛙泳50米和300码（yd）世界纪录的优秀游泳选手，并拥有生理学博士学位和教授学衔的教练员[47]，其训练思想不仅对游泳，更是对整个竞技运动训练界具有重要影响。康希尔曼把运动训练看作是一个受社会环境影响的教育过程，作为这个过程中主导和主体的教练员和运动员，都应该遵从诸多教育学和心理学规律，都应该受到社会道德的约束，都应该拥有哲学的思想。运动员的成长不仅需要自身的天赋和科学的训练，而且更重要的是，要具有强烈的"动机"和在其驱动下的"主动参与"，这种动机和参与训练能力的形成既需要运动员自身的努力学习，也需要教练员的刻意培养。康希尔曼基于哲学的科学化训练理念、生物学基础的科学化训练创新和多学科理论与技术，对运动训练理论与实践做出了巨大贡献。

2. 康希尔曼训练思想的启示

康希尔曼的训练思想给予我们以下主要启示。

（1）科技助力，勇于创新

回眸康希尔曼的执教生涯，"科学"和"创新"是伴随他前行、不断取得卓越成就的两个着力点。在执教中，他总是以开阔的视野和敏锐的目光，寻觅和汲取所有与游泳训练有关的科学和技术，从塞利的"适应理论"到伯努利的"升力"，从耐力的"间歇训练"到力量的"等动练习"，这些对当代竞技运动训练具有重大推动作用的理论与方法，均经由康希尔曼第一个引入游泳训练。作为一名教练员，他从具体训练工作中思考和探索科学问题，坚定相信科学。以科技助力训练，是康希尔曼屡获佳绩、引领世界游泳训练潮流的立身之本。

结合当下我国竞技运动训练的发展，科学化训练水平不高无疑是我们存在的明显"短板"，因此加强科技助力不仅是备战东京和北京奥运会的重要举措，也是促进我国竞技体育未来可持续发展的唯一出路。为此，我们应当学习康希尔曼对科学化训练的执着追求、开阔的眼界和探索精神，鼓励教练员跨学科、跨领域和国际化推动运动训练的科学化，使科技助力成为竞技运动训练的常态。

（2）科学研究与训练实践的紧密结合

纵观康希尔曼的训练思想，理论研究与训练实践的紧密结合是一个突出特点。他所有借鉴和二次创新的成果都直指游泳训练的具体问题，都应用于他的运动员的训练中，都以提高竞技运动水平为最终目标。与当下的一些训练理论比较，康希尔曼的理论既具有扎实的科学基础，应激理论、肌肉与神经组织学、运动能量代谢和生物力学等基础理论和知识是他"周期训练""功率训练""间歇训练"和"技术训练"的强力支撑，又与训练的具体问题紧密结合，他的研究基本都集中在游泳训练，落实在他所培养的60多位奥运选手身上。因此，他的训练堪称是一个"高水平科学研究引领高水平运动训练"的典范。

（3）认识到"科技助力"在高水平训练阶段，尤其是在"登顶"阶段的关键作用

近年来，英国竞技体育的复兴[48]，挪威体育学院科研与训练的深度融合[49]，日本体科所在竞技体育发挥的主导和引领作用[50]，都一再证明高水平科研对世界级运动员重大比赛的支持作用，这应该也是我国竞技运动训练未来发展的主要方向。

包括我国优秀运动员在内的相当部分优秀选手不愿意或不配合"科学"的介入，究其原因主要还是认识和态度的问题，相当一部分教练员和运动员没有认识到"科技助力"在高水平训练阶段，尤其是在"登顶"阶段的关键作用，对新理论和新技术一味采取拒绝和排斥态度。

（4）康希尔曼丰富经历和科学素养对其训练思想具有重要影响

他是一名创造过世界纪录的优秀游泳运动员和参加过二战的优秀空军驾驶员，游泳训练激发了他对游泳一生的热爱，严格的飞行员训练养成了他坚毅、果断和勤奋的品质，也给予了他扎实的力学和流体力学知识。他是一名拥有生理学博士学位的教练员，同时也是印第安纳大学体育健康、教育和休闲学院的教授，他曾在1979年58岁患帕金森症四年后横渡了英吉利海峡。教练员对运动员的影响是全方位的，教练员自身的素养决定了他的执教水平，这一点已经在康希尔曼的执教生涯获得了印证，也值得我国教练员借鉴和学习。

康希尔曼训练思想研究，显然还不能完全展现和挖掘这位值得尊敬和学习的优秀教练员、学者的经验和学识，但这在我国游泳项目蓄势待发，2020年东京奥运会和2022年北京冬奥会积极备战之际，仍具有重要的现实意义。尽管康希尔曼的训练思想产生在20世纪50—80年代，但它奠定了美国游泳长盛不衰的基础，并且超越游泳影响了世界运动训练理论和实践的发展，至今仍对运动训练具有重要指导意义。

（二）跨项选材——运动员长期培养的新策略[51]

"选材"是支撑竞技体育国际竞争力的九大支柱之一[52]，也是决定一个国家竞技运动水平优劣不可或缺的重要因素。为此，世界各国都高度重视运动员的选拔工作，不仅在科学层面进行大量理论研究和实践探索，而且在行政层面推出各种管理机制和激励措施。近几年来，一些国家基于对现有运动员长期培养效果的研究提出了跨项选材这一新的运动员选拔和培养策略，并在奥运备战过程中取得了较好的成效。

1. 跨项选材概念

跨项选材是英文 talent transfer 或 talentrecycling[53]的中文意译，其直译意思为天赋运动员的转移或重复利用，其是指以培养运动员快速达到世界水平（参赛或夺牌）为目的，从其他运动项目中选拔已经达到一定训练水平（≥省队水平为狭义定义，<省队水平为广义定义）的，且具有新项目所需的先天能力和/或后天经验（如技能和心理能力）的运动员进入一个新的运动项目，并为这些运动员提供政策、训练、科研、教育、生活等全方位保障的一个有组织的选拔和培养过程。

2. 国际跨项选材成功机制

尽管跨项选材是基于对传统运动员选材与培养不足的实证证据，以及各国运动员培养过程中大量无组织跨项成材的案例提出来的，但自从文献中第一次出现跨项选材的概念[54]，其效果至今还未得到足够的实证证明，如何最有效地实施跨项选材也尚不清楚[55]，有关运动员跨项成功的机制也只能从理论角度或以间接的方式进行推导。首先，既然传统运动员选材与培养理论所提倡的早选材早定项，由于运动员发育早晚不一、相对年龄效应、早期专项化带来的风险、选材指标和方法的局限等因素的干扰成功率较低，那么推崇晚选材（或青春期后选材）晚定项的跨项选材似乎可以提高运动员培养的成功率。与此同时，晚选材又离不开一个前提"早期多项"，即运动员需要在定项之前从事≥2个运动项目的训练[56]（甚至是参与比赛），积累多种运动技能，发展一般身体能力，延续对运动训练的喜爱，寻找最适合自己的运动项目。其次，一些国际竞争相对不激烈的运动项目（如俯式冰橇[57]），以及一些受先天能力影响大且运动技能相对简单的运动项目（如赛艇[58]），还有一些低起点或零起点但有较好的相似项目人才储备的运动项目（如跆拳道[89][92]），似乎更易跨项成才。最后，一些极具天赋的运动员在多个运动项目上都有获得优异成绩的可能，但由于各种原因运动员可能只从事了某一项运动的训练，这些运动员在结束（或即将结束）当前运动项目时，可能也是其他具有相似项目需求的运动项目的选材机会，当然前提是这些运动员没有（较为严重的）损伤和对运动训练的极度厌倦感。

3. 完善我国跨项选材机制的策略

跨项选材是我国竞技体育体制机制改革和奥运备战形势严峻的大背景下，实现运动员培养效率提升和短期内补齐我国冬奥项目竞技实力短板的重要举措。然而，我国运动员跨项选材仍存在以下诸多亟待解决的问题。

（1）完善我国现有运动员选材与培养体系

针对某一时间节点来培养成年优秀运动员的跨项选材举措需要首先置于完善一个国家的运动员选材和培养体系的系统工程中。图1是基于我国现有运动员选材与培养体系和当今国际运动员选材与培养的前沿理论与实践推导出的一个选材与培养整体模式。图中的金字塔为我国传统运动员选材和培养体系，即从体校/中学向省队/大学队、国家队、国际领奖台层层选拔的线性单向封闭模式。这一模式存在的主要问题是注重了纵向输送而忽视了横向之间的流动，形成了具有强烈本位色彩的领域（教育与体育）、地域（省市之间）和项目（各个项目之间）的壁垒。鉴于此，本模式如下：①增加了项间流动，即运动员其他运动项目（图1中金字塔右边区域）和最终走向领奖台的运动项目（图1中金字塔左边区域）之间的流动，这种流动发生在省队/大学队和国家队，甚至是国际领奖台层面；②增加了省队/大学队和国家队与运动员培养体系外的有天赋的潜在运动员群体间的体系内外流动；③强调运动员在体校/中学以及小学（图1中未给予标识）层面的多项训练；④对项内流动进行了标识；⑤提出了统筹体育系统和教育系统竞技体育人才的设想。

对于有短期内（≤4年）跨项夺牌需求的运动项目，在其他条件得到满足的前提下（如遴选国际竞争不激烈的运动项目），建议采取由其他运动项目（图1中金字塔右边区域）的国家队和国际领奖台层面的跨项选材；对于夺牌需求相对不急切（如>4年），或者跨项成材指标相对较低（如以参赛为目的）的运动项目，可以将跨项的层面降低到其他运动项目（图1中金字塔左边区域）的省队/大学队；对于我国竞技体育全面发展（夏季和冬季项目间的平衡，优势和潜优势、落后间的平衡，奥运项目与非奥运项目间的平衡，体育项目与类体育项目间的平衡）的运动项目，需要引导、鼓励、甚至是强制实行早期多项训练。当然，图1只是进行了相关设想，这一设想的实现还需要更大范围的政策保障和体制机制改革，需要考虑设立专门机构、聘请专职人员和投入专门经费给予保障。

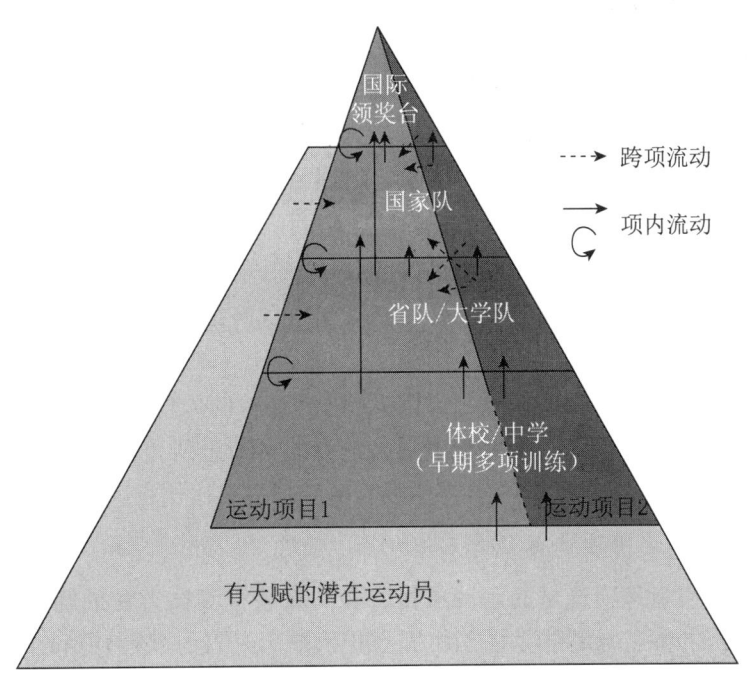

图1 我国运动员选材与培养的体系设想

（2）需建立适合运动员跨项流动的相关政策和组织实施机制

运动员的跨项流动和系统内外（包括体育与非体育，以及体育与教育）流动都需要国家出台相关政策给予引导，我国在实施跨项选材的过程中面临的众多问题大多与现有的政策有关，且这些政策的制定方涉及体育、教育、医疗、人力资源和社会保障等多部门，需要加强这些部门的沟通、协调和联动，构建以运动员为中心和以国家竞技体育发展为目标的选材和培养体系。

（3）要理性认识跨项选材与传统选材的关系

跨项选材是对传统运动员选材与培养的一种丰富和补充，但来自澳大利亚和英国的实践和来自多国研究的发现表明，经由传统选材和培养成长起来的运动员仍是各国国家队运动员和奥运奖牌选手的主体，经由有组织和无组织成材的运动员只占有限的部分。因此，在推动跨项选材的同时需要考虑如何完善传统运动员选材与培养体系，包括引导、鼓励和强制运动员早期多项；推迟各项目的选材年龄，提倡青春期后选材；增设动态选材，防止一选定终身等。

（4）要总结吸收运动员选材与培养实践经验

现有对传统运动员选材与培养不足的认识，大多来自国外学者对其本国运动员培养过程的研究。因此，我国需要建立运动员终身训练（和比赛）电子档案，加强对现有运动员选材与培养实践的研究，采用定性和定量的研究方法对我国过去几十年的运动员培养过程进行总结和反思，更多地从实证出发为我国运动员选材与培养体系的优化提供科学依据。

（5）要科学遴选跨项前后的运动项目

跨前和跨后运动项目的遴选是影响跨项（快速）成材的一个重要因素。现有跨项选材的国际经验表明，奥运会新设运动项目、国际竞争相对不激烈的运动项目、竞技能力受先天因素影响大且技术相对简单的运动项目、具有大量相似运动项目高水平人才的运动项目往往是各国实施跨项选材的运动项目。其他运动项目尽管也可以实施跨项选材，但其成功的难度相对较大。同时，对跨项的理解不应仅仅局限于竞技能力构成相似项目间的跨项（如自行车转赛艇）和夏季项目向冬季项目的跨项（如短跑转俯式冰橇），还可以扩展到非奥运项目向奥运项目的跨项（如武术转拳击），类体育项目向体育项目的跨项（如舞蹈转体操），零体育训练经验的人群向体育项目的跨项（如"民间高手"转竞技体育）。随着对跨项选材经验的不断总结和科学探索，未来将出现更大比例的有组织跨项的成功案例，冬季项目的跨项成材比例将进一步加大。

（6）要科学制定跨项选材测试方法

对于已明确实施跨项选材的运动项目，要高度重视测试方法的筛选和实施工作。应根据各个项目的特点制定科学的检测方法和要求，该方法应该具有科学性、先进性、客观性和一致性，要对测试指标、测试环境、测试设备和测试人员进行筛选、规范、统一和培训。

(7) 要构建跨项运动员长期保障体系

跨项选材是一个涉及多方面的运动员长期培养过程，选材测试只是这个过程的开始。在有效遴选出真正具有跨项成材潜能的运动员后，如何为其提供科学的训练指导，如何为其提供多学科的科技支撑，如何为其职业生涯的发展提供指导，如何为其提供必要的心理辅导，都是运动员跨项成材的重要影响因素，这些因素需要在运动员跨项选材体系中得以体现。

鉴于传统选材的"早选材、早定项、早成才"并不能确保运动员在成年阶段取得成功，以及竞技体育领域越来越多的成功案例显示成年高水平运动员具有早期多项和晚定项的特点，跨项选材作为传统运动员选材的一种补充被提出和采用。我国在竞技体育体制机制改革和奥运备战形势紧迫的大背景下，可以通过实施跨项选材为2022年北京冬奥会及之后的奥运会快速培养高水平运动员，并借由跨项选材的实施使我国现有运动员选材与培养体系进一步得到完善。

三、大数据在运动训练中的应用研究

大数据是指即时、全面地生成具有训练指导价值的、足够体量的数据，并有效地应用到运动训练实践中。目前，在有关大数据的概念上，存在有"人工智能""数据分析""数字化""全数据"这样几种说法。但是数据的核心就是预测[59]，实质上都是从数据中寻找规律，提升认知能力，从而进行预测并指导决策。即无论怎样进行定义，"核心"和"实质"都是一致的，关键就在于数据在运动训练中如何应用。2015—2019年，在科技助力奥运的大背景下，国内外学者在大数据理论与实践的应用上进行了更加深入的研究。

(一) 国内运动训练中大数据应用研究

目前，我国众多学者与体育科研机构已经关注大数据的理论研究与实际应用。2016年北京市体育科学研究所建立了国内第一个"数字化体能训练中心"；国家体科所、上海体育学院等也相继成立体能训练研究中心，主要用于个别单项的训练和实验研究；2018年北京体育大学成立了"中国体育大数据中心"，着力于建立体育行业的大数据平台，整合竞技体育及相关领域的数据资源。从宏观上看，我国体育大数据研究仍处于发展初期阶段，研究热点主要体现在以下几个方面。

1. 体能训练大数据应用研究

我国当前体育大数据在体能训练实践中应用较多，大部分研究主要是通过实时测量的数据来监控训练质量和竞技状态，并根据数据对训练过程进行调整。在训练质量监控方面，李晓彤、闫琪[60]对自由式摔跤项目优秀运动员的赛前训练及赛后恢复进行了研究，采用Firstbeat心率变异性监控系统，将训练时心率、训练冲量等指标和快速恢复指数等衍生指标实时反馈，并对训练后运动负荷进行评估，从而监控运动员负荷和疲劳程度。樊云彩、闫琪[61]通过Firstbeat系统对花样游泳运动员体能训练过程的负荷进行了监控。张雨佳[62]等则通过Gymaware力量功率测试和监控系统实时监控古典摔跤运动员力量训练过程中动作平均速度，并对运动员的训练质量进行实时反馈。在竞技状态监控方面，何黎娴、邱俊强[63]使用Omegawave竞技状态综合评价系统自动生成的心率变异性（HRV）指标，通过监控竞走运动员的赛前状态，发现HRV与比赛表现具有相关关系。采用此系统进行研究的还有黄龙祥、高炳宏[64]，发现Omegawvg系统可对优秀女子排球运动员中枢疲劳做出诊断。我国国家游泳队、国家摔跤队等优秀运动队中都在采用Omegawvg系统监控竞技状态。闫琪[65]指出，国内在体能数据系统管理方面的研究和应用还很少，只有国家游泳队和赛艇队等少数运动队开始使用Smartbase大数据平台对运动员体能训练的横向和纵向的数据和信息实现数字化、系统化管理。我国体能大数据应用处于初级阶段，大数据在体能训练中已有一定程度的应用，能够将实时采集的大量数据快速分析处理后有效应用到训练实践中，但是应用程度不高，未来还需在理论和实践上有更加深入的研究。

2. 球类项目大数据应用研究

球类项目也是我国大数据研究的重点，尤其是在国内职业化程度较高的足球和篮球。足球是大数据理论和实践融合的典例，在实践应用上，2018年STATSports公司与中国足协正式建立合作关系，但在此之前中超联赛的一些球队以及国家队早就开始使用STATSports研发的运动员表现监控与分析系统。系统实时采集运动员的跑动速度、冲刺次数、冲刺距离、心率等数据，一方面将这些数据实时显示给教练组，另一方面导入计算机后台，以目标为导向，供数据分析师挑选关键指标进行深入分析。在理论研究上，刘鸿优[66]在数据的深入分析方面做出了一系列研究，采用OPTA Sportsdata足球数据公司提供的中超联赛（2014赛季）的240场比赛数据，分析得出：一般线性模型和逻辑回归模型可以有效界定足球技战术指标与比赛结果的因果关系。在此基础上，刘鸿优与彭召方[67]又做出了进一步的研究，发现广义线性模型还可以判定出比赛技战术指标中的比赛制胜指标。此模型的衍生信息还可用于探测对手信息、评估运动表现、制定和调整训练计划等足球运动实践中。此外，两位学者[68]还采用同样的样本探究了中国足球超级联赛主场优势，指出中超联赛球的主场球队更倾向于采用进攻性比赛战术。这一系列的研究，促使我国的技战术表现分析从描述、对比层面迈向预测层面。篮球中也在使用大数据，但并非CBA所有球队都重视大数据的应用，具有完备的教练组。广东宏远男篮在2018—2019赛季完成队史第九冠，数据分析辅助教练员战术决策是广东队成功的原因之一。广东男篮在此赛季中使用了Synergy sport数据库作为数据基点，结合北京体育大学团队的高阶分析系统对全赛季广东男篮比赛进行持续追踪，最终经处理后的数据即教练员所需要的高阶数据指标包括使用率、助攻率、创造机会、篮板率等，以此形成对整个CBA联赛从对手到自身的"全数据"处理，从而为教练员和运动员提供科学决策。但是CBA当前的数据应用智能化不及足球，数据都是赛后进行处理，也达不到实时采集、实时应用的水平。

3. 体育数据软硬件设备研发应用研究

体育大数据的应用离不开基于大数据技术的数据采集、分析、存储系统支持，而国外这些系统的软件设备价格昂贵，每年还需注入大量资金进行系统升级，因此在实践领域，我国也在致力于自主研发新系统。2018年北京体育大学自主研发的"乒乓球技战术数据分析平台"正式上线，并成功应用于2018年国际乒联女子世界杯。但是此平台目前还停留在"手工式"作坊阶段，数据收集需要大量人力，智能化程度较低。与此同时，国家乒乓球队目前应用的"乒乓军师"专项技战术视频分析系统也是由我国自主研发，与之前引进的Simi Scout视频技战术分析软件相比，提高了数据采集正确率及数据处理效率，更符合乒乓球专项特征[69]。在篮球方面，练碧贞[70]及其团队研发了篮球运动员技术与体能测评系统，该系统在测试数据采集和处理方面可达到自动化、实时检测和反馈，并配有智能化、网络化的数据分析软件。目前，国家篮球队和CBA的广东宏远、南京同曦正在使用的Gameflow数据分析系统也是由该团队研发，人工将比赛场上所有发生的事件记录在软件中生成数据报告。我国自主研发的新系统与国外相比智能化程度较低，严格意义上不能称为大数据，但是我国的自主研发也不断创新，与国际接轨，不断促进现代科技与体育的深度融合。

综上，当前我国体育大数据研究主要集中在我国优势、潜优势项目的体能训练大数据研究、球类项目大数据研究、体育数据软硬件设备研发应用研究三个方面。整体上看，国内基于大数据技术的软硬件投入少，数据分析师稀缺，大数据技术应用面较窄，使用过程不系统，缺乏深层次的应用分析。

（二）国外运动训练中大数据应用研究

国外体育大数据起步较早，众多高科技数据采集、分析系统在高水平职业赛事中的广泛应用提高了数据应用效率，达到了数据的实时处理、实时反馈。在此基础上，国际上诸多学者也利用后台数据开展了一系列更深入的研究。

1. 基于软件设备的实时数据实践应用研究

体育大数据的应用离不开高科技的技术和设备，通过对国外大数据实际应用案例的整理，本研究认为，目前已经在职业化赛事中广泛应用的技术大致集中在运动表现追踪系统、智能辅助训练系统、伤病预测系统三个方面。

（1）运动表现追踪系统主要在技能主导类集体项目中应用

目前，NBA的勇士队和奇才队，以及NHL的多支球队使用的Keemotion视频追踪分析系统，可以实时识别球场事件、对任意时刻进行回溯，帮助教练员更好地分析比赛，并以视频加简易可视化图表的方式，向球员清晰地传达战术意图[71]。Keemotion系统是通过摄像获取定位数据，而NFL目前使用的RFIP定位追踪系统则是通过可穿戴设备——芯片，安装在球员的垫肩中，通过赛场周边接受器收集信息。相比之下，可携带设备信息收集的准确度更高。同时，NFL 还结合 Next Gen Stats 实时追踪数据分享平台，将比赛数据对外开放，这些数据包含一些基础数据（传球路线图、向不同方向跑动的码数、外线卫/防守端锋与四分卫间的平均距离），同时也衍生出其他高阶数据（防守后卫的防守质量和追击速度、球队的进攻节奏、四分卫在传给受紧逼队友时的传球完成率）[72]。平台的设置便于科研人员获取数据，通过复杂算法进行深入分析。STATSPorts 的最新实时追踪分析系统 Sonra，通过智能手表更加近距离、直接地追踪运动员跑动速度和训练负荷，结合比赛视频，不仅能够从身体层面来分析数据，还能从战术和技术的角度进行解读数据。英超（Premier League）中的曼联、曼城、利物浦与阿森纳、NFL 卡罗莱纳黑豹队和 NBA 纽约尼克斯都在使用其设备与系统。

（2）伤病预测系统是国外体育大数据应用的重点

西甲（La Liga）赫塔菲队利用将可穿戴设备、健康评估和医疗报告中的数据输入到 Zone7 人工智能平台中，Zone7 可以通过特定的算法评估球员受伤风险，并及时向教练员推送预警信息[73]。这套系统目前只能预测非碰撞类伤病，但有研究指出，过度疲劳也是碰撞类伤病出现的原因之一。MLS（美国足球大联盟）中西部冠军——波特兰伐木者队使用 Sparta（基于测力板数据进行运动员表现分析的公司）提供的测力设备和分析软件，刻画出每个足球运动员的移动和发力特征，通过使用人工智能和机器学习技术对数据分析，从而得出每个运动员的不对称性、薄弱之处以及疲劳程度，然后给出医疗与防护建议。此外，Sparta 还使用自己独创的评分体系，通过测力板上评估运动员的柔韧性、平衡感等身体机能，分析出可能存在的伤病风险，从而给出预防伤病的建议。NFL、NBA、MLB 以及 NCAA 一级联盟的学校也在使用 Sparta 的相关设备软件进行预防损伤。NBA 的金州勇士、华盛顿奇才、亚特兰大老鹰队使用眼球追踪分析平台以监测球员的疲劳状态，从而提升球员的表现，减小伤病风险；与此同时，它还能够为队医判断球员脑震荡症状提供额外的依据[74]。

（3）智能辅助训练系统也在国外职业联赛中广泛应用

NBA、NCAA 中的一些球队使用 Noah 投篮分析系统进行辅助训练，Noah 采集了超过 1 亿 8500 个投篮数据点，通过海量数据的分析与比对，对各种投篮动作给出实时音频反馈，让球员们得以在训练中调整投篮姿势，并确保他们建立正确的肌肉记忆。此外，此系统逐渐庞大的用户群体以及海量训练数据，甚至能帮助职业球队发掘人才[75]。NFL 利用融合追踪定位和心率监测的 Polar Team Pro 系统进行力量训练，它有助于监测整体运动强度，将实时数据与该球员过往的表现、同位置其他球员的表现和场上所有球员的表现进行对比，以教练能够理解的方式呈现数据，从而调整训练内容[76]。高尔夫球运力中也有类似的应用，My Swing Professional 辅助训练装备可以对运动员的全身动作进行分析，借助可穿戴设备，捕捉运动员的身体以及球杆的空间运动数据并提供可视化分析结果，帮助运动员在训练中改进技术动作。

2. 基于人工分析的赛后数据应用研究

人工数据分析也是国外体育大数据应用研究的一个重要组成部分。数据分析以麻省理工学院斯隆体育分析峰会（MIT SSAC）为导向，国际诸多学者结合复杂算法和项目特征做出了一系列研究。经归纳总结，近几年的研究主要集中在评估运动员表现和选材研究、比赛战术策略研究、比赛心理状态研究、运动损伤风险预测研究。

（1）评估运动员表现和选材研究

Schuckers[77]利用国家冰球联盟（NHL）球员入队选拔的历史数据，建立用于预测选秀球员未来运动表现的统计模型，模型对评估和选拔球员具有广泛适用性。Bagley等[78]通过Volley Metrics数据平台提供的数据，量化客观评价排球运动员基本技能的方法，从而准确预测比赛，决定球员和团队的成功。Schulte[79]利用Sportlogiq提供的NHL的位置数据，提出了一个比赛评估系统，根据比赛风格和对比赛结果的影响对运动员进行聚类和排名，通过纯数据驱动的方法评估球员。Glynnl等[80]建立了一个大联盟棒球运动员在不同年龄击出全垒打能力的模型，此模型允许球员的本垒打总数随年龄自然变化，同时还可识别那些本垒打总数与相同年龄与能力表现不一致的球员，进而预测并监测MLB球员的运动表现。Bekkers等[81]使用欧冠六大联盟四个赛季数据，分析运动员的控球和射门的基本模式和风格，同时引入预期目标模型衡量每种比赛风格的有效性，提出了评估球队和球员风格的量化方法。Yam[82]利用2017/2018赛季英超，构建了第一个足球守门员的全面评估框架，可以帮助俱乐部发现具有天赋的守门员，但是缺乏可用的测试集来检验评估指标。Yu[83]利用Sportlogiq平台提供的时空控球数据（2018-2018赛季NHL、AHL、SHL常规赛）评估冰球比赛中团队球员的速度。

（2）比赛战术策略研究

Wang等[84]利用Sport VU2013—2014赛季的数据，通过神经网络的变体构建识别NBA进攻战术的分类器，并成功地应用于2014—2015赛季。McIntyre1等[85]利用Sport VU四个赛季的数据，建立了自动识别持球掩护的系统，以便教练员及时制定新的防御策略分析。Spearman等[86]使用2015—2016赛季英超联赛的跟踪数据，提出了一个足球传球模型，通过应用此模型，得出了一系列衍生传球指标，这些指标可以用来量化传球的价值以及接发球者和防守者的技术，从而使每个球队所控制的球场区域可视化。Miller[87]使用NBA2014—2015赛季的球员跟踪数据，提出了一种新的探索篮球运动员运动轨迹数据库的机器学习方法，这种方法可搜索、解释、揭示运动员进攻战术模式，并通过构建模型识别进攻战术，生成可视化进攻战术图，从而为教练员布置战术提供依据。

（3）比赛心理状态研究

澳大利亚网球数据科学家Kovalchik[88]改变了以往对心理传统定性研究，对网球精英运动员的心理进行定量研究，采用2015年大满贯选手的动态生涯数据通过分层聚类的方法进行分析，发现对球员心理影响最大的比赛动态因素是得分历史和压力点，并证实了心理状态对比赛成功的重要性。Bransen[89]分析了来自7个职业联赛的6858场比赛的比赛数据，得出量化足球在高心理压力下的表现能力的指标：总贡献、决策质量、执行质量，并进一步提出了衡量决策和执行质量的标准。Manisera1[90]使用意大利"乙级A2"锦标赛2015/2016的逐场数据构建模型，分析高压比赛状况下球员的投篮表现，并使用2016年里约奥运会篮球比赛的数据来验证主要结果。

（4）运动损伤风险预测研究

预测运动损伤风险一直都是运动训练领域备受关注的问题，近几年国外一些学者将大数据的研究焦点转向此方向。Talukder[91]使用NBA2013—2015两个赛季的SportsVU跟踪数据，通过定量的和系统的方法构建预防受伤的预测模型，此模型在预测球员在未来一周是否受伤方面准确率较高。Bornn[92]采用蒙特卡罗方法结合意大利足球和美式足球球队一个赛季每日训练负荷数据，证实了ACWR（急慢性负荷比例）—损伤关系预测运动负荷的结论被高估，而且容易与训练计划混淆。

从以上研究可以看出，不论是实时数据还是赛后数据，国际体育大数据研究已较为深入，尤其是在职业化顶级赛事中，高科技数据采集、分析系统使用较多，涉及运动员训练和比赛过程的多个方面。具体来看，众多高科技设备的应用带动了数据采集的高自动化，数据积累程度高，具有较多成体系的数据库和数据存储、分享网络开放平台。成熟的数据采集体系为数据分析奠定了良好基础。数据分析人员可获取数据增多，同时注重交叉学科的融合，利用复杂算法结合项目特征深入分析，数据分析已走向预测层面。

（三）国内外运动训练大数据研究热点分析

1. 国外运动训练大数据研究热点分析

国外研究热点集中在实时数据和赛后数据两方面，这也是运动训练中大数据应用的两个具体途径，即通过高速摄影机、传感器、GPS、红外线等设备采集的数据，一方面用于实时数据的分析，数据传输到相关软件上实时处理，教练员或运动员短时间内就可得到分析结果，达到及时监控和反馈的效果；另一方面用于训练和比赛后数据的分析，将数据存储到数据库，以便科研人员提取，进行深度分析，最终反馈给教练员和运动员以应用于运动训练实践中。前者注重实践应用研究，后者更偏重于理论应用研究。在具体应用过程中，则是通过运动表现追踪系统、智能辅助训练系统、伤病预测系统等获得实时数据，从而进行实时分析实时反馈；或者深入分析赛后数据并用于评估运动员表现和选材研究、制定比赛战术策略、研究比赛心理状态、预测运动损伤风险等方面。国外近几年大数据研究领域集中在顶级职业化赛事中，评估运动表现和选材、分析心理和战术、预防运动损伤、智能辅助训练等都是在满足职业化赛事的需求。国外职业化赛事在整体竞技水平、高科技运用、俱乐部运营、影响力等方面都远高于国内，从实时数据到赛后数据的处理都在不断推动运动训练的水平。整体上看，国外大数据的研究已成体系化，理论研究与实践应用融合发展。

2. 国内运动训练大数据研究热点分析

国内的研究热点主要体现在体能训练领域、球类项目领域、国外职业化赛事、体育数据软硬件设备研发应用上。由于国外大数据的发展优于国内，大数据在国内运动训练中的发展初期，引发了国内一些学者的理论探讨，其内容集中在国外职业联赛（NBA、MLB）的大数据研究，对杨振兴[93][94]、贾宝剑[95]、刘昊扬[96]、赵益鑫[97]、王祥茂[98]的观点梳理后总结如下：①在国外职业联赛中，基于大数据技术的软硬件投入力度大，数据分析师充足，应用面涉及技战术深度分析、训练监控、比赛策略、裁判判罚、球员挖掘、运动损伤风险预测、提升运动表现等多个方面；②我国应借鉴国外职业联赛大数据的应用，尤其是要加强与互联网、数据分析机构的合作，以提升我国运动训练和比赛的总体水平；③大数据技术是各个项目未来数据统计和分析的主要趋势。科技与资金是应用大数据的基础，科技研发新技术、新方法，而资金为科技提供支撑同时也可购买科研成果。从这个角度来看，一方面昂贵的大数据设备促使我国体育科研机构致力于研发新硬件设备，另一方面政府也为优势与潜优势项目提供财政支持。此外，国内足球、篮球项目整体发展水平相对较高，运营状况良好的俱乐部也在采用大数据为球队提供支持。总之，国内大数据应用正处于初级阶段，研究主要集中在我国的优势与潜优势项目或受关注的领域上面，而且偏重于理论探讨，实际运作案例较少。我国现行的体育制度和现实条件也决定了我国运动训练大数据的研究热点。

大数据在运动训练领域的应用研究越来越多，必须要指出的是，大数据也并非"万能"，在运动训练中只能起到辅助作用，最终比赛胜负的决定性因素还是运动员的整体竞技能力。当然，在一些项目中还有运气的成分，如足球比赛中最终决定胜负的变量——进球或赢得比赛，在很大程度上仍将是运气的产物。此外，当前体育大数据的应用还存在一系列的问题，大数据平台和可携带设备的使用所带来的运动员隐私问题尚未得到有效解决，一些体育部门和组织已经引起重视，但未达到很好的解决效果。对于分析人员来讲，赛后数据的分析缺乏对数据来源的效度和信度的检验，而且海量数据的挖掘使用和挖掘度欠缺，以 SportVU 为例，使用者普遍认为所使用到的数据比重达不到系统所提供数据总量的 10%。虽然现有的运动赛场的实时视频和数据收集处理技术已趋成熟，但是高超的科技缺少对篮球运动专业视角的解读。这也就意味着，体育大数据的应用对数据分析层面主体有着较高要求，不仅要掌握运动训练学、运动生物力学、计算机科学、运动生理学等多个学科基础理论，同时也要深谙运动专项理论与实践原理。随着大数据在运动训练中的应用不断深入，"数字鸿沟"问题愈加显著。主要表现在职业化程度较高与发展落后的项目之间、夏季项目和冬季项目之间、优势或潜优势项目与弱势项目之间的发展不均衡性不断拉大。不可否认，体育大数据对运动训练理论与实践起到了一定推动作用，但存在一系列的问题亟待解决，未来也将是运动训练领域的一个重要研究方向。

四、冬季项目的运动训练研究

（一）冬季项目运动训练的研究问题

冬季项目运动训练问题的研究是"科技冬奥"重点项目的核心内容之一。全面梳理和总结我国 2016—2019 年冬季项目运动训练领域的研究成果、学术观点、实践创新，对引领我国冬季项目运动训练的方向具有重要意义和价值。

1. 冬季项目训练特征的研究

冬季项目训练特征源于冬季项目的专项能力特征，训练特征要依据专项能力特征。近五年，我国学者关于冬季项目训练特征的研究主要集中在对冬季项目的项目规律、项目特点、训练方法、训练内容、训练原则、训练安排等方面。我国冬季项目的发展比较落后，因而在冬季项目的运动训练中的研究也相对落后和单薄，很难形成就某一项目系统性的研究成果，呈现出的研究成果一般是就某项运动的某一方面的训练特征研究。

（1）速度滑冰项目的训练问题研究

速度滑冰项目在冬奥会的冰雪项目中属于传统项目，我国速度滑冰项目在冬奥会的历史上一直肩负着摘金夺银的任务和目标，1992 年我国优秀运动员叶乔波就获得第 16 届阿尔贝维尔冬奥会的 500 米和 1000 米项目的银牌，为我国在冬奥会历史上实现了奖牌的突破。因此，速度滑冰项目的运动训练也为我国冬季项目运动训练奠定了基础、积累了经验、开拓了冰雪项目运动训练问题研究的源头。

近年来，速度滑冰的综述性研究更多集中在知识图谱的可视化分析，刘江山、张庆文、邰崇禧、赵胜国、宋亮[99]利用 Cite Space 统计软件对 1997—2016 年中国知网收录的有关速度滑冰的文献进行了可视化知识图谱分析，速度滑冰项目运动训练研究问题以体能训练、技术训练、后备人才培养与选拔为研究热点，围绕"竞技体育"和"冬奥会"的研究是当前的研究前沿，"优秀运动员—训练方法—理论训练—青少年—速度节奏—肌肉用力特征—表面肌电—供能方式"这一主线则是速度滑冰项目的训练问题研究领域近 20 年的研究演进脉络。

在速度滑冰速度节奏训练问题研究方面，黄达武、刘露、张文涛、王新宝、陈月亮[100]把握速度滑冰关键环节节奏特征，为运动实践提供全程速度节奏诊断优化的理论依据，提出速度滑冰短距离项目前程能力是获取优异运动成绩的基础，但运动员应合理控制前程的加速节奏，应高度重视进内弯道的个体最大可控速度，避免出现被逼降速及摔倒失误，出二弯外道时应即刻缓冲，而出二弯内道时应充分利用惯性加速再缓冲。

优秀运动员训练规划安排一直是周期训练理论与板块周期训练理论争论的焦点问题，在具有典型的优秀运动员训练模式研究方面，刘俊一、王立国[101][102]以案例分析和访谈的方法对冬奥会冠军速度滑冰运动员张虹的4年全周期训练模式进行重现和分析，在审视传统"周期"理论的基础上，从方法论的层面揭示"周期"训练理论演进过程，从实践论的层面探讨优秀运动员冬奥会周期训练模式，对优秀运动员"周期"训练规划理论的审视有利于"周期"训练理论在发展中寻找变革发展与稳定之间的某种平衡，从而建立更为科学系统的理论体系。

速度滑冰长距离项目一直是我国的弱势项目，长距离项目的训练一直寻求引进国外先进训练理念与方法，高俊，付春艳，李雨，邓雪峰[103]研究我国优秀速度滑冰长距离女子运动员赴加拿大训练的成效问题，发现加拿大教练在体能训练中以有氧训练为主，以低有氧、混氧、无氧训练为辅的训练供能结构和以中低强度为主，以高强度为辅的负荷训练结构，技术训练的成效在于改进、优化技术动作，注重技术动作效能，竞技成效在于训练把控严谨，以此提出了我国速度滑冰长距离运动训练应提高对长距离项目运动特征和制胜规律的认识，借鉴先进训练理念，优化、改进我国速度滑冰长距离项目训练和提高训练科学化水平等建议。

（2）雪车、雪橇项目的训练问题研究

理论研究薄弱与实践经验不足是制约我国雪车、雪橇项目发展的主要"瓶颈"，也是我国备战2022年北京冬奥会亟待解决的问题。

对雪车、雪橇项目的运动训练研究主要集中在项目特征分析方面，李钊、李庆[104]从一般训练学与空气动力学的角度分析了雪车、雪橇的项目特征，发现启动加速阶段、滑行阶段与雪车、雪橇成绩呈显著相关关系，手臂技术、步长与步频、起跳技术以及滑行技术是影响雪车、雪橇成绩的关键技术；在运动训练实践的过程中，应注重伸髋肌群与跖屈肌群快速力量的提高，注重跳车效率侧提高，注重核心控制能力的提高，在比赛规则允许的情况下，通过对橇体设计、运动员姿态与队形进行空气减阻，可以显著提高运动成绩。

在国家雪车队赛季训练安排研究方面，袁晓毅、武文雪、王铭演、王岩、周梦飞[105]认为，雪车是我国备战2022年北京冬奥会的重点项目，训练安排是科学训练的关键和基础，以带领中国国家雪车队参赛训练的经历，通过对现有科研成果归纳分析而填补我国对该项目理论研究的空白。中国国家雪车队赛季训练计划内容、方法手段、负荷控制基本与世界高水平队伍一致，但是队伍运行管理水平差距较大；训练方法以高强度间歇训练为主，以重复法、模拟训练法为辅；训练手段以滑行训练为主，有6大类，30余种；训练负荷安排重视运动员的个体差异，从神经疲劳和机体疲劳两个方面，考虑滑行训练、推车训练、身体训练三部分训练负荷的叠加效应，训练负荷的控制主要依靠运动学测试评价、运动员的反馈、教练员经验。

（3）自由式滑雪空中技巧项目的训练问题研究

2022年北京冬奥会该项目是重点夺金项目。对于自由式滑雪空中技巧项目的运动训练研究主要从运动特点、赛程赛制、制胜规律等进行了深度剖析和阐释，是我国冬季项目运动训练研究比较成熟的领域。

在中国自由式滑雪空中技巧项目备战奥运会实践分析与策略方面，于作军、苍海、李治[106]分析了中国自由式滑雪空中技巧国家队重点运动员的优势和不足、努力方向和训练重点，探究空中技巧项目的世界格局和主要竞争对手的竞技实力，发现冬奥会上中国女队的主要竞争对手来自澳大利亚、美国和俄罗斯，男队的主要竞争对手来自俄罗斯、美国和白俄罗斯。中国空中技巧男、女实力均衡，呈现出一定的集团优势。努力探索专项训练新模式，有效提升运动员程序化参赛能力，辩证认识动作难度与动作质量的关系，着力提升运动员的竞争实力，建立和完善保障体系是该项目运动训练的主要问题。

在世界自由式滑雪空中技巧优秀运动员竞技实力分析方面，牛雪松、白烨[107]采用现场观察统计、文献资料法及数理统计法，对世界20余名顶尖级运动员的竞技实力进行了分析，发现澳大利亚和美国的Ashley是中国女队备战2022年北京冬奥会的主要竞争对手，白俄罗斯的Anton和美国的Mac是中国男队的主要竞争对手。

在自由式滑雪空中技巧项目体能训练方面，牛雪松、白烨、王波[108]对备战2022年北京冬奥会的国家自由式空中技巧一、二线运动员体能水平构成指标进行筛选、赋权和分析，建立了优秀自由式滑雪空中技巧运动员体能水平的评价标准。反映我国空中技巧运动员体能水平的三级指标是：跟腱长、腰围/身高×100、骨盆宽、克托莱指数、肺活量、相对平均无氧功率、血红蛋白、高翻、12分钟跑、灵敏跑；对各级评价指标的权重中，运动素质对体能水平其决定性作用，力量和核心稳定指标权重较大，身体形态指标中腰围/身高×100的权重较大，身体机能指标中相对平均无氧功能率、血红蛋白的权重较大。

关于自由式滑雪空中技巧项目运动员的技能研究方面，娄彦涛、郝卫亚、王振[109]探讨了不同运动水平、性别、年度、站立方式和视觉类型对自由式滑雪空中技巧运动员平衡控制能力的影响，以上5因素对平衡能力均具有影响，影响大小依次为站立方式>视觉类型>级别>年度>性别；另外，也受级别×年度双因素的影响较大。不同年度运动员的平衡控制能力不同，不同水平运动员左右腿的单腿站立平衡控制能力不同。平衡难度越大对视觉的依懒性越强，各组平衡能力为：国家女队>国家男队>国家青年女队>国家青年男队，国家青年队单腿平衡控制能力较差。

自由式滑雪空中技巧项目科技攻关服务综合研究方面，马毅、王新、衣需洁、吕晶红[110]为了进一步提升我国自由式滑雪空中技巧项目的竞技水平，巩固我国在该项目冬奥会竞争格局中的优势地位，建立了重要监控指标的数学模型和监控体系。技术训练监控体系可以解析重点运动员的动作完成情况、查找技术环节中存在的问题，对运动员运动负荷状态、运动员生物周期状态进行生物学监控，可为教练组在不同训练和比赛周期调控训练计划提供可靠依据，物理治疗、营养调节等疲劳恢复措施能有效避免运动员发生伤害事故，确保训练计划顺利实施，利用仿真模拟技术建立的运动员出台速度数学模型解决了运动员出台技术的关键问题，研究团队和教练员共同设计了符合重点运动员个体技术特征的难新动作、创新训练方法与手段,取得了较好的训练效果。

在心理训练对自由式滑雪空中技巧项目动作质量影响方面,斯力格、包卓利克、欧晓涛、徐囡囡[111]设计共时性、双基线水平单个被试实验设计,使用心境状态量表和比赛评分法测定了运动员水池训练、雪上训练、心理干预介入、撤掉心理干预后参加比赛4阶段心境状态和动作操作质量得分,并辅以心理技能测试和干预效度评价,来综合反映运动员的操作表现。干预前运动员心境状态得分在水池训练与雪上训练变化不大,动作操作质量得分方面,雪上训练得分明显低于水池训练得分,介入心理干预后雪上4名运动员心境状态均有所改善,动作操作质量均有所提高,4名运动员在撤除心理干预后心境状态和动作操作质量均有所降低。经过心理干预训练,运动员动作操作质量得以提升。王宝明、张宇、马毅、康媛、韩俊超、曲广才、吴英涵、刘冠琪、常波[112]探究训练环境因素的变化对运动员心理状态的影响,旨在为自由式滑雪空中技巧或其他相关项目备战各大赛事取得良好的训练效果和赛前状态提供参考。自由式滑雪空中技巧国家队男运动员在应对训练环境变化时,来自降雪、场地、气温、风速、风向等敏感的环境因素,将诱发其产生"非运动性心理疲劳"状态,这种不良的心理状态会影响运动员备战期间的训练效果和赛前状态,进而影响比赛成绩。

专项能力的训练是对某一项目运动训练深入研究的标志。在自由式滑雪空中技巧运动员专项力量训练的应用研究方面,牛雪松、白烨、任海鹰[113]根据空中技巧项目规律、技术特征及运动员的个体特点,在备战过程中设计和实施了有针对性、实效性的专项力量训练方法、训练计划,并有效地把握了整个训练过程的力量负荷安排。不仅使运动员的专项运动能力逐渐达到了赛前最佳的竞技状态,而且使运动损伤得到了有效的减少,并使受伤运动员得到有效的康复。运动员选材与培养是国际竞技体育成功的重要构成因素,我国在竞技体育体制改革和奥运备战形势紧迫的大背景下,一方面,可以通过实施跨界跨项选材为2022年北京冬奥会及之后的奥运会快速培养高水平运动员,另一方面,借跨界跨项选材的实施也可对我国冬季项目运动训练提供新理念、新思路、新模式、新方法、新手段。

在跨界跨项选材的运动训练研究领域中,速度轮滑转项速度滑冰是重要的运动训练研究问题,李雪梅、李佳军[114]结合理论依据与实践成绩探讨"轮转冰"项目的可行性。速度轮滑与速度滑冰在起跑姿势、滑跑姿势、直道滑跑技术和弯道滑跑技术以及能量代谢方法上都具有相同之处。既往国际上"冰陆双栖"运动员中21名男子运动员和16名女子运动员获得过世锦赛或奥运会奖牌,国内"轮转冰"运动员以郭丹为代表。速度轮滑和速度滑冰项目具有极大的共性,轮滑运动员身体素质和技战术的储备具有转项速滑的能力,保证了该项目转项的可行性,国际上"轮转冰"运动员的训练经历和出成绩的时间规律,为"轮转冰"项目的实施提供了借鉴依据。

2. 冬季项目科研助力的研究

多年来,无论是国际还是国内运动训练学界一直都在追求科技与训练的完美结合,特别是冬季项目多在寒冷环境中并借助一定器材完成比赛，就更加体现科技助力训练和比赛的特征和优势。冬季项目科研助力的研究具体表现为在冬季项目运动员专项能力特征和科学选材关键技术、冬季项目运动训练与比赛关键技术、冬季项目运动员技能优化关键技术、冬季潜优势及落后项目国际化训练平台关键技术、国家科学化训练基地建设关键技术等方向开展研究与示范工作，助力我国冬季项目发展，推动体育产业技术进步。

在速度滑冰运动员的肌电特征研究方面，黄达武、陈亮、王新武、刘露、陈月亮[115]研究我国优秀男子速度滑冰运动员的表面肌电特征，为专项力量训练手段的优化和设计提供理论参考。发现速度滑冰运动员直道滑行左右腿肌肉用力特征差异较小，弯道差异较大，胫骨前肌、股二头肌和半腱肌的主要作用是维持踝、膝关节的稳定，股四头肌是为滑跑提供动力，弯道主要做功肌群激活时程更长、强度更大，建议根据肌群的做功方式、做功条件及做功强度设计专项力量练习手段。

在自由式滑雪空中技巧运动员体能监控研究方面，牛雪松、白烨[116]对备战2014年索契冬奥会的我国自由式滑雪空中技巧运动员的每周应用血红蛋白、血清肌酸激酶、血尿素、血清睾酮、皮质醇及血细胞系等生化指标，对运动员体能训练的负荷是否适宜以及疲劳恢复情况进行了诊断和评价，发现绝大多数运动员对逐渐递增的训练负荷比较适应，技能状态比较好，运动能力有不断提升的趋势，个别运动员在训练过程中某一阶段机体表现出对递增的训练不适应，通过有针对性地调整训练，在随后的训练过程中都表现出良好机能状态，适应了不断递增的训练负荷。

在自由式滑雪空中技巧运动员技术动作生物力学分析方法研究方面，付彦铭[117]对两周台向后翻腾直体两周和后翻腾直体一周团身一周动作出台和落地动作进行运动学分析，对落地稳定瞬间膝关节处的运动学指标加以分析与计算。运动员在完成向后翻腾直体两周动作时，落地瞬间在股骨软骨外侧髁、内侧半月板前角、外侧半月板中部中间位置和内侧胫骨软骨上表面中心位置均存在应力集中现象，双腿胫骨平台软骨会承受近7倍体重的冲击力。建议运动员在日程训练中加强关节稳定性练习，以减轻由于应力集中位置磨损引发的膝关节失稳所带来的影响。

跳台滑雪过程主要涉及弹道和空气动力学因素，这就主要决定了该项目的研究要求。在跳台滑雪空气动力学研究方面，胡齐、张文毅、陈骐[118]讨论总结跳台滑雪不同阶段所涉及的空气动力学研究成果，大多采用风洞试验测量或计算机模拟与实地现场研究相结合等方法。空气动力学在这些阶段中均起着重要的作用，且飞行阶段的研究最多。跳台滑雪飞行方向经历了由传统直立方式到V型方式的转变过程，助滑姿态是减小空气阻力以及提高助滑速度的关键，起跳及其随后的过渡到飞行阶段被认为是最重要的阶段，因为它们决定了运动员在飞行中的初始条件和最终姿态，运动员/滑雪板系统的飞行姿态对飞行阶段空气动力特征至关重要，同时运动装备、体重以及风环境等在飞行阶段起着很大的作用，采用V型方式飞行着陆时会出现地面升力效应。建议在开展跳台滑雪空气动力学研究时重视滑雪板姿态及其结构参数、户外现场环境等因素。计算流体力学（CFD）和智能化风洞实验训练馆是跳台滑雪空气动力学研究领域未来可能的发展方向。胡齐、陈骐、张文毅[119]分析研究滑雪板夹角对跳台滑雪飞行阶段气动特征的影响。滑雪板夹角变化对总升阻比影响很小，但会对总升力、总阻力、升力系数以及阻力系数产生一定影响，同时对运动员气动特性也产生了一定影响。滑雪板气动特征在运动员/滑雪板整体系统中起着更为重要的作用，不仅要关注运动员身体姿态，而且应更加关注滑雪板姿态，总力矩大小和滑雪板力矩大小与滑雪板夹角的变化趋势一致，而且滑雪板力矩在总力矩中始终占据主导地位，选取合适的滑雪板夹角对飞行阶段稳定性至关重要，建议优选的滑雪板夹角范围为24°~32°。

在越野滑雪运动成绩的生理学测试监控研究方面，李忠堂、阎智力[120]通过跑台运动实验对反映越野滑雪运动成绩的生理学指标进行了研究，探讨跑台运动实验所测指标能够用于预测越野滑雪的比赛成绩问题，并试图筛选出能够更好地预测越野滑雪比赛成绩的生理指标，表明跑台运动实验所测的生理学指标可以应用于预测越野滑雪比赛成绩，且对于男、女运动员的越野滑雪比赛成绩预测应该采用多种不同的参数指标来共同反映。

在短道速滑项目的起跑动作的运动学研究方法，王帅、周继和[121]利用3DVR（三维虚拟现实）技术对运动员的起跑动作仿真重现，获得运动学数据调入虚拟现实系统进行三维重建演示，从而进行比较分析，建议在短道速滑训练过程中应注重起跑反应能力的练习，增大起跑技术动作的稳定性，同时应加强右侧下肢的力量性练习。

在花样滑冰运动员生理机能及运动表现研究方面，姚一鸣、邱俊强[122]研究了国家青年队运动员亚高原训练对生理机能及运动表现的影响。研究表明：花样滑冰运动在亚高原训练期间，晨脉逐渐减低，血氧饱和度逐渐升高，在生理机能上对亚高原环境下的训练产生适应。18d的亚高原训练后，花样滑冰运动员的有氧运动能力有了一定的提高，专项运动能力有改善的趋势。

3. 冬季项目训练策略的研究

备战2022年北京冬奥会，是当前我国竞技体育界的要务。竞技运动训练和参赛的实践应有科学理论的指导，面临2022年北京冬奥会竞技较量的严峻形势，应以什么样的训练理念指导我们的训练与参赛策略，一直是我国冬季项目运动训练研究的关键问题。总结、提炼、推广我们自己的先进训练理念并形成训练策略，不仅是对备战2022年北京冬奥会具有重要贡献，同时对我国运动训练学的发展具有重要意义。对于我国冬奥项目的竞技格局和奥运会备战策略研究方法，徐刚、刘爱杰[123]的研究表明：目前我国冬奥项目的整体竞技实力还比较落后，重点夺牌项目集中于短道速滑和速度滑冰两个冰上竞速项目，以及花样滑冰和自由式滑雪空中技巧两个难美性项目。黑龙江和吉林两个省份在国内保持传统的领先地位，而新疆维吾尔自治区运动员竞技水平的提升具有重要意义。

关于我国冬季项目发展研究，阚军常[124]、张婷[125]、徐刚[126]、陆森召[127]指出：

我国冬季运动整体实力有限，"冰强雪弱"格局凸显；冰上项目"多点开花"，竞争实力稳中有升；雪上项目步履维艰，缺乏奖牌增长点。应充分利用好2022年北京冬奥会在中国举办的历史契机，继续坚持全面发展与多点联动的基本原则，系统梳理新时期的竞技发展思路，力争实现潜优势项目与优势项目的共同发展，有序推进冬季项目"南展西扩"工程，逐步形成"东北地区—京津冀地区—西北地区—南方省份"协同发展的区域格局，全面提高我国冬季运动项目的竞技水平。

在某一项目的发展及参赛策略研究方法，贺婧、宿元、张毅、卢卓、朱霓、张子华[128]等就我国冬季运动的国家话语权、花样滑冰运动发展方向、速度滑冰项目后备人才培养模式、高山滑雪竞技赛事发展路径、单板滑雪运动文化形成和流变、花样滑冰运动的训练策略等项目的训练、参赛、后备人才培养、文化传播的策略进行了分析与讨论。国内众多学者的研究成果和研究问题汇聚到一起逐渐形成我国冬季项目训练策略的整体思路和方法。

科学的理性认知与成功的训练实践是孕育先进训练理念的必要条件；客观的成果论证与细致的经验总结是实现运动训练发展的坚实基础[129]。改革开放40年来我国运动训练领域取得了辉煌的成就并创立了优秀的理论成果，虽然我们在冬季项目运动训练发展方面还存在众多短板和不足，但是我们相信2022年北京冬奥会是一次契机、一次考验、一次飞跃。我们应该在积极引进和学习国际先进训练理念的同时，大力发展、弘扬和推广我国本土的先进训练理念。我国冬季项目运动训练的研究不仅要引进、学习国外先进的训练理念和成果，我们运动训练业界更要在艰苦、成功的训练实践和不懈的科学探索中，积累、创造丰富的科学理论认知和科研成果大幅度提升我国竞技运动水平，尤其是冬季项目的竞技运动水平。

（二）冬季项目主场优势研究进展

自2022年北京冬奥会申办成功以来，在众多参赛问题中，主场优势逐渐成为一个无法回避的问题，其影响因素也得到了众多学者的重视。

1. 冬季项目主场优势分析研究

Schwartz和Barsky[130]在职业棒球比赛中，发现主场优势的现象。一般认为，主场优势是指在体育比赛或运动竞赛过程中，由主场所造成的有利于主队发挥的各种因素。在对冬季项目主场优势的研究中，学者们将研究重点落在冬奥会等大型综合赛事的研究上，并普遍认为冬奥会主场优势显著，但具体到项目上，暂时还没有准确的定论。

Balmer[131]提出花样滑冰、自由式滑雪、跳台滑雪、高山滑雪和短道速滑比赛中有一定主场优势，朱立斌[132]等认为技能主导类准确性项群、难美性项群和同场竞技类项群对主场效应的敏感度都较高，宋毅林[133]等提出冰上运动更容易利用主场优势取得突破。

在对冬残奥会和大学生冬季运动会主场优势的研究上，发现其主场优势也十分明显，需要注意的是在冬残奥会比赛中，高山滑雪和越野滑雪中存在明显的主场优势现象。对于单个冬季项目主场优势的研究相对较少，Ruud H. Koning[134]曾在研究速度滑冰时建立了一个线性混合模型，认为速度滑冰虽存在主场优势，但作用很小。

2. 冬季项目主场优势影响因素研究

Balmer[131]、朱立斌[132]、金晓明[135]、孟佳珩[136]、张忠秋[137]等一部分学者对主场优势影响因素进行分析，总结影响主场优势的因素主要包含环境、心理和其他因素三方面。

大多数学者将环境因素分为地理环境和比赛环境，主要研究集中在：①主办国气候地势对冬季项目发展的影响；②时差对运动员比赛成绩的影响；③场地设施包括看台的位置、场地的大小、冰质、灯光对运动员比赛的影响；④运动员场地适应情况对比赛成绩的影响。研究表明，运动员的竞技能力依赖于运动知觉，根据运动知觉理论，运动员在一定程度上依赖于周围的环境结构，运动员在熟悉的场地环境中，已经利用周围的环境确立了进行时空判断的参照系，在环境改变后，参考系也发生变化，必须要经过一段时间的适应才能重新建立正确的运动知觉。但也有部分学者认为，在两队竞技能力相当的条件下，熟悉当地比赛环境的条件并不是制约主场优势的主要因素。

心理因素主要包括运动员自身心理以及外在因素如观众因素、裁判因素。阿尔伯·托塞依[138]针对运动员心理进行研究，指出心理因素会对运动员产生影响，主场比赛对运动员心理具有双面的影响，运动员在主场比赛中承受来自支持者和亲人的巨大压力和媒体的过度曝光，导致运动员难以发挥出正常水平。但有些研究认为，运动员主场作战时大多情况下可以将压力转化为动力，形成心理优势，其获胜概率大于客场参赛。这些研究主要是从观众和裁判两个角度进行探究，他们认为，运动员主场参赛时，面对的观众大多都是自己的支持者，支持者所营造的赛场气氛有利于主队技、战术水平发挥，而往往对客场运动员造成心理压力，从而影响其发挥。同时，观众效应也会影响裁判员对成绩的评定，从而造成裁判的无意识偏袒。将冬季项目按项群分类，心理因素对冰球等技能主导类同场对抗性项目影响较大，而对冰壶等技能主导类表现准确性项目、跳台滑雪等技能主导类表现难美性项目、速度滑冰等体能主导类速度性项目主场优势的影响较为复杂。

一个国家的社会经济发展水平以及项目的传承积淀也同样制约冰雪项目的发展，从场地建设到滑雪人口的器材装备都需要经济实力的支撑，国家没有雄厚的社会经济基础，现代冬季运动很难普及。对历届冬奥会奖牌数进行分析，发现冰雪强国各有各的传统优势项目，在这些项目上的传承和积淀，使这些国家强者恒强，其他国家难以超越。

3. 近三届冬奥会主办国备战经验及启示

当前，有学者对近三届冬奥会主办国的备战经验进行了研究，发现有三大共同举措。其一是合理选取重点突破项目。影响冰雪运动水平的因素较多，在传统项目上挑战欧洲冰雪强国的传统优势，机会很小，可在冬季项目上合理选择重点突破项目和着力推动潜优势项目发展。其二是人才引进。无论是传统项目还是新兴项目，冰雪运动的各异性和集中性，项目发展水平不均衡都是所有参赛国普遍存在的问题，人才引进是迅速缩小差距的有力举措。其三是充分发挥主办国的主场优势。除了利用得天独厚的地理优势，对比赛场地的熟悉也决定着场上运动员的发挥，多为本土运动员提供在冬奥场地训练的机会，是主办国理应充分利用的优势。

纵观中国历届冬奥会成绩，中国自1980年开始参加冬奥会以来，2002年才实现金牌"零"的突破。受制于传统项目的短板，中国在传统项目中的速度滑冰、花样滑冰和冰壶上仅取得几块奖牌，而新兴项目短道速滑、自由式滑雪的小项空中技巧获得过往成绩中的绝大多数奖牌。我国在经济投入、地理环境和项目文化的积累和沉淀方面与冬奥会竞技强国相比都不占优势。在备战2022年北京冬奥会的关键时期，总结冬奥会主办国的备战经验并结合我国实际，为我国参赛、备战北京冬奥会提供的启示如下。

（1）提升群众普及度，加强后备人才储备

我国属于发展中国家，社会经济发展水平与欧美冰雪强国相比确实有一定差距。就我国当前冬季项目发展现状来看，我国现阶段国家队所使用的冰刀、滑板等器材都是先进的。但由于冬季项目普及度低，加上冰雪项目花费较高，群众很难投入财力参与冬季项目，进而导致后备人才储备不足，冰雪项目发展滞后。国家社会经济水平的发展是一个长期的过程，我国只能在现有社会经济水平的基础上充分发挥政府的支持带动作用，提升社会大众的关注度，形成良好的冰雪运动氛围，促进更多的群众参与到冰雪运动中。

（2）充分利用地理环境的主场优势

北京冬奥会延庆小海坨山位于北纬40.45度，其高山滑雪赛场由于位于山的南坡偏西，该地区温度较高，而张家口赛区位于北纬40.82度地区，风大但气温较低且降雪频率较高。我国两个赛区所处纬度没有较大的劣势，但气候对于两地的影响较大。因此，在备战过程中，积极主动地适应两个赛区的气候，更好地利用不同比赛项目与气候之间的关系，是我国备战冬奥会不可忽视的主场优势之一。此外，合理利用场地因素，尽全力为本国参赛运动员提供主场训练的机会，使运动员积极熟悉比赛场地，尤其是技巧型项目和滑行类项目，力争将主场优势最大化。

（3）保持传统项目优势，重点突破新兴项目

在项目的积淀与传承上，冰雪强国传统项目的优势明显、地位难以撼动。而加拿大、俄罗斯、韩国在举办时取得的杰出成绩，与新兴项目的优异表现密不可分。我国在11个传统项目中几乎没有优势项目，仅在速度滑冰、花样滑冰和冰壶的一到两个小项中有一定的竞技实力。往届东道主备战经验表明，在自由式滑雪、单板滑雪、短道速滑等新兴项目上努力实现突破是可能的。一些新兴项目还没有达到很高的竞技水平，为相对落后的国家实现短时间突破提供了可能。我国应继续保持几个传统小项的竞技

实力,将新兴项目作为重点突破口。

(4) 实施人才引进战略

往届冬奥会主办国的备战经验表明,人才引进是迅速缩小差距的有力举措。我国也需战略性地引进国外优秀人才,如教练员、运动员、制冰师等相关专业人才。目前,在2022年北京冬奥会的备战工作中,已引进不少外籍教练,但关键在于如何充分发挥引进人才的作用。

以上研究发现,对于冬奥会和冬季项目主场优势的研究尚处于起步阶段,国内外学者大多针对冬奥会等大型相关综合赛事进行研究,对于单个项目研究较少。大多数学者认为,冬季项目存在显著主场优势,但具体项目暂无统一定论,影响主场优势的因素主要归纳为环境因素、心理因素以及其他因素三大类。值得注意的是,正确的政策导向以及资金支持也是影响冬季项目大型综合赛事主场优势显著的主要原因。此外,汲取其他主办国的备战经验,对我国备战2022年北京冬奥会具有重要意义。

参考文献

[1] Ford PAUL, CROIX MARK DE STE, LLOYD RHODRI. The long-term athlete development model: physiological evidence and application [J]. Journal of Sports Science, 2011, 29 (4): 389.

[2] 石磊,葛新发. 运动选材概论 [M]. 济南:山东人民出版社,2009:106.

[3] NAUGHTON G., FARPOUR LAMBERT N., Carlson J., et al. Physiological issues surrounding the performance of adolescent athletes [J]. Sports Medicine, 2000, 30 (5): 309-325.

[4] ZIVORAD MARKOVIC. Coordination of Pre-school children's movements [J]. Research in Kinesiology, 2016, 44 (1): 59-63.

[5] MELITTA MCNARRY, ALAN BARKER, RHODRI S. LLOYD, et al. The bases expert statement on trainability during Childhood and Adolescence [J]. The Sport and Exercise Scientist, 2014: 22-23.

[6] 国家体育总局教练员学院组. 全国体育传统项目学校体育师资培训教材 [M]. 北京:北京体育大学出版社,2017:55.

[7] 国家体育总局科教司. 现代教练员科学训练理论与实践 [M]. 北京:人民体育出版社,2015:209.

[8] RICHARD BAILEY, DAVE COLLINS, PAUL FORD. Participant Development in Sport: An Academic Review [J]. Sports Coach, 2010: 19-24.

[9] RUMPF, M. C. CRONIN JB, PINDER SD, et al. Effect of different training methods on running sprint times in male youth [J]. Pediatric Exercise Science, 2012 (2): 170-186.

[10] 卓金源,米靖,苏世强. "敏感期"是否对训练敏感——不同年龄段青少年力量训练效果的实验研究 [J]. 北京体育大学学报,2015,38 (10):140-144.

[11] Robin S Vealey, Melissa A Chase. 青少年体育运动指导与实践 [M]. 徐建方,王雄,译. 北京:人民邮电出版社,2017:95.

[12] Penhune, V. B. Sensitive periods in human development: Evidence from musical training [J]. Cortex, 2011 (47): 1126-1137.

[13] 张铁明. 试论少儿在敏感期内的运动训练［J］. 少年体育训练, 2002：7-8.

[14] VESSELA VANOVAI. Research of the speed with 10-12-year-old rhythmic gymnasts［J］. Research in Kinesiology, 2015, 43（2）：228-233.

[15] Jack H. Wilmore. 运动生理学［M］. 王瑞元, 译. 北京：人民体育出版社, 2011：458-459.

[16] SLOBODANKA D., MILINKO D., LIDIJA M. The analysis of motor abilities development trend conducted on young girls engaged in practicing rhythmic gymnastics［J］. Physical Culture, 2014, 68（2）：138-149.

[17] KNJAZ D., RUPCIC T., VERUNICA Z. Coordination development through sensitiveperiods with particular accent on basketball programmes［J］In Croatian, 2007（44）：4-449.

[18] 黎鹰. 中学生动态等速肌力自然发育的年龄规律与性别特点［J］. 体育学刊. 2005, 12（5）.

[19] 沈勋章. 奥运项目教学训练大纲青少年选材育才研究［M］. 上海：上海浦江教育出版社有限公司, 2015：72.

[20] RHODRI S. L, JOHN B. C, AVERY D., et al. National Strength and Conditioning Association Position Statement on long-term athletic development［J］. Journal of Strength and Conditioning Association, 2016, 30（6）：1491-1509.

[21] ISTVAN BALYI, CHARLES CARDINAL, COLIN HIGGS, et al . Long-term Athlete development – Canadian sport for life［M］. Vancouver：The Canadian Sport Centres, 2017.4.

[22] HONGKONG INTERNATIONAL SCHOOL. Long term athlete development model handbook［EB/OL］. https：//www.hkis.edu.hk/uploaded/documents/current_ community/4.2.2.2_ LTAD.pdf.

[23] 李博, 刘阳, 陈思同, 等. 儿童青少年基本运动技能测评工具研究及启示［J］. 上海体育学院学报, 2018, 42（3）：8-14.

[24] VAN VERSENDAAL D, RAJENDRAN R, SAIEPOUR M H, et al. Elimination of inhibitory synapses is a major component of adult ocular dominance plasticity［J］. Neuron, 2012（74）：374-383.

[25] 冯锐. 中国优秀男子曲棍球运动员比赛和训练 Accelerometer 及 GPS 指标分析［D］. 宁波大学, 2018.

[26] J. A. Sampson, A. Murray, S. Williams. Injury risk-workload associations in NCAA American college football［J］. Journal of Science and Medicine in Sport. 2018.

[27] LazarusBH, Stewart AM, White KM. Proposal of a Global Training Load Measure Predicting Match Performance in an Elite Team Sport［J］. Frontiers in Physiology. 2017：930.

[28] 李晓康, 潘春光, 刘浩. 中超联赛各比赛位置球员跑动距离及强度特征研究［J］. 北京体育大学学报, 2016, 39（3）：130-136.

[29] Pettersen SA, Johansen HD, Baptista IAM. Quantified Soccer Using Positional Data：A Case Study［J］. Frontiers In Physiology. 2018：866.

[30] 贺业恒, 苗延禧, 赵超. HRV 结合生化指标评定运动员训练适应的研究［J］. 体育科技, 2017, 38（3）：25-26.

[31] 朱成东. 通过运动后心率恢复评价男子大学生有氧能力方法研究［D］. 辽宁师范大学, 2018.

[32] 庹伟. 运动后心率恢复和心率变异性与运动负荷相关性的研究［D］. 成都：成都体育学院, 2018.

[33] 刘也, 冷波, 刘浩崇, 等. 8 周冲刺间歇训练对优秀男子大学生羽毛球运动员无氧运动能力的

影响[J]. 中国运动医学杂志, 2018, 37(9): 732-737.

[34] Lee Marcus, Mukherjee Swarup. Relationship of Training Load with High-intensity Running in Professional Soccer Players[J]. International Journal of Sports Medicine. 2019, 40(5): 336-343.

[35] Drew M K, Finch C F. The Relationship Between Training Load and Injury, Illness and Soreness: A Systematic and Literature Review[J]. Sports Medicine, 2016, 46(6): 861-883.

[36] Hulin B T, Gabbett T J, Caputi P. Low chronic workload and the acute: chronic workload ratio are more predictive of injury than between-match recovery time: a two-season prospective cohort study in elite rugby league players[J]. British Journal of Sports Medicine, 2016, 50(16): 1008.

[37] Michal C. Zourdos. Novel Resistance Training-Specific Rating of Perceived Exertion Scale Measuring Repetitions in Reserve[J]. Journal of Strength and Conditioning Research. 2016, 30(1): 267-275.

[38] Soligard et al. How much is too much? (Part 1) International Olympic Committee consensus statement on load in sport and risk of injury[J]. British Journal of SportsMedicine, 2016, 50(17): 1030-1041.

[39] Anu Nassi, Alexander Ferrauti, Tim Meyer. Development of two short measures for recovery and stress in sport[J]. Eur J Sport Sci. 2017, 17(7): 894-903.

[40] Michel Nicolas, Philippe Vacher, Guillaume Martinent. Monitoring stress and recovery states: Structural and external stages of the short version of the RESTQ sport in elite swimmers before championships[J]. Journal of sport and health science. 2019, 8(1): 77-88.

[41] 何全玲, 焦卫宾. 对近5年国内运动疲劳中有关机能监控研究方法的分析[J]. 首都体育学院学报, 2004(4): 111-113.

[42] 冯连世. 优秀运动员训练中的生理生化监控实用指南[M]. 北京: 人民体育出版社, 2007.

[43] Brancaccio P, Maffulli N, Limongelli F M. Creatine kinase monitoring in sport medicine[J]. British Medical Bulletin, 2007, 81-82(1): 209-230.

[44] Smith T B, Hopkins W G. Variability and Predictability of Finals Times of Elite Rowers[J]. Medicine & Science in Sports & Exercise, 2011, 43(11): 2155-2160.

[45] Spencer M, Losnegard T, Hallén, Jostein, et al. Variability and predictability of performance times of elite cross-country skiers. [J]. International Journal of Sports Physiology & Performance, 2014, 9(1): 5.

[46] 陈小平, 尚磊, 付乐. 康希尔曼训练思想研究[J]. 体育学研究, 2018, 1(4): 74-81.

[47] "Doc Counsilman: Making Waves," University of Indiana, http://www.indiana.edu/~radiotv/wtiu/doc/docbio.html (accessed May 23, 2007).

[48] 黎涌明, 陈小平 英国竞技体育复兴的体系特征及对我国奥运战略的启示[J]. 体育科学, 2017, 5(37): 3-10.

[49] Hallen J. From research to athletic performance on snow 2017, 北京科技助力国际会议.

[50] 甄庆凯, 陈小平, 夏雨, 等 日本竞技体育考察报告. 2018, 未公开发表.

[51] 黎涌明, 陈小平, 冯连世. 运动员跨项选材的国际经验和科学探索[J]. 体育科学, 2018, 38(8): 3-13.

[52] DE BOSSCHER V, BINGHAM J, SHIBLI S. The global sporting arms race: An international comparative study on sports policy factors leading to international sporting success[M]. Meyer & Meyer Verlag, 2008.

[53] VAEYENS R, G LLICH A, WARR C R, et al. Talent identification and promotion programmes of Olym-

pic athletes [J]. J Sports Sci, 2009, 27 (13): 1367-1380.

[54] HALSON S, MARTIN D T, GARDNER A S, et al. Persistent fatigue in a female sprint cyclist after a talent-transfer initiative [J]. Int J Sports Physiol Perform, 2006, 1 (1): 65-69.

[55] REA T, LAVALLEE D. The structured repsycholing of talent: talent transfer [M]//BAKER J, COBLEY S, SCHORER J, et al. Routledge Handbook of Talent Identification and Development in Sport. New York: Routledge. 2017: 443-454.

[56] GIBBONS T, HILL R, MCCONNELL A, et al. The path to excellence: A comprehensive view of development of U. S. Olympians who competed from 1984-1998 [M]. United States Olympic Committee, 202.

[57] BULLOCK N, GULBIN J P, MARTIN D T, et al. Talent identification and deliberate programming in skeleton: ice novice to Winter Olympian in 14 months [J]. J Sports Sci, 2009, 27 (4): 397-404.

[58] UKSPORT. 2016, http://www.uksport.gov.uk/our-work/talent-id/previous-campaigns. 59UKSPORT. 2011, https://www.youtube.com/watch?v=_Skoz6K8fpE.

[59] 舍恩伯格, 库克耶. 大数据时代 [M]. 杭州: 浙江人民出版社, 2013: 28-29.

[60] 李晓彤, 闫琪, 等. First beat 心率变异性监控系统在优秀摔跤运动员赛前训练及恢复中的应用 [C]//2017 年全国竞技体育科学论文报告会论文摘要汇编, 2017: 196-197.

[61] 樊云彩, 闫琪. 利用心率变异性分析和疲劳监测系统对花样游泳运动员体能训练负荷的监控研究 [C]//第四届 (2016) 全国运动生理与生物化学学术会议——运动·体质·健康论文汇编, 2016: 36-37.

[62] 张雨佳, 闫琪, 魏宏文. 基于速度的力量训练在古典跤项目中的应用 [A]. 中国生理学会运动生理学专业委员会、北京体育大学. 2018 年中国生理学会运动生理学专业委员会会议暨"科技创新与运动生理学"学术研讨会论文集 [C]. 中国生理学会运动生理学专业委员会、北京体育大学: 北京体育大学运动生理教研室, 2018: 2.

[63] 何黎娴, 邱俊强, 王丽萍, 等. 采用心率变异性指标监控竞走运动员赛前状态的研究 [J]. 北京体育大学学报, 2013, 36 (11): 66-69.

[64] 黄龙祥, 高炳宏. 运用 OmegaWave Sport Technology System 诊断优秀女子排球运动员中枢疲劳的初步研究 [J]. 体育科研, 2016, 37 (3): 96-99.

[65] 闫琪, 廖婷, 张雨佳. 数字化体能训练的理念、进展与实践 [J]. 体育科学, 2018, 38 (11): 3-16.

[66] 刘鸿优, 彭召方. 足球技战术表现大数据分析——基于广义线性模型与数据级数推断法 [J]. 体育学刊, 2017, 24 (2): 109-114.

[67] 刘鸿优, 彭召方. 中国足球超级联赛致胜关键指标探析 [J]. 中国体育科技, 2016, 52 (3): 104-109.

[68] 彭召方, 刘鸿优, 国伟. 中国足球超级联赛主场优势探析 [J]. 沈阳体育学院学报, 2016, 35 (2): 106-111.

[69] 肖丹丹, 刘帅, 刘国正, 孙晶, 周星栋. "乒乓军师"专项技战术视频分析系统的研发 [J]. 中国体育科技, 2019, 55 (4): 63-70.

[70] 练碧贞, 宋薇, 单曙光. 篮球技术与体能测评系统应用研究 [J]. 北京体育大学学报, 2013, 36 (6): 115-118, 130.

[71] LEMIRE J. Sweet 16 School Purdue Among Keemotion's March Madness Clients [EB\OL]. [2019-3-

27］https：//www. sporttechie. com/ncaa－basketball－tournament－sweet－16－purdue－keemotion－intel/．

［72］LEMIRE J. Inside the NFL's Pro Bowl Test of Real-Time Tracking Data［EB\OL］.［2019-1-31］https：//www. sporttechie. com/inside-the-nfls-pro-bowl-test-of-real-time-tracking-data/．

［73］LEMIRE J. Zone7's AI Platform Seeks to Predict Injuries Before They Occur［EB\OL］.［2018-9-27］https：//www. sporttechie. com/zone7-artificial-intelligence-injury-prediction/．

［74］COHEN A. Washington Wizards Partner With SyncThink to Monitor Fatigue, Injury Risk［EB\OL］.［2019-2-25］https：//www. sporttechie. com/washington-wizards-partner-syncthink-monitor-fatigue-injury-risk/．

［75］BOOTON J. Inside the University of Virginia Basketball Team's Analytics Weapon［EB\OL］.［2019-4-10］

［76］ANON. Polar Team Pro Helps Coaches Translate Data IntoPerformance［EB\OL］.［2019-2-1］https：//www. sporttechie. com/polar-team-pro-helps-coaches-translate-data-into-performance/．

［77］SCHUCKERS M E. Draft by Numbers：Using Data and Analytics to Improve National Hockey League（NHL）Player Selection［C］//MIT Sloan Sports Analytics Conference, 2016：1-8.

［78］BAGLEY C, WARE B. Bump, Set, Spike：Using Analytics to Rate Volleyball Teams and Players［C］//MIT Sloan Sports Analytics Conference, 2017：1-15.

［79］SCHUCKERS M E. Draft by Numbers：Using Data and Analytics to Improve National Hockey League（NHL）Player Selection［C］//MIT Sloan Sports Analytics Conference, 2016：1-8.

［80］GLYNN1 C, TOKDAR S T. A switching dynamic generalized linear model to detect abnormal performances in Major League Baseball［C］//MIT Sloan Sports Analytics Conference, 2017：1-29.

［81］BEKKERS J, DABADGHAO S. Flow Motifs in Soccer：What can passing behavior tell us?［C］//MIT Sloan Sports Analytics Conference, 2017：1-31.

［82］YAM D. A Data Driven Goalkeeper Evaluation Framework［C］//MITSloan Sports Analytics Conference, 2019：1-18.

［83］YU D, BOUCHER C et al. Playing Fast Not Loose：Evaluating team-level pace of play in ice hockey using spatio-temporal possession data［C］//MIT Sloan Sports Analytics Conference, 2019：1-30.

［84］WANG K C, ZEMEL R. Classifying NBA Offensive Plays Using Neural Networks［C］//MIT Sloan Sports Analytics Conference, 2016：1-8.

［85］MCINTYRE1 A, BROOKS J et al. Recognizing and Analyzing Ball Screen Defense in the NBA［C］//MIT Sloan Sports Analytics Conference, 2016：1-10.

［86］SPEARMAN W, BASYE A. Physics Based Modeling of Pass Probabilities in Soccer［C］//MIT Sloan Sports Analytics Conference, 2017：1-14.

［87］MILLER A C, BORNN L. Possession Sketches：Mapping NBA Strategies［C］//MIT Sloan Sports Analytics Conference, 2017：1-12.

［88］KOVALCHIK S, INGRAM M. Hot heads, cool heads, and tacticians：Measuring the mental game in tennis［C］//MIT Sloan Sports Analytics Conference, 2016：1-18.

［89］BRANSEN L, ROBBERECHTS P et al. Choke or Shine? Quantifying Soccer Players' Abilities to Perform Under Mental Pressure［C］//MIT Sloan Sports Analytics Conference, 2019：1-25.

[90] Manisera1 M, Sandri M. Big data analytics for modeling scoringprobability in basketball：The effect ofshooting under high-pressure conditionsPaola Zuccolotto1［J］. International Journal of Sports Science & Coaching, 2018, 13（4）：569–589.

[91] TALUKDER H, Vincent T et al. Preventing ingame injuries for NBA players［C］//MIT Sloan Sports Analytics Conference, 2016：1-13.

[92] BORNN L, WARD P et al. Training Schedule Confounds the Relationship between Acute：Chronic Workload Ratio and Injury［C］//MIT Sloan Sports Analytics Conference, 2019：1-5.

[93] 杨振兴, 杨军, 白洁, 刘林星. 基于大数据技术对美国职业篮球联赛的研究［J］. 中国体育科技, 2016, 52（1）：96-104.

[94] 杨振兴, 白洁, 姚健. NBA联赛大数据统计研究［J］. 体育文化导刊, 2015（7）：103-107.

[95] 贾宝剑, 杨振兴, 姚健. 美国职业篮球联赛数据分析应用及启示［J］. 中国体育科技, 2018, 54（6）：118-126.

[96] 刘昊扬. 基于人工智能的运动教练系统分析与展望［J］. 北京体育大学学报, 2018, 41（4）：55-60.

[97] 赵益鑫. 大数据在NBA联赛中的应用研究［J］. 哈尔滨体育学院学报, 2018, 36（6）：78-82.

[98] 王祥茂. 美国职业棒球大数据对提升中国棒球竞争力的研究［J］. 哈尔滨体育学院学报, 2016, 34（3）：64-68.

[99] 刘江山, 张庆文, 邰崇禧, 赵胜国, 宋亮. 江苏冰雪运动发展SWOT分析［J］. 体育文化导刊, 2017（11）：28-33.

[100] 黄达武, 刘露, 张文涛, 王新宝, 陈月亮. 速度滑冰女子500m运动员重点环节节奏特征及全程速度节奏的理论设计［J］. 北京体育大学学报, 2015, 38（7）：133-139.

[101] 刘俊一. "周期"训练理论的重新审视——以张虹2014、2018年冬奥会周期训练模式为案例［J］. 成都体育学院学报, 2018, 44（1）：7-12.

[102] 王立国, 陈松, 刘俊一, 季朝新. 优秀短道速滑运动员竞技能力网络结构的建立和特征［J］. 体育学刊, 2017, 24（4）：128-132.

[103] 高俊, 付春艳, 李雨, 邓雪峰. 我国速度滑冰长距离项目优秀女运动员赴加拿大训练成效［J］. 体育学刊, 2018, 25（3）：129-133.

[104] 李钊, 李庆. 雪车、雪橇项目特征分析［J］. 体育科学, 2019, 39（3）：81-87.

[105] 袁晓毅, 武文雪, 王铭演, 王岩, 周梦飞. 中国国家雪车队赛季训练安排研究［J］. 北京体育大学学报, 2017, 40（12）：107-114.

[106] 于作军, 苍海, 李治. 中国自由式滑雪空中技巧项目备战平昌冬奥会实力分析与策略［J］. 北京体育大学学报, 2017, 40（12）：115-121, 132.

[107] 牛雪松, 白烨. 平昌冬奥会世界自由式滑雪空中技巧优秀运动员竞技实力分析［J］. 沈阳体育学院学报, 2017, 36（6）：93-100.

[108] 牛雪松, 白烨, 王波. 我国优秀自由式滑雪空中技巧运动员体能水平评价的研究［J］. 沈阳体育学院学报, 2018, 37（1）：92-98.

[109] 娄彦涛, 郝卫亚, 王振. 自由式滑雪空中技巧运动员平衡控制能力研究［J］. 中国体育科技, 2016, 52（4）：113-126.

[110] 马毅, 王新, 衣雪洁, 吕晶红. 自由式滑雪空中技巧项目科技攻关服务综合研究［J］. 北京体

育大学学报，2016，39（9）：112-118.

[111] 斯力格，包卓利克，欧晓涛，徐囡囡. 心境管理对自由式滑雪空中技巧操作质量的影响［J］. 沈阳体育学院学报，2016，35（3）：125-130.

[112] 王宝明，张宇，马毅，等. 训练环境的改变对自由式滑雪空中技巧国家队男运动员心理状态的影响［J］. 沈阳体育学院学报，2016，35（3）：120-124.

[113] 牛雪松，白烨，任海鹰. 索契冬奥会自由式滑雪空中技巧运动员专项力量训练的应用研究［J］. 成都体育学院学报，2015，41（5）：111-116.

[114] 李雪梅，李佳军. 速度轮滑转项速度滑冰的国内外现况研究［J］. 北京体育大学学报，2016，39（9）：132-138.

[115] 黄达武，陈亮，王新宝，刘露，陈月亮. 优秀男子短距离速度滑冰运动员于凤桐表面肌电的特征［J］. 北京体育大学学报，2016，39（7）：66-74.

[116] 牛雪松，白烨. 备战22届冬奥会国家自由式滑雪空中技巧运动员体能训练过程生化监控的研究［J］. 沈阳体育学院学报，2015，34（4）：86-91.

[117] 付彦铭. 自由式滑雪空中技巧运动员落地稳定瞬间人体膝关节软骨损伤风险的研究［J］. 沈阳体育学院学报，2018，37（1）：70-74.

[118] 胡齐，张文毅，陈骐. 跳台滑雪空气动力学研究进展［J］. 中国体育科技，2018，54（5）：132-139.

[119] 胡齐，陈骐，张文毅. 滑雪板夹角对跳台滑雪飞行阶段气功特性的影响［J］. 体育科学，2018，38（7）：42-49.

[120] 李忠堂，阎智力. 预测越野滑雪运动成绩生理学指标的实验研究［J］. 中国体育科技，2015，51（3）：88-93.

[121] 王帅，周继和. 新规则下男子短道速滑起跑动作的运动学虚拟再现比较分析［J］. 成都体育学院学报，2017，43（4）：105-110.

[122] 姚一鸣，邱俊强. 18 d亚高原训练对花样滑冰运动员生理机能及运动表现的影响［J］. 北京体育大学学报，2018，41（12）：85-90.

[123] 徐刚，刘爱杰. 我国冬奥重点项目的竞技格局与奥运备战策略［J］. 首都体育学院学报，2017，29（4）：348-352，366.

[124] 阚军常，王飞，张宏宇，张莹. 我国大众冰雪运动发展的问题、形成根源及对策［J］. 体育文化导刊，2018（10）：40-45.

[125] 张婷，李祥虎，肖玲，张媛. 北京冬奥会背景下我国冰雪运动可持续发展路径研究［J］. 体育文化导刊，2018（7）：17-21，31.

[126] 徐刚. 北京冬奥会竞赛工作的时代使命与规划要旨［J］. 首都体育学院学报，2019，31（1）：17-21.

[127] 陆森召，杜长亮. 我国冬季运动项目发展的地理学审视［J］. 体育文化导刊，2016（8）：6-11.

[128] 贺婧，邱森，齐广璞，贾宗洋，邱招义. 我国冬季运动体育国际话语权问题研究——以平昌冬奥会自由式滑雪项目为例［J］. 北京体育大学学报，2019，42（1）：30-41.

[129] 田麦久. 先进训练理念的认知和导行——兼论东京奥运会备战与参赛的首选策略［J］. 上海体育学院学报，2019，42（2）：1-5.

[130] Schwartz B, Barsky SF. The Home Advantage. Social Forces, 1977 (55): 641-661.

[131] Balmer N J, Nevill A M, Williams A M. Home advantage in the Winter Olympics (1908-1998).

[132] 朱立斌, 刘丽辉. 主场效应对冬奥会各比赛项目的影响 [J]. 冰雪运动, 2014, 36 (6): 13-15.

[133] 宋毅林, 黄华明, 朱玉霞, 白洁. 冬奥会主场优势分析与中国第 24 届冬奥会展望 [J]. 体育文化导刊, 2016 (3): 89-93, 102.

[134] Ruud H. Koning. Home advantage in speed skating: Evidence from individual data [J]. Journal of Sports Sciences, 2005, 23 (4).

[135] 金晓明. 第 24 届世界大冬会中国运动员发挥主场优势的策略 [J]. 冰雪运动, 2008, 30 (6): 57-60.

[136] 孟佳珩. 国际综合冬季运动会主办国主场优势与利用——以世界大学生冬季运动会为例 [J]. 冰雪运动, 2010, 32 (4): 55-58.

[137] 张忠秋. 北京冬奥会东道主心理挑战与基本应对策略 [J]. 中国体育教练员, 2019, 27 (1): 11-13.

[138] 阿尔伯托·塞依. 奥运会中的主场优势 [J]. 天津体育学院学报, 2008 (3): 195.

运动生物力学学科发展研究报告

Research Report on Disciplinary Development of Sport Biomechanics

（2016—2019）

运动生物力学分会
China Sport Science Society for Sport Biomechanics
2019.10

前　言

运动生物力学是研究人体运动力学规律的学科，基本内容是应用多种研究方法，测定人体运动中的力学参数，然后运用力学、生物学的理论进行分析推导，得出有应用价值的运动规律，解决人体运动中的生物力学问题。运动生物力学是一门应用性很强的学科。首先，其主要研究目的是提高运动成绩和预防运动损伤，通过描述、分析和优化人体运动状态和各结构受力，实现在提高运动效果的同时预防可能出现的运动损伤。其次，运动生物力学在充分了解人体结构受力和适应性变化的基础上，设计和评估训练和康复手段。最后，运动生物力学研究人与运动装备和运动环境间的相互力学作用，通过设计和改进运动装备和器材，达到提高运动成绩和预防运动损伤的目的。

我国运动生物力学从20世纪80年代开始发展，借助研究设备和方法的进步，在各方面的研究均取得了丰硕的成果。对高水平运动员进行技术分析与监控一直是我国运动生物力学研究者的重要任务，研究工作为提高运动员训练水平和运动成绩提供了有力的科技保障，为我国运动员在国际比赛中取得优异成绩做出了重要贡献。目前，我国运动生物力学呈现出向多渠道、多学科发展渗透的趋势，由原来的单一研究方法向多种方法同步研究过渡；运用的理论知识也由原来的生物学和力学逐渐渗透到计算机科学、材料力学、医学、数学等领域；研究内容也发生了相应的变化，由原来的以竞技体育研究为主逐渐向大众健身和运动装备的研究过渡。

在中国体育科学学会的领导下，运动生物力学分会（以下简称分会）完成了本学科研究报告。在接受编写任务后，分会召开了主任委员和秘书长会议确定成立编写组。在深入研究的基础上，分会主任委员王清研究员确定了编写内容纲要。之后，刘卉教授执笔完成了本报告主体部分的初稿。王向东、刘颖、郝卫亚、王清等研究员都依次对初稿进行了审阅、修改和补充，王清完成了定稿。郝卫亚还补充了研究报告中的前言、英文摘要和目录部分，同时对报告的格式进行了调整。在研究报告撰写过程中，得到了来自北京体育大学和国家体育总局体育科学研究所多名研究生和博士后研究人员的帮助，在此表示衷心的感谢。

运动生物力学分会

2019年10月

课题组

组　长：刘　卉

组　员：（按姓氏笔画排序）

　　　　王　清　王向东　刘　颖　郝卫亚

运动生物力学学科发展研究报告
Research Report on Disciplinary Development of Sport Biomechanics
(2016—2019)

Abstract

Sports biomechanics is the study of human movements by means of methods of mechanics. Sports biomechanics employs various experimental methods. It measures mechanical variables of human movements, makes deductions using theories of mechanics and biology, gets valuable conclusions, and solves biomechanical problems of human movements. Sports biomechanics is a subject with a lot of applications. Firstly, it is committed to enhance sports performances and prevent sports injuries by describing, analyzing and optimizing human movements and loading upon human body. Secondly, sports biomechanics helps us design and assess sport training and rehabilitation measurements based on comprehension on loadings upon human structures and adaptation changes. Thirdly, being capable of investigating mechanical interactions between human body, sports equipment and sports environment, sports biomechanics can enhance sports performance and reduce injury risk by designing and improving sports equipment and devices. Research on Sports biomechanics in China started in 1960s in the purpose of providing scientific service for Chinese athletes. Starting from early 1980s, sport biomechanics began to develop more rapidly, with the advances in research equipment and methods, and research in various aspects has achieved fruitful results. Especially in recent years, research level on sports biomechanics in China is increasing steadily with the development of the nation and increase of international exchanges. This report reviews the recent progress of sports biomechanics in China in the purpose of promoting the development of the subject.

Now most Chinese sports biomechanical laboratories have the Infrared motion capture system, force platform, wireless surface EMG system, plantar pressure distribution system, joint isokinetic strength testing equipment, and gradually carried out a lot of high-level researches. The method of human movement 3D imaging and analytical method has been widely used in the area of sports technique analysis and research. Modeling and computer simulations in sports biomechanics are also used in recent years. In the recent four years, interdisciplinarity and combination of multiplemeasuring methods with different kinds of new equipment became more and more common in the research of sports biomechanics. Furthermore, in order to getting more acute data, investigations for new calibration, new data processing means, and minimizing errors have been investigated heavily.

A major task for sports biomechanics researchers is to analyze sports techniques and to monitor high-level athletes in China, by providing a strong scientific and technical support in order to improve training and performance. With help of a lot of new equipment, researchers of sports technique analysis on Chinese high-level athletes have become increasingly rich, especially in track and field, swimming, team sports events, table tennis, badminton, baseball, gymnastics, diving, weightlifting, and winter sports events.

Chinese sports biomechanical researchers also have worked on the principles and laws of movement techniques and developed some auxiliary training methods for sports, assisting on making training plans, tested and assessed training efficacies. In the recent years, they have focused on analyzing training rationality and efficacies of trainings by examining sports techniques and abilities of athletes. They have investigated underlying mechanisms of enhancement of performance in competitions, sports injury as well.

In the recent years, China has gradually carried out a number of studies on sports injuries and rehabilitations. Biomechanical research on etiology of sports injury, which focus on sports techniques and neuromuscular control of movements, has been completed. Biomechanical modeling and computer simulations were performed to investigate mechanism of sports injuries such as landings in gymnastics.

In addition, recent sport biomechanical studies of special populations, such as the elderly, children and obesity, are also increasing in depth. It is more and more popular to assessing effect of excise methods (e.g. walk, running, Tai Ji Quan) for elders using biomechanical means, because of the increasing aging population in China. Falls are not rare for the elders, and falling biomechanics is vital for understanding etiology and prevention. Motion ability and movement pattern of children are all changed with children's development. Studies regarding children gaits have been carried out using kinematic and plantar pressure measurements. Gaiting characteristics of different ages, differences between children and adults, and gait changes for different fitness children, have been all studied as well.

Footwear biomechanics is an important topic in the field of sport equipment biomechanics in these years in China. It assesses comfort, safety, performance, andinjury prevention of footwear. Researchers in China have studied footwear characteristics and core technology for different sports. They also have studied effects of different stiffness and thickness of shoe soles, and different designs of upper heights and sole patterns on biomechanics of lower extremities. It is another popular research topic that investigates effects of wearing tight clothes on biomechanics of lower extremities in track and field or cycling events.

Comparing with the development status of sports biomechanics in other countries, there is no obvious gap on research tools and methods in sport biomechanics researches between China and other countries. Chinese sports biomechanics researchers pay more attentions on promoting performances in competitions and mass fitness. However, studies of biomechanics on orthopedics, clinical, rehabilitation, and bioengineering are emerging. But the studies on theory and research method are lacking, and researches on mechanisms, prevention and rehabilitation of sports injury are still demanded. Chinese universities did not pay enough attention to teach sport biomechanics, which causes a lot of students do not acquire the relevant knowledge and skills. Sports biomechanics is not a required course for some sports students majored in sports training or sports education, although that course is very important for them as we have known. It seems that this situation will remain for expected years.

Merging sport biomechanics with other disciplines is a trend of the development of the subject. Chinese researchers should integrate it with other disciplines, and use appropriate methods on data processing, statistics and analysis in the study. It may be necessary for the study group and the control of experimental conditions, to provide a theoretical basis for the diagnostics and optimization of sports performances. Chinese sports biomechanics researcher should follow the trend, play the advantages of discipline, study issues related to sports injuries, to improve the health of our people and exercise safely. At the same time, we should develop a teaching team on sports biomechanics, improve teachers' academic ability, perform teaching reform, and improve teaching quality and effectiveness.

目 录

引言

一、我国运动生物力学发展现状

（一）运动生物力学研究方法
   1. 运动学数据测量方法
   2. 动力学数据测试方法
   3. 表面肌电测试的应用
   4. 人体运动模型与模拟方法的应用

（二）运动技术的生物力学
   1. 田径项目
   2. 游泳项目
   3. 集体球类项目
   4. 小球类项目
   5. 打分项目
   6. 重竞技项目
   7. 冬季项目

（三）运动训练的生物力学

（四）运动损伤与康复的生物力学
   1. 运动损伤致因的生物力学分析
   2. 运动损伤的生物材料与组织工程修复
   3. 运动员的运动损伤特征和预防

（五）全民健身活动的生物力学
   1. 老年人身体能力和健身方法的运动生物力学研究
   2. 儿童生长发育对动作技能影响的生物力学研究

（六）运动装备设计与评价的生物力学

（七）我国运动生物力学课程教学情况

（八）国内高校发表国际期刊文献情况

二、国内外运动生物力学发展对比

（一）国内外运动生物力学在研究领域上仍各有侧重

（二）国内外运动生物力学研究方法和手段的发展基本同步

（三）国内外高校对运动生物力学实验室管理存在差异

三、我国运动生物力学发展趋势与对策

（一）研究内容多样化

（二）数据采集方法多样化

（三）对人体运动特征的定义与评价指标研究

（四）促进体育相关专业运动生物力学课程改革

参考文献

Contents

Preface

1 Development of sports biomechanics in china

  1.1 Rescarch methods of sports biomechanics

      1.1.1 Kinematic measurement

      1.1.2 Kinetic measurement

      1.1.3 Application of surface electromyography

      1.1.4 Modeling and computer simulation of human movement

  1.2 Biomechanics of sports technique

      1.2.1 Trcak and field events

      1.2.2 Swimming events

      1.2.3 Collectice ball events

      1.2.4 Small ball events

      1.2.5 Scoring events

      1.2.6 Heavy athletic events

      1.2.7 Winter events

  1.3 Biomechanics for sports training

  1.4 Biomechanics of sports injuries and rehabilitation

      1.4.1 Biomechanical study on mechanism of sports injuries

      1.4.2 Biomaterials and tissue engineering repair of sports injury

      1.4.3 Sports injury characteristics and prevention

  1.5 Biomechanics of sports injuries and rehabilitation

      1.5.1 Sports biomechanical study on physical ability and fitness methods of the elderly

      1.5.2 Biomechanical study on the effects of children's growth and development on motor skills

  1.6 Biomechanics of sports equipment design and evaluation

  1.7 Teaching situation of sports biomechanics in China

  1.8 Publication of foreign periodicals in domestic universities

2 Comparison of the development of domestic and foreign sports biomechanics

2.1 Domestic and foreign sports biomechanics lay particular emphasis on different research field

2.2 The development of domestic and foreign sports biomechanics research methods and means is basically synchronized

2.3 Domestic and foreign universities have different management of sports biomechanics laboratory

3 Development trend and countermeasures of sports biomechanics in China

3.1 Diversification of research content

3.2 Diversification of data collection methods

3.3 Research on the definition and evaluation index of human motion characteristics

3.4 Promoting the reform of sports biomechanics course in sports related majors

References

引言

运动生物力学兴起于20世纪60年代,是研究人体运动力学规律的一门学科,同时是一门应用性很强的边缘、交叉学科。运动生物力学的研究思路总体上可以分为理论研究和实验研究两种类型。理论研究是在透彻理解人体运动解剖、运动生理、生物力学等相关概念和理论的基础上,基于大量实测数据,构建模型对人体运动进行模拟和技术优化。实验研究是指运用各种现代测量技术,通过测量人体运动过程的力学参数,分析和研究人体运动现象和规律。

提高运动成绩和预防运动损伤是运动生物力学研究中的重要任务,其应用领域可以覆盖人体运动的各方面。首先,运动生物力学研究通过改进运动技术提高运动成绩和预防运动损伤。运动生物力学可以描述、分析和优化人体运动状态和各结构受力,从而在提高运动效果的同时预防可能出现的运动损伤。其次,运动生物力学研究通过改善技术训练和相应的康复手段提高运动成绩,预防运动损伤。在充分了解人体结构受力和适应性变化的基础上,运动生物力学根据运动技术要求设计更合理的训练和康复手段,并对已有的训练或康复手段的效果进行评价,为采用合理的训练和康复方案提供科学依据。最后,运动生物力学研究通过设计和改进运动装备和器材,提高运动成绩和预防运动损伤。人与运动装备和运动环境间的相互力学作用,是影响运动成绩和导致运动损伤的重要原因。因此,运动生物力学研究为运动器材的设计和改进提供了理论和数据支持。例如,运动鞋在材料、结构上的不断改进一直是基于运动生物力学的研究结果,其目的就是在提高运动员竞技水平的同时减少损伤。

近年来,我国运动生物力学学科有了一定的发展,在许多研究领域取得了成果。2015年6月至2019年6月,我国学者在国内核心期刊发表的有关运动生物力学的文献超过1000篇,在国际学术期刊发表相关文献超过100篇。本文从我国运动生物力学发展现状、国内外运动生物力学发展对比和我国运动生物力学发展趋势与对策3个方面,对我国运动生物力学学科在2015年6月至2019年6月期间的发展状况进行综述。

一、我国运动生物力学发展现状

(一)运动生物力学研究方法

由于人体运动具有复杂性,因此,保证测试方法的正确和测量仪器的精度是获得准确的人体运动参数的前提。运动生物力学研究中,主要采用运动学、动力学、肌电等测试方法和手段对人体运动中的力学问题进行探讨。近4年来,随着各种新仪器的开发和利用，多学科交叉及多种研究方法的组合运用已成为目前运动生物力学研究的趋势。除此之外，为了更加方便、快捷地进行研究，并获得更加精确的数据，探究新的标定方法、新的数据处理方式和减小误差方法等成为热点。

1. 运动学数据测量方法

人体运动学是从几何多角度描述和研究物体位置随时间变化的力学分支，获得人体运动过程中运动学参数的主要方法有摄像和影像（二维和三维）分析、红外光点运动捕捉系统、电磁感应式运动捕捉系统、惯性传感器运动捕捉系统、标志点自动识别技术、医学影像技术等。

二维和三维的摄像和影像分析是我国运动生物力学研究的主要手段。在高水平运动员的运动技术研究中，尤其在比赛条件下，摄像和影像分析可以在不干扰运动员的情况下，获取运动学参数。随着摄像设备的不断升级，高清和高速摄像设备已逐渐应用于人体运动的图像采集，这在很大程度上提高了数据的准确性。但是，影像拍摄和解析过程中存在的系统误差和随机误差仍然是影响运动技术分析结果与结论的主要因素，减少和校正误差是提高运动技术分析水平的前提。红外光点运动捕捉系统可同时实现高分辨率与高采样频率，其运动捕捉效果好，精度较高，可与测力、肌电等测试系统同步，是目前国际上经常采用的人体运动学数据采集方法，也是国内各大体育院校、体育科研机构进行运动技术分析及医院步态、康复实验室中进行人体运动损伤预防、康复等方面研究的主要方法。红外光点运动捕捉系统虽然方便快捷，但需要在人体身上贴反光标志点，在一定程度上影响正常运动。

近年来，在运动生物力学的研究方法改进上，研究者更专注于寻找更为方便快捷的标定方法和减小误差的数据处理方法。王向东等[1]在分析和总结国内外摄像机标定技术的基础上，针对运动生物力学研究中使用三维立体框架进行摄像机标定的范围、误差、便携性、时效性等方面存在的不足，提出了使用平面棋盘格标定板进行三维空间标定的新方法。结果表明，基于平面棋盘格标定板的摄像机空间标定方法具有一定的优势，在一定程度上弥补了三维立体框架在使用中所存在的方便性和测量精度上的不足，理论上能够满足运动生物力学研究中的需求。马占武等[2]针对传统人体运动学数据处理方法的费时和人工识别点的误差，提出了一种通过MATLAB批量读取人体运动坐标数据后，去掉误差点，运用刚体运动学的原理计算出刚体姿态和刚体方向余弦阵，最后得到各关节角度等运动学数据的方法，并以深蹲和上楼梯两个动作为例，验证了该方法的准确性。MATLAB的海量人体运动学数据处理方法作为一种工具被用于人体测量和人机工程学，能使数据处理工作更加快捷和准确。在误差分析的基础上制定拍摄和解析方案并严格执行，可以有效减小三维摄像与解析过程中的误差。因此，寻求有效地减小误差的拍摄方案和数据处理方案是今后我国运动生物力学研究的一个重点方面。

基于惯性传感器技术的动作捕捉系统也常被应用到人体运动学参数的测量研究中。

惯性传感器包括角速率陀螺和线加速度计，可以测量倾斜、加速度、冲击、旋转、振动、多自由度运动等，是解决定向、导航、运动载体控制的重要部件。其优点是成本低，没有光点遮挡和丢失的问题；便携式和移动测试的特点使其便于使用，而且由于加速度和角速度是直接测量的，所测量的结果可以导入其他软件中使用，数据精度也较好。其缺点是很难获得准确的大地绝对坐标系下的数据，测量数据容易受到外界磁场干扰，存在数据随时间漂移的现象。因此，如果在研究过程中不需要准确的三维位置数据，只需要关节角度数据时，惯性传感器捕捉系统与红外光点运动捕捉系统和影像解析技术相比，具有一定优势。近年来，随着惯性传感器数据精度的提高，在系统开发人员和体育科研工作者的共同努力下，开发了一些能够满足运动生物力学研究需要的基于人体模型和惯性传感设备的人体运动测量系统。但是，惯性传感器质量良莠不齐，不同传感器数据精度差别较大，需要系统开发人员通过各种算法降低数据噪音，修正数据误差。所以，有必要对惯性传感器获取人体运动学数据的最佳参数、标准流程、最佳算法、分析软件功能等进行深入研究，以满足科学研究的精度和功能需要。

随着大数据获取技术和机器学习算法的发展，视频画面关键点的自动识别技术不断提高。这种人工智能的机器视觉技术已应用于人脸识别、人体动作模式识别和人体运动数据获取领域，并随着应用数据的扩充，识别精度越来越高。例如，在人体步态分析和姿势评估的系统中，通过一台或两台摄像机获取人体运动图像，就可实时自动识别人体关节点位置，并对人体姿态数据进行计算和评估。与上述传统人体运动学数据获取方法相比，基于机器学习的人体运动自动识别技术在理论上无需人体穿戴设备和数据实时反馈方面具有很大的优势。国内的商汤公司和锐动公司及美国因特尔公司都已将这一技术开发应用到了人体运动数据获取和运动技术分析领域。近年来，为解决传统的基于骨架模型进行环节特征提取所存在的空间维度大、耗费时间和推广性差的弊端，研究者致力于改进在特定关节点的自动识别算法。目前，较常用的算法多为 BP 神经网络识别和 PNN 概率神经网络算法，李兴等[3]提出了一种全新的三层自动编码器与 PNN 概率神经网络结合的网络模型，比单纯用 BP 神经网络识别的准确率提高 5% 以上。也有研究者证明支持向量机（SVM）分类算法和最近邻算法（KNN）与 BP 神经网络算法对比，在人体动作识别方面可得到较高的分辨率[4]。目前，基于机器学习的人体运动自动识别技术还有待进一步完善才能更有效地应用于运动生物力学的研究中。首先，完善三维空间标定和三维坐标计算方案，提出对不同运动项目或运动特征的人体三维数据获取方案。其次，完善最佳的机器识别和人体模型算法，以及关节点跟踪算法，以提高自动识别精度。最后，完善后期数据处理和分析功能，更准确、快速和有效地为人体动作评估分析提供数据。

李琪等[5]利用计算机视觉技术探讨了在短道速滑比赛视频中检测、跟踪多个运动员目标并重建运动轨迹的问题，提出了一套较完整的算法流程，能够快速、准确地检测、跟踪运动员目标并对其运动轨迹进行建模。在此基础上，进一步提出了一种基于 3 次 B 样条曲线的轨迹重建算法，即利用 B 样条曲线的非均匀性和连续性，在缺失部分跟踪结果的情况下完整地拟合各个目标的光滑运动轨迹。该算法可以检测、跟踪多个运动员目标并重建其运动轨迹，所得结果可进一步用于实际的技战术分析中。

随着现代医学影像技术的发展，动态 X 光系统以一种非入侵式手段，提供了测量活体自然功能性运动时关节运动参数的方法。与传统 X 光和 X 光立体摄影术相比，动态 X 光系统可连续拍摄动态影像，且不会对人体运动造成影响。与电子计算机 X 线断层扫描（CT）和核磁共振成像（MRI）相比，动态 X 光系统也有优势。虽然前者可以通过影像分析与堆叠技术得到精确的三维重建骨骼模型和关节骨骼相对位置，但无法获取动态测量数据，体位和机器的位置限制也使其无法做到负重下的人体测量，而动态 X 光系统能较好地解决这一问题。此外，双平面动态 X 光技术正广泛地应用于人体各个主要关节的三维运动测量和骨骼肌肉系统相关疾病的研究，但只能应用在局部关节的测量上，无法同时观测全身关节运动。

除动态 X 光系统外，医学影像中的超声、CT 和 MRI 技术也逐渐应用到运动生物力学研究中。CT 是运用 X 线对受试部位螺旋扫描，能覆盖受试部位的整体空间，再利用计算机对扫描的 X 线信号进行重建，可获得三维立体的受试部位信息。相较普通的 X 光，三维立体信息避免了骨结构重叠产生的误差，也可对局部的结构进行更直观的观察，在临床上应用较广泛。在运动生物力学的研究中，常常通过拍摄身体不同姿态位置下的 CT 扫描，然后进行比对分析。MRI 技术是一种常见的影像检查方式，由于其没有辐射且分辨率高，近几年越来越多的研究者使用这种技术来进行膝关节损伤诊断及评价的研究。但是，MRI 价格昂贵，且无法实时获得运动中的动态数据，在运动生物力学研究中没有被广泛应用。超声是指振动频率每秒在 20000 次以上超过人耳听觉阈值上限的声波。医学上，超声检查是利用超声波的物理特性和人体器官组织声学特性相互作用后产生的信息，并将其接收、放大和信息处理后形成的图形、曲线或其他数据，借此进行疾病诊断的检查方法。在运动生物力学研究中，主要通过超声获得肌肉厚度、羽状角、肌肉或韧带的形态、拉伤情况等，方便快捷，且软组织分辨率高，较为廉价。赵智慧等[6]通过超声探头对比了膝关节外侧副韧带健、患侧的形态差异，对其损伤进行初步筛查和诊断，为临床是否需要手术提供参考。温慧莹等[7]用超声测量了 9 名男性志愿者在递增负荷功率自行车运动疲劳前后的下肢肌肉的肌肉厚度和羽状角，提出超声所测得的结果可结合传统的表面肌电信号评估肌肉疲劳。目前，越来越多的运动生物力学研究者利用超声、MRI 等技术获取人体运动器官结构参数和人体运动损伤评价数据，为运动成绩的提高和运动损伤机制的研究提供基础数据。

2. 动力学数据测试方法

人体动力学测试方法是采用力学传感器测量人体在运动中与环境或器械间的相互作用力，进而计算和分析力对人体运动的影响。目前主要的仪器有三维测力平台系统、足底压力分布测试平板和鞋垫系统、等速肌力测试系统、各种专用测量设备等，指标包括力、力矩、冲量（矩）、动量（矩）、机械功、机械能等。国内很多高校和科研院所配备了上述设备，进行了大量的运动技术分析和运动损伤机制方面的研究。

三维测力平台系统可以直接获得人在测力平台上进行走、跑、跳跃、落地、急停等一系列动作的地面反作用力及相关指标，也可以和红外光点运动捕捉系统同步测量，通过逆动力学的原理计算获得人体下肢关节间的受力和力矩，进而对人体运动能力和运动损伤预防进行分析研究。近年来，我国运动生物力学研究者主要应用测力平台数据进行三维步态分析、动作技术分析和下肢力线测量。另外，通过不同站立姿势下的足底压力中心（COP）的变化，评价人体姿势控制和平衡能力，也是测力平台的主要应用内容。目前，测力平台系统不仅应用于测量力地面反作用力，而且被安装于游泳出发台、池壁、短跑起跑器、跳台滑雪出发台等位置，以测量专项运动的动力学信息。

足底压力分布测试平板和鞋垫系统可以较细致地测量足与鞋底或地面的接触力，广泛应用于人体步态分析和人-鞋关系的研究中。近年来，国内对足底压力分布进行测试的研究领域主要包括：①不同人群（如不同年龄、肥胖人群、非正常足弓、不同性别、不同职业等）在特定运动过程中足底压力的特征；②不同疾病（如帕金森、脑卒中、脑瘫、糖尿病、腰椎间盘突出等）及相应康复手段（如矫形鞋垫、骨科手术等）对行走或站立时足底压力分布的影响；③对完成不同日常生活活动（如走、跑、上下楼梯等）的足底压力分布特征进行描述和分析；④对完成不同体育项目（如蹦床、太极拳、冰壶、篮球、速滑等）的足底压力分布特征进行描述和分析；⑤不同鞋底（或地面）材料（或结构）对足底压力分布的影响；⑥基于足底压力的步态识别（检测）技术、人体重心轨迹包络面积算法等。

等速肌力测试系统用于对运动员肌肉力量测试评定，可以测量人体在等长（某一固定关节角度）或等速（某一固定关节角速度）条件下人体肌肉力矩的变化。Isomed-2000是近年来常用的主要测试设备，测试部位大多为躯干和髋、膝、踝、肘关节。近年来，国内在等速肌力测试系统进行测试的研究领域主要包括：①不同疾病（如脑瘫、脑卒中、膝骨关节炎、肩周炎、脊髓损伤等）和不同运动性损伤（如髌骨软骨病、功能性踝关节不稳等）的下肢力量训练方法和效果评价；②不同体育运动项目（如田径、划艇、篮球、柔道、散打、太极拳、游泳、击剑、小球类等）运动员的各关节肌力研究。

另外，在体育器械中装入加速度传感器，通过加速度这一运动学指标计算获得力、功率等动力学参数，在体育领域应用较多。例如，跳水时在跳板或跳台上装入微型嵌入式加速度测试装置，实时测量和分析跳水运动员压板时其压力的大小，在双人跳板时还可以分析两人的动作是否同步；举重时在杠铃上安装微型嵌入式加速度测试装置，实时采集和分析运动员在训练时的发力时机、平均功率、最大功率、最大力、杠铃的空间位移等，可以科学地指导运动员的专项训练；在体操的训练中，安装微型嵌入式加速度测试装置测量体操运动员触板或者触器械时的加速度信号，从而得到运动员的受力情况，这些数据可以分析该运动员发力时机和力量大小是否合理[8]。

3. 表面肌电测试的应用

通过采集和分析肌肉收缩产生的肌电信号，可以了解和评价肌肉的激活特征和疲劳状态。在肌电运用中，目前最常用的是表面肌电技术，其最大特点是可直接应用于运动实践中，所记录的肌电信号为运动员完成动作时肌电信息的真实反映，在实践中可对运动员进行无损伤的实时测量。国际主要品牌的表面肌电测试设备均已实现信号无线传输，大幅提高了测试的方便程度和应用范围。

近几年来，应用表面肌电的研究领域主要有：①了解和评价不同项目（如田径、皮艇、体操、举重、射箭、太极拳、速滑、跆拳道等）运动员完成动作时的肌电特征，并进行专项技术诊断；②对比不同训练方式（如不同起跑技术等）或健身方法（如不同方式仰卧起坐、深蹲、俯卧撑等）对肌肉激活或疲劳的影响，预测并判断肌肉疲劳状态，从而确定最佳的训练方式或健身方法。

传统表面电极因接触监测面积较大而导致动作电位叠加较多，监测到的信号空间分辨率较低，很难分辨出单一的动作电位。为了获取更多的信息，高密度表面肌电电极阵列采集技术得到越来越多的应用。高密度电极阵列由许多具有相对较小皮肤-电极接触面的接触点，以较小的间距排成阵列形式。相比传统电极，阵列式肌电电极除了能获取肌肉活动时的时域信息外，还可以获取肌电信号的空间信息，并且阵列中的单个具有较少接触面积的表面电极具有更高的选择性，从而减少表面肌电中运动单位动作电位波形成的混叠问题，提高了肌电信号定量分析的准确度。目前，国内外已有多家公司和研究单位开发研制了高密度阵列式电极。近年来，随着机械电子加工技术的进步，新型的电极阵列还被设计在一种聚酰亚胺的柔性电路板材料中，其电极阵列柔性可弯曲，可以更好地贴合皮肤表面，已被应用到更多的研究中。

4. 人体运动模型与模拟方法的应用

人体运动模型与模拟方法属于运动生物力学理论研究方法。采用模型模拟方法的研究主要分为两大类：一是采用建立人体多刚体或骨骼肌肉模型，模拟人体运动形式，估算骨骼、关节和肌肉在运动过程中的负荷；二是结合流体力学、刚体力学和生物力学理论，建立船、艇、自行车的运动力学模型，应用数值模拟计算获得不同环境情况下的最佳运动方案，或对船艇等设备进行设计与改进。

近4年来，我国研究者采用 LifeMOD、Anybody、SIMM、Mimics 和 OpenSim 等软件，建立了人体各部位的骨骼肌肉模型，如颈椎、腰椎、肱骨、股骨、胫骨、足踝、膝关节等，以及各种运动形式的骨骼肌肉模型，如上下楼梯、偏瘫步态等，从而进行人体系统的动力学分析和肌肉力计算；同时还可以通过建立外界环境，分析人体运动过程中人体与环境之间的作用力关系，如采用数值模拟计算的方法定量获得不同环境情况变化和运动员操作策略对成绩造成的影响。李旭鸿等[9]在 LifeMOD 中建立了19个环节的多体动力学模型和助跳板，研究体操运动员踏跳时人和踏跳板相互作用过程中的动力学关系。结果表明，在满足人体肌骨系统能够承载的生理范围内，适当增加助跳板的刚度有助于完成更高难度的技术动作。

有限元分析方法的基本原理是将复杂结构的物体离散成为有限个数的单元，分析每一个单元的特性并建立其物理量之间的联系，然后依据单元与单元间的联系，将各单元组装成整体以获得整体方程，再通过各种方程式求解，从而完成对整个问题的分析过程。其优点是可以根据需要建立多个模型，并进行修正，以便模拟出不同的病理状态和运动形式。但由于人体结构复杂，建模时需要对部分骨骼和软组织简化处理，减少运算成本，从而影响数据的精确度，且其结果属于理论分析，仍需要与其他运动学数据进行综合分析。

（二）运动技术的生物力学

对优秀运动员的运动技术进行诊断与分析，并在此基础上对运动技术原理和规律进行探究，一直是运动生物力学的一个研究方向。运动技术诊断与分析的基本思路是对运动员的技术动作进行生物力学采集，运用科学方法和先进手段进行解析处理，依照运动生物力学原理对解析的结果进行诊断与相应分析，得到运动员技术指标的相关信息，为教练员提供改进运动技术训练的理论依据。随着竞技体育的不断发展，各专项运动技术也越来越"精细化"和"个性化"，对国家队和各省市运动队的优秀运动员进行技术诊断与分析，为提高运动员训练水平和运动成绩方面提供了有力的科技保障。另外，研究者也致力于应用各种方法更加细致地分析影响运动成绩的原因，探求人体运动在追求极限过程中的规律，以期通过改善技术动作，提高运动成绩，预防运动损伤。近年来，我国学者在各个运动项目技术的生物力学研究方面发表了大量的文章，包括田径、游泳、各种球类、冬季项目等。

1. 田径项目

近4年来，对田径项目进行运动技术分析的文章仍占据大多数，主要涉及竞走、短跑、跳远、跳高、铅球、标枪、链球等项目。

近几年，我国对竞走技术的研究开始增多，其中，对中外优秀运动员的竞走技术特征进行对比的研究较多。任贵等[10]提出，我国优秀竞走运动员的步幅和步频的组合安排不理想，建议在保持合理步频的情况下，根据运动员身体形态和运动素质适当增加步长，并使髋关节转动明显，同时保持规范、清晰、稳定的竞走步态。

对短跑技术的研究主要集中在不同技术对短跑成绩的影响，如短跑伸髋高摆鞭打技术、送髋技术、足底滚动式短跑技术等。

在跳跃项目方面，主要是对我国优秀跳高或跳远运动员的运动技术进行分析，总结影响成绩的技术因素，并与国外优秀运动员进行对比，寻求最佳运动技术。这些运动技术分析大多集中在助跑和起跳阶段，有关腾空和落地技术的研究相对较少。

就投掷项目而言，最后用力阶段是影响运动成绩的重要环节，也是进行运动技术分析的主要内容。近几年的研究主要集中在对我国优秀运动员的专项技术分析方面，提出个性化技术诊断和训练改进方法。例如，研究发现[11]，我国优秀女子标枪运动员最后 4 步的助跑速度没有体现出应有的水平，运动员在倒数第 2 步时出现了相对明显的速度下降，应该强调踝、膝关节积极地向前摆动，达到加大肢体动作幅度的技术效果。另外，运动协调也是影响标枪运动员技战术掌握和运动成绩提高的关键，我国研究者通过获得标枪投掷过程中关节活动顺序、肌肉激活特征等来分析神经肌肉系统对动作的控制规律。有研究[12]基于神经肌肉和运动生物力学视角对标枪运动项目特征进行了论述，提出神经肌肉系统调控下的速度力量练习对于标枪运动员的重要性，从运动生物力学的角度强调了正确的用力顺序、身体各环节速度节奏对于技术训练的必要性。对标枪项目所需要的专项力量、"冲量步"、左右腿技术动作等重要环节加以阐述，旨在增强广大教练员及运动员对这一项目特征本质的认识，提高训练的科学性。

2. 游泳项目

近年来，我国游泳项目在很多世界大赛上获得了好成绩，同时游泳的运动技术分析研究成果也逐渐增多。主要通过收集文献资料和拍摄比赛视频等方法，获得我国优秀运动员某一泳姿或固定泳姿下某一阶段的运动学数据，从而进行技术分析。在对数据的分析上，大多数为我国优秀运动员的横向比较研究，与国际高水平运动员的纵向对比研究相对较少。

游泳的出发阶段对比赛成绩具有重要影响。目前，我国研究者对于该阶段的研究大多集中在运动员在泳台上（如出发姿势的比较、泳台形状的改进等）。有研究从理论入手，表明单脚起跳技术在出发台最为合理的角度是 30°~35°，此时起跳距离最远，运动员可以直接调动全身肌肉群有序、协调参与做功，快速发力跃起，使做功行程最大化[13]。然而，运动员在水下的相关研究仍然偏少（如入水角度、入水速度、滑行姿势等）。

3. 集体球类项目

近几年来，对排球项目的运动技术分析主要集中在扣球技术对上肢或下肢的运动生物力学特征的影响上。扣球是排球比赛的主要得分手段，起跳和落地是扣球技术中的重要环节。最新研究发现，运动员在扣球起跳时，"右脚先着地—重心最低点—左脚着地"属于排球起跳动作的特征，右腿主要负责将水平速度转化到垂直方向而后伴随蹬地辅助起跳，左腿则主要负责在垂直方向发力起跳[14]。

提高投篮命中率是提高篮球项目得分的关键，而不同情境下灵活运用不同的投篮技术是影响投篮命中率的主要因素。近年来，对各种投篮技术的动作分析较多，如跳投、肩上投篮、转身投篮、跳步急停投篮等常用投篮技术，并以运动生物力学原理的理论分析为主。对运动员在赛场上的投篮动作技术进行深入分析的文章不多。

4. 小球类项目

我国乒乓球项目的竞技成绩在世界上一直长盛不衰。近 4 年来，随着我国乒乓球运动技术的发展和创新，国家乒乓球队出现了许多新技术，如直板正手撇拉技术、横板正手撇拉技术、挑打技术、反手拧拉技术、正手和反手中远台拉冲技术、反手台内侧拧技术、逆旋转发球技术等。对这些专项技术的运动生物力学特征进行描述，以及对最佳击球位置进行探讨等的研究也越来越多。肖丹丹研究团队对2016—2017年我国选手与世界顶级选手的比赛进行了细致地运动生物力学解析和对比分析，其研究结果为我国乒乓球运动员的技术训练提供了科学依据。

发球技术是网球基本技术中研究数量最多的一项技术。近期研究发现，正确的发球动作是躯干和上肢的鞭打动作，挥拍击球阶段躯干与上臂夹角不是180°，击球时躯干转向击球的对侧以平衡重心，击球高度主要通过前臂伸直达到[15]。

羽毛球运动技术研究中，研究对象主要为后场高吊杀技术，后场技术动作幅度大，对身体协调性的要求较高，动作技术是否合理至关重要。研究发现，优秀羽毛球运动员在引拍阶段右肩关节角度随引拍角度的增大而逐渐增大，而相对应的右侧肘关节角度并没有呈现一定的规律性；优秀羽毛球运动员能够在引拍阶段使手臂达到最佳击球效果的姿势，其前臂在引拍结束前均会做一些内旋调整，以达到更好的效果；在击球瞬间，优秀羽毛球运动员的肩关节角度达到全过程最大值，各个关节点的速度呈时序性变化，聚集更多的动能用于击球，以获得高击球点[16]。

在高水平棒球比赛中，投手能力决定球队70%~80%的取胜概率，而投手球速在其中发挥着50%~60%的作用。近期研究发现，影响投手投球速度的关键因素是投手伸踏脚的地面反弹力、支撑脚蹬伸冲量和投手各关节的角加速度[17]。

5. 打分项目

高难度和高质量的技术动作是体操和艺术体操项目的得分关键，用运动生物力学的手段对难度技术动作进行描述和研究，有利于了解技术动作特征，改进技术训练。近几年的研究主要集中在实验室条件下对单一动作进行运动学和肌电分析，所涉及的基础难度动作较多，但对运动员在赛场上采用的专项技术和高难度技术动作的运动生物力学分析很少。

我国跳水项目一直在国际上处于领先地位。遗憾的是，对优秀跳水运动员专项技术和高难度技术动作的运动生物力学深入分析和理论研究却很少。

6. 重竞技项目

2012年，跆拳道新规则改变后，腿法技术中的横踢要保持较高的使用率和得分率。因此，近几年对跆拳道横踢技术的运动生物力学方面的研究较多，主要有横踢技术的上肢、下肢、躯干的运动生物力学特征，以及各环节配合的运动生物力学分析。其中，各环节的协调配合是使下肢末端环节获得较大速度的关键，大环节带动小环节，股四头肌的退让性收缩和大肌肉力量的充分发挥可以为屈髋伸膝动作力量和速度的提高奠定基础[18]。

现代竞技武术包括武术套路和武术散打。研究表明，武术散打后手拳的峰值击打力和加速度与拳击、空手道等项目无显著性差异[19]。在攻防两端，适时击打是进攻的有力手段，协调性（神经肌肉）和打击时机（动量和冲量关系）是武术散打击打动作"二次发力"现象的根源[20]。近几年，武术套路专项动作技术的运动生物力学研究侧重于竞技武术，对传统武术重视不够，且多为对动作本身的研究，缺乏应用研究。如何将动作技术的运动生物力学运用于训练实际中，如何将其转化为切实可行的训练方法，将是未来运动生物力学在武术项目研究中的难点。

在拳击和散打的运动生物力学研究中，运动学和表面肌电的测量与分析的应用较为广泛，动力学研究较为少见，近几年缺乏对拳击和散打项目的运动技术原理和运动生物力学特征的研究。

举重的运动生物力学研究集中在运动学和肌电的测量与分析上，动力学探讨很少，抓举和挺举上挺阶段的研究较多。这些研究涉及的性别主要为女子，多以单个运动员或某一特定群体的几名运动员为观察对象。有研究[21]分析了优秀女子举重运动员抓举技术的运动学参数与成绩的相关性，并建立了这些指标与抓举成绩的多元线性回归方程。结果表明，提铃伸膝阶段的髋关节变化幅度大、杠铃上升高度的百分比高，杠铃上升高度高、杠铃前后摆动的距离小；发力阶段的躯干变化幅度大，杠铃垂直速度的最大速度大；杠铃最高点与肩关节水平距离短、下蹲支撑阶段时间和发力阶段时间短是影响我国优秀女子举重运动员抓举成绩重要的运动学参数[21]。

7. 冬季项目

近几年，随着科技助力北京 2022 年冬奥会工作的推进，有关冬季项目的运动生物力学研究越来越多。这些研究一方面是对我国冬季项目运动员的技术动作进行分析与诊断，寻找影响成绩的技术因素；另一方面是对影响成绩的关键技术进行运动生物力学特征的探讨，从而改进专项技术。

例如，我国自由式滑雪空中技巧队男女运动员的膝关节屈伸肌群的力量比较低[22]，正常姿势落地缓冲效果较好，全脚掌姿势落地稳定性较好，运动员可采用身体前移的技术，达到压力中心前移的效果，最终达到提高落地稳定性的目的。训练中，应加强髋关节、膝关节和踝关节伸肌群的快速离心训练，提高专项肌肉控制能力[23]。

又如，高难度的跳跃动作是花样滑冰运动员获得较高得分的重要因素。研究表明，高质量的跳跃动作是助滑速度最快化、支撑腿肌力最大化和上下肢收紧展开最优化所组成的，助滑最快化是前提，肌力最大化是基础，肢体收展最优化是保障[24]。

再如，我国优秀短道速滑运动员的起跑加速能力强，能在短时间内达到最大速度，在前半段占据有利位置，但后半程比赛中，滑跑速度的下降幅度和速率较为明显，表现为蹬冰腿力量下降、技术动作变形等[25]。因此，合理有效的运动技术结构是产生运动生物力学最佳效果的保障。

（三）运动训练的生物力学

运动生物力学可以为运动训练学提供重要的测试手段和研究方法，以检验训练方法手段的有效性，设计和开发新的训练方法。近年来，我国研究者开始研制和开发一些专项辅助训练手段，并运用运动生物力学方法评估训练手段的有效性和合理性。

运动生物力学方法在运动训练方案的制定和效果评价方面的应用，主要集中在通过对比训练前后运动员专项技术和专项能力上的差异，分析训练方案的合理性和有效性，了解训练提高身体能力和比赛成绩的可能机制，同时预防运动损伤。

整合性神经肌肉训练是提高运动表现和预防运动损伤的一种训练方法，女性运动员更加受益。何鹏飞等[26]通过纵向的前、后测试，发现整合性神经肌肉训练重视屈膝落地动作及稳定性动作练习，改变了女性运动员膝关节发力的运动生物力学模式，尤其是在跳深落地瞬间的屈膝动作有明显改善，提高了动作的合理性，而且能够直接提高运动表现和动作质量。

除神经肌肉训练方法外，研究较多的还有加压力量训练、功能性力量训练、核心稳定性训练、肌肉超等长训练等，所用的主要测试方法为运动学、肌电和等速力量测试。

采用运动生物力学方法对某一专项训练进行评价和科技支持，在运动训练监控中具有重要意义。近几年涉及的运动专项较多，如田径、游泳、冬季项目等。吴胡宁等[27]对优秀速度滑冰运动员的冰上弯道滑跑和陆上模拟训练时的肌肉用力特征进行了对比分析，发现陆上模拟肌肉用力特征与冰上专项用力存在一定差异，但对股前肌群有较好的训练作用，可对训练器材进行适当改造，进一步加强陆上训练的专项化程度，提高训练效益。

(四) 运动损伤与康复的生物力学

运动损伤是人体器官和组织的力学负荷超过了正常生理负荷范围所导致的病理性损伤。运动损伤的研究可以帮助运动员减少训练和比赛中出现的运动性疾病，保障运动员的训练效率，提高运动员的比赛成绩，延长运动员的运动生涯。运动生物力学为探究运动损伤的原因和机制、评价康复效果等提供了测试手段和研究方法。近几年，我国研究者在运动损伤和康复生物力学方面取得了很多成果。目前，我国体育系统内有关运动损伤的研究呈现同一机构或地区内部建立合作关系的特点。为了实现协同发展，在未来研究中，国内运动损伤研究除了需要重视国内不同作者和机构间的合作外，还应加强国际合作和多学科联合攻关研究。

1. 运动损伤致因的生物力学分析

运动生物力学研究是运动损伤机制研究中的重要组成部分，是减少运动损伤的关键。基本思路是不断通过各种研究方法和手段，探讨各种类型运动损伤的发生机制，揭示各种内、外部危险因素影响损伤发生的规律，从而制定预防运动损伤发生的干预措施，评估和提高预防效果。

(1) 动作技术对运动损伤的影响

不符合人体结构生物力学原理的动作技术使骨、关节、软组织等结构受到不合理的负荷，是造成运动损伤的重要原因。在一些体育项目中，快速、爆发性和碰撞类（如落地）的动作容易在人体运动器官各结构上造成很大的负荷，从而发生急性或慢性损伤。

跑步时脚落地模式是影响跑步下肢运动生物力学和运动损伤的重要因素之一。研究表明，不同的跑步落地模式在下肢运动学、动力学和肌肉激活上存在差异[28]。目前，在矢状面上的研究较多，合并冠状面和水平面的研究较少，针对跑步不同落地模式下肌肉激活的研究相对有限，对于转变落地模式的生物力学机制还不甚清楚，需要进一步研究。

膝关节的稳固性是靠周围韧带和肌腱维持，运动时膝关节受力常常超过其周围韧带和肌腱的承受范围，因此膝关节损伤最为常见。近4年来，对于膝关节的损伤的生物力学研究主要为不同动作对膝关节前交叉韧带负荷的影响，以及膝关节前交叉韧带重建术的生物力学分析等。

（2）神经-动作控制对运动损伤的影响

神经-动作控制是指中枢神经系统对动作、平衡、姿势和关节稳定性的控制。精细、准确、协调的动作控制，需要大脑在与骨骼肌激活模式协调一致的动作指令最终发出之前，对所有的感觉信息进行处理、加工和整合。这些感觉信息主要包括视觉、前听觉和本体感觉信息。其中，本体感觉在神经动作控制中扮演着非常重要的角色。

下肢本体感觉与运动损伤之间有着密切的联系，踝关节本体感觉下降与踝关节损伤之间的关系一直是这一领域的研究热点。近几年，我国研究者在这方面也发表了许多文章，发现踝关节本体感觉与运动损伤中的平衡控制密切相关，损伤后的踝关节本体感觉损害对平衡能力有深远的影响。

2. 运动损伤的生物材料与组织工程修复

随着科技的不断发展和人们对健康需求的提升，生物材料与组织工程在运动损伤修复中的应用越来越广，备受学者的关注，以期更好地解决运动损伤的康复问题。近几年来，这方面的研究主要包括：①人体各组织和人工组织的生物材料力学特征研究，如小腿肌腱生物材料力学特性研究、人工关节材料性能与运动学关节软骨损伤等；②人工生物材料在组织损伤修复中的作用，如人工韧带生物材料修复膝关节交叉韧带损伤的研究、含钙化层仿生组织工程骨支架对踝关节损伤的修复、各种支架材料在运动损伤组织修复中的作用等。

3. 运动员的运动损伤特征和预防

运动员的运动损伤会影响运动成绩，因此，研究运动员的运动损伤不仅有助于提高运动成绩、延长运动寿命，而且有助于提高运动员退役后的生活质量。采用计算机仿真方法对运动过程中的某一动作进行模拟，同时提出预防方法，成为近几年研究运动员的运动损伤特征的流行趋势。肖晓飞等[29]采用高速摄像结合ADAMS/LifeMOD软件仿真的方法获得了真实的自由操落地的动力学特征，全面量化了自由操落地的冲击负荷特征，发现踝关节承受的冲击能量最大且肌肉耗散能力最小，运动风险最高。而后采用类似的方法评估了下肢关节刚度对自由操冲击落地负荷的影响，发现增加膝、踝关节刚度，能增加膝关节伸肌力矩峰值，降低外展力矩峰值。所以，增强体操运动员膝关节和踝关节周围的肌肉力量训练，能在完成高质量完美落地的同时尽可能避免膝关节和踝关节潜在损伤风险[30]。付彦铭[31]则采用有限元模拟的方法，评估了自由式滑雪空中技巧运动员落地稳定瞬间的人体膝关节软骨损伤的潜在风险。

（五）全民健身活动的生物力学

随着人民生活水平的提高，运动生物力学在全民健身这一研究领域中发挥着越来越重要的作用。运用运动生物力学的理论和方法对各种健身运动进行研究，可以揭示这些健身运动的生物力学特征和对人体运动器官的力学作用，从而指导健身人群科学地选择健身方式，有效增进健康并避免运动损伤。

1. 老年人身体能力和健身方法的运动生物力学研究

我国正在进入老龄化社会。近几年，有关老年人健身方法评价上的研究越来越多，包括老年人跌倒的成因和预防、常见健身方法对老年人的生物力学特征分析等。

随着年龄的增长，运动系统机能的衰退等因素使老年人跌倒，是老年人面对的主要威胁。通过提高老年人的肌肉力量、平衡能力、稳定性、反应时间等，可以降低跌倒风险。太极拳练习是研究的最多的一种锻炼方式。近几年的研究结果表明，长期的太极拳练习可以有效增加老年人的神经肌肉反应能力、平衡能力、肌肉力量、本体感觉等。临床上，针对患有各种疾病（如帕金森病、中风等）的老年人的太极拳干预效果的研究，是近几年关注的热点。加强太极拳的运动生物力学研究，针对不同健康状态的老年人制定太极拳练习标准，是未来太极拳作为老年人健身活动的运动生物力学研究的一个主要方向。

除此之外，有关老年人健身气功、倒走、上下楼梯等健身方法的运动生物力学特征的研究也越来越多，这些研究为老年人选择适合自己的健身方法提供了一定的科学依据。

2. 儿童生长发育对动作技能影响的生物力学研究

随着儿童身体各系统的生长发育，运动能力和动作形式都会随之变化。了解儿童成长过程中动作技能形成规律，有助于为他们设计更有针对性的身体锻炼计划。近几年，有关儿童的运动生物力学研究主要集中在步态分析，包括不同年龄段儿童的步态特征、儿童步态与成年人步态的差异、不同健康状况（如肥胖、脑瘫等）儿童步态差异等，所采用的研究方法大多为运动学和足底压力分析。

（六）运动装备设计与评价的生物力学

近年来，对于运动装备的研究仍然集中在运动鞋的舒适性、安全性、运动表现、运动损伤影响等。国内很多研究者从不同项目的运动鞋特征和核心技术、不同鞋底硬度和厚度、篮球鞋的高帮设计、鞋底设计对下肢运动生物力学特征的影响等方面进行了研究。研究发现，一些厂商所宣称的运动跑鞋在中长跑时的缓冲和动作控制的作用并未得到证实[32]，但高帮篮球鞋则可以在运动过程中有效地减少踝关节扭伤[33]。不同鞋底硬度也会影响缓冲性能和保护作用。研究发现，随着鞋底硬度的增加，跑步着地时的足外翻和外旋的程度增大，损伤风险也随之增大，30°和40°是较为理想的鞋底硬度，其缓冲效果好，可以降低足部过度运动的风险[34]。

另外，紧身服对田径、自行车等项目的运动员下肢生物力学特征和运动表现的影响也是近几年来的研究热点。

（七）我国运动生物力学课程教学情况

运动生物力学作为一门实践性极强的应用学科，以其对运动技术简明和严谨的力学分析，在体育教学中受到众多体育教师的重视和应用。如同一把打开体育科学的金钥匙，运动生物力学是我们进行体育科研的重要科学手段和方法，也是我国体育科技创新步入新世纪的通行证。它将体育运动中各专项技术赋予生物学和力学的观点和方法融合，使复杂的运动技术奠基于最基本的生物学和力学的规律之上，并以数学、生物学及运动技术原理的形式加以定量描述，使运动技术由定性分析上升至定量说明。

在运动训练的教学中，及时而有针对性地向学生传授运动生物力学原理，往往能引起学生对学习和掌握运动技术的兴趣，并使复杂的技术简单化，从而有利于学生及时纠正自己的错误动作，防止由于错误动作而带来的运动损伤。

在运动人体科学和运动康复专业学生的培养上，运动生物力学能够帮助学生从原理上理解动作技术，了解运动损伤的致伤原因，明确康复手段、方案的合理性和针对性。

运动生物力学还为体育科研工作者提供了大量理论支持、实验方法和先进手段，在体育相关专业学生的培养上具有重要的意义，是体育教师、教练员、运动康复人员、体育科技人员等知识结构中必需的内容，将推动体育中的各运动专项的发展。

目前，我国已经形成了一支教学和科研经验都非常丰富的运动生物力学教师队伍，高校是我国运动生物力学研究发展的主要场所。课程在内容设置和教学手段上都有了更加科学合理的改进，已经培养了很多了解甚至掌握运动生物力学理论和方法的体育系本科毕业生，同时也培养了大批高水平的运动生物力学专业本科生和研究生，他们是运动生物力学团队的中坚力量，为我国运动生物力学学科发展做出了积极贡献。

近年来，有关我国运动生物力学课程教学的研究主要围绕改进教学方法、完善实验教学体系和改革创新型人才培养体系3个方面展开。

我国运动生物力学教师发现体育院校的学生在上体育理论课时最担心的就是运动生物力学课程，原因是学生的力学、数学等基础知识薄弱，抽象思维和逻辑推理能力较弱。在教学实践中，仍然存在课程培养目标不够明确、实践教学内容不够合理、课堂教学模式比较单一、教学方法比较陈旧、理论与运动实践结合不够紧密、实践教学体系不够完善等问题。针对教学过程中出现的这些问题，有研究者提出了一些提高教学质量的教学方法。甄洁[35]在教学中采用了直观法、导学法、答辩法和程序框图法，发现直观法一目了然，可观性强；导学法中有学，有利于学生潜在能力的发挥与调动；答辩法在辩论时有利于提高学生创造性、主动性，巩固所学知识，开拓思路；程序框图法简明、易懂，内在逻辑严谨，层次分明，几种方法均获得了学生的积极反馈。也有研究者发现[36]，90%以上的学生喜欢问题式教学模式，相比于传统教学模式，问题式教学模式能显著提高学生的课堂提问、平时作业和期末考试成绩，说明采用问题式教学可以进一步激发学生的学习兴趣，培养学生学习的主动性和发散思维能力。

在教学中，运动生物力学是一门以实验手段和方法为主的实用性很强的课程。实验教学是培养学生实际动手能力的一种必不可少的教学方法。沈阳体育学院总结了近年来实验教学现状、效果和仪器设备的使用情况，提出了应该在运动生物力学课程总量充分的前提下，安排不少于1/3的课时为实验教学课时、增加有利于加强学生团队合作能力及自主设计实验内容的课程、不断增加仪器设备和实验室面积的投入经费和力度等方法。通过几年的运动生物力学实验教学的发展，沈阳体育学院在不同专业学生的实验技能、学习兴趣的培养等方面都有了较大的提高，为其他体育院校运动生物力学实验教学提供了参考[37]。

提高人才培养质量、构建应用型创新人才培养体系是我国运动生物力学课程教学的一大改革方向。有研究[38]针对目前体育院校在运动生物力学实验教学中存在的实验设备和制度不完善、学生创新积极性不足等问题，提出了应该构建实验教学创新教育模式，明确创新教育模式及运动生物力学学科创新能力培养的内涵，全面促进体育院校学生的创新能力和创新素质。集美大学在新一轮教学改革中提出，体育类应用创新人才培养的目标定位为：适应国家及区域社会体育发展需要，培养出社会责任感强、综合素质高、体育知识厚实、专项技能精湛，并且具有体育领域创新和创造能力的人才。在构建应用型创新人才培养的教学体系中，应该构建满足体育类不同专业应用型创新人才需要的课程教学，重新认识课程组织的含义，不断重构运动生物力学课程结构，推进体育类应用创新人才培养特色的教学方法和手段[39]。

（八）国内高校发表国际期刊文献情况

近年来，我国高校研究者在国际期刊上发表了较多的文章。其中，上海体育学院、北京体育大学和宁波大学发文数量相对较多，涉及的期刊主要有 Journal of Sport and Health Science、Journal of Human Kinetics、Applied Bionics and Biomechanics 等。

上海体育学院所发表的文章研究领域较广，下肢损伤的运动生物力学、老年人健身方法、专项运动员的力量训练方法等均有涉及，认知干预对步态和平衡的影响也是其近期关注的一个热点。北京体育大学近几年在前交叉韧带损伤预防和股后肌群拉伤危险因素等方面发表了一些文章。宁波大学在蹦床、乒乓球、羽毛球等专项运动员的足部生物力学特征和动作技术的生物力学研究等方面发表了一些文章。此外，北京航空航天大学、上海交通大学、同济大学、清华大学和国家体育总局体育科学研究所也在运动生物力学研究方法、肌肉骨骼建模和与临床相关的生物力学方面发表了一些文章。总体来看，我国高校近几年发表国际期刊的文章数量增多，研究也紧跟国际热点，但仍需进一步提高发表期刊的质量，加强国际间的学术交流，促进我国运动生物力学的进一步发展。

二、国内外运动生物力学发展对比

（一）国内外运动生物力学在研究领域上仍各有侧重

近4年来，我国运动生物力学的研究仍然侧重于以提高运动成绩为目的竞技体育和科学健身活动。国外的研究仍然侧重于以运动损伤预防和康复为目的体育动作的生物力学特征研究和人体基本运动功能的力学规律研究。

国际上，对骨骼、关节、肌肉韧带等运动系统的运动生物力学研究一直是研究重点，其研究结果对临床骨科、运动医学、康复医学、体育运动等产生了重要影响。

近年来，我国运动生物力学与骨科生物力学、临床生物力学、康复生物力学及生物工程中的生物力学等的关系越来越密切，这些领域的生物力学问题已经逐渐成为国内运动生物力学的一个重要研究方向。我国运动生物力学逐渐加大了对人体运动系统的理论研究和人体基本运动功能的力学规律的研究。

国外运动生物力学研究者在运动损伤、康复方面的工作比较容易获得研究经费支持，但很难找到优秀运动员进行测试。所以，国外研究者往往选取健康人群及特殊人群（儿童、老年人、病人、残疾人、肥胖人群等）进行研究。近年来，我国一些运动生物力学研究者在研究对象的选择上，逐渐从优秀运动员转为健康人群和特殊人群；在研究内容上侧重于不同人群在不同状态下的运动对健康和动作的影响。

（二）国内外运动生物力学研究方法和手段的发展基本同步

国内外在进行运动生物力学研究时，常用的研究方法均为运动学、动力学和肌电测量，将各种测量仪器联合操作和同步是国内外测试技术的共同特点。

一些国外较为先进的测试仪器，如加速度传感器、陀螺仪等惯性运动测试设备，近几年在我国一些高校和科研机构逐渐普及，获得的数据能与国际接轨。另外，随着我国运动生物力学学科的不断发展，寻求精确的数据获得、数据处理方式优化、减小误差等的探讨也成为近几年在研究方法上的热点，这一点和国外研究基本同步。

（三）国内外高校对运动生物力学实验室管理存在差异

由于运动生物力学的多学科交叉特点，所以对研究人员的知识背景要求较高。国外一些高水平的运动生物力学实验室里往往配备不同学科背景的人才，包括力学、医学、数学、生物医学工程、物理治疗、运动防护、体育科学等，共同完成研究和实验室设备维护。在我国，从事运动生物力学基础研究的人员大多为体育院校的教师和学生，学科背景比较单一，在进行研究时，需要进一步学习其他学科的知识。

国外的运动生物力学实验室大多数实行全面开放制度，包括参观性开放、学生自主完成实验课程内容和实验研究，而我国的实验室在时间和空间上的开放普遍存在不足，借用手续复杂，容易对运动生物力学的研究造成一定影响。更重要的是，除少量运动生物力学专业背景的研究生和教师外，多数"术科"研究生所具有的运动生物力学相关理论和仪器设备操作技能存在较大不足，对运动生物力学数据进行科学分析和解释的能力较低，造成高校运动生物力学实验室未能在体育科学研究领域发挥出更大的作用。

三、我国运动生物力学发展趋势与对策

（一）研究内容多样化

目前，我国许多研究仍然是对优秀运动员的专项运动技术特点进行描述和分析。随着运动训练实践对专项运动技术诊断、专项运动技术优化、专项技术训练监控、专项体能训练、专项运动损伤防治等的需求越来越高，我国研究者应该在保证数据精度和数据来源可靠的基础上，进一步拓宽研究思路，进一步改进数据处理和分析方法（包括建立科学合理的人体力学模型、使用多元化分析方法和快速准确的反馈方式等），深入探究上述需求的特征和规律，提出相应的辅助训练手段，为提高我国优秀运动员的竞技水平而发挥出重要的作用。

运动生物力学必须在运动损伤与运动康复的理论与实践研究中起到重要作用。发现并找出导致竞技体育和群众体育中常见的运动损伤的生物力学原因，应是我国运动生物力学今后研究中的一个重要研究方向。其中，分析和确定基本技术动作的运动学结构、人体有关部位在完成技术动作时的力学负荷、完成技术动作时易产生的运动损伤风险、避免运动损伤的训练建议和手段、有效的运动损伤康复方案等，应是今后研究的重点和突破口。

此外，在探讨层面上的进一步扩展应是今后运动生物力学发展的一个趋势。例如，从人体整体运动的探讨延伸到不同环节与层次的探讨；又如，从人体运动的描述性探讨扩展到运动过程中神经肌肉的调节控制和运动系统与神经系统的耦合中。

（二）数据采集方法多样化

近几年来，运动生物力学研究方法和测试手段有了进一步的发展，高速摄像和高技术设备的同步测试已用于研究中，CT、光电、激光等医学和军事的测试手段也逐渐应用到运动生物力学的测试中，提升了测试数据的准确性和有效性。人体运动建模与计算机仿真已成为一种常用的研究方法。

今后的运动生物力学研究方法将更加多样化和技术化，多学科交叉和多种研究方法的组合运用仍是我国运动生物力学研究方法的发展趋势。另外，在先进测试仪器的基础上，寻求更加准确的数据标定和快速分析方法，是今后我国运动生物力学学科在方法学上的一个发展方向。

运动生物力学强调数据的合理来源和准确分析，需要研究者具备一定的实验设计、力学、数学、计算机科学、人体生物学等知识，以及对仪器设备的精准使用和熟练操控能力。因此，我国运动生物力学工作者应进一步改善知识结构、提高专业技能，为进一步提高我国运动生物力学的整体研究水平而不懈努力。

（三）对人体运动特征的定义与评价指标研究

对人体运动特征的评价有变异性、稳定性、协调性等。近几年国际上对它们的研究越来越多，但存在定义不明确、评价指标无法综合反映其特征的问题，所以也就无法对人体运动特征进行准确评价。明确变异性、稳定性、协调性等评价人体运动特征的定义和评价指标，可以对动作学习与控制、姿势控制、步态研究等起到重要的作用。

传统的运动系统变异性被认为是噪声和有害于正常功能的，而最近的理论和实证从非线性系统的角度出发，对变异性与病态的联系提出了质疑。在非线性系统中，变异性不一定总是有害的，如最新的姿势控制与步态的研究提出变异性的存在在许多情况下具有潜在益处。在姿势控制方面，高频变异性可以为我们提供与环境相关的信息而不干扰知觉系统的自觉检测，这类变异性可以为我们提供用于探索环境的基本信息。在步态研究方面，由于一些步幅特征的变异性与功能和病理障碍相关，所以可通过变异性对帕金森病和亨廷顿氏病等神经系统疾病所产生的病理步态进行临床诊断，还可以帮助运动员预防重复性损伤。传统的COP轨迹测量可以获知姿态控制、步态过程中的变异性，而近似熵和互近似熵作为一种非线性方法，可以提供系统时间域上的有用信息。另外，在步态的变异性测量中，传统的复步周期变异性与下肢关节角度变异性可以描述系统空间的变异性，但缺乏对运动时间控制方面的描述，非线性系统的李雅普诺夫指数却可以更好地反应系统变异性的时间特质。可以看出，从非线性系统的角度出发，变异性的特征与评价指标发生了很大改变，为实现运动控制理论的更新和科学训练提供了新的思路和途径，这应是我国运动生物力学基础研究中的一个发展趋势。为此，建议我国研究者将非线性系统的变异性特征的研究方法引入运动科学领域，从而指导运动训练实践。

在协调运动模型中，变异性包含了有关扰动的信息，而稳定性则可以利用系统对强加干预的耐受性进行测量，变异性和稳定性是两个相互联系但又可独立评价的概念。维持动作稳定性，离不开姿势控制。从生理学角度来看，姿势控制是需要一系列器官联合作用的复杂过程，主要包括感觉过程和运动过程。这个过程主要是由视觉、前庭、本体感觉、机械感受等感觉系统接受外部信息，中枢神经系统对这些信息进行整合，然后计划和组织神经肌肉系统产生正确的肌肉收缩，从而实现人体的姿势稳定。任何一个影响姿势控制过程的因素,如感知觉障碍、肌肉力量不足等都是导致姿势稳定性下降的原因。稳定性的测试主要包括静态稳定性和动态稳定性,不同人群和运动项目的稳定性测试方法不同,但仍没有统一的评价标准。

动作协调性总体可以分为三类:第一类将动作协调定义为一种整体的身体素质,没有运动特异性;第二类将动作协调与专项运动技术相结合,用定量的方法评价运动过程中环节或关节的时空关系特征,已有的研究也提出了多种计算方法;第三类将其定义为通过肌电信号来评价肌肉之间的协调模式。

在动作控制领域,稳定的协调模式的基本特征被认为是一致的功能动作表现。虽然有学者针对协调性提出了部分理论,但在协调性的测量方面仍然存在较多的问题。协调是运动系统的整体属性,人体运动效果必然是多种因素的综合体现,很难通过客观指标反映出系统的协调属性。协调在某种含义上是"配合",决定了神经系统的参与,但目前的技术手段很难对人体的复杂运动进行准确的实验研究。协调素质还受个体过去的直接和间接的运动经验影响,在测试中,很难真实反映出个体的协调素质。我国学者对运动协调素质尤其是儿童协调素质测试进行了探索,大多是使用六边形跳、十字象限跳等测试综合反映灵敏、协调素质,无法评价协调性的高低。未来通过协调性来评价人体运动特征时,首先应该明确协调性的定义,再从定义出发,寻求各专项协调性的评价方法和评价指标。

(四) 促进体育相关专业运动生物力学课程改革

运动生物力学是体育学科实践应用性较强的课程之一,当前体育应用型人才紧缺,针对目前所出现的培养目标有待进一步明确、教学内容比较单一、实践教学体系不够完善等问题,对体育相关专业运动生物力学课程的改革势在必行。首先,应该构建满足体育类不同专业人才的课程教学,针对不同专业设置合理的培养目标;其次,更新教学内容和方法,提倡多学科交叉的教学内容,加强学生的创新能力;最后,基于运动生物力学学科实践性强的特点,建立实验创新教育模式,推行实验室的全面开放,完善实验室管理制度。

参考文献

[1] 王向东,董琦奇. 基于平面棋盘格标定板的三维空间标定新方法 [J]. 图学学报,2016,37(6):778-782.

[2] 马占武,吴志丽. 一种适用于人体运动学数据处理的平滑技术探索 [J]. 当代体育科技,2015,5(11):12,14.

[3] 李兴,肖秦琨. 基于自动编码器与概率神经网络的人体运动行为识别方法 [J]. 软件导刊,2018,17(1):11-13,18.

[4] 张震,王梅,林利蒙,等. 基于关节角序列的人体动作识别 [J]. 工业控制计算机,2018,31(10):108-110.

[5] 李琪, 杨文浩, 侯亚丽, 等. 短道速滑运动中的轨迹建模 [J]. 图学学报, 2019, 40 (1): 8-14.

[6] 赵智慧, 姜莉, 苗凤玲, 等. 超声在外侧副韧带损伤中的运用价值 [J]. 中国冶金工业医学杂志, 2016, 33 (6): 727.

[7] 温慧莹, 陈昕, 王君, 等. 基于超声图像的运动肌肉疲劳研究 [J]. 北京师范大学学报 (自然科学版), 2015 (5): 545-550.

[8] 尹伊. 惯性传感器在体育运动中的应用探究 [J]. 电子测试, 2014 (18): 138-140.

[9] 李旭鸿, 郝卫亚, 肖晓飞, 等. 基于LifeMOD对体操运动员踏跳过程的仿真研究 [J]. 北京体育大学学报, 2015, 38 (11): 65-69.

[10] 任贵, 王林. 从生物力学角度分析竞走关键技术 [J]. 运动, 2016 (23): 11-12, 103.

[11] 冯德学. 我国目前优秀女子标枪运动员技术特征的运动学分析 [J]. 西安体育学院学报, 2015 (6): 745-749, 762.

[12] 王立冬, 曲淑华, 李春光. 神经肌肉与生物力学视角下标枪项目特征研究 [J]. 山东体育学院学报, 2018 (5): 100-105.

[13] 徐华, 刘明罡, 陈寅. 对游泳出发台起跳技术的理论分析与实践研究 [J]. 青少年体育, 2016 (14): 30-31.

[14] 原文惠, 吴剑, 魏亮. 排球运动扣球起跳和落地动作的髋、膝、踝动力学分析 [J]. 湖北体育科技, 2017, 36 (12): 1085-1089.

[15] 张曦元, 宋雅伟, 蒋宏伟. 网球运动中上肢环节链鞭打动作的运动学研究 [J]. 南京体育学院学报 (自然科学版), 2015, 14 (4): 22-26.

[16] 郅季炘. 羽毛球后场正手高远球技术的运动学分析 [J]. 沈阳体育学院学报, 2018, 37 (2): 109-114.

[17] 王祥茂. 影响棒球投手投球速度的关键因素研究 [J]. 河北体育学院学报, 2017, 31 (4): 92-96.

[18] 李国强. 跆拳道横踢技术中的生物力学分析 [J]. 运动, 2017 (3): 26, 90.

[19] 朱东, 张志雷, 孙玉科. 武术套路与其他格斗项目后手拳击打效果的比较 [J]. 上海体育学院学报, 2016, 40 (6): 79-83.

[20] 张勇. 武术"击打"动作中"二次发力"现象解析——以寸拳为例 [J]. 广州体育学院学报, 2015, 35 (3): 82-85.

[21] 熊维志, 程亮. 优秀女子举重运动员抓举成绩与运动学参数的相关回归分析 [J]. 山东体育学院学报, 2015, 31 (3): 78-82.

[22] 王庆福, 郭峰, 周臣泽. 自由式滑雪空中技巧国家队运动员膝关节屈伸肌群肌肉力量特征 [J]. 冰雪运动, 2015, 37 (1): 20-24.

[23] 娄彦涛, 王振, 郝卫亚. 自由式滑雪空中技巧运动员模拟落地动作的下肢生物力学特征 [J]. 中国运动医学杂志, 2016, 35 (4): 333-338, 343.

[24] 龚睿, 纪仲秋, 李林, 等. 中外优秀花样滑冰运动员难度跳跃动作的运动生物力学研究 [J]. 体育科技, 2015 (3): 19-21, 23.

[25] 朱敏. 影响我国短道速滑运动员后程降速的因素分析 [J]. 当代体育科技, 2016 (35): 246-247.

[26] 何鹏飞, 董范, 姜自立. 整合性神经肌肉训练对提高女子运动员运动表现及预防运动损伤的影

响[J].体育科学,2017,37(2):66-75.

[27] 吴胡宁,崔性赫,陈月亮.优秀速滑运动员弯道滑跑与陆上模拟肌电特征及其对训练的启示[J].天津体育学院学报,2015,30(2):115-120,162.

[28] 姜嘉怿,王琳.跑步落地模式对运动损伤及下肢运动生物力学的影响研究进展[J].中国运动医学杂志,2018,37(9):801-806.

[29] 肖晓飞,郝卫亚,荣起国,等.自由体操落地冲击的下肢动力学仿真研究[J].中国运动医学杂志,2015,34(2):150-156.

[30] 肖晓飞,郝卫亚,李旭鸿,等.下肢关节刚度对自由操落地冲击负荷的影响[J].中国运动医学杂志,2016,35(7):619-624.

[31] 付彦铭.自由式滑雪空中技巧运动员落地稳定瞬间人体膝关节软骨损伤风险的研究[J].沈阳体育学院学报,2018,37(1):70-74.

[32] 张力文,马云茹,朱晓兰,等.跑鞋与着地方式对跑步损伤的影响[J].医用生物力学,2018,33(1):76-81.

[33] 宋羽,曲峰,蒋量.综述篮球鞋对篮球运动损伤的生物力学影响[J].当代体育科技,2018,8(7):16-20.

[34] 郑义,曲毅,屈莎.不同鞋底硬度对跑步时下肢生物力学特征的影响[J].科学技术与工程,2016,16(36):139-146.

[35] 甄洁.运动生物力学教学中的若干教学方法的探讨[J].课程教育研究,2018(38):167-168.

[36] 苑玲伟,马莉萍,石晓苏.运动生物力学问题式教学实效性探讨[J].时代教育,2016(21):178.

[37] 娄彦涛.沈阳体育学院运动生物力学实验教学体系探析[J].当代体育科技,2015,5(5):66-67.

[38] 付彦铭,李佳.运动生物力学实验教学创新教育模式研究与构建[J].科技创新导报,2015,12(27):127-128.

[39] 陈建民."运动生物力学"的教学改革思路[J].体育科学研究,2017,21(3):81-84.

运动心理学学科发展研究报告

Research Report on Disciplinary Development of Sport Psychology

（2016—2019）

运动心理学分会
China Sport Science Society for Sport Psychology
2019.10

前　言

运动心理学既是体育科学的一个分支，也是心理学的一个分支。它运用心理学的理论和方法研究体育运动中个体和群体的心理学问题，在竞技运动中的心理学研究为体育强国建设服务，在体育锻炼领域的心理学研究为健康中国和全民健身服务，在学校体育领域的心理学研究为提高青少年身体素质和心理素质服务，运动心理学已成为得到社会关注的一个学科。

2017年在西班牙塞维利亚召开了第14届世界运动心理学大会，2018年在北京体育大学召开了第11届全国运动心理学学术会议，这两个代表了国际和国内最高水平的运动心理学领域的学术会议，展示了运动心理学研究的许多新趋势、新课题，如运动与脑功能、人工智能在运动心理学中的应用等。

根据中国体育科学学会的要求，为了全面总结2016—2019年运动心理学学科发展的状况，运动心理学分会组成学科发展报告编写组，编写组成员均在运动心理学研究领域具有深厚的学术造诣，并且吸收了部分青年学者参与编写。按照中国体育科学学会对学科发展报告编写的要求，编写组成员经多次讨论确定了运动心理学学科发展报告的编写提纲。感谢湖北大学体育学院，以及编写组成员所在单位的支持，感谢学科报告评审专家提出的宝贵意见。

各个部分的编写人员为，引言（姚家新、孙延林）；竞技心理研究（张力为、张忠秋）；体育心理研究（李京诚）；锻炼心理研究（司琦）；高水平运动员的心理健康（如刚彦、卜丹冉）；高压力下的运动表现促进（王进）；学校体育与青少年心理发展（黄志剑）；体育社会心理研究（王斌）；运动与脑可塑性（蒋长好）；锻炼行为促进（毛志雄）；人工智能与运动心理学（周成林、魏高峡）；最后由姚家新、孙延林统稿。

由于编写组成员水平有限，运动心理学学科发展报告还有很多不足，未必能够全面反映运动心理学研究的进展，对于一些近年来的研究成果未能作为专题纳入进来，如大数据研究，体育锻炼对特殊人群心理影响的研究等，欢迎读者提出宝贵建议和意见，以便今后不断完善。

运动心理学分会

2019年10月

课题组

组　长：姚家新

副组长：张力为　周成林　王　进

成　员：（按姓氏笔画排序）

　　　　卜丹冉　王　斌　毛志雄　司　琦　孙延林　李京诚

　　　　张忠秋　姒刚彦　黄志剑　蒋长好　魏高峡

撰稿人
Writers

（按姓氏笔画排序）
In Surname Strokes Sequence

卜丹冉	湖北省体育科学研究所
Bu DanRan	Hubei Institute of Sports Sciences
王　进	浙江大学
Wang Jin	Zhejiang University
王　斌	华中师范大学
Wang Bin	Central China Normal University
毛志雄	北京体育大学
Mao ZhiXiong	Beijing Sport University
司　琦	浙江大学
Si Qi	ZheJiang University
孙延林	天津体育学院
Sun YanLin	Tianjin University of Sport
李京诚	首都体育学院
Li JingCheng	Capital University of Physical Education and Sport
张力为	北京体育大学
Zhang LiWei	Beijing Sport University
张忠秋	国家体育总局科研所
Zhang ZhongQiu	Institute of Sport Sciences, China Genaral Sport Bureau
姒刚彦	香港体育学院
Si GangYan	Hong Kong Institute of Sport
周成林	上海体育学院
Zhou ChengLin	Shanghai Sport University

姚家新	天津体育学院
Yao JiaXin	Tianjin University of Sport
黄志剑	湖北大学
Huang ZhiJian	Hubei University
蒋长好	首都体育学院
Jiang ChangHao	Capital University of Physical Education and Sport
魏高峡	中科院心理所
Wei GaoXia	Institute of Psychology, China Academy of Sciences

运动心理学学科发展研究报告
Research Report on Disciplinary Development of Sport Psychology
(2016—2019)

Abstract

Sport psychology is a branch of psychology sciences, and also a branch of sport sciences, its aims are to explain the phenomenon of participation in sport or exercise and psychological factors. In this report, we summarized the development of the research and perspectives of sport psychology in China and oversea countries.

In recent years, sport psychology has a rapid development. In competitive sport field, we focused on the neural efficiency and neural plasticity, self-control and attentional control, neuroscicences study was used in this field, and the results made the neurofeedback training become possible. The study of self control told us the attention maybe the key question in sport cognition and it is the centre mental ability for elite athletes. In physical education field, motivation, PE interest and psychological benefits of PE lessons are traditional topics and the psychology of PE teachers should be a concerned field for scholars. In physical exercise field, different population and some special population with obesity, etc. as subjects, different theories and intervention methods were used to promote people to exercise. Psychological benefit of exercise, such as cognitive function, and its brain mechanism were studied deeply. In the meantime, many scholars have interests in the cross cultural studies.

In China and oversea countries, many scholars did some researches in mental health for elite athletes because they faced a large problem in mental health due to long lasting high intensive training with super higher pressure. Promotion of the sport performance under higher pressure is still a big question in the world. This field focused on the cognition, concentration, decision making, clutching and choking, and some training techniques was created and used to promote sport performance. Another topic is PE and positive youth development, PE participation can enhance positively the psychological development, such as confidence, emotion control, team cooperation, leadership and good character, etc. Social psychology is also an important topic, such as relationship between athletes-coach in competitive sport, the influence of parent exercise behavior on their children in exercise field, PE study and moral disengagement in school setting, doping of athletes, prosocial behaviors and antisocial behaviors in sport, etc.

For the research trends and perspectives in sport psychology, exercise and brain plasticity, AI application and sport psychology maybe pay large attention gradually in the future. Many evidences demonstrated the exercise can changed and improve the brain structure and functions in young child and elders, respectively. AI, VR, fMRI were used in sport psychology. With the emergence of health problems in the world, exercise behavior promotion become the government concerned question, many countries developed programs to promote exercise. Some integrated theories and intervention strategies, such as internet, handphone, APP, etc. interventions were used and good results were found.

目 录

引言

一、运动心理学研究现状

（一）竞技心理研究

1. 神经效率与神经可塑性
2. 自我控制与注意控制

（二）体育心理研究

1. 体育学习的心理动力
2. 体育课程的心理效益
3. 体育教师心理

（三）锻炼心理研究

1. 身体活动的促进
2. 身体活动的心理效益
3. 锻炼心理研究的特点
4. 锻炼心理研究的趋势

二、运动心理学国内外研究比较

（一）高水平运动员的心理健康

1. 运动员心理健康现状
2. 运动员的求助行为
3. 提高运动员心理健康知识水平和增加求助行为

（二）高压力下的运动表现促进

1. 近年来运动表现促进研究概述
2. 国内相关研究发展动态
3. 国外相关研究发展动态

（三）学校体育与青少年的心理发展

1. 重要概念的比较
2. 中介因素的比较

3. 干预措施的比较

(四) 体育社会心理研究

1. 竞技体育相关的社会心理问题
2. 体育锻炼相关的社会心理问题
3. 学校体育相关的社会心理问题
4. 国外体育社会心理研究的热点
5. 中外体育社会心理研究的比较

三、运动心理学研究趋势与展望

(一) 运动与脑可塑性

1. 锻炼人群的脑可塑性
2. 运动员的脑可塑性

(二) 锻炼行为促进

1. 锻炼行为理论
2. 锻炼行为干预

(三) 人工智能与运动心理学

1. 人工智能与竞技心理
2. 人工智能与锻炼心理

参考文献

Contents

Preface

1 Current Situation of Sport Psychology

  1.1 Psychological Researches in Competitive Sport

    1.1.1 Neural Efficiency and Neural Plasticity

    1.1.2 Self Control and Attentional Control

  1.2 Psychological Researches in School Sport

    1.2.1 Psychological Dynastic of PE Learning

    1.2.2 Psychological Benefits of PE Lessons

    1.2.3 Psychology of PE Teachers

  1.3 Psychological Researches in Physical Exercise

    1.3.1 Promoting Exercise and Physical Activity

    1.3.2 Psychological Benefits of Exercise and Physical Activity

    1.3.3 Research Features of Exercise and Physical Activity Psychology

    1.4.4 Research Trends of Exercise and Physical Activity Psychology

2 Comparative Study of Sport Psychology between China and Oversea Countries

  2.1 Mental Health of Elite Athletes

    2.1.1 Current Situation of Mental Health in Elite Athletes

    2.1.2 Mental Health Help-Seeking in Elite Athletes

    2.1.3 Enhancing Mental Health Knowledge and Help-Seeking Behavior in Elite Athletes

  2.2 Promoting Sport Performance under High Pressure

    2.2.1 Overview of Promoting Sport Performance

    2.2.2 Research Development of Promoting Sport Performance in China

    2.2.3 Research Development of Promoting Sport Performance in Oversea Countries

  2.3 Physical Education and Positive Youth Development

    2.3.1 Comparison on Key Concepts

    2.3.2 Comparison on Mediators

    2.3.3 Comparison of Interventions Programs

2.4 Social Psychology in Sport

    2.4.1 Social Psychological Topics in Competitive Sport

    2.4.2 Social Psychological Topics in Physical Exercise

    2.4.3 Social Psychological Topics in School Sport

    2.4.4 Hot Topics of Social Psychology in Sport

    2.4.5 Comparison of Social Psychology in Sport between China and Oversea Countries

3 Study Trends and Perspectives of Sport Psychology

  3.1 Exercise and Brain Plasticity

    3.1.1 Brain Plasticity of Exercised People

    3.1.2 Brain Plasticity in Athletes

  3.2 Enhancement of Exercise Behavior

    3.2.1 Theory of Exercise Behavior

    3.2.2 Inventions of Exercise Behavior

  3.3 Applications of Artificial Intelligence (AI) and Sport Psychology

    3.3.1 AI and Competitive Sport Psychology

    3.3.2 AI and Exercise Psychology

References

引言

运动心理学是研究体育运动情境下，个体和团体的心理现象规律和特点的科学，借鉴体育科学和心理学的理论和方法，解决体育运动情境中与心理有关的理论问题和实践问题。随着竞技运动水平的提高和体育锻炼的促进，运动心理学学科的发展逐渐表现出一些新的趋势。

第一，运动心理学的研究现状。

高水平运动表现的心理基础从神经心理和自我控制方面进行探讨，集中在神经加工效率自我控制和注意控制。自我控制、注意控制与高水平运动员的发挥失常可能关联密切。

学校体育领域的心理学研究关注于学生体育学习的动机、动机培养和体育学习兴趣，研究问题更针对性地服务于学生体育学习，开展结合实际的干预性研究。但体育教师心理研究相对薄弱。

锻炼心理学在身体活动行为的双加工模型、认知决策模型基础上，加入新的变量构建新的解释模型，将个人心理因素和环境影响因素结合起来，进一步探讨影响因素的中介作用和调节作用。采用信息网络，应用程序（APP），可穿戴设备，综合干预等手段，进行身体活动促进的干预研究，使中国本土化的研究特色更加凸显。

第二，运动心理学研究的国内外比较。

高水平运动员需要承受长时间高强度的超心理负荷，身心压力巨大，各国都开始更加关注高水平运动员的心理健康问题，我国也开始从心理健康层面对运动员的抑郁和焦虑进行探讨，运动员的自杀意念也成为所关注的重要问题。伤病、物质滥用、睡眠问题被认为是导致心理健康问题的常见诱发因素。提高运动员心理健康知识水平和增加求助行为，提高运动员的心理健康素养，去除心理健康问题的污名化，鼓励运动员寻求心理支持，及早采取措施有效地解决心理健康问题。

借鉴脑神经科学的理论与方法，探讨高压力下运动表现促进的因素，包括认知干预、认知风格、专注、认知决策，认知损耗，运动员与教练员关系，人际应对，训练满意感等问题，还采用了企业资源计划（ERP）、虚拟现实（VR）等技术分析 Choking 等现象。高压力下运动表现的促进是极其复杂的问题，单纯的客观指标可能不一定能够做完整解释，深度访谈和心理分析以及深度的心理干预，如正念训练，更能够了解运动表现促进的深层次机制。

学校体育和青少年积极发展成为各国教育界所关注的问题，我国注重挖掘中国传统体育文化的育人价值和教育价值，国外则设计一些发展计划或者社区体育，通过学校、家长、教练共同合作的综合性干预措施促进青少年的积极发展。

体育社会心理一致将运动干预网络成瘾和毒品滥用、体育暴力等作为研究课题，同时，由于各个国家的国情不同，体现出各自的特点。我国注重体育参与对留守儿童的心理影响，二孩母亲的体育活动动机，马拉松参与坚持性，体育运动与校园欺凌现象等，国外较多关注运动员使用兴奋剂问题，父母对青少年体育参与的影响，体育情境中的多元人际关系，主场效应，体育与道德发展等。

第三，未来运动心理学的研究趋势。

随着脑科学发展，运动与脑功能的研究取得迅速进展，运动可以改变儿童脑结构，促进脑功能，对老年人，运动可以影响脑结构，促进海马细胞的生长，增强大脑功能，缓解由年龄增长而出现的大脑退化现象。

参与锻炼行为促进研究的群体更为多样。由于单一理论模型的预测效力较低，研究者对各种锻炼促进的理论模型进行整合，重视不同变量的调节机制，不断增加模型对行为的解释力。国内外研究都注重综合性，从国家层面制定一些战略计划，推进锻炼行为的实施。多种干预的操作方式也成为一种新趋势，如互联网、电话、手机、可穿戴设备等。

人工智能也逐渐应用到运动心理学的研究中，通过提取典型运动过程中的有效信号，监测运动员的脑电活动，实时向运动员和教练员提供心理状态的反馈。通过数据挖掘技术，开发锻炼软件，制定符合个人需要的锻炼处方。随着多种算法的丰富，将不断加快人工智能技术在竞技运动和体育锻炼领域中的应用。

一、运动心理学研究现状

（一）竞技心理研究

在竞技心理领域，研究者们对于优秀运动员与一般运动员的差异以及比赛关键时刻的高超表现进行了许多探讨，本节仅从神经心理和自我控制两个角度对此进行介绍。

1. 神经效率与神经可塑性

优秀运动员的专家特征集中表现在机能优化和机能可塑性两个方面。机能优化更多地体现在神经效率上，机能可塑性更多地体现在神经可塑性上。过去的研究更多集中在神经效率方面，而近来的研究更多集中在神经可塑性方面。

在神经效率方面，大量的专家-新手研究范式的研究成果提示，完成特定任务时，①专家动员的能量更少，存留的余量更多；②相关系统的参与高度集中，无关系统的参与相对较少；③知觉速度和决策速度更快更准，④运动操作更加有效，这便是神经效率的典型特征[1]。研究还进一步显示，无论是面对特殊的运动场景还是面对一般的认知任务，优秀运动员在线索提取和处理速度上都优于普通人或新手运动员，这一特点也得到神经影像学的证据支持，尽管只有小到中等程度的效果量[2-5]。

在神经可塑性方面，研究发现，运动训练能使运动区、顶下沟、枕颞皮层等区域的灰质增加，白质纤维束的分数各向异性水平提高，这些变化体现出了惊人的可塑性[6]。魏高峡等人的研究表明，与正常个体相比，游泳运动员左侧额上沟、右侧眶额和右侧海马旁回的皮层更厚；在想象运动技能过程中，运动员的海马旁回、前额叶区域体现更高的激活水平[7-8]。这些证据提示，大脑基于经验来优化其结构和功能。在塑造大脑结构和功能的过程中，环境起着至关重要的作用[9]。

既然神经是可塑的，尤其是大脑是可塑的，那么，通过神经反馈训练，就有可能更快、更有效地改善中枢神经系统的运动功能。近些年，随着脑-机接口（brain-computer interfaces，BCI）技术在医学领域的应用，产生了神经反馈训练（neurofeedback training，NFT）方法。之后，这种方法又被用于提高一般人的认知表现和运动员的运动表现[10-11]。

Hatfield 与 Hillman 曾提出心理运动效率假说（psychomotor efficiency hypothesis）以解释运动表现改善背后的皮层加工机制[12]。该理论认为，抑制任务无关的过程和增强任务相关的过程与体现专业技能的高级认知运动过程有关。而运动感觉节律（sensorimotor rhythm，SMR，12-15 Hz）是这种心理状态或注意状态的体现。例如，Cheng 等人曾考察过是否可以通过 SMR 的神经反馈提高运动表现[13]。他们将 16 名高尔夫球手随机分配至 SMR 组和控制组，然后进行 8 次 NFT 的干预，并记录参与者在完成高尔夫推杆任务时的 EEG 数据。结果显示，与控制组相比，进行 SMR 的 NFT 组表现出了更大的 SMR 和更高的准确性，这表明聚焦在 SMR 脑波的神经反馈可用于提升运动表现。这种效应在射击运动中得到了进一步的印证。Cheng 等人的后续研究发现，在气手枪射击过程中，最佳的运动表现都是在击发的最后一秒伴随着更高的运动感觉节律[14]。在测量指标上，除 SMR 外，theta 波（4-8 Hz）、alpha 波（8-12 Hz）及 beta 波（15-30 Hz）对运动表现的增强都得到了证据支持[15-18]。元分析的结果或许更具说服力。有元分析发现 NFT 可以改变 EEG power（$SMD = 0.45, 95\%CI = 0.09 - 0.80, p = .01$），并且可以有效提升运动表现（$SMD = 0.65, 95\%CI = 0.28 - 1.03, p = .0006$）[19]。

2. 自我控制与注意控制

在高压情境和紧急情境中如何做好自我控制，产生最佳表现，这是运动员参赛、学生应考、消防队员救援、医生手术、军人作战、宇航员升空都会关心的问题。

自我控制是指个体克制、调节、改变冲动、欲望和习惯性反应的能力[20]。自我控制是自我的知、情、意三成份中"意"这个成份的核心，是执行功能的重要体现，是个体适应社会的前提。良好的自我控制可以帮助人们减少攻击行为、犯罪行为，减少饮食障碍、成瘾行为等冲动控制问题，还可以帮助人们取得更好的学业成就和工作成就，拥有和谐的人际关系，从而提高心理适应和心理健康水平[21-24]。同样，自我控制也是运动员从事极其艰苦的训练、参加极其激烈的竞赛并取得优异成绩的前提条件。2004 年雅典奥运会男子 50 米步枪 3×40 决赛的最后一枪，美国奥运冠军埃蒙斯心理失控，竟将子弹射向临近运动员普拉纳尔的 3 号靶位而不是自己的 2 号靶位，痛失夺取金牌的良机。匪夷所思的是，2008年北京奥运会男子50米步枪3×40的最后一枪，也是埃蒙斯，在只要打出6.7环就能稳夺冠军的绝对优势下，竟然打出了4.4环，再次无缘奖牌。这个发挥失常（choking）的经典案例说明自我控制往往成为运动员高压力下争胜的关键。

自我控制包括情绪控制、思维控制和注意控制。由于注意控制（或注意指向、注意焦点）往往成为情绪控制和思维控制的前提条件，似乎是所有各类自我控制的必经之路或十字路口，因此，可以预测，与注意关联的自我控制研究可能成为持续的研究热点，同时，也需高度关注对运动员训练比赛的应用价值。魏高峡与李佑发认为，注意也是运动认知心理研究中的核心问题[25]。在认知心理学和认知神经科学中，注意研究是发展速度最快的研究领域之一。如此看来，注意可能是整个运动心理学领域多个方向的汇聚问题，中心问题，相关的研究也很多，例如静眼研究[26-30]、分心刺激与持续注意研究[31]、特质焦虑与抑制功能研究[32]、状态焦虑与持续注意研究[33]、状态焦虑与转换功能研究[34-35]、工作记忆与注意控制研究[36]。

注意的研究需要有理论指导。成就目标理论和心智游移理论既涉及稍长一段时间的心理定向，也涉及训练比赛中很短一段时间的注意焦点，相比之下偏宏观。而限制行为假说、注意控制理论、注意的动作——中心模型、自我控制的力量模型、信息利用理论以及正念，则更多地与训练比赛中很短时间的注意焦点相关，相比之下偏微观。自我控制的力量模型[37-38]和注意控制理论[39]则是竞技心理近10年的热点课题。自我控制的力量模型（strength model of self-control）认为，个体要控制自己的注意、思维、情绪、行为就必须消耗一定的能量来遏制自己固有的冲动、习惯及定势，而自我控制的资源是有限的，一旦被损耗，人们控制自己后续行为的能力就会下降，此即自我损耗[37,38,40,41]。注意控制理论（attentional control theory）认为，焦虑会加强自下而上的刺激驱动注意系统，削弱自上而下的目标导向注意系统，进而对操作成绩产生不利影响[39]。我们认为，将自我控制的力量模型和注意控制理论相结合的方式可以为解释和控制Choking现象提供新视角[42]。根据上述两种理论可以做出自我损耗、注意控制与发挥失常三者关系的新假设，第一，自我损耗情况下（例如，运动员奥运会中连续参加高强度预赛），高压力（例如，奥运会决赛）引发的焦虑对注意产生更加不利的影响，即削弱目标导向注意，加强刺激驱动注意。而自我损耗会使注意控制变得更加困难，进而导致操作成绩劣变；第二，自我损耗的各类预防和补偿措施可以减少上述高压力引发的焦虑对注意产生的不利影响（刺激驱动）[43]。

（二）体育心理研究

学校体育心理主要研究体育教学情境中学与教的心理学规律。近年来，关于学习者的研究主要围绕体育学习动机、兴趣和心理效益展开，而心理资本、心理契约、职业承诺与倦怠等则将是未来体育教育工作者进行心理学研究的主要课题。

1. 体育学习的心理动力

学生的体育学习行为和效果、运动技能练习和掌握、身体运动能力发展和表现受多种因素影响，其中影响效应较大的心理因素是学生的体育学习动力。体育学习动机和兴趣一直是研究者和实践者特别关注的方向，也是近期研究的热点。

（1）体育学习动机

首先，是对学生体育学习动机，特别是不同运动项目学习动机的调查与分析，其中包括足球、篮球、排球、气排球、羽毛球、网球、英式橄榄球、健美操、武术、跆拳道、自行车、空竹等。学校体育课的内容是由具体运动项目中的技术动作组成的，学生的体育学习动机不仅仅指向于一般涵义的体育课，更是指向于体育课堂上每一个具体的运动项目。体育学习动机往往是通过对特定运动项目的爱好程度表现出来的，其决定着学生参与某一运动项目学习行为与表现的差异性。调查与分析学生不同运动项目的学习动机，对了解和调控他们在不同内容体育课上的心理和行为具有重要实践意义。体育学习动机调查与分析多是一次性的横向设计，而王雪莹跟随动作技能学习过程进行动机变化的纵向研究，在研究设计上有所发展。有研究者根据动作学习三阶段理论（认知定向阶段、动作联结阶段和协调完善阶段），对92名大学生实施了《运动情境动机量表》跟踪调查，目的在于了解游泳技能学习过程中运动动机的变化特征。研究结果表明，随着游泳技能学习阶段的进展，大学生的内部动机、鉴别原则呈逐步升高趋势，缺乏动机呈逐步下降趋势[44]。

其次，是对学生体育学习动机培养的研究，即通过不同教学模式、运动信念教育、课堂评价和社会支持，以及学生自我决策和教师教学行为等，培养学生体育课堂学习动机，激发和促进练习行为，进而提高身体运动能力和技能掌握水平。此方向上的研究多采用教学实验方法，并与传统教学进行比较。如孟昭莉和陈玲以游戏理论为指导思想；以教师直接指导、合作学习和伙伴学习为学习方法；以固定分组、角色扮演为组织形式，在教学过程中实施以比赛为主线的"运动教育模式"，在两个学期的篮球课和网球课上分别进行教学实验，试图提高大学生的运动情境动机。结果表明，与传统教学模式相比，运动教育模式能够更好地提高学生整体的运动动机水平和状态；运动教育模式更适用于网球项目，其整体动机水平和状态提高程度均高于篮球，且更趋于内化和稳定[45]。

（2）体育学习兴趣

近年来，我国学者对体育学习兴趣的研究主要集中在：①学生体育学习兴趣特点调查和影响因素分析；②兴趣对学生体育学习行为的作用，以及体育教学对学生体育兴趣培养的效果。前者多为问卷调查研究，对象人群多样但较为零散，所用工具也不够统一；后者采用教学实验方法，试图探究学生兴趣与体育教学活动的相互影响。如柴娇和林加彬采用自编的《中小学生体育运动项目学习兴趣量表》，对吉林省、天津市和厦门市18个学校的4380名高中、初中和小学的学生进行调查，试图探索中小学生体育学习兴趣在学段、性别和城乡维度上的变化规律。因素分析的结果显示，小学和高中阶段学生的体育运动项目学习兴趣变化剧烈，呈波浪式变化，初中阶段学生的兴趣平稳发展，休闲运动类、田径类、表现难美类运动以及总均分随着学段的增长呈下降趋势，而在球类运动上，随着学段的增长呈上升趋势；女生的兴趣倾向于表现难美类和休闲类运动项目，而男生则对球类和田径类项目的兴趣程度更高；城市学生和乡村学生在球类运动项目上的兴趣表现一致，而在表现难美类、田径类、休闲类运动项目上城市学生学习兴趣高于乡村学生[46]。

对学生体育学习兴趣培养的研究尤其关注情境兴趣的激发与维持，学者们试图利用体育教学的实践性、游戏性、竞争性、团体性、互动性和体验性等特征，引发学生对特定体育教学内容、练习方法、组织形式、场地器械及教师指导的专注，积极而热情地投入体育学习和练习之中，从体育课上的每个活动中获得愉悦、快乐以及紧张、刺激、兴奋的情绪体验。如李焕玉等在排球课教学中，将技战术练习内容融入教学比赛，并采用场景呈现—场景分析与决策—场景练习—教学反馈的教学步骤，进行了12周的教学实验。结果显示，该课程模式对于提升大学生排球学习兴趣与促进自主学习具有明显作用[47]。

2. 体育课程的心理效益

体育课教学对学生心理的积极影响是学校体育心理研究的重要方向之一，受到许多学者的关注。但总体上看，论述性的文章多，实证性的研究报告较少。近年来的实证研究成果主要集中在体育课程对学生心理健康、身体自尊、社会适应和自信心、自我效能、心理韧性以及人格特质的影响上。这些研究采用教学实验设计，上课内容有篮球、足球、跳绳、游戏、健美操、体能练习等，涉及的干预因素包括竞争、合作、挫折、规则要求等，实验参与者有小学生、中学生和大学生，干预的时间从12周到1个学期（每周2~3次体育课）。研究选用的测量工具有较好的信度、效度，其中包括《青少年体育锻炼积极心理效益评定量表》《中学生社会适应量表》《少年儿童身体自尊量表》《一般自我效能感量表（GSES）》《情绪调节自我效能感量表（RES）》《小学生自信心问卷》《儿童心理体检量表》《SCL-90自评量表》《青少年心理韧性量表》《青少年心理弹性量表》《艾森克简式中国量表（EPQ）》等。多数研究设置了对照组，实验过程比较符合教学研究规范。

体育游戏作为体育课的重要内容之一，蕴含着对学生心理健康的积极影响。以体育游戏与心理健康为检索主题进行中国知网（CNKI）计量可视化分析，结果显示，从2015年开始我国学者在该主题上发表的研究成果数量有较大幅度增长。但在发表的成果中，体育游戏心理效益的一般论述性文章占得比重较大，实证研究的数量较小；在实证性研究中，体育游戏的种类分为个人与团体类、身体接触类、功能类和竞赛类游戏；参与体育游戏实验的对象包括多个年龄段学生，有健全人群，也有聋哑、自闭、感觉统合失调等特殊群体；研究试图对参与者的执行功能、心理弹性、自我意识、勇气特质、人际交往、社交焦虑、挫折承受力等发生积极影响。该类研究既选用体能指标也选用心理指标进行综合测试，以确定体育游戏的身心干预效果。如赵洪鹏等以沈阳市浑南新区第三小学6年级学生为实验对象，进行为期3个月，（每周3次课）的体育游戏干预性实验。体质、体能评价指标选用身高、体重、肺活量、50米跑、坐位体前屈、1分钟跳绳共6项，心理健康评定测量选用《小学生心理健康评定量表》，包括学习障碍、情绪障碍、性格缺陷、社会适应障碍、品德缺陷、不良习惯、行为障碍和特殊障碍8个因子。结果发现，与传统体育教学相比，体育游戏以其趣味性提升了儿童体育学习兴趣和参与的积极性，促进了身体机能和身体素质的提高，缓解了心理压力，提高了心理健康水平[48]。

3. 体育教师心理

体育教师心理研究的主题由早期的心理健康、人格特征、角色认知、成就动机、教学效能、压力应对等发展为心理资本、心理契约、职业承诺与倦怠等。此类研究多采用问卷调查法收集资料，依据年龄、性别、教龄、地区等对数据进行统计分析，期望从差异比较中发现体育教师的心理特征。

中国知网（CNKI）数据库主题分析结果表明，从2010年以来，体育教师心理研究方向的成果数量呈现下降趋势，而教育心理学中关于教师心理研究的成果数量一直处于较高位置。教师是体育教学的主导者，学校体育能否实现"育体、育心、育人"的目的，很大程度上取决于体育教师的态度和能力。在体育教师心理研究方向上应不断集中选题，围绕教师在体育教学情境中运用心理学理论和方法对学生进行心理教育的能力展开深入探讨，采用观察、访谈、案例分析等方法，收集分析长期、纵向的资料数据，研究利用体育手段进行心理教育的过程、方法、效果及其影响因素，形成对体育教师心理教育能力提高更具实用价值的研究成果。

（三）锻炼心理研究

1. 身体活动的促进

身体活动的促进研究主要围绕以下五个方面进行。

第一，不同性质人群、群众样本的研究。分析近年来国内、国外权威机构和世界卫生组织（WHO）颁布的身体活动指南，针对身体活动不足可能带来的危害，从身体活动流行病入手，进行横向或纵向比较，基于群众样本了解身体活动影响因素研究现状，为进行群众样本干预策略、措施的制定奠定基础[49-50]，并对大学生、不同年龄阶段人群、超重肥胖青少年儿童等特殊人群的身体活动特点进行分析。

第二，理论研究。有学者针对身体活动行为提出了双加工模型[51]、认知决策模型[52]、或在已有理论模型基础之上加入新的变量尝试构建新的解释模型，进一步明确已有模型存在的问题或不足之处，尝试构建身体活动干预的评价模型等[53]，为后续基于理论制定有效的身体活动行为干预策略进行了大胆地尝试。

第三，身体活动促进影响因素的研究。该领域的学者采用横向、纵向研究方法，针对小样本或群众样本，以青少年、大学生、老年人等不同性质群体为研究对象，探讨了人格[54]、自我效能[55]、锻炼承诺[56]、锻炼动机[57]、内隐态度[58]等个体相关影响因素；社会支持[59]等人际间影响因素；自然环境[60]、建成环境[61-62]、锻炼场所条件等环境影响因素对身体活动的影响，并进一步探究了影响因素的中介和调节作用。

第四，身体活动促进的干预研究。基于团体动力学[63]、社会生态模型[64-65]以及APP[66]或可穿戴设备，探讨不同方式和影响因素对身体活动促进干预的影响作用。

第五，身体活动不同测量手段和分析方法的研究。对7天身体活动[67]等身体活动主观测量问卷进行修订、检验，并有越来越多的研究开始使用加速度计[68]等身体活动客观测量工具，辅以自陈问卷，来增加身体活动测量的效度。基于数据特征和横、纵联合研究设计，使用结构方程模型、路径分析、中介调节效应分析、元分析、队列分析、多层线性模型等分析方法进一步挖掘数据特征。

2. 身体活动的心理效益

身体活动的心理效益研究主要围绕两个方面进行。

第一，认知功能效益。就身体活动促进认知功能发展的脑机制，从身体活动有利于脑细胞的营养供给和能量代谢，促进神经元的存活和突触生成；到能够提升海马体和小脑等脑结构的体积，影响脑区激活水平和脑区间功能连接等方面进行梳理；并强调身体活动对认知功能的促进效应受到个体差异、作用时间，以及身体活动和认知刺激诸多因素的影响[69]。就太极拳、广场舞等不同形式的身体活动对老年人工作记忆的影响、对中年人认知功能的影响等进行初探。同时，该领域研究还就身体活动与自控力、学业表现间的关系进行了研究。主要测量工具以脑电、各类认知功能测验为主。

第二，其他心理效益。该领域学者就不同强度、不同形式的身体活动的情绪效益[70]，促进儿童精细、粗大运动技能的发展[71-72]，抑郁的疗效[73]，自尊水平的影响[74]，身体活动对抑制药物成瘾者心理渴求及复吸行为方面的神经生物学机制，尤其是身体活动对神经递质、激素和肽类物质的调节作用[75]等进行探索性研究。主要测量工具以主观自陈问卷为主。

3. 锻炼心理研究的特点

我国锻炼心理学的研究取向和重心与当代国际潮流完全吻合，研究呈现以下特点或趋势：

第一，身体活动促进及其心理效益仍然是该领域研究的最重要主题，但又表现出一些新的变化趋势，例如，交叉学科研究理论模型、研究方法、研究范式等在身体活动领域内逐渐被应用；

第二，在身体活动行为的心理机制及行为促进领域，除已广泛应用并日趋成熟的理论模型仍是研究主流之外，社会生态模型的广泛应用、已有模型的融合、跨学科模型的尝试等，使研究视角逐步扩大；

第三,在身体活动行为的心理机制研究中,脑机制研究受到进一步关注,不同形式、强度身体活动的情绪效应、行为坚持特征、认知效应及其与自我管理、学业表现之间的关系得到进一步考量;

第四,研究者对普通人群身体活动特征的关注逐步向群众样本过渡,将为后续群众样本的干预研究奠定基础;同时对老年人、儿童、注意缺陷多动障碍儿童等特殊人群锻炼的前因和心理效益的关注进一步加深;

第五,日趋重视身体活动流行病学的相关研究,如身体活动对癌症术后生存者的康复效益,对抑郁等精神障碍的辅助疗效等进行研究;

第六,研究方法日趋综合,表现为定性与定量、横向与纵向的整合研究范式被日益广泛采用;统计分析方法的多元化,表现为结构方程建模,多重中介调节效应分析、元分析、队列分析、多层线性模型等多变量分析的广泛应用;

对照该领域我国学者的前期研究成果,上述特征均有不同程度的体现。目前我国锻炼心理研究的发展方向,更加契合国家战略对体育锻炼的需求,也更加契合国际锻炼心理学发展大趋势。

4. 锻炼心理研究的趋势

我国锻炼心理的研究,应继续坚定不移地沿着当前方向发展。在紧随国际发展潮流的前提下,还应注意以下问题:

第一,增加研究的科学性、规范性;提高研究设计的周密性,研究方法使用,特别是统计方法使用的合理性;以及语言表述的专业性、规范性。

第二,加强跨文化比较研究,特别是我国传统身体活动形式,如太极拳、广场舞等心理效益研究;进行适应我国国情、国民现实生活的身体活动影响因素和心理效益研究,并进行跨文化比较研究。

第三,更加重视第三变量在锻炼与心理效益之间的中介和调节作用,更加重视自然、社会和建成环境因素对锻炼行为本身及其与心理效益之间的关系,更加重视跨学科理论、方法在本领域的应用。

第四,研究身体活动的影响因素和心理效益是为了干预,使更多的国民参与到身体活动中来。应在前期研究的基础之上,更加重视干预理论、策略、方法、评价的研究。

二、运动心理学国内外研究比较

(一) 高水平运动员的心理健康

高水平运动员是一个极其特殊的群体,他/她们承载着社会与个人的梦想,为集体和自己的卓越奋发图强,其特殊性不仅体现在他/她们需要承受长时间高强度的训练、长年累月的超心理负荷比赛、极高的受伤风险以及不确定的生涯中止/转折上;还体现在社会期望、信息时代带给他/她们的巨大社会舆论压力。高水平运动员承受着数倍于常人的身心压力，如何有效改善该群体的心理健康以及消除心理疾病隐患是当前奥林匹克竞技运动中需要重点开展的工作。

1. 运动员心理健康现状

（1）心理健康的定义

WHO将心理健康定义为"心理健康是指心理幸福安宁的状态，是个体意识到他/她自身的能力可以应对日常生活的压力，可以富有成效的工作，并对社会做出贡献"[76]。

（2）运动员常见的心理健康问题

和普通人群一样，运动员也经历着种种心理健康问题。以往研究表明抑郁、焦虑是运动员常见的心理健康问题[77]。

①抑郁症和抑郁症状，精英运动员抑郁症介于4%（$n=2067$）[78]-68%（$n=50$）[79]之间。一项元分析指出：从整体角度来看，其患病率与普通人群的差异不大[80]；从性别角度来说，女性运动员出现抑郁症的可能性是男性运动员的两倍[80]。与团体项目相比，抑郁症在个人项目中更为普遍（$n=465$，$n=199$）[81-82]。

美国的一项针对于大学生运动员的研究显示，在受调查群体中（$n=465$），有23.7%的人具有临床水平的抑郁症状[81]；德国的一项研究调查中证明（$n=199$），15%的精英运动员有抑郁症状[82]；澳大利亚一项研究证明，在精英运动员群体中（$n=224$）有23.6%的男性运动员和30.5%的女性运动员有抑郁症状[83]。国内的一项调查指出（$n=210$），有30.2%的精英运动员的具有抑郁症状[84]；虽然目前国内已有研究采用的自陈式问卷有所不同，但研究结果均表明高水平运动员在抑郁症状得分上显著高于全国常模（$n=974$；$n=359$；$n=12$）[85-87]。

②焦虑和相关症状，精英运动员广泛性焦虑症的患病率介于6.0%（临床确诊）（$n=2067$）[78]和14.6%（自陈式测量）（$n=282$）之间[88]，且女性患病率高于男性（$n=471$；$n=2031$；$n=326$）[89-91]。同健康运动员相比，有运动损伤的运动员往往会出现更严重的广泛性焦虑症状（$n=224$；$n=471$；$n=71$）[83,89,92]。

澳大利亚的一项研究（$n=224$）指出，7.1%的精英运动员患有广泛性焦虑障碍（GAD）；4.5%患有恐慌症[83]。国内一项调查了解到30.2%的精英运动员（$n=210$）具有焦虑症状[84]；以SCL-90为测量工具，表明高水平运动员在焦虑维度得分上显著高于全国常模（$n=359$）[86]，且高水平（一级以上）女性运动员的焦虑得分高于男性运动员；个人性项目运动员的焦虑得分显著高于团体性项目运动员（$n=974$）[85]。

③运动员的自杀意念，美国曾针对精英大学生运动员自杀情况展开一项为期9年的大规模调查研究（$n=3773309$），结果表明：自杀在所有大学生运动员的死因中占7.3%。总体来看，每年大学生运动员的自杀率为0.93/100000，平均自杀年龄为20岁，且美式足球项目的男性大学生运动员自杀风险最大[93]。

我国也有学者对精英运动员的自杀意念进行了质性研究（$n=10$），对自杀意念的产生、表现、求助、应对、意义做了探讨。运动员自杀意念的产生与训练量大、控制体重以及教练员与运动员关系关联紧密；而教练员会低估运动员产生心理问题的严重性[94]。

（3）运动员心理健康问题的诱导因素

以往的实证研究认为伤病、物质滥用、睡眠障碍和睡眠问题是导致运动员心理健康问题的常见诱发因素[77, 95-96]。

①伤病。精英运动员的伤病、运动表现与心理健康之间的关系是复杂的[96-97]。精英运动员的特定压力源会增加其受伤或生病的可能性，包括心理健康障碍[96, 98]。与此同时，一项系统综述的研究表明受伤也可能暴露或诱发心理健康障碍[99]。此外，心理健康障碍也可以增加受伤的可能性，或使康复过程复杂化[98-100]。然而，这一领域的前瞻性研究很少。

目前已有研究显示，相对于没有伤病的运动员而言，受伤运动员的抑郁症状和广泛性焦虑障碍的水平均较高（$n=224$）[83]。此外，伤病可能引起或揭露出其他的一些心理健康问题，如饮食障碍、物质滥用、赌博行为等[77, 99-100]。然而，近几年，国内关于运动损伤和心理健康问题的研究却很少。

②物质滥用。相比于非运动员群体，运动员对于酒精、咖啡因、大麻/大麻素、尼古丁以及其他物质的滥用原因并无差异，例如：体验、社交、快乐、增强自信、提高自身警觉性和活力[101-102]。除此之外，精英运动员还会通过物质使用来缓解自身压力、消极情绪、疼痛等问题。运动员可能为了提高运动表现而使用一些机能促进性物质（*Ergogenic Substances*）[101-102]。

近期的实证研究更多集中在酒精的使用上。一项针对欧洲职业足球运动员（来自5个国家，$n=540$）和职业橄榄球运动员（来自8个国家，$n=333$）的研究结果显示：不良酗酒行为（常规饮酒、大量饮酒和/或酗酒）的比例分别介于6%到17%[103]和8%到21%之间[104]。另外一项来自澳大利亚的研究证明（$n=282$），橄榄球精英运动员在赛季前和赛季中出现危害饮酒的比例分别高达68.6%、62.8%[89]。在我国，一项针对高水平田径运动员的小样本（$n=30$）调查指出，16.7%的运动员平均每周饮酒次数为5~7次，36.7%的运动员平均每周饮酒次数为3~4次[105]。

③睡眠障碍和睡眠问题。以健康成年人为标准，睡眠时间不足7小时便可定义为睡眠不足；而在青少年群体则不可少于9~10小时[106-107]。睡眠剥夺将会削弱运动员的运动表现，而改善睡眠则有助于提高他们的运动表现[108-110]。

虽然以精英运动员为被试的大样本研究很少，但有研究发现（$n=132$），有49%的奥运会运动员属于"睡眠不佳群体"（该群体通常呈现多个睡眠问题）[111]。特别是在大赛前一晚，精英运动员基本上很难获得充足的睡眠[112]。我国一项研究显示（$n=210$），有56%的精英运动员存在运动性失眠症状，且女性（61.4%）高于男性（50.5%）[84]。

2. 运动员的求助行为

以往研究指出，部分精英运动员虽然已经存在较为严重的与运动表现相关的心理健康问题，但他们本人却倾向于拒绝或延迟寻求专业的帮助[113]。国内一项研究发现，接受调查的精英运动员群体中（$n=73$）有86%的人从未接受过专业的心理健康方面的帮助[114]。此外，有研究表明与非运动员相比，运动员可能对寻求帮助有更多的消极态度[115]。一项系统综述的研究发现心理健康素养（Mental Health Literacy）水平较低和心理健康问题的污名化（Stigma）是运动员不寻求帮助的主要原因[113]。

（1）心理健康素养

心理健康素养是指帮助人们认识处理或者预防心理问题/疾病的相关知识和信念[116]。以往的研究证明，运动员的心理健康素养水平较低。如爱尔兰的一项研究显示（$n=471$），运动员心理健康素养的得分低于普通人群[117]；澳大利亚的一项质性研究揭示，运动员对于心理问题症状的相关知识较为匮乏[113]；有研究指出，在接受调查的中国精英运动员群体中（$n=283$），有92%的人处于中等以下的心理健康素养水平[118]。

（2）心理健康问题的污名化

污名化水平较高也是运动员不寻求帮助的一个主要原因[115]。污名化是指"因个体或群体具有某些被社会看作不可接受或/不恰当的特征或行为从而令他们遭受到的负面思想、情感和行为"[119]。教练员表示，如果教练员对运动员具有心理健康问题持消极评价，那么这会影响运动员训练、运动表现和幸福感[120]。此外，如果运动员向运动心理学工作者寻求帮助，那么这也会引起来自队友的消极评价。因此，降低污名化水平，会帮助运动员在遇到心理健康问题时增加求助行为[117]。

3. 提高运动员心理健康知识水平和增加求助行为

（1）提高运动员心理健康素养、去除心理健康问题的污名化

早期的预防和心理健康知识的普及，被认为是可以提高运动员心理健康的有效方式之一。澳大利亚于2012年开展了一项名为"精英运动员心理健康战略"（The Elite Athlete Mental Health Strategy）的科研计划，通过增加运动员的心理健康素养、去污名化等方式来增加运动员的求助态度、意向和行为[121]。之后，针对美国大学生运动员[122]和爱尔兰运动员[123]，也分别进行了相应的干预。这些干预都在不同程度提高了运动员的心理健康知识，从而促进他们的求助态度和意愿。但是目前较少有研究证明这可以直接改变运动员的求助行为。

（2）通过训练基地/系统和社会支持来帮助运动员

①提高相关人员的心理健康素养水平。除了提高运动员的心理健康素养外，提高运动员周围相关人员（如教练员、工作人员、领导、父母）的心理健康素养也是非常重要的一个方面。目前，有相关的干预可用来促进上述人群的心理健康知识的提高。例如，针对澳大利亚的教练员[124]和家长[125]、爱尔兰的教练员和运动队相关工作人

员[126]分别进行了相应的干预研究。通过提高运动员周围相关人员的心理健康知识，可以及早的识别运动员是否存在心理健康问题，从而达到预防和及时提供帮助的作用。

②提供多样的求助方式。运动员常见的求助行为有以下三种途径：正式求助、非正式求助和自我帮助。已有研究表明，运动员选择的正式求助途径为教练员、运动心理学家和临床心理学家[127]。但是也有运动员表示，如果在与运动员心理学家咨询的过程中感到不舒服或心理咨询师未能提供有效的帮助，则会阻碍他们寻求进一步的帮助[95,113]。与此同时，教练员认为他们自身也需要心理健康相关的知识培训，从而更好的提供帮助[127]。除了正式求助途径外，运动员也会选择向队友、朋友和家长寻求帮助。例如，一项针对专业男足运动员的研究证明，他们在遇到心理健康问题时，会选择家庭成员寻求帮助，尤其是女性（如母亲或女性伴侣）[128]。而由于运动员在进行自我帮助时，常常选择使用酒精、不健康的饮食等不合理的方式来处理问题[129]，因此，已有研究也提供了一些合理的自我帮助方法来提升运动员的良好心理状态，比如做志愿者等公益活动[123]。

③建立起心理健康保障系统。在社会支持下建立训练基地的心理健康保障系统，比如与医院精神科及心理治疗专家合作的诊断与治疗等；配置资源，长效服务于运动员和教练员。也可以借助高校心理健康教育和心理服务机构资源，进而为运动队提供服务。

中国对于运动员心理健康问题的研究尚处于起步阶段，我们需要进一步开展大样本的筛查工作以便更准确了解现状。西方已有一些实证研究，可以为我们促进运动员心理健康的工作提供依据和支持。首先，应提高运动员的心理健康素养知识、降低污名化程度，从而改变运动员的求助态度、意向和行为。其次，我们要充分利用各类社会支持资源来帮助运动员。在运动队的大环境下，领导、教练员、相关工作人员、家长均可接受相应的运动员心理健康素养教育活动，普及心理健康素养知识，从而可以较好的识别运动员是否存在心理健康问题，进而达到预防和及时提供帮助的作用。最后，也可通过体制内系统和社会系统的结合来为运动员提供多方面的帮助途径，如训练基地的运动心理学专家和医院的精神科专家合作，以及善用医院的诊断与治疗系统，使得运动员在遇到心理健康问题时，可以及时并有效地解决问题。

（二）高压力下的运动表现促进

1. 近年来运动表现促进研究概述

近4年来，国内外有关竞技运动表现促进的研究仍凸显为运动心理学领域探索的主流之一。就其内容看，关注运动表现的心理反应与干预等问题有所增加，具体包括了运动表现的认知解读、运动情绪与人格的探索、以及压力下运动表现的心理分析和运动表现促进的心理正念干预等。比如，Dell，Orco等从认知决策的视角，观察了时间情感压力下运动员认知风格与无意识和人格的关系，旨在解读其对运动技能执行的影响[130]。该研究发现,压力下运动表现不仅会受到认知风格的影响,无意识状态的运动决策也会对其产生作用。又如 Swann 等对职业运动员卓越运动表现的心理状态进行了考察,并认为比赛最佳心理实际上存在"任其发生"和"使其发生"的两种形式[131]。尽管两种形式均表现了认知自信、动机增强、高控制感与享受过程的特征,但前者更强调了肯定、自信和目标清晰的心理状态;而后者则突出了警觉、专注和目标适应的心理状态;另外,在运动表现促进的干预探索方面,Colzatol 等对脑神经刺激技术的应用研究进行了综述,发现脑神经的无创刺激技术干预,与传统的心理训练相比,显得更有助于改善运动认知、技能形成、肌肉力量,以及减少肌肉疲劳[132]。

其中,特别值得一提的是,近年来的相关成果表现了更加趋向问题导向的连续研究,采用大样本的中介和调节假设测试,以及基于更严谨的生态条件和更客观的测量方法来检验理论假说。同时,还出现了许多设计精致的实验、运用综合方法的研究和元分析的研究。这些研究从质量上使得目前对运动表现促进的探索在效度和信度方面有很大的提升。当然,从国内与国外研究的比较看,虽然有很多近似之处,但也有各自的特点。

2. 国内相关研究发展动态

就国内的相关研究而言,运动表现的探索主要关注点开始倾向以高级运动员为被试的知觉与控制、注意调节、工作记忆以及表象认知等主题。其研究的特点是,这些观察明显地增加了借助信号追踪记录仪和脑电分析等技术,来解读运动技能执行的认知特征,使研究的观察更具有客观的说服性。例如,运用脑成像技术,观察高级运动员运动表象有关的大脑结构变化,解释其神经效能的特征;还有研究运用 ERP 技术,观察高级运动员战术决策,通过直觉与认知决策的比较观察,解释大脑效能化的趋势,以及运用 VR 技术观察技能执行动态视觉的追踪效率等。除此之外,研究在认知损耗、认知干预、思维控制和心理旋转等方面也有涉及。例如,有研究观察思维控制的自我交谈在效能损耗中的补偿效应、社会支持对运动表现的促进等。有关运动员心理疲劳、心理健康、心理坚韧、人际心理、风险决策、应激决策、职业生涯、道德感知与行为等方面的探索也是近年来出现的研究。例如,采用表情识别的技术预测运动员与教练员关系、教练员执教行为对运动员认知方式的影响、运动员人际应对、运动员训练满意感以及心理健康模型的构建等研究,都反映了国内运动表现促进探索的新方向。在与竞赛有关的情绪研究中,对竞赛焦虑的关注主要体现在心理压力对空间认知的作用、运动员心境对心理疲劳的影响作用,以及情绪调节对风险认知策略的影响等。在运动员人格研究中,对竞赛心理能力结构的探索是近年来的发展趋势,特别是关于竞赛中 Clutch 与 Flow 表现的解读,从自我朝向与压力下运动表现关系的视角,尝试构建运动员竞赛能力的解释框架,这对于将来的运动员选材具有重要的意义。例如,探索自我效能、自我增强、自我批判、自我耗竭和完美主义等自我有关的因素作为运动表现的中介或调节作用的测试研究都属于这类的研究。在竞技运动促进的干预研究中,关注奥运会心理准备的专题成为近年来国内研究探索的特点。例如，探索奥运会运动员心理需求和应对策略、优秀运动员备战大赛的心理调控与应对等研究；同时，关于运动表现促进有关的心理品质研究，还涉及青少年运动员的视觉意识和自信的提升、竞赛心理的承诺效应、运动执行功能的解读、意志品质和注意力提升以及运动脑神经系统效能化等方面的研究。最后，从研究方法学的视角看，关于压力下运动表现的研究范式确定，有研究基于操作性压力预测运动表现的效应量进行了元分析，这些成果为该领域的实验设计建立了操作标准的参考依据。

总体上讲，目前国内的相关研究一方面在探索的问题方面开始朝着越来越丰富的内容上拓展，且倾向于研究的应用性，并在研究的信度和效度方面因为科技手段的介入而显得有很大的提升。另一方面，存在的不足是目前的研究还显得不太注重概念的严谨性和理论的说服力，以及研究问题界定不清楚等问题。特别是有些实验研究甚至缺乏假设引导的设计，表现为研究目的不清楚，以及研究结果讨论的随意性和结论不清楚等问题。

3. 国外相关研究发展动态

与国内相比，国外的相关研究显得更倾向于把压力作为背景，着重讨论运动表现的认知过程与执行、情绪反应与调控、行为特征与应对等问题，并突出压力在运动表现促进中的作用解读。例如，有研究基于竞赛的对抗性情景，探讨运动员攻防位置上的压力认知，结果发现，进攻队员因处在先发起动的位置上而具有压力认知的优势。所以，相对于防守队员因处在被动移动的位置上而言，在竞争对抗中，进攻队员则更倾向于将压力知觉为挑战；在运动认知的研究中，相关的探索也会把压力背景作为"充要条件"来考虑。例如，有研究通过对跳高运动员的空间认知判断进行竞赛心理压力的关联性考察。结果发现，主观的心理压力使运动员在知觉横杆高度时，会倾向于更负面的认知判断。并且，研究认为，这种视觉认知误差与自我认知的压力有关。为了解读认知压力与视觉判断的关系，有研究则发现，由于视觉空间的工作记忆最容易受到心理压力的作用，所以当运动员在执行视觉认知要求的任务时，其负面的心理想法会更有可能施加到任务执行的干扰中去；进一步，关于观众压力对运动员表现的影响，有研究通过观众评价压力的实验观察，把不同工作记忆容量被试的运动表现进行了比较，结果发现高工作记忆容量的被试更容易受到观众压力的影响，其原因是此类被试在压力下认知控制过程更为主动；另外，在认知执行控制的解读方面，国外近年来的研究也更加关注运用心理生理的技术，尝试通过对大脑神经系统的解读，来揭示压力下运动认知的执行机制。例如，最近关于Choking的神经心理学综述研究认为，神经影像研究提供了证据，说明大脑的"侧前额叶"和"扣带回前皮质"等与错误检测、冲突监控以及情绪调节功能有关区域，可能是引起运动表现的注意控制、动机及情绪调节的神经因素来源；特别是相关的研究运用近红外技术，观察时间压力下的大脑前额叶皮质活动与操作表现的关系。结果发现，专家的被试在压力下的前额叶皮质活动介入程度与操作表现有关，进而解释了为什么专家的被试在压力条件下的操作表现好于新手的被试；其中，关于压力下运动决策的探索，国外的研究也有所涉及。例如，有研究通过对足球运动员罚球的决策过程进行了观察，结果发现，第一个罚球的队员通常会体验到更大的压力，且这一球"输"或"赢"的压力对运动员的决策具有明显的作用。值得一提的是，国外的相关研究在强调对压力效应解读的同时，似乎更关注运动表现促进的干预探索。例如，有研究通过对优秀篮球运动员的深度访谈，发现比赛情景让运动员体验到更强烈的压力感，特别是在罚篮的情景中，运动员的运动表现通常都会低于训练的成绩。针对运动员的这些认知压力特征，研究提出了"心理技能""管理策略"和"影响因素"的三维应对模型；同时，关于最佳运动表现的干预问题，有研究对近年来涉及最佳运动表现的心理生理探索进行了分析，并总结归纳了相关研究领域中的心理生理技术应用，进而提出了"情绪–行为"的自我调节训练模型。这个干预模型的主要观点是寻求运动表现最佳化的心理生理适应性训练；另外，还有研究基于心理分析理论，提出了一个从潜意识到意识过程的心理冲突解释，并认为运动表现可以根据心理动力机制来制定干预的方案；在运动表现促进的干预探索方面，作为特色之一的国外研究，近年来把"正念训练"用于压力干预方法呈现了一定热度。例如，相关的元分析研究发现，"正念训练"作为以情绪体验的"接受"和自信提升的有效方法，通过内部体验改变和肯定的自我交谈，能有效地促进运动表现的成绩，其提升的效果达到了大的效应量（$d=1.66$）。还有研究通过跨情景的设计发现，"正念训练"用于情绪的调节，对运动表现的提升具有较好效果。

总之，国外的相关研究在探索运动表现的促进方面，明显地把压力情景作为研究的主要观察点，并强调对其干预的理论和实践的构建。关于压力下运动表现的干预策略探索，研究比较注重"正念训练"的理论和实践开发。与此同时，也出现了一些其他针对压力情景的具体干预方法的研究。例如，有研究针对"Choking"的发生机制，从任务特征的视角，提出了"节律训练"的方法等。但是，整体上讲，关于压力下最佳运动表现（如 Clutch、Flow 等）的理论与实践构建，国外的相关研究似乎并未超前国内的研究，这在未来的研究中仍有较大的提升空间。

（三）学校体育与青少年的心理发展

1. 重要概念的比较

（1）核心素养与体育的关系

2016年9月，教育部联合北京师范大学举行了中国学生发展核心素养研究成果发布会，对学生发展核心素养的内涵、表现、落实途径等做了详细阐释。学生发展核心素养，主要指学生应具备的，能够适应终身发展和社会发展需要的必备品格和关键能力，其中包含3大领域、6大核心素养、18个基本要点[133]。

2017年12月，以核心素养为基础，教育部颁布了《普通高中体育与健康课程标准

(2017年版)》(以下简称《课程标准(2017年版)》),从学科核心素养的视角对体育课程内容进行了重新修订,修订后的课程标准内容按照水平阶段—学习方面—内容—学习目标的层次进行呈现,指出体育与健康学科核心素养由运动能力、健康行为和体育品德3个要素组成[134]。

体育运动有其独特的身体活动方式,但不仅仅是单纯的身体活动,人在进行体育活动时包含着丰富的心理体验,也包含着与同伴、对手的交流和交往等,当这种身心效果通过体育活动同时并整体地作用于同一个人身上时,对学生核心素养可能产生积极影响。

(2) 青少年积极发展与体育的关系

研究表明,为青少年提供适当的环境和机会,体育可能促进青少年积极发展(Positive Youth Development,PYD)[135]。体育作为工具,其本身可以促进PYD。Whitley的研究中有参与者描述道:"体育运动可以为青少年提供将自己的身体和情感联系起来的机会,当你的身体真正努力工作时,你会更加意识到这一点,所以体育有助于对自己、自身和呼吸有一个完整的感觉。"有研究表明,对于一些有创伤经历的人来说,体育运动成为一种可接受的表达工具[135]。

体育作为载体,通过中介因素促进PYD。在体育环境中,青少年可以获得积极的体验,如归属感、社区意识、友谊等,并发展各种能力,如尊重、个人责任、职业道德、时间管理、情绪管理、团队合作、信心、领导能力等。对于很多青少年来说,在他们第一次的运动经历中,就要尝试去学会如何处理与教练的关系。教练相信他们的潜力,并帮助他们找到一种归属感。体育运动还可以使青少年能够接触到新环境和其他获得教育的机会。

上述两种观点虽然提出了不同的作用途径和机制假设,但都认同体育无论是作为工具还是载体都可以直接或间接促进PYD,并认为体育在促进青少年积极发展方面具有不可替代的独特价值[136]。

(3) 核心素养与PYD概念的比较

核心素养与PYD的相似之处在于二者都是以人为本,以学生或青少年的个人发展作为核心。但是,核心素养是中国结合自身国情和国际形势,为了培养适应日益复杂多变的社会变革的相应人才而提出的。PYD则在国外有较长的发展历史,在欧美发达国家,其自身的社会文化环境与中国相比有较大差异,这种差异也体现在核心素养与PYD的概念上。

虽然核心素养与PYD在概念上存在一些差异,但对于两者的促进与发展干预途径,国内外都注重通过一定的课内外活动实现相应的教育目标。目前在欧美国家,对体育促进PYD的作用评价相对高于其他活动;而在国内,则有将核心素养学科专门化的趋势,即不同学科促进不同核心素养或核心素养的不同成分。这与强调整体发展的PYD有着较明显的不同[137-141]。

2. 中介因素的比较

中介变量（Mediator）指能够传递自变量对因变量影响的变量，中介变量具有解释自变量为什么以及如何对因变量起作用的功能[142]。目前无论是核心素养还是PYD的相关研究都有相当多的努力尝试揭示体育促进核心素养和/或PYD发展的作用机制，即体育如何促进学生核心素养/青少年积极发展？其主要的个体因素中介因素包括哪些？

（1）国内研究的关注点

《课程标准（2017年版）》从运动能力、健康行为、体育品德三个方面提出各自的分目标促进学生培养体育学科核心素养[134]。其中，运动能力主要从体能、运动技能、运动认知等方面提出分目标，健康行为主要从锻炼习惯、情绪调控、适应能力等方面提出分目标，体育品德主要从积极进取、遵守规则和社会责任感等方面提出分目标。王海鸥在研究中指出我国传统体育项目中的武术对于学生核心素养的培养起到了向导作用[143]。武术讲究内外兼修、天人合一，更讲究武德的培养。传统武德追求"天人合一"的至高理想；追求"以人为本"的崇高道德；追求"自强不息"的精神和"厚德载物"的思想情怀[144]。这是我国学者在挖掘中国传统体育文化独特育人价值的积极尝试。

（2）国外研究的关注点

国外影响PYD的中介因素主要包括心理品质和生活技能等一些相对更加具体和可操作化的行为心理变量。

体育为促进青少年心理品质的发展提供了机会[136]。不论运动的天赋或水平如何，体育运动经验可使青少年具备适当心理社会素质[145]。参加有组织的体育活动是支持心理健康的一个重要社会环境。男性青少年认为有组织的体育活动是促进健康和健康行为变化的重要媒介，且支持心理健康的关键人物是教练、父母和精英运动员[136]。运动环境可以增强社会情感、促进个人健康、提高生活质量并发展包括自尊、积极的社会关系和幸福感在内的保护因素。从PYD理论框架出发，着力探讨体育对实现青少年"5C"目标的多维效用。体育可以提升青少年以下几个方面：①能力（Competence），其中包括社会能力、学业能力、认知能力、职业能力等；②自信（Confidence）；③性格（Character），其中包括公平竞争、重视合作、认识到合作的价值等；④人际关系（Connection），其中包括合作交流、重视友谊、注重集体的连通性与归属感等；⑤关心和同情（Caring and Compassion），其中包括关注他人、尊重对手、团结队员等。5C模型是国外中介因素研究的代表性理论框架之一[146]。

青少年的运动经验使他们接触到许多身体活动，这些活动不仅构建了他们的心理品质，且可以转移到他们的日常生活中[147]。

体育为促进青少年生活技能的发展提供了机会。例如美国的努纳维克青少年曲棍球发展计划旨在教授生活技能。通过增加体育活动，从而促进参与者的积极发展。PLAY计划的重点是帮助青少年培养各种生活技能，并成为他们社区的领导者[148]。因此，参与体育活动除了能锻炼相关的运动技能，还能提供发展其它生活能力的媒介或途径，如团队合作、目标建立、时间管理、情绪技能、人际沟通、社会技能、领导能力及决策设计等[149]，这些能力的提升是青少年积极发展的内部表现。

(3) 国内外中介因素的比较

在中国，武术作为传统体育项目的典型代表，其对学生核心素养的培养作用受到了一定的重视。武术讲究内外兼修、天人合一，更讲究武德的培养，这种对德性发展先于技能学习和能力发展的观念和做法值得进一步深入研究。

在国外，人们则格外重视青少年的心理技能和生活技能的发展。国外的专家认为参与有组织的体育运动积累的经验不仅可以构建青少年的心理技能，还可以转移到生活中成为实用的生活技能。

文化以及多方面的差异，致使人们对达到相同目的中介因素的侧重点存在差异。为了更好地促进青少年的积极发展，我们应该充分吸收中华优秀传统文化的营养，洋为中用、批判性的借鉴核心素养国际研究的构建方法与合理成分[150]。

3. 干预措施的比较

(1) 国内研究提出的主要措施

核心素养培育是一个终身持续发展的过程，它启蒙于家庭，培育于学校，完善于社会化的生活和工作之中[151]。在学校教育阶段，学生核心素养的培养必然依赖于体育课程和教学。在我国教育体制中，对于体育课程的重视程度不足早已是不争的事实[152]。因此，出台相应的政策和课程改革标准来增强学校领导者对于体育课程的理解和认识，增强对于体育课程的重视程度，无疑有利于学生核心素养的培养。

再进一步，近年来，"核心素养"一词热度颇高，但高水平文献仍相对缺乏，特别是如何使核心素养得到贯彻和落实等微观、操作层面的研究还有待提升。另一方面，无效体育教学是学生体育学科核心素养形成的主要障碍[153]。教师作为体育教学的实施者，其能力水平直接关系到体育教学的课堂效率。因此，应提升科研工作者的科研水平，加强体育教师教学效率以及对核心素养的理解，通过增强体育教学中师生的交流，完成教学目标，使学生在运动兴趣与能力、健康行为与习惯、体育道德与品质等方面均有所收获，为学生核心素养的培养提供不竭动力。

(2) 国外研究提出的主要措施

在国际上，许多组织正在为家长、教练、社区和学校制定计划方案，帮助青少年发展体育技能并提供课程。

Chris等人认为要想解决青少年体育教育研究和实践方面的差距就必须做到以下三点：首先，提高父母意识，促进支持积极心理社会发展；其次，改善教练教育，促进家长与教练的关系；最后，精心设计干预措施与教练合作[145]。

在国外，青少年在社区参加体育活动是一种比较常见的方式。因此，有研究强调社区必须拥有一定的资源，有效地支持和促进年青少年的积极发展，尤其是在资源相对不足的地区[135]。

近年来，为了增加青少年群体的体育活动，已经开展了许多以学校为基础的针对青少年心理健康和幸福的大型干预措施。以学校为基础的体育活动干预措施的有效性进行的审查发现，学生的自我概念对运动的态度有很大的影响[154]。

（3）国内外对这些措施进行的研究比较

在国内，促进青少年全面发展的主要措施是出台相应的政策和课程改革标准来增强决策层以及教师对于体育课程的理解和认识，从而引起大家对体育教育的重视。

在国外，为了促进青少年积极发展，许多组织不惜花费大量时间和金钱来制定项目计划方案，帮助父母、教练、社区和学校发展青少年体育技能。

同样是通过体育促进青少年积极发展，国内外在干预措施方面存在显著差异。国内主要依赖体育相关政策和课程改革实现青少年核心素养在体育方面的发展；国外则格外注重实践，专家们在实践中改进项目方案，优化方案后再实践检验[155]。

另外，由于国外相关研究起步较早，现阶段主要以实证研究为主，且已开始实施相对成熟的项目来促进特殊青少年人群的积极发展[135,148]。另一方面，对项目设计的研究已经从项目内容向项目参与者（青少年）、实施者（教练/教师）、管理者、家长、环境等多因素多角度的综合研究与评价[135,136,145,147,148,154]。而国内目前还主要以理论研究为主，实证研究相对较少，相应的体育项目如营地教育等，虽有国外先进经验可以借鉴，但仍属于起步阶段[156]。

（四）体育社会心理研究

随着社会的发展，体育运动与人类社会的关系日益密切，与体育相关的社会心理问题引起广泛重视，我国学者曾系统介绍了国际体育社会心理学的百年发展历程[157]，并开始推动体育社会心理学的课程建设与人才培养。从相关研究报道看，运动干预自闭症[158]、网络成瘾[159-160]和滥用毒品[161-162]，以及体育暴力[163]、运动性心理疲劳[163]等问题依然受到关注，同时出现了一些新话题，例如熊欢分析了我国二孩政策放开后，二孩母亲的体育活动动机[165]；祝大鹏调查发现社会支持对业余马拉松跑者的锻炼坚持性有显著影响，跑者的锻炼自我效能水平对社会支持和锻炼坚持性的关系具有显著中介作用[166]；陈作松对运动员的亲社会-反社会行为进行了探析，发现运动道德推脱可以解释和预测我国运动员的运动亲反社会行为，并鼓励教练员构建自主型的执教风格，减少受控型执教风格的塑造，降低运动员的运动道德推脱水平，从而减少运动员运动反社会行为的发生[167-168]；李刚和黄海燕报道观赛、体育旅游、健身等体育消费方面的心理问题[169-170]。综合而言，研究重点涉及以下议题。

1. 竞技体育相关的社会心理问题

竞技体育依然是体育社会心理学研究的重点，主要包括：①考察运动员在教练员-运动员关系中的作用，其中王斌和王智探讨了教练员-运动员关系对运动员竞技表现的影响，发现改善教练员-运动员关系，有助于提高运动员的希望和投入水平，进而促进运动员追求卓越表现和他们对运动表现的满意程度[171-172]；崔德刚和邱芬发现运动员满意度能够减小教练员-运动员关系对运动承诺的影响[173]；郭宇刚发现运动员的依恋风格影响教练员-运动员关系的质量[174]。②探讨教练员领导行为的作用，其中于少勇发现球类集体项目教练员家长式领导行为的仁慈领导、德行领导对教练员能力信任均有显著的正向预测作用，教练员家长式领导行为的威权领导对教练员的能力信任具有显著的反向预测作用[175]；鲁长芬发现高校教练员民主型领导行为可以通过群体凝聚力和训练比赛满意感的中介作用对大学生运动员的竞赛表现产生间接影响[176]。③运动员的社会心理问题，包括王进系统阐述了压力与choking的关系[177]、王斌等深入分析了运动员心理坚韧性对心理疲劳、运动投入的影响[164,177]、杨尚剑发现篮球队内部球员之间的冲突不利于球员做出组织公民行为以及提升球员的满意度，而球员做出的组织公民行为对于提高球员的满意度起着重要的推动作用[178]。

2. 体育锻炼相关的社会心理问题

受《全民健身发展计划（2016—2020）》《"健康中国2030"规划纲要》《国家学生体质健康标准》等国家政策的影响，我国居民积极参加体育锻炼，甚至出现了运动成瘾现象[179]。综合而言，我国学者关注的体育锻炼相关的社会心理问题主要包括：①家长对青少年体育参与的影响，研究发现父母每周锻炼次数和父母对青少年体育参与的支持会明显影响他们的体育活动质量[180]，我国家庭中经常参加体育锻炼的成员具有示范和带动作用，家庭锻炼行为具有明显的代际互动关系[181]，青少年参加体育活动不仅需要父母的支持，父母还应发挥以身作则的带头作用[182]；②体育活动与儿童社会心理能力提升，研究发现积极参加体育活动可以改善儿童及青少年的身体自尊和自信水平[183-184]，提高他们的社会适应能力[185]和人际交往能力[186]，促进农村留守儿童心理健康[187]；③社会心理因素对青少年锻炼的影响，研究发现自尊和身体意象[188]、社会支持和自我效能[189-190]、整体自尊和自我怜悯[191]、体育课需求支持[192]会促使青少年积极参加体育活动，而且促使他们参加体育活动不能完全依靠自觉，社会支持的作用不容忽视[166]；④业余体育锻炼群体的社会心理建构，其中柳青对自发性体育锻炼群体的凝聚力进行了调查研究，发现自发性锻炼群体的凝聚力包括领队吸引力、积极交往、任务协作、价值认同与资源共享五个维度[193]；王深发现业余体育团队的凝聚力既可以直接促进成员个体的锻炼坚持性，也可以通过提升成员锻炼自我效能来间接促进个体锻炼坚持性，并且在成员锻炼自我效能与其锻炼坚持性关系中，群体凝聚力还进一步发挥了显著的负向调节作用[194]。

3. 学校体育相关的社会心理问题

学校体育是教育的重要构成部分，所以学校体育的社会心理促进功能得到了重视，主要发现体育活动能够改善学生的社会心理状态，例如马古兰丹姆等采用舞蹈队大学生进行干预，结果显示大学生人际关系、自我表露和情感支持等能力增加，自我接纳和人际接纳能力提高，可见舞蹈治疗可提升大学生人际交往能力[186]；张春雷通过实验发现参加体育运动能够明显改善大学生的心理压力水平，而且运动能够提升大学生的健康信念水平，通过健康信念的合理性和控制性，间接缓解大学生的心理压力[195]；社会心理状态的改善有助于促使学生积极参加体育活动，例如身体意象、自尊、自信与学生体育运动行为存在显著的正向预测关系[183,188,196]，意味着身体意象、自尊和自信水平越高的学生，更愿意参加体育锻炼；董宝林发现给予更多社会支持与认同，并通过改变传统社会性别观念来缓解性别角色冲突，可能是培养女大学生体育锻炼习惯、促进余暇锻炼自主性的一个关键环节[197]；程韵枫发现锻炼氛围既可直接影响大学生从事余暇体育锻炼，还可通过作用于个体的主观体验而间接影响大学生余暇体育锻炼[198]。此外，近年来我国发生多起的校园欺凌事件也引起了研究者的注意，其中马德森指出道德推脱、情绪调节自我效能感及儿童青少年校园体育欺凌行为之间具有较显著的相关性，并且道德推脱、情绪调节自我效能感对儿童青少年校园体育欺凌具有较显著的预测作用的影响[199]；张彦发现运动员自尊与攻击性、攻击性行为、攻击性情绪和攻击性认知呈负相关，自尊水平越高的运动员，攻击性越低[200]；杨剑发现在高道德推脱水平下，父母冲突能显著正向预测青少年运动员攻击行为，而在低道德推脱水平下，父母冲突对青少年运动员攻击行为的预测作用不显著，父母冲突影响青少年运动员攻击行为[201]。这意味着培养学生的自尊水平、道德认知水平和改善父母关系，可能是抑制学校欺凌现象的有效举措。

4. 国外体育社会心理研究的热点

国外研究者关注较多的体育社会心理学问题包括：

①运动员使用兴奋剂的问题。例如 Madigan 指出有关完美主义促使运动员使用兴奋剂的研究没有阐明作用机制，他发现父母完美主义对运动员造成的压力可能是导致运动员使用兴奋剂的重要因素，而来自教练员的压力会促使运动员产生追求完美主义的奋斗精神，继而抑制他们使用兴奋剂[202]；Ntoumanis 发现控制教练行为会抑制运动员使用兴奋剂的意图，这意味着社会环境可能是影响运动员使用兴奋剂的重要因素，通过改善教练员和运动员之间的关系，有利于控制运动员使用兴奋剂[203]；Ring 发现运动员对其他运动员使用兴奋剂的判断会影响他们自己使用兴奋剂的可能性，如果他们认为其他人使用了兴奋剂，那么自己使用兴奋剂的可能性就会提高，这种情况不受自我道德控制的约束[204]。

②父母对青少年体育行为的影响。研究发现父母对青少年体育参与行为[205]和青少年运动员的训练比赛动机[206]产生影响，而且 Knight 发现父母参与青少年体育运动可以作为支持者、教练员、管理员和机会提供者，他们以何种身份参与，受多种因素的影响，所以倡导父母参与青少年体育运动时应该考虑个体和社会背景因素，帮助他们以合适的身份参与其中，这样更有利于青少年的体育参与[207]；Weltevreden 发现父母激发的动机氛围影响青少年运动员的成就目标，而教练激发的动机氛围则不能，所以父母

（而不是教练）在塑造青少年运动员成就目标方面发挥着重要作用[208]。

③体育情境中的多元人际关系。除了教练员-运动员关系[209]，Preston 指出教练员-父母关系往往在优化青少年运动员普通发展发展目标上造成两种压力，首先父母有很强的意愿介入教练员角色[210]；其次父母和教练员常常对沟通界限存在不一致的看法；Clarke 发现父母的教养方式产生的亲子关系会影响英国青少年在足球领域的发展[211]；Cotterill 指出我们一直过分注重运动团队中教练员和经理人的领导行为，实际上正式或非正式的运动员领导行为，都会对运动队的满意度、凝聚力和团队动力等方面产生重大影响[212]；

④主场效应。Wilson 对 1988—2018 年奥运会的主场效应进行了分析，发现主场效应真实存在，尤其是奥运会射箭、残奥会田径、残奥会乒乓球和残奥会高山滑雪项目上表现明显，而且这种优势在正常奥运会和残奥会上基本一致[213]；Cristiano Diniz da Silva 对 13 个国家 43 支球队在天然草坪和人工草坪比赛成绩进行了分析，发现使用天然草坪或人工草坪对球队的主场效应没有显著影响[214]；

⑤亲社会-反社会行为。体育情境中的亲社会-反社会行为是近年来国外学者关注较多的话题，例如 Al-Yaaribi 青少年男子足球运动员的亲社会队友行为与努力、主观运动表现和运动承诺呈正相关，而反社会队友行为与愤怒呈正相关，与努力和主观运动表现呈负相关[215]；Francesca 发现价值观与青少年运动员的亲社会行为显著相关，而且与反社会行为的关系更大，特别是反社会行为与自我强化呈正相关。在体育活动中父母给儿童造成的压力会促使他们针对队友采取反社会行为。

此外，体育情境中的自我效能、团队韧性、社会偏见、Choking、运动性心理疲劳、性别刻板印象等问题也得到了较多关注[216-218]。

5. 中外体育社会心理研究的比较

综上所述，教练员-运动员关系、运动员使用兴奋剂、运动性心理疲劳、父母对青少年体育运动的影响等问题得到了国际体育社会心理学研究者的关注。相比之下，我国研究者开展了较多与国情相关的研究，例如二孩，对二孩父母体育参与的影响、运动队网络成瘾的干预作用、马拉松参与坚持性、体育消费的心理问题、体育运动与校园欺凌现象（反社会行为）、体育运动与儿童青少年身心健康等；而国外研究者重点深化相关议题，例如将教练员-运动员关系拓展到教练员-父母关系、体育运动中的亲子关系和运动员领导行为，全面解读父母、教练员和其他运动员在运动员使用兴奋剂问题上的影响等。

从研究发展趋势看，社会心理环境对运动员竞赛表现的影响、运动员使用兴奋剂、体育运动与儿童青少年心理健康、体育情境中的亲社会-反社会行为等，将是国际体育社会心理学后续关注的重点，而有关团体凝聚力、Choking、体育暴力、自我等方面的研究报道较少。

三、运动心理学研究趋势与展望

(一) 运动与脑可塑性

1. 锻炼人群的脑可塑性

(1) 运动与儿童脑发育

儿童青少年期是一个大脑发育的关键时期,运动对儿童大脑结构和功能有着重要影响。

运动改变儿童脑结构。国外研究发现,运动可增加儿童相关脑区的白质的微结构[219];基线检测时有氧体能更高的儿童,其基底核容量更大,在随后的认知任务中表现也更好,而且高体能儿童较之于低体能儿童,其双侧海马容量更大,关联记忆任务表现更好[220-221]。国内研究也发现,运动可增加儿童脑灰质体积、提高脑白质完整性[222]。

运动促进儿童脑功能。ERP研究发现,高有氧体能的儿童在各种认知任务中均有更好的表现,而且脑电P3波幅更大、ERN的波幅下降,提示大脑分配注意资源和调制行动监控加工能力更强[223];fMRI研究也发现,在认知控制条件下,高有氧体能儿童的大脑适应性神经加工更好[224];此外还有研究发现,运动干预后脑激活模式、脑功能局部一致性、脑网络功能连接发生变化,同时儿童的执行功能提高[222]。

(2) 运动与老年人的脑健康

运动影响老人的脑结构。高有氧体能的老人,其大脑前额叶和扣带皮层的灰质体积增加更明显[225],而且额叶和颞叶中白质完整性更好,扣带回等脑区白质微观结构水平更高[226],基底核的容量更大[227]。

运动还可以促进海马细胞的生长,长期运动会使海马灌注量和体积增加,并与复杂空间物体识别记忆及早期回忆成绩正相关[228]。进一步的研究发现,高有氧体能者的海马旁回体积更大[229];荟萃分析还显示,有氧运动干预可能有助于预防与年龄有关的海马退化并有利于维持神经元健康[230]。

运动也可改善老人的脑功能。ERP研究发现,经常参加有氧锻炼或有氧体能更高的老年人,在完成认知任务时P3潜伏期更短、P3波幅更大、ERN及N450潜伏期更短,显示出锻炼可以改变控制认知发展的大脑神经电活动,进而改善老年人的认知功能[231]。fNIRS研究也发现,八段锦运动对老年人的认知表现和脑功能有着积极影响,这一影响可通过提高语言任务表现和增强大脑前额叶脑区激活而实现[232];fMRI研究还发现,运动可增强前额叶激活,改善脑网络,提高相关脑区的功能特异性和整合性[233]。

总之,运动能够缓解因年龄增长而发生的大脑退化现象,对老年人大脑结构和功能产生可塑性影响。

2. 运动员的脑可塑性

（1）运动员的脑结构

这方面研究主要集中于两个方面：一方面，长期的运动技能训练会使运动员的大脑结构产生可塑性的变化，保证运动员在运动情境中有更好的运动表现。如有研究分析了羽毛球运动员与普通人群的灰质密度差异，发现羽毛球运动员小脑右侧和内侧区域的灰质密度显著增大，空间处理和手眼协调能力更强[234]。另一方面，长期参与一些运动项目也可能对大脑产生伤害，如对退役足球运动员研究发现，较之于控制组，足球运动员的大脑右下侧顶叶、颞叶和枕叶更薄，同时认知表现更低。研究者认为，长期的头部冲撞可能是足球运动员脑结构变化和认知降低的主要原因[235]。

（2）运动员的脑功能

相关研究主要涉及以下三个方面。

第一，运动技能练习对大脑功能的顺应性影响。一些运动项目需要注意力高度集中，长期训练会改善与注意加工的相关脑区功能。如有研究发现，高水平射击运动员较之于非运动员左颞区、左后颞区、左额叶区、左中央区和右顶叶区之间的连接更好[236]；一些运动情境具有不确定性，需要运动员能及时地切换注意力，长期的注意力切换训练也会使脑功能产生适应性变化。有研究发现，与非运动员相比，高水平羽毛球运动员在执行认知切换任务时 ERP 的 P2 波幅更大，对变换信号反应更精确[237]。

第二，运动知觉和决策的脑功能特征。已有的研究表明，经过训练的专家运动员比新手运动员的运动知觉和决策效率更高。如一项研究发现网球专家被试的深度运动知觉判断准确率高于非运动员，专家被试在球体靠近时的 P2 成分潜伏期长于球体远离时的潜伏期。研究者认为，运动专长效应与选择性注意资源的调用以及模式识别有关，同时枕区 P2 成分可作为深度运动知觉的评价指标[238]。国外关于极限运动的研究也有类似的发现[239]。

第三，运动表现与脑电活动特征。当前，相关研究主要集中于运动表现与脑电的偏侧化、时间进程的稳定性等方面。就运动表现与脑电偏侧化的关联而言，已有研究发现，大脑两半球的左右功能高度分化，而大脑左右颞叶区的偏侧化与运动表现有一定的对应关系[240]；已有研究发现，关于运动表现和时间进程稳定性的大脑神经关联，在技能学习过程中，随着技能的熟练化，神经控制由皮层区向皮层下区域转移，这一神经控制的转移与注意由控制加工向自动加工的切换相对应[241]。此外，也有研究聚焦于焦虑或疲劳对运动员脑功能及运动表现的影响[242]。

综合上述研究，运动与大脑的结构、功能存在着积极关联，然而相关研究还处于初始阶段，存在诸多需要进一步解决的问题。

◎健身运动领域

首先，控制干预变量，厘清运动以及大脑活动的关系。总体而言，已有研究结果支持运动对大脑的可塑性影响，但仍有部分结果发现，运动无助于、甚至会降低大脑神经认知功能。究其缘由，一方面不同研究涉及的变量如运动方式、强度、干预持续时间和施测的时间点等不同，另一方面运动和其他生活因素如饮食干预、神经生长以及社会互动等因素都可能会影响运动与大脑神经认知功能的关系，必须系统地加以选择和控制。

其次，整合不同研究数据，探讨运动促进大脑可塑性的发生发展机制。从干预方法来看，短时干预研究通常是让被试者在实验室作跑台运动或功率自行车运动，比较运动干预前后的认知功能差异，并在锻炼前后做脑功能检测，这一研究模式的认知检测多采用纯实验室任务，存在生态效度差的问题；而长期干预易于发生被试者流失的问题，干预的时间进程也长短不一，不利于研究结果之间的比较。未来的研究应寻求更恰当的实验范式和实验任务，综合实验室研究和主观报告，以寻求汇聚性的证据，更深入地理解运动促进大脑可塑性的发生发展机制。

◎ 竞技运动领域

一是不同运动项目特征的归纳比较。当前运动员的脑影像研究涉及的项目众多，这些运动项目之间既存在共性，也存在个性特点。已有研究大多笼统纳入开放性项目或闭锁性项目，缺乏对不同特征的细化分解和归纳比较，因而研究的外部效度和向运动训练实践的推广受到制约。

二是上述研究的机制解释。当前相关研究多采用专家新手范式，对于结果的解释常采用神经活动效率化假说。该假说认为，专家运动员由于长期练习，大脑神经回路和其他生理系统发展出一套有效率的动作执行程序，能以较为经济的神经资源运用方式来进行信息加工。尽管这一假设得到部分研究支持，但还需要进一步的研究验证。

三是研究方法的进一步改进。当前运动员的脑科学研究包括横断研究和干预研究两类，相比较而言，横断研究居多，这类研究的局限在于难以做出因果推断。此外两类研究的样本数量差别较大，对无关变量的控制也不尽相同，这不仅降低了研究结论的可信度，也造成了不同研究结果间的分歧。因此，未来研究应通过改进实验设计，扩大研究样本，控制无关因素，进一步提高研究的信度和效度。

（二）锻炼行为促进

以清晰的理论导向作为身体活动或锻炼行为干预的起点，这一锻炼心理学的主流取向一直未曾变化，因此锻炼行为理论一直是国内外锻炼心理学研究的热点领域之一。然而干预对象和环境的差异性决定了干预理念和手段的丰富多样性。下面从两方面进行分析进展与趋势。

1. 锻炼行为理论

查询 Web of science 核心库（2015—2019），在总计 1301 篇涉及锻炼行为理论的研究中，自我决定理论（SDT，522 篇）、社会认知理论（SCT，334 篇）、转换理论模型（TTM，172 篇）、计划行为理论（TPB，126 篇），显示这四大理论仍占据着主流地位。

研究的主要目的是作为锻炼行为干预的理论基础。

国际上锻炼行为理论的研究大体呈现了以下特点：

第一，关注对象更广，除了关注普通人群，如大学生[243-245]、儿童[246-247]、青少年[248-249]、老年人[250-251]等，一些非健康、健全的特定人群越发受到关注，如酒精使用障碍患者[252]、孕妇[253-255]、糖尿病患者[256-260]、心脏病康复患者[261-262]、肥胖人群[260,263-264]、视力障碍患者[265]、严重精神病患者[266]及聋哑人[267]等。

第二，不同理论间的整合或第三变量的调节机制继续受到重视。由于单一理论对锻炼行为的预测效力较低[268]，身体活动或锻炼行为的知行差距较大，学者们努力通过上述两种方式以提升理论模型对身体活动或锻炼行为的解释力度。如自我决定理论与计划行为理论的整合[269-270]，计划行为理论、社会认知理论及转换理论模型的整合[271]，或者将诸如锻炼体验[272]、社会支持[273]、行动计划、应对计划等额外变量纳入相应的模型并检验其中介[274-276]或调节作用，以增加模型对行为的解释力。

第三，作为社会认知理论核心元素的自我效能，在其行为促进作用受到推崇[277-280]的同时，也出现了测量上的争议[281]。有学者质疑用自我效能测量工具混淆了主观能力和动机，并建议采用对测量条目增加限定条件的方式来区分"不想做"和"没能力做"，以减少这种混淆[282]。

在国内期刊发表的同领域研究，总体趋势与国际上大体一致，但也呈现出一定本土特点。

第一，理论模型集中在社会生态理论[283]和自我决定理论，也有基于计划行为理论[284]、HAPA理论[285]、冲动—熟虑模型[286]等的研究。社会生态理论是国内目前锻炼行为促进领域关注的热点之一，研究者主要基于该理论关注青少年校内和校外身体活动促进的机制[283,287]。社会生态理论所设定的个体层、人际层、组织层、社区层及政策层的研究构想似乎天然地与我国的集体主义文化相契合，特别是其人际层的影响又与目前国内教育学领域所倡导"家校结合"不谋而合，所以该理论具有较高的接受度。

第二，自我决定理论也同样受到国内学者的关注。国内基于此理论也更多地关注于青少年锻炼行为的促进，所构建的理论模型基本上与国外研究趋于一致[288-289]。

第三，也有学者注意了理论之间的整合，如自我决定理论与社会生态理论[290]、计划行为理论[291]的整合等。不同理论间的整合可能有利于提升模型对锻炼行为的解释率，是锻炼行为促进相关研究进一步探索的方向。

该领域当前需要注意的共同问题首先是如何精确测量身体活动或锻炼行为。身体活动或锻炼行为固然有多种标准化的测量工具（如IPAQ等），但自我报告或回溯性调查[292-294]无法克服回忆、社会期许等主观因素带来的偏差。未来应更多地使用计步器[295]或加速度计[296]进行测量以减少数据收集中的主观偏差。

理论间的整合固然有助于提升锻炼动机或锻炼行为的预测解释力，但考虑到不同理论的出发点存在差异，故理论整合时应尽量避免构念间的交叉重叠。如，将自我决定理论与计划行为理论进行整合时，应考虑后者"行为意向"构念的动机性质，虽然有学者（如 Hagger & Chatzisarantis，2016）[297]争辩行为意向与动机有所不同，但两者彼此独立的观点难以令人信服，因此将身体活动或锻炼行为意向整合到自我决定理论模型中的做法存在争议。

2. 锻炼行为干预

发达国家锻炼行为促进的研究思路较为开阔，除了运用上述理论研究特定人群身体活动或锻炼的心理因素之外，还有综合层面的干预策略。

例如，英国有培训课外活动辅导员，以自我决定理论为指导，促进 5~6 年级小学生课外活动时间身体活动的"行动 3：30 身体活动干预计划"（Action 3：30 PA intervention programme）[298]。澳大利亚有以社会生态模型为框架，自我决定理论为指导，培训体育辅导员，增强学生在体育活动中的领导力，推行学校体育活动政策并提供体育设施，促进家长参与，增加学校与社区的联系以进一步促进低收入社区 3~4 年级小学生参与中到高强度体育活动，增加愉悦感的"SCORES 干预计划"（Supporting Children's Outcomes using Rewards, Exercise and Skills intervention program）[299]。澳大利亚有通过简单、低强度、短时的日常生活身体活动，鼓励老年人微小、渐进的行为改变，进而形成习惯和长期的活动参与并避免受伤的"LiFE 项目"（Lifestyle integrated Functional Exercise program）[300]。加拿大也有与 LiFE 近似的，针对退休年龄女性，融合日常生活方式的"EASY 干预计划"（Everyday Activity Supports You PA intervention program）[301]。这些计划的实施，取得了一定的效果。在我国，上述各类"计划"多是通过国务院、国家体育总局等行政管理部门的文件体现的，如《全民健身计划（2016—2020 年）》（国务院，2016 年 6 月），《全民健身指南》（国家体育总局，2017 年 8 月）等。

对于高强度间歇训练（High Intensity Interval Training, HIIT）的生理、心理效应的关注，是一个值得注意的研究动向。与中强度持续训练（Moderate－to－Vigorous Continuous Training, MVCT）的耗时长、形式单调枯燥且不易坚持的特点相比，HIIT 由于其运动强度在无氧阈以上，短到中等时间的多次重复，在训练回合之间有低强度、不能充分恢复的运动间歇，可能因锻炼效率更高，见效更快而越发受到关注。锻炼心理学通过比较两种锻炼方式对愉悦感的影响、产生的积极情感反应、评估其运动坚持性的比较[302-306]，试图为锻炼参与者选择更优的方案。虽然结果尚不一致，但不可否认，HIIT 具有潜在的优势。

信息网络平台和可穿戴设备的运用与已有锻炼促进理论相结合干预身体活动和锻炼行为，成为一种新趋势。如电话访谈干预[307]，利用互联网站的干预[308-310]，手机短信干预[311]，在线计划干预[312]等，均有良好效果的报道。然而研究结果不一致[313]的原因，或许并不在于干预手段本身。相信随着 5G 无线通讯、人工智能等新技术的发展，干预手段将更加丰富、高效。

(三) 人工智能与运动心理学

人工智能（Artificial Intelligence，AI）技术的飞速发展正在成为当今科学进步的重要推动力量，并且心理学也正在结合这一技术，揭示出越来越多的心理现象和人类行为机制。与此同时，人工智能技术的不断成熟，也正在为运动心理学领域的基础研究与应用提供支持。越来越多的算法正在运动心理学中得到前所未有的广泛应用：算法推动了运动员训练过程中表现出来的神经生理反映的整合加工，缩短了新动作的学习时程；在线的反馈通过算法给不同的运动员心理状态进行评价，有效降低心理疲劳对绩效的负面影响；以算法为基础的智能可穿戴技术正在为全民健身的科学指导提供个性化和科学化的服务。

对于运动心理学如何在人工智能发展大潮流中，合理地借助算法和技术，整合跨越多学科的知识和见解，结合运动心理学正在面临的学科难点，是今后几年促进学科发展，推动运动心理学探索人类运动行为心理机制，并服务竞技体育与大众健身的重要契机。

1. 人工智能与竞技心理

在竞技运动心理学过去20多年的发展过程中，多元化心理测评技术的研究与应用，不仅为运动员的心理调控进行服务，也分别从行为层面[314]和认知神经层面[315]揭示了高水平运动员认知加工的特征和机制。从早期，通过针对顶尖运动员的个案访谈技术[316]和具有高信效度的心理测量技术[317]，以及之后借助计算机设备获得的运动员在基本认知过程中的行为反应特征[318]。从行为学层面描述了高水平运动员群体所表现出的认知加工表现特征和个性特点[319]。之后，随着生理技术和脑成像技术在竞技运动心理学中的推广，更多关于竞技运动表现中的行为机制得到了来自神经活动的大脑结构与功能层面的解释[320-321]。而这些技术在竞技运动心理学的研究与服务过程中，积累了大量的体现高水平运动员认知神经加工及行为表现的行为、电生理及脑成像数据，为进一步的特征提取和预测模型建立、迭代打下基础，是当前人工智能技术和多种算法的运用的数据保障。

除了测量技术手段成熟带来的大量数据之外，对这些电信号中有效信息的科学提取是解释心理现象的重要前提。在当前竞技运动心理领域，对电生理信号的采集主要包括了心率变异性（Heart Rate Variability，HRV）[322]和脑电（Electroencephalography，EEG）[323]的活动，同时，通过在时域、频域和时-频域的分析和特征提取，理解运动任务在计划、执行过程中的认知加工优势和绩效表现状态。例如通过绘制心率变异性曲线和频谱中高频和低频功率，可以反映身心协调水平和集中注意的能力及状态[324]；再者，从脑电中提取 Alpha 频段（8-12 Hz）的能量，反映个体在运动过程中的皮层活跃程度，Alpha 频段的能量值越小，唤醒程度越高，抑制的加工过程越弱[325]；而 Theta 频段的能力反映了运动过程中工作记忆的加工状态，Theta 频段的能量越大，信息加工和注意投入的认知负荷也越高[326]。这些能反映典型生理特征的指标在得到大量研究验证后,与反馈技术相结合,能在运动过程中实时向运动员和教练员反馈心理状态,做出及时调整。由此,生理反馈技术(Biofeedback training,BBT)[327]、视觉反馈技术(Visual feedback training,VFT)[328]和神经反馈技术(Neuron feedback training,NFT)[329]在竞技体育领域得到了较为成熟的开展。例如,在跟踪神经反馈技术的使用效果后,对比发现,相比未使用的运动员,使用神经反馈训练的足球运动员在射门技术上得到明显改善,且类似训练对射箭运动员的成绩提高也有效果[330]。一项对1991年至2017年间采用EEG神经反馈训练研究的元分析结果表明,神经反馈训练可以改变运动员的神经活动,有效地提高运动员的运动成绩[331]。

与上述已经普遍使用的指标相比,神经科学领域对信号的提取技术在近几年中得到了飞速的发展。这些指标为理解人类运动表现和心理加工特征提供了大量新的依据。例如,大量的研究表明在长期训练之后,运动员,特别是高水平运动员的生理状态和认知水平上都与普通人群存在差异,而顶尖运动员之间的个性化也相当明显。因此,需要提取有效指标来对个体进行评估。研究者正尝试通过不同的算法和信号处理方式从神经生理指标中探索更容易代表和反映行为特征的评价指标。在理解高水平运动员具有的认知加工特征和运动表现过程中,群体特征所具有的共性与个性特征。例如,IAF(Individual alpha frequency)的提出,便是基于特殊群体中Alpha频段的定义差异,而Christie等人在冰球运动员中发现,IAF值可以有效预测运动员的击球成绩,为运动水平的预测提供了依据[332]。真实运动情景下所得数据,独立成分分析(Independent component analysis,ICA)的空间滤波技术可以应用于将大脑活动与运动伪像分离,以精确地反映运动状态[333]。基于小波变换(wavelet analysis)的时-频域(time-frequency domain)分析能为快速变化的运动情境同时提供运动员大脑活动在毫秒级上的频段变化[334]。而基于这些指标所建议的大脑功能网络,无论是在时间域上的一致性,还是空间域上的一致,以及不同大脑位置上的时/域活动同步性,都在不断地丰富我们对于运动员特征的理解,和他们出色运动能力的大脑认知加工过程。而未来,像人工神经网络系统(Artificial Neural Networks,ANN)在竞技体育领域中的应用,必将推动我们对于顶尖运动员运动能力的表现的机制探讨[335]。

在未来几年,多种算法的丰富,将不断加快人工智能技术在竞技运动领域的运用。作为研究者,应更加深刻地理解不同算法的优势,寻找理解运动员运动表现和认知加工的最优化指标。在不断阐明竞技运动领域中的神经机制的同时,为服务竞技体育提供科学支持和科技保障。在研究高水平运动员行为背后的机制的同时,也丰富研究能够解释这些机制的技术方法。例如季云峰开发可自动识别球速、球转的乒乓球机器人,通过视觉系统、决策系统和执行系统,利用人工智能算法,统筹解决速视觉领域中的跟踪、轨迹预测以及动作规划等诸多问题,对乒乓球的训练有指导和辅助意义[336]。

在人工智能驱动下,运动心理学在竞技体育的服务中正进入到一个崭新的发展模式。经过多年发展,现有心理测评技术正逐渐从外在行为描述向神经系统的客观监测延伸，多种反馈训练方法也在此基础上应运而生、广泛应用，可穿戴设备的发展，也使得运动状态下获取连续性的动态数据成为可能，随着计算机科学和神经科学的不断融合，研究者们用新的视角探究运动认知神经机制，与此同时，数据的积累为人工智能的发挥奠定了基础。未来，借助机器学习、深度学习等技术，人工智能将进一步帮助运动预测比赛状态、选拔人才和科学训练。

2. 人工智能与锻炼心理

近年来，新的模型和算法不断涌现，人工智能在锻炼心理学领域的应用也日趋广泛。从日常锻炼的生理指标监测、运动计划制订，到神经系统疾病患者的运动康复训练，人工智能都有着良好的应用前景。与所有其他社会科学学科一样，心理技术在锻炼心理学领域的发展也经历了从质性研究到量化分析的过程。各类生理监测手段和脑成像技术正以前所未有的发展速度，与健康主题相融合，发展出运动认知神经科学这一新的学科方向。同时，这些技术的使用为人工智能算法提供了大量的基础数据，使得人工智能能够在锻炼心理学领域被逐渐发展应用。

当今，各类生理活动监测技术已被应用到体育锻炼心理学中，为实时监测体育锻炼过程中的生理变化以及体育锻炼的健康效益的研究提供了更为客观的评测手段[337]。锻炼者可根据可穿戴设备实时反馈的心率数据调整运动强度；在太极拳、健步走等体育锻炼对健康效益评估中，心率变异性能够有效反映及预测锻炼者的心血管功能以及情绪水平[338-339]。神经影像学技术的发展与成熟使得体育锻炼过程中以及锻炼前后人脑活动变化得以评估，从而为体育锻炼改善锻炼者身心健康提供更多科学客观的证据。磁共振成像技术能够从大脑毫米级的尺度水平提取大脑结构和功能信息。国内有团队采用磁共振成像技术探索太极拳锻炼对人体大脑结构和功能的影响，发现太极拳能够显著增加对与执行功能有关的背外侧前额叶的皮层厚度，同时提高该脑区的分化水平[340-341]。有研究者利用 ERP 技术，发现有体育锻炼习惯的女大学生在中等负性条件刺激下产生更大的 P3 波幅，同时 P3 波幅大小与锻炼者锻炼时间之长存在相关[342]。此外，他们还探究了不同运动强度锻炼对锻炼者的认知功能的影响，结果发现不同锻炼强度组之间 N2 的波幅以及潜伏期都存在显著的差异，位于额顶交接处的 N2 波幅在大强度运动下最大，反映了更高的机体唤醒和大脑兴奋性，在中等运动强度组 N2 潜伏期明显缩短，同时工作记忆能力有所提升[343]。一项磁共振研究的元分析结果表明，有氧锻炼对右侧海马、扣带回皮质和以及默认网络的内侧颞区结构均能产生潜在的有益影响[344]。静息态研究发现体重超重的老年人在参与长期的中等强度有氧训练后，背外侧前额叶皮质与上顶叶/前叶之间静息态功能连接表现出显著的增加[345]。Tao 等人进行的为期十二周的太极拳以及八段锦干预研究，结果发现低频波动振幅（fALFF）在不同程度上有所增加，并且与记忆功能的改善之间存在显著的正相关[346]。Yamazaki 等人通过 fNIRS 探索运动改善认知的神经基础，10 分钟的强度功率自行车运动显著改善了简单记忆任务中的反应时间，并且这种变化与运动阶段腹外侧前额叶的氧合血红蛋白水平变化有关[347]。

人工智能技术对锻炼心理学领域的促进主要体现在两个方面，一是作为实践理论的工具，促进锻炼心理学在人们生活中真正的应用；二是提供了新的大数据运算方式和数据挖掘技术，为锻炼心理学的研究铺开了一条更为广阔的道路。最简单的人工智能运用就是锻炼软件通过将使用者信息与大数据匹配从而制定个性化的锻炼处方。模拟算法赋予了人工智能适应和学习的能力，有助于更高效的应用，如利用人工神经网络根据跑步机上行走的参数估算出最大摄氧量与实际测得最大摄氧量绝对偏差只有大约0.2%，精确度远高于传统公式的计算结果，且便于实施[348]。此外，人工智能机器人成为新型的锻炼辅助，在促进体育锻炼活动中占有一席之地。人工智能机器人可以作为老年人在对舞中的舞伴，有效地促进他们参与基于舞蹈的锻炼，Wu等人对患有痉挛性脑瘫的儿童机器人阻力干预的研究中，发现干预组成绩有明显提高[349]。元分析结果也表明机器人步态训练练习有益于提高脑瘫患者的步速，耐力以及总体运动功能[350]。此外，运用Adabosted树算法可以对运动质量进行有效的评估，增加了患者在家中自行练习的可行性[351]。

人工智能技术在体育锻炼中的应用极大提高了锻炼者的运动获益，增强了锻炼者的运动动机，对人类社会的健康发展具有重要意义。借助人工智能，有望实现对运动者在运动过程中的各项生理指标进行更为有效的实时监控，针对每位运动者制定更加个性化的锻炼方案。智能机器人为一些运动障碍患者的运动恢复也做出了重大贡献，未来的研究应为此提供更有说服力的证据支持，完善设备参数，结合患者的生理心理状况，实现更好的运动辅助效果，提高患者生活质量。

参考文献

[1] 张力为, 胡亮. 运动心理学: 追求卓越与保持健康 [J]. 中国科学院院刊, 2012, 27 (S1): 141-155.

[2] He M, Qi C, Lu Y, Song, et al. The sport expert's attention superiority on skill-related scene dynamic by the activation of left medial frontal gyrus: An ERP and LORETA study [J]. Neuroscience, 2018, 02: 043. doi: 10.1016/j. Neuroscience, 2018.02.043.

[3] Kasper R. W, Elliott J. C, & Giesbrecht B. Multiple measures of visual attention predict novice motor skill performance when attention is focused externally [J]. Human Movement Science, 2012, 31 (5): 1161-1174. doi: 10.1016/j. humov. 2011.11.005.

[4] Voss M. W, Kramer A. F, Basak C, et al. Are expert athletes 'expert' in the cognitive laboratory? A meta-analytic review of cognition and sport expertise [J]. Applied Cognitive Psychology, 2009, 24 (6): 812-826. doi: 10.1002/acp. 1588.

[5] Wylie S. A, Bashore T. R, Van Wouwe N. C, et al. Exposing an "intangible" cognitive skill among collegiate football players: Enhanced interference control [J]. Frontiers in Psychology, 2018, 9: 49. doi: 10.3389/fpsyg. 2018.00049.

[6] 颜志雄, 刘勋, 谭淑平, 等. 发展认知神经科学: 人脑毕生发展的功能连接组学时代 [J]. 科学

通报, 2016, 61 (7): 718-727.

[7] Wei G, Luo J. Sport expert's motor imagery: Functional imaging of professional motor skills and simple motor skills [J]. Brain Research, 2010, 1341: 52-62.

[8] Wei G, Zhang Y, Jiang T. Increased cortical thickness in sports experts: A comparison of diving players with the controls. Plos One, 2011, 6: e17112.

[9] Opendak M, Gould E. Adult neurogenesis: A substrate for experience-dependent change [J]. Trends of Cognitive Science, 2015, 19: 151-161.

[10] Gruzelier J. H. EEG-neurofeedback for optimising performance. I: a review of cognitive and affective outcome in healthy participants [J]. Neuroscience and Biobehavioral Reviews, 2014, 44: 124-141. doi: 10.1016/j.neubiorev.2013.09.015.

[11] Mikicin M, Orzechowski G, Jurewicz K, et al. Brain-training for physical performance: A study of EEG-neurofeedback and alpha relaxation training in athletes [J]. ActaNeurobiologiae Experimentalis, 2015, 75: 434-445.

[12] Hatfield B. D, Hillman C. H. The psychophysiology of sport: A mechanistic understanding of the psychology of superior performance [J]. Handbook ofSport Psychology, 2001, 362-386.

[13] Cheng M, Huang C Chang Y. et al. Sensorimotor rhythm neurofeedback enhances golf putting performance [J]. Journal of Sport and Exercise Psychology, 2015, 37 (6): 626-636. doi: 10.1123/jsep.2015-0166.

[14] Cheng M, Wang K, Hung C, et al. Higher power of sensorimotor rhythm is associated with better performance in skilled air-pistol shooters [J]. Psychology of Sport and Exercise, 2017, 32: 47-53. doi: 10.1016/j.psychsport.2017.05.007.

[15] Gruzelier J. H, Thompson T, Redding E, et al. Application of alpha/theta neurofeedback and heart rate variability training to young contemporary dancers: state anxiety and creativity [J]. International Journal of Psychophysiology, 2014, 93 (1): 105-111. doi: 10.1016/j.ijpsycho.2013.05.004.

[16] Kao S. C, Huang C. J, Hung T. M. Neurofeedback Training Reduces Frontal Midline Theta and Improves Putting Performance in Expert Golfers [J]. Journal of Applied Sport Psychology, 2014, 26 (3): 271-286. doi: 10.1080/10413200.2013.855682.

[17] Rostami R, Sadeghi H, Karami K. A, et al. The effects of neurofeedback on the improvement of rifle shooters performance [J]. Journal of Neurotherapy, 2012, 16 (4): 264-269. doi: 10.1080/10874208.2012.730388.

[18] Strizhkova O, Cherapkina L, Strizhkova T. The neurofeedback course using of high skilled gymnasts at competitive period [J]. Journal of Human Sport and Exercise, 2014, 9 [1 (special issue)]. doi: 10.14198/jhse.2014.9.Proc1.47.

[19] Xiang M, Hou X, Liao B, Liao, et al. The effect of neurofeedback training for sport performance in athletes: A meta-analysis [J]. Psychology of Sport and Exercise, 2018, 36: 114-122. doi: 10.1016/j.psychsport.2018.02.004.

[20] Baumeister R. F, Heatherton T. E. Self-regulation failure: An overview [J]. Psychological Inquiry, 1996, 7: 1-15.

[21] Baumeister R. F, Heatherton T. F, Tice D. M. Losing control: How and why people fail atself-regulation

[M]. New York: Academic Press, 1994.

[22] Buckner J. C, Mezzacappa E, Beardslee WR. Self-regulation and its relations to adaptive functioning in low-income youths [J]. American Journal of Orthopsychiatry, 2009, 79: 19-30.

[23] DeWall C. N, Baumeister R. F, Stillman T. F, et al. Violence restrained: Effects of self-regulation and its depletion on aggression [J]. Journal of Experimental Social Psychology, 2007, 43: 62-76.

[24] Gailliot M. T, Schmeichel B. J, Baumeister R. F. Self-regulatory processes defend against the threat of death: Effects of self-control depletion and trait self-control on thoughts and fears of dying [J]. Journal of Personality and Social Psychology, 2006, 91: 49-62.

[25] 魏高峡, 李佑发. 21世纪中国运动心理学的新方向: 运动认知神经科学研究 [J]. 体育科学, 2012, 32 (1): 54-63.

[26] 孙国晓, 张力为, Willson M. 运动目标的视觉追踪: 静眼研究进展与前瞻 [J]. 成都体育学院学报, 2018, 44 (6): 121-126.

[27] Sun G. X, Zhang L. W, Vine S. J, et al. The quiet eye provides pre-planning and online control support [J]. Journal of Sport & Exercise Psychology, 2016, 38: 458-469.

[28] Vickers J. N. Origins and current issues in Quiet Eye research [J]. Current Issues in Sport Science, 2016, 1: 101. doi: 10.15203/CISS_ 2016.101.

[29] Vine S. J, Wilson M. R. Quiet eye training: Effects on learning and performance under pressure [J]. Journal of Applied Sport Psychology, 2010, 22: 361-376.

[30] Wilson M. R, Causer J, Vickers J. N. Aiming for excellence: The quiet eye as a characteristic of expertise. In J. Baker & D. Farrow (Eds.). The RoutledgeHandbook of Sport Expertise, 2015, 22-37. London: Routledge.

[31] 段再复, 张力为, 孙拥军, 等. 分心刺激对大学生运动员持续注意的影响 [J]. 天津体育学院学报, 2017, 32 (5): 369-381.

[32] 孙国晓, 张力为. 竞赛特质焦虑干扰抑制功能: 对注意控制理论的检验 [J]. 心理科学, 2015, 38 (2): 400-407.

[33] 李驰, 张力为. 状态焦虑对持续性注意控制的影响: 自我损耗程度的调节作用 [J]. 天津体育学院学报, 2017, 32 (2): 123-133.

[34] 彭凡, 张力为. 状态焦虑与转换功能: 注意控制理论在运动员群体中适用性的检验. 心理科学, 2018, 41 (5): 1090-1096.

[35] 朱小青, 张力为. 状态焦虑干扰抑制与转换功能: 自我损耗的调节作用. 天津体育学院学报, 2016, 31 (5): 405-413.

[36] Luo X, Zhang L, Wang J. The benefits of working memory capacity on attentional control under pressure [J]. Frontier in Psychology, 2017, 8, 1105. doi: 10.3389/fpsyg.2017.01105.

[37] Baumeister R. F, Bratslavsk E, Muraven M, et al. Ego depletion: Is the active self a limited resource [J]. Journal of Personality and Social Psychology, 1998, 7 (5): 1251-1265.

[38] Baumeister R. F, Vohs K. D, Tice D. M. The strength model of self-control [J]. Psychological Science, 2007, 16 (6): 351-355.

[39] Eysenck M. W, Derakshan N, Santos R, et al. Anxiety and cognitive performance: Attentional control theory [J]. Emotion, 2007, 7 (2): 336-353.

[40] Baumeister R. F, Muraven M, Tice D. M. Ego depletion: A resource model of volition, self-regulation, and controlled processing [J]. Social Cognition, 2000, 18 (2): 130-150. doi: 10.1521/soco.2000.18.2.130

[41] Muraven M, Tice D. M, Baumeister R. F. Self-control as limited resource: Regulatory depletion patterns [J]. Journal of Personality & Social Psychology, 1998, 74 (3): 774-789.

[42] 张力为, 张连成, 孙国晓. 运动员高压力下发挥失常与自我控制关系的新设想 [A]. 中国体育科学学会, 第十届全国体育科学大会论文摘要汇编 [C]. 杭州: 浙江大学, 2015, 46-47.

[43] 张力为, 张连成. 自我损耗的控制: 竞技领域的研究与应用 [J]. 体育科学, 2013, 33 (6): 3-13.

[44] 王雪莹. 大学生游泳技能学习三个阶段的运动动机、兴趣和情绪的比较研究——以郑州大学体育学院为例 [D]. 郑州: 郑州大学, 2016.

[45] 孟昭莉, 陈玲. "运动教育模式"对高校学生运动情境动机影响的实验研究——以篮球和网球为例 [J]. 中国学校体育, 2017, 4 (12): 42-46.

[46] 柴娇, 林加彬. 我国中小学生体育运动项目学习兴趣变化规律研究 [J]. 沈阳体育学院学报, 2018, 37 (2): 80-88.

[47] 李焕玉, 李卫东, 沈鹤军, 等. 实战情境课程模式对大学生体育学习情境兴趣影响的实验研究 [J]. 成都体育学院学报, 2019, 45 (3): 105-111.

[48] 赵洪朋, 冯琰, 刘兴, 等. 体育游戏促进儿童身心健康的研究 [J]. 辽宁体育科技, 2018, 40 (3): 109-113.

[49] 乔玉成, 王卫军. 全球人口体力活动不足的概况及特征 [J]. 体育科学. 2015, 35 (8): 8-15.

[50] 赵少聪, 杨少雄. 北京市居民体育锻炼中断因素分析——基于北京市第3次群众体育现状调查的数据 [J]. 福建师范大学学报（自然科学版）, 2019, 35 (1): 110-116.

[51] 许昭, 毛志雄. 身体活动熟虑-冲动双系统模型的构建与检验 [J]. 体育科学, 2015, 35 (8): 16-23, 85.

[52] 吴洲阳, 毛志雄, 郭璐. 锻炼坚持认知决策模型的拓展——积极情绪体验的增值贡献 [J]. 天津体育学院学报, 2016, 31 (1): 77-81.

[53] 司琦, 金秋艳. 青少年体育健康促进干预项目评价指标体系构建 [J]. 武汉体育学院学报, 2018, 52 (3): 67-74.

[54] 石岩, 周浩. 体育运动与人格三大研究主题述评及展望 [J]. 体育科学, 2017, 37 (7): 60-72.

[55] 靳明, 王静, 及化娟, 等. 不锻炼诱因、锻炼自我效能与自主健身行为的关系研究: 横向与纵向研究的证据 [J]. 天津体育学院学报, 2018, 33 (3): 230-236.

[56] 董宝林, 毛丽娟. 锻炼投入、锻炼承诺、主观体验对大学生锻炼习惯的影响: 一个混合模型 [J]. 天津体育学院学报, 2018, 33 (6): 492-499.

[57] 李旭龙, 弓宇婧, 姚梦, 等. 锻炼动机对大学生社会性发展的影响: 锻炼坚持的中介作用与社会支持的调节作用 [J]. 北京体育大学学报, 2018, 41 (2): 79-87.

[58] 王玉秀, 王进, 吕慧青. 体质效能与内隐态度对锻炼行为的共振效应 [J]. 体育科学, 2016, 36 (5): 54-61.

[59] 阳家鹏, 向春玉, 刘小明. 整合理论视角: 父母支持促进青少年体力活动的路径 [J]. 体育与

科学，2019，40（2）：115-120.

[60] 张丹璇，金鑫虹，金亚虹，等．绿色锻炼的心理效益：身体锻炼与自然环境的融合［J］．心理科学，2017，40（2）：408-414.

[61] 沈晶，杨秋颖，郑家鲲，等．建成环境对中国儿童青少年体力活动与肥胖的影响：系统文献综述［J］．中国运动医学杂志，2019，38（4）：312-326.

[62] 王开．健康导向下城市公园建成环境特征对使用者体力活动影响的研究进展及启示［J］．体育科学，2018，38（1）：55-62.

[63] 王深，冯卫．促进个体锻炼坚持性的团体干预研究进展［J］．福建师范大学学报（哲学社会科学版），2015，（2）：142-149+171.

[64] 司琦，汪霖之，朱美丽，等．促进青少年参与校内课外身体活动的干预有效性和持续性检验——基于社会生态模型［J］．天津体育学院学报，2017，32（5）：382-389.

[65] 郭强，汪晓赞．儿童青少年身体活动研究的国际发展趋势与热点解析——基于流行病学的视角［J］．体育科学，2015，35（7）：58-73.

[66] 王深，张俊梅，刘一平．运动类APP促进大众锻炼坚持性的有效因素研究［J］．福建师范大学学报（哲学社会科学版），2018，（6）：88-99.

[67] 王志庆，常淑芝，孙延林，等．初中生的久坐行为与身体活动方式［J］．天津体育学院学报，2015，30（4）：277-281.

[68] 向剑锋，李之俊．加速度计和体力活动日记监测日常体力活动的效度研究［J］．中国体育科技，2015，51（6）：128-133.

[69] 夏海硕，丁晴雯，庄岩．体育锻炼促进认知功能的脑机制［J］．心理科学进展，2018，26（10）：1857-1868.

[70] 武海潭，季浏．体育课不同累积中-大强度体力活动时间对初中生健康体适能及情绪状态影响的实验研究［J］．体育科学，2015，35（1）：13-23.

[71] 吴升扣，姜桂萍，李曙刚，等．动作发展视角的韵律性身体活动促进幼儿粗大动作发展水平的实证研究［J］．北京体育大学学报，2015，38（11）：98-105.

[72] 桂春燕，王荣辉，刘鑫．儿童基本动作技能与体力活动关联性研究进展［J］．体育学刊，2019，26（2）：89-95.

[73] 娄虎，刘萍．身体锻炼治疗抑郁症的元分析［J］．天津体育学院学报，2018，33（6）：500-507.

[74] 刘华波．中学生体育锻炼与自尊、目标取向和久坐行为的研究［J］．西南师范大学学报（自然科学版），2018，43（10）：137-142.

[75] 赵非一，周成林，刘天择．运动锻炼抑制药物成瘾者心理渴求及复吸行为的神经生物学机制——基于运动对神经递质、激素和肽类物质的调节作用［J］．体育科学，2018，38（7）：33-41.

[76] World Health Organization. 2016, Retrieved July 19, 2016, from http：//www.who.int/about/definition/en/print.html.

[77] Rice S M, Purcell R, De Silva S, et al. The mental health of elite athletes：a narrative systematic review [J]. Sports Medicine, 2016, 46：1333-1353.

[78] Schaal K, Tafflet M, Nassif H, et al. Psychological balance in high level athletes：gender-based differ-

ences and sport-specific patterns [J]. PLoS One, 2011, 6: e19007.

[79] Hammond T, Gialloreto C, Kubas H., et al. The prevalence of failure-based depression among elite athletes [J]. Clinical Journal of Sport Medicine, 2013, 23: 273-277.

[80] Gorczynski P F, Coyle M, Gibson K. Depressive symptoms in high-performance athletes and non-athletes: a comparative meta-analysis [J]. Br J Sports Med, 2017, 51: 1348-1354.

[81] Wolanin A, Hong E, Marks D, et al. Prevalence of clinically elevated depressive symptoms in college athletes and differences by gender and sport [J]. Br J Sports Med, 2016, 50: 167-171.

[82] Nixdorf I, Frank R, Beckmann J. Comparison of athletes' proneness to depressive symptoms in individual and team sports: research on psychological mediators in junior elite athletes [J]. Frontiers in Psychology, 2016, 7: 893.

[83] Gulliver A, Griffiths KM, Mackinnon A, et al. The mental health of Australian elite athletes [J]. Journal of Science and Medicine in Sport, 2015, 18: 255-61.

[84] 刘真. 我国运动员运动性失眠状况调查与特点分析 [D]. 苏州：苏州大学, 2012.

[85] 杨舒. 高水平运动员心理健康现状及干预 [D]. 上海：上海体育学院, 2015.

[86] 谭亦斌, 曹智, 吴云娥. 广东省高水平运动员心理健康现状研究 [J]. 体育成人教育学刊, 2014, 30（1）：48-51.

[87] 吕吉勇, 李海霞. 我国优秀单板滑雪U型场地技巧运动员心理健康状况的调查研究 [J]. 哈尔滨体育学院学报, 2017, 35（2）：25-29.

[88] Du Preez E J, Graham K S, Gan TY, et al. Depression, anxiety, and alcohol use in elite rugby league players over a competitive season [J]. Clinical Journal of Sport Medicine, 2017, 27: 530–535.

[89] Junge A, Feddermann-Demont N. Prevalence of depression and anxiety in top-level male and female football players [J]. BMJ Open Sport & Exercise Medicine, 2016, 2: e000087.

[90] Lancaster M A, McCrea M A, Nelson L D. Psychometric properties and normative data for the brief symptom Inventory-18 (BSI-18) in high school and collegiate athletes [J]. The Clinical Neuropsychologist, 2016, 30: 321–333.

[91] Weber S, Puta C, Lesinski M, et al. Symptoms of anxiety and depression in young athletes using the Hospital Anxiety and Depression Scale [J]. Frontiers in Physiology, 2018, 9: 182.

[92] Gomez-Piqueras P, González-Víllora S, Grassi A., et al. Are we making smart decisions regarding return to training of injured football players? Preliminary results from a pilot study [J]. Isokinetics and Exercise Science, 2018: 1-9.

[93] Rao A L, Asif I M, Drezner J A, et al. Suicide in National Collegiate Athletic Association (NCAA) athletes: A 9-year analysis of the NCAA resolutions database [J]. Sports Health, 2015, 7: 452-457.

[94] 刘洁洁. 精英运动员的自杀意念及其意义 [D]. 北京：北京体育大学, 2019.

[95] Coyle M, Gorczynski P, Gibson K. "You have to be mental to jump off a board any way": Elite divers' conceptualizations and perceptions of mental health [J]. Psychology of Sport and Exercise, 2017, 29: 10-18.

[96] Putukian M. The psychological response to injury in student athletes: a narrative review with a focus on mental health [J]. Br J Sports Med, 2016, 50: 145-148.

[97] Herring S A, Kibler W B, Putukian M. Psychological issues related to illness and injury in athletes and

the team physician: a consensus statement-2016 update [J]. Med Sci Sports Exerc, 2017, 49: 1043-1054.

[98] Ivarsson A, Johnson U, Andersen M B, et al. Psychosocial factors and sport injuries: meta-analyses for prediction and prevention [J]. Sports Medicine, 2017, 47: 353-365.

[99] Ardern C L, Taylor N F, Feller J A, et al. A systematic review of the psychological factors associated with returning to sport following injury [J]. Br J Sports Med, 2013, 47: 1120-1126.

[100] Weinstock J, Whelan J P, Meyers A W, et al. Gambling behavior of student-athletes and a student cohort: what are the odds [J]. Journal of Gambling Studies, 2007, 23: 13-24.

[101] Reardon C, Creado S. Drug abuse in athletes [J]. Substance abuse and rehabilitation, 2014, 5: 95-105.

[102] McDuff D R, Baron D. Substance use in athletics: a sports psychiatry perspective [J]. Clinics in Sports Medicine, 2005, 24: 885-897.

[103] Gouttebarge V, Backx F J G, Aoki H, et al. Symptoms of common mental disorders in professional football (soccer) across five European countries [J]. Journal of Sports Science & Medicine, 2015, 14: 881.

[104] Gouttebarge V, Hopley P, Kerkhoffs G, et al. A 12-month prospective cohort study of symptoms of common mental disorders among professional rugby players [J]. European Journal of Sport Science, 2018, 18: 1004-1012.

[105] 邱华丽. 酒精对郑州大学高水平田径队径赛成绩的影响 [J]. 体育科技文献通报, 2016, 24 (1): 121-123.

[106] Watson N F, Badr M S, Belenky G, et al. Joint consensus statement of the American Academy of Sleep Medicine and Sleep Research Society on the recommended amount of sleep for a healthy adult: methodology and discussion [J]. Sleep, 2015, 38: 1161-1183.

[107] St-Onge M-P, Grandner M A, Brown D, et al. Sleep duration and quality: impact on lifestyle behaviors and cardiometabolic health: a scientific statement from the American Heart Association [J]. Circulation, 2016, 134: e367-386.

[108] Biggins M, Cahalan R, Comyns T, et al. Poor sleep is related to lower general health, increased stress and increased confusion in elite Gaelic athletes [J]. The Physician and Sportsmedicine, 2018, 46: 14-20.

[109] Dunican I C, Martin D T, Halson S L, et al. The effects of the removal of electronic devices for 48 hours on sleep in elite judo athletes [J]. The Journal of Strength & Conditioning Research, 2017, 31: 2832-2839.

[110] Simpson N S, Gibbs E L, Matheson G O. Optimizing sleep to maximize performance: implications and recommendations for elite athletes [J]. Scandinavian Journal of Medicine & Science in Sports, 2017, 27: 266-274.

[111] Drew M, Vlahovich N, Hughes D, et al. Prevalence of illness, poor mental health and sleep quality and low energy availability prior to the 2016 Summer Olympic Games [J]. Br J Sports Med, 2018, 52: 47-53.

[112] Roberts S S H, Teo W-P, Warmington S A. Effects of training and competition on the sleep of elite athletes: a systematic review and meta-analysis [J]. Br J Sports Med, 2019, 53: 513-522.

[113] Gulliver A, Griffiths KM, Christensen H. Barriers and facilitators to mental health help-seeking for young elite athletes: a qualitative study [J]. BMC Psychiatry, 2012, 12: 157.

[114] 郭玉江, 陈利峰. 优秀运动员心理健康的定性探讨 [J]. 少林与太极（中州体育）, 2010 (10): 43-47.

[115] Wahto R S, Swift J K, Whipple J L. The role of stigma and referral source in predicting college student-athletes' attitudes toward psychological help-seeking [J]. Journal of ClinicalSport Psychology, 2016, 10: 85-98.

[116] Jorm A F, Korten A E, Jacomb P A, et al. "Mental health literacy": A survey of the public's ability to recognise mental disorders and their beliefs about the effectiveness of treatment [J]. Medical Journal of Australia, 1997, 166 (4): 182.

[117] Breslin G, Shannon S, Ferguson K, et al. Predicting athletes' mental health stigma using the Theory of Reasoned Action Framework [J]. Journal of Clinical Sport Psychology, 2018, 1-23.

[118] 韩哲, 王丹丹, 欧阳灵青, 等. 心理健康素养问卷在精英运动员群体中的信效度检验 [J]. 湖北体育科技, 2019, 38 (3): 226-229.

[119] Watson J C. College student-athletes' attitudes toward help-seeking behavior and expectations of counseling services [J]. Journal of College Student Development, 2005, 46 (4): 442-449.

[120] Mazzer K R, Rickwood D J. Mental health in sport: Coaches' views of their role and efficacy in supporting young people's mental health [J]. International Journal of Health Promotion and Education, 2015, 53 (2): 102-114.

[121] Gulliver A, Griffiths K M, Christensen H, et al. Internet-based interventions to promote mental health help-seeking in elite athletes: An exploratory randomized controlled trial [J]. Journal of Medical Internet Research, 2012, 14 (3): e69.

[122] Van Raalte J L, Cornelius A E, Andrews S, et al. Mental health referral for student-athletes: Web-based education and training [J]. Journal of Clinical Sport Psychology, 2015, 9 (3): 197-212.

[123] Breslin G, Haughey T, O'Brien W, et al. Increasing athlete knowledge of mental health and intentions to seek help: The state of Mind Ireland (SOMI) pilot program [J]. Journal of Clinical Sport Psychology, 2018, 12 (1): 39-56.

[124] Breslin G, Haughey T J, Donnelly P, et al. Promoting mental health awareness in sport clubs [J]. Journal of Public Mental Health, 2017, 16 (2): 55-62.

[125] Hurley D, Allen M S, Swann C, et al. The development, pilot, and process evaluation of a parent mental health literacy intervention through community sports clubs [J]. Journal of Child and Family Studies, 2018, 27 (2): 1-12.

[126] Sebbens J, Hassmén P, Crisp D, et al. Mental Health In Sport (MHS): Improving the early intervention knowledge and confidence of elite sport staff [J]. Frontiers in Psychology, 2016, 7: 1-9.

[127] Biggin, Isobelle, J R, Burns J, et al. An investigation of athletes' and coaches' perceptions of mental ill-health in elite athletes [J]. Journal of Clinical Sport Psychology, 2017, 11 (2): 126-147.

[128] Wood S, Harrison L K, Kucharska J. Male professional footballers' experiences of mental health difficulties and help-seeking [J]. Physician and Sportsmedicine, 2017, 45 (2): 120-128.

[129] Butler-Coyne H, Shanmuganathan-Felton V, Taylor J. Mental health in equestrian sport [J]. Journal

of Clinical Sport Psychology, 2018：1-26.

[130] Dell'Orco S, et al. Decisions under temporal and emotional pressure：The hidden relationships between the unconscious, personality, and cognitive styles [J]. World Futures, 2019, 1：1-13.

[131] Swann C, et al. Psychological states underlying excellent performance in professional golfers："Letting it happen" vs. "making it happen" [J]. Psychology of Sport and Exercise, 2016, 23：101-113.

[132] Colzato1 L. S. Noninvasive brain stimulation and neural entrainment enhance athletic performance：A review [J]. Journal of Cognitive Enhancement, 2017, 1：73-79.

[133] 林崇德. 对未来基础教育的几点思考 [J]. 课程·教材·教法, 2016（3）：3-10.

[134] 教育部. 普通高中体育与健康课程标准 [M]. 北京：人民教育出版社, 2017：5-7.

[135] Whitley M. A, Massey W. V, Wilkison M. A. Systems theory of development through sport for traumatized and disadvantaged youth [J]. Psychology of Sport & Exercise, 2018, 38：116-125.

[136] Swann C, Telenta J, Draper G, et al Youth sport as a context for supporting mental health：Adolescent male perspectives [J]. Psychology of Sport & Exercise, 2018, 35：55-64.

[137] 杨光辉. 化学学科核心素养视角下的中考化学实验探究试题分析 [J]. 化学教育（中英文）, 2019, 40（11）：24-28.

[138] 颜嘉逸. 基于学科核心素养的数学教学设计研究 [J]. 当代教育与文化, 2019（3）：54-57,75.

[139] 何杰, 吴泽明. 基于地理核心素养的实验设计与实践——以"水土流失影响因子"探究实验为例 [J]. 地理教学, 2019（10）：50-52.

[140] 戴智敏, 沈兆钧. 中职学生语文核心素养跨学科培育模式的研究与实践 [J]. 中国职业技术教育, 2019（14）：12-17.

[141] 查婉琼. 音乐学科核心素养的教学意蕴 [J]. 当代教育与文化, 2019, 11（2）：78-81.

[142] 张力为. 中介变量在体育科学研究设计中的理论作用和统计计算 [J]. 体育科学, 2001, 21（5）：78-81.

[143] 王海鸥. 核心素养导向下的中小学武术教育的思考 [J]. 西安体育学院学报, 2018, 35（4）：460-464.

[144] 彭南京, 张羽佳. 传统武德文化中的伦理观念及其现代回响 [J]. 体育与科学, 2017, 38（2）：72-77.

[145] Harwood C. G, Knight C. J, Thrower S. N, et al. Advancing the study of parental involvement to optimise the psychosocial development and experiences of young athletes [J]. Psychology of Sport & Exercise, 2019, 42：66-73.

[146] King P E, bowling E M, Mueller R A, et al. Thriving in AdolescenceThe Voices of Youth-Serving Practitioners, Parents, and Early and Late Adolescents [J]. Journal of Early Adolescence, 2005, 25（1）：94-112.

[147] Conant-Norville D. O. Child and adolescent sports psychiatry in the US [J]. International Review of Psychiatry, 2016, 28（6）：556-563.

[148] Arellano A, Halsall T, Forneris T, et al. Results of a utilization-focused evaluation of a Right To Play program for Indigenous youth [J]. Evaluation & Program Planning, 2018, 66：156-164.

[149] Cronin L. D, Allen J. Development and initial validation of the Life Skills Scale for Sport [J]. Psychol-

ogy of Sport & Exercise, 2017, 28: 105-119.

[150] 林崇德. 21世纪学生发展核心素养研究 [J]. 教育科学论坛, 2016 (20): 24.

[151] 张细谦, 张仕宜. 核心素养导向下体育与健康课程实施路径的优化 [J]. 体育学刊, 2018, 25 (2): 76-80.

[152] 张静婷. 武术课程促进学生体育学科核心素养的形成研究 [J]. 广州体育学院学报, 2018, 38 (5): 113-116.

[153] 赵富学, 程传银. 学生体育学科核心素养能力化的引领与培育 [J]. 成都体育学院学报, 2018, 44 (6): 104-109.

[154] Smedegaard S, Christiansen L. B, Lund-Cramer P, et al. Improving the well-being of children and youths: a randomized multicomponent, school-based, physical activity intervention [J]. BMC Public Health, 2016, 16 (1): 1-11.

[155] Nicholas L. Holt. Positive Youth Development Through Sport. [M] London; New Youk: Routledge, 2008.

[156] 李凌. 青少年户外体育营地的教育理念与课程设置 [J]. 西安体育学院学报, 2009, 26 (5): 618-621.

[157] 游茂林. 国际体育社会心理学发展百年回眸 [J]. 山东体育学院学报, 2016, 32 (5): 100-107.

[158] 徐雷. 自闭症谱系障碍个体运动干预研究进展 [J]. 中国体育科技, 2017, 53 (6): 117-126, 141.

[159] 刘芳梅. 网络成瘾对大学生体质健康的影响及干预对策研究——以广东省高校为例 [J]. 北京体育大学学报, 2016, 39 (7): 108-113.

[160] 吴瑾, 湛慧, 渡镇中, 等. 运动干预青少年网络成瘾效果的Meta分析 [J]. 体育与科学, 2018, 39 (3): 46-54.

[161] 莫洪宪, 任娇娇. 体育运动干预毒品滥用问题研究 [J]. 武汉体育学院学报, 2016, 50 (9): 40-44, 68.

[162] 赵非一, 周成林, 刘天择. 运动锻炼抑制药物成瘾者心理渴求及复吸行为的神经生物学机制——基于运动对神经递质、激素和肽类物质的调节作用 [J]. 体育科学, 2018, 38 (7): 33-41.

[163] 石岩, 高桢. 我国体育暴力研究热点、演进脉络及发展趋势 [J]. 成都体育学院学报, 2017, 43 (6): 1-7.

[164] 叶绿, 王斌, 葛艺, 等. 运动员感恩对心理疲劳的影响——社会支持与心理坚韧性的链式中介作用 [J]. 体育科学, 2016, 36 (11): 39-49.

[165] 闫静, 王焕, 熊欢. 全面二孩背景下二孩母亲体育活动的动机和限制性因素分析 [J]. 北京体育大学学报, 2019, 42 (1): 111-119.

[166] 祝大鹏. 业余马拉松选手参赛心理认知与调节 [J]. 山东体育学院学报, 2018, 34 (2): 87-90.

[167] 王栋, 陈作松. 运动员运动道德推脱与运动亲反社会行为的关系 [J]. 心理学报, 2016, 48 (3): 305-317.

[168] 盛炯, 王栋, 陈作松. 教练风格对运动反社会行为的影响: 运动道德推脱的中介效应 [J]. 上

海体育学院学报，2018，42（5）：105-110.

[169] 李刚，孙晋海，代刚. 城镇居民体育旅游风险知觉消费行为实证研究[J]. 北京体育大学学报，2016，39（6）：20-28.

[170] 黄海燕，康逸琨. 体育赛事与城市形象契合对观众满意度和重游意向的影响[J]. 中国体育科技，2018，54（4）：12-20.

[171] 叶绿，王斌，刘尊佳，等. 教练员-运动员关系对运动表现满意度的影响——希望与运动投入的序列中介作用[J]. 体育科学，2016，36（7）：40-48.

[172] 王智，董蕊. 追求卓越表现过程中的教练员-运动员关系：对我国个人项目教练员和运动员的访谈研究[J]. 中国体育科技，2018，54（5）：94-100.

[173] 崔德刚，邱芬，阳艺武. 运动员满意度对高校运动队教练员-运动员关系与运动承诺的中介作用[J]. 武汉体育学院学报，2016，50（10）：71-76.

[174] 郭宇刚. 运动员依恋、关系维持策略与运动员-教练员关系质量的研究[D]. 上海：上海体育学院，2016.

[175] 于少勇，卢晓春，侯鹏. 球类集体项目教练员家长式领导行为与团队信任的关系[J]. 武汉体育学院学报，2018，52（8）：73-77.

[176] 李佳薇，鲁长芬，罗小兵. 高校教练员领导行为对竞赛表现的影响研究：群体凝聚力与训练比赛满意感的链式中介效应[J]. 体育与科学，2017，38（6）：87-95.

[177] 王进，乔智，刘金华，等. 压力与"Choking"现象：基于过程理论的系统分析[J]. 体育科学，2018，38（12）：19-34.

[178] 杨尚剑，孙有平. 篮球队内部球员冲突与满意度：组织公民行为的中介作用[J]. 成都体育学院学报，2016，42（1）：89-95.

[179] 曲辉，姚家新. 运动成瘾心理影响因素的病例对照研究[J]. 西安体育学院学报，2017，34（1）：112-120.

[180] 胡月英，唐炎，张加林，等. 父母因素对青少年中到大强度身体活动的影响研究[J]. 中国体育科技，2017，53（3）：14-21.

[181] 王富百慧，王梅，张彦峰，等. 中国家庭体育锻炼行为特点及代际互动关系研究[J]. 体育科学，2016，36（11）：31-38.

[182] 阳家鹏，向春玉，刘小明. 整合理论视角：父母支持促进青少年体力活动的路径[J]. 体育与科学，2019，40（2）：115-120.

[183] 颜军，李崎，张智锴，等. 校园课外体育锻炼对小学高年级学生身体自尊和自信的影响[J]. 体育与科学，2019，40（2）：100-104.

[184] 曹蓓娟，吴雪萍，王荟媛. 操舞类项目对女大学生身体自尊的影响[J]. 上海体育学院学报，2016，40（1）：90-94.

[185] 孙双明，刘波，孙妍，等. 青少年体育参与和社会适应关系的实证研究——以清华大学为个案[J]. 北京体育大学学报，2019，42（2）：76-85，125.

[186] 马古兰丹姆，刘坚，陈翟鹿子，等. 舞蹈治疗对大学生人际交往能力与情绪的影响[J]. 上海体育学院学报，2019，43（2）：86-90，96.

[187] 陈曙，王京琼. 体育参与对农村留守儿童身心健康的干预研究[J]. 武汉体育学院学报，2016，50（9）：93-100.

[188] 郭启贵, 罗炯, 桑美玲, 等. 自尊、身体意象对当代大学生运动参与的影响研究 [J]. 西安体育学院学报, 2017, 34 (6): 730-738.

[189] 董宝林, 张欢, 朱乐青, 等. 健康信念、自我效能感和社会支持对青少年余暇锻炼的影响 [J]. 山东体育学院学报, 2018, 34 (5): 106-112.

[190] 杨尚剑. 社会支持、自我效能与青少年体育锻炼满意度的关系 [J]. 武汉体育学院学报, 2016, 50 (2): 90-94.

[191] 朱宏, 李英奎, 何英. 整体自尊、自我同情对大学生锻炼动机的影响 [J]. 北京体育大学学报, 2016, 39 (5): 52-57.

[192] 尹龙, 李芳, 司虎克. 体育课需求支持对青少年闲暇时间体力活动的影响: 跨情境模型的构建与检验 [J]. 体育与科学, 2018, 39 (1): 90-100.

[193] 柳青, 王深. 锻炼群体凝聚力的内容结构及其影响因素 [J]. 西安体育学院学报, 2016, 33 (4): 410-417.

[194] 王深, 刘一平, 谷春强. 业余体育团队凝聚力对成员锻炼坚持性的影响机制: 有调节的两层中介模型 [J]. 武汉体育学院学报, 2016, 50 (3): 73-80+85.

[195] 张春雷, 张守伟, 肖坤鹏. 运动干预对大学生心理压力的影响: 健康信念的中介效应 [J]. 成都体育学院学报, 2016, 42 (4): 103-108.

[196] 胡惠芳. 身体意象、社会体型焦虑对大学新生运动行为的影响研究 [J]. 成都体育学院学报, 2017, 43 (2): 120-126.

[197] 董宝林, 毛丽娟, 张欢. 社会支持与女大学生余暇锻炼: 性别角色冲突的中介效应 [J]. 北京体育大学学报, 2018, 10: 25-31.

[198] 程韵枫, 董宝林. 锻炼氛围、主观体验对大学生余暇体育锻炼的影响 [J]. 天津体育学院学报, 2018, 33 (2): 177-184.

[199] 马德森, 矫志庆. 道德推脱对儿童青少年校园体育欺凌行为的影响: 有调节的中介模型 [J]. 天津体育学院学报, 2019, 34 (1): 80-85.

[200] 张彦. 大学生运动员自尊与自我控制及攻击性的关系 [J]. 体育学刊, 2016, 4: 86-90.

[201] 郭正茂, 杨剑. 青少年运动员完美主义与心理疲劳关系的重构——基于基本心理需要的中介效应 [J]. 上海体育学院学报, 2018, 42 (1): 95-103.

[202] Madigan D, Stoeber J, Passfield L. Perfectionism and attitudes towards doping in junior athletes [J]. Journal of Sports Sciences, 2016, 34 (8): 700-706.

[203] Ntoumanis N, Barkoukis V, Gucciardi D. Linking Coach Interpersonal Style With Athlete Doping Intentions and Doping Use: A Prospective Study [J]. Journal of Sport and Exercise Psychology, 2017, 39 (3): 188-198.

[204] Ring C, Kavussanu M. Ego involvement increases doping likelihood [J]. Journal of Sports Sciences, 2018, 36 (15): 1757-1762.

[205] Gillison F, Standage M, Cumming S. Does parental support moderate the effect of children" s motivation and self-efficacy on physical activity and sedentary behaviour? [J]. Psychology of Sport and Exercise, 2017, 32 (4): 153-161.

[206] Sorkkila M, Aunola, K, Ryba T. A person-oriented approach to sport and school burnout in adolescent student-athletes: The role of individual and parental expectations [J]. Psychology of Sport and Exer-

cise, 2017, 28（1）：58-67.

［207］Knight C, Berrow S, Harwood C. Parenting in Sport［J］. Current Opinion in Psychology, 2017, 16（2）：93-97.

［208］Weltevreden C, Hooft E, Vianen A. Parental behavior and Adolescent's achievement goals in sport［J］. Psychology of Sport and Exercise, 2018, 39（4）：178-189.

［209］Jowett S, Adie James W, Bartholomew K. Motivational processes in the coach-athlete relationship: A multi-cultural self-determination approach［J］. Psychology of Sport and Exercise, 2017, 32（4）：143-152.

［210］Preston C, Fraser-Thomas, J. The parent-coach relationship within elite youth sport: Contentious or cooperative?［J］. Journal of Exercise, Movement, and Sport, 2016, 48（1）：125-126.

［211］Clarke N, Harwood C, Cushion C. A phenomenological interpretation of the parent-child relationship in elite youth football［J］. Sport, Exercise, and Performance Psychology, 2016, 5（2）：125-143.

［212］Cotterill S, Fransen K. Athlete leadership in sport teams: Current understanding and future directions［J］. International Review of Sport and Exercise Psychology, 2016, 9（1）：116-133.

［213］Wilson D, Ramchandani G. A. Comparative Analysis of Home Advantage in the Olympic and Paralympic Games 1988-2018［J］. Journal of Global Sport Management, 2018, 13（6）：153-168.

［214］Cristiano Diniz da Silva. The effect on home advantage when a team changes from grass to artificial turf: a worldwide study in professional football［J］. International Journal of Performance Analysis in Sport, 2018, 18（2）：310-317.

［215］Al-Yaaribi A, Kavussanu M. Prosocial and antisocial behaviors in adolescent male soccer players［J］. Psychology of Sport and Exercise, 2018, 37（3）：91-99.

［216］Mosanya M, Petkari E. Being fit and feeling pleased: The mediational role of physical self-efficacy in UAE women residents［J］. International Journal of Sport and Exercise Psychology, 2018, 16（4）：343-353.

［217］Gustafsson H. Performance based self-esteem and athlete-identity in athlete burnout: A person-centered approach［J］. Psychology of Sport and Exercise, 2018, 38（4）：56-60.

［218］Gustafsson H, Madigan D. J, Lundkvist E. Burnout in Athletes. In: Fuchs R., Gerber M.（eds）Handbuch Stressregulation und Sport. Springer Reference Psychologie. Springer, Berlin, Heidelberg, 2018.

［219］Chaddock-Heyman L, Erickson K. I, Kienzler C, et al. Physical activity increases white matter microstructure in children. Frontiers in neuroscience, 2018, 12：950.

［220］Voss M. W, Soto C, Yoo S, et al. Exercise and hippocampal memory systems. Trends in cognitive sciences. 2019.

［221］Gorham L. S, Jernigan T, Hudziak J, et al. Involvement in sports, hippocampal volume, and depressive symptoms in children. Biological Psychiatry: Cognitive Neuroscience and Neuroimaging, 2019, 4（5）：484-492.

［222］颜军, 殷恒婵, 陈爱国. 体育神经科学：体育心理学与神经科学研究的融合［J］. 体育与科学, 2018, 39（4）：46-51.

［223］Hillman C. H, Pontifex M. B, Castelli D. M, et al. Effects of the FITKids randomized controlled trial on executive control and brain function. Pediatrics, 2014, 134 (4): 1063-1071.

[224] Chaddock L, Erickson K. I, Prakash R. S, et al. A functional MRI investigation of the association between childhood aerobic fitness and neurocognitivecontrol. Biological Pychology, 2012, 89 (1): 260-268.

[225] Williams V. J, Hayes, J. P, Forman D. E, et al. Cardiorespiratory fitness is differentially associated with cortical thickness in young and older adults. NeuroImage, 2017, 146: 1084-1092.

[226] Oberlin L E, Verstynen T D, Burzynska A Z, et al. White matter microstructure mediates the relationship between cardiorespiratory fitness and spatial working memory in older adults [J]. Neuroimage, 2016, 131: 91-101.

[227] Nagamatsu L. S, Weinstein A. M, Erickson K. I, et al. Exercise mode moderates the relationship between mobility and basal ganglia volume in healthy older adults. Journal of the American Geriatrics Society, 2016, 64 (1): 102-108.

[228] Boyle C. P, Raji, C. A, Erickson K. I, et al. Physical activity, body mass index, and brain atrophy in Alzheimer's disease. Neurobiology of Aging, 2015, 36: S194-S202.

[229] Chaddock-Heyman L, Mackenzie M. J, Zuniga, K, et al. Higher cardiorespiratory fitness levels are associated with greater hippocampal volume in breast cancer survivors. Frontiers in Human Neuroscience, 2015, 9: 465.

[230] Firth J, Stubbs B, Vancampfort D, et al. Effect of aerobic exercise on hippocampal volume in humans: a systematic review and meta-analysis. Neuroimage, 2018, 166: 230-238.

[231] Chang Y. K, Chu I. H, Liu J. H, et al. Exercise modality is differentially associated with neurocognition in older adults. Neural Plasticity, 2017.

[232] 蒋长好, 邵铭铭, 杨源. 八段锦身心锻炼对老年人语言流畅性的影响 [J]. 首都体育学院学报, 2019, 31 (4): 359-363.

[233] Wei G. X, Dong H. M, Yang Z, et al. Tai Chi Chuan optimizes the functional organization of the intrinsic human brain architecture in older adults. Frontiers in Aging Neuroscience, 2014, 6: 74.

[234] Di X, Zhu S, Jin H, et al. Altered resting brain function and structure in professional badminton players. BrainConnectivity, 2012, 2 (4): 225-233.

[235] Koerte I. K, Mayinger M, Muehlmann M, et al. Cortical thinning in former professional soccer players. Brain Imaging and Behavior, 2016, 10 (3): 792-798.

[236] Gong A, Liu J, Lua L, et al. Characteristic differences between the brain networks of high-level shooting athletes and non-athletes calculated using the phase-locking value algorithm. Biomedical Signal Processing and Control, 2019, 51: 128-137.

[237] 陈嘉成, 李雅南, 金鑫虹. 高水平羽毛球运动员抑制控制特点: 一项ERP的研究 [J]. 天津体育学院学报, 2018, 33 (2): 44-51.

[238] 韦晓娜, 漆昌柱, 徐霞, 等. 网球运动专长对深度运动知觉影响的ERP研究 [J]. 心理学报, 2017, 49 (11): 1404-1413.

[239] Castellà J, Boned J, Méndez-Ulrich J. L, et al. Jump and free fall! Memory, attention, and decision-making processes in an extreme sport. Cognition and Emotion, 2019: 1-11.

[240] 郑樊慧, 安燕, 谢前乔, 等. 青少年女子气手枪运动员击发前脑电变化特征的研究 [J]. 中国

体育科技,2015,51(2):100-104.

[241] 王小春,周成林.基于视觉线索遮蔽条件下的网球专家空间知觉预判:来自眼动与ERP的证据[J].体育科学,2013,33(2):38-46.

[242] 孙国晓,张力为.竞赛特质焦虑干扰优势反应抑制的神经准备过程:ERP的证据[J].天津体育学院学报,2015,30(4):307-311.

[243] Abula K, Gröpel P, Chen K, et al. Does knowledge of physical activity recommendations increase physical activity among Chinese college students? Empirical investigations based on the transtheoretical model[J]. Journal of Sport and Health Science, 2018, 7(1):77-82.

[244] Liu KT, Kueh YC, Arifin WN, et al. Application of Transtheoretical Model on Behavioral Changes, and amount of physical activity among university's students[J]. Frontiers in Psychology, 2018, 9.

[245] Han H, Gabriel KP, Kohl III HW. Application of the transtheoretical model to sedentary behaviors and its association with physical activity status[J]. Plos One, 2017, 12(4).

[246] Wang L, Wang L. Using theory of planned behavior to predict the physical activity of children: Probing gender differences[J]. BioMed Research International, 2015, 2015:1-9.

[247] Sebire SJ, Edwards MJ, Fox KR, et al. Delivery and receipt of a self-determination-theory-based extracurricular physical activity intervention: Exploring theoretical fidelity in action 3:30[J]. Journal of Sport and Exercise Psychology, 2016, 38(4):381-395.

[248] Wang L. Using the self-determination theory to understand Chinese adolescent leisure-time physical activity[J]. European Journal of Sport Science, 2017, 17(4):453-461.

[249] Chicote-López J, Abarca-Sos A, Gallardo LO, et al. Social antecedents in physical activity: Tracking the self-determination theory sequence in adolescents[J]. Journal of Community Psychology, 2018, 46(3):356-373.

[250] Gray S M, Wharf H J, Rhodes R E. Understanding physical activity motivation and behavior through Self-determination and Servant Leadership theories in a feasibility study[J]. Journal of Aging and Physical Activity, 2018, 26(3):419-429.

[251] Stolte E, Hopman-Rock M, Aartsen MJ, et al. The theory of planned behavior and physical activity change: Outcomes of the aging well and healthily intervention program for older adults[J]. Journal of Aging and Physical Activity, 2017, 25(3):438-445.

[252] Vancampfort D, Damme TV, Probst M, et al. Motives for physical activity in the adoption and maintenance of physical activity in men with alcohol use disorders[J]. Psychiatry Research, 2018, 261:522-526.

[253] Lee CF, Chiang IC, Hwang FM, et al. Using the theory of planned behavior to predict pregnant women's intention to engage in regular exercise[J]. Midwifery, 2016, 42:80-86.

[254] Newham JJ, Mclinres CA, Leahy-Warren P, et al. Intentions toward physical activity and resting behavior in pregnant women: Using the theory of planned behavior framework in a cross-sectional study[J]. Birth, 2015, 43(1):49-57.

[255] Whitaker KM, Wilcox S, Liu J, et al. Pregnant women's perceptions of weight gain, physical activity, and nutrition using theory of planned behavior constructs[J]. Journal of Behavioral Medicine, 2016, 39(1):1-14.

［256］Ferreira G, Pereira MG. Physical activity: The importance of the extended theory of planned behavior, in type 2 diabetes patients［J］. Journal of Health Psychology, 2016, 22（10）: 64-66.

［257］Shamizadeh T, Jahangiry L, Sarbakhsh P, et al. Social cognitive theory-based intervention to promote physical activity among prediabetic rural people: A cluster randomized controlled trial［J］. Trials, 2019, 20（1）: 98.

［258］Taylor LM, Raine KD, Plotnikoff RC, et al. Understanding physical activity in individuals with prediabetes: An application of social cognitive theory［J］. Psychology Health & Medicine, 2016, 21（2）: 254-260.

［259］Heiss VJ, Petosa RL. Social cognitive theory correlates of moderate-intensity exercise among adults with type 2 diabetes［J］. Psychology, health & medicine, 2016, 21（1）: 92-101.

［260］Chevance G, Caudroit J, Romain AJ, et al. The adoption of physical activity and eating behaviors among persons with obesity and in the general population: The role of implicit attitudes within the theory of planned behavior［J］. Psychology Health & Medicine, 2016, 22（3）: 319-324.

［261］Saunders C, Huta V, Sweet SN. Physical activity, well-being, and the basic psychological needs: Adopting the SDT model of eudaimonia in a post-cardiac rehabilitation sample［J］. Applied Psychology: Health and Well-Being, 2018, 10（3）: 347-367.

［262］Huang HY, Lin YS, Chuang YC, et al. Application of the transtheoretical model to exercise behavior and physical activity in patients after open heart surgery［J］. Acta Cardiologica Sinica, 2015, 31（3）: 202-208.

［263］Ham OK, Sung KM, Bo GL, et al. Transtheoretical model based exercise counseling combined with music skipping rope exercise on childhood obesity［J］. Asian Nursing Research, 2016, 10（2）: 116-122.

［264］Young MD, Plotnikoff RC, Collins CE, et al. A test of social cognitive theory to explain men's physical activity during a gender-tailored weight loss program［J］. American Journal of Mens Health, 2016, 10（6）: NP176-NP187.

［265］Haegele JA, Brian AS, Lieberman LJ. Social cognitive theory determinants of physical activity in adults with visual impairments［J］. Journal of Developmental & Physical Disabilities, 2017, 29（6）: 911-923.

［266］Romain AJ, Abdelbaki A. Using the transtheoretical model to predict physical activity level of overweight adults with serious mental illness［J］. Psychiatry Research, 2017, 258: 476-480.

［267］Korologou S, Barkoukis V, Lazuras L, et al. Application of the transtheoretical model to physical activity in deaf individuals［J］. Adapted Physical Activity Quarterly: APAQ, 2015, 32（3）: 223-240.

［268］Jekauc D, Völkle M, Wagner MO, et al. Prediction of attendance at fitness center: A comparison between the theory of planned behavior, the social cognitive theory, and the physical activity maintenance theory［J］. Front Psychol, 2015, 6: 121.

［269］Brooks JM, Iwanaga K, Chiu CY, et al. Relationships between self-determination theory and theory of planned behavior applied to physical activity and exercise behavior in chronic pain［J］. Psychology, Health & Medicine, 2017, 22（7）: 1-9.

［270］Luqman A, Masood A, Ali A. An SDT and TPB-based integrated approach to explore the role of autonomous and controlled motivations in " SNS discontinuance intention"［J］. Computers in Human Behavior, 2018, 85: 298-307.

[271] Vo PT, Bogg T. Testing theory of planned behavior and neo-socioanalytic theory models of trait activity, industriousness, exercise social cognitions, exercise intentions, and physical activity in a representative U.S. sample [J]. Frontiers in Psychology, 2015, 6: 1114.

[272] Kay S A, Grimm LR. Regulatoryfit improves fitness for people with low exercise experience. Journal of Sport & Exercise Psychology, 2017, 39 (2): 109-119.

[273] Calogiuri G, Nordtug H. Weydahl A. The potential of using exercise in nature as an intervention to enhance exercise behavior: Results from a pilot study. Perceptual and Motor Skills, 2015, 121 (2): 350-370. doi: 10.2466/06.PMS.121c17x0

[274] Haslem L, Wilkinson C, Prusak KA, et al. Relationships between health-related fitness knowledge, perceived competence, self-determination, and physical activity behaviors of high school students [J]. Journal of Teaching in Physical Education, 2015, 35 (1): 27-37.

[275] Fenton SAM, Duda JL, Barrett T. Optimising physical activity engagement during youth sport: A self-determination theory approach [J]. Journal of Sports Sciences, 2016, 34 (19): 1874-1884.

[276] Klain IP, DeMatos DG, Leitão JC, et al. Self-determination and physical exercise adherence in the contexts of academies and personal training [J]. Journal of Human Kinetics, 2015, 46 (1): 241-249.

[277] Middelkamp J, Rooijen MV, Wolfhagen P, et al. The effects of a self-efficacy intervention on exercise behavior of fitness club members in 52 weeks and long-term relationships of transtheoretical model constructs [J]. J Sports Sci Med, 2017, 16 (2): 163-171.

[278] Lee CG, Park S, Lee SH, et al. social cognitive theory and physical activity among Korean male high-school students [J]. American Journal of Men's Health, 2018, 12 (4): 973-980.

[279] Cortis C, Puggina A, Pesce C, et al. Psychological determinants of physical activity across the life course: A "DEterminants of DIet and Physical ACtivity" (DEDIPAC) umbrella systematic literature review [J]. PLoS One, 2017, 12 (8): e0182709.

[280] Rhodes RE, Lubans DR, Karunamuni N, et al. Factors associated with participation in resistance training: A systematic review [J]. British Journal of Sports Medicine, 2017, 51 (20): 1466-1472.

[281] Schwarzer R, Mcauley E. The world is confounded: A comment on Williams and Rhodes [J]. Health Psychology Review, 2016, 10 (2): 133-135.

[282] Williams DM, Rhodes RE. The confounded self-efficacy construct: Conceptual analysis and recommendations for future research [J]. Health Psychol Rev, 2016, 10 (2): 113-128.

[283] 司琦, 汪霖之, 朱美丽. 基于人际和组织生态子系统的青少年校内课外身体活动影响因素研究 [J]. 首都体育学院学报, 2017, 29 (3): 259-264.

[284] 许昭, 颜春辉, 洪丝语. 大学生身体活动意向与行为的关系: 计划、情感的中介作用 [J]. 山东体育学院学报, 2018, 34 (6): 67-72.

[285] 张持晨, 赵慧宁, 陆姣, 等. 应用健康行为过程取向理论对大学生体育锻炼态度的研究 [J]. 中国学校卫生, 2018 (4): 490-494.

[286] 许昭, 毛志雄. 身体活动熟虑——冲动双系统模型的构建与检验 [J]. 体育科学, 2015, 35 (8): 16-23.

[287] 代俊, 陈瀚. 社会生态学视角下青少年校外身体活动行为的影响因素研究 [J]. 首都体育学院学报, 2018, 30 (4): 89-95.

[288] 陈金鳌, 张林, 刘红存, 等. 青少年自主体育锻炼相关变量的结构关系模型构建[J]. 中国体育科技, 2017, 53 (4): 131-137.

[289] 朱姣, 殷小川. 重要他人的自主支持感与青少年锻炼行为的关系——基于自我决定理论[J]. 中国运动医学杂志, 2017, 36 (1): 48-55.

[290] 阳家鹏, 向春玉, 刘小明. 整合理论视角: 父母支持促进青少年体力活动的路径[J]. 体育与科学, 2019, 40 (2): 115-120.

[291] 部义峰, 杜蕾, 李双林. 中学生逃避体育锻炼行为及影响机制[J]. 体育学刊, 2017, 24 (4): 120-127.

[292] Romain AJ, Horwath C, Bernard P. Prediction of physical activity level using processes of change from the transtheoretical model: Experiential, behavioral, or an interaction effect? [J]. American Journal of Health Promotion, 2018, 32 (1): 16-23.

[293] Gourlan M, Boiché J, Takito M, et al. Predicting physical activity among children: Investigating interaction effects in the theory of planned behavior [J]. Research quarterly for exercise and sport, 2018, 89 (4): 490-497.

[294] Lindwall M, Weman-Josefsson K, Sebire SJ, et al. Viewing exercise goal content through a person-oriented lens: A self-determination perspective [J]. Psychology of Sport and Exercise, 2016, 27: 85-92.

[295] Stacey FG, James EL, Chapman K, et al. Social cognitive theory mediators of physical activity in a lifestyle program for cancer survivors and carers: Findings from the ENRICH randomized controlled trial [J]. International Journal of Behavioral Nutrition and Physical Activity, 2016, 13 (1): 49.

[296] Gothe NP. Correlates of physical activity in urban African American adults and older adults: Testing the social cognitive theory [J]. Annals of Behavioral Medicine, 2018, 52 (9): 743-751.

[297] Hagger MS, Chatzisarantis NLD. The trans-contextual model of autonomous motivation in education: Conceptual and empirical issues and meta-analysis. Review of Educational Research, 2016, 86 (2): 360-407.

[298] Jago R, Sebire SJ, Davies B, et al. Increasing children's physical activity through a teaching-assistant led extracurricular intervention: Process evaluation of the Action 3: 30 randomised feasibility trial [J]. Bmc Public Health, 2015, 15 (1): 156. doi: 10.1186/s12889-015-1501-3

[299] Lubans DR, Morgan PJ, Weaver K, et al. Rationale and study protocol for the supporting children's outcomes using rewards, exercise and skills (SCORES) group randomized controlled trial: A physical activity and fundamental movement skills intervention for primary schools in low-income communities [J]. BMC Public Health, 2012: 427-438.

[300] Clemson L, Fiatarone Singh MA, Bundy A, et al. Integration of balance and strength training into daily life activity to reduce rate of falls in older people (the LiFE study): Randomised parallel trial [J]. Bmj, 2012, 345 (aug07 1): e4547.

[301] Ashe MC, Winters M, Hoppmann CA, et al. " Not just another walking program": Everyday Activity Supports You (EASY) model——A randomized pilot study for a parallel randomized controlled trial [J]. Pilot & Feasibility Studies, 2015, 1 (4): 1-12.

[302] Kong ZW, Fan XT, Sun SY, et al. Comparison of high-intensity interval training and moderate-to-vigorous continuous training for cardiometabolic health and exercise Enjoyment in obese young women:

A randomized controlled trial [J]. PLoS One, 2016, 11 (7): e0158589. doi: 10.1371/journal.pone.0158589.

[303] Vella CA, Taylor K, Drummer D. High-intensity interval and moderate-intensity continuous training elicit similar enjoyment and adherence levels in overweight and obese adults [J]. European Journal of Sport Science, 2017, 17 (9): 1-9.

[304] Thum JS, Parsons G, Whittle T, et al. High-intensity interval training elicits higher enjoyment than moderate intensity continuous exercise [J]. Plos One, 2017, 12 (1): e0166299.

[305] Martinez N, Kilpatrick MW, Salomon K, et al. Affective and enjoyment responses to high-intensity interval training in overweight-to-obese and insufficiently active adults [J]. Journal of Sport & Exercise Psychology, 2015, 37 (2): 138.

[306] Astorino TA, Thum JS. Interval training elicits higher enjoyment versus moderate exercise in persons with spinal cord injury [J]. The Journal of Spinal Cord Medicine, 2018, 41 (1): 77-84. doi: 10.1080/10790268.2016.12357542016: 1-8.

[307] Döbler A, Herbeck Belnap B, Pollmann H, et al. Telephone-delivered lifestyle support with action planning and motivational interviewing techniques to improve rehabilitation outcomes [J]. Rehabilitation Psychology, 2018, 63 (2): 170-181. doi: 10.1037/rep0000224.

[308] Mailey EL, Phillips SM, Dlugonski D, et al. Overcoming barriers to exercise among parents: A social cognitive theory perspective. Journal of Behavioral Medicine, 2016, 39 (4): 599-609. doi: 10.1007/s10865-016-9744-8.

[309] Knowlden AP, Conrad E. Two-year outcomes of the enabling mothers to prevent pediatric obesity through web-based education and reciprocal determinism (EMPOWER): Randomized controlled trial [J]. Health Education & Behavior, 2018, 45 (2): 262-276.

[310] Knowlden AP, Sharma M, Cottrell RR, et al. Impact Evaluation of Enabling Mothers to Prevent Pediatric Obesity Through Web-Based Education and Reciprocal Determinism (EMPOWER) Randomized Control Trial [J]. Health Education & Behavior, 2015: 42 (2), 171-184.

[311] Kinnafick FE, Thøgersen-Ntoumani C, Duda JL. The effect of need supportive text messages on motivation and physical activity behaviour [J]. Journal of Behavioral Medicine, 2016, 39 (4): 574-586. doi: 10.1007/s10865-016-9722-1

[312] Chapman J, Fletcher C, Flight I, et al. Pilot randomized trial of a volitional help sheet-based tool to increase leisure time physical activity in breast cancer survivors [J]. British Journal of Health Psychology, 2018, 23 (3): 723-740. doi: 10.1111/bjhp.12313

[313] Friederichs SAH, Oenema A, Bolman C, et al. Motivational interviewing and self-determination theory in a web-based computer tailored physical activity intervention: A randomized controlled trial [J]. Psychology & Health, 2016, 31 (8): 907-930. doi: 10.1080/08870446.2016.1151018

[314] Zhao Q, Lu Y, Jaquess K J, et al. Utilization of cues in action anticipation in table tennis players [J]. Journal of Sports Sciences, 2018: 1-7.

[315] 张怡, 周成林. 网球运动员击球线路预判能力及 ERP 特征研究 [J]. 体育科学, 2012, 32 (12): 24-34.

[316] 丁雪琴. 优秀运动员某些心理障碍的克服 [J]. 体育科学, 1991 (3): 72-75+76.

[317] 周成林, 赵洪朋. 改革开放 30 年我国体育锻炼促进心理效益取得的突破与问题 [J]. 首都体育学院学报, 2009, 21 (3): 257-261.

[318] 王丽岩, 李安民, 臧徐州. 不同视觉条件下乒乓球运动员发球视觉搜索特征的比较研究 [J]. 沈阳体育学院学报, 2012, 31 (5): 59-63.

[319] 周成林, 刘微娜, 任莉敏. 击剑运动员个性化心理能力指标建构及监控 [J]. 体育科学, 2007 (8): 31-36, 52.

[320] Lu Y, Zhao Q, Wang Y, et al. Ballroom dancing promotes neural activity in the sensorimotor system: A resting-state fMRI study [J]. Neural Plasticity, 2018.

[321] Wang Y, Ji Q, Zhou C. Effect of prior cues on action anticipation in soccer goalkeepers [J]. Psychology of Sport and Exercise, 2019.

[322] 许昭. 心率变异性反馈训练对运动员心理疲劳调节的应用研究 [J]. 山东体育学院学报, 2009, 25 (11): 46-48.

[323] 周成林, 赵洪朋. 心理技术在我国竞技体育运动中应用的回顾与展望 [J]. 上海体育学院学报, 2009, 33 (2): 39-64.

[324] Makivi, et al. Heart Rate Variability (HRV) as a tool for diagnostic and monitoring performance in sport and physical activities [J]. Journal of Exercise Physiology Online, 2013, 16 (3).

[325] Goldman R I, Stern J M, Engel JR J, et al. Simultaneous EEG and fMRI of the alpha rhythm [J]. Neuroreport, 2002, 13 (18): 2487.

[326] Jensen O, Tesche C D. Frontal theta activity in humans increases with memory load in a working memory task [J]. European journal of Neuroscience, 2002, 15 (8): 1395-1399.

[327] 沈鹤军, 张忠, 庞进. 生物反馈训练对提高江苏男子重剑运动员心理调节能力的研究 [J]. 南京体育学院学报 (社会科学版), 2011, 25 (5): 121-125.

[328] Higuchi K, Shimada T, Rekimoto J. Flying sports assistant: external visual imagery representation for sports training; proceedings of the Proceedings of the 2nd Augmented Human International Conference, F [C]. ACM, 2011.

[329] Vernon D J. Can neurofeedback training enhance performance? An evaluation of the evidence with implications for future research [J]. Applied psychophysiology and biofeedback, 2005, 30 (4): 347.

[330] Paul M, Ganesan S, Sandhu J S, et al. Effect of Sensory Motor Rhythm Neurofeedback on Psycho-physiological, Electro-encephalographic Measures and Performance of Archery Players [J]. Ibnosina Journal of Medicine & Biomedical Sciences, 2012, 4 (2).

[331] Xiang M-Q, Hou X-H, Liao B-G, et al. The effect of neurofeedback training for sport performance in athletes: a meta-analysis [J]. Psychology of Sport and Exercise, 2018, 36 (1): 14-22.

[332] Christie S, Di Fronso S, Bertollo M, et al. Individual alpha peak frequency in ice hockey shooting performance [J]. Frontiers in Psychology, 2017, (8): 762.

[333] Thompson T, Steffert T, Ros T, et al. EEG applications for sport and performance [J]. Methods, 2008, 45 (4): 279-88.

[334] Wolf S, Br Lz E, Keune P M, et al. Motor skill failure or flow-experience? Functional brain asymmetry and brain connectivity in elite and amateur table tennis players [J]. Biological Psychology, 2015 (105): 95-105.

[335] Perl J. Artificial neural networks in sports: New concepts and approaches [J]. International Journal of Performance Analysis in Sport, 2001, 1 (1): 106-21.

[336] 季云峰，黄睿，施之皓，等. 乒乓球精确旋转，速度及落点数据的人工神经网络模型研究 [J]. 上海体育学院学报, 2018, 42 (6): 98-103.

[337] Suwabe K, Hyodo K, Byun K, et al. Acute moderate exercise improves mnemonic discrimination in young adults [J]. Hippocampus, 2017, 27 (3): 229-34.

[338] 熊晓玲，牟彩莹，冯娅妮. 太极拳运动对中老年人抑郁与心率变异性的影响探讨 [J]. 中国医疗设备, 2017 (1).

[339] 张翾华，陈乐琴. 健步走运动人群定量负荷运动前后心率变异性研究 [J]. 体育研究与教育, 2016, 31 (5): 100-103.

[340] Wei G-X, Dong H-M, Yang Z, et al. Tai Chi Chuan optimizes the functional organization of the intrinsic human brain architecture in older adults [J]. Frontiers in Aging Neuroscience, 2014, 6 (74.

[341] Wei G-X, Xu T, Fan F-M, et al. Can Taichi reshape the brain? A brain morphometry study [J]. PloS One, 2013, 8 (4): e61038.

[342] 李嫚嫚. 体育锻炼与女大学生负性情绪易感性的关系：一项ERP研究 [D]. 上海：上海体育学院, 2018.

[343] 张秀丽. 不同锻炼强度对大学生工作记忆负荷的影响 [D]. 济南：山东体育学院, 2017.

[344] Li M-Y, Huang M-M, Li S-Z, et al. The effects of aerobic exercise on the structure and function of DMN-related brain regions: a systematic review [J]. International Journal of Neuroscience, 2017, 127 (7): 634-49.

[345] Prehn K, Lesemann A, Krey G, et al. Using resting-state fMRI to assess the effect of aerobic exercise on functional connectivity of the DLPFC in older overweight adults [J]. Brain and Cognition, 2017.

[346] Tao J, Chen X, Liu J, et al. Tai Chi Chuan and Baduanjin mind-body training changes resting-state low-frequency fluctuations in the frontal lobe of older adults: a resting-state fMRI study [J]. Frontiers in Human Neuroscience, 2017, 11 (5): 14.

[347] Yamazaki Y, Sato D, Yamashiro K, et al. Inter-individual differences in exercise-induced spatial working memory improvement: A near-infrared spectroscopy study [M]. Oxygen Transport to Tissue XXXIX. Berlin: Springer. 2017: 81-8.

[348] Beltrame T, Amelard R, Villar R, et al. Estimating oxygen uptake and energy expenditure during treadmill walking by neural network analysis of easy-to-obtain inputs [J]. Journal of Applied Physiology, 2016, 121 (5): 1226-33.

[349] Wu M, Kim J, Gaebler-Spira D J, et al. Robotic resistance treadmill training improves locomotor function in children with cerebral palsy: A randomized controlled pilot study [J]. Archives of Physical Medicine and Rehabilitation, 2017, 98 (11): 2126-33.

[350] Lefmann S, Russo R, Hillier S. The effectiveness of robotic-assisted gait training for paediatric gait disorders: systematic review [J]. Journal of Neuroengineering and Rehabilitation, 2017, 14 (1): 1.

[351] Parmar P, Morris B T. Measuring the quality of exercises; proceedings of the 2016 38th Annual International Conference of the IEEE Engineering in Medicine and Biology Society (EMBC), F [C]. IEEE, 2016.

体质与健康学科发展
研究报告

Research Report on Disciplinary Development of Physical Fitness & Health

（2016—2019）

体质与健康分会
China Sport Science Society for Physical Fitness & Health
2019.10

前 言

　　21世纪是生命科学快速发展的时期，人类围绕自身的生存和发展不断探索，对影响健康、生活质量和寿命因素的研究不断深入。伴随着新技术的发明和应用，生命现象的本质得到更多揭示，但人类社会面临的生活方式转变带来的健康危机也达到了前所未有的严峻程度。体质与健康学科作为应用学科，2016年以来，理论体系不断完善，体质的本源、体质与健康的关系理论更明晰；体质与健康、疾病防控的结合更紧密；体育作为促进手段，对健康、疾病防控的应用研究更多元、范围更广泛。

　　4年来，众多全民健身、体质研究领域的专家、学者围绕运动增强体质与健康进行了大量的研究，以及知识和技能的传播与推广服务。经过理论探讨和论证，分会将体质研究分会更名为体质与健康分会，从学科分类上更明确了体育学科范畴下，以运动增强体质与健康为宗旨的学科发展目标；在全民健身和健康中国国家战略背景下，研究和实践中取得了许多可应用的成果；对国民体质监测体系进行了系统的研究和梳理，在实验研究和专家论证的基础上，调整和升级了国民体质监测指标体系；系统研究和汇总了国内外运动处方的理论和实践，建立了我国运动处方培训课程和体系，许多体育、卫生、运动健身领域专业人士接受了运动处方的专业培训，推动了我国运动健身科学指导和体医融合的科学化落地实践；围绕身体活动不足加剧的全球公共健康问题，以不同人群的身体活动指南为出发点，推出了《中国儿童青少年身体活动指导》《学龄前儿童（3~6岁）身体活动指南》（专家共识版）等；围绕大众健身的需求，在全国不同层面开展了大量科普讲座，出版了许多科普读物，其中《舞动健康——骨关节活力操》《运动健身18法》等取得很好的传播效果并得到了广泛的认可；经过全新改版和升级，国家体育总局体育科学研究所、国家国民体质监测中心推出了全国首个以传播运动健身科学知识和技能为核心的大型"科学健身 全民健康运动健身科学指导系列活动——科学健身中国行"；在中国体育科学学会的支持和领导下，分别于2016年和2019年举办了两届全国运动增强体质与健康学术会议，全国各地的近千名学者到会参加学术交流，促进了学科发展。

　　本次《体质与健康学科发展研究报告》的撰写得到了全国众多科研所、大专院校等单位的大力支持，多名学者参与了研讨和撰写，在此，一并表示诚挚的感谢。

体质与健康是一个庞大的范畴，近年来发展迅猛，本研究报告仅限于在中国体育科学学会范畴下，即体育的大范畴下的学科发展，限于篇幅和时间难免有遗落，欢迎广大学者提出宝贵的意见和建议。

体质与健康分会
2019 年 10 月

课题组

组　　　长：冯连世
副 组 长：王　梅　谭思洁　孙　飙　张一民
专家组成员：（按姓氏笔画排序）
　　　　　　王晶晶　任　弘　汤　强　安江红　张彦峰
　　　　　　陈　炜　范超群　曹振波　章　岚

撰稿人
Writers

(按姓氏笔画排序)

In Surname Strokes Sequence

王　梅	国家体育总局体育科学研究所
Wang Mei	China Institute of Sport Science
王晶晶	国家体育总局体育科学研究所
Wang JingJing	China Institute of Sport Science
冯连世	国家体育总局体育科学研究所
Feng LianShi	China Institute of Sport Science
任　弘	北京体育大学
Ren Hong	Beijing Sport University
汤　强	南京体育学院
Tang Qiang	Nanjing Sport Institute
孙　飙	南京体育学院
Sun Biao	Nanjing Sport Institute
安江红	北京市体育科学研究所
An JiangHong	Institution of Beijing Sport Science
张一民	北京体育大学
Zhang YiMin	Beijing Sport University
张彦峰	国家体育总局体育科学研究所
Zhang YanFeng	China Institute of Sport Science
陈　炜	安徽省体育科学技术研究所
Chen Wei	Anhui Institute of Sport Science
范超群	国家体育总局体育科学研究所
Fan ChaoQun	China Institute of Sport Science

曹振波	上海体育学院
Cao ZhenBo	Shanghai University of Sport
章　岚	山东体育学院
Zhang Lan	Shandong Sport University
谭思洁	天津体育学院
Tan SiJie	Tianjin University of Sport

体质与健康学科发展研究报告
Research Report on Disciplinary Development of Physical Fitness & Health
(2016—2019)

Abstract

As a branch of China Sport Science Society, Physical Fitness and Health Session focuses on fitness and health promotion, sets the goal fordeveloping, that is enhancing health and fitness by exercise and physical activity and healthy lifestyle. During the past four years, many academic results, as well as practical activities concerning of exercise intervention were achieved as follow, the theoretical system of Physical Fitness and Health Session has been continuously improved, the relationship between physical fitness and health has become clearer, and the degree of integration with disease prevention and control has become closer. Meanwhile, as a means of health promotion, physical exercise is more diversified and widely used in preventing diseases and promoting health.

Under the background of country strategy both Fit forAll and Healthy China, a large number of experimental studies have been completed by relevant experts and scholars in the field, its fruitful results have been contributed to exercisers and society. Based on literature review, clinical and laboratory study, the experts examined Chinese Physical Fitness Surveillance system, discussed the proposal of China Physical Fitness Surveillance Center around the test indicators adjusting and the system updating, gave strong support to the development of Scheme of Fifth National Physical Fitness Survey.

With literature summary, Chinese exports built frame work of exercise prescription, including theory and training program. Chinese Sports Science Societyhold the training course in exercise prescribers since 2017. The participants of training course are from sports research institutes, universities, hospitals, community clinics, fitness clubs. It provides comprehensive and systematic professional training for attendees in the form of method teaching, practical training and assessment certification. So far, over ten training courses have been launched nationwide.

In view of the global public health problem of insufficient physical activity, physical activity guidelines were developed for different groups of people, such as physical activity guideline for children and adolescents, physical activity guideline for pre-school children. Several countries have studied on how to promote physical activity based on these guidelines, including the integration of mass media, signs, community-based multi-component approaches, environmental approaches, policy approaches, and sport clubs. the age- and health condition-specific physical activity recommendation should be formed in future.

In order to meetpeople's fitness needs, many scientific fitness popularization presentations were lectured in different levels across the country, and many scientific fitness knowledge books have been published. Scholars have conducted a large number of practical studies on the exercise intervention of different groups, and the research scope of the effect and mechanism of exercise fitness has been expanding. In addition, under the support and leadership of the Chinese sports science society, two national academic conferences on sports strengthening fitness and health were held in 2016 and 2019 respectively, in which more than 1,000 experts and scholars from all over the country participated in academic activities.

In construction of information-based system on scientific fitness, studies mainly analyzed the information-based construction of scientific fitness, including exercise-related APP, sports venue management service platform, smart fitness trail, second-generation intelligent path equipment, outdoor intelligent physical testing equipment, smart sports park, etc. The future studies would focus on higher levels ofinformatization, wider scopes of software platform.

In the future, the innovation-driven development strategy will be the focus of development. It will be taken as an important development goal to fully integratenational fitness with national health. We will continue to overcome a number of basic, critical and common technologies that promote health. The national physical fitness dynamic surveillance system will be continuously improved in the next few years. Scientific fitness guidance service platform will be established and more widely provide services for the people. A reasonably structured team of sports and fitness instructors will be established. A reasonably structured team of sports and fitness guidance talents will be established, which will transform more sports technologies into applicable results and drive the development of the sports industry. It will give strong scientific and technological support to the implementation of the "Healthy China (2030)" and "National Fitness plan".

目 录

引言

一、体质与健康学科理论体系的发展与完善

（一）体质学的缘起和发展

1. 经典体质观
2. 近代体质观

（二）现代健康观的形成

（三）体质与健康

（四）主动健康与非医疗健康干预

1. 主动健康
2. 非医疗健康干预

二、体质研究新理念及监测体系的创新与发展

（一）新时期国民体质研究的新理念

1. 体质是高水平健康
2. 体质决定着完美健康
3. 体质测评是健康促进的核心内容
4. 体医融合强调体字当先

（二）新时期国民体质监测的新任务

1. 大数据的重要支撑作用
2. 测量技术的精准化保证信息的完善和规范
3. 成为体医融合的重要平台

（三）国民体质监测指标体系的创新性调整

1. 指标体系创新性调整的依据
2. 指标体系调整的技术路线
3. 监测体系中年龄设置及范围的改进
4. 指标体系中检测指标的主要修订

三、运动健身科学指导新成果

（一）中国身体活动指南制定发展现状

1. 《全民健身指南》

2. 《中国儿童青少年身体活动指南》

3. 《学龄前儿童（3~6岁）身体活动指南》（专家共识版）

4. 《骨关节活力操》

5. 科学健身18法

（二）国外身体活动指南制定发展现状

（三）促进身体活动指南实施的研究进展

四、运动处方理论与实践发展报告

（一）运动处方理论与实践最新研究进展

1. 运动处方理论研究进展

2. 运动处方实践进展

（二）运动处方理论与实践的国内外进展比较

（三）运动处方理论与实践的发展趋势

1. 理论研究的发展方向

2. 应用研究的发展方向

五、运动增强体质、促进健康成果的转化与应用

（一）科学健身的信息化建设

1. 助推全民健身发展

2. 智能化运动健康管理与服务

3. 竞技运动运营和管理

（二）科学健身中国行

（三）科学示范区

1. 建设背景

2. 建设成就

（四）运动戒毒

1. 运动戒毒开展的工作

2. 运动戒毒开展的研究

3. 运动戒毒研究的未来

六、展望

参考文献

Contents

Preface

1 The development and improvement of the Physical Fitness and Health discipline theory system

   1.1 The origin and development of Physical Fitness Science

      1.1.1 The classical view of Physical Fitness

      1.1.2 The modern view of Physical Fitness

   1.2 The formation of modern health concept

   1.3 Physical Fitness and Health

   1.4 Active Health and Non-medical health intervention

      1.4.1 Active health

      1.4.2 Non-medical health intervention

2 The innovation and development of new concept and monitoring system of physical fitness

   2.1 The new concept of national physique research in new period

      2.1.1 Physical fitness is a high level of health

      2.1.2 Physical fitness determines perfect health

      2.1.3 Physical fitness monitoring is the core content of health promotion

      2.1.4 The combination of sports and medicine emphasis on sports first

   2.2 The new task of national physique monitoring in new period

      2.2.1 The important supporting role of Big Data

      2.2.2 The precision of measurement technology ensures the perfection and specification of information

      2.2.3 An important platform for the integration of sports and medicine

   2.3 The innovative adjustment of national physique monitoring index system

      2.3.1 The basis of innovative adjustment of Index system

      2.3.2 Technical route of Index system adjustment

      2.3.3 Improvement of age setting and scope in monitoring system

      2.3.4 The main revision of testing indexes in Index system

3 New achievements in scientific guidance of sports and fitness

3.1 The formulation and development status of Chinese physical activity guidelines

3.1.1 Guide to National Fitness
3.1.2 Guide to physical activities of children and adolescents in China
3.1.3 Guide to physical activity for Preschool Children (3 to 6 years of age) (Expert consensus version)
3.1.4 《Bone and joint exercise》
3.1.5 Eighteen methods of scientific Fitness

3.2 The present status of the Development of physical activity guidelines in Foreign countries
3.3 Research progress in the implementation of guidelines for promoting physical activity

4 Report on the development of exercise prescription theory and practice

4.1 The latest research progress in the theory and practice of exercise prescription

4.1.1 Research progress of Exercise prescription theory
4.1.2 Progress in the practice of exercise prescription

4.2 Comparison of the progress in the Theory and practice of Exercise prescription at Home and abroad
4.3 The Development trend of Exercise prescription Theory and practice

4.3.1 The development direction of basic research
4.3.2 The development direction of applied research

5 Transformation and application of physical fitness and health achievement by exercise

5.1 Information construction of scientific Fitness

5.1.1 Promote the development of national fitness sports
5.1.2 Intelligent sports health management and service
5.1.3 Operation and management of competitive sports

5.2 Scientific Fitness is popular in China
5.3 Scientific demonstration area

5.3.1 Construction background
5.3.2 Construction achievements

5.4 Sports detoxification

5.4.1 The work of sports detoxification
5.4.2 Studies on the Development of Sports detoxification
5.4.3 The future of sports detoxification

6 Forecast

References

引言

自有文字记载以来,人类始终关注着自身的健康问题,从中国道家、儒家倡导的"天人合一""形神合一"的健康观,到"无病即健康"的"单维"健康观,发展到"三维""四维""五维"健康观,无不说明一个朴素的"真理",即健康是一个伴随人类社会发展不断丰富其内涵的永恒话题。健康(Health)不仅是人类的基本需求和权力,更是社会文明程度的重要标志和潜在动力,每一个国家制定的健康目标、政策、措施等,均深深植根于其对健康的理解和认识。

党的十八大以来,以习近平同志为核心的党中央,把人民身体健康作为全面建成小康社会的关键内涵,习总书记强调"没有全民健康,就没有全面小康",要推动"全民健身与全民健康深度融合",要把人民健康放在优先发展的战略地位,努力全方位、全周期保障人民健康,为实现"两个一百年"奋斗目标、实现中华民族伟大复兴的中国梦打下坚实的健康基础。由此可见,社会发展以人为本,人的发展以健康为本,促进全体国民收获健康是中国未来发展的国家战略。

国内外研究表明:慢性非传染性疾病的发生与发展常常是先天的遗传易感性和后天的环境暴露、生活行为方式、饮食和缺乏运动等多种因素综合作用的结果,即只要采用有效的策略和防控措施,慢病是能够得到有效控制的。众所周知,体质是构成人类生物学特性的基本要素,是保障健康状况的物质基础,运动能增强体质、有效管控健康风险因素是不争的事实。在过去的4年中,体质与健康分会积极响应"全民健身""健康中国"国家战略,在运动促进健康的理论与实践、身体活动指南、运动处方研制与推广、国民体质监测及科学健身信息化建设和体育消费等研究方向上取得了长足的进步,在推动国家体育总局倡导的"科学健身示范区""体质测定与运动健身指导站""运动处方师"培训和人才培养及学术交流等方面,发挥学术组织的引领、组织和协调作用,为体质与健康学科的发展夯实了理论和实践基础。

一、体质与健康学科理论体系的发展与完善

体质是人类生命全过程的独有特性。"体质"(constitution)一词最早来源于构成和组成,它的原始定义为某一个体的一切生物学特征的总和。人们早期对健康的认识也是单纯理解为"无病、无伤和无残"或"健康是机体的一种动态平衡状态"等。人类社会步入现代文明社会以来,由于环境因素(如大气污染、化学药品泛滥等)的急剧改变、个人不良生活方式(如吸烟、酗酒和严重缺乏运动等)的增加,以及老龄化导致许多慢性退行性疾病等,生活在21世纪的人类,将面临各种健康危机的威胁。

"发展体育运动,增强人民体质"是新中国长期坚守的体育方针,2016年,习近

平总书记向世界发出了中国声音"没有全民健康就没有全面小康""推动全民健身与全民健康深度融合"。因此，创建和丰富体质与健康学科体系成为新时代全面落实"健康中国2030"和"全民健身"国家战略的重要技术保障。

（一）体质学的缘起和发展

1. 经典体质观

中国古代经典医术《皇帝内经》中就对体质和体质养生有过详细的论述，《灵枢·通天篇》中根据人体阴阳多少，结合体态和体格特征，将人体分为"太阴""少阴""太阳""少阳"和"阴阳和平"五种类型，明确指出长期阴阳偏颇似病态的体质，只有经常保持阴阳相对平衡才是正常体质。

西方对体质的研究也有较长历史。在西方古代文献《希波克拉底文集》中，作者就从朴素的辩证唯物主义出发，提出了"体液学说"。认为人体由血液、粘液、黄胆和黑胆体液组成，并描述了人体体质分型及其与疾病的关系。随后，Tucker（1940）将体质定义为：体质是个体在形态学、生理学和心理学上一切特征的总和，这些特征大部分取决于遗传，又受到周围环境的影响。Damon（1970）指出体质对临床医生而言，它意味着病人的生物学个体特征。对流行病学家而言，它是疾病过程中的各种宿主因素等；而对人类学家而言，体质意味着体格、环境适应力、疾病和行为的相互关系。由此可见，经典体质的定义是指，群体和个体在遗传的基础上，在环境的影响下，在生长、发育和衰老过程中形成的结构、机能和代谢上相对稳定的特殊状态；这种特殊性决定了机体生理反应的特异性、机体对某种致病因素的易感性和所产生病变的倾向性。

2. 近代体质观

"体质是一种可以换回最多东西的投资"就是美国人对体质内涵的一种独特观点。早在二战期间，对200余万（21~35岁）中青年进行征兵体检时，就发现有约90万人因心脏不健康未服兵役，美国学术界开始关注体质这一问题。1955年，在艾森豪威尔总统领导下，成立了"青少年体质总统咨询委员会"，明确对青少年体质下降提出严重警告。1957年，美国健康、体育、休闲活动协会（AAHPER）推出了"青少年体质测试计划"，选择仰卧起坐、引体向上、立定跳远、垒球掷远、折返跑等进行了首次全国性测试。20世纪70年代以后，美国学术界对体质的认识发生了明显的改变，1980年AAHPER出版的 *Health-Related Physical Fitness Test Manual*，将"Performance Test"修改为"Fitness Test"。认为"Fitness"能应用在不同的目标上，如在疾病的预防、日常生活效率和能力的评估、评价在一定水平上（如跳舞和运动等）保持身体活动的能力、评价心理健康和社会适应等方面。并明确指出，具有良好体质状况的群体和个体为了维持高水平的生活质量，除了满足上述条件外，还应具备高水平的心肺功能，适中的体脂含量，较好的肌肉力量、耐力和柔韧性，精神健康，良好的社会关系，轻松自如地应付日常生活和工作，影响健康的高危险行为较少等素质。经过多年的发展，20世纪80年代，美国运动医学学会（ACSM）将"体质"确定为"机体在不过度疲劳状态下，能以最大的活力愉快地从事休闲活动的能力，以及应付不可预测紧急情况的能力和从事日常工作的能力"。由此可见，体质是人们能有效地参加需要活力的工作和休闲活动的能力。

一个国家国民体质状况是其综合国力的重要组成部分，从社会发展的总体趋势看，国民体质的改善和增强是国家经济发展的结果，同时也是推动社会发展的动力。体质是中国体育学术界关注健康的一个独特视角。从1995年国务院颁布《全民健身计划纲要》以来，中国学术界为增强人民体质做了许多卓有成效的工作。1979年，首次进行"中国青少年儿童身体形态、机能和素质的研究"；在1985年、1991年、1995年和2000年分别进行了4次全国范围的学生体质和健康调研。此外，"1994年全国职工体质调研"和"1997年成年人体质监测"使我国体质研究领域扩展到了成年群体。1999年，由科技部资助的"九五"国家重点攻关课题"中国国民体质监测系统的研究"的完成，标志我国体质研究从此走上了系统化和科学化相结合发展的道路。2000年，国家体育总局汇同11个部委局在全国31个省（区市）首次完成了全年龄段（3～69岁）国民体质监测工作。由此，每五年一次的，覆盖幼儿、儿童青少年（学生）、成年人和老年人的国家国民体质监测体系形成。

进入21世纪以后，伴随身体活动不足是导致慢性非传染性疾病发生与发展的独立危险因素的理念逐步深入人心，由国家科技部资助的"十五"国家重点攻关计划课题"中国国民运动健身指导系统的研究和应用"，"十一五"国家科技支撑计划课题"全民健身关键技术研究与信息系统开发""增强青少年体质关键技术的研究与应用"，"十二五"国家科技支撑计划课题"运动促进体质健康关键技术的研究与应用""科学健身专家指导系统和服务平台关键技术研究"，以及"十三五"国家重点研发计划课题"人体运动促进健康个性化精准指导方案关键技术的研究"等先后启动和完成，更是预示着处在新时代的中国体育界和卫生界将建立起更为完善的体医融合体系。

也就是说，体质是指人体从受精卵就开始形成，并伴随个体的生长、发育和衰老的全过程；体质形成的机理是遗传和环境共同作用的结果。体质是构成人体生物各要素能力的一种综合体现，是人们生活和劳动的物质基础，不同种族、民族、地域，以及不同性别、年龄的群体和个体，其体质发展既有规律性，又有特殊性，尤其运动是增强体质最有效的能动手段。总之，中国体质学是建立在解剖学、生理学、生物化学、医学、心理学、社会学等学科基础理论之上的一门综合性应用学科。

（二）现代健康观的形成

健康是人类生命活动的自然属性，无论是追溯到人类起源的远古社会，还是从人类发展的历史长河看，健康的内涵与外延具有广阔和动态发展的特性。

曾几何时，"无病即健康"影响了几代人，那时只要没有生理性疾病就是健康。但是，随着工业化文明和科学技术的不断进步，人们开始重新思考生理、心理及社会与健康的关系，什么是人的整体健康（理想健康）等。1948年，WHO宪章中首次提出"健康不仅是免于疾病和衰弱，而是保持体格、精神和社会方面的完美状态"。1978年9月WHO在《阿拉木图宣言》中再次重申了健康的含义，即"健康是基本人权，达到尽可能的健康水平是世界范围内一项重要的社会性目标"。因此，20世纪50~60年代，健康的本质就是躯体健康、心理健康与社会健康。

1986年《渥太华宪章》提出，健康不是生活的目标，应该是一个主动、积极、动态变化过程。该观点不仅强调了社会与个体资源是构建健康的要素之一，特别是个体健康是促进社会经济和个人发展的主要动力，健康是个体的生活质量的重要保证。至此，人类对健康的认识已经走出了纯理论性、缺乏操作性的视角，健康被首次视为一种资源。1989年WHO又提出了"四维"健康观，即健康应该包括身体健康、心理健康、社会健康和道德健康，个体健康的"完美状态"或理想健康应该包括4个要素。1999年，WHO重申了现代健康观应该由"三维健康"转化为"四维健康"。也就是说，人们对健康的认识从传统的生物学领域扩展到了社会学领域。

进入21世纪后，随着全球化进程的加速，人类健康面临环境污染、气候变暖、生态破坏、能源耗竭等的挑战，人类适应环境突变的能力远远低于人类改造环境的能力。由此，学者们又提出了"生态健康"。生态健康是从人与其赖以生存的生态系统之间相互影响的角度来阐述健康，认为"理想健康"不能仅仅包括个体的躯体、心理、社会和道德健康，还应该包括居住环境、生物环境和代谢环境的健康，和个体生活的城市和区域的健康。生态健康观强调在注重人对环境影响以及环境对人类健康影响的同时，还要注重两者之间的相互作用，即"五维"健康观才是最终促进人类社会可持续发展的原动力。

总之，随着社会的发展，人类对健康认识由单纯的生物学角度提升到社会学角度，健康的内涵与外延也由生物学领域扩展到社会学领域。今天，在人们越来越重视健康的背景下，人人遵守公共道德，人人维护生态健康，人人对自己的健康负责，人人对群体健康、社会健康负责，才是促进人类共同收获"理想健康"的必由之路。

（三）体质与健康

随着人们对健康认识的不断深入，从生物、心理、社会和道德四维层面关注健康越来越被人们接受；现代医学对健康的评估模式也证明了人类健康将是多种因素联合干预的结果。健康已经成为全世界范围内人们关注的话题。体质作为人类具有的基本特性，其内涵与"现代健康观"有许多相似的成分，体质学的创立也是建立在生物学、医学、人类学、心理学和社会学基础理论之上的。两者之间既有差异，又密切联系。

当前学术界普遍认为，体质是生命活动和身体运动的基础，自然也是健康的物质基础，体质与健康不能互相替代，各自相对独立；只有将体质和健康有机融合，才能完整体现出时代特征。总之，体质与健康从不同侧面反映了人类在生物、心理、社会和道德层面上的基本特征。体质是健康的物质基础，健康是体质的外在表现，两者密切联系，不可分割；其共同特点是在社会发展多元化的前提下，对生命活动的基本特征给予评价，最终目标都是为了极大改善其所有属性。

(四) 主动健康与非医疗健康干预

1. 主动健康

2009年，世界银行对84个国家的调查发现，一个国家疾病谱的变化与这个国家的经济社会发展水平密切相关。当人均GDP达到1000~3000美元时，慢病即进入高发期，目前我国人均GDP已经超过了3000美元。

人人渴望收获健康，但是人人又都要面对各种健康危险因素的干扰，人类认识健康的最终目的是为了促进健康、干预健康，主动追求健康是当代人的共识。"身心合一"就是强调人类要积极地改善社会环境、接受良好的健康教育、保持良好的心态、主动参与运动等，这样才能真正收获躯体、心理、社会、道德、生态等多维健康，才能最终享有完美的生活。

2. 非医疗健康干预

非医疗健康干预是指采用非医疗手段（包括体育锻炼、营养膳食、行为等生活方式的改变）针对健康人群、亚健康人群、疾病人群的健康危险因素进行全面监测、分析、评估、预测、干预和维护的全过程。实施非医疗健康干预是变被动的疾病治疗为主动的健康管理，可达到节约医疗费用支出、维护健康和促进健康的目的。

其中，健康管理是对个人及人群的健康危险因素进行全面管理的过程，其宗旨是调动个人及集体的积极性，有效地利用有限的资源来达到最大健康效果。具体做法是在对个人健康状况进行评价的基础上，提供有针对性的健康管理计划，并鼓励和促使人们采取行动来改善和维护自己的健康。健康管理是一项连续的、动态的系统工程，它包括三个基本步骤，即个体健康信息采集、健康风险评估和健康干预。贯穿于健康管理三大基本步骤之中的两项核心内容就是病人的药物管理和病人及健康人的生活方式管理。无论是对健康人还是对患慢性病的人，生活方式管理都是必需的，应始终贯穿于疾病的三级预防之中。在健康管理的基本步骤中，决定其顺利实施、并最终取得良好效果的、具有最关键性作用的一步是健康干预，主要包括药物干预和生活方式干预，而生活方式干预是最重要的，也是经济可行的措施。

总之，全民健身是全体人民增强体质、健康生活的基础和保障，推动全民健身与全民健康深度融合，实施国民体质监测工作，落实运动促进健康科技计划，研发和推行主动健康和非医疗健康干预手段，普及科学健身知识和方法等均有利于丰富体质与健康学科体系。

二、体质研究新理念及监测体系的创新与发展

（一）新时期国民体质研究的新理念

1. 体质是高水平健康

在研究领域，体质与健康的定义和范畴不同，但互有交叉。健康以疾病状态及其影响因素为核心，以没有疾病、健康长寿为追求目标，提倡追求人体在躯体、心理、精神、社会的完满状态。而体质则强调了人体结构与机能之间的协调发展，重视人体在完成日常生活和突发应急方面的潜在能力。体质更强调生活的质量，不仅活着，而且要活得更好，要在全年龄段对日常生活应付自如。因此，体质测量以反映人体结构功能协调下的最大能力为目标，体质指标要反映人体健康状况表象下的身体状况，是深层次的健康或者更好的健康。体质测量与评定注重在完成日常生活基础上的更高水平的身体能力。

2. 体质决定着完美健康

体质反映人体更深层次的能力，与人体健康、生活质量和健康寿命密切相关。近些年的研究证明，体质水平对健康风险、寿命有一定的预测作用，如心肺耐力（也称有氧能力）是体质检测的核心指标，2016年美国心脏协会将其定为比呼吸、体温、脉搏和血压四大临床生命体征更能预测人类健康和寿命的第五大临床生命体征；体脂率测试是体质检测中判断身体超重、肥胖的常用指标，而肥胖是多种慢病的独立危险因素，因此体质水平在维护健康、预防慢性病中的重要作用引起高度重视。优秀的体质水平是通向完美健康的重要保障。

3. 体质测评是健康促进的核心内容

体质评价是健康生活方式的重要指标；动员更多的人参与运动健身是增强体质、提高健康水平的有效举措。现代化的生活环境使日常生活变得很容易，人们无需太多的体力活动就能够维持基本的生存，但也给健康埋下了隐患，对个体进行体质测定与评价既反映体质状况，也是评价个体运动风险和制定运动处方的重要基础。定期进行的国家国民体质监测与日常进行的国民体质测定服务相互补充和完善，在为国家制定方针政策和指导大众科学健身方面将起到不可替代的作用。

4. 体医融合强调体字当先

心肺耐力，作为心肺功能评价的综合指标，对健康的重要性，在全球范围内已经逐渐达成共识并在临床应用中得到重视。大量研究表明，心肺耐力被认为是一个比传统危险因素，例如高血压、吸烟、肥胖、高脂血和T2MD等更有力且独立评价心血管疾病及全因死亡率的指标。纵观所有的研究，每增加1MET的运动能力，就有分别降低

13%心血管疾病风险和15%的全因死亡风险。2016年美国心脏学会发表公开声明，将心肺耐力作为呼吸、体温、脉搏和血压以外能预测人类健康和寿命的第五大临床生命体征，应予以定期评估，充分凸显心肺耐力在临床诊疗、运动处方制定等治病关口前移的新型诊疗模式中的重要性。同时，国内心肺耐力测评方法探索研究也日益增多，6分钟上下楼梯试验、20米折返跑测试、6分钟走测试、6分钟二级台阶试验等适合大样本群体性心肺耐力测试方法在负荷方式、负荷方案、测量时间以及针对人群等维度的研究逐渐成熟。

（二）新时期国民体质监测的新任务

国民体质监测是国家为系统掌握国民体质状况，以抽样调查的方式，按照国家颁布的国民体质监测指标，在全国范围内定期对监测对象进行统一测试和对监测数据进行分析研究，向社会公布监测结果的监测。国家实行国民体质监测是全民健身计划的重要组成，也是落实新时期健康中国建设的重要措施。

定期进行的国民体质监测应与日常进行的国民体质测定服务相互补充和完善。国民体质监测在可能的情况下注重在完成日常生活基础上的更高水平的身体能力，期望反映人体健康状况表象下更深层次的健康或更完美的健康。伴随着全球范围内人类身体活动水平下降的不利局面，体质监测对生活质量的重要意义更为凸显。

1. 大数据的重要支撑作用

在新时代，国民体质监测的重要任务在于为政府、社会、国民了解和掌握中国人体质状况；为政策的制定、个体和群体的体质评价乃至提高国民的体育健身意识；促进和指导大众科学健身提供重要依据和大数据支撑等方面起到不可替代的作用。动员更多的人参与运动健身是增强体质、提高健康水平的有效举措。对个体进行体质测定与评价既是反映体质状况，也是评价个体运动风险和制定运动处方的重要基础。

2. 测量技术的精准化保证信息的完善和规范

随着全球科学技术的快速发展，各种传感技术、电子技术和信息化技术在生命科学领域的应用，体质测量仪器器材更趋自动化，生命科学进步和测量技术及信息化技术的日臻完善为国民体质监测更科学、精准提供更大的可行性。

人体测量的精度可以得到保障，为国民体质监测检测指标的改进提供了基本条件，体质研究的理论依据更加充分，以实验为基础的研究证据逐步增多，保证了信息的精准化。

3. 成为体医融合的重要平台

在大健康背景下，体育在促进健康和防控慢病中的作用受到广泛重视，体育的方式融入健康和疾病防控与治疗成为新的关注点，运动与健身的科学化与精准化是其中的基础和根本，体质水平的测量与评价是运动健身风险筛查、运动健身的目标、强度、运动量和运动进阶的依据。

（三）国民体质监测指标体系的创新性调整

在国家体育总局群体司的指导下，2016年开始，国家国民体质监测中心以集成创新的思路顺利完成了指标体系调整，此项工作是在2014年国民体质监测指标基础上进行充分研究并经由专家论证后完成的。召开10余次工作组会议、三次专家论证会、一次专家研讨会。

1. 指标体系创新性调整的依据

在2014年之前所建立的国民体质监测指标体系，凝结着老一辈体质专家的研究成果，在科学性和普适性方面都达到了空前水平，并且为历次国民体质监测工作的圆满完成起到不可替代的作用。但是受当时技术条件的限制，国民体质监测指标、测试方法和测试仪器的选择都有一定局限性。在科学技术不断发展和进步的今天，原来在监测中测量技术不能实现的指标已经可以实现，新的历史时期，赋予体质监测更广泛的内涵，因此在指标设立和测量方法上应顺应新的形势，完成更高的使命，进行指标体系调整势在必行。

国民体质监测指标调整首先考虑要符合时代性与先进性，能在日常大众体质测定服务中有引领作用；体现理论和方法的先进，如尽量加强仪器的自动化程度以减少误差；在保证科学性和可比性的前提下，进行测试方法和仪器的升级；指标设立充分考虑安全性和生活化，在尽量降低测试过程风险的基础上，测试方法选择与老百姓生活中的活动相似的，使监测对象能够尽量发挥最好水平，且容易理解和利于应用。

同时在指标体系调整中还考虑到监测指标对人体身体活动能力的兼顾性，适当弱化以往严格按照体质成分即形态、机能、素质的绝对分类，有些指标可能对某几项体质成分都有所反映，这更利于指标的生活化和健康促进。

2. 指标体系调整的技术路线

①对以往国民体质监测和全民健身中体质测定等工作进行回顾，其中主要对过去的指标体系进行深入的梳理和剖析，从指标的科学性、可行性、实施难度方面进行总结。

②对国内外有规模的，相类似的体质监测、体质调研等进行系统的文献研究和专家讨论。

③根据我国国民体质监测现行指标体系发现的问题，针对心肺耐力、身体成分测量方法、幼儿灵敏性、幼儿握力等进行研发性实验和小样本验证性测试。

④针对心理、适应能力、疾病风险等指标进行探讨，提出在问卷指标中针对不同年龄人群进行调查的方案。

⑤针对新指标适应我国目前国民体质检测器材生产和销售等情况进行一些调研和部分指标的对比实验。

3. 监测体系中年龄设置及范围的改进

①老年是人生命历程中的一个阶段，一般用年龄来加以界定。国际上对老年人界定的划分标准主要有两个，一个是1956年联合国推荐的65岁，另一个是1982年世界老龄问题大会上推荐的60岁。我国目前界定老年人的标准是60岁及以上。统计学分析表明，大多数60岁以上的人群表现出比较明显的衰老特征，55~60岁患病率最高，慢性疾病也增加，所以界定老年期开始于60岁是适宜的。

随着我国老龄化进程，70~79岁老年人的健康水平仍保持一定的活跃度，具有社会和家庭活动的能力，是健康服务的重点人群，迫切需要进行体质监测和健康干预。80岁及以上老年人总量相对较少，且完成监测各项指标存在较大的风险性，暂不纳入监测范围。

②依据近年对人群体质增龄性变化规律的研究，50岁，甚至55岁后是体质下降的敏感期，40岁并不敏感，因此在成年组别，取消原有以40岁为临界年龄的甲组、乙组划分。

4. 指标体系中检测指标的主要修订

（1）取消皮褶厚度指标，增加体脂率测试

身体成分主要是反映人体脂肪、肌肉、骨骼含量的指标之一。近年来日趋严重的肥胖问题成为全世界的重要的公共卫生问题。过低和过高的身体脂肪含量被认为存在很高的健康风险，快速准确地评价身体成分对于居民意识到自身的健康相关风险是十分重要的。

以往的在国民体质监测中使用皮褶厚度进行脂肪含量，测量的自动化程度低，前四次国民体质监测数据处理过程中也发现，皮褶厚度的上报数据出现问题较多，需要对数据进行大量的逻辑筛查，造成了人力物力的浪费；同时，测试时需要受测者裸露身体某些部位，涉及的隐私问题难以避免，因而测试依从性较差。

近年生物电阻抗方法测量人体身体成分的技术得到广泛应用。它具有快速简便、测试成本相对较低的特点，同时测量误差较小且稳定性较好，在大样本体质测试中具有明显的优势。随着国内BIA测试仪器的技术和测量精度的不断提高，具备相对准确测量人身体成分的条件。通过专家组多次研讨，决定在全年龄段增加体脂率这一指标，并使用电阻抗法进行测量。

（2）取消成年人台阶指数指标，成年人和老年人增加心肺耐力测试

心肺耐力与健康密切相关，高水平的心肺耐力能够带来更多的健康益处。在国外，如德国、加拿大、日本等国大群体体质监测中，心肺耐力作为重要的评价要素已使用多年，其测试方法均是采取间接推算最大摄氧量方法，兼顾精确性、安全性和可行性。

我国国民体质监测指标体系中的台阶指数是由3分钟登台阶后恢复期心率计算获得，对心肺耐力的反映效度较低。工作组先后组织了多次反复验证性实验，最终确定

了功率车二级负荷试验作为成年人心肺耐力测试的运动负荷方案。同时选取2分钟原地高抬腿作为老年人心肺耐力测试方法。

（3）取消成年人和老年人胸围指标测试

胸围是指人胸廓的最大围度，反映胸廓的大小和胸部肌肉的发育状况，是人体宽度和厚度最有代表性的指标，一定程度上反映身体形态和呼吸器官的发育状况。但成年人和老年人胸廓发育均已完成，对于反映肺部呼吸功能的指示性作用不明显。在现有国民体质监测体系中，肺活量的测试可以有效反映成年人的基本肺功能，重复测量胸围，造成了一定程度上的浪费。同时，在历年国民体质监测中发现，胸围在体质测试过程中存在测量误差大、针对女性时测量部位敏感、数据反映健康意义不明显等问题。综合以上考虑，取消胸围的测量。

（4）增加女性跪卧撑测试

俯卧撑测试是经典的上肢力量测试方法，涉及肩关节稳定性、上肢肌肉力量以及核心区力量与稳定性等。在国内外均被广泛应用于上肢肌肉耐力的评价。在我国以往国民体质监测中，女性使用仰卧起坐进行肌肉耐力测试。从测试的属性来说，俯卧撑和仰卧起坐分别代表上肢力量和腹部肌肉力量，二者均与人体健康关系密切，考虑到大部分女性难以完成标准俯卧撑动作，增加跪姿俯卧撑的方法进行女性上肢、躯干肌肉耐力测试。此指标通过了工作组组织的600人次的可行性验证。

（5）改良1分钟仰卧起坐测试方法，成年男性和女性同时测试该指标

发达的腹肌对人类生命具有有益影响，经常锻炼腹肌可以增加腹肌力量、控制腰围，达到预防骨盆前倾、维持脊柱生理平衡的效果，对预防和治疗下腰痛等脊柱相关疾病具有重要作用。仰卧起坐是腹肌力量锻炼的方法之一，被广泛应用于国内外体质健康测评体系中。鉴于该指标的重要意义，在原仅女性参加该指标测试的基础上，增加成年男性的测评。同时我国现有仰卧起坐测试动作在以往测试工程中发现存在以下问题：手部交叉放于头后，造成颈部压力过大，容易造成颈椎损伤；膝关节屈曲角度没有限定，测试标准化程度降低。经论证后决定改良该方法为：双手扶耳，膝关节弯曲90度，双固定，受试者从完全仰卧位至完全坐起位视为完成一次仰卧起坐，记录受试者在1分钟之内能完成的最大次数。

（6）纵跳、背力、俯卧撑（男）/跪卧撑（女）、1分钟仰卧起坐测试覆盖整个20~59岁成年人

肌肉力量和肌肉耐力是体质健康的重要方面，对于维持良好的生活质量起着重要作用。足够的肌肉力量能够有效阻止增龄性新陈代谢减慢等。原国民体质监测检测指标中涉及肌肉力量和肌肉耐力的是握力、纵跳、背力、俯卧撑、仰卧起坐，但仅对20~39岁成年人进行测试。随着人类寿命延长，更多研究证明40岁以上人群肌肉力量测评方法的有效、可行性。因而在进行相应指标可行性测试的基础上，延长纵跳、背力、俯卧撑（男）/跪卧撑（女）、1分钟仰卧起坐测试的年龄人群，覆盖整个20~59岁成年人。

(7) 幼儿取消网球掷远，增加握力指标

以往国民体质监测采用的是网球掷远来评价幼儿上肢力量。方法是幼儿通过肩上投球动作将网球掷出去，用掷远距离来评价力量。在历次监测现场观察到，小龄幼儿掷网球时，因为不会发力，导致每次投球的方向和距离变化很大，重复性较差，专家组认为，该指标反映幼儿上肢力量效度也较差，因此予以取消。

握力是手紧握物体时所产生的力量总和，被视为手功能评估中的重要指标，还有研究证实握力能够间接反映全身肌肉力量。许多国家将其视为衡量儿童健康和发育状况的有效指标。因此，本次调整在幼儿阶段增加握力指标，使握力成为贯穿所有年龄人群的肌肉力量指标，有利于握力增龄性的考察和最大肌肉力量的纵向研究。

(8) 幼儿安静心率改为安静脉搏

安静心率是幼儿监测指标体系中反映心肺功能的唯一指标，因此其准确性尤为重要。但是由于幼儿年龄小，心理适应能力差，对环境的应激性较强，因此在面对陌生测试人员使用听诊器胸部听诊时和被突然要求保持安静的测试环境时会产生应激性心率加速，因而幼儿安静心率数据普遍出现偏高现象。因此，拟使用臂带式光电测试设备，通过终端监控幼儿心率变化曲线，确认其心率安静稳定后记录，能够有效减低环境应激带来的心率偏高。因测试由听诊器测试转为上臂部测试，因此测量结果应称之为安静脉搏。

(9) 幼儿取消10米折返跑，增加15米绕障碍跑

幼儿的移动速度和灵敏性是反映神经系统发育的重要指标。10米折返跑测试中1次折返难以反映幼儿应对多变的外界环境中快速改变体位的能力，并不能充分反映其灵敏性，而且国民体质监测的现场经验反馈有相当比例的小龄幼儿跑到折返点时会停住，没有自主返回的意识，需测试人员再三提醒才转身回跑。这在很大程度上影响测试的准确性。经过反复实验验证，决定采用15米折线跑（S型绕障碍跑）测评幼儿的灵敏性，提高了测试的准确性和趣味性，实验验证依从性和可行性较好。

(10) 老年人增加2分钟原地高抬腿指标

2分钟原地高抬腿的意义是评价老年人的心肺耐力。耐力和体力会影响老年人进行日常活动并保持独立性的能力，对于老年人购物、步行或旅行等活动很重要。足够的心肺耐力是许多日常活动的必要条件，如散步、购物以及参加娱乐或体育活动，其在降低心血管疾病、糖尿病、肥胖、高血压和某些癌症等疾病风险方面也有积极作用。但由于年龄和共存疾病造成的局限性，老年人需要采用一些简单和安全的心肺耐力测试指标。2分钟原地高抬腿是国际上应用较成熟的评价老年人心肺耐力的指标，强度适宜、测试方法便捷，对于行走困难和平衡性稍差老人也适用。专家组一致通过老年人体质监测中增加2分钟原地高抬腿测试。

(11) 老年人增加30秒坐站指标

30秒坐站测试的意义是评价老年人的下肢肌力。良好的下肢肌力对于维持老年人

良好的生活质量起着重要作用。足够的肌肉力量能够有效阻止增龄性新陈代谢减慢，减少因摔倒造成的损伤，使老年人保持良好的身体活动能力，有能力、有信心参加室外活动，防控增龄性退行疾病的发生。但是对老年人进行肌肉力量测试有较大的损伤风险，因此选择合适的方法非常重要。以往我国国民体质监测中，老年人肌肉力量的评价指标只有握力，其主要反映的是上肢肌肉静力性力量。与年轻人相比，老年人的下肢肌力有更明显的下降，且健康意义明显。相关研究结果显示，65岁以后老年人腿部肌力仍以每年1%~2%的速度下降，意味着老年人有可能因此丧失活动能力，增加跌倒的风险。各项日常生活所做的功能性活动当中，由坐到站被认为是最重要的功能性动作。因此在我国国民体质监测中增加30秒坐站测试，用来反映老年人的下肢肌力。对此我国研究者进行了相关信效度检验性研究，工作组也进行了30秒坐站测试可行性的进一步验证，证实这一方法适用于我国老年人群。

三、运动健身科学指导新成果

近些年来，随着现代工业自动化进程的加速，久坐少动的生活方式越来越普遍。身体活动不足是非传染性疾病的主要危险因素，对心理健康和生活质量有着不利的影响。2018年发表的一项包括168个国家，190万人，基于358个人口调查的汇总分析表明，2016年全球有27.5%（95%CI 25.0%~32.2%）的人口身体活动不足，其中男性为23.4%（21.1%~30.7%），女性为31.7%（28.6%~30.9%），中国男女均为20.0%以下。因此，提高身体活动水平的政策和运动健身科学指导的需要被优先考虑并迅速加强。

在我国，为了推动全民健身计划，国家体育总局采取了包括每年一次的"全民健身宣传周"活动在内的一系列有效措施，使《全民健身计划》迅速展开，群众的体育健身意识逐渐增强，体育活动普及程度显著提高。尤其是北京奥运会成功举办后，国务院批准从2009年起，将每年的8月8日设置为"全民健身日"，国民的健身意识逐渐形成。党的十九大报告指出，实施健康中国战略，要完善国民健康政策，为人民群众提供全方位全周期健康服务。2016年8月，习近平总书记在全国卫生与健康大会上强调，"没有全民健康，就没有全面小康，要把人民健康放在优先发展的战略地位，推动全民健身和全民健康深度融合"。随后，国务院和体育总局又发布了《全民健身计划（2016—2020年）》，明确提出，到2020年，群众体育健身意识普遍增强，参加体育锻炼的人数明显增加，每周参加1次及以上体育锻炼的人数达到7亿，经常参加体育锻炼的人数达到4.35亿的目标。同年10月，《"健康中国2030"规划纲要》发布，为推进健康中国建设提出了宏伟蓝图和行动纲领。

随着民众主动健身意识的增强及政策的大力支持，我国运动健身科学指导也逐渐向各年龄段、不同健康状况方向细化，提出了多个人群的身体活动指南，开始延伸到提高身体活动水平，促进健康的具体实施方法领域。

(一) 中国身体活动指南制定发展现状

1.《全民健身指南》

进入21世纪以来,随着我国经济社会的快速发展,人们的工作和生活方式发生改变,居民身体活动量明显减少,身体活动不足是导致人体死亡的第4位独立危险因素。体育活动已经成为增强国民体质、提高健康水平最积极、最有效、最经济的方法。我国政府高度重视体育活动在增强体质、提高健康水平中的重要作用。然而,目前体育活动在这方面的实际作用尚未充分发挥,距离健康中国的要求还有较大差距。国家相关调查数据显示,虽然我国经常参加体育活动的人口比例逐年增加,但居民超重率和肥胖率也持续增加,青少年耐力、成年人肌肉力量与耐力、老年人肌肉力量等指标的变化并不乐观,心血管病、糖尿病等慢性非传染性疾病的发病率呈上升趋势,体育活动在促进健康领域的诸多研究成果尚未充分应用于实践,多数居民在参加体育活动时有很大的盲目性。体育健身活动在增强体质、防控疾病方面尚有很大提升空间。因此,亟待从国家层面发布权威性的体育健身活动指南,引导居民科学地从事体育健身活动。

2018年7月,国家体育总局发布了《全民健身指南》,该指南针对中国居民参加体育健身活动状况实际,归纳、集成国家"十五""十一五""十二五"国家科技支撑项目、国家体育总局重点研究项目的一些相关研究成果,参考中国居民运动健身的实测数据编制而成。此外,《全民健身指南》既涵盖青少年、成年人、老年人等不同年龄健康人群的运动健身指南,又有针对高血压、糖尿病等不同慢病人群的运动处方指导。

《全民健身指南》主要内容包括体育健身活动效果、运动能力测试与评价、体育健身活动原则、体育健身活动指导方案等内容。其中,体育健身活动效果从增强体质,提高健康水平(提高心肺功能、改善身体成分、增强肌肉力量、提高柔韧性、提高幸福指数);防治疾病,提高生活质量(包括心血管病、糖尿病、超重和肥胖、骨质疏松、癌症、抑郁症);在提高学习和工作效率方面对体育健身活动对健康的效果进行了论述。《全民健身指南》包括对单项运动能力测试与评价(包括有氧运动能力、肌肉力量、柔韧、平衡与反应能力)和综合运动能力评价(包括BMI在内的各单项能力测试与评价的综合计分后,采用4级评定法,85分及以上为优秀、75分及以上为良好、60分及以上为合格、小于60分为较差)。《全民健身指南》中指出体育健身活动应遵循安全性、全面发展、循序渐进、个性化原则,养成良好的体育健身活动习惯。同时,体育健身活动方案应包含体育健身活动方式(如有氧运动、力量练习、球类运动、中国传统运动方式、牵拉练习等),体育健身活动强度(强度可划分为小轻度、中等强度和大强度3个级别,运用心率、呼吸、主观体力感觉进行体育健身活动强度监测)和体育健身活动时间3要素。《全民健身指南》强调,一次性体育健身活动的内容及安排需包括5~10分钟准备活动,30~60分钟基本活动和5~10分钟放松活动,并对不同阶段(初期、中期与长期)的体育锻炼活动方案进行示例说明。

《全民健身指南》突出了个性精准化体育健身特点，体现"量身定做"和"私人定制"的个性化运动处方特征。其发布为满足大众对运动健身不断增长的科学指导需求提供了可参照的方法，使大众百姓的运动健身更具科学性。

2.《中国儿童青少年身体活动指南》

健康生活方式需从儿童青少年阶段开始重视，许多成年期疾病尤其是慢性非传染性疾病都与儿童青少年期间包括身体活动不足在内的各种不良生活方式有关。因此，越来越多的国家开展了针对儿童青少年身体活动的相关研究并制定了活动指南，以此更好地推动和促进儿童青少年身体活动水平的提高。

2016年，世界卫生组织的终止儿童肥胖委员会认识到身体活动、久坐行为/屏幕时间和充足睡眠对身心健康和幸福的重要相互作用，要求提供针对儿童青少年的包括身体活动、久坐行为/屏幕时间和睡眠这三个方面的明确指南。

2016年，加拿大运动生理学会的领导人召集了相关国家组织代表、相关领域的专家、方法学专家、利益相关者和最终用户的代表，遵循严格和透明的指南制定程序来制定加拿大24小时活动指南，是第一个为学龄儿童青少年（5~17岁）发布综合24小时身体活动指南的国家，并于2017年发布了婴幼儿（0~4岁）24小时身体活动指南。目前，加拿大、澳大利亚和新西兰已制定出包括24小时活动行为的儿童青少年身体活动指南。

我国早在2011年，就为提高居民身体活动意识和指导公众科学进行身体活动发布了《中国成人身体活动指南（试行）》（原卫生部疾控局）。近些年来，随着国民体质的下滑和慢性疾病的蔓延，身体活动促进健康领域无论从科学研究角度，还是国家政策规划上均备受关注。顺应国际发展趋势，响应国家号召，2018年1月，由国家儿童医学中心、上海交通大学医学院附属上海儿童医学中心牵头，联合上海体育学院、复旦大学附属儿科医院临床指南制作与评价中心合作制作完成的首部《中国儿童青少年身体活动指南》在上海发布。该指南在充分参考国际上28个指南推荐意见的基础上，结合中国国情首次给出了6岁至17岁儿童青少年每天身体活动和久坐行为的推荐量和限制要求。该指南也给出了针对哮喘儿童青少年的身体活动指导建议，以及特殊空气质量下开展身体活动的指导建议。

该指南工作组征求了来自儿科、运动健康、公共卫生领域专家的意见，梳理了来自学生、家长、老师等各方对中国儿童青少年身体活动最关注的10个问题。包括：①什么是身体活动？②什么是久坐行为？③身体活动对儿童青少年身体健康有哪些益处？④身体活动对心理健康、认知、学业及社交技能有哪些影响？⑤久坐行为对儿童青少年健康的危害？久坐行为与身体活动不足的区别？⑥儿童青少年每天应进行多少身体活动？屏幕时间限制的最低要求？⑦可以采用哪些方法评估儿童青少年身体活动强度？⑧如何理解身体活动与伤害关系？⑨不同气候环境条件下，如何指导儿童青少年开展身体活动？⑩哮喘儿童青少年如何进行身体活动？

该指南一方面可供中小学生及其家长和老师、儿科医护工作者及其他关注儿童青少年健康领域的工作者，在开展儿童青少年身体活动时参考借鉴。另一方面，希望能提升社会各界对儿童青少年身体活动的关注，家庭层面提供更多身体活动机会，学校层面开展更多身体活动项目，社区层面提供更多身体活动的场所及竞赛活动，学术层面开展更多针对我国儿童青少年身体活动的科学研究，政府层面制定和完善促进儿童青少年身体活动的相关政策举措，各界合力促进儿童青少年良好身体活动习惯的养成，全面提升儿童青少年体质健康水平。

3.《学龄前儿童（3~6岁）身体活动指南》（专家共识版）

《"健康中国2030"规划纲要》提出，"加强体医融合和非医疗健康干预，推动形成体医结合的健康服务模式。"而在体医融合指导下的科学运动是促进学龄前儿童良好发育的一项重要措施。在经济的快速发展过程中，我国儿童青少年体质健康状况正面临严峻挑战，包括学生体检合格率下降、超重肥胖发生率增加及近视比例居高不下等，这些问题与学龄前期的身体活动不足，尤其是与那些需要达到一定的时间与强度方可产生健康效益的运动不足有着密切关系。科学地指导学龄前儿童进行合理运动已经成为当前的一项重要任务。

幼儿期是个体发育中的一个关键时期。健康的行为习惯建立于幼年期并持续至成年期。随着我国社会经济持续快速发展，城乡居民生活质量日益提高，生活方式改变造成运动和身体活动减少，尤其对儿童的影响最为明显。身体活动这一行为模式与肥胖的发生有密切关系。幼年期因身体活动不足而导致的过多脂肪堆积，可以延续至成年期。儿童体质下降将会导致更多健康问题的发生，如高血压、Ⅱ型糖尿病、脂肪肝、心脏病等疾病日趋低龄化。幼儿时期是个体整个动作发展顺序的起始阶段，也是起决定性作用的重要阶段。儿童期动作技能的获得，可以帮助他们参与更多样的活动类型，如一些结构性的和非结构性的游戏与活动等。儿童身体活动与动作技能的正相关性在整个儿童期都存在。

2018年6月，北京体育大学、首都儿科研究所和国家体育总局体育科学研究所联合发布了我国首部《学龄前儿童（3~6岁）身体活动指南》（专家共识版）。该指南在充分参考国际相关指南和大量科研证据的基础上，结合专家意见共同研制，其中包含了学龄前儿童运动的益处和基本要素、学龄前儿童运动的推荐意见等内容；提出学龄前儿童的运动应符合其身心发育特点，应以愉快的游戏为主要形式；在保证活动时间和活动强度的前提下，以发展基本动作技能为核心目标，兼顾该阶段快速发展的多种身体素质；同时鼓励增加日常生活中的身体活动，在培养生活能力的同时提高体质健康水平。身体活动时间推荐为，各种类型的身体活动累积≥180分钟/日，其中≥60/日分钟的MVPA；同时≥120分钟/日的户外活动。若遇雾霾、高温、高寒等天气可酌情减少，但不应减少运动总量。针对日益突出的久坐行为和电子屏幕现象及其对健康产生的不利影响，该指南还特别建议在保证每天活动时间和活动强度的前提下，学龄前儿童每天应尽量减少久坐行为。其中屏幕时间每天累计不超过 60 分钟，且越少越好。任何久坐行为每次持续时间均应限制在 60 分钟以内。该指南还强调了运动强度的多样性，即学龄前儿童的运动不仅要有低强度活动，更要有中等及以上强度的活动。在推荐将呼吸频率作为反映心肺运动强度的参照的同时，还建议评价不同种类运动强度时应兼顾运动时动作的难度、所用的力量或者付出的努力程度。

4.《骨关节活力操》

体质与健康素质是人类生产和生活的物质基础，是国民素质的重要组成部分，与人民生活和国家发展息息相关，运动健身是提高体质与健康素质的重要手段。随着我国人口老龄化的加剧，骨关节退行性变化等问题成为国民在日常生活中和运动健身中比较普遍的问题，运动是预防和减缓这些变化的重要手段，但大众在运动健身中存在着认识误区和缺乏有效方法的问题。《骨关节活力操》正是在这种大背景下由国家国民体质监测中心科研团队在 2016 年创编的一套有针对性的健身操。科研团队汇聚了体育和医学领域的专家，《骨关节活力操》基于"体医结合"的理念产生，一方面锻炼骨关节，同时也要保护骨关节的安全。提供了全民健身活动中是"体医结合"效果显著的一种运动方式。

该套操基于运动生理学、运动医学、运动训练学等人体运动科学的基础，按照骨关节的生理生长和自我机能调节规律，将骨关节的激活与强健动作进行整合编排，从而有效给予骨关节适当的生理刺激，促进骨关节的润滑作用，增进骨关节的活动能力。

生命在于运动，随着人们生活水平的不断提高和对自身健康的关注，喜欢运动的人越来越多。科学运动能促进健康，但是不适当的运动会损害健康，这也包括关节的损伤。运动对关节软骨的影响是非常复杂的。大量流行病学文献资料表明，关节软骨磨损的发生与不适当的应力载荷有关。有学者做实验对长跑后的运动员进行 MRI 检查，发现膝关节软骨内存在异常信号改变，并且在运动后 3 个月内持续存在，从而认为是关节软骨磨损的高危因素。为了进一步发现运动对关节软骨的影响，研究者们建立不同强度大鼠膝关节运动负荷模型，证实长期高强度运动会导致关节软骨中基质流失，胶原网状结构破坏，引起关节退蜕；但中等强度运动会对软骨有一定塑形作用，减少软骨组织内活性氧的含量、增加软骨中的基质的含量，从而可以保护关节软骨。由此得出结论，运动能否引起骨关节磨损的发生和运动的量、强度、周期有很大关系，并有一定的个体差异。

过度运动对关节不好，而缺少运动也对关节不好，缺少运动包括长期不参加健身活动，使关节活动度减小，以及由于伤病使关节被长期制动。长期制动对关节的影响表现为关节囊和韧带组织缺乏被动牵伸，可逐渐缩短，引起关节活动受限。制动使关节周围疏松结缔组织中的胶原纤维因胶原分子横链增加或新纤维形成而互相粘连，致使伸展性受限，引起关节挛缩。制动妨碍关节滑液的分泌和流转，关节面软骨缺乏挤压，可引起软骨营养障碍及萎缩。制动还可使滑液干涸，滑囊闭合、粘连，甚至消失，从而造成关节周围粘连，最终引起关节结构和周围软组织产生一系列改变，导致关节活动度下降。另外，随着年龄的增长，体力活动减少，关节周围的关节囊、韧带、肌肉等软组织逐渐萎缩，肌力下降和平衡降低，关节活动度下降，骨钙逐渐丢失和骨密度的下降，骨及关节变形，也会影响关节的健康。

该套《骨关节活力操》节奏缓和，强度适中，锻炼全面，简单易学，循序渐进，适合所有人。操中融入了日常生活的身体功能训练，能降低久坐少动以及不良身体姿势带来的身体隐性损害，起到预防骨关节疾病的作用，是"体医结合"的典型的运动方式。

骨关节活力操主要是锻炼人的关节，与其他健身操类相比该操简单易行、不容易受伤，能够使全身的关节得到全面锻炼，很有针对性。据观察研究发现，通过骨关节活力操锻炼能有效提高身体的柔韧性和关节周围肌肉的控制能力。柔韧素质的提高，对增强身体的适应能力，更好地发挥力量、速度、灵敏等素质，提高技能和技术，防止运动损伤，都有积极的作用。对人们日常生活、劳动、体育锻炼都有重要意义。力量是提高其他身体素质的基础，柔韧素质是提高其他身体素质的重要保证之一。同时对解除关节周围肌肉紧张、促进关节疲劳恢复均有很好的效果。另外还能提高身体的平衡性，促进躯干部分的稳定，改善身体姿态。

骨关节活力操完成创编之初，在 2016 年下半年由国家体育总局体育科学研究所举行的 2016 年全国运动健身指导活动中的 13 个承办城市进行推广。各承办城市派健身操教练参加骨关节活力操培训班，学会后在各自城市组织上百人进行教学和练习，并参加 2016 年全国运动健身指导活动的骨关节活力操展演。参加骨关节活力操学习和练习的受益群众达 7 千余人。受到参与群众的欢迎，达到良好的社会效益。在 2017 年的"科学健身中国行"活动中，继续普及，有 15 个承办城市，万人左右参与练习和展演，受到高度认可和喜爱。

骨关节操目前在各级卫生与体育相关机构得到了大力推广，在多个人群中通过骨关节操活力比赛等形式得到了广泛普及。骨关节操为广大健身爱好者提供一项安全、有效、科学的锻炼方法。这对促进全国群体健身运动的开展与发展，丰富群众体育活动方式，改善人民的健康状况都有着重要的现实意义和指导价值。为完善我国全民健身服务体系提供科技服务。

5. 科学健身 18 法

2018 年 8 月 8 日是我国第十个"全民健身日"，国家体育总局发布了一套随时随地都能锻炼身体的"科学健身 18 法"。这十八个动作分为三组，分别能解决颈肩不适（懒猫弓背、四向点头、靠墙天使、蝴蝶展臂、招财猫咪、壁虎爬行），腰部紧张（"4"字拉伸、侧向伸展、站姿拉伸、左右互搏、靠椅顶髋、坐姿收腿），下肢紧张（足底滚压、对墙顶膝、单腿拾物、足踝绕环、单腿提踵、触椅下蹲）三种慢性劳损性问题。

"科学健身18法"由国家体育总局体育科学研究所创编，由18个针对肩颈部、腰部、下肢关节和肌肉科学运动的小妙招组成，通过接地气、科普化的形式展现，力求达到"一看就懂、一学就会、一练就有效"的效果。"科学健身18法"旨在广泛传播科学健身新观点，积极推广"运动是良医"的全新理念，针对现阶段大众普遍存在的"不健身"和"不会健身"的问题，通过编组科学健身小妙招，积极引导全民科学健身，倡导健康生活方式。

"科学健身18法"是在总结我国群众生活方式中的健身需求基础上，结合运动康复的方法，设计编排的一套适合全人群、简便易行、见效迅速的健身方法。该方法适宜各类人群，不受场地和环境限制，可利用碎片化时间完成简单的运动锻炼，从而达到科学健身、放松身体和预防损伤的功效。"科学健身18法"经过国家体育总局体育科学研究所、北京体育大学、上海体育学院、武汉体育学院、南京体育学院、北京大学医学部、各地体育科学研究所、知名健身线上学习平台、传媒公司等国内多家相关单位的全民健身、体能康复、课程设计、宣传推广专家反复论证，得到一致认可。

（二）国外身体活动指南制定发展现状

2016年以来，基于大量新的身体活动与健康促进的实证依据，美国、加拿大、澳大利亚、新西兰等国家陆续对各自国家的身体活动指南进行了修订，并纳入了有关久坐行为指南的内容。世界卫生组织终止儿童肥胖委员会提出身体活动、久坐行为/屏幕时间和充足睡眠时间共同对身心健康和幸福的相互作用，要求制定针对儿童青少年包括身体活动、久坐行为/屏幕时间和睡眠这三个方面的明确指南。加拿大、澳大利亚和新西兰现已制定出包括24小时活动行为的儿童青少年身体活动指南。

美国于2018年由卫生与公共服务部（HHS）发布了第二版《美国身体活动指南》。此版本在2008年第一版《美国身体活动指南》基础上，纳入了更多健康益处的新证据，展示了如何实现这些益处的更大的灵活性，并展示了许多经过验证的方法以帮助人们有更多的身体活动，并鼓励社区进行更有助于身体活动的措施。第二版《美国身体活动指南》是对《美国膳食指南》身体活动内容部分的详细补充，是HHS和美国农业部（USDA）共同协作的结果。这两份指南共同为美国民众提供了通过身体活动和饮食健康以促进身体健康和降低慢性病风险的重要指导。新版的身体活动指南提供了关于维持或改善整体健康和降低慢性疾病风险，以及预防慢性疾病所需的身体活动量和类型的指导，分别包括了学龄前儿童（3~5岁）、儿童青少年（6~17岁）、成人（18~64岁）、老年人（≥65岁）、孕妇和产后妇女、有慢性健康问题的成年人和有残疾的成年人的身体活动指南，也包括了身体活动开展过程中有关安全的指导内容。新版指南包括以下新内容的讨论。①与大脑健康、其他癌症部位和跌倒相关损伤的额外健康益处；②对感觉、功能和睡眠的短期和长期效益；③对老年人和其他慢性病患者的更多的益处；④久坐行为的风险以及与身体活动的关系；⑤对学龄前幼儿（3-5岁）的指南；⑥取消对成人身体活动每次至少10分钟的要求；⑦经过验证的策略，可促使人们有更多的身体活动。

2016年，加拿大运动生理学会召集了国家组织、相关领域的专家、方法学专家、利益相关者和最终用户的代表，遵循严格和透明的指南制定程序制定了《加拿大儿童青少年（5~17岁）24小时身体活动指南》，是第一个为学龄儿童青少年发布的综合24小时身体活动指南的国家，并于2017年发布了《加拿大婴幼儿（0~4岁）24小时身体活动指南》。这些指南都强调了考虑活动行为综合化的重要性，在与健康质变的相关性方面，满足所有三种活动行为综合指南比满足任何两个的要好，满足任意两个行为活动的指南比满足一个活动行为的指南更好。2018年，加拿大发布了《加拿大孕期身体活动指南》，该指南由加拿大妇产科医师协会（SOCG）和加拿大运动生理学会（CSEP）联合小组编写，经SOGC的产妇胎儿医学指南管理和监督委员会审查，并由SOGC董事会和CSEP董事会核准。该指南为孕妇、产科保健人员及运动专业人员提供孕期体力活动的指导，评估指标包括孕妇、胎儿或新生儿的发病率以及妊娠期间和妊娠后的胎儿死亡率。

2017年开始，澳大利亚政府提供资金，由澳大利亚联邦卫生部制定结合身体活动、屏幕时间/久坐行为和睡眠的综合指南，以更新澳大利亚婴幼儿（0~5岁）和儿童青少年（5~17岁）身体活动指南和久坐行为指南。2019年初，基于加拿大早期的24小时身体活动指南，通过严格的科学程序，对4次全面系统评价的数据以及在线调查、制定小组和关键利益相关者访谈定量和定性数据的汇编，使用GRADE-ADOLOPMENT方法完成了澳大利亚24小时婴幼儿和儿童青少年身体活动指南的制定。

2016—2017年，新西兰卫生部更新并发布了婴幼儿（≤5岁）、儿童青少年（5~17岁）、成人（18~64岁）和老年人（≥65岁）的身体活动指南，并且在成人的指南中结合了膳食指南。其新版指南是基于现有研究的综述，并参考了世界卫生组织、澳大利亚、加拿大、英国和美国的身体活动指南。

（三）促进身体活动指南实施的研究进展

一些国家，在推荐身体活动量指南的同时，也开始将如何促进身体活动的建议作为指南。德国在2018年发表了《身体活动促进的建议》，强调了将促进身体活动的推荐建议纳入国家身体活动指南的重要性；国家身体活动推荐不仅要给出推荐的身体活动量，而且还要为组织提供有关如何支持民众变得更加活跃的信息。德国有关身体活动促进的建议是基于制定身体活动促进干预措施的效能和有效性推荐的系统综述、调查身体活动促进成本效益的系统综述，以及确定身体活动促进干预的概念、实施和评估的质量标准文献的综述。通过专家共识小组，利用每一个综述的结果形成具体的推荐意见，最终为儿童青少年、成人、老年人、慢性病及一般人群制定了身体活动促进的建议。对于除一般人群之外的每个目标群体，建议通过环境来构建。除了关于干预措施的效能和有效性的建议外，还提出了关于卫生公平，成本效益和质量标准的建议。2018年德国一般人群身体活动促进的建议从大众传媒活动、标识点提示（如用楼梯代替电梯）、基于社区的多组分途径（整合环境）、环境途径（创建适合的 PA 环境）、政策途径（实施可促进 PA 的政策）及通过运动俱乐部进行身体活动促进几方面展开。2018 年，英国国家卫生保健研究所发布了《身体活动和环境指南》，该指南涵盖了如何改善物理环境以鼓励和支持身体活动，目的是增加一般人群的身体活动水平。

在我国，虽然尚未出台有关促进身体活动的在环境及个人因素等方面的指南，但随着民众主动健身意识的逐步增强，国务院于 2013 年和 2014 年分别颁布了《关于促进健康服务业发展的若干意见》和《关于加快发展体育产业促进体育消费的若干意见》，要求进一步开展全民健身运动，宣传、普及科学健身知识，提高人民群众体育健身意识，引导体育健身消费，以及要大力支持发展健身跑、健步走、自行车、水上运动、登山攀岩、射击射箭、马术、航空、极限运动等群众喜闻乐见和有发展空间的项目，同时强调政府机关、企事业单位、社会团体、学校等都应实行工间、课间健身制度等。2014 年 10 月，国务院下发了《关于加快发展体育产业促进体育消费的若干意见》，将"全民健身"上升为国家战略。2016 年 6 月，国家体育总局发布了《体育发展"十三五"规划》，倡导进一步营造崇尚运动、全民健身的良好氛围。随后，国务院和体育总局又发布了《全民健身计划（2016—2020 年）》，明确提出到 2020 年，群众体育健身意识普遍增强，参加体育锻炼的人数明显增加，每周参加 1 次及以上体育锻炼的人数达到 7 亿，经常参加体育锻炼的人数达到 4.35 亿的目标。

综上，身体活动指南的制定，越来越向各个年龄段、不同健康状况人群的方向细化；同时纳入了久坐行为，并且考虑 24 小时闭合周期内的其他活动行为而更为系统综合化。此外，开始延伸到提高身体活动水平的具体实施方法领域的研究。随着"健康中国 2030"政策的不断推进，希望未来能够积累更多针对中国各人群的实证研究数据，进一步完善中国人群的身体活动指南，及推出更多适用于不同年龄人群与不同健康状态人群的运动健身科学指导。

四、运动处方理论与实践发展报告

（一）运动处方理论与实践最新研究进展

1. 运动处方理论研究进展

（1）与运动处方相关的指南和著作的更新

美国运动医学学会所编著的《ACSM 运动测试与运动处方指南》（*ACSM's guidelines for exercise testing and prescription*）一直是运动处方理论与实践方面的权威书籍。该书作为美国运动医学学会出版的培训教材，内容综合各国运动处方研究成果，包含运动处方制定和实施的各个环节。2016 年，美国运动医学学会对指南之前的内容进行了更新，推出了第十版的新指南。北京体育大学王正珍教授及其团队自 2010 年起就开始进行该指南的翻译工作，在美国运动医学会推出了第十版的指南后，该团队也积极跟进了翻译内容，2019年出版了《ACSM运动测试与运动处方指南》（第十版）的中文版。与之前的版本相比，第十版的指南内容进行了以下更新。①章节变化：第十版指南与之前的版本相比，增加了环境章节。另外，相对于之前的版本针对代谢综合征进行运动处方的指导外，第十版增加了针对代谢综合疾病的运动处方指导，并且将代谢综合疾病以及心血管危险因素运动处方指导合并为一章进行专门论述，反映运动在减缓疾病风险以及对心血管疾病预防方面的积极作用。②运动前风险筛查的变化：第九版中的运动前风险筛查采用PAR-Q问卷完成，但最新的研究进展显示，之前的筛查标准可能会阻拦最需要运动的疾病风险人群。故在第十版中采用2014PAR-Q+问卷，能够对"整体健康"存在问题的人员进行进一步的"健康细节问题"筛查，使得更多的人群能安全进行运动处方干预。③对最新研究成果和方向的更新：第十版的指南及时反映了对运动与健康领域的最新研究成果的认识。对于大强度间歇运动、运动行为理论和干预方法等相关热点研究领域做了进一步的详细拓展。④提供了线上资源：在第十版的内容中增加了专题后的线上资源，能够采用最现代化的形式进行相关信息的传递。

近几年，除了对《ACSM运动测试与运动处方指南》进行翻译和出版工作外，北京体育大学王正珍教授及其团队已经将翻译工作扩展至对ACSM推出的与运动相关的系列丛书的翻译出版。在2016年出版了《美国运动医学会经典教材：美国运动医学会认证复习指导》（第四版）。该书紧密结合《ACSM运动测试与运动处方指南》的内容，为运动测试的方法和运动处方的内容等相关知识进行复习指导。

在过去的4年里有不少其他与运动处方有关的著作发表。以杨静宜教授编著的《运动处方》为基础，王正珍教授在2018年对该国内运动处方指导用书进行了全面的更新，并编著了《运动处方》（第二版）。该书对运动处方的基本理论和原则，以及相关的制定方法和运动测试的内容进行了比较全面的介绍，适用于对运动处方的制定进行指导工作。另还有《健康体适能评定与运动处方制定阐析》《体质健康评价与运动处方》《体育运动处方及应用》《大学生健康评价与运动处方高级教程》等多本针对不同水平、不同人群的运动处方相关书籍相继面世，其目标以指导、科普、教育等各不相同。近几年，由于政策的支持，科学进步的引领和群众健康的需求等原因，运动处方成为热门研究，相关书籍的数量也在直线攀升。就目前的状况而言，与运动处方相关的书籍众多，但水平良莠不齐，该学科方向在出版物上还有待进一步规范与发展。

（2）与运动处方相关文献的更新

在2016—2019年，运动处方科研论文的发文数量依旧延续前几年的猛增情势。在中国期刊全文数据库中，以"运动处方"和"运动干预"为主题词，搜索2016年至2019年6月的相关文献，共检索到2754篇。项目资助前3位分别是国家自然科学基金资助118篇，国家社会科学基金资助22篇，国家科技支撑计划资助16篇。从运动处方相关文献近年发表的数量来看，2016年搜索到运动处方相关文章787篇，2017年相关文章855篇，2018年相关文章849篇，截至2019年6月为241篇。研究对象主要集中在人群研究（包括普通健康人群、特殊儿童、老年人和慢病人群），以及针对运动处方本身特征和要素的基础理论研究方面。

(3) 运动干预方法研究的更新

①超重和肥胖人群的运动干预方法。

有关超重和肥胖人群运动的干预方法集中在脂肪最大氧化强度运动、高强度间歇训练、低氧训练和身体活动与环境因素的影响方面。

脂肪最大氧化强度（Fatmax）受多种因素的影响，特别是受年龄和性别因素的影响较大，寻找有效强度控制方法成为近些年研究关注的重点。以9~10岁肥胖男童为对象的一项研究发现，肥胖男童Fatmax峰值为最大摄氧量的44±13%，所对应的心率值为140±6.18b/min；跑台运动速度为4.0±0.69km/h（1%坡度）。10周Fatmax运动干预实验后，肥胖男童的体脂率显著下降，同时肺活量和最大摄氧量显著性提高。针对超重/肥胖男青年的研究发现，脂肪最大氧化率为0.3±0.1g/min，对应的运动强度为$VO_{2max}45.7±8.7\%VO_{2max}$，相应地心率为119.4±10.1b/min。

国内有关高强度间歇训练（HIIT）与肥胖控制研究的中文文献共有20篇，其中2016年之后发表的占17篇，英文文献10篇。由此可见，高强度间歇训练对肥胖控制的作用是近年来研究关注的热点。很多研究发现，尽管HIIT时间较短，但这种方法对机体产生的影响与长时间的耐力训练接近，甚至效果更好，而其所需锻炼时间较短，一般人更易接受和长期坚持，这为运动干预控制超重和肥胖提供了新思路，也引起科研人员的关注。Zhang（2017）等研究发现，年轻肥胖女性经过12周的高强度间歇训练（HIIT）和中等强度耐力训练（MICT）后，体脂都出现下降，但变化没有差异。与MICT相比，HIIT方法的效率高而更有优势，其他的研究同样证实HIIT对健康水平的提高有更高的时间效率。研究比较了HIIT和短冲间歇训练（sprint interval training，SIT）对年轻肥胖女性减脂影响的区别，研究发现，SIT训练后最大摄氧量增加更显著，但HIIT对脂肪控制的效果更佳。随着HIIT方法的兴起，有关这种方法与长时间耐力训练效果的比较引起了科研人员的兴趣。HIIT与低强度有氧训练的比较发现，两者对减肥的效果没有差异，HIIT可以在较短时间内达到预期效果，而LIAT的效果作用更长远。研究高强度间歇训练能在改善肥胖青年体成分和脂代谢的同时，使机体血液炎症因子等显著降低，但这一效果与中等强度持续有氧训练减肥效果相比，二者之间没有显著性差异。张勇等将HIIT与Fatmax强度持续运动的减脂效果进行了比较，两者对身体成分及皮下脂肪的干预都是有效的，但高强度间歇运动效果更优。HIIT锻炼为什么会有这样的效果？胡国鹏等对HIIT和MICT两种训练模式的耗氧动力参数影响进行了研究，结果发现两者间无显著区别，但大强度间歇训练在提高大强度运动过程中氧耗应答速率及减少耗氧量慢成分方面有着更明显的优势。

国内最早关注低氧训练与肥胖关系的文献出现于2007年。起初，动物实验研究较多，2012年后有关人体的研究逐渐增多。研究发现，低氧训练要达到四周以上，才会对肥胖者的体重指数和血清总胆固醇产生影响，而间歇性低氧训练对肥胖者的体重指数有改善作用。低氧环境下体重控制的机理研究涉及脂代谢、食欲控制和瘦素作用等几个方面。王茹等从食欲抑制因子的角度对低氧环境下体重控制的原理进行了研究，结果表明，低氧环境有效抑制了机体内源性大麻素的增加，改善了运动结合饮食干预后受试者食欲抑制因子的下降，有利于维持运动结合饮食减控体重的效果。研究结果还提示，机体镁水平直接影响低氧训练的减体重效果，这种作用可能与瘦素有关。

有关身体活动与肥胖关系的研究已经比较丰富，大量的研究证明，身体活动与静坐/久坐习惯与肥胖有着密切的关系。近几年，研究者更加关注以身体活动为中介的环境因素对健康水平的影响，特别是对超重/肥胖的影响。有不少研究关注环境对身体活动和健康情况的影响。有关环境因素与身体活动关系的研究中，地理学研究的很多方法受到重视并加以应用。孙斌栋研究发现，控制社会经济属性后，提高社区人口密度或设施可达性、缩短居民到公交站距离，可以通过减少个体机动化出行倾向而间接降低超重的可能性。GIS（地理信息系统）也是用来研究建成环境与身体活动关系的常用方法。何晓龙等发现，儿童青少年居住小区周边运动场地和设施密度及街道交叉路口密度的增加有助于改善其日常中高强度身体活动量。何晓龙等采用问卷方法对澳门地区儿童的身体活动与建成环境关系进行了研究，结果发现，男性学龄儿童住所周边设施的可及性可以促进步行并降低肥胖发生率，家周围马路步行的便利性是影响男性学龄儿童超重或肥胖的主要环境因素。近年来，有关环境因素与肥胖关系的研究，大都以儿童青少年为研究对象，且在港澳地区的研究较多，而针对成年人肥胖的研究较少。

②促进肌肉健康的运动干预方法

随着肌肉健康越来越得到重视和普及，抗阻训练成为全面身体锻炼不可缺少的一部分。除了进行单一抗阻训练改善身体某些方面功能外，力量与其他练习方式的多组式运动方式越来越受到学者们的关注，尤其是在改善肥胖、老年人体质促进等方面。

为了使抗组训练获得更好的效果，很多学者尝试将振动力量训练、加压力量训练等用于普通人的运动干预，并取得一定的科研成果，其中加压力量训练受关注度较高。加压力量训练（KAATSU training）于1983年被提出，又称血流限制训练（blood flow restriction training），是一种通过加压造成肢体远端肌肉缺血，从而以相对较小的运动强度刺激肌肉生长、提高肌肉适能的一种新型训练方法。近年来，加压训练被广泛应用于大众健身、伤病康复等领域。有研究表明，加压训练与传统的抗阻训练相比可以更加高效地提高肌肉力量、减少伤病风险。但与此同时，也有研究认为，加压训练因为强度过小，无法对肌肉产生足够的刺激以提高肌肉力量。所以，目前关于加压训练的效果仍然存在一定的争议。

传统研究肌肉功能状态主要关注的是肌肉内部结构及组织化学的变化，而对肌肉收缩过程中相关特性的变化尚无太多研究。TMG技术通过高度敏感的数字位移传感器将肌肉收缩时的横向运动表现出的生物力学特性通过相关的几个参数表现出来，精确反映了神经—肌肉的状态，所观察参数对运动处方和训练计划的制定有指导性意义。TMG技术评定肌肉状态测试方法简便易操作且方便携带、不受环境限制，随时可在任何场地开展测试，已经开始作为新的无创训练监控手段应用于大众人群健身及运动损伤康复中。

国际上，除了抗组训练改善身体功能、多组式运动方式提升健康效益等研究之外，有关肌肉力量与健康风险关联关系，以及肌肉力量与健康纵向追踪研究比国内丰富和深入。国内针对大众肌少症研究起步较晚，且多是针对肌少症发病率及致病原因的探寻。国际研究除了对肌少症评估诊断外，针对患肌少症的人群进行了大量运动干预研究，在力量、平衡和肌肉质量改善方面取得一定效果。然而运动模式、持续时间和强度尚需更多的研究来证实。

今后的研究中，除了抗组训练改善身体功能、多组式运动方式提升健康效益等方向之外，有关肌肉力量与健康风险关联关系、肌肉力量与健康纵向追踪研究，以及抗组训练对肌肉微观影响可以作为一段时间内的研究重点。

③提高平衡能力的运动干预方法。

有关平衡能力的研究主要集中在平衡能力的相关影响因素、平衡能力与健康的关系及增强平衡能力的方法等方面，尤其是通过不同方法改善普通人、慢病人群的动静态平衡能力方面做了大量研究，这些手段包括太极拳、广场舞，还有悬吊、振动训练方法、力量练习，以及不同方法对不同平衡能力改善的对比研究。

国外的平衡能力改善的研究，不仅重视不同运动项目对平衡能力的影响和更具针对性地改善平衡能力，还关注生活环境的改善、辅助技术等方面。

国际平衡能力研究发展以平衡性能、康复、姿势控制等为主要研究内容，研究人群从老年人群逐渐扩大到肥胖人群、慢病人群及成年群体，探索提高平衡能力更丰富、综合和精准有效的运动处方。

2. 运动处方实践进展

（1）运动处方相关专业人员培养

①运动处方教学。

运动处方在教学方面的发展，主要体现在相关教材出版和课程开设上。由王正珍教授及其团队翻译出版的《ACSM运动测试与运动处方指南》和《美国运动医学会经典教材：美国运动医学会认证复习指导》这两本金标准类指南书籍的中文版，得到了运动科学和医学领域的广泛认可，现已成为一些体育专业院校运动处方相关课程的教材和运动处方师培训的重要教材。这一系列运动处方教材和著作的推广和早期的市场应用，使得我国运动处方理论和实践体系基本形成，为国内运动处方教学奠定了基础。

在运动处方课程发展方面，可大体分为两类课程。一类是在高校开展的介绍运动处方知识的理论和实践课程；另一类是将运动处方理论应用于学生体育课的运动处方教学模式。目前开设运动处方课程的专业主要有运动人体科学、运动康复与健康、体育教育、运动训练、社会体育等，少数综合性院校和医学院将运动处方课程列为面向全校各专业开设的公共课程，如华中科技大学等。随着"运动是良医""体医融合"等理念的提出和普及，一些医学院校也在本科生中开展与运动处方和健身有关的公共选修课程。这些运动处方课程的开设，培养了大量运动处方教学、科研和实践工作的专业人才，为我国运动处方发展奠定了人才基础。

②运动处方师培训。

除了在校园内进行运动处方的专业人员培养外，为贯彻落实国务院《关于加快发展体育产业促进体育消费的若干意见》中"加强体育运动指导，推广运动处方，发挥体育锻炼在疾病防治以及健康促进等方面的积极作用"要求，根据国家体育总局关于做好家庭医生、社会体育指导员等相关人员开具运动处方培训工作的部署，中国体育科学学会于2017年起开展运动处方师培训工作，培训班面向体育科研院所、高校、医院、社区诊所、健身俱乐部等具有运动人体科学和医学专业本科学历以上的相关人员，采用理论授课、实操授课和考核认证的形式对学员进行全面、系统的专业培训。培训以运动处方库建设为核心，发挥学会知识密集、人才密集、技术密集和组织网络优势，整合国内外体育与医疗领域的优质科技资源，全面培训开具个性化运动处方的运动处方师，为人民群众提供科学、精准的健身指导服务。此外，许多省市卫生主管部门也纷纷举办面向医生的运动处方师培训班，旨在在医生群体中普及科学运动的相关知识，推进医生群体在诊疗中加入科学健身内容，全面防治慢性疾病。

（2）健康管理部门的建立

在体医融合的大背景下，医生群体是运动处方培训的重点人群，目前已有多家医院开展健康管理工作，采用运动处方的形式对多种疾病患者进行运动干预，帮助其疾病康复、提升生命质量。有部分医院已在体检部门专门设立健康管理中心，为普通体检人群提供健康体适能测试、测试报告解读及运动处方开具服务，并与健身机构合作进行后期的运动干预指导。随着大众健康需求的提高，在医院建设健康管理部门是近年来医疗卫生单位的重要发展趋势。在医院建设健康管理部门，在疾病治疗中结合运动干预，既能将运动处方的相关研究成果进行良好的应用转化，又能为后期的处方研究提供基础，构成良好的体医结合循环模式。

（3）科研项目的支撑

近年来，运动处方理论与实践的飞速发展与国家和相关部门对健康相关领域的重视密不可分。科研项目对于运动处方研究的投入比例也在不断增加。2017年，国家体育总局科教司组织了一系列科学健身指导内容项目，其中就包括个体化运动处方实例解析项目，该项目以人群的年龄和特点为依据，对人群进行分组，按照个性化的运动处方模式进行了运动处方的个案分析，将运动处方的完整过程进行详细的记录和研究。中国体育科学学会组织了"运动处方库建设理论体系""运动处方库建设标准体系""运动处方库建设应用体系"系列研究工作。分别对运动处方涉及的相关基础理论、制定与实施运动处方应该遵守的原则与规范、不同年龄人群个体化运动处方的制定等内容展开系统研究。2018年，国家科技部发布国家重点研发计划"主动健康和老龄化科技应对"，其中由北京体育大学联合多家研究单位负责"人体运动促进健康个性化精准指导方案关键技术研究"项目。该项目针对与运动处方相关的机制探索、中国人群精准运动处方研制与运动处方库建设、运动处方大数据平台的建设等全方位、多学科的研究领域进行综合探究与实践。

(二) 运动处方理论与实践的国内外进展比较

国外的运动处方研究开展较国内早，以 ACSM 为代表的机构一直以来作为该领域的指标和向导，引领各个国家对于运动处方研究的方向。近年来，由于科技的发展，研究对相关指标的测量愈发客观、精确，使运动处方的评价更加科学合理。随着广泛采用临床随机对照实验的方法来研究运动对健康和疾病的管理作用，运动促进健康的量效关系也更加清晰，为运动处方的精细程度提供助力。由各种权威机构编著的关于运动处方专著或指南的面世，使得运动处方更加普及和规范，美国运动医学学会编著的《ACSM 运动测试与处方指南》被广泛使用于世界各国运动处方的研究、培训和教学中，目前该指南已发行第十版。其对于运动处方相关内容的研究较为全面，从初期的理论建设、流程规范，到之后的大样本流行病学研究支撑、与慢性疾病研究和家庭遗传研究的关联，以及近年来对于社区健康研究、政府的公共健康服务部的运动与健康研究和相关技术的智能化等方向。发达国家已经通过运动处方研究和实践将与健康相关的各科学研究领域和各社会部门职能进行了紧密结合。运动处方相关的学科交叉和研究成果的社会价值转变在外国进展较好，其研究成果向智能化转变的速度较快。另外，国外的运动处方实践大环境要优于国内，其社区基础运动设施、相关的专业单位、医护及相关人员的处方意识以及民众的认知都要优于国内目前的水平，其运动处方的发展相对条件比较宽泛。

我国的运动处方研究稍晚于国外，但在借鉴美国等西方先进国家研究成果的基础上，陆续开展了多项有关运动处方的理论和实践的研究。在国家政策的推动下，我国运动处方的理论建设体系基本形成，教学实践和科研工作都取得了长足进步，运动处方的服务机构大量涌现，运动处方理论及其应用模式得到了广泛的推广和检验。目前我国的运动处方研究正处于逐步深入和完善的发展进程中。近几年来，对于运动处方的研究也有了较大的进展，研究内容涉及运动处方的各项基本要素、运动处方对不同人群的效果和机制，以及不同人群身体活动水平等诸多方面，较为全面且符合国内的应用实际。研究方向也开始趋向于体育学与多学科交叉渗透，包括医学、生物化学、生理学等。且随着近年来"运动是良医"及"体医融合"等理念的提出，以慢性疾病和运动为主题的运动处方研究正呈现增长趋势。国内的相关研究成果也开始在国际上崭露头角，除了有多项国内成果在英文期刊上发表外，有众多研究学者参与运动处方或运动医学的相关会议交流，ACSM 最新的《运动测试与运动处方指南》（第十版）中也体现了很多国内的研究成果，如握力测试的采纳、抗阻运动的发展和一些慢病处方的细节问题。国际上已经对国内的相关研究有了认可。虽然就目前来讲，国内的运动处方研究还不够充分，但已经跟上了国际的步伐，正在迅速蓬勃的发展中。

(三)运动处方理论与实践的发展趋势

1. 理论研究的发展方向

目前,我国运动处方正处于从理论到实践转化的高速发展阶段,运动处方理论的市场应用,既是老百姓对健康的需求也是快速发展体育产业、实现健康中国愿景的需求。然而,虽然近年来运动健康相关知识已逐渐被人们认识和接受,但真正实现安全、科学、有效的运动处方的干预实践应用模式还在探索发展中。由于是新兴的快速发展产业,专业服务人才匮乏,没有完善的服务体系和网络等问题仍然存在,在高速发展的当今社会,能够短时间内解决这些问题的方法就是理论与网络和数据平台的结合,由现代化的信息技术替代部分专业服务工作,解决短期内专业人才培养跟不上市场需求的短板,并建立网络服务平台,逐步建成服务网络和体系,利用大数据信息,建立运动处方库,进而在应用中不断完善理论和实践模式。当然,同时培养相应的专业服务人才,综合包括医学、体育、生物、信息、数据等专业领域的政府和社会的力量逐步完善运动处方服务体系,也是必不可缺的环节。

2. 应用研究的发展方向

近年来我国引进、创新发展并形成了自己的相对完整的运动处方理论体系,取得了一定的运动处方教学和研究成果,积累了实践经验,也迎来了运动处方快速发展的时机。但是,在教学上,我们仍然面临短期内培养出大量高水平运动处方应用人才的巨大压力。不仅要不断更新出版适用于不同层面、不同背景人群学习的运动处方教材和科普读物、逐渐完善运动处方人才的理论和实践培养方案,还要与市场接轨,进行运动处方从业人员的培训、完善从业资质认证体系。在科研与实践上,随着运动测试、运动处方理论和运动生理学、技能评定技术、循证医学、分子生物学等相关学科的不断发展,今后身体素质评定也应由粗略到精准演变;运动处方由单一提高某一项身体素质发展为同时改善肌肉力量、柔韧性、神经功能控制等综合改善机体整体功能的模式;运动处方的机制研究也从整体发展到细胞组学等方面的研究;运动处方的研究和实践范围也会扩大到越来越多的慢病和健康问题防治领域。

与此同时,不断促进运动处方实践服务的配套保障,如运动风险控制体系、互联网运动健康管理模式和相关保险制度的完善,对运动处方的发展、应用也非常重要。

五、运动增强体质、促进健康成果的转化与应用

(一)科学健身的信息化建设

以信息技术为核心的新一轮科技革命深刻影响着体育的各个领域,结合"健康中国"及"全民健身"等重大国家战略的实施,信息化建设助推了体育在各方面、全过程的发展,通过不断创新整合有形或无形的资源,产生新的产业业态、商业模式,扩

展了体育的民生价值、社会价值、经济价值和文化价值。

科学健身的信息化建设旨在运用"互联网+"思维，结合大数据、云平台、移动互联网、物联网等新一代信息技术，以智能化的方式建设相应的场地、健身器材、设备等，通过智能设备终端、手机软件等智能化设备，为锻炼者提供运动建议和指导，最终达到科学健身的效果。

科学健身的信息化建设应用广泛，在助推全民健身发展、智能化运动健康管理与服务，以及竞技运动运营和管理等方面提供了有力的技术支撑。

1. 助推全民健身发展

根据地理位置特点、环境特点和服务对象特点延展为不同类别的智能化应用，如与环境相结合的智慧体育公园或园林，以服务青少年为主的智慧高校，针对较高健身需求的智能健身房，以及基于智能手机简单方便的运动指导软件等。

2. 智能化运动健康管理与服务

利用健身传感器采集人体的运动数据，上传至系统平台并进行储存，系统会对运动数据做分析，结合不同健身者体质的差异，为健身者提供个性化的运动健身指导。管理方也可以通过系统，了解健身人群的使用情况（如使用人数、性别比例、年龄层次、各个时间段的实时人流量等），以及对运动数据的统计分析和各设备的运行情况等，并且基于平台系统发布信息、组织活动等，从而达到更进一步服务健身者进行科学健身。

3. 竞技运动运营和管理

信息化建设对专业赛事来说，不论对赛事运营还是体育竞技方面都起着举足轻重的作用。通过信息化对运动数据的采集和运动轨迹的分析，可有效地提高运动队的竞技能力。在运营方面，信息化建设加快了网络新媒体的发展，不仅促进了体育文化的传播交流，而且增加了体育的互动性和观赏性，促进了竞技体育文化体系的建设。

目前科学健身的建设还是以传统制造业为主，信息化建设的程度和比例仍有巨大的发展空间。近几年涌现越来越多的体育和智能化行业融合的新概念和应用，如运动APP、运动场地管理服务平台、智慧健身步道、智能二代路径器材、户外智能体测设备和智慧体育公园等。

（1）运动 APP

通过移动互联网、GPS、大数据分析、物联网、云计算等信息技术记录、分析个人运动数据，并将分析的运动数据通过各类图表可视化呈现给健身者，通过云计算进行大数据评估与分析后推送合理化运动建议，使运动更具个性化、合理化。

（2）运动场地管理服务平台

应用于各类运动场地的运动数据统计分析、运动器械和场地的服务和管理、运动相关信息服务发布和营销等的平台系统。通过平台可以查看各个场地使用情况、统计各个场地或器材的运动数据、自动调节温度和照明度等，还可以实现健身场馆、健身器材的网络预约，线上支付，以及自动贩卖机的商品购买等，使场馆、器材运用更合理和有序。

（3）智慧健身步道

在专门健身步道上建设感应设备和系统，根据健身者个人身体状况和体质差异，给出个性化的走、跑建议，并实时语音提示。通过健身者运动信息、健康信息与管理平台对接分析，给健身者提供更为科学的运动建议和指导。此外，通过平台可实时查询、统计和对比运动人群大数据，掌握健身人群的健身特点和规律。

（4）智能路径器材

通过智能物联融合技术，对路径健身器材进行改造和创新，获得路径健身器材运动大数据，实现路径健身器材物联网智能管理的人机互动系统。通过采集健身者运动信息和建立个人运动档案，不断分析比对数据，不断优化运动计划，使健身更有针对性，也更有时效性。

（5）户外智能体测设备

对户外体测设备进行抗干扰化和智能化升级，通过物联运动传感器、视觉识别系统等，智能采集身高、体重、纵跳、握力、平衡、反应时、功率车二次负荷等体质数据，并上传至管理平台，进而为健身者提供"测、评、导"科学服务，开具较为精准的运动处方。

（6）智慧体育公园

运用"互联网+"思维和物联网、大数据、云计算、移动互联网、信息智能终端等新一代信息技术，与现代生态园林及体育化理念相融合，使公园内各智能运动元素、服务元素和系统互联互通，通过统一数据管理、统一平台管理、统一门户管理建立智慧园林大数据库，把人与自然与体育用智慧的方式串联起来。

我国科学健身的信息化建设和国外相比仍有着较大的差距。和国外相比，我国在公共体育服务和信息化建设处于领先的地位，但在商业化体育的信息建设上和科学健身的意识和认知上还有着不小的差距。国外健身者对个人的运动数据、运动计划和运动指导上有较高的要求，所以在手机APP、智能化穿戴设备，以及室内健身器材的专业性和精准性上相当重视。

未来科学健身信息化将有以下三大趋势。

①信息化水平越来越高。随着人们生活水平的提高，越来越多的人注重健康，所以科学健身和科学指导尤为重要，人们对运动数据的精确性和运动指导的科学性上有着越来越高的要求。

②软件平台在更大范围内互联互通。在今后的发展中，会涌现出越来越多的智能设备、手机APP和管理服务的平台，过多的平台会因数据不通畅、使用繁琐而影响健身者的操作性和体验感，所以今后科学健身相关的信息化建设会有统一的建设标准。

根据标准各个地区根据自身情况为主与当地特色相结合，以区域为单位建设大数据管理与服务平台（所有的智能化、信息化健身服务、场地、器材、设备等），既能够自成独立体系，又能够将数据对接至上级平台，便于总体的统计和管理，最终形成全国范围内的统一平台。

③科学指导健身是信息化建设的核心。科学健身对于促进全民健康尤为重要，今后要根据不同人群对运动健身的不同需求，制定更为科学精准的指导依据和运动方案。体医融合的战略，运动处方的推行，将运动融入和谐生活方式，运动防治慢性代谢性疾病、运动防治功能性疾病，已成为全民健身的共识和健康中国的重要内容。

（二）科学健身中国行

自2009年起，国家体育总局群体司委托国家体育总局体育科学研究所和国家国民体质监测中心，每年在全国的6~10个地市开展运动健身科学指导活动，以体质测定、科普讲座、科普展板等形式开展与大众面对面的体质测定和运动健身科学指导活动。随着全民健身上升为国家战略，体育在公共健康和健康促进中的重要作用受到广泛重视，但我国大众健身的意识和方法亟待提高。进一步扩大运动健身科学指导的覆盖面和实用性，提升理念和科学性都成为迫切的需求。因此，2016年，国家体育总局体育科学研究所、国家国民体质监测中心对运动健身科学指导活动进行了重新设计，更新理念、推新方法，全面提升了活动的形式、覆盖面和活动内容，创建了以运动健身科学指导系列活动为内容的"科学健身中国行"活动。活动仍然以"科学健身 全民健康"为主旨，提出了"有力有行 你行我行""科学健身 你我同行""全民健身 助力健康中国"等口号。

2016年，鉴于我国国民体质监测结果反映出的国民力量素质呈下降趋势，大众在运动健身中对力量练习重视度不够、参与率低、科学意识和方法成为大众健身中的短板的情况升级了活动内容。同时，国内外的大量研究显示，力量对人的健康与体质状况密切相关，力量素质高的人不仅体质好，而且患慢病的风险低，慢病人群康复快、死亡率低。力量练习的作用已得到更广泛的认可和重视，成为慢病人群健康管理和治疗方法的一部分。我们将运动健身科学指导系列活动的主题确立为"2016 给力健康"；2017年则推出了"2017 全家一起"的活动主题，率先从国家层面倡导"1+1家庭健身促进行动"，即"通过一个家庭成员带动全家一起科学健身"，倡导家庭共同参与健身项目及互动游戏，实现健身人群全覆盖，促进家庭和睦、幸福。

科学健身中国行以科学为引领，以趣味性和实践性为入手点，2016年和2017年，分别在全国12个和14个城市开展，活动设立了体质检测区、科学健身指导区、全家一起互动区、健身节目展演、奥运冠军互动、科学健身走、中国力量达人赛、力量互动体验区、科学知识加油站、权威专家讲座、科学知识有奖问答等内容。同时，根据活动的主题，于2016年和2017年分别创编了《舞动健康——骨关节活力操》和《舞动健康——脊柱活力操》，活动前由参加全国培训的指导员在各地市培训广大群众，在活动中展演。国家体育总局体育科学研究所创编的《舞动健康——骨关节活力操》和《舞动健康——脊柱活力操》初具品牌效应，除作为每站开幕式展演节目外，在全国31个省（区、市）普及推广，发行量约为10万张，安徽省将骨关节活力操作为本省十三届全运会全民健身比赛项目之一，40余家企事业单位邀请创编者开设专题讲座并组织员工学习，活力操成为政府着力推广、深受百姓喜欢的实用健身产品。截至2019年，两套活力操，特别是骨关节活力操，一直发挥着持续效应，2018年、2019年北京市健康教育中心在北京市举办了骨关节活力操大赛，全市16个区、县都开展培训和练习，派队参加比赛；河南、山东、辽宁、上海等地的许多单位也开展了骨关节活力操的培训或比赛活动，社会效益效果明显。

（三）科学示范区

1. 建设背景

党的十八大以来，习近平总书记对我国体育事业寄予厚望，强调要从全面建成小康社会、实现中华民族伟大复兴的战略高度重视发展体育事业。习总书记指出，"体育是社会发展和人类进步的重要标志，是综合国力和社会文明程度的重要体现。体育在提高人民身体素质和健康水平、促进人的全面发展，丰富人民精神文化生活、推动经济社会发展，激励全国各族人民弘扬追求卓越、突破自我的精神方面，都有着不可替代的重要作用"。所以，人民的身体健康不仅是全面建成小康社会的重要内容，而且也是每一个人成长和实现幸福生活的重要基础。

国家体育总局围绕"政府主导、部门协同、科学支撑、惠民服务、全社会共同参与"的全民健身发展新格局总体要求，把创建科学健身示范区作为构建"全民健身公共服务体系"的重要抓手，在《全民健身计划（2016—2020年）》中明确指出，要围绕不断完善科学健身指导服务的工作目标，开展科学健身示范区建设研究试点工作，积极建设科学健身的知识普及、咨询、指导为一体的群众体育科学健身服务平台，进一步促进科学健身成果的转化，不断完善体育基本公共服务体系。所以，推行"科学健身示范区"建设一方面是将全民健身科技成果转化为全民科学健身指导上；另一方面又将大众对科学健身的需求转化为科学研究的方向，真正实现"取之于民，用之于民"的目标。

2. 建设成就

2015至2018年，国家体育总局在全国范围内选择了包括高等体育院校、省地县体育局、综合大学、社区卫生服务中心、健身公司、社区、企事业单位等在内的26个基层单位，深入探索政府模式、企业模式、工会模式、社区模式、学校模式、体医结合模式、体养结合模式等新模式。从此，集居民体育锻炼、营养行为与健身需求调查、居民体质健康档案创立、科学健身知识系列讲座与丛书创编、科学健身新方法凝炼与推广，以及示范区建设效益评估体系建立、示范区模式建立及建设标准与管理办法等研究和应用的工作在全国得到推广。

（四）运动戒毒

运动辅助戒毒是运动干预应用实践的一个范例，近几年在我国形成一定的需求并取得了明显的效果，得到了应用方的高度认可。

1. 运动戒毒开展的工作

《中国司法行政戒毒工作发展报告》中指出，全国司法行政系统目前共有强制隔离戒毒场所370个，戒毒康复场所（区域）73个。自2008年《中华人民共和国禁毒法》实施以来，累计收治强制隔离戒毒人员144.4万余人。据各地的抽样追踪统计，强制戒毒人员的复吸率基本维持在70%~80%，因此戒毒工作和研究任重道远。

在2018年"6·26"国际禁毒日来到前夕，习近平总书记就禁毒工作作出重要指示，强调走中国特色的毒品问题治理之路，坚决打赢新时代禁毒的人民战争。司法部部长傅政华提出"以运动戒毒为引领，构建中国的戒毒体系"的核心目标，并在司法部戒毒管理局调研时指出，"要探索大强度运动训练在戒断毒瘾中的有效性"。由此，开展运动戒毒工作和研究进入了快速发展时期。

2018年7月，全国司法行政戒毒系统运动戒毒试点工作集中调研在山西省长治市举行。司法部戒毒局和北京、江苏、浙江、广东、四川、山西6省市戒毒局有关人员，以及中国药物滥用防治协会、首都体育学院、北京体育大学、南京体育学院、上海体育学院、四川理工学院、成都体育学院、山西大学体育学院的专家共计30余人参加了调研。

2018年10月，司法部戒毒管理局选取北京、上海、浙江、江苏、安徽、广东、福建、海南、山西、山东、四川11个省市的24个戒毒场所，对2300多名戒毒人员开展运动戒毒试点工作，初步积累了大范围的第一手研究数据。

2019年4月，在杭州举办了全国第一期运动戒毒工作培训班，培训加强了单一中心的康复训练水平。在全国戒毒所联动进行科学运动的运动戒毒，成为我国司法行政戒毒工作的一个新模式。

2019年6月11日，司法部戒毒管理局与中国体育科学学会在司法部签署了运动戒毒战略合作框架协议。合作双方将高标准共建中国运动戒毒创新研究中心，建设世界一流的运动戒毒专家库，搭建高层次、高水平学术交流平台，加强运动戒毒专业人才职业技能培训，加快运动戒毒理论研究与实践成果的转化，共同推动运动戒毒工作再上新台阶，力争为全球毒品治理提供中国智慧和方案。

2019年6月26日，由司法部和云南省政府共同主办的"2019国际戒毒论坛"在昆明举办。来自14个国家和地区的戒毒领域专家和官员围绕"戒毒新技术新方法——以科学运动戒毒为试点"主题展开了深入的研讨和交流。

2. 运动戒毒开展的研究

以"substance（物质），drug（药物），misuse（滥用），dependen（依赖），abuse（滥

用）"及"exercise（运动）、PA、behavior（行为）"为关键词，在 Pubmed、Web of Science、Google Scholar 三个学术数据库中查找过去 30 年内以英文发表的学术论文，查找到相关文献 1235 篇，通过题目和摘要删去不相关论文 306 篇，删去动物实验 748 篇，删去无全文论文的 81 篇和会议等摘要论文 48 篇，最终得到论文 52 篇。

其主要观点和结论是：身体活动水平与吸毒行为具有反向相关性；运动类型多采用有氧运动；一般情况下，药物依赖患者多数为静态生活方式者，因此在开始阶段进行中低强度的运动训练有利于患者规律性运动行为的养成。此外，长期吸毒人员自身营养状况不佳，肌肉力量较差，因此在以有氧运动为主的训练中，适当增加抗阻训练及营养物质的补充对训练效果具有促进作用；相关研究表明，运动干预时长多数停留在 2 周至 6 个月，频率也从每天几次到一周两次不等。多数的运动干预是在专人指导下进行的，对于没有运动经历的药物依赖患者来讲，前期专人指导下的运动更有利于他们体验到运动的魅力且相对安全。但专人指导后的自我锻炼行为的养成，才是运动干预的重点之一，建议结合一些可穿戴设备进行居家活动监控，以便获知运动干预的效果。在评价指标方面，戒毒是否有效，最直接客观的评价指标为干预后三年内的复吸率。但由于环境和自身性格等因素的影响，运动戒毒效果评价的指标显得过于单薄，现有文献的主要评价指标是对毒品的渴望程度、戒断人数的百分比、戒断持续的天数等，次要评价指标则是社会心理学指标如抑郁、焦虑、紧张、自我认知、活动轨迹，以及体质等相关身体素质指标。关于运动戒毒效用机制的研究方面，大致可分为心理学、行为学和神经生物学三个范畴，但每个维度之间具有一定的交叉。

通过进一步的归因分析，认为现存的运动戒毒效用大致可以依托以下两种解释机制。一是运动对神经传导的潜在影响。研究发现，酒精依赖患者多巴胺、谷氨酰胺和阿片类药物与神经传递功能障碍、药物渴望和复发有关。大量动物实验研究发现，运动通过改变神经递质的释放、摄取、周转或受体的密度及敏感性，从而影响神经的传输功能。在人类研究中，焦虑症患者运动后其突触后血清素 5-HT2C 水平会有所下调，前额叶和边缘/边缘样受体的可用性也会下降。此外，耐力训练被证明可以诱导 BDNF 分泌，这可能是与神经保护作用及神经可塑性有关。二是运动对心理因素的潜在影响。在普通人群研究中，运动已被证实可以增强抗压能力，提高自我调控能力和自我认知能力，降低抑郁和焦虑。此外，研究还发现运动可提高机体的兴奋性及良好的自我感觉（在一定程度上类似药物滥用的主观感受）。运动会增加某些神经递质的浓度，如内啡肽、肾上腺素、去甲肾上腺素、血清素和多巴胺，这些物质会帮助产生运动内驱力，从而可以解释为什么运动可以降低焦虑和抑郁水平。运动还能唤醒海马神经，在运动过程中也会增强机体应对压力的能力、降低不良精神状态程度。

从 2010 年起，我国一些高校和科研机构开始与戒毒场所合作，研究运动干预对戒毒人员的心理影响；2013 年运动戒毒研究开始转向运动对生理、心理共同影响的研究；2015 年司法部戒毒管理局开展康复训练工作，戒毒人员身体康复训练的流程和方式开始得到完善和统一，这是规范化后运动戒毒的雏形；2019 年运动戒毒研究开始全面推开。

目前国内运动戒毒研究取得初步成效，主要成果为认识到中高强度运动锻炼是吸食甲基苯丙胺类毒品戒毒人员康复的最佳标准，高强度运动锻炼是吸食阿片类毒品的戒毒人员康复的最佳标准。有氧运动戒毒的有效强度为高强度，长期有氧运动可以改善戒毒人员的情绪状态、大脑执行功能等。参与运动锻炼的戒毒人员体质指标明显提升，血浆中内啡肽的含量呈普遍升高趋势，运动项目配合高强度的运动负荷有效提高了戒毒人员大脑皮质额叶及感觉运动区的脑氧和血红蛋白浓度。

全面的运动戒毒研究工作主要在以下7个方面开展。

一是运动戒毒的运行模式研究，如PDCA和KBA理论在戒毒场所的应用；

二是运动方式和负荷的研究，如有氧运动、抗阻运动，以及部分球类、操类和传统功法对毒瘾戒断的影响；

三是运动对体质改善的研究，如通过不同方式和负荷的运动训练，观察戒毒人员体质的变化；

四是运动对部分成瘾指标影响的研究，如运动对内啡肽、多巴胺变化的影响；

五是运动对各脑区功能影响的研究，主要集中在影像学领域，通过观察脑血流量变化，研究戒毒人员大脑的可塑性；

六是运动对戒毒心理影响的研究，通过通用心理量表和专用成瘾量表的测量，以及访谈调查，评估运动戒毒的心理效果；

七是运动戒毒新技术的研究，包括智能器械、辅助训练工具、AI软件系统等的研发和在戒毒场景的应用。

3. 运动戒毒研究的未来

由于国家对戒毒工作的高度重视，特别是运动戒毒更是当前研究的热点和重点，随着司法系统与体育系统的全面合作，随着在强制戒毒所试点运动干预戒毒研究的深入进行，以及现代检测技术的广泛应用，运动戒毒研究未来将关注以下方面。

①不同毒品成瘾、不同戒治人群运动干预的处方库研制。

②构建运动戒毒效果评估的指标体系。

③运动戒毒的脑功能机制、基因机制、肠道菌群机制将得到进一步研究。

④运动训练方案将更多元化、精准化。

⑤分期分区运动戒毒心理的咨询、辅导。

⑥运动训练与运动教育在运动戒毒中的运用。

⑦人工智能和大数据技术在运动戒毒中的运用。

⑧运动戒毒与其他戒毒方法的协同作用。

六、展望

体质与健康研究分会将围绕当前群众体育科技领域中存在科技成果"供给"与大

众科学健身实践"需求"矛盾十分突出的现象，遵循创新驱动发展战略，以全面落实全民健身与全民健康深度融合为己任，继续攻克一批运动促进健康的基础性、关键性和共性技术，完善国民体质动态监测体系，打造科学健身指导服务平台，建立一支结构合理的人才梯队，打造全民健身科技服务体系，促进科技成果转化，拉动体育产业的发展，为国家实施"健康中国2030"及"全民健身计划"提供科技支撑。

重点开展以下研究任务。

①继续深入开展运动促进健康的基础性、关键性和共性技术的研究。如运动促进健康和防控慢性疾病机制的研究，运动风险评估与防控措施的研究，促进重点人群（儿童青少年、妇女、老年人、职业群体、残疾人）身心健康的研究，健身环境与健身效益的研究，智慧健身场地、装备、器材的研究以及新技术、新材料、新工艺等转化的研究等。

②完善国民体质动态监测体系。拟通过云+端的模式和大数据分析技术，充分掌握国民体质监测的数据流。依托已经形成的幼儿、青少年、成年、老年4个人群的"三级"国民体质监测站点，引进云计算、云存储技术，构建全国国民体质监测的大数据平台，通过大数据分析，为国家实时监测国民体质现状与纵向变化规律提供更可靠的大数据支撑，最终实现为国家制定相关政策措施提供科学依据。

③广泛普及科学健身知识。广泛推广、研究制定身体活动指南、科学健身新方法、新技术和运动处方。多渠道、多途径开展科学健身宣传教育活动，组织科学健身系列讲座、编写科学健身指导系列丛书和视频。倡导采用新媒体技术普及科学健身知识。联合卫生、科技、教育等部门共同开展科学健身宣教活动，搭建科学健身宣教平台。鼓励营利性健身机构开展多种形式科学健身宣教活动等。

④打造全民健身科技服务平台。以现有体质测定与运动健身指导站和科学健身示范区为基础，建设多层次、多类型的科学健身指导中心，实现体质测试、健康风险筛查、运动风险评估、科学健身指导、运动康复、科学研究等融合发展。研制全民健身公共体育设施建设标准，并优先在特大城市与大城市推广。针对全国体育场、馆、池、仪器、器材等体育公共资源，建立相对应的地理位置信息数据库。综合利用视频识别、地理信息定位、人脸识别、RFID等技术，建立场馆人员流量动态监控系统，评估场馆的开放情况和利用率，为政府监管和建设提供数据依据。利用物联网健身设备实现健身数据自动采集、上传和分析功能，通过云计算实现实时健身指导，并互联后台教练，实现高效低成本的科学健身指导等。

⑤健身器材的研发与信息化建设。重点发展便携、穿戴式健身监控器材的研发与信息化集成建设等。

参考文献

[1] Armstrong L, Physical Therapy. ACSM's Guidelines For Exercise Testing and Prescription [J]. 2006.
[2] Myers Jonathan, Mayo Clinic Proceedings. New American Heart Association/American College of Cardi-

ology Guidelines on Cardiovascular Risk: When Will Fitness Get the Recognition It Deserves? [J]. 2014, 89 (6): 722-726.

[3] Ross R, Blair S. N., Arena R, et al. Importance of Assessing Cardiorespiratory Fitness in Clinical Practice: A Case for Fitness as a Clinical Vital Sign: A Scientific Statement From the American Heart Association [J]. 2016.

[4] 刘晓丽, 刘超能, 王人卫, 等. 心肺功能在健康风险预测中的应用 [J]. 中国运动医学杂志, 2018 (2).

[5] 郭辉, 孙景权, 张一民. 六分钟上下楼梯试验与摄氧量的相关性研究 [J]. 成都体育学院学报, 2016, 42 (3): 14-18.

[6] 杨甜. 20-MST 评价 20~39 岁成年人心肺耐力方法及速查表的研究 [D]. 北京: 北京体育大学, 2016.

[7] 石秀廷, 尹小俭. 20m 往返跑用于青少年心肺耐力评价的研究进展 [J]. 中国学校卫生, 2017 (12): 1916-1920.

[8] 杨禹珺. 6MWT 评价 40~69 岁中老年人心肺耐力方法的研究 [D]. 北京: 北京体育大学, 2016.

[9] 范超群, 徐凯, 聂明剑, 等. 心肺耐力的科学测评: 心肺运动试验 6min 二级台阶试验的比较 [J]. 中国组织工程研究, 2019 (23): 3686-3691.

[10] Regina Guthold, Stevens Gretchen A, Riley Leanne M, et al. Worldwide trends in insufficient physical activity from 2001 to 2016: a pooled analysis of 358 population-based surveys with 1·9 million participants [J]. The Lancet Global Health, 2018, 6 (10).

[11] 国家体育总局. 全民健身指南 [M]. 北京: 北京体育大学出版社, 2018.

[12] Tremblay Mark S., Carson Valerie, Chaput Jean Philippe, et al. Canadian 24-Hour Movement Guidelines for Children and Youth: An Integration of Physical Activity, Sedentary Behaviour, and Sleep 1 [J]. Applied Physiology, Nutrition, Metabolism, 2016, 41 [6 (Suppl. 3)]: S311-S327.

[13] Tremblay Mark S., Chaput Jean Philippe, Adamo Kristi B., et al. Canadian 24-Hour Movement Guidelines for the Early Years (0-4 years): An Integration of Physical Activity, Sedentary Behaviour, and Sleep [J]. Bmc Public Health, 2017, 17 (Suppl 5): 874.

[14] 中华人民共和国卫生部疾病预防控制局. 中国成人身体活动指南 (节录) [J]. 营养学报, 2012, 34 (2): 105-110.

[15] 张云婷, 马生霞, 陈畅, 等. 中国儿童青少年身体活动指南 [J]. 中国循证儿科杂志, 2017, 12 (6): 401-409.

[16] Morrison J Glueck C.. Pediatric risk factors for adult coronary heart disease: primary atherosclerosis prevention [J]. Cardiovasc Rev Rep, 1981 (2): 1269-1281.

[17] Serdula M. K., Ivery D., Coates R. J., et al. Do Obese Children Become Obese Adults? A Review of the Literature [J]. Preventive Medicine, 1993, 22 (2): 167-177.

[18] Ortega F. B., Ruiz J. R., Castillo M. J., et al. Physical fitness in childhood and adolescence: a powerful marker of health [J]. Int J Obes, 2008, 32 (1): 1-11.

[19] ACADEMIC PRESS, INC [J]. Analytical Chemistry, 1978, 50 (4): 480A.

[20] Holfelder Benjamin, Schott Nadja, Exercise. Relationship of fundamental movement skills and physical activity in children and adolescents: A systematic review [J]. Psychology of Sport, 2014, 15 (4): 382-391.

［21］北京体育大学，首都儿科研究所，国家体育总局体育科学研究所．学龄前儿童（3—6岁）运动指南［S/OL］．北京：国家体育总局，2018．

［22］王梅，张彦峰，等．舞动健康——骨关节活力操［M］．北京：人民体育出版社，2016．

［23］国家体育总局．科学健身18法［J/OL］．国家体育总局，2018．http：//www.gov.cn/xinwen/2018-08/07/content_5312332.htm?_zbs_baidu_bk.

［24］WHO. Commission's final report calls for high-level action to address major health challenge Commission on Ending Childhood Obesity. 2016.

［25］HHS Co-Executive Secretaries of. USA Physical activity Guidelines-2nd edition［M］. 2018.

［26］Roman-Viñas Blanca, Chaput Jean Philippe, Katzmarzyk Peter T., et al. Proportion of children meeting recommendations for 24-hour movement guidelines and associations with adiposity in a 12-country study［J］. International Journal of Behavioral Nutrition, 2016, 13（1）：123.

［27］Janssen I, Roberts K. C., Thompson W Is adherence to the Canadian 24-hour movement behaviour guidelines for school-aged children and youth associated with improved indicators of physical, mental, and social health?［J］. Applied Physiology, Nutrition, Metabolism, 2017, 42（apnm-2016-0681.

［28］Carson V, Chaput J. P., Janssen I, et al. Health associations with meeting new 24-h movement guidelines for Canadian children and youth［J］. Preventive Medicine, 2017, 95（1）：7.

［29］MOTTOLA M F DAVENPORT M H, RUCHAT S M, et al. No. 367-2019 Canadian Guideline for Physical Activity throughout Pregnancy［J］. J Obstet Gynaecol Can, 2018, 40（11）：1528-1537.

［30］Schünemann H. J., Wiercioch, W., Brozek. GRADE Evidence to Decision (EtD) frameworks for adoption, adaptation, and de novo development of trustworthy recommendations: GRADE-ADOLOPMENT［J］. Journal of Clinical Epidemiology, 2017（81）：101-110.

［31］Okely Anthony D., Ghersi Davina, Hesketh Kylie D., et al. A collaborative approach to adopting/adapting guidelines - The Australian 24-Hour Movement Guidelines for the early years (Birth to 5 years): an integration of physical activity, sedentary behavior, and sleep［J］. Bmc Public Health, 2017, 17（Suppl 5）：869.

［32］Healt Department of. Australian 24 Hour Guideline Development Report for Children and Young people［J/OL］. USA, 2019. http：//www.health.gov.au.

［33］Health Ministry of. Sit Less, Move More, Sleep Well-Active play guidelines for under-fives.［J/OL］. USA, 2017. https：//wwwhealthgovtnz/.

［34］Health Ministry of. Physical Activity Guidelines for Children and Young People［J/OL］. USA, 2017. https：//www.health.govt.nz/.

［35］Health Ministry of. Eating and Activity Guidelines for New Zealand Adults［J/OL］. USA, 2017. https：//www.health.govt.nz/.

［36］Health Ministry of. Guidelines on Physical Activity for Older People［J/OL］. USA, 2017. https：//www.health.govt.nz/.

［37］Abu-Omar Karim, Rütten Alfred, Messing Sven, et al. The German recommendations for physical activity promotion［J］. Journal of Public Health, 2018.

［38］Excellence National Institute for Health and Care. Physical activity and the environment［J/OL］. USA, 2018. https：//www.nice.org.uk.

［39］美国运动医学学会. ACSM 运动处方与测试指南［M］. 第十版. 王正珍, 主译. 北京: 北京体育大学出版社, 2019.

［40］美国运动医学学会. 美国运动医学会经典教材: 美国运动医学会认证复习指导［M］. 王正珍, 主译. 北京: 北京体育大学出版社, 2016.

［41］王正珍, 徐峻华. 运动处方［M］. 北京: 高等教育出版社, 2018.

［42］李采丰, 孙超. 健康体适能评定与运动处方制定阐析［M］. 北京: 科学出版社, 2018.

［43］陈琦, 麦全安. 体质健康评价与运动处方［M］. 北京: 高等教育出版社, 2015.

［44］关辉, 刘炜. 体育运动处方及应用［M］. 北京: 北京师范大学出版社, 2015.

［45］王兵, 谷崎. 大学生健康评价与运动处方高级教程［M］. 西安: 西北工业大学出版社, 2016.

［46］周娇. 运动处方教学模式在高校瑜伽教学中的实践研究［D］. 桂林: 广西师范大学, 2017.

［47］刘国波. 普通高校体育课运用处方模式教学的实效性研究［D］. 北京: 北京体育大学, 2016.

［48］张美玲. 关于微课在运动处方教学实践中的应用初探［J］. 当代体育科技, 2016, 6（29）: 54-56.

［49］王梅, 张彦峰, 等. 舞动健康——脊柱活力操［M］. 北京: 人民体育出版社, 2017.

体育信息学学科发展研究报告

Research Report on Disciplinary Development of Sport Information

（2016—2019）

体育信息分会
China Sport Science Society for Sport Information
2019.10

前　言

根据中国体育科学学会的统一布署要求，体育信息分会依托四个学组，组织了部分专家，分别从体育信息情报研究、体育书刊文献研究、数字体育研究、外语教学与研究等四个方面，运用文献综述、专家咨询、专题会议讨论等方法，对四年来的相关体育期刊文献、学术会议成果等进行了综述分析，归纳了分领域学术研究进展，同时对标国际，发现优势、找出不足，预计未来研究趋势、提出主要研究课题。分会秘书处最后组织专家按照由体育信息形式、体育活动领域、应用信息技术共同构建的体育信息学科三维知识体系进行了汇总编制，最终形成了本学科发展报告。

体育信息分会认真组织了此次报告的撰写工作，包括：明确撰稿人，压实责任；提出写作时间节点和内容要求，统一格式；会议交流、研讨成果，相互学习和完善文稿；最后全面汇总、高度凝练，形成文稿，该成果进一步丰富了体育信息学科知识、完善了结构体系。

体育信息分会在组织本次学科发展报告研制过程中得到了国家体育总局体育信息中心、上海体育学院、武汉体育学院等有关领导的大力支持，以及体育信息情报学组（袁俊杰、汪颖、李晨）、体育书刊文献学组（张重喜、王会寨、杨红英）、数字体育学组（张立、易名农、陶倩）、体育外语教学与研究学组（李航、郑辉、袁彬）专家的积极参与。本报告由国家体育总局体育信息中心研究员张立和沈阳体育学院教授董传升进行了统稿，由国家体育总局体育信息中心副研究员汪颖对本报告的摘要和目录进行了英文校对，由国家体育总局体育信息中心副主任、研究员李桂华进行了终审定稿。在此一并表示感谢。

体育信息分会

2019 年 10 月

课题组

组　长：李桂华

副组长：张　立　张重喜　袁俊杰　董传升

成　员：(按姓氏笔画排序)

　　　　王会寨　李　航　李　晨　杨红英　汪　颖

　　　　易名农　郑　辉　袁　彬　陶　倩

撰稿人
Writers

（按姓氏笔画排序）
In Surname Strokes Sequence

王会寨	北京体育大学
Wang HuiZhai	Beijing Sport University
李桂华	国家体育总局体育信息中心
Li GuiHua	China Sport Information Center
李航	成都体育学院
Li Hang	Chengdu Sport University
李晨	国家体育总局体育信息中心
Li Chen	China Sport Information Center
杨红英	北京体育大学
Yang HongYing	Beijing Sport University
汪颖	国家体育总局体育信息中心
Wang Ying	China Sport Information Center
张立	国家体育总局体育信息中心
Zhang Li	China Sport Information Center
张重喜	北京体育大学
Zhang ChongXi	Beijing Sport University
易名农	武汉体育学院
Yi MingNong	Wuhan Sports University
郑辉	北京体育大学
Zheng Hui	Beijing Sport University
袁俊杰	国家体育总局体育信息中心
Yuan JunJie	China Sport Information Center

袁彬	成都体育学院
Yuan Bin	Chengdu Sport University
陶倩	上海体育学院
Tao Qian	Shanghai University of Sport
董传升	沈阳体育学院
Dong ChuanSheng	Shenyang Sport University

体育信息学学科发展研究报告
Research Report on Disciplinary Development of Sport Information (2016—2019)

Abstract

The sport information discipline is a knowledge system which researches on the collection and aggregation, processing and regeneration, storage and synthesis, transmission and dissemination, analysis and research, management and utilization, display and intelligent control of sport information, as well as the application of information technology, in sport and related activities. It consists of three-dimensional knowledge of sport information form, sport field and information technology application. The main developments in sport information discipline from 2016 to 2019 are as follows:

The sport information and intelligence research has been widely carried out in sport training and competition, sport administration and decision-making. For example, the information analysis for the preparation for Olympic Games has been providing essential support for the decision-making of sport administrative departments; the information research on the developments of key opponents has been providing strong support for sport teams' preparation for competitions; the research on international good practices has been providing reference for china to formulate sport development strategies and policies. The development characteristics of the sport information and intelligence research in recent years include: the information and intelligence research on preparation for multi-sport events continue to be the core task; the research on sport development strategies has been constantly strengthened; the research on mass winter sport has been gradually increasing; the theoretical research on sport information and intelligence has been accumulating; a new model of sport information and intelligence work has been gradually taking shape; the methods of sport information dissemination has been keeping pace with the times.

The sport literature research has focused on the knowledge in the management, sharing and utilization of sport publications and literature resources. For example, great achievements have been made in the establishment of sport academic library & information system (SALIS); the conception of integrating sport information resources in Beijing, Tianjin and Hebei has important reference value; the construction of sport institution knowledge bases has been going global; the collection and utilization of featured sport literature resources has been continued. The development characteristics of the sport literature research in recent years include: the research on smart sport library has been focusing on space service; a new model of promoting sport information resources has been explored; the sport scientific data management and service has been initiated; the innovation service for "double first-class" subjects has becoming a new research topic; the sport patent intelligence analysis has emphasizing empirical research; the development of libraries of sport colleges has been seeking for breakthrough.

Driven bysport foreign language teaching and research, the foreign language teaching, translation and corpus building in the sport sector are gathering pace. For example, professional translation service for sport scientific materials has been provided; the sport English corpus building has been promoted; international sport exchange programs have been developed; the sport development research related to the "belt and road" initiative has been carried out; the promotion of traditional Chinese cultures has been attached importance. The development characteristics of the sport foreign language teaching and research in recent years include: there have been increasingly frequent international exchanges &cooperation, as well as sound resource sharing &integration; the capabilities in providing services for sporting events and cross-cultural communication have been enhanced; the research on talent development has been increasing and the quality of talent traininghas been steadily improved; the concepts of featured development have been spread; the practice system and establishment of platforms have gained significant results; the role of modern information technology and digital multimedia platformsis increasingly important.

The digital sport research has been focusing on integrating knowledge related to the application and effects of information technology in sport competition, sport training, fitness and leisure, physical education and sport management. The effects mainly include: further improving the efficiency of sport administration and enhancing the scientific level of sport training; facilitating the accurate capture of sport competition data; improving sport-for-all management; accelerating the intelligent transformation of sport venues; becoming a new engine for sport media development; promoting the transformation and upgrading of the sport industry; innovating the concepts and methods of physical education. The development characteristics of the digital sport research in recent years include: there has been new progress in theoretical research on digital sport; the research on sport information collection and convergence technology has been developed rapidly; the research on sport information processing and regeneration technology has been widely applied; the research on sport information transmission and communication technology has been accelerated; the research on sport information analysis and research technologyhas been continuously deepened; there has been increasingly rich research on sport information management and utilization technology; the research on sport information intelligence and smart technology has been more in line with human needs; the research on standardization of sport informatization has been steadily promoted.

目 录

引言

一、体育信息研究 4 年进展、成果及成效

　（一）体育信息情报研究 4 年进展、成果及成效

　　1. 体育信息情报研究的回顾、总结和评价

　　2. 体育信息情报研究成果在体育事业中的应用、成效和前景

　（二）体育文献研究 4 年进展、成果及成效

　　1. 体育文献研究的回顾、总结和评价

　　2. 体育文献研究成果在体育事业中的应用、成效和前景

　（三）体育外语教学与研究 4 年进展、成果及成效

　　1. 体育外语教学与研究的回顾、总结和评价

　　2. 体育外语教学与研究成果在体育事业中的应用、成效和前景

　（四）数字体育研究 4 年进展、成果及成效

　　1. 数字体育研究新进展、新成果

　　2. 数字体育研究成果在体育事业中的应用、成效和前景

二、体育信息研究成果的国际比较研究

　（一）体育信息情报研究成果的国际比较研究

　　1. 国际体育信息情报研究现状

　　2. 我国体育信息情报研究的优势与不足

　（二）体育文献研究成果的国际比较研究

　　1. 国际体育文献研究现状

　　2. 我国体育文献研究的优势与不足

　（三）体育外语教学与研究成果的国际比较研究

　　1. 国际体育外语教学与研究现状

　　2. 我国体育外语教学与研究的优势与不足

　（四）数字体育研究成果的国际比较研究

　　1. 国际数字体育研究现状

2. 我国数字体育研究的优势与不足

三、体育信息研究的目标、前景、趋势和方向建议

（一）体育信息情报研究的目标、前景、趋势和方向建议

1. 我国体育信息情报研究的目标和前景
2. 我国体育信息情报研究的趋势预测
3. 我国体育信息情报的研究方向建议

（二）体育文献研究的目标、前景、趋势和方向建议

1. 我国体育图书文献研究的目标和前景
2. 我国体育图书文献研究的趋势预测
3. 我国体育图书文献研究的方向建议

（三）体育外语教学与研究的目标、前景、趋势和方向建议

1. 体育外语教学与研究的目标和前景
2. 体育外语教学与研究的趋势
3. 体育外语教学与研究的未来发展方向

（四）数字体育研究的目标、前景、趋势和方向建议

1. 我国数字体育研究的目标和前景
2. 我国数字体育研究的趋势预测
3. 我国数字体育研究方向的建议

参考文献

Contents

Preface

1 Progress, Achievements and Effects of Sport Informaion Research during the Last 4 Years

1.1 Progress, Achievements and Effects of SportInformation and Intelligence Research during the Last 4 Years

    1.1.1 Review and Evaluation of Sport Informaion and Intelligence Research

    1.1.2 Application, Effects and Prospects of Sport Informaion and Intelligence Research Findings in the Sport Undertakings

1.2 Progress, Achievements and Effects of Sport Literature Research during the Last 4 Years

    1.2.1 Review and Evaluation of Sport Literature Research

    1.2.2 Application, Effects and Prospects of Sport Literature Research Findings in the Sport Undertakings

1.3 Progress, Achievements and Effects of Sport Foreign Language Teaching and Research during the Last 4 Years

    1.3.1 Review and Evaluation of Sport Foreign Language Teaching and Research

    1.3.2 Application, Effects and Prospects of Sport Foreign Language Teaching and Research Findings in the Sport Undertakings

1.4 Progress, Achievements and Effects of Digital Sport Research during the Last 4 Years

    1.4.1 Progress and New Achievements in Digital Sport Research

    1.4.2 Application, Effects and Prospects of Digital Sport Research Findings in the Sport Undertakings

2 Comparison of Sport Information Research Achievements from A Global Perspective

2.1 Comparison of Sport Information and Intelligence Research from A Global Perspective

    2.1.1 Status Quo of International Sport Information and Intelligence Research

    2.1.2 Advantages and Disadvantages of Sport Information and Intelligence Research in China in Comparison with that in Other Countries

2.2 Comparison of Sport Literature Research From A Global Perspective

    2.2.1 International Research on Sport Information Resources Mainly Focus on Sport Information Service

  Mode, Sport Information Management and Release.

 2.2.2 The Sport Literature Research in China has Advantages Including a More Complete Framework, Wider Range of Research Content and a More Systematic Working Mechanism, as Well as Disadvantages Such as Narrow Global Vision.

2.3 Comparison of Sport Foreign Language Teaching and Research From A Global Perspective

 2.3.1 Status Quo of International Sport Foreign Language Teaching and Research

 2.3.2 Advantages and Disadvantages of Sport Foreign Language Teaching and Research in China in Comparison with that in Other Countries

2.4 Comparison of Digital Sport Research From A Global Perspective

 2.4.1 Status Quo of International Digital Sport Research

 2.4.2 Advantages and Disadvantages of Digital Sport Research in China in Comparison with that in Other Countries

3 Goals, Prospects and Trends of Sport Information Research and Suggestions for its Future Development

3.1 Goals, Prospects and Trends of Sport Information and Intelligence Research and Suggestions for its Future Development

 3.1.1 Goals and Prospects of Sport Information and Intelligence Research in China

 3.1.2 Trends of Sport Information and Intelligence Research in China

 3.1.3 Suggestions for Future Development of Sport Information and Intelligence Research in China

3.2 Goals, Prospects and Trends of Sport Literature Research and Suggestions for its Future Development

 3.2.1 Goals and Prospects of Sport Literature Research in China

 3.2.2 Trends of Sport Literature Research in China

 3.2.3 Suggestions for Future Development of Sport Literature Research in China

3.3 Goals, Prospects and Trends of Sport Foreign Language Teaching and Research and Suggestions for its Future Development

 3.3.1 Goals and Prospects of Sport Foreign Language Teaching and Research

 3.3.2 Trends of Sport Foreign Language Teaching and Research

 3.3.3 Future Development of Sport Foreign Language Teaching and Research

3.4 Goals, Prospects and Trends of Digital Sport Research and Suggestions for its Future Development

 3.4.1 Goals and Prospects of Digital Sport Research in China

 3.4.2 Trends of Digital Sport Research in China

 3.4.3 Suggestions for Future Development of Digital Sport Research in China

References

引言

体育信息学科是研究体育及相关活动中的体育信息采集与汇聚、处理与再生、存储与合成、传递与传播、分析与研究、管理与利用、展示与智能化控制,以及信息技术应用等规律的知识体系。体育信息包括:文字、信号、数据、图像、语音、语言、视频等多种形式的基本信息,以及基本信息的组合和经加工后的信息等复杂信息。体育信息普遍存在于体育竞赛、运动训练、健身休闲、体育教育培训、体育产业,以及体育管理、体育科技等众多体育相关领域之中。

现代体育活动中应用的信息技术主要有:感知、识别、抓取、检测、合成等采集与汇聚技术;书刊文献处理、图像及视频处理、自动化语言翻译、虚拟现实与仿真、机器学习等处理与再生技术;电子通讯、互联网通信、物联网、媒体舆情分析等传递与传播技术;数据挖掘、大数据分析、信息情报等分析与研究技术;数据库管理、管理信息系统、专家系统、复杂系统等管理与利用技术;控制、显示等智能与智慧化技术。

体育信息学科是由多种体育信息形式、体育领域、应用信息技术三维知识构成的。2016—2019年以来,体育信息学科发展的重点研究内容主要体现在以下四个方面:

体育信息情报研究在训练竞赛和体育宏观决策管理等领域广泛开展,具体包括:奥运备战信息分析为体育管理部门决策提供了重要支撑;竞技对手备战信息研究为运动队参赛提供了有力支持;国际经验研究为我国制定体育发展战略与政策提供了有益参考。近年来体育信息情报研究的特点为:综合性赛事备战信息情报研究依然是重中之重;体育发展战略研究不断加强;大众冰雪运动发展研究逐渐增多;体育信息情报理论研究有所增加;体育信息情报工作新模式逐渐形成;体育信息传播新方法与时俱进等。

体育文献研究梳理了书刊文献资源管理与共享利用活动领域中的知识,具体包括:体育文献资源保障体系建设成果丰富;京津冀体育信息资源一体化建设构想具有重要参考价值;体育机构知识库建设逐步走向国际;特色体育文献资源搜集与利用持续推进等。近年来体育文献研究的特点为:体育智慧图书馆注重空间服务研究;体育信息资源探索推广新模式;初步开展了体育科学数据管理与服务;"双一流"学科创新服务成为新热点;体育专利情报分析注重实证研究;职业体育院校的图书馆发展寻求新突破等。

体育外语教学与研究推进了体育教育、运动竞赛等领域中教学、外语翻译和语料库建设活动,具体包括:开展了体育英语科技资料专业翻译服务;推动了体育英语语料库建设;参与了国际体育人文交流;推动实施"一带一路"体育发展研究;关注中华传统文化传播等。近年来体育外语教学与研究的特点为：对外交流与合作日趋频繁、资源整合与共享态势良好；服务体育赛事和对外交流能力逐步增强；人才培养研究日益增多、培养质量稳步提升；特色发展理念逐步深入；实践体系与平台建设成效显著；多媒体数字化平台作用日渐凸显等。

数字体育研究重点整合了信息技术在体育竞赛、运动训练、健身休闲、体育教育以及体育管理等领域中的应用及其成效等方面的知识，主要包括：进一步提高了体育行政管理效率和运动训练的科学化水平；促进了体育竞赛数据的精准捕获；改进了大众体育管理手段；加速了体育场馆向智能化的转型；构建了体育传媒发展的新引擎；推动了体育产业的转型升级；创新了体育教学的理念和方法等。近年来数字体育研究的特点为：数字体育理论研究取得新进展；体育信息的采集与汇聚技术研究得到快速发展；体育信息处理与再生技术研究得以普遍应用；体育信息传递与传播技术研究速度加快；体育信息分析与研究技术研究逐步深入；体育信息管理与利用技术研究日益丰富；体育信息智能与智慧技术研究更加契合人的需求；体育信息化标准化研究实现稳步推进等。

一、体育信息研究 4 年进展、成果及成效

（一）体育信息情报研究 4 年进展、成果及成效

1. 体育信息情报研究的回顾、总结和评价

伴随着体育事业的蓬勃发展，近几年体育信息情报研究领域也日渐拓宽，逐步从竞技体育扩展到群众体育、体育产业、残疾人体育等多个领域，对体育发展战略的研究日益加强，一些新工作模式、新传递方法也得到了探索和应用。

（1）综合性赛事备战信息情报研究依然是重中之重

夏奥会、冬奥会及其他综合型赛事的备战动向研究，历来是体育信息情报研究工作的重中之重。四年来，学者们围绕里约奥运会、平昌冬奥会以及东京奥运会的备战开展情报研究，为备战参赛提供信息支撑。其中，对手比赛视频、先进训练方法和科技助力手段等情报日益受到重视。

部分学者关注多个主要国家，对奥运整体格局和备战政策进行了研究。里约奥运会后，体育信息情报学者分析了里约奥运会奖牌榜实力格局的变化，对呈现出新的发展趋势进行了总结[1]；平昌冬奥会后，对各主要冬奥强国的竞技表现、实力及成功经验进行了梳理，对我国备战北京冬奥会提出了建议[2]。还有学者分析了美国、俄罗斯、英国、德国、日本等世界竞技体育强国的备战奥运政策体系，结合中国国情，提出了备战东京奥运会政策体系建议[3]；在总结美、英、日三国奥运备战模式的基础上，预测了 2020 年东京奥运会奖牌榜形势，提出了科技奥运备战对策[4]。近两年来，体育信息中心学者借助承接残疾人体育信息研究项目的契机将研究领域拓展到夏季残奥会和

冬季残奥会。

部分学者以某一个重点国家或重点项目为研究对象，对其竞争实力进行了分析。如分析里约奥运会上日本在传统优势项目和新兴优势项目上的实力变化[5]，对法国在新增项目、科技助力和运动员保障等方面的措施进行了研究[6]，在总结英国面向东京奥运周期前期的备战策略及变化趋势的基础上对其在东京奥运会上继续保持奖牌榜第二位置的可能性进行了预测[7]，对荷兰、挪威、日本、韩国等国家的速度滑冰项目在平昌冬奥会上的表现及成功经验进行了梳理[8]，在全面分析里约奥运会前赛艇项目的发展格局及发展趋势的基础上对我国赛艇的实力进行定位及围绕如何突破的问题提出了建议[9]。

世界强手和强队尤其是主要竞争对手的训练比赛视频资料日益受到运动员、教练及管理人员的青睐，国家体操队和摔跤队尤为重视。近几年，奥运备战情报团队利用卫星收录、现场拍摄、网络下载等多种方式，及时搜集美国、日本和俄罗斯等主要竞争对手的国内比赛视频，为国家队训练和备战提供了对手的直观视频资料。

科技与运动训练的高度融合是当前竞技体育的发展趋势。近年来，奥运强国越来越多地将新技术、新器材、新装备和新理念应用到训练和比赛中，同时还跨领域合作，帮助运动员提高成绩。情报团队先后提供了日本女子摔跤队与男队共同训练以强化体能、美国代表团在平昌设立两个"营养中心"、加拿大使用药丸状体温计和汗液检测贴纸等来监测和调整运动强度、法国"科技2024"计划等诸多情报。

（2）体育发展战略研究不断加强

近几年，澳大利亚、德国、法国等国家相继实施了体育改革，部分措施已初现成效，其经验非常值得我国借鉴，如对澳大利亚的体育改革理念、创新措施、发展成效等进行了细致研究对比[10]，对德国新一轮竞技体育改革方案的背景和主要举措进行了梳理[11]，对21世纪以来俄罗斯三大体育发展规划[12]和日本一系列竞技体育发展策略[13]进行了总结分析。

近些年来，体育活动开展过程中出现的各种各样的失信问题引起了国际体育界的普遍关注。有学者研究了主要国际体育组织和美、日、德等体育发达国家维护体育诚信的思路和措施，对我国推进体育诚信建设提出了多条建议[14]。因澳大利亚在体育诚信管理方面走在了世界前列，故学者对澳大利亚体育诚信体系建设现状和特点进行了较深入的分析研究[15]。在上述成果基础上，有学者开展了我国审批权取消背景下的赛事监管研究，提出了建设性的意见和建议，供体育管理部门参考[16]。

最近几年，体育公共服务相关研究热度居高不下，体育信息情报学者也对国外宏观政策进行了分析研究。如以美、英、德、澳、日、韩6国的体育公共服务体系为研究对象，选取有代表性的制度创新点进行深入的案例分析，总结了各国制度创新的规律和特点，提出了适合我国现阶段国情的可行性建议[17]；对二战以后日本公共体育政策变化特征与影响以及对我国的启示进行了研究并提出了建议[18]；对国外城市公共体育场馆服务大众体育经验及对我国的借鉴进行了研究[19]。

(3) 大众冰雪运动发展研究逐渐增多

随着北京携手张家口成功申办 2022 年冬奥会，我国确立了"三亿人参与冰雪运动"的目标，大众冰雪运动推广普及研究也逐步增多。体育信息中心的专家在《国际大众冰雪运动的发展及启示》研究报告中，梳理了美国、加拿大、德国、荷兰、日本等冰雪运动较发达国家的开展情况和相关政策措施，总结了各国的先进经验，分析了国际大众冰雪运动的发展特点和趋势，对我国发展冰雪运动提出了建议。如通过回顾国际雪联发起的"世界雪日"近七年来的发展情况，为中国推动大众参与冰雪运动提出了建议[20]；分析温哥华冬奥会主办地温哥华市的身体活动促进政策，在总结经验教训基础上，提出了我国借助北京冬奥会实施大众冰雪运动促进政策时需要注意的问题[21]。

(4) 体育信息情报理论研究有所增加

近几年，竞争性信息情报理论研究不断深入，出现了一些新观点、新概念。如在追溯探析我国体育竞争情报的理论渊源与发展后认为：体育竞争情报的理论基础主要源于竞争情报理论、经济学理论与核心竞争力理论，但目前其理论研究与发展远远落后于实践应用[22]；运用体育竞争情报和人际情报网络的相关理论，并借鉴企业人际情报网络构建的相关经验，对竞技体育人际情报网络的概念进行了定义，对竞技体育运动团队内外部的人际情报网络进行了构建，力图填补竞技体育领域中人际情报网络理论的空白[23]；将竞争情报理论与竞技篮球结合起来探讨篮球竞争情报系统，以期为我国该领域的实践提供理论依据和理论参考[24]。还有学者规划设计了竞技体育竞争情报系统建设的总体框架，构建出足球竞技竞争情报系统，阐述了足球俱乐部建立竞争情报系统的过程[25]。

(5) 体育信息情报工作新模式逐渐形成

随着信息技术应用能力的不断提升，传统工作模式已无法胜任日益增长的信息需求，不少学者尝试应用信息技术，积极探索新的信息情报研究工作模式。如在信息采集和翻译整理环节中，利用网络智能采集系统和外文编译系统等网络平台，在传统翻译模式中引入了竞争翻译和网络化管理，探索了"互联网+"时代下的国际体育信息研究与服务工作新模式，并借备战 2018 年平昌冬奥会之机进行实践，取得了很好的成效[26]。另有学者对机器翻译、计算机辅助翻译系统和在线辅助翻译系统当今三种主流计算机翻译技术进行了横向比较，结果发现：在线辅助翻译系统继承了各代系统长处，最大程度地克服了其固有的缺陷和问题，研究探讨了促使其完全发挥效用的合理应用机制[27]，为翻译工作模式的转变奠定了基础。

(6) 体育信息传播新方法与时俱进

近几年，体育信息传播媒介已经实现了多元化，传统的纸质印刷、网站发布和数据库检索等已经不能满足新时代的体育信息传播要求，随着移动客户端、微信群、微信公众号、微信小程序等方式相继出现，体育信息情报学者大胆尝试，将传统媒介与新媒介逐渐整合，极大地提高了信息情报传递效率。如国家体育总局体育信息中心的体操科技服务项目组将信息情报分成三类，采取不同形式传递：综合分析类情报以传统印刷形式定期提供；动态类信息通过微信群随时推送；而着重加强的重点国家国内比赛视频，则以光盘刻录、网盘下载和网站在线播放等多种形式及时提供。田径科技服务项目组则以网站发布为主，同时辅以微信公众号方式，随时推送信息情报。冰雪科技服务项目组则采用可视化技术展示运动员成绩变化和成绩对比，更加直观形象；同时还在传统手段基础上，着手采用微信小程序方式提供新型的阅读体验。

2. 体育信息情报研究成果在体育事业中的应用、成效和前景

我国体育信息情报研究的主要目的是为决策管理服务、为运动训练服务、为参加重大国际赛事服务、为科研与教学服务。几年来，学者们紧紧围绕体育中心任务，最大限度的发挥了体育信息情报的"耳目""参谋"作用。

（1）奥运备战信息分析为体育管理部门决策提供了重要支撑

近年来奥运会正日益成为许多国家增强国家软实力、提升国家形象的重要手段，准确判断参赛金牌数和奖牌榜名次，对制订和实施我国奥运规划和目标有着十分重要的意义。里约奥运会前，国家体育总局体育信息中心的专家提供了《里约奥运会主要强国金牌与名次预测》《里约奥运会我国冲金项目形势分析》等报告，会后提供了《里约奥运会实力格局及发展趋势》报告；2017年底和2018年底，又分别对美国、俄罗斯、日本、英国等重点国家的实力变化进行了深入分析。此外还不定期地对我国备战面临的形势等进行梳理，例如2017年初提供了《我国备战东京奥运会面临的形势》报告，雅加达亚运会前提供了《雅加达亚运会中、日、韩三国实力分析》报告。这些报告密切跟踪美、日、俄、英等重点国家的奥运实力变化，深入分析其最新备战理念、政策和措施，对我国各阶段的奥运备战工作提出建议，为领导准确掌握各国总体情况、把握奥运格局、制定参赛目标和对策提供了重要参考依据。

目前，一些强国的备战举措已经引起体育管理部门重视，并付诸实施。例如，此前情报中提到美国、日本等国家在奥运会期间设立保障营，为运动员提供伤病预防、疲劳恢复和心理疏导等服务，并自带大量食材，保障运动员饮食营养。2018年，借鉴美、日等国的做法，我国体育代表团首次在雅加达亚运会设立参赛保障营[28]，作为东京奥运会前的一次保障大练兵。

（2）竞技对手备战信息研究为运动队参赛提供了有力支持

从近几届奥运会来看，在实力相近的情况下，谁能充分掌握信息情报，谁就能在备战和比赛中占据主动。信息情报已成为参赛成败的重要因素之一，受到各国高度重视。

几年来，国家体育总局体育信息中心的专家团队先后承担了2016年里约奥运会、2018年平昌冬奥会的奥运科研攻关或科技服务项目，长期跟踪重点项目、重点对手的训练动向，为运动队备战提供主要对手的全方位信息，为代表团取得优异成绩提供了有力支持。从2018年5月开始，专家团队首次同期开展夏奥会和冬奥会情报研究，同步启动东京奥运会和北京冬奥会的备战情报研究工作，在《东京奥运会信息》《北京冬奥会信息》等常规内部资料基础上，新增了《国际体育科技动态》（月刊）和《东京奥运会日本备战动态》（周刊），加强了科技助力新手段以及东道国日本的精细化研究，特别是对互为优势的奖牌项目给予重点关注。雅加达亚运会期间，保障营信息情报组的专家对中、日两国在摔跤、体操、游泳、羽毛球、田径、乒乓球、柔道等重点项目上的赛时表现进行了深入分析，对日本上述项目备战东京奥运会值得关注的一些动向进行了全面梳理，同时也对我国某些项目出现成绩大幅下滑的问题提出了建议，为体育管理部门在备战东京奥运会工作中提供了有益参考。

近几年提供的跨项选材、新增项目发展、赛间营养补充、赛程和规则适应、体能训练、心理健康、跨领域科技合作以及训练监控设备的研发和应用等方面的信息情报得到了相关部门重视，有的已经着手研究应用于我国训练备战中。2019年，借鉴日本羽毛球队袋装涮锅食材和"能量球"的做法，我国冰雪项目开始与企业合作研发运动员专属方便食品，以保障运动员外训外赛期间的营养膳食[29]。

在各省市，体育信息情报学者们更侧重于本省运动员的训练备战。如通过有针对性地向重点运动队提供国内外运动训练的新趋势、新技术、新方法和新成果，为山东省运动队解决制约其训练和竞技水平提高的问题提供有效的信息支持[30]。

2016年至2019年是中国各项目国家队备战2020年东京奥运会的冲刺阶段，也是我国筹办2022年北京冬奥会的重要时期。在此期间，一些体育外语教学专家发挥跨学科优势，为国家队备战2020年东京奥运会和2022年北京冬奥会提供了一些信息与情报分析服务，帮助国家队"知己知彼"，提升竞技水平；收集和提取田径、射击、射箭、短道速滑、体操等项目的运动训练、队伍管理、人才培养、市场开发、装备研制和体育服务等方面的信息与情报，服务国家队建设。

体育外语教学专家的跨学科优势主要体现在覆盖体育翻译（英语、德语、俄语、法语等）、体育人文、信息技术、奥运史、新闻传播、体育管理和英语语言文学等多个学科领域上，涉及英语、德语、法语和俄语等多个语种。

（3）国际经验研究为我国制定体育发展战略、政策提供了有益参考

在体育事业发展的新形势下，我国体育面临着体育管理体制创新、全民健身国家战略深入推进、竞技体育发展方式有效转变等一系列新课题，需要密切关注国际体育发展趋势、国外体育管理体制和体育政策、国际奥林匹克运动发展等方面的信息，借鉴国外的成功经验，结合中国实际对中国体育的发展提出优化建议，为我国制定体育发展规划、体育体制改革和政府职能转变提供情报支持，提高体育决策的准确性和及时性，由此产生了一些重要研究成果。澳大利亚体育实施的以"全国性体育组织强制性治理原则"为改革重点的新一轮改革的情况，为我国体育单项协会的改革提供了重要参考依据；对比分析了主要国际体育组织和体育发达国家在体育信用方面的措施和经验，结合我国国情提出相关建议，为我国推进体育信用体系建设提供了参考；分析

目前国际上男女混合组队竞赛项目的发展情况，总结出可能产生混合组队的项目，建议我国统筹布局，占据先机[31]。国家体育总局体育信息中心专家在《世界主要体育发达国家体育俱乐部发展情况及建议》报告中，对美国、俄罗斯、英国、德国、法国、澳大利亚、加拿大、日本和韩国等世界主要体育发达国家的体育俱乐部发展现状、政策规划和融资模式，尤其是大众体育和竞技体育融合发展的经验，进行了全面梳理，结合我国实际情况提出了相关建议。

近年来，面向决策支持的情报研究日益受到体育主管部门领导重视。2017年初，体育信息中心创办了《决策参考》，至今共编发了50余期，每期直报体育主管部门领导，先后提供了重点国家体育发展计划、国外体育产业发展、国外群体活动开展以及我国奥运备战形势分析等最新动态和深度分析报告，为体育宏观决策提供了参考依据，为推进体育事业改革创新提供了理论支撑。

（二）体育文献研究4年进展、成果及成效

1. 体育文献研究的回顾、总结和评价

（1）体育智慧图书馆注重空间服务研究

体育院校的图书馆馆员在体育智慧图书馆创新研究方面，积极探索新技术与新服务的融合发展，以满足读者日益增长的个性化与多元化的知识需求。如通过开展"泛在信息趋势下的体育院校图书馆创客空间服务研究"，阐述以馆藏为中心的图书馆服务到以空间为中心的图书馆服务变迁的内容和必要性，按照发展历史归纳了目前主流的三种图书馆空间服务形式，提出了体育院校图书馆以建设体育创客空间为窗口探索新型空间服务的原则和思路[32]。在《现代图书馆服务与资源开发透视》学术专著中，学者认为网络数字化环境使体育院校图书馆服务的内容、方式和手段等都发生了根本性改变：体育院校服务应从服务到馆读者向服务社会转型；体育院校服务内容从信息服务向知识服务转型；从知识收藏向开放存取转型，体育学科信息门户、虚拟参考咨询、开放存取、知识整合成为现代图书馆的主要功能[33]。以智慧体育背景下的融合与重构为研究背景，以物联网、人工智能和云计算为基础，探索体育院校图书馆特色空间服务，这既是图书馆未来新型服务探索的必然要求，又是对体育院校图书馆专业特色化服务探索的必然要求[34]。

（2）体育信息资源探索推广新模式

在体育信息资源的推广方面，个性化推荐模型以及基于内容和协同过滤推荐方法的服务模式是其中的研究亮点。如基于协同过滤的体育信息资源个性化推荐模型的研究，以个性化推荐技术和全国体育文献资源保障体系及其用户为研究对象，对个性化推荐技术的相关理论和体育信息资源及其用户的特征进行研究，确定适合体育信息资源个性化推荐的技术、算法、实现流程等，构建体育信息资源个性化推荐模型[35]。思考体育院校图书馆信息资源推送问题，针对体育院校图书馆微信公众平台个性化服务

所暴露出来的问题，提出了相应的解决办法[36]。加强微信主动推送信息，建设优质、特色的资源，延伸服务内容，提升服务质量，优化平台界面，构建基于内容和协同过滤推荐方法的服务模式。

（3）初步开展体育科学数据管理与服务

科学数据管理与服务已经成为国内外知名研究型大学的图书馆研究热点，国内体育院校的图书馆员也开始关注这一领域。如开展体育科研团队数据监护平台研究，通过开发适用于体育科研团队的数据监护平台系统（包含数据收集模块、数据处理模块、数据检索模块和信息交流模块），设计用户浏览界面层、功能模块层和数据服务层三级数据处理架构[37]，以此增强体育科研团队的数据收集、存储、利用和再利用能力，提升体育科研团队的有效性和研究水平。通过调研分析北京体育大学科学数据应用与服务需求，验证了科学数据对于体育院校教学、科研、训练的重要价值，明确了北京体育大学师生对于科学数据运用的程度、对科学数据保存管理及获取服务的意识、对科学数据及其相关服务的需求以及目前使用科学数据服务的现状[38]。

（4）"双一流"学科创新服务成为新热点

在国家大力推进"双一流"建设的背景下，体育院校图书馆纷纷开始研究如何更好地开展学科创新服务的问题，这也是图书馆抓机遇、促转型的必由之路。有学者在梳理体育院校学科服务发展现状和发展契机的基础上，从"双一流"背景下体育院校用户需求入手，设计了分层学科服务内容，并以此提出了学科服务开展策略[39]。通过分析体育院校图书馆学科资源建设和学科服务现状，提出特色学科资源建设方案和以"一对多"的模式探索推广体育院校图书馆学科服务工作[40]。借助生命周期评价工具研究双一流建设背景下专业体育院校图书馆文献资源体系的学科结构状况，发现文献资源在学科结构上存在的正偏离和负偏离，为主动调整文献资源的学科结构提供依据[41]。

（5）体育专利情报分析注重实证研究

知识产权信息服务是国内高校图书馆探索转型服务的重要抓手，一些体育院校图书馆也开始了此方面的研究。如研究基于专利情报分析的我国体育院校技术创新实证，通过采用知创大为专利搜索引擎和中国知网（CNKI）专利数据库，学者对我国12所体育类高等院校的专利通过专利时间分析、专利申请的数量和类型、专利技术生命周期、专利区域分布、专利技术竞争聚类及竞争领域等角度进行了定性和定量的实证分析[42]。借助专利情报分析方法从专利申请数量、结构类型、研发机构、研究热点等方面对我国体育院校冬季项目相关专利进行分析[43]。在解析价值工程概念和原理的基础上，将价值工程原理中的核心概念价值、功能和成本之间的关系演化为体育专利服务指标，同时应用该原理对如何提升体育专利信息服务的价值进行了分析[44]。

（6）职业体育院校的图书馆发展寻求新突破

职业体育院校图书馆的发展和服务创新开始被图书馆馆员所关注。如提出体育高职院校图书馆应根据自身特点，结合行业特色，通过突破固有思维模式、服务创新挖掘特色服务、拓宽社会化服务、创建体育高职院校图书馆联盟等方法，加速共享经济与图书馆服务的融合发展[45]。以福建体育职业技术学院图书馆为例，就创建优质体育高职院校图书馆、助力优质校建设过程中如何改变观念及现有服务模式的问题进行分析，提出创建优质体育高校图书馆的建议[46]。

2. 体育文献研究成果在体育事业中的应用、成效和前景

（1）体育文献资源保障体系建设成果丰富

从国家政策、体育事业发展现状及"互联网+"的技术应用方面，全国体育文献资源保障体系（SALIS）面临着良好的发展机遇，在此方面也取得了良好的实践成果。2016年，体育院校图书馆就如何支撑学科创新发展及全国体育文献资源保障体系的发展完善与开发利用进行了研讨。2017年，依托全国体育文献资源保障体系（SALIS）平台，全国体育院校图书馆系统、体育区域系统建立广泛合作，优化体育特色资源整合平台，创建体育信息资源加工标准及著录格式，采集体育行业相关词典、标准、专利等信息。2018年，完成全国体育文献资源保障体系（SALIS）专题数据库建设，实现对体育文献信息资源的规范标引，提供多种类型专题数据库的构建。2018年已建设完成冬奥、夏奥、国际体育资讯、足球、体育产业等专题数据库。

（2）京津冀体育信息资源一体化建设构想具有重要参考价值

天津体育学院图书馆专家以京津冀三地为研究对象，以区域体育信息资源共享统一平台构建和异构数据整合、集成为研究主体，就统一软件架构和硬件平台共享的关键技术、标准规范、数据集成与应用等方面展开理论研究与探索，为京津冀区域体育信息资源共享的实现路径和适宜技术提供理论基础与实践依据[47]。在京津冀协同发展战略前提下，依托三地体育信息资源，建立共建共享体系将大有益处：有利于促进京津冀体育信息资源的合理流动，提高区域体育信息资源的总体软实力；有利于提升体育事业发展水平，改善服务，提高区域体育综合效益和信息资源利用效率的最大化；有利于促进政府行业管理水平、综合决策能力和治理能力的不断提升，实现区域优势互补、良性互动、共赢发展；有利于京津冀区域公共服务均等化和新型智慧城市的建设；有利于最终实现京津冀区域创新驱动战略的新模式和新业态的形成。

（3）体育机构知识库建设逐步走向国际

全球机构知识库的建设数量持续增长，国内机构知识库数量与内容也持续增长。中国高校机构知识库联盟已集成45家高校机构知识库，元数据总量达240万条，其中全文总量84万多条。体育院校图书馆也面临着整理学校优秀学术科研成果、传播优质学术资源、面向世界开放的发展需要。为此，北京体育大学图书馆2018年制定机构知识库规划方案，2019年开始建设学校机构知识库。具体承担北京体育大学建校至今，学校全师生的各类学术成果数据采集的工作，成果主要包括：在国际上发表的各类学术成果；成果知识库包含基础功能建设和扩展功能建设两个方面，基础功能建设主要功能涵盖展示、检索、成果认领、学者上传管理等功能，扩展功能建设主要涵盖中英文双语功能。

（4）特色体育文献资源搜集与利用持续推进

特色体育文献资源的搜集与利用是一项重要的基础性工作。一方面是围绕民国期间体育文献资源的搜集与利用开展工作。如对民国体育文献的搜集情况进行考证与分析，目前民国体育文献的搜集整理已经取得了一定的成果，但是仍有大量民国体育文献有待于进一步开发。现有的民国体育文献搜集成果主要分为三种：纯体育民国文献、含体育类别的民国文献搜集和具体内容含体育的民国文献[48]。另一方面，体育院校继续推进特色文献资源建设[49]。以北京体育大学图书馆特藏文献资源建设为例，探讨了高校图书馆开展特色馆藏文献资源建设，解决特色文献资源建设管理的实践问题[50]。

（三）体育外语教学与研究4年进展、成果及成效

1. 体育外语教学与研究的回顾、总结和评价

体育外语教学与研究的回顾与成果如下：

（1）对外交流与合作日趋频繁，资源的整合与共享态势良好

2016—2019年，体育信息分会外语教学与研究学组依据国家战略需要和专业发展要求确定学术主题，成功组织了4次全国体育院校外语教学研究会年会、全国体育院校外语竞赛、专题工作坊和论坛等会议与活动，积极参与全国体育科学大会、体育信息科技学术大会和专题研讨会、课程培训进修班等专业活动，各院校对外交流与合作形式多样，内容务实，在资源的整合与共享方面取得长足的进步。

（2）服务体育赛事和对外交流的能力逐步增强

近年来，体育外语教学与研究的方向与深度得以不断拓展，包括：全面介入了国家重大体育赛事和对外交流的语言服务、翻译、信息情报、科技攻关、数据库建设等工作。如多个院校参与了国家体育总局和各运动管理中心的奥运备战科技服务活动，涵盖了田径、射击、射箭、短道速滑、体操、乒羽、举重等多个运动项目；全程深度参与了2019年第十八届世界警察和消防员运动会（简称"2019成都世警会"）、2021年世界大学生运动会、2022年世乒赛世乒赛团体赛、2025年世界运动会等重大国际体育赛事的申办工作，积极参与2020年东京奥运会和2022年北京冬奥会的各项准备工作，服务国家体育赛事与对外交流的能力逐步得到增强。

（3）体育外语研究日益增多，人才培养质量稳步提升

继续深入、系统化开展体育外语专业人才培养研究，并取得了系列成果。①课题研究涉及体育外语专业人才培养的各个方面，覆盖人才培养的全过程，其中包括：国家社科基金项目"一带一路视域下中华武术文库外译"、省级社科项目"体育翻译人才培养模式构建研究""BOPPPS模式下的ESP课堂教学研究""基于ESP理论的体育赛

事翻译研究""基于 ESP 理论的体育英语教材开发与研究""新信息技术下高校外语口语教学及测评的变革与创新""体育实用英语项目运动员职业培训读本研制"等。②CSSCI期刊论文有：《我国体育院校英语专业课程设置及其 ESP 课程特征研究》《语言学翻译理论视角下的英语体育翻译研究》《中外体育科学论文英文摘要语篇建构对比分析》等。③学术专著与特色教材有：《体育运动中的社会学问题》《篮球英语》《排球英语》《田径英语》《体育项目英语对话》等。④各院校在此领域的获奖情况有：国家体育总局体育哲学社会科学优秀成果一等奖，国家体育总局体育社会科学成果一等奖，中国体育科学学会科学技术奖，各省市的哲社及教学成果奖以及其他各种奖励。

体育专业人才培养的国际化趋势愈加明显。一方面，与国外大学的合作机制和方式日趋完善，"3+1""2+2"等模式得到普遍实践，并覆盖到包括英、美、加、澳等主要英语国家及欧洲、亚洲等其他国家和地区；另一方面，国外升学的比例呈稳步上升的态势，在各个院校，普遍达到 15%~20% 及以上。广泛多样的国际合作交流活动提高了学生的创新意识和实践能力，为学生的个性化学习、体验多元文化、读研和就业等提供了更多机会。

体育外语专业人才的就业层次与质量稳步提升。各院校体育外语专业毕业生的就业率始终稳定在 95% 以上，毕业生积极活跃于国家体育总局及各项目运动管理中心、运动队、俱乐部、体育组织、体育文化公司等，体现出了良好的适用性，受到用人单位的认可与好评。

"分类指导，分层教学"的大学外语教学理念在各体育院校都得到了良好的贯彻与实施，如北京体育大学、成都体育学院、武汉体育学院等院校，根据学生的入口和语言基础，将学生分为三个层次，辅助以不同的教学设计、教材、教学方法与测评，从而能够在教学中针对学生的实际，因材施教，有效地提升了大学外语教学质量。ESP教学设计在大学外语教学实践中得以有效推进，大学外语教学与学生专业的契合度不断提高，大幅度地提升了学生专业服务的能力，如河北体育学院、成都体育学院、武汉体育学院等院校开设的"冰雪英语""医学英语""商务英语"等课程对专业人才培养起到了良好的支撑，有了一定的影响力。线上线下混合式教学模式成效显著。以课堂教学为主体，辅以网络教学，实现真正的课堂教学改革。线上线下混合学习可以充分发挥网络教学的优势，学生可以在线上基本了解各个分散的知识点的内容。在线下，教师不需要详细阐述这些知识点，而是将这些知识点联系起来，构成一个知识链，最终形成一个知识面。在网络教学的基础上，课堂教学将有充足的时间实现师生互动，从点到链，最终形成面的知识体系。目前，各体育院校线上线下混合式教学模式的研究与实践成效显著。大学外语学习新的评价体系初显成效。从最初的三、四级成绩的测评到单一的终结性测评，再到目前逐步转向全过程的教学监控与评价，实现过程管理与目标管理的全面结合。各体育院校（如武汉体育学院、上海体育学院等）普遍完善了大学外语机考运行机制，建设和完善机考试题库，注重对学生语言应用能力的考察，使学生能通过机考平台，达到随时检验学习效果的目的。

（4）特色发展理念逐步深入

"英语+体育"的专业人才培养模式在各体育院校形成普遍共识，各院校根据本校特色和本地区经济社会、与体育发展需要，凝练了各自的"英语+体育"专业特色，得到了广泛认可。如北京体育大学聚焦国际体育组织研究，成都体育学院着力打造体育翻译核心能力，武汉体育学院则探索中外体育文化及传播等。经过充分调研和论证，各体育院校已经初步构建了专业外语人才培养体系，基本满足了国标需要和彰显本校特色的需求，对体育专业外语人才培养起到了引领性的作用。

（5）实践体系与平台建设特色鲜明，成效显著

各体育院校基于人才培养的规格与要求，结合地区经济、社会与体育发展的需要，打造了各具特色的专业人才培养实践体系与平台，在人才培养中发挥出显著的成效。如成都体育学院、武汉体育体育、上海体育学院等院校以国际体育赛事语言服务为依托，大力提升学生的语言实践能力和跨文化交际能力。学生在各级各类实践活动以及国际体育赛事语言服务中体现出了良好的知识储备、能力与素质，并展现出了较强的跨文化交际能力与创新意识。

（6）现代信息技术与多媒体数字化平台的作用日渐凸显

现代信息技术与多媒体数字化平台在各个院校得到了广泛的应用，在人才培养过程中发挥着积极的作用。各院校充分利用计算机、校园网、网络学习平台和移动学习平台等手段，形成以教师为主导、以学生为中心的教学模式。目前，广泛使用的网上教学平台包括外教社的随行课堂 APP、unipus、itest 和 iwrite、外研讯飞的口语训练系统、memoQ 计算机辅助翻译软件等，这些都受到了师生的普遍欢迎。同时，云端、智慧教室、翻转课堂也开始在教学中发挥了更为积极的作用。

各院校积极与企业、教育科技文化公司等合作，充分利用其资源与技术优势，申报教育部高教司产学协同育人项目，具体包括"基于多终端的《运动项目英语》在线开放课程建设及混合式教学实践""基于 FiF 口语训练系统的大学英语口语能力培养"等。通过开展多种深度合作项目，推动了现代信息技术在体育外语教学中的应用。

2. 体育外语教学与研究成果在体育事业中的应用、成效和前景

（1）开展体育英语科技资料专业翻译服务

日新月异的科技变化改变了世界格局，推到了各学科知识的更新速度，在体育领域亦体现明显。从体育的生理学、解剖学、运动医学、运动心理学、生物化学、生物力学等基础学科，到运动项目理论和训练、技战术指导和分析、体育教学等专业学科，再到在体育管理、体育史、奥林匹克运动等具体的体育人文学科，以及在体育器材、体育设施和体育新闻报道、体育科学实验、体育休闲娱乐等边缘或交叉学科等各方面，每年都会产生大量的外文资料[51]。

以上发展推动体育外语学科开展了更大程度的跨学科、跨领域、跨方向研究，不

断深入推进体育外语科技资料翻译的研究与实践。针对"文化走出去"和"一带一路"的国家战略要求，体育外语学科必须强化改革，紧密围绕国家体育发展战略加快发展，进一步增强在体育翻译领域的话语权和引领地位，尤其应该着重于体育外语科技资料的翻译研究和实践。

（2）推动体育英语语料库建设

随着 2019 年男篮世界杯、2022 年冬奥会和 2022 年亚运会等重大国际体育赛事相继落户我国，体育英语翻译必将迎来更多的关注和更深入的研究。各体育院校对体育英语语料库和体育英语翻译的研究不断加强，取得了阶段性的成果。①首先是对体育英语翻译和体育文本的界定取得了共识。体育英语翻译取决于体育文本，现有体育文本主要分为六类：体育新闻、体育教学、体育营销、体育表演、体育情报和体育文学[52]。对于体育科技资料的翻译更多的是集中在体育情报文本中，也即指在体育事业中，针对某种特定需要而及时收集、整理和传递的具有使用价值的信息情报和科技信息，具体包括决策、管理、科研、教学与训练等多个方面，它兼具信息功能和教学以及科研功能。②其次，在研究手段上也取得了一定的突破，尤其是体育英语语料库的建设上。如上海体育学院体育英语语料库和双语平行语料库的建设，武汉体育学院"一带一路战略下体育类平行语料库构建与应用"的研究等。语料库是时代的产物，更是科技进步的成果。大数据时代下计算机无限存储的特点运用到了语言的存储上，是语言发展的重要途径。体育语料库主要采用语料库的研究方法，基于对大量体育翻译事实或者翻译现象的观察和数据统计，通过分析体育翻译本质和翻译过程的方式展开系统性研究，它不仅仅是一种方法论，也是一种自成体系的研究范式。

对于体育文本的清楚认识有助于我们进行体育英语语料库的建设和研究。可以利用语料库数据从体育文本的各方面着手进行分析和比对，发现体育类文本语言独有的自身特点、翻译方法和翻译风格，进一步完善体育类文本的翻译理论，同时对体育类翻译实践产生良性互促作用。例如，通过运用译自汉语的英语体育文本子语料库与英语原语体育文本子语料库，研究人员可以充分利用各类研究软件，从词语、句子、篇章等方面出发，考察两种语料在词频、句子结构、语篇结构、修辞方法等方面的异同，从中归纳出译者与本族语者相比在语言使用上的差异，为以后的体育类翻译实践提供更优的思路和方法。

（3）参与国际体育人文交流

作为一种特殊的社会文化，体育是全世界都能看得懂的"肢体语言"，它较少受到国家大小、社会制度、意识形态、文化传统、宗教信仰等因素的影响，在对外交流中更容易跨越语言障碍和文化鸿沟而达到更好的交流效果。

在"一带一路"战略的引导下，我国文化对外传播和发展有了更加明确的方向。体育文化作为我们文化的重要组成部分，国际体育人文交流的重要性和必要性更加凸显。我国体育文化中蕴含着五千多年的中国历史文化传统，特别是以武术为主的体育文化。为让世界全面认识并熟知中国，我们必须借以能够包含优秀传统文化因子、体现社会主义核心价值观的载体来展示中国态度和大国风范，并以此来输送我们的优秀文化因子。而集中国优秀传统文化和民族精神于一体的中华武术不仅蕴涵中华民族最深层次的精神追求，而且代表着中华民族最为独特的精神标识，可谓是理想之选。所以，运用中华武术作为国际体育人文交流的平台和方式，能将中国传统文化与西方体育文化进行交融与发展，有效推动中华民族的文化复兴和民族复兴，因此体育英语的独特性凸显了出来。

2016年至2019年正值中国推广"一带一路"的关键时期，相关管理部门正紧抓"一带一路"国家战略，加强体育人文交流，特别是中华体育文化的传播和发扬。不论是国际人文交流机制中的体育交流，还是"一带一路"倡议中的体育交往，中国体育文化对外交流为国家和民族之间的交流合作提供了平稳和深厚的平台，有助于打破不同国家人们的隔阂与心理上的距离感，用中国文化的独特魅力吸引各国人民，增进了各国友谊，让国际体育人文交流凸显作用。体育外语教学专家在国际体育人文交流方面做了许多卓有成效的工作，各体育院校的国际体育人文交流项目日趋增多，深度和广度不断拓展。

（4）推动实施"一带一路"体育发展研究

在习近平主席提出"一带一路"伟大倡议的背景下，体育领域各个学科都进行了多角度、多维度的研究和探讨。在"一带一路"国家战略下，有关提倡体育文化先行、开展体育文化交流与传播、发扬和传播中华传统体育文化等方向的研究较为突出。

首先是传播体育文化研究。语言是文化的载体，体育外语更是可以体现出体育文化的精髓。"一带一路"沿线国家通过体育文化合作与交流，不断推动发展体育文化，利用体育外语作为传播导体，有助于从社会、政治、文化与经济层面让体育文化走在最前端，为国际体育文化交流和对比研究奠定基础。

其次是体育赛事发展研究。"一带一路"构想涉及沿线几十个国家与地区，包括俄罗斯、中东欧等一些体育基础较好、体育文化深厚、体育赛事规模较成熟的国家在内，通过加强同沿线国家与地区的体育赛事交流，有助于推动我国体育赛事的发展。为提升"一带一路"倡议在沿线国家与民众中的认可度，可以"一带一路"为主题主办或承办多项体育赛事，吸引沿线60多个国家与地区参赛。例如成都市打造的国际级别的体育IP赛事，包括："一带一路"国际篮联3×3成都国际挑战赛、"一带一路"成都国际乒乓球公开赛等。体育外语教学与研究方向的学者们充分利用了这些赛事，引领各体育院校深度参与，同时推进了"一带一路"的体育发展研究。

各体育院校"一带一路"体育发展研究成果不断汇集，其中典型的包括成都体育学院学者成功申报与"一带一路"相关的国家社科基金项目、北京体育大学制定了"一带一路"沿线国家语言专业人才培养方案等。

(四) 数字体育研究4年进展、成果及成效

1. 数字体育研究新进展、新成果

(1) 数字体育理论研究取得新进展

近年来，面对高速发展的科技革命、逐步深化的中国体育改革等形势，数字体育理论探索主要集中在应对新科技革命的战略思考和发挥数字技术在创新体育治理中作用的路径分析等方面。

面对新一轮的科技革命，我国需要着眼于重大任务、重点问题和重要方向开展理论研究和实践探索，既要注重基础研究，也应强调应用实践。在新科技革命与体育结合的框架下，要深入全民健身、奥运备战、体育产业发展实践，大力推进互联网、大数据、人工智能等新技术在体育领域的应用[53]。立足于世界体育科技前沿，落脚在我国竞技体育、群众体育、学校体育以及体育产业和体育法律的战略选择，实现新时代我国体育的"超越式"发展[54]。

新时代，我国人民日益增长的美好生活需要和不平衡不充分发展之间的矛盾，导致产生了全面性、均衡性和充分性的体育供给需求，为推动新时代体育实现满足体育供给需求的发展，必须借助数字技术、网络技术、智能技术等手段重构融合性体育世界，创新体育治理方式。泛在体育世界的重构开始于"人—机—物"的融合，经由体育数字化、信息化、网络化、智能化等路径完成，是体育世界数字表达、体育世界规则体系数字重塑、体育世界结构数字重构的结果。泛在体育治理研究为优化体育供给模式、满足体育供给需求、创新体育治理方式、推动体育高质量快速发展提供了智力支持[55]。

(2) 体育信息采集与汇聚技术研究得到快速发展

近年的学术成果涉及体感健身操、足球训练电子桩、网球和排球赛中的鹰眼系统、运动健康管理中的可穿戴装备、马拉松赛事中的人脸识别、骨龄自动识别、网络采集运动员成绩、体质测量与监测、数字灵敏体能测试、健身自行车数据采集、马拉松运动位置识别等方面的创新技术应用研究。

传感技术在运动技术动作的捕捉和运动数据采集方面的应用越来越多，极大提高了运动数据采集的准确度和精度。动作捕捉技术可以实现运动技术动作仿真、运动技术分析、体育器械的运动状态分析；运动数据采集技术主要是集成了微电子技术、移动通信技术、互联网和移动网技术，可实现对运动学参数、生物学参数、场馆环境的质量等参数的采集[56]。

(3) 体育信息处理与再生技术研究得以普遍应用

近年的相关学术成果主要涉及可视化游泳训练法、视频助理裁判、艺术体操动作识别与评价、羽毛球击球三维空间分析、体育信息资源分享中的自然语言处理、滑雪场虚拟现实应用、高校田径虚拟现实体育教学、虚拟现实和仿真技术展现体育精神等

方面的创新技术应用研究。

运动视频图像多重处理技术在体育领域的应用越来越广泛。运动视频图像多重处理技术主要包括：视频图像同步叠加、分屏同步比较、视频背景处理、视频图像的二维和三维解析、视频图像的自动识别和追踪、视频标注、计算机仿真和虚拟现实、技战术现场追踪和统计、视频非线编系统、视频测量和视频多通道同步采集和分析等技术。

虚拟仿真技术应用主要体现在体育仿真系统的制作方面，具体有：开发虚拟训练场景系统和开发运动数据捕获系统。

（4）体育信息传递与传播技术研究速度加快

近年的相关学术成果涉及线上马拉松、在线学习体育、体育微课、健身APP、体育赛事解说、赛事网络直播、体育舆情监控与引导、体育网络调查、用户分析与体育广告投放、体育数据共享传播中的个人隐私保护、体育物联网和身联网等方面的创新技术应用研究。

物联网技术应用日益广泛，智能跑步机、智能体重秤、智能跑鞋、智能服饰、智能足球、移动篮球架和物联网健身哑铃等各类体育装备与云端进行智能化连接，实现了体育物联网[57]服务功能。此外，作为赛事的举办场地，体育场馆可以在防盗报警、门禁系统、智能仪表、数字显示、温控器及电子票务等方面布设物联网技术设备，通过智能调控设备状态，实现环境控制最优化和节能降耗、降低人工维护成本等目标。

体育应用软件（APP）如赛事票务、体育游戏、电子竞技、场馆预约、运动健身、运动社交、体育电商、体育媒体、高清直播等蓬勃发展。运用物联网技术实时采集马拉松运动员的运动状态、运动位置，身体状况和运动姿态等运动数据，并上传至监控终端，形成对运动员的全方位监控，有助于保护参赛者的安全，为马拉松运动的顺利进行提供了良好的技术保障[58]。

（5）体育信息分析与研究技术研究逐步深入

近年的相关学术研究成果涉及面较广，具体成果主要有：基于数据挖掘的竞体信息服务，可视化乒乓球比赛数据，健身自行车运动能耗模型，马拉松运动跌倒检测算法模型，田径运动会数据交换模型，乒乓球正手攻球特征模型，职业足球联赛中的"冷场"效应，手腕骨龄算法，全民健身云服务，社区体医结合健康云，青少年体质健康大数据分析，体育大数据可视化服务，大数据时的我国休闲产业，大数据"新零售"模式下的体育用品产业，体育旅游资源空间特征分析，校园足球大数据，基于大数据的高校运动风险管理，体育大数据人才培养等。其中，云计算与大数据技术在运动训练竞赛数据收集分析及体质健康监测服务等方面发挥了重要作用。

（6）体育信息管理与利用技术研究日益丰富

近年的相关学术研究成果主要体现在：竞技体育数据库，体育单位名录库，体育英语语料库，运动员成绩系统，运动员训练档案管理信息系统，场地设施管理系统，基于决策树算法的篮球胜负预测，基于深度学习的跆拳道教学辅助决策系统，体育教学评价系统等方面。

（7）体育信息智能与智慧技术研究更加契合人的需求

近年的相关学术研究成果主要体现在：人工智能在体育应用中的价值与策略，"人工智能+体育"的本质及其表现形式，智能科技助力搏击运动，智能体育场馆，老年人户外健身智能监控，体育传播中的人工智能，人工智能体育翻译，高校体育智慧生态，智慧体育课堂等方面。这些研究多数是从满足人的需求角度出发而展开的。

（8）体育信息化标准化研究实现稳步推进

数字体育被认为是体育信息化的发展方向之一。通过对体育活动的数字化处理，可将原本不可定量分析的体育行为、思维转化储存为可进行信息传递的数据，以数据信息支撑体育运动的发展。近年来的相关学术研究成果主要体现在：体育单位名录元数据研制，体育信息基础数据元分析，高校体育信息化标准研究，体育院校信息化队伍建设以及相关政策研究，体育教育信息化构建标准与数据库建设研究[59]等方面，由此也产生了体育大数据产权与道德伦理边界如何确定等新问题。

2. 数字体育研究成果在体育事业中的应用、成效和前景

（1）提高体育行政管理效率

信息技术的应用使得体育管理过程中的人力资源管理、档案管理、教学管理、行政管理、管理理念出现了很多变化，为运动员、教练员、管理人员、群众进行体育知识传播以及不同信息使用者之间交流和沟通提供了服务[60]。

体育信息化在支持体育部门开展政务信息化工作的同时，也打破了体育行业与社会体育数据资源之间的壁垒，有助于实现体育政用、商用、民用数据的互联互通和提高体育行政管理效率，如贵州省体育局体育大数据实践活动取得显著成效[61]。

（2）提升运动训练的科学化水平

在竞技体育领域的专业运动训练中充分体现了数字技术的重要支持作用。在东京奥运备战周期里，信息技术大量应用于运动选材、大数据收集与支持、录像实时分析与反馈、体能训练、医疗康复、疲劳监控与干预、心理建设与辅导等方面，有许多信息技术助力备战训练的科技服务实践案例。

①体育传感数据采集和分析系统。运动训练过程的数据采集和分析向着"穿戴传感+云平台"模式发展。由多种传感器［心率、加速度、GPS（全球定位系统）、陀螺仪、拉力、RFID（射频识别）传感器、红外光电传感器等］、微处理器、无线数据发射器、数据存储器组成的硬件采集系统，可以快速有效采集田径短跑、自行车、划船、足球、篮球、乒乓球、网球、羽毛球等项目运动员或者器械的速度、加速度、力、运动姿态、心率等数据，再利用专用软件分析这些数据，为诊断并改进运动技术服务。相关成果有：虚拟篮球训练系统、基于 RFID 传感器识别的篮球训练辅助智能系统[62]、

基于心率传感器的心率与体能检测运动员健康安全保障系统、基于Pt电极双酶生物传感器的运动员耐力水平监测系统、基于图像传感器的图像采集与系统捕捉的运动员损伤部位康复跟踪分析系统[63]等。

②体育视频与图像解析系统。运动视频图像处理技术应用广泛，如通过针对田径跳远的视频图像采集分析，可以发现我国优秀运动员与世界级优秀运动员在起跳垂直速度和起跳角度的明显差距[64]。为了提高技术分析系统的功能，有学者研发出一款依托MySQL数据库、JAVA语言等技术支持的系统[65]；另外通过设计中层特征块分类的运动视频检测模型，解决了单一特征提取算法在运动员检测中存在的漏检问题；还有学者提出了基于热成像数据与Fisher线性判别（FLD）的具有较高正确分类率的分类方法[66]；另外还有创新应用运动员人脸检测识别方法以提高球员检测精度和人脸识别精度[67]等。

③科研、训练和保障"三位一体"的无缝衔接与充分融合的训练模式。MJP将耐克数字跑道、橄榄球数控跑台、Kistler三维测力台和技术影像反馈系统等高科技智能化测试装置安装在训练场地，随时监控运动员训练过程中的技术、力量、耐力和协调能力等方面的变化[68]；利用Processing语言建立GUI优化数据结算空间，开发能够采集与监控运动姿态的视觉分析平台[69]；应用超声成像中的M超、组织多普勒、超声弹性成像、磁共振波谱、T1ρ成像等医学成像技术，在肌肉拉伤等器质性损伤评价中取得了较好的效果[70]；利用模糊聚类算法的体育视频图像分割方法提高了体育运动图像的分析水平[71]；利用计算机视觉跟踪技术准确跟踪艺术体操运动轨迹，提升了跟踪效率和稳定性[72]。

④开发运动训练数据分析软件。"大数据、云计算彰显智慧体育"中的案例分析表明，运用大数据分析软件，不仅能分析运动员的"致胜关键指标"，还能对运动员或者运动队作出"预测分析"[73]。

⑤运动训练模拟。应用虚拟现实技术可以构建健美操仿真平台，以实现在模拟环境中该项目创设与调整健美操动作模式的目的[74]；引入VR技术，通过三维虚拟技术重构了新规则下大型田径赛事中的短跑动作，对短跑运动员姿势训正提供了精准意见[75]。

（3）促进体育竞赛数据的精准捕获

目前，数字技术在竞技体育中的研究和应用成果主要有：

①运动技术动作捕捉。利用英国Animazoo公司的惯性动作捕捉系统可以对快速或细微动作进行捕捉，利用鹰眼（Hawk-Eye）技术捕捉系统[76]可以对单一目标跟踪分析。

②用于比赛的技战术分析系统。借助人工智能算法可以全面理解某些体育比赛的策略并做出趋势概率的预测[77]，如服务美国职业篮球联赛（NBA）的Second Spectrum公司的人工智能解决方案、阿迪达斯公司生产的Micoach精英系统软件、IBM公司运用数据采集和传感技术与监控数据分析系统[78]等。

③用于训练的辅助系统。球员追踪分析系统（Sport VU）广泛应用于 NBA、NFL、NHL 等职业联盟。该系统通过一组固定摄像机来完成数据的采集，并挖掘出高强度比赛中人工无法获取的数据，然后人工智能对每场比赛的数据及时进行分析和战术识别，由此建立起不同的战术模型，并不断得以自我学习、自我理解、自我完善，教练员可以运用这套系统通过电脑或 iPad 查阅比赛数据，做出更好的战术安排，从而为比赛做更充分的准备[79]。

④智能穿戴设备。基于全身动作分析的高尔夫球员辅助训练装备 My Swing Pro-fessional[80]，可以借助球员穿戴在身上的多个微型运动传感器，捕捉球员的身体以及球杆的空间运动数据并提供分析结果，利用多种不同数据可视化方式，帮助球员以及教练更好地洞察肉眼难以观察到的技术细节。

⑤竞赛智能执裁系统。网球的"鹰眼技术"实现了即时回放服务，通过高速摄像从不同角度捕捉网球飞行轨迹的基本数据，在 10 秒钟内计算出网球运动路线、落点，立刻显示在屏幕上。足球的"视频助理裁判（VAR）系统"则是通过 4 名视频裁判对比赛画面的实时监控，协助场上主裁判处理争议判罚和难以裁决的现象，以证比赛的公平性、公开性、流畅性和比赛的观赏效果[81]。

（4）改进大众体育管理手段

近几年，现代信息技术的发展和应用促使大众参与体育的形式、内容都发生了巨大的变化，参与热情高涨。

①构建健身休闲服务云平台。网络信息技术与体育健身休闲逐步开始结合，涌现了运动 APP、互联网跑步社区、智能运动手环与智能跑鞋、健身休闲与社交平台等[82]许多体育服务新形式。

②体育俱乐部信息平台。如"活力圈"等服务平台，借助互联网技术，将社团俱乐部信息、赛事信息、运动场馆信息等进行信息化链接，形成体育信息仓库，在管理平台层面实现了数字运营管理、赛事活动组织、体育培训、账目结算等多种功能[83]。

③智能穿戴设备。以 Fitbit、Jawbone Up 手环为代表的运动健康类产品应用提升了大众运动的自我管理能力，智能手表、促进了人与环境的互动，加速度传感器通过计步和测量学生日常体力活动，为给出体力活动建议提供了依据[84]。

④ 基于 VR 的健身器材。国内 KATVR 公司于 2016 年 7 月份在 Kick starter 上发布了旗下 VR 跑步机 KAT WALK 的众筹项目，获得巨大成功[85]。

（5）加速体育场馆向智能化转型

场馆智慧化可以分为两类：一类是建筑或硬件本身的智能。比如开闭合屋顶、新能源系统、移动看台、智能广告系统、电子门禁、票务、通信、温控、监控、灯控、音控等，场馆的一切都在逐步变得更加人性化；另一类是软件的智能，在第一类智能的基础上通过互联网软件程序来实现更多功能，如馆内导航、现场互动、网上叫餐、电子门票及选座、手机付费等衍生服务功能。

如体育场馆用温湿度、风速、二氧化碳、甲醛传感器对体育场馆内空气的温湿度、风速二氧化碳、甲醛室内热环境参数进行测量和监控，为场馆管理提供科学决策依据[86]。

体育场馆在互联网与移动互联网平台下的开放与转型的问题[87]引起学者关注。有学者在学校体育场馆在服务模式上创新研制了"互联网+"体育云平台管理系统[88]。

(6) 创新体育教学与训练的理念和方法

①构建体育智慧教育平台。体育云计算与大数据技术主要从平台构建、技术应用两个层面进行对应归纳。有学者开展了大数据时代健身课程资源平台信息化、基于云计算平台的信息化翻转课堂与智慧体育构建良性的体育教学云空间等方面的研究[89]，还有学者提出了在"互联网+"背景下构建融合"大数据、物联网、云计算"技术的智慧体育综合数据平台和公共服务平台的建设构想，对其平台功能、实施路线、分析其目标进行了细致的分析[90]。

体育教学评价也逐步信息化。与传统体育教学评价方式相比，信息化的体育教学评价有着明显的优势。智慧学习环境能够感知学习情境、识别学习者特征、提供合适学习资源与便利互动工具、自动记录学习过程和评测学习成果，有助于拓宽使用者的学习场所或活动空间[91]。在基于"互联网+"的体育人才培养上，学校体育改革与高校创新型体育教学方法成了研究的重点，"互联网+"与体育教育人才培养方式的整合，推动了高校体育教育专业人才培养与互联网技术的深度融合[92]。

②虚拟现实（VR）技术的应用。在体育教学与训练中运用虚拟现实技术进行学习和教育，不仅可以减轻实际空间中某些培训操作的困难和危险，而且可以显著降低培训成本。通过VR技术捕捉运动员表现最好的瞬间、记录与分析运动员身体数据，有助于纠正姿势，提高训练效率；佩戴VR眼镜观看、分析职业选手正手击球动作视频，有助于提高头脑中视觉成像[93]；基于增强现实的体育教学演示，可以使得现实教学实践中很难展示的实物以生动、逼真的形式展现出来；基于MultiGen Creator软件特点构建体育教学数学模型，有助于促进体育技术技能的有效和深度学习[94]。

③运动视频图像数据库。通过构建不同运动项目的专属视频数据库，可以为运动员的训练提供专业的体态分析。如在篮球专项教学中构建了多媒体视频库快速反馈系统，研究VR技术在高校体育教学中的实际应用，对VR技术应用规范和具体项目提出了建议[95]。

(7) 构建体育传媒发展的新引擎

在体育传媒的数字技术应用研究领域，学者结合目前依赖人工智能技术（AI）的自然语言处理技术挖掘了自然语言技术在体育传媒上有效使用的路径与目标，对当前产业内体育新闻报道应用自然语言技术的趋势做了概述。如以数据为驱动，人工智能技术与大数据等方面的技术应用，可以使体育报道更加即时、直观、准确和全面，还可让记者编辑从简单的数据统计分析中解脱出来，以便从事更为深度和专业化的报道[96]。

2016年是"机器人体育新闻元年"，在2016年里约奥运会上，《华盛顿邮报》就用新闻写作机器人Heliograf自动生成体育赛事报道并在Twitter上发布。今日头条的新闻机器人"AI小记者xiaomingbot"通过对接奥组委的数据库可以在2秒钟内生成赛事消息并予以发布，几乎与电视直播同步。在奥运会开始后的13天内，"AI小记者xiaomingbot"共撰写了457篇关于羽毛球、乒乓球、网球的消息简讯和赛事报道，每天30篇以上。由机器人记者与人类记者共同报道奥运在体育新闻史上这是第一次。2017年11月，腾讯公司在上海举办的"2017腾讯媒体+峰会"上展示了人工智能写作机器人（Dreamwriter）技术，该机器人以平均每篇0.5秒的速度在会场写出了14篇稿件[97]。上海电视台融媒体中心通过自主研发的XNews平台实现了一次采访多渠道新闻稿件分发，将原有的传统媒体的生产能力投入到新媒体的生产之中，打破了传统媒体与新媒体的平台壁垒，实现了流程优化、智能高效的新闻生产[98]，建立了基于大数据技术的新闻报道软件系统。目前AR新闻报道技术的应用更多地出现于体育传媒领域，在赛事直播与体育新闻的播放中使用AR技术可以实现更丰富的信息感知和获取。

2018年由新华智云自主研发的媒体人工智能平台"MAGIC"在世界杯开赛前夕投入使用。"MAGIC"的生产能力和效率非常强，"MAGIC"智能生产的特点体现在：具有报导的时效性，自动完成画面分析、捕获、制作、配乐、加标题、合成、发送到优酷等视频站点，整个过程一般不超过30秒；内容全和可学习性，基于视频和图片资源，生产全量内容；可进行PK分析，产生PK类视频集锦[99]等。

（8）推动体育产业的转型升级

数字化时代不断催生多种新的体育业态，如推动体育内容更新、加快体育企业的跨界融合和助力体育产业升级，具体表现为：数字化技术催生新的体育产品，体育科技融合创造新的消费需求，数字化技术加快体育企业的跨界融合。

数字技术推动传统体育服务业发生转变、促进全民健身广泛开展已成为趋势。各种健身、骑行、跑步、运动商城、体育社交APP得到广泛应用，各种智能化的体育用品生产不断涌现，如AI智能化运动装备（手环、服饰、运动鞋、护具等可穿戴设备），AI智能化健身器材（跑步机、卧推器、复健系统），AI智能化竞技项目用品（智能篮球、智能网球拍），AI体育场馆（智慧体育馆、AI录像裁判系统），特殊体育用品（AI机械义肢、AI视觉辅助系统）[100]等。

体育信息服务业是体育信息产业的重要组成部分，是体育产业发展的重要基础和技术途径。近年来，体育信息服务业得了较大发展，具体表现为：体育培训行业利用数字技术将市场上的优质资源、专业的体育人才与用户实现匹配，实现集中化、广泛化传播营销；体育媒体行业利用数字技术实现了与观众的互动，如用弹幕、球迷房间、留言社区等方式增进了与球迷间的交流；体育智能产品行业所带来的的智能运动产品越来越贴近体育爱好者，特别是随着虚拟现实技术（VR）、增强现实技术（AR）的不断成熟，体育智能产品将不断推出更多体验产品，吸引更多人参与到健身活动之中[101]。

随着"互联网+体育"到"互联网+体育+相关行业"等数字化技术的运用,一方面,互联网、大数据、云计算等数字化技术改变了传统产业,推动了体育产业的转型升级;另一方面,以现代信息技术手段为支撑,传统体育产业或领域相互之间实现了深度融合,在数字技术支撑下,体育与科技、文化、医疗、养老、旅游、会展等相关行业日益密切融合,致使体育服务贸易、体育康复等新型业态层出不穷,体育产业将愈发体现出多样性、混合性、包容性和多业态融合发展趋势。

目前来看,相当多的国内互联网企业成为体育跨业态融合的"急先锋",互联网+体育+电影、互联网+体育+电子商务、互联网+体育+旅游、互联网+体育+健身医疗、互联网+体育+培训、互联网+体育+智能场馆等都是能够关联的领域,为各方面所看好,并引来了大量社会资本,必将掀起了新一轮体育产业热潮。

二、体育信息研究成果的国际比较研究

(一)体育信息情报研究成果的国际比较研究

1. 国际体育信息情报研究现状

国外的体育信息情报研究主要集中在大赛成绩预测、声像情报研究、数据库和信息系统建设、大众体育参与和体育科研等领域。

(1) Gracenote 体育数据公司汇总提供竞赛成绩等信息

2015年,国外著名媒体元数据提供商 Gracenote 收购了原荷兰 InfoStrada 体育数据公司,由此汇总了比赛成绩、运动员简介、体育声像等多种体育信息。该公司向奥运会提供所有参赛运动员的传记以及奥运会历史数据。最新数据24小时内得到更新,奥运会前提供预测奖牌榜。目前美国、日本、法国和澳大利亚等国家已购买了其全部体育数据。

(2) 日本重视收集分析比赛视频信息

日本十分重视赛前情报的收集和分析,尤其是比赛视频信息。日本国立体育科学中心设有由研究员及工程师组成的情报研究组,主要任务是为运动员、教练和辅助人员提供信息和视频资料技术服务。情报研究组开发了一个称作"SMART edge"的体育视频数据库,汇集了大量的国内外选手训练及比赛视频资料,选手和教练们可以通过电脑或移动终端随时访问。运动员训练时,该组还可以提供实时、多角度的视频回放。内村航平等日本高水平运动员充分认可该系统的作用。同时,这套系统还应用于大众体育领域,借助视频资料指导中小学生参与体育运动。

(3) 德国注重体育数据库建设

德国一贯重视基础数据库建设,除继续维护更新运动成绩库外,近年来,为解决

科研人员和教练员没有足够的时间搜索最新科研成果的问题，德国应用训练研究所在调研科研人员和教练员的信息需求基础上，研发了 SPONET 科学资源库，实现了可按照学科、主题或体育项目进行检索的功能，该库后续计划是增加德语自动翻译服务，通过 SPRINT 信息通报途径，进行个性化的信息定制服务，以电子邮件的形式为使用者提供特定信息。

（4）澳大利亚搭建平台促进体育情报资源交流与合作

澳大利亚非常重视体育情报资源建设。澳大利亚体育学院建设的体育信息交流平台拥有 2 万名会员，是体育从业者和决策者获取和交流信息的重要途径。近年来，该平台的关注点从单一的体育运动扩大到体育和身体活动，致力于为所有澳大利亚人提供高质量的体育和身体活动信息。新版平台突出"以人为本"的理念，按用户类型和内容类别分别进入不同的资源导航页面，方便用户快速找到所需信息，每个类型的资源导航由专人负责整合维护。在地方层面，澳大利亚昆士兰州体育学院的科研工作比较突出。在澳大利亚各支国家队中，至少有 1/4 的运动员来自昆士兰州，而昆士兰体育学院信息中心提供的综合性信息服务为高水平运动员提供了重要支撑。

此外，澳大利亚等国家非常重视国际体育信息交流与合作。从 2014 年起，每 2 年举办一次澳大利亚体育信息网年会，来自境内外的体育情报学者聚集一起，交流体育信息情报，共同促进发展。最近一次会议是 2018 年 10 月在澳大利亚堪培拉召开的，来自多个国家的数十位专家学者参加了会议。会议主要研究和讨论体育政策与改革、大众体育发展、竞技体育科技创新、数字体育与数据库、体育信息研究与服务等问题，为体育信息情报研究人员提供了一个相互交流学习的平台。

2. 我国体育信息情报研究的优势与不足

我国体育信息情报研究经历了 60 多年的发展历程，在借鉴国外先进经验的同时，能够密切联系中国体育的实际情况，不断探索中国体育信息的理论与实践，走出了一条具有中国特色的体育信息情报工作发展之路。

我国面向体育政府部门和运动队的体育信息情报研究任务主要由国家体育总局体育信息中心的专家学者承担，为数不多的山东、福建、湖南等地方体育部门的体育信息情报人员，主要侧重于国内全运会和省市运动队训练备战。近年来，围绕体育重点工作，体育信息情报研究领域不断拓展，基础资源建设已具规模，刊、库、网一体化服务模式日益完善。

（1）取得的突出优势

我国进行体育信息情报研究的优势主要体现在以下 3 个方面。一是团队优势。国家体育总局体育信息中心拥有由 20 多人组成的专业体育信息情报研究队伍，涵盖体育、外语、计算机、文字编辑、视频编辑等多个专业，精通英语、俄语、德语、日语、韩语、法语 6 种语言，具有较强的情报研究和技术服务能力，积累了利用多语种配合的优势对主要体育强国及重点对手进行长期跟踪研究的经验。近年来，还与国内体育院校建立了长期信息采编合作机制,信息队伍不断扩大。二是研究内容全面性优势。我国体育信息情报的研究范围除竞技体育、大众体育和体育产业之外,已逐步拓展到体育发展战略、运动员保障、体育信用建设、体育科技发展、残疾人体育等更加细化的领域。尤其是在每届奥运会的备战信息情报研究工作方面,启动早、周期长、规模大,从水平和效益角度来看,我国均处于领先地位。三是情报传播时效性优势。借助信息技术尤其是移动互联网技术的快速发展和普及应用条件,近两年利用外文体育信息采编平台,我国体育信息情报研究学术机构创新了一系列的信息采集和翻译工作方式,除了传统的纸质印刷、网站发布和数据库检索之外,还依托移动客户端、微信群、微信公众号、微信小程序等各种新媒介,极大地提升了信息情报传播的速度和效率。

(2) 存在的明显不足

我国体育信息情报研究与利用方面的不足之处主要体现在以下4个方面。一是情报意识有待提升。运动队在获取最新信息上的优势是明显的,许多教练员、运动员已经掌握了外语技能,在与国外运动员比赛和交流过程中可以获得大量有价值的信息。因此,除了专业信息情报研究人员需要进一步强化情报意识以外,管理人员、教练员和运动员也要增强情报意识,注意识别、利用有效信息情报。二是专业队伍知识结构不尽合理。目前的队伍多以外语或信息技术见长,体育专业知识不足,人员水平与大数据时代的要求相差甚远,明显缺乏善于利用外语工具、精通体育业务、掌握信息技术、综合研究分析能力强、具有创新意识的复合型专业人才。三是情报研究智能化水平不高。虽然近几年信息技术应用能力提升很大,但在信息环境瞬息万变的今天,及时收集信息分析并反馈已经变得非常重要,需要应用更先进的智能化技术自动进行高级、复杂的信息处理分析工作;虽然基础数据建设已具规模,但资源分散、重复建设等问题依然存在,现有的常规检索和统计功能已不能满足需求,急需整合、共建或引进国内外资源,应用大数据挖掘技术,提高分析结果的精度和价值,并将最佳的自动分析算法与适当的可视化技术相结合,以达到辅助决策的目的。四是国际体育信息情报合作有待加强。目前,体育信息中心仅与澳大利亚、德国等国家的体育情报研究机构长期保持着部分信息共享的合作关系。需要进一步加强与各国体育信息情报机构开展交流与合作,拓宽国际体育信息搜集渠道。

(二) 体育文献研究成果的国际比较研究

1. 国际体育文献研究现状

国际上对体育文献研究与国内不同,主要包括体育信息服务模式、体育信息管理和发布等方面。德国联邦体育科学研究所提出了共享体育信息的创新服务模式,即由德国联邦研究所建立公共的门户网站,提供各类内容、多媒体形式等体育信息,实现对体育信息一站式获取功能[102]。拓展体育数据的商业化应用模式,有国外学者提出可以采用六度理论,通过社交网络传播体育赛事及相关信息[103]。

澳大利亚体育委员会体育信息中心通过共建共享建立 Clearing House for Sport（CHS）体育信息资源平台为体育专业机构、体育从业人员以及爱好者提供专业信息获取与交流服务，实现了跨区域、跨组织以及跨行业的泛在连接与互动交流。

荷兰 Infostrada 公司是世界上最权威的体育资料数据供应商之一，曾多次为夏奥会和冬奥会等重大赛事提供数据信息服务。在体育视频资料搜集、分析和利用方面，美国、日本、澳大利亚等国的专业体育信息部门均给予了高度重视。美国奥委会体育信息中心是全美收藏视频资料、图片等最为集中的机构；日本最近在视频共享平台的技术层面也取得了新进展，例如使用智能相机与云端技术使视频的拍摄与数据的异地提取更为便捷；日本国立体育科学中心的视频数据库直接为运动员和教练员训练和参赛提供服务；澳大利亚体育信息中心也正在联合各国相关机构，积极争取获得国际奥委会电视转播内容的使用权，以用于动作分析和促进提高竞技运动成绩。

2. 我国体育文献研究的国际优势与不足

从国际比较结果来看，我国体育文献研究的框架更加完善，研究内容更加宽泛，对体育文献资源的搜集、利用与服务研究方面已形成了一定的体系。但另一方面也还存在有一些问题，如国际化视野不足，研究成果多发表于国内科研平台，缺乏与国外学者的合作交流等。

①专业化的运动视频信息采集、管理、利用，是高水平运动队所需要的重要支撑内容，我国在此方面也有相关的技术创新应用实践，如运动训练的视频采集、分析等，不足之处在于还未建立起对这些视频资源的整合管理和共享服务体系。

②从体育信息数据库建设角度来看，国外的体育信息数据库多进行了资源融合，实现了统一在线网络查询，且专属于综合性数据平台的一个分支，在查询、检索方面为用户提供了便利。而国内的体育信息数据库在整合方面存在着一定的不足，国内体育信息数据库的建设无论从数量、类别，还是专业性来讲都是比较先进的，但由于数据库所属的机构不一，存在着各自为政的现象，在查询等方面很不方便，甚至很多数据库在机构之外根本无从查阅。

③国内体育信息资源领域的研究成果逐渐增多，研究对象和研究领域不断扩展，但目前仍多集中在互联网与体育信息资源的结合、体育信息资源的利用以及体育信息资源的共建共享等方面，对如何提高用户使用体验、从用户需求出发提升个性化服务、增强体育信息资源的利用效率等方面的研究还比较缺乏。

(三) 体育外语教学与研究成果的国际比较研究

1. 国际体育外语教学与研究现状

(1) 国际体育外语教学与研究整体不均衡

体育项目的发展经历了从地方到地区、从国家到世界的过程。因而在各项现代体育项目中人们可以体会到浓厚的发源地文化。而语言作为文化传播的载体，在体育运动走向世界的同时也在与世界各地的文化进行着交融。因此，在专业外语人才的培养过程中，除了培养基本的外语听说读写能力之外，还应当重点关注专门用途外语的学习心得。以英语为例，有关资料显示，当今英语世界的文字交流有80%是以专门用途英语为媒介的[104]。作为在特定语境、特定行业中使用的专门用途英语，是语言共核之外的部分，不经过专门学习是难以掌握的[105]。因此，在体育产业的发展以及对外交流过程中，世界各国都十分注重对体育专门外语的教授与学习，但国际体育外语教学与研究整体并不均衡，这跟各个国家的经济社会发展和体育发达程度紧密相关。例如，从对国际奥林匹克运动会宪章和各单项运动协会纲领性文件的分析中不难发现，主要运动项目的官方语言多为英语、法语。基于此，国内外对体育外语教学的研究重点也就集中在英语和法语两种语言，对其他语言则相对重视不够。

（2）国内外体育外语教学与研究差异化明显

在体育外语教学与科研方面，我国均走在了世界前列。通过对 SPORTDiscus 等国外体育类数据库的搜索，很难发现有与体育外语教学与研究的相关信息。学者分析原因如下：

第一，国外的体育人才培养模式主要是运动员、教练员和赞助商相结合，缺少与我国类似的高等体育院校的人才培养方式[106]。因此体育运动与高校研究的结合较少。

第二，在体育交流与文化传播过程中，处于强势地位的欧洲和美国，在语言上有相通之处，因此对体育外语并无迫切的研究需求。

第三，国外的课程设置与国内有较大区别，体育外语更多的是体育专业课程和外语结合学习，并未形成单独学科。

第四，国外的体育交流更多的集中在体育比赛本身，并没有过多文化交流的需求，因而对体育外语教育的重视程度不高。

第五，由于现代体育大多数发源于西方，因此在体育项目的国际话语权上，欧美国家处于优势地位，更多情况下我国处在接受和引进的位置，因而需要大量的外语人才来更好地消化吸收国外的体育项目，因此催生了体育外语专业的发展[107]。

基于上述分析可见，我国的体育外语教学与研究的方向应当是发挥领先优势，在引进来的同时，积极学习体育发达国家的体育传播方式，同时要结合我国国情，更多地将国内的体育赛事推广出去，让更多的体育外语人才服务于我国体育国际话语权的获取。

2. 我国体育外语教学与研究的优势与不足

我国的外语教学根植于中国的传统文化，是为与外国、外民族互相沟通、促进本国发展为目的的，其出发点是本国发展的需要，而满足发展需要的基本力量又是本国文化。因而从外语教学的目的性而言，相较于国外，我国具有更高的视野。我国外语教学与研究的优势主要体现在以下几个方面：

(1) 我国体育外语教育相对完善

早在 2001 年，教育部就颁发了《积极推进小学开设英语课程的指导意见》[108]。文件指出，从 2001 年秋季开始，全国城市和县城小学逐步开设英语课程；2002 年秋季，乡镇所在地小学逐步开设英语课程。小学开设英语课程的起始年级一般为三年级。由此可见，从义务教育阶段三年级开始，我国的小学生们就开始系统接受外语教育，主要是英语的学习。相较于其他国家，我国的英语教育形成了从小学到本科及以上全年龄段的覆盖。因此，较为完善的英语教学体系保证了英语人口的数量，也在一定程度上为提高发现优秀英语人才、开展英语方向的研究提供了人才基础。

(2) 我国体育外语研究领域较为广泛

2016—2019 年间，我国在多学科多领域都形成了专门的外语研究方向。不但涉及的学科广泛，而且涉及的语种也较为丰富，具体体育外语教学与研究内容涵盖了体育人才培养、体育教育培训、运动竞赛等活动领域中的外语教学和语料库建设、体育翻译与语言服务等领域，涉及语言与信息传递和传播、信息情报研究、语料库建设等技术，尤其是在"一带一路"的倡议下，对于沿线国家的体育专业语言研究也成为学者关注的焦点[109]。

(3) 国外本地化与多样化的外语教学值得我国体育外语教学与研究借鉴

我国体育外语教学与研究的不足主要体现在其统一性有余，特色不够鲜明。相比而言，国外的外语教学与研究呈现出本地化与多样化的特点。这也值得我们的学习与借鉴。

①不同国家采用不同的外语教学政策指导本国的外语教学与研究，具有明显的本地化和多样化的特点。

日本外语政策的最大特点是"English Only"（英语优先），即外语教育等于英语教育。因此重点检验学生的英语能力。如强调国家与学校重视 TOEFL 和 TOEIC 等外部英语测验，并将其纳入一般入学考试测评项目，以具体掌握学生英语能力。日本外语政策总体来说重点强调了解外语结构及其文化，培养以外语沟通的能力与态度，养成学生听说读写等整合的语言技巧。重视学校与企业间的合作，让学生能够到实际使用英语的工作现场进行实习，提升学习英语的动机及英语的运用能力[110]。

新加坡主要是由华人、马来人及印度人三大种族所组成的多文化、多民族国家，共有四种官方语言，分别是华语、马来语、泰米耳语及过去殖民时代统治阶层使用的英语。1996 年起，新加坡的双语政策主要以英语为第一语言，其他三种官方语言对各种族而言被视为第二或是母语，重视英语及母语能力的培养[111]。

为服务于本国的经济活动以及国家安全，美国高度重视培育公民的国际语言能力与文化素养。首先，就提升国家安全与外交能力而言，美国政府重视高等外语专业人才培养，以从事国防及外交事务为人才培养目标。2005 年，美国国防部发布语言转换防御路线图（Defense Language Transformation Roadmap），要求所有军官均需掌握一门外语。其次，美国外语政策的第二个目标是提升国际贸易发展。政府专家以学者们一致认为学好外语有助于提高美国的商务竞争优势。美国外语政策的第三个目标是要提升公民参与国际事务与经济活动的能力。同时美国的外语政策还有提升学术研究能力、保留文化多样性等目标。为了外语教育的改革，美国政府制定了国家级课程标准，也建立了语言学习指标及语言能力基准评价机制[112]。

英国教育部曾出版过 Languages for All：Languages for Life（《所有人的语言：生活的语言》），表明了英国政府对国家外语政策的主张，提倡外语教育不仅落实在中小学正规教育上，更应鼓励开展高等教育、成人教育、以及在职训练等[113]。

②欧盟的语言教育政策提倡以下 5 个方面[114]：

多语言文化——依据多元语言与不同语言能力的需求，培养终生语言沟通能力；语言多样性——坚信欧洲各国语言应受平等对待；相互理解——有机会学习其他语言中不同文化间的沟通及接受文化差异；公民素养——个人具备多语言能力可以促进参与多语言社会的人际交流；社会凝聚力——个人发展、教育、就业、流动性和获取资讯的能力取决于终生语言学习。

上述国外的外语教学特点对我国体育外语教学与研究具有一定的启示，建议我国制定符合本国国情的体育外语政策，进一步重视临近国家地区语言与文化学习，尤其是在"一带一路"倡议下，开展临近国家语言与文化的学习对推动发展"一带一路"中的体育活动更具有现实意义。

（四）数字体育研究成果的国际比较研究

1. 国际数字体育研究现状

近年来随着大数据背景下人工智能的快速发展，数字体育的研究焕发了新的生机。为更好地了解国内数字体育发展概况，与国外的数字体育研究进展进行对比分析就显得尤为重要。本文以"数字体育""信息化""大数据"以及多种数字体育应用技术为检索主题词，收集了来源于"Web of Science 核心数据集"的与数字体育及体育信息化相关文献，经主题分类、清洗后余有 4600 余篇。以此建立数据库进行分析，并将国外发展结果和国内的数字体育发展进行对比研究，结果如下：

（1）国外数字体育研究注重技术应用

如图 1 所示，从主题分类角度观察，数字体育主题（Digital Sports）出现 392 次，体育传感技术（Sports Sensor）相关主题共 858 次，体育视频与图像解析（Sports Video and Picture）相关主题共 3221 次，体育云计算与大数据（Cloud Computing and Big Data）相关主题共 227 次，体育人工智能技术（Sports AI）相关主题共 240 次，体育互联网（Sports Internet and Internet of Things）相关主题共 1208 次，体育虚拟现实与增强现实（Sports VR and AR）技术相关主题共 464 次。

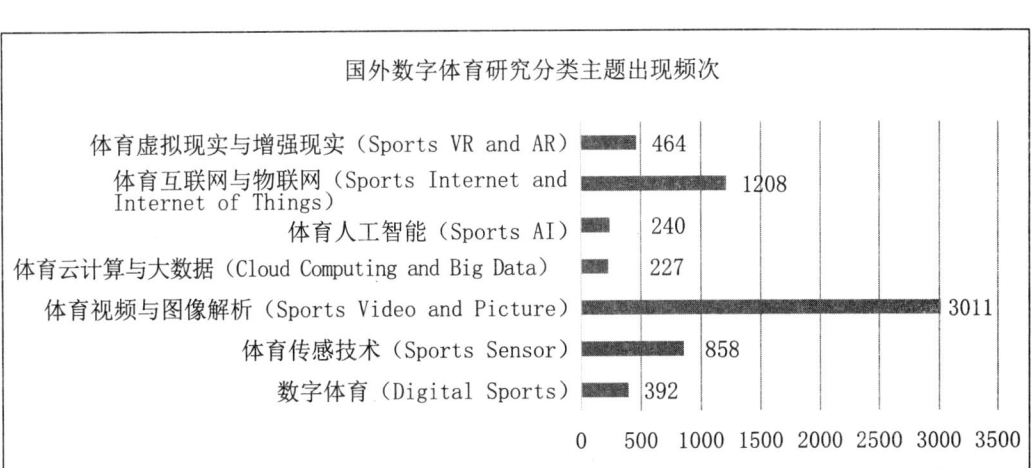

图 1　国外数字体育及相关研究主题出现频次

可以看出，国外数字体育研究集中于体育视频与图像解析、体育互联网技术应用、体育传感器技术以及体育虚拟现实和增强现实技术的应用。结合文献关键词出现频次，国外的数字体育研究专注于体育本质领域，并且对数字化、信息化新技术如视频图像解析技术、人工智能技术、互联网技术的应用层次较深。

国外体育视频与图像解析主体研究大量领先的主要原因是竞技比赛的日益激烈及运动解析的明显成效。当前互联网研究的焦点集中于人工智能领域，其中人工智能研究带动大量算法创新集中于运动状态建模与分类、人体运动状态可视化与赛事数据的处理。这些算法的创新都需要大量的人体运动状态视频与图像用来进行数据建模计算，而最终算法又创新服务于图像识别、运动状态识别等体育应用之中。人工智能发展与体育创新发展需求互相作用，共同推动了体育运动视频与图像的数据集的生产与分析。

（2）视频图像研究侧重竞技体育

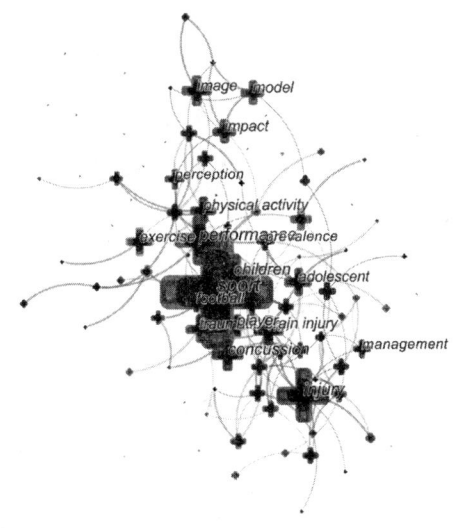

图 2　国外体育视频与图像解析研究知识图谱

图 2 是国外体育视频与图像解析主题的知识图谱，在主关键词运动（sports）附近分布着关键词儿童（children）、足球（football）、运动表现（performance）、锻炼（exercise）、运动员（player），显示了在视频图像解析中主要研究运动训练或竞赛中的运动表现与身体状态，通过对动作状态的分析促进体育教育与体育训练的推进，并以此减少运动伤害（injury）的发生。在知识图谱的上部分布了图像（image）、模型（model）、动作冲击（impact）与动作感知（perception），代表了体育视频图像解析多用于分析动作感知（perception）与动作冲击（impact）等方面。这说明国外数字体育研究中需要大量运用高速相机与传感设备去获取运动状态下的运动视频与图像，并进一步通过进行身体运动状态分析，来提高运动成绩，规避运动伤害。

（3）互联网技术研究应用领域越来越广

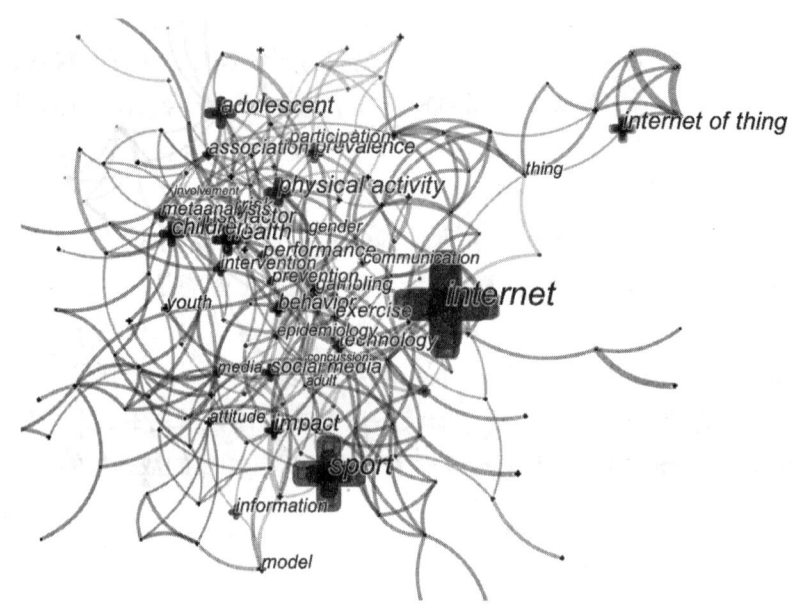

图 3　国外体育与互联网相关研究知识图谱

国外数字体育在互联网与物联网的创新应用如图 3 所示。其中互联网（internet）作为主关键词大量出现，且与其他大量的体育类、信息化类关键词共同出现。从图中可知互联网技术在体育中的应用出现在了各个细分领域中，包括学校体育（adolescent）、身体活动（physical activity）、体育传媒（social media）与信息交流（information）中，可见如国内的"互联网+"思维一样，互联网作为新兴技术平台，促使体育研究获得了全面的发展。

体育物联网（Internet of things）研究主要集中在无线传感器网络（wireless sensor network & WSN）与低功耗蓝牙传感技术（bluetooth low energy）、联网设备与联网传感器关联研究，传感器技术的更新使用与合理布局促进体育物联网在体育场馆、体育教学、运动健身方面有更多、更佳的应用。

（4）可穿戴技术研究日益深入

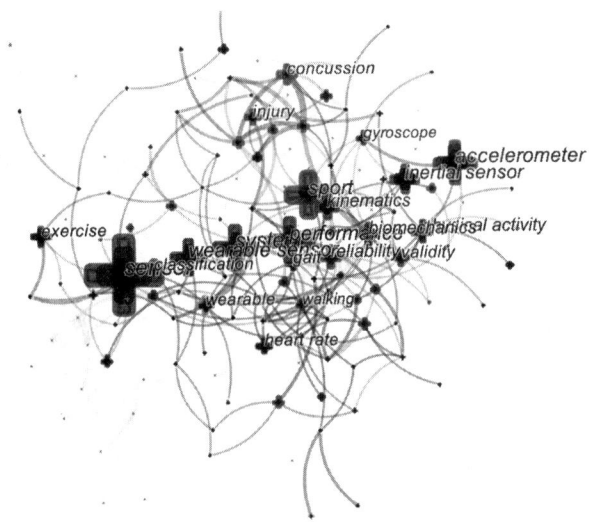

图4　国外体育传感技术相关研究知识图谱

传感器技术随着大数据技术的快速兴起在国外发展较快，体育领域传感技术的应用聚焦于可穿戴设备与生物传感技术在人体运动时的应用（图4）。国外学者的研究集中于应用传感技术对人体运动时人体生物信号状态的监控，例如对于锻炼、行走、球类运动时心率（heart rate）、加速度（acceleration）、步态（gait）等的监控，其数据经过积累后转向大数据、云计算平台可以快速进行预测、分类（classification），用以进行模拟运动状态与规避运动伤害的作用。此类研究已经快速在商业应用中实施，在大众运动中广泛使用，实现了学术研究商业化的成功转化。

（5）虚拟技术与人工智能技术应用越来越普遍

表1　国外虚拟现实和增强现实技术与人工智能技术主题领域的关键词及其频次一览表

Sports VR and AR	Count	Sports AI	Count
virtual reality	68	artificial intelligence	21
sport	32	sport	8
performance	21	physical activity	5
rehabilitation	14	deep learning	4
augmented reality	13	neural network	3
physical activity	12	system	3
reliability	10	recommendation	2
simulation	8	view	2

续表

Sports VR and AR	Count	Sports AI	Count
exercise	7	behavior	2
perception	7	information system	2
injury	7	pattern	2
skill	7	swarm intelligence	2
technology	7	motion	2
stroke	6	genetic algorithm	2
recovery	6	performance	2
randomized controlled trial	6	exercise	2
impact	6	table tenni	2
validity	6	time	2
system	6	prevalence	2
health	5	nutrition	2

如表1所示，体育虚拟现实和增强现实技术多被应用于虚拟现实（virtual reality）、运动（sport）、运动表现（performance）、体育场馆重构（rehabilitation）、增强现实（Augmented Reality）、体能活动（Physical activity）、可靠性（reliability）、仿真（simulation）、锻炼（exercise）、动作感知（perception）、运动伤害（injury）、运动技巧（skill）、技战术（technology）、动作（stroke）、康复（Recovery）、随机对照试验（randomized controlled trial）、动作冲击（impact）、有效性（validity）、系统（system）、健康（Healthy）等方面。由此可见：将虚拟现实与增强现实技术下沉，适用于普遍的体育研究之中，即在可用条件下，国外的体育虚拟现实技术已经得到了非常广泛的应用。

在体育人工智能方面，鉴于目前计算机领域中人工智能的快速发展，对应体育领域可用的人工智能（Artificial intelligence）、运动（sport）、体能活动（Physical activity）、深度学习（deep learning）、神经网络（neural network）、系统（system）、推荐系统（recommendation）、视角（view）、行为（behavior）、信息系统（information system）、模式识别（pattern）、群体智能（Swarm intelligence）、动作（motion）、遗传算法（genetic algorithm）、运动表现（performance）、锻炼（exercise）、乒乓球（Table Tennis）、时间序列（time）、卓越（prevalence）、营养（Nutrition）等技术正被更多地提出并应用于当前的体育领域中。对应大数据与云计算平台的交叉领域发展，人工智能技术在体育领域中的应用为体育传感技术、体育视频与图像解析、体育虚拟现实技术的研究提供了有效帮助。

2. 我国数字体育研究的优势与不足

从上述我国与国外数字体育发展的对比分析中可以明显反应出如下几个现象：一

是我国数字体育及体育信息化研究与国外研究领域比较相近，但在研究层次上存在一定的差距。二是我国数字体育研究数量相比国外仍有较大差距，尤其成果文献总量差距较大。三是我国数字体育研究研究主要体现在概念释义、路径分析等理论层面，数字技术深入实践应用和归纳不够。

我国数字体育研究的优势和不足主要体现在以下6个方面：

(1) 我国的数字体育研究独具特色，发展空间较大

鉴于我国的国情不同，且专题研究时间与国外相比较短，数字体育研究领域仍有大片空白，深层次研究领域亟待开发。这种情况下适于引入国外先进的研究方法、研究案例，并因地制宜地发展。国内独具特色的体育产业与广袤的体育市场背景可以为数字体育研究领域、研究方法的创新提供更大的空间。

(2) 我国数字体育所需的潜在数据分布较多，易于全面开发利用

数字体育所产生的大量数字化的体育数据足以将大众可视的运动状态转化为可供储存分析的数据信息。所以数字体育的研究需要产生和处理大量的基础体育数据。而我国庞大的人口基数与较大的地域差异可以提供更多的开展数字体育研究的数据。因此，相对于国外，我国数字体育研究在元数据层面具有更大的机会与应用价值。基于庞大人口基数与广阔亟待开发的体育市场容量，适用于数字体育研究的数据量更大和更充足。

(3) 我国"互联网+体育"融合程度较高，移动互联体育应用前景可期

数字体育的推进依赖于信息化、数字化的新技术，互联网与大数据的广泛应用可以为数字体育的研究提供更好的思维方向和高效的分析手段。鉴于国内互联网及移动互联网技术的快速发展，"互联网+体育"的思维迅速在体育行业中铺开，快速地推动数字体育研究的发展，并依靠目前在我国在移动互联网上的优势发力，实现数字体育的弯道超车。

(4) 数字体育研究尚未引起足够重视

国内对于体育信息化与体育数字化的研究重视不够，研究文献相对于传统体育研究较少。我国体育信息化研究历经30年的发展，取得了一定的成绩，尤其在体育教育方面有了长足的发展，相关数字技术在体育教学上得到广泛应用。但体育数字化研究文献在同期体育类文献中并不常见，说明这一领域的研究并未得到充分的重视，应该引导加强体育信息化研究的力度，推出更丰富的科研成果。

(5) 数字体育研究的人才储备不多，实践配套设施落后

国外数字体育领域经过长期发展，尤其是高校赛事方面的大量应用实践，对应数据较为齐全。而国内高水平体育院校与高校缺乏体育信息化研究团队，人才缺乏，资源不够集聚，导致传统体育院校对于体育数字化的研究成果较少，更缺乏产业导向，研究成果与商业实践难以相互转化。

（6）数字体育研究的热点选择较为匮乏

随着大数据与"互联网+"在体育领域中的广泛应用，对应的数字体育研究开始基于这两个方向探寻与体育的有效结合点。但在目前可见的研究成果中，对于数字技术的实际应用仍然缺乏，大多数数字体育研究集中于探讨体育信息化的可行性方向上，在技术的实际实现层面与热点应用上与国外相比差距较大。例如体育人工智能与视频图像解析方向上，国外围绕人工智能热点产生了大量的研究成果，而在国内的数字体育研究中，这类专题的研究并不多见，在研究热点上落后于国外。

三、体育信息研究的目标、前景、趋势和方向建议

（一）体育信息情报研究的目标、前景、趋势和方向建议

1. 我国体育信息情报研究的目标和前景

在2017年6月颁布的我国首部情报工作法律《中华人民共和国国家情报法》中，我国将情报工作的任务设定为"坚持国家安全观，对国家重大决策提供参考"[115]。虽然该法律没有明确涉及体育情报工作，但为体育情报工作的开展提供了重要的参考依据。体育信息情报研究的根本宗旨是为我国体育的改革和发展服务。主要目标是：为体育领域的重要战略决策和顶层设计提供高质量的智力支持；为我国运动队备战奥运会等大型国际体育赛事提供及时的竞技信息情报支撑；为运动员、教练员、体育科研人员提供国际前沿科技动态、最新科学训练手段等信息。

一方面，随着大数据和智能化时代的到来，拥有专业系统的数据研究方法和理论的信息情报学将愈发受到重视。体育信息情报研究具有鲜明的信息资源优势与智力特征，可以为决策者提供优质高效的情报服务和决策建议，因而成为体育政府决策部门较为理想的"情报耳目"与"决策参谋"。

另一方面，随着国际竞技体育竞争日趋激烈，竞技体育竞争性情报的战略价值也越发明显。体育信息情报的创新发展和完善体系对促进体育体制改革发展有着极其重要的现实意义。

2. 我国体育信息情报研究的趋势预测

（1）新时代体育信息情报需求将成为创新牵引力

新时代体育信息情报服务的用户需求在发生着根本性的转变。各种知识呈现海量增长，同时，用户对于信息获取的时效性、信息分析的透彻性和深入性及信息展示的清晰性等多方面需求也在不断提升，多需要跨学科、专业、行业与领域的综合信息，信息需求呈现多样化、动态化和复杂化等特性[116]。信息需求是信息情报工作的关键出发点和最终归宿，而信息时代这种用户需求的转变将决定体育信息情报研究的深度、广度和持续性，成为体育信息情报学创新与发展的巨大牵引力。

来自体育管理人员、运动队、体育科研人员等方面需求的升级会引发对体育信息情报的精准服务需求。在服务方式上,将改变以往传统的服务方式为综合利用各种来源数据;在服务内容上,将通过对海量数据的深入分析,从单纯的情报服务实现向系统化的战略咨询转变,如体育改革方向、发展战略研究等。

(2) 大数据催生新一代体育信息情报研究新手段和新方法

在从信息匮乏时代走向信息爆炸时代的过程中,经过数十年的发展,体育信息情报研究与实践中的信息获取权逐渐大众化,情报机构与服务对象之间的信息壁垒被打破[117],因此对相应的研究技术和方法提出了新的要求。传统的体育信息情报研究方法主要包括文献计量、统计分析、对比分析、专家访谈、国外考察等,如今已无法满足现时代的信息处理需求,需要在研究方法和技术上有所拓展。

大数据时代,人们可以通过对数量巨大、来源分散、格式多样的数据进行采集、存储和关联分析[118]。例如从海量训练和比赛数据中提取出满足运动员和教练员需求的信息,在此基础上经过情报人员的分析、研判,可以得出更高价值的信息情报。

此外,情报工作也会随着人工智能技术的急速发展,在方法和思路上产生质的变化[119]。《高盛人工智能报告》中曾提到:人工智能包含了自然语言处理和翻译、视觉感知、模式识别和决策制定等方面。可以预测,过去需耗费大量时间处理的情报工作在未来或许能够快速甚至即时得到解决,例如情报检索与翻译工作等。

(3) 体育信息情报研究与体育智库发展呈现一体化趋势

伴随日益增长的决策服务需求,国内外的信息情报机构与智库机构在发展建设上呈现出一体化趋势。一方面,情报功能已成为智库的重要组成部分。在国外,智库机构一般都有强大的信息情报功能,甚至有些著名智库就是从情报机构逐步发展演化而来的,例如美国著名智库胡佛研究所[120]。另一方面,很多传统情报机构已把智库建设作为重要的发展方向。2015年中共中央办公厅、国务院办公厅印发《关于加强中国特色新型智库建设的意见》后,中国新型智库建设呈现井喷现象。

近年来,我国体育信息情报机构作为各类决策主体的"参谋"作用不断提升,已经具备了开展体育智库工作的条件和能力,也开始承担了体育智库的一些任务,并形成了自身的特色和优势。

随着我国大力推动体育智库建设,体育信息情报与体育智库的融合发展既给我国传统体育信息情报机构提供了新的发展机遇,也将加快推动我国体育智库体系的建设和完善。

(4) 体育信息情报研究的多学科交叉态势愈发明显

近年来,体育信息情报研究越来越呈现出多学科交叉发展态势,已开始步入多学科综合应用、多因素综合作用的阶段。体育信息情报的发展不仅仅依靠信息研究人员,还需要运动训练学、运动心理学等不同学科科研人员参与其中。

这同时也对信息情报研究人员的综合能力提出了更高要求。情报研究过程可以概括为"事实数据+工具方法+专家智慧",作为最后一环,也是情报成果形成前的关键一环,如果情报人员能力达不到要求,则最后的成果质量也会不过关[121]。因此需要组织多语种、多学科、多项目合作攻关,发挥团队优势,增加信息研究的深度和厚度。

3. 我国体育信息情报研究的方向建议

(1) 重视并加快体育信息情报理论研究

体育信息情报理论体系的构建是进行体育信息情报研究的基础,也是支撑体育信息情报学科领域发展的基石。无论学科发展处于哪个阶段,理论研究都应是体育信息情报研究所持续专注的重点领域。

经过多年的发展,在体育信息情报工作实践的基础上,学者基于30年前总结归纳并创新形成了一套基本理论。但是,这些理论提出的时间比较早,囿于当时的科技发展水平,具有一定的局限性。近年来,体育信息情报理论研究仍较为薄弱,发展缓慢,滞后于体育信息情报工作实践。

体育信息情报基础理论应该随着时代的发展而发展。在信息化和智能化社会,信息资源的种类、数量以及信息处理方法和手段都有了很大变化,基于传统文献情报产生的一些基本理论受到了一定的冲击和挑战,需要进一步深化扩展[122],根据信息化环境和智能化技术的需求,提出新的理论支撑,不断完善体育信息情报研究的理论体系。

(2) 加强体育信息情报跨学科研究团队建设

在组建体育信息情报研究团队时,应鼓励体育人文社会学、运动人体科学、外语、信息技术、统计分析等各个学科的优秀人才进入体育信息情报学领域,培养以"国际化+多学科"为主要优势的高端情报人才团队。此外还要不断提升情报工作人员的情报判读能力。体育信息情报分析是通过将动态信息、比赛训练数据及相关资料信息转化为"情报"以满足用户需求的过程。其中,情报洞察力和判断力是整个情报服务链条的核心,决定着信息情报服务能力水平的高低。如何在数据洪流中,在不同格式和不同来源的信息中找到关联属性,从小数据上升到决策建议,让信息变成洞见,这对体育信息情报工作人员的综合判读能力提出了更高要求。

(3) 进一步推进国家队体育科技信息服务

物联网、数据库、云计算、人工智能等互联网技术的成熟发展,使人们可以快速采集、存储、分析大规模数据。将科技信息与体育情报大数据进行融合,可以为相关运动队、运动员以及对手提供各项科学数据,并获得和提出有见地的洞察分析和对策建议。短期来看,这有助于运动员和教练团队制定有针对性的训练计划,调整比赛策略,提升竞赛成绩;长期来看,有助于学习借鉴项目发达国家的管理经验和训练方法,从而促进国家队的运动训练和梯队建设。

(4) 强化体育信息情报研究的智库功能

体育信息情报研究机构本身就属于智囊机构的一类。但长期以来,各级体育信息情报机构尤其是地方体育情报机构并没有在相应的决策工作中起到智囊作用。

2017年的《情报学与情报工作发展南京共识》中明确提出，努力将情报学发展成为具有智库功能的学科，努力把情报机构培育成国家发展与安全的重要智库[123]。北京大学信息管理系情报分析研究专家在第24届中国竞争情报年会高峰对话上提出，智库产品本质上就是一种情报研究产品，如果对我们的情报工作进行等级划分的话，那么高级情报研究产品（如战略研究成果），实际上是天然的智库产品[124]。

因此，着眼长远发展，体育信息情报研究机构应胸怀整个体育界的发展，主动对接决策需求，强化对体育改革重点、热点和难点领域发展态势的研判，以提供深度情报产品为己任，朝着国家新型体育智库的方向努力，不断加强体育信息情报服务决策的能力。

（5）推动体育信息情报采集、研究技术手段的创新与应用

大数据技术的升级发展和人工智能的不断应用为体育信息情报工作提供了有力的信息处理工具，可使情报产品更具前瞻性和预判性，从而为体育决策者、教练员等提供更加精准、有效、及时的信息情报服务[125]。为提高体育信息情报研究的效率与精准度，应不断将人工智能、可视化等新技术融入情报工作各环节，构建智能化体育信息情报方法体系。

首先，应建立快速情报搜索工具体系。充分利用有效的信息分析和挖掘技术，实现海量体育数据的收集和分类。

其次，提升体育信息情报任务自动处理能力。建立自动化信息处理系统是提升体育信息情报任务自动处理能力的重要途径。自处理系统包括各种观点的自动整理、自动摘要与自动简报的生成，采集—加工—分析—输出链条的自动调转与衔接等方面。建立智能化自动搜索、自动编辑、多种语言文字自动翻译与输出为一体的体育信息情报任务自动处理系统，以缩短情报生产周期，提高体育信息情报生产效率[126]。

再次，不断丰富体育信息情报输出模式。如今，各类智能移动终端正成为大数据采集的重要源头和信息服务推送的重要界面。移动终端已经渗透到人们的日常生活，也相应地产生了基于移动终端的信息情报服务需求。因此，应依托各类移动终端设备开展基于"全数据"的体育信息情报服务。此外，在体育信息情报产品的展示方式上，不断发展的可视化技术也将是未来的重要关注点之一。

（二）体育文献研究的目标、前景、趋势和方向建议

1. 我国体育文献研究的目标和前景

丹麦奥尔胡斯图书馆馆长罗尔夫·哈佩尔（Rolf Hapel）指出，在当今网络社会里，图书馆存在的意义已经从工业时代的教育和文化机构变成了一个开放的非正式学习中心，应该是一个灵感空间、学习空间、表演空间和聚会空间。应该通过用户的参与来构建一个面向全社会的服务平台。

在国际图书馆发展的总体趋势下，高校体育图书馆战略目标应重新定位，需要从科学数据服务、学科情报服务、智库建设服务、智慧实验室和创客空间建设服务、产学研协同创新的竞争情报服务等多方面定位，从文献资源建设、核心服务能力建设、设备系统智能化建设和服务团队建设等角度推进实施。理论研究应服务于实践，因此我国体育图书文献研究的近期目标是知识情报服务研究，具体表现在5个方面：①收藏体育科学数据并提供数据服务；②为体育学科发展提供情报监测服务；③为体育智库建设提供知识服务；④建设体育智慧实验室和创客空间；⑤为体育产学研协同创新提供竞争情报分析服务。

2. 我国体育文献研究的趋势预测

国务院在2018年2月1日印发的《关于全面加强基础科学研究的若干意见》中要求，"瞄准世界科技前沿，强化基础研究，深化科技体制改革，促进基础研究与应用研究融通创新发展"，这为体育文献情报机构及其相关领域创新知识情报服务指明了方向。随着互联网+、大数据时代的到来，跨界融合、开放协同已经成为社会各行各业寻求高效发展的必然选择。对于体育文献情报机构来说，在智能情报技术尚待进一步突破、大数据智能情报系统尚未建成的情况下，如何有效应对大数据情报困境，就成为摆在体育文献情报机构面前的一个急需解决的问题，也因此形成了未来专题研究和发展的方向。

（1）体育文献情报机构呈现协同大数据服务趋势

面对日益复杂和快速变化的用户需求，以及体育科学自身的多学科交叉性，任何一家专业体育文献情报机构要想提高自身的快速反应能力，就必须重视加强跨界的资源整合、服务融合和优势互补，构建协同应对复杂、综合问题的良好机制。围绕体育专业图书情报机构的战略定位、发展目标、核心任务和发展路线等，研究在大数据资源开发、情报分析、跨界整合、服务融合、跨学科协同发展、全创新价值链融通创新等方面的实践与探索。

（2）开展面向筹办北京冬奥会和"一带一路"建设的智库研究

建设高端智库和新型高校智库已成为国家及高等教育发展战略的新方向。在此大环境下，需要从可行性与必要性的角度探讨研究图书馆与智库职能的关联，分析智库职能的核心特征与层级。体育文献情报机构将主动成为决策参与者与合作伙伴，成为智库型的服务机构与研究机构。其中面向北京冬奥会筹办服务和"一带一路"相关研究将是近几年的研究热点。

（3）体育知识产权情报服务研究成为转型重点

国家知识产权局办公室和教育部办公厅印发《高校知识产权信息服务中心建设实施办法》通知要求，知识产权信息中心一般设立在高校图书馆。所在高校是知识产权信息中心的建设单位，负责建立健全知识产权信息中心的管理机构，配备专职人员，制定日常管理办法，负责相关基础设施建设及条件保障。知识产权情报服务亦是体育文献情报机构的未来转型重点。

3. 我国体育文献研究的方向建议

（1）加快体育科学数据管理与服务研究

随着大数据技术和数字科学的快速发展，我国科学研究已进入了大数据时代，科研模式发生了巨大的变革。科学数据是大数据时代传播速度最快、开发利用潜力最大的一种资源，对我国科技创新、经济发展起着基础支撑作用。为进一步加强和规范科学数据管理，国务院办公厅2018年发布了《科学数据管理办法》。作为科学数据的管理主体，我国高校中只有北京大学、武汉大学等几所综合性院校制定了科研数据管理办法，大多数高校未开展科研数据管理的实践活动，科研数据管理缺乏科学性、有效性及系统性。

因此，通过对普遍意义上科学数据管理的研究，将其与体育活动实践、体育信息资源管理实践相结合，探讨体育科学数据的管理模式及实施路径有着重要的研究价值。据此，预计未来的研究方向主要有：①体育科学数据基础理论研究；②体育科学数据生命周期研究；③体育科学数据生命周期管理模式研究；④体育科学数据服务研究等。

（2）推进体育专利情报分析新方法、新技术的创新应用及决策支持研究

专利文献是体育企业竞争情报的重要来源，通过对体育专利情报分析，找出其中蕴含的竞争对手的关键信息，对其进行跟踪、分析、研究，这已成为超越体育企业竞争对手优势的一种重要方式。基于专利分析的体育企业竞争情报服务是对体育企业专利技术信息的二次开发，对已公布的专利文献资料和实物技术进行分析挖掘，可以提出新的技术设计和方法。专利分析日益得到体育企业的重视，是体育企业开发新产品的重要来源。据此，预计未来研究方向主要有：基于专利分析的体育企业竞争情报服务研究，体育专利的地图分析，知识产权情报服务与体育院校图书馆发展，体育专利的分布与国际比较研究，专利与体育科技创新研究等。

（3）强化智慧体育图书馆与现代信息技术应用融合研究

国内目前关于智慧图书馆的研究主要集中于智慧图书馆定义、特点，智慧图书馆的构建、应用设计、实践，智慧图书馆服务，智慧图书馆技术应用和智慧图书馆的馆员研究等方面。在现阶段智慧图书馆的研究和应用中，支撑智慧图书馆的核心技术是RFID技术、云计算技术、定位技术以及物联网技术等。随着信息技术的发展，未来将有更多新的技术研究应用于智慧图书馆，不仅仅是现阶段这些技术或者其他新技术的单一应用，更可能是多种信息技术的融合应用。同时智慧技术也可能应用图书馆的各个部门、许多岗位。据此，预计未来研究方向主要有：适合智慧图书馆发展的技术应用研究，智慧图书馆体育互联应用系统研究，体育智慧图书馆实践应用研究，体育智慧图书馆服务或服务体系研究等。

（4）提升体育知识服务深度与广度研究

泛在知识环境下，体育院校图书馆服务方式将转向社会化、知识化和开放存取。

嵌入式的体育学科服务特点发生了转变，呈现出开放型、主动型和密集型的新特点。针对体育科技创新的需求，未来将构建面向体育学科的嵌入教学信息素养教育、嵌入科研管理和嵌入科研过程的知识服务、嵌入体育决策的情报分析服务等模式，以此更好地推动体育院校的"双一流"建设步伐，提升体育领域整体研发效率和技术创新竞争力。据此，预计未来研究方向主要有：体育学科发展与知识服务研究，知识管理与知识服务在体育院校发展中的应用研究，面向体育科技的情报分析与知识管理研究，机构知识库建设研究，智库建设中的知识服务等。

（三）体育外语教学与研究的目标、前景、趋势和方向建议

1. 体育外语教学与研究的目标和前景

体育外语教学与研究的整体目标要对接国家战略，应整体规划体育外语教学与研究的发展途径。从宏观层面来说，体育外语教学与研究应突出传统体育文化的传承和发挥优势，重点解决队伍建设、学术话语权体系建设和体育文化走出去等问题，实现对全国体育外语教学与研究的规划和指导。从微观层面而言，各学校应对接国家战略，结合本校发展规划和目标，从长期和短期两个层面推动体育外语教学与研究的发展，侧重学科发展建设、人才培养建设和专业特色发展建设等，避免同质化。对接国家战略的同时，应推动独具地域特点和学校特点的学科建设。

不论是"一带一路"还是"文化走出去"战略，都需要语言的辅助。体育文化作为中国文化走出去的先行文化，也意味着体育外语至关重要的作用。对于体育外语的研究也应服务于国家战略思想，进一步深化学术研究，加强应用研究，促进中外学科与学科之间的交流和融合，为中国传统体育文化和体育文化"走出去"提供强有力的支撑，推动体育人文学科研究理论的创新和发展，为"人文"外交的理念提供探索经验。显然，体育外语教学与研究的前景广阔，在对接和服务于国家体育对外交流和社会发展方面具有很大潜力。

2. 体育外语教学与研究的趋势

（1）体育外语教学与研究跨学科融合趋势愈加明显

外语教学与研究所涉及的领域、主题、范式、方法、专业、语种等呈现出丰富而多元的趋势，其服务面向也越来越广泛，跨学科融合趋势愈加明显。

（2）加快培养体育外语人才的任务日益紧迫

新时代对体育人才培养提出了更高的要求，要着力回答培养什么人、怎样培养人、为谁培养人这一根本问题。体育院校必须不断努力培养一代又一代社会主义建设者和接班人，对接和服务于国家体育战略、体育对外交流。这是体育外语教学与研究日益紧迫的使命与任务。

（3）体育文化国际交流更加频繁

习近平主席的"体育外交"不仅以其轻松、亲和的形式拉近了中国与国际间的交

流和感情,更让世界听到了中国声音、看到了中国信心、体会到了中国决心。体育元素成了中国对外交流的"新常态"。显然,整理并对外包装、展示和宣传中国体育文化对提升我国文化软实力、增强文化自信、争取国际体育话语权和建设体育强国具有十分重要的意义,这也是落实习近平总书记"体育强国"思想与"体育外交"战略的重要举措,有利于更好地向世界介绍中国体育与体育文化,展现主动融入、交流开放的大国风范。

(4) 体育翻译新技术应用日趋广泛而深入

现如今,大数据、区块链、云计算、语料库等新技术和平台在体育外语教学与研究中的作用越来越明显,其应用日趋广泛而深入。这也为体育外语教学与研究带来了更多的可能性和更广阔的的研究空间。

3. 体育外语教学与研究的未来发展方向

(1) 加强习近平体育思想和体育外交研究

外语学科具有鲜明的跨学科、应用型的学科特征,这也是外语学科拓展的新方向和新领域。通常的学科调整主要涉及学科内涵的深化与凝练,多受国家战略、社会需求等因素的影响。在习近平总书记的"体育思想"的指导下和"一带一路"、"文化走出去"等国家战略的引领下,预计体育外语教学与研究会更加注重跨文化的国际性人才的培养,通过熟悉"一带一路"沿线国家国情、社情,进一步提高运用体育文化进行国际对话的能力。除此之外,中外体育文化交流机制研究、中华传统体育作品外译等都将有助于体育强国建设。

(2) 强化体育院校大学外语与专业教学改革研究

作为各具特色的办学主体,许多体育院校结合所在地区特点和相关体育专业领域发展需求,愈发频繁地开展国际交流,故对体育外语的需求也日渐增长。

体育院校大学外语教学不同于其他院校,有针对性的分级教学模式,将ESP理念运用到大学外语教学中,充分利用互联网将线上线下教学想融合等方式,可以更好地满足不同体育专业学生的需求和兴趣,推动课程内容革新。另外将现代信息技术充分运用于教学中,建立体育院校大学外语多媒体数字化平台进行数据共享,最终达到培养体育院校大学生的语言综合应用能力的目标,更好地促使他们在相关专业上有所提升、拓展和创新。体育外语专业的教学改革则要依据国家标准和各院校专业人才培养目标、结合校本特色与区域发展需要进行实施,以突出培养其专业核心能力、跨文化交际能力以及中国情怀和国际视野。

(3) 加强国际化的体育专业人才培养研究

现时期对体育专业人才的培养多倾向于跨学科、全方位的体育专项人才,也就是培养集体育专业知识、体育外语、体育新闻、体育管理和运动医学等为一体的复合型人才。在国际体育人才培养中,体育外语充当着工具的作用,是用来打开先进理论知识的一把"钥匙",更是基础。所以在信息技术飞速发展的当今社会,体育外语学科更应该着重于国际化体育专业人才的培养研究,服务于国家体育对外交流和国际化发展的要求。

(4) 加快体育英语语料库与平台建设

体育英语语料库与平台建设有利于推动体育外语教学与研究领域开展学术交流、各体育院校间的资源整合与共享等活动,实现在人才培养、科学研究、社会服务、对外交流等方面展开全方位、多渠道的深度合作,促进创建跨校、跨专业、跨语种的团队和产出体育外语教学与研究成果,进一步提升对接和服务于国家战略与体育对外交流的能力。

(5) 促进中华优秀传统体育文化国际传播研究

在文化自信的大背景下进行中华优秀传统体育文化国际传播的研究,不仅有助于向海外推介中国优秀传统体育文化,向他们介绍中国在各领域所取得的成就,还能增进他们对中国历史文化的了解,加强文化交流与共鉴,提升中国的国际地位和影响力。

(6) 加强中华优秀传统体育文化外译研究

中国传统优秀体育文化的外译,可以在翻译介绍中国传统体育项目的同时对外传播中华优秀体育项目和思想精髓。中国传统体育文化外译需首先关注翻译策略,即采取何种翻译策略能更好地让中国文化走向他域、融入世界;其次,中国传统体育文化的外译需要着重培养翻译人才,译者不仅要精通两种语言,能熟练地完成中英文的转换,更要具备较强的文化能力,特别是对中国传统文化的掌握能力;另外,还要加强亚洲经典著作互译,推动"一带一路"沿线国家文化的交流与共鉴。

(四) 数字体育研究的目标、前景、趋势和方向建议

1. 我国数字体育研究的目标和前景

基于传感、虚拟现实、大数据、物联网和人工智能等技术在体育领域的应用是数字体育研究的目标和发展方向。

(1) 倡导数字体育在竞技体育中的应用,构建具有前瞻性的理论依据

面对日趋激烈的竞技赛场,急需便捷的数字技术手段采集、处理、传递、利用各种管理、训练、竞赛、科技等信息,进行相关学术理论研究的必要性更加凸显。使大数据技术应用于竞技训练的选材、训练和竞赛过程是实践的要求,有助于提高科学训练的技术含量。总结训练规律、构建具有前瞻性的理论依据是当前乃至今后一段时期内我国运动训练学领域关注的热点,也是解决大数据时代科技发展如何提升竞技体育竞争力的关键问题[127]。

(2) 利用数字体育技术,打造全社会多元发展的大众体育文化生态链

贵州省体育局于2016年6月成立了体育大数据办公室和贵州体育大数据有限公司,

专门从事体育大数据开发工作,围绕"全民健身、体育赛事、体育科技、体育金融、体育互联网、体育文化"等领域进行全方位的产业布局,通过构建"一网(政务)一云(云上贵州)一平台(全民健身服务)",进行体育场馆、专业训练场馆、健身场所的智能升级,实现所有体育场地设施的数据共享,致力于建设大众体育文化生态圈。这对全国和各省市的体育大数据建设与应用带来了启发,也预示了未来发展前景。

(3)数字体育技术助力体育改革、推动体育产业的转型升级

随着体育改革的逐步深入,体育管理组织、运行机制等都发生了较大的变化,急需适应社会化管理要求,跨越时空的新发展方式,这也预示数字体育将大有用武之地。作为经济和生态效益俱佳的体育产业,在"人工智能+体育"发展战略和相关智能体育产品的支持下,将得到更加快速的发展。预计数字技术应用在助力资本市场挖掘市场机遇、变革商业模式、改善客户服务体验、创新管理体制并提高决策能力等方面将大有作为,通过促使实现高质量发展,来推动我国体育产业模式和企业形态的根本性转变,带动传统体育产业的"智慧升级",提升我国体育产业的国际竞争力[128]。

(4)加强创新驱动,提高信息安全意识,增进大数据协同创新研究

体育数据的收集、存储、处理及其结果的可视化呈现是当前数字体育研究与实践的重点。作为新一代信息技术的集中反映,创新人才的需求将成为推动科技发展的关键。这一点在体育领域更为重要,为此急需从国家战略的高度,制定创新驱动、信息安全保障、数据协同创新研究方面的发展策略,以适应时代发展的需要。

2. 我国数字体育研究的趋势预测

大数据、物联网和人工智能的快速发展,促使人类社会的发展将进入崭新的时代,也必将使体育领域发生深刻变革。预计体育科技、体育研究将向以下几个方向发展。

(1)促使竞技体育的训练方法与竞赛实践得以拓展

大数据、智能时代的到来给竞技体育带来了冲击,传统上具有"保密"特征的训练手段以及制胜规律的把握,开始逐渐被大数据运算产生的"预测"理论所补充或取代。在大数据的影响下竞技体育所处的外部环境开始逐步呈现复杂化和信息化特征。世界体坛的竞争环境和竞争格局也开始趋向于科技化、系统化和复杂化。由此将导致传统训练理论中关于选材、训练手段、状态诊断以及赛前的信息情报收集等会发生思维方式和方法上的革新。

(2)推动创新体育科学研究方法

大数据时代背景下,体育科学研究将有新的发展,具体表现为:第一,大数据的获取和分析将为传统体育学研究方法上的瓶颈找到突破口;第二,传统的问卷获取数据的方式将会被整体的"自然数据"逐步取代,由传感器带来的体育大数据在日常生活中自然生成和呈现,其可信度、准确性大大提升;第三,数据的产生过程也将会由"搜集"向"挖掘"过渡,传统的数据产生是由问卷设计和调查等手段完成,具有一

定的局限性，大数据的数据产生则来自于真实生活的自然记录更为可信；第四，大数据技术将为定性研究与定量研究的融合提供可能；第五，运用计算机和互联网平台进行社会领域的实验与模拟研究将逐步得以实现；第六，围绕着体育领域的应用软件和计算工具将会快速增长。

突破传统体育科学研究的"路径依赖"，实现从"计量范式"向"计算范式"的演进。这种"计算范式"将很快得到广大学界的认同，有更多以"计算范式"为主体的研究成果将会不断涌现，并在体育学领域引发普遍关注。因此，突破传统体育科学研究的"路径依赖"，适应从"计量范式"向"计算范式"的演进，将是未来发展趋势[129]。

（3）引领变革体育传播方式

预计体育传播方式将发生如下变化：一是育传播的形式和数据传播方式呈现多元化趋势；二是通过实时反馈实现对体育舆情的预测；三是体育传播的方式和载体呈现多样化发展趋势；四是大数据技术的广泛应用将开创体育传播的"自媒体"时代。

（4）影响体育产业实现迅猛发展

具体表现为：第一，通过建立完整的"模块"营销策略，最大限度地提升体育产业价值；第二，通过大数据促进体育产业的协同创新发展，提升体育产业的科技化程度。

3. 我国数字体育研究的方向建议

在"互联网+"和大数据思维背景下，体育的数字化发展趋势愈加明显。随着数字体育、体育信息化的不断深入发展，新技术、新思维将与体育实现更好的融合发展，具体表现为：

（1）继续深化数字体育基础理论研究探索

数字体育的理论研究是推进体育信息化、智能化的基础，相关研究主要有：体育信息化规划与建设研究，数字技术在推动体育发展中的作用和地位研究，体育信息化基础标准的研究，高新技术（大数据、云计算、物联网、可穿戴设备、人工智能、虚拟现实等技术）在体育领域中的应用研究等。

（2）进一步加强体育信息科技在体育管理、竞技体育、群众体育、青少年体育、体育产业、体育文化等领域中的创新应用研究

利用数字技术，研究体育管理的新方法、新模式，研究数据分析应用于科学选材、运动防护、训练监控、体能恢复、伤病治疗、运动康复等领域中的应用方法手段，研究如何通过健身数据的采集和数据分析为大众提供快捷方便的健身服务，研究体育器材和场地的数据化、智能化技术的应用及其成效等。

参考文献

[1] 李桂华,袁俊杰.里约奥运会实力格局及发展趋势[J].沈阳体育学院学报,2017,36(01):129-134.

[2] 袁俊杰,李桂华,汪颖.平昌冬奥会主要强国实力变化原因分析及启示[J].体育文化导刊,2018(09):12-16.

[3] 彭国强,杨国庆.世界竞技体育强国备战奥运政策及对我国备战东京奥运会的启示[J].体育科学,2018,38(10):19-28,37.

[4] 田野.从美英日奥运备战模式展望中国运动员2020东京奥运会前景[J].体育文化导刊,2018(10):1-6.

[5] 何文捷,王泽峰.里约奥运会日本奖牌分布特征研究[J].体育文化导刊,2017(08):77-81.

[6] 李晨.法国提升奥运实力措施与启示[J].体育文化导刊,2018(08):89-93.

[7] 汪颖.英国备战2020东京奥运会策略研究[J].体育科技文献通报,2019,27(03):157-160.

[8] 侯海波,苏钰莹,何文捷.奥运速滑强国提升竞技成绩的成功经验及启示——以平昌冬奥会为例[A]//中国体育科学学会体育信息分会.2018年第十三届全国体育信息科技学术大会论文摘要汇编[C].中国体育科学学会体育信息分会:中国体育科学学会,2018:10.

[9] 王丽洁,姚路嘉,钟诚.里约奥运周期世界赛艇项目格局变化及发展趋势研究[A]//中国体育科学学会体育信息分会.2018年第十三届全国体育信息科技学术大会论文摘要汇编[C].中国体育科学学会体育信息分会:中国体育科学学会,2018:10.

[10] 汪颖,李桂华.澳大利亚新一轮体育改革特点及其启示[J].体育文化导刊,2016(09):20-23,43.

[11] 侯海波.德国新一轮竞技体育体制改革的主要举措及启示[J].体育文化导刊,2017(09):83-88.

[12] 常利华.俄罗斯体育管理体制及其对我国的启示[J].体育文化导刊,2016(11):30-35.

[13] 胡启林.日本竞技体育发展策略研究[J].武汉体育学院学报,2017,51(06):95-100.

[14] 袁俊杰,侯海波,王跃新,陈琳,汪颖,李晨.国外体育诚信建设及其启示[J].沈阳体育学院学报,2017,36(01):43-48.

[15] 汪颖,李桂华,袁俊杰.澳大利亚体育诚信体系研究[J].体育文化导刊,2017(09):35-39.

[16] 张立,张若,等.审批权取消背景下的体育赛事监管研究.2018年国家体育总局决策咨询研究项目,2018-C-11.

[17] 陈琳.世界体育发达国家体育公共服务体系的制度创新案例解析及启示[J].沈阳体育学院学报,2016,35(02):26-30,35.

[18] 高峰.二战后日本公共体育政策变化特征及影响[J].体育文化导刊,2018(06):52-57.

[19] 曹璐.国外城市公共体育场馆服务大众体育发展经验及对我国的启示[J].北京体育大学学报,2016,39(10):38-45.

[20] 李晨."世界雪日"的开展及对我国大众冰雪运动的启示[J].体育科技文献通报,2018,26(08):118-120.

[21] 吴卅,郭静.政策工具视角下温哥华冬奥会大众身体活动促进政策分析及启示[J].中国体育

科技，2018，54（01）：33-38，104.

[22] 苏宴锋，司虎克．体育竞争情报理论溯源与探析［J］．山东体育科技，2017，39（06）：16-19.

[23] 包天．竞技体育人际情报网络构建研究［D］．重庆：西南大学，2016.

[24] 岳文．我国篮球竞争情报系统研究［J］．首都体育学院学报，2018，30（05）：459-465.

[25] 常宇辰．我国竞技体育中竞争情报系统构建研究_以职业足球俱乐部为例［D］．云南大学，2017.

[26] 袁俊杰．"互联网+"时代国际体育动态信息工作新模式的探索与实践［J］．体育科技文献通报，2018，26（08）：139-141.

[27] 王春楠．在线辅助翻译系统在体育情报编译中的应用初探［A］//中国体育科学学会体育信息分会．2018年第十三届全国体育信息科技学术大会论文摘要汇编［C］．中国体育科学学会体育信息分会：中国体育科学学会，2018：10.

[28] 付媛杰，李雪颖，扈建华．参赛保障营 中国运动员亚运村外的"家"［EB/OL］．http：//www.sport.gov.cn/n316/n343/n1195/c871267/content.html.

[29] "康师傅"助力冰雪运动 研发运动员专属方便食品．［EB/OL］https：//sports.sina.cn/others/2019-04-05/detail-ihvhiewr3464179.d.html.

[30] 钟炼，牛杰冠，王丽洁，等．"十三运"备战周期山东省运动队信息服务应用研究［A］//中国体育科学学会体育信息分会．2018年第十三届全国体育信息科技学术大会论文摘要汇编［C］．中国体育科学学会体育信息分会：中国体育科学学会，2018：10.

[31] 马铁，李桂华，袁俊杰．关于男女混合组队竞赛项目的探讨［J］．首都体育学院学报，2016，28（01）：56-58.

[32] 李开颖．泛在信息趋势下的图书馆空间服务演变与体育院校图书馆创客空间服务探索［A］//中国体育科学学会体育信息分会．2016年第十二届全国体育信息科技学术大会论文摘要汇编（体育图书文献研究）［C］．中国体育科学学会体育信息分会：中国体育科学学会，2016：2.

[33] 杨红英．现代图书馆服务与资源开发透视［M］．上海：上海交通大学出版社．2018.

[34] 李开颖，等．智慧体育背景下的融合与重构——体育院校图书馆特色空间服务探析［A］//2018年第十三届全国体育信息科技学术大会论文摘要汇编［C］．中国体育科学学会体育信息分会：中国体育科学学会，2018：10.

[35] 冀隽．基于协同过滤的体育信息资源个性化推荐模型构建研究［D］．北京：北京体育大学，2017.

[36] 王晨绫．基于微信公众平台的体育院校图书馆信息资源推送研究［J］．内蒙古科技与经济，2018（22）：54-55，57.

[37] 赵雅萍，孙晋海．体育科研团队数据监护平台研究［J］．体育文化导刊，2017（10）：12-16.

[38] 余文雯，等．北京体育大学科学数据应用与服务需求调研分析［A］//2018年第十三届全国体育信息科技学术大会论文摘要汇编［C］．中国体育科学学会体育信息分会：中国体育科学学会，2018：10.

[39] 黄馨竹．"双一流"建设背景下体育院校图书馆学科服务对策研究［A］//2018年第十三届全国体育信息科技学术大会论文摘要汇编［C］．中国体育科学学会体育信息分会：中国体育科学学会，2018：10.

[40] 丁芬."双一流"背景下体育院校图书馆学科服务探索[J].当代体育科技,2018,8(01):103-104.

[41] 吴滨,侯峰,王慧琳.双一流建设背景下专业体育院校图书馆文献资源生命周期评价[J].教育教学论坛,2019(11):72-76.

[42] 杨红英,等.基于专利情报分析的我国体育院校技术创新实证研究[A]//2018年第十三届全国体育信息科技学术大会论文摘要汇编[C].中国体育科学学会体育信息分会:中国体育科学学会,2018:10.

[43] 孔小燕.我国体育院校冬季项目相关专利分析[A]//中国体育科学学会体育信息分会.2016年第十二届全国体育信息科技学术大会论文摘要汇编(体育图书文献研究)[C].中国体育科学学会体育信息分会:中国体育科学学会,2016:1.

[44] 刘润芝.基于价值工程理念的体育院校专利信息服务[A]//中国体育科学学会体育信息分会.2016年第十二届全国体育信息科技学术大会论文摘要汇编(体育图书文献研究)[C].中国体育科学学会体育信息分会:中国体育科学学会,2016:1.

[45] 王密晖.共享经济视角下体育高职院校图书馆的服务创新[J].福建体育科技,2018,37(01):55-57.

[46] 王密晖.创建优质体育高校图书馆的思考——以福建体育职业技术学院图书馆为例[J].海峡科学,2018(05):77-79.

[47] 天津体育学院图书馆专家.京津冀区域一体化体育信息资源共建共享架构研究.国家体育总局体育哲学社会科学研究项目.天津体育学院,2016.

[48] 周阳.民国体育文献搜集研究[D].南京:南京体育学院,2016.

[49] 付俊良,等.民国时期南京体育期刊研究[A].2018年第十三届全国体育信息科技学术大会论文摘要汇编[C].中国体育科学学会体育信息分会:中国体育科学学会,2018:10.

[50] 郭静,等.高等院校图书馆特色馆藏文献资源建设研究——以北京体育大学图书馆特藏文献资源建设为例[A]//2018年第十三届全国体育信息科技学术大会论文摘要汇编[C].中国体育科学学会体育信息分会:中国体育科学学会,2018:10.

[51] 蒋铮璐,袁峰.浅谈体育英语科技资料的翻译操作[J].山西师大体育学院学报研究生论文专刊,2007(3):17-19.

[52] 袁彬.语言学翻译理论视角下的体育英语翻译研究[J].成都体育学院学报,2019(1):73-79.

[53] 李颖川.全面提升体育科技创新能力[ ]助力体育强国和健康中国建设——在国家体育总局体育科学研究所2018年学术论文报告会暨建所60周年学术论坛上的讲话[J].体育科学,2019,39(01):3-4.

[54] 常晓静.新科技革命背景下现代体育发展的"四个面向"[A]//中国体育科学学会.2019年第十一届全国体育科技大会论文摘要汇编[C].北京:中国体育科学学会,2019:10.

[55] 董传升,张立.新时代泛在体育治理的逻辑与策略[J].北京体育大学学报,2019(6):1-11.

[56] 黄玉飞.动作捕捉技术在体育运动领域的发展现状[J].当代体育科技,2017,7(27):210-211.

[57] 樊凯.新技术创造互联网体育新机遇[J].互联网经济,2018(08):44-49.

[58] 沈锋.物联网技术在马拉松运动员运动数据采集中的应用——以运动安全监控系统为例

[A] //2017年全国竞技体育科学论文报告会论文摘要汇编[C].中国体育科学学会：中国体育科学学会，2017：2.

[59] 刘玫瑾，黄黛黛.体育教育信息化需求分析方法研究[J].北京体育大学学报，2016，39（04）：80-84，89.

[60] 孙鸿麟.体育科技信息平台建设探究[J].菏泽学院学报，2016，38（05）：100-104.

[61] 黄易，王园园，郭南南.大数据时代的体育信息化发展模式研究[A]//中国体育科学学会.2019年第十一届全国体育科技大会论文摘要汇编[C].中国体育科学学会：中国体育科学学会，2019：10.

[62] 宋薇，胡广，王瑞华.篮球技术与体能测评系统的设计与实现[J].湖北广播电视大学学报，2016，36（06）：28-32.

[63] 刘红霞.基于传感器采集数据的运动损伤康复跟踪分析系统[J].内蒙古师范大学学报（自然科学汉文版），2017，46（06）：832-834.

[64] 苑廷刚.运动视频图像多重处理技术系统在田径科研领域中的应用和创新[D].北京：北京体育大学，2011.

[65] 李鑫.体育视频运动目标检测与跟踪系统的设计[J].电子设计工程，2018，26（20）：54-58.

[66] 肖艳芬，陶宝峰，张华丽.基于热成像数据与FLD的体育运动分类方法[J].湘潭大学自然科学学报，2017，39（1）：91-94.

[67] 张馨娇，李建萍.体育视频中基于卡尔曼滤波器的运动员人脸检测识别方法[J].湘潭大学自然科学学报，2017，39（4）：95-98.

[68] 陈小平，科技助力奥运训练：形势、进展与对策[J].体育学研究，2018，1（01）：76-82.

[69] 李众民.民族体育教学中的特殊姿态校对视觉监控平台设计[J].现代电子技术，2018，41（01）：178-181，186.

[70] 孔含静，高飞，吴钧杰，等.运动损伤的医学成像研究进展[J].北京体育大学学报，2018，41（04）：61-74.

[71] 王科飞.基于模糊聚类算法的体育运动视频图像分析应用[J].现代电子技术，2017，40（09）：39-42.

[72] 郑亮.基于计算机视觉的艺术体操轨迹跟踪研究[J].现代电子技术，2017，40（19）：86-90.

[73] 刘同.大数据、云计算彰显智慧体育[J].互联网周刊，2013（23）：22-23.

[74] 王晶晶.健美操训练中虚拟现实技术的应用探讨[J].当代体育科技，2017，7（24）：46，48.

[75] 王帅，周继和.新规则下男子短道速滑起跑动作的运动学虚拟再现比较分析[J].成都体育学院学报，2017，43（4）：105-110.

[76] WHITESIDE D, REID M. Spatial characteristics of profes-sional tennis serves with implications for ser-ving aces: amachine learning approach [J]. Journal of Sports Sciences, 2017, 35（7）: 648-654.

[77] LOS ANGELES. Revolutionize sports through intelligence [EB/OL]. [2018-03-05]. https://www.secondspec-trum.com.

[78] 王奇，颜小燕.大数据时代我国体育发展面临的机遇与挑战[J]，体育与科学，2016，37（1）：75-802.

[79] 寇晓娜.浅谈人工智能对我国竞技体育发展的影响和启示[J].当代体育科技，2018，8

(28)：203-204.

[80] BLOOMBERG. My swing motion capture tech is the secret to fixing your golf game [EB/OL]．[2018-03-05]．https：// www.bloomberg.com / news / articles /2018-01-10 / myswing-motion-capture-tech-is-the-secret-to-fixing-your-golf-game，2018-01-10.

[81] 苏振阳．人工智能技术在体育比赛中的应用 [J]．辽宁体育科技，2015，37（03）：115-116.

[82] 于翠兰，张松年，徐诚堂．互联网+视域下智能e石锁的研制 [J]．南京体育学院学报（自然科学版），2017，16（4）：147-150.

[83] 宏丽茵．体育组织信息平台服务模式新探索——以"活力圈"服务平台为案例 [A]．//中国体育科学学会体育信息分会．2016年第十二届全国体育信息科技学术大会论文摘要汇编（数字体育研究）[C]．中国体育科学学会体育信息分会：中国体育科学学会，2016：1.

[84] 袁川，陈庆果．我国运用加速度计运动传感器监测身体活动进展分析 [J]．南京体育学院学报（自然科学版），2017，16（01）：44-51.

[85] 吴林．虚拟现实技术在体育领域中的应用研究 [J]．福建体育科技，2017，36（05）：12-14.

[86] 马勇，郑勤振，刘林，等．基于无线传感技术的体育场馆室内空气环境监控系统设计 [J]．武汉体育学院学报，2017，51（03）：70-76.

[87] 柴仲学．"互联网+"时代我国体育场馆服务转型升级的发展路径研究 [J]．南京体育学院学报（社会科学版），2017，31（2）：88-92.

[88] 由文华，侯军毅，何胜．学校体育场馆服务模式的创新研究 [J]．西安体育学院学报，2017，34（1）：55-59.

[89] 祝文钢．大数据时代健身课程资源平台信息化理论要素研究 [J]．山东体育学院学报，2016，32（4）：109-114.

[90] 陈锦，邱楷．"互联网+"背景下智慧体育平台建设方案 [J]．南京体育学院学报（自然科学版），2017，6（3）：125-130.

[91] 方向鹏，张语函，钟永江．信息技术支撑体育智慧教育及案例设计 [J]．中国信息技术教育，2015（11）：45-47.

[92] 梁立启，栗霞，邓星华．"互联网+"与体育教育专业人才培养方式的整合 [J]．广州体育学院学报，2017，37（6）：113-116.

[93] 崔波．基于VR技术的网球正手击球教学设计 [J]．当代体育科技，2018，8（22）：43-44.

[94] 任一春，李科峰，湛超军．虚拟现实技术在体育艺术类课程教学中的应用研究——以MultiGen Creator软件应用为例 [J]．山东农业工程学院学报，2017，34（06）：79-81.

[95] 张毅．虚拟现实技术应用于体育教学前景的展望 [J]．教育现代化，2017，4（38）：74-75.

[96] 姜芳．大数据在奥运会报道中的应用与前景 [J]．新闻战线，2018（16）：91-92.

[97] 张惠彬．人工智能时代体育新闻的版权之困与纾解之道——以腾讯机器记者为考察对象 [J]．上海体育学院学报，2019，43（02）：33-39，62.

[98] 孙琳，李丹．人工智能来了，他将怎样改变传媒业？[J]．影视制作，2017，23（11）：16-26.

[99] 沈楠．一种革新与一种坚守——以新华体育融媒体报道探索的两个案例为例 [J]．青年记者，2018（24）：9-10.

[100] 瞿迪，翟丰．人工智能化体育用品发展研究 [J]．体育文化导刊，2018（06）：104-108.

[101] 邵瑞芳，张辉，金伟斌．虚拟仿真技术在体育领域中的研究综述 [J]．浙江体育科学，2018，

40（05）：108-112.

[102] The competitive intelligence process in sport：data collection properties of high-level cricket coaches，Van den Berg，Liandi；Coetzee，Ben；Blignaut，Seugnet；etc. INTERNATIONAL JOURNAL OF PERFORMANCE ANALYSIS IN SPORT 卷：18 期：1，2018.

[103] Research on the application of data mining algorithm in sports performance management，Liu Shuangxi；Mei Fengxi；Bian Yongqiang，AGRO FOOD INDUSTRY HI-TECH 卷：28 期：3 页：1157-1160，MAY-JUN 2017.

[104] 贺芸，庄成余．论英语全球化传播的原因及其影响［J］．云南师范大学学报，2004，2（6）：60-64.

[105] 刘法公．论基础英语与专门用途英语的教学关系［J］．外语与外语教学，2003（1）：31-33.

[106] 马卫平．21 世纪体育教育专业人才培养模式和途径的探索［J］．北京体育大学学报，2000，23（1）：93-94.

[107] 仇军，刘侣岑．殊途同行：现代体育发展阶段、基本特征与影响因素［J］．北京体育大学学报，2013，36（10）：1-9.

[108] 教育部关于积极推进小学开设英语课程的指导意见［J］．基础教育改革动态，2001（8）：3-7.

[109] 王辉，王亚蓝．"一带一路"沿线国家语言状况［J］．语言战略研究，2016，1（2）．

[110] 古賀範理．（2002）．日本における外国語教育政策の現状と問題点［C］．久留米大学外国語教育研究所紀要，9，1-20.

[111] 吴英成．新加坡双语教育政策的沿革与新机遇［J］．语文研究，2010，5（2）：63-80.

[112] Jackson，F. H. & Malone，M. E.（2009）．Building the Foreign Language Capacity We Need：Toward a Comprehensive Strategy for a National Language Framework.

[113] Department for Education（2005a）．Secondary pocket guide：Curriculum online［EB/OL］．Retrieved from https：//www. education. gov. uk/publications/eOrderingDownload/153 32. pdf.

[114] Council of Europe（2011）．Council of Europe language education policy［EB/OL］．Retrieved from http：//www. coe. int/t/dg4/linguistic/.

[115] 刘如，吴晨生，刘彦君，等．中国科技情报工作的传承与发展［J］．情报学报，2019，38（01）：38-45.

[116] 张黎，郭敏，刘国健．"互联网+"思维对情报学的变革［J］．现代情报，2018，38（06）：28-31，45.

[117] 王鹏．"互联网+"环境下的科技情报发展趋势及团队建设［J］．竞争情报，2018，14（03）：23-28.

[118] 才世杰．网络环境下企业竞争情报能力与服务体系研究［D］．武汉：武汉大学，2017.

[119] 吴琼，吴晨生，刘如，等．情报 3.0 思路下的情报工作体系建设研究［J］．情报理论与实践，2018，41（11）：34-37.

[120] 徐峰．科技情报与科技智库的融合发展探析［J］．情报工程，2017，3（05）：4-11.

[121] 李辉，侯元元，张惠娜，等．情报 3.0 背景下科技情报服务能力评价指标体系构建［J］．情报理论与实践，2017，40（06）：67-71.

[122] 张黎，郭敏，刘国健．"互联网+"思维对情报学的变革［J］．现代情报，2018，38（06）：28-31，45.

［123］中国科学技术情报学会，中国社会科学情报学会．情报学与情报工作发展南京共识［J］．情报资料工作，2018（01）：112.

［124］刘玉．新时代 新模式：竞争情报的挑战与应对——第24届中国竞争情报年会高峰对话专家观点［J］．竞争情报，2019，15（01）：42-48.

［125］岳文，马毅，李成梁，胡卫国，巴宁．国外体育竞争情报发展脉络与演进历程述评［J］．首都体育学院学报，2017，29（04）：358-362.

［126］张惠娜，李辉，刘如，付宏，候元元，吴晨生．关于情报3.0环境下科技情报工作的思考［J］．情报工程，2017，3（05）：87-93.

［127］陈小平，科技助力奥运训练：形势、进展与对策［J］．体育学研究，2018，1（01）：76-82.

［128］曹宇，刘正．人工智能应用于体育的价值、困境与对策［J］．体育文化导刊，2018，（11）：31-35.

［129］王奇，颜小燕，大数据时代我国体育发展面临的机遇与挑战［J］，体育与科学，2016，37（1）：75-802.

体育工程学学科发展研究报告

Research Report on Disciplinary Development of Sport Engineering

（2016—2019）

体育工程分会

China Sport Science Society for Sport Engineering

2019.10

前 言

1998年，英国谢菲尔德大学学者Steve Haake等人组织了第一届国际体育工程研讨会，提出了"体育工程"这一理念，并从空气动力学、生物力学、设计、动力学、仪器与设备、材料学、机械工程、建模技术、运动分析和振动等几个方面研讨、论述了工程技术对于体育和体育科研的价值，以及各种工程技术在自身理论、研发与设计、应用和发展等方面的实际问题。此后，国际上本领域的学者组织成立了"国际体育工程协会"（International Sports Engineering Association，ISEA）。该会每两年举办一次国际体育工程学术会议。

在国际体育工程学会的官方网站中，对于"体育工程"概念的表述（2016）为：体育工程可以是数学和物理的技术应用来解决体育问题。这些问题可能包括：设计设备、建造设施、分析运动员表现、制定标准、确保安全要求得到满足、开发教练工具等。另外，关于体育工程的特征，官方网站表述如下：采用数学、物理、生物力学、计算机科学和流体力学等基础学科，以及装备和器材设计、设施建造、运动能力分析、规则和标准、安全防护装备、训练仪器器材研发等方面的技术和方法解决体育领域的问题和需求。而体育科学与体育工程之间的关系，是"体育科学更多关注运动人群身体内部因素的作用机制和相互关系，而体育工程，关注的是运动人群与外部因素之间的作用机制和相互关系，包括装备、用品、器材和仪器，以及环境等因素"。还说明了体育工程研发人员所涉及的学科背景，主要包括物理、数学、机械工程、生物力学、计算机科学和航空工程等，共同的因素是把工程学和工程技术的研究技能和背景知识应用到体育领域。

中国体育科学学会在2008年至2011年、2012年至2015年，组织各分会编写了体育学领域内各学科的研究发展报告。并分别在2006年至2007年、2014至2015年，在中国科协的组织下部署，编写体育科学学科发展报告。中国体育科学学会体育仪器器材分会组织国内体育工程领域的学者参加了2008年至2011年和2012年至2015年学科发展报告，以及中国科协《2014—2015体育科学发展报告》中的体育工程部分的编写。以上的报告，将以往各个时期体育工程领域的主要成果、热点技术进行了介绍。同时，对比了国内外研究现状，发现国内与国际先进技术和成果的差距；还讨论了国内体育领域对于体育工程的潜在需求，提出了后续研发的重点。这些工作，对促进各时期的国内体育工程研发工作发挥了很好的作用。

本次报告，从利用体育信息采集技术的研究与应用、人体动作的识别和分析、体育新材料的研发与应用、与体育工程交叉的力学研究、人机功效学、体育基础设施与标准化研究等方面对 2016—2019 年期间本领域的研发成果，以及面向体育的应用进行简述，并对国内外情况进行对比，提出了后续的研发趋势。

体育工程分会
2019 年 10 月

课题组

组　长：陈　骐

副组长：（按姓氏笔画排序）

刘　宇　林　珩　郑伟涛

成　员：（按姓氏笔画排序）

韦俏丽　公维光　田　原　刘　干　刘泳庆

易红玲　胡　齐　闫坚强　钱振宇　甄庆凯

蔺世杰

撰稿人
Writers

（按姓氏笔画排序）
In Surname Strokes Sequence

韦俏丽	武汉体育学院
Wei QiaoLi	Wuhan Sports University
田　原	国家体育总局体育科学研究所
Tian Yuan	China Institute of Sport Science
公维光	华东理工大学
Gong WeiGuang	East China University of Science and Technology
刘　干	武汉体育学院
Liu Gan	Wuhan Sports University
刘　宇	上海体育学院
Liu Yu	Shanghai University of Sport
刘泳庆	国家体育总局体育科学研究所
Liu YongQing	China Institute of Sport Science
陈　琪	国家体育总局体育科学研究所
Chen Qi	Cina Institute of sports science
林　珩	华东理工大学
Lin Heng	East China University of Science and Technology
易红玲	华东理工大学
Yi HongLing	East China University of Science and Technology
郑伟涛	武汉体育学院
Zheng WeiTao	Wuhan Sports University
胡　齐	国家体育总局体育科学研究所
Hu Qi	China Institute of Sport Science

闾坚强	上海体育学院
Lv JianQiang	Shanghai University of Sport
钱振宇	上海体育学院
Qian ZhenYu	Shanghai University of Sport
甄庆凯	国家体育总局体育科学研究所
Zhen QingKai	China Institute of Sport Science
蔺世杰	武汉体育学院
Lin ShiJie	Wuhan Sports University

体育工程学学科发展研究报告
Research Report on Disciplinary Development of Sport Engineering
(2016—2019)

Abstract

The report introduce the research developments of sports engineering domestic and overseas during 2016-2018, which include the following parts: the new technology for acquiring and analysis of sports information, human action recognition and analysis, new sports materials, and sports engineering mechanics research, ergonomics in sports, sports infrastructure and standardized research, as well as theirs sports application, and the situation at home and abroad were reviewed and compared, future development trend is put forward.

Due to the miniaturization, intelligence and networking of wearable sensor, as well as the progress and development of flexible sensor and electronic fabric, it is more and more applied in sports. To meet the important requirements of sports data, especially the high accuracy, stable operation, good real-time performance, strong anti-interference ability, high cost performance, good confidentiality, strong synchronism, non-invasive and even non-contact of field multi-type data acquisition, is the main content of the application and research and development of wearable sensors and equipment in sports. During this period, the application achievements of wearable sensors are mainly reflected in the monitoring and analysis of the technical movement characteristics of competitive sports, the collection and measurement of spatio-temporal parameters, the measurement of sports load, the assessment of competition requirements, the quantification of competition performance, sports injury and rehabilitation, functional monitoring, athlete selection and so on. For mass sports and sports for the disabled, it focuses on motion characteristics, motion recognition and classification, motion intensity analysis, collection and processing of physiological parameters during exercise, sports rehabilitation and sports injury screening, to help participants with different health conditions to carry out appropriate sports activities. The advanced sensor technology represented by the flexible sensor is developing and is expected to enter and start to be practical in sports.

Human posture recognition is a hot topic in computer vision. RGB-D 3D human posture estimation method is expected to be applied sports to greatly improve the efficiency of motion analysis and motion capture. The depth camera is an RGB-D device that has been developed to do this work and could be a new type of motion capture and analysis device in addition to the tagged electro-optical and untagged common optical motion capture systems.

Sports materials have always played an important role insports, such as improving sports performance, optimizing the properties of sports instruments and equipment, protecting the body and function of sportsmen, and ensuring the basic guarantee of sports venues and facilities, etc. In recent years, with the continuous development of advanced functional materials, many organizations are also carrying out technological innovations in sports instruments, sports equipment, venues, and facilities. In this period, great potential technological achievements have been made in the application of sports instruments, sports equipment, venues, and facilities. Ergonomics in sports is mainly engaged in the study of equipment – human interaction. It mainly focuses on the research of kinematics and dynamics effects when the rowing machine, horse riding machine, bicycle, six degrees of freedom platform and other equipment interact with the human body. Transcranial electrical stimulation includes transcranial direct current stimulation, alternating current stimulation, random noise stimulation, and phase interference stimulation. The equipment for athletes training has been used in sports training, and the training effect is obvious. It needs to be used more scientifically and effectively in the follow-up in-depth research on how to exercise training.

Aerodynamics plays a vital role in the study of speed sports (athletes, athletes' clothing, ball games, sports equipment, etc.) and air quality in sports arenas, as well as to analyze the sports characteristics of skiing and snowmobile. The research and development of hydrodynamics in sports engineering mainly focus on the dynamic performance research of sailing board sail equipment, the aeroelastic research of sailing mast and sail, and the impact of elastic deformation of sail on aerodynamic performance, and the research on the thermal comfort of the stadium.

With the rapid development of the sports industry, new equipment and high levels of equipment are emerging, all of which put forward the requirements for updating the safety and technical standards. One of the major tasks of domestic sports engineering is to participate in the formulation of national, local and group standards such as general administration of sports, ministry of education and sports products federation, develop test equipment and related test methods, and constantly improve relevant standards.

目 录

引言

一、信息采集技术研究与应用

（一）可穿戴设备和可穿戴传感器

1. 概述
2. 在体育领域的应用研究和相关的工作

（二）生理及化学参数传感器

（三）国内外现状及对比和发展趋势

1. 国内现状
2. 研发趋势

二、人体姿态识别技术研究

（一）基于 RGB-D 数据 3D 人体姿态估计

1. 姿态估计的应用
2. 三维人体研究现状

（二）利用深度相机对人体动作进行分析

1. 深度相机的原理
2. 深度相机的分类
3. TOF 相机
4. 双目视觉相机
5. 深度数据处理算法
6. 深度相机和普通相机结合使用
7. 深度相机在体育领域应用的前景和要解决的问题

三、体育新材料的研究和应用

（一）新型体育材料的研发和应用

1. 运动器材及其关键材料的研发及应用
2. 运动装备及其关键材料的研发及应用
3. 运动场地设施及其关键材料的研发及应用

（二）其他运动功能材料研究

1. 发泡材料

2. 3D 打印

3. 纳米材料

4. 智能材料

（三）体育材料研究的发展方向、趋势、对策

四、人与装备生物力学研究

（一）运动装备器材的工效学研究

（二）自行车的工效学研究

（三）经颅电刺激研究

1. 经颅电刺激对人类运动表现的影响

2. 经颅电刺激改变运动能力的可能机制

3. 神经动作控制的生物力学

4. 经颅电刺激研究的方向、趋势

五、体育流体力学

（一）空气动力学研究

1. 冬季项目空气动力学的应用研究

2. 其他运动项目

3. 场馆空气质量测试评价

（二）水动力学研究

（三）流固耦合研究

1. 运动帆翼流固耦合的研究

2. 其他项目流固耦合的研究

六、体育基础设施与标准化研究

（一）接触面（运动表面）科学研究

1. 人体与运动表面相互作用研究

2. 合成材料运动面层标准研究

（二）高危项目体育设施检验方法研究

（三）新型体育设施设计与建造研究

参考文献

Contents

Preface

1 Research and application of information acquisition technology

  1.1 Wearable devicesand Wearable sensors

    1.1.1 Overviews

    1.1.2 Application research and related works in sports

  1.2 Physiological and chemistry sensors

  1.3 Current situation, comparison and development trend in domestic and abroad

    1.3.1 Current situation in China

    1.3.2 Research and development trend

2 Research on human posture recognition

  2.1 3D human posture estimation based on RGB-D data

    2.1.1 Application of posture estimation

    2.1.2 Status of 3-D human posture estimation research

  2.2 Analysis the motion of human body with Depth cameras

    2.2.1 The principle of Depth cameras

    2.2.2 Classification of Depth cameras

    2.2.3 TOFcamera

    2.2.4 Binocular vision camera

    2.2.5 Depth cameras data processing algorithm

    2.2.6 Combination of Depth cameras with regular cameras

    2.2.7 The application prospect of Depth camera in sports and the problems to be solved

3 Research and development and application of new sports materials

  3.1 Development and application of new sports materials

    3.1.1 Development and application of sports equipment and its key materials

    3.1.2 Development and application of sports wear and instruments and their key materials

    3.1.3 Development and application of sports facilities and their key materials

  3.2 Research on other sports materials

    3.2.1 Foam materials

    3.2.2 3D printing

    3.2.3 Nanomaterials

    3.2.4 Intelligent materials

  3.3 The development direction, trend and countermeasure of sports material

4 Biomechanical of human and equipments

  4.1 Ergonomic on sports equipment

  4.2 Ergonomic on sport bicycles

  4.3 Transcranial electrical stimulation in sports

    4.3.1 Effects of transcranial electrical stimulation on human motor performance

    4.3.2 Possible mechanisms by which transcranial electrical stimulation alters motion ability

    4.3.3 Biomechanics of neuromotor control

    4.3.4 Research direction and trend of transcranial electrical stimulation

5 Fluid mechanics in sports

  5.1 Aerodynamics study

    5.1.1 Application research of aerodynamics on winter sport

    5.1.2 Other sports

    5.1.3 Air quality test and evaluation of venues

  5.2 Hydrodynamic study

  5.3 Fluid-solid coupling study

    5.3.1 Fluid-solid coupling on sport sail and wing

    5.3.2 Fluid-solid coupling on other sports

6 Sports infrastructure and standardization research

  6.1 Sports Surface study

    6.1.1 Interaction between the human body and sports surface

    6.1.2 Study on the standardization of surface layer of synthetic materials

  6.2 Study on inspection methods of sports facilities for high-risk sports

  6.3 Research on the design and construction of new sports facilities

References

引言

从本报告的"前言"可以看出，体育工程研发和应用所涉及的工科类专业和工程技术较多。本学科发展报告撰写团队针对2016—2019年期间，体育领域内具有重大需求的专业和技术，梳理了其原创研发，以及在体育领域内的应用研发进展，对国内外成果进行了对比，提出了发展趋势和方向。

可穿戴传感器的微型化、智能化和网络化，以及柔性传感器和电子织物的进步和发展，使之被越来越多地应用在体育领域的各个方面。满足体育数据，特别是现场多类型数据采集的高精度、运行稳定、实时性好、抗干扰能力强、性价比高、保密性好、同步性强、无创甚至无接触的重要需求，是可穿戴传感器和可穿戴装备在体育领域应用研发的主要内容。这一时期此领域的应用成果，主要体现在竞技体育的技术动作特征的监测和分析、时空参数采集和测量、运动负荷测量、比赛需求评估、比赛性能量化、运动损伤和康复、机能监控、运动员选材等方面；对于大众体育和残疾人体育，集中在动作特征、动作识别和分类、动作强度分析、运动时生理参数采集和处理、运动康复、运动损伤筛查，帮助不同健康状况的参与者开展适当的体育活动。以柔性传感器为代表的传感器前沿技术正在发展中，有望进入体育领域并开始实用。

人体姿态识别是计算机视觉研究中的一个研究热点。RGB-D三维人体姿态估计方法有望在体育领域实现实际应用，将大大提高运动分析和动作捕捉的效率，但目前极具挑战性。深度相机是一种RGB-D设备，已经被研究用来进行以上工作，可能成为一种除了有标记的光电式和无标记的普通光学运动捕捉系统之外的、新型的运动捕捉和动作分析装备。

体育材料对于体育成绩的提高、体育装备性能的优化、参与体育活动人群身体和机能保护、体育活动的基本保障等方面始终发挥着重要作用。近年来，随着各种功能性的新材料不断被开发，许多机构针对体育器材、装备、场地设施等方面也在进行技术创新的工作，本时期在运动器材、运动装备、场地设施等方面取得了很多应用潜力巨大成果。

运动装备器材的工效学主要是从事器材装备-人体相互作用的研究。这一时期的成果可以从赛艇训练、自行车等装备中可以看到。近期，经颅电刺激技术对于提高人体运动能力的作用受到关注，针对运动员训练的有关装置已运用在运动训练中，训练效果明显。后续将深入研究如何运动训练中更加科学有效地运用。

空气动力学在竞速运动的运动员、运动员服装、球类运动、运动器材和体育运动场馆的空气质量等研究中起着至关重要的作用。对于滑雪过程、雪车等项目的运动特征分析也至关重要。体育工程中的流体力学研发主要集中在帆船帆板帆具等的动力性能研究、帆船桅杆与风帆的气动弹性研究，帆具的弹性变形对气动性能的影响研究，以及体育场馆热舒适性的研究。

随着体育产业的快速发展，新装备、新器材层次不穷，这些都对安全和技术标准提出更新的需求。国内体育工程的一项重大工作是参与制定国家体育总局、教育部、体育用品联合会等多项国家、地方以及团体标准的制定，研发测试设备及其相关测试方法，不断完善相关标准。

一、信息采集技术研究与应用

（一）可穿戴设备和可穿戴传感器

1. 概述

可穿戴设备（Wearable Devices）是指可以作为衣服的整体或组成部分，或者服饰的配件，直接穿在使用者身体上，并具有信息采集、处理、传送、显示、存储、反馈和应用等一种或多种功能的便携式设备。

当前，Sazonov等（2014）提出，可穿戴设备已经具有了智能化、微型化、多功能、低能耗、低成本的特征。很多可穿戴设备实际上就是一种微型化的计算机，可兼具以上多种功能。Elayan等（2017）发现，可穿戴设备已经被广泛地应用在通信、娱乐、健身、体育、康复、医疗保健、科学研究等领域。

可穿戴设备的基本功能是信息的采集，负责此功能实现的部分是适用于可穿戴装备的传感器（Wearable Sensors）。本部分报告的传感器均指可穿戴传感器。

2. 在体育领域的应用研究和相关的工作

（1）在竞技体育方面的应用研究

在可穿戴传感器中，微机电系统传感器（Microelectro Mechanical Systems，简称MEMS传感器）中的加速度传感器、陀螺仪和磁力计等构成的惯性测量单元（Inertial Measurement Unit，IMU），被广泛用于力量和技战术训练和运动生物力学研究等（2018）方面，具体场景包括力量数据采集和特征分析、技术姿态识别和分类、技术动作参数的测量（2016）、运动机能、能量消耗、运动康复等。而生理指标和化学传感器逐步开始用于机能监控、伤病恢复等方面。

鉴于可穿戴设备和传感器的强大作用，国际足联（FIFA）已经于2015年3月允许在足球比赛中使用电子类运动表现与跟踪系统EPTS（Electronic performance and tracking systems），包括加速度传感器和陀螺仪，以及心率、运动负荷和生理参数的监测设备，以及定位和追踪传感器。

1) 技术动作各种类型特征的监测和分析

①动作强度特征。

地面作用力（GRF）、力矩（GRM）和中心压力（CoP）等是动作力量监测的重要参数，监测方法包括：①利用测力台和跑台等；②利用可穿戴设备和传感器。在方法②中，可以直接测量 GRF 的方法包括：压力鞋垫、可穿戴式负载单元或点对点模式（ad-hoc）的压力传感装置。Andrea Ancillao 等（2018）提出，采用多体段模型（multi-segment body model），在身体上配戴多个可穿戴传感器，来估计 GRF 的精度。同年，Frank J. Wouda 等（2018）在 2016 年的基础上（2016）采用可穿戴惯性传感器估计人体矢状面的垂直地面反作用力和膝关节角度，并训练了人工神经网络来估计跑步者的运动学和动力学特征，其结构如图 1 所示。

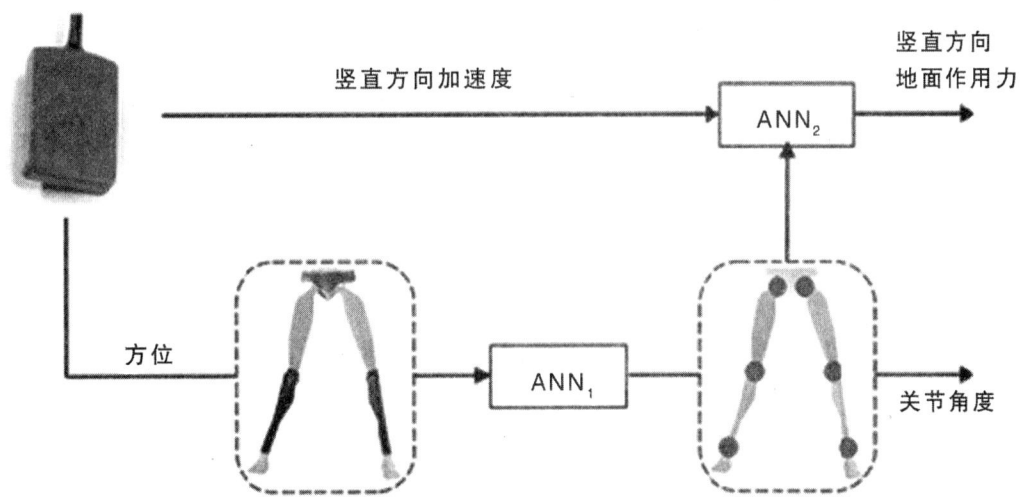

图1　人工神经网络来估计跑步者的运动学和动力学特征（Frank J. Wouda，2018）

针对拳击、武术、搏击、跆拳道、空手道等搏击类项目的力量测试和训练。Maguis Andrade-Munoz 等（2018）研发了武术转身踢技术分析系统，并研究了脚部踢中目标时的加速度峰值的识别方法。

运动员起跳时速度和力量是决定跳高成绩的重要因素。Afandi Ahmad 等（2017）在利用 GPS 装置和力量传感器，以无线传感器网络 WSN（Wireless Sensors Network）方式同步测量以上两个指标。Roell、Mareike 等（2018）研究了 IMU 测量团队运动中特定运动（包括步行、跑步、跳跃和方向变化）中加速度峰值的方法。

纵跳是一个非常有意义的评价下肢力量的动作。M. R. Garcia 等（2016）研发了基于 IMU 的纵跳测量系统，可在场地随时应用。

国内在此方面的成果有，彭海松（2017）使用压力传感器制作智能篮球鞋，进行了篮球运动的足底压力测试研究及分析，并进行了足底压力与运动损伤的相关性研究。

②动作密度特征。

根据加速度数据的时域和频域特性，可以评价和比较动作频率、频率的变异性、动作的次数以及动作持续时间等密度特征。Susanne Ellens 等（2017）采用 IMU 采集澳大利亚足球踢球动作数据，发现：经过快速傅里叶变换（FFT）后的加速度频域信号在 200Hz 左右达到峰值，可以用此峰值为标志来训练算法识别踢球动作，进而计算动作密度。

③动作效率特征。

作为矢量，力 $\vec{F}$ 包括力的方向和大小 $|\vec{F}|$ 两个特性。要评估运动员力量作用的实际效果，不仅要对力的强度和密度特征进行分析，还需观察力在技术动作主要实施方向上的分量。

在跑动中，双脚腾空时，人体受到重力和空气阻力作用。在矢状面中，地面对人体的作用合力 Ftot 可以分解竖直方向的分量 Fz，以及在水平方向的向前分量 Fx。另外，还有正交于矢状面的左右分量 Fy。Fx 是 Ftot 在跑步前进方向上的分量。Jean-Benoît Morin 等（2011，2012）提出了采用力比（ratio of force，RF）RF = $\dfrac{Fx}{Ftot}$，以及"力量运用技术指数 Drf（index of force application technique，Drf）"的概念，说明了在跑步前进方向上的力量分量 Fx 对于冲刺跑成绩的作用。

Jean-Benoît Morin 的实验是在跑台上完成。而 G. Rabita 等（2015）利用 6 块 Kistler 测力台串接成的 6.6 米长度的测力台系统，以虚拟方式构建了 40 米长度的冲刺跑的数学模型。结果表明，在冲刺加速阶段，在水平前进方向上的力量分量 Fx 的均值与速度高度相关，而且，平均 RF 与 40 米冲刺跑的成绩高度相关。

以上的研究证明了高水平运动员在冲刺加速阶段将力量运用在前进方向上的重要性。但是，G. Rabita 也承认，虚拟而成的研究数据造成了本研究的局限性。而且，由于此方法需要多台昂贵的测力台，并用摄像机记录动作视频，难以在日常训练中使用。因此，REED D. GURCHIEK（2017）的实验，采用 IMU 和测力台的数据相对比，证明了利用 IMU 测量 Fx 的有效性。

2）动作的技术特征。

①跑步动作。

速度是跑步运动的重要技术特征值。REED D. GURCHIEK 等利用 IMU，提出了一种自适应滤波算法来计算冲刺跑的速度（2018）。Mathieu Falbriard 等（2018）也利用加速度数据来检测跑步过程中的两个典型事件：脚开始接触地面和脱离接触，以这两个事件作为标志，来估计步态周期内的各类参数。

在短跑过程中，步长（step length）、步频（step rate）或姿态持续时间（stance duration）等时空参数也可以用来评价运动员的动作表现。Marcus Schmidt 等（2016）研发了使用 IMU 数据计算姿态持续时间的算法，证明了 IMU 方法在评价短跑速度、姿态持续时间等特征方面的作用。

Muniz-Pardos、Borja 等（2018）采用可穿戴传感器，测量跑步运动员脚部的技术特征数据，包括：脚步外翻角度、跑步节奏、步法对称、与地面接触时间、空中飞行时间、摆动时间等。

②竞走运动。

国际田径联合会（IAAF）针对竞走，定义了"与地面接触的消失"（loss of ground contact，LOGC）的犯规动作。DeAngelis M. 等（1992）和 B Hanley（2013）对于 LOGC 的测量表明，最大的 LOGC 的时间间隔是 50ms。在日常训练中，难以凭人眼对这样短的时间间隔进行长时间的准确跟踪和识别。Giuseppe Di Gironimo 等（2016）采用可穿戴 IMU 数据和视频的同步对比的方法，实现了对 LOGC 的精确判断和计算。

③冬季运动项目。

高山滑雪是复杂环境下的运动，适于采用可穿戴传感器测量高山滑雪运动的有关参数。Gwangjae Yu 等（2016）的研究证明了 IMU 在滑雪者身体上的最佳安装位置是骨盆，提出了捕捉转弯动作数据的最佳定位方法。对于高山滑雪的运动表现分析（2014，2012，2011）以及运动损伤风险研究和评估（2014，2012）而言，身体质量中心（Center of mass，CoM）的运动学数据非常重要。有研究采用视频方法获取 CoM 运动学参数，但是，面对高山滑雪，难以采用视频设备；另外，采用全球定位卫星系统 GNSS，也会因为地形和树林的阴影效应造成卫星信号质量下降，从而降低定位和速度测量的准确性。因此，采用便携性强、可以长时间工作、不受场地因素影响的传感器测量 CoM 数据，是目前最佳的选择方向。Benedikt Fasel 等（2017，2018，2017）发表了利用 IMU 测量 CoM 的运动轨迹的成果。

Aaron Martínez 等（2019）还利用加速度传感器和陀螺仪，设计了一个简单的探测高山滑雪转弯动作的算法。

跳台滑雪是一项专业而危险的运动，微型化的可穿戴 IMU 非常适合用于跳台滑雪的实地测试。H. Brock 等（2017）将跳跃过程中的不同分段的 IMU 数据转化为基于时间序列的多个统计量，对失误的动作和运动姿态进行评估。跳台滑雪运动员的飞行时间、落地时的地面反作用力、控制姿态等参数的测量难度较大，Veronica Bessone 等（2019）利用 IMU 实现了以上参数的测量。Heike Brock 等、Benjamin H 等和 Jinsu Gim 等人也利用加速度传感器测量跳台滑雪的速度和距离等特征数据（2016，2017，2018）。

Bernd J. Stetter 等（2016）提出了使用加速度传感器测量冰球滑步过程中与冰面接触时间、滑动步长及摆动阶段的新方法。

国内针对冬季运动的研发成果有，朱明（2016）采用三轴加速度计与陀螺仪采集速度滑冰滑行动作的瞬时加速度和角速度信息，刘志荣等（2018）分析我国应用于冰雪运动的可穿戴测试系统研究现状、存在的问题以及发展对策。

④游泳及其他水上运动。

游泳是开始应用可穿戴传感器较早的领域。有成果用加速度传感器和陀螺仪研究和验证了简单和慢速的上肢运动学三维分析方法，这些方法可推广到游泳运动学分析中。由于 Cutti 等（2008）提出的方法简单而方便，Silvia Fantozzi 等（2016）调整了 Cutti 的方法，提出应当纳入对腕关节的研究，并利用 IMU 研究模拟了爬泳和蛙泳动作的上肢关节的肩部、肘部和腕部的关节角度。

在游泳运动的日常训练中，教练员更加关注包括往返时间、划水次数和划水频率等时间参数。Sander Ganzevles 等（2017）采用三轴加速度传感器测量运动员训练时的以上数据。

针对跳水运动，Cherie Walker 等（2017）验证了 IMU 测量跳水角速度的精度，然后研究了前空翻跳水动作中，空中旋转角速度随着动作难度的改变而变化的情况。

各类船艇在水上的远距离和长时间活动，特别适合采用可穿戴传感器进行相关技术参数的测量。Stephan Bosch 等（2015）利用 IMU 研究测量了赛艇运动员的划桨姿态角度和划桨时间。而 Sian Armstrong 等（2017）研究了划桨动作的背部和大腿加速度的相关性，以及艇体前进的加速度。

国内此方面的研发有，Z. Wang 等（2016）采用 IMU 数据，用方位估计算法对皮划艇运动员运动中的姿态信息进行了测量。郑凯（2019）利用惯导传感器研制了实时获取游泳者的运动加速度数据和身体旋转角速度数据的可穿戴设备。

⑤挥臂动作的球类运动。

可穿戴传感器和惯性测量单元（IMU）可以测量不同项目的相似动作的运动特性，例如：挥臂动作的研究和参数测量。Jonathan B. Shepherd 等（2017）使用 IMU 测量篮网球运动（Netball）投球出手瞬间前臂的角度。M. Sharma 等（2017）根据 IMU 数据的特性，将网球发球的挥臂动作细分为五个关键特征点，进行细化分析。

C. Andrews（2017）报告了板球击球动作测量系统，利用传感器记录击球手挥动击球板动作的全过程，实时反馈击球速度和击球角度。Lyu、Bin 等（2018）利用传感器研究测量棒球和垒球运动员挥棒的摆动速度和摆角等参数。Wells、Denny 等（2018）提出了利用 IMU 估计肘关节运动学参数的方法，并结合板球提出了一种新的肘关节测量参考标准。

Nick B. Murray 等（2017）研究采用可穿戴传感器自动检测和报告棒球场上的投球和传球的次数。Umek A. 等（2017）将应变片（SG）传感器安装在高尔夫球杆上，检测高尔夫球运动不同类型的挥杆动作和不适当的运动动作。

以国内研究人员 Zhichao Zhang 为主的团队（2017）实现了一种基于传感器的高尔夫挥杆信号识别方法，建立了高尔夫挥杆动作分类器。

3）动作的时空参数

体育动作的躯干和四肢的关节角度在评价运动技术时非常有用，例如，跨栏运动员的攻栏角等。基于惯性测量单元（IMU）的关节角度测量方法，因其相对易用性和低成本应当被考虑采用。但是，现有算法的主要缺点是：利用 IMU 数据测量的数据，需要进行校准；另外，在人体上固定 IMU 时，需要非常仔细地排列。P. Müller 等（2017）针对问题，提出了一种针对任意运动和初始零参考时，手臂姿态的无对准、自校准的新算法。Ana Pereira 等（2017）也提出了四种不需要标定的、基于 IMU 的关节角度估计方法。

对于肢体和关节角度的高精度测量，光电式的动作捕捉系统和无标记式的普通光学式动作捕捉系统，都需要校准和标定过程；两种系统所需的设备也较多，操作和时间成本都很高。多 IMU 的可穿戴设备是补充以上原理系统的最具潜力的技术。但目前，多 IMU 的可穿戴设备还应当考虑运动复杂性、传感器的位置、所使用的生物力学模型和校准程序问题。Poitras、Isabelle 等（2019）较全面地总结和分析了 IMU 在进行动作捕捉方面的研发和应用情况，并提出了相关的使用和研发的问题。

Corrin P. Walmsley 等（2018）的最新研究结果表明，可穿戴传感器在消除基于实验室的系统与用于测量上肢关节动态运动角度的角度计之间的差距方面具有很大的潜力。

国内的一些成果虽然没有直接针对竞技体育，但其成果的原理、算法和验证结果，有望在今后用于竞技体育。于波（2016）提出了一种多传感器融合算法估算人体躯干摇摆角。陈晓等（2017）和李祯林等（2017）都利用 IMU 采集人体动作的姿态角。葛峰峰（2017）和胡小华（2017）都采用惯性测量单元实现人体关节角度的检测。刘震（2017）采用 MEMS 惯性传感器测量人体手臂运动状态。马强等（2018）设计了佩戴在人体关节点的惯性传感器单元来获取肢体的实时姿态信息。

面对竞技体育，国内的刘哲等（2017）采用九轴惯性传感器研发了对测量篮球动作两只手臂的关节角度的系统。

4）动作类型特征和动作识别、事件识别

利用可穿戴设备和传感器进行人体活动检测和分类、人体动作类型特征提取、动作识别和姿态估计。改善动作识别的速度、准确率（Accuracy）、精确率（precision）、查全率（recall）和综合性能（F1-score）等，是利用可穿戴传感器进行此类方法研究和验证的主要挑战。

①国外的相关工作。

乒乓球、羽毛球、网球等运动的击球技术动作类型多样。如果采用三维运动视频的方法，设备成本和时间成本较高，反馈路径较长。而可穿戴传感器方法需要的设备成本很低，体积小、重量轻，允许在运动时佩戴，数据可以无线实时传送，具有实现动作自动识别和记录的条件。Zahari Taha 等（2016）初步验证了深度相机和加速度传感器在测量羽毛球运动中上肢动作时的一致性。M. A. I. Anik 等（2016）和 Y. Wang 等（2018）的成果使用加速度计和陀螺仪，利用机器学习模型识别羽毛球动作。David Whiteside（2017）利用网球击球动作的 IMU 数据作为数据集，训练了机器学习模型，自动识别网球的击球动作类型。M. Kos 等（2018）利用 IMU 对网球运动员正手击球动作的一致性进行了分析。

Lu Bai 等（2016）在运动员手腕部位佩戴传感器，用于投篮动作的识别。Alexander H 等（2018）也采用佩戴在手腕部位的惯性传感器，对更多的篮球技术动作，如运球、投篮、阻挡和传球等短动作的识别进行了可行性研究，采用 k 近邻方法和随机森林方法识别动作。

针对跳台滑雪运动，Heike Brock 等（2017）利用基于惯性传感器的多维卷积神经网络模型对失误动作进行识别和分类。

针对沙滩排球，Kautz、Thomas 等（2017）利用可穿戴传感器和深度卷积神经网络对沙滩排球动作进行分类。

J'er'emie Boulanger 等（2018）使用 IMU 测量和计算攀岩动作的四肢加速度和角速度，并用机器学习的方法对攀岩动作进行识别和分类。Ole Marius Hoel Rindal 等（2018）设计了机器学习算法，利用装在运动员手臂上的陀螺仪自动检测单个动作周期，以及在胸部的加速度传感器数据自动进行动作分类。

以上的研究案例是面向具体项目的动作识别和分类需求。就理论而言，人体的运动动作是连续的，传感器检测的数据也是连续的，如何从连续数据中分割出不同类型动作的边界，是动作自动识别的关键。针对此问题，采用机器学习、深度学习、数据挖掘等方法和模型，例如，支持向量机、k 近邻（KNN）算法、卷积神经网络（CNN）等，来发现传感器数据特征与动作特征之间的对应关系，是一个明显的趋势。这方面的研发成果包括：M. Awais 等（2016）和 Brock Heike 等（2016）、Terry Taewoong Um 等（2017）、Arif, Muhammad 等（2017）、Woosuk Kim 等（2018）、Emily E Cust 等（2018）、Igi Ardiyanto 等（2018）、Ana Teresa Campaniço 等（2018）、N. F. Ghazali 等（2018）的研发。

面向体育团队运动的多人活动识别和分类的难度大于单人动作识别。Daniel W. T. Wundersitz 等（2015）和 Ryan M. Chambers 等（2019）发布的成果中，都是针对可穿戴传感器的特征，使用随机森林（RF）、支持向量机（SVM）和 Logistic 模型树（LMT）等算法进行活动分类。

另外，使用可穿戴传感器进行活动识别和检测的一个主要障碍是：当传感器在人体上的配置发生任何变化时，识别的算法就需要重新开始构建；而且，对于这些新算法的再训练还需要大量有标记的训练数据集。针对这一问题，S. A. Rokni 等（2018）提出基于机器学习算法，通过测量了已有训练算法的旧传感器视角与需要开发算法的新传感器视角之间的内在相关性，来实现实时的自动再训练方法。

②国内的相关工作。

国内采用可穿戴传感器进行体育动作识别的成果有，赖晓晨等（2017）的发明利用惯性传感器节点识别篮球动作姿态。

在使用可穿戴传感器进行动作识别和强度评价方面，国内大量的成果虽然没有明确地针对体育领域的需求，但是其成果可以借鉴用于体育方面。例如，董理骅

（2016）、韩建飞（2016）、路永乐等（2016）、魏志远（2016）、周大鹏（2016）、谷志瑜（2017）、关淯尹（2017）、杨博（2017）等的成果。

目前的基于传感器数据的人体行为识别方法，在特征提取阶段大多采用加速度或角速度数据的均值、方差、峰度等离散数据特征。由于这些离散型特征并不能反映人体运动的连续性，而且通过手工选择的特征，依赖于先验知识。蒋京（2017）针对以上不足，提出了一种基于函数型数据分析的人体行为识别方法，将可穿戴式系统采集的人体周期行为数据函数化，然后，从函数中分别提取周期数据特征与函数型特征，来识别多类别的人体日常行为。

刘盛羽（2018）和李兴（2018）都采用动态时间规整算法（dynamic time warping, DTW），从IMU的数据中提取特征实现人体基本动作的分割提取和识别分类。赵伟（2018）是采用离散小波变换（discrete wavelet transform, DWT）方法，从惯性传感器的关节角度信息中提取特征，利用随机森林算法构建运动动作分类器。郑增威等（2018）的综述，系统地总结了基于可穿戴传感器的人体动作识别技术，介绍了人体活动识别过程中原始数据采集、特征提取、特征选择以及分类的常见方法。

针对部分篮球运动的技术动作，韩松杉（2018）提出了一种识别失重特征的识别算法，对篮球运动的九个动作进行识别。

在传统的行为识别算法中，由于特征提取更多是基于冗余的统计特征向量空间，这不仅增加了算法的计算量，还会影响算法的识别效率。为了解决这个问题，汤庆丰（2016）提出一种新的基于行为特征规律和统计特征向量的行为识别算法，有效地压缩了特征空间。

在动作识别的传感器数据算法方面，由于动作识别时，需要佩戴多个传感器，在实际应用中需要确定传感器数量和位置。为了简化这一个过程，Yu Wei等（2018）提出了一种基于交互信息的层次化的特征约简方法，该方法进一步压缩了特征集，可以提高动作识别实践中的效率和有效性。

郑兆凯（2017）提出了利用可穿戴设备和健身器械的运动数据，使用皮尔逊相关系数和动态时间规整来获取两者之间的运动相关性，来识别健身动作。王一杰（2018）利用惯性传感器设计了基于梯度下降的快速姿态算法。

在动作强度的识别方面，李锋等（2017）采用表面肌电传感器，研究确定人体运动时指定肌肉群的运动强度。

除了以上在算法方面协助可穿戴传感器用于动作识别外，在传感器的硬件方面，Jinnan Zhang等（2018）利用新型的石墨烯涂层的光纤传感器，对篮球和足球比赛中的动作进行识别。

（2）在残疾人体育方面的应用研究

在残疾人竞技体育训练和研究领域，加速度传感器也被用来测量运动学数据，以及运动员分级和运动员能力与运动表现的评估。

为了明确表征轮椅运动移动能力的关键性特征，R. M. A. van der Slikke等（2016）

在轮椅篮球运动员的轮椅上安装了三个惯性传感器，分析出 2 类 6 种关键动力学指标，供教练员量化地利用这几种指标评价运动能力。Jonathan B. Shepherd 等（2016）使用惯性传感器，设计了一种精确估计轮椅移动距离、速度和轨迹的方法。David S. Haydon 等（2018）采用 IMU 研究了不同级别组之间的最大加速度时的运动学变量，发现：各分组间的运动学变量有显著性差异。结论还可以用于指导轮椅设置和技术训练。

由于可穿戴 IMU 等传感器在轮椅场地运动推进特性研究方面的实用性、有效性和准确性，Jonathan B. Shepherd 等（2018）还通过综述研究，提出了一套利用 IMU 进行轮椅运动数据采集的实施指南，来帮助研究人员快速有效地利用 IMU。

轮椅运动比赛时，对于运动员残疾的分级非常重要，但是比较耗时，也非常敏感。Rienk M. A. 等（2018）采用比赛成绩法和现场测试法证明了采用惯性传感器可以为分级提供更准确客观和有效的方法。

（3）在大众体育方面的应用研究

美国运动医学会（ACSM，American College of Sports Medicine）每年发布关于次年的健身趋势预测调查报告。在对 2019 年的预测中（2018），可穿戴设备和技术再次上升至排行榜第一，指出可穿戴设备和技术"在 2019 年将变得更加普遍和强大"。并且"在过去的五年里，高强度间歇训练（HIIT）、体重训练和可穿戴技术引领了健身行业的革命"。黎涌明等（2018）借鉴美国运动医学学会（ACSM）的全球健身趋势调查经验，对中国健身趋势进行了调查，结果显示，可穿戴设备在中国 2018 年健身趋势中排名第二。

步态研究的模型和效能的验证可用于运动时的活动监控，以及康复锻炼的临床评估（2018）。Shanshan Chen 等（2016）全面回顾了当前使用可穿戴传感器进行步态分析的情况，证明了可穿戴传感器的优势，讨论了其在临床应用中的问题。O'Reilly、Martin A. 等（2017）用 IMU 实现了五种类型的健身房动作识别。RANA KARIMPOUR 等（2018）利用加速度传感器，测量行走时直立阶段的左、右腿的三维加速度峰值，来计算步态不对称指数。

下肢运动的评估在运动康复、性能评估、损伤筛查以及力量训练评估中经常被采用，主要的方法包括：①三维运动捕捉；②基于深度相机的系统；③来自专业人员的直观的视觉分析；④自我评估。而使用可穿戴传感器进行评估，是以上方法的发展。Francesco Sgro 等（2017）对儿童立定跳远的测试和分析结果，验证了采用可穿戴 IMU 对儿童不同发育水平和差异进行分析具有可行性。Martin O'Reilly 等（2018）进一步发展了加速度等可穿戴传感器在这一方面的应用方法。

针对休闲运动的生理变量监测，Caselli、Raoni 等（2017）通过文献研究，发现 GPS 定位传感器、加速度计和陀螺仪特别适合用于冲浪运动的生理变量的测量。

针对运动减肥，G. Vega-Martinez 等（2018）提出采用心率（HR）和心率变异性（HRV）进行相关运动的监测，并探讨了相关的基于电子、光学和机械原理的传感器，以及正确的和运动评估技术工具。

可穿戴传感器大量用于智能手环和智能手机中，对国内大众的科学健身、健身习惯形成、体育消费等方面产生了积极的影响。此方面的研发的主要投入方向包括：超低功耗电源管理技术、高识别率动作状态分析算法、数据分析和数据挖掘技术。

手环和手机中的传感器主要包括心率传感器、加速度传感器和陀螺仪、磁力计。国内手环和智能设备的市场和生产巨大需求，也反应在相关的传感器研发、性能优化和测试等方面。例如，蔡军伟（2016）针对手环脉搏波形获取的两种主要的传感器方法的比较研究。陈炎等（2016）的利用光电容积脉冲波（PPG）信号处理方法，从加速度信号中去除运动伪迹的研究。蔡丽桑（2017）提出三种鲁棒的基于多通道PPG信号的心率测量算法。朱大清（2018）针对可穿戴式心电和心率传感器，探讨了各种抗干扰的优化应用技术。陈华珍（2018）针对标准BP神经网络算法存在的收敛速度慢、容易陷入局部极值的缺陷，增加了自适应动量法和自适应学习率调整法以改进传统BP算法。

呼吸是人体的重要生理过程。周子健（2016）设计了可穿戴的基于光栅式传感器的呼吸信号采集系统。该系统包括呼吸信号数据采集模块和基于Android系统的呼吸频率数据管理系统。

计步和能量消耗计算是智能手机的重要功能。宋健（2018）研究了计步精度与智能手机中的惯性传感器测量误差、采样频率以及设备携带位置之间的关系。

在传感器硬件方面，曾毅（2016）利用分离元器件设计可穿戴电子标签，实现对人体体温和脉搏的监测。程嘉奇等（2016）报告了利用UHF RFID技术，研发了血氧饱和度传感器系统。

在智能设备的传感器性能测试方面，有陈庆果等（2016）、何晓龙等（2016）和石欣巧（2016）的研发和调查报告。

何世杰等（2017）分析了可穿戴技术在人体运动过程中的应用前景，探索建立运动健身大平台及监督机制。李晓辰（2018）设计了基于MEMS传感器的穿戴式数字化体育训练系统。王亚琦（2018）设计了帮助青少年监测篮球运球训练中的常见不良姿态的可穿戴设备。

（4）在运动损伤和康复、机能监控等方面的应用研究

虽然2016年的研究显示，在职业体育中得到应用的证据目前相对有限，但可穿戴传感器的确可以帮助医疗团队对运动员的耐力、动作功能、运动负荷进行监测，以最大限度地减少运动伤病，或对运动康复活动进行监测和控制。

1）脑震荡和头部冲击

脑震荡是常见的运动损伤形式之一。与运动相关的脑损伤引起的短期和长期神经损伤是当今运动医学研究的一个主要问题。

Caccese、Jaclyn B等（2016）对足球运动时头部加速度的研究进行了梳理，提出了降低头部加速度的策略。在算法方面，S. Motiwale等（2016）提出了一种基于人工

神经网络和离散傅里叶变换的滤波算法,来排除由于传感器的敏感性而出现的假阳性碰撞事件。

Christopher Nowinski（2017）采用加速度传感器,量化调查在有重复性头部撞击与脑损伤的运动员中,是否存在冲击剂量与情绪、睡眠和头痛等反应的关系。这一年,Ralston、John 等（2017）利用可穿戴传感器测量的头部撞击数据研究了脑组织损伤的空间分布和神经连接的变化。出现平衡问题是运动性脑震荡和颅脑外伤后的常见症状,Bockisch、Christopher 等（2017）利用 IMU 研究足球运动员的平衡能力,验证了加速度传感器在这一方面的有效性。Post、Andrew 等（2017）及 Brennan、James H 等（2017）与 Cortes、Nelson 等（2017）的成果,以及 Yeargin、Susan W 等（2018）的研究,都使用加速度传感器针对足球、冰球、曲棍球等项目的青少年运动员的脑震荡、头部撞击生物力学特性、头部冲击的识别和验证等方面进行了研究。O'Sullivan D 等（2018）利用加速度传感器和陀螺仪对曲棍球运动员训练时头部撞击的不同强度进行统计,只有 2.6% 的冲击的峰值线性加速度大于 70g,6.2% 的冲击峰值转动加速度大于 7900 rad/s^2。

2) 运动负荷监测

Pitre C. Bourdon 等（2017）提出将运动负荷的监测分为内部和外部两种类型,运动负荷的外部监测指标包括加速度值,以及用加速度计导出的参数值。

Georgia M. Black 等（2016）的研究认为,板球、棒球、手球、垒球、水球和排球等运动中,过头顶的投掷和挥臂动作的过度使用可能会导致肩部和肘部等的伤害。同年,Samir A. Rawashdeh 等（2016）利用加速度传感器,探测过头顶挥臂动作姿态和次数。

在下肢运动损伤的康复监测和研究方面,Susan M. Sigward 等（2016）使用 IMU 测量研究前交叉韧带重建后个体的膝关节负荷的不对称性,此方法中,IMU 在小腿上的安装位置和轴向,如图 2 所示。Tedesco、Salvatore 等（2016）也报告了类似方法监测和比较双下肢的性能和差异,并检测非典型运动特征。

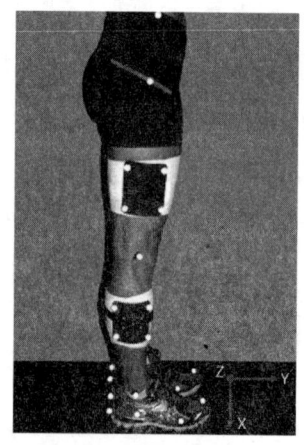

图 2　IMU 在小腿上的安装位置和轴向（Susan M. Sigward 等,2016）

另外，针对下肢，S. Lee 等（2017）测量研究了滑雪过程中下肢多关节在短距离和中距离弯道的运动学和动力学数据，以及高发风险。从 DeJong、Alexandra F. 等（2018）的综述研究中，可以看到加速度和压力传感器在踝关节不稳定研究，运动相关的下肢疼痛、损伤康复人群的步态训练的作用。Shogo Sasaki 等（2018）采用三轴加速度传感器研究发现了羽毛球运动中的前交叉韧带（ACL）损伤发生率最高的动作。Kathryn L. Havens 等（2018）也证明了采用加速度传感器可以提供前交叉韧带重建后跑步时膝关节负荷的不对称信息。Kelly R. Sheerin 等（2019）人研究和评估跑步者腿部的冲击负荷。

Maranesi E. 等（2016）采用可穿戴传感器监测心率（HR）和心率变异性（HRV），是来测试和识别患有心源性猝死（SCD，Sudden cardiac death）风险的运动员，并研究和评估预防指标。

Wilkerson、Gary B. 等（2018）利用加速度传感器测量运动期间身体加速度的瞬时变化，并利用采集的数据建立加速度变化值与运动损伤发生事件之间的对比模型，利用该模型预测受伤风险。

3）运动康复

可穿戴设备和传感器为运动康复专家提供了可以在各种环境中能够量化获取有意义的临床运动数据的能力。Kim、Kyoung Jae 等（2018）研究了一种用 IMU 对中下肢节段漂移进行量化测量的方法，并确定膝关节损伤对下肢稳定性的影响，研究发现，将 IMU 安装在膝关节处，测量的敏感性和特异性更高。

4）能量消耗

目前的进行能量消耗测量的一些设备的主要问题有：①不同设备测量的绝对值差别较大；②与代谢仓和双标水方法比较，有显著性差异；③低估总体能量消耗；④在职业体育方面的实用证据也非常有限。为了进一步研究在运动时估算能量消耗的技术，有研究使用可穿戴传感器和设备参与能量消耗估算和验证。目前，这些方法可以概括为：①基于活动数量的方法，使用加速度传感器计算活动数量，然后利用模型直接估算 EE，而不考虑活动的类型；②基于活动类型的方法，首先对活动类型进行识别，然后将活动类型与预定义 EE 模型相对应进行估算，例如，T. Nagata 等在 2016 年报告的方法（2016）。这些方法的问题是不能将活动的强度引入估算之中，因此限制了此方法评估复杂活动的有效性。Ted Polglaze 等（2016）提出：基于运动总距离和平均速度来估算能量消耗只适用于直线匀速运动，而团队项目的运动方向和速度是变化的，应联合使用速度和加速度数据计算团队运动能量消耗。Karsten Koehler 等（2017）和 Paul B. Gastin 等（2018）的研究，发现了一些型号加速度传感器在高强度和间歇运动模式下预测能量消耗的准确性差，精度误差大。

由于以上局限性和问题的存在，不断有新的利用加速度传感器来预测能量消耗的方法研究和验证实验。例如，呼吸指标也是与能量消耗相关的因素，已有研究表明，与心率方法相比，肺通气量（pulmonary ventilation，VE）与 EE 有更好的线性关系，但精确的 VE 测量也需要带有面罩的设备。基于此，Ke Lu 等（2018）将加速度传感器数据、心率数据、呼吸数据进行融合，通过神经网络模型来提高能量消耗预测的准确性。

N. Nakamura 等（2016）使用神经网络模型和加速度传感器，来预测不同运动强度的耗氧量。同一年，Božidara Cvetkovic 等（2016）还使用加速度、心率、呼吸频率、皮温、体表温度、皮电等多传感器组合方式，建立回归模型计算能量消耗。

Park、Heesu 等（2017）将加速度、心电图（ECG）和心率变异作为模型的参数，来进行人体活动识别和能量消耗估计，对比没有心率变异参数的模型，发现：具有 HRV 参数的活动特异性模型中，EE 的估计性能最好。

Alyssas Evan 等（2018）除了使用加速度传感器外，还联合使用新型的纳米复合压电式力传感器建立预测能量消耗的模型。而 Gareth Williams 等人（2018）采用平行卡尔曼滤波的模型测量能量消耗。

国内在这方面的研究成果包括，鹿琦（2017）对智能传感器估计能量消耗的精度进行了研究，发现：不同人群在进行不同活动时，加速度传感器的精确度是有差异的，可能高估或者低估了实际的能耗。Yanxiang Yang 等（2018）利用一种基于加速度传感器的新型分析仪测量能量消耗。

（5）在体育设施、场所和器材、装备等方面的应用研究

一些体育训练和比赛用途的器材和装备，可以采用可穿戴设备和传感器对运动时特性和技术参数进行同步测量，以用于性能的后续改进，以及与运动时的人机关系的改善。

国家体育总局体育科学研究所联合必创科技在 2016 年报告了多个传感器和视频同步采集系统，在系统中，可以将多个 IMU 或者其它类型的可穿戴传感器以基于无线传感器网络的方式接入网络，与 2 台视频设备同步采集数据和视频等多结构数据，同时满足力量水平、技术水平、动作姿态分析的需要。至 2019 年，系统内的 12 个加速度传感器在 1KHz 采样率下的同步时间精度已经达到了 1 毫秒，如图 3 所示。

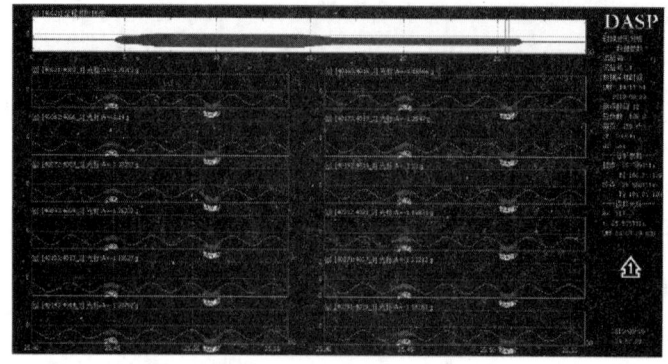

图 3　十二个加速度传感器的同步时间偏差测试曲线

C. M. Itagi 等（2017）将 IMU 单元装备到可用于室内和室外运动的电子运动手套中，可以计算出手腕动作的偏航角、俯仰角和横摇角。K. Nagamune 等（2018）开发了一种可穿戴式底压测量系统，固定在运动鞋中，用于计算运动中的足底压力中心（COP）。

（二）生理及化学参数传感器

生理和生化指标的监测是体育训练与科学研究领域的常见工作。人体汗液传感器有望改变运动生物化学指标的监测模式。

Steinberg、Matthew D. 等（2016）系统总结了可穿戴电化学传感器的系统结构，和可以集成在服装和纺织品中，和应用于人体的电化学传感器。结果表明，以用户为中心的可穿戴电化学传感器研究方法正在产生高度集成的系统架构。

Janta、Marius 等（2016）探讨了利用汗液传感器建立新型体育运动中信息系统的可能性和技术问题，并提出了一种简单的建模方法。Bariya、Mallika 等（2018）的综述性研究，展示了汗液可穿戴传感器在体育领域具有监测生理状态的应用前景。Kassal、Peta 等（2018）全面研究了化学传感器的发展情况和现状，分析了研发的挑战和最新趋势。A. Mason 等（2018）报告了血乳酸实时无创监测的新型电磁传感器技术。

国内的生物可穿戴传感器的研发成果包括：雷轩（2016）提出了可穿戴式血氧饱和度检测的设计方案。吴秋晨（2017）研制了测量汗液 pH 值及皮肤温度的可穿戴传感器。徐华等（2017）研制能够监测和识别人体不同动作，还能够监测运动时的汗液中的 NaCl 浓度的石墨烯可穿戴传感器。杨风健等（2017）报告的可穿戴设备，可进行体温、心率、血氧和血糖测量。Guan、Hongye 等（2019）利用多孔碳膜（乳酸氧化酶）制造了自供电的血乳酸生物传感器。

（三）国内外现状及对比和发展趋势

1. 国内外现状

国内学者对于可穿戴传感器和装备的现状进行了评价，弓腊梅等（2017）的综述研究结论是：我国可穿戴设备在体育领域起步较晚，研究热点主要集中在体力活动、能量消耗、运动强度、加速度计等方面。

总结以上综述，可以看到，国外体育领域在可穿戴传感器和可穿戴设备的应用研发方面，呈现以下特点：涉及竞技体育、大众体育和体育产业、体育科学研究等领域，文献中所涉及的项目近三十项，以及残疾人体育；分布上述报告中的具体的训练指导和监控中；在结合传统的统计学方法的同时，利用人工智能的机器学习、深度学习、计算机视觉等前沿技术进行研发、验证和应用。

而国内的应用研发和相关工作，具体的应用运动项目明显少于国外，新技术和新产品的研发在手环和智能设备、人体动作识别、姿态估计、时空参数测量、新型可穿戴传感器等方面比较集中。

2. 研发趋势

国内学者对于可穿戴传感器的研发和设计趋势的意见和观点包括如下。

朱显贵（2016）提出了在未来的运动可穿戴设备的发展中，应注意提高数据收集的精准性、增加功能的多样性、加强运动可穿戴设备形式的创新、提供个性化设置以及增加可穿戴设备安全性等方面。

曾天禹等（2017）探讨了可穿戴传感器未来的发展趋势，包括①新兴的供电方式；②可重点发展柔性且可延展的且可穿戴传感器；③相应的网络传输、数据分析和数据利用等技术也需不断完善。乔静（2017）认为今后可穿戴设备的发展趋势主要是：系统的独立性、低耗续航高集成技术、人机交互技术，以及大数据以及云计算技术等。迎九等（2017）提出可穿戴传感器的趋势是多传感器的融合和并行及印刷型的柔性传感器。

孙爱华等（2017）提出把实现设备输出数据的精确化、智能化和物理、生化、运动数据的全覆盖作为未来的发展目标，加紧评估对可穿戴运动设备输出的健身数据价值分析的认知方法。李森浩（2017）针对网球运动的可穿戴设备，提出网球智能穿戴设备在比赛及训练中的应用分析等研究，将会是未来相关领域的研究重点。

本报告认为，对于竞技体育，可穿戴传感器未来的研发和应用趋势有多类型传感器的融合利用、传感器和视频技术等的联合、人工智能技术的深度应用、柔性传感器和可穿戴设备的实用化、传感器高速通信的实现和应用。对于大众体育而言，可穿戴传感器数据与科学健身知识和方法的采集和融合应用，人工智能、大数据、区块链技术的联合应用，满足个性化需求的可穿戴体育装备，公共体育设施和场所中的可穿戴传感器和设备等，是研发和应用应当关注的方向。体育产业需要广泛利用以上成果，转化和推广成熟技术，并注重在体育安全、体育检测和标准化方面的重点实施，并研究残疾人和特殊人群的特殊需求，结合工业设计和人机工程学方法以及先进体育材料开发新产品。

全球导航卫星系统（GNSS）应用于体育领域已有二十多年的时间，主要用于为体育赛事、运动训练等提供位置信息、时间信息和速度信息。GNSS与物联网、地理信息系统（GIS）等技术的结合，还可以实现对其它运动数据的采集，进而达到对运动状态更加全面和有效的监控；结合云技术、大数据技术和人工智能技术，可以实现对运动数据的挖掘、分析、传输和存储；结合运动生物力学、运动训练学、运动技术分析等技术，可以实现运动技战术的分析和反馈；结合运动生理学、运动解剖学等技术进行数据解析，可实现体能分析、伤病预测、风险评估、人才选拔等目标。

（1）GNSS功能分析

1）运动参数测量

位置和速度数据是卫星导航系统可直接获取的物理量数据。根据这些数据，可分析并评估用户的运动轨迹、位移、运动距离、运动位置分布、速度区间分布、冲刺速度、重复冲刺速度、瞬时速度、加速度、步态（包括步频、步速、步长等）、跳跃性能（包括跳跃水平距离、垂直高度、落差、跳跃空中时间等）、碰撞检测、变向次数等，再结合运动学理论即可进行对运动员的体能情况、移动模式、技战术、高强度运动的量化评估以及对能耗情况开展评估。

2）运动负荷

GNSS 融合心率监控、血乳酸监控、加速度计等辅助手段，可以实现对运动员内部负荷和外部负荷的综合分析与评估，对运动员个性化的负载监控，为训练形式及训练负荷的分配提供更为精准的把控。这方面成果包括，Rossi 和 Trecroci 等建立一个机器学习过程，通过从 GPS 训练和比赛数据中提取的外部负荷来预测足球球员的 RPE，进而评估运动员的内部负荷。由于 GPS 技术可以记录多个能够描述足球训练和比赛的外部负荷指数，Torreño 和 MunguíaIzquierdo 等利用 GPS 和心率对足球运动员的比赛进行分析，对上下半场的速度和运动总距离进行分析，并对不同位置的运动员负荷数据进行比较。Jonathan 和 Fergus 等用机器学习的方法预测 GPS 训练负荷。Georgia 和 Tim 等研究了在板球运动中利用 GPS 进行负荷监控的实例。Jordan 和 Rob 等利用 GPS 系统研究了团体运动训练负荷与成绩的关系。Damian 和 Sam 等研究了利用 GPS 评估运动外部负荷的方法。

国内的研究包括，李星炜等研究人员利用 catapult 监控负荷和心率值，应用于校园足球。孙朋等研究人员用澳大利亚 GPS-SPORTS 和德国 EKF lactate scout 血乳酸仪分别监控女子 7 人制橄榄球比赛中跑动距离、心率以及血乳酸，对比赛负荷的特征进行研究。叶家驰等应用 Catapult Sprint 运动监测系统和 Fristbeat 心率监测系统，通过分析运动员在比赛中的移动特征、身体对抗特征和心率特征等指标，研究中国国家男子 7 人制橄榄球运动员的比赛负荷特征，为训练负荷的安排提供参考依据。冯锐等研究人员对中国优秀男子曲棍球运动员比赛和训练不同位置加速、减速、HIE 及运动员负荷等加速度计指标，与冲刺、低速跑及持续跑动距离等 GPS 指标进行比较分析，以对我国曲棍球运动以及集体球类项目比赛的运动形式和运动负荷特征有更为全面和深入的认识。

3）比赛需求评估

利用 GNSS 技术，可以实现对运动员比赛需求的量化，评估比赛和训练的需求差异，以及团队运动中不同位置运动员的需求差异；量化赛场上的异动情况，可以帮助教练规划训练计划，以及训练课程和比赛之间的恢复，有助于设计和实施针对特定岗位的训练计划，并对运动员的运动负荷进行适当的管理，可以发展康复并恢复到运动员特定位置的运行方案，以优化安全的恢复。

Anita 和 Martinique 等研究利用全球定位系统技术，量化女性足球运动员的内外部比赛需求，并描述这些变量在比赛过程中的变化幅度，以确定球员疲劳状况。Cunningham 和 Shearer 等量化研究国际橄榄球联合会比赛中作为比赛位置函数的峰值运动需求。Beard 和 Chambers 等利用全球定位系统（GPS）跟踪运动员的位置，收集了距离、每分钟距离、高速跑、最大速度、冲刺距离以及重复高强度运动的数据，以比较职业俱乐部与国际橄榄球联盟资深球员的运动需求。Bayliff 和 Jacobson 等研究了全球定位系统（GPS）追踪在足球运动员运动轨迹，获取有关运动距离、加速度和方向变化的综合数据。Taylor 和 Wright 等研究人员研究了团队项目中评估总跑动距离、冲刺跑跑动距离、高速/低速跑跑动距离等数据。

Caine M P 等研究人员利用追踪数据来识别与季内体育活动需求的时间变化相关的模式，发现某些训练中的高速跑和比赛中的高速跑之间存在的差异，该方法与比赛负荷预测相结合，可量化运动员在一个感兴趣时段的活动，指导人员跟踪运动员在训练过程中的体育活动需求，从而提高比赛适应的可能性，并降低受伤的风险。

4）运动训练监控

利用 GNSS 进行运动训练监控，可以跟踪运动员在赛场的精确移动，可以确定运动员是否在其位置上进行了充分的比赛或训练，确定训练中的正确训练负荷的有效方法，研究运动员在基于比赛的训练中是否能达到匹配比赛的强度，确定运动处方策略能否提供适当的训练刺激。

Rossi 和 Perri 等利用全球定位系统（GPS）监测了优秀足球运动员的训练，分析足球运动员在整个赛季中的负荷规律，采用机器学习和自相关分析的方法，发现赛季内足球训练具有一系列短期周期的特点。Johnston 和 Black 等研究了 GPS 可提供位置信息和速度信息。Hodun 和 Clarke 等利用 GPS 技术对女子户外运动进行研究，主要集中在比赛成绩、疲劳程度、训练强度等方面。对女子田径运动员进行 GPS 分析，有助于制定田径运动训练计划和监测方案。Calder 等利用 GPS 衡量网棒球运动的跑动情况和运动模式。Seeberg 和 Trine 等利用一个心率传感器、7 个 IMU 传感器和 GNSS 对越野滑雪运动员进行分析。Fasel 和 Laaksonen 等在使用 GNSS 研究越野滑雪的过程中，在一米间隔的位置是否能够提供可靠的时间间隔，发现精度受到低采样频率（10 赫兹）以及采样间隔的限制。高久翔等利用 GPS 对 U15 足球运动员在训练中的变向次数进行监控，并分析变向次数和球员灵敏及冲刺能力的关联。

5）比赛性能量化

Vieira 和 Carling 等利用 GPS 技术进行足球比赛跑动性能量化和速度区间分析，包括总跑动距离、每分钟跑动距离、高强度跑动分析、峰值跑动速度等，分析上下半场、不同年龄段、不同位置运动员、不同地域的跑动性能；基于跑动性能分析恢复方法，区别正式比赛与日常训练的跑动性能。Hausler 和 Halaki 等综述了利用 GPS 和微传感器技术在比赛中量化球员活动特征的应用，主要包括运动变量（距离、相对距离、速度和加速度），评估碰撞或碰撞变量以及代谢能量。蒋希上等利用 GPSports 装置与 Polar 团队心率表，对运动员比赛中 GPS 跑动数据和心率进行实时监控。蔡旭旦等研究人员针对中国优秀男子曲棍球员比赛中总跑动距离、不同速度段跑动距离分布、不同速度段跑动时间分布、冲刺和重复冲刺要求和加速减速变向运动特点等比赛跑动特征进行测算和分析，为我国优秀男子曲棍球运动员的专项技术和体能训练提供理论和数据的参考。

6）伤病预防和评估

利用 GNSS 测量的各项数据，可以对比运动员发生的非接触性软组织损伤、非接触性膝关节和踝关节损伤、下半身软组织损伤等情况，利用数据挖掘、机器学习等算法，评估运动的伤病情况、肌肉损伤、受伤风险与运动员运动情况的关系，进而实现伤病的预防和评估，对于康复也可以进行一定程度的评估。

Rossi 和 Pappalardo 等提出了一种基于 GPS 测量和机器学习的职业足球损伤预测的多维方法，并证明此方法的准确性和可解释性，该方法为评估和解释职业足球中伤害风险与训练表现之间的复杂关系提供了一套简单实用的规则。Martins 等建立了一个预测模型，通过数据挖掘方法和应用机器学习算法，利用 GPS 和自评训练数据预测职业足球队运动员的肌肉损伤。Kim 和 Cha 等研究了通过 GPS 记录的比赛参数与优秀女子曲棍球运动员非接触性膝关节和踝关节损伤之间的潜在联系。Greig 和 Emmerson 等研究了踝关节扭伤的复发率和量化监测的必要性，探讨 GPS 技术在量化踝关节扭伤功能康复过程中负荷进展的效果。

7）选材比较

利用 GNSS 可以对青少年运动员进行测试，有助于编制培训计划和选材；可以检查精英级和亚精英级运动的移动模式差异；可用于了解青少年运动员的训练负荷及量化运动需求。例如，Beard 和 Chambers 等利用全球定位系统（GPS）收集了运动员运动距离、每分钟距离、高速跑、最大速度、冲刺距离以及重复高强度运动的数据，以比较橄榄球职业俱乐部与国际联盟资深球员的运动需求。

8）定向运动使用

利用 GNSS 定向运动，可以辅助越野定向训练，实现可控的野外试验，提高运动专项测试的价值，通过检测定向运动员路线、速度和定向错误的信息、定向过程中便携式代谢气体分析仪数据和增量 TR 数据之间的相互关系来确定定向运动员的生理反应，记录训练负荷等参数。

王浩等研究 GPS 设备辅助定向运动中的应用，对采用 GPS 测绘手段和传统测绘手段进行对比分析研究，认为 GPS 设备在辅助定向运动制图中应用良好，同时在野外测绘中使地图制作的精度和工作效率都得到了大大提高。

（2）室内定位技术

基于卫星导航（GNSS）的获取位置（Position）和速度（Velocity）信息（以下简称 PV 信息）的方法在室外训练环境中得到广泛应用，一旦进入室内，卫星导航接收机将不再能够输出有效的 PV 信息。

激光测距可以在室内和室外环境中进行测速,缺点是仅可以应用于直道训练。红外光栅测量法也是一种可以适用于室内场馆的 PV 信息获取手段,但这种方法需要的传感器数量多,部署工作量很大,而且传感器之间的校准和标定比较麻烦。

基于无线电的室内定位、测速技术近年来得到了较快的发展,几种典型的无线电手段包括基于 WiFi、蓝牙的方法、基于 RFID 的方法、基于 Zigbee 的方法、基于 LIDAR 技术,以及基于超宽带信号或者 Chirp 信号的方法。其中,基于 WiFi/蓝牙的方法本质是基于无线信号的幅度信息,这种手段定位误差一般在 2 米至 5 米范围内,基本不能满足运动员 PV 信息获取的需求;基于 RFID 的方法与基于红外光栅测量方法的技术原理类似,但是其精度要差于红外光栅测量法,需要校准;基于超宽带信号的测距定位技术和基于 Chirp 信号的测距技术原理类似,精度相对较高,在简单的室内环境下可以达到 0.2 米至 0.5 米的精度,是一种性能优异的无线测距定位技术。近年来,随着超宽带/Chirp 信号体制相关芯片产业的发展与成熟,相应的测距定位产品的微型化、可穿戴设备也开始出现,在体育领域的应用研究也取得了一些成果。

然而,单纯依靠超宽带的室内定位手段获取的 PV 信息精度可能还存在问题。例如,在进行距离测量时,会存在正态分布的误差;或者,测距信号被衰减到噪声水平,导致精度下降。Alejandro Bastida-Castillo 等以测试场地的两个边为 X 轴和 Y 轴,经测试发现,UWB 在 X 轴向的定位误差为 5.2 ± 3.1 cm,在 Y 轴向的误差为 5.8 ± 2.3 cm,虽然研究者认为这个误差是可以接受的。但是,对于高水平运动员的训练来说,± 0.1 m/s 的速度误差体现在实战中也许就是能否获得奖牌的差别。因此,需要考虑引入其他的数据来源,以使得综合后的 PV 信息更加准确。基于多轴加速度计和多轴陀螺仪的惯性测量和导航方法是一种短期稳定度高、数据准确的技术,但是存在长期数据漂移的技术问题,将基于超宽带的室内定位手段获得的信息与基于多轴惯性传感器获得的信息实施组合导航,可以实现优势互补,既体现了超宽带室内定位无漂移的优势,又体现了 IMU 传感器在短时间内精度高的优势。

考虑到运动员在跑步训练中存在弯道/直道运动、室内环境应用、高精度需求、多人同时训练、较低的设备成本、快捷的使用方法和很低的时间成本等需求。因此,近几年,更多的研发采用可传戴设备和传感器进行室内运动员的定位。J. A. Kirkup 等(2016)利用可穿戴传感器和信标测量篮球运动员的室内位置。

国内这方面的成果包括,彭正林(2017)提出了基于 WiFi 指纹和惯性传感的融合定位模型,解决了 WiFi 指纹定位波动性大、受环境影响的弊端,同时也避免了惯性定位误差的积累,还对传统惯性定位中的位移估算算法进行了优化,基于气压计测高原理,提出了基于气压计校正的位移估算优化算法。杨东东等利用传统的三边定位的原理,提出了基于可穿戴设备的室内定位系统,同时增加时钟同步模块来减小误差。李璇(2018)利用可穿戴传感器,为马拉松赛事选手提供基于位置的服务,在追踪运动员运动轨迹的同时,还实时采集运动状态变化,防止运动性猝死事件的发生。吴杰伟

(2019）利用超宽带（UWB）芯片 DW1000 设计了室内定位的可穿戴携设备。

二、人体姿态识别技术研究

（一）基于 RGB-D 数据 3D 人体姿态估计

人体姿态估计即从图像或图像序列中推断出人体二维或三维部件（如头部、手臂、腿等）的位置。由于人体运动属于非刚性运动，复杂的周围环境、人体自身遮挡和光照变化的影响给人体姿态估计带来了诸多挑战，长期以来，人体姿态识别一直是计算机视觉领域的研究热点（Zhang, H.-B, 2015, 2016）。

本报告对 RGB-D 三维人体姿态估计方法进行总结。在 2011 年之前的三维人体姿态估计研究，其主要方法是使用人体二维信息估计出三维姿态或者采用人工合成的数据进行三维人体建模，如 SCAPE 模型（Anguelov, D, 2005）、人体骨架模型、SP 模型（Zuffi, S, 2015）。这种通过合成数据的方法在实际人体估计及估计参数的应用中具有明显的局限性。随着深度传感设备的普及，3D 捕获真实的人体成为了可能。在过去的几年里，学术界公开了一些 RGB-D 数据库，为人体姿态估计的研究开辟了新的道路。

1. 姿态估计的应用

人体姿态估计具有广阔的应用前景，如在人机交互、视频监控、体育运动分析、医疗诊断、场景理解等方面。人机交互，基于人体姿态估计的人机交互系统得到了快速发展，在这些系统中，可以通过捕捉人体姿态来准确地分析指令，从而实现人机的便捷交流。在体育运动分析中，运动员必须以特定的方式进行身体运动，以获得预期的运动效果（Fastovets, M., 2013）。采用人体姿态估计来跟踪运动员的位置和活动，对于运动员、教练具有指导作用（图 4）。如在高尔夫球（Park, S., 2017）等运动中帮助运动员矫正自己的错误姿势。在体育竞技的评分过程中，裁判难免有疏忽，会出现误判、打分不公正等问题，使用人体姿态估计，会降低出现偏差的几率。

图 4 姿态估计在体育领域的应用

2. 三维人体研究现状

人类动作数据集记录方式分为 RGB 和 RGB-D 两类。根据输入图像的种类不同，将三维人体姿态估计研究大致分为两类。第一类是基于RGB图像，第二类是基于RGB-D或深度图像。在深度传感设备普及之前的三维人体姿态估计研究中，主要是使用二维的RGB图像来实现三维的人体姿态估计，其主要方法大致可以分为生成法、判别法、混合法以及基于深度学习的方法。其中，关键的一步是从图像中估计出二维的关键点或二维姿态，然后通过建立的先验模型预测出三维的姿态。使用卷积神经网络在姿态估计中的表现非常优异，可以直接从输入图像进行三维姿态回归，如Mehta等（Mehta, D. 2017）基于CNN提出一种实时的三维人体姿态估计方法。

虽然过去十几年对基于RGB图像的三维人体姿态估计的研究取得了很大突破，但仍然有很多问题未得到解决。首先，由于背景、尺度和光照变化及服装和配饰的原因，人体各部位的外观差异很大，同时，在RGB数据中，摄像机的拍摄角度和成像的垂直投影法使人体出现较大的变形。其次，人体运动中存在大量的遮挡现象会导致与人体有关的信息丢失，仅仅依赖于RGB数据，不能重构杂乱的人体部位。估计准确度、收敛速度、鲁棒性等问题未得到解决。

随着深度传感设备的普及，深度图像的获取更为方便，在人体姿态估计的研究中更倾向于利用RGB-D数据中的深度信息，这有助于解决复杂场景中的外观变化、变形和遮挡问题，提高人体姿态估计的可靠性和准确性。首先，针对深度信息的外观特征，提出了将三维空间投影到二维平面上的有效方法，如距离不变投影和基于法线的投影，这样可以避免垂直投影到二维平面上的变形。其次，深度相机的照明和颜色变化不变，这使得使用深度信息作为外观描述符是有效的。最后，对于遮挡问题，可以通过深度信息和RGB图像对遮挡部分进行重构。

目前，基于TOF摄像机的人体姿态估计方法的研究主要有：Ganapathi（2010）的工作提出了一种利用单目深度图像流跟踪人体姿态的高效滤波算法，其关键思想是将一个精确的生成模型与一个提供有关身体部位位置判别模型相结合。Jain（2011）提出了一种基于模型的方法，采用基于Haar级联的检测方法和模板匹配方法，通过融合RGB数据和深度信息来检测和估计人类姿态。Zhu（2008）介绍了一种用于估计人体姿态的系统和方法。另外，还有在人体的深度图像中发现解剖学特征。该方法在深度图像中检测到头部、颈部和躯干（H-N-T）模板，并基于H-N-T模板检测深度图像中的肢体。此外，基于TOF摄像机的人体检测和姿态估计研究还有很多，例如，Plagemann等（2010）提出了一种新的关键点检测器，用于人体的网格结构模型和深度数据，以解决在深度图像中检测和识别身体部位的问题。Ikemura（2012）提出了一种基于TOF摄像机，利用关系深度相似特征（RDSF）检测人类的方法。

与此同时，随着Kinect的发布，许多研究人员使用Kinect来进行人体姿态估计。在Shotton（2013）提出的一种新方法中，可以在不使用时间信息的情况下，从单个深度图像中快速准确地预测人体关节的三维位置。该算法将复杂的位姿估计问题映射为一个简单的像素分类问题，运用了大量的、高度多样化的训练数据集，允许分类器能够估计身体部位对姿势、体型、服饰等具有不变性。通过重新投影分类结果并找到局部模式来生成几个身体关节的置信度三维方案,能够处理部分遮挡问题,同时能有效地估计无光或无约束光照条件下的人体姿态,且具有尺度不变性。此外,Ye(2014)提供了一种使用单深度摄像机实时同步姿态估计方法。Pauwels(2014)提出了一种基于模型的基于密集运动和深度线索的姿态实时检测和跟踪方法。

3. 姿态估计方法

深度图像三维人体姿态估计主要有四种方法:生成法或判别法和混合法以及基于深度学习的方法。生成方法的主要优点是能够更精确地推断姿势,具有很好的通用性,并且能够处理复杂的人体结构和服装及配饰。与生成方法相比,判别方法由于所用模型的维数较少,因此在执行时间上具有优势。混合法在一定程度上结合了生成法和判别法的优势,可以更精确地估计人体三维姿态。

①生成方法。生成方法(也称为基于模型或自上而下的方法)采用基于先验信息的已知模型,例如特定运动和背景等。基于生成法的人体姿态估计过程分为人体建模和姿态估计两个不同的阶段。在人体建模阶段,通过考虑问题的所有方面来构建似然函数,例如图像描述符,人体模型的结构以及引入的约束。对于估计部分,基于图像观察和似然函数来预测最可能的姿态。

另一类生成方法是基于人体部位(也称为自下而上的方法),它遵循不同的路径,将人体表示为由骨架结构中对关节施加约束所连接的集合。它主要用于 2D 姿态估计,但已经被扩展用于 3D 姿态估计。Zuffi 和 Black(2015)提出了一种图形模型,可以捕捉并适应不同姿势下的人体体型的变化,它被称为缝合木偶(Stitched Puppet,SP),是一种基于可实现部分的模型,其中每个身体部位用一个平均形状来表示。通过主成分分析(PCA)学习了形状变形的两个子空间,分别考虑了人体形态的内在变化和形态随姿势的变化

②判别方法。判别方法也称为无模型法,由于该方法学会了图像或深度观测与三维人体姿势之间的映射,因此不需要假设一个特定的模型。判别方法进一步分为基于映射的方法和基于样例的方法。

在基于映射的方法中,学习这种映射关系的一个主流的模型是使用支持向量机。支持向量机(SVMs)是训练超平面进行类间区分的判别分类器。在训练中选取最具决定性的的样本作为支持向量。类似的,关联向量机(RVMs)是一种贝叶斯核方法,除了选取最具决定性的训练样本作为相关向量,而且还使用了高斯过程等非线性映射模型。

在基于样例的方法中,存储一组样本及其相应的姿态描述符,并通过插值从相似搜索中得到的候选对象来估计最终姿态。随机树和随机森林是能够快速解决这类问题的方法。

随机森林(Random Forests,RF)是 Breiman 于 2001 年提出的一个新的组合分类器算法,包含多个决策树的分类器,输出的类别是由个别树输出的类别的多数票而定。

通过自助法重采样技术不断生成训练样本,由训练样本生成多个决策树,以随机的方式组成森林,且每棵树之间无关联,当有一个测试样本进入后,让森林中每棵决策树各自独立判断,看这个样本应该属于哪一类,分类的结果按决策树投票多少形成的分数而定图(图5)。主要思想是 bagging 并行算法,用很多弱模型组合出一种强模型。

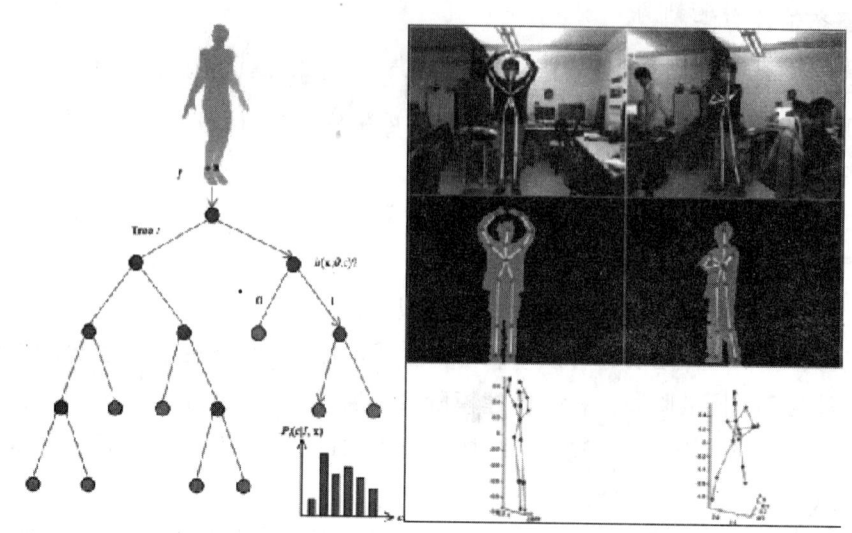

图5 随机森林(左)构成随机森林的树,树由分裂的节点(蓝色)和叶节点(绿色)组成。红色箭头表示特定输入的路径。(右)人体姿态估计结果

Shotton 等人基于随机森林提出了两种不同的姿态估计方法,BPC(body part classification)基于人体部位分类预测每个像素处的身体部位标签作为预测关节位置的中间步骤。首先使用随机分类森林在图像中的每个像素预测人体各部位标签。由于在训练时所有的像素都需要这些标签,因此将深度图表示为颜色编码的身体部位标签图像。然后使用这些预测的标签来定位身体关节。ORJ(offset joint regression)使用随机回归森林从每个像素向身体关节投射一组 3D 偏移投票来直接回归人体关节位置。BPC 和 OJR 两种算法有很多共同之处:它们都使用决策树和深度不变图像特征;这两种方法都利用了大量高度变化的综合训练集训练决策树。森林可以学习姿势和形状的不变性,同时避免过度拟合。BPC 方法引入了一组森林试图推断的表面身体部位。这些身体部位与感兴趣的关节对齐,以便准确地分类将定位身体的关节。相反,OJR 方法使用投票的方法直接预测人体关节的位置。

另一个方法是使用霍夫森林,霍夫森林是一个二叉分类树,每棵分类树的叶节点要么是分类节点,要么是回归节点。Girshick 等人在 2011 年提出将霍夫森林应用在人体姿态估计上。

Kostrikov 和 Gall 提出了一种深度判别森林回归方法。在从不同深度采样的二维图像块中提取特征后,该方法以平面扫描的方式扫描潜在关节位置的三维体,并使用回归森林从相对特征位置学习 2D-2D 或 3D 映射。因此,在假设特征深度的前提下,他

们预测关节的相对三维位置。最后，利用三维图形结构模型对姿态空间进行约束，从而估计出人体的最终姿态。

③混合方法。此外，还有一些将判别方法和生成方法相结合的方法，可以更准确地预测人体姿态。为了将这两种方法结合起来，从一个生成模型中获得的观测似然被用来验证从姿态估计的判别映射函数中得到的姿态假设。Salzmann 和 Urtasun 引入了一个统一的框架，将无模型方法和基于模型的方法结合起来，在判别方法中引入距离约束，并使用生成方法来执行输出维度之间的约束。Yasin 等人提出了一种双源方法，其采用带标注的 2D 姿势图像和 3D 运动捕捉数据估计 3D 中测试图像的姿势。在训练期间，3D 姿势被投影到 2D 空间，并且通过回归模型从图像数据的注释 2D 姿势估计投影。在测试时，首先估计测试图像的 2D 姿势，并从中检索最可能的 3D 姿势。最后，通过最小化投影误差来获得最终的 3D 姿势。为了利用生成和判别方法的优势，Simo-Serra 等人提出了一种混合贝叶斯方法，他们的方法包括约束基于 HOG 特征的部位判别检测器，其约束身体部位的 2D 位置和概率生成潜变量模型。

④深度学习方法。随着机器学习理论的发展，特别是深层卷积网络以及深度学习的广泛应用，研究者们提出了一些新的方法。其基本思路是直接利用卷积神经网络从图像非线性映射到人体姿态。首先利用卷积神经网络建立人体部位外观模型，利用人体模型进行人体姿态估计。其中的一种方法是采用端到端的多层卷积网络结构学习人体的低级特征和高级弱空间模型，通过卷积方式确定图像中人体关节的位置，并利用现有的人体模型进行人体姿态估计。另一种方法利用两个卷积神经网络的级联建立部位外观模型，对整个图像使用卷积神经网络计算每个像素点对每个关节定位的投票权重，在卷积网络中添加一个反卷积层来确定关节的位置。

深度学习方法是由多个非线性变换组成的表示-学习方法，通过较低层次特征组成形成的层次结构的更高层次和更抽象层次的特征来学习特征层次结构，在 Hinton 等人早期介绍之后，在许多计算机视觉任务中采用深层结构，如物体识别、图像分类和人脸识别等，并且与传统的方法相比产生了更好的结果。此后，已经提出了采用深度学习技术来成功地解决 2D 姿态估计任务的方法，直到最近才使用深度学习来解决 3D 姿势估计任务。Jiu 等提出通过空间约束深度学习从深度图像中估计人体部位。在 Li 和 Chan 的工作中，深度卷积网络（ConvNets）针对两种不同的方法进行了训练：①他们在异构多任务学习框架中，用一组检测任务联合训练姿态回归任务。②先使用检测任务对网络进行训练，然后单独使用姿势回归任务来细化网络。它们表明，网络在其最后一层对人的左（或右）侧的位置有一个内部表示，从而了解了骨架的结构和输出变量之间的相关性。Li 等人提出了一种框架，其将图像和 3D 姿势作为输入并产生表示两个输入之间的多视图相似性的分数值（即它们是否描绘相同的姿势）。采用用于特征提取的卷积神经网络，并且使用两个子网络来执行图像的非线性变换并且姿势成为关节嵌入（图6）。

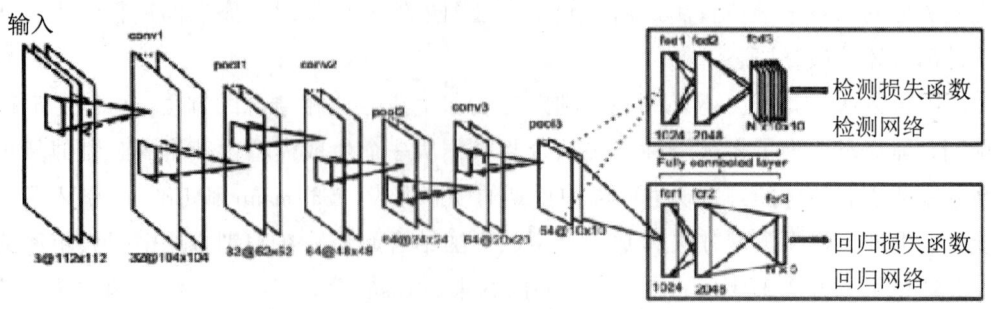

图6 卷积网络架构

基于单个图像的人体三维姿态估计是一项具有广泛应用前景并且极具有挑战性的任务。卷积神经网络（CNNs）最近在单幅图像的二维姿态估计任务上取得了优异的性能，通过对由人群搜索收集到的二维标注的图像进行训练。这表明，在直接估计三维姿态方面也可以取得类似的成功。然而，3D姿势的标注难度要大得多，缺乏合适的带标注的训练图像阻碍了对端到端的解决方案的尝试。为了解决这个问题，Chen等选择自动合成带有地面真实姿态标注的训练图像。Park等采用CNN进行端到端的学习来处理三维人体姿态估计问题。通过CNN学习人体关节之间的相对三维位置，通过将二维姿态估计与图像特征相结合，加入二维姿态信息，提高了CNN的性能，并且通过联合多个关节的位置信息，从图像中估计三维姿态的结果更为精确。使用三维卷积学习从体素输入到体素输出的映射，与学习从深度映射到三维联合坐标的回归方法相比，可以提高映射精度。Moon等基于CNN提出了一种使用单一深度图实现三维人体姿态估计的方法。他们将问题描述为从三维占用网格估计身体关键关节的每个体素可能性，使用2DCNN实现整体二维预测和3DCNN实现局部三维预测。

⑤遮挡处理。遮挡是指另一个对象隐藏感兴趣的对象。遮挡在人体姿势估计中分为自遮挡和另一个对象遮挡两种类型。解决遮挡问题在姿态估计中是一项具有挑战性的任务。近年来，深度数据的人体姿态估计已经取得了重大进展。已有的解决遮挡问题的研究主要是基于随机森林的回归或投票的方式。Rafi等人基于随机森林引入了语义遮挡模型，该模型被结合到用于从深度数据估计人体姿势的回归森林方法中。该方法可以通过利用遮挡对象的上下文信息来预测被遮挡关节的位置。Haque等从单个深度图像提出用于三维人体姿态估计的视点不变模型。为了实现这一点，他们建立的判别模型将局部区域嵌入到学习视点不变特征空间中。利用卷积和循环网络架构，采用自上而下的错误反馈机制，以端到端的方式自我纠正先前的姿态估计。作为一个多任务学习问题，该视点不变模型能够在存在噪声和遮挡的情况下选择性地预测部分姿势。

人体姿态估计长期以来一直是学术界和工业界的研究热点，本文回顾总结了该领域技术发展过程，并做了较为详细的介绍。随着深度学习技术的兴起，越来越多的人体姿态问题借助于深度学习方法取得了较为明显的效果提升。虽然该领域技术提升较快，但面对复杂的实际应用场景，特别是动态情况复杂、速度变化范围大的体育场景，还是有诸多细节问题亟待解决。

(二) 利用深度相机对人体动作进行分析

对运动中的人体或器械的运动参数（例如速度、加速度等）的测量一直是体育工程领域的重要任务。测量的方法可以分为两大类：侵入式的和非侵入式的。侵入式的测量一般是指在受测的物体或人体上加装传感器，通过分析传感器数据来获得被测物体或人体的运动参数；非侵入式方法一般是采用视频设备和软件来获得运动参数。

两类方法各有优缺点，非侵入式方法的优势是不会对被测物体产生干扰，缺点是测量难度较大，容易受环境影响。侵入式方法的优势是测量比较准确，但是易对测量对象造成干扰。

传统的普通摄像机拍摄的视频，因为没有深度数据，因此难以测出物体在三维空间真实移动的距离，使用多部摄像机从多角度进行拍摄获得立体视觉的研究并不成熟，并且计算量大、难以做到实时。

近年来，时间飞行法 TOF（Time Of Flight）深度相机的进步给非侵入式的测量提供了一种新的方法。与传统 3D 信息获取设备笨重的体积相比，由单片 CMOS 技术直接探测 3D 信息的 TOF 相机体积小巧，扫描速度快。

1. 深度相机的原理

深度相机（Depth Camera）拍摄结果是三维数字点云（所谓三维点云，就是一堆三维空间内已知坐标的离散点所组成的集合，这些点通常由深度传感器采集到的深度图像，通过反投影变换到三维空间中所得到），目前，深度相机的主要实现方式是时间飞行法、双目视觉、结构光和激光雷达。

2. 深度相机的分类

深度相机从成像原理上主要可分为 TOF 相机和双目立体视觉相机两大类。

（1）TOF 相机

TOF 是 Time of flight 的简写，直译为飞行时间。所谓飞行时间法 3D 成像，是给目标连续发送光脉冲，然后用传感器接收从物体返回的光，通过探测光脉冲的飞行（往返）时间来得到目标物距离。此技术与 3D 激光传感器原理基本类似，只不过 3D 激光传感器是逐点扫描，而 TOF 相机则是同时得到整幅图像的深度信息。

从光源发出的余弦调制光经物体反射后被摄像机接收，根据单周期内等间隔连续拍摄得到的 4 幅图像，利用离散傅里叶变换公式计算出各像素对应的入射光的相位、幅值和偏移值，从而计算出各点的距离和灰度值，得到深度图和灰度图。

（2）双目视觉相机

双目立体视觉（Binocular Stereo Vision）是基于视差原理并利用成像设备从不同的位置获取被测物体的两幅图像，通过计算图像对应点间的位置偏差，来获取物体三维几何信息的方法。基于这种原理的相机称为双目视觉相机。

3. TOF 相机

（1）TOF 相机的构成

TOF 相机与普通机器视觉成像过程有类似之处，都是由照射单元、光学部件、TOF 传感器、驱动控制电路以及运算单元等步骤构成。

TOF 相机采用主动光探测方式，其照射单元对光进行高频调制之后再进行发射。光学单元有一个带通滤光片来保证只有与照明光源波长相同的光才能进入，同时由于光学成像系统具有透视效果，不同距离的场景为各个不同直径的同心球面，而非平行平面，所以在实际使用时，需要后续处理单元对这个误差进行校正。TOF 传感器是相机的核心部件，芯片每一个像元对入射光往返相机与物体之间的相位分别进行纪录。该传感器结构中包含 2 个或者更多快门，用来在不同时间采样反射光线。驱动电路负责控制照射单元和 TOF 传感器，以便达到较高的深度测量精度。运算单元主要是完成数据校正和计算工作，通过计算入射光与反射光相对相移关系，即可求取距离信息。

（2）TOF 相机的优势

TOF 相机的主要优势包括体积小巧、系统简单，能够高速计算深度信息，扫描速率可达几十到 100fps，其深度计算不受物体表面灰度和特征影响，可以非常准确地进行三维探测。而双目立体相机则需要目标具有良好的特征变化，否则将无法进行深度计算。深度相机的精度稳定，不随距离改变而变化，基本能稳定在 cm 级，这对于一些大范围运动的应用场合非常有意义。

4. 双目视觉相机

双目立体视觉是基于视差原理，由多幅图像获取物体三维几何信息的方法。双目视觉一般由双摄像机从不同角度同时获取周围景物的两幅数字图像，或由单摄像机在不同时刻从不同角度获取周围景物的两幅数字图像，并基于视差原理即可恢复出物体三维几何信息，重建周围景物的三维形状与位置。双目视觉亦称为体视，是人类利用双眼获取环境三维信息的主要途径。从目前来看，随着机器视觉理论的发展，双目立体视觉在机器视觉研究中将发挥越来越重要的作用。

5. 深度数据处理算法

使用深度相机获取的三维点云中包含噪声点。为了从这些数据中提取需要的信息，深度图像处理算法基于传统的计算机图像处理算法，并在此基础上改进，提出了一些图像特征捕捉算法。

特征是图像理解最基本的处理与分析对象，是完成图像理解中对象识别、目标分类等任务的先决条件。图像特征提取也是从图像获取数据信息并进行相关分析的前提条件和关键步骤，提取的特征能否有效且可靠地描述目标区域或对象类别，对后续的学习模型设计的简易程度、复杂度及运行时间非常重要。

在基于可见光图像的特征提取中，主要可分为点特征和梯度特征。点特征是指图像中明显的点，常见的点特征有角点特征、尺度不变特征变换特征（SIFT）等。点特征通常维度低，具有计算成本小的优点，但是在复杂环境下匹配结果较差。图像梯度特征利用的是像素之间灰度值不连续的特性，经典的梯度特征有 Canny 算子、HOG 算子等。该类特征检测率高，但由于要逐点计算梯度值甚至多步的梯度，则往往导致计算量很大。单纯地采用梯度特征或者点特征都不是一个好的解决方案。

出于有效性的考虑，微软公司的深度相机 Kinect 采用了相对于旋转图像非常简单的特征。它不进行切平面运算，而是只对深度图像中的每个像素的邻域进行差运算。定义 $z(p)$ 为某深度图像点 p 的深度，给定图像的位移偏差 a 和 b，则算子如下：

$$fa, b(p) = z[p+1/z(p)*a] - z[p+1/z(p)*b]$$

给定某个允许的深度偏差，就可以得到关联任意一个像素点 p 的特征向量 $x(p)$，该特征向量的每一个分量为由上述公式计算出的值（使用不同的偏差 a 和 b 的组合）。

基于深度特征的部位识别算法主要有：①决策树；②随机森林；③标记像素。

6. 深度相机和普通相机结合使用

由于深度相机的使用局限，产生了混合使用普通摄像机和深度摄像机的方法。在近距离同时使用深度摄像机和普通摄像机对人体运动进行记录，通过深度学习构造分类器和模式数据库；利用普通摄像机分辨率高、拍摄距离远和适合室外拍摄的优势，在普通数字图像和对应的深度数字图像之间进行有监督的学习，在这一层分类器的基础行，构建和进行大范围拍摄和人体动作识别。目前 Intel 公司已经有了这方面的实验性的产品，并用于美国田径队，但它的识别精度和正确率还有待于进一步验证。

7. 深度相机在体育领域应用的前景和要解决的问题

2018 年，Fackbook 公司团队建立 RGB 图像与人体表面特征之间的对应关系，其目标是在 RGB 图像上，在复杂背景的情况下，对大量的人体运动进行姿态估计（比如足球比赛），同样其有效性和精度还需要进一步评估。

以目前的发展状况，深度相机中主要是 TOF 相机在体育中的应用前景较大。但是，TOF 相机相对于同时期的普通数字相机有如下劣势：①像素低；②拍摄距离短；③在室外应用有困难；④多机拍摄同一物体需要降低频率；⑤没有高速模式。但是，优点是能够直接产生三维图像。此外，如何对拍摄数据降维度，提取人体或运动器械的关键信息也是需要仔细研究的问题。

三、体育材料研究

（一）新型体育材料的研发和应用

更加完善与普及面更广的体育基础设施的建设，直接带动了运动装备、运动器械及运动场地设施等相关产业的萌芽与进步。这使得体育装备、器材在安全方面的要求将更加严格，对其在选材上的研究不断深入，逐渐向新兴材料发展。

在新材料在体育装备中的应用方面，Tong 等（2019）介绍了多种新型材料在体育器材及装备中的应用。其中，石墨烯聚合物纳米复合材料具有高稳定性、高强度、高耐磨性和高耐热性；尼龙纤维复合材料具有高强度、良好的抗冲击性；不饱和聚酯复合材料力学性能、耐腐蚀良好；碳纤维材料有显著的各向异性，且柔软，可沿纤维轴方向加工成各种高强度织物，且具备良好的刚性和抗冲击性吸收性能；环氧树脂复合材料具有强粘合性；环氧树脂涂料适用于室内场地铺设，具有良好的柔韧性、弹性和缓冲性。

在生物工程塑料的应用方面，郭晓芳（2016）、王华（2017）将生物工程塑料分为天然生物塑料、高分子合成生物塑料、无机生物医学塑料、杂化生物塑料和复合生物塑料等，具备材质轻、强度、韧性高、抗老化能力强、耐高温性好、易成型加工等特点，以及逐步应用于穿戴体育器材、运动型自行车、水上运动器械及运动衣、泳衣、塑胶跑道等各种体育设施及运动器械产品。

在纺织材料的应用及发展方面，唐进单等（2018）介绍了 Coolmax 纤维面料轻薄、透气的特点，不易收缩变形，其耐磨性较好且弹性优良；Thermolite 纤维具有较好的保暖效果；热熔黏合纤维呈现蓬松、透气的效果，同时还有很好的缓冲性能和透气性能，力学性能优异；碳纤维复合材料的抗疲劳性能优异，且能有效降低噪声；聚酯复合材料韧性好且质量较小；此外，高强玻璃纤维因力学性能优异且耐光、耐热性好，可应用于运动场馆建筑。吴济宏等（2018）也指出 Coolmax、Coolplus、Coolking、Cooldry 等功能性化学纤维材料吸湿快干、抗菌耐久。

在化工材料的应用方面，闫泽（2019）阐述了体育装备中化工新材料的使用能够有助于体育装备材料的功能化、轻质化、稳定化，有效降低运动事故及伤病的发生率，且其体现出的舒适兼容性特点适合于大众体育。

在纤维增强复合材料的应用方面，杨磊（2019）指出玻璃纤维体育器材具有显著的强度大、弹性模量大、稳定性好等优异特性；碳纤维体育器材耐热性能、化学稳定性能优异；硼纤维体育器材强度高、弹性模量高；碳化硅纤维耐热性极其优异，强度高、韧性高，在抗冲击要求高的体育器材中应用广泛；芳香族聚酰胺纤维的弹性模量能够达到玻纤的两倍；超高模量聚乙烯纤维其综合机械性能都有显著的提升。同时，分别列举了碳纤维在自行车、纤维复合材质在羽、网球拍、以及赛艇中的应用。

在塑料及复合材料的应用方面，万绪鹏等（2019）分别介绍了不饱和聚酯力学性能、耐腐蚀与电气性能优秀，可以大量应用于皮划艇、冲浪板、速滑车等体育器械；环氧树脂有着较低的收缩率和较好的尺寸稳定性，常用于制造撑杆等需要具备良好的弹性与韧性的器械；碳纤维增强复合材料质量轻、强度高，在体育器材材料中占有很大的比例。

也有部分学者、科研所及公司研发了多种可以用于运动装备及场地设施的新材料。例如，左键（2015）指出芳纶纤维具有超高强度、高模量和耐高温、耐酸碱、重量轻、绝缘、抗老化、生命周期长等优良性能，以满足运动装备的高性能与安全性的需求。王胜等（2016）、Zhu（2018）采用高温煅烧合成 Ti2AlC/Al 复合材料并应用于运动器材，结果表明随着滑动速度的增加，运动器材的摩擦系数和磨损率急剧下降，而当滑动速度较低时，运动器材表面则会出现层状剥落和严重的摩擦磨损。Yu 等（2016）开发 CrAlSiN +碳纳米复合材料涂层用于运动器材的表面磨损保护。PUMA 公司（2016）公开了生产阻燃运动鞋和鞋的方法，制造鞋面纱线由芳族聚酰胺纤维或聚酰胺酰亚胺纤维组成或包含芳族聚酰胺纤维或纤维；外鞋底由氯丁橡胶或另一种耐火橡胶制成或包括氯丁橡胶或其他耐火橡胶。

德国 BASF 公司研发了 E-TPU 材料，其兼具 TPU 弹性体和泡沫材料的硬度范围广、高耐磨性、缓震性能好、成型加工性好等特点，还具有质量轻、耐老化、回弹性及抗压缩变形性优异等特性，能够用于运动鞋的中底，为足部提供良好的减震性能（周文俊，2018）。科思创（2018）推出了一种用于合成运动地坪的二氧化碳基材料，并利用这一材料和橡胶颗粒生产了运动弹性地板。而在工程聚合物方面，Estane TRX 和 Boun Cell-X 在密度、支撑和缓冲等方面具备性能优势，并且可以叠加模塑件和复合材料，基于其柔软的触感和耐用性，可用于篮球、网球鞋中底，也可直接用于休闲鞋大底（2016）。BASF 在其 X-Swift 运动休闲鞋中，研制了四种高性能材料，外底由 Elastollan TPU 制成，采用高抓地力底纹设计，可提供最大地面接触面积，增加摩擦力。中底由 Elastopan©制成，其舒适度及耐用性显著高于传统材料。鞋面结构使用了可持续合成皮革 Haptex©和由 Freeflex™ TPU 制成的纤维（2019）。

孙玲玲等（2018）对碳纤维掺杂后的结构、电子性质及弹性模量进行分析，结果表明 Al、Mg 掺入碳纤维使其结构在高弹性模量要求下更加稳定。冯铭铭（2019）设计制作了填充生物质石墨烯内暖绒絮片的新型滑雪服，具有良好的透气性、保暖性，且生物质石墨烯内暖绒絮片具有良好的蓬松度和压缩回复性。Yusup 等（2019）以油棕空果束用作增强剂制作环氧复合材料，经测试显示，经过 24 小时纤维处理的环氧复合材料具有的抗弯强度、密度、孔隙率、冲击强度等性能使其成为制造运动设备的理想材料。

1. 运动器材及其关键材料的研发及应用

传统的运动器材大都采用木材或金属材料等，这些材料的物理特性使运动器材的使用受到限制。随着科技的发展，基于各种新材料优良的特性，如高的比强度、比模量、质轻、耐磨、阻尼性能好、可设计性强等，新材料在运动器材中的应用不仅延长了运动器材的寿命，提高了舒适性，甚至成为竞技体育中决定胜负的关键因素。

（1）撑杆

撑杆跳是传统体育竞技比赛项目，撑杆的材质对于运动员的安全和竞技水平的提高有着重要的影响。目前先进的撑杆材料可采用石墨烯填充复合材料，石墨烯的加入可提高撑杆的硬度和强度，减轻重量，同时还提高撑杆的韧性，提供足够的弹性势能。

(2) 高尔夫球棒

高尔夫球棒主要由三个部分组成：长柄、棒头和握把。现在高档的高尔夫球杆采用碳纤维复合材料（CFRP）制成，密度小、强度高、弹性高、耐冲击，可减轻质量约 10%~40%，且由于其设计自由度加大，可成型出不同结构，在棒头的成型中可选择中空成型方法，在中心填充硬质材质，可有效提高球的飞行方向和距离。另外，CFRP 具有高的阻尼特性，可使击球时间延长，球被击得更远。

(3) 网球拍

由于球拍在使用过程中将不断承受高冲击力，要求材料具有较高的强度和优良的柔韧性，同时为了使用方便，材料质地要轻。目前，高端球拍都采用碳材料制备，具有以下优点：①适用于大型球拍制作，为了让球拍兼具大面积和高强度的特点，需要使用比强度和比模量高的碳材料。②减震吸能，为了减震吸能，要求材料具有良好的阻尼特性，数据表明：碳纤维的对数振动衰减能为 1.6%，玻璃纤维为 0.6%，铝合金为 0.5%，钢材为 0.4%。同时可设计中空球拍，内部填充发泡材料，减轻球拍质量，提高减震效果。③设计自由度大，可混合增强，兼顾比模量、比强度、纵向弯曲刚性、扭转刚性和减震吸能特点，进行最优化的设计。

另外，现代网球运动员倾向于打旋转球，旋转球的缺点是球员需要以更大的手臂力量挥动球拍，从而使网球旋转。这会给球员的手臂带来额外的负担，可能会导致手臂受伤。邓禄普（Dunlop）采用巴斯夫公司的 Infinergy©的 E-TPU 发泡材料来制造 Sonic Core，为网球运动员提供强大缓冲、高回弹、速度和轻量化的性能，测试表明，与原来的材质相比，其回弹高度增加了 46%，球拍出球速度提高了 2%，同时可以减少 37%的振动。

(4) 自行车

碳材料因其具有质量轻、操纵性能好、安全性高、舒适性好和抗逆性强等优点，以及设计自由度高，可以成型较为复杂的结构，提高了自行车设计的多样性和新颖性，同时可根据力学和空气动力学指导自行车的设计，以便更好地满足性能要求。用石墨纤维长丝制成的管材可用来制造车架，可比钢制架减重 50%左右，使自行车总质量减轻 15%。当碳纤维（CF）与玻璃纤维（GF）混合增强复合材料可用来制造越野赛车时，质量可从金属材料的 63.5kg 减轻到 31.8 至 36.5kg。另外，在自行车制造方法上，美国 AREVO 公司与高端自行车制造商 Franco Bicycles 合作，打造了世界上首款一体式 3D 打印碳纤维车架，专利软件算法增加了设计的创造性，并对各项异性复合材料进行优化，使车架结构具备了更高的完成性和稳定性，而且大大缩短了加工时间，降低了成本，同时采用的热塑性材料在耐用性和可回收性上的表现也更加出色。

(5) 弓箭

对于射箭项目而言，为了提高射击精度，最主要是提高弓箭性能，即提高材料的拉伸强度和弯曲应力，而碳材料正好符合其要求，不仅强度高而且质量轻，可以为箭提供最大射速和最远射程。同时抗疲劳性能好,满足了弓箭需要多次张弛的要求。

(6)滑雪板

滑雪运动中,滑雪板的质量关系到运动员的安全和运动成绩,对于滑雪板的材质来说,木质材料强度低,易损坏;金属材料对于场地的要求较高,成本高;纤维复合材料能够适用于各种场地,适应性好且维护方便。目前性能优异的滑雪板一般是以夹芯复合材料制成的。比如上海工程技术大学(2018)研制了一种具有高抗冲性的滑雪板,其底板与面板之间设有以超高分子量聚乙烯纤维编制而成的网孔状的芯层结构,通过该技术一体化压制形成滑雪板,提高滑雪板自增强作用,芯层结构还加强了滑雪板可对撞击能进行吸收、分散的能力,从而提高整体滑雪板的抗冲击性能。

(7)滑板

滑板运动为极限运动的一种,滑板的主要结构包括支架、轮子、板体和轴承等,其中轮子和板体的好坏是评价滑板的主要性能指标。目前主要材料为聚氨酯。通过控制聚氨酯在轮子中的比例,就可以制造出不同硬度的轮子以适用于不同地面。对于滑板板面的材料来说,塑料板主要为 PP 和 PC,强度、刚度和耐疲劳性较高,在冲击载荷下基本不会发生变形。枫木的板体弹性好,寿命较长,且枫木比强度高,质量轻,适合长时间滑行,但木材受潮后容易变形。

2. 运动装备及其关键材料的研发及应用

材料技术对运动成绩的影响是巨大的,先进材料以及新颖的加工方法使运动装备的性能不断得到改善。例如新型材料中拉胀材料、梯度材料,以及自适应材料、相变材料、形状记忆材料等智能材料相继应用于运动鞋和运动服装中,其次可持续环保的绿色材料如天然纤维也逐渐应用到运动装备中,再次新型成型方法如 3D 打印材料(2018,2017)、超临界流体轧制或抛光材料(2016,2018)等也开始应用到运动装备中,它们对运动装备的物理机械性能、冲击能量吸收、减震、舒适性以及各种功能性如调温、抗菌、除臭等起到了明显的效果。

(1)拉胀材料

是具有负泊松比的材料,具有受拉时其垂直方向膨胀和(或)受挤压时收缩的力学特性,即拉胀性。拉胀子材料拥有优越的抗冲击韧性、优异的弹性和抗剪性、吸音和良好的能量吸收性,可应用于防护装备和运动服装。

沈炜等人(2018)公开了一种 3D 打印负泊松比多孔运动鞋中底,该结构的中底具有良好的吸震性能,能够平衡足底压力,采用 3D 打印技术制作,可改变负泊松比材料特性及分布,实现个性化定制需求。Nike 公司(2016)公开了由围绕孔的构件形成的鞋底有拉胀结构的鞋子,这些构件具有梯形几何形状。相邻构件铰接连接,当施加张力时,旋转使得拉胀鞋底结构膨胀。Fabricio 等人(2017)公开了包含膨胀纱线的纺织品。Nike 公司(2018)还公开了一种包括具有一个或多个通道的结构的复合材料,允许接触水溶胀性材料,该材料对水的吸收导致结构向外表面的形貌发生变化,从而可以改善牵引力。另外 Nike 公司（2018）还公开了一种将动态材料集成到衣物以获得可调节物理特性（美学功能）的系统和方法的专利。

（2）智能材料

智能材料是一种能感知外部刺激，能够判断并适当处理且本身可执行的新型功能材料，如改变压力的光子材料，收集能量的相变材料，以及热敏变色材料（2018）、功能梯度材料和形状记忆材料等。杨学太等人（2018）公开了一种光子材料磁悬浮运动鞋，其鞋底内部装有光子材料磁悬浮减震装置，并连接有磁力调节装置，可以达到更佳的减震效果。Nike 公司（2016）公开了一种适合运动员在运动时使用的能量收集装置，该装置可利用大量相变材料来存储热能，并通过热电发电机模块转换成电能。PUMA 公司（2017）公开了一种含两种相变材料的运动服装，分别具有27℃至29℃之间以及35℃和37℃之间的相变温度，两种相变材料与至少一种热致变色染料热接触，这样在运动时可在视觉上控制改进的热调节性能。王勇等人（2018）公开了一种舒适度高且具有变色功能的跑鞋，通过弹性橡胶垫和硬硅胶垫的一端配有内设弹性柱的减震层，提高了跑鞋的舒适度，鞋面配有热敏变色纤维，可随温度变色，使跑鞋更加美观、炫酷。李宁公司（2018）公开一种功能梯度材料，以解决现有材料制成的鞋存在减震性能较差及较容易导致受伤的问题。Nike 公司（2016）公开了自适应材料服装系统，以有效地输送和排出水分和热能，同时调节透气性。此外 PUMA 公司（2016）公开了一种运动鞋以及自动系鞋的方法，其中鞋面具有主材料部分和具有形状记忆效应的辅助塑料材料部分。

（3）天然环保材料

天然材料如大麻纤维、大豆纤维和薄荷纤维等也在运动装备中发挥了重要作用。唐旭（2017）公开了绿色环保抗菌型运动服，由外至里依次包括环保面料层和抗菌层，从而实现了运动服绿色环保和抑菌的效果。唐水金（2018）公开了一种凉爽型吸湿排汗运动服，由天然材料混纺而成的经、纬线相互编织而成，运动服背部形成导汗区，内设圆形凸点，沿着人体背部纵向排列，具有冰爽降温、吸湿排汗、舒适柔滑的性能。黄春山（2018）公布了一种具有超耐磨性能的运动鞋，采用多种橡胶组成，并配以绿色竹炭纤维、耐磨剂和弹性体，具有良好的弹性、优异的耐磨性能。

（4）新型结构设计和功能舒适设计材料

为了使得运动装备更好地适应人体运动需要，并保证安全性，新型的仿生设计装备应运而生。吉林大学张锐等人（2018）公开了一种仿生换气隔温缓震运动鞋鞋底结构，以非洲鸵鸟足底部包括乳突群为仿生原型，鞋底上分布有弹性环塞、仿生大底上的乳突气柱、柱底过渡槽与仿生中底上的仿生凹槽、进气孔共同配合组成的换气隔热缓震单元，换气室和乳突气柱的中空结构在人的足部和地面之间形成了以气体为主的接触介质，实现隔绝地表温度功能；乳突-皮肤的独特结构及其组合方式所实现的隔热、透气、缓冲的优异特性，实现仿生运动功能性，也使得运动鞋轻量化。

安踏公司（2017）开发了一种包裹有薄荷油和木糖醇的凉感聚合物水凝胶，给人体带来超强冰爽凉感，且冰感效果耐久性好，中间形成凸起点，也可提高通风换气能力和透气排汗性。王东（2016）公开了手感顺滑柔软点状接触运动服装面料，内层包括凸\凹面结构，并与中间层交织在一起，形成透气小孔，能起到导湿快干的作用，外层为抗紫外线层。王诗榕等人（2016）公开了一种石墨烯抗菌除臭运动鞋，采用石墨烯、己内酯、热熔纱、天然纤维等原料，鞋帮包括表面透气网层及设于其内侧的内里。

3. 运动场地设施及其关键材料的研发及应用

（1）田径场地面层合成材料（塑胶跑道）

我国运动场地，尤其是塑胶田径场地的发展过程大约历经不到 15 年。然而，自 2015 年 7 月开始，我国各地出现了所谓的"毒跑道"事件，为此教育部相关部门牵头组织起草了被称为史上最严的新的国家标准《中小学合成材料面层运动场地》（GB 36246—2018），于 2018 年 11 月 1 日正式实施。随着新国标的实施，众多塑胶跑道的生产、施工等相关企业也逐渐开始针对塑胶跑道的原料、配方、工艺等方面进行改进，其中主要集中于关注材料的结构设计、运动性能、环保、可回收等方面。

意大利盟多公司（2018）利用高温高压硫化工艺，各层永久性结合，使其生物力学和物理性能均匀稳定；通过针对每层各自的特性以及表层摩擦系数的研究，以提升运动性能；采用强化处理技术，防止面层受到损害，并可提供最佳的减震性能和能量返还，不会随着时间的推移挤压变形或分解（损坏）；还针对面层进行抗静态荷载和滚动荷载性能研究。此公司的运动面层材料还通过了绿色卫士金级认证，确保不含各类有害物质。蔡陈敏等人（2019）发明了一种预制型橡胶跑道及其铺装方法，该跑道由多块卷材单元拼接构成，应力增强层位于基础层与跑道层之间且在相邻卷材接缝的下方，可以增强卷材接缝应力，降低开裂可能性。另外，蔡陈敏等人（2018）还公开了一种三层预制型橡胶跑道，包括耐磨面层、微孔发泡层以及两者间的缓冲层，该结构具有优异的冲击吸收和缓冲性能。秦柳等人（2017）发明了一种热塑性聚氨酯发泡体运动场地，具有双层结构，底层由热塑性聚氨酯发泡颗粒和胶粘剂混合后铺成，面层由透气型浆料掺杂颗粒喷涂而成。丁莉等人（2018）发明了一种基于密度梯度结构的运动场地铺装材料，由具有包含低、中、高密度梯度的微发泡层和面层构成，符合人体运动工效学，可减少运动损伤，延长使用寿命。盛茂兴等人（2019）开发了一种基于物联网的校园智能型运动场地，包括跑道、配套手环和终端，其中跑道中层设置采集模块，面层设置防水层和感应装置，通过手环和终端感应接受运动者各项数据，并进行各项运动性能分析。

（2）人造草坪

人造运动草坪的应用在我国已有 20 多年的历史。随着人造草坪行业的快速发展和技术革新，人造草坪各方面的性能都越来越接近于天然草坪，尤其在运动性、功能性、草丝纤维结构和性能、安全和舒适性能等方面甚至更好。

季丽等人（2016）开发了一种超耐磨人造草坪，其人造草坪的纤维为菱形截面两边带有圆倒角，该种人造草坪具有极好的耐磨性能，经 Lisport 测试耐磨性能可达 10 万次以上。赵紫昱等人（2019）还报道了一些功能性的人造草坪技术，比如通过添加蚊净香草粉，使得人造草坪具备驱蚊效果且散发清新香味，并对人体无毒副作用；通过添加防火阻燃填料，提高人造草坪的阻燃效果；通过添加负离子粉，使得人造草坪可以释放负离子；通过添加抗静电剂，解决人造草坪摩擦产生静电的问题等。另外，王萌（2016）还针对草丝纤维的结构与性能进行了详细研究，比如：在草丝截面上设计加强筋，可提高耐磨、抗倒伏性能；在草丝截面上设计弯弧，可提高草丝的挺拔度和自然内卷力；将横截面设计成三角、四角、五星等形状，可提高草丝抗压力和快速复原；在草丝纤维中间设计中空毛细结构，可保持水分，降低草坪温度，提高舒适度等。

（3）其他场地材料

王春江等人（2018）主要针对应用于运动地板的高性能化耐候聚丙烯进行研究，其核心技术主要体现在：低收缩性，该材料模塑收缩率在 0.6% 以下，而未改性材料超过 1.5%；耐候性，由该材料制得的运动地板在极冷或极热环境中取得良好的使用效果，使用年限超过 8 年；安全性，不释放任何危害人体健康的物质，且其柔韧性、回弹性及防滑等特性还可有效预防和减少人员的运动损伤。

何小刚（2018）针对高弹性运动健身场地橡胶地板进行了研制，包括配方设计、地板表面纹路和工艺设计，该地板具有橡胶特有的高弹性、高耐磨性，利用人体工学原理采用不同表面纹路，色彩鲜艳、视觉明朗、脚感更舒适、行走更安全。

赵国锋等人（2018）开发了一种全新耐磨抗压型运动地板，自上而下依次为耐磨层、网状回弹抗压层、无纺稳压层和发泡层，采用涂敷和热压工艺生产，利用网状回弹抗压层增加抗压能力，利用无纺稳压层防止热胀冷缩，以达到了适应外界温差、降低成本和延长使用寿命的目的。

钟高明（2018）开发了一种能释放负氧离子的运动木地板系统，配有负氧离子发生器。当旋转板转起后，产生的负氧离子通过负氧离子释放终端向四周均匀释放，当不需释放负氧离子时，负氧离子发生器停止工作，旋转板自动复位至与地板平齐。

林炳松等（2018）开发了一种含有 TPU 的耐高温抗冲击运动地板，包括龙骨、支撑板、凸块和阻燃布。通过装配龙骨，使运动地板避免潮湿，提高其使用寿命；采用 TPU 材料，提高了地板的耐磨性、耐腐蚀性以及弹性；使用阻燃布提高了地板的防火性能。

（二）其他运动功能材料研究

1. 发泡材料

发泡材料一直是应用于运动防护用品的优选材料，近年来，随着新的材料、发泡工艺、泡孔结构设计等技术的不断进步，越来越多种类的发泡材料被应用于各种运动用品中。

耐克公司（2019）发表了一种关于热塑性弹性体的发泡方法，是在加压容器中用超临界流体浸渍热塑性弹性体的制品，然后迅速减压，通过浸没在可以迅速加热的流体中或者用红外或微波辐射来加热并使制品发泡，用该方法发泡的材料可以是各种形状，并在允许发泡后平衡的温度下退火以便有助于维持形状、增加模量，以制造各类产品。

王博伟等（2017）发表了一些可热压定型的用于缓冲减震的发泡材料制备方法，所得的发泡材料具有弹性高、支撑力大、持久舒适性好、稳定性和缓冲性能优良等特点，可用于生产各类运动防护用品，如鞋垫、护膝、运动袜、运动裤等。

Rogers公司也发布了一种能量激活缓冲材料，主要是用于运动鞋、越野鞋和场地鞋鞋垫的产品，该缓冲材料具有独特的动态开孔泡沫技术，可以针对运动员做出反应，控制能量并提供弹性，降低和转移脚部压力，吸收冲击从而保护关节和肌肉。

2. 3D 打印

过去几年，3D打印已发展成为一种体育产品设计、快速制备原型和空气动力学优化的常见技术，被应用于可穿戴设备、鞋子和零部件。

Reebok公司公开了一款利用3D打印技术制造的Liquid Speed系列运动鞋产品，该产品使用巴斯夫公司开发的液体聚氨酯材料，可以提供具有必要的流变学和反应活性，来生产不用模具的部件，同时所设计的鞋底两翼围绕在鞋的两侧，使得所有的材料都被结合在一起，为足部带来全面包裹与明显的能量反馈感。李宁公司也推出了3D打印运动鞋技术。

除了3D打印运动鞋以外，还有其他关于3D打印体育装备的报道，比如：3D打印防护牙托、3D打印运动防护面具等。

3. 纳米材料

由于纳米材料具有令人难以置信的性能，其应用数量预计将在未来几年成倍增长。纳米材料具有优良的质地、硬度、回弹性、柔韧性和其他特性。具体应用见表1。

表1 纳米材料在体育运动中的应用

纳米材料	体育运动	特点
碳纳米管	网球、羽毛球	增加球拍的硬度、稠度、耐久性、弹性、冲击力、斥力和振动控制
	高尔夫	减轻重量，降低杆的扭矩/自旋
	皮划艇	加强擦伤/裂纹的阻力，并容易填充皮艇
	射箭	更好地控制箭头的振动
硅纳米颗粒	网球、羽毛球	增加球拍的稳定性、力量和耐用性
	滑雪	降低滑雪板的扭转指数，促进滑雪板的过渡
	飞钓	加强铁箍和拉杆的弯曲强度

续表

纳米材料	体育运动	特点
富勒烯	网球和羽毛球	减少球拍框架的重量和扭转
	高尔夫	促进高尔夫球杆的挥动
	保龄球	减少球的碎裂
碳纳米纤维	自行车	减轻自行车的重量，增加硬度
纳米粘土	网球和高尔夫	增加球的弹性和弹跳
钛纳米	水上摩托艇	减轻重量，提高水上摩托艇的速度
	网球、羽毛球	抗变形，增加球拍的强度和耐用性，传递更多力量给球以更准确地击球
碳纳米粒子	公路赛	降低滚动阻力，增加抓地力和轮胎里程
纳米镍	高尔夫	增加球杆的转动惯量和稳定性
纳米纤维	多项体育运动	不透水膜能够显著增加舒适性和不透水性能
玻璃纳米球	运动服	提高舒适度

4. 智能材料

智能材料（徐成龙，2019）是具有一种或多种特性（如机械、热、光学或电磁特性）的材料，可根据外界刺激（例如压力、温度、湿度、pH 和电场或磁场）以可预测或可控制的方式变化。在过去十年里，体育用品和设备已结合多种使用这些材料的例子以达到一定的功能性能。这些材料越来越多地被用作低成本的传感器和执行器，为运动功能产品（外观、设备等）提供新的可能性。智能材料分类包括：压电材料、电致伸缩材料、磁致伸缩材料、流变性材料、温敏性材料、电致变色材料、富勒烯、仿生材料、智能凝胶材料等。

（三）体育材料的研究的发展方向、趋势、对策

除了关注新材料在体育器材和体育运动中的应用外，体育材料研究还应关注运动材料行为学研究，这也是运动材料开发设计和工程应用的基础理论。借助于运动生物力学、材料学和计算机等研究方法，其研究目的是为设计运动材料或器材提供必要的理论基础和计算方法，通过理论与计算预测新材料的组分、结构与性能，通过理论设计来"订做"具有特定性能的新型运动材料，解决运动材料的开发和应用的关键科学问题。其具体研究内容如下：

①运动材料安全与失效行为研究：针对运动材料的特殊性，研究运动员—材料—环境之间的各种力学行为关系；研究运动材料在不同载荷、环境条件下，特别是极端条件下的安全与失效行为，为运动材料设计提供基础数据。

②运动材料行为的模拟与仿真：基于材料行为学的基础，运用计算机软件为运动材料行为建立模型，并进行计算机仿真，依此来指导运动材料的设计，修正不合理的

设计方案，提高设计水平。

③新型材料在体育运动中的应用：针对不断开发出来的新型功能材料，比如纳米材料、智能材料等，运用体育学、运动生物力学、材料学等基础理论以及上述研究和计算机模拟结论，研究如何将其应用于体育器材或用品中，以获得更好的运动成绩、安全防护以及其他效果。

四、人与装备生物力学研究

人体工效学是关于体育工程中人与设备相互关系的科学，综合应用运动人体科学、运动生物力学、人体测量学、心理学、计算机科学、机械工程等多学科的研究方法和手段，开展人、运动装备的相互关系和影响，使设计的运动装备能够高效、安全地运行；开展运动训练和健身效果的测试评价。简单来说，人体工效学是研究"人—机—环境"系统中人、机、环境三大要素之间的关系。研究如何使设计的机械设备系统或人机系统，或人机环境系统最大限度地适合人类的形态、生理和心理特征，以求达到安全、舒适、高效生产和工作的目的。

人体工效学的研究重点自始至终都是围绕人本身的。从这个角度出发，可以将人体工程学划分为：对人类肌体生理特征的研究；对人类认知特征的研究；对人类行为特征的研究；对人体适应特殊环境的能力和极限的研究。研究方法多为：测量方法（包括尺度测量、动态测量、力量测量、体积测量、肌肉疲劳测量及其他生理变化测量等）；模型工作方法（包括有关人的模型或有关物的模型）；调查方法（常用的有观察法、询问法、问卷法等）；数据的处理方法等。

（一）运动装备器材的工效学研究

运动装备器材的开发和研制为运动员提供了更加有效的训练工具和运动装备，不同的装备设计对运动员的运动表现的效果产生了不同程度的影响，如球棒的硬度对冰球击打效果的影响、运动装备的能量储存和释放、不同设计的皮艇桨叶的流体阻力、防止头部撞击的发泡缓冲垫的设计、对带后悬挂的山地自行车的动力学分析、使设计最优化等。需要对运动装备器材产品的外观、功能设计、运动效果的评价等方面进行进一步的工效学研究。

蒋成涛（2017）通过运动捕捉分析水阻划船器拉桨阶段的运动学特征和肌肉用力特征，有助于运动员全面认识赛艇拉桨技术，为提高赛艇运动训练质量提供参考依据，以及为赛艇力量耐力训练探索新的测试手段和方法具有重要意义。

韦俏丽（2019）评价了新型高仿真骑马机效果，并为该设备提供了改进意见，表明采用三维运动捕捉、表面肌电和心率表同步测试分析的手段来评价运动器材健身效果的方法是可行、有效的。台湾体育大学运动科学研究所同样对年轻成年人从事骑马机运动的热量消耗与运动强度进行研究。

在运动装备器材外观功能设计上也有众多研究，例如，户外腰背按摩器进行分析与改进、户外多功能健身车的设计、新型蹬腿屈腿训练器的设计与研究、倒立机的设计、磁控健身车设计中的人机工程学、关于足球休闲运动两用运动鞋的设计、新型仰卧起坐板产品设计、基于人机工程学的坐式提拉器优化设计、手腕力量训练器设计与分析、基于人机工程学的卧式屈腿的优化设计等。

（二）自行车的工效学研究

健身车在运动科学领域叫做"功率自行车"，它可以调整运动时的强度（功率），达到健身的效果。国内外对自行车项目的研究大都集中在踏蹬技术、自行车的设计与改进、自行车骑行时的阻力等方面。关于自行车的工效学研究也是目前一个重要的研究热点。

文浩（2018）设计开发健身自行车数据可视化分析系统，该系统从监测数据获取、监测数据预处理、监测数据统计、健身方案管理以及健身效果评估等需求出发，从软件工程的实施流程完成了系统功能分析、概要设计与详细设计，并对这些核心功能和系统非功能性需求进行分析。

刘会峰（2016）运用具有扩展性强、功能强大、轻量级开源的 ThinkPhp 框架，设计和实现了一款基于健身自行车的健身信息管理系统。系统完全从普通运动健身用户的角度出发，使用了软件工程的方法进行了系统分析和设计，力求实现运动健身用户在健身自行车上进行科学健身。

（三）经颅电刺激研究

近年来，通过神经电刺激改善和提高人体运动能力的方法受到运动科学领域的广泛关注。大脑的活动主要以神经元放电为基础，因此可以通过改变或调节这种电活动产生短时间或长期的脑功能改变，包括大脑认知功能、感知功能和运动功能等。

其中，研究较多的是经颅直流电刺激（Transcranial Direct Current Stimulation，tDCS），研究人员已将其尝试用于提高健康人群或者运动员的运动能力。近年来 Nature 多次发文关注 tDCS 相关技术及应用（Bourzac，K，2016；Hornyak，T. 2017；Reardon，S. 2016；Edwards，D. J. 2017），表明 tDCS 可提高篮球运动员的纵跳能力和耐力水平；同时，针对运动员的 tDCS 装置也已运用在运动训练中，训练效果表明，加入 tDCS 手段后，运动员能够很好地适应这种训练方案并显著提高运动能力（Reardon，S. 2016；Edwards，D. J. 2017）。因而，该技术被认为能够通过提高肌力表现（最大力量/爆发力/耐力）、延缓运动疲劳、促进运动技能的学习和获得等来提高运动能力。此外，据报道，除竞技体育外，美国军方也将该技术应用于士兵训练，尤其是对体能和专注度要求较高的工作任务（Asher，T. 2017）。因此，这项技术又被称为神经启动技术（Neuro-priming）或称大脑训练（Brain Training）（Asher，T. 2017；Young，E. 2014）。

侵入性刺激方式如深部脑刺激（Deep Brain Stimulation，DBS），可以刺激脑深部组织，具备高精准特性，已在临床上取得广泛的认同和应用，可用于改善因疾病导致的运动能力降低,如治疗原发性震颤、肌张力障碍等(Stig, R. 2010)。

因此,理想的电刺激策略应既具有 DBS 高准确性的深部脑区刺激效果,又具有 tDCS 等技术的无创性优势。

1. 经颅电刺激对人类运动表现的影响

近年来,研究人员开始尝试使用经颅电刺激技术(Transcranial Electrical Stimulation, tES)提高健康人群或者运动员的运动能力,包括经颅直流电刺激(Transcranial Direct Current Stimulation, tDCS)和经颅交流电刺激(Transcranial Alternating Current Stimulation, tACS),其中使用较多的是 tDCS。Felipe 等人(2005)证明 tDCS 阳极和阴极刺激(参数:1 mA,20 min)均可对脑卒中患者的上肢运动表现产生短暂的改善效果。

除脑疾病患者外,tDCS 提升健康人群运动能力的潜在作用也逐渐受到关注。例如,Cogiamanian 等人(2010)将 tDCS 应用到健康人群中,阳极 tDCS 刺激(参数:1.5 mA,10 min)运动皮层可降低疲劳造成的肌肉疼痛、改善肘关节肌肉的协同做功,从而提升了肌肉的耐力水平。尽管下肢运动区刺激难度较大,但是已经开始关注经颅电刺激技术在下肢运动技术的研究。Sales 等人(2016)发现 tDCS 阳极刺激左侧颞叶皮层(T3 区)可以显著提高健康成年人膝关节伸肌等速肌力;Angius 等人(2016)也证明,tDCS 阳极刺激皮层脑区可以明显提高受试者的膝关节等长收缩的肌肉耐力,但皮层兴奋性、随意激活水平及最大肌肉力量无改变。与单关节运动相比,多关节运动及其神经调控机制更为复杂。Lattari 等人(2017)对成年男性进行 tDCS 刺激(参数:2 mA,20 min),双侧运动皮质 tDCS 阳极刺激后原地垂直纵跳高度、腾空时间和肌肉峰值功率均显著增加。此外,研究者还发现小脑 tDCS 阳极刺激可分别提高健康成年人和老年人的静态或动态平衡控制能力(Ehsani, F. 等,2017;Poortvliet, P. 等,2018)。

卞秀玲、刘宇、王开元等(2018)归纳和总结了国内外近 20 年的相关文献,认为 tDCS 技术对于改善人体的运动能力,包括提高肌肉爆发力、延缓运动疲劳、促进运动技能的习得等方面确实有积极的作用。在前人研究的基础上,上海体育学院刘宇团队正在有针对性地对 tDCS 的刺激参数和刺激位置,尤其是改为对刺激时间和体育训练方案的合理结合开展进一步研究。2019 年该团队发表在 Frontiers in Physiology 上的研究结果发现,经颅直流电刺激能够提高健康年轻男性受试者的功率自行车平均输出功率和 Stroop 效应;Stroop 测试是一种经典的神经心理学评估手段,可以测量认知功能的多个方面,包括信息处理速度、持续注意力、干扰和抑制(Huang, L 等,2013)。这些结果表明经颅直流电刺激有提高即刻下肢运动能力和认知功能的可能性。

2. 经颅电刺激改变运动能力的可能机制

现有研究关于 tDCS 的作用机制主要集中为以下 4 个方面:①改变大脑皮层兴奋性,由电场极性引起神经元静息膜电位的去极化和超极化(Nitsche, M. A. 等,2001);②调节突触可塑性,诱导 N-甲基-D-天冬氨酸(NMDA)受体表达、γ-氨基丁酸

（GABA）活性，产生长时程增强（LTP）或抑制（LTD）作用，这些被认为参与突触可塑性，并且与学习记忆有密切关系（Reis，J. 等，2011）；③改变脑血流，阳极和阴极 tDCS 引起大脑皮层和皮层下区域局部脑血流（rCBF）广泛增加或减少（Lang，N. 等，2005）；④调节大脑网络连接，tDCS 增加刺激半球内的运动前区、初级运动区和感觉运动区的连接，并诱导左右半球间的连接变化（Polanía，R. 等，2011）。

基于脑功能研究技术，包括功能磁共振（fMRI）、近红外光谱成像（fNIRS）和脑电图（EEG）等，研究者已开始探索非侵入性脑刺激技术改善人体运动能力的可能机制。Cogiamanian 等人（2010）发现 tDCS 提高运动功能的同时，M1 区阳极刺激还可增加运动诱发电位的幅度，这提示可能与皮层脊髓束兴奋性增加、促进 α 运动神经元对骨骼肌活动的控制有关。

3. 神经动作控制的生物力学

通过神经电刺激，经过神经肌肉控制过程，最终表现为人体运动能力的改变。

人体运动神经肌肉控制过程与机理一直是运动科学、神经科学研究的热点问题。生物力学研究技术应用于神经动作控制（Neuromotor Control）领域，为深入理解运动控制机制起了重要的作用。人体运动控制是在神经-肌肉-骨骼系统四个层次整合下完成的（图7）。

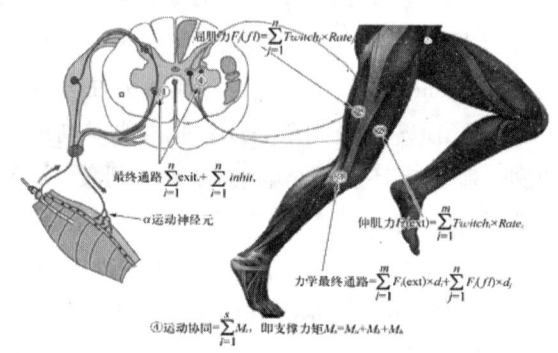

图 7 神经-肌肉-骨骼系统的整合

①将所有兴奋/抑制的神经输入汇合至 α-运动神经元；②对肌肉内所有募集到的运动单位所产生的所有单收缩进行求和，这体现为肌肉收缩力；③对所有主动肌和拮抗肌在关节周围产生的肌肉力矩求代数和；④为了一个共同目标各关节协同作用，产生联合关节力矩以完成神经-肌肉-骨骼系统的整合。

第三个层次得到的关节肌肉力矩虽然是力学指标（具有力学单位 N·m），但应将其视为神经控制信号，因为它代表了中枢神经系统对最终期望运动的控制，而肌电图（EMG）则反映的是肌肉的神经支配特性。比如走路过程中的支撑力矩可以看作是一种协同力矩，它量化了下肢所有肌肉以抵抗重力引起的身体坍塌的协同运动。因此，可以利用环节互动动力学模型和肌电图获得的结果用于推估运动的神经控制机制（Dounskaia，N. 2010）。这不仅对产生与控制运动的理解有重要的意义，亦为生物力学提供了一种研究人体动作控制的重要方法。

4. 经颅电刺激研究的方向、趋势

2017 年，麻省理工学院 Boyden 研究团队在 *Cell* 上报告了一种基于相位干涉电场的非侵入性深部脑刺激技术（Non-Invasive Deep Brain Stimulation via Temporally Interfering Electric Fields，NIDBS-TI），又简称 TI 刺激技术。该研究利用了神经元对频率高于 1 KHz 的正弦电场刺激无反应的特性，将两组频率分别为 2.0 KHz 和 2.01 KHz 的正弦电场从两个不同位置作用于大脑。因为频率高于 1 KHz，大脑浅层的神经元不会对该正弦电场的作用产生刺激响应。而在深部脑区两个 2.0 KHz 和 2.01 KHz 的正弦波叠加产生相干，形成一个包络为 10 Hz 的相干电场，该相干电场作用效果与 10Hz 正弦电场相同，引起深部脑区兴奋。基于上述原理，当使用两个差值为 10 Hz 且频率高于 1 KHz 的电场从不同位置共同刺激大脑时，可以相对精确地瞄准大脑深部区域，而浅部不受影响，达到深部刺激的效果（图 8）。

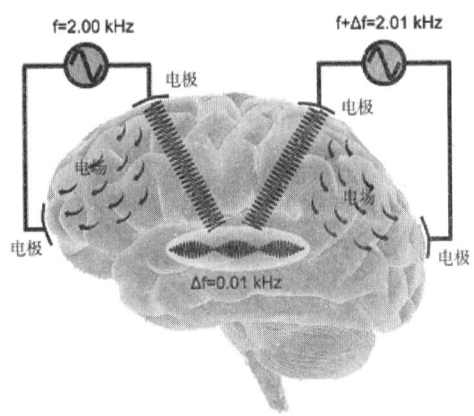

图 8 TI 刺激概念示意图

然而，该技术目前尚处于动物模型阶段，将其应用于人体研究仍需要大量技术开发与安全性验证，且其调节脑功能的机制尚需进一步探索。因此，研究基于人体脑解剖结构和特性开发无创的 TI 刺激技术，定位刺激人体深部脑区，验证其安全性并研究其可能机制，是今后的一个方向。

TI 刺激技术展示了无创、空间精确定位刺激大脑深部目标的可能性。运动皮层下肢代表区位置较深，位于两大脑半球间纵裂内，通过无创定位刺激运动皮层下肢代表区来探讨运动能力改变可以展示出 TI 刺激技术的优势，已有的无创深部脑刺激方法很难达到该区域。因此，该区域 TI 刺激可以作为深部无创脑刺激研究的切入点。

探究 TI 刺激-反应的神经生物力学机理，应用 TI 刺激干预提高人体运动能力，对开拓体育工程研究的新领域具有重要的理论与现实意义。

五、体育流体力学

（一）空气动力学研究

空气动力学在冬季竞速项目、球类运动、竞速运动的运动器材性能方面及体育运动场馆空气质量研究等领域起着至关重要的作用。冬季项目中的跳台滑雪、雪车、速度滑冰整个运动状态受气动作用，影响比赛成绩；球类运动（高尔夫、网球、足球、棒球等）和运动服装装备（泳衣、跳台滑雪服、高山滑雪服、骑行皮肤服、滑冰服等）受到空气动力作用，空气动力学决定了球类弯曲的飞行路径以及动作稳定性。空气动力主要影响目标对象的速度、运动（位置和位移）及最终运动员的表现，竞技性竞速运动的胜利都不会忽略空气动力学。由于国内外体育领域激烈的竞争，大多数体育空气动力学研究工作由商业组织、个人体育团队和单位开展并保密，导致公共领域的信息较少。我国开展体育相关领域空气动力学研究工作起步较晚，但随着社会发展，逐步被关注的体育场馆空气质量等问题在我国率先被开展研究；国外体育领域空气动力学研究的开展有丰厚的前期基础，传统研究技术相对成熟和领先，运动研究涉及领域也相对广泛，具有重要借鉴与指导意义。

空气动力学在跳台滑雪、雪车、足球、网球、羽毛球、自行车等运动项目及相关服装起重要的作用，先前研究表明，运动员速度提升一倍，所克服的阻力会增加四倍。由于 CFD 数值模型的局限性，风洞实验和现场实验是主流科学探究空气动力认知的方法。

1. 冬季项目空气动力学的应用研究

（1）跳台滑雪空气动力学研究

跳台滑雪过程通常分为助滑、起跳、飞行和着陆阶段，运动过程主要涉及弹道学和空气动力学两大方面。运动成绩取决于运动员初速度、起跳位置和运动员/滑雪板系统的气动特性（速度、运动员/滑雪板系统的姿态、阻力和升力、服装设计、滑雪板长度等）。

从 1924 年第一届冬奥会起，跳台滑雪就是冬奥雪上项目。早在 1926 年 Straumann（1927）开创性地开展跳台滑雪空气动力学风洞研究。到 20 世纪 50 年代中期，瑞士跳雪运动员 Däscher 第一个采用上半身弯曲保持尽可能大的向前倾斜角度并且保持手臂向后靠近身体的飞行方式，Straumann（1955）在 1954 年为了获取更好的空气动力而进一步开展风洞研究，为 Däscher 提供一个最佳的气动飞行姿态。

为更深入了解跳台滑雪空气动力学，研究者进行了大量的风洞实验，基于测试数据和现场实验提出最佳飞行状态，结合数学建模研究姿态对空气动力的影响。

波兰运动员 Graf 首次采用了 V 型飞行方式，瑞典运动员 Boklöv 采用 V 型飞行方式取了巨大成功，科研工作者分析缩比模型风洞试验 V 型方式与传统方式，发现 V 型飞行方式具有更好的气动性能，且该方式使运动员能够更多地向前倾斜。

在助滑过程中，运动员助滑前行的空气阻力应尽可能低，从而实现加速度最大化。空气阻力主要取决于运动员的姿势和阻力面积。Virmavirta 等人（2016）开展风洞试验研究，发现运动员助滑姿势比身高在气动特性影响大。Ettema 等人（2005）讨论了气动阻力作用下的这些初始条件，促进跳台上助滑姿势为起跳提供最优的初始条件。

起跳过程瞬间暴露在空气中从而产生阻力，Virmavirta 等人（2001）通过风洞实验研究，测量地面反力（跳力和气动力）发现起跳过程中气动力升力有助于减轻运动员在起跳动作中所受的负荷；起跳时瞬态气动升力未能被直接测量出来。Keizo 等人（2016）认为起跳过程中气动力短时间内发生了动态变化。如何最有效地利用起跳阶段的气动升力仍然是个未知数。运动员通过在滚轮滑雪板/平板模仿起跳姿势增加训练量，提高运动员对气动力的主观感觉的最佳方法是在风洞中进行起跳训练。

在起跳后，跳台滑雪运动员在 0.5s 内完成飞行姿态的稳定，向后和向前旋转角动量的完全平衡，确保受小阻力。Gardan 等人（2017）采用 CFD 方法来探讨迎风角和速度对气动力的影响；实地现场研究结果表明世界一流滑雪运动员在飞行初期后的位置角变化不大（MULLER W 等，1996；SCHMOLZER B 等，2005）。Chardonnens 等人（2014）基于惯性传感器的新三维技术评估稳定飞行的总气动力。

普遍认为，滑雪器材（滑雪板和跳雪服）在跳台滑雪飞行阶段起着很大的作用。Virmavirta 和 Kivekäs（2015）通过风洞试验研究单个滑雪板空气动力特性，升力随着 V 角（滑雪板夹角）的增大而增大，而边缘角的有害影响似乎随着 V 角的增大而增大；同时具有零边角的大 V 角仍然改善了气动升力系数，但是 V 角太大的飞行姿态可能变得不稳定。Seo 等人（2004）通过风洞试验还研究了运动员/滑雪板整体系统的俯仰力矩情况。

由于运动员不断寻求气动特性更好的装备，跳雪服的设计发生了多次修改，国际滑雪联合会（FIS）通过跳雪改变服规则试图限制其空气动力特性。Meile 等人（2006）重点比较研究了紧身跳雪服、符合现行规定的跳雪服、适中尺寸的跳雪服的气动力，发现跳雪服对空气动力特性影响较大，细小差异可能对飞行距离有决定性的影响。最近一次修改跳雪服的规则（FIS，2016）是额外不可伸展的皮带应该被缝制在套衫的腰部内，以防止运动员把跳雪服的裤裆向下移改善跳雪服的空气动力学。

此外，风环境对跳台滑雪的空气动力学有巨大影响。Müller 等人（1996）数值计算表明，顺风和逆风飞行，飞行距离有较大差异。FIS 基于风洞数据和模拟结果，于 2010 年推出了涉及风的补偿系统（2009），Virmavirta 和 Kivekäs（2012）进行了详细验证。

Ward-Smith 和 Clements（1982，1983）为了模拟地面对运动员的影响，在地面间隙高度可调的风洞中使用了滚动地和缩放比例模型，研究发现跳台滑雪运动员并没有承受任何由于地面上升产生的升力。但 Seo 等人（2001，2004）在采用全尺寸模型的地面效应测量装置中，在风洞的整个试验段上方设置了一个地面板，而且滑雪板尾部与此地面板的间隙很小，同时为了模拟地面附近的飞行，使用滚动地面，发现带地面板的升力面积总是大于无地板的升力面积。随着滑雪板夹角角度的增加，带地面板和不带地面板的升力面积差异增大，在传统的滑雪板平行飞行方式中没有类似的地面效应。

（2）雪车空气动力学研究

有舵雪橇简称"雪车"，是一种集体乘坐雪橇在人工冰道上滑行，利用舵和方向盘控制的竞速运动。最大速度超过150km/h且胜负差距为0.01s。雪车的空气动力特性对比赛的结果起着非常重要的作用，通过优化雪车的空气动力，使其气动阻力减小，以提高运动成绩。在对雪车项目的规律认识上，普遍认为优化运动装备以及提升运动员竞技水平是雪车项目空气动力减阻的关键技术之一。

四人雪车项目出现在1924年法国夏莫尼克斯举行的第一届冬季奥运会上。1932年普莱西德湖冬奥会上增加了两人雪车项目。雪车运动发展的另一个重要阶段是在20世纪90年代初，在欧洲和北美的赛事活动中女子雪车比赛首次亮相。在近5届冬奥会中，德国、美国、瑞士、加拿大、意大利等雪车项目表现抢眼，优势明显。

而我国的雪车运动在近几年才正式起步，对该项目的规律认识与经验积累比较薄弱，落后于瑞士、德国、美国、加拿大等欧美强国。最近我国雪车运动员在国际重大赛事上取得一些重要突破，雪车项目在我国仍具有很大提升空间，完全有可能成为潜优势项目。

为更加清晰了解雪车受力情况，Lewis（2006）对滑行过程中雪车滑行方向的受力大小对雪车空气动力特性进行了技术分析，主要为空气阻力和滑行装置的摩擦阻力，另外需要注意的保险杠和运动员的空气阻力不可忽略。

目前，国内针对冬季运动项目中涉及空气动力学问题的相关研究极少，主要为关于雪车项目特征分析、运动损伤和运动训练安排等方面研究成果。瑞士、德国、美国、加拿大等这些雪车运动强国，开展了雪车赛道设计、雪车与赛道冰面摩擦、雪车出发训练与相关装备研制、雪车结构性能、驾驶轨迹规划以及驾驶模拟器等方面的研究。但是，现代雪车的设计受到IBSF通行规则的严格限制，但也存在发挥空间。

Pernpeinter等（2010）在总结雪车气动外形发展过程中的经验教训基础上，提出了一种雪车气动特性系统性开发方法与流程，为气动减阻研究开展提供了重要指导思想。Dabnichki等（2006）和Winkler等（2010）通过数值模拟和风洞实验，研究了运动员位置对两人雪车气动特性的影响。运动员位置和运动员背弯姿势对气动阻力水平的影响很大，同时还探讨了在雪车尾鳍减阻的可能，通过风洞实验研究了雪车尾部与水平面的夹角对阻力系数的影响。

Ubbens等（2016）研究了两人雪车前整流罩与后整流罩之间的间隙对其气动特性的影响，通过数值分析和风洞实验发现，由于前部迎风面积的扩大和气流进雪车空腔内的不利影响，雪车弯道旋转会增加气动阻力。建议聚焦雪车外形，减少横向旋转的影响。此外，Gibertini（2010）和Shim等（2015，2017）等通过数值模拟了前整流罩鼻头形状和车身形状对雪车气动性能，阻力系数对前保险杠的厚度和前整流罩侧视半径比其他参数更敏感，优化保险杠；同时，在风洞对雪车和运动员测试中，提出气动力优化的建议。

(3) 小结

风洞实验、现场实验和数值仿真是冬季项目空气动力学的主要研究方法。

跳台滑雪气动力研究开展较为系统，多场耦合研究、运动姿态优化、规则限制内的服装和装备的改进和先进材料的应用是研究发展的趋势。智能化风洞实验训练馆必定是未来跳台滑雪空气动力学研究的重要工具，将广泛用于户外现场环境的模拟、气动力测量、运动员技术动作辅助训练以及运动装备优化设计实验研究等。

雪车气动性能研究有待系统开展，我国尚未开展相关研究工作，较大制约了运动员竞技水平的良性发展。当前亟需深刻理解并掌握雪车项目空气动力优化技术，全面评估空气动力优化效果，以期达到空气动力减阻相对最优的目标，为雪车项目运动装备优化改进以及运动员的科学训练提供重要的指导与科技保障。

2. 其他运动项目

(1) 球类项目的空气动力学研究

在空气的作用下，表面形态和物理形态决定全速运动的球类的飞行状态及轨迹。墨尔本皇家理工大学（2018）分析了世界杯足球平面变化，从2002年开始，由32面片逐步减少，2006年14面片、2010年8面片、2014年和2018年都是6面片，通过风洞实验研究对比研究2014年与2018年6面片组成的足球的气动性能，发现无论在长、短、中等传球方面有差异，俄罗斯世界杯足球在守门员接球方面也变得更难。

Crosset al. (2019) 研究网球旋转的空气动力，通过测量固定击球网球的旋转量，分析球拍倾角、击球速度及产生旋转量等组合因素分析，分析了实际运动员对于网球旋转控制机制以及洞察能力。Crabill et al. (2019) 采用高阶计算流体动力学求解 LES 模拟静态和旋转高尔夫球的流场，开发了新的算法在计算集群中加速利用现代硬件求解高量级网格和大尺度流动物理问题，与先前的实验研究对比，确定了该方法的高保真性，在曲棍球、低速帆船、自行车等领域可重复应用。

羽毛球不同于其他圆球，它具有特殊的羽毛及间隙，Woo 等人（2017）通过风洞实验研究了普通型、注射型和两部分裙型羽毛球的气动力参数，发现设计的羽毛球在速度超过 105km/h 时，阻力系数依旧可以稳定在应用研究可以 0.55，应用研究可以提升羽毛球的质量，减少运动成本。Hart 等（2018）通过 ANSYS 15.0 数值研究了羽毛球的空气动力，通过 k-ω SST 湍流模式求解雷诺时均方程（Reynolds Averaged Navier-Stokes, RANS）和延时分离涡模拟（delayed detached eddy simulation, DDES）捕捉全尺度涡，发现网格是模拟及涡捕捉成功的必要条件，对比羽毛球类型的空气阻力以涡量分布，有待进一步进行风洞实验（图9）。

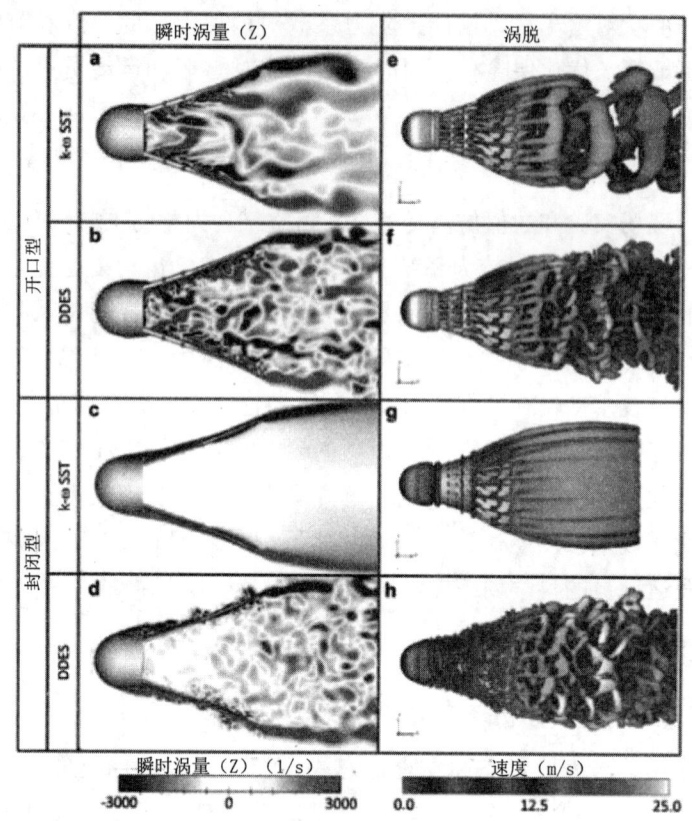

图 9 羽毛球流场数值仿真

（2）自行车的空气动力学研究

自行车人的位置以及头盔和衣服可以显著减少骑行中的空气阻力。Blocken 等人（2019）通过风洞试验和数值仿真结合的方法研究公路自行车冲刺低阻力姿势，发现降低冲刺时身体位置，相比常规减少 24% 的风阻，这部分减阻不仅仅是迎风面积减少带来的，还有部分身体变化带来的形状阻力的优化（图10）。Mannion 等人（2018）通过风洞实验进行残奥会中双人自行车气动性能并对数值方法进行验证，保证网格的分辨率以及湍流模型选择的精度，研究了前后运动员的气动力以及通过数值仿真完善了风洞实验室的阻塞率，发现前后两人的躯干弯曲角度与气动阻力还存在研究空间，两人整体阻力最小时，前运动员躯干弯曲 25°，后运动员弯曲 20°。Chowdhury 等人（2009，2011，2012）对于运动服装纤维进行了系列研究，广泛地应用在自行车服装和跳台滑雪服，可以减小阻力，增加升力保证飞行合理性获取更好的结果。

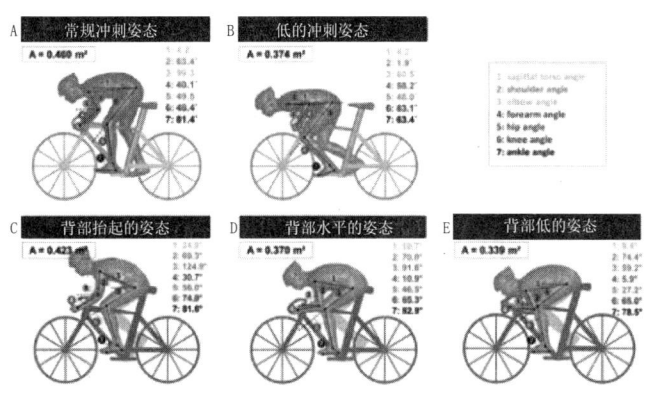

图 10　骑行姿势减阻研究（Blocken 等，2019）

另外，空气动力学在体育运动领域研究逐步扩展。Ortiz et al.（2019）分析在线性和非线性风速下射箭运动两种商业箭头飞行姿态的空气动力特性，提出定量侧向风影响时射箭姿态的调整量，探讨了非均匀侧向风影响时，飞行由层流过渡到湍流边界层的可能性变化以及冲击点与漂移的修正。汪超（2016）对扑翼运动模型进行归纳和分析，通过 Fluent 中动网格技术的应用对二维翼型基本参数（拱度、厚度和形状）、不同的扑动过程的翅尖进行模拟，扑翼的动力学参数研究和推进效率评价为我国运动帆翼摇帆的空气动力性能评价与优化研究提供基础。

3. 场馆空气质量测试评价

近期，雾霾天气及运动场馆等环境的空气质量成为体育科研以及运动员和教练员关注的重点。Ventura 等（2016）通过政府及奥组委支持对巴西里约热内卢奥运会期间 10 个场馆周边环境通过采样法研究了 PM10、PM2.5 和 O_3，聚焦奥运场馆结构建设及城市环境品质，反映奥运会场馆对环境空气质量等提出空气质量的规格与要求。运动场馆环境空气质量涉及范围较广，无论 PM10、PM2.5、CO_2 和 O_3 等甚至局部空间的热环境都会影响运动员竞技能力与观众的身心感受。

马勇等（2015，2017）系统开展了体育场馆空气质量研究，分别基于问卷调查和现场测试了解湖北省羽毛球馆室内热环境及空气质量受季节、区域等因素的影响，设计无线传感技术环境监控采集系统，实现了远程多用户端对体育场馆室内环境参数的监控，同时从体育场馆室内热环境人体需求和节约能源的需要出发，利用 CFD 技术对武汉体育学院体育馆等大型体育馆的空气流动和空调机组节能布置方案进行研究，初步提出满足运动员、不同位置观众对场馆热环境的差异需求和节能减排的策略。贾文娟（2017）对西北地区甘肃省 5 所院校中的体育场馆室内空气微生物菌落数进行检测，发现存在微生物污染情况。李峰（2018）通过白鼠在模拟低中高 PM2.5 浓度体育馆环境中不同运动强度下行为学及无氧代谢酶活性检测实验，发现 PM2.5 暴露对大鼠行为学产生不利影响，同时使无氧代谢酶活性降低，进而影响运动能力。以上研究均为体育场馆空气质量的研究提供了良好的借鉴。

(二) 水动力学研究

运动项目中的水动力学与空气动力学相互结合与统一,表现为运动项目的流体力学,对相关运动均通过整合减阻理论,结合先进技术和运动员训练,进一步对运动员设备器材优化、运动员身体姿态等控制策略以及对于高性能的服装的选择等提供基础与指导,其中在大多数水上运动(游泳、赛艇、帆船、划水和摩托艇),运动设备和运动员受水和空气共同作用。在运动员及其运动装备服装上的力主要有气动阻力、升阻力、侧向力、浮力等,高度依赖速度、形状、位置、流动形式(层流和湍流)和运动表面的形态。

Nakashima 等(2018)建立蹼泳仿真模型,对运动员进行动作捕捉试验验证,无论脚蹼弯曲性能还是流体性能都充分测量和完成识别,结果表明仿真模型有望成为评估潜水或蹼泳运动的优化工具(图11)。

图11 水下游泳动作捕捉(Nakashima 等,2018)

Hemon(2017)通过现实环境中的惯性量测量与风洞实验阻力项建立数学模型,对两种传统木质皮划艇桨叶水动力进行研究。Tullis(2018)通过传感器测量桨叶分量和船体的推进效率评价桨叶,可用于训练以及航速中的划桨分析。

冲浪板设计及运动爱好者 Oggiano(2018)通过 CFD 中的 Star-CCM+商用软件对三种不同设计的冲浪板进行性能比较研究,定量评估了底部曲率、尾部的差异对冲浪板的升阻力以及稳定性的影响,也说明计算流体力学求解器在冲浪板的设计工作中存在适用性与潜力(图12)。

Figure 4. Snapshots of the free surface behind the board at different moments in the maneuvering simulation.

图12 冲浪板流场数值仿真(Oggiano,2018)

从 20 世纪 80 年代起，我国开始开展水上运动器材设备流体力学性能的研究，一方面为完善与改进运动员技术和提高运动员对体育器材使用效率，从而为运动员提高训练效果和竞赛成绩提供了科学依据，另一方面为设计更高性能的运动器材提供了科学依据。郑伟涛等先后进行蹼泳的脚蹼、皮划艇艇型优化、皮划艇桨叶性能、赛艇的阻力成分、帆板板体改良、帆船航线选择等相关项目的流体力学研究，在取得研发成果的同时，为我国蹼泳和帆板运动提供了技术保障。

另外，还在小帆船 470 级双人艇、激光级单人艇、Neil Pryde RS：X 帆板项目中船体、附体等水动力的系统研究和科技保障方面取得了成果。帆船研究目前分为帆翼空气动力性能、船体水动力性能以及附体配合操控性研究，随着计算方法的成熟，将逐步开展流固耦合进一步探索复杂环境作用机理，促进对帆船竞技运动的流体动力性能的认识。相比国外"美洲杯"大帆船的综合性能研究，我国在小型帆船的水动力研究已经追赶世界先进水平。近期水翼的发展促进帆船竞技性的变化，Oddy 等（2018）将翼形结合小艇的稳向板结构进行设计研究，在一定风速下，水翼的升力使船体上浮，优化 20% 的阻力。李天赠等（2019）综述了基于计算流体力学的游泳动态数值模拟，我国在相关领域研究与国外发达国家存在较大差距，但近年来，随着科研工作者的不断努力，基于计算机模拟技术的游泳研究得到较快的发展，建立既能够满足复杂游泳技术动作同时保证计算可靠性的模拟仿真策略和游泳动态数值模拟的验证依旧充满机遇与挑战。

（三）流固耦合研究

在实际体育运动项目实施过程中，运动员控制运动器材装备在多物理场耦合的环境下进行运动比赛。在复杂的环境下，运动器材装备常常受到多物理场耦合作用，对于器材的力学性能和材料结构都充满了挑战。早在 21 世纪初，郑伟涛等（2000）率先通过循环水槽试验进行在不同水深，不同攻角、斜角、转角的柔性赛艇桨叶进行水动力性能研究，揭示了材料在体育领域的重要性，水上运动装备流固耦合（Fluid-Structure Interaction，FSI）研究非常必要，其中运动帆翼和游泳脚蹼推进效能、滑雪板稳定性等流固耦合研究亟待进一步研究。

流固耦合的数值计算起源于对航空领域中气动弹性的研究。依据耦合机理，流固耦合问题仅仅发生在两相交界面处和相互交融重叠在一起，空间上不能明显区分开。对于两相交界面耦合作用，从求解流固耦合问题方法上分为弱耦合和强耦合。弱耦合是独立计算流体力学和独立结构力学进行插值传递，效率较高，常用于气动弹性问题。强耦合是整体计算流体力学和结构力学相互作用问题，有效地解决高质量比刚体流致振动问题，多用于理论计算。随着社会的发展和研究技术的进步，体育领域流固耦合研究将会成为重点。

1. 运动帆翼流固耦合的研究

在实际帆船比赛过程中，运动帆翼用来操纵调整船体或板体，实现有效操控，在复杂的海况下，尽快地完成多轮次绕标比赛。在航行过程中，运动帆翼一直与外界环境相互耦合作用，是一个标准的流固耦合问题。Bak S 等（2013）通过 ANSYS 软件中的 Workbench 调用 CFX 计算帆翼的空气动力导入 LS-DYNA 计算结构形变，循环耦合计算了 30 英尺的帆船，通过帆翼变形前后的对比研究，发现转弯时变形最大，与实际现象吻合，表明 FSI 计算适用于帆翼的设计与优化。Bak S 等（2019）进一步对单桅杆帆船桅杆、主帆、前帆装配状态时帆翼流固耦合，比较了两个帆不同截面拱度变形前后压力系数分布，分析桅杆的变形表明整体形变与装配相关，变形也会导致帆船倾角变化，帆船设计非常有必要进行流固耦合研究。

Deparday 等（2018）开发了一种专用可同时测量负载、形状和压力分布的贴片设备，将 44 个传感器分布在三角帆的 1/4、1/2、3/4、7/8 帆高水平截面真实进行三角帆在来流风角为 50°~140°打开帆翼过程和帆翼振动的流固耦合研究，分析了帆翼的压力和疲劳，研究发现薄膜帆翼气动弹性相对较弱，主要表现在 3 个帆角和来流帆缘，非稳定性振动发生在前帆。

雷晓珊、贺阳映等（2019）对 Neil Pryde RS：X 帆板帆翼在不同风速下和不同来流攻角下的帆翼空气动性能进行研究，通过拉伸实验测量帆翼合成材料的弹性模量和泊松比，分析了风速与来流角度变化对于帆翼结构影响以及帆翼变形后空气流场的变化，流固耦合的计算方式更接近实际情况，作为帆板必要摇帆空气动力性能的研究。武汉体育学院郑伟涛团队正在对帆翼摇动的频率、幅度以及轨迹的推进效能进行研究，以促进对帆翼运动进一步理解。

2. 其他项目流固耦合的研究

运动器材装备的流固耦合问题普遍存在。其中，Li 等（2017）考虑尾鳍变形定量分析游鱼的游动速度、功率和尾涡变化，仿生学研究有助于游泳推进性能机制的理解。Nascimento 等（2018）对帆板尾鳍进行结构实验和数值仿真，着重分析尾鳍的载荷与变形影响，对于帆板运动的稳定性水动力学研究还未开展。NAKASHIMA 等（2019）考虑蹼泳踝关节运动的影响，将蹼泳脚蹼进行虚拟弹簧和阻尼器链接到刚性板进行脚蹼的静态和动态弯曲实验并与仿真数据进行对比研究，发现踝关节运动越小，游泳速度越快，展望了跳台滑雪板受空气影响雪板形变，通过改变滑雪板的弹性与宽度弥补形变后的气动损失。Harrison 等（2019）进一步将生物力学和流体力学耦合模拟划艇运动，揭示了多学科交叉研究的重要性图（13）。

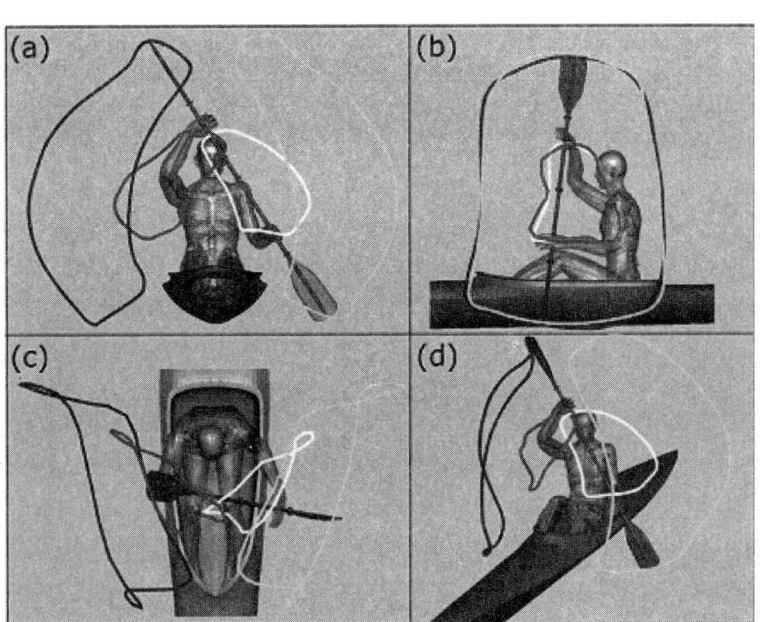

图 13 生物力学和流体力学耦合模拟划艇运动（Harrison 等，2019）

六、体育基础设施与标准化研究

（一）接触面（运动表面）科学研究

1. 人体与运动表面相互作用研究

运动者在走路、跑步或体育运动时会选择或遭遇各种不同的运动表面，其主要指人在进行体育运动时的地面材料，如地板、草坪、塑胶、煤渣、水泥地面等。运动时，人体与运动表面相互作用，相互影响。不同的运动表面会对运动者的动力学性能、运动学性能及能量消耗等生物力学特征产生影响。

Starbuck 等（2016）的研究表明运动者会针对不同的运动表面做出运动学方面的调整，以达到较少的代谢消耗和更好的稳定性。

Schutte 等（2016）通过对水泥地、塑胶跑道、木质地面等三种运动表面的研究发现，与水泥地相比，在塑胶跑道上运动时的步态更加规律，而在木质地面上的步频下降，垂直加速度变化率的均方根变小，步态规律性下降。

Montgomery 等（2016）的研究显示在非机动跑步机上运动时，股直肌的表面肌电数据略微上升，而在跑步和走路运动中，半腱肌的表面肌电数据上升显著，相关肌肉活动更加活跃，胫骨加速度大大减小，因此非电动跑步机可以用于下肢的康复运动中。

Boey H 等（2016）通过对运动者在三个不同的运动表面的跑步研究结果显示，与合成跑道和混凝土相比，在木屑小径上跑步时的垂直加速度显著降低，并且低速跑步比高速跑步的垂直加速度也显著降低。结果表明，在木屑上低速行走可以减少胫骨的损伤风险。

Ilka M 等（2016）探讨了不同类型鞋类和不同地面条件（地面与跑步机）对跟腱振动的影响，结果发现跟腱的振动行为不受地面条件的影响，但是鞋的差异可能导致跑步技术和冲击力的变化，并因此导致跟腱振动行为的改变。

Pajon A 等（2016）研究了踩在柔软、柔顺的运动表面上时，中枢神经系统对地面反作用力的适应性，表明在运动表面变僵硬的过程中，中枢神经系统会采取适当的控制动作以确保动态稳定性。

Pluim B M 等（2016）的研究显示同一个运动表面一直进行运动时，不同球场表面上的运动损伤率没有统计学上的显着差异，但是，在不同运动表面的两种或两种以上进行运动时，伤病发生率显著提升。同时，在硬地球场上运动时，下肢伤病的发生率较高。

Arianasab H 等（2017）研究了足球运动员在不同运动表面反向跳跃（CMJ）时的膝关节运动学数据。结果表明，运动表面的差异，可影响运动员的膝关节角速度和跳跃高度的差异。

李静（2018）的研究表明运动表面材质会影响肌肉活动状况，地面硬度越大，肌肉活化程度越高，建议避免在硬度过高的场地跑步，防止反复冲击对关节和肌肉造成损伤。同时，朱雨（2018）的研究显示运动表面的硬度情况可能造成运动中的下肢损伤，且跑步时在不同运动表面的切换过程中，下肢关节角度和力矩等相关动力学指标的差异都非常明显。而不同运动表面对膝关节着地时刻、着地时刻、最大关节角度的影响的差异性不显著。

目前，研究不同运动表面对人体在生物力学方面的影响的文献报道虽多，但并未建立起一套完整的理论体系，而且对特殊人群的研究很少，例如偏瘫患者和截肢患者的复健运动、超重人群的日常锻炼等方面。因此，国内外在此方面的研究仍有很大空白，尚未涉及的领域及已涉及领域的不足都需要去进一步的探索和研究。

2. 合成材料运动面层标准研究

2016 年以来，我国针对体育设施检验方法研究的一个主要方面体现在对合成材料运动面层有害物质的检验及限量规定方面。2015 年 9 月，上海、江苏、陕西、新疆等地连续出现多起塑胶跑道有异味的事件，特别是在中小学，导致部分学生出现咳嗽、流鼻血等不适反应的现象，使得塑胶跑道停建、拆除的现象屡见不鲜，引起了社会的广泛关注。自此，全国各地开展了针对塑胶跑道有害物质的检测及监测研究。

高玖灵（2016）对我国学校塑胶场地安全性进行了研究，显示由于塑胶场地构造结构特点，易形成热岛效应，而且效果显著，胶面温度过高，容易引起塑胶中化学物质释放有害气体。徐晶晶（2016）阐述了 PU 塑胶跑道的主要有害物质来源，并对 TDI 的 GC 法检测和对二甲氨基苯甲醛分光光度法检测进行了详细说明。崔立迁等（2016）研究了 GC-MS 联用技术检测分析 PU 塑胶跑道中的多环芳烃。田菲菲（2016）建立了气相色谱—质谱法（GC—MS）检测运动场地塑胶面层中 8 种多环芳烃的方法，结果显示该方法简单方便，能够有效地监测运动场地塑胶面层中多环芳烃的含量。胡会清等（2017）采用 GC—MS 联用定性定量检测 PU 塑胶跑道成品中的 6 种苯系物，测定结果准确可靠。郑桂璇等（2017）建立了 GC—MS 技术同时测定 PU 塑胶跑道中的 16 种多环芳烃。Chen 等（2017）首次提出了 GC 法可以应用于 PU 塑胶跑道面层材料 5 种邻苯二甲酸酯的快速、同时测定与分析。

张亮（2016）介绍了 PU 塑胶跑道上空空气现场采样后进行 VOCs 测试和环境舱 VOCs 测试的两种测试手段，指出 VOCs 测试在 PU 塑胶跑道评定中的重要作用。陈鎏佳（2017）分别采用 GC 法和原子吸收分光光度法对 40 所中小学 PU 塑胶跑道成品中的 3 种苯系物、游离 TDI 以及 4 种重金属含量定量测定，并对检测值进行了评价分析。Wang 等（2017）介绍了 PU 塑胶跑道面层中的有害物质及其检测方法，并分析了 PU 塑胶跑道 VOCs 对人体的危害。刘干等（2018）采用罐采样—GC—MS 联用技术对 PU 塑胶跑道上空空气中的 VOCs 进行了定性定量分析，明确了 PU 塑胶跑道上空空气中 VOCs 的成分特征。同时，刘干等（2018）采用环境舱进行特定温度、湿度条件下 PU 塑胶跑道 VOCs 的释放，GC—MS 联用技术进行检测，分析了高温环境下 PU 塑胶跑道 VOCs 的主要成分与释放量。杨然存等（2018）建立了环境舱—热脱附—GC 法检测计量 PU 塑胶跑道 TVOC 释放速率的方法。杨淼等（2019）使用 GC—MS 联用技术分析 6 种邻苯类塑化剂的含量，并采用 US EPA 的 PAEs 方法评估了其健康风险。

除了上述对塑胶跑道有害物质的检测及监测研究外，各省、市也根据实际情况，制定了一批塑胶跑道标准，如表 2 所示。这些标准均对塑胶跑道的化学环保性能进行了更加突出的规定。

表 2 塑胶跑道相关的标准或规范

时间	标准提出单位	标准号：名称
2016—2017 年	上海市化学建材行业协会、上海市消费者权益保护委员会	T/310101002-C003-2016：学校运动场地塑胶面层有害物质限量
	黑龙江省质量技术监督局	DB 23/T 1800-2016：室外塑胶跑道技术要求
	福建省住房和城乡建设厅	DBJ/T 13-250-2016：福建省合成材料运动场地面层应用技术规程
	深圳市住房和建设局	SJG 29-2016：合成材料运动场地面层质量控制标准
	浙江省教育厅、浙江省环境保护厅、浙江省住房和城乡建设厅、浙江省质量技术监督局	浙教计〔2016〕98 号：关于进一步加强学校合成材料运动场地建设和管理工作的通知
	新疆维吾尔自治区产品质量监督检验研究院	DB 65/T 3918-2016：运动场所用合成材料面层
	湖北省教育装备行业协会、湖北省体育场馆建设协会	T/HSCA 001-2017：学校合成材料面层运动场地建设标准

续表

时间	标准提出单位	标准号：名称
2016—2017年	湖南省产商品质量监督检验研究院	DB 43/T 1252-2017：学校合成材料运动场地面层质量安全通用规范
	云南省教育厅	DB 53/T 840-2017：合成材料运动场地面层有害物质限量
	内蒙古自治区产品质量检验研究院	DB 15/T 1209-2017：合成材料运动场地面层质量要求
	大连市石油和化工行业协会	T DLSHXH 001-2017：合成材料运动场地团体标准
	山东省教育厅、山东省体育局	DB 37/T 2904-2017：运动场地合成材料面层原材料使用规范 DB 37/T 2905-2017：运动场地合成材料面层施工要求 DB 37/T 2906-2017：运动场地合成材料面层验收要求
2018年	中华人民共和国教育部	GB 36246-2018：中小学合成材料面层运动场地

2018年11月1日，《塑胶跑道国家标准》（GB 36246-2018）正式实施。该标准本着满足国际田联和中国田协对教学/训练/比赛场地的要求的原则，在重视运动性能和运动保护性能的基础上，着重考虑了塑胶跑道对环境的影响，对跑道面层原材料和成品的有害物质含量及释放量进行了限值规定。

除了对塑胶跑道进行检测、监测以外，2016年以来，国内外学者也更加注重体育器材的安全防护性能。

黄建松等（2015）等用HybirdⅢ型假人作实验载体，采用双波冲击机模拟3种典型冲击强度，通过记录冲击过程中假人主要部位的动态响应来评估新型抗冲击材料的抗冲击能力。王隆风（2016）运用Vicon三维动作捕捉系统配合AMTT三维测力台研究了空降兵半蹲式着陆时膝关节的冲击损伤及防护，明确了半蹲着陆时膝关节冲击损伤机制及不同护具的防护性能。谢亮玉等（2018）利用三维动作捕捉系统进行了基于逆动力学分析的护膝防护性能研究，通过Vicon捕捉膝关节与地面发生冲击的过程，并通过人体上的Mark点还原膝关节在冲击过程中的运动曲线，从系统记录的人体运动参数反求其力学特征，并据此分析不同护膝下膝盖部位受到冲击时的受力情况以评判护膝的防护性能。

而在其他体育设施检验方法的研究上，熊磊等（2016）论述了PVC运动地板减震性能的重要性及功能原理，明确了软质弹性发泡层是PVC运动地板实现良好减震缓冲作用的主要结构部分，而要获得高质量的发泡层结构则需对树脂、发泡剂等原料本身进行改进，还要考虑配方设计及成型过程中的温度控制等诸多因素。魏远芳等（2017）通过研究不同消解体系对塑格悬浮式运动地板的消解效果，确立了以$HNO_3-H_2O_2-HF$为微波消解体系消解样品的方法，并用电感耦合等离子体质谱仪（ICP-MS）和电感耦合等离子体发射光谱仪（ICP-OES）测定塑格悬浮式运动地板中重金属Pb、Cd、Cr和Hg的含量，结果显示，这两种方法具有快速、简便、准确、灵敏度高等优点，均适合塑格悬浮运动地板中这4种重金属的检测。Colino E 等（2017）通过对 50 片田径跑道和 44 片人造草皮进行冲击吸收和垂直变形测试，分析了 Artificial Athlete 和 Advanced Artificial Athlete 两种测试方法的差异性，结果表明两种测试方法在测试田径跑道和人造草皮的冲击吸收和垂直变形上没有显著性差异。

(二) 高危项目体育设施检验方法研究

高危项目由于专业性强、技术要求高、危险性较大，我国对经营高危项目实行许可制度。为规范高危项目体育场所的安全技术条件，国家制定发布了 GB 19079《体育场所开放条件与技术要求》系列强制性国家标准，对高危项目体育场所的人员、场地、设施设备、卫生环境、安全保障措施等提出了相应的技术要求，高危项目体育设施符合国家标准是行政许可条件之一。但是，该系列标准并没有规定相应的检验方法。在高危项目许可、监督、检验等实际工作中，目前主要是各检验机构自行制定检验方法。其中，国家体育总局体育科学研究所体育服务检验中心作为我国体育系统唯一的国家级检验机构，以及国家体育总局高危项目国家标准专家组承担单位和该系列标准的组织起草单位，率先制定了各项目与标准配套的《体育场所检验实施规则》，经国家认监委、国家认可委及体育系统专家共同审定，是目前国内相关领域检验机构使用最权威的检验作业指导性文件。

2016—2018 年，在北京市百项安全生产地标专项工作中，北京市安监局、质监局、体育局联合开展游泳、滑雪、潜水、攀岩等第一批高危项目《安全生产等级评定技术规范》北京市标准的制定工作，由国家体育总局体育科学研究所和北京市体育局联合起草，于 2018 年集中发布实施（DB11/T 1322.52-55）。在该系列标准中，以国家标准为基础，对场所环境要素、生产设备设施要素、特种设备要素等方面进行了更加具体的规范，同时针对各项技术要求详细规定了评定细则，作为公开发布的检验规范性文件，在依据国家标准进行体育设施检验时可作为参考。

尽管高危项目体育设施检验活动已经深入、广泛开展，标准起草单位、各检验机构也进行了大量的检验方法研究，但却鲜有公开发表的检验方法及其应用的学术文献，目前可检索到的仅有《新常态下的中国体育工程学术前沿及设计创新——第七届中国体育工程学术会议论文集及首届全国体育仪器器材科技创新设计展设计作品集》中刊载的《高危项目体育设施检验数据管理系统的设计与实现》，属于检验数据应用管理层面而未涉及检验方法本身。可见未来这方面的研究亟需加强，这种状况不利于检验方法的普及应用，不利于为高危项目监管提供一致可比较的检验技术支持。

(三) 新型体育设施设计与建造研究

随着人们对体育运动的需求越来越高，对体育设施及场馆的质量、舒适性、美观性及实用性等多方面的需求也越来越高。体育设施及场馆作为体育运动的基础资源，当前的大多数体育设施及场馆无法满足人们的需求，这也是当前体育设施及场馆建设的主要矛盾。随着科技的进步，新型体育场馆不断涌现，而新型材料的使用及仿真技术的应用，使得体育设施及场馆的结构也得以不断更新及优化。

沈晓明等（2016）介绍了一种体育场馆的大跨度钢结构柱面网架结构，该网架支撑于下部三个独立的混凝土框架单体上，考虑下部结构的影响，对支座刚度进行真实模拟，建立了包含下部结构的总装模型。

焦安亮等（2016）介绍了现代体育场馆建造过程中体育场馆高精度三维空间测量控制技术、体育场超深斜桩施工技术、软弱地基上高强预应力混凝土管桩纠偏技术、v形柱与空间巨型劲性环梁组合结构体育场看台、预应力与辐射式管析架超大跨度等5种关键技术。同时，谢羽等（2017）介绍了网架结构、桁架结构、网壳结构、拱结构、张拉膜结构、薄壳结构、刚架结构、悬索结构、折板结构和充气膜结构10种常见的大跨度体育场馆建设空间结构类型。

马牧野（2017）提出寒地体育场馆外部空间弹性设计策略。郭玉江（2017）运用环境美学原理和思维方式构建城市健身场所环境美学体系。钱邦兵（2018）则指出地方特色生态体育场馆的文化性、现代性、可持续性等三大诉求。

王晓峰（2018）提出体育馆马道风管安装中的反吊法，该技术适用于设有马道的大型体育场馆或其他设有马道的大空间建筑。

孙澄等（2019）在梳理不同阶段冬奥会场馆建设思想的差异化特点的基础上，提出其场馆建设思想的变迁轨迹。

于新等（2019）针对大跨度的体育场馆，采用空间桁架结构和空间单层网架结构方案建立有限元模型进行分析。

林帅等（2019）介绍了双向斜交斜放空间网格结构的体育场钢罩棚，其采用现场地面拼装，大型履带式起重机跨内外单元吊装、高空散件嵌补、支撑原位安装、整体逐步分级拆撑施工工艺，有效保证了钢结构顺利施工。

在节能环保材料在现代体育场馆建筑装饰中的应用方面，郑天章（2019）指出在体育场馆中大范围地应用low-e玻璃，不仅能够有效地降低空调以及暖气的费用，还有利于节约能源。而在体育场馆外墙中扩大岩棉和聚苯乙烯泡沫塑料的应用范围，可提高体育场馆的保温稳定性和防震性能。

在新型体育设施及场馆设计方面，郑祥（2016）设计了一种气膜体育馆，即以具有高强度、高柔韧性的膜材为主要建筑材料，将膜材运用特定方式固定到地面，并以先进的智能化控制设备调节馆内气压，进而形成一个无骨架空间的一种现代体育馆。吴红儒等（2017）通过普通塑格面板和面积较小的发光面板自由组合，设计了一种新型的发光型塑格拼装地板。马勇等（2017）以Zigbee协议为基础，设计了对体育场馆内二氧化碳、甲醛等室内空气品质参数和温湿度、风速等多种室内热环境参数的无线传感器网络。杨明（2017）基于织构和力学性能的分析结果，采用不同的挤压温度、挤压速度和挤压比对Mg-Al-Sn-In新型镁合金型材挤压工艺进行了优化。

目前，我国体育运动的广泛推广促使体育设施及场馆的建设受到越来越多的关注。

近年来，体育设施及场馆在蓬勃发展的同时，也出现了体育场馆外部空间设计简单、功能单一、使用效率低下、资源浪费等问题。在后续的体育设施及场馆设计及建设的研究中，要加强体育场馆新型材料的研发、促进体育场馆结构的不断优化，同时，积极引入新技术、新设备，使得体育设施及场馆能够最大成效和最大限度地满足人民群众追求健康生活的需求。

参考文献

［1］Ahmad, A., M. F. Roslan, A. Amira, L. F. and L. A. Throughput, latency and cost comparisons of micro-controller-based implementations of wireless sensor network (WSN) in high jump sports. American Institute of Physics (AIP) Conference, 2017. 1883: 020010.

［2］Ancillao, A., S. Tedesco, J. Barton and B. O'Flynn. Indirect Measurement of Ground Reaction Forces and Moments by Means of Wearable Inertial Sensors: A Systematic Review. Sensors, 2018, 18 (8): 2564.

［3］Andrade-Munoz, M., Y. Aguas-Garcia, A. Marin-Hernandez and E. J. Rechy-Ramirez. A computational tool for analyzing the turning kicks in martial arts. 2018 International Conference on Electronics, Communications and Computers (CONIELECOMP), 2018.

［4］Andrews, C. Sports tech: smart cricket bats. Engineering & Technology, 2017, 12 (9): 76-77.
Anik, M. A. I., M. Hassan, H. Mahmud and M. K. Hasan. Activity recognition of a badminton game through accelerometer and gyroscope. 2016 19th International Conference on Computer and Information Technology (ICCIT), 2016.

［5］Ardiyanto, I., S. Wibirama and F. Nurwanto. Sliding variance and data range for lightweight sports activity recognition with fusion of modalities. Journal of King Saud University – Computer and Information Sciences, 2018.

［6］Arif, M., A. Kattan and S. I. Ahamed. Classification of physical activities using wearable sensors. Intelligent Automation & Soft Computing, 2017, 23 (1): 21-30.

［7］Armstrong, S. and L. D. Nokes. Sensor node acceleration signatures and electromyography in synchronisation and sequencing analysis in sports: A rowing perspective, 2017, 231 (4): 253-261.

［8］Awais, M., L. Palmerini and L. Chiari. Physical activity classification using body-worn inertial sensors in a multi-sensor setup. 2016 IEEE 2nd International Forum on Research and Technologies for Society and Industry Leveraging a better tomorrow (RTSI), 2016.

［9］Bai, L., C. Efstratiou and C. S. Ang. weSport: Utilising wrist-band sensing to detect player activities in basketball games. 2016 IEEE International Conference on Pervasive Computing and Communication Workshops (PerCom Workshops), 2016.

［10］Bariya, M., H. Y. Y. Nyein and A. Javey. Wearable sweat sensors. Nature Electronics, 2018, 1 (3): 160-171.

［11］Bessone, V., J. Petrat and A. Schwirtz. Ground Reaction Forces and Kinematics of Ski Jump Landing Using Wearable Sensors. Sensors, 2019, 19 (9): 2011.

［12］Black, G. M., T. J. Gabbett, M. H. Cole and G. Naughton. Monitoring Workload in Throwing-Dominant Sports: A Systematic Review. Sports Medicine, 2016, 46 (10): 1503-1516.

[13] Bockisch, C., K. Mani, K. Weber, A. Tarnutzer, D. Straumann and F. Nina. Comparison of inertial sensors and bess in balance testing of professional football players with respect to concussion. British Journal of Sports Medicine, 2017, 51 (11): A3-A3.

[14] Bosch, S., M. Shoaib, S. Geerlings, L. Buit, N. Meratnia and P. Havinga. Analysis of indoor rowing motion using wearable inertial sensors. Proceedings of the 10th EAI International Conference on Body Area Networks. Sydney, New South Wales, Australia, ICST (Institute for Computer Sciences, Social-Informatics and Telecommunications Engineering), 2015: 233-239.

[15] Boulanger, J., L. Seifert, R. Hérault and J. Coeurjolly. Automatic Sensor-Based Detection and Classification of Climbing Activities. IEEE Sensors Journal, 2018, 16 (3): 742-749.

[16] Bourdon, P. C., M. Cardinale, A. Murray, P. Gastin, M. Kellmann, M. C. Varley, T. J. Gabbett, A. J. Coutts, D. J. Burgess, W. Gregson and N. T. Cable. Monitoring Athlete Training Loads: Consensus Statement., 2017, 12 (Suppl 2): S2-161-S162-170.

[17] Brennan, J. H., B. Mitra, A. Synnot, J. McKenzie, C. Willmott, A. S. McIntosh, J. J. Maller and J. V. Rosenfeld. Accelerometers for the Assessment of Concussion in Male Athletes: A Systematic Review and Meta-Analysis. Sports Medicine, 2017, 47 (3): 469-478.

[18] Brock, H. and Y. Ohgi. Towards Better Measurability - IMU-Based Feature Extractors For Motion Performance Evaluation. 10th International Symposium on Computer Science in Sports Cham, Springer International Publishing, 2016.

[19] Brock, H. and Y. Ohgi. Assessing Motion Style Errors in Ski Jumping Using Inertial Sensor Devices. IEEE Sensors Journal, 2017, 17 (12): 3794-3804.

[20] Brock, H., Y. Ohgi and J. Lee. Learning to judge like a human: convolutional networks for classification of ski jumping errors. Proceedings of the 2017 ACM International Symposium on Wearable Computers. Maui, Hawaii, ACM, 2017: 106-113.

[21] Brock, H., Y. Ohgi and K. Seo. Development of an Automated Motion Evaluation System from Wearable Sensor Devices for Ski Jumping. Procedia Engineering, 2016, 147: 694-699.

[22] Caccese, J. B. and T. W. Kaminski. Minimizing Head Acceleration in Soccer: A Review of the Literature. Sports Medicine, 2016, 46 (11): 1591-1604.

[23] Campaniço, A. T., A. Valente, R. Serôdio and S. Escalera. Data's Hidden Data: Qualitative Revelations of Sports Efficiency Analysis brought by Neural Network Performance Metrics. Motricidade, 2018, 14 (4).

[24] Carneiro, S., J. Silva, J. Madureira, D. Moreira, V. Guimarãeses, A. Santos and I. Sousa. Inertial sensors for assessment of joint angles. Proceedings of the 4th Workshop on ICTs for improving Patients Rehabilitation Research Techniques. Lisbon, Portugal, ACM, 2016: 9-12.

[25] Caselli, R., M. Ferreira and B. Gonçalves. Analysis of Tools to Measure the User Experience During the Sports Practice of Recreational Surfing, Cham, Springer International Publishing, 2017.

[26] Chambers, R. M., T. J. Gabbett and M. H. Cole. Validity of a Microsensor-Based Algorithm for Detecting Scrum Events in Rugby Union. Human Kinetics Journals, 2019, 14 (2): 176-182.

[27] Chen, S., J. Lach, B. Lo and G. Yang. Toward Pervasive Gait Analysis With Wearable Sensors: A Systematic Review. IEEE Journal of Biomedical and Health Informatics, 2016, 20 (6): 1521-1537.

[28] Cortes, N., A. E. Lincoln, G. D. Myer, L. Hepburn, M. Higgins, M. Putukian and S. V. Caswell. Video Analysis Verification of Head Impact Events Measured by Wearable Sensors. The American Journal of Sports Medicine, 2017, 45 (10): 2379-2387.

[29] Cust, E. E., A. J. Sweeting, K. Ball and S. Robertson. Machine and deep learning for sport–specific movement recognition: a systematic review of model development and performance. Journal of Sports Sciences, 2018: 1-33.

[30] Cutti, A. G., A. Giovanardi, L. Rocchi, A. Davalli and R. Sacchetti. Ambulatory measurement of shoulder and elbow kinematics through inertial and magnetic sensors. Medical Biological Engineering Computing, 2008, 46 (2): 169-178.

[31] Cvetković, B., R. Milić and M. Luštrek. Estimating Energy Expenditure With Multiple Models Using Different Wearable Sensors. IEEE Journal of Biomedical and Health Informatics, 2016, 20 (4): 1081-1087.

[32] DeJong, A. F. and J. Hertel. Gait-training devices in the treatment of lower extremity injuries in sports medicine: current status and future prospects. Expert Review of Medical Devices, 2018, 15 (12): 891-909.

[33] Delaram Jarchi, J. P., Tracey K. M. Lee, Larisa Tamjidi, Amirhosein Mirzaei and Saeid Sanei. A Review on Accelerometry Based Gait Analysis and Emerging Clinical Applications. IEEE Reviews in Biomedical Engineering 2, 2018.

[34] Elayan, H., R. M. Shubair and A. Kiourti. Wireless sensors for medical applications: Current status and future challenges. 2017 11th European Conference on Antennas and Propagation (EUCAP), 2017.

[35] Evans, A., G. Q. Collins, P. G. Rosquist, N. J. Tuttle, S. J. Morrin, J. B. Tracy, A. J. Merrell, W. F. Christensen, D. T. Fullwood, A. E. Bowden and M. K. Seeley. A Novel Method to Characterize Walking and Running Energy Expenditure. Human Kinetics Journals, 2018, 1 (3): 100-107.

[36] Falbriard, M., F. Meyer, B. Mariani, G. P. Millet and K. Aminian. Accurate Estimation of Running Temporal Parameters Using Foot-Worn Inertial Sensors. Frontiers in physiology 9 (610), 2018.

[37] Fantozzi, S., A. Giovanardi, F. A. Magalhães, R. Di Michele, M. Cortesi and G. Gatta. Assessment of three-dimensional joint kinematics of the upper limb during simulated swimming using wearable inertial-magnetic measurement units. Journal of Sports Sciences, 2016, 34 (11): 1073-1080.

[38] Fasel, B., M. Gilgien, J. Spörri and K. Aminian. estimation of the centre of mass kinematics in alpine ski racing using inertial and magnetic sensors. 35th Conference of the International Society of Biomechanics in Sports, 2017.

[39] Fasel, B., M. Gilgien, J. Spörri and K. Aminian. A New Training Assessment Method for Alpine Ski Racing: Estimating Center of Mass Trajectory by Fusing Inertial Sensors With Periodically Available Position Anchor Points. Frontiers in physiology 9, 2018: 1203-1203.

[40] Fasel, B., J. Spörri, P. Schütz, S. Lorenzetti and K. Aminian. An Inertial Sensor-Based Method for Estimating the Athlete's Relative Joint Center Positions and Center of Mass Kinematics in Alpine Ski Racing. Frontiers in physiology 8 (850), 2017.

[41] FIFA. electronic performance & tracking systems. [EB/OL]. from https://football-technology.fifa.com/en/media-tiles/epts-1/, 2019.

[42] FIFA. epts electronic performance and tracking systems. [EB/OL]. from https: //football-technology. fifa. com/en/media-tiles/epts/, 2019.

[43] Ganzevles, S., R. Vullings, P. Beek, H. Daanen and M. Truijens. Using Tri-Axial Accelerometry in Daily Elite Swim Training Practice. Sensors, 2017, 17 (5): 990.

[44] Garcia, M. R., L. M. Guzmán, J. B. Valencia and V. M. Henao. Portable measurement system of vertical jump using an Inertial Measurement Unit and pressure sensors. 2016 XXI Symposium on Signal Processing, Images and Artificial Vision (STSIVA), 2016.

[45] Gastin, P. B., C. Cayzer, D. Dwyer and S. Robertson. Validity of the ActiGraph GT3X+ and BodyMedia SenseWear Armband to estimate energy expenditure during physical activity and sport. Journal of Science and Medicine in Sport, 2018, 21 (3): 291-295.

[46] Ghazali, N. F., N. Shahar, N. A. Rahmad, N. A. J. Sufri, M. A. As'ari and H. F. M. Latif. Common sport activity recognition using inertial sensor. 2018 IEEE 14th International Colloquium on Signal Processing & Its Applications (CSPA), 2018.

[47] Gilgien, M., J. Spörri, J. Kröll, P. Crivelli and E. Müller. Mechanics of turning and jumping and skier speed are associated with injury risk in men's World Cup alpine skiing: a comparison between the competition disciplines. British Journal of Sports Medicine, 2014, 48 (9): 742-747.

[48] Gim, J., J. Jeon, B. Kim, T. Jeong, K. Jeon and B. Rhee. Quantification and design of jumping-ski characteristics, 2018, 232 (2): 150-159.

[49] Gironimo, G. D., T. Caporaso, G. Amodeo, D. M. D. Giudice, A. Lanzotti and S. Odenwald. Outdoor Tests for the Validation of an Inertial System Able to Detect Illegal Steps in Race-walking. Procedia Engineering, 2016, 147: 544-549.

[50] Groh, B. H., F. Warschun, M. Deininger, T. Kautz, C. Martindale and B. M. Eskofier. Automated Ski Velocity and Jump Length Determination in Ski Jumping Based on Unobtrusive and Wearable Sensors Proceedings of the ACM on Interactive, Mobile, Wearable and Ubiquitous Technologies, 2017, 1 (3): 1-17.

[51] Guan, H., T. Zhong, H. He, T. Zhao, L. Xing, Y. Zhang and X. Xue. A self-powered wearable sweat-evaporation-biosensing analyzer for building sports big data. Nano Energy, 2019, 59: 754-761.

[52] GURCHIEK, R. D. The Use Of Inertial Measurement Units To Perform Kinetic Analyses Of Sprint Acceleration And Change Of Direction Tasks, Appalachian State University, 2017.

[53] Gurchiek, R. D., R. S. McGinnis, A. R. Needle, J. M. McBride and H. van Werkhoven. An adaptive filtering algorithm to estimate sprint velocity using a single inertial sensor. Sports Engineering, 2018, 21 (4): 389-399.

[54] H, A., lzemann and K. V. Laerhoven. Using Wrist-Worn Activity Recognition for Basketball Game Analysis. Proceedings of the 5th international Workshop on Sensor-based Activity Recognition and Interaction. Berlin, Germany, ACM, 2018: 1-6.

[55] Hanley, B. A biomechanical analysis of world-class senior and junior race walkers. New Studies in Athletics, 2013: 28 (1+2).

[56] Havens, K. L., S. C. Cohen, K. A. Pratt and S. M. Sigward. Accelerations from wearable accelerometers reflect knee loading during running after anterior cruciate ligament reconstruction. Clinical Biomechanics,

2018, 58: 57-61.

[57] Haydon, D. S., R. A. Pinder, P. N. Grimshaw and W. S. P. Robertson. Overground-Propulsion Kinematics and Acceleration in Elite Wheelchair Rugby. International Journal of Sports Physiology and Performance, 2018, 13 (2): 156-162.

[58] Hébert-Losier, K., M. Supej and H. -C. Holmberg. Biomechanical Factors Influencing the Performance of Elite Alpine Ski Racers. Sports Medicine, 2014, 44 (4): 519-533.

[59] Itagi, C. M. and P. M. Gholap. Electronic Sports Gloves. 2017 Third International Conference on Advances in Electrical, Electronics, Information, Communication and Bio-Informatics (AEEICB), 2017.

[60] Janta, M., N. Höschele and V. Senner. The Zero Heat Flux Method and Sweat Loss Modeling in Sports: Attempts of Next Generation Sports Information Systems. Procedia Engineering, 2016, 147: 643-648.

[61] KARIMPOUR, R., R. L. KRUPENEVICH, R. H. MILLER and J. K. SHIM. evaluation of gait asymmetry using force plates versus accelerometer. Journal of Mechanics in Medicine and Biology, 2018, 18 (02): 1850015.

[62] Kassal, P., M. D. Steinberg and I. M. Steinberg. Wireless chemical sensors and biosensors: A review. Sensors and Actuators B: Chemical, 2018, 266: 228-245.

[63] Kautz, T., B. H. Groh, J. Hannink, U. Jensen, H. Strubberg, B. M. J. D. M. Eskofier and K. Discovery. Activity recognition in beach volleyball using a Deep Convolutional Neural Network, 2017, 31 (6): 1678-1705.

[64] Kim, K. J., V. Agrawal, C. Bennett, I. Gaunaurd, L. Feigenbaum and R. Gailey. Measurement of lower limb segmental excursion using inertial sensors during single limb stance. Journal of Biomechanics, 2018, 71: 151-158.

[65] Kim, W. and M. Kim. On-Line Detection and Segmentation of Sports Motions Using a Wearable Sensor. Sensors, 2018, 18 (3): 913.

[66] Koehler, K. and C. Drenowatz. Monitoring Energy Expenditure Using a Multi-Sensor Device—Applications and Limitations of the SenseWear Armband in Athletic Populations. Frontiers in Physiology, 2017, 8 (983).

[67] Kos, M. and I. Kramberger. Tennis Stroke Consistency Analysis Using Miniature Wearable IMU. 2018 25th International Conference on Systems, Signals and Image Processing (IWSSIP), 2018.

[68] Lee, S., K. Kim, Y. H. Kim and S. Lee. Motion anlaysis in lower extremity joints during Ski carving turns using wearble inertial sensors and plantar pressure sensors. 2017 IEEE International Conference on Systems, Man, and Cybernetics (SMC), 2017.

[69] Lu, K., L. Yang, F. Seoane, F. Abtahi, M. Forsman and K. Lindecrantz. Fusion of Heart Rate, Respiration and Motion Measurements from a Wearable Sensor System to Enhance Energy Expenditure Estimation. Sensors, 2018, 18 (9): 3092.

[70] Lyu, B. and L. V. Smith. Evaluation of wireless bat swing speed sensors. Sports Engineering, 2018, 21 (3): 229-234.

[71] M De Angelis, C. M. Times of flight, frequency and length of stride in race walking. Proceedings of the ISBS Symposium, 1992.

[72] Maranesi, E., M. Morettini, A. Agostinelli, C. Giuliani, F. Di Nardo and L. Burattini. Health

Monitoring in Sport Through Wearable Sensors: A Novel Approach Based on Heart-Rate Variability, Cham, Springer International Publishing, 2016.

[73] Martínez, A., R. Jahnel, M. Buchecker, C. Snyder, R. Brunauer and T. Stöggl. Development of an Automatic Alpine Skiing Turn Detection Algorithm Based on a Simple Sensor Setup. Sensors, 2019, 19 (4): 902.

[74] Mason, A., O. Korostynska, J. Louis, L. E. Cordova-Lopez, B. Abdullah, J. Greene, R. Connell and J. Hopkins. Noninvasive In-Situ Measurement of Blood Lactate Using Microwave Sensors. IEEE Transactions on Biomedical Engineering, 2018, 65 (3): 698-705.

[75] Morin, J.-B., P. Edouard and P. Samozino. Technical Ability of Force Application as a Determinant Factor of Sprint Performance. Medicine and science in sports and exercise, 2011, 43 (9): 1680-1688.

[76] Morin, J. B., P. Edouard, N. Peyrot, P. Samozino and J. R. Lacour. Mechanical determinants of 100-m sprint running performance. European Journal of Applied Physiology, 2012, 112 (11): 3921-3930.

[77] Motiwale, S., W. Eppler, D. Hollingsworth, C. Hollingsworth, J. Morgenthau and R. H. Kraft. Application of neural networks for filtering non-impact transients recorded from biomechanical sensors. 2016 IEEE-EMBS International Conference on Biomedical and Health Informatics (BHI), 2016.

[78] Müller, P., M. Bégin, T. Schauer and T. Seel. Alignment-Free, Self-Calibrating Elbow Angles Measurement Using Inertial Sensors. IEEE Journal of Biomedical and Health Informatics, 2017, 21 (2): 312-319.

[79] Muniz-Pardos, B., S. Sutehall, J. Gellaerts, M. Falbriard, B. Mariani, A. Bosch, M. Asrat, J. Schaible and Y. P. Pitsiladis. Integration of Wearable Sensors Into the Evaluation of Running Economy and Foot Mechanics in Elite Runners. Current Sports Medicine Reports, 2018, 17 (12): 480-488.

[80] Murray, N. B., G. M. Black, R. J. Whiteley, P. Gahan, M. H. Cole, A. Utting and T. J. Gabbett. Automatic Detection of Pitching and Throwing Events in Baseball With Inertial Measurement Sensors, 2017, 12 (4): 533-537.

[81] Nagamune, K. and M. Yamada. A Wearable Measurement System for Sole Pressure to Calculate Center of Pressure in Sports Activity. 2018 IEEE International Conference on Systems, Man, and Cybernetics (SMC), 2018.

[82] Nagata, T., N. Nakamura, M. Miyatake, A. Yuuki, H. Yomo, T. Kawabata and S. Hara. VO2 estimation using 6-axis motion sensor with sports activity classification. 2016 38th Annual International Conference of the IEEE Engineering in Medicine and Biology Society (EMBC), 2016.

[83] Nakamura, N., T. Nagata, M. Miyatake, A. Yuuki, H. Yomo, T. Kawabata and S. Hara. Applying neural network to VO2 estimation using 6-axis motion sensing data. 2016 38th Annual International Conference of the IEEE Engineering in Medicine and Biology Society (EMBC), 2016: 4739-4742.

[84] Nowinski, C. J. Cognitive and emotional effects of one season of head impact exposure in high school contact sport athletes. Doctor of Philosophy, BOSTON UNIVERSITY, 2017.

[85] O'Reilly, M. A., D. F. Whelan, T. E. Ward, E. Delahunt and B. Caulfield. Technology in Strength and Conditioning Tracking Lower-Limb Exercises With Wearable Sensors, 2017: 31 (6): 1726-1736.

[86] O'Reilly, M., B. Caulfield, T. Ward, W. Johnston and C. Doherty. Wearable Inertial Sensor Systems for Lower Limb Exercise Detection and Evaluation: A Systematic Review. Journal of Sports Medicine,

2018, 48（5）: 1221-1246.

［87］ O'Sullivan, D., M. Roe and C. Blake. Analysis of head impacts during sub-elite hurling practice sessions. Journal of Sports Sciences, 2018, 36（11）: 1256-1261.

［88］ Park, H., S.-Y. Dong, M. Lee and I. Youn. The Role of Heart-Rate Variability Parameters in Activity Recognition and Energy-Expenditure Estimation Using Wearable Sensors. Sensors, 2017, 17（7）: 1698.

［89］ Pereira, A., V. Guimarães and I. Sousa. Joint angles tracking for rehabilitation at home using inertial sensors: a feasibility study. Proceedings of the 11th EAI International Conference on Pervasive Computing Technologies for Healthcare. Barcelona, Spain, ACM, 2017: 146-154.

［90］ Poitras, I., F. Dupuis, M. Bielmann, A. Campeau-Lecours, C. Mercier, L. J. Bouyer and J.-S. Roy. Validity and Reliability of Wearable Sensors for Joint Angle Estimation: A Systematic Review. Sensors, 2019, 19（7）: 1555.

［91］ Polglaze, T., B. Dawson and P. J. S. M. Peeling. Gold Standard or Fool's Gold? The Efficacy of Displacement Variables as Indicators of Energy Expenditure in Team Sports. Sports Medicine, 2016, 46（5）: 657-670.

［92］ Post, A., J. M. Clark, D. G. E. Robertson, T. B. Hoshizaki and M. D. Gilchrist. The effect of acceleration signal processing for head impact numeric simulations. Sports Engineering, 2017, 20（2）: 111-119.

［93］ Rabita, G., S. Dorel, J. Slawinski, E. Sáez de Villarreal, A. Couturier, P. Samozino and J.-B. Morin. Sprint Mechanics in World-Class Athletes: A New Insight into the Limits of Human Locomotion. Scandinavian Journal of Medicine and Science in Sports, 2015, 25: 583-594.

［94］ Ralston, J., J. Thibado and J. Woodard. Advances in wearable impact sensors for monitoring and reducing brain injury risks due to cumulative head impact trauma in athletic and military environments. British Journal of Sports Medicine, 2017, 51（11）: A60-A60.

［95］ Rawashdeh, S. A., D. A. Rafeldt and T. L. Uhl. Wearable IMU for Shoulder Injury Prevention in Overhead Sports. Sensors, 2016, 16（11）: 1847.

［96］ Rindal, O., T. Seeberg, J. Tjønnås, P. Haugnes and Ø. Sandbakk. Automatic Classification of Sub-Techniques in Classical Cross-Country Skiing Using a Machine Learning Algorithm on Micro-Sensor Data. Sensors, 2018, 18（1）: 75.

［97］ Roell, M., K. Roecker, D. Gehring, H. Mahler and A. Gollhofer. Player Monitoring in Indoor Team Sports: Concurrent Validity of Inertial Measurement Units to Quantify Average and Peak Acceleration Values. Frontiers in Phsiology, 2018, 9（141）.

［98］ Rokni, S. A. and H. Ghasemzadeh. Autonomous Training of Activity Recognition Algorithms in Mobile Sensors: A Transfer Learning Approach in Context-Invariant Views. IEEE Transactions on Mobile Computing, 2018, 17（8）: 1764-1777.

［99］ Sasaki, S., Y. Nagano and H. Ichikawa. Loading differences in single-leg landing in the forehand- and backhand-side courts after an overhead stroke in badminton: A novel tri-axial accelerometer research. Journal of Sports Sciences, 2018, 36（24）: 2794-2801.

［100］ Sazonov, E. and M. R. Neuman. Wearable Sensors: Fundamentals, Implementation and Applications. USA, Elsevier, 2014.

[101] Schmidta, M., C. Rheinländerb, K. F. Noltea, S. Willeb, N. W. and and T. Jaitnera. IMU-based determination of stance duration during sprinting. 11th conference of the International Sports Engineering Association, ISEA 2016.

[102] Sgrò, F., P. Mango, S. Pignato, R. Schembri, D. Licari and M. Lipoma. Assessing Standing Long Jump Developmental Levels Using an Inertial Measurement Unit. Perceptual and Motor Skills, 2017, 124 (1): 21-38.

[103] Sharma, M., R. Srivastava, A. Anand, D. Prakash and L. Kaligounder. Wearable motion sensor based phasic analysis of tennis serve for performance feedback. 2017 IEEE International Conference on Acoustics, Speech and Signal Processing (ICASSP), 2017: 5945-5949.

[104] Sheerin, K. R., D. Reid and T. F. Besier. The measurement of tibial acceleration in runners—A review of the factors that can affect tibial acceleration during running and evidence-based guidelines for its use. Gait & Posture, 2019, 67: 12-24.

[105] Shepherd, J., D. James, H. Espinosa, D. Thiel and D. Rowlands. A Literature Review Informing an Operational Guideline for Inertial Sensor Propulsion Measurement in Wheelchair Court Sports, 2018, 6 (2): 34.

[106] Shepherd, J., T. Wada, D. Rowlands and D. James. A Novel AHRS Inertial Sensor-Based Algorithm for Wheelchair Propulsion Performance Analysis, 2016, 9 (3): 55.

[107] Shepherd, J. B., G. Giblin, G. Pepping, D. Thiel and D. Rowlands. Development and Validation of a Single Wrist Mounted Inertial Sensor for Biomechanical Performance Analysis of an Elite Netball Shot. IEEE Sensors Letters, 2017, 1 (5): 1-4.

[108] Sigward, S. M., M.-S. M. Chan and P. E. Lin. Characterizing knee loading asymmetry in individuals following anterior cruciate ligament reconstruction using inertial sensors. Gait & Posture, 2016, 49: 114-119.

[109] Slikke, R. M. A. v. d., D. J. J. Bregman, M. A. M. Berger, A. M. H. d. Witte and D.-J. E. J. Veeger. The Future of Classification in Wheelchair Sports: Can Data Science and Technological Advancement Offer an Alternative Point of View? Human Kinetics Journals, 2018, 13 (6): 742-749.

[110] Spörri, J., J. Kröll, H. Schwameder and E. Müller. Turn Characteristics of a Top World Class Athlete in Giant Slalom: A Case Study Assessing Current Performance Prediction Concepts. International Journal of Sports Science & Coaching, 2012, 7: 647-659.

[111] Spörri, J., J. Kröll, H. Schwameder, C. Schiefermüller and E. Müller. Course setting and selected biomechanical variables related to injury risk in alpine ski racing: an explorative case study. British Journal of Sports Medicine, 2012, 46 (15): 1072-1077.

[112] Steinberg, M. D., P. Kassal and I. M. Steinberg. System Architectures in Wearable Electrochemical Sensors, 2016, 28 (6): 1149-1169.

[113] Stetter, B. J., E. Buckeridge, V. v. Tscharner, S. R. Nigg and B. M. Nigg. A Novel Approach to Determine Strides, Ice Contact, and Swing Phases During Ice Hockey Skating Using a Single Accelerometer. Journal of Applied Biomechanics, 2016, 32 (1): 101-106.

[114] Supej, M., R. Kipp and H. C. Holmberg. Mechanical parameters as predictors of performance in alpine World Cup slalom racing. Scandinavian journal of medicine & science in sports, 2011, 21 (6): e72-81.

[115] Susanne Ellens, S. B., James Peacock, Shannon Barnes and Kevin and Ball. use of accelerometers in australian football to identify a kick. 35th Conference of the International Society of Biomechanics in Sports. Cologne, Germany, 2017.

[116] Taha, Z., M. S. S. Hassan, H. J. Yap and W. K. Yeo. Preliminary Investigation of an Innovative Digital Motion Analysis Device for Badminton Athlete Performance Evaluation. 11th conference of the International Sports Engineering Association, ISEA 2016 (147): 461-465.

[117] Tedesco, S., A. Urru, A. Clifford and B. O'Flynn. Experimental Validation of the Tyndall Portable Lower-limb Analysis System with Wearable Inertial Sensors. Procedia Engineering, 2016, 147: 208-213.

[118] Thompson, W. R. WORLDWIDE SURVEY OF FITNESS TRENDS FOR 2019. ACSM's Health & Fitness Journal, 2018, 22 (6): 10-17.

[119] Um, T. T., V. Babakeshizadeh and D. Kulić. Exercise motion classification from large-scale wearable sensor data using convolutional neural networks. 2017 IEEE/RSJ International Conference on Intelligent Robots and Systems (IROS), 2017.

[120] Umek, A., Y. Zhang, S. Tomazic and A. Kos. Suitability of Strain Gage Sensors for Integration into Smart Sport Equipment: A Golf Club Example. Sensors (Basel), 2017, 17 (4).

[121] van der Slikke, R. M. A., M. A. M. Berger, D. J. J. Bregman and H. E. J. Veeger. From big data to rich data: The key features of athlete wheelchair mobility performance. Journal of Biomechanics, 2016, 49 (14): 3340-3346.

[122] Vega-Martinez, G., F. J. Ramos-Becerril, D. Mirabent-Amor, J. G. Franco-Sánchez, A. Vera-Hernández, C. Alvarado-Serrano and L. Leija-Salas. Analysis of heart rate variability and its application in sports medicine: A review. 2018 Global Medical Engineering Physics Exchanges/Pan American Health Care Exchanges (GMEPE/PAHCE), 2018.

[123] Wagner, J. F. About Motion Measurement in Sports Based on Gyroscopes and Accelerometers—an Engineering Point of View. Gyroscopy Navigation, 2018, 9 (1): 1-18.

[124] Walker, C., P. Sinclair, K. Graham and S. Cobley. The validation and application of Inertial Measurement Units to springboard diving. Sports Biomechanics, 2017, 16 (4): 485-500.

[125] Walmsley, C. P., S. A. Williams, T. Grisbrook, C. Elliott, C. Imms and A. J. S. M. -O. Campbell. Measurement of Upper Limb Range of Motion Using Wearable Sensors: A Systematic Review, 2018, 4 (1): 53.

[126] Wang, Y., M. Chen, X. Wang, R. H. M. Chan and W. J. Li. IoT for Next-Generation Racket Sports Training. IEEE Internet of Things Journal, 2018.

[127] Wang, Z., W. Jiaxin, H. Zhao, Y. Ning and G. Fortino. CanoeSense: Monitoring canoe sprint motion using wearable sensors. 2016 IEEE International Conference on Systems, Man, and Cybernetics (SMC), 2016.

[128] Wei, Y., L. Jiao, R. Mehmood, H. Liu, A. Umek and A. Kos. Hierarchical Feature Reduction with Max Relevance and Low Dimensional Embedding Strategy and Its Application in Activity Recognition with Multi-sensors. Procedia Computer Science, 2018 (129): 284-290.

[129] Wells, D., J. Alderson, V. Camomilla, C. Donnelly, B. Elliott and A. Cereatti. Elbow joint kinematics during cricket bowling using magneto-inertial sensors: A feasibility study. Journal of Sports Sciences,

2018：1-10.

[130] Whiteside, D., O. Cant, M. Connolly and M. Reid. Monitoring Hitting Load in Tennis Using Inertial Sensors and Machine Learning. International Journal of Sports Physiology and Performance, 2017, 12 (9)：1212-1217.

[131] Wilkerson, G. B., A. Gupta and M. A. Colston. Mitigating Sports Injury Risks Using Internet of Things and Analytics Approaches, 2018, 38 (7)：1348-1360.

[132] Williams, G., S. Li and P. N. Pathirana. Dual Kalman filter for estimating load-free human motion kinematic energy expenditure. Biomedical Signal Processing and Control, 2018, 41：40-47.

[133] Wouda, F., M. Giuberti, G. Bellusci and P. Veltink. Estimation of Full-Body Poses Using Only Five Inertial Sensors：An Eager or Lazy Learning Approach? Sensors, 2016, 16 (12)：2138.

[134] Wouda, F. J., M. Giuberti, G. Bellusci, E. Maartens, J. Reenalda, B. - J. F. van Beijnum and P. H. Veltink. Estimation of Vertical Ground Reaction Forces and Sagittal Knee Kinematics During Running Using Three Inertial Sensors. Frontiers in Phsiology, 2018, 9 (218).

[135] Wundersitz, D. W. T., C. Josman, R. Gupta, K. J. Netto, P. B. Gastin and S. Robertson. Classification of team sport activities using a single wearable tracking device. Journal of Biomechanics, 2015, 48 (15)：3975-3981.

[136] Yang, Y., M. Schumann, S. Le and S. Cheng. Reliability and validity of a new accelerometer-based device for detecting physical activities and energy expenditure. PeerJ, 2018, 6：e5775.

[137] Yeargin, S. W., P. Kingsley, J. M. Mensch, J. P. Mihalik and E. V. Monsma. Anthropometrics and maturity status：A preliminary study of youth football head impact biomechanics. International Journal of Psychophysiology, 2018, 132：87-92.

[138] Yu, G., Y. J. Jang, J. Kim, H. K. Jin, H. Y. Kim, K. Kim and S. B. Panday. Potential of IMU Sensors in Performance Analysis of Professional Alpine Skiers. Sensors, 2016, 16 (4)：463.

[139] Zhang, J., Y. Cao, M. Qiao, L. Ai, K. Sun, Q. Mi, S. Zang, Y. Zuo, X. Yuan and Q. Wang. Human motion monitoring in sports using wearable graphene-coated fiber sensors. Sensors and Actuators A：Physical, 2018, 274：132-140.

[140] Zhang, Z., Y. Zhang, A. Kos and A. Umek. A sensor-based golfer-swing signature recognition method using linear support vector machine. ELEKTROTEHNIŠKI VESTNIK, 2017, 84 (5)：247-252：247-252.

[141] 蔡军伟. 智能手环脉搏波形获取方法的实验研究 [D]. 杭州：中国计量大学, 2016.

[142] 蔡丽桑. 基于多通道 PPG 信号的心率测量研究 [D]. 金华：浙江师范大学, 2017.

[143] 曾毅. 可穿戴无线生物体征监测标签设计与实现 [D]. 成都：电子科技大学, 2016.

[144] 陈华珍, 夏国清, 宗建华. 双自适应 BP 算法在智能手环中的应用 [J]. 单片机与嵌入式系统应用, 2018, 18 (8)：5-10.

[145] 陈庆果, 袁川, 陈恩格, 范江江. 基于智能手机内置加速度传感器的日常体力活动监测研究 [J]. 中国体育科技, 2016, 52 (6)：128-136.

[146] 陈晓, 宋晓梅, 张意华. 可穿戴运动捕捉系统 [J]. 国外电子测量技术, 2017, 36 (10)：60-63.

[147] 陈炎. 基于传感器信息融合的运动个体心率检测方法研究 [D]. 北京：中国科学院大学, 2016.

[148] 陈炎,李丹,李彦海,等.基于加速度传感器的心率信号处理及检测方法[J].科学技术与工程,2016,16(9):67-70.

[149] 程嘉奇,谢生,毛陆虹,陈力颖.基于UHF RFID技术的无线脉搏血氧监测系统设计[J].传感器与微系统,2016,35(5):70-73.

[150] 董理骅.穿戴式运动识别关键技术研究[D].北京:中国科学院大学,2016.

[151] 葛峰峰.人体运动角度测量系统设计与实现[D].南京:南京理工大学,2017.

[152] 弓腊梅,盛佳智.可穿戴设备在体育科学研究中应用研究热点和趋势——基于知识图谱的可视化分析[J].贵州体育科技,2017(3):47-50.

[153] 谷志瑜.基于穿戴式传感器的人体动作识别研究[D].桂林:桂林电子科技大学,2017.

[154] 关渭尹.基于移动设备运动传感器的人体行为识别算法研究[D].银川:宁夏大学,2017.

[155] 韩建飞.基于加速度传感器的人体动作识别方法研究[D].镇江:江苏大学,2016.

[156] 韩松杉.基于多传感器联合的人体动作识别研究[D].成都:电子科技大学,2018.

[157] 何世杰,李娜.可穿戴技术在体育中应用的研究综述[J].体育时空,2017(4):155-156.

[158] 何晓龙,史文越,盛张群.智能手环/手机应用程序在不同步行速度或路面中的计步有效性研究[J].中国体育科技,2016,52(6):122-127.

[159] 胡小华,李向攀,祁洋阳,冷昊,韩建海,郭冰菁.可穿戴式人体姿态检测系统设计[J].电子技术应用,2017,43(9):13-16.

[160] 蒋京.基于运动特征的人体行为识别方法研究[D].安庆:安庆师范大学,2017.

[161] 赖晓晨,史文哲,迟宗正,等.一种基于单元动作划分的篮球动作数据处理方法,专刊号CN106730771B,2017.

[162] 雷轩.可穿戴式血氧饱和度检测仪的设计与实现[D].武汉:中南民族大学,2016.

[163] 黎涌明,韩甲,刘阳,等.2018年中国健身趋势——针对国内健身行业从业人员的网络问卷调查[J].上海体育学院学报,2018,42(1):41-46.

[164] 李锋,陈波.基于肌电感应的可穿戴运动分析系统设计与实现[J].电子产品世界,2017,(5):43-46.

[165] 李晓辰.穿戴式数字化体育辅助训练平台设计与实现[D].大连:大连理工大学,2018.

[166] 李兴,侯振杰,梁久祯,常兴治.基于线性加速度的多节点人体行为识别[J].山东大学学报(工学版),2018,48(6):56-66.

[167] 李祯林,郑蓝翔,杨奕津,等.基于MEMS传感器的人体姿态的运动采集及复现[J].技术交流,2017(23):116-118.

[168] 刘盛羽.基于动态时间规整的可穿戴式人体动作识别系统设计[D].哈尔滨:哈尔滨工业大学,2018.

[169] 刘哲,张卫华,李松柏,卫誉洲.基于Kinect与九轴传感器的篮球训练系统的应用研究[J].电脑迷,2017(11):35.

[170] 刘震.基于MEMS传感器与Zigbee网络的人体手臂运动状态测量和识别方法研究[D].成都:西南交通大学,2017.

[171] 刘志荣,马勇,蔺世杰,等.冰雪运动中可穿戴测试系统的现状分析.第二十届全国运动生物力学学术交流大会论文摘要汇编,2018.

[172] 鹿琦.可穿戴设备在青年人能耗测定方面的精度研究[J].当代体育科技,2017(5):216-217.

[173] 路永乐，张欣，龚爽，等．基于MEMS惯性传感器的人体多运动模式识别［J］．中国惯性技术学报，2016，24（5）：589-594．

[174] 马强，陈少发，赵君豪，等．利用惯性传感器的人体运动空间轨迹追踪［J］．单片机与嵌入式系统应用，2018，18（1）：41-44．

[175] 彭海松．基于篮球步态下足底压力监测的智能篮球鞋设计研究［D］．成都：西南交通大学，2017．

[176] 石欣巧．基于移动智能终端的山东省大学生体育健身研究［D］．曲阜：曲阜师范大学，2016．

[177] 宋健．自相关系数计步算法的精度与能耗权衡研究［D］．呼和浩特：内蒙古大学，2018．

[178] 汤庆丰．基于可穿戴式动捕系统的人体行为识别方法研究［D］．安庆：安庆师范大学，2016．

[179] 王亚琦．用于青少年篮球运球训练姿态监测的智能可穿戴产品的设计与开发［D］．广州：华南理工大学，2018．

[180] 王一杰．基于惯性传感器的人体姿态分析与识别关键技术的研究［D］．成都：电子科技大学，2018．

[181] 魏志远．面向日常人体活动识别的可穿戴计算技术的研究与应用［D］．北京：北京工业大学，2016．

[182] 吴秋晨．可穿戴式汗液成分实时检测系统研究［D］．北京：中国科学院大学，2017．

[183] 徐华，路一飞，项建新，等．基于石墨烯/反蛋白石纤维素膜的多功能可穿戴传感器用于人体运动和汗液的同时监测研究．中国化学会第十六届胶体与界面化学会议论文摘要集——第二分会：功能微纳米材料，2017．

[184] 杨博．基于智能移动终端的人体运动识别技术研究与应用［D］．成都：西南交通大学，2017．

[185] 杨凤健，齐秋菊，郭红壮，等．可穿戴生理参数测量仪的设计［J］．电子产品世界，2017，24（12）：49-51，55．

[186] 于波．用于监测人体躯干运动的可穿戴传感系统的研究与开发［D］．上海：上海交通大学，2016．

[187] 赵伟．基于DWT和随机森林的运动自动分类方法［J］．湘潭大学自然科学学报，2018，40（1）：107-110．

[188] 郑凯．基于物联网的可穿戴式游泳姿态测量系统设计与数据分析［J］．测试技术学报，2019（2）：131-137．

[189] 郑增威，杜俊杰，霍梅梅，吴剑钟．基于可穿戴传感器的人体活动识别研究综述［J］．计算机应用，2018，38（5）：1223-1229，1238．

[190] 郑兆凯．多源数据相关的健身运动识别方法研究［D］．北京：中国科学院大学，2017．

[191] 周大鹏．基于TI CC2540处理器的身姿监测可穿戴设备的研究与实现［D］．长春：吉林大学，2016．

[192] 周子健．可穿戴式呼吸信号检测系统设计［D］．广州：广东工业大学，2016．

[193] 朱大清，王培勇，张新贵，傅兰英．可穿戴式心率传感器模块的优化应用［J］．单片机与嵌入式系统应用，2018，18（12）：44-47．

[194] 朱明．基于六轴传感器的速度滑冰滑行动作捕捉系统的研制，2016（16）．

[195] 朱显贵，李硕奇，王聪．可穿戴设备在运动信息领域中的发展现状及问题应对措施［A］//2016年第十二届全国体育信息科技学术大会论文摘要汇编（数字体育研究）［C］，2016．

［196］曾天禹，黄显．可穿戴传感器进展、挑战和发展趋势［J］．科技导报，2017，35（2）：19-32.

［197］乔静，胡红濮．可穿戴设备研究热点及趋势分析［J］．中华医学图书情报杂志，2017，26（11）：49-52.

［198］迎九，金旺．可穿戴设备中的传感器应用需求及趋势［J］．电子产品世界，2017，24（6）：21-24.

［199］孙爱华，孙咏晖，齐芳．可穿戴智能运动设备发展的局限性因素及对策研究［J］．山东体育科技，2017，39（3）：27-30.

［200］李森浩，王冬慧．网球运动智能化及穿戴设备发展研究［J］．辽宁体育科技，2017，39（2）：125-128.

［201］Schutz Y，Chambaz A．Could a satellite-based navigation system（GPS）be used to assess the physical activity of individuals on earth？［J］．EUROPEAN JOURNAL OF CLINICAL NUTRITION，1997，51（5）：338-339.

［202］艾康伟，何申杰．赛艇、皮划艇 GPS 测速仪的研制［J］．体育科学，1999（2）：56-58.

［203］https：//www.gps.gov/systems/gps/performance/accuracy/

［204］Glonass，I. C. D. Glonass interface control document. Russian Institute of Space Device Engineering：Moscow，Russia（2008）.

［205］Galileo，O. S. Service Definition Document. First version in，2016：2017-18.

［206］中国卫星导航系统管理办公室．北斗卫星导航系统公开服务性能规范（2.0版）［R］．2018.12.

［207］Validation of a model and a simulator for road cycling on real tracks［J］．Sports Engineering，2011，14（2-4）：95-110.

［208］Chen Y Y，Wang Y Y．zDesign and implementation of a web services-based system for bike positioning［C］//International Symposium on Computer. 2010.

［209］Hayashi H，Tsunoda K，Hoshino H. Signal Processing of GNSS data for Winter Sports［C］//2018 18th International Symposium on Communications and Information Technologies（ISCIT）. IEEE，2018：199-203.

［210］Neville J，Rowlands D，Wixted A，et al. Application of GPS devices to longitudinal analysis on game and training data［J］. Procedia Engineering，2012（34）：443-448.

［211］Townshend A D，Worringham C J，Stewart I B．Assessment of Speed and Position during Human Locomotion Using Nondifferential GPS［J］. Medicine & Science in Sports & Exercise，2008，40（1）：124-132.

［212］Park I G. Development of player-owned golf GPS system powered by solar cell［C］//International Conference on Computer Sciences & Convergence Information Technology. IEEE，2011.

［213］王晓俊．定位系统（GPS）在高尔夫球中的模拟应用［J］．硅谷，2014（11）：119-119.

［214］丁俐．高尔夫 GPS 多功能服务终端系统的理论与实践［J］．科技风，2018，358（26）：87.

［215］陈惠娟．基于北斗/GPS&GPRS 远程高尔夫球场管理系统设计［J］．电子技术与软件工程，2015（19）：70-71.

［216］刘鹏卫．基于北斗的高尔夫球车定位系统的设计与实现［D］．石家庄：河北科技大学，2016.

［217］Hebenbrock M，Düe M, Holzhausen H，et al. A new tool to monitor training and performance of sport horses using global positioning system (GPS) with integrated GSM capabilities [J]. Dtw Deutsche Tierärztliche Wochenschrift, 2005, 112 (7): 262.

[218] Witte T H, Wilson A M. Accuracy of non-differential GPS for the determination of speed over ground [J]. Journal of Biomechanics, 2004, 37 (12): 1891-1898.

[219] Zihajehzadeh S, Loh D, Lee T J, et al. A cascaded Kalman filter-based GPS/MEMS-IMU integration for sports applications [J]. Measurement, 2015 (73): 200-210.

[220] Wägli A. Trajectory determination and analysis in sports by satellite and inertial navigation [R]. EPFL, 2009.

[221] Cem D, O'Connor Noel E. Temporal segmentation and recognition of team activities in sports [J]. Machine Vision and Applications, 2018.

[222] Gabbett, Tim J. Use of Relative Speed Zones Increases the High-Speed Running Performed in Team Sport Match Play [J]. Journal of Strength and Conditioning Research, 2015, 29 (12): 3353-3359.

[223] Dwyer D B, Gabbett T J. Global Positioning System Data Analysis: Velocity Ranges and a New Definition of Sprinting for Field Sport Athletes [J]. Journal of Strength and Conditioning Research, 2012, 26 (3): 818-824.

[224] Roe G, Darrall-Jones J, Black C, et al. Validity of 10-HZ GPS and timing gates for assessing maximum velocity in professional rugby union players [J]. International journal of sports physiology and performance, 2017, 12 (6): 836-839.

[225] Andersson E, Supej M. yvind Sandbakk, et al. Analysis of sprint cross-country skiing using a differential global navigation satellite system [J]. European Journal of Applied Physiology, 2010, 110 (3): 585-595.

[226] Mertens J C, Boschmann A, Schmidt M, et al. Sprint diagnostic with GPS and inertial sensor fusion [J]. Sports Engineering, 2018.

[227] Haugen T, Buchheit M. Sprint Running Performance Monitoring: Methodological and Practical Considerations [J]. Sports Medicine, 2016, 46 (5): 1-16.

[228] José C. Barbero-álvarez, Coutts A, Granda J, et al. The validity and reliability of a global positioning satellite system device to assess speed and repeated sprint ability (RSA) in athletes [J]. Journal of Science & Medicine in Sport, 2010, 13 (2): 232-235.

[229] Beato M, Bartolini D, Ghia G, et al. Accuracy of a 10 Hz GPS Unit in Measuring Shuttle Velocity Performed at Different Speeds and Distances (5 - 20 M) [J]. Journal of Human Kinetics, 2016, 54 (1).

[230] Nagahara R, Botter A, Rejc E, et al. Concurrent Validity of GPS for Deriving Mechanical Properties of Sprint Acceleration [J]. International journal of sports physiology and performance, 2016, 12 (1).

[231] Neville J G, Rowlands D D, Lee J B, et al. A Model for Comparing Over-Ground Running Speed and Accelerometer Derived Step Rate in Elite Level Athletes [J]. IEEE Sensors Journal, 2016, 16 (1): 185-191.

[232] Terrier P, Ladetto Q, Merminod B, et al. High-Precision Satellite Positioning System as a New Tool to Study the Biomechanics of Human Locomotion [J]. Journal of Biomechanics, 2000, 33 (12): 1717-1722.

［233］Terrier P，Turner V，Schutz Y．GPS analysis of human locomotion：Further evidence for long-range correlations in stride-to-stride fluctuations of gait parameters［J］．Human Movement Science，2005，24（1）：97-115．

［234］Sadi F，Klukas R．New jump trajectory determination method using low-cost MEMS sensor fusion and augmented observations for GPS/INS integration［J］．GPS Solutions，2013，17（2）：139-152．

［235］Sadi F．Jump parameter estimation with low cost MEMS sensors and GPS for action sports goggles［J］．2011．

［236］Goran Jurković，Ivanjko E，Mario Jurković．Application of GNSS Technology for High Speed Boats Tracking and Collision Avoidance［C］//Baška Gnss Conference．2014．

［237］高久翔,于亮．GPS系统监控足球训练中变向次数与灵敏、冲刺能力的关联［C］// 2018年中国生理学会运动生理学专业委员会会议暨"科技创新与运动生理学"学术研讨会，2018．

［238］White A D，Macfarlane N．Time-on-Pitch or Full-Game GPS Analysis Procedures for Elite Field Hockey［J］．International Journal of Sports Physiology and Performance，2013，8（5）：549-555．

［239］Quantifying positional and temporal movement patterns in professional rugby union using global positioning system［J］．European Journal of Sport Science，2015，15（6）：1-9．

［240］Aughey，Robert J．Applications of GPS Technologies to Field Sports［J］．International Journal of Sports Physiology and Performance，2011，6（3）：295-310．

［241］Jeheon M，Jinhae K，Jinhyeok K，et al．Roller skiing biomechanical information analysis using GPS，IMU，and atmospheric pressure sensors：a case study［J］．Sports Engineering，2018．

［242］Varley M C，Jaspers A，Helsen W F，et al．Methodological Considerations When Quantifying High-Intensity Efforts in Team Sport Using Global Positioning System Technology［J］．International Journal of Sports Physiology and Performance，2017：1-25．

［243］Waldron M，Highton J．Fatigue and Pacing in High-Intensity Intermittent Team Sport：An Update［J］．Sports Medicine，2014，44（12）：1645-1658．

［244］Buchheit M，Gray A，Morin J B．Assessing stride variables and vertical stiffness with GPS-embedded accelerometers：preliminary insights for the monitoring of neuromuscular fatigue on the field［J］．Journal of sports science & medicine，2015，14（4）：698．

［245］Kramer M，Du Randt R，Watson M，et al．Energetics of male field-sport athletes during the 3-min all-out test for linear and shuttle-based running［J］．European Journal of Applied Physiology，2018．

［246］Gray A J，Shorter K，Cummins C，et al．Modelling Movement Energetics Using Global Positioning System Devices in Contact Team Sports：Limitations and Solutions［J］．Sports Medicine，2018．

［247］Polglaze T，Dawson B，Peeling P．Gold Standard or Fool's Gold？The Efficacy of Displacement Variables as Indicators of Energy Expenditure in Team Sports［J］．Sports Medicine，2016，46（5）：657-670．

［248］Brown D M．Metabolic Power Method Underestimates Energy Expenditure in Field Sport Movements Using a GPS Tracking System［J］．International Journal of Sports Physiology & Performance，2016，11（8）：1067．

［249］Rossi A，Perri E，Trecroci A，et al．GPS Data Reflect Players' Internal Load in Soccer［C］//2017 IEEE 17th International Conference on Data Mining Workshops（ICDMW）．IEEE，2017．

［250］Torreño N，Munguía-Izquierdo，Diego，Coutts A，et al．Relationship Between External and Internal

Load of Professional Soccer Players During Full-Matches in Official Games Using GPS and Heart Rate Technology [J]. International Journal of Sports Physiology and Performance, 2016: 1-22.

[251] Bartlett J D, O'Connor, Fergus, Pitchford N, et al. Relationships Between Internal and External Training Load in Team Sport Athletes: Evidence for an Individualised Approach [J]. International Journal of Sports Physiology and Performance, 2016: 1-20.

[252] Black G M, Gabbett T J, Cole M H, et al. Monitoring Workload in Throwing-Dominant Sports: A Systematic Review [J]. Sports Medicine, 2016.

[253] Fox J L, Stanton R, Sargent C, et al. The Association Between Training Load and Performance in Team Sports: A Systematic Review [J]. Sports Medicine, 2018: 1-32.

[254] Farrow D, Robertson S. Development of a Skill Acquisition Periodisation Framework for High-Performance Sport [J]. Sports Medicine, 2017, 47 (6): 1043-1054.

[255] 李星炜. 基于GPS运动跟踪系统的校园足球负荷特征研究 [D]. 南京: 南京体育学院, 2018.

[256] 孙朋. 优秀女子7人制橄榄球运动员比赛负荷特征研究 [D]. 北京: 北京体育大学, 2017.

[257] 叶家驰. 中国国家男子七人制橄榄球运动员比赛负荷特征的研究 [D]. 北京: 北京体育大学, 2017.

[258] 冯锐, 陈小平, 蔡旭旦. 基于Accelerometer及GPS的中国优秀男子曲棍球运动员比赛负荷的研究 [J]. 中国体育科技, 2018, 54 (06): 61-69.

[259] 冯锐. 中国优秀男子曲棍球运动员比赛和训练Accelerometer及GPS指标分析 [D]. 宁波: 宁波大学, 2018.

[260] Strauss A, Sparks M, Pienaar C. The Use of GPS Analysis to Quantify the Internal and External Match Demands of Semi-Elite Level Female Soccer Players during a Tournament [J]. Journal of sports science & medicine, 2019, 18 (1): 73.

[261] Sarah W, Kevin T, Dan W, et al. The Use of Microtechnology to Quantify the Peak Match Demands of the Football Codes: A Systematic Review [J]. Sports Medicine, 2018.

[262] Cunningham D J, Shearer D A, Carter N, et al. Assessing worst case scenarios in movement demands derived from global positioning systems during international rugby union matches: Rolling averages versus fixed length epochs [J]. Plos One, 2018, 13 (4): e0195197.

[263] Beard A, Chambers R, Millet G P, et al. Comparison of Game Movement Positional Profiles Between Professional Club and Senior International Rugby Union Players [J]. International journal of sports medicine, 2019.

[264] Bayliff G E, Jacobson B H, Moghaddam M, et al. Global Positioning System Monitoring of Selected Physical Demands of NCAA Division I Football Players During Games [J]. The Journal of Strength & Conditioning Research, 2019, 33 (5): 1185-1191.

[265] Taylor J B, Wright A A, Dischiavi S L, et al. Activity demands during multi-directional team sports: a systematic review [J]. Sports Medicine, 2017, 47 (12): 2533-2551.

[266] Caine M P, De Silva V, Skinner J, et al. Quantifying intra-seasonal variations in physical performance measures using player tracking data from an elite football (soccer) academy [J], 2018.

[267] Jones L. Wearable GPS Devices in a British Elite Soccer Academy Setting: A Foucauldian Disciplinary

Analysis Of Player Development And Experience [J]. Journal of Athlete Development and Experience, 2019, 1 (1): 4.

[268] Rossi A, Perri E, Trecroci A, et al. Characterization of In-season Elite Football Trainings by GPS Features: The Identity Card of a Short-Term Football Training Cycle [C]//IEEE International Conference on Data Mining Workshops. 2017.

[269] Johnston R D, Black G M, Harrison P W, et al. Applied Sport Science of Australian Football: A Systematic Review [J]. Sports Medicine, 2018.

[270] Hodun M, Clarke R, Croix M B A D S, et al. Global positioning system analysis of running performance in female field sports: a review of the literature [J]. Strength & Conditioning Journal, 2016, 38 (2): 49-56.

[271] Calder A R. Physical profiling in lacrosse: a brief review [J]. Sport Sciences for Health, 2018, 14 (3): 475-483.

[272] Seeberg, Trine M., et al.. A multi-sensor system for automatic analysis of classical cross-country skiing techniques [J]. Sports Engineering, 2017, 20 (4): 313-327.

[273] Fasel B, Laaksonen M, Supej M. Trajectory matching by low-cost GNSS allows continuous time comparisons during cross-country skiing [C]//Spinfortec Munich 2018, Symposium der dvs-Sektion Sportinformatik und Sporttechnologie, Munich, Germany, September 6-7, 2018.

[274] Vieira L H P, Carling C, Barbieri F, et al. Match Running Performance in Young Soccer Players: A Systematic Review [J]. Sports Medicine, 2019, 49 (2): 289-318.

[275] Hausler J, Halaki M, Orr R. Application of Global Positioning System and Microsensor Technology in Competitive Rugby League Match-Play: A Systematic Review and Meta-analysis [J]. Sports Medicine, 2016, 46 (4): 559-588.

[276] 蒋希上. 辽宁省女子曲棍球队在连续比赛中不同位置运动员跑动特征的研究 [D]. 北京: 首都体育学院, 2018.

[277] Rossi A, Pappalardo L, Cintia P, et al. Effective injury forecasting in soccer with GPS training data and machine learning [J], 2017.

[278] Martins B G P. Predicting the risk of injury of professional football players with machine learning [D], 2019.

[279] Kim T, Cha J H, Park J C. Association between in-game performance parameters recorded via global positioning system and sports injuries to the lower extremities in elite female field hockey players [J]. Cluster Computing, 2016.

[280] Greig M, Emmerson H, McCreadie J. Quantifying Functional Ankle Rehabilitation Progression Criteria Using GPS: A Preliminary Study [J]. Journal of sport rehabilitation, 2019 (00): 1-6.

[281] 王浩. GPS 设备辅助定向运动制图的应用研究 [D]. 西安: 西安体育学院, 2016.

[282] Ahmed Makki, Abubakr Siddig, Mohamed Saad, Chris Bleakley. Survey of WiFi positioning using time-based techniques [J]. Computer Networks, 2015 (88): 218-233.

[283] R. Faragher, R. Harle. An Analysis of the Accuracy of Bluetooth Low Energy for Indoor Positioning Applications [A]. 27th International Technical Meeting of The Satellite Division of the Institute of Navigation (ION GNSS+ 2014) [C]. 2014: 201-210.

[284] H. Woellik, A. Mueller, J. Herriger. Permanent RFID Timing System in a Track and Field Athletic Stadium for Training and Analysing Purposes [J]. Procedia Engineering, 2014 (72) (0): 202-207.

[285] Mahmut Aykaç, Ergun Erçelebi, Noor Baha Aldin. ZigBee-based indoor localization system with the personal dynamic positioning method and modified particle filter estimation [J]. Analog Integrated Circuits and Signal Processing, 2017, 92 (2): 263-279.

[286] Stephen Reutebuch, Hans-Erik Andersen, Robert McGaughey. Light Detection and Ranging (LIDAR): An Emerging Tool for Multiple Resource Inventory [J]. Journal of Forestry, 2005. 103 (6): 286-292.

[287] Matteo Ridolfi, Stef Vandermeeren, Jense Defraye, Heidi Steendam, Joeri Gerlo, et al. Experimental Evaluation of UWB Indoor Positioning for Sport Postures [J]. Sensors, 2018, 18 (2): 168.

[288] Jense Defraye. Determining the position of sporters using ultra-wideband indoor localization [D]. Ghent University: 2017.

[289] Qing Fu, Günther Retscher. Using RFID and INS for Indoor Positioning, in Location Based Services and TeleCartography II: From Sensor Fusion to Context Models [M], G. Gartner, K. Rehrl, Editors. Berlin, Heidelberg. Springer Berlin Heidelberg: 2009 421-438.

[290] Bertrand Perrat, Martin J. Smith, Barry S. Mason, James M. Rhodes, Vicky L. Goosey-Tolfrey. Quality assessment of an Ultra-Wide Band positioning system for indoor wheelchair court sports [J]. Proceedings of the Institution of Mechanical Engineers, Part P: Journal of Sports Engineering and Technology, 2015. 229 (2): 81-91.

[291] L. E. Díez, A. Bahillo, T. Otim, J. Otegui. Step Length Estimation Using UWB Technology: A Preliminary Evaluation [A]. 2018 International Conference on Indoor Positioning and Indoor Navigation (IPIN) [C]. 1-8

[292] Alejandro Bastida-Castillo, Carlos Gómez-Carmona, Ernesto De La Cruz-Sánchez, Xavier Reche-Royo, Sergio Ibáñez, José Pino Ortega. Accuracy and Inter-Unit Reliability of Ultra-Wide-Band Tracking System in Indoor Exercise [J]. Applied Sciences, 2019. 9 (5): 939.

[293] J. A. Kirkup, D. D. Rowlands, D. V. Thiel. Team Player Tracking Using Sensors and Signal Strength for Indoor Basketball [J]. IEEE Sensors Journal, 2016. 16 (11): 4622-4630.

[294] 彭正林. 基于WiFi指纹与惯性传感的室内融合定位技术研究 [D]. 长沙：湖南大学：2017.

[295] 杨东东, 洪炎, 黄国维, 戴海祥. 基于可穿戴设备的室内定位 [J]. 电子世界, 2017 (16): 40.

[296] 李璇. LBS位置轨迹追踪服务平台在马拉松运动中的应用与研究 [J]. 科教导刊-电子版（下旬），2018 (8): 249-250, 275.

[297] 吴杰伟, 高士淇, 赵爽. 基于UWB的室内定位在体育场馆中的应用 [J]. 科学技术创新, 2019 (16): 88-89.

[298] Zuffi, S. and M. J. Black. The stitched puppet: A graphical model of 3D human shape and pose. in Proceedings of the IEEE Conference on Computer Vision and Pattern Recognition, 2015.

[299] Aboali, M., et al., Review on Three-Dimensional (3-D) Acquisition and Range Imaging Techniques. Int. J. Appl. Eng. Res, 2017. 12: 2409-2421.

[300] Chang, J. Y. and S. W. Nam, Fast Random-Forest-Based Human Pose Estimation Using a Multi-scale

and Cascade Approach. Etri Journal, 2013, 35 (6): 949-959.

[301] Ellis, C., et al., Exploring the trade-off between accuracy and observational latency in action recognition. International Journal of Computer Vision, 2013, 101 (3): 420-436.

[302] Zhang, H.-B., et al., A Survey on Human Pose Estimation. Intelligent Automation & Soft Computing, 2016, 22 (3): 483-489.

[303] Zhang, H.-B., et al., A Survey on Human Pose Estimation. Intelligent Automation & Soft Computing, 2015, 22 (3): 483-489.

[304] Anguelov, D., et al. SCAPE: shape completion and animation of people. in ACM transactions on graphics (TOG). 2005. ACM.

[305] Newcombe, R. A., et al., KinectFusion: Real-time dense surface mapping and tracking [M]. 2011: 127-136.

[306] Han, J., et al., Enhanced Computer Vision with Microsoft Kinect Sensor: A Review. IEEE Transactions on Cybernetics, 2013, 43 (5): 1318-1334.

[307] Trucco, E. and A. Verri, Introductory techniques for 3-D computer vision. Vol. 201. 1998: Prentice Hall Englewood Cliffs.

[308] Foix, S., G. Alenya, and C. Torras, Lock-in time-of-flight (ToF) cameras: A survey. IEEE Sensors Journal, 2011, 11 (9): 1917-1926.

[309] Scharstein, D. and R. Szeliski. High-accuracy stereo depth maps using structured light. in Computer Vision and Pattern Recognition, 2003. Proceedings. 2003 IEEE Computer Society Conference on. 2003. IEEE.

[310] Fastovets, M., J.-Y. Guillemaut, and A. Hilton. Athlete pose estimation from monocular tv sports footage. in Proceedings of the IEEE Conference on Computer Vision and Pattern Recognition Workshops. 2013.

[311] Park, S., et al. Accurate and Efficient 3D Human Pose Estimation Algorithm Using Single Depth Images for Pose Analysis in Golf. in CVPR Workshops. 2017.

[312] Yang, Y., et al. Recognizing proxemics in personal photos. in Computer Vision and Pattern Recognition (CVPR), 2012 IEEE Conference on. 2012. IEEE.

[313] Zheng, Y., et al., Evaluation on impact interaction between abutment and steel girder subjected to nonuniform seismic excitation. Shock and Vibration, 2015.

[314] Mehta, D., et al., Vnect: Real-time 3d human pose estimation with a single rgb camera. ACM Transactions on Graphics (TOG), 2017, 36 (4): 44.

[315] Ganapathi, V., et al. Real time motion capture using a single time-of-flight camera. in Computer Vision and Pattern Recognition (CVPR), 2010 IEEE Conference on. 2010. IEEE.

[316] Jain, H. P., et al. Real-time upper-body human pose estimation using a depth camera. in International Conference on Computer Vision/Computer Graphics Collaboration Techniques and Applications. 2011. Springer.

[317] Zhu, Y., B. Dariush, and K. Fujimura. Controlled human pose estimation from depth image streams. in Computer Vision and Pattern Recognition Workshops, 2008. CVPRW'08. IEEE Computer Society Conference on. 2008. IEEE.

[318] Plagemann, C., et al. Real-time identification and localization of body parts from depth images. in Robotics and Automation (ICRA), 2010 IEEE International Conference on. 2010. IEEE.

[319] Ikemura, S. and H. Fujiyoshi. Real-time human detection using relational depth similarity features. in Asian Conference on Computer Vision. 2010. Springer.

[320] Shotton, J., et al., Real-time human pose recognition in parts from single depth images. Communications of the ACM, 2013, 56 (1): 116-124.

[321] Ye, M. and R. Yang. Real-time simultaneous pose and shape estimation for articulated objects using a single depth camera. in Proceedings of the IEEE Conference on Computer Vision and Pattern Recognition, 2014.

[322] Pauwels, K., L. Rubio, and E. Ros. Real-time model-based articulated object pose detection and tracking with variable rigidity constraints. in Proceedings of the IEEE Conference on Computer Vision and Pattern Recognition, 2014.

[323] Schuon S, Theobalt C, Davis J, et al. High-quality scanningusing time-of-flight depth superresolution Proceedings of the IEEE International Conference on Computer Vision and Pattern Recognition Workshop on Time-of-Flight Computer Vision (CVPRW'08), Anchorage, Alaska, USA, June 23-28, 2008.

[324] Lindner M, Kolb A, Lateral and depth calibration of PMD-distance sensors [C] //Porceedings of the 2nd International Symposium on Visual Computing (ISVC'06) Lake Tahoe, Nevada, USA, Nov 6-8, 2006, 524-533.

[325] Leila Sabeti, Ehsan Parvizi, Q. M. Jonathan Wu. Visual Tracking Using Color Cameras and Time-of-Flight Range Imaging Sensors. journal of multimedia, vol. 3, no. 2, June 2008.

[326] Muhammad Ashraf1, Hamza Qayyum。High Accuracy Time of Flight Measurement Using Digital Signal Processing Techniques for Subsea Applications. Journal of Signal and Information Processing, 2011 (2): 330-335.

[327] Dario Piatti and Fulvio Rinaudo. SR-4000 and CamCube3.0 Time of Flight (ToF) Cameras: Tests and Comparison. Remote Sens. 2012, 4, 1069-1089 www.mdpi.com/journal/remotesensing.

[328] Filiberto Chiabrando 1, Roberto Chiabrando 2, Dario Piatti 3, and Fulvio Rinaudo. Sensors for 3D Imaging: Metric Evaluation and Calibration of aCCD/CMOS Time-of-Flight Camera. Sensors 2009 (9): 10080-10096.

[329] 华东, 王其聪, 谢斌, 许世芳, 刘济林. 飞行时间法三维成像摄像机数据处理方法研究. 浙江大学学报（工学版）, 2010 (6).

[330] Xianng Xueqin, Pan Zhigeng, Tong Jing. Depth Canera in Computer Vision and Computer Graphice: An Overview. Journal of Frontiers of Computer Science and Technology.

[331] 周羽. 基于深度相机的三维人脸识别系统 [D]. 杭州: 浙江大学, 2012.

[332] Xiang X Q, Li G X, Pan Z G, et a1. Real—time spatial and depth upsampling for range data. LNCS Transactions on Computational Science, 2011, 6670: 78-98.

[333] Falie D. 3D image correction for time of flight (TOF) cameras. Proceedings of SPIE, 2008, 7156: 133.

[334] Ganapathi V, Plagemann C, Koller D, et a1. Real time motion capture using a single time-of-flight

camera . Proceedings of the IEEE International Conference on Computer Vision and Pattern Recognition (CVPR'10), San Francisco, USA, June 13-18, 2010: 755-762.

[335] ShoRon J, Fitzgibbon A, Cook M, et al. Real-time human ose recognition in parts from single depth images. Proceedings of the IEEE International Conference on Computer Vision and PaRern Recognition (CVPR'11), Colorado Springs, USA, June 20-25, 2011.

[336] Tong Y. Application of New Materials in Sports Equipment [J]. IOP Conference Series Materials Science and Engineering, 2019, 493.

[337] 郭晓芳. 生物工程塑料在体育器材中的应用 [J]. 塑料工业, 2016, 44 (09): 100-102, 124.

[338] 王华. 以塑代钢理念在体育器械中的发展现状与趋势 [J]. 塑料工业, 2017, 45 (06): 11-12, 16.

[339] 唐进单, 程浩南. 纺织材料在体育运动领域的应用及发展 [J]. 产业用纺织品, 2018, 36 (12): 1-4.

[340] 吴济宏, 吴佳怡, 何满堂. 纬编运动休闲产品发展趋势 [J]. 针织工业, 2018 (08): 1-4.

[341] 闫泽. 化工新材料在体育装备产业中的应用现状及发展研究 [J]. 化学工业, 2019, 37 (01): 30-38.

[342] 杨磊. 基于纤维增强复合材料在体育器材上的应用 [J]. 粘接, 2019, 40 (05): 136-138.

[343] 万绪鹏, 牛健壮. 塑料及复合材料在体育设施和运动器械中的应用 [J]. 合成材料老化与应用, 2019, 48 (03): 130-133.

[344] 左键. CrossFit 运动服新材料 [J]. 中国纤检, 2015 (21): 36-37.

[345] 王胜, 徐跃进. 体育器材用 Ti_2AlC 复合材料的磨损性能研究 [J]. 铸造技术, 2016, 37 (10): 2072-2074.

[346] Zhu Y M. Performance of Ti2AlC composite material in sports equipment [J]. Science and Technology of Materials, 2018: S2603636318300186.

[347] S. S. Yu, S. Zhang, Z. W. Xia, S. Liu, H. J. Lu, X. T. Zeng. Textured hybrid nanocomposite coatings for surface wear protection of sports equipment [J]. Surface and Coatings Technology, 2016 (287): 76-81.

[348] METHOD FOR PRODUCING OF A FIRE-RESISTANT SHOE AND SHOE, 专利号 WO2016EP00264, 2016 (2).

[349] 周文俊. 没听说过 E-TPU? 新健康运动正在抛弃你 [J]. 广州化工, 2018, 46 (15): 11-12.

[350] 科思创推出用于合成运动地坪的二氧化碳基材料 [J]. 环球聚氨酯, 2018 (12): 34.

[351] 运动球鞋消费市场升级: 新型 TPU 材料引关注 [J]. 环球聚氨酯, 2018 (07): 16.

[352] 巴斯夫创新材料用于 X-Swift 运动休闲鞋 [J]. 环球聚氨酯, 2019 (05): 15.

[353] 孙玲玲, 赵建飞, 潘意坤, 李安琪, 罗强. 体育器材中碳纤维材料的密度泛函理论研究 [J]. 分子科学学报, 2018, 34 (02): 127-133.

[354] 冯铭铭. 生物质石墨烯改性纤维蓄热材料滑雪服热湿舒适性研究 [D]. 北京: 北京服装学院, 2019.

[355] EM Yusup, S Mahzan, MAH Kamaruddin. Natural Fiber Reinforced Polymer for the Application of Sports Equipment using Mold Casting Method [J]. IOP Conference Series: Materials Science and Engineering, 2019, 494 (1).

[356] 何鹏, 新材料在体育器材中的应用 [J]. 山西化工, 2018, 38 (4): 135-136.

[357] 吴静, 塑料及复合材料在运动器材中的应用 [J]. 塑料工业, 2017, 45 (7): 107-110.

[358] 李硕. 新型材料对体育器材影响现状分析［J］. 当代化工研究, 2017（8）: 15-17.

[359] 盛夏. 碳材料在体育器材中的应用［J］. 塑料工业, 2017（7）: 125-128, 132.

[360] 江伟. 塑料复合材料在体育设施和健身器材中的应用［J］. 塑料工业, 2019（1）: 152-155.

[361] 一种具有高抗冲性的滑雪板, 专利号 CN201820700537.2, 2018.5.

[362] 一种3D打印负泊松比多孔运动鞋中底, 专利号 201820485709.9, 2018.4.

[363] Method for forming three-dimensional structures with different material portions, 专利号 U201715590966, 2017.5.

[364] Supercritical fluid rolled or spooled material finishing, 专利号 EP20160710359, 2016.2.

[365] Plasma treatment of an elastomeric material for adhesion, 专利号 US201815942024, 2018.3.

[366] Auxetic structures and footwear with soles having auxetic structures, 专利号 TW20160101773, 2016.1.

[367] Textile including bulking yarn, 专利号 US201715631344, 2017.6.

[368] Composite materials, methods of making, methods of use, and articles incorporating the composite materials, 专利号 US201816165458, 2018.10.

[369] Dynamic materials integrated into articles for adjustable physical dimensional characteristics, 专利号 US201816180911, 2018.11.

[370] 一种舒适度高且具有变色功能的跑鞋, 专利号 201820893126.X, 2018.6.

[371] 一种光子材料磁悬浮运动鞋及其实现方法, 专利号 201811004769.5, 2018.8.

[372] Athletic activity monitoring device with energy capture, 专利号 US201615165999, 2016.5.

[373] Especially sports garment, 专利号 CA20173025503, 2017.4.

[374] 一种舒适度高且具有变色功能的跑鞋, 专利号 201820893126.X, 2018.6.

[375] 功能梯度材料、鞋底基材的制备方法及鞋, 专利号 CN 109111636 A, 2018.7.

[376] Adaptive material article system, 专利号 WO201615045370, 2016.2.

[377] Shoe, in particular sports shoe, and method for tying such a shoe, 专利号 EP20160702332, 2016.1.

[378] 绿色环保抗菌型运动服, 专利号 CN201710703182.2, 2017.8.

[379] 一种凉爽型吸湿排汗运动服, 专利号 CN201810572028.0, 2018.6.

[380] 一种运动鞋用鞋底材料配方, 专利号 CN201811370816.8, 2018.11.

[381] 仿生换气隔温缓震运动鞋鞋底结构, 专利号 208318429U, 2018.6.

[382] 一种凉感水凝胶及其制备方法、凉感面料及其制备方法, 专利号 CN 105295076 B, 2017.12.

[383] 手感顺滑柔软点状接触运动服装面料, 专利号 CN201610684709.7, 2016.8.

[384] 一种石墨烯抗菌除臭运动鞋及其制备方法, 专利号 CN106435811A, 2016.9

[385] MONDO Advance 橡胶地板技术参数（中文）, 2018

[386] MONDO TRACK_ WS_ 技术参数（中文）, 2018

[387] MONDO Sportflex Super X 跑道技术参数（中文）, 2018

[388] 预制型橡胶跑道及其铺装方法, 专利号 CN105421191B, 2019.3.

[389] 三层预制型橡胶跑道, 专利号 CN207121783U, 2018.3.

[390] 一种热塑性聚氨酯发泡体运动场地, 专利号 CN107254821A, 2017.10.

[391] 一种基于密度梯度结构的运动场地铺装材料, 专利号 CN107964848A, 2018.4.

[392] 一种基于物联网的校园智能型运动场地, 专利号 CN109528211A, 2019.3.

[393] 一种超耐磨型人造草坪, 专利号 CN205711623U, 2016.11

[394] 赵紫昱，马丕波．人造草坪的发展现状［J］．纺织科技进展，2019（4）：8-11．

[395] 王萌．草丝纤维的结构与性能［J］．纺织科技进展，2016（6）：8-11

[396] 王春江，麦伟宗，李景，等．高性能化耐候聚丙烯的研发及在运动地板中的应用．2018年广州市产业技术重大攻关计划项目，2018．

[397] 何小刚．高弹性运动健身场地橡胶地板的研制［J］．橡塑技术与装备（塑料），2018，44（4）：9-12．

[398] 全新耐磨抗压型运动地板，专利号CN207194386U，2018.4．

[399] 一种能释放负氧离子的运动木地板，专利号CN207959804U，2018.10．

[400] 一种含有TPU的耐高温抗冲击运动地板，专利号CN207499318U，2018.6．

[401] 热塑性弹性体的发泡方法，专利号CN105102518B，2019.3．

[402] 一种超高弹性材料及其制备方法与应用，专利号CN106279616A，2017.1．

[403] 一种可热压定型缓冲材料及其制备方法与应用，专利号CN106397729A，2017.2．

[404] REEBOK INTRODUCES NEW LIQUID FACTORY，https：//news.reebok.com/GLOBAL/LATEST-NEWS/reebok-introduces-new-liquid-factory/s/8a87d7f7-8a93-49d2-9ddd-fee2d588b76

[405] 国货也潮流！李宁也有3D打印的运动鞋了！https：//www.3dzao.cn/articles/detail/6759.html

[406] 3D打印定制运动装备更舒适的用户体验，https：//mp.weixin.qq.com/s/ZsMyGxuMUs18 NOTm-mgVD2Q

[407] 徐成龙．数据、技术和创新对体育市场的促进与塑造［J］．上海运动与健康产业协同创新中心，2019.5．https：//mp.weixin.qq.com/s/jEnXklqiubglWvjf 4VyTkw

[408] 马勇，郑勤振，刘林，等．基于无线传感技术的体育场馆室内空气环境监控系统设计［J］．武汉体育学院学报，2017，51（03）：70-76．

[409] 杨明．体育器材用镁基型材挤压工艺研究与优化［J］．热加工工艺，2017，46（21）：116-119．

[410] 蒙延荣．一种陆上健身划船器的运动功效研究与分析［D］．武汉：武汉体育学院，2015．

[411] 蒋成涛．水阻划船器拉桨技术的运动特征研究［D］．武汉：武汉体育学院，2017．

[412] 韦俏丽．武汉百利恒骑马机的运动功效研究［D］．武汉：武汉体育学院，2019．

[413] 倪红雨．节能发光健身路径器材［P］．CN2924705Y，2007-07-18．

[414] 朱玉飞，范玉存．多功能户外健身器材［P］．CN202777600U，2013-03-13．

[415] 何其昌，范秀敏，马登哲，陈聪．交互式自行车模拟器中自行车动力学研究［J］．系统仿真学报，2004（10）：2237-2240，2244．

[416] 金丽颖．自行车运动两人跟骑的空气阻力研究［J］．中国体育科技，1998（10）：41-45

[417] 金丽颖，金鑫，党立英，等．空气动力学对场地自行车运动的影响［J］．体育科学，2005（3）：25-26．

[418] 文浩．基于Echarts的健身车监测数据可视化系统设计与实现［D］．武汉：武汉体育学院，2018．

[419] 刘会峰．基于ThinkPhp框架的健身信息管理系统设计与实现［D］．武汉：武汉体育学院，2016．

[420] 屈萍，屈胜国，陈丹，康涛．赛艇测功仪在帆船运动员体能测试中的应用研究［J］．吉林体育学院学报，2012，28（02）：4-7．

[421] 郑伟涛，屈萍．核心稳定力量训练在帆板运动中的应用研究［J］．武汉体育学院学报，2011，

45（02）：78-84.

[422] 马泽群. 浅析工业设计中的人机工程学［J］. 成都纺织高等专科学校学报，2003（01）：8-10.

[423] 陈萌，陈立平. 基于人机工效学的人体建模和运动仿真［J］. 机械科学与技术，2001（04）：597-599，602-478.

[424] Bourzac, K. Neurostimulation: Bright sparks. Nature, 2016, 531 (7592), S6.

[425] Hornyak, T. Smarter, not harder. Nature, 2017, 549, S1.

[426] Reardon, S. Performance boost paves way for 'brain doping': electrical stimulation seems to boost endurance in preliminary studies. Nature, 2016, 531 (7594), 283-285.

[427] Edwards, D. J., Cortes, M., Wortmanjutt, S., Putrino, D., Bikson, M., Thickbroom, G., & Pascualleone, A. Transcranial direct current stimulation and sports performance. Frontiers in Human Neuroscience, 2017 (11), 243.

[428] Asher, T. Brain training: the future of psychiatric treatment? Retrieved from http://sitn.hms.harvard.edu/flash/2017/brain-training-future-psychiatric-treatment/, 2017.

[429] Young, E. Brain stimulation: The military's mind-zapping project. Retrieved from www.bbc.com/future/story/20140603-brain-zapping-the-future-of-war, 2014.

[430] Stig, R., Bo, J., H? Kan, W., Anna-Lena, T. R., Marwan, H., & Olof, S.. Long-term efficacy of thalamic deep brain stimulation for tremor: double-blind assessments. Mov Disord, 2010, 18 (2): 163-170.

[431] Felipe, F., Boggio, P. S., Mansur, C. G., Tim, W., Ferreira, M. J. L., Lima, M. C., Nitsche, M. A. Transcranial direct current stimulation of the unaffected hemisphere in stroke patients. British Journal of Psychiatry the Journal of Mental Science, 2005, 186 (9): 446.

[432] Cogiamanian, F., Marceglia, S., Ardolino, G., Barbieri, S., & Priori, A. Improved isometric force endurance after transcranial direct current stimulation over the human motor cortical areas. European Journal of Neuroscience, 2010, 26 (1): 242-249.

[433] Sales, M., De Sousa, C., Browne, R., Transcranial direct current stimulation improves muscle isokinetic performance of young trained individuals. Med. Sport, 2016, 69 (2): 163-172.

[434] Angius, L., Pageaux, B., Hopker, J., Marcora, S. M., & Mauger, A. R. Transcranial direct current stimulation improves isometric time to exhaustion of the knee extensors. Neuroscience, 2016 (339): 363-375.

[435] Lattari, E., Campos, C., Lamego, M. K., Sl, P. D. S., Neto, G. M., Rocha, N. B., Machado, S. Can transcranial direct current stimulation improve muscle power in individuals with advanced resistance training experience? Journal of Strength & Conditioning Research, 2017, 1.

[436] Ehsani, F., Samaei, A., Zoghi, M., Hedayati, R., & Jaberzadeh, S. The effects of cerebellar transcranial direct current stimulation on static and dynamic postural stability in older individuals: A randomized double-blind sham-controlled study. European Journal of Neuroscience, 2017, 46 (12), 2875-2884.

[437] Poortvliet, P., Hsieh, B., Cresswell, A., Au, J., & Meinzer, M. Cerebellar transcranial direct current stimulation improves adaptive postural control. Clinical Neurophysiology, 2018, 129 (1), 33-41.

[438] 卞秀玲，王雅娜，王开元，等. 经颅直流电刺激技术及其在提升运动表现中的应用. 体育科学，

2018, 38 (5): 68-74.

[439] 王开元, & 刘宇. "神经启动"技术增强运动表现. 体育科学, 2018, 38 (1): 96-97.

[440] Huang, L., Liu, Y., Wei, S., Li, L., Fu, W., Sun, Y., & Feng, Y. Segment-interaction and its relevance to the control of movement during sprinting. Journal of Biomechanics, 2013, 46 (12), 2018-2023.

[441] Nitsche, M. A., & Paulus, W. Sustained excitability elevations induced by transcranial DC motor cortex stimulation in humans. Neurology, 2001, 57 (10), 1899-1901.

[442] Reis, J., & Fritsch, B. Modulation of motor performance and motor learning by transcranial direct current stimulation. Current opinion in neurology, 2011, 24 (6), 590-596.

[443] Lang, N., Siebner, H. R., Ward, N. S., Lee, L., Nitsche, M. A., Paulus, W., Frackowiak, R. S. How does transcranial DC stimulation of the primary motor cortex alter regional neuronal activity in the human brain? European Journal of Neuroscience, 2005, 22 (2), 495-504.

[444] Polanía, R., Nitsche, M. A., & Paulus, W. Modulating functional connectivity patterns and topological functional organization of the human brain with transcranial direct current stimulation. Human brain mapping, 2011, 32 (8), 1236-1249.

[445] Winter, D. A. Biomechanics and Motor Control of Human Movement: University of Waterloo, 2009.

[446] Dounskaia, N. Control of human limb movements: the leading joint hypothesis and its practical applications. Exercise & Sport Sciences Reviews, 2010, 38 (38), 201-208.

[447] Grossman, N., Bono, D., Dedic, N., Kodandaramaiah, S. B., Rudenko, A., Suk, H. J., Tsai, L. H. Noninvasive deep brain stimulation via temporally interfering electric fields. Cell, 2017, 169 (6), 1029-1041.

[448] STRAUMANN R. Vom Skiweitsprung und seiner Mechanik, in Jahrbuch des Schweize-rischen Ski Verbandes [J]. Selbstverlag des SSV, 1927: 34-64.

[449] STRAUMANN R. Vom Skisprung zum Skiflieg [J]. Sport, 1955: 7-8.

[450] TANI I, IUCHI M. Flight mechanical investigation of ski jumping, Scientific Study of Skiing in Japan, 1971: 35-52

[451] DENOTH J, LUETHI S M, GASSER H. Methodological problems in optimisation of the flight phase in ski jumping [J]. Int. J. Sport Biomech, 1987 (3): 404-418.

[452] GROZIN E A. Ski-jumping [M]. Phyzcultura i sport, Moscow, 1971.

[453] REMIZOV L P. Biomechanics of optimal flight in ski-jumping [J]. J. Biomech, 1984, 17 (3): 167-171.

[454] MARYNIAK J, KRASNOWSKI B. Balance and longitudinal stability of a ski jumper in flight [J]. Mechanika Teoretyczna i Stosowana, 1974, 2 (3): 351-373.

[455] MARYNIAK J, LADYZYNSKA-KOZDRAS E, TOMCZAK S. Configurations of the Graf-Boklev (v-style) ski jumper model and aerodynamic parameters in a wind tunnel [J]. Hum. Mov, 2009, 10 (2): 130-136.

[456] CUTTER D A. Nordic Ski Jumping Aerodynamics [M]. AIAA, Aeronautical Engineering, United States Air Force Academy, CO: Colorado Springs, 1993.

[457] MAHNKE R, HOCHMUTN G. Neue Erkenntnisse zur Luftkraftwirkung beim Ski-springen [C]. Research Report for Forschungsinstitut für Körperkultur und Sport, Leipzig, 1990: 45-49.

[458] VIRMAVIRTA M. Aerodynamics of ski jumping [M]. Braghin F et al. The engineering approach to

winter sports. New York: Springer, 2016: 153-181.

[459] ETTEMA G, BRATEN S, BOBBERT M F. Dynamics of the in-run in ski jumping: a simulation study [J]. J. Appl. Biomech, 2005 (21): 247-259.

[460] VIRMAVIRTA M, KIVEKAS J, KOMI P V. Take-off aerodynamics in ski jumping [J]. J. Biomech, 2001 (34): 465-470.

[461] KEIZO Y, MAKOTO T, JUN I, et al. Effect of posture on the aerodynamic characteristics during take-off in ski jumping [J]. J Biomech, 2016, 49 (15): 3688-3696.

[462] ETTEMA G, HOOIVELD J, BRATEN S, et al. How do elite ski jumpers handle the dynamic conditions in imitation jumps? [J]. J Sports Sci, 2015, 34 (11): 1081-1087.

[463] VIRMAVIRTA M, ISOLEHTO J, KOMI P, et al. Characteristics of the early flight phase in the Olympic ski jumping competition [J]. J. Biomech, 2005, 38 (11): 2157-2163.

[464] SCHWAMEDER H. Biomechanics research in ski jumping: 1991-2006 [J]. Sport Biomech, 2008, 7 (1): 114-136.

[465] MURAKAMI M, IWASE M, SEO K, et al. Ski jumping flight skill analysis based on high-speed video image [J]. Procedia Eng, 2010, 2 (2): 2381-2386.

[466] GARDAN N, SCHNEIDER A, POLIDORI G, et al. Numerical investigation of the early flight phase in ski-jumping [J]. J Biomech, 2017, 59 (1): 29-34.

[467] MULLER W, PLATZER D, SCHMOLZER B. Dynamics of human flight on skis: improvements in safety and fairness in ski jumping [J]. J. Biomech, 1996, 29 (8): 1061-1068.

[468] SCHMOLZER B, MULLER W. Individual flight styles in ski jumping: results obtained during Olympic games competitions [J]. J. Biomech, 2005, 38 (5): 1055-1065.

[469] CHARDONNENS J, et al. Measurement of the dynamics in ski jumping using a wearable inertial sensor-based system [J]. J. Sports Sc, 2014, 32 (6): 591-600.

[470] VIRMAVIRTA M, KIVEKAS J. Aerodynamics of isolated ski jumping ski [C]. XXV ISB Congress, Glasgow, 2015: 215-223.

[471] SEO K, WATANABE I, MURAKAMI M. Aerodynamic force data for a V-style ski jumping flight [J]. Sports Eng, 2004, 7 (1): 31-39.

[472] MEILE W, REISENBERGER E, MAYER M, et al. Aerodynamics of ski jumping: experiments and CFD simulations [J]. Exp Fluids, 2006, 41 (6): 949-964.

[473] FIS. Specifications for competition Equipment and commercial markings [EB/OL]. (2016-07-13).

[474] FIS Fact Sheet. Important new rules in ski jumping and nordic combined summer grand prix [EB/OL]. (2009-07-28). http://www.fis-ski.com/mm/Document/document/General/04/23/02/July292009 NewrulesatSkiJumpingandNordicCombinedSummerGrandPrix2009_ Neutral. pdf.

[475] VIRMAVIRTA M, KIVEKAS J. The effect of wind on jumping distance in ski jumping - fairness assessed [J]. Sport Biomech, 2012, 11 (3): 358) t.

[476] WARD-SMITH A J, CLEMENTS D. Experimental determination of the aerodynamic characteristics of ski-jumpers [J]. Aeronaut. J. 1982, 86: 3842, u.

[477] WARD-SMITH A J, CLEMENTS D. Numerical evaluation of the flight mechanics and trajectory of a ski-jumper [J]. Acta Appl. Math, 1983, 1 (3): 301.

［478］SEO K, et al. Aerodynamic study for the ground effect of ski jumping［C］. 19th ISBS Conference, San Francisco, 2001: 128 Con.

［479］SEO K, MURAKAMI M, YOSHIDA K. Optimal flight technique for V-style ski jumping［J］. Sports Eng, 2004, 7（2）: 97-104.

［480］Bobsleigh infographic［EB/OL］. http://www.ibsf.org/en/our-sports/bobsleigh-info-graphics, 2015.

［481］Sabbioni E, Melzi S, Cheli F, et al. The engineering approach to winter sports［M］. Bobsleigh and Skeleton. New York: Springer, 2016: 183-276.

［482］Lewis O. Aerodynamic analysis of a 2-man bobsleigh［C］. MA thesis: TU Delft, 2006.

［483］胡齐, 张文毅, 陈骐. 跳台滑雪空气动力学研究进展［J］. 中国体育科技, 2018, 54（5）: 132-139.

［484］胡齐, 陈骐, 张文毅. 滑雪板夹角对跳台滑雪飞行阶段气动特性的影响［J］. 体育科学, 2018, 38（7）: 42-49.

［485］陈志峰. 跳台滑雪运动空中飞行阶段的CFD研究［J］. 浙江体育科学, 2014, 36（2）: 121-124.

［486］王志选, 李润, 关佐恒, 等. 跳台滑雪空中飞行初始姿态的实验研究［J］. 体育科学, 1998, 18（2）: 1-5.

［487］佟永典, 韦迪, 林勇虎, 等. 跳台滑雪出台起跳及飞行姿态对飞行距离影响的实验研究［J］. 冰雪运动, 1995, 17（3）: 21-23.

［488］李钊, 李庆. 雪车、雪橇项目特征分析［J］. 体育科学, 2019, 39（3）: 81-87.

［489］于滢, 巨雷, 孙智博, 等. 雪车项目运动损伤的原因及预防［J］. 哈尔滨体育学院学报, 2018, 36（4）: 23-27.

［490］巨雷, 于滢, 孙智博, 等. 我国雪车项目运动损伤特点及防治［J］. 哈尔滨体育学院学报, 2018, 36（2）: 24-27.

［491］袁晓毅, 武文雪, 王铭演, 等. 中国国家雪车队赛季训练安排研究［J］. 北京体育大学学报, 2017, 40（12）: 107-114.

［492］Braghin F, Cheli F, Melzi S, et al. Design and Verification of Bobsleigh Track［C］. 10th Biennial Conference on Engineering Systems Design and Analysis, Istanbul, 2010: 1-8.

［493］Lozowski EP, Szilder K, Poirier L. A Bobsleigh Ice Friction Model［J］. International Journal of Offshore and Polar Engineering, 2014, 24（1）: 52-60.

［494］Poirier L, Lozowski EP, Maw S, et al. Experimental analysis of ice friction in the sport of bobsleigh［J］. Sports Eng, 2011（14）: 67-72.

［495］Park SH, Lim ST, Kim TW. Measurement of electromyography during bobsleigh push-start: A comparison with world top-ranked athletes［J］. Science & Sports, 2019（34）: 25-30.

［496］Lopes AD, Alouche SR. Two-Man Bobsled Push Start Analysis［J］. Journal of Human Kinetics, 2016, 50（1）: 63-70.

［497］Braghin F, Cheli F, Donzell M, et al. Multi-body model of a bobsleigh: comparisonwith experimental data［J］. Multibody Syst Dyn, 2011（25）: 185-201.

［498］Müller M, Senner V. Approach for a systematic optimization of a two seater bobsleigh［J］. Impact of Technology on Sport II, 2008: 863-867.

［499］Rempfler GS, Glocker C. A bobsleigh simulator software［J］. Multibody Syst Dyn, 2016（36）: 257-278.

[500] Braghin F, Donzell M, Melzi S, et al. A driver model of a two-man bobsleigh [J]. Sports Eng, 2011 (13): 181-193.

[501] International Bobsleigh & Skeleton Federation. International Bobsleigh Rules [S]. 2014.

[502] Dabnichki P. Bobsleigh performance characteristics for winning design [J], Procedia Engineering 112 (2015): 436-442.

[503] Pernpeinter A, Winkler A. Lessons Learned from the Aerodynamic Shape Development Process of a Bobsleigh [J]. Procedia Engineering, 2010 (2): 2407-2412.

[504] Dabnichki P, Avital E. Influence of the position of crew members on aerodynamics performance of two-man bobsleigh [J]. J. Biomech, 2006, 39 (15): 2733-2742.

[505] Winkler A, Pernpeinter. A. Automated aerodynamic optimization of the position and posture of a bobsleigh crew [J]. Procedia Engineering, 2010 (2): 2399-2405.

[506] Ubbens HH, Dwight RP, Sciacchitano A, et al. Some results on bobsleigh aerodynamics [J]. Procedia Engineering 147 (2016): 92-97.

[507] Gibertini G, Soldati A, Campolo M. Aerodynamic Analysis of a Two-Man Bobsleigh [C]. 6th World Congress of Biomechanics, Singapore, 2010: 228-231.

[508] Shim HS, Jung HY, Kim KY. Aerodynamic Performance Analysis of a Bobsleigh Body Shape [C]. Proceedings of the ASME 2015 International Mechanical Engineering Congress and Exposition, Houston, 2015: 1-6.

[509] Shim HS, Lee YN, Kim KY. Optimization of bobsleigh bumper shape to reduce aerodynamic drag [J]. Journal of Wind Engineering and Industrial Aerodynamics, 2017 (164): 108-118.

[510] ALAM F, CHOWDHURY H, MORIA H. A review on aerodynamics and hydrodynamics in sports [J]. Energy Procedia, 2019 (160): 798-805.

[511] CROSS R, LINDSEY C. Topspin generation in tennis [J]. Sports Engineering, 2019, 22 (1): 4.

[512] CRABILL J, WITHERDEN F, JAMESON A. High-order computational fluid dynamics simulations of a spinning golf ball [J]. Sports Engineering, 2019, 22 (1): 9.

[513] WOO T-M T, ALAM F. Comparative aerodynamics of synthetic badminton shuttlecocks [J]. Sports Engineering, 2018, 21 (1): 21-29.

[514] HART J H, POTTS J R, JAMES D J. Comparison of turbulence modelling approaches in simulation of a feather shuttle: a porous conical bluff body [J]. Sports Engineering, 2018, 21 (4): 465-478.

[515] BLOCKEN B, VAN DRUENEN T, TOPARLAR Y, et al. CFD analysis of an exceptional cyclist sprint position [J]. Sports Engineering, 2019, 22 (1): 10.

[516] MANNION P, TOPARLAR Y, BLOCKEN B, et al. Improving CFD prediction of drag on Paralympic tandem athletes: influence of grid resolution and turbulence model [J]. Sports Engineering, 2018, 21 (2): 123-135.

[517] MANNION P, TOPARLAR Y, BLOCKEN B, et al. Impact of pilot and stoker torso angles in tandem para-cycling aerodynamics [J]. Sports Engineering, 2019, 22 (1): 3.

[518] CHOWDHURY H. Aerodynamics of sports fabrics and garments (PhD Thesis) [J]. RMIT University, Australia, 2012.

[519] CHOWDHURY H, ALAM F, MAINWARING D, et al. Design and methodology for evaluating aerody-

namic characteristics of sports textiles [J]. Sports Technology, 2009, 2 (3-4): 81-86.

[520] CHOWDHURY H, MORIA H, ALAM F, et al. Aerodynamics of ski jumping suits [J]. Sports Technology, 2011, 4 (3-4): 164-170.

[521] ORTIZ J, ANDO M, MURAYAMA K, et al. Computation of the trajectory and attitude of arrows subject to background wind [J]. Sports Engineering, 2019, 22 (1): 7.

[522] 汪超. 微型仿生扑翼气动特性的数值研究 [D]. 哈尔滨：哈尔滨工业大学, 2017.

[523] VENTURA L M B, RAMOS M B, GIODA A, et al. Air quality monitoring assessment during the 2016 Olympic Games in Rio de Janeiro, Brazil [J]. Environmental monitoring and assessment, 2019, 191 (6): 369.

[524] 刘林. 基于问卷调查和现场测试的羽毛球馆室内热舒适性研究 [D]. 武汉：武汉体育学院, 2017.

[525] 刘志荣, 马勇, 蔺世杰. 基于Android平台的体育场馆室内空气环境监控系统的研究 [C]. 中国环境科学学会科学技术年会, 中国安徽合肥, 2018.

[526] 马勇, 邵晓亮, 周学政, 等. 空调机组对体育馆室内局部热环境控制的研究 [J]. 西安体育学院学报, 2017, 34 (05): 520-525.

[527] 马勇, 徐晓歌, 刘林, 等. 基于主观问卷调查的游泳馆热舒适性研究 [J]. 体育成人教育学刊, 2015, 31 (05): 25-28.

[528] 马勇, 郑勤振, 刘林, 等. 基于无线传感技术的体育场馆室内空气环境监控系统设计 [J]. 武汉体育学院学报, 2017, 51 (03): 70-76.

[529] 郑勤振. 体育场馆室内空气环境参数无线监控系统设计 [D]. 武汉：武汉体育学院, 2016.

[530] 贾文娟. 高校体育场馆室内空气微生物菌落数的检测与评价 [J]. 体育科技, 2017, 38 (04): 27-28.

[531] 李峰. 体育场馆内PM (2.5) 暴露对运动大鼠行为学及相关无氧代谢酶活性的影响 [J]. 生态毒理学报, 2018, 13 (02): 112-119.

[532] NAKASHIMA M, TANNO Y, FUJIMOTO T, et al. Development of a Simulation Model for Swimming with Diving Fins [J]. Proceedings, 2018, 2 (6): 288.

[533] HéMON P. Hydrodynamic characteristics of sea kayak traditional paddles [J]. Sports Engineering, 2018, 21 (3): 189-197.

[534] TULLIS S, GALIPEAU C, MORGOCH D. Detailed On-Water Measurements of Blade Forces and Stroke Efficiencies in Sprint Canoe [J]. Proceedings, 2018, 2 (6): 306.

[535] OGGIANO L, PIERELLA F. CFD for Surfboards: Comparison between Three Different Designs in Static and Maneuvering Conditions [J]. Proceedings, 2018, 2 (6): 309.

[536] 贺阳映, 马勇, 张松, 等. 帆翼空气动力性能的数值模拟研究进展 [C]. 第二十届全国运动生物力学学术交流大会, 2018.

[537] 雷晓珊, 马勇, 蔺世杰. 动网格技术在帆翼空气动力性能研究中应用分析 [C]. 第二十届全国运动生物力学学术交流大会, 2018.

[538] 雷晓珊, 马勇, 蔺世杰, 等. 湍流模型对470级帆船船体水动力性能的影响研究 [J]. 南京体育学院学报, 2018, 1 (02): 40-44.

[539] 蔺世杰, 马勇, 雷晓珊, 等. 不同攻角下470级运动帆船舵水动力性能对比研究 [C]. 第十四

届全国水动力学学术会议暨第二十八届全国水动力学研讨会，2017.

[540] 蔺世杰，马勇，张志勇，等. 不同纵倾角度下激光雷迪尔级帆船船体水动力性能研究 [J]. 武汉体育学院学报，2016，50（01）：88-93.

[541] 蔺世杰，马勇，郑伟涛，等. 基于力学分析的470级帆船转舵应用研究 [J]. 体育科学，2017，37（12）：23-30.

[542] 马勇. 运动帆船流体动力特性研究及应用 [C]. 第二十届全国运动生物力学学术交流大会，2018.

[543] 马勇，雷晓珊，蔺世杰，等. 运动帆船全尺度帆翼压力有线传感器测试系统设计 [C]. 第十八届全国运动生物力学学术交流大会（CABS 2016），2016.

[544] 马勇，蔺世杰，雷晓珊，等. 帆翼空气动力性能流固耦合计算方法研究 [C]. 第二十届全国运动生物力学学术交流大会，2018.

[545] 马勇，张志勇，蔺世杰，等. 470级帆船船体与稳向板的水动力性能研究 [C]. 第十八届全国运动生物力学学术交流大会（CABS 2016），2016.

[546] 马勇，郑伟涛，韩久瑞. 基于试验方法的运动帆船帆翼空气动力性能研究 [J]. 西安体育学院学报，2016，33（01）：16-20.

[547] 张松，马勇，贺阳映，等. 运动帆船船体水动力性能数值模拟的国内外研究进展 [C]. 第二十届全国运动生物力学学术交流大会，2018.

[548] ODDY C，BLOMSTRAND E，JOHANSSON D，et al. Composite Design for a Foiling Optimist Dinghy [J]. Proceedings，2018，2（6）：252.

[549] 李天赠，黄丹. 基于计算流体力学的游泳动态数值模拟研究进展 [J]. 中国体育科技，2019，55（02）：19-28.

[550] 郑伟涛，韩久瑞，黄谦，葛新发，易名农. 柔性赛艇双桨桨叶的水动力试验研究 [J]. 水动力学研究与进展（A辑），2000（02）：163-168.

[551] 何涛. 基于ALE有限元法的流固耦合强耦合数值模拟 [J]. 力学学报，2018，39（2）：1549-1561.

[552] Bak S，Yoo J，Song C Y. Fluid-structure interaction analysis of deformation of sail of 30-foot yacht [J]. International Journal of Naval Architecture & Ocean Engineering，2013，5（2）：263-276.

[553] Bak S，Yoo J. FSI analysis on the sail performance of a yacht with rig deformation [J]. International Journal of Naval Architecture and Ocean Engineering，2019，11（2）：648-661.

[554] Deparday J，Augier B，Bot P. Experimental analysis of a strong fluid-structure interaction on a soft membrane—Application to the flapping of a yacht downwind sail [J]. Journal of Fluids & Structures，2018（81）：547-564.

[555] 雷晓珊. 基于动网格技术的不同风速下运动帆翼的空气动力性能研究 [D]. 武汉：武汉体育学院，2019.

[556] 不同攻角下帆板帆翼的空气动力性能研究 [D]. 武汉：武汉体育学院，2019.

[557] Li N，Liu H，Su Y. Numerical study on the hydrodynamics of thunniform bio-inspired swimming under self-propulsion [J]. PloS one，2017，12（3）：e0174740.

[558] NAKASHIMA M，YONEDA T，TANIGAWA T. Simulation analysis of fin swimming with bi-fins [J]. Mechanical Engineering Journal，2019，6（4）：19-00011-19-00011.

[559] Virmavirta M. Ski Jumping：Aerodynamics and Kinematics of Take-Off and Flight [J]. Handbook of

Human Motion, 2017: 1-21.

[560] Nascimento F, Sutherland L S, Garbatov Y. Experimental and numerical structural analysis of a windsurf fin [C] //Progress in Maritime Technology and Engineering: Proceedings of the 4th International Conference on Maritime Technology and Engineering (MARTECH 2018), May 7-9, 2018, Lisbon, Portugal. CRC Press, 2018: 387.

[561] Harrison S M, Cleary P W, Cohen R C Z. Dynamic simulation of flat water kayaking using a coupled biomechanical-smoothed particle hydrodynamics model [J]. Human movement science, 2019 (64): 252-273.

[562] Starbuck C, Damm L, Clarke J, et al. The influence of tennis court surfaces on player perceptions and biomechanical response [J]. J Sports Sci, 2016, 34 (17): 1627-1636.

[563] Schutte K H, Aeles J, De Beeck T O, et al. Surface effects on dynamic stability and loading during outdoor running using wireless trunk accelerometry [J]. Gait Posture, 2016 (48): 220-225.

[564] Montgomery G, Abt G, Dobson C, et al. Tibial impacts and muscle activation during walking, jogging and running when performed overground, and on motorised and non-motorised treadmills [J]. Gait&posture, 2016 (49): 120-126.

[565] Boey H, Aeles J, Kurt Schütte, et al. The effect of three surface conditions, speed and running experience on vertical acceleration of the tibia during running [J]. Sports Biomechanics, 2016, 16 (2): 1-11.

[566] Ilka M, Niklas B, Wilfried A, et al. Effect of Footwear Modifications on Oscillations at the Achilles Tendon during Running on a Treadmill and Over Ground: A Cross-Sectional Study [J]. PLOS ONE, 2016, 11 (3): e0152435.

[567] Pajon A, Chiovetto E, Monaghan C, et al. Adaptation of walking ground reaction forces to changes in ground stiffness properties [C]//IEEE International Conference on Biomedical Robotics & Biomechatronics. IEEE, 2016.

[568] Pluim B M, Clarsen B, Verhagen E. Injury rates in recreational tennis players do not differ between different playing surfaces [J]. British Journal of Sports Medicine, 2017: bjsports-2016-097050.

[569] Arianasab H, Mohammadipour F, Amiri-Khorasani M. Comparison of knee joint kinematics during a countermovement jump among different sports surfaces in male soccer players [J]. Science and Medicine in Football, 2017, 1 (1): 74-79.

[570] 李静. 不同材质运动表面对人体跑步过程中肌肉调谐和下肢刚度的影响 [D]. 北京：北京体育大学, 2018.

[571] 朱雨. 跑步过程中不同运动表面及表面变换对下肢生物力学的影响 [A]//中国体育科学学会运动生物力学分会. 第二十届全国运动生物力学学术交流大会论文摘要汇编 [C]. 中国体育科学学会运动生物力学分会, 2018: 2.

[572] 朱雨. 跑步过程中不同运动表面及表面变换对下肢膝关节角度的影响 [A]//中国体育科学学会运动生物力学分会. 第二十届全国运动生物力学学术交流大会论文摘要汇编 [C]. 中国体育科学学会运动生物力学分会, 2018: 3.

[573] 赵义红, 王玥, 孙晓虹, 等. 运动表面对人体生物力学性能影响的研究进展 [J]. 皮革科学与工程, 2017, 27 (05): 29-35.

[574] 高玖灵, 郭敏, 王小涛. 热岛效应条件下学校塑胶场地安全性的调查研究——以武汉市学校为例 [J]. 武汉体育学院学报, 2016, 50 (06): 84-89.

[575] 徐晶晶. 塑胶跑道中TDI的检测方法及管理现状 [J]. 科技视界, 2016, 179 (20): 164-165.

[576] 崔立迁, 王欣. 气相色谱质谱法测定聚氨酯塑胶跑道中多环芳烃 [J]. 分析试验室, 2016, 35 (09): 1099-1102.

[577] 田菲菲, 袁庆丹, 汪勇, 等. 气相色谱-质谱法检测运动场地塑胶面层中的18种多环芳烃 [J]. 环境化学, 2016, 35 (12): 2622-2625.

[578] 胡会清, 乐粉鹏, 闫澍, 等. 气相色谱-质谱法测定塑胶跑道材料中6种苯系物 [J]. 分析仪器, 2017 (02): 20-23.

[579] 郑桂璇, 陈浩然, 李夏蕾. GC-MS技术同时测定聚氨酯塑胶跑道中16种多环芳烃 [J]. 化学分析计量, 2017, 26 (01): 38-41.

[580] Chen Peng, Xu DanHua, Yuan QingDan, et al. Determination of Phthalate Esters in Plastic Track Surface Layer Material by Gas Chromatography [J]. Key Engineering Materials, 2017, 726 (07): 43-49.

[581] 张亮. 挥发性有机物的检测方法成判定重点 [J]. 质量与认证, 2016 (10): 35-37.

[582] 陈鎏佳. 福建地区中小学塑胶跑道有害物质成分的检测与分析 [J]. 低碳世界, 2017 (27): 13-14.

[583] Wang Hong, Liu Gan, Zheng Weitao, Xie Yan. Research of National Standards and Experiment's Verification of Harmful Substances in Polyurethane Plastic Runway [A]. 2nd International Conference on Environmental Science and Engineering [C]. Xiamen, China, PEstech Publicootions, inc 14-16 July, 2017: 141-144.

[584] 刘干, 郑伟涛, 谢衍. 塑胶跑道上空空气中挥发性有机化合物的成分特征研究 [J]. 化学试剂, 2018, 40 (03): 252-256.

[585] 刘干, 郑伟涛, 王虹, 等. 基于环境舱-气相色谱质谱联用技术的塑胶跑道挥发性有机化合物测定 [J]. 科学技术与工程, 2018, 18 (07): 85-90.

[586] 刘干, 郑伟涛, 王虹. 小型环境舱-气相色谱-质谱法定性和定量分析塑胶跑道释放的挥发性有机化合物 [J]. 理化检验 (化学分册), 2018, 54 (03): 249-254.

[587] 杨然存, 徐鹏, 王伟科, 等. 环境测试舱-热脱附-气相色谱法测定跑道面层材料的总挥发性有机化合物的释放速率 [J]. 理化检验 (化学分册), 2018, 54 (07): 752-756.

[588] 杨森, 钱沙沙, 吴肖肖, 等. 中小学塑胶跑道中邻苯类塑化剂的含量监测与健康风险评估研究 [J]. 环境科学学报, 2019, 39 (05): 1717-1722.

[589] 黄建松, 谌勇, 许述财, 等. 基于假人冲击响应评估抗冲地砖防护性能试验研究 [J]. 振动与冲击, 2015, 34 (6): 41-45.

[590] 王隆风. 空降兵半蹲式着陆膝关节损伤及防护的生物力学研究 [D]. 合肥: 安徽医科大学, 2016.

[591] 谢亮玉, 阎玉秀, 陶建伟, 等. 基于三维动态捕捉技术的无缝护膝防护性能研究 [J]. 浙江理工大学学报 (自然科学版), 2018, 39 (04): 396-402.

[592] 熊磊, 张婧, 于今, 孙巍. PVC运动地板的减震性能及发泡技术的分析研究 [J]. 化工管理, 2016 (20): 131-132, 134.

[593] 魏远芳, 李奇映, 余巧玲, 等. ICP-OES与ICP-MS测定塑格悬浮式运动地板中的Pb、Cd、

Cr 和 Hg[J]. 塑料科技, 2017, 45(03): 85-89.

[594] Colino E, Sánchez-Sánchez, Javier, García-Unanue, Jorge, et al. Validity and reliability of two standard test devices in assessing mechanical properties of different sport surfaces[J]. Polymer Testing, 2017(62): 61-67.

[595] 沈晓明, 赵宝利, 刘晶, 等. 金阊新城体育场馆大跨度网架屋盖设计[J]. 建筑结构, 2016, 46(20): 84-88.

[596] 焦安亮, 黄延铮, 张中善, 等. 现代体育场馆关键建造技术研究[J]. 建设科技, 2016(07): 67-68.

[597] 谢羽, 许云鹏, 黄文武. 我国体育场馆的大跨度空间结构选型探讨[J]. 首都体育学院学报, 2017, 29(02): 110-113.

[598] 马牧野. 寒地体育场馆外部空间的弹性设计[D]. 哈尔滨: 哈尔滨工业大学, 2017.

[599] 郭玉江. 环境美学视域下城市健身场所建设探究[J]. 体育学刊, 2017, 24(04): 46-50.

[600] 钱邦兵. 地方特色的生态体育场馆设计研究——以安徽省无为奥体中心项目为例[J]. 居舍, 2018(01): 78-79, 164.

[601] 王晓峰. 马道风管吊装技术在体育场馆的应用[J]. 安装, 2018(10): 39-41.

[602] 孙澄, 高亮, 黄茜. 冬奥会场馆建设思想的演进与嬗变[J]. 建筑学报, 2019(01): 8-12.

[603] 于新, 景刚, 辛海广. 采用空间网格结构的大跨度体育场馆结构方案优化[J]. 城市建筑, 2019, 16(03): 80-81.

[604] 林帅, 刘奔, 蔡伟. 福州海峡奥林匹克体育中心主体育场钢结构及金属屋面综合建造技术[J]. 施工技术, 2019, 48(02): 13-16, 20.

[605] 郑天章. 节能环保材料在现代体育场馆建筑装饰中的应用解析[J]. 居舍, 2019(16): 39.

[606] 郑祥. 气膜体育馆及其发展的建设性研究[J]. 新型建筑材料, 2016, 43(05): 84-86, 94.

[607] 吴红儒, 王虹. 发光型塑格拼装地板的力学性能研究[J]. 体育成人教育学刊, 2017, 33(05): 87-90.

体育统计学学科发展研究报告

Research Report on Disciplinary Development of Sport Statistics

（2016—2019）

体育统计分会
China Sport Science Society for Sport Statistics
2019.10

前　言

随着体育事业的飞速发展和数理统计方法的广泛应用，定量分析已成为实际工作的基本需要，定量分析方法的研究将是伴随体育事业发展的永恒课题。近年来，体育统计学科发表了大量文献，获批并完成了多项国家级和省部级研究课题，取得了一系列标志性研究成果。学科建设基本成型，内容体系不断完善，在体育科学体系中的地位得到确认，展现出广阔的发展空间。

作为体育学与统计学的交叉学科，体育统计学科根植于体育领域，为体育事业的发展服务，并随着体育科学的进步而发展。近年来，我国的竞技体育成绩辉煌，全民健身稳步推进，体育产业、公共体育服务等突飞猛进，为体育统计学科的发展带来了良好的机遇，也提供了动力源泉。随着科技手段和信息技术的快速发展，体育领域的数据来源增多、渠道变广、信息量增大，学科的研究视野大幅度拓宽。

近几年，体育统计学科开展了体育事业统计的改革与实践，进行了体育产业统计的创新研究，推动公共体育服务统计取得了新的进展，体育统计方法在体育实践中不断发展和深化。体育科学学会体育统计分会组织召开了多次学术研讨会议和教材建设会议，促进学术交流，壮大人才队伍，并牵头出版了体育院校通用教材《体育统计学》，有力地推动了体育统计学科内容体系和方法体系的建设。面对新时代提出的新问题，根据体育事业发展的需要，体育统计学科在科学研究、人才培养和社会服务方面均取得了较好的成绩。学科的发展可概括为：常规统计方法和多元统计方法的应用不断普及，多指标综合评价方法实现拓展，高级统计方法的应用逐年增多，体育统计软件应用水平普遍提高，教材建设和科研课题研究取得突破，体育事业统计、体育消费统计、体育产业统计、公共体育服务统计等方面的研究逐渐缩小与国外的差距。

展望未来，体育统计学科将面临更多的实际问题需要解决，信息化的发展将持续推动体育统计内容和方法的变革，研究层面和研究视角的多维化将是学科研究的显著特征，体育科学与统计学的深度结合将催生新的体育统计方法与内容，体育统计数据分析的深度与广度将不断拓展。未来几年甚至较长一段时间内的研究将包括：统计思想的提炼与应用研究、各类数理统计方法在体育科学中的应用研究、体育综合评价的理论与实践研究、体育特有问题的评价模型研究、体育大数据分析等。体育统计学科要面对新形势、新挑战，着眼于学科发展，不断拓宽学术交流渠道，积极开展体育统计教学研讨和学术培训，集中力量承接重大课题，进一步推动学科可持续发展。

本研究报告由中国体育科学学会体育统计分会组织编写，得到了多个单位、众多学者的高度关注和大力支持。在此，体育统计分会对参与本项工作的各单位和各位专家学者表示衷心的感谢！

体育统计分会

2019 年 10 月

课题组

组　长：陈　彦

副组长：雷福民　魏登云　刘　炜　唐东辉

成　员：(按姓氏笔画排序)

　　　　李伟平　何国民　赵书祥　夏成生

　　　　覃朝玲　魏德样

撰稿人
Writers

（按姓氏笔画排序）
In Surname Strokes Sequence

刘　炜	上海体育学院
Liu Wei	Shanghai University of Sport
李伟平	西安体育学院
Li WeiPing	Xi'an Physical Education University
何国民	武汉体育学院
He GuoMin	Wuhuan Sports University
陈　彦	西安体育学院
Chen Yan	Xi'an Physical Education University
赵书祥	北京体育大学
Zhao ShuXiang	Beijing Sport University
夏成生	成都体育学院
Xia ChengSheng	Chengdu Sport University
唐东辉	北京师范大学
Tang DongHui	Beijing Normal University
覃朝玲	西南大学
Qin ChaoLing	Southwest University
雷福民	西安体育学院
Lei FuMin	Xi'an Physical Education University
魏登云	安徽师范大学
Wei DengYun	Anhui Normal University
魏德样	福建师范大学
Wei DeYang	Fujian Normal University

体育统计学学科发展研究报告
Research Report on Disciplinary Development of Sport Statistics (2016—2019)

Abstract

With the rapid development of sports and the wide application of mathematical statistics methods, quantitative analysis has become the fundamental need of practical work; the research of quantitative analysis methods will be an eternal subject with the development of sports. In recent years, the Sports Statistics, which has been approved and completed a number of national and provincial research projects, has published a large number of documents, and has got a series of significant research results. The subject construction of it has basically taken shape, and the content system has been continuously improved. The position of sports statistics in sports science system has been confirmed, showing a broad space for further development.

As an interdisciplinary subject between sports and statistics, the sports statistics is rooted in the field of sports, providing service to the cause of sports and developing with the advancement of sports science. In recent years, the achievements of China's competitive sports have been remarkable; consequently, the national fitness has been steadily advanced, and the sports industry and public sports services have advanced by leaps and bounds. These has brought good opportunities and also provided fundamental impetus for the development of the sports statistics. With the rapid development of technological means and information technology, there are multiple date sources, broad source channels and increased informational quantities in sports field; therefore, the scope of this subject research has been drastically widen.

In recent years, the sports statistics has carried out reforms and practices on sports causes statistics and innovative research on sports industry statistics, promoting new progress in public sports service statistics. Sports statistics methods have been continuously developed and deepened through sports practice. The China Sport Science Society for Sport Statistics organized not only a number of academic seminars but also meetings on textbook construction, promoting academic exchanges and strengthening the talent team. Besides, it also led the publication of the national textbook " Sports Statistics" for sports colleges and universities, which effectively promoted the construction of content system and method system of sports statistics. Inthe face of the new problems raised by the new era, the sport statistics has achieved good results in scientific research, personnel training and social services according to the needs of the development of sports cause. The development of this subject can be summarized as follows: the conventional and multivariate statistical approaches have been popularized; the multi-index comprehensive evaluation approach has been expanded; the advanced statistical approach has gradually improved; the application level of sports statistical software has generally improved; the construction of teaching material and related research project have made breakthrough; research on sports cause statistics, sports consumption statistics, sports industry statistics, and public sports service statistics have gradually narrowed the gap with foreign countries.

In the future, sports statistics will face more practical problems to be solved. The development of information technology will continue to promote the transformation of contents and methods of sports statistics. The multi-dimensional research levels and perspectives will be the distinctive characteristics of sports statistics research. The deep integration of sports science and statistics will expedite new methods and contents of sports statistics, and the depth and breadth of sports statistics analysis will continue to expand. In the next few years, even for a long period to come, the sports statistic research will include: the refinement and application of statistical ideas; the application of various mathematical statistics methods in sports science; the theoretical and practical research of comprehensive sports evaluation; the evaluation model of specific sports problem; the big data analysis of sports, etc. Facing the new situation and challenges, the sports statistics should focus on the subject development, and continuously expand the academic exchanges channels and actively carry out sports statistics teaching and academic training. Besides, sport statistics should also concentrate on undertaking major projects to further promote the sustainable development of the subject.

目 录

引言

一、体育统计学科发展概况

　　（一）体育统计学科体系

　　　1. 体育统计学科的发展

　　　2. 体育统计学内容体系

　　（二）体育统计教材体系

　　（三）大数据与体育统计

　　　1. 大数据在体育中的应用

　　　2. 大数据与体育科研

　　　3. 大数据与体育统计教学

　　　4. 大数据与体育统计相关研究

二、体育统计方法的应用现状

　　（一）常规统计方法的应用

　　（二）多元统计方法的应用

　　（三）综合评价方法的应用

　　（四）其他统计方法的应用

　　　1. 结构方程模型（SEM）

　　　2. 数据包络分析（DEA）

　　　3. 探索性空间数据分析（ESDA）

　　　4. 偏最小二乘法（PLS）

　　　5. 广义线性模型（GLM）

　　　6. BP 神经网络模型（BPNN）

　　（五）体育统计软件的应用

三、相关体育统计研究进展

　　（一）体育事业统计研究进展

　　（二）公共体育服务统计研究进展

（三）体育消费统计

1. 体育消费统计国内研究进展

2. 与国外体育消费统计的比较

（四）体育产业统计

1. 体育产业统计国内研究进展

2. 与国外体育产业统计的比较

四、前景展望与研究方向

（一）前景展望

1. 体育统计数据分析的深度与广度将不断拓展

2. 信息化的发展将持续推动体育统计内容和方法的变革

3. 研究层面和研究视角的多维化将是学科研究的显著特征

4. 体育科学与统计学的深度结合将催生新的体育统计方法与内容

5. 解决体育事业中的实际问题是学科发展的需要

（二）研究方向

1. 统计思想的提炼与应用研究

2. 各类数理统计方法在体育科学中应用的研究

3. 体育综合评价的理论与实践研究

4. 体育特有问题的评价模型研究

5. 体育大数据分析

6. 体育统计教学研究

（三）研究对策

1. 加强学科队伍建设

2. 拓宽学术交流渠道

3. 定期开展体育统计教学研讨

4. 继续开展形式多样的培训活动

5. 集中力量承接一些重要课题

参考文献

Contents

Preface

1　General Situaiton of Sports Statistics

  1.1　The Subject System of Sports Statistics

    1.1.1　The Development of Sports Statistics

    1.1.2　The Content System of Sports Statistics

  1.2　The Textbook System of Sports Statistics

  1.3　Big Data and Sports Statistics

    1.3.1　The Applicaiton of Big Data in Sports

    1.3.2　Big Data and Sports Scientific Research

    1.3.3　Big Data and Sports Statistics

    1.3.4　Big Data and RelatedResearch on Sports Statistics

2　The Application Status of Sports Statistics

  2.1　The Applicaiton of Conventional Statistical Approach

  2.2　The Application of Multivariate Statistical Approach

  2.3　The Application of Comprehensive Evaluation Approach

  2.4　The Application of Other Statistical Approach

    2.4.1　Sturctural Equation Model (SEM)

    2.4.2　Data Envelopment Analysis (DEA)

    2.4.3　Exploratory Spatial Data Analysis (ESDA)

    2.4.4　Partial Least Squares (PLS)

    2.4.5　Generalized Linear Model (GLM)

    2.4.6　BP Neural Network Model (BPNN)

  2.5　The Application of Sports Statistics Software

3　The Research Progress in Related Sports Statistics

  3.1　The Research Progress in Sports Cause Statistics

  3.2　The Research Progress in Public Sports Service Statistics

3.3 Sports Consumption Statistics

3.3.1 The Domestic Research in Sports Consumption Statistics

3.3.2 The Comparsion with Foreign Sports Consumption Statistics

3.4 Sports Industry Statistics

3.4.1 The Domestic Research in Sports Industry Statistics

3.4.2 The Comparsion with Foreign Sports Industry Statistics

4 Outlook and Research Fields

4.1 Outlook

4.1.1 The Depth and Breadth of Sports Statistics Analysis will Continue to Expand

4.1.2 The Development of Information Technology will Continue to Promote the Transformation of Contents and Methods of Sports Statistics

4.1.3 The Multi-dimensional Research Levels and Perspectives will be the Distinctive Characteristics of Sports StatisticsResearch

4.1.4 The Deep Integration of Sports Science and Statistics will Expedite New Methods and Contents of Sports Statistics

4.1.5 The Need of the Development of the Subject is solving the practical Problems in Sports Cause

4.2 Research Fields

4.2.1 Research on the Refinement and Application of Statistical Ideas

4.2.2 Research on the Application of Various Mathematical Statistics Methods in Sports Science

4.2.3 Research on the Theoretical and Practical Research of Comprehensive Sports Evaluation

4.2.4 Research on Evaluation Model of Specific Sports Problem

4.2.5 The Analysis of Sports Big Data

4.2.6 Research on Sports Statistics Teaching

4.3 Countermeasures

4.3.1 Strengthen discipline team construction

4.3.2 Expand academic communication channels

4.3.3 Implement sport statistics teaching seminars regularly

4.3.4 Continue to carry on Training activities in various forms

4.3.5 Centralize strength some important research subject

References

引言

统计学作为21世纪极具发展潜力的学科,在搜集、整理和分析数据上所显示出的强大功能,正蓬勃发展着。作为体育科学领域中重要学科的体育统计学是体育学与统计学的交叉学科,近年来已被广泛应用于体育运动实践,体育统计的原理和方法已被体育界广泛接受。体育统计学科因体育科研的需要而产生,也必将随着体育科学的进步而发展。

体育统计根植于体育领域,为体育事业的发展服务,其学科的建设是跟随我国改革开放巨变而前行的。21世纪,我国体育事业进入高速发展时期,竞技体育成绩辉煌,全民健身稳步推进,体育产业和公共体育服务等突飞猛进,给各学科的发展带来了良好的机遇,同时也提出了更高的要求。体育各项事业的全面发展,对体育统计学科提出的具体问题更加多样化,也更加复杂,为学科的发展提供了动力源泉,同时也要求学科研究的视野大幅度放宽,研究方法体系要进一步扩大。

目前,体育统计学科发表了大量文献,涉及多种研究方向、涌现出一批创新团队和学术领军者,取得了一系列标志性研究成果。体育统计学科建设基本成型,内容体系不断完善,体育统计方法在体育实践中不断发展、提高和深化,新的统计方法不断引进,使体育统计方法体系得到补充和更新。体育统计学科在体育科学体系中的地位得到确认,学科具有良好的发展前景和广阔的发展空间。

本研究是体育统计分会进行学科发展的专项研究,将系统地回顾体育统计学科近四年来的发展状况,梳理学科发展所取得的成就,分析学科发展将要面临的新形势和新问题,展望学科的发展趋势,聚焦未来几年的重点研究领域,旨在分析体育统计学科的发展现状,总结学科发展的新进展,把握学科的研究方向,大幅度放宽学科研究视野,进一步扩大研究方法体系。

一、体育统计学科发展概况

(一) 体育统计学科体系

1. 体育统计学科的发展

统计学是收集、处理、分析和解释数据并从数据中得出结论的科学[1]。体育统计学是体育科学与统计学的交叉学科。

体育统计学是一门应用领域极广的学科,随着体育科学和统计学的发展,在我国"体育统计学"的内涵与外延也不断扩展,并发展出一些新的分支,如体育人口统计、体育产业统计及核算、体育消费统计、公共体育服务统计、体育评价及体育大数据分析等。因此，目前我国体育统计的应用实践和学术交流范围，按我国的学科分类[2]，已经覆盖统计学中的经济统计学、社会统计学、人口统计学、生物与医学统计学等大部分二级学科的内容，以及数学中的数理统计下属大部分三级学科的内容。

2. 体育统计学内容体系

目前，体育统计学中常用的统计分析方法主要有：描述统计、参数估计、假设检验、非参数统计、方差分析、相关回归分析、时间序列分析、多元分析（包括经典多元统计分析方法、定性资料的多元统计、结构方程模型、面板数据分析等）、层次分析等，近年来数据包络分析、中介变量分析、数据挖掘等方法应用逐步增多，空间统计、大数据分析等方法也有一定应用。

（二）体育统计教材体系

提高体育统计课程教学质量和体育统计人才培养质量，是体育统计学科建设的主要内容。1984年，中国体育科学学会接纳体育统计研究会为体育统计专业委员会，为以后学科的发展奠定了坚实的基础。20世纪90年代初，体育统计学教材编写小组完成了体育院（系）的《体育统计学》统编教材。近20年来，体育统计界相继出版了几十种不同版本的《体育统计学》教材，为体育统计教学创造了基础条件，也有力地推动了体育统计学科内容体系和方法体系的建设。近年来，为了适应新时期人才培养的需要，体育统计分会召开了多次教材建设会议，研讨体育统计教材建设的指导思想，确定了体育统计教材编写的基本原则，在确保科学性的前提下，不拘泥于数理方法的系统性，充分考虑教学对象的特殊性，立足体育，为体育事业发展服务。2011年，由中国体育科学学会体育统计分会牵头，组织全国20所体育院校的相关专家，编写了体育院校通用教材《体育统计学》，并于2017年进行了全面修订。教材体系既非单纯追求理论上的阐述，也非简单地罗列统计方法，加入了大量体育科研、教学、管理、选材中的应用案例，以及统计软件的使用方法[3]。内容包括：数据资料的收集与整理、样本特征数、相对数、概率及其分布、体育评分、参数估计、假设检验、非参数检验、方差分析、相关分析、回归分析、聚类分析、判别分析、因子分析、对应分析、典型相关分析，以及研究设计、防止统计误用、SPSS应用案例等。

作为交叉学科，体育统计教材建设是学科建设的一个永恒课题，体育领域新问题不断出现，统计方法不断丰富，体育统计教材的建设一直在更新中。通过优质教材建设，规范教学内容，更新教学理念，改革教学方法，将体育统计教学与体育统计实践应用工作紧密结合，全面深化教学改革，努力提高教学质量。

（三）大数据与体育统计

作为一类重要的信息资源，大数据以其复杂性、决策有用性、高速增长性、价值稀疏性、可重复开采性、功能多样性等特征，成为支持管理与决策的重要资源[4]。随着大数据技术在各行各业的应用越来越广泛，体育学科的发展也步入了大数据时代。

1. 大数据在体育中的应用

竞技体育领域中，大数据技术以其强大的预测功能，在运动员选材、训练方案制定和比赛技术统计等方面得到了广泛应用。在选材方面，美式橄榄球联盟（NFL）就曾将生物传感器、数据挖掘技术应用于参加选秀的大学球员的运动能力评估之中，以选拔出有潜力的运动员。在训练方面，将GPS（全球定位系统）定位技术与大数据分析技术相结合，能够实时分析运动员的日常训练状态。在体育比赛方面，大数据技术在运动员技战术分析以及转播方式变革方面都起到了重要作用。

运动健身中，随着智能手环、智能手表、智能心率带、智能运动鞋等可穿戴监测设备的研发，能够实时将运动步数、运动距离、运动心率、运动位置、能量消耗等数据上传到智能终端，并通过相应的APP（应用程序）软件进行分析，从而解决了运动健身中运动量的量化问题，有助于健身者的自我运动监控。同时，APP中的运动方案推送、运动成绩分享以及好友互动等功能也在一定程度上促进了健身者的运动热情，提高了运动健身的效率。

体育产业领域中，在体育场馆利用方面，大数据技术可以有效解决由体育场馆方和体育消费方的信息不对称所造成的体育场馆余裕时间利用效率低下的问题。例如，通过手机APP智能系统研发与建设，能够方便、快速地定位周边的体育运动场地，并查询到体育运动场地实时的剩余容量及动态价格等情况。在体育产业创新发展方面，大数据能够优化体育产业供给侧结构，科学调整供给端与需求端错位，从而达到均衡发展，并能推动供给侧低端产能淘汰，增强中高端市场竞争力。大数据还能够促进体育产业跨界融合，通过体育产业之间的数据共性形成产业集群，实现体育产业内部、体育产业与大数据机构、体育产业与高校科研、体育产业与政府相互之间协作发展[5]。

2. 大数据与体育科研

随着大数据时代的到来，传统的随机样本的确定将会逐渐被大数据的整体性计算所取代，并由此将社会学领域的新的计算方法和理论引入体育学领域，开创研究方法上的变革。第一，大数据的获取和分析为传统体育学研究方法上的瓶颈找到突破口；第二，传统的问卷获取数据的方式将会被整体的"自然数据"逐步取代；第三，数据的产生过程也将会由"搜集"向"挖掘"过渡；第四，大数据时代的到来为质性研究与定量研究的融合提供可能；第五，运用计算机和互联网平台进行社会领域的实验与模拟研究将成为可能；第六，围绕着体育领域的应用软件和计算工具将会不断增多。

总之，借助大数据技术的应用，体育研究方法上的"整体态势呈现"将成为可能，这不仅提高了数据的获取质量，而且能够使研究者更加真实地接近客观规律[6]。

3. 大数据与体育统计教学

大数据在促进体育学科发展中的巨大价值，使得培养具备大数据分析能力的体育专业人才成为当前高校体育专业人才培养模式改革的重要方面，这也对体育统计教学改革提出了新的要求。

大数据思维下的体育课程教学已走向公共服务的新范式，体育课程案例库建设能帮助教师从动态上系统把握教学的本质和规律，推动体育课程改革的深化。例如，首都体育学院在大数据思维视域下进行了体育课程教学案例库建设，有利于构建教师与学生在理论与实践之间的交互式桥梁。

大数据对体育统计教学的影响主要表现在：研究对象和内容发生变化，数据处理方法和手段发生变化，对学生自主学习、实践操作应用能力提出了更高的要求。为了满足新时代体育工作的需要，体育统计教学要将大数据思维引入体育统计学课堂，增加与大数据相关的教学内容，转变教学方式方法。

4. 大数据与体育统计相关研究

2013年到2018年间，大数据与体育统计主题研究文献数量逐年增加。2013年，主题文献数量仅为4篇，2016年该主题文献数量增加到49篇。2018年，文献数量出现了较大增长，发文数量达到81篇，较2017年翻了一倍。由此可见，大数据与体育统计领域已逐步成为热点研究领域（图1）。

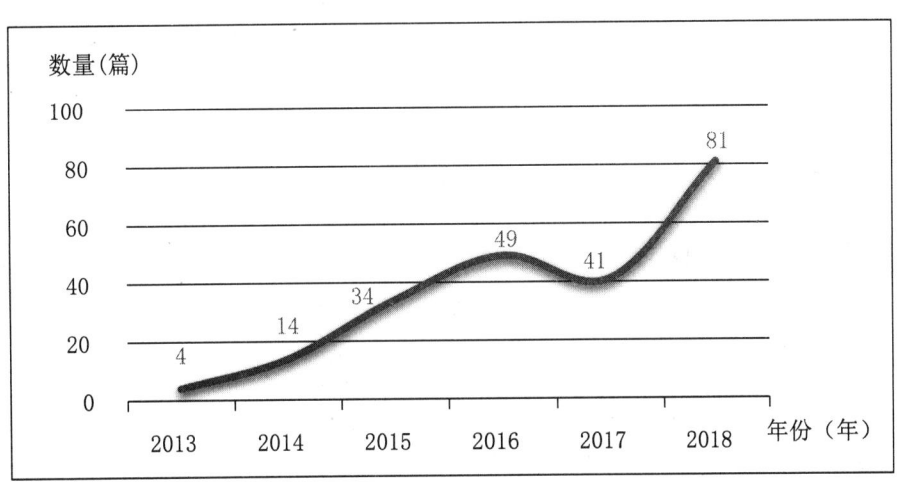

图1 大数据与体育统计主题文献年度分布

从资源来源类型来看，大数据与体育统计主题研究领域的研究成果大部分发表于期刊，共计发表文献171篇，占文献总量的85.5%，其次为国内会议，发表文献12篇，占文献总量的6.0%，硕士毕业论文发表文献12篇，占文献总量的6.0%（图2）。

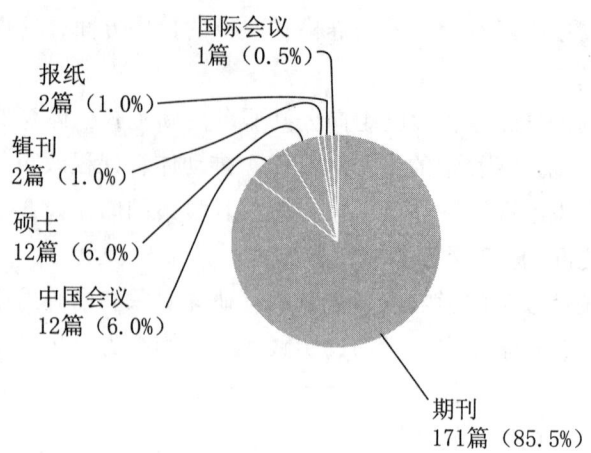

图 2 大数据与体育统计主题资源类型分布

大数据与体育统计主题研究领域获得基金支持的情况如图 3 所示。其中获得国家社会科学基金项目资助发表文献 13 篇，占文献总量的 6.4%，获得国家自然科学基金项目资助发表文献 3 篇，占文献总量的 1.5%，获得其他基金项目资助发表文献 186 篇，占文献总量的 92.1%。

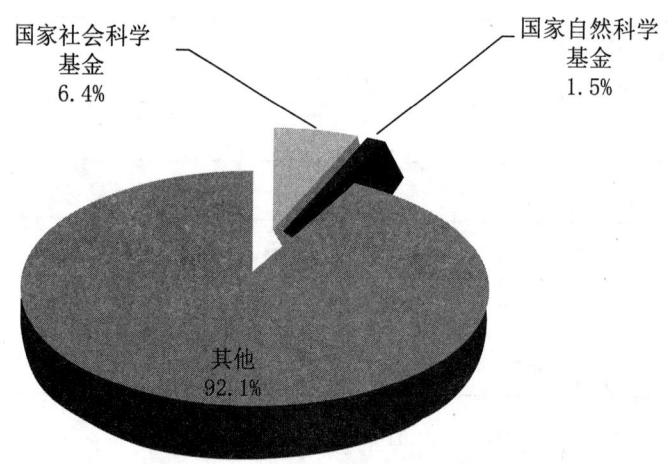

图 3 大数据与体育统计主题研究获得基金资助分布

二、体育统计方法的应用现状

随着体育事业的迅速发展和统计软件的广泛普及，体育统计学已经成为体育科学研究的必备工具，体育统计学被广泛地应用到体育科学研究的各个领域，成为一门通用的方法论科学。大数据时代统计思维有助于对体育领域的海量数据进行加工、理解和学习，洞察出数据背后埋藏的信息及因果关系。

(一) 常规统计方法的应用

近年来，常规统计方法的应用不断普及，进一步巩固了体育统计学的发展基础。常规体育统计方法包括：数据资料的收集与整理、样本特征数、相对数、概率及其分布、体育评分方法、参数估计与假设检验、非参数检验、方差分析、相关与回归分析等。近年来，应用上述统计方法的科研成果不断增多，应用水平逐年提高。

研究成果中，武庆中[7]《小样本体育数据的 SMOTE 检验方法》（2017 年），研究了检验的可靠性（检验功效）与样本量的关系，提出了改进 SMOTE 算法，提高了小样本体育数据假设检验结果的可靠性，并用实例验证了有效性。

余利容、张乾伟[8]《优秀男子举重运动员专项成绩与下肢等速肌力相关回归分析》（2017 年），利用实验法研究优秀男子举重运动员下肢关节不同角速度等速肌力的特征，比较健将与一级运动员的组间差异，对健将组下肢关节相对峰力矩与相对专项成绩进行 Pearson 相关分析，建立了抓、挺举与峰力矩多元线性回归方程。

鸿优、William G. Hopkins[9]《体育统计学新视角：数据级数推断》（2017），用一个体育抽样研究案例，分析和探讨了假设检验、置信区间和数据级数推断方法在做出研究推断时的优缺点，通过数据级数推断方法给出一个"三元结果"：有意义正差异/相关、有意义负差异/相关和无意义微小差异/相关，并基于置信区间推算出总体值落在每一个结果区域的可能性，从而能让定量研究结果的推论更加丰富和准确，同时大大降低 I 型误差率和 II 型误差率。

姜宏斌[10]《田径短跨项目起跑反应时与运动成绩关联的研究》（2016），运用实验法、文献资料法、逻辑分析法展开定量分析，对参加第 15 届世界田径锦标赛短跨类项目比赛的男女运动员起跑反应时数据进行方差齐性与正态分布检验（Kolmogorov-Smirnov 检验），采用独立样本 t 检验考察不同性别运动员起跑反应时的显著性差异。

王玉英[11]《我国运动员薪酬影响因素的多因素方差分析》（2016），根据运动员的培养制度和薪酬制度，对搜集到的运动员薪酬影响因素的相关数据进行多因素方差分析，得出了专业运动员薪酬的影响因素和职业运动员薪酬的影响因素。

(二) 多元统计方法的应用

随着科技进步和社会发展，在体育领域的实践活动中，需要处理多个变量的观测数据，研究多个随机变量之间的相互依存关系和内在规律。因此，对于多个变量进行综合处理的多元统计分析方法显得尤为重要，在体育实践中被广泛应用。

研究成果中，魏登云、张文俊[12]《体育科学研究中多元统计分析常见问题及对策》（2016），针对统计描述、统计推断、综合评价中存在的典型问题，提出了解决思路。

郅季炘[13]《隔网对抗项目运动员技术等级评定方法的研究——以网球运动为例》（2018），运用判别分析理论，以网球运动为例，对提高隔网对抗项目运动员的运动技术等级评定质量进行研究，构建了隔网项目专项水平下的技术等级权重矩阵，利用对郑州大学体育学院50名网球专修学生进行4项指标的测试，并基于测试结果，建立了男子网球选手技术等级判别方程。

李昌锋等[14]《基于Fisher判别分析的大学生体质健康综合评价分级模型研究》（2017），运用判别分析方法对大学生的体质测试数据进行分析，建立了大学生体质健康综合评价分级模型。

徐开胜等[15]《国家赛艇队W1X运动员划桨技术关键指标体系构建》（2017），运用澳大利亚Croker桨对15名国家赛艇队女子公开级单人双桨运动员进行实验测试，并用Talon result lab软件对测试数据进行标准化处理，运用探索性因子分析对技术指标进行筛选。根据权重高低，将赛艇女子公开级单人双桨运动员划桨技术诊断的关键指标确立为6个，分别为：右手力量能力、左手力量能力、拉桨效率、划桨节奏、艇速波动、拉桨幅度。

刘占锋、魏俊民[16]《体育运动负荷等级与代谢综合征的logistic回归分析》（2017），对711名实验对象的体育运动负荷等级与代谢综合征的定量关系进行了研究，结果表明性别、年龄、岗位和体育运动负荷对代谢综合征有显著影响。

胡安义、汪晓琳[17]《基于逐步回归对中国高校部分大学生体育态度研究》（2016），运用文献资料法、调查问卷法和数理统计法对中国不同专业和性别大学生的体育态度进行比较分析，通过逐步回归分析影响大学生体育态度的主要因素。

张琬婷、于文谦[18]《非奥运项目群众化与竞技化路径选择》（2018），采用主成分分析和聚类分析方法，以非奥运项目专家分析得出的17个项目特征属性词汇，对国家体育总局官网所列非奥运项目协会中包含的37个非奥运单项进行评定。结果显示，趣味性、娱乐性和消遣性是非奥运项目的共性，得出了有参考价值的结论。

（三）综合评价方法的应用

综合评价方法是一个多学科边缘交叉、相互渗透、多点支撑的新兴研究领域。近年来，一些用于多指标相互作用下的综合评价方法也逐渐在体育领域中应用，如层次分析法、数据包络分析法、模糊综合评判法、人工神经网络评价法、灰色综合评价法等。

研究成果中，魏登云[19]《数据的标准化处理在体育综合评价中的应用辨析》（2016），认为变量或数据的标准化处理在统计分析中是常用的预处理手段，在体育综合评价中，评价指标或原始数据的标准化处理具有更丰富的内涵以及特殊的地位和作用。该文分析体育综合评价对评价指标及其评价值的要求，讨论标准化处理的内涵和评价功能及其在体育综合评价中的特殊作用，指出体育综合评价中标准化处理存在的"陷阱"，探讨标准化处理在体育综合评价中的应用策略。

吕庆华等[20]《中国体育用品上市公司成长性评价研究》（2016），对中国体育用品上市公司的成长性进行评价研究。依据体育用品企业（2009—2013年数据）每年增长率的均值和方差两个指标，将体育用品上市公司成长性划分为 6 种类型，即：平稳增长型、波动增长型、平稳保持型、波动保持型、平稳负增长型和波动负增长型。运用因子分析方法，探索出体育用品业成长性影响因子有环境因子、资源因子和成长能力因子，其中成长能力因子包括发展能力因子、盈利能力因子、偿债能力因子、产品竞争能力因子、营运能力因子与风险调控能力因子。

张瑞林等[21]《冰雪体育用品共性技术应用过程绩效评价研究》（2018），在半结构式访谈等研究技术的基础上，对冰雪体育用品共性技术应用过程绩效进行探讨，通过扎根理论分析得出冰雪体育用品共性技术应用过程绩效评价体系指标，运用结构熵权法建立冰雪体育用品共性技术应用过程绩效评价指标的权重并最终建立指标体系。目的在于分析冰雪体育用品共性技术应用过程的理论模型，并进一步对技术应用过程绩效评价进行分析。研究结果显示，"技术融合"指标在一级指标中所占权重比例最大。研究不仅分析测评冰雪体育用品共性技术应用过程绩效评价的现状和发展潜力，且为我国的冰雪体育用品企业不断优化科技创新与企业管理，逐步走向国际市场提供了较好的理论参考。

李毅、沈建国[22]《三种综合评价（评分）方法在体育评价中的比较研究》（2017），用高校对体育老师教学质量水平进行量化评价的实例，对权重综合评分法、模糊综合评分法和多项综合均分法 3 种体育综合评价方法进行了比较研究，研究结果表明：3 种综合评分方法均科学合理（信度高）、简便易行（效度好），且对研究样本的计算结果基本趋向一致，可以为体育实践中的教学、训练、竞赛、管理、健身、科研评价、对比、衡量、判断、分类、预测和决策的量化工作提供标准和调控依据。

王启万等[23]《体育用品品牌认知生态位模糊综合评价研究》（2018），基于中国消费者心理认知角度，运用品牌生态相关理论，采用文献分析、德尔菲法和模糊数学评判逐级递进的研究方法，构建了中国体育用品消费者认知层面的品牌生态位关键指标体系，识别了各项指标在生态位体系中的重要性程度，建立了模糊数学评价模型。

陈小蓉等[24]《我国体育非物质文化遗产综合评价体系的构建与应用》（2017），运用实地考察法、质性研究法以及德尔菲法等研究方法，构建了中国体育非遗综合评价体系，并对我国国家级和省级体育非物质文化遗产项目进行实证研究，也对我国体育非遗的保护现状进行了评估。

此外，体育评价研究中，也有学者运用了灰色关联分析法。例如，韩松等[25]《我国体育产业与养老产业融合态势测度与评价》（2017），采用灰色关联分析法对目前我国体育产业与养老产业的融合度进行了考察。

近年来，在体育评价领域中，涉及空间因素的问题逐渐引起学者关注。研究成果中，金银日等[26]（2017）利用地理信息系统（GIS）空间分析法对上海市公共体育设施空间可达性与公平性指数进行分析。杨剑等[27]（2017）对特大型城市中心城区公共体育空间服务的定量评价问题进行了研究。满江虹等[28]（2018）利用第六次全国体育场地普查数据，基于压力—状态—响应（PSR）模型构建我国体育场地公共服务承载力评价指标体系，在熵权法赋予各具体指标客观权重的基础上，采用 TOPSIS 算法计算体育场地资源承载力指数，并使用环境与气候区位系数进行修正，综合评估我国省域体育场地公共服务承载力水平，继而运用探索性空间数据分析（ESDA）方法呈现我国总体与省域场地资源状态的空间动态特征。

2017 年国家社科基金年度项目的体育学科中，与体育评价方法应用相关的课题有 10 项（表 1）。

表 1 2018 年度国家社科基金年度项目（体育评价方法应用相关课题）

课题名称	负责人	项目类别
我国体育用品标准化体系建设研究	席玉宝	一般项目
供给侧视角下政府购买公共体育服务绩效评价研究	刘春华	一般项目
体育学科文献计量评价的内容与特征研究	许治平	一般项目
我国"三大球"职业俱乐部成长的绩效评价与影响因素研究	刘小明	一般项目
我国 70 岁以上老年人体质测试指标与评定标准研究	张林	一般项目
中国青少年足球精英培训机构全面质量管理与综合绩效评估研究	赵刚	一般项目
我国公共体育服务财政支出绩效评价研究	袁春梅	青年项目
西南地区滑雪旅游产业竞争潜力评价及路径选择研究	吕兴洋	青年项目
我国职业体育俱乐部企业社会责任评价理论与实证研究	刘光同	青年项目
我国职业体育俱乐部企业社会责任评价指标体系研究	张森	青年项目

（四）其他统计方法的应用

随着大数据时代的到来，以及体育学科与其他学科间不断地交叉融合，近年来在体育学科的研究中，除了描述统计、T 检验、方差分析、相关与回归等常规体育统计方法依然被大量使用外，一些较为复杂的数据建模方法，诸如结构方程模型（SEM）、数据包络分析（DEA）、探索性空间数据分析（ESDA）、偏最小二乘法（PLS）、广义线性模型（GLM）、BP 神经网络模型（BPNN）等，以其在数据挖掘、关系解释、结果预测方面的优势也越来越多地应用于体育学科的研究之中。

1. 结构方程模型（SEM）

目前能够进行 SEM 分析的软件包括 LISREL、AMOS、EQS、Mplus、MX 等。SEM 目前在体育心理学及锻炼心理学研究中应用较多。例如，研究发现，身体锻炼不仅直接影响应对方式，而且通过应对效能间接影响应对方式。身体锻炼对应对效能和应对方式的影响是一个连续过程，锻炼实践及指导中要注重提高身体锻炼认知水平。锻炼坚持在锻炼动机与自信和意志间起着显著的部分中介作用；社会支持在锻炼动机与锻炼坚持之间起显著的正向调节作用，其中父母支持的调节作用最强[29]。

也有学者运用结构方程模型研制相关量表。例如，史小强等[30]《新时代全民健身公共服务绩效结构模型的构建与实证研究》（2018），基于"以人民为中心"价值取向的量度，构建了新时代全民健身公共服务绩效结构模型。

2. 数据包络分析（DEA）

DEA 法多用于体育领域的绩效问题研究。例如，邵伟钰[31]在研究中运用数据包络分析方法的 CCR、BCC 和 SE-DEA 模型对我国地方群众体育财政投入效率进行了分析评价。满江虹[32]《基于 DEA 的体育事业协同路径优化系统动力学仿真研究》（2018），以数据包络法与系统动力学为工具，在对我国 32 个省（自治区、直辖市）的体育事业协同运行效率进行测算，在划分协同发展时期的基础上，通过绘制竞技体育子系统与社会体育子系统耦合作用的因果关系图，构建了我国体育事业协同可持续发展的系统动力学模型。

3. 探索性空间数据分析（ESDA）

ESDA 目前多应用于体育产业相关研究领域。例如，雷雯等[33]《中国体育场地类型的发展特征研究》（2018），在研究中利用第四次人口普查、第五次人口普查、第六次人口普查数据，运用聚类分析、ESDA 等方法，对我国体育场地类型的发展特征进行了探索。于文谦等[34]《基于 ESDA-GIS 的我国城乡体育场地空间分异特征研究》（2018），运用探索性空间数据分析法，以《第六次全国体育场地普查》数据为实证依据，对我国 31 个省（自治区、直辖市）的城镇、乡村体育场地分布特征及成因进行了分析。

4. 偏最小二乘法（PLS）

PLS 目前主要应用于体育教学、训练、管理中的预测、评估、控制及因素分析等研究领域。例如，王国凡等[35]在研究中为了更有效地解决体育计量中多变量系统的线性回归建模问题，提出利用遗传算法（GA）与偏最小二乘回归（PLS 回归）相结合，对多变量系统进行特征选择的方法，即采用 GA 筛选多变量系统中的变量信息，通过利用 PLS 回归的误差平方和变换为适应度评价函数，筛选回归建模的最优特征变量子集完成种群进化，最终以最优个体确定 PLS 回归模型，并对 PLS 回归模型系数进行重新优化。

5. 广义线性模型（GLM）

GLM 被认为是一个可以用来界定团体运动项目中的技战术表现相关变量与比赛结果变量相关关系的、非常有效的复杂数学模型。例如，刘鸿优[36]《足球技战术表现大数据分析》（2017），对 2014 赛季中国足球协会超级联赛比赛中的技战术表现指标和比赛结果进行了数学建模，对比赛技战术表现进行了探讨。

王垒等[37]《大学生足球比赛负荷特征研究——基于数据级数推断与广义混合线性

模型的分析》(2017)，运用广义混合线性模型进行泊松模型创建，估算不同位置球员在比赛中的各项跑动与心率指标的均值差异。并采用数据级数推断法的非临床推断方法对模型结果进行了统计学推断。

6. BP 神经网络模型（BPNN）

BP 神经网络模型的特点使其在预测与仿真研究领域具有独特优势。例如，王方[38]《基于神经网络的 2020 年奥运会奖牌成绩预测》(2019)，采用神经网络非线性方法拟合得到了 2015 年后美国、中国、英国、俄罗斯、德国、法国和日本 7 个竞技体育强国的人均 GDP 数据，并在此基础上对这些国家在 2020 年东京奥运会可能获得的奖牌数目进行了首次预测。

季云峰[39]《乒乓球精确旋转、速度及落点数据的人工神经网络模型研究》(2018)，通过设计实验获得乒乓球精确的初始位置坐标、初始速率及方向、旋转速率及方向，把初始数据作为神经网络的输入信息，将精确的落点坐标作为输出信息，利用人工神经网络算法探讨输入、输出信息之间的相关性。

许全盛[40]《基于表面肌电信号的膝关节动态力矩的 BP 神经网络估计》，以逆向动力学计算获得的膝关节力矩作为期望输出，设计基于误差反向传播校正训练算法网络模型，用训练好的 BP 网络估计不同负重水平下蹲起产生的膝关节力矩。

（五）体育统计软件的应用

在"大数据"时代背景下，统计区别于传统统计的一个重要特征在于统计软件的广泛应用。统计学相关理论以及统计软件运用于体育领域成为体育科技化与现代化发展的必然趋势。

检索 2016—2019 年间（2016.01.01—2019.03.15）体育领域 11 种核心刊物应用统计软件的情况。11 种刊物分别为：《体育科学》《体育与科学》《体育学刊》《中国体育科技》《北京体育大学学报》《上海体育学院学报》《成都体育学院学报》《首都体育学院学报》《天津体育学院学报》《武汉体育学院学报》《西安体育学院学报》。总体发表论文应用体育统计软件的篇数如表 2 所示。

表 2 体育领域 11 种核心刊物应用统计软件情况

序号	软件名称	篇数（篇）	百分比（%）
1	SPSS	1043	59.33
2	EXCEL	284	16.15
3	META	174	9.90
4	AMOS	100	5.69
5	CITESPACE	49	2.79
6	STATA	36	2.05

续表

序号	软件名称	篇数（篇）	百分比（%）
7	Image-Pro Plus	30	1.71
8	LISREL	24	1.36
9	SAS	9	0.51
10	Image Lab	9	0.51

从表2可以看出，体育领域11种核心刊物上，统计软件应用较多的是SPSS、EXCEL、META和AMOS，其中SPSS软件在各刊物应用的比例最高。统计分析方法以推断性统计为主，运用最广泛的是均值比较、相关分析、方差分析等方法。

三、相关体育统计研究进展

（一）体育事业统计研究进展

体育事业统计是各级体育管理部门实行科学决策和管理的重要基础工作。2008年的中国体育事业统计指标体系包括5个一级指标、23个二级指标，由30张统计报表组成。

2011年8月，权德庆主编的《中国体育事业统计体系研究》由人民体育出版社出版。该书是在承接国家体育总局重点社科研究课题的基础上完成的，内容包括：中国体育事业统计方法体系；竞技体育统计指标体系；群众体育统计指标体系；体育场地指标体系；体育科教、宣传、与对外交流统计指标体系；体育系统财务统计指标体系；中国体育事业发展评价体系；中国体育事业统计信息化体系等[41]。

近几年，体育科研人员对原有的体育事业统计指标体系进行了进一步修改和完善，完成了2018版体育事业统计指标体系。现行的2018版统计指标体系是对2008版进行了新增、修改、合并、删除后完成的，最终的体育事业统计指标体系由20张报表构成（表3）。

表3 2008版、2018版体育事业统计指标对照表

2008版统计指标	2018版统计指标	备注
表1 基本信息表	（一）单位基本信息表	
表2 体育系统从业人员情况表	（二）体育系统从业人员情况表	
表3 后备人才项目分布情况统计表	（七）后备人才项目分布情况表	
表4 当年等级运动员、教练员和裁判员发展情况统计表	（五）当年等级运动员、裁判员发展情况表	
表5 运动成绩统计表	（六）运动成绩统计表	
表6 竞赛计划执行情况统计表		删除

续表

2008 版统计指标	2018 版统计指标	备注
表 7　未执行的竞赛计划登记卡片		删除
表 8　专职教练员卡片	（四）专职教练员卡片	
表 9　优秀运动员卡片	（三）优秀运动队运动员卡片	
表 10　裁判员卡片		删除
表 11　社会体育指导员情况表	（十）社会体育指导员发展情况表	
表 12　街道、乡镇群众体育工作管理机构、人员情况表		删除
表 13　群众体育活动情况表		删除
表 15　体育社团组织情况表	（九）体育社会组织情况统计表	修改
表 16　国民体质监测站点基本情况表	（十二）国民体质监测站点基本情况表	
表 17　体育俱乐部情况表	（八）青少年体育活动组织及体育俱乐部情况表	修改
表 14　晨、晚练基本情况表		
表 18　政府命名群众体育场地统计表		
表 19　政府援建体育场地统计表	（十一）健身场地设施统计表	修改
表 20　新建体育场地登记表		
表 21　体育场地改（扩）建登记表		
表 22　减少体育场地登记表		
表 23　体育系统学校、学生、科技统计表	（十三）体育科技统计表	修改
表 24　体育国际交流情况表		删除
表 25　体育文化宣传情况表		删除
表 26　体育系统单位财务状况表	（十六）行政事业单位财务状况表	修改
表 27　彩票公益金使用情况表	（十七）政府性基金（彩票公益金）预算支出表	修改
	（十八）体育彩票发行情况表	新增
表 28　体育事业资金收支情况表	（十四）公共预算收入情况表	细化
	（十五）公共预算支出情况表	细化
表 29　体育系统其他资金收支情况表	（二十）企业财务状况表	修改
表 30　基本建设情况表（按项目分类）	（十九）基本建设情况表	

（二）公共体育服务统计研究进展

发展基本公共体育服务对于满足居民日益增长的体育需求、增强居民体质、提高生活质量、促进社会主义和谐和社会全面进步具有不可替代的作用。近年来，国内有关基本公共体育服务统计的研究成果明显增加。

戴健、权德庆《我国公共体育服务体系与综合评价实证研究》是2011年国家社会科学基金重大研究项目，课题已结题并取得重要研究成果，形成了《中国公共体育服务发展报告（2013）》[42]。

近年来，公共体育服务方面的研究越来越受到体育科研工作者的关注。2018年国家社科基金年度项目的体育学科中，与公共体育服务相关的课题有12项（表4）。

表4 2018年度国家社科基金年度项目（公共体育服务相关课题）

课题名称	负责人	项目类别
新时代我国残疾人体育需求与体育公共服务体系研究	吴雪萍	重点项目
提升校园体育活动对学生体质健康促进效益的研究	唐炎	重点项目
建设冰雪强国的指标体系研究	朱志强	一般项目
马拉松赛事服务标准化研究	任占兵	一般项目
我国运动休闲城市评估指标体系和评价标准的研究	凌平	一般项目
新公共服务背景下我国国民体质监测的需求、供给与绩效评估研究	张崇林	一般项目
新时代我国民生体育服务资源优化配置路径研究	王毅	一般项目
全民健身公共体育资源配置的有效性研究	唐闻捷	一般项目
运动项目协会实体化研究	夏成生	一般项目
我国10~12岁儿童能量平衡及其相关行为（ERBR）与体质健康的关系研究	常波	一般项目
全民健身活动智慧化发展路径研究	王飞	一般项目
农村人口体育健康促进的PPM实证研究	朱荣	一般项目

2016—2018年间，公共体育服务统计主题研究领域的研究成果大部分发表于期刊，检索结果显示，共计发表文献132篇，占文献总量的66.0%，其次为硕士毕业论文，发表文献53篇，占文献总量的26.5%（图4）。

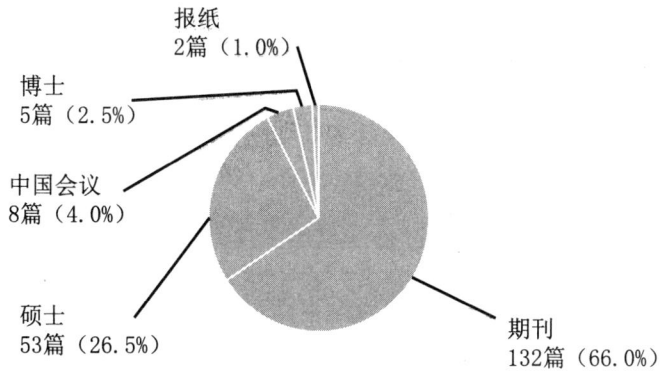

图4 公共体育服务统计主题资源类型分布

2016—2018年间，公共体育服务统计主题领域的研究机构主要分布在高等院校，其中前三名分别为上海体育学院、西安体育学院和苏州大学，其次是华中师范大学和福建师范大学为作者单位发表的研究成果数量较多。其他机构发表文献数量166篇，占79.05%（图5）。

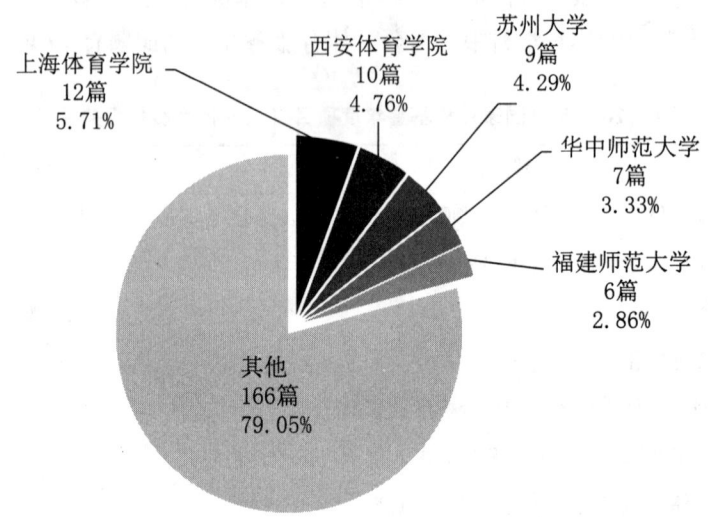

图5 公共体育服务统计主题研究机构分布

2016—2018年间，公共体育服务统计主题研究领域获得基金支持210项，其中获得国家社会科学基金项目资助发表文献39篇，占文献总量的18.57%，获得湖南社会科学基金项目资助发表文献5篇，占文献总量的2.38%，获得江苏省科委社会发展基金项目资助发表文献2篇，占文献总量的0.95%，获得其他基金项目资助发表文献160篇，占文献总量的76.2%（表5）。

表5 公共体育服务统计研究主题基金分布

基金名称	篇数	百分比（%）
国家社会科学基金	39	18.57
湖南省社会科学基金	5	2.38
国家体育总局基金项目	2	0.95
江苏省科委社会发展基金	2	0.95
江苏省教育厅人文社会基金	2	0.95
其他	160	76.2

(三) 体育消费统计

1. 体育消费统计国内研究进展

体育消费统计研究主要包含体育消费统计指标、体育消费统计调查制度建设、体育消费统计调查方法三个方面的研究。近年来，国内对于体育消费指标的研究很大程度上是从居民体育消费的整体结构出发，对涉及体育消费的内容进行特征性指标设计。

杨涛等《城市居民体育消费综合评价与实证研究》（国家社会科学基金项目），在构建城市居民体育消费综合评价指标体系遵循了科学性原则、系统性原则、通用可比性原则和实用性原则。提出了城市居民体育消费综合评价指标体系，是对城市居民体育消费的总体情况和程度的评价，是制定与实施体育消费发展规划的重要依据，具有评价、描述、监测和导向等功能。研究采用3层的指标体系结构，总体目标是对居民体育消费的总体情况和发展程度进行综合评价。在总目标下，设计了子系统层、准则层和指标层。通过多轮指标筛选，最终确定了包含3个层级指标的指标体系。子系统层包括参与型体育消费、观赏型体育消费和实物型体育消费3个方面；准则层包括参与型体育消费发展现状、参与型体育消费发展潜力、参与型体育消费满意度、观赏型体育消费发展现状等9个准则，指标层包括37个具体指标[43]。该课题选取陕西省西安市城市居民作为实证研究对象，综合评价所涉及的核心数据为西安市9区4县城市居民体育消费数据，包括参与型体育消费、实物型体育消费以及观赏型体育消费数据。样本量共计1409户，采用层次分析综合评价法、模糊综合评价法、灰色综合评价法等方法对实证研究对象进行了综合评价。

蔡军等《我国体育消费统计指标体系优化及统计制度创新研究》（国家社会科学基金项目），结合体育消费的内涵、体育消费结构、体育消费水平等理论和实践内容，立足于我国社会经济文化背景，初步编制出一套体育消费统计指标体系。课题组通过三轮专家问卷调查，对指标体系不断进行修改和完善，通过因子分析进一步修正，并最终确立了体育消费统计指标体系，包括体育健身活动支出、观赏体育竞赛表演支出、体育用品及体育信息支出、体育消费时间4个一级指标、19个二级指标以及众多三级指标[44]。该体育消费统计指标体系被国家统计局陕西省调查总队以《关于开展陕西城乡居民体育消费调查的通知》的形式布置到各市（县、区）调查队开展调查。从汇总结果来看，指标体系设置直观、易于实施、便于操作，适合我国体育消费统计。调查结果对于掌握居民体育消费行为，研究居民体育消费心理具有重要价值，对于引导企业生产体育消费品具有重要的参考价值。

2016年以来，在体育消费统计研究方面，西安体育学院在该领域发表的文献数量最多，达到13篇。其次是甘肃民族师范学院、国家统计局陕西省调查总队（图6）。

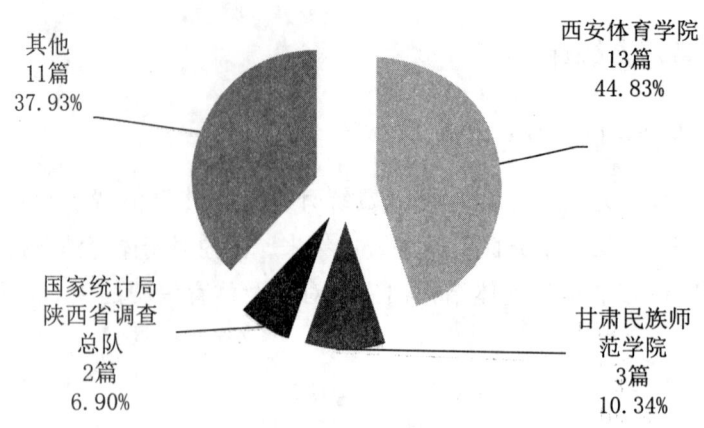

图6 体育消费统计主题研究领域的机构分布

为了推进体育消费持续提质扩容，进一步发挥体育产业在扩大内需、推动经济结构转型升级、促进就业和培育经济发展新动能中的作用，满足人民日益增长的美好生活需要，推进体育强国和健康中国建设，国家体育总局制定了《进一步促进体育消费的行动计划（2019—2020年）》，要求加强统计监测，探索建立体育消费市场统计监测制度，逐步开展对居民体育消费市场的统计监测，整合与共享有关部门的数据资源，掌握体育消费的规模和结构变化，加强对体育消费发展特征和趋势的分析研判，为进一步促进体育消费提供决策依据。

2. 与国外体育消费统计的比较

国外从事体育消费统计较早的国家是澳大利亚和新西兰，1993年澳大利亚和新西兰联合发布了标准产业分类，明确了体育娱乐休闲消费统计分类（HES），主要包括娱乐和教育设备用品、娱乐和教育服务（运动开支、文化开支）等，每年开展一次调查。美国体育产业领域较有成就的专家米克进一步将体育消费门类分为娱乐与休闲、体育产品与服务、体育广告支出3类。对不同门类进行了操作层面的界定，有效避免了重复统计问题。日本的体育消费统计虽然起步较晚，但是在借鉴其他国家体育消费统计指标体系的基础上，提出了以体育运动单项为支撑的体育消费统计指标体系，将体育运动划分为28项单项运动，然后统计参加人口、参加率、年平均活动次数、年平均费用、每次活动费用等详细指标。德国尽管没有官方的体育消费统计指标体系，但德国最大的咨询集团捷孚凯公司自2000年开始每年均发布德国体育消费指标体系，这套指标体系核心是从体育产品和体育服务消费两个方面着手，构建了32类体育消费类别，然后通过抽样30%的德国人口，估算整个德国的体育消费状况。英国从1999年起至今，每年均发布体育创意产业指标，为体育消费统计指标体系的完善提供很好的借鉴。

纵观上述发达国家体育消费统计研究可见，国外体育消费统计研究主要是体育消费统计分类和指标分析。与国外体育消费统计研究相比，我国有关体育消费统计方面的研究还比较少，希望今后能借鉴先进国家的经验，政府和学者们能进一步关注体育消费统计工作，尽快完善我国的体育消费统计指标体系，通过科学的绩效评估，逐步建立并完善体育消费市场统计监测体系。

(四) 体育产业统计

1. 体育产业统计国内研究进展

随着中国体育产业的蓬勃发展以及政府职能的转变，体育产业统计工作日趋成为进一步发展中国体育产业的一项基础性、必要性工作。

2004年的《国民经济行业分类》中，体育产业所占的大、中、小三个类别总共91个子类分为三大块：体育组织、体育场馆、其他体育。

2008年的《体育及相关产业分类（试行）》（国统字〔2008〕79号），将体育产业划分为8大类，分别是：①体育组织管理活动；②体育场（馆）管理活动；③体育健身休闲活动；④体育中介服务；⑤其他体育服务；⑥体育用品、服装、鞋帽及相关体育产品的制造；⑦体育用品、服装、鞋帽及相关体育产品的销售；⑧体育场（馆）建筑。根据这一分类，第二次经济普查核算出我国2008年体育产业占据GDP的0.65%，这在当时创造了体育产业在GDP中占比的历史峰值。

2015年9月国家统计局和国家体育总局制定并发布了《国家体育产业统计分类（2015）》。将体育产业被分为11大类、37个中类、52个小类。11大类分别是：①体育管理活动；②体育竞赛表演活动；③体育健身休闲活动；④体育场馆服务；⑤体育中介服务；⑥体育培训与教育；⑦体育传媒与信息服务；⑧其他与体育相关服务；⑨体育用品及相关产品制造；⑩体育用品及相关产品销售、贸易代理与出租；⑪体育场地设施建设。

2018年，体育产业统计工作首次进入全国第四次经济普查，标志着体育产业统计进入了一个新的阶段。《国家体育产业统计分类（2019）》，增补了体育特色小镇、体育产业园区、体育主题公园管理服务；科技助力体育发展的体育智能设备、可穿戴运动装备制造；体育活动中出现的越来越多的体育保险经纪服务；新型户外运动项目——体育航空运动服务等。其中行业大类有11个、中类37个、小类71个，与《国家体育产业统计分类（2015）》相比，《国家体育产业统计分类（2019）》涉及多个中类和小类的拆分合并，大类和中类的数量不变，增加了19个小类。

2. 与国外体育产业统计的比较

联合国于1989年颁布的《全部经济活动的国际标准产业分类索引》（Indexes to the International Standard Classification of all Economic Activities）是目前世界上大多数国家制定国民经济产业分类标准的基本依据。在联合国的标准产业分类中，体育和其他娱乐活动一起被列为正式产业（号码为924）[45]。

在体育产业统计方面，澳大利亚走在其他国家的前面。澳大利亚体育决策组织——澳大利亚体育与休闲部长理事会成立了体育产业统计委员会，建立了《全国体育与休闲产业统计框架》。该框架将体育与休闲产业划分为主体产业和相关产业，主体产业包括5个产业门类和39个次级产业门类，相关产业包括7个产业门类以及23个次级产业门类。每个产业门类和次级产业门类的主要活动范围都有界定。

美国的体育产业统计是将体育产业总值划分为3个部分：体育消费、体育投资、体育净出口。体育消费包括体育娱乐与休闲、体育产品与服务、体育广告支出，并在此基础上建立了一套美国体育产业统计指标体系。该统计体系的最大贡献是基本避免了重复统计的错误，对美国体育产业总值的统计及对体育产业规模的估算已得到美国体育界广泛的认可。

加拿大是将体育产业分成5个门类：教练、裁判和运动员，体育用品产业，体育与休闲服务产业，全国性体育组织，政府。在此基础上建立了加拿大体育产业统计的统计框架和指标体系。

国外体育产业统计指标体系的基本特点：①将体育产业作为国民经济的组成部分，放在整个国民经济统计与国民经济核算体系中去考察其在国民经济中所占的位置，重视考察体育产业和其他产业的关联，重视体育产业生产总量和生产结构的统计和分析。②体育产业不仅包含了体育竞赛与表演业、体育健身娱乐业、体育康复保健业的内容，同时也包括了大量的相关产业门类，如体育广告与赞助、体育用品、体育用品销售、体育建筑、体育信息传播、体育博彩等产业门类，甚至将政府的管理也包括在内。同时一部分外延产业如附属于体育场馆的酒店、饭店等收入也包括在体育产业之内。③将政府对体育的拨款以及其他投资看成是体育产业产出组成部分，认为它是政府购买的作为社会公共消费品的体育产品。④国外学者在体育产业的界定中，将体育产业看成是物质产品生产与服务产品生产相结合的产业门类。因此，不仅将体育服务产品包括在内，而且也将体育物质产品包括在内。⑤国外的体育产业统计指标既包括价值型指标也包括实物型指标。这有助于全面考察体育产业的总投资构成、人力资源的投入、体育产品的社会需求以及体育的产出情况。⑥在确定体育产业经营单位的范围时，以经济活动的同质性，而不是行政隶属关系作为产业分类的基本原则，这与宏观经济学和国民经济统计学的基本原理相一致。

与国外体育产业统计指标体系的基本特点相对照，目前我国体育产业统计指标体系逐渐和国外接轨，但还缺乏对体育产业的综合评价研究，更具体更细化的调查范围还有待完善。

调查方法方面，西方发达国家美国、加拿大、澳大利亚等几个国家的体育统计指标体系中均采用抽样调查的方法完成，样本量一般占调查对象的30%左右。目前我国结合自身体育产业发展的实际情况，现阶段采用的基本方法有普查、定期报表、抽样调查、重点调查与估算等相结合。

综上所述，国外发达国家结合本国实际建立了相对比较完善的体育产业统计指标体系，对我国体育产业统计研究具有重要的借鉴意义。随着经济的发展，我国的体育产业统计指标体系逐渐与国际接轨。通过对国外体育产业统计指标体系的基本特点的把握，吸收借鉴西方发达国家的先进经验，从实际出发，结合我国国情，进一步建立相对完善的体育产业统计调查方法和统计指标体系。未来的体育产业统计研究，应重点探讨我国体育产业统计指标体系中的统计分析方法应用问题，将体育产业统计与统计分析方法有机结合起来，进行体育产业统计指标的量化研究，包括体育产业统计指标分类的定量分析、体育产业统计指标权重问题的研究、体育产业统计体系的综合评价研究等。

四、前景展望与研究方向

（一）前景展望

随着体育科学的发展，体育领域会越来越需要统计学提供相应的方法论支持。未来几年，甚至较长的一段时间内，体育统计学科在科学研究、人才培养和社会服务三个方面均面临调整或深化，以彰显学科的特色，适应体育事业发展的需要。

1. 体育统计数据分析的深度与广度将不断拓展

通过对"2013—2015年"与"2016—2018年"两个时间段中各类统计分析方法的使用情况进行对比发现：经典多元统计方法使用率较高且仍有小幅增长；数据分析的深度进一步加深，结构方程模型、中介效应分析、调节效应分析等用于深入分析变量间关系的统计方法使用率明显上升；研究者开始更加注意数据的结构，如对面板数据的分析大幅增加；分析的广度进一步拓展，所用方法的前沿性增强，如基于知识图谱分析的论文数快速增长，数据包络分析、广义线性模型等方法也有不少应用，以前很少使用的随机森林、分位数回归也开始引入体育研究中；可视化越来越受到重视，相关论文数量呈爆发式增长；数据挖掘方法的使用虽然总量不多，但增长较快。综上，在过去几年，体育统计领域数据分析的深度与广度都得到了很大的拓展。

随着数理统计的不断发展、体育领域研究者的统计学素养不断提高，可以预见，会有更多统计学前沿方法被引入体育领域并逐渐被广泛使用，从而不断拓展体育领域数据分析的深度与广度。

2. 信息化的发展将持续推动体育统计内容和方法的变革

在数据采集方面，各类信息系统为数据的存储提供了便利，信息系统和物联网的配合使用可以实现数据的自动采集和保存，辅以各类传感器，人们在运动中的各种状态数据将被大量记录，并与其他来源数据关联形成大数据，从而改变体育领域统计数据以调查和实验为主要来源的现状，推动体育领域统计数据内容变革。

在数据处理方面，在信息系统中数据的查询和统计汇总相对容易实现，数据可视化方法在今后的统计工作实践中将得到越来越广泛的运用。

在数据分析方面，信息化的发展为打通各个信息系统中的数据提供了技术基础，从而使不同来源、分散存储的数据可以关联起来进行分析和利用，为深入挖掘统计数据的深层含义提供了基础，数据挖掘和大数据分析技术将日益凸显其重要性。

3. 研究层面和研究视角的多维化将是学科研究的显著特征

随着体育事业的发展，必然对科学研究的要求越来越高，一方面，新问题不断涌现，研究视域越来越大；另一方面，随着科技的进步，信息资源日益丰富，信息技术不断提高，科学研究方法需要及时调整。未来的一段时间，作为应用学科，体育统计学的研究层面和研究视角将会多维化。从微观来看，研究方法越来越细小，要求"精""准"；宏观上说，共性问题的理论研究将会加强，研究的高度将进一步提高。研究视角将既有针对统计方法，讨论其运用，又有立足于实际问题，探索定量分析方法。

4. 体育科学与统计学的深度结合将催生新的体育统计方法与内容

体育领域中许多研究问题是体育特有的。随着体育科学的成熟，这些体育特有的问题也必将被深入研究，这些研究将不仅仅是对体育问题的研究，同时也是对统计方法或内容的研究，所以将催生出新的体育统计方法与内容。

5. 解决体育事业中的实际问题是学科发展的需要

社会服务是学科的重要任务，社会服务能力是学科发展水平的重要标志。体育统计学科属于方法论学科范畴，方法研究是学科研究的主体内容，为体育事业的发展提供方法咨询服务是本学科的基本任务，多年来，本学科为体育科研中定量分析方法运用的规范化做出了重要贡献。但随着体育事业的发展，研究视域进一步扩大和深化，实际问题愈加复杂和综合，就方法论方法，已不能适应体育科学研究的需要。体育统计学科需要从后台走向前台，瞄准体育事业发展中的重大问题，集中力量解决一些实际问题。一方面，可以强化学科研究的针对性，提高研究效率；另一方面，搭建科研平台，提高学科的凝聚力，激活学科发展的内在动力。

（二）研究方向

1. 统计思想的提炼与应用研究

研究统计方法及其应用是体育统计学科研究的本体任务，统计思想是统计方法的灵魂，在统计软件普及使用的今天，统计方法的应用实质上是统计思想的应用。未来几年，关于统计思想的研究仍将是体育统计学科研究的重点领域之一。蕴含在统计方法中的统计思想非常丰富，值得我们深入其中，分类分级地提炼出内在思想，并以最直观的语言描述出来。直观性是统计思想最显著的特征，将隐含在抽象、复杂的公式里的思想提取出来，使其通俗易懂，是研究的难点。统计思想有多个层次，由具体到一般，层次越高的统计思想适用范围越广，最高层次在哲学层面。

2. 各类数理统计方法在体育科学中应用的研究

数理统计目前仍在快速发展，不断为更合理、更深入地研究事物间关系提供新的工具。这些方法在体育领域中哪些场景可以使用、如何使用、需注意哪些问题，需要熟悉体育的统计工作者进行研究，然后将有用的方法引进体育领域。

3. 体育综合评价的理论与实践研究

体育综合评价在实际工作中的意义不言而喻，多数情况下统计分析是手段，而评价才是目的。相比于定量分析方法，体育综合评价理论和方法滞后很多，体育综合评价的理论体系很不健全，体育综合评价方法的合理性没有研究基础。目前，关于综合评价的本质、运行机制、体育综合评价合理性的价值学基础、体育综合评价合理性的评价指标体系、提高体育综合评价合理性的路径等，都是亟待解决的问题。

4. 体育特有问题的评价模型研究

体育中有许多评价问题需要研究，有些可以借用通用的评价模型，如加权平均模型（包括加法模型、乘法模型）、模糊综合评价、数据包络分析等。还有一些则没有现成的评价模型套用，需要针对特定问题研究专用评价模型。例如评价乒乓球运动员对某项技术的使用效益时，不仅要考虑该技术的使用率，还要考虑运动员使用该技术的有效率对"使用率与效益间关系"的调节作用[46][47]。这一类评价问题常常对体育意义重大，值得进行深入研究。

5. 体育大数据分析

在体育领域，数据来源非常广泛，数据类型多种多样，数据信息的准确挖掘与合理利用显得尤其重要和迫切。训练数据和竞赛数据的信息挖掘、体育比赛现场统计指标的开发和利用、竞技体育比赛视频录像的分析、网络媒体的信息加工和处理、体育产业统计指标的开发和利用、全民健身的发展状况和途径等，都面临着数据信息的深度挖掘和合理利用。与此同时，针对体育领域的特殊性，数据信息挖掘的方法学研究也是重要的研究领域。

6. 体育统计教学研究

由于统计思想和统计思维的特殊性，统计学的教学一直面临着很大困难，加之体育专业学生的具体情况和教学时数的缩减，在今后相当长的一段时间内，体育统计学科的教学研究仍将是学科研究的重点领域。要围绕着"如何培养学生的定量思维能力"，针对学生的实际情况和教学条件，深入细致地研讨教材建设、教学理念的更新、教学内容的组织和安排、教学形式的有效性、教学手段创新、教学条件建设、教学难点等，尤其是如何处理好统计思想与数理知识、统计学原理与统计软件、统计方法与实际案例之间的关系，将是体育统计教学研究的重点内容。

（三）研究对策

1. 加强学科队伍建设

队伍建设是学科建设和发展的基础，目前，体育统计学科队伍已经出现青黄不接的现象，统计学基础较好的年轻学者严重不足。今后一段时期，一方面立足于学科自己培养，依托学位点，培养新人；另一方面，从其他相关学科吸收青年骨干，充实、壮大学术队伍。

2. 拓宽学术交流渠道

在强化学科内部交流的同时，进一步扩大与其他学科的学术交流，增加国际交流，及时引进和吸收先进的理论和方法。除了举办学术会议以外，要充分利用网络资源，建立网络交流平台，指派专人管理，组织专家咨询，组织和举办体育统计学术研究会。

3. 定期开展体育统计教学研讨

加大体育统计教学研究的力度，每年至少举办一次体育统计教学研讨会，针对目前学科教学面临的困难，有计划、分主题进行探讨。邀请统计学专家参与研讨，借鉴大统计学的教学经验和方法。研讨内容还应该包括研究生教育和培养。

4. 继续开展形式多样的培训活动

面向所有体育工作者，继续开展多种层次、形式多样的培训，培训内容可以是定量分析方法的介绍或解读，也可以是对来自体育实践中具体问题的解答，着力提高解决实际问题的能力。

5. 集中力量承接一些重要课题

充分利用本学科的条件和资源，积极主动地承接体育事业发展中的重要课题。动员、组织申报国家纵向课题，广泛争取横向课题，将课题申报作为学会工作的一部分，将课题研究作为学术交流活动的内容之一，在选题、申报和研究过程中充分发挥集体的作用。

参考文献

[1] 贾俊平，何晓群，金勇进. 统计学 [M]. 7版. 北京：中国人民大学出版社，2018.

[2] GB/T 13745-2009. 中华人民共和国学科分类与代码国家标准 [S]. 中国：中华人民共和国国家质量监督检验检疫总局、中国国家标准化管理委员会，2009.

[3] 权德庆. 体育统计学 [M]. 北京：人民体育出版社，2017.

[4] 杨善林，周开乐. 大数据中的管理问题：基于大数据的资源观 [J]. 管理科学学报，2015，18（5）：1-8.

[5] 董亚琦，钟建伟，丁飞. 大数据时代我国体育产业发展路径研究 [J]. 体育文化导刊，2018，12（12）：76-81.

[6] 王奇，颜小燕. 大数据时代我国体育发展面临的机遇与挑战 [J]. 体育与科学，2016，37（1）：75-61.

[7] 武庆中. 小样本体育数据的 SMOTE 检验方法 [J]. 内蒙古师范大学学报（自然科学汉文版），2017，46（04）：621-624.

[8] 余利容，张乾伟．优秀男子举重运动员专项成绩与下肢等速肌力相关回归分析［J］．武汉体育学院学报，2017，51（6）：89-94．

[9] 鸿优，William G. Hopkins．体育统计学新视角：数据级数推断［J］．体育与科学，2017，38（3）：27-31．

[10] 姜宏斌．田径短跨项目起跑反应时与运动成绩关联的研究［J］．首都体育学院学报，2016，28（5）：469-475，480．

[11] 王玉英．我国运动员薪酬影响因素的多因素方差分析［J］．南京体育学院学报（社会科学版），2016，30（3）：112-119．

[12] 魏登云，张文俊．体育科学研究中多元统计分析常见问题及对策［J］．北京体育大学学报，2016，39（5）：137-144．

[13] 郅季炘．隔网对抗项目运动员技术等级评定方法的研究——以网球运动为例［J］．西安体育学院学报，2018，35（4）：499-505．

[14] 李昌锋，张星，林福生，等．基于 Fisher 判别分析的大学生体质健康综合评价分级模型研究［J］．当代体育科技，2017，7（29）：20-21．

[15] 徐开胜，徐开娟．国家赛艇队 W1X 运动员划桨技术关键指标体系构建［J］．山东体育学院学报，2017，33（1）：105-108．

[16] 刘占锋，魏俊民．体育运动负荷等级与代谢综合征的 logistic 回归分析［J］．武汉体育学院学报，2017，51（1）：92-95．

[17] 胡安义，汪晓琳．基于逐步回归对中国高校部分大学生体育态度研究［J］．湖北师范学院学报（自然科学版），2016，36（2）：33-38．

[18] 张琬婷，于文谦．非奥运项目群众化与竞技化路径选择［J］．北京体育大学学报，2018，41（4）：24-29，97．

[19] 魏登云．数据的标准化处理在体育综合评价中的应用辨析［J］．上海体育学院学报，2016，40（4）：21-26．

[20] 吕庆华，龚诗婕．中国体育用品上市公司成长性评价研究——基于 2009—2013 年数据的分析［J］．体育科学，2016，36（1）：49-58．

[21] 张瑞林，李凌，王先亮．冰雪体育用品共性技术应用过程绩效评价研究［J］．成都体育学院学报，2018，44（5）：7-13．

[22] 李毅，沈建国．三种综合评价（评分）方法在体育评价中的比较研究［J］．西南师范大学学报（自然科学版），2017，42（8）：112-116．

[23] 王启万，李思晴，朱虹．体育用品品牌认知生态位模糊综合评价研究［J］．成都体育学院学报，2018，44（4）：42-47．

[24] 陈小蓉，何嫚，张勤，等．我国体育非物质文化遗产综合评价体系的构建与应用［J］．体育科学，2017，37（5）：48-60．

[25] 韩松，王莉．我国体育产业与养老产业融合态势测度与评价［J］．体育科学，2017，37（11）：3-10．

[26] 金银日，姚颂平，刘东宁．基于 GIS 的上海市公共体育设施空间可达性与公平性评价［J］．上海体育学院学报，2017，41（3）：42-47．

[27] 杨剑，郭正茂．特大型城市中心城区公共体育空间服务的定量评价研究——以上海市为例［J］．

天津体育学院学报，2017，32（4）：277-283.

[28] 满江虹，邵桂华，王晨曦. 基于 PSR 模型的我国体育场地公共服务承载力评价与空间特征［J］. 天津体育学院学报，2018，33（5）：369-377.

[29] 李旭龙，弓宇婧，姚梦，等. 锻炼动机对大学生社会性发展的影响：锻炼坚持的中介作用与社会支持的调节作用［J］. 北京体育大学学报，2018，41（2）：79-87.

[30] 史小强，戴健. 新时代全民健身公共服务绩效结构模型的构建与实证研究——基于"以人民为中心"价值取向的量度［J］. 体育科学，2018，38（3）：12-26.

[31] 邵伟钰. 基于 DEA 模型的群众体育财政投入绩效分析［J］. 体育科学，2014，34（9）：11-16.

[32] 满江虹. 基于 DEA 的体育事业协同路径优化系统动力学仿真研究［J］. 西安体育学院学报，2018，35（1）：10-22.

[33] 雷雯，魏德样，雷福民. 中国体育场地类型的发展特征研究［J］. 成都体育学院学报，2018，44（5）：27-33.

[34] 于文谦，朱焱. 基于 ESDA-GIS 的我国城乡体育场地空间分异特征研究［J］. 北京体育大学学报，2018，41（8）：26-33.

[35] 王国凡，唐学峰，薛二剑. 多变量线性偏最小二乘回归模型的优化方法及其在体育计量中的运用［J］. 上海体育学院学报，2012，36（2）：37-41.

[36] 刘鸿优，彭召方. 足球技战术表现大数据分析——基于广义线性模型与数据级数推断法［J］. 体育学刊，2017，24（2）：109-114.

[37] 王垒，陈彦龙，黄国虎，等. 大学生足球比赛负荷特征研究——基于数据级数推断与广义混合线性模型的分析［J］. 体育科研，2018，39（6）：74-78.

[38] 王方. 基于神经网络的 2020 年奥运会奖牌成绩预测［J］. 统计与决策，2019（5）：89-91.

[39] 季云峰，黄睿，施之皓，等. 乒乓球精确旋转、速度及落点数据的人工神经网络模型研究［J］. 上海体育学院学报，2018，42（6）：98-103.

[40] 许全盛，李世明，季淑梅. 基于表面肌电信号的膝关节动态力矩的 BP 神经网络估计［J］. 中国体育科技，2018，45（1）：105-114.

[41] 权德庆. 中国体育事业统计体系研究［M］. 北京：人民体育出版社，2011.

[42] 戴健. 中国公共体育服务发展报告（2013）［M］. 北京：社会科学文献出版社，2013.

[43] 杨涛，蔡军，权德庆. 我国城市居民体育消费统计指标体系的构建及优化研究［J］. 体育科研，2014，35（3）：75-78.

[44] 蔡军，等. 我国体育消费统计调查制度建设与创新研究［J］. 西安体育学院学报，2018，35（5）.

[45] 曹建平. 新世纪国内外体育产业发展的现状及对策［J］. 体育科学研究，2008，12（3）：18-20.

[46] 张辉，刘炜，户进菊. 对抗性项目技术效益研究［J］. 体育科学，2015，35（09）：44-49.

[47] Hui Zhang, Wei Liu, Jin-ju Hu, Rui-zhi Liu. Evaluation of elite table tennis players' technique effectiveness［J］. Journal of Sports Sciences, 2013（14）.

Research Report on Disciplinary Development of Sport Science

体育科学学科发展研究报告（2016—2019）

下 册

中国体育科学学会 编

人民体育出版社

图书在版编目（CIP）数据

体育科学学科发展研究报告：2016-2019 / 中国体育科学学会编. —北京：人民体育出版社，2019
ISBN 978-7-5009-5674-7

Ⅰ.①体… Ⅱ.①中… Ⅲ.①体育科学—学科发展—研究报告—中国—2016-2019 Ⅳ.① G807.4

中国版本图书馆 CIP 数据核字 (2019) 第 219168 号

*

人民体育出版社出版发行
南京新洲印刷有限公司印刷
新　华　书　店　经　销

*

787×1092　16 开本　62.25 印张　1300 千字
2019 年 10 月第 1 版　2019 年 10 月第 1 次印刷

*

ISBN 978-7-5009-5674-7
定价：186.00 元

社址：北京市东城区体育馆路 8 号（天坛公园东门）
电话：67151482（发行部）　邮编：100061
传真：67151483　邮购：67118491
网址：www.sportspublish.cn

（购买本社图书，如遇有缺损页可与邮购部联系）

目 录 CONTENTS

学校体育学学科发展研究报告 …………………………………… 001

体育史学学科发展研究报告 ……………………………………… 037

民族传统体育学学科发展研究报告 ……………………………… 089

体育管理学学科发展研究报告 …………………………………… 143

体育产业学科发展研究报告 ……………………………………… 197

体育新闻传播学学科发展研究报告 ……………………………… 265

运动生理与生物化学学科发展研究报告 ………………………… 353

体能训练学学科发展研究报告 …………………………………… 411

学校体育学学科发展研究报告

Research Report on Disciplinary Development of Physical Education

（2016—2019）

学校体育分会

China Sport Science Society for Physical Education

2019.10

前　言

本报告基于2012—2015学科发展研究报告基础之上进行，是对近4年学校体育学科发展研究进展与研究成果的体现，阐述本学科取得的最新进展和科研成果以及在促进自身良性发展、保障学生健康成长等方面的应用成效和贡献。本报告深入研究分析本学科的发展现状、动态和趋势以及我国学校体育学科与国际水平的比较，立足于我国教育、学校体育的发展、人才培养的战略需求及其研究动向，跟踪本学科国际发展的前沿理念，分析本学科在我国未来的发展趋势、研究方向和重点任务，展望本学科2020—2023年的发展愿景。

本课题主要采用文献分析法、比较研究法对2016—2019年学校体育学科发展情况进行分析与探讨。文献资料来源主要为课题和核心期刊论文两类，课题主要包括2016—2019年学校体育学科国家社科基金项目立项课题、教育部人文社科基金项目课题、全国教育科学规划基金项目课题；核心期刊论文为2016年1月至2019年3月刊发在体育类CSSCI期刊学校体育相关的论文。本研究报告主体共分为三大部分：一是"引言"，主要介绍近几年学校体育发展概况；二是"学校体育学科研究进展分析"，主要分析三大基金项目的课题指南与立项选题、学校体育学科核心期刊论文，呈现学校体育学科的研究进展、动态、方向等情况；三是"学校体育学科发展的未来展望"，主要指出了学校体育发展中理论与实践中的一些遗留问题和面临的困境，分析学校体育学科研究走势，对学校体育学科中各领域的研究走势进行了探讨。最后针对当下面临的问题，综合整个研究报告并结合当下实际发展需求，提出了一些更为具体的建议。

研究过程中，课题组得到了各方的大力支持与帮助。在此，特别感谢中国体育科学学会、北京体育大学、北京师范大学、华中师范大学、首都体育学院、西安体育学院的大力支持！感谢同行专家的无私帮助！感谢课题组成员的辛勤付出！

本研究报告所有资料均来自国内外公开出版物或相关网站，由于课题组成员的水平能力有限，难免"挂一漏万"，不妥之处，敬请各位学者批评指正。

学校体育分会

2019年10月

课题组

组　长：王华倬

成　员：（按姓氏笔画排序）

王　健　毛振明　刘海元　刘新民　高　鹏

学校体育学学科发展研究报告
Research Report on Disciplinary Development of Physical Education
(2016—2019)

Abstract

The development of physical education in China is in a new era of continuously deepening reform, design and practice. The development of physical education faces old problems, new predicaments, and new challenges. This report mainly studies the theory and practice of the discipline of physical education. The theoretical part mainly includes the National Social Science Fund Project, the Humanities and Social Science Fund of Ministry of Education, the National Education Science Planning Fund, and the Physical Education Discipline published in the CSSCI journals in the past four years. The practice part mainly starts from the specific operational level, and analyzes the physical education curriculum, physical education, physical education teachers, youth physical fitness promotion, and campus football. Finally, it makes predictions on the development trend of various research fields of physical education, and puts forward relevant suggestions for the future research of physical education.

Implementing the guidelines of the party and the state for the development of education and the development of physical education is the prerequisite for ensuring the healthy development of physical education. The " Decision of the Central Committee of the Communist Party of China on Comprehensively Deepening the Reform of Some Major Issues", which was considered and adopted by the Third Plenary Session of the 18th CPC Central Committee, put forward a 23-word policy for physical education, and that was " enhance physical education and extracurricular exercise to promote physical and mental health and physical fitness for young people". The implementation of this policy will continue to be the focus of physical education in the coming period; the " Healthy China 2030" Plan Outline promulgated by the CPC Central Committee in 2016, and the " China Youth Health Education Core Information and Interpretation" issued by the National Health and Wellness Committee in 2018 " the Basic Requirements for the National Youth Campus Football Reform Experimental Zone (Trial) " issued by the Ministry of Education in 2018 and the " National Youth Campus Football Pilot County (District) Basic Requirements (Trial) ", as well as the Continuing " Physical Health Monitoring and Evaluation", the " Measures for the Evaluation of Physical Education in Primary and Secondary Schools", and the " Measures for the Annual Report of School Sports Work" and other regulations and policies concerning physical education are important guiding documents for the current physical education work.

Under such a background, the research fields and research contents of the physical education discipline also show some corresponding changes and characteristics: (1) the physical health of the adolescents is still highly valued; (2) the attention of the principle research of physical education is constantly (3) physical education curriculum and teaching research are still the key areas of school physical education research; (4) campus football research, ice and snow sports into campus research continue to become a hot spot; (5) Chinese sports theory and practice research has become development trend.

The main research directions of physical education in the next few years are: (1) the research on the construction of theoretical sports system with Chinese characteristics; (2) the research on physical health and comprehensive development of adolescents; (3) the research on physical education curriculum reform; (4) the research on physical education reform (5) the research on the development of physical education teachers; (6) the research on campus football; (7) the research on the integration of school sports with competitive sports and social sports; (8) the comparative study on sports at home and abroad.

目 录

引言

一、学校体育学科研究进展分析

（一）从三大基金项目立项情况看学校体育学科研究进展

1. 2016—2019 年学校体育学科国家社科基金项目课题指南与立项分析
2. 2016—2019 年学校体育学科教育部人文社科规划项目课题指南与立项分析
3. 2016—2019 年学校体育学科全国教育科学规划基金项目课题指南与立项分析

（二）从体育类 CSSCI 期刊刊文看学校体育学科研究进展

1. 2016—2019 年 3 月体育类 CSSCI 期刊刊发学校体育学科论文整体情况
2. 2016—2019 年 3 月体育类 CSSCI 期刊刊发学校体育学科论文主题分析
3. 2016—2019 年 3 月体育类 CSSCI 期刊刊发学校体育学科论文看学校体育学科研究进展

二、学校体育学科发展的展望

（一）学校体育学科研究的现存问题

1. 学校体育学科理论研究系统性不够强
2. 研究理论成果与实践脱节
3. 研究内容低水平的重复现象
4. 研究缺乏团队合作

（二）学校体育学科主要研究领域的发展

1. 学校体育基础理论研究领域
2. 青少年体质健康研究领域
3. 校园足球研究领域
4. 体育课程研究领域
5. 体育教学研究领域
6. 体育教师研究领域

（三）对学校体育学科发展研究的建议

参考文献

Contents

Preface

1 Analysis of the research progress of the discipline of physical education

1.1 Looking at the research progress of the discipline of physical education from the perspective of the establishment of the three major fund projects

　1.1.1 The Analysis of the development of discipline of physical education in 2016–2019 in the Guide and Project of the National Social Science Fund

　1.1.2 The Analysis of the development of discipline of physical education in 2016–2019 in the Guide and Project of the Humanities and Social Science Fund of Ministry of Education

　1.1.3 The Analysis of the development of discipline of physical education in 2016–2019 in the Guide and Project of the National Education Science Planning Fund

1.2 Research progress of the discipline of physical education from the publication of sports CSSCI journals

　1.2.1 The overall situation of the paper of physical education subject in 2016–2019 March sports CSSCI journals

　1.2.2 The thesis of the paper of physical education subject in 2016–2019 March sports CSSCI journals

　1.2.3 The research progress of the paper of physical education subject in 2016–2019 March sports CSSCI journals

2 Prospects for the development of school physical education disciplines

2.1 Existing problems in the study of physical education in schools

　2.1.1 The theoretical study of physical education is not systematic enough.

　2.1.2 Study the disconnect between theoretical results and practice

　2.1.3 Low level of repetition of research content

　2.1.4 Research lacks teamwork

2.2 Development of the main research fields of school physical education

　2.2.1 The research on basic theory of physical education

　2.2.2 The research on youth physique health

　2.2.3 The research on campus football

2.2.4　The research on physical education curriculum

2.2.5　The research on physical education teaching

2.2.6　The research on physical education teacher

2.3　The suggestions for the study of the development of physical education

References

引言

习近平总书记指出:"体育承载着国家强盛、民族振兴的梦想。体育强则中国强,国运兴则体育兴。要把发展体育工作摆上重要日程,精心谋划,狠抓落实,不断开创我国体育事业发展新局面,加快把我国建设成为体育强国"。一直以来,党中央对教育工作高度重视,在全国教育大会上更是对体育格外强调。在"全员全程全方位育人"等理念的引领下,学校体育学科要牢牢把握新时代建设教育强国、体育强国的精神,结合自身发展,领会精神,认真分析当下学校体育学科面临的老问题和新困境,要"带头拼、加油干",扎扎实实把学校体育工作做好,为教育强国、体育强国建设贡献力量。

贯彻落实党和国家对教育事业、学校体育事业发展的指导方针,在延续2012—2015年的学校体育工作的同时,2016—2019年我国学校体育工作目标明确、路线清晰,改革正在稳步推进。延续的工作如:①2013年的十八届三中全会审议通过的《中共中央关于全面深化改革若干重大问题的决定》针对学校体育工作提出的23字方针,即"强化体育课和课外锻炼,促进青少年身心健康、体魄强健"的落实将持续成为未来一段时期学校体育工作的工作重心;②继续做好《学生体质健康监测评价办法》《中小学校体育工作评估办法》《学校体育工作年度报告办法》等文件的落实工作。新增的指导性文件如2016年中共中央、国务院颁布的《"健康中国2030"规划纲要》和2016年国务院办公厅发布的《关于强化学校体育促进学生身心健康全面发展的意见》,以及2018年国家卫生健康委员会发布的《中国青少年健康教育核心信息及释义》等系列文件都强调要高度重视我国学生的体质健康,并要求学校根据自身的工作,切实落实好学校体育与体质健康的相关工作。

随着学校体育实践的发展,学校体育学科将在延续已有研究方向的同时,开拓出一些新的研究领域,呈现出延续性、时代性的特点,如学校体育学科研究中的以青少年体质健康促进、身心全面发展为重点,以及体育教育原理研究、体育课程内容本土化研究、体育教学研究、体育教师发展研究、国内外学校体育比较研究等方面,均体现了学校体育学科研究的延续性。此外,校园足球的研究、冰雪运动进校园的研究体现了学校体育学科研究的时代性。近年来学校体育学科研究水平不断提高,其发展也进入了新的时期。

一、学校体育学科研究进展分析

(一) 从三大基金项目立项情况看学校体育学科研究进展

1. 2016—2019 年学校体育学科国家社科基金项目课题指南与立项分析

(1) 2016—2019 年学校体育学科国家社科基金项目课题指南分析

国家社科基金项目是我国体育学科领域级别最高的科研基金项目,代表着国家体育学科研究领域的最高层次和水平,对体育学科的发展发挥着导向和引领作用。本报告以学校体育学科领域的视角,梳理了 2016—2019 年国家社科基金选题指南中学校体育学科的相关题目,并与之前的社科基金选题指南进行对比分析,以进一步明确国家社科学校体育学科的研究导向,把握学校体育学科的研究动态(表1)。

表1 2016—2019 年学校体育学科国家社科基金项目选题指南

年份	选题指南
2016 年	中外学校体育比较研究 竞技体育与群众体育、学校体育融合发展研究 2022 年冬奥会奥林匹克教育研究 青少年体育中学校、社区、体育组织联动机制研究 青少年体育健康促进研究 体育与青少年心理健康的研究 校园足球研究 学校体育风险管理研究 中国学校体育教育制度研究 学校体育发展史研究
2017 年	体育对预防青少年犯罪行为的作用研究 青少年体质健康促进研究 青少年体育法律问题研究 青少年体育俱乐部研究 学校体育场馆管理研究 校园足球创新发展研究 中外学校体育比较研究 高等学校高水平运动队与职业体育研究 学校体育中竞技运动项目文化研究
2018 年	北京冬奥会推动青少年冰雪运动发展研究 实现"健康中国 2030"目标的学校体育改革研究 "校园足球"的中期审视和未来发展研究 体育健康教育体系研究 青少年足球训练体系建设研究 体育回归教育本原研究 社会主义核心价值观与青少年体育行为研究 体育教师教育国际比较研究

续表

年份	选题指南
	校园足球深入推进与存在问题研究
	新时代我国乡村中小学体育教师发展研究
	体育教育与心理发展研究
	学校体育与学生核心素养研究
	青少年体育素养评价研究
	社会、学校、家庭对青少年体育的影响研究
	青少年体育营地建设与发展研究
2019年	政府、社会、学校、家庭对学生体质健康影响研究
	足球特色学校管理与评价研究
	运动促进健康教育体系研究
	新时代我国青少年体育价值观研究
	奥林匹克教育理论与实践研究
	青少年体育后备人才多元培养与整合发展研究
	运动与健康教育研究
	改革开放40年学校体育发展研究
	社会主义核心价值观与青少年体育行为研究
	冰雪运动进校园研究
	深入推进校园足球研究
	体育与学生核心素养研究
	社会、学校、家庭对青少年体育的影响研究
	中外体育教育国际比较研究

由表1可知，国家社科基金项目以服务建设中国特色社会主义发展为目标，2016—2019年国家社科基金项目中学校体育学科课题指南所提供的研究条目多倾向宏观层面。立足学校体育事业发展高度，从选题指南来看，国家社科基金中学校体育学科的选题主要有以下几个方面：①以学科基础理论建设问题为引领；②以具体实践问题为主导；③以我国学校体育发展的现实需求为导向。从课题指南的内容指向上看，密切结合、融合、整合当下党和国家在学校体育学科提出的一系列重大战略思想和重大工作部署，如"社会主义核心价值观与青少年体育行为研究""中外体育教育国际比较研究"等。此外，党和国家密切关注、关心青少年的健康成长，对青少年成长的相关问题高度关注，青少年相关问题研究理所当然成为了国家社科基金项目关注的热点。校园足球、冰雪运动进校园近年来都有选题，并受到越来越多的关注，已成为学校体育学科研究热点之一。在《国家中长期教育改革和发展规划纲要（2010—2020年）》对"以体制机制改革为重点的教育改革"提出明确要求背景下，突出对学校体育与教育制度、青少年体育政策的相关研究也就理所当然。最后，结合2022年北京冬奥会的举办，冰雪运动进行校园相关的研究主题成为学校体育学科研究的新热点。

国家社科基金项目的选题具有导向性、长期性、政策性、时段性等特征，不同背景、不同时段其选题研究方向、重点有所侧重。通过对2016—2019年选题指南条目的主题指向进行分类分析，可知在近4年学校体育学科研究导向的侧重点、基本轨迹及发展趋势。近4年对学校体育学科课题的选题指南数目总体在增加，凸显了国家对学校体育工作的高度重视。其中，校园足球、青少年足球研究、青少年与体育的相关研究、中外学校体育比较研究都是近几年的研究热点选题，而冰雪运动进校园研究则是2018年后的新兴课题。

（2）2016—2019年学校体育学科国家社科基金项目立项分析

2016—2019年（2019年国家社科基金项目正在评审中），国家社科基金项目中学校体育学科相关课题共立项74项，其中重大项目3项（北京体育大学王华倬主持的"中外学校体育思想史整理与研究"、上海体育学院周成林主持的"戒断药物依赖人群的健康教育模式及体育运动干预机制研究"、上海体育学院陈佩杰与华东师范大学汪晓赞双立项主持的"中国儿童青少年体育健身大数据平台建设研究"），约占4%；重点项目4项，占5.4%；一般项目54项，约占73%；青年项目6项，占8.1%；西部项目4项，占5.4%；后期资助项目4项，占5.4%。纵向来看，2016年共立项24项，2017年共立项28项，2018年共立项22项，立项数量虽在不同年份有所浮动，但浮动范围较小，其中2017年立项最多，立项总数较2012—2015年增加25项，总立项较上个周期有大幅度增长。此外，针对西部的学校体育学科相关研究项目的增加，表明对西部学校体育学科发展的关注度也不断提高，整体看来，国家社科基金对学校体育学科的支持力度在持续加大（表2）。

表2 2016—2019年学校体育学科国家社科基金项目立项情况

年份	类别	项目名称
2016年（24项）	重大项目	中国儿童青少年体育健身大数据平台建设研究
		我国竞技体育与学校体育融合发展研究
		我国城市学校体育场馆资源与社会共享困境的利益博弈与消解路径研究
		全球视阈下适宜儿童全面发展的我国幼儿体育课程体系构建研究
		我国南方大中城市学前儿童体育教育价值取向的研究
		我国青少年户外教育理论构建与实践范式研究
	一般项目	我国三位一体学校体育风险管理体系的构建与应用研究
		中华武术提升青少年体质与社会适应力的实证研究
		基于可穿戴设备的青少年体育健康促进综合干预策略研究
		跨文化视阈下青少年运动行为与健康促进的实证研究
		我国青少年健康干预研究
		人文视阈下青少年运动技能形成机制与路径研究
		我国青少年体育参与的动机模型研究
		"校、体、社、家"联动的我国校园足球发展模式研究
		体育强国目标下我国校园足球的发展机制与实施路径研究
		核心价值观视阈下学校体育的文化使命与路径取向研究
		学生运动员资助研究
		基于灰色理论构建大数据模式的学生体质健康综合信息服务平台的研究

续表

年份	类别	项目名称
2016年 (24项)	青年项目	青少年体育健康促进联动机制研究 高考制度综合改革背景下学生的身心健康评价指标体系构建研究 体育教师发展核心素养研究
	后期资助项目	体育课程学研究 儿童青少年体力活动促进：挑战与应对
	西部项目	学校体育运动风险分级防护体系的构建
2017年 (28项)	重大项目	中外学校体育思想史整理与研究 戒断药物依赖人群的健康教育模式及体育运动干预机制研究
	重点项目 一般项目	中国近现代体育教育家学校体育观及其对学校体育发展的影响研究 中国青少年体质变化阶段特征及体质健康促进研究 青少年体育行为失范的心理生成机制及干预研究 健康中国背景下我国青少年体育公共治理体系研究 体育预防青少年犯罪行为的实证研究 我国中学生健康素养和体质健康的治理研究 我国学生体质健康促进的政策学研究 残疾青少年体育纠纷解决机制研究 我国青少年体育活动促进的法治体系研究 "健康中国"战略引领下我国学校体育场馆发展模式研究 "动作发展"新视域下我国学校体育教育基本理论体系的构建研究 第八次体育课程改革十六年来的实施状况与推进策略研究 基于体育课堂生态视角的美国中小学体育课堂研究 健康中国背景下我国中小学体育活动创新研究 学校体育第三方督导评估促进研究 中国学校体育政策体系研究 中美学校体育治理的比较研究 对智障青少年认知障碍的"体医"融合干预研究 基于国际功能、残疾和健康分类模型的我国西部地区残疾青少年体力活动模式研究 社会生态学模型视域下健康中国与青少年身体活动促进路径选择研究 健康中国背景下我国校园足球生态系统研究 中国青少年足球精英培训机构全面质量管理与综合绩效评估研究
	后期资助项目	我国大学生体育生活化研究 华东地区大学校际足球运动的起源与嬗变（1902—1936）
	西部项目	我国校园足球布局城市竞赛体系构建研究 四川藏羌少数民族青少年体质演进及归因研究 我国学龄儿童（7~15岁）动作学习能力评价指标与发展常模研究

续表

年份	类别	项目名称
2018 年 （22 项）	重点项目 一般项目	提升校园体育活动对学生体质健康促进效益的研究 体育健康教育体系研究 青少年体育核心价值观与体育行为研究 青少年体育素养的提升路径与机制创新研究 我国青少年体质健康的社会决定因素及政策应对研究 我国学校体育、家庭体育和社区体育融合模式构建及实现机制研究 运动对青少年手机依赖的干预研究 青少年肥胖学生运动减脂的科学化与应用策略研究 我国 10~12 岁儿童能量平衡及其相关行为（ERBR）与体质健康的关系研究 我国青少年体育活动促进制度体系研究 我国西北地区校园足球可持续发展战略研究 我国校园足球改革中的政策工具选择与优化研究 我国校园足球需求与供给发展瓶颈剖析及新时代深入推进保障机制研究 基于 GIS 技术的青少年体育素养指标体系构建及数据库建设 价值回归视阈下我国体育教育有效供给研究 生态学视阈下体育教师教学知识（PE-PCK）的建构机制与提升路径研究 实现"健康中国 2030"目标的西藏小学体育改革研究 我国学校体育改革社会支持系统构建研究 学校体育课程变革的新制度主义研究
	青年项目	我国青少年足球发展的资源配置优化研究 我国校园足球政策基层执行困境及治理路径研究 基于体育核心素养的我国基础教育运动技能课程内容体系构建研究

从 2016—2019 年国家社科基金立项数目（表 2）可以看出，学校体育基础理论、青少年体质健康研究（共计 48 项）一直占据着学校体育学科国家社科基金立项的主导地位，本学科基础理论主要涉及体育教学、体育教师、体育课程、运动技能等方面的内容，两个主题每年都有课题立项，且在大多数年份有多个项目得到立项，两个立项分别约占 40%。学校体育基础理论与青少年体质健康研究具体分析如下。

第一，在青少年体质健康立项方面，如"青少年体育核心价值观与体育行为研究""青少年体育素养的提升路径与机制创新研究""运动对青少年手机依赖的干预研究""青少年肥胖学生运动减脂的科学化与应用策略研究""我国青少年体育活动促进制度体系研究""基于地理信息系统（GIS）技术的青少年体育素养指标体系构建及数据库建设"等，共立项 34 项，占 2016—2019 年国家社科学校体育学科类项目总比 45.95%，反映出青少年体质健康问题已得到学术界的广泛重视，这与 2016—2019 年学校体育学科国家社科基金项目选题指南对该主题的高度关注保持高度一致。此外，学校体育与足球项目的相关研究也不断呈现上升的趋势，共立项 11 项，占 2016—2019 年国家社科学校体育学科类项目总比 14.86%，每年都有立项，说明青少年足球研究在学校体育学科中受到高度重视。

第二，学校体育基础理论方面，基础理论是学科发展的基石，基础研究的夯实是学科长远发展的保障，学校体育基础理论研究具有奠基意义，这关系到学校体育事业是否能健康与可持续发展。学校体育基础理论研究主要涉及学校体育指导思想、体育教学、体育教师、体育课程、运动技能等相关主题，如"中外学校体育思想史整理与研究""核心价值观视阈下学校体育的文化使命与路径取向研究""体育教师发展核心素养研究""体育课程学研究""'动作发展'新视域下我国学校体育教育基本理论体系的构建研究""第八次体育课程改革十六年来的实施状况与推进策略研究""基于体育课堂生态视角的美国中小学体育课堂研究""价值回归视阈下我国体育教育有效供给研究""学校体育课程变革的新制度主义研究""基于体育核心素养的我国基础教育运动技能课程内容体系构建研究"等，共立项14项，占2016—2019年国家社科学校体育学科类项目总比18.91%。

2. 2016—2019年学校体育学科教育部人文社科规划项目课题指南与立项分析

（1）2016—2019年教育部人文社科基金项目课题指南中学校体育学科分析

2016—2019年，学校体育学科的选题指南于体育学科之中进行选题，不单独设学校体育学科的指南。

（2）2016—2019年学校体育学科教育部人文社科规划项目立项分析

教育部人文社科规划项目是仅次于国家社科基金项目的高级别研究基金项目，其主要面向全国教育系统从业人员公开竞标，以其选题立意新、学术价值高、研究具有可行性等特点成为教育系统里专家、学者体现科研能力及水平的一杆标尺。近3年来立项率仅10%左右，可谓是"击搏挽裂"。

2016—2019年，学校体育学科教育部人文社科基金项目共立项113项，较上个周期（2012—2015年）有显著性增幅，增加了44项。其中，规划基金49项，占43.4%；青年基金64项，占56.6%。纵向来看，2016年18项，2017年22项，2018年32项，2019年41项，每年都保持增长的态势，说明教育部对学校体育学科的关注热度在不断增加，学校体育学科的发展也越来越好（表3）。

表3 2016—2019年学校体育学科教育部人文社科基金项目立项情况

年份	类别	项目名称
2016年 （18项）	规划基金项目	中国学校武术教育的文化逻辑 应急体育——新常态生命安全诉求下推进青少年综合健康发展研究 近代中国幼儿体育教育发展史研究 体育统考专业测试模式的改革与创新研究 "体质健康测试"背景下中学生慢性疲劳综合症监控模式研究 社区居民健身健康管理促进中小学生体质健康实证 慕课时代背景下高校民族传统体育课程资源共享机制研究 我国高校体育教师心理资本特征和影响因素研究 治理视域下我国学校体育政策执行的问题与对策研究 社会空间理论视域下的校园足球实施效应评估及长效机制构建

续表

年份	类别	项目名称
2016年 (18项)	青年基金项目	全国中学生有氧耐力测试评价标准的研制与应用 基于学生体质健康增值发展的体育教学质量评价与保障研究 校园足球核心价值体系与路径选择 基于动作模式的我国校园足球课余训练内容研究 我国大学生体质健康监控服务体系研究 "互联网+"时代我国体育院校体育教学成果社会化推广的校本障碍与对策研究 新疆维、哈、柯、汉族青少年体质健康动态变化及比较研究 基于共享经济理论的学校体育场馆资源优化配置及社会共享机制研究
2017年 (22项)	规划基金项目	中国青少年体力活动行为影响因素的生态学模型解释与预测 我国体育课程价值取向审视与探究 健康中国视域下青少年体育核心价值观的培育与践行研究 变革与坚守:"互联网+"背景下大学体育教学改革路径研究 我国特殊体育专业教师缺失成因及其对策研究 民国学校体育思想史研究 体育非物质文化遗产教育传承与学校课外体育活动融合模式的研究 学校体育衔接机制构建研究——以辽宁省为例 优势资源共享视角下专业体育院校专项教师优化配置研究 学校武术"身体转向"之全人教育研究
	青年基金项目	线上线下互动式教学法在高校体育专业运动防护系列课程中的应用研究 我国术科课程与教学理论体系构建：基础理论与基本问题研究 中国校园体操发展的生态适应与方式转变研究 大学生心理障碍运动处方的数据库及移动互联体系研究 基于Pender健康促进模型的农村青少年健康生活方式驱动机制及培养途径研究 我国青少年足球发展的动力支撑、理念重塑与路径优化研究——基于中、法、日的对比 基于大数据的陕西省校园足球可持续发展人才等级划分评价模型构建 女大学生体育参与意识的提升路径研究 我国西部地区校园足球工作综合评价及发展路径研究 我国高等院校体育事业发展绩效评价指标体系构建与实证研究 小学阶段儿童发展性协调障碍的运动干预方案设计与应用研究 大中小学体育教学目标一体化衔接培养模式研究
2018年 (32项)	规划基金项目	健康教育：形态、模型与路径分析研究 学生体质健康测试第三方实施的制度安排与路径选择研究 儿童青少年动作发展特征及动作学习发生机制研究 我国武陵山集中连片特困区农村学校体育贫困现状与精准扶持研究 大学生一周健身量等级管理实践推广研究 青少年身体活动的"家校社"整体性治理研究 协同学视域下我国校园足球政策执行的困境与对策研究 高校体育综合服务应用程序（APP）的设计与初步实现研究 新时代南岭走廊乡村体育教师专业精准发展研究 家庭、学校对超重/肥胖儿童能量平衡相关行为影响的研究

续表

年份	类别	项目名称
2018年 (32项)	规划基金项目	健康中国战略背景下高校大学生心肺耐力影响因素探析及运动干预实证研究 高校体育的智慧教育系统要素、结构和模型研究 健康中国视域下青少年体质健康评价标准预警机制构建研究 新时代社会协同管理下的青少年健康促进理论体系研究
	青年基金项目	中美学校、社区、家庭协同促进儿童青少年体力活动的比较研究 "MOOC+翻转课堂"体育教学模式的构建与应用研究 "双一流"建设背景下体育教育专业国际化人才培养模式研究 大学生体育核心素养评价指标体系构建与实证研究 我国青少年校园足球协同治理模式构建研究 基于人工神经网络的大学生课外体育锻炼精准化指导研究 中国青少年体育锻炼积极情绪扩建理论模型构建研究 学校体育伤害纠纷司法审判中的利益衡量研究 政策、机制与路径：青少年体育活动促进中美比较研究 高校智慧体育服务新范式：生态建构与实践探索研究 校园足球发展举措对青少年足球参与意向及行为的影响研究 农村体育教师职业延迟满足与工作投入关系的实证研究 我国体育教育专业认证标准构建研究 供给侧改革背景下学校武术教育的供需错位与调配路径研究 健康中国视域下我国智障儿童青少年体力活动与健康促进研究 学校体育中责任与问责的界定——基于50例学校体育伤害事故赔偿案例的研究 政府购买中小学生课外锻炼服务的制度设计研究 二战以来苏联-俄罗斯中小学体育教育发展研究
2019年 (41项)	规划基金项目	"健康中国2030"视域下学生体力活动指南开发——基于大数据分析和定性研究 促进手游成瘾青少年执行功能健康发展的运动处方开发与应用研究 青少年体质健康促进的社会支持运行机制研究 中英两国体育学院合作共建足球课程的方案设计与实证研究 体育教育专业"四轮驱动协同育人"的体系构建与实现路径研究 核心素养视域下中小学生体育锻炼坚持性及其健康促进策略研究 社会生态学理论视域下特大型城市建成环境对青少年体力活动影响研究 中国儿童青少年久坐行为特征及其与近视的关系研究 数据驱动视野下青少年健身行为干预体系研究 青少年校园欺凌行为的体育干预模式研究 新时代"场域-惯习"视角下我国校园武术文化传承与推广研究 基于青少年一般道德认知与体育道德认知协同发展的体育教学模式研究 中学生逃避体育锻炼行为的起因、机理与防范策略研究 新疆校园足球深入推进策略研究 我国校园足球可持续发展的生态系统与价值体系构建研究
	青年基金项目	基于体育与健康课程标准的藏族高中生健康行为研究 数据驱动的高校体育智慧教学平台的构建和应用研究 基于移动互联网技术的网球教学系统模型建构研究

续表

年份	类别	项目名称
2019年 （41项）	青年基金项目	健康中国背景下青少年"体育惯习"形塑研究 "互联网+"时代大学生体质健康管理模式研究 基于核心素养的体育课程与教学改革发展研究 基于AHP-TOPSIS的青少年足球社会培训机构评价体系研究 青少年体质健康政策执行的实践样态、问题与调试策略研究 "家、校、社三位一体"的学前儿童体质健康促进模式构建研究 我国幼儿体育教师胜任力模型构建与实证研究 我国残疾青少年健康体适能指标体系的构建研究 社会生态学视域下我国残疾学生体力活动与体质健康促进研究 基于人工神经网络技术的中小学生体质健康综合评价与精准化促进研究 基于大数据的我国青少年足球运动员选材指标体系构建研究 运动-认知干预对大学生抑郁情绪的改善及代谢机制研究 "健康中国"引领下青少年学生体育健身促进的多元路径研究 "健康中国2030"背景下高校体质健康管理与促进模式的实证研究 家庭生态系统理论视域下儿童青少年身体活动行为影响因素分析研究 新时代学校体育公平的发展诉求、现实问题与实施建议研究 国家校园足球战略背景下幼儿足球游戏活动课程体系创建研究 中国古代体育教化价值流变研究 我国青少年体育户外营地政策驱动和治理创新研究 协同视域下我国校园足球资源配置评价与优化策略研究 具身认知视域下高质量幼儿体育教育发展研究 布迪厄场域理论下的校园足球场域秩序研究 嵌入与协同审视下我国学校体育政策执行的实践观照及纾解策略研究

从2016—2019年教育部人文社科基金立项数目（表3）可知，"校园足球""体质健康""体育课程与教学"等是学校体育学科教育部人文社科基金项目的立项重点关键词，每年都有立项。①"校园足球"方面的研究，如"社会空间理论视域下的校园足球实施效应评估及长效机制构建""校园足球核心价值体系与路径选择""基于动作模式的我国校园足球课余训练内容研究""我国青少年足球发展的动力支撑、理念重塑与路径优化研究——基于中、法、日的对比""我国西部地区校园足球工作综合评价及发展路径研究""协同学视域下我国校园足球政策执行的困境与对策研究""校园足球发展举措对青少年足球参与意向及行为的影响研究"等；②"体质健康"方面研究，如"'体质健康测试'背景下中学生慢性疲劳综合症监控模式研究""社区居民健身健康管理促进中小学生体质健康实证""基于学生体质健康增值发展的体育教学质量评价与保障研究""学生体质健康测试第三方实施的制度安排与路径选择研究"等；③"体育课程与教学"方面研究，如"慕课时代背景下高校民族传统体育课程资源共享机制研究""我国术科课程与教学理论体系构建：基础理论与基本问题研究""'MOOC+翻转课堂'体育教学模式的构建与应用研究"等。立项的研究关键词与研究主题一直是学校体育学科的主旋律，在时代发展的趋势背景下，校园足球、体育课程与教学、学生体质健康等成为学界持续高度关注的领域。

此外，国内外学校体育的比较研究、学校体育伤害事故等方面的研究也有少量立项，这是对《国家中长期教育改革和发展规划纲要（2010—2020年）》《国家教育事业发展"十三五"规划》《"健康中国2030"规划纲要》等明确提出"促进更可持续发展""促进更高质量"等文件精神的积极回应。

3. 2016—2019年学校体育学科全国教育科学规划基金项目课题指南与立项分析

（1）2016—2019年学校体育学科全国教育科学规划基金项目课题指南分析

全国教育科学规划作为国家社会科学基金的单列学科，是我国教育类研究项目的权威，对教育类研究的发展起着导向和示范作用。选题指南以教育改革发展的全局性、战略性和前瞻性为导向，以重大理论及实际问题为主攻，以增强教育改革和发展实践服务的针对性和时效性为基本要求。通过教育部官网检索，发现近4年（2016—2019年）来，针对"体育、学校体育"的主题并未设选题指南（表4）。

表4 2016—2019年学校体育学科全国教育科学规划基金项目选题指南

年份	指南
2016、2017	自主选题，未设指南（教育部官网查）http://www.moe.gov.cn/was5/web/search?channelid=224838
2018、2019	自主选题，未设指南（教育部官网查）http://www.moe.gov.cn/was5/web/search?channelid=224838

（2）2016—2019年学校体育学科全国教育科学规划基金项目立项分析

全国教育科学规划基金项目是教育科研发展方向的指挥棒，以切实提高教育质量、教育效率、教育公平为基础，以取得精品成果为目标，最终促进教育最优化的配置。教育理论研究要切合实际需求，同时要具备一定的创新性和前沿性，着力解决教育中出现的新难问题，同时也要注重推动学科体系建设和理论发展，能为教育发展决策提供科学依据，能为教育问题解决提供参考，能为实践提供思想指导，着实有利于教育事业的长足发展，有利于社会的快速进步，有利于国家综合国力的提升。2016—2019年（2019年全国教育科学规划基金项目正在评审中），学校体育学科全国教育科学规划基金项目共立项40项，其中国家一般项目17项，占42.5%；国家青年项目5项，占12.5%；教育部重点项目8项，占20%；教育部青年项目10项，占25%。纵向看来，2016年立项12项，2017年立项14项，2018年立项14项（表5）。

表5 2016—2019年学校体育学科全国教育科学规划基金项目立项情况

年份	类别	项目名称
2016年（12项）	国家一般项目	中国农村学校体育发展"精准扶持"研究 基于学生核心素养的健康课外体育活动模式构建与实证研究 大学生体育运动伤害事故及赔偿责任研究 论体育教师专业发展——基于身体哲学视角

续表

年份	类别	项目名称
2016年 (12项)	国家青年项目	基于体育健康大数据的学生体育教学安全与风险防控机制研究
		社会学视域下我国农村留守儿童的体育活动参与的困境与帮扶途径的研究
		"互联网+"时代新疆中小学数字化维汉双语体育教学资源建设与应用研究
	教育部重点项目	家庭体育对青少年体质健康的干预与促进研究
	教育部青年项目	从教育生态学理论审视中国校园足球的改革与发展
		我国课外体育活动与社会体育组织合作机制研究
		体育课程中学科与生活的融合研究
		多元主体治理：城市中小学体育场馆对外开放模式创新研究
2017年 (14项)	国家一般项目	"健康中国"视域下内蒙古农牧区中小学生体质健康教育发展研究
		基于核心素养的中小学运动技能学习评价研究
		体育锻炼对单纯性肥胖青少年心血管系统功能指标影响的研究
		新时代大学体育职能与发展评价体系研究
		健康中国视域下中小学智慧体育教学模式的创生与实践研究
	国家青年项目	健康中国背景下中小学《体育与健康》健康教育师资培训模块化大纲的研制
		健康中国背景下健康教育课程实践的问题及对策研究
	教育部重点项目	基于大学生体质健康水平的高校体育信息化建设研究
		大气污染对青少年学生心肺耐力影响的队列研究
		基于大数据的大学体育俱乐部课内外一体化模式研究
		基于实践的校园足球可持续发展研究
		中小学体育教学质量监测机制的研究
	教育部青年项目	自闭症儿童运动干预方案的建立与实证研究
		我国青少年新校园足球发展动力机制模型构建——基于足球特色学校实施效应
2018年 (14项)	国家一般项目	我国中小学生体育运动能力非衡性特征及影响机制的研究
		学生身体活动全方位监测系统及评价标准的研究
		锻炼心理学视角下体育干预对被欺凌青少年心理健康影响的实证研究
		新时代乡村体育教师共同体构建的实现路径及政策协同研究
		我国体育教师教育者专业标准研究
		两岸学校合作创新性发展中华优秀传统体育文化研究
		健康中国背景下大学生有氧能力智慧管理与体育促进的实践研究
	国家青年项目	基于慕课的高校体育课混合式教学模式创建与实证研究
	教育部重点项目	"高素质专业化创新型"视野下卓越体育教师专业标准构建与培养方略
		面向"健康中国2030"的高校体育改革研究
	教育部青年项目	高校冰雪课程体育教师培训指标体系的构建研究
		基于翻转课堂的小学体育与健康课程教学模式的实证研究
		基于教学信息技术构建TPACK视域下民族大学生体育与《健康》课程模式研究
		健康中国背景下的藏族青少年体育问题研究

从各研究主题立项的比例及年度立项（表5）可知，体育课程、体育教学、体育教师、学生体质健康等成为该时期学校体育学科全国教育规划基金项目的立项重点。①体育课程方面，立项项目如"体育课程中学科与生活的融合研究""健康中国背景下健康教育课程实践的问题及对策研究""高校冰雪课程体育教师培训指标体系的构建研究""基于翻转课堂的小学体育与健康课程教学模式的实证研究""基于教学信息技术构建整合技术的学科数学知识（TPACK）视域下民族大学生体育与《健康》课程模式研究"等；②体育教学方面，立项项目如"基于体育健康大数据的学生体育教学安全与风险防控机制研究""'互联网+'时代新疆中小学数字化维汉双语体育教学资源建设与应用研究""健康中国视域下中小学智慧体育教学模式的创生与实践研究""中小学体育教学质量监测机制的研究"等；③体育教师方面，立项如"论体育教师专业发展——基于身体哲学视角""健康中国背景下中小学《体育与健康》健康教育师资培训模块化大纲的研制""新时代乡村体育教师共同体构建的实现路径及政策协同研究""我国体育教师教育者专业标准研究'高素质专业化创新型'视野下卓越体育教师专业标准构建与培养方略""高校冰雪课程体育教师培训指标体系的构建研究"等；④学生体质健康方面，立项如"健康中国背景下的藏族青少年体育问题研究""面向'健康中国2030'的高校体育改革研究""健康中国背景下大学生有氧能力智慧管理与体育促进的实践研究""'健康中国'视域下内蒙古农牧区中小学生体质健康教育发展研究""家庭体育对青少年体质健康的干预与促进研究"、"基于学生核心素养的健康课外体育活动模式构建与实证研究"等。

此外，体育文化、学校体育伤害、体育场馆、运动能力、课外体育活动等也分别有少量课题立项。从目前的立项来看，学校体育学科的研究立项多注重当下的实效性，因而也一定程度上影响学科的长远发展，学科的改革与发展当需认清过去（历史研究），从历史与现实的角度方利于学科的长远发展。纵观近几年的立项，学校体育学科中少有学科史课题的立项，这也导致学校体育对自身发展的脉络梳理不够清晰，缺少深入的学科"元反思"。

（二）从体育类CSSCI期刊刊文看学校体育学科研究进展

1. 2016—2019年3月体育类CSSCI期刊刊发学校体育学科论文整体情况

根据南京大学中国社会科学评价中心公示数据进行分析。共查阅了《体育科学》《中国体育科技》《北京体育大学学报》《上海体育学院学报》《体育学刊》《天津体育学院学报》《武汉体育学院学报》《体育与科学》《西安体育学院学报》《沈阳体育学院学报》（2014—2016年版）、《成都体育学院学报》（2017—2018年版）、《首都体育学院学报》（2017—2018年版），共12本期刊。通过中国期刊全文数据库对2016年1月至2019年3月学校体育学科研究文献的检索，检索方式为期刊年度总论文数量检索，通过总目录筛选学校体育学科论文。最后统计出刊发在该期间的学校体育学科刊发的论文。近 4 年 CSSCI 期刊 12 本，共计发表 4156 篇论文（以 CNKI 导出期刊目录为依据），检索筛选学校体育学科相关的论文共计 732 篇，约占总论文数 18%。各年份的发表总数数据分析如图 1：

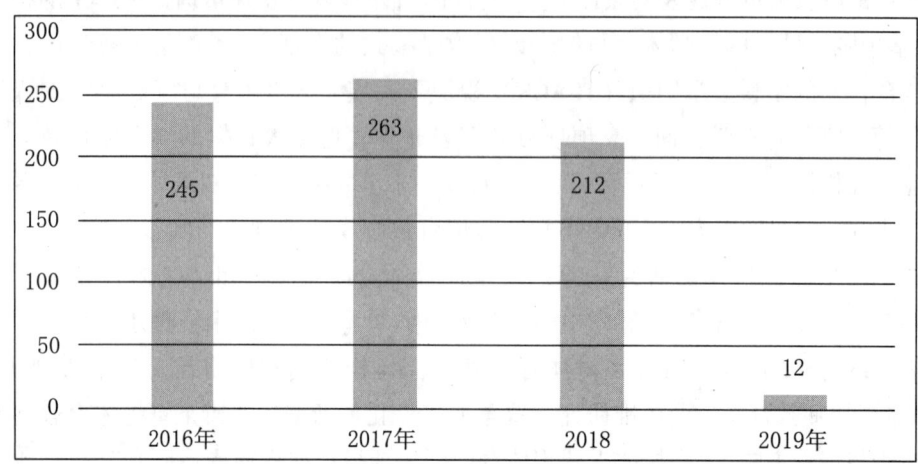

图 1　2016—2019 年 3 月体育类 CSSCI 期刊刊发学校体育学科论文数量情况

从图 1 可以看出，2016—2019 年我国学校体育学科 CSSCI 收录论文数量呈现一定起伏波动，总体显示比较稳定的态势。2016 年、2017 年、2018 年体育类 CSSCI 收录期刊分别刊发学校体育学科论文 245 篇、263 篇、212 篇（2019 全年刊发的论文暂时无法获取，在此不作分析）。CSSCI 作为国内社会和学术界尤其是人文社会科学界广泛认同的期刊评价系统，其刊发论文水平在很大程度上代表着某一学科的水平。

就学校体育学科而言，与 2016 年相比，2017 年有小幅度增长，但 2018 年又有小范围缩小，一方面很可能与 2018 年出台的政策导向有关，使部分研究者偏向其他学科，但总体态势没有明显下降；另一方面也表明了作为一个传统优势学科，学校体育学科要想提出新问题、新观点、新思想存在一定难度，在没有新的政策驱动背景下，学校体育学科 CSSCI 刊发论文数量总体浮动不会太大的态势可能延续。

2. 2016—2019 年 3 月体育类 CSSCI 期刊刊发学校体育学科论文主题分析

依据 2016—2019 的南大核心目录，筛选的学校体育类的 CSSCI 刊发总数进行分析（2019 年的 CSSCI 学校体育类的期刊未全部刊登，仅分析目前查到的期刊），学校体育学科的论文主题是学科研究的热点呈现，分析研究主体的变化，有利于整体地把握学校体育学科的发展趋势，看到研究的热点的背后是现实的学科实践需求。同时，主题的分析有助于系统地把握学科研究的整体。

依据学校体育学科研究的领域以及学科发展自身的内在逻辑，参照主题分类标准，将 2016—2019 年 3 月的 CSSCI 学校体育学科的期刊论文划分为 12 个主题进分析，包括：体育教育原理、体育教学、体育课程、体育教师、学校体育考试、青少年体质健康、校园足球、学校训练与竞赛、学校体育健康干预、学校体育安全与风险、学校体育场馆方面、学校体育历史类、其他（美学、情感、锻炼调查、他国政策文件解读、会议纪要等相关划分为其他）。具体研究主题见表6：

表6 2016—2019年3月学校体育学科论文研究主题分析

研究主题	年份				合计	百分比	排序
	2016年	2017年	2018年	2019年			
体育教育原理	72	49	35	4	160	21.9%	1
体育教学	18	17	21	-	56	7.7%	6
体育课程	22	31	35	2	90	12.3%	3
体育教师	21	20	13	3	57	7.8%	5
学校体育考试	3	6	3	-	12	1.6%	10
青少年体质健康	43	49	42	-	134	18.3%	2
校园足球	14	24	27	-	65	8.9%	4
学校训练与竞赛	10	16	6	1	33	4.5%	7
学校体育健康干预	7	17	9	-	33	4.5%	7
学校体育安全与风险	4	5	4	-	13	1.8%	9
学校体育场馆方面	5	4	1	1	11	1.5%	11
学校体育历史类	6	7	5	-	18	2.5%	8
其他	20	18	11	1	50	6.8%	-

从表6可以看出，2016—2019年3月体育类CSSCI期刊刊发学校体育学科论文主题主要分布于体育教育原理、青少年体质健康、体育课程、校园足球、体育教学、体育教师六个方面，其中数量最多的研究主题是体育教育原理，占21.9%，说明体育教育原理的研究受重视程度较高；其次是青少年体质健康的关注程度较高，占18.3%，学校体育中青少年体质健康问题一直是备受关注，且一直是研究热点；最后是体育课程、体育教师、体育教学、学校体育训练与竞赛、学校体育健康干预等方面。

为深入全面了解本学科发展情况，直观显示各个主题的研究热度，分析近4年来学校体育学科高质量的期刊论文发表具体情况，从系统的角度出发，分析学校体育学科研究与解决实际发展问题需求之间的关系，解决实践中出现的问题，促进学校体育学科的长久发展。主题研究变化趋势见图2：

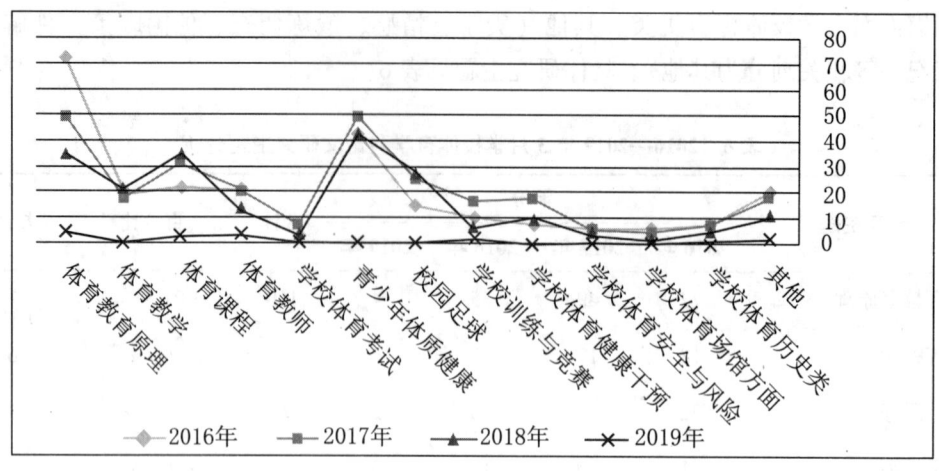

图2 2016—2019年3月体育类CSSCI期刊刊发学校体育学科论文主题分布情况

从图2可以看出，体育教育原理和青少年体质健康问题一直是研究热点；其次是体育课程；再次是校园足球的研究2016—2018年间呈不断上升的趋势；最后是学校体育考试、学校体育场馆、学校体育史相关的研究一直处于低谷。纵观2016—2019年各个主题的研究发现，体育教育原理的研究出现一定下滑趋势，青少年体质健康主题比较稳定。与2012—2015年度学校体育学科的研究主题具体情况进行对比分析，发现除校园足球主题相关的论文外，体育教育原理方面与青少年体质健康问题一直是研究的热点，同时也是研究的主流，而校园足球近年来的研究不断升温，这与党和政府的导向政策有着密切的关系。

3. 2016—2019年3月体育类CSSCI期刊刊发学校体育学科论文看学校体育学科研究进展

（1）体育教育原理方面

体育教育原理研究一直都是学校体育学科的研究重点领域。该研究领域主要集中于学校体育的本质内涵、学校体育的价值取向、学校体育的身体哲学、学校体育的发展困境与问题等。

①关于学校体育本质、价值取向的研究。基础理论是学科发展的重要支撑，事物的本质是其本源性的特征所指，深入理解学校体育的本质是学校体育工作开展的基本前提和保证，是指导学校体育实践的理论基础。学校体育理论与实践的发展是其思想变化的表征，捋清学校体育思想的变化轨迹，有利于看清学校体育工作重心的转变过程，学校体育发展至今，经历了多个阶段，学校体育本质的认识也在不断的深化。

价值的讨论与判定是实践的动力依据之一，学校体育价值的研究有利于促进学校体育长足发展，如"学校体育的使用价值（有用性）是考察学校体育价值的逻辑起点，并从学生主体与学校体育其他群体对学校体育的需求探究了学校体育的价值：满足学生身体发展的价值、提高学生运动技术的价值、调节学生生活方式的价值、促进学生运动交往价值、运动文化传承价值、运动育人价值等"（邵伟德，2016）；"我国学校体育现代化的价值取向应定位于'人的全面发展'"（张鑫华，2018）；"提出了新时期学校体育深化改革过程中进一步实现'育人价值'的策略：正确处理'教书'与'育人'的辩证关系"（邵天逸，2016）；"我国学校体育改革价值取向应紧紧围绕体育核心素养体系的构建来贯彻落实，实现共筑我国学校体育事业的美好蓝图"（杨文轩，2016）。这些相关研究表明了学校体育价值研究的重要性，以及当前学校体育学科研究的趋向之一。

②学校体育研究话题的不断拓展，学校体育学科的研究视野变得更加开阔，如对学校体育正义的研究："学校体育正义反映了社会公众对学校体育活动的道德评判与价值理念追求，既是学校体育活动中各方应遵循的'美德'，也是维系学校体育活动的根基"（李世宏，2016）；如对学校体育改革与文化的研究："学校体育改革的形成立足于文化的变迁与变革，受到主流体育文化的支配；学校体育实施改革的文化逻辑表现在以体育价值文化的输入为先导、需要相应的物质文化和制度文化相匹配、以行为文化的践行为根本"（李晓栋、吕夏顿，2017）；又如人学相关的研究："在身体技艺的实践中，探讨学校体育的存在根基，学生在体育中感受生命的教育关怀；在生命培育的教学中，审视学校体育的人学归宿，学生在体育中获得生命的意义追求；在体育存在的占有中，考察学校体育的生命境况，学生在体育中走向生命的完整自由"（刘欣然、王媛，2017）。学科的发展需要理论的支撑，而有关理论本身需要不断地进行思考、研究，积极支持并推动学校体育学科相关问题的思考，鼓励学校体育思考的新观点、新见解，促进学校体育学科的新发展。

③身体哲学方面的研究。身体哲学是对身体本体的深刻思考、再认知的体现。学校体育学科与身体哲学的研究主要有"根深蒂固"的身心二元论与身心不二的身体观，何种观念是学校体育的应然状态，而现实之实然又是什么，因为学校体育的特殊性，身体是体育存在的基础，因此，身体认知、身体问题需深入思考。如《身体素养：一个统领当代体育改革与发展的理念》提出："身体素养对既有的终身体育、学校体育、大众体育和高水平竞技运动等各领域的均有全面而深刻的影响，推动了这些领域的改革，为体育的统合发展提供了改革的基础"（任海，2018）；再有"在中西方不同的身体哲学背景下，衍生了不同的体育思想及表现形成，中西方体育思想的差异主要表现于理性思维与感性思维的本体差异催生了不同运动竞技理论的诞生"（吕俊莉，2016）；"身体教育的实质是'拱肩'体质能力的生命存在，身体不仅是被计算与测量的客体被动身体，更是具身体验与能动认知的主体与方法论身体。'身体教育'以具身体验为切入点、以具身场域为原点与归宿、以身在-身能为教育动机、以灵肉一体为终极追求，从生理、心理与社会身体三维路径实施全面育人"（段丽梅，2016）。查阅的大量的文献中，身体哲学的研究中更多的是倾向于对身心一体的认同。但体育实践、体育课程的设置、体育教学的具体方式方法、体育教师的培养中如何能系统的全面的推行是"一元"的身心是亟待解决的问题，学校体育中身体的理念应该明确，思想应该清晰，更利于学校体育工作取得更好的成绩。

④学校体育现实问题与对策的研究。学校体育学科的很多研究都具有很强的实践导向性，深入分析了学校体育的现实发展并提出了一些有针对性的建议。如："统筹城乡学校体育发展，构筑'一体两位'的生态体系；优化投资结构，完善农村学校体育生态系统配置；明确责任主体，强化农村学校体育生态治理的主体责任；立足农村学校，立根乡土文化，以节庆体育为抓手，打造农村学校体育生态圈等治理策略。"（胡庆山等，2018）；再如，"我国学校体育应当重构适合当代中小学体育思想的体系，试着摆脱'健康'目标的束缚，高举'强壮'的新旗帜，制订具体可操作的方法使青少年体质增强，并让'强壮'成为中小学学校体育的新目标"（王岗，2016）；关于学校体育的教育问题，如："'体教结合'陷入了'金牌论'和'文凭论'的对立博弈中，为突破'体教结合'发展桎梏，'体教共生'是现实发展必然趋势"（单凤霞，2016）。此外，学校体育中出现的某些新问题也引起了部分学者的关注，如：汪全先（2017）的研究《我国学校体育性别问题的根源及其消解》；李新威（2017）的《以人为本视域下我国学校体育发展中的问题》；汪全先、王健（2018）的《我国学校体育中的当代伦理问题及其消解路向》等，这些研究是学校体育发展理路不断深化的体现，也是学校体育学科"健康"发展中必不可少的部分。

（2）青少年体质健康方面

我国青少年学生体质部分指标持续下降，引起了党中央和全社会的高度关注，如何进一步增强学生体质已经成为学校体育领域的重点研究课题。近几年学校体育学科对青少年体质健康相关的研究没有大起大落的涨跌，纵观这些研究，研究发表的论文数量比较稳定，研究集中在青少年体质健康的调查描述、社会学理论分析、干预策略研究、对比研究等方面。

关于青少年体育行为与健康的研究方面，如："学生体育行为异化产生的主要原因有：学校教育的工具性异化；主客分离的体育教育认识方式；忽视非理性因素在体育行为养成中的作用等"（刘一民、刘翔，2017）；关于青少年健康的社会学研究方面，如："社会层面的因素是制约青少年学生体质健康促进最高层次的因素，教育和健康管理作为社会系统的重要组成部分，两者都受社会因素的影响且在时间和空间上相互交融、相互作用。从整体来看，社会通过学校教育、健康管理从外部影响青少年学生体质健康促进工作，同时从内部（社会心理）作用于青少年学生的健康意识、健身动机、健身行为等，进而对青少年体质健康促进产生全面影响"（钟亚平、蒋立兵，2018）；关于青少年体质健康评估的研究方面，如："当前我国儿童青少年体育健身评估存在过程性指标缺失，结果评估决策参考不全面、导向存在偏差，评估反馈机制不健全等问题"（胡月英等，2017）。此外，青少年体质健康各种问题正在吸引着研究者的目光，如李冲、史曙生（2018）的《我国青少年体质健康促进政策评估现存问题及改进思路》指出，"我国青少年体质健康促进政策评估法制化建设不完善；政策评估过程中对学生健康促进的公益性关注度不高；政策评估主体单一且缺乏相对独立性与权威性；政策评估运行机制不完善；重评估轻反馈、评估结果不被社会和决策机构重视"等。

（3）学校体育课程方面

学校体育课程是学校体育的重要组成部分，对其概念的研究在原有基础上也在不断地深化，体育课程理论一直是学校体育理论研究的核心领域。

学校体育课程主要涉及以下几个方面：体育课程的价值、体育课程的解读、体育课程的比较、体育课程的设计、体育课程的改革、体育课程的发展史等。代表的研究成果有：李斌（2016）的《基础教育体育与健康课程改革：变迁、冲突及其整合——基于价值论的视角》提出"从4个方面重点分析了体育与健康课程改革中存在的时代价值冲突（纵向）、群体价值冲突（横向）、内部各项改革措施之间的冲突以及课程改革与外部社会价值的冲突；依据当今社会发展趋势、人的发展趋势以及课程发展的趋势，明确了基础教育体育与健康课程改革的主导价值，即强调个体价值和社会价值的统一。"；李佑发（2017）的《基于核心素养的芬兰体育课程标准分析》提出了"由核心素养统领的三维教学目标、紧扣生活实际的教学内容、可操作化的教学过程标准以及指向明确的教学评价构成的体育课程标准体系为学生核心素养培育的落实及反馈提供指导；高度自主的优秀体育教师是课程标准实施的重要质量保证"；朱春山等（2016）的《韩国<体育课程标准>中共同教育课程解读及启示》；刁玉翠等（2018）的《澳大利亚健康与体育课程标准解读》；殷荣宾等（2018）的《中英美日基础教育运动技能课程内容比较》；潘建芬（2018）的《体育课程需要目标单元教学设计》；蒋菠（2018）的《中国基础教育体育课程改革新启示——基于澳大利亚创意身体教育课程模式视角》；范叶飞等（2017）的《改革开放以来义务教育阶段学校体育课程文件的历史嬗变与反思》等相关研究。

课程是教育系统中重要的、有机的组成部分，体育课程改革是学校体育改革的核心子域，学校体育改革永远在路上，对体育课程的研究不会戛然而止。因此，学校体育课程一直以来都是学校体育学科的热点研究领域，而如何对体育课程进行改革、如何使体育课程契合社会和学生的双重发展、如何提高体育课程的实效性等将始终是学校体育学科关注的重点问题。

（4）校园足球方面

自2009年"全国青少年校园足球工作会议"召开以来，全国各省市、各地州市县、各乡镇学校都在大力发展足球、推广足球，建设足球特色学校。《国家中长期教育改革和发展规划纲要（2010—2020年）》，明确提出要切实提高全国青少年校园足球活动的质量和水平，促进青少年学生健康成长，并出台了《关于加强全国青少年校园足球工作的意见》（以下简称"意见"），意见强调"广泛开展青少年校园足球活动有利于增强青少年学生体质，提升青少年体育公共服务水平。各地、各部门要高度重视，切实抓紧抓好校园足球活动"。

目前，校园足球方面的研究主要涉及：校园足球人才的培养、足球训练与竞赛、校园足球的损伤/伤害事故问题、校园足球的发展对策、国外校园足球的发展经验与启示等方面。具有代表性的研究成果有：王登峰（2018）《从"有"到"强"：新时代青少年校园足球的战略定位与发展方向》；李强等（2018）的《青少年足球教练员训练模式和执教方式研究》；孙健（2018）的《从教育视角审视我国青少年足球人才培养的问题及出路》；曲晨等（2017）的《我国校园足球教练员网络远程培训系统研究》；毛振明（2016）的《校园足球实施一年来的成绩、经验与问题——论"新校园足球"的顶层设计之四》等。其中最具有代表性的是王登峰司长政策导向性的研究及对校园足球的发展规划设计。王登峰司长总结为"学起来、研起来、干起来"，"研起来"是研究的工作方向与任务，"要研究校园足球的教学、训练和竞赛如何提质增效；校园足球场地如何建设、利用和开放规划，师资队伍如何培养和培训，安全风险防控和意外伤害保险如何落实，教体如何更好地融合发展。这些都要进行认真研究、专题研究、蹲点调研，找到问题根源，提出实质性解决措施"。具体到"干起来"的阶段，指出"要进一步建章立制，把校园足球发展的各个阶段、各个环节的问题进行细化，能够建立规章制度的要尽快地建立并完善，能够形成稳定工作机制的要尽快形成。要加强对典型的宣传，3年多来校园足球工作各方面都涌现出了一批非常值得去大书特书的典型，包括校园足球特色学校的校长、学生、家长、教师、教练员，包括各级教育行政部门、足协、体育部门都在齐心协力做工作，涌现了很多值得去深入挖掘和宣传的典型，这是2018年要重点做好的一项工作"。

纵观近4年中，校园足球的发文量在不断地增长，随着校园足球的蓬勃发展，校园足球还有着很大的研究空间，预计今后校园足球会继续保持较高的研究热度，以解决校园足球持续发展的理论与实践问题。

二、学校体育学科发展的展望

学校体育是教育的重要组成部分，也是体育的有机组成部分。学校体育发展一直得到党和国家的高度重视，从目前教育、体育发展的背景以及学校体育自身发展来看，均为学校体育学科的发展创设了良好的条件和氛围，学校体育学科发展的总体状况比较乐观，但也存在一定的问题，现就从面临的困境、研究的走势、发展的建议等几个方面阐述如下。

（一）学校体育学科研究的现存问题

近年来，我国学校体育学科研究领域不断拓宽，出现明显的跨学科、合作的研究趋势，心理学、生理学、社会学、伦理学、文化学等学科理论在学校体育学科研究中得到广泛体现。研究方法由"单维"向"多元"过度；研究范式、风格有所改变；研究选题多能有针对性、具体化的特征，以问题为导向，着重解决实践中的出现的新问题、新困难，个别呈现出特色性、多元化的特点。部分研究成果成为政府决策的重要依据，如体育课程与教学改革、校园足球、学生体质监测与评价等相关成果为学校体育法规政策的出台提供了参考。但与此同时，学校体育学科的相关研究也还存在一定的问题。

1. 学校体育学科理论研究系统性不够强

我国学校体育事业快速发展过程中科学的理论是解决问题的利刃，是发展的基础支撑。学科研究要有科学的精神态度，对体育科学需要从系统的整体观进行把握，系统的整体才能全面地了解到本学科发展优势与问题。从2016—2019年学校体育学科立项的三大基金项目及发表的CSSCI论文来看，学校体育学科的呈现出常规性、零散性较多，前瞻性、系统性、跟踪性选题不够的特征。总体而言，学者们能够围绕学校体育基础理论、青少年体质与健康、体育课程与教学、校园足球等领域进行选题，方向相对集中于青少年体质与健康、学校体育基础理论，这种选题取向一方面凸显了学校体育工作实际需要，但另一方面也容易造成较低水平的重复。《体育科学》等体育类核心期刊中之前很少发表连续性的研究类型文章，不过现在以初显个别的连续性的研究，一定程度上起了很好的引领作用，避免了断层式、重复式、孤立式的研究成果，这是支持与鼓励建设学校体育学科研究体系、构建系统的重要体现。目前看来，学校体育学科理论研究的系统性有待进一步加强。

2. 研究理论成果与实践脱节

从研究文献量看，近3年学校体育基础理论的相关研究对"学校体育应该是什么"进行了很多深入思考，但对"学校体育如何做"的问题回应仍显不足，很多理论研究成果难以有效转变为实操性的政策和具体做法，以致学校体育理论研究应有的实践解释力和指导力未能充分发挥出来，在一定程度上削弱了学校体育基础理论研究的实践价值。

3. 研究内容低水平的重复现象

这一问题主要体现在以下两方面：一是重复课题项目的申请申报，不同年份，同一主题分别进行立项，相关性相似性太高，不利于研究的挖掘与创造；二是重复他人成果，阅读系列的CSSCI文献与一般期刊文献明显发现，多数研究成果存在多次"咀嚼"他人成果的现象。

4. 研究缺乏团队合作

纵观学校体育学科发表的研究论文，从研究成果的署名来看，大部分研究成果由多名研究者共同完成，但实际上，目前学校体育学科真正意义上的合作研究还比较少，很多学者并没有打破学校、区域、学科的壁垒，"单兵作战"的状况还较为常见。

（二）学校体育学科主要研究领域的发展

1. 学校体育基础理论研究领域

学校体育基础理论的研究是学校体育学科发展的根本支撑点，没有基础理论，学科发展当是"无源之水、无本之木"。未来，学校体育的基础理论的研究将会在现有基础上进一步深化，其内容主要包括有：①学校体育理念、思想、价值相关研究。如：学校体育理念的沿革脉络与趋势、各阶段的思想影响、学校体育精神培养、学校体育改革等方面。②学校体育相关问题的哲学研究。如：学校体育实然与应然的思考、学校体育中身体哲学等方面的研究。③学校体育管理方面的研究。如：学校体育风险管理体系、学校体育工作制度、学校体育工作绩效管理、学校体育场地场馆管理等方面。④学校体育与"人"的教育相关研究。如：学校体育与人学、生命教育、终身体育等方面研究。⑤国外发达国家的学校体育与国内的比较研究等基础理论的研究将会继续深化，对比与启示，着实促进我国学校体育学科的发展，解决目前发展存在的问题。

2. 青少年体质健康研究领域

青少年群体是学校体育的重要对象，2007年的中央七号文件；2013年的十八届三中全会审议通过的《中共中央关于全面深化改革若干重大问题的决定》针对学校体育工作提出的23字方针"强化体育课和课外锻炼，促进青少年身心健康、体魄强健"的落实将成为未来一段时期学校体育工作的工作重心；2017年的《"健康中国2030"规划纲要》对体质健康高度关注；2018年的《中国青少年健康教育核心信息及释义》等文件都对体质健康问题高度关注，尤其是青少年的体质健康问题。推动学校和社会各界紧密协作，共同营造青少年热爱体育、崇尚运动、健康向上的良好风气和全社会珍视健康、重视体育的浓厚氛围，形成提高青少年乃至全民族的健康素质的长效机制。贯彻落实政策的执行是青少年体质健康的保障，切实重视青少年体质不断下滑的问题，着力遏制体质下滑，保障青少年健康。

结合当前的研究分析，接下来的青少年体质健康促进将会从以下几个方面展开：①新时代背景下青少年体育素养的相关研究；②青少年体育与足球的相关研究；③体育与青少年心理健康的相关研究；④学校、家庭、社会在促进青少年健康成长方面研究；⑤青少年体育社团/俱乐部的研究；⑥青少年体质健康与干预相关研究；⑦青少年体质健康促进的政策、制度方面的研究；⑧青少年体质健康机制、路径与国外比较的研究等方面。青少年的体质健康问题会持续成为学校体育研究的热点领域之一，随着青少年体质健康相关研究的不断深化，从战略高度、理论原理、政策保障、协同机制、具体实践等方面出发，切实提高青少年体质健康，促进青少年健康成长。

3. 校园足球研究领域

校园足球不仅是贯彻落实素质教育和阳光体育的有效手段，更是从根本上改变我国足球落后面貌的战略性举措。教育部与国家体育总局自2009年启动校园足球活动至今，取得了显著的成效，该活动已经覆盖了全国所有省、自治区、直辖市和新疆生产建设兵团等范围，可见范围辐射之大，直接参与人数之多。校园足球发展的走势将越来越好，关于校园足球的研究内容也会更加广泛，其内容主要包括：①足球教练员与师资方面的研究；②足球的教学教法与课程的研究；③足球文化、国外校园足球与国内比较研究；④校园足球赛事体系的构建研究；⑤校园足球产业链的相关研究；⑥校园足球与俱乐部、球队等的协同发展研究；⑦足球人才培养体系的研究等方面将持续成为校园足球发展方向。可断言，只有到中国足球水平提高、青少年体质提高、中国真正成为体育大国的时候，足球的研究才会有下降的趋势。目前，校园足球的发展境况是校园足球发展中的新情况、新问题、新趋势以及实际需求必将成为研究的重点、热点。

4. 体育课程研究领域

学校体育课程的存在是学校体育目标达成的基本途径与保障，因此，学校体育课程的研究不会弱化，更不可能被遗忘。"育人"的教育事业在不断的变革中，各种"育人"理念、手段、方式方法等的提出，都对教育发展有着重要的影响。例如，智能化的资料、便捷的教师与教学的提供、学习工具的更新等，社会的进步必然要求课程随着社会的发展不断地迭代。结合当前学校体育课程的研究情况，其研究内容主要包括以下方面：①体育课程原理的再研究；②智慧体育课程的开发、设计与实施；③体育课程实施的保障体系研究；④理论课程与术科课程体系协同的构建研究；⑤特殊体育课程设置与标准相关研究；⑥体育课程知识科学化的研究；⑦体育课程的本土特色与地方特色的相关研究；⑧体育课程中运动技能系统化的相关研究；⑨中外体育课程的比较相关研究等。预测学校体育课程的发展将会有"多元""多样"以及"特色化""本土化"的发展趋势。

5. 体育教学研究领域

体育教学是学校体育的核心环节，这也决定了体育教学必然是学校体育学科的核心问题。教育系统中，教学占据重要的地位，教师的课程需要教法来具体进行实践，可谓是教育活动的核心枢纽。正因为教学是教育系统中的组成部分，则教育的进步必然同样要求教学方法进行更新。体育教学的方法随着课程的变化而变化，固定死板的教学方法不利于教育目标的达成，灵活多变的教法才是未来的发展趋势。

未来，随着"开足开齐体育课"要求的深入贯彻落实以及新教学手段和方法的不断涌现，如何提高体育教学的实效性，如何促进体育课堂与信息技术的深度融合，如何在体育教学中培养学生的体育学科素养等问题将引起更多学者的思考。其内容主要包括：①现代社会背景下教学改革的相关研究；②体育教学的基本原理方法的再研究；③课程与教学协同促进的相关研究；④体育教学模式、框架的相关研究；⑤单元体育教学的设计与实践研究；⑥教学方法、手段的创新性相关研究；⑦中外体育教学的比较研究等方面。

6. 体育教师研究领域

体育教师是学校体育教学活动的主导者，是学生获得体育知识、技能的引路人。近年来，体育教师的研究关注度不断得到提升，是学校体育发展的重要部分。如：舒宗礼（2018）提出"寻求由外部促进式体育教师专业发展路径转向内生式体育教师专业发展文化，确立'生命自觉'的核心价值观，立足'3个关注'来建构良性的教师专业发展愿景成为体育教师专业发展的长远观照，旨在促成体育教师专业发展处于'实践—反思—合作—发展—再实践—再反思—再合作—形成个性'的螺旋式上升的过程之中"；尹志华等（2018）提出的关于教师的观点"在标准研制组织方面，秉持'专业人做专业事'出发点，均由'专业共同体'负责且保持可持续的工作模式"。未来，随着社会对教师育人能力期待的不断提升，可以预见，以下几个关于体育教师的研究领域将受到更多的关注和重视：①体育教师专业标准相关研究；②体育教师职前、职后教育相关研究；③体育教师成长路径相关研究；④特殊体育教育教师的相关研究；⑤乡村学校体育教师相关研究；⑥大、中、小学体育教师系统化培养相关研究；⑦体育教师专业素养相关研究；⑧中外体育教师相关比较研究等方面。体育教师的科研能力、学科知识、核心素养、成长发展、特殊教育中的体育教师、农村城乡的体育教师等模块都是未来继续研究的主题。未来几年，体育教师的相关研究会持续成为关注的热点之一。

（三）对学校体育学科发展研究的建议

纵观近几年整个学校体育学科的发展，学校体育学科已取得长足的进步，形成了丰硕的研究成果。下面，仅结合学校体育学科的现存问题及学校体育学科研究领域发展趋势，为学校体育学科发展提供一些参考建议。

第一，应加强学校体育的价值与功能、本质与特点等问题的深入思考。进一步从理论层面澄清"学校体育到底是什么"，为学校体育的"应为"和"可为"指明方向。因为学校体育的本质与特点、价值与功能的深化研究是根基扎实的表现，是学科长远发展的关键一步。

第二，应加强对学校体育教学、课程与"人"的发展研究。课程与教学是学校体育学科中重要的两部分，同时也是学校体育实践中最基础的部分。在学校体育领域内，对"人"自身的发展研究是学校体育的课程与教学的最初点，也将是未来很长时间乃至整个人类教育历程需要不断努力探索与实践的内容。未来，学校体育学科应进一步加强对大、中、小学学校体育课程设置与体育教学的衔接、专项体育课程实施策略、特殊体育教育中课程建构、体育教学内容编排原理、体育教学中合作学习与自主学习、信息技术与体育课程深入融合等问题的研究。

第三，应继续加强对体育教师专业发展的研究。"强教必先强师"，如何培养优秀的体育教师，这是学校体育发展中必须要考虑的问题。体育教师的研究需要持续关注，体育教师"边缘化"等现状需要解决，体育教师的知识与能力、专业发展、专业标准、职前与职后、地位与收入等各方面都要进行关注，保障体育教师的成长发展就是保障学校体育的发展，就是保障学生的成长发展。

第四，应继续加强对农村学校体育的研究。农村是发展的重点关注对象，教育公平理念视域下，各地、各级学校的教育要尽可能的实现教育公平，农村学校体育的关注不可忽视。对农村学校体育的发展应关注以下几方面：①如何在未来的农村中统筹城乡学校体育发展，构筑"一体两位"的城乡学校体育生态体系；②如何着实优化学校体育发展模块，完善农村学校体育与其他发展的协调配置；③如何落实责任主体，谁来管、谁负责，切实强化农村学校体育发展中的主体责任；④加大农村文化的研究，如何"立足农村学校，立根乡土文化"，并以节庆为学校体育的抓手，打造农村学校体育与农村体育的协调发展策略；⑤如何引进愿为农村教育、农村学校体育发展的人才，又如何保障能留住人才等系列农村体育发展问题是需要进一步优化和进一步落实的具体工作。

第五，应继续加强对升学中体育测试内容与标准研究。学校体育如何才能屹立于教育系统中，如何着实摆脱学校体育"说起来重要，做起来次要，忙起来不要"的尴尬局面，唯有让体育进入升学考试系统，"算分录取"才能更好地促进目前学校体育不被重视的境遇。而如何落实"算分"的策略，考什么，怎么考，标准是什么等一系列问题需要进一步具体研究。体育考试标准的研究能有效解决学校体育发展面临的困境，其他有关问题也会伴随着得到解决，促进学校体育的发展。

第六，应继续加强对学校体育与竞技体育融合的研究。竞技体育一直是我国体育发展的重要领域之一，举国体制应是目前我国体育制度的重要特征，学校体育作为教育和体育的结合部、交叉点也必然承担着我国竞技体育后备力量培养的重任。学校体育积极与竞技体育一定程度的对接，不仅有利于学校体育自身的发展，而且也能有效地促进竞技体育事业的发展。探讨二者间如何融合，融合方式是什么，具体如何融合实践等方面的研究，仍然是学校体育学科研究的重要研究领域之一。如体育人才培养模式开发研究、青少年运动员的管理研究、学校体育与竞技体育融合发展新模式研究等。

第七，应继续加强对学校体育相关法治的研究。学校体育伤害事故的研究薄弱，缺乏正式、正规的处理渠道。有法律保障，正视"教育伤害"，学生才能更健康、全面地成长。应加强学校保险研究、学校运动风险应对研究、运动风险管理研究、学校体育伤害事故归因及赔偿的研究、学校体育伤害事故责任制度研究、法律依据保障等方面的研究是学校体育发展亟待解决的问题。

第八，应继续加强对国内外学校体育比较研究。"他山之石可攻玉"，通过比较研究，可以帮助我们进一步了解我国学校体育的优势与不足，并获得一些未来发展方向的启示。未来，学界应更多加强国外学校体育理论本土化的研究、国外学校体育史的研究、国外学校体育管理制度与经验的研究、国外学校体育与健康课程标准的研究、国外学校学生体质健康相关问题的研究、国际学校体育发展趋势的研究等。

参考文献

[1] 中国中央国务院官网，业界专家谈如何落实《"健康中国2030"规划纲要》. http：//www.gov.cn/

xinwen/2016-11/03/content_ 5128159. htm.

[2] 中华人民共和国教育部,全国教育科学规划领导办公室. http：//onsgep. moe. edu. cn/edoas2/website7/level2list2. jsp？ infoid = 1335260046576122&firstId = 1335254793983223；http：//old. moe. gov. cn/publicfiles/business/htmlfiles/moe/info_ list/201407/xxgk_ 171904. html.

[3] 全国哲学社会科学工作办公室. http：//www. npopss-cn. gov. cn/n1/2017/1221/c219469-29721987. html.

[4] 中华人民共和国教育部社会科学司. http：//www. moe. edu. cn/s78/A13/A13_ gggs/；中华人民共和国国家卫生健康委员会. http：//www. nhc. gov. cn/.

[5] 王登峰. 从"有"到"强"：新时代青少年校园足球的战略定位与发展方向 [J]. 体育科学, 2018, 38 (04)：3-7, 21.

[6] 任海. 身体素养：一个统领当代体育改革与发展的理念 [J]. 体育科学, 2018, 38 (03)：3-11.

[7] 王华倬, 教育现代化背景下——体育教学理论有方法 [M]. 北京：北京体育大学出版社, 2018.

[8] 毛振明. 体育教学论 [M]. 北京：高等教育出版社, 2017.

[9] 周登嵩. 学校体育学 [M]. 北京：人民体育出版社, 2004.

[10] 毛振明. 新校园足球的成果审视与发展建言 [J]. 上海体育学院学报, 2018, 42 (04)：7-11.

[11] 刘海元.《国务院办公厅关于强化学校体育促进学生身心健康全面发展的意见》解读 [J]. 中国学校体育, 2016 (06)：6-11.

[12] 刘新民, 郑小凤. 改革开放以来我国中小学校体育评价工作的演进 [J]. 体育研究与教育, 2017, 32 (06)：1-5, 37-38.

[13] 段丽梅, 戴国斌, 韩红雨. 何为学校体育之身体教育？[J]. 体育科学, 2016, 36 (11)：12-18, 49.

[14] 潘绍伟. 从体质教育到运动教育——对我国学校体育的思考 [J]. 体育科学, 2018, 38 (07)：9-10.

[15] 李晓栋, 吕夏颀. 学校体育改革的文化逻辑 [J]. 体育学刊, 2018, 25 (01)：89-92.

[16] 肖谋文. 21 世纪我国学校体育政策的情景、问题及优化——基于政策过程的视角 [J]. 武汉体育学院学报, 2018, 52 (02)：82-87.

[17] 王登峰. 教育中的体育和体育中的教育 [J]. 体育科学, 2017, 37 (12)：3-6.

[18] 邹然, 丁清淑. 改革开放以来我国学校体育卫生政策变迁的思考 [J]. 成都体育学院学报, 2019, 45 (02)：121-126.

[19] 季浏, 马德浩. 新时代我国学校体育改革与发展 [J]. 体育科学, 2019, 39 (03)：3-12.

[20] 高鹏, 王华倬, 刘昕. 新中国学校体育思想研究综述 [J]. 体育学刊, 2019, 26 (01)：83-88.

[21] 李冲, 史曙生. 新时代生存教育融入学校体育的原因及实践策略 [J]. 体育文化导刊, 2019 (01)：100-104.

[22] 顾明远. 以健康第一的教育理念筑牢学校体育在青少年成长成才中的基础 [J]. 首都体育学院学报, 2019, 31 (01)：9-11.

[23] 江文奇. 学校体育思想"被惰性"评述与兼容并蓄研究 [J]. 山东体育学院学报, 2018, 34 (06)：131-136.

[24] 张鑫华. 学校体育现代化价值取向及其实现路径研究 [J]. 武汉体育学院学报, 2018, 52 (12)：86-89.

[25] 刘世磊, 黄彦军. 新时代我国学校体育发展的功能凝集与思想引领 [J]. 武汉体育学院学报, 2018, 52 (12): 5-8.

[26] 董翠香, 郑继超, 刘超, 等. 新时代中国学校体育落实总书记有关重要论述的发展战略研究 [J]. 北京体育大学学报, 2018, 41 (11): 1-8.

[27] 汪全胜, 卫学芝. 学校体育设施社会化开放的制度约束 [J]. 山东体育学院学报, 2018, 34 (05): 55-60.

[28] 杨文轩. 课程改革背景下学校体育改革与发展研究 [J]. 体育学刊, 2018, 25 (05): 1-4.

[29] 谢军. 基于增强青少年体质的学校体育工作研究 [J]. 体育文化导刊, 2018 (08): 124-129.

[30] 李沛立, 高健, 陈浩. 学校体育教材内容中项目等级及"1+3"分级模型研究 [J]. 首都体育学院学报, 2018, 30 (04): 331-335, 384.

[31] 汪全先, 王健. 我国学校体育中的当代伦理问题及其消解路向 [J]. 体育科学, 2018, 38 (01): 79-89.

[32] 曾玉山, 王健. 芬兰学校体育的发展、特征及启示 [J]. 成都体育学院学报, 2017, 43 (06): 121-126.

[33] 潘凌云, 王健, 樊莲香. 我国学校体育政策执行存在的问题与应对策略 [J]. 体育学刊, 2017, 24 (02): 80-84.

[34] 潘凌云, 王健, 樊莲香. 我国学校体育政策执行的逻辑辨识与推进策略——基于"观念·利益·制度"的分析框架 [J]. 体育科学, 2017, 37 (03): 3-12.

[35] 丁云霞, 潘时华. 体育综合体转型发展的逻辑动因与路径——基于"以人民为中心"的体育价值取向 [J]. 上海体育学院学报, 2018, 42 (06): 30-35.

[36] 白萍, 张爱红, 向武云. 论中国近代体育价值取向的流变 [J]. 体育文化导刊, 2018 (10): 154-158.

[37] 焦素花, 焦现伟. 建国以来体育价值变迁的观念史证与文化阐释 [J]. 体育与科学, 2018, 39 (02): 106-113.

[38] 刘米娜, 杭春梅. 肩负学术使命, 传播体育价值, 引领学术潮流——《体育与科学》学术工作坊"学术期刊引领力"论坛综述 [J]. 体育与科学, 2017, 38 (03): 1-8.

[39] 黄美蓉, 丁三青, 张元. 我国大学体育价值流变探析 [J]. 体育与科学, 2016, 37 (01): 87-92, 29.

体育史学学科发展
研究报告

Research Report on Disciplinary Development of Sport History

（2016—2019）

体育史分会
China Sport Science Society for Sport History
2019.10

前 言

体育史学是记录、研究与阐述体育运动发展演变过程及其规律的学科，主要任务是按照时代顺序，运用具体史料与史实，来阐明和揭示人类社会发展的各个历史阶段中体育运动发展和演变的规律，从而为当代体育运动的发展服务。人类的任何活动和自然现象都有历史渐变或突变的过程，无论哪个学科都必须重视历史研究，并置之于前学科地位，体育学科概莫能外，从中外体育学发展的历史来看，体育史学的确担当了体育学科群基础学科的角色，是体育学科群中最为悠久的学科。

在世界范围内，体育史学作为一个独立的学科，产生于16世纪欧洲文艺复兴运动时期对古奥运会的研究。1794年德意志学者维特出版《体育百科全书》，第一卷即体育史卷（1818年再版更名为《体育史》），被学界公认为是体育史学成为专门学科的奠基之作。19世纪下半叶至20世纪上半叶，随着民族国家的形成，使得以本国体育史为研究时象的国家体育史，越来越成为世界体育史学的主要趋势，20世纪下半叶的世界体育产业革命，直接推动世界体育史学向着更加广阔的领域发展。

中国的体育史学研究发端于19世纪末。1919年中国现代著名文化学者、语言学家郭希汾（绍虞）出版了我国第一部体育史专著，由此开启了中国体育史学科发展的百年历程。中华人民共和国成立后，党和国家高度重视总结中国体育事业发展经验和开展国际体育史研究交往，有组织、系统的体育史研究应运而生；1979年9月原国家体委成立体育文史工作委员会，成都体育学院开始招收体育史专业研究生，1984年体育史学会成立并成为国际体育史学会团体会员，我国的体育史学科发展走向成熟；20世纪八九十年代，体育史学界的学者们以敏锐的视角，在坚持历史研究的同时，不断拓展研究领域，开拓了体育美学、体育人类学等新学科，对我国体育人文社会学学科建设起到了积极的促进作用，并将研究视角拓展到了体育文化理论建构和奥林匹克研究等方面。进入新世纪后，我国体育史研究更加深入，体育史研究呈现出视角更加新颖、方法愈加多元的良好发展态势，并形成了中外体育史、体育史元理论、民族传统体育、体育文化、奥林匹克研究等相对稳定的研究领域，本次学科发展报告也将从这些领域分别展开。

进入21世纪的第二个10年，中国体育事业改革与发展进入习近平中国特色社会主义新时代，党、国家和人民群众对体育发展提出了更高更新的要求。习近平总书记指出"新时代坚持和发展中国特色社会主义，更加需要系统研究中国历史和文化，更加需要深刻把握人类发展历史规律，在对历史的深入思考中汲取智慧、走向未来。"走过百年历程的中国体育史研究（从1919年起）需要从历史纵深处对中国体育的理论、道路、制度和文化等诸多问题进行回应；从历史视角关注我国体育改革发展中的理论关切，从现实面对回应人民群众日益增长的体育需求，进一步夯实我国体育学科根基、创新体育发展理论、指导体育运动实践，彰显体育史学科的价值，开启体育史学科发展的下一个"一百年"。

2016—2019年间中国体育科学学会体育史分会秉承传统，积极开展了大量卓有成效的学术活动，充分发挥了其在国内体育史学科发展中的引领作用，特别是举办与开展了"第三届海峡两岸体育运动史学术研讨会"（高雄，2016）、"第十二届东北亚体育运动史学会学术研讨会"（金华，2017）、"首届国际体育史学科发展高峰论坛"（成都，2017）、"第四届海峡两岸体育运动史学术研讨会"（西安，2018）、"中国体育史学百年高峰论坛"（成都，2019）等专题学术活动，推动了体育史学科的稳健发展。诸多学者坚守领域，老骥伏枥，年轻新锐初露头角，态势喜人，使2016—2019年国内体育史学研究的广度与深度均有所拓展。总体来看，在新时代中国特色主义体育事业发展的总体背景下，中国体育史学在稳步行进中，呈现出一定"新"意：体育史研究内容和范式逐渐更新，特别是在考古学、口述史学等研究方法和相关资料的应用上有了一定的发展，使得体育史学科未来的发展将产生一系列的革新与变化。

本报告是在体育史分会领导下，由成都体育学院体育史研究所完成。课题组成员包括：孙淑慧教授（统稿及总报告的第五部分）、张新副教授（中国体育史部分）、崔莉副研究员（世界体育史及奥林匹克文化部分）、宋秀平副教授（体育史与体育文化部分、学科愿景）、刘合智讲师（民族传统体育部分）、李杨助理研究员（体育史学理论研究概况）。目录和摘要英文翻译由崔莉副研究员和李杨助理研究员完成。

本报告得到了国家体育总局体育文化发展中心、中国体育科学学会体育史分会的倾力指导及成都体育学院体育史研究所同仁的大力支持，在此表示感谢；成都体育学院体育史研究所青年教师高潇、吴丹以及2017、2018级的研究生同学为本报告的撰写进行大量的文献搜集工作，在此对他们的付出表示感谢。最后，特别感谢长期坚守体育史研究领域的学者们！

体育史分会

2019年10月

课题组

组长：孙淑慧

成员（按姓氏笔画排序）：

　　刘合智　李　杨　宋秀平　张　新　崔　莉

撰稿人
Writers

（按姓氏笔画排序）
In Surname Strokes Sequence

刘合智	成都体育学院
Liu HeZhi	Chengdu Sport University
孙淑慧	成都体育学院
Sun ShuHui	Chengdu Sport University
李　杨	成都体育学院
Li Yang	Chengdu Sport University
宋秀平	成都体育学院
Song XiuPing	Chengdu Sport University
张　新	成都体育学院
Zhang Xin	Chengdu Sport University
崔　莉	成都体育学院
Cui Li	Chengdu Sport University

体育史学学科发展研究报告
Research Report on Disciplinary Development of Sport History (2016—2019)

Abstract

In 1919, the History of Chinese Sports written by Mr. Guo Xifen was published, which marked the beginning of the systematic study of Chinese sports history. Over the past 100 years, sports history which is the basic discipline of sports science, has made remarkable achievements in terms of historical inheritance, academic origin, system structure and research field. Especially from 2016 to 2019, in the context of cultural confidence, Chinese sports history scholars have made great progress under the leadership of Sport History Branch of the Chinese Sport Science Society. By the persistent efforts on expanding research field, updating research methods, scholars have got large number of high-quality academic achievements, which have promoted the level of discipline development.

"History, in some special years, always gives people the power to draw wisdom and move on." In the context of Socialism with Chinese Characteristics for a New Era, the 70th anniversary of the founding of the People's Republic of China, and the 100th anniversary of the founding of the Communist Party of China, as well as the background in the Beijing Winter Olympic Games and building China into the world sports power, sports history in the next few years will continue to have a more profound "needs". Sports history scholars must pay more attention to the development of the sports reform in China from the perspective of historical theory concerns, from the reality to face to respond to the people's growing sports demand, strengthen China's sports discipline foundation, innovation development theory, guide the sports practice, realize the social value of sports discipline.

This report is a special research on the development of sports history discipline from 2016 to 2019 under the leadership of Sport History Branch of the Chinese SportScience Society. By systematic analysis on the academic achievements of sport history in nearly four years, this report tries to summarize the characteristics, highlights, breakthrough and the future trend of development of the subject. We hope this report can help the scholars to grasp the subject development direction, and give impetus to the better and faster development of the sports history discipline.

目 录

引言

一、2016—2019 年中国体育史研究概况

（一）中国古代体育史的深度发掘
  1. 充分利用文献史料拓宽研究覆盖面
  2. 古代体育考古文物研究方兴未艾
  3. 古代体育文化产品的研究打造

（二）近代中国体育史研究成为"重头"
  1. 体育人物思想研究持续"加热"
  2. 近代学校体育仍是重点场域
  3. 近代城市体育成为新的研究空间

（三）中华人民共和国体育史研究相对沉寂

二、2016—2019 年世界体育史与奥林匹克文化研究概况

（一）世界体育史研究概况
  1. 世界古代体育史研究热度未减
  2. 世界近代体育史的研究以区域史为主
  3. 世界当代体育史研究凸显现实观照

（二）奥林匹克研究概况
  1. 古代奥运会研究更趋向微观辨析
  2. 现代奥林匹克思想体系研究凸显精神和教育价值
  3. 现代奥林匹克组织体系改革问题倍受关注
  4. 北京冬奥的活动内容成为关注热点

三、2016—2019 年体育文化（含民族传统体育文化）研究概况

（一）体育文化理论研究不断深化，"学术反思"逐步深入
（二）体育文化的发展问题广受关注，研究主体梯队日趋合理
（三）体育类博物馆相关研究异军突起，研究成果日渐丰富
（四）民族传统体育文化热度依然，研究领域不断拓宽

（五）体育文化比较研究不断推进，呈现"多维度"趋势

（六）体育文化传播研究持续升温

（七）运动项目文化研究逐步升温

四、2016—2019 年体育史学理论研究概况

（一）体育史学界和历史学界首次展开对话

（二）重视中外体育史研究的交流与互鉴

（三）提出中国体育史学科的学科自信

五、体育史学科未来发展的趋势预测和研究方向

（一）当下体育史与体育文化研究的热点将会持续

（二）现当代体育史研究将会受到高度关注

（三）冬季奥林匹克运动研究将引领新一轮奥林匹克研究热潮

（四）体育考古和文博研究会成为新的研究热点

（五）体育史研究的视角将会继续呈现出多样化

（六）中华人民共和国体育典型人物口述史研究刻不容缓

（七）包含体育史课程与教学问题在内的体育史学科理论研究的力度亟待进一步加强

（八）应积极回应"大数据"时代，提升体育史研究的学术品格

（九）体育史的研究领域将从宏大叙事走向中、微观

（十）对体育史学术史的研究将会受到关注

参考文献

Contents

Preface

1 Introduction to the Chinese Sport History in 2016—2019

  1. 1 Research on Ancient Chinese Sport History

      1. 1. 1 Broadening the horizons of relevant research by making the best of reference materials

      1. 1. 2 Research on cultural relics refer to ancient sports is booming

      1. 1. 3 Analyzing and developing cultural products of ancient sports

  1. 2 Massive research on Modern Chinese Sport History

      1. 2. 1 Research on sports figures is developing

      1. 2. 2 The early modern of school sports is still a vital field

      1. 2. 3 The emerging direction of research: sports in urban areas in early modern period

  1. 3 Less Scale Research on the People's Republic of China's Sport History

2 General Picture of World Sport History and Olympic Movement in 2016—2019

  2. 1 World Sport History Overview

      2. 1. 1 World history of ancient sports is still a popular research direction

      2. 1. 2 Research on world history of early modern sports is mainly focused on regional history

      2. 1. 3 Research on world history of modern sports reflect several practical significance

  2. 2 Olympic Movement Overview

      2. 2. 1 There exist a tendency to use Micro-level analysis to study ancient Olympic sports

      2. 2. 2 Research on the ideology of Olympism in modern era show great spirts and educational values

      2. 2. 3 The reform of organization structures in modern Olympic attract great attention

      2. 2. 4 Close attention to details of Beijing Winter Olympics

3 Sports Culture (Including Traditional Chinese Sports Culture) in 2016—2019

  3. 1 Deepening in Theory of Sport Culture Research

  3. 2 Development of Sport Culture Receives more Attention

  3. 3 Research Results are getting more on Sport Museum

  3. 4 Widening on Traditional Chinese Sports Culture Research

- 3.5 Muti-dimensional Analysis on Comparison Between Different Nations' Sports Culture
- 3.6 Research of Sports Culture Dissemination Heating-up
- 3.7 Research of Sports Events Warming-up

4 General Research on Theory of Sport History in 2016—2019

- 4.1 Sport History Research Gets closer to History Science
- 4.2 Sport History Research Communication with Oversea Countries
- 4.3 Initiates Subject Confidence of China Sport History Research

5 Prospects and Suggestions for the Development of Sports History Research

- 5.1 Current Sports History and Sports Culture Research Hotspots Will be Continued
- 5.2 Sports History Research in People's Republic of China will Attract Increasing Attention
- 5.3 The winter Olympic Games Research will Leading Another Round of Olympic Research
- 5.4 Sports Archaeology and Sports Museum Research will Become the New Hotspots
- 5.5 Research Perspectives of Sport History will Continued to be Diversified
- 5.6 The Study of Oral History of Typical Sports Figures in the People's Republic of China Becomes more Important
- 5.7 Strengthen Basic Research on the Theory of Sport History including Course Contents and Teaching Methods
- 5.8 Close to the Big-Data Era, Raising the Research Level of Sport History
- 5.9 Microscopic Study Will Go into Sports History Research
- 5.10 Research on the Academic History of Sports History Will Receive Attention

References

引言

百年前的1919年，郭希汾（绍虞）先生所著的《中国体育史》出版，标志着我国系统的体育史研究历程的开启。百年来，体育史这一体育学科群中的基础学科，无论从历史传承、学术渊源，还是体系结构与研究领域方面，都取得不俗的成就。尤其在过去的2016—2019年，在国家重视传统文化的大背景下，在中国体育科学学会体育史分会的"汇聚"下，中国体育史学者秉承传统，沉潜坚守，关切体育理论与实践的重大问题，不断拓展研究领域，更新研究方法，涌现出一大批令人耳目一新的研究成果，体育史的研究深度和学术品格得到了进一步提升。

"历史，总是在一些特殊年份给人们以汲取智慧、继续前行的力量"。在中国特色社会主义进入新时代、中华人民共和国成立70周年、中国共产党成立100周年这些大的时间节点下，在建设体育强国及北京冬奥会日益临近的大背景下，可以预见，未来几年体育史学仍将有更深切的"需要"，要求体育史学者们从历史视角关注我国体育改革发展中的理论关切，从现实面对回应人民群众日益增长的体育需求，夯实我国体育学科根基、创新体育发展理论、指导体育运动实践，实现体育史学科的社会价值。

本报告为中国体育科学学会统一指导下由体育史分会所进行的学科发展的专项研究，对2016—2019年以来中国体育史学研究和学科发展进行了探索。通过对近4年体育史学科的主要成果进行系统分析和梳理，总结和分析学科发展特点和热点问题、体育史学研究的进展与突破，综合研判学科发展未来趋势和重点研究领域，把握学科发展方向，助力体育史学科得到更好、更快的发展。

一、2016—2019年中国体育史研究概况

2016—2019年是我国社会发展进入新时代转型的4年，有许多重大的时间节点，如党的十九大胜利召开、改革开改40周年、中华人民共和国成立70周年等，在新形势下，党和国家对体育改革和进一步发展提出更新更高的要求，客观上需要理论学术领域做出回应，"历史学"本身的资政功效，使得学者自觉与不自觉回到历史深处展开了对体育的新现象、新问题、新发展的思考。因此，此4年体育史研究使研究的观念、视角更明显地从过去的"寻根史学""叙述史学"转向了"参与史学""问题史学"。

相比于前4年的学科研究成果统计，近4年核心期刊发表的近、现代体育史论文增多，在中国体育史论文总数量中所占的权重甚至超过了古代部分，这是以往少有的情形。对比来看，2012—2015年，核心期刊发表体育史论文132篇，古代73篇，近代41篇，当代18篇。而在2016—2019年的统计中，共发表体育史论文139篇，古代47

篇，近代76篇，当代17篇。综合研判2016—2019年期间体育史学科的发展动态，古代体育史在原有雄厚研究基础上向更深更细的领域拓展；近代体育史则因可用资料丰富、现实意义较强而势头猛增，成为近4年中国体育史研究的"显学"；当代体育史研究由于学术构架尚未真正建立而显得相对沉寂，论文发表数量相对偏少，但在科研课题立项中，当代选题占有一定比例。现撮要分述如下。

（一）中国古代体育史的深度发掘

1. 充分利用文献史料拓宽研究覆盖面

从1919年到2019年体育史学科发展已经历时100年，1919年郭希汾出版中国第一部体育通史专著时，面对西方体育传入并流行的时代背景，努力在古代社会的田猎、射礼等活动中寻找"体育"开展的本土传统。之后几代体育史学者都把古代作为研究重点，到20世纪八九十年代，相关古代体育的资料梳理、研究叙述已经有了成熟体例，特别是蹴鞠、马球、龙舟等经典项目都有了翔实考证，可以说古代体育的研究基础已经非常深厚，另一方面也显得"题无剩义"，为后来的研究创新增加了难度，使当代研究者必须面对古代史料语焉不详难以深透解读的困境。所以，近年研究趋势反映出学者们尽力突破原有研究框架与资料局限，向更深更广空间拓展的尝试，旨在更全面揭示中国古代体育的发展风貌。

《丸经》是古代体育史料中的一个特例，是古代所有关于运动项目的史料记载中最为完整的一部专著，详细反映了古代捶丸活动的开展情况。过去学术界对此资料"矿藏"研究发掘不够，崔乐泉在细研资料的基础上，推出了《中国古代球类活动演进与捶丸起源研究——兼具考古学资料分析》[1]《中国古代捶丸发展与演变的考古学观察——兼及古代体育史有关研究方法的思考》[2]《从〈丸经〉对古代捶丸活动的记载看中国传统体育运动观》[3]系列研究文章。三篇文章充分利用了中国古代第一部体育专业书籍的资料优势，详细考证了捶丸活动的源流演变、场地形制、规则礼仪等问题，由此通过考古等资料印证，探索了捶丸与蹴鞠、马球等其他古代球类活动的关联，并通过对捶丸活动的研究分析，折射了中国古代的体育运动观，展现了古人在体育竞赛中的运动道德、运动作风、竞技精神。无疑，《丸经》是一部体育史料的"富矿"，作为详实可信的第一手资料，对于真实再现古人竞赛的行为举止具有重要价值意义。

古代体育史的研究触角正向过去未涉猎的领域延伸，研究者们或细研断代体育史，或深挖地方体育史，或细探运动项目发展史，或研究人物体育思想，都是希望在新的空间发现新的史料来寻找研究路径。在地方体育史研究方面，有多篇关于新疆、西南、东北等地古代体育的论文发表，其中赵迎山、谭灿、臧留鸿撰写的论文《喀喇汗王朝体育文化研究——基于〈突厥语大词典〉等史料记载》[4]、杨文杰等发表论文《西南爨体育文化考析》[5]、隋东旭论文《高句丽体育文化研究》[6]等，都试图在地方史志、考古资料、少数民族语言文字记载的整理当中产生新的研究突破。在人物体育思想方面,郝亮论文《韩愈与苏轼体育思想比较研究》[7]、陈妙闽论文《尚武、仁爱、悦己:文书视阈下唐玄宗的体育文化观》[8]都把研究对象指向过去少有涉及的非典型体育人物——文人与皇帝,因为视角别出心裁,内容也就别开生面。

对于过去研究较多的经典运动项目,也有许多学者继续涉足,他们从乐府、诗歌、元曲等资料整理角度出发,弥补史料记载不详的缺陷,对经典传统体育项目的研究作了充实和完善。如,金向红《元曲中的体育研究》[9]、林春《元曲中女子蹴鞠的研究》[10]、王泽湘、林春《汉唐乐府中的民俗体育研究》[11]等,都在正史记载之外的"子""集"之中寻找体育史料。龙舟等项目的研究则更加细化,除对龙舟开展情况进行断代史研究之外,还研究了古代开展"风舟"活动的情况,由此证明古代体育史仍旧是一个可以持续进行深度研究的广大空间。

2. 古代体育考古文物研究方兴未艾

前几年以成都体育学院博物馆为首的一批国内专业体育博物馆相继建立,同时成都体育学院、上海体育学院承担的国家社科重大招标课题也对体育文物展开了数据调查。随着成果陆续产生,以及令人耳目一新的出土、馆藏体育文物呈现在研究者面前,由此带动了对体育文物的研究热潮,文物考古学的方法正在成为古代体育研究的热门方法,为近年体育史学者所普遍采用。

2016年郝勤、高潇发表论文《宋代彩绘童子抱鞠俑考释》[12],首次对成都体育学院博物馆馆藏宋代抱鞠童子彩陶俑进行了考证研究,解读了宋代儿童蹴鞠情景、鞠球制作工艺、鞠服鞠靴样式等多方面的信息。特别是"童子抱鞠俑"实物呈现的充气球形状,说明鞠球有气嘴和鞠胆,踢球过程中出现破损可以随时更换,填补以往文献没有相关鞠胆破损更换记载的空白。无独有偶,1999年安徽省淮北市濉溪县柳孜村大运河遗址出土的宋代影青瓷"抱鞠童",其人物姿态形象与成都体育学院馆藏"童子抱鞠俑"酷似。赵敏为此发表论文《柳孜遗址出土"抱鞠童"的体育文化意蕴》[13],将两件童子抱鞠文物作了对比研究,证明两件文物以实物的方式直观展现了宋代童子蹴鞠的情状。

考古文物材料可以填补文献资料不足的缺陷,把古代体育的研究引向深入。郑志刚、李重申论文《丝绸之路古代游戏、娱乐与竞技场地空间分布考研》[14],从考古遗址研究着眼,研究了唐代长安到西北敦煌一线的马球场分布情况,对丝绸之路古代游戏、娱乐与竞技场地空间分布的遗址现状有了个较为完整的认识。同样,张新在其论文《广场、球场、戏场——古代运动场地探析》[15]一文中,也利用了长安遗址考古以及城市数码重建的成果,研究了古代中国的运动空间构成,认为广场、球场、戏场是古代中国开展体育运动的主要场所,在不同场地的体育运动形态又各有区分,具体的实体空间规约了体育运动的风格和发展方向。

体育文物研究的专著出版近年也出现可喜势头,成都体育学院多次联合国内著名博物馆策展体育文物,每次展陈图文资料都结集出版。上海体育学院孙麒麟、毛丽娟、李重申 2015 年在甘肃教育出版社出版专著《中国古代体育图录》[16]，主要以近年来考古发掘中有代表性的文物为主，同时有针对性地选择一批国内外各文博、收藏机构中传世的、较具特色的中国古代体育文物，来展现中国古代体育的面貌。

由此可见，体育文物收集、整理、研究正在打开研究者的视域，丰富研究方法，把古代体育史研究从文献资料描述带入了由文物图像支撑印证的一片新天地。

3. 古代体育文化产品的研究打造

古代体育史的研究范式悄然变化，学术理论界尤其强调用新视角、新方法关照体育现象，为当前体育实践提供历史文化的滋养。郝勤在《体育史观的重构与研究范式的转变——兼论体育的源起与概念演进》[17]一文中，根据当代体育发展特点与新史学理论，提出了新的体育史观与研究范式，认为体育史研究要落脚于具体的场域和项目之中，否则研究就会空心化和虚构化，再次强调体育史研究对现实的"参与"意识。而对于古代体育项目的研究，一些学者已经不局限于学术理论层面探讨，而是着力打造传统文化产品，比如古代射艺研究，正循着学术考证——大学校园实践复原——射箭会所社会推广的模式进行，把古代的游艺活动转化为当代的民族传统体育实践。

在此前有关射箭活动的研究基础上，姜广义论文《周代射箭教育探析》[18]探讨了射礼的教育价值，并对当前实践直接给出了建议。负琰在论文《有的放矢：建构有关"中华射艺"的动态认知与挈领概念》[19]中，动态划分了"中华射艺"形成的文化空间，最终提出了"中华射艺"这样一个统合性称谓，来取代过去"传统射箭"等惯用称谓，以此使今后这个领域的研究和实践更加师出有名。同样，舞狮舞龙以及龙舟竞渡等方面的相关研究，都显示了研究者们立足学术推动实践的努力。

（二）近代中国体育史研究成为"重头"

2016—2019 年，有关中国近代体育发展的研究论文共发表 142 篇，超过了以往任何时期，也超越了古代体育史的论文发表数量。其中主要缘由，一是客观上近代体育发展是当代体育发展的滥觞，当代的体育模式在近代就开始确立，这个时代西方强势传入，并且经过 100 多年浸润融入，篮球、足球、乒乓等已经成为中国大众喜闻乐见的运动项目，除此之外武术等民族传统体育项目，也以"公共事业"的模式在社会得以普遍推广，因而近代体育的研究具有直接的现实延续意义。二是 2011 年以来上海图书馆开发的《晚清、民国期刊全文数据库》及《大成老旧期刊数据库》等电子资源的不断面世并向公众推出，研究者们可以便捷地获取第一手资料，使学者们得以从近代西方体育的传播轨迹、近代学校体育、公共竞赛、体育人物思想、妇女体育、体育立法、体育场馆发展等多个视角，窥见近代体育发展的全部样貌。而社会学等相关理论的运用，增加了对近代体育社会发生背景解读的学术深度。

1. 体育人物思想研究持续"加热"

体育思想史的研究永远是一个具有学术意义的主题，在 2016—2019 年间近代体育史发表论文的总数中所占比例较高，将近 20 篇。并且，相关论文较少宏观论述社会体育思想的整体演变，主要是集中到了具体的近代体育人物身上。

除了严复、张之洞等政治人物的体育思想有专文发表之外，体育史学者更多关注了与体育界关系密切的人物，从他们的观念和实践中探研其社会影响。近代中国一些直接参与体育推广的社会政要，比如王正廷、张伯苓等对近代体育发展产生了重要影响，是不可或缺的研究对象。张学海、江宇在论文《王正廷体育思想研究》[20]中，把王正廷评论为近代中国体育界的重要领军人物，他提出的体育国际化、竞技化、群众化等理念，对于中国近代体育体制形成及竞赛体制的完善产生了积极的作用。而对于中国近代教育界知名人士张伯苓，研究者杨风雷、李莹在《张伯苓体育思想研究》[21]一文中，把他称誉为中国近代学校体育和中国奥林匹克运动的先驱人物，张伯苓"无体育，不学校"的办学宗旨，无形中塑造了自己"体育校长"的形象，同时也对当时大学体育运动的开展产生了示范效应。

对于近代中国长期从事体育实践的著名"体育人"，近年学者也日益关注。赵富学、程传银在《徐一冰的体育教师教育思想研究》[22]一文中，对于中国近代历史上最早开办体操学校的体育教育家徐一冰给予很高评价，主要从体育专业教育的角度，分析了徐一冰培养专业体育教师的一系列思想理念，对我国近代体育教师教育体系的形成与发展产生了重要影响和推动作用，甚至对于我国当前完善体育教师职业准入制度，实现体育教师持证上岗，深化和活化体育教师考核机制与策略，促进体育教师专业化发展等方面都具有重要的启示。而对于我国第一位获得博士学位的女子体育教育家张汇兰，赵富学、程传银在《张汇兰女子体育教育思想研究》[23]中分析了张汇兰体育思想的形成阶段与实践影响，认为张汇兰的女子体育教育思想涵盖面广，内容丰富，具有很强的系统性和完整性，对我国近现代女子体育教育的发展产生了重要影响和推动作用。以上人物思想研究说明，相关研究者已经从过去社会思潮对体育影响的大背景分析，转向研究近代体育具体的实践场域，研究体育实践家们的所思所为。

2. 近代学校体育仍是重点场域

学校是近代体育发展的摇篮，也是社会体育发展的示范引领者，并且对今天的学校体育教育具有历史的传承影响。所以，关于近代学校体育的研究仍然是学者关注重点，有多篇文章围绕学校体育目标、课程标准、开展情况、体育师资培养、女子体育教育等方向展开研究。

宏观发展状态方面，有《近代我国高等院校体育思想演变探析》《近代以来我国学校体育指导思想的变迁》《民国时期学校体育政策演进研究》《奉系军阀主政时期东北高校体育发展研究》等一系列论文发表；在课程标准等专题方面，则有《对近代我国学校体育课程价值取向的审视》《北洋时期体育课程标准研究》《我国体育教学内容沿革分析》《清朝末期中小学体操教科书内容的演变与启示》等文发表；其余在体育师资培训、女子体育等方面，也有《近代我国体育师资教育回溯》《近代我国教会学校女子体育研究》等文章发表。相关研究充分利用了近代学校体育文献、档案等资料丰富的优势，对资料文本进行了量化分析与研究，使近代学校体育的发展脉络与样貌呈现得更加清晰。

我们特别注意到，一些学者围绕一地或者一校进行微观深挖，具有重要的个案研究价值。常媛媛在《清末山西大学堂西学专斋体育活动考论》[24]一文中，对我国近代最早创立的三所国立大学之一的山西大学堂西学专斋体育活动进行了细致考证，因为该校创立于1902年，校内体育馆也成为当时山西省内唯一体育设施，可以说每一个方面都具有开历史先河的意味。作者揭示了校内体育场馆、体操课程设置、体育活动内容、体育考试制度等方面的历史风貌。同样，于书娟、李秀宁也是从个案着手研究，在《清末民初竞志女学的体育课程分析》[25]一文中，梳理了"竞志女学"1905年创立以后的体育课程演变，认为"竞志女学"体育课程内容丰富、组织运行制度完备、硬件设施齐全、评价奖励措施得当，在江南地区乃至全国的体育竞赛中成绩卓著，推动了地方女子体育的普及和发展。同样是个案研究，李延武在《"北碚复旦"体育考》[26]一文则把目光聚焦抗战流亡学校的体育活动，再现了复旦大学内迁重庆北碚下坝之后坚持学校体育传统的努力。这些个案研究以微见大，还原了近代学校体育运动的历史场景，映照了近现代学子们的体育沧桑。

3. 近代城市体育成为新的研究空间

近现代体育发展是中国社会城市化进程的体现，许多学者开始运用社会学理论，在近现代城市公共空间的变化之中寻找近代体育的发展之路，这是近年体育史研究一个较为新颖的研究空间。

体育场馆建设是现代城镇公共空间变化的一个标志，与公园、电影院、游乐场、跑马场等共同构成了现代娱乐空间，从而改变了人们的生活模式与娱乐内容。由此，近现代历史上的体育场馆与运动空间的建设布局，越来越多地引起学者的研究兴趣。冯培明在《清末民初的城市公园与现代体育的发展》[27]论文中，以清末民初公园中的现代体育设施和活动为切入点，在厘清公园和现代体育发展脉络的基础上，探讨我国城市早期现代化阶段公园与现代体育发展的关系，认为公园促进现代体育在更广泛市民群体中传播，推动了市民体育生活方式从传统向现代转型。梁松尚在《民国时期的体育场研究》[28]一文中，从宏观层面分析了民国时期体育场兴建的资金来源、组织管理方式、体育竞赛大会等情况，特别统计了体育场负责主办的体育期刊，强调体育场同时还担负着体育事业的调查、统计、研究、编撰刊物等职责，客观推动了当时的体育学术发展。周小林、李传奇、周文生合写论文《近代上海体育建筑的兴起与可持续发展研究》[29]，不仅查阅了近代上海体育建筑的文献资料，还作了实地遗址考察，研究认为近代上海体育建筑得益于上海开埠后对体育的重视和倡导，其建筑类型分为租界体育建筑、城市公共体育建筑、学校体育建筑三类，其建筑风格以洋式建筑和传统复兴式风格为主，并且上海现存近代体育建筑保存较为完整的还有7处，具有较高的历史、文化、体育价值，应当加以保护和利用。除上海外，南京等华东城市也走在现代化前列，公共空间变化最有代表性。顾武英在《南京与中国近现代体育》[30]一文中，认为南京是近现代全国性体育竞赛的发祥地，1933年落成的中央体育场是当时远东最大的体育场。

综合来看，2016—2019年国内近代体育史研究，因为资料丰富，研究课题众多，论文涉及方方面面具体问题，可以说分枝散叶、满树繁花。相对来说，对近代体育的总体发展脉络缺少宏观把握，虽然有《近代国人对西方体育认识的嬗变 1840—1937》《近代以来中国学校体育教育人文性的缺失与重构》《山东近代体育的结构与变迁》等专著出版，但仍然缺乏一本新版中国近代体育通史的著述，目前对近代体育史的总体叙述基本还停留在上世纪80年代成都体育学院主编的《中国近代体育史简编》的框架之内，在时代日新月异的飞速变化中，显然需要从新的角度书写近代体育发展的潮流波澜，也许，目前关于近代体育的分项研究，正在为新的近代体育通史出版积蓄能量。

（三）中华人民共和国体育史研究相对沉寂

当代体育史研究，主要是对中华人民共和国70年体育历程的梳理，也是对当今体育现象进行历史思考。当代史是历史学园地中距离现实时代最近、社会关注度最高、政治敏感性最强、历史借鉴意义最直接的学术领域。另一方面，历史学界有诸如"当代无史""历史需要时间冷却后才能研究"等惯习说法，加之研究者们面对纷繁复杂的当代体育史，似乎在文献搜集与理论界定方面还没有找到成熟的范式，所以近年体育史学者们对中华人民共和国体育史的关注度并不高，仅有10余篇研究论文发表。

这些零星的当代体育史研究，却是在填补研究空白，点滴积累着当代体育史的研究基础。郭振、刘波在论文《20世纪50年代至70年代我国大学竞技体育的重构与展现》[31]中，采用文献资料法研究分析了50—70年代高等院校调整对大学竞技体育的影响，认为立足于国家需求、普及竞技体育是这一时期大学竞技体育发展的主要策略，也因此重构了大学竞技体育的路径和格局。李响在《建国初期东北地区体育与城市共生发展研究》[32]一文中，对中华人民共和国成立初期东北地区的体育事业和城市发展的共生联系进行了研究，归纳了体育与城市相辅相成的作用影响，城市培育庞大而稳定的体育主体、提供体育发展的物质基础、保障体育竞赛的顺利举办，反过来体育促进城市布局和功能性完善、丰富市民城市生活，使东北工业城市发展成为中华人民共和国的体育大省。

因为体育的实践性强，当代体育史研究因之不可或缺，一些研究者从运动项目的当代历史研究来提供现实启迪。朱鹏在《上海船艇运动文化发展研究》[33]一文中，虽然历史梳理的时间跨度覆盖近代与当代，但当代上海船艇运动历史是其中重要内容，由此揭示了上海船艇运动从"西方侨民乡愁文化"到"举国竞技体育"再到"市民休闲回归"的演进历程。其余运动项目如乒乓球在中国有着撬动外交的特殊地位，其历史研究也具有重要意义。李景繁、叶松东的研究论文《砂板乒乓球运动的发展历程与趋势研究》[34]，回顾了硬板乒乓球运动的当代历程，预言砂板（硬板）乒乓球将在"复古"和"求新"之中向品牌化、生活化、规范化的方向发展。孙淑慧、张新在国家体育总局2017年决策咨询课题结题报告《乒乓球对中国体育文化的贡献和社会影响》[35]中，通过对中华人民共和国乒乓球运动的历史爬梳，展现了小小银球凝结的国家历史记忆，以及在银球旋转、跳动之间所闪现的中国体育精神之光。体育史学者崔乐泉则把研究目光聚焦在校园足球上，他在《中国校园足球发展的历史考察与经验启示》[36]一文中，对中国校园足球的发展历史作了拉通梳理，分为初立基业、曲折发展、求新探索和改革发展等阶段，为提升校园足球的文化内涵进行了一次历史寻根。该论文被《新华文摘》网刊全文转载，说明了历史研究与现实体育实践相结合的当代体育史研究大有可为。

习近平总书记在中国历史研究院的成立致辞中说，当代中国是历史中国的延续，历史研究是一切社会科学的基础……由此把历史学研究提升到了很高的地位。近年，在国家社会科学基金项目的评选中，每年都有体育史的选题获得立项，包括"体育史学基本理论研究""天津近代体育发展史研究""改革开放以来中国体育发展史研究"等多个选题，反映了体育史研究日益受到社会重视，正迎来一个新的时代。无论是体育壮阔历程的历史现场还原，还是关照现实的鉴世研究，都具有不可忽略的学术理论价值与现实指导意义。

二、2016—2019年世界体育史与奥林匹克文化研究概况

2016—2019年，中国的世界体育史研究（含奥林匹克运动研究）仍然是遵循着上一阶段的研究模式，未能出现全新的变化，但是也有新的亮点呈现：世界体育史研究开始受到母学科学者的关注，并且产出了一批质量较高的科研成果，体育史研究俨然日趋成为世界史研究的一个重要的新文化史视角，近年来得到越来越多的关注。另外一个研究特点表现在我国学者研究的资料来源和使用有了进一步改进：重视一手资料的选择运用，使得我国学者对世界、奥林匹克运动的研究更具有科学性，可信度大大增强。同时，世界体育史研究方法日趋丰富，对比研究开始在世界古代、近代、现代体育史研究中运用，表明中国世界体育史研究注重理论反思，观照现实社会的努力，在服务现实中寻找学术增长点。此外，近年来微观史学也受到学者的青睐，史学理论和史学研究方法的新趋势在世界体育史研究中得到体现。同时，也有学者将数理统计软件、文献计量软件、可视化分析软件等现代统计技术运用到世界体育史研究之中，使世界体育史研究逐渐摆脱了仅文献研究的单一性。这一时期的成果也反应了高级别项目的研究水准和团队研究的集体成绩。现将近年来的研究现状分述如下。

（一）世界体育史研究概况

世界体育史在体育史的研究中理应占据重要地位，这是由其漫长的时间和空间特点决定的，其可研究的领域和话题也是相当广泛。通过对目前中国在世界体育史研究

领域的研究成果进行整理，据不完全统计，2016年至2019年期间，世界体育史的相关文献有200多篇，其中发表于核心期刊的文献有近百篇；与世界体育史相关的或仅部分篇幅提及世界体育史的相关专著有20余部，这一组数据和2012—2015年度统计数据相比数量上有较大的增幅，这有可能是撰写中文献收集的角度不同而导致的。这一时期的世界体育史研究从"历时性"来看，涉及了古希腊、古罗马、中世纪以及近现代的体育问题；从内容来看，古希腊、古罗马以及中世纪时期体育的研究在论文和著述中占据较大比重，特别是专著比重较大；近代体育史研究成果相对较少；当代体育史研究极具强烈的"参与"意识，成果集中在政策、战略"启示"研究方向，这和国家立项项目具有一定的趋同性。

1. 世界古代体育史研究热度未减

对世界古代体育史的研究，近年来仍然较多集中于古希腊、古罗马及中世纪体育研究，付梓的成果依然以古希腊、古罗马以及中世纪体育为主体，主要涉及的内容包括古希腊体育、体育教育、古代奥运会等，也包括了对这一时期体育法的解读、思想的考究以及对社会的思考，从价值分析、文化、中外对比等角度进行研究。

在对古希腊体育进行研究时，学者们主要以古代奥运会、竞技文化、公平公正、体育价值和精神以及体育教育等传统视角作为研究的主要方向。如《古希腊教育史中的体育思想》[37]一文，旨在通过梳理希腊文化寻找体育存在的传统因素，并透过教育的历史背景，发掘体育的思想意义和精神价值。《竞技文化视域下古奥运会的起源》[38]从古希腊体育的存在形态、文化特征探讨了古奥运会之所以诞生在古希腊的原因。专著《古代希腊赛会研究》[39]将古代希腊的赛会习俗放入世界古代文明的大背景下进行研究，在力图深入发掘其思想内涵的同时，对赛会与古代希腊的宗教、政治、军事、社会和文化等方面的关系作出多维度的、以问题为导向的探析。

这一时期，有学者"回归"到古典史料，开始重视原典史料对体育的研究和考辨，拓宽与拓深了对古希腊体育特征的认知。《仪式的信仰：古希腊丧葬竞技的历史背景和宗教基础》[40]和《神圣的献祭：古希腊丧葬仪式中的体育竞技》[41]两篇文章均以《荷马史诗》做为史料，分析古希腊丧葬竞技的历史背景和宗教基础，寻找丧葬竞技的存在根据，探讨古希腊丧葬文化背后的体育价值与意义等。

同时，学者们也开始尝试采用新的视角和新方法对古希腊体育加以研究。《从交往到仪式——文化记忆理论视域下的古希腊竞技史》[42]一文，将记忆的文化属性与体育的文化性结合，"创建"了一种在文化记忆层面上探讨体育的新视角，将古希腊竞技视为身体动作与人类记忆的结合体，并采用追溯记忆的方法，分析竞技走进希腊先民、走进先民记忆的途径及记忆方式改变的结果，以期用历史哲学的研究方法回应史学研究的"事实"与"价值"之争。部分学者运用了比较视野来分析古希腊和中国的体育与教育。《中西体育赛会的文化比较——以古中国射礼赛会与古希腊奥林匹克赛会为例》[43]一文中认为射礼和古代奥运会为代表的中西体育赛会，均是各自文明中重要的社会活动。研究认为射礼以古代奥运会在社会秩序、个人德性等方面均有教化意义和价值，但侧重点不同：在古中国射礼的"君子之争"中，强调"反求诸己"，创造出内省式"以德引争"的文化价值；古希腊文化侧重自由人的平等有序，突出"自我超越"，创造出外扬式"以争竞荣"的文化价值；而这两者在当代具有互补的当代意义和文化价值。《古代中国与希腊"身心并重"体育教育观的差异》[44]一文则是通过分析古代中国与希腊体育教育相关资料，比较古代中国与希腊"身心并重"体育教育观的差异性，旨在为当前我国体育教育发展提供历史借鉴。

值得提及的是，近年来在古希腊体育史研究中不仅注重一手史料的运用和分析，也开始将考古学、文物学等相关知识和方法运用到史学研究中，力图通过考古发现和文物分析、求证配合文字资料，还原历史本真。《希腊城邦时代的车马竞技》[45]一文，通过对古代希腊作品《论马术》《论马队》《竞技会冠军颂》《希腊游记》及传说、史诗、壁画和瓶画等多形态一手史料的分析，参照考古发掘成果，推论了城邦时代希腊车马竞赛规则，分析其历史特征。

关于古罗马体育，学者近年来的研究主要体现在体育法和体育思想方面，而体育法研究成果较为突出。学者赵毅可谓是一直致力于罗马体育法律研究，这一时期相关成果也多为该学者的著述。《在游戏表演与身体活动之间：古代罗马的体育与法》[46]一文中提出在罗马时代，由于没有"体育"这一词，因此不能说存在"体育法"，但是，从原始文献的查阅和研究中发现了两大主题，即体育活动中出现的伤害主题和体现体育与政府关系的体育组织主题，从而论证了在那个时代，通过举办体育活动，体育与权力的社会、政治关系已经开始扮演着重要角色，并且坚持尤维纳利斯的"体育活动可能成为对民众的社会控制工具"这一认识。《体育治理的古典尝试——〈优士丁尼法典〉中涉体文献整理与评注》[47]一文则是通过对古典史料的整理与评注以期助推体育史研究的深化。学者通过对《优士丁尼法典》中出现的特定运动员免税、废除角斗活动以及国家组织、管理各类体育娱乐活动的行政命令的涉体原始文献进行整理和分析，认为这些条令正是东罗马统治时期对体育治理的真实体现，展示了当时统治者对待体育的愿望，而这是一种正面、积极、不回避问题的良好愿望。正是多年的学术积累，专著《罗马体育法要论》[48]于2017年12月出版。该书以体育法历史渊源的探究作为线索对罗马法原始文献运用历史学、考古学、法学、体育学等多学科的研究方法进行分析，并将对古罗马体育史的重述作为该书研究的视野和最终目的。

关于中世纪，曾经"黑暗时代"等同于"中世纪"，在基督教禁欲主义的影响下，欧洲体育呈现出严重的停滞和倒退现象。"骑士体育"作为中世纪体育的代表在世界体育史上占有一定的位置。长期以来，中国学者对中世纪体育的研究着眼于基督教对体育的影响研究、骑士体育研究。国内学者这一时期的研究成果也概莫能外，主要体现在中世纪基督教对体育的影响、中世纪基督教身体观的研究、骑士体育及中世纪时期体育锻炼活动研究。

有学者从历史哲学的角度辩证的分析了中世纪基督教对体育和体育文化发展的影

响。"中世纪基督教的生命观具有一个隐蔽的张力结构：从表面和从总体来看，中世纪基督教的生命观高扬灵性、贬低肉体；在基督教教义坚持这一表面性和总体性生命观态度的同时，又蕴藏着对灵魂与肉体关系的复杂、矛盾理解。这种生命观的内在张力，正是中世纪基督教对欧洲体育文化发展形成'二律背反'现象重要原因之一。"[49]因此"中世纪基督教对于体育发展的历史影响十分复杂，其中既有对古希腊—罗马传统体育历史传承的强烈压制方面，又有对欧洲近现代体育历史形成的初始奠基方面。中世纪基督教与体育发展之间矛盾现象的深层成因，可理解为基督教思想矛盾发展与欧洲社会历史发展的合力作用。"[50]

德国学者沃尔夫冈·贝林格在其专著《运动通史》[51]中提出他的观点："基督教统治下的西方社会受到基督教教义的限制，体育成为不合时宜的社会现象，国王和教会对待体育活动的态度决定了某一体育项目的命运，但同时骑士阶层的兴起，骑士比武首先在法国出现，随后在欧洲各国蔓延，也从公开的厮杀最后演变为仪式化的表演"。有学者以体育运动为视角对中世纪基督教身体观加以研究，提出导致教会对待体育运动出现矛盾态度的主要原因是中世纪基督教义的身体观念中存在的矛盾冲突[52]。而有学者抛开基督教统治下的西欧中世纪对体育压制的传统观点，开始从人的价值判断和社会意识的角度更为全面地分析中世纪体育的发展："古希腊传承下来的自然价值、人本价值和社会价值由于中世纪体育观的转变而出现断层，而以骑士体育为主、市民体育以及教士体育为辅的多元化体育的出现，又证明体育意识在断层中维系着某种意识绵延，这是体育在不同历史阶段对社会和大众需求的满足。"[53]

2. 世界近代体育史的研究以区域史为主

对世界近代体育史的研究，近年来的成果不多，从现有成果来看，和上一个阶段近似，学者多从国别史的角度关注世界近代体育史。近年来，尽管由于我国对外交往的不断拓展，使学者关注视野也有所扩展，如近代印度、柬埔寨等国家和地区开始进入学者视野，但是，仍然未能改变英、法、美、日、俄等国家近代体育在学者心目中的地位，对近代体育史研究主要关注于体育教育发展、体育思想、体育传播等方面。

英国作为竞技体育的发祥地，在世界近现代体育史中占有举足轻重的地位，近年来我国学者对英国近代体育史的研究触及到不同阶段各类体育活动。《近代早期英国贵族的体育运动》[54]和《论近代早期英国体育活动的特点》[55]两篇文章中，将体育发展融入到背景环境，让体育深层的文化内涵得到充分发掘和展现，认为体育在近代英国的发展是英国社会分层化和等级性特点的体现。《工业革命时期英国传统体育运动变迁研究》[56]则是期望通过对英国传统体育运动变迁的考察，加深对体育运动与社会变革关系的认识，进一步理解19世纪后半期现代体育在英国的形成过程。

在体育教育、思想方面，学者的文章涉及英、法、美、日等国，研究的目的也大都拟透过世界以予启迪之意义。《19世纪英国校园足球兴衰与启示》[57]对19世纪英国校园足球兴衰进行研究，分析英国早期校园足球的古典教育价值观和教育理念具有的现实意义，助力我国校园足球实现价值观教育和实用性教育二者之间的平衡。《19世纪以来美国中小学体育发展历程及其启示》[58]《从明治维新到"二战"结束日本学校体育特征及启示》[59]《日本近代两次对外战争对学校体育的影响》[60]分别论述了美国、日本学校体育活动的发展历程和特点，并给予中国学校体育启示和思考。《卢梭自爱观及其对我国学校体育的启示》[61]一文从卢梭自爱观的内涵入手，探究其对卢梭体育观的影响，并以此为理论视角，审视我国学校体育发展中存在的问题，提出符合人自然发展要求的建议。也有学者对马克思、恩格斯体育思想进行了研究，对《马克思恩格斯全集》[62]中关于体育的论述进行梳理，结合时代背景对之进行深入分析，用现代观念对马恩体育思想的内涵给予了阐释。

近代体育在全世界范围传播发展的过程中，基督教青年会起到过非常重要的作用。基督教青年会在近代体育史研究中也是一个持续关注点，有学者通过对美国基督教青年会创立远东体育协会的历史进行研究，认为美国基督教青年会在远东体育协会的创立过程中至为关键，一方面使西方体育、美国价值体系在东亚地区生根发芽，另一方面推动了东亚社会的现代化进程[63]。

这一阶段，还有学者对十月革命以前沙皇俄国在创建现代奥林匹克运动中做出的成就进行研究，试图还原沙皇俄国对国际奥林匹克运动的恢复和发展所做出的贡献[64]。这是我国学者更多关注苏联体育及对中国启示或两国间关系之外的另一个视角和研究时段，学者使用更多的是原始档案资料和俄罗斯原文专著资料，使文章具有真实性和可信度。

近代体育发展史实质上是体育的现代化进程，因此简单从时间上割断历史进程来进行研究并不能全面而完整地为我们呈现历史原貌。为了使研究成果具有整体性，这一时期的一些研究成果所呈现的内容涵盖了近代和现代两个阶段，有助于读者了解整个历史发展阶段及其各自特点。同时也通过历史分析为我国体育发展得到启示，产生了如《法国身体教育的变迁》[65]《美国棒球发展历史研究》[66]《美国体育思想的嬗变与启示》[67]《日本棒球发展历史研究》[68]等文章。如《法国身体教育的变迁》[69]阐释了近代到现代数百年来法国身体教育变迁历程。认为，尽管法国身体教育的参与者、手段、制度等在过去数百年中经历了巨大变迁，但变迁始终与时代进步紧密联系，对教育的意义始终保持，凸显人文思想在法国文化中的深厚积淀，使得法国身体教育保持着自身的人文文化特征。而对我国的借鉴意义表现在：身体教育在任何时代都有着重要的社会价值，对已经度过工业化初期阶段的中国而言，今后可持续发展的动力更多取决于人民的素质，因而身体教育的重视程度理应得到更大幅度的提高。同时，身体教育必须遵循教育的基本原则，以人的发展为根本目的，且身体教育的手段须与时代特点结合实现多元化，保障身体教育协调、稳步的发展。英国学者托尼·柯林斯的著述《体育简史》[70]于2017年出版中译本，该书根据原始资料，阐释了在过去的两个世纪，体育运动是如何形成和塑造的，突出了媒体和体育之间的共生关系，并且第一次试图解释世界各地的现代体育运动的出现是资本主义全球化的一个组成部分。

3. 世界当代体育史研究凸显现实观照

体育的全球化是在全球化浪潮中的"急先锋",中国体育事业的发展放置到世界视野中,有助于从世界各国不断调整和改革的体育发展中获取经验和教训,为中国实现体育强国提供更多的启示。从这一角度出发,凸显了世界体育史研究的现实观照特点,国家项目立项和刊印的研究成果均能体现出这一特点。这一阶段的研究内容主要有:二战以来美国职业体育演变及启示研究、美国体育大国成长的制度治理研究、《德国足球成功的策略》译介、《欧洲20国体育俱乐部现状比较》译介、世界体育发达国家体育政策评估体系研究、《城市体育:美国城市社会的进化以及体育的崛起》译介、美苏体育外交比较研究(1952—1988)、英国体育整体性治理的经验与借鉴研究(教育部)等。

"体育强国"的提出,需要我们对自身体育发展现状加以反思并为国家体育发展战略、方针、政策的制定提供理论借鉴。因此这一阶段,有学者主要通过对俄罗斯、美国、德国、英国、澳大利亚、新西兰、法国、日本、韩国等国家的体育战略、体育政策、体育治理、足球运动发展、学校体育等方面加以解读,以期获得启示。从文章涉及的国家来看,较前一阶段以俄罗斯研究为主的情况有了一定改变。这和当代中国体育改革关注各国或优或劣的体育模式有一定关系。

美国近年来成为我国学者重点关注的国家,对美国体育发展研究的成果也相对较多,涉及国家战略、政策、学校体育、体育文化、学科发展等各个方面。《美国身体活动政策:嬗变、特征及启示——基于政策文本的分析》[71]《美国健康与体育教育者学会历史演进及启示》[72]《美国橄榄球文化特征及启示》[73]《美国职业篮球联赛赛事品牌的历史演进》[74]《美国体育"学科革命"对体育学知识体系构建的影响》[75]等文章分析介绍了当代美国体育发展历程中各个层面的问题和经验,为中国的体育制度、政策、治理、项目文化建设、学科建设、社团建设等提供了借鉴。

有学者对澳大利亚妇女体育政策开展了研究。澳大利亚出台的《妇女和女孩体育、休闲和体力活动国家政策》是世界上最早的由国家官方制定、面向全国颁布实施、多个部门参与制定并实施的妇女体育政策之一。从政策的制定到实施已经20年,其政策措施、实施效果和经验总结成为学者关注的重点,以期为我国妇女体育政策的制定提供理论启示[76]。

对德国当代体育的研究,学者主要关注于德国体育战略、足球发展、休闲体育等政策的演进与特点分析方面。如《德国足球成功崛起的因素及启示》[77]《德国休闲体育发展的基础、特征及启示》[78]《德国体育战略演进的历程、特征与启示》[79]等文章。其中,彭国强博士在《德国体育战略演进的历程、特征与启示》一文中,从国家历史演进视角对德国体育战略进行研究,将德国体育战略演进历程分为5个阶段,经历了军国体育、政治性体育、种族化体育、人本体育等战略思想的转变,体现出战略价值服务于国家发展,满足了不同时期国家利益的需要;战略重心从注重国家政治诉求到强调社会人本需求；战略主体从国家主导到社会主导；战略缺陷体现为特定时期将体育作为国家意识形态工具，对人本需求关注不足等特征。认为：我国体育战略应服务于国家发展战略，满足新时期国家利益的需要；体育战略重心转移到社会人本需求，推动全民健身战略价值释放；政府职能向调控型与服务型转变，发挥社会市场在体育发展中的主导作用。

同样，彭国强博士从国家历史演进的视角对日俄体育战略也进行了研究。日本体育战略经历了"脱亚入欧"转折期、竞技体育崛起期、大众体育兴盛期、人文体育倡导期4个阶段，嬗变中表现出军国主义色彩、重拾民族自信、普及与提高并重和谋求政治大国地位等特征。苏俄体育战略经历了民族问题解决期、美苏体育争霸期、体制转型与体育事业复兴期3个阶段，嬗变中表现出维护民族团结、展现制度优越、以人为本等特征。日俄体育战略在嬗变中国家政治诉求过于强烈，人本需求关注不足，在特定时期没有处理好竞技体育与群众体育的平衡关系。其启示在于：国家利益需求是体育战略发展的主要推动力；要全面认识体育的国家战略价值，满足新时期国家利益的需求；体育战略发展既要重视国家政治诉求，也要满足社会人本需求[80]。

从文章的架构来看，两篇文章均是通过国家历史演进的视角分析三个国家的体育战略演进阶段和特征，均是通过不同的国家发展特点，为中国体育战略提供可借鉴的经验。

除了对上述方向加以关注外，由于中国与世界各区域的合作与交流的加强，如一带一路、中国-东盟合作、金砖国家、中非关系等，加之"东北亚体育史学会"三年一度的学术活动的推动，使得中国学者对一带一路国家及东盟国家、韩国、日本等国家体育发展也给予了关注。如有学者对东盟的武术、风筝、舞狮等加以介绍，也有学者就中国与东盟传统体育文化内容、文化内涵与文化特征加以比较分析，认为中国与东盟拥有相同或相近的民族传统体育文化内容，具有一定同源性，而由于经济水平、社会制度及历史进程的差异，又表现出较为显著的差异；中国与东盟民族传统体育文化在精神、物质和制度三个层面具有异同具存的特性；东盟民族传统体育文化所呈现的民族性、现代性、传承性和融合发展性等特征，为我国民族传统体育文化的现代化转换与国际传承提供了事实依据[81]。有学者通过对金砖国家运动会加以研究，认为金砖国家运动会能够促进金砖国家体育发展、经贸合作、文化交流，能够增强凝聚力，提升金砖国家的国际地位，但目前运动会存在比赛项目设置较少，比赛项目他国元素较少，巴西、南非两国参赛积极性不高，新闻宣传不足等问题，并给出：体现"金砖"特色，扩大规模，加强传播，促进内部体育领域的相互扶持，建立完善的体育管理机制，创立金砖国家独特的体育文化品牌等建议[82]。有学者对朝鲜团体操发展历程和阶段性特点进行了分析，认为朝鲜团体操的生存和发展是其特定历史条件下的必然选择，作为一种特殊的文化现象，其受到国家政治、经济、文化等条件的制约并不断演变与发展，在不同历史阶段呈现的形态和角色扮演均有所不同[83]。

另外由于2016年里约奥运会的举办，也引得学者对巴西体育进行了研究。《巴西柔术发展探究》[84]从东西方文化交流视角，对巴西柔术的发展历史进行研究。《巴西足球中的种族困境与自愈》[85]分析了巴西足球业余时期、职业化初期以及职业化时代3个发展阶段的种族困境与自愈，解读足球在巴西社会已不单单是一项体育运动，而是巴西社会的一个缩影和巴西文化的一种代表。

（二）奥林匹克研究概况

2008年后，中国体育发展进入了后奥运时代，但是中国的奥运情节并未因此而中止。2014年3月，北京正式递交了申办2022年冬季奥运会的申请，并在2015年7月31日，国际奥委会第128次全会上，被宣布获得2022年第24届冬季奥林匹克运动会主办权。北京因成为第一个既举办过夏奥会又将举办冬奥会的城市而创造了历史。此外，2014年8月，中国南京成功举办了第2届青奥会，以及2016年里约奥运会上中国健儿的优异表现，使奥林匹克文化在中国持续火热。除了中国的奥运情结的影响外，奥林匹克运动本身的变化和改革也促成了政府及学界对奥林匹克文化研究的关注，形成了2008年以后的又一研究高潮。所获准立项的科研课题、学者们发表的科研论文、出版的专著及硕博研究生学位论文选题，特别是2016年《北京2022年冬奥会筹办的基本原则、重点领域与关键问题研究》，2017年《2022北京冬奥会冰雪运动普及和发展对策研究》课题获准国家重大课题立项，可以充分印证这一点。

总体上说，"奥运会遗产""国际奥委会改革""里约奥运会"和"北京冬奥会"等成为热议，刊印的文章内容涉及到奥林匹克活动内容体系、思想体系、组织体系各个层面。

1. 古代奥运会研究更趋向微观辨析

有关古代奥运会的研究近年来不如现代奥林匹克运动那样火爆，近年来对古代奥运会的研究主要包括不同视角或史料微观现象的探析，如《古希腊奥运会"神圣休战公约"的原则与实践——以莱普瑞昂事件为例》[86]一文通过原典史料分析，认为"体育理想与体育现实之间素有差距，落笔为纸面上的和平原则亦不能轻易等同于落实为历史的行动实践"。即"奥林匹克神圣休战"在一定程度上影响了希腊半岛的邦际纷争局势，彰显了希腊人民对和平的美好愿望，但是这一公约尽管在宗教名义下受希腊城邦的认同，但在实际执行过程中，却不尽如人意。第89届古奥运会召开时，斯巴达人违背休战原则而出兵莱普瑞昂，因此在第90届古奥运会召开前夕，伊利斯宣布禁止斯巴达人祭神和参赛，将其逐离奥林匹亚。这一决定却造成了双方的剑拨弩张，使该届奥运会陷入恐慌气氛中。《古奥运会短跑距离论释》[87]作者通过考古遗址实地考察、追溯古希腊原典史料、多学科论证、专家访谈等方式，论释了奥运会短跑距离固定化的来龙去脉，勘验学界有关古奥运会短跑距离的史识。而《基于古奥林匹克裸体服饰现象的体育伦理研究》[88]一文中则是通过社会伦理和宗教伦理为导向，分析古奥林匹克文化中的裸体竞技习俗。

2. 现代奥林匹克思想体系研究凸显精神和教育价值

现代奥林匹克运动之所以经历百余年发展愈加壮大并不断发展，是因为有着以奥林匹克主义为核心的思想体系。这一思想体系成为奥林匹克运动发展的指针，也是这一运动的灵魂所在，故而，关注和研究奥林匹克思想体系是对奥林匹克这一国际社会运动深入认识的根本。奥林匹克体育运动思想中包含的奥林匹克主义、奥林匹克运动宗旨、奥林匹克精神和奥林匹克格言等内容，历年来我国学者均有论述，近年来重点涉及奥林匹克精神和教育价值等方面。

有学者通过对顾拜旦体育思想中的辩证元素分析，来探讨现代奥运会的生成机理，认为中国人之所以在辩证思维的体系内很容易接纳奥运会中的诸多理念是因为顾拜旦所倡导的奥运理念中蕴藏的辩证统一的概念能与中国人的阴阳思想联系起来。顾拜旦构建的现代奥运会具有超体育的价值，中国人对这一理念的接纳具有选择性，即更容易接纳其神谕、理性主义及其附属的宗教内涵，而较易忽视掉其游戏、狂欢和深刻的规则意识[89]。

有学者通过2016年中国新闻媒体对里约奥运会报道特征分析，认为金牌情节的淡化，报道视野的开阔，反映出国民的心态和媒体报道的关注点都悄然发生变化，人们不再只注重金牌，而是注重更快、更高、更强的追逐过程和享受比赛快乐。媒体对奥运会的报道视角的广泛性也体现出了奥运精神——相互了解、团结、友谊、公平竞争精神的进一步回归[90]。

2016年，国际奥委会发表公报宣布组建难民奥林匹克运动队。这一创举被学者认为是继奥运历史上的制度创新——冬奥会、青奥会和奥运历史上的内涵创新——"女性参奥""职业运动员参奥"之后奥林匹克运动的新创新，是奥林匹克精神的承延和发扬。奥林匹克精神的普世性宗旨和原则是"难民参奥"的根本依据，现代奥林匹克继承古奥运和平与休战主题，在《奥林匹克宪章》的基本原则中明确宣告"奥林匹克运动独自或与其他组织合作，在其职能范围内从事促进和平的活动""为建立一个和平而更美好的世界做出贡献"，并且在多年来国际奥委会与联合国在和平、休战和难民问题上的合作，推动着世界和平运动的发展。联合国大会已连续7次通过《奥林匹克休战决议》，现代奥林匹克休战已然成为全球善治的一个范例。正如国际奥委会前任主席罗格所言，"体育本身不能维护或实施和平，但它将为建立一个更加美好、和平的世界发挥重要作用。"国际奥委会将尽力弘扬奥林匹克文化核心价值，尤其是"对生命、自由、正义和公平的尊重""相互的尊重""爱心和正直""和平竞赛"这些普世价值观，超越宗教、意识形态、国家、种族和经济发展水平，与世界各国和人民，共同维护国际社会正常秩序，有效解决全球化问题[91]。

这一时期较多学者关注着奥林匹克运动的教育价值和意义，其关注点主要集中在奥林匹克精神对大学生的教育价值，青奥会对青少年的教育价值的探析等。《现代奥林匹克运动教育思想的历史流变与当代发展》[92]一文中认为，现代奥林匹克运动始终坚持奥林匹克主义的教育价值，并且这种教育思想和价值在不同时期表现出不同的阶段性特征；经过不断的发展，当代奥林匹克运动的教育思想内容更加的多元化，朝着以人为本、可持续发展等具有当代人文精神的方向发展。

3. 现代奥林匹克组织体系改革问题倍受关注

现代奥林匹克运动发展历史已120余年，已经跨越了体育，成为一项全世界影响力至深至远的国际社会运动。奥林匹克运动不断膨胀，且由于它与政治、经济、文化、科学技术等有着密切的联系，使它在发展过程中不可避免的受到各种因素的影响和干扰，在发展壮大的同时也出现很多问题而受诟病，奥林匹克"异化现象"[93]层出不穷，国际奥委会三大支柱体系之间的沟通和协调，国际奥委会委员遴选、奥运会的管理，运动员的管理、与政治经济文化新闻传播等方面的关系处理成为这一时期国际奥委会必须面对的问题，也自然成为了各国学界关注的焦点。其中最引人关注的莫过于《奥林匹克2020议程》。

2013年9月，巴赫当选第9任国际奥委会主席，如何在全球经济疲软、兴奋剂猖獗的形势下领导奥林匹克运动的健康发展，成为"巴赫时代"急需解决的问题。2014年12月国际奥委会颁布的《奥林匹克2020议程》（Olympic Agenda 2020，以下简称《议程》）成为巴赫改革的第一步。解读《议程》成为世界各国包括中国在内的业界和学界的关注点。

有学者对《议程》的酝酿背景、文本架构进行了阐释，并就改革聚焦与奥林匹克发展走向进行了分析，认为，《议程》作为奥林匹克改革的指导性文件针对当代奥林匹克运动发展所呈现的问题，从奥林匹克本源、奥运会承办、自治与善治、青年与人本等方面规划奥林匹克今后发展的战略宏图。学者认为改革举措仅从宏观上规划了蓝图，在继承与扬弃、改革与发展等具体实施方面仍面临众多难题。同时，因巴赫的欧洲人背景和强势身份，使改革呈现鲜明的个人色彩。在具体操作层面如何进行"度"的把握，决定奥林匹克运动的发展方向[94]。

也有学者通过对《议程》中的具体一项改革措施加以具象研究，如有学者对《议程》奥林匹克设项机制和奥运会管理的改革方案进行解读，并根据2020年夏季奥运会新增项目特征进行研究，探讨和分析夏季奥运会的项目设置特征[95]。有学者通过解读《议程》条例中的"支持自治"的内容和背景，探讨组织自治与善治改革的关系，审视国际体育组织自治问题。客观分析了"善治与自治"改革议程的政策水准和改革预期，同时也提出，由于这一改革的政策设计存在局限性、政策执行面临的困境，以及奥林匹克运动内部控制机制存在的一系列问题，使改革充满未知变数。国际奥委会应当致力于善治改革与实践，而不是将重心放在寻求政治自治权方面[96]。

4. 北京冬奥的活动内容成为关注热点

在奥林匹克活动内容体系中，四年一度的奥运会是其核心内容，而中国学者对奥林匹克运动内容体系的关注点也以奥运会为中心。从奥运会关注的热点看，历届夏季奥运会的举办及其相关活动成为焦点，诚如前期伦敦奥运会备受关注。近年来，这一现象似乎有所改变。尽管2016年里约奥运会也是关注点，但是因为第二届青奥会在南京举行，北京又获得24届冬季奥运会举办权，使得青奥会、冬奥会，特别是2022年冬季奥运会成为这一时期我国政府和学界关注的重点。

关于冬奥会及冬奥会背景下相关体育活动发展，2015—2017年均有国家级别项目立项，特别是2016年、2017年连续两年冬季奥运会相关研究获国家社科基金重大项目立项，从国家层面给予了极高的重视。2016年，易剑东教授申请的《北京2022年冬奥会筹办的基本原则、重点领域与关键问题研究》获得国家社科基金重大项目立项，做为一个决策性项目，该课题目的是拟通过研究解决冬奥运动会组织工作、管理工作方面所面临的政治、经济、社会和外交困难。从提交的中期研究报告来看，该项目将从北京2022年冬季奥运会筹办原则，筹办阶段和重点领域，筹办和举办的关键问题等方面加以研究，力图通过对北京2022冬奥会筹办原则的论证，并通过筹办的时间、空间、内核，依照冬奥会举办的时间线来研究筹办、举办阶段及其重要节点，对影响冬奥会成功举办的关键问题加以具体分析和探讨，并就冬奥会的遗产规划、传承、评价展开论述，以回应国际奥委会强化遗产可持续的要求并顺应京津冀协同发展国家战略的需要[97]。2017年获准立项的国家社科基金重大项目《2022北京冬奥会冰雪运动普及和发展对策研究》同样是作为对策性研究项目，以推动大众冰雪运动普及为目的，在北京2022冬奥会背景下，结合北京连续三年的规范社会调查结果，围绕打造普及冰雪运动的社会文化基础，提高大众冰雪运动参与水平，推动群众性冰雪运动发展，为北京冬奥会留下可持续性的奥运遗产等问题展开研究，分析冰雪运动参与现状、模式与问题；探寻冰雪运动的体教结合与工作方案，以期为政府普及冰雪运动提供可行的对策与机制范式[98]。

除了国家层面上的关注外，这一时期刊印的文章和著述也多和冬季奥运会相关。冬奥会历史演进、冬奥会活动的文化活动体系诸如开幕式、主题口号、传播理念等都进入了学者研究视角。如北京日报《以冬奥正能量驱动北京新航程》[99]写道：举办重大国际赛事，能够为一座城市带来多方面的提升，也是一座城市、一个国家展示自我、传播文化的舞台。再次与奥运相约，对于北京而言都是成长中难得的机遇。如何正确对待这一机遇，易剑东教授通过评析《奥林匹克2020议程》关于体育营销的议程，探究2022北京冬奥会营销策略。认为北京冬奥会为中国企业带来巨大的商机毋庸置疑，但是必须明晰《奥林匹克2020议程》关于营销的整体改革思路，践行奥林匹克主义，促进奥林匹克品牌的人文性和公益性传播，慎重选择自身介入的层面和力度，因为《议程》始终体现着社会价值、公益属性、人文精神等基本取向，彰显奥林匹克营销的独特功能和精神诉求，以此为基础挖掘奥林匹克商业价值，谋求赞助商与多元化价值、传承遗产和继承传统、全球化和包容性的融合。奥林匹克运动的精神源泉是赛场上不为任何广告提供时间和空间的人文营销设计，绝对不将金钱作为目的，而是将传播奥林匹克主义这一国际奥林匹克运动的最高精神指南作为目标[100]。

《体育与科学》杂志于 2015 年，在中国体育改革进入"利益调整"关键时期，北京申办冬奥会成功之际，邀请了北京冬奥申委总策法务部副部长易剑东、中央电视台著名主持人张斌，与清华大学体育部孙科就 2022 北京冬奥申办的有关问题，展开了一场独特视角与宏大命题的对话。对话涉及了奥林匹克运动的现实处境、申办成功的关键因素、北京冬奥会举办的必要性、北京冬奥会与中国体育体制改革的关系，并就北京冬奥会的生态环境、区域协调、场馆规划、外媒评价等诸多的问题提出了各自的观点。访谈认为：北京冬奥会以运动员为中心、可持续发展、节俭办赛的三大理念契合了国际奥委会的发展趋势，契合了《奥林匹克 2020 议程》。访谈也提出了思考：如何运筹帷幄实现冬奥经济的振兴是一个深刻的命题。作者认为：国家综合实力的强大对冬奥申办成功有巨大支撑作用；另一方面大型赛事对整个国家经济社会文化具有强大影响，为此，应该以冬奥会成功申办为契机，促进中国体育体制的转型和治理[101]。

这一阶段，奥林匹克运动可持续发展研究也成为了学界成果较多的研究方向。2017 年孙葆丽教授团队《奥林匹克运动可持续发展研究》项目获准国家社会科学基金重点项目立项，并围绕此研究产出了系列成果，如《奥林匹克运动可持续发展萌芽阶段探析》《冬季奥林匹克运动三大体系可持续发展研究》《冬季奥运会可持续发展研究及对北京 2022 年冬奥会的启示》《变迁的解构：后奥林匹克主义下四个议题的思考》等。这些文章分别从历史发展角度探析了奥林匹克运动在 1894—1948 年阶段可持续发展所包含的支持系统，并阐明该阶段与如今可持续发展之间的关系[102]；从北京 2022 冬季奥会"可持续发展"理念入手，宏观层面研究冬季奥林匹克运动可持续发展。在分析冬季奥运会的可持续发展研究基础上给北京冬奥会的可持续发展以启示[103]。以体育可持续发展系统理论为切入点，把可持续理念置入冬季奥林匹克运动的思想、组织、活动三大体系维度中探讨，认为冬季奥林匹克运动三大体系各司其职，贯彻可持续理念进行发展建构。冬季奥林匹克三大体系的可持续发展是在保证奥林匹克主义基本精神的前提下，针对冬季运动项目的独特性，创造出属于自己的发展之路，三大体系各自围绕可持续理念进行建构，对推动冬季奥林匹克运动整体可持续发展具有重要的意义，也是未来奥林匹克运动可持续发展的重要组成部分[104]。

除了上述冬奥会的研究成果外，这一时期也有学者在奥运遗产、奥林匹克与未来全球城市的演进、奥林匹克与新媒介、奥运设项机制与体育运动、奥林匹克与运动员的再关怀、奥运会与主办城市关系、法制奥运、奥运会内部结构问题等方面给予了关注和思考。

综上，对奥林匹克运动的研究在国内已经形成了专门的研究领域，这一领域关乎奥林匹克运动自身的发展，关乎中国奥林匹克运动的发展，也对我国体育的整体发展有着重要的意义。从近年来奥林匹克运动研究成果看：国内学界的研究包含了奥林匹克运动的各个领域和层面，但是总体上来说，对奥林匹克运动的发展给予了更多的现实关注，特别是与中国奥林匹克运动发展相关的研究，如北京冬季奥运会的研究在政府支持下，成果较为丰硕，而事关奥林匹克运动持续发展改革的相关研究，如对《奥林匹克2020议程》的解读，和与中国奥运发展相关事件相结合的对策性研究成为这一时期的主要亮点，目的是分析当前国际奥林匹克运动发展势态，为推动中国奥林匹克事业的健康、有序发展提供参考，反映出学者的使命感和责任感。

同样，和前期相同，我国学者对"特殊群体"与奥林匹克运动的关注仍处于薄弱环节。女性与奥林匹克研究虽也有学者涉及，如孙淑慧教授《性别"平等"的诉求与超越：论现代奥林匹克运动的女性参与》[105]一文中对女性参与奥林匹克运动进行了客观评述，认为体育领域的性别问题是一个复杂的问题，片面追求与男性的所谓"平等"，特别是以女性参与奥运会的人数及项目作为衡量体育领域性别进步的标准，事实上无益于性别平等的进程；由此，提出女性体育发展中应承认差异，超越狭隘的"平等观"这一新的观点。但类似的高质量的成果在近年来却不多见。此外，残疾人、特殊人与奥林匹克运动尽管也有零星成果刊印，如《国际特奥会全球发展优先战略演进研究》，但是高质量成果更是鲜见，这大概与残奥会、特殊人奥运会甚至是整个社会对特殊人群的关注较少有莫大关系，使得这一领域的研究处于待"开发"状态。

三、2016—2019年体育文化（含民族传统体育文化）研究概况

历史学具有统摄一切的特点，体育史学术研究能够将触角延伸到所有体育领域，尤其是整个体育人文社会科学领域，包括体育文化、非物质文化遗产（体育类）、民间与民俗体育、体育人类学、民族传统体育、体育考古学和体育博物馆学等都与体育史研究有着密切关系，因为这些领域都需要通过现代史学研究方法去探寻其"历史"与"现代"之间的因果与变革，而体育史学是此类研究的原文本与源代码。初步统计，本阶段相关研究成果中，内容涵盖了体育文化理论、民族传统体育、民俗民间体育、非物质文化遗产、体育文化传播、运动项目文化等多个方面，出版专著达140余部；国家社科基金立项项目有55项；硕博论文113篇；核心期刊公开发表的学术论文有700余篇，其中16家体育类核心期刊发表300余篇；体育文化国际、国内学术会议多达数十次。总体而言，体育文化研究与上一阶段（2012—2015）相比呈现出以下特点：体育文化相关理论研究不断深化，"学术反思"逐步深入；传统体育文化热度依然，研究指向不断拓宽；体育文化的发展问题广受关注，研究主体梯队日趋合理；体育类博物馆相关研究异军突起；民族传统体育文化热度依然，研究领域不断拓宽；体育文化比较研究不断推进，呈现"多维度"趋势；体育文化传播和项目文化研究持续升温。

（一）体育文化理论研究不断深化，"学术反思"逐步深入

随着体育文化研究的不断深入，体育文化领域的研究逐渐走向成熟。2016—2019年的体育文化相关理论研究已经从对体育文化的概念、内涵的理解、体育文化内容的归纳走向对体育文化体系的构建、研究方法的讨论、体育文化与社会发展的关系等方面。

在体育文化理论研究中，周辉的《现代体育文化体系分析与发展研究》[106]，在对

体育文化的相关概念进行厘清的基础上，对体育文化进行了分类，并对其未来发展作总结与前瞻。这一著作对学科建构与发展产生了积极的作用。另外，刘健的《体育文化探究》[107]从体育文化的历史、体育精神、体育文化的政治价值、体育文化的经济价值、体育文化传播、体育审美、民族传统体育文化和奥林匹克文化等方面，较为历史、科学、全面、客观地探讨了体育文化，为认识和理解体育文化提供了理论依据。龚正伟《体育文史哲钩沉》[108]，通过对体育界外名家体育思想的系统梳理，尝试变换角度寻找体育本身的文化因素和内涵，探寻中国近现代体育思想文化的发展脉络。抛开体育业内名家，从外界名家的体育思想进行分析，加深了对体育文化发展脉络的认识，拓宽了体育界"只缘身在此山中"研究视野。任庆伟、马景惠就体育文化结合时代，进行了深刻诠释，指出体育文化随时代变迁具有"新义衍生"和适应性变革两种类型，从符号表征、社会价值判断、规范期望、文化堕距等意义层面上对当代体育文化的意义转变进行了分析，并且对体育文化服务于现实进行了思考，指出保持体育文化的实践性是其基础，保持其先进性是体育文化服务于现实的核心，保持其需求性是体育文化服务于现实的关键，保持其进步性是体育文化服务于现实的保障[109]。

研究方法是理论研究的重点领域。中华民族体育既具有"传统文化"的文化属性、"民族文化"的民族属性，同时也具有"体育文化"的社会属性。因此，以多元化的方法、多维度的视角对其研究成为当前的共识。周之华《中华民族体育文化多维研究导论》[110]将多元学科、多维视角融为一体，通过学科理论的交叉与融合，提出民族体育文化的丰富内涵和文化底蕴的不同理解和解释，突破了以往民族传统体育研究的单一视野，为民族体育学科发展提供了较为开阔的研究思路和研究领域。王岗通过对民族传统体育学的研究后指出，民族传统体育学的研究应该坚守方法创新和学科的融合。方法创新是构成民族传统体育再发现的基础和前提，学科融合是满足民族传统体育理论创新的需求和正途，对于学科发展而言，研究方法和方法论的拓展和丰富还应建立起长期的自觉意识，从相关学科借鉴方法、成果[111]。陈青认为，在当前科学技术高度发达的当下，中华民族体育研究应突破单一研究范式，构建多元研究范式进行学科交叉融合式的研究[112]。雷军蓉、王世友对我国民俗体育文化"本土化"研究问题进行了分析讨论，指出：我国民俗体育文化研究应立足于本土文化流失、传统理论根基缺失、研究范式生命力缺失、研究定位迷失的现实，剖析理论依附、文化失语、文化异化等问题；坚持学术批判与扬弃、构建自主学术理论；坚持整体思维的研究范式，促进研究范式多元互补；坚持研究内容的多元视角，加强民俗体育文化多元区域互动；支持研究方法的交叉互补；拓展文化研究的深度与广度；坚持兼容并蓄，和而不同的原则，促进民俗体育文化与时代衔接[113]。理论视角的应用方面，有学者（谭广鑫，任占兵，2017）从人类学学科属性的考量，指出人类学与民族传统体育研究的亲缘关系，也是其重要的应用领域。认为人类学在民族传统体育理论研究中有极其重要的应用价值，包括：人类学中的主客位研究视角、文化相对论与整体观、普同论、适应等可以为民族传统体育研究提供认识与方法论；田野调查及在此基础上的民族志、体质人类学、考古和语言人类学可为辅助和拓展民族传统体育研究提供有效的理念与方法[114]。啜静、范春燕、王若光根据扎根理论的思想特征与民俗体育的基本性质，结合实际案例探讨了扎根理论在民俗体育研究中的方法论意义。指出扎根理论对民俗体育研究的方法论意义主要由建构民俗体育本土理论、禅语主义与规范主义的综合应用、个体主义与集体主义的"二重性"互动、重视文化持有者研究四个方面构成[115]。为体育文化研究的理论研究丰富了方法论上的认识基础。

（二）体育文化的发展问题广受关注，研究主体梯队日趋合理

作为体育文化研究理论与实践结合的着力点，体育文化的发展问题一直是体育文化研究的重点，对此问题的关注既有学界的大家，也有初露头脚的后起之秀。如就中国体育文化的发展方向，卢元镇教授指出，需要是文化交流的动力来源。中国体育文化的需要是21世纪世界体育文化发展的趋势之一，面向世界、走向世界的需要也是中国体育文化发展到今天的必然选择。就中华民族传统体育来说，走上国际化道路一定是它命运的归宿，一定是它涅槃重生的标志，也一定是人们重新认识世界体育文化的开始[116]。易剑东教授认为，"改革开放40年来，中国的体育文化引领着中国体育事业和体育产业发展的前进方向，表征着竞技体育、群众体育、学校体育、体育产业、体育科教、体育外资发展的内在逻辑，演绎着中国体育人从为国争光到展示中国文化软实力的价值取向。这是一条体育事业关乎国际影响到国家形象国民福祉的渐次递进的跃迁之路，也是一条体育发展从外部力量促动到内部因素联运乃至内外合力驱动的逐步深化的理性之路，更是一条价值取向从强身健体到健全人格再到美好生活的日益升华的演进之路"[117]。郝勤教授在对体育文化"十三五"规划研究背景进行解读的基础上，对当前我国体育文化建设的现状、问题及未来发展进行了探讨，指出：体育文化建设是中国体育发展的必然趋势与方向；国内外大型赛事的参会、办会理念与实践应与时俱进；体育文化的价值寻求由单纯追求金牌效应转变为全面实现体育的健身、教育和文化价值；体育文化的建设应建立政府引导、市场驱动、跨界合作、全民参与的建设理念与运行机制；积极打造体育文化品牌；高度重视互联网与"互联网+"对体育文化建设的重大意义[118]。从多角度对我国体育文化现状及未来发展的讨论，为我国的体育文化建设具有重要的参考价值。另外还有学者（尹继林，2017）对中华民族传统体育全球化的内涵与动因、辩证关系与启示进行了分析讨论，指出：中华民传统体育文化全球化源于历史纬度的内源动因与共时纬度的外源动因，内源动因起着决定性作用；中华民族传统体育文化全球化面临的问题是"一元化"与"多元化"、"民族性"与"世界性"、"传统"与"现代"的矛盾关系；提出了以"先进性建设"为立足之本、以"创造性转化和创新性发展"为发展之要、以"生态体育文化"全球化为方向选择、以"命运共同体"为理念指引的建议[119]。

（三）体育类博物馆相关研究异军突起，研究成果日渐丰富

博物馆以其所具备的文化传承和传播功能，在中华民族复兴和建设文化强国的背

景下，受到了各界的广泛关注。2015年国务院公布实施《博物馆条例》提出了提升博物馆的服务水平、发挥博物馆教育、科研作用等规划。同年，国家体育总局发布《关于进一步做好运动项目文化建设的通知》明确提出"举办项目发展史的展览、建设体育博物馆、推动我国体育文博事业发展"，体育类博物馆的发展进入一个快速发展时期。目前我国各类体育博物馆总数已突破100家，2016年由成都体育学院承办的中国首届体育博物馆学术研讨会上，成立了全国体育博物馆联盟，有力的推动了我国体育类博物馆的发展。相关研究异军突起，从体育博物馆的发展、对体育文化的传播等方面进行了深入的研究。

对体育文化的传承与传播是体育类博物馆的重要功能，也是其发挥社会服务功能的主要载体。有学者指出，在当前构建人类命运共同体的社会背景下，体育类博物馆应承担起"支撑体育遗产保护与体育文化传承的贮藏宝库、助力体育文化普及与体育文史研究的源头活水、增强体育文化自信与体育文化交流的联系纽带等角色"。通过对我国体育类博物馆发展历程与发展态势的分析，指出当前我国体育博物馆发展中存在着"文化功能发掘不足、大众基础欠缺"的问题，提出"我国体育博物馆应坚持创新、开放、共享的发展理念，探索思路举措，开启传承发展体育文化的新征程"的发展思路[120]。另有学者对体育博物馆的文化传播策略进行了研究，指出体育博物馆的文化传播特征表现为：是一种特殊的大众传播媒介、传播载体是与体育相关的实体性的物、在有限实体空间内进行文化传播、"体育性""运动性"为文化传播的精神内核等四种，并且从体育博物馆文化传播的传递模式和文化模式的视角，提出了体育博物馆的文化传播策略：多馆联合，跨界合作；依托赛事，整合资源；互动体验，展演传播；媒体整合，多维传播[121]。另有学者以南京奥林匹克博物馆为例，对体育博物馆的传播与动员机制进行研究。指出南京奥林匹克博物馆在赛事动员、社会体育动员、城市形象认同等方面发挥着重要的功能，并提出在策展时应注意展品内容的设计、注意展品的多媒体化和展区的互动化、注意展线的分布等问题[122]。此类研究对我国体育博物馆传承发展体育文化进行了深入的思考，为推动体育博物馆社会功能的发挥提供了参考。

作为一类专业性较强的博物馆，体育博物馆功能的发挥，需要对藏品的文化内涵进行解读，并以此制定藏品征集规划、展陈方案和教育活动计划等。有学者指出，体育藏品的社会文化属性一是"古代文物"，一是"民族文物"；体育藏品的文化内涵表现为史料价值、精神价值和教育价值，发挥体育藏品的三种价值，是体育博物馆的重要社会责任[123]。另外，有学者从符号学视角，对体育博物馆所藏文物的符号表意、符号化过程以及象征意义进行了解读，指出"体育文物不同于其他一般文物，不仅具有一般文物的属性，而且承载了体育文化，更重要的是，通过解读文物内涵，让人们了解古人的生活和人们的思想世界"，"体育文物是作为体育文化的载体和符号，等着人们去发现和解读"[124]。另有学者对体育文物与体育考古等方面进行了研究，指出体育文物的研究价值、理论与方法、文物的作用、管理等，并对体育考古的对象、方法和价值进行了阐述[125]。体育文物是博物馆对体育文化传播的主要载体，对体育文物的研究无疑具有重要的意义。

体育类博物馆的发展问题方面，有学者认为随着公众对文化供给需求的不断增强，体育类博物馆自身使命、实现功能价值朝着专业化、标准化的方向发展，在这种情况下，体育类博物馆合作发展成为未来发展的方向，并指出在未来可通过建立体育类博物馆合作发展机制、构建藏品信息管理系统、建立人员培训体系等，实现体育类博物馆的更好发展[126]。

总体来看，体育博物馆相关研究近年来可谓异军突起，成为体育文化研究的重要部分，但由于体育博物馆起步较晚，对体育博物馆、体育文物的概念界定依然需要进行深入讨论，对体育博物馆的功能、发展等问题有待于进一步厘清。

（四）民族传统体育文化热度依然，研究领域不断拓宽

全球化背景下，对文化多样性的保护成为国际社会关注的重点。民族传统体育文化研究，依然是体育文化研究的热点问题，并且突破了对传统文化的传承与保护，呈现出包括研究视角的多样化、研究方法的多维度等特点。

从国家建设、社会发展的视角对民族传统体育文化的发展进行思考，体育文化必定要适应社会发展的需要。在全球化背景下，国家建设、民族复兴成为新时代的主题，民族传统体育文化的发展，如何契合新时期国家建设、民族复兴的需要，成为学者们关注的重点。王广虎教授在肯定了我国民族传统体育发展所取得成绩的同时，也指出："因没有在民族国家建设的框架下和国家民族（国族）建设的进程中，认识和理解民族传统体育存在的价值和意义，……甚至出现了有悖于民族国家建设和国家民族建设的举措"[127]，因而指出，新时期民族传统体育的发展，必须以民族国家为认识基点，以国家民族为解读语境。因为，就我国的民族传统体育的形成而言，是"近代社会发展进程中形成的历史产物"，"民族国家建构这一历史背景，为揭示民族传统体育形成的历史动因，提供了宏大而严肃的历史视野"[128]。依据民主主义革命的路径和思想史的脉络，把民族传统体育形成的心路历程分阶段进行了分析[129]，并且对新时代民族传统体育发展的定位、定向、定性问题进行了讨论[130]。王纯教授也从民族国家建设的视角对我国民族传统体育的发展进行了讨论[131]。田祖国对文化软实力的构成及其在民族传统体育的表现形式进行了分析，并探讨了二者互动发展的制度性保障问题[132]，对民族传统体育的发展与提升国家文化软实力的互动提供了理论参考。陈振勇教授以"文化认同"的理论层面，对我国少数民族体育促进民族关系和谐发展进行了分析研究[133]。此类研究以宏观的视角，对体育文化与民族传统体育的发展的关系进行了分析与讨论，拓宽了研究视域。

民族传统体育文化要适应社会发展的需要，文化生态学提供了一定的理论借鉴。以文化生态学相关理论来看，中国传统体育文化是在不断适应所处生态的过程中发展的。有学者（王洪珅，2017，2018）对中国体育文化生态的历史演变进行了分析与阐释[134]，并且通过其后的研究，从四个维度提出了中国传统体育文化发展的路径选择，

即在演变适应的维度要突破从传统到后现代化转型的现实困境；在交互适应的维度需要适应世界体育文化生态的濡化与涵化；在策略适应的维度要融合中华人民共和国传统体育文化形态；在趋同适应的维度需要拓展文化增殖的地域范围[135]。从文化生态学的视角对中国民族传统体育文化的"生存困境"进行了审视，有学者（伍卷，石爱桥，2016）从其生存环境、话语权等方面提出了优化路径[136]；有学者提出注重学科研究、教育、推广，注重自主品牌建设等多元生态路径[137]。

另外，以体育非物质文化遗产视角对民族传统体育进行的研究，仍突显了"挖掘与整理""传承与保护"两大主题。如陈小蓉国家社科基金项目成果《中国体育非物质文化遗产（各省卷）》，等。还有对各民族传统体育文化、地域体育文化的研究，体现了以民族学、社会学、人类学多学科方法运用的特点，为民族传统体育文化的研究提供了丰富的视角，拓宽了研究领域。

（五）体育文化比较研究不断推进，呈现"多维度"趋势

在体育文化的研究中，借用"他山之石"为我国体育文化的发展提供参考或借鉴，用中外体育文化比较的视野为我国体育文化理论与实践提供参考与借鉴，成为体育文化研究的一大亮点，并且呈现出包括政策方面、体育文化价值、体育文化内涵等"多维度"比较之势。如有学者（黄卓，童艳，周美芳，2016）对美国体育文化的发展情况进行了分析，指出美国以政策机制激励，利用体育文化低成本争取的国际社会认同、国家形象取得了较大的成功，并指出这种发展的思维与技巧对于中国体育文化的发展具有一定的启示[138]。另有学者（王佳，2017）分析了美国体育文化的内涵，"美国体育的成功离不开体育文化价值的渗透"，并提出"认识和发挥体育的教育功能、培养终身体育意识等，可以为我国体育健康提供借鉴"[139]。英国作为现代体育的发源地，其体育文化从传统到现代转化具有一定的借鉴意义，有学者（黄福华，刘楚，涂传飞，2017）对英国传统体育的现代化转型进行研究后认为：适者生存是英国实现现代化转型的真实写照，不断变化以适应社会的发展，是其体育文化发展成功的主要体现[140]。

不同的体育文化根植于不同的文化环境，有学者（陶坤，2017）把中国的龙舟和韩国的拔河置于民俗与庆典礼仪的背景下，对传统文化的保护与发展问题进行了讨论[141]。有学者（亓昕，王东敏，2016）对中国的太极拳文化和印度的瑜伽进行了比较研究，通过对外在表现形式、组织机构与制度体系、产生与发展的文化价值观等三个方面进行比较的基础上，指出了二者在发展与推广模式上的差别[142]。有学者（陈德钦，尹继林，2017）通过对中国与东盟民族传统体育的文化内容、文化内涵与文化特征进行了对比分析，指出中国与东盟在民族传统体育文化内容上具有一定的同源性特征，但由于经济水平、社会制度及历史进程的差异，又表现出显著的差异；在文化的三层面上来看，二者的民族传统体育既有相同也存在差异，因此提出了二者可以互相借鉴的结论[143]。文化同源背景下不同国家体育文化的比较研究，对于分析社会文化环境等外界因素对体育文化的影响，其研究结果或许更具有可供借鉴的意义。另外还有

从历史变迁（程卫波，赵发田，2018）、体育文化形态变化（杜放，2018）等方面对国外体育文化进行的研究，也对中国体育文化的研究及发展提供了助益。

综上可见，此类对国外体育文化的研究，或是中外体育文化的对比研究，其目的都是积极探寻各国体育文化发展的成功路径，以促使体育文化能够为人类的发展以及人类社会的发展充分发挥其应有的作用。通过此类研究，极大地推动了体育文化研究的不断深入。

（六）体育文化传播研究持续升温

保持文化多样性是世界文化发展的趋势和使命，全球化给地方文化在世界的传播带来了挑战的同时，也带来了发展的契机。面对现代体育在全球的快速传播，展现文化独特性的民族体育的对外传播，引发了学界的广泛关注。郝勤教授对体育新报传播的发展历程进行了分析，指出从体育与媒介的关系来看，国外发达国家已经完成了由体育媒介向媒介体育的变革，由此形成体育赛事娱乐产业推动体育文化大时代的到来。中国体育媒介的发展必须赶上世界步伐[144]。另外，从体育文化的传播来看，中国体育文化只有积极融入世界潮流、满足大众社会意义的需求，才会赋予其发展的动力。传播的模式方面，有学者对中国体育文化传播的思想、传播存在的问题、传播的效果及影响因素进行了细致的分析，提出了中国体育文化对外传播的战略[145]。有学者对中国民族传统体育在北欧的传播模式进行了研究，通过对当前中国民族传统体育文化在北欧传播现状的分析，总结成功的经验，并对存在的不足提出了对策[146]。还有学者对中国传统体育文化的国际传播提出了复兴、共生、融合、创新等策略[147]。此类研究对中国体育文化的对外传播模式进行了分析与思考，对推进中国体育文化传播理论提升起到了积极的作用。

传播的内容方面，近年来，把体育作为一种符号，强调体育符号传播对国家文化形象的贡献，成为体育文化研究的新视角。有学者在符号学范式下对体育传播国家形象进行了理论和实证研究，通过体育明星、体育媒介等对体育与国家形象构建等方面进行分析讨论[148]。把体育文化以符号形式传播的内容与国家形象相结合，为体育文化传播的研究提供了一种新的视角。

传播媒介方面，互联网等新媒体的出现，对体育文化的传播产生了重要的影响。有学者对网络媒体与传统媒体对体育文化传播进行了对比研究，分析讨论了当前网络媒体的传播方式、传播特点、传播优势与局限[149]。有学者运用媒介生态学理论对民族传统体育文化的传播进行了分析，并对民族传统体育文化媒介生态的构建提出了建议[150]。有学者对新媒体对体育文化传播的特点进行了分析，并且从传播主体、传播路径等方面提出了提升体育文化传播效率和效果的建议[151]。另外还有现代科学技术在体育文化传播方面的运用，如虚拟现实技术在大型体育完整传播中的应用、微视频传播等传播媒介的讨论，等等。

（七）运动项目文化研究逐步升温

就体育运动项目来看，其发展的历史中都形成了丰富的文化内涵，对项目文化内涵的挖掘与整理是展现体育文化的重要方面。2015年12月，国家体育总局印发《关于进一步做好运动项目文化建设的通知》，加强了对项目文化的建设步伐。从2016—2018年的研究成果来看，对运动项目文化的研究开始显现。

有学者在对运动项目文化形成与演进进行分析的基础上，指出运动项目文化特征表现为共有性、差异性、相对稳定性、可以不断涵化，这些特征为人类文化的交流、人类文明的繁衍和延续作出了贡献，可以使体育得到升华，增进了人类文化自信，并对运动项目文化发展提出了建议[152]。还有研究从体育明星运动员在运动项目文化建设中的作用及培养路径进行了分析[153]，以及从旅游报道对旅游项目文化价值产生的影响进行了研究[154]。此类对运动项目文化的整体性研究，推动了运动项目文化研究的不断深入。

有学者对田径运动文化进行了研究，研究内容包括田径运动历史文化、田径运动健身与教学文化、田径运动训练与竞赛文化、走跑类运动文化与开展、跳跃类运动文化与开展、投掷类运动文化与开展等方面[155]，还有学者对田径运动的沿革与文化体系构建、现代田径运动的发展等方面进行了分析与讨论[156]。此类研究虽略显不够深入，却是对田径项目文化挖掘的初步尝试，对田径运动文化的系统性深入研究奠定了基础。

乒乓球运动在19世纪末产生后在世界广泛地流行开来，在中国的发展形成了对乒乓球运动的深远影响。有学者对乒乓球运动的历史进行了分析，从其历史渊源，在欧美、非洲、日本、中国等国家和地区的发展史以及所形成的乒乓球文化及其传播等方面进行了深入细致的分析[157]。

对足球文化的研究，路云亭教授以其足球三部曲构建了对足球文化的诠释体系。在《现代足球人类动作镜像的终极美学》[158]中，从现代传播工具辐射下的足球艺术、动作英雄的影像转型、足球的现代神话镜像、足球是数学与魔术的共融体、徘徊于功利化与艺术化之间的足球竞技、艺术足球成为球类运动的邢台市以及地域文明铸就了足球运动的独特魅力等方面对足球进行了美学阐释；在《文明的冲突 足球在中国的传播》[159]中，把足球在中国的传播划分为四个阶段，最后指出：足球在中国的传播超越了体育的界限，进入到文化的领域。足球在中国的健康性传播应当以改造国民性为前提，中国足球的悲喜剧内蕴尽含于此；在《表演的异化 足球的观剧本性》[160]中，从足球的场域、足球营造的镜像、足球与现代戏剧的关系、足球的悲剧内核、足球的观众群和其心理等角度阐释了足球的美学。此部丛书对足球项目文化的研究另辟蹊径，从不同的视角对足球文化进行了深刻细致的阐释，推动了运动项目文化研究的不断深入。

除以上几方面的内容外，相关研究还涉及体育礼仪、体育地理学等方面，极大的拓宽了体育文化研究的视野，推动了我国体育文化研究的不断深入。

四、2016—2019 年体育史学理论研究概况

2016—2019 年，恰逢改革开放 40 周年、中华人民共和国成立 70 周年，同时也是郭希汾先生的《中国体育史》出版 100 周年。因此体育史学界包括历史学界对体育史研究的理论与方法的关注更甚以往，国内先后举办了"首届国际体育史学科发展高峰论坛"（成都，2017）、"首届二十世纪中国体育史研究工作坊"（上海，2018）、"中国体育史研究方向与方法论坛"（南京，2018）、"中国体育史学百年高峰论坛"（成都，2019）以及全国首届体育口述历史学术研讨会（天津，2019）等学术活动，对体育史学科理论与方法进行深入地研讨，并将对体育史学科的未来发展产生较大影响。2016—2019 年间有关体育史理论与方法的研究成果较以往偏少，但学者们都敏锐地觉察到体育史学科即将迎来的一个变革的时代，呼吁学科的开放性及母学科——历史学科的加入和参与；同时，随着国际体育史同行间的交往日益加深，体育史理论研究的视野也更加开阔，中国体育史学科理论建构时代即将开启。

（一）体育史学界和历史学界首次展开对话

从学科的发生学来看，体育史学诞生于体育学科内部，历史学界参与较少。因此，上世纪 80 年代我国体育史研究的老一辈学者董时恒教授提出，体育史学界作为一个封闭状态是不容易发展的，我们必须突破这个封闭状况，打出去。具体说就是同历史学界挂钩。然而，由于"一些历史学家受到自古以来轻视体育的影响，他们研究音乐、舞蹈、美术、杂技，就唯独没有研究体育"以及"苏联式学科分类的质的规定性因素"和体育圈的封闭性，使得体育史学在自身封闭发展，"一直处于一种孤立化、碎片化、自我化的研究状态中，其中的从业人员很少受过正规的史学训练"，体育史学研究者写文章主要面对体育圈读者，缺乏人文学的大视野品格，不能和其他学科对话[161]，一些理工科式的研究方法占据了主导性地位，导致中国体育学术界的史学研究无法取得实质性的进步[162]。近年来，随着体育在国民经济社会发展中的地位逐渐凸显，体育从封闭走向开放，对体育史研究提出了新的要求。因此诸多学者提出，体育史研究需要在更广阔的时空架构中去进行研究，实现体育史学界和历史学界的双向对话。

郝勤教授认为，当前需要用"大体育观""大历史观"来指导体育史研究。要以"问题"为导向，关注世界体育与中国体育发展面临的问题，通过"逆寻"问题的历史因果与逻辑关联，从而提供具有规律性和普遍指导性的理论研究成果；要以"社会"为场域，关注围绕人的游戏、竞技、身体训练等活动的社会关系史，寻求多学科理论和多种方法的联合；要以"文化"为空间，开展以"有目的的身心活动与竞技"为核心的文化史研究；要以"项目"为载体，关注运动项目与社会群体、社会伦理、社会心理、社会经济、社会文化、社会职业、民族性格、民族文化传统等的关系[163]。

黄美蓉总结"中国体育史研究方向与方法"论坛专家意见认为，体育史学界和历史学界的双向对话意味着，一是要在大的历史变迁下，借助史学的视野来研究体育，

倡导体育学与历史学的结合。在学术的规范上，不仅仅是"体育中的史学"，而且应该是"史学中的体育"，即时代变迁和人类社会活动中的体育；或者说是从"体育中的历史"，到"历史中的体育"。二是要讲究整体史学，整体史学有三方面的含义，一是指体育史研究不能把外国的扔掉；二是指新文化史、历史人类学、社会科学、日常生活、比较分析、概念史等领域的方法也都可以用；三是应该包含日常生活史，因为体育史研究只有转向普通大众的日常生活，才会知道体育是一种"化"到了民众日常生活中去了的文化[164]。

应该说，体育史学本身并不是封闭的，而且一直以来都呼吁和欢迎历史学科及相关学科的学者参与到研究中。近年一些职业的历史学者开始尝试进行体育史学学科理论体系的系统研究，如东北师范大学青年学者王邵励教授在2015年申报国家社科基金一般项目《体育史基本理论研究》获得立项。王邵励教授认为体育史处在体育与历史的学科交集当中，以体育历史现象为研究对象，但方法还是历史的。是历史学的基本方法与理论，成就了这门学科的学理合法性。所以该课题是从职业历史学的学科范式去探讨体育史学科的构建，包括研究领域、理论方法、规范和评价等，并试图建立体育史学科规范。

综上，无论是体育学界还是历史学界都对体育史研究给予了重视，体育史研究正在从"体育的历史"走向"历史的体育"，体育学界和历史学界的双向对话也更加深入，这有助于提升体育学术界内有关体育史的研究水平，这种高水准的研究范式中包含了更为严谨的研究路径、高端的学术视野以及不断更新的学术理念。

（二）重视中外体育史研究的交流与互鉴

王邵励对北美体育史协会2016年"主席论坛"内容进行评析，认为北美、西欧和澳大利亚大学中的体育史学科发展正面临前所未有的挑战：研究队伍和机构萎缩、学术影响力和学科贡献力下降、项目资助和学科发展基金额度减少、课程边缘化与人才培养危机等。其成因是欠合理的学术评价指标及短视、功利化的大学教育导向、唯理科化的体育学研究导向。积极调整选题方向、寻求跨学科的研究资源、加强与公众的互动是提升体育史学科质量及其社会影响力来改变当前局面的有效方法。王邵励认为，中国体育史学者应通过跨学科协同创新，树立中国体育史的学科自信，同时加强与外部的学术交往，为世界体育提出中国式问题，贡献中国化方案。

丁飞在其硕士论文《美国体育史学史研究》[165]中，在历史哲学的理念下以史学史为工具对美国体育史进行梳理。丁飞认为，"史家"和"史论"是美国体育史发展的两个基本维度。在"史家"维度，美国体育史研究并大致呈现为"历史学化"—"体育学化"—"合流"三个阶段。于"史论"维度，美国体育史在Turner、Robinson等人的带领下，使得美国体育史从一开始的无人问津，经"新史学"学派的兴起最终在美国史学届占有一席之地。美国体育史学大致历经了"萌芽""发展"和"反思"三个阶段。"萌芽"阶段，美国体育史学主要以过去英国传统史学记叙客观体育现象为主；

"发展"阶段，美国体育史学形成了跳出体育本身，关注宗教、民族等因素的特征；最后在"反思"阶段，主要强调对传统体育史学话语模式的批判与挑战。丁飞认为，"新史学"是美国体育史研究的史学理论背景，它渗入到当代美国体育史的研究理念之中，这种本土史学理论对于美国体育史研究意义斐然，也是美国体育史实现本土化并在世界上领先的重要条件之一。

周乐在其硕士论文《法国体育史学史——基于历史哲学的考察》[166]中以历史哲学的考察方式重新梳理法国体育史学史发展的脉络，为体育史学史研究提供新的方法借鉴。在此基础上分析法国体育史学史逻辑发展内核，挖掘体育史表层所掩盖的核心问题，并充分展现法国体育史从社会史范畴转向文化史范畴的变迁特征，着重文化史研究层面上的法国体育史的进一步凸显，赋予了体育史一条人类思维的心路历程，以历史正名为手段，体育才能在除却"器具"之用上实现"文化"之用，这对我国体育史学研究具有借鉴意义。

综上，随着中外体育史交流的进一步加强，大家对国外体育史研究的发展历程与现状等问题有更加深入的观察与思考，通过中外体育史研究的交流与互鉴，也将对中国体育史学科的发展产生镜鉴的作用。

（三）提出中国体育史学科的学科自信

2016—2019年间，体育史学者都不约而同谈到了学科自信，提出建设具有中国气派和中国风格的体育史学体系。当下中国的人文社会科学评价体系正在发生深刻转变，"价值导向"正成为新的优先评价指标。体育史研究蕴含着弘扬社会主义核心价值观的优质学术资源。中国人的体育史研究理应提出"中国式问题"，发扬唯物史观等中国式认识论优势，为发展中的中国体育与世界体育贡献解决问题的中国方案[167]。

郝勤认为在国际体育史学领域，中国是较早形成自己体育史话语的国家。中国体育史观的形成有其特定的时代语境与话语逻辑。由于19世纪末20世纪初特定的历史背景，早期的中国体育史学者都几乎本能地反感和抵制体育欧洲起源论，并自觉地返回悠久古老的本土文明中去寻找建构本民族的体育史叙事[168]。路云亭教授认为，中国古代的"体育"不是现代体育的意义，而是游戏和祭祀性活动，它不具备现代体育的规则。中国是文化大国，在构建中国式"体育"史学时应当使用自己的概念、体例、价值判断，不必非要跟进西方体育[169]。

崔乐泉研究员进一步指出，近年来西方史学各流派的研究方法和理论变化，实际上就是一个主题："历史哲学由思辨向分析的转移。"诸如文化形态史观、新黑格尔主义史学、新文化主义史学、后现代主义史学、现代化理论、聚散理论等。中国体育史学界没必要原封不动地去接纳"思辨的、分析的历史哲学"一类话语，因为中国自古就有历史与史学的不同概念，而且一向倡导撰史务从"实录"的理念，反对用个人的思想和想象来"重演"历史。崔乐泉研究员分析了近年来体育史学研究中津津乐道的西方流派所谓"理论学舌"现象，他坚决反对把一些与体育史学研究毫无关系或关系不大的所谓"概念性"理论原封不动地搬入体育史学研究[170]。

王邵励认为,全球史不是全球通用的历史,全球史不应囿于区域所限,但全球史撰写应该立足于特定的国族立场。全球史学科没有国界,但全球史学者有祖国。具有中国特色和中国风格的全球体育史,理所应当地用中国话语反映中国在古代体育不同发展途径中的独特地位,及其在当地体育全球化进程中的积极参与和独立探索。全球体育史的叙事,当然绕不开发源于欧美的体育近代转型,但现代体育的发展,又绝非欧美体育扩张的结果。我们既要承认欧美体育在现代体育全球化进程中的地位,但同时亦应避免陷入"西方体育中心论"。在倡导世界体育多元主体互动合理的全球体育史话语体系中,中国体育史的叙事不可缺席[171]。

蔡艺对我国体育史研究存在的"厚西薄东"现象进行了分析。"厚西薄东"是指重视西方体育,忽视关于朝鲜、日本、越南等国家"东方体育史"的内容,认为这与中国传统的天朝大国观念、特殊的学科体制和优越的历史文化心态有关。加强汉字文化圈体育史的研究,总结中国传统体育文化东传朝鲜半岛的历史经验,不仅可以明确中国传统体育文化在东北亚的源头地位,还原部分中国传统体育文化的历史真实,有助于建立中国体育的文化自信,还能为中国传统体育文化走出去提供历史借鉴,并为我国非物质文化遗产保护工作提供依据[172]。

综上,可见近几年来学者对体育史研究反思已经逐渐走向深入,特别是体育史学界和历史学界的双向对话,为体育史学科的建设和发展提供了理论、方法、材料、研究领域和视野等方面的新思路,同时对建构具有中国风格和中国气派的体育史学科产生积极的影响。

五、体育史学科未来发展的趋势预测和研究方向

相对于之前甚嚣尘上的"史学危机",此阶段,在国家重视传统文化的大背景下,体育史研究在研究领域拓展和研究方法更新等方面开展了大量工作,体育史研究的成果数量较为稳定,体育史学科的信心明显增强。此阶段,体育史研究的领域不断得到拓展,体育文化研究、民族体育研究、体育非物质文化遗产、体育考古学、体育博物馆学等不断涌现,研究的问题意识进一步增强,文献资料研究、考古学研究、田野调查(考察)、口述史方法成为体育史与体育文化研究的主流方法,为体育史学科提供发展"增量",推动体育史学走向繁荣发展。从视野上来看,重视中外体育文化的互鉴与交流,学科的国际视野进一步增强。从研究队伍上看,随着恢复高考以来培养的首批体育史研究生和20世纪80年代国家体委体育史助教班培养大批体育史中坚力量进入功成身退的年龄,一批青年学者初绽头角,他们当中有许多人受过社会学、人类文化学、哲学、传播学等专门学科的训练,理论素养较高,为体育史研究带来了新气象。可以看出,体育史学科基本上已经回归了学术常态,正在走向扩大发展的新阶段。

当然体育史学科存在一些问题,比如学科壁垒仍未得到突破,历史学者对体育史研究的介入仍然较少;学科问题意识尚显不够,研究的深度和理论性有待提升;体育

史课程与教学问题仍未受到关注等，这仍然需要进一步改进。学科自身的属性及社会需求是决定一门学科发展趋势的重要依据，而且学科发展总是具有延续性的。综合近4年体育史学科发展的特点及我国体育事业发展的需求，并针对现存的问题，提出体育史学科未来发展的一些预测和研究方向。

（一）当下体育史与体育文化研究的热点将会持续

中国近代体育史研究的热度将会持续。历史学研究的进展与突破与"史料"掌握的多寡密不可分，如前所述，近年来，一批重要的有影响的报刊数据库不断投入使用，加之各大档案馆晚清民国档案电子化工程的完成及开放，研究者可更加方便地接触到相关的一手资料。可以预见，未来几年，对中国近代体育史的研究仍将继续深入。随着"历史地理学理论"[173]的引入，对拓展体育史学研究的范围与领域有积极影响。尤其随着"丝绸之路"体育文化研究热，对少数民族体育活动进行地理意义上的统计，透过不同的历史时期看体育活动的发展与演变，更加客观真实的显现体育活动的"镜像"，对于各个民族体育活动的地理学分析能在一定程度上更形象化的反映民族交流与融合的现象。

（二）现当代体育史研究将会受到高度关注

习近平总书记指出："历史，总是在一些特殊年份给人们以汲取智慧、继续前行的力量"。在中华人民共和国成立70周年，中国共产党成立100周年这些大的时间节点下和建设体育强国的大背景下，需要体育史研究对现实问题进行积极回应，去思考现当代体育史的问题。当代史是历史学园地中距离现实时代最近、社会关注度最高、政治敏感性最强、历史借鉴意义最直接的学术领域。研究当代体育史可以为总结中国体育的道路、制度、理论提供很好的参考借鉴，这些研究对于推动体育强国建设、体育对外交往等都具有高度的现实意义。可以预测，在接下来的周期内，现当代体育史研究将会受到高度关注。

（三）冬季奥林匹克运动研究将引领新一轮奥林匹克研究热潮

2022年冬季奥林匹克运动会将会在北京举行。相比夏季奥林匹克运动，我国的冬季奥林匹克运动发展水平还不高，关注度也不够高。因此北京冬奥会作为推进体育强国建设的重要战略举措，特别是推动三亿人上冰雪，对于发展冰雪运动有积极意义。借鉴2008年北京夏季奥运会周期，体育史界的研究者们积极参与并投身到奥林匹克研究和对奥林匹克历史知识的宣传和普及之中的情况，在北京冬奥周期，同样也会带来冬季奥林匹克运动的热潮。并且随着奥林匹克新一轮改革的到来，可以预测，在下一周期，冬季奥林匹克运动研究将引领新一轮奥林匹克研究热潮，对于建立和完善奥林匹克学，发出中国学者的声音，提高中国体育史的国际学术影响力具有积极的意义。

（四）体育考古和文博研究会成为新的研究热点

我国素有重视收集文物的传统，历史上很多文人以收集文物为荣，以文物收藏作为有文化、有教养的标志。盛世收藏，改革开放以来，随着我国经济发展水平的不断提高及综合国力的不断攀升，"文物与博物馆"被视为国家声誉日隆的资源，日益受到党和国家的重视。体育文物对体育史研究资料上的丰富以及对体育史学研究的相互印证及其对新问题的研究，有着重要意义，尤其是目前存放在博物馆内的古代体育文物，随古代体育文物研究的深入，会逐渐促使博物馆学界、历史学界对古代体育文物的研究。体育博物馆的建立亟需相关制度的确立，制度的确立与实施可在某种程度上对体育博物馆的建设标准提供纲领性的指导，对体育博物馆理论的研究将更加深入，为体育史学研究做出应有的贡献。此外，随着体育院校开设"文物与博物馆学"专业，在专业建设和学科建设等方面的需要，也将推动这方面的研究。故可以预见未来几年内，"体育博物馆及文物研究"会受到越来越多研究者的关注。

（五）体育史研究的视角将会继续呈现出多样化

历史学具有统摄一切的特点，体育史学术研究能够将触角延伸到所有体育领域，尤其是整个体育人文社会科学领域，这为体育史学科的发展提供了广阔的空间[174]。近年来，体育史研究的领域不断得到拓展，体育文化研究、民族体育研究、体育非物质文化遗产、体育考古学、体育博物馆学等不断涌现，为体育史学科提供发展"增量"。同时，一些有着社会学、文化人类学及哲学等学科素养以及部分有着海外学习经历的年轻学者加入到体育史研究队伍当中，他们在相当大程度上活跃了体育史研究，给体育史研究带来多元化的研究视角。随着他们学术路向的进一步清晰，体育史研究的视角将会继续呈现出多元化态势。

（六）中华人民共和国体育典型人物口述史研究刻不容缓

口述史学方法是广为西方"新史学"所重视的研究方法，尤其在当代史研究中，由于具有与当前生活的连贯性，生活形态化的口述资料特别丰富，口述可在某种程度上填补当代史研究中有关史料的缺憾。需引起我们高度重视的是，当前，那些经历了我国近现代体育发展过程的典型性体育人物，多年事已高，亟待有计划地对他们进行"口述实录"，这一"活材料"的抢救和整理已到了刻不容缓的地步。目前，北京体育大学、天津体育学院均成立体育口述史的研究中心，并计划招收口述史专业的研究生，可以预见，体育口述史研究会成为下一个阶段的研究热点，而研究重点就是中华人民共和国体育典型人物的口述史。

（七）包含体育史课程与教学问题在内的体育史学科理论研究的力度亟待进一步加强

如前已述，历史学界近年广泛引进新的社会理论，使史学研究进入"新史学"语境，而体育史学界由于理论积淀和训练不足，虽然也采用了与社会学、传播学、人类学、符号学等多学科相结合的研究方法，但运用不熟练，研究方法没有本质突破，没有进入"新史学"的语境状态，对人类体育活动这样一个复杂的文化行为，仍然缺乏有新意的诠释和呈现，没有全新的体育史理论构建，就无法对传统研究边界大幅度超越。这有待加大体育史学科理论研究力度，其中包括认真反思体育史课程与教学低迷不前的症结等问题。

（八）应积极回应"大数据"时代，提升体育史研究的学术品格

与传统相比，当下我们正处于一个新的"学术"时代，电子信息技术、人工智能的发展，不仅改变着人们的生活方式，也影响到了学术研究的形态，包括"史学"这种回望过去的学科，其研究的场域已发生了巨大的变化，如传统文献的数字化，日益综合的数据库，日益膨胀的大数据，等等。大数据的应用不仅对体育史学材料的研究提出挑战，更是人们对于体育史学研究方式转变的一种诱因，对历史计量学在体育史学研究领域的运用要进行慎重的选择，历史计量学的引入对体育史学研究的范式会产生相应的影响。体育史学研究应当如何提升学术品味，值得我们研究与思考。

（九）体育史的研究领域将从宏大叙事走向中、微观

体育史领域的学者向来关注大问题、大事件、长时段，"通史历程"式的研究，从以上对研究现状的总结发现，对个别的、具体的史实和问题的专门研究以及对史料的深度挖掘逐渐增多。如对民国时期职业体育、运动员行为、裁判制裁、门票收入以及广告与职业联赛等方面的研究。对当代体育事件的研究将成为热点。例如对体育对外交流的研究原来主要停留在国家政府层面，对于民间的体育外交的研究较少，尤其是对区域体育交流的研究更少，从社会文化史的角度来看，国家层面体育交流的研究较为成熟，民间层面的交流，尤其是微观角度方面的研究相对较为薄弱。

（十）对体育史学术史的研究将会受到关注

体育史学研究在百年发展的过程中遵循着历史学研究基础理论和基本范式，体育史的研究和社会政治、经济、文化发展的相关度比较高，这基本遵循了历史学科的发展脉络。但对母学科的反哺功能并没有发挥出来，对历史学研究的影响微乎其微，以至体育史学研究得不到历史学主流学者的认可。不过，经过百年的体育史研究的思考，越来越多的学者和专家会关注体育史学术史的研究，来重新思考体育史学科的定位。

参考文献

[1] 崔乐泉. 中国古代球类活动演进与捶丸起源研究——兼具考古学资料分析 [J]. 体育科学, 2016 (7): 89-96.

[2] 崔乐泉. 中国古代捶丸发展与演变的考古学观察——兼及古代体育史有关研究方法的思考 [J]. 体育学刊, 2017 (1): 59-63.

[3] 崔乐泉. 从《丸经》对古代捶丸活动的记载看中国传统体育运动观 [J]. 成都体育学院学报, 2017 (5): 81-86.

[4] 赵迎山, 谭灿, 臧留鸿. 喀喇汗王朝体育文化研究——基于《突厥语大词典》等史料记载 [J]. 体育文化导刊, 2016 (10): 164-168.

[5] 杨文杰, 等. 西南獠体育文化考析 [J]. 体育文化导刊, 2017 (5): 171-175.

[6] 隋东旭. 高句丽体育文化研究 [J]. 体育文化导刊, 2013 (11): 145-149.

[7] 郝亮. 韩愈与苏轼体育思想比较研究 [J]. 体育文化导刊, 2016 (9): 160-163.

[8] 陈妙闽. 尚武、仁爱、悦己：文书视阈下唐玄宗的体育文化观 [J]. 体育文化导刊, 2017 (11): 150-154.

[9] 金向红. 元曲中的体育研究 [J]. 体育文化导刊, 2016 (9): 197-201.

[10] 林春. 元曲中女子蹴鞠的研究 [J]. 敦煌学辑刊, 2016 (2): 62-67.

[11] 王泽湘, 林春. 汉唐乐府中的民俗体育研究 [J]. 敦煌学辑刊, 2016 (4): 133-137.

[12] 郝勤, 高潇. 宋代彩绘童子抱鞠俑考释 [J]. 成都体育学院学报, 2016 (1): 1-5.

[13] 赵敏. 柳孜遗址出土"抱鞠童"的体育文化意蕴 [J]. 体育文化导刊, 2017 (2): 171-174.

[14] 郑志刚, 李重申. 丝绸之路古代游戏、娱乐与竞技场地空间分布考研 [J]. 敦煌学辑刊, 2016 (4): 125-132.

[15] 张新. 广场、球场、戏场——中国古代运动场地探析 [J]. 成都体育学院学报, 2018 (6): 1-5.

[16] 孙麒麟, 毛丽娟, 李重申. 中国古代体育图录 [M]. 兰州：甘肃教育出版社, 2015.

[17] 郝勤. 体育史观的重构与研究范式的转变——兼论体育的源起与概念演进 [J]. 成都体育学院学报, 2018 (3): 7-13.

[18] 姜广义. 周代射箭教育探析 [J]. 体育学刊, 2017 (3): 35-38.

[19] 负琰. 有的放矢：建构有关"中华射艺"的动态认知与挈领概念 [J]. 成都体育学院学报, 2018 (2): 6-11.

[20] 张学海, 江宇. 王正廷体育思想研究 [J]. 体育文化导刊, 2016 (5): 183-187.

[21] 杨风雷, 李莹. 张伯苓体育思想研究 [J]. 体育文化导刊, 2017 (1): 175-178, 189.

[22] 赵富学, 程传银. 徐一冰的体育教师教育思想研究 [J]. 北京体育大学学报, 2016 (5): 58-64.

[23] 赵富学, 程传银. 张汇兰女子体育教育思想研究 [J]. 体育文化导刊, 2017 (5): 181-185.

[24] 常媛媛. 清末山西大学堂西学专斋体育活动考论 [J]. 体育文化导刊, 2016 (3): 177-179.

[25] 于书娟, 李秀宁. 清末民初竞志女学的体育课程分析 [J]. 体育文化导刊, 2016 (9): 173-178.

[26] 李延武. "北碚复旦"体育考 [J]. 体育文化导刊, 2017 (7): 177-179.

[27] 冯培明. 清末民初的城市公园与现代体育的发展 [J]. 体育学刊, 2016 (9): 74-78.

[28] 梁松尚. 民国时期的体育场研究 [J]. 体育文化导刊, 2016 (8): 178-181.

[29] 周小林, 李传奇, 周文生. 近代上海体育建筑的兴起与可持续发展研究 [J]. 体育文化导刊, 2017 (6): 172-176.

[30] 顾武英. 南京与中国近现代体育 [J]. 史海探迹, 2017 (4): 48-51.

[31] 郭振, 刘波. 20世纪50年代至70年代我国大学竞技体育的重构与展现 [J]. 体育文化导刊, 2017 (7): 148-152.

[32] 李响. 建国初期东北地区体育与城市共生发展研究 [J]. 体育文化导刊, 2017 (11): 173-177.

[33] 朱鹏. 上海船艇运动文化发展研究 [J]. 体育文化导刊, 2016 (3): 167-171.

[34] 李景繁, 叶松东. 砂板乒乓球运动的发展历程与趋势研究 [J]. 体育文化导刊, 2017 (4): 187-191.

[35] 孙淑慧, 张新. 乒乓球对中国体育文化的贡献和社会影响//2017年国家体育总局决策咨询研究项目, 2017.

[36] 崔乐泉. 中国校园足球发展的历史考察与经验启示 [J]. 上海体育学院学报, 2018, 42 (4): 12-18.

[37] 王彩平, 刘欣然. 古希腊教育史中的体育思想 [J]. 沈阳体育学院学报, 2015, 34 (6): 41-47.

[38] 王志华, 向勇. 竞技文化视域下古奥运会的起源 [J]. 体育成人教育学刊, 2018, 34 (3): 55-58.

[39] 王大庆. 古代希腊赛会研究 [M]. 北京: 中国社会科学出版社, 2017.

[40] 冉勇, 刘欣然. 仪式的信仰: 古希腊丧葬竞技的历史背景和宗教基础 [J]. 武汉体育学院学报, 2017, 51 (4): 26-31.

[41] 刘占锋, 刘欣然. 神圣的献祭: 古希腊丧葬仪式中的体育竞技 [J]. 沈阳体育学院学报, 2018, 37 (3): 139-144.

[42] 俞佳俊, 高强, 杨俊杰. 从交往到仪式——文化记忆理论视域下的古希腊竞技史 [J]. 山东体育学院学报, 2018, 34 (5): 75-80.

[43] 张波, 姚颂平. 中西体育赛会的文化比较——以古中国射礼赛会与古希腊奥林匹克赛会为例 [J]. 上海体育学院学报, 2018, 42 (5): 87-92, 98.

[44] 张晓军. 古代中国与希腊"身心并重"体育教育观的差异 [J]. 吉林体育学院学报, 2015, 31 (4): 8-12.

[45] 王邵励. 希腊城邦时代的车马竞技 [J]. 体育科学, 2017, 37 (1): 45-54.

[46] 法略莉, 赵毅. 在游戏表演与身体活动之间: 古代罗马的体育与法 [J]. 体育与科学, 2017, 38 (6): 9-15.

[47] 赵毅. 体育治理的古典尝试——《优士丁尼法典》中涉体文献整理与评注 [J]. 体育科学, 2017, 37 (9): 28-39.

[48] 赵毅. 罗马体育法要论 [M]. 北京: 法律出版社, 2017

[49] 次春雷, 张晓华. 中世纪基督教生命观的内在张力及其对体育文化的复杂影响 [J]. 科学与无神论, 2016 (5): 42-45.

[50] 次春雷, 张晓华. 中世纪基督教对体育发展的历史影响 [J]. 沈阳体育学院学报, 2015, 34

(4): 58-62.

[51] 贝林格. 运动通史：从古希腊罗马到21世纪 [M]. 丁娜, 译. 北京：北京大学出版社, 2015.

[52] 方方, 张晓华. 神圣与世俗之间的身体——以体育运动为视角的中世纪基督教身体观研究 [J]. 社会科学战线, 2018 (3): 237-241.

[53] 刘仁盛, 王冬悦. 欧洲中世纪体育的价值断层与意识绵延 [J]. 体育文化导刊, 2018 (3): 139-143.

[54] 陈凯鹏. 近代早期英国贵族的体育运动 [J]. 经济社会史评论, 2018 (1): 21-29, 126.

[55] 陈凯鹏. 论近代早期英国体育活动的特点 [J]. 体育文化导刊, 2016 (1): 191-195.

[56] 杨松. 工业革命时期英国传统体育运动变迁研究 [J]. 体育文化导刊, 2018 (7): 144-148.

[57] 梁斌. 19世纪英国校园足球兴衰与启示 [J]. 体育文化导刊, 2018 (5): 141-146.

[58] 燕凌, 李京诚, 韩桂凤. 19世纪以来美国中小学体育发展历程及其启示 [J]. 体育学刊, 2015, 22 (5): 87-91.

[59] 游兴龙, 舒盛芳. 从明治维新到"二战"结束日本学校体育特征及启示 [J]. 体育文化导刊, 2017 (7): 180-183, 189.

[60] 刘春燕, 谭华, 季浏. 日本近代两次对外战争对学校体育的影响 [J]. 北京体育大学学报, 2016, 39 (8): 102-108.

[61] 夏江涛, 周爱光. 卢梭自爱观及其对我国学校体育的启示 [J]. 北京体育大学学报, 2016, 39 (1): 81-88.

[62] 俞鹏飞, 王庆军. 马克思恩格斯体育思想研究 [J]. 体育文化导刊, 2018 (8): 142-146, 152.

[63] 王妍. 美国基督教青年会创立远东体育协会的历史研究 [J]. 成都体育学院学报, 2017, 43 (3): 36-42.

[64] 邱凌云. 沙皇俄国与国际奥委会关系探析 [J]. 体育文化导刊, 2016 (8): 28-32, 91.

[65] 王锐, 胡小明. 法国身体教育的变迁 [J]. 体育学刊, 2015, 22 (6): 23-28.

[66] 钟丹. 美国棒球发展历史研究 [J]. 体育文化导刊, 2016 (11): 189-194.

[67] 彭崴, 罗亚娟. 美国体育思想的嬗变与启示 [J]. 体育与科学, 2015, 36 (3): 45-49.

[68] 钟丹. 日本棒球发展历史研究 [J]. 体育文化导刊, 2017 (3): 178-181, 187.

[69] 王锐, 胡小明. 法国身体教育的变迁 [J]. 体育学刊, 2015, 22 (6): 23-28.

[70] 柯林斯. 体育简史 [M]. 王雪莉, 译. 北京：清华大学出版社, 2017.

[71] 郭海霞, 潘凌云. 美国身体活动政策：嬗变、特征及启示——基于政策文本的分析 [J]. 北京体育大学学报, 2016, 39 (8): 8-13.

[72] 刘会平, 程传银. 美国健康与体育教育者学会历史演进及启示 [J]. 体育文化导刊, 2017 (11): 140-144, 154.

[73] 蒋明朗, 韩冬, 吕和武, 等. 美国橄榄球文化特征及启示 [J]. 体育文化导刊, 2019 (2): 34-39.

[74] 马蕊, 樊红岩, 柳鸣毅. 美国职业篮球联赛赛事品牌的历史演进 [J]. 体育文化导刊, 2016 (8): 188-193.

[75] 于涛, 周建东. 美国体育"学科革命"对体育学知识体系构建的影响 [J]. 上海体育学院学报, 2017, 41 (2): 75-82.

[76] 李敏, 马鸿韬. 澳大利亚妇女体育政策对我国的启示 [J]. 体育科学, 2016, 36 (7): 10-23.

[77] 彭国强, 舒盛芳. 德国足球成功崛起的因素及启示 [J]. 体育学刊, 2015, 22 (5): 40-44.

[78] 缪佳. 德国休闲体育发展的基础、特征及启示 [J]. 上海体育学院学报, 2017, 41 (5): 24-27.

[79] 彭国强, 舒盛芳. 德国体育战略演进的历程、特征与启示 [J]. 上海体育学院学报, 2017, 41 (05): 28-35.

[80] 彭国强, 舒盛芳. 日俄体育战略嬗变的经验与启示 [J]. 西安体育学院学报, 2016, 33 (3): 288-294, 342.

[81] 陈德钦, 尹继林. 中国-东盟民族传统体育文化比较研究 [J]. 体育文化导刊, 2017 (7): 89-94.

[82] 潘朝文, 程传银. 金砖国家运动会研究 [J]. 体育文化导刊, 2018 (4): 40-44.

[83] 谢春雨, 黄宽柔. 朝鲜团体操发展回顾与思考 [J]. 体育文化导刊, 2015 (12): 175-179.

[84] 张雷. 巴西柔术发展探究 [J]. 体育文化导刊, 2016 (4): 65-70.

[85] 潘芳. 巴西足球中的种族困境与自愈 [J]. 体育学刊, 2019, 26 (2): 35-40.

[86] 王邵励. 古希腊奥运会"神圣休战公约"的原则与实践——以莱普瑞昂事件为例 [J]. 体育与科学, 2017, 38 (3): 45-50.

[87] 王润斌. 古奥运会短跑距离论释 [J]. 中国体育科技, 2018, 54 (2): 128-137.

[88] 李郁, 陈烨. 基于古奥林匹克裸体服饰现象的体育伦理研究 [J]. 体育文化导刊, 2016 (2): 201-206.

[89] 杨红. 现代奥运会的生成机理——顾拜旦体育思想中的辩证性元素 [J]. 体育与科学, 2016, 37 (6): 73-77.

[90] 王建珂. 奥林匹克精神进一步回归 [J]. 青年记者, 2016 (27): 115.

[91] 马秀梅. "难民参奥"是奥林匹克精神的发扬和创新 [J]. 山东体育学院学报, 2017, 33 (4): 1-7.

[92] 赵松, 白春燕, 魏彪. 现代奥林匹克运动教育思想的历史流变与当代发展 [J]. 成都体育学院学报, 2016, 42 (2): 27-31.

[93] 唐炼. 现代奥林匹克运动的异化与回归 [J]. 广州体育学院学报, 2018, 38 (6): 52-57.

[94] 王成, 靳铁军. 《奥林匹克2020议程》解析——兼论新时期奥林匹克运动改革新动向 [J]. 上海体育学院学报, 2016, 40 (2): 90-94.

[95] 李威. 基于《奥林匹克2020议程》下的夏季奥运会项目设置研究 [J]. 体育文化导刊, 2017 (5): 116-120.

[96] 黄璐. 国际体育组织自治问题审视——以奥林匹克善治改革为背景 [J]. 天津体育学院学报, 2016, 31 (1): 6-11.

[97] 课题组. 北京2022年冬奥会筹办的基本原则、重点领域与关键问题研究的中期检查报告 [EB/OL]. （2018-12-03） [2019-10]. http://www.npopss-cn.gov.cn/n1/2018/1203/c410280-30439631.html.

[98] 中国人民大学体育部. "2022北京冬奥会冰雪运动普及和发展对策研究"获国家社科重大项目立项 [EB/OL]. (2017-11-14) [2019-10]. https://tiyu.ruc.edu.cn/article/?223.html.

[99] 胡宇齐. 以冬奥正能量驱动北京新航程 [N]. 北京日报, 2015-08-07 (003).

[100] 易剑东. 北京2022年冬奥会的营销机遇——《奥林匹克2020议程》解读 [J]. 体育学刊,

2016, 23 (5): 25-29.

[101] 孙科. 2022 北京冬奥会: 改革·转型·引领——易剑东、张斌对话录 [J]. 体育与科学, 2015, 36 (5): 1-8, 21.

[102] 孙葆丽, 陈小蓉, 王月, 等. 奥林匹克运动可持续发展萌芽阶段探析 [J]. 体育学研究, 2018, 1 (6): 34-43.

[103] 冯雅男, 孙葆丽. 冬季奥运会可持续发展研究及对北京 2022 年冬奥会的启示 [J]. 沈阳体育学院学报, 2017, 36 (5): 1-8.

[104] 孙葆丽, 孙葆洁, 徐子齐, 等. 冬季奥林匹克运动三大体系可持续发展研究 [J]. 北京体育大学学报, 2018, 41 (12): 19-25.

[105] 窦洪茵, 孙淑慧. 性别 "平等" 的诉求与超越: 论现代奥林匹克运动的女性参与 [J]. 北京体育大学学报, 2015, 38 (10): 37-42.

[106] 周辉. 现代体育文化体系分析与发展研究 [M]. 北京: 中国水利水电出版社, 2018.

[107] 刘健. 体育文化探究 [M]. 北京: 科学出版社, 2017.

[108] 龚正伟. 体育文史哲钩沉 [M]. 上海: 上海人民出版社, 2017.

[109] 任庆伟, 马景惠. 体育文化的当代诠释与现实思考 [J]. 体育学刊, 2018, 25 (5): 20-24.

[110] 周之华. 中华民族体育文化多维研究导论 [M]. 北京: 高等教育出版社, 2016.

[111] 王岗, 刘琨, 柯茜. 民族传统体育学的多维研究 [J]. 武汉体育学院学报, 2016, 50 (4): 68-73.

[112] 陈青. 论中华民族体育文化多元研究范式 [J]. 体育学刊, 2016, 23 (4): 25-29.

[113] 雷军蓉, 王世友. 本土异域间: 我国民俗体育文化 "本土化" 研究的审视与论绎 [J]. 北京体育大学学报, 2018.

[114] 谭广鑫, 任占兵. 人类学在民族传统体育研究中的应用 [J]. 北京体育大学学报, 2017, 40 (11): 133-139.

[115] 啜静, 范春燕, 王若光. 中国民俗体育研究的新视角: "扎根理论" [J]. 南京体育学院学报 (社会科学版), 2017, 31 (3): 25-29.

[116] 卢元镇. 中华民族传统体育的国际化 [J]. 体育学刊, 2016, 23 (5): 1-3.

[117] 易剑东. 从为国争光到文化软实力——对中国体育文化发展的思考 [J]. 体育科学, 2018, 38 (7): 17-18.

[118] 郝勤. 我国体育文化 "十三五" 规划刍议 [J]. 上海体育学院学报, 2016, 40 (2): 25-28+61.

[119] 尹继林. 中华民族传统体育文化全球化的哲学思考 [J]. 北京体育大学学报, 2017, 40 (7): 139-145.

[120] 杨竞. 人类命运共同体视域下体育博物馆传承发展体育文化的实践与展望 [J]. 体育科学, 2019, 39 (4): 23-28.

[121] 朱静. 体育博物馆的文化传播策略研究 [J]. 四川戏剧, 2019 (2): 28-30, 34.

[122] 刘荃. 体育博物馆的传播与动员机制研究——以南京奥林匹克博物馆为例 [J]. 体育与科学, 2016, 37 (5): 84-88.

[123] 覃琛. 体育藏品释义及内涵解读——以中国体育博物馆为例 [J]. 体育文化导刊, 2018 (9): 149-153.

[124] 梅林. 符号学视角下的体育文物解读——以成都体育学院博物馆藏品为例 [J]. 中华文化论坛, 2016 (3): 78-82.

[125] 林春, 郑志刚. 体育文物与考古学 [M]. 兰州: 甘肃教育出版社, 2016.

[126] 黄洋, 孙岱萌. 中国体育类博物馆合作发展探析 [J]. 体育文化导刊, 2018 (3): 28-33.

[127] 王广虎, 冉学东. 民族国家与国家民族: 民族传统体育的认识基点和解读语境 [J]. 成都体育学院学报, 2017, 43 (4): 72-80.

[128] 王广虎, 冉学东. 民族国家建构视野下民族传统体育形成的历史动因 [J]. 首都体育学院学报, 2018, 30 (5): 440-444, 472.

[129] 王广虎, 冉学东. 民族国家建构中民族传统体育形成的心路历程 [J]. 成都体育学院学报, 2018, 44 (6): 34-43.

[130] 王广虎, 冉学东. 论中华民族伟大复兴中的民族传统体育发展 [J]. 北京体育大学学报, 2018, 41 (12): 1-12, 18.

[131] 王纯. 民族传统体育发展的问题、使命与取向——基于民族国家建设视角 [J]. 上海体育学院学报, 2017, 41 (3): 64-68.

[132] 田祖国. 国家文化软实力与民族传统体育发展的制度保障研究 [M]. 北京: 民族出版社, 2016.

[133] 陈振勇. 少数民族体育文化促进民族关系和谐的理论与实践研究 [M]. 北京: 中国广播电视出版社, 2016.

[134] 王洪珅. 中国体育文化生态的历史演变论绎 [J]. 上海体育学院学报, 2017, 41 (1): 1-6.

[135] 王洪珅, 韩玉姬, 梁勤超. 论中国传统体育文化发展的生态适应 [J]. 首都体育学院学报, 2018, 30 (4): 309-313, 370.

[136] 伍卷, 石爱桥. 民族传统体育文化生态的优化与重建 [J]. 武汉体育学院学报, 2016, 50 (8): 56-60.

[137] 杨冠强. 民族传统体育文化的整合及多元生态路径研究 [J]. 体育文化导刊, 2016 (5): 80-82, 91.

[138] 黄卓, 童艳, 周美芳. 美国体育文化软实力发展及对中国的启示 [J]. 西安体育学院学报, 2016, 33 (6): 647-651.

[139] 王佳. 美国体育文化内涵及对我国的启示 [J]. 体育文化导刊, 2017 (1): 202-206.

[140] 黄福华, 刘楚, 涂传飞. 英国传统体育的现代化转型研究 [J]. 体育文化导刊, 2017 (3): 173-177.

[141] 陶坤. 中韩民俗体育庆典仪式研究 [M]. 成都: 西南交通大学出版社, 2017.

[142] 亓昕, 王东敏. 中印传统体育运动比较研究 [J]. 体育文化导刊, 2016 (3): 85-88.

[143] 陈德钦, 尹继林. 中国-东盟民族传统体育文化比较研究 [J]. 体育文化导刊, 2017 (7): 89-94.

[144] 郝勤. 从体育媒介到媒介体育——对体育新闻传播发展的思考 [J]. 体育科学, 2018, 38 (7): 22-24.

[145] 董晋, 苗苗. 中国体育文化传播研究 [M]. 北京: 北京体育大学出版社. 2017.

[146] 刘小学. 中国民族传统体育在北欧的传播模式的研究 [M]. 北京: 北京体育大学出版社, 2014.

[147] 黄华明. 中国传统体育文化国际传播的现状、反思与推进策略 [J]. 体育文化导刊, 2017

(7)：5-8.

[148] 董青，洪艳. 体育符号 体育传播与国家形象建构［M］. 北京：原子能出版社，2017.

[149] 赖荣亮."互联网+"时代的网络体育文化信息传播解析［J］. 广州体育学院学报，2018，38（6）：72-76.

[150] 葛耀君，张业安，李海. 媒介生态视阈下我国民族传统体育文化传播问题研究［J］. 北京体育大学学报，2018，41（10）：133-138，145.

[151] 袁静. 新媒体时代体育文化传播策略创新浅析［J］. 新闻爱好者，2018（12）：89-91.

[152] 陈刚，张婧. 体育在文化中舞动——体育运动项目文化特征及影响探析［J］. 体育与科学，2017，38（2）：1-5.

[153] 张建会，钟秉枢. 体育明星运动员在运动项目文化建设中的作用及培养路径［J］. 武汉体育学院学报，2016，50（2）：95-100.

[154] 许任伟. 论旅游报道对旅游项目文化价值的影响［J］. 新闻战线，2017（8）：133-134.

[155] 陈春华，吕烁. 田径运动文化审视与开展研究［M］. 北京：中国水利水电出版社，2016.

[156] 杨丹. 田径运动文化探索与实践［M］. 沈阳：辽宁大学出版社，2017.

[157] 李荣芝，顾楠. 乒乓球运动的历史与文化［M］. 上海：同济大学出版社，2016.

[158] 路云亭. 现代足球 人类动作镜像的终极美学［M］. 上海：上海人民出版社，2015.

[159] 路云亭. 文明的冲突 足球在中国的传播［M］. 上海：上海人民出版社，2016.

[160] 路云亭. 体育文化丛书 表演的异化 足球的观剧本性［M］. 上海：上海人民出版社，2018.

[161] 黄美蓉. 从封闭走向融合——"中国体育史研究方向与方法"论坛综述［J］. 体育与科学，2018，39（2）：114-120.

[162] 张瑞青，何鸢变，乔冉. 体育史研究应当回归史学本体——"首届20世纪中国体育史研究工作坊"学术综述［J］. 体育与科学，2019，40（1）：9-17.

[163] 郝勤. 体育史观的重构与研究范式的转变——兼论体育的源起与概念演进［J］. 成都体育学院学报，2018，44（3）：7-13.

[164] 黄美蓉. 从封闭走向融合——"中国体育史研究方向与方法"论坛综述［J］. 体育与科学，2018，39（2）：114-120.

[165] 丁飞. 美国体育史学史研究［D］. 上海：华东师范大学，2018.

[166] 周乐. 法国体育史学史［D］. 上海：华东师范大学，2018.

[167] 王邵励. 从"区域史"到"全球史"——当代中国《体育史》的叙事转向［J］. 体育学刊，2017，24（3）：40-44.

[168] 郝勤. 体育史观的重构与研究范式的转变——兼论体育的源起与概念演进［J］. 成都体育学院学报，2018，44（3）：7-13.

[169] 黄美蓉. 从封闭走向融合——"中国体育史研究方向与方法"论坛综述［J］. 体育与科学，2018，39（2）：114-120.

[170] 黄美蓉. 从封闭走向融合——"中国体育史研究方向与方法"论坛综述［J］. 体育与科学，2018，39（2）：114-120.

[171] 王邵励. 从"区域史"到"全球史"——当代中国《体育史》的叙事转向［J］. 体育学刊，2017，24（3）：40-44.

[172] 蔡艺. 我国体育史研究的"厚西薄东"现象及其成因与反思［J］. 体育学刊，2018，25（6）：

7-11.

[173] 葛剑雄. 二十世纪的中国历史地理研究 [J]. 历史研究, 2002（3）：145-165；鲁西奇. 人地关系理论与历史地理研究 [J]. 史学理论研究, 2001（2）：38-46；侯仁之. 历史地理学刍议 [J]. 北京大学学报（自然科学）, 1962（1）：73-80；李凡. GIS 在历史、文化地理学研究中的应用及展望 [J]. 地理与地理信息科学, 2008（1）：21-26.

[174] 易剑东, 熊东萍. 2000 年以来中国体育史学研究的回顾与展望 [J]. 山东体育学院学报, 2004（5）：5-7.

民族传统体育学学科发展研究报告

Research Report on Disciplinary Development of Traditional Sports

（2016—2019）

武术与民族传统体育分会
China Sport Science Society for Wushu and Traditional Sports
2019.10

前　言

习近平总书记在哲学社会科学工作座谈会上的讲话强调，要"加快构建中国特色哲学社会科学"，使其体现出"继承性、民族性，原创性、时代性，系统性、专业性"。中共中央办公厅、国务院办公厅印发的《关于实施中华优秀传统文化传承发展工程的意见》，进一步将"推动民族传统体育项目的整理研究和保护传承"作为重点任务。

根据中国体育科学学会《体育科学学科发展研究报告》编写要求，武术与民族传统体育分会组织专家围绕2016—2019年民族传统体育学学科进展展开研究，以"研究、分析和总结本学科研究领域四年的进展情况，包括国内外学科进展对比、未来几年学科发展趋势预测和研究方向建议等"作为主要任务。由此形成的《民族传统体育学学科发展研究报告》，对于推动民族传统体育项目的整理研究和保护传承，推进中华优秀传统文化传承发展工程，构建具有自身特色的民族传统体育学学科体系、学术体系、话语体系，具有重要意义。

本研究报告包含武术历史、武术文化、武术教育、武术传播、武术竞技、武术健康、武术产业、民族传统体育其他项目共8方面研究进展。郭玉成任组长，吉灿忠、杨祥全、王岗、李朝旭、王海鸥、马剑、杨建营、洪浩、李守培、林小美、武冬、刘静、朱东、申国卿、王国志、赵岷为成员。按报告内容撰写顺序，具体分工如下：研究设计、前言、摘要、引言（郭玉成）；一、武术历史研究进展（吉灿忠、杨祥全）；二、武术文化研究进展（王岗、李朝旭）；三、武术教育研究进展（王海鸥、马剑、杨建营）；四、武术传播研究进展（洪浩、李守培）；五、武术竞技研究进展（林小美、武冬）；六、武术健康研究进展（刘静、朱东）；七、武术产业研究进展（申国卿、王国志）；八、民族传统体育其他项目研究进展（赵岷）。上海体育学院刘韬光、侯天媛参与了稿件梳理工作。

最后，对为民族传统体育学学科贡献高质量研究成果的作者表示感谢，是他们为本研究报告的形成提供了内容支撑。同时，也恳请学界同仁批评指正，共同推进民族传统体育的学科发展、事业前进。

武术与民族传统体育分会

2019年10月

课题组

组　长：郭玉成

成　员：(按姓氏笔画排序)

马　剑　王　岗　王国志　王海鸥　中国卿　吉灿忠

朱　东　刘　静　李守培　李朝旭　杨建营　杨祥全

武　冬　林小美　赵　岷　洪　浩

撰稿人
Writers

（按姓氏笔画排序）
In Surname Strokes Sequence

马　剑	河北师范大学
Ma Jian	Hebei Normal University
王　岗	武汉体育学院
Wang Gang	Wuhan Sports University
王国志	苏州大学
Wang GuoZhi	Soochow University
王海鸥	山东师范大学
Wang HaiOu	Shandong Normal University
申国卿	郑州大学体育学院
Shen GuoQing	P. E. College of Zhengzhou University
吉灿忠	南京师范大学
Ji CanZhong	Nanjing Normal University
朱　东	上海体育学院
Zhu Dong	Shanghai University of Sport
刘　静	上海体育学院
Liu Jing	Shanghai University of Sport
李守培	上海体育学院
Li ShouPei	Shanghai University of Sport
李朝旭	广州体育学院
Li ChaoXu	Guangzhou Sport University
杨建营	华东师范大学
Yang JianYing	East China Normal University

杨祥全	天津体育学院
Yang XiangQuan	Tianjin University of Sport
武　冬	北京体育大学
Wu Dong	Beijing Sport Univercity
林小美	浙江大学
Lin XiaoMei	Zhejiang University
赵　岷	大同大学
Zhao Min	Datong University
洪　浩	河南大学
Hong Hao	Henan University
郭玉成	上海体育学院
Guo YuCheng	Shanghai University of Sport

民族传统体育学学科发展研究报告
Research Report on Disciplinary Development of Traditional Sports (2016—2019)

Abstract

The Research Report on the Development of Traditional National Sports (2016—2019) includes 8 aspects: Wushu History, Wushu Culture, Wushu Education, Wushu Communication, Wushu Competition, Wushu Health, Wushu Industry, and Traditional National Sports. In recent years, the study of Wushu history has been warming up. Oral materials of Wushu have been attached great importance. The study of general history and dynastic history of Wushu is mostly in monographs and textbooks, while the study of thematic history is mostly in papers, and the content is more complex and the methods are more diverse. The study of Wushu culture benefits from the prosperity and development of Chinese culture in the new era, and creates a series of high—quality achievements in the deep integration with society. It has reached a consensus that Wushu is a kind of culture. The research of Wushu education holds that at present, the emphasis is on skill teaching rather than cultural understanding. It is necessary to systematically teach Wushu theory and technology, strengthen confrontation, stimulate interest, give full play to the role of institutions such as the National School Wushu Alliance, and promote the course of teaching improvement. Because of the integration of multidisciplinary theories and perspectives, Wushu communication research has broadened the research horizon. Wushu films and Internet plus have become research hotspots, and the integration with the development strategy of the new era has become the research trend. The breadth and depth of overseas empirical studies and comparative studies between China and abroad have been brought to a new level. As a conscious researcher, the ontological research of Wushu Duanwei System has been deepening and the popularization research has been making breakthroughs. The study of Wushu competition mainly discusses the development of Wushu Taolu, competition forms, technical exhibition, artistic aesthetics and so on. The research of competitive Wushu Sanda shows the trend of increasing direction, interdisciplinary methods and increasing application. Wushu health research further reveals the value of Wushu in delaying aging, promoting mental health, chronic disease prevention and treatment, cancer intervention, adjuvant treatment of neurodegenerative diseases and physical health promotion of adolescents. Research on Wushu industry holds that Wushu industry is developing towards regionalization, clustering, internationalization and branding, but the overall quality of research results is not high, "green", "ecology", "harmony" and "health" theme research is gradually becoming a hot spot. The research on other sports of national sports mainly revolves around the major strategic demands of the country such as "one belt, one road", "healthy China" and so on.

目 录

引言

一、武术历史研究进展

（一）武术历史研究特征

1. 论文类研究分布特征
2. 专著教材类研究特征
3. 课题类研究特征

（二）武术历史研究主要成果

1. 武术通史研究成果
2. 武术断代史研究成果
3. 武术专题史研究成果

（三）武术历史研究新趋向

1. 武术文献的挖掘与整理
2. 口述史研究成为热点
3. 武术研究二重证据法的提出

二、武术文化研究进展

（一）武术文化研究
（二）武术社会研究
（三）武术拳种研究

三、武术教育研究进展

（一）武术教育理论研究进展
（二）武术教育实践研究进展

四、武术传播研究进展

（一）武术传播研究进展

1. 多学科理论与视角的融入拓宽了武术传播研究的视野
2. 武术影视及"互联网+"相关问题成为武术传播研究的热点
3. 探讨与新时代国家发展战略的融合成为武术传播研究的趋势
4. 武术传播海外实证及中外比较研究的广度与深度取得新突破

5. 以历史梳理为背景获取新知成为武术传播研究的自觉
(二) 武术段位制研究进展
1. 武术段位制本体研究不断深入
2. 武术段位制推广研究不断突破
(三) 武术传播研究问题与趋势

五、武术竞技研究进展
(一) 竞技武术套路研究进展
1. 竞技武术套路研究的现状和成效
2. 新时代竞技武术套路研究展望
(二) 竞技武术散打研究进展
1. 竞技武术散打研究总体特征
2. 竞技武术散打研究进展

六、武术健康研究进展
(一) 武术健康研究总体进展
1. 需求者（包括体弱者和疾病患者）主动进行武术锻炼
2. 以武术为手段对人体健康进行的主动干预
3. 以武术为手段对心理健康进行干预
(二) 太极拳与健康促进研究进展
1. 促进骨骼健康，提高平衡机能
2. 改善神经认知功能和心理健康
3. 加强心肺功能
4. 调节内分泌免疫机能

七、武术产业研究进展
(一) 武术产业研究总体进展
1. 武术产业研究总体回顾
2. 武术产业研究总体趋势
(二) 太极拳产业研究进展
1. 太极拳产业研究整体回顾
2. 太极拳产业研究评价

八、民族传统体育其他项目研究进展
(一) 民族传统体育研究与国家战略发展紧密结合
(二) 以"健康中国"为背景的民族传统体育研究成为热点
(三) 对民族传统体育学科体系的研究日益多元化和科学化
(四) 对民族传统体育旅游资源开发研究促进了少数民族传统体育的发展
(五) 从多维视角展开对少数民族传统体育的研究
(六) 其他项目研究逐步纵深化和精细化

九、总结

参考文献

Contents

Preface

1 Research progress of Wushu history

  1.1 Characteristics of Wushu historical research

    1.1.1 Paper research distribution characteristics

    1.1.2 Research characteristics of monographs and textbooks

    1.1.3 Research Project characteristics

  1.2 The main achievements of Wushu history research

    1.2.1 General history of Wushu research result

    1.2.2 Research results of Wushu dating history

    1.2.3 Research results of Wushu special subject history

  1.3 The new trend of Wushu historical research

    1.3.1 The excavation and arrangement of Wushu literature

    1.3.2 Oral history research has become a hot topic

    1.3.3 The proposal of double evidence method in Wushu research

2 Research progress of Wushu culture

  2.1 Studies on Wushu culture

  2.2 Social studies on Wushu

  2.3 Studies on Wushu boxing

3 Research progress of Wushu education

  3.1 Research progress of Wushu education theory

  3.2 Progress of Wushu education practice research

4 Research progress of Wushu communication

  4.1 Research progress of Wushu communication

    4.4.1 The integration of multi-disciplinary theories and perspectives has broadened the field of vision of Wushu communication research

4.4.2 Wushu film and television and Internet related issues have become the focus of Wushu communication research

4.4.3 It is a trend of Wushu communication research to discuss the integration with the national development strategy in the new era

4.4.4 New breakthroughs have been made in the Wushu communication in overseas empirical studies and in the breadth and depth of comparative studies between China and foreign countries

4.4.5 It has become the consciousness of Wushu communication research to acquire new knowledge against the background of historical analysis

4.2 Research progress on Wushu segment system

4.2.1 The research on the classification system of Wushu continues to deepen

4.2.2 The research on the promotion of Wushu segment system continues to make breakthroughs

4.3 Research problems and trends of Wushu communication

5 Research progress of Wushu competition

5.1 Research progress of competitive Wushu routines

5.1.1 The present situation and effect of the study on competitive Wushu routine

5.1.2 Outlook on the study of Wushu routines in the new era

5.2 Research progress on free combat of competitive martial arts

5.2.1 The general characteristics of the study on sanda of competitive martial arts

5.2.2 Research progress of sanda in competitive martial arts

6 Research progress on Wushu health

6.1 General progress of Wushu health research

6.1.1 Demanders (the weak and the sick) take the initiative to exercise Wushu

6.1.2 Wushu as an approach of active intervention in human health

6.1.3 Wushu as a means of mental health intervention

6.2 Research progress on tai chi and health promotion

6.2.1 Promote bone health, improve balance function

6.2.2 Imrove neurocognitive function and mental health

6.2.3 Strengthen cardiopulmonary function

6.2.4 Regulate endocrine immune function

7 Research progress of Wushu industry

7.1 General progress of Wushu industry research

7.1.1 Review of research on Wushu industry

7.1.2 The general trend of Wushu industry research

7.2 Research progress of tai chi industry

7.2.1 An overall review of tai chi industry research

7.2.2 Research and evaluation of tai chi industry

8 Research progress of other traditional national sports

8.1 The study of traditional national sports is closely combined with national strategic development

8.2 The research on traditional national sports with the background of "healthy China" has become a hot topic

8.3 The study of traditional national physical education subject system is becoming more and more diversified and scientific

8.4 The research on the development of traditional ethnic sports tourism resources promotes the development of minorities' traditional sport

8.5 The study of minorities' traditional sport is carried out from multi-dimensional perspective

8.6 Other projects are gradually deepened and refined

9 Summary

References

引言

习近平总书记在哲学社会科学工作座谈会上的讲话强调，要加快构建中国特色哲学社会科学，在指导思想、学科体系、学术体系、话语体系等方面充分体现中国特色、中国风格、中国气派。民族传统体育学作为体育学4个二级学科之一，是基于武术与民族传统体育专业的一流学科建设组成部分，是以中国武术和中华民族传统体育为研究对象，融合哲学、历史、文化、社会、军事、艺术、教育等学科，具有多元性、传统性、交叉性特征的中国特色体育学科。

民族传统体育学是体育学下属二级学科中的中国体育学科主体部分，与体育教育训练学、体育人文社会学、运动人体科学既有融合又相互独立，共同构建了体育学学科体系。回溯历史，1982年，武术专业硕士学位授予点在上海体育学院设立，1996年，国务院学位办又在该校设立"武术理论与方法"博士学位授权点，1997年，专业拓展为"民族传统体育学"，成为学科发展的里程碑，2004年，成为上海体育学院体育学博士后流动站方向之一，2007年，被批准为国家重点（培育）学科。自1997年全国首批"民族传统体育学"博士研究生招生至今，学科发展历时22年，但仍是年轻学科。

民族传统体育学与其他学科一样，其建设主要从学科分支方向着手。2007年，上海体育学院民族传统体育学获批国家重点（培育）学科之后，凝练出武术历史、武术文化、武术教育、武术传播、竞技武术科学化训练、传统体育与健康促进6个学科方向，其中，"武术传播""传统体育与健康促进"是两个新兴方向，其他为传统方向，"武术文化"是其中的热点方向。学科方向的初步确立可看作学科规范化发展的重要标志。2011年，中国体育科学学会组织编写学科发展研究报告，2012年，由上海体育学院与中国体育科学学会武术分会编著出版了首部《武术学科发展研究报告（2008—2011年）》[1]，在之前6个方向的基础上，更新为8个方向，增加了"传统武术"和"国外武术"两个方向，扩大了学科研究视域。

2019年，根据中国体育科学学会《体育科学学科发展研究报告》编写要求，武术与民族传统体育分会组织专家围绕2016—2019年民族传统体育学学科进展主要从8个方向进行研究，包括武术历史、武术文化、武术教育、武术传播、武术竞技、武术健康、武术产业、民族传统体育其他项目研究进展。

民族传统体育学学科分支方向的不断发展，体现了本领域研究的继承性、民族性、原创性、时代性、系统性、专业性，展现出本领域学者对于习近平总书记在哲学社会科学工作座谈会上讲话的自觉回应。该学科的未来发展，必将更加深度融入新时代背景，从构建具有自身特质的学科体系、学术体系、话语体系出发，与时俱进，不断完善学科分支方向，不断深化各方向研究，不断提升服务建设中国特色社会主义伟大事业的能力。

一、武术历史研究进展

2016年至2019年，武术历史研究涌现出许多标志性成果。这首先得益于研究材料的拓展。近几年，武术研究材料在不断整理、运用武术文字材料、武术文物的基础上，武术口述材料也受到高度重视，并取得不少成果。另外，武术技术作为一种研究材料也得到了有关专家学者的重视。正是由于研究材料的拓展，武术史研究的"三重证据法""四重证据法"得以相继提出，并进而概括为武术史研究的"二重证据法"，即文本分析与自身体悟相结合的研究方法。这些基础性研究成果，为以后武术史研究的发展奠定了良好基础。

（一）武术历史研究特征

"出乎史，入乎道；欲知大道，必先为史"。作为人文社会学科母学科的历史学是一门独立的学科领域，更是一种透视武术学科是否成熟的重要标准。长期以来，武术历史研究一直在"冷而不熄"和"温而不热"间徘徊。近4年，武术历史研究虽有升温，与其他领域相比仍是"不温不火"。

1. 论文类研究分布特征

据统计，2016—2019年间武术历史研究论文共有105篇，特征如下：

从研究方法看，105篇武术历史研究论文多为一般性表述研究，共67篇，武术口述史论文共有26篇，较2011—2015年多13篇，增长100%；武术文献研究的论文有10篇，综述类研究论文2篇。从研究范畴看，有关武学思想论文15篇，地域武术论文26篇，单项拳种论文17篇，武术教育论文9篇，社团组织论文13篇，传承传播论文9篇，史料研究论文5篇，挖掘与整理论文3篇，竞技论文2篇，其他论文6篇。从分布时期看，研究跨越两个以上时期的通史论文较多，有35篇，研究古代、近代和现代武术史的论文分布相对均衡，分别为19篇、18篇和25篇。

2. 专著教材类研究特征

2016—2019年是中国武术历史研究的一个高峰，一批成果横空出世，为新时代相关研究开启了新篇章。此时期的武术历史研究聚焦于通史、断代史、专题史3种体裁，共出版著作14部。其中，专著13部，教材1部；通史著作7部，断代史著作3部，专题史著作4部。

在通史著作中，郭玉成领衔主编的国家社科基金重大项目阶段成果《中国武术史》是唯一一部武术史教材。杨祥全的《中国武术思想史》是我国第一部武术思想史著作。四川省武术协会的《峨眉武术史略》、程大力的《少林武术史考略》、张雪莲的《佛山武术史略》、王家忠的《安徽武术文化历史研究》则对某地域或拳派武术进行了详实论述。

武术断代史研究主要有刘良政的《明清徽州武术研究》、吉灿忠的《武术文化空间论绎》、李吉远的《明代武术史研究》、申国卿的《中国武术百年转型历程研究》。

专题史是针对某一问题展开的深入研究，成为近年来研究的主流。主要成果有中国人民政治协商会议天津市委员会文史资料委员会编著的《近代天津武术家》、周伟良的《图说古代武术史话》。此外，还有吉灿忠主编的《河南省武术拳械录》等。

虽然说武术历史研究近年有升温之势，然受人才学术背景和学科发展态势影响，整体上当下武术历史研究仍呈现碎片化、离散化特征。

3. 课题类研究特征

武术历史类课题犹如星火之势，先后有一批国家社科基金获批立项。其中以2016年达到历史新高，仅一年就有4项"国字号"项目。如刘靖的《民国武术史研究》，张银行的《明清商帮与区域武术文化发展研究》。而黄福华则以1997年国家体委武术研究院的《中国武术史》为蓝本，获批2016年国家社科基金中华学术外译项目。另外值得注意的是，有数项与民族传统体育史学紧密相关的国家社科基金项目，如赵盛楠的《近代体育图像史研究》、郭玉成的《中国武艺岩画的历史文化研究》、吉灿忠的《近代武术发展若干历史问题及其对当代传承的启示研究》。

（二）武术历史研究主要成果

或受研究篇幅禁囿，武术通史、断代史研究多集中于专著和教材，而专题史则可以单独成文，多以论文形式呈现，且内容较为庞杂，研究方法亦精彩纷呈。

1. 武术通史研究成果

连贯记叙各时代史实的通史广泛记载了不同时期的历史风貌。各方学者的鸿篇巨著多以此为体裁，郭玉成主编的《中国武术史》分十章四十九节，系统地描述了武术起源至现代的具体形式和时代特征，与以往教材相比，该套教材由章前导言、学习目标、正文、延伸阅读、本章小结、问题与思考、参考文献七部分构成。每章最后一节重点突出"思想文化"的价值[2]。

除了概观性描述成果问世外，亦有地方性著作成果涌现，《峨眉武术史略》图文并茂地对峨眉武术的源起与萌芽、形成与成熟、发展与繁荣、技法特点与文化底蕴、武术轶事以及近代以来的杰出人物等方面进行了全方位地梳理、书写[3]。《安徽武术文化历史研究》对安徽武术的历史沿革、演变与发展，拳种特色，武术事件与武术人物等进行了深度挖掘[4]。此外，还有《佛山武术史略》《少林武术史考略》分别对佛山武术[5]和少林拳[6]的历史源流、技艺风格及拳种特色与文化内涵等内容进行系统阐释。论文囿于篇幅，鲜有关于通史的标志性成果。

2. 武术断代史研究成果

断代史是以某时期或某朝代为研究对象编著的一种体例。近年来该方面成果颇多，如李吉远广泛收集史实阐发了明代武术的技术体系、理论水平、发展状况和演进的历史归因，此书既有宏观阐述，亦有微观考证[7]。刘良政对明清徽州武术门类、武术著作、尚武文化内涵以及武术特征、社会功能和社会影响进行了全面揭示[8]。申国卿以1900—2012年兼顾1840—1900年间的武术发展轨迹为对象，揭示不同历史节点的武术表现、社会背景、发展特征以及武术演变规律[9]。

近年来，断代史研究成为一道亮丽的文化风景，内容波及探讨视角、传授方式、价值功能、文化场所等领域。

在探讨视角方面，李吉远针对当今武术史研究面临人才断层、缺乏史料整理和研究范式等问题提出了切实可行的解决路径[10]。杜相锋对近代以来淮阳武术文化传授方式进行了简要爬梳，认为淮阳武术文化具有鲜明特色，除了民国时期受生存环境与政府政策影响，新中国成立后呈现出传统失落，传承方式也日趋衰微等尴尬局面。关硕等从价值功能方面剖析了北洋政府时期武术诉诸人际、组织和大众这3种或者数个并存的传播模式嬗变和表现特征[11]。朱永飞研究认为新中国成立伊始的"17年"武术表现出习武身体政治性、人民参与广泛性、开展环境复杂性和价值的单一性[12]。杜舒书等以重大教育历史事件为节点，通过近代武术发展的4个阶段详实分析了武术教育近现代转型是在离异与回归的曲折道路上将自身改造为"中国式体育"过程[13]。

近代是军旅武艺走向现代武术的关键阶段，更是武术上升到国家层面的重要历史时期，因此国办民营的中央国术馆研究成为武术近代史成果当中的重彩。《中央国术馆考略》[14]《南京国民政府时期第一次国术国考及其影响》[15]分门别类地剖析了近代中央国术馆之历史贡献。

3. 武术专题史研究成果

专题史是以个案和专题为重点，是力争在研究视野、手段等方面有新突破的研究方法，力求对某方面研究起到引领和推动作用。目前大多数武术历史成果集中于此。周伟良的专著《图说古代武术史话》，以时间为轴，选取由秦汉至明清时期的荆轲刺秦王、秦汉角抵、清代洪门与武术、义和拳与义和团等60幅特定画卷进行描述[16]，图文并茂，故事生动。吉灿忠《武术文化空间论绎》一书对武术如何由本能动作到离散技术，由技术体系到民族符号，由技术到文化进行了历史学考察和剖切；对武术文化空间的历史演变，尤其是20世纪两次文化论争对武术文化空间的影响进行了追踪和考证[17]。

在专题史领域，研究重点集中于传承主体、地域拳技、武学思想等方面。

（1）传承主体的专题史成果

《近代天津武术家》一书讲述了作为京畿门户、海防重地的天津，19世纪末至20世纪末的李瑞东、霍元甲、韩慕侠、李存义等12位武术名家的传奇人生[18]。《三爷刘晚苍——刘晚苍武功传习录》是以马长勋等人的口述史料为基础整理而成的记述性成果，生动还原了刘晚苍习武、授艺生涯事例[19]。

(2) 地域拳技类专题史成果

地域拳技是武术文化、武术历史研究的重要体裁。吉灿忠的《河南省武术拳械录》是近年来地方武术史书的力作，系统挖掘和收录了河南省111个拳种，全书分为概述、源流、传承谱系、代表人物、特点、拳理、功法和套路等9部分内容，并从历史视角整理了源流、传承谱系、代表人物等内容[20]，对研究和探索河南地域武术文脉意义非凡。

王小兵则提出了武术史的研究不应随意地以大一统的连续性思维来写就，对于某一拳种门派的谱系追溯，要客观认识其间的不连续性，而在文献的选取、阐释及运用上不可强行解说[21]。

(3) 武学思想类专题史成果

人类的一切活动不是源于既得利益，而是思想。思想是在人的意识中经过思维而产生的结果或形成的观点及观念体系，对人的活动具有积极意义。梁冲焱认为，王阳明心学知行合一理论是形成明末清初武术发展的思想动力，对武术形成的内在精神、过程认知、演练方式、目标追求方面具备形神兼备、悟练结合、体用合一的功理功法特征，对追求身心合一、自我实现的功理功法目标发挥积极作用[22]。

在对某种武学思想研究的同时，现当代武术名家也成为研究者的聚焦点，武术家们由于其自身家庭背景、成长环境、习武经历的不同而形成了对武术的不同理解。如李小龙的武学思想中，整体观源自太极，"以无法为有法，以无限为有限"源自道家思想，"空"源自禅宗思想[23]。马贤达的武学理论包括"理象会通、体用具备"和"中西结合、融会贯通"两个核心观点以及武术道德论、技击论、治学论3个具体论点[24]。

此外，杨祥全对先秦至今的武术思想演变历程进行了钩沉和梳理，提出了"武术与体育：相异、交叉与包含""武术：保存、保养和体认生命的学问""武术发展的二元互补结构"等学术论断[25]。

(三) 武术历史研究新趋向

4年来，武术历史研究取得了一系列成果。其中，武术文献的挖掘和整理、口述史学的重视以及二重证据法的提出应特别引起我们的重视。

1. 武术文献的挖掘与整理

2016—2019年，拳史挖掘与整理活动活跃。学者对于流传至今的武功秘籍重新进行了研读、挖掘整理，如有多篇论文对武术典籍《手臂录》中的深意进行挖掘重现，吴魏魏从哲学、践行、临敌、攻守等7个方面阐释了《手臂录》所载枪技具有法于阴阳、阴阳互根、双手相合、两腕互转、死生之地、谨慎果断等特征[26]；胡宏东则还原了吴殳撰写《手臂录》的背景及历程、流传与出版、结构体例和主要内容，肯定了其学术地位和社会价值[27]。

2. 口述史研究成为热点

随着武术史热的兴起，武术家口述史研究聚焦"武术家"这一武术领域极具代表性的群体，为中国武术史补充口述历史史实，使武术史"见事更见人"，这是丰富和完善当代中国武术史不可或缺的重要方法和关键路径，亦成为了近年来武术研究的新风景。

郭玉成在研究中提出了武术家口述史研究范式的主体要素，如研究对象与时间范畴，历史事件与专题选取，具体方法与史料运用等，为当下口述史研究的开展提供范式和参考[28]。一批对于德高望重的武术家，如吴彬[29]、门惠丰[30]、夏柏华[31]、阚桂香[32]等老武术家的口述史研究如雨后春笋破土而出，为研究近现代武术史提供了珍贵的素材，为新时期武术理论体系构建增添了理论给养。

3. 武术研究二重证据法的提出

自近代考古学引入中国后，"二重证据法"颇受关注。然而随着口述史学受到武术研究者的青睐，武术研究的"三重证据法"随即提出。杨祥全将文字材料、考古材料、口述材料和武术技术交互印证的研究方法称为武术研究的"四种证据法"，并认为武术研究的"四重证据"还有一个存在的"场"——民俗武风，武术研究必须强调"在场意识"，必须强调"走向历史现场"。文字材料、考古材料、口述材料、武术技术均可当做"文本"，可进行"文本分析"，并进一步提出了武术研究的"二重证据法"[33]。

二、武术文化研究进展

近年来，随着我国"文化强国"建设的持续推进，"文化"已跃升为社会学界关注的高频词汇，对于文化的研究已经延伸至社会的各个领域，与此同时，各领域学者对文化的认知与解读也在不断深入，对于新时代中国武术的发展研究也是如此。武术文化研究一直是学界关注的热点话题，研究主要从武术文化、武术社会以及武术拳种3个方面对武术发展研究进展进行简要评述。

（一）武术文化研究

武术文化作为中国文化的典型代表，也作为揭示中国武术本真面目的重要视角，一直被社会学界所探讨，从未间断。对2016—2019年中国武术文化研究进行文献资料检索，结果显示相关期刊论文多达516篇，成果颇丰。对这些文献资料进一步阅读分析，并选取不同学者的不同观点进行归纳整理，借此来回顾武术文化研究进展情况。

在当代民族复兴进程中，传承与发展优秀传统文化，彰显文化自信与自觉已经成为全社会的强烈共识。郭玉成分析了1991—2015年间中国的武术文化研究学术论文，从武术文化研究的新视野、新方法、新背景，中国传统历史与武术文化研究，武术文化的地域、区域研究，武术传播研究，武术文化本体研究，武术教育研究，中外武术文化比较研究，武术发展研究8个方面，总结了中国武术文化研究的方向，以建立中国武术学术共同体和形成中国特色的学术范式[34]。李守培等从人人、身心[35]、天人[36]的视野下，对中国传统武术伦理的历史形成及当代重建展开系统研究，为新时代武术发展道德根基的奠定提供支持。王岗等认为要让中国武术多元化、全方位服务于中华民族伟大复兴的中国梦的实现，才是中国武术再出发的终极责任和使命担当[37]。

与武术文化的对外传播和内在传承相关的研究成果在方法和理论上都有了新的突破。关博以文化类型分类基于中国知网（CNKI）数据库分析，揭示武术文化研究40年来的轨迹、逻辑与趋势[38]。王纳新为了探寻武术文化的本真渊源与精神，对武术及其高级阶段的内家拳进行了研究[39]，并对武术文化进行了深层分析，尝试厘清内家拳丹道武学的机理，挖掘武术背后的隐形文化式样，还原武术的原初文化精神和普世价值，促进武术文化的内化传承。在对武术文化传承的层次空间、时间困境与未来走向的研究上，范铜钢等认为，武术文化传承存在着"原始形态留存""文化精髓延续"与"文化脉络延伸"3种递进传承层次[40]。乔玉成等以模因论和文化结构层次理论为依据，采用文化组学量化与逻辑思辨相结合，探索性因子分析与验证性因子分析相结合等研究方法，尝试建构中国传统武术文化基因谱系理论模型[41]。

而对于武术文化主体研究的困境，学者们也在积极探索，尝试寻找其深层根源和新的生长点，与此同时，民族传统体育中"武术文化传统"的复兴形成了一种引人注目的文化现象。金玉柱等以文化主体性为切入点，对中国武术的近现代发展与变迁进行了剖析，认为修复武术文化、彰显文化身份、确立中国立场、重塑中国形象是重构中国武术文化主体性的主要路径和必然选择[42]。在当代民族复兴背景下，龚茂富进一步探索"武术文化传统"复兴的表征、动因、内在逻辑模式以及重建所需坚守的思想理念与可能的实现路径等问题，推进民族复兴进程中武术文化资源创造性转化讨论的细致与深化[43]。

综上所述，2016—2019年学术界对"武术文化"的研究成果颇为丰富，研究方法、研究视角各异，对不同学者、不同年份所发表的成果进行研读，可以发现有关于武术文化本体认知研究，武术文化传播研究，武术文化对比研究，地域武术文化研究，全球化与武术文化研究等成果。这一系列关于"武术文化"的高质量研究成果充实了武术文化发展内容，完善了武术文化发展体系，极大推动了武术文化的繁荣。在今天看来，中国武术是一种文化，也已经成为学界高度共识。但中国武术文化有着深厚的文化意蕴，博大的文化体系，多元的文化触角，对于武术文化到底"有什么""是什么"以及能"干什么"，我们仍然需要不断追问，不断阐释，以发现中国武术文化最本真的一面。

（二）武术社会研究

中国武术作为人类社会发展的子系统，伴随着社会的变迁发展而发展，并渗透社会生活的各个领域，与社会命运休戚与共。正是如此，对于中国武术与社会的研究也成为学术界关注的焦点。通过中国知网对2016—2019年相关研究进行检索，结果显示相关文献共计 177 篇。以下是对这些学术观点的梳理。

学校武术教育无疑与国运国脉息息相关。王登峰指出学校武术是实施弘扬优秀武术文化的重要场域，是助力国运昌盛的重要力量[44]。杨亮斌等人以历史文献为依据，采用口述史研究方法，对武术家群体口述历史资料进行分析，从经济、道德、教育、文化生态 4 个方面提出对现代武术发展的启示[45]，从经济制度、社会道德、生活模式、教育体制、传统文化态度 5 个方面重现新中国成立初期武术的生存状态，为武术社会化及其后续研究奠定了坚实的理论基础，提供了较为详实的资料。与之相似，周维方等人也通过口述历史方法和文献资料法相结合的研究范式，对传统武术的当代社会价值及其实现路径进行了探求[46]，使武术在社会上具有了多元化功能与价值，这也为武术更好地融入与调节社会提供启示。

在对于社会青少年的影响上，谭腾飞等通过进行《青少年社会适应状况评估问卷》调查，结果发现武术特长生社会适应能力显著强于普通中学生[47]，这一实证调查研究结果为武术对社会青少年的影响提供了有力证据，使武术运动更好地在社会普及推广提供有效的说服力。此外，中国武术还具有"立德树人"的价值取向，中华民族传统文化的重要特点即为追求"真善美"：中国武术有利于参与者求真精神的培养，向善品德的养成以及尚美境界的提升[48]。周维方等基于武术家群体的口述史研究后，认为"中国梦"视域下传统武术社会价值实施路径对传统武术助推"中国梦"及其自身发展有着重要的理论价值和实践价值[49]。武术组织与社会治理作为我国村落治理的一种途径而备受关注，郭学松等以我国台湾鹿陶洋民间武术宋江阵为案例，在一定程度上探讨民间武术组织参与村落社会治理的过程及效能[50]，为武术组织与社会治理提供借鉴意义。

总之，中国武术伴随着中国社会发展而变化，在这几千年漫长的发展演进过程中，与中国社会领域的各个方面进行着冲突与融合，同化与异化，创新与改造等，已有足够多的研究能够充分论证中国武术作为人类社会生产生活的独特产物，具有教育启发、健康促进、文化复兴、产业经济、体育运动等多元化价值属性。这些独有的价值属性是一般文化形态或运动项目所不具备的，尤其在"实现中华民族伟大复兴"的新时代背景下，中华文化的繁荣发展为中国武术深度融合社会、深度开展研究创造了极佳的外部环境。让中国武术在这样的机遇之下，使自身独有的价值在社会中迸发，理应成为社会各界继续向前推进，深入实施武术社会化研究的重大课题。

（三）武术拳种研究

武术拳种是探寻武术拳理、研究地域武术文化的重要窗口，是承载武术发展的基本单位，在武术组织中发挥着重要的凝聚作用，不容忽视。因此，对武术拳种在 2016—2019 年的研究成果进行整理的基础上，选取一些具有代表性的成果进行以下评述。

拳种的实践空间是拳种的原生点，白永正认为拳种是武术的基因和核心，对拳种的认知并透视拳种所具有的价值和诉求与依存的关系,是当下我们重新认知武术、发展武术的基础和前提[51],这不仅有利于拳种的保护与传承,更是对拳种个体身份的重视与认同。程斌则通过对武术拳种名称的深入研究来探寻拳种名字背后隐藏的传统文化意蕴[52]。

对于拳种纷呈的文化现象,学者从不同视角对其进行解析。马文友从审美趣味、审美需求以及审美风格等角度,对中国武术套路拳种纷呈的特征进行了分析与解读,认为"武术套路拳种纷呈,所创编与传承的套路拳种在审美风格上呈现出的多元化特征保证了武术套路在历朝历代的更迭中、在扬武与抑武的交替下仍然保持着拳种纷呈而延续至今"[53]。杨建营对武术拳种的历史形成时间节点,原因以及体系化发展做出梳理,明晰了武术拳种发展脉络后指出,"传统武术拳种不仅是套路运动形式,而是一个由诸多环节构成的体系,技击是其最本源、最核心的追求"[54]。赵景磊通过研究发现梅花拳在当代社会仍体现出较强的民间自主组织和治理能力,这与梅花拳传承中形成的身份认同特征密切相关[55]。

综上所述,学界对武术拳种有着高度的认知,对武术拳种运用不同方法,从不同视角进行剖析研究,如有对拳种文化进行解读的,有对拳种形成进行梳理的,有对著名拳种进行探索的,有对拳种地域文化进行比较的。由此可见,学界对武术拳种的研究成果较为丰富,并且对于武术拳种的研究也已经成为武术学科较为成熟的研究范式。

三、武术教育研究进展

武术教育研究进展(2016—2019年)主要围绕武术教育理论研究和武术教育实践研究展开综述。在武术教育理论研究方面,民国时期武术教育研究与实践为后期武术教育发展奠定了坚实基础。武术教育现状存在重武术技能传授,但缺乏对武术文化教育深刻意义理解与实践的社会现象,未来武术教育的发展宗旨应助力国运昌盛与国脉传承;在武术教育实践研究方面,相关研究主要围绕系统化传授武术理论与技术体系、强化对抗激发学生习武兴趣,以及应用新技术和新方法等开展武术教学改革。

(一) 武术教育理论研究进展

就武术教育的历史与现状而言,从历史角度主要梳理了民国时期的武术教育发展及其对后期武术发展的影响;从现状角度主要分析了目前武术教育存在的问题、后期逐步更新的理论及改进优化的路径与方法。

从历史分析的角度,对民国时期的武术教育研究主要集中于近现代时期学校武术教育产生的根源,教育模式以及发展过程。关于民国时期武术进学校的原因,主要有两点,一是民国时期的系列体育议决案如1904年癸卯学制设立体操科与1922年学校体育课程设置改革等对于武术教育发展产生了积极影响[56],二是中西文化冲突下的民族危机促进了教育救国、武装身体强壮身心而救国的理念[57]。而从我国学校武术教育百年演进可以看出,学校武术教育总体呈现一种"后发内生"的发展模式[58],近现代中国武术教育在功能、思想、历程、内容等方面都表现出"一波三折"的流转特征，在与西方体育的竞争中，中国武术教育的近现代转型实则是一种"中国式体育"的改造过程[59]。

就武术教育现状存在的问题，马剑等指出，"从理念上缺乏对武术文化教育意义的深刻理解与实践是当前武术教育面临的实际危机"[60]。从武术教育与文化传承视角，传统武术通过以"拳种人-武术人-中国人"的教育模式，在生理身体、社会身体、心理身体教育方面实现对文化与精神的传承，同时进行自我认同[61]。在武术教育具体表现上，武术教育重套路演练，轻实战应用；重健身养身，轻武德武礼；重技能传授，轻文化传承[62]。

关于如何进一步深入认知武术文化教育的内涵，张继生等指出，以自身认知理论中的"身体、情境、认知"为理论基础，现代武术教学呈现出"生命性、具身性、身心统一性"的具身意蕴[63]。戴国斌提出，在中国格物致知的语境中，武术人以拳为物而格，以武之德的养成和拳之艺的继承创新而致知，形成了"格拳致知"的教育文化遗产[64]。

就武术教育未来发展而言，既有宏观武术教育发展战略的规划，也有相对微观的具体操作方面的改革思考。在宏观的武术教育发展理念方面，站在国家高度，逐步理出一个较为清晰的武术教育发展宗旨及发展之路。从国脉传承的视角，王登峰指出武术教育发展宗旨在于助力国运昌盛与国脉传承，为其奠定身体基础，构建武术知识系统，塑造人格品质，并将武术运动主动融入孔子学院教学之中，传播事关国运国脉的武术文化[65]。从学校武术发展的层面，坚持从传统武术拳种出发实施学校武术教育，下大力气建构起具有独立文化体系的学校武术教育平台抑或是校本课程，才是实现学校武术教育繁荣发展的有效路径[66]。从具体实施路径而言，"练打结合"是实现学校武术教育的本真目标，"德艺兼修"是实现学校武术教育立德树人的教育目标，"术道融合"是实现学校武术教育精益求精的更高目标[67]。

（二）武术教育实践研究进展

近4年来，相关武术教育实践方面研究主要围绕课程改革、教学法改革探讨、专业设置、武术段位制进校园4方面展开。

就武术课程内容改革与实践方面而言，"从培养自强不息精神的角度……学校应当开展文明对抗的武术。安全一点，搞推手，胆大一点，搞摔跤"[68]。从系统教育角度，"应当改变长期以来以套路为主的片段化教学内容，进一步加强在完整武术学习过程中对个人技术、节奏距离控制、限制对方技术发挥三方面能力的培养"[69]。与此理念相关的课程改革实践也都取得了一定的成果，如采用两两对抗的教学形式进行教学，以"两拳、两腿、两摔、两拿"为主要教学内容，引入多种武术对抗游戏，将其作为生存技能的重要方面进行改革实践[70]。

在具体的武术教法改革方面，不同视角下的武术教学改革实验探索，为后期武术教育教学实践提供了借鉴参考。从教学模式的角度进行研究后，李华斌指出，学生对情景对练式授课模式整体满意度高，其"打""演"的巧妙组合，多元化因素深度融合的教学方法，团队协作的考核方式不仅深受学生喜爱，而且有利于掌握套路[71]。苏申根指出，"微课教学能够给予优等生更多时间学习、观摩，提升学生在武术方面个性，达到掌握教学理论和建构主义理论提出的要求"[72]。

在武术对外教学交流方面，龚茂富指出，"当前，推动高校来华留学生武术教育改革的路径主要有4条，第一，坚持文化导向；第二，加强顶层设计，建立来华留学生武术教育标准；第三，守正创新，实现弘扬传统与注重当代的贯通；第四，创新传播，促进武术教育传播向日常生活化延伸"[73]。

在武术高校专业课程设置等方面，武术与民族传统体育专业、体育教育专业武术专选课的教学内容亟需改革。在具体的教育教学实施过程中，专业院校武术教育局限于专项的狭隘视野内，缺少对武术整体的关照，以套路与散打专项划分教学内容存在诸多弊端[74]。杜晓红等在对全国15个省市33所高校体育教育专业的武术必修课程（普修课）的调查结果中得出，"各高校间学时差异较大，制约了课程内容安排。实践技术教学内容以几十年前创编的长拳类套路为主，缺乏改革与创新，并有部分高校把跆拳道纳入武术必修课"，混淆了武术与跆拳道两个不同的概念。在实施效果方面，武术必修课程的教学实施效果并不理想，其改革出路就是要以武术动作的攻防技击性为逻辑起点整体设计武术课程与教学，精简武术技术动作与套路，构建教育目标下的学校武术传统文化体系，提升学生攻防意识与学习兴趣[75]。这与"立足拳种、回归技击，形成体系、弘扬文化"的武术专业教育改革理念产生共鸣[76]。

以上是自进入21世纪以来的学校武术教育改革思想，以及在其指导之下近4年来的改革实践。总体而言，需要解决的问题仍然很多，需要进行的改革实践仍需大范围展开。只有针对实际问题真正付诸于大刀阔斧的改革实践，学校武术才能够真正承担起弘扬民族文化，培育民族精神的时代重任。

四、武术传播研究进展

武术传播系统研究最早始于《武术传播引论》[77]，经十余年积累，已形成诸多高质量的研究成果。本部分重点综述2016—2019年武术传播研究进展，并提出研究不足与建议。

（一）武术传播研究进展

1. 多学科理论与视角的融入拓宽了武术传播研究的视野

多学科理论与视角的融入，使武术传播研究视野不断拓宽，成果不断推陈出新。如从标准化的视角，在对武术标准化发展做出战略性思考[78]的同时，也对武术术语[79]、套路[80]、散打[81]、文化[82]等的标准化展开具体探讨，对武术与中医[83]、武术散打与奥运会同类项目[84]的标准化发展做出比较；还有研究基于美国社会学家爱德华·W·索亚提出的"第三空间"理论，归纳了文化休克、民族中心主义、语言障碍等武术跨文化交际现实困境及解决对策[85]；以"跨文化教育"为视域，从研究特色、教育目标、教育内容、教育方法、人才培养等方面提出武术跨文化教育的初步设想[86]。

武术传播伴随武术的发生与发展自古已然，相关议题在学界方兴未艾。武术发展应站在国际化高度，对武术的继承与创新或曰武术的"变""常"问题进行理性探讨[87]，为武术发展提供参考依据。尤其在全球化大背景下，要正确处理武术全球化与本土化的关系，坚持民族化与世界化并行不悖的武术发展与跨文化传播主体思路[88]，并在从民族文化走向世界文化过程中建构武术文化自信，坚持和而不同的武术发展战略。对此，也可从"知识动力学"视角从武术发展的本质、动力、方向3个层面深入展开知识生产对武术发展的动力促进作用[89]。在武术发展与传播过程中，也有研究从文化安全的角度[90]，以社会学相关理论为基础探讨了武术图片传播失范现象，并提出规避措施与方法，以实现其传播的深度安全。

2. 武术影视及"互联网+"相关问题成为武术传播研究的热点

武术影视和"互联网+"是武术传播中的重要传播媒介。武术影视是推广武术文化的有效媒介，是影视行业中最具中国特色的一隅，如以动作电影、武侠电影为代表的影视传媒作品可以有效推动武术的对外传播。也有研究认为，武侠电影是一把"双刃剑"，既对武术的传播有着积极意义，也因其制造的武术技术、功能、英雄的神话[91]，而使之与现实出现巨大反差，诱发了武术负面形象的产生。由此，应从全球伦理构建、中华民族认同、中国形象塑造、武术技法传播、国际发展之道等角度，指明中国武侠电影的武术传播策略，此亦正是中国武侠电影的武术传播标准[92]，并且在全球化背景下武侠电影主题和价值表达应该调适到普世性，增加叙事主题的时代关联要素[93]，不能囿于狭隘传统叙事。此外，也有研究以把好素材关、传承关、成长关、微传播关为思路，提出运用微电影传播武术的思路[94]。

在"互联网+"方面，武术在互联网时代"走出去"务必要转变传播主体理念，由线下传播向线上传播转型；有序走进国际互联网武术网站；提升影视作品和武术网站的核心竞争力；强化实质性意义的双向交流合作[95]，也可通过"互联网+武术健身""互联网+竞技武术+表演武术+休闲娱乐武术""互联网+武术防身""互联网+武术用品"在国际上拓宽武术消费市场，并通过大数据时代传播特点做到与时俱进、实时跟踪、及时反馈，使武术文化、精神在国际上得到广泛的认同[96]。

在其他传播媒介方面，应注重武术表演促进文化交流与继承的传播功能[97]，利用好华人华侨、孔子课堂、孔子学院等平台进行武术项目巡演，并建立能够满足国内、外受众体验需求的孔子学院武术培训与研究基地创意平台[98]。

3. 探讨与新时代国家发展战略的融合成为武术传播研究的趋势

新时代国家发展战略作为驱动中国发展的强大引擎，为各学科领域贡献了理论支撑和学科智慧。在武术传播领域，基于"一带一路"倡议背景，应加强武术国际传播能力建设，其传播理念要从"自说自话"转向"交流对话"、传播方式从"硬宣传"转向"软传播"、传播渠道从"一元"转向"多元"、传播语言从"单一"转向"多样"[99]，如此方能以武术文化助推"一带一路"倡议有序实施的先行优势，以武术文化为基点做好跨文化的阐释工作。

此外，在实现中华民族伟大复兴中国梦的时代进程中，作为优秀传统文化典型代表的武术，其传播应在如下4方面着力。第一，实现"武术文化传统"的复兴与重建[100]，繁荣的传统武术才是中国文化复兴的动力[101]，复归"尚武精神"是助推中国梦的重要思想力量。第二，重构中国武术文化形象，将中国传统武术置于优先发展的位置，注重武术文化整体输出[102]，提高武术文化国际认同。第三，在文化软实力视域下武术具有独特价值，即作为"草根文化"的"纯洁性"；作为"文化标识"的"中华性"；作为"中国印象"的"普及性"[103]。故此，武术文化软实力的传播既要面对"大众"的"广播"，又要面对"小众"的"微播"[104]。第四，中国武术对外推广要提升中国体育话语权和维系华侨华人民族情感[105]。

4. 武术传播海外实证及中外比较研究的广度与深度取得新突破

武术传播海外实证研究所考察的国家或地区的广度较之以往得到扩延。如武术在意大利[106]、克罗地亚[107]的推广研究，以及对美国[108]、冰岛、挪威、喀麦隆[109]4国孔子学院武术开展与传播现状及其中存在问题和对策研究。吴文峰等还选择了华盛顿、纽约、波士顿、匹兹堡、亚特兰大、芝加哥、西雅图、洛杉矶8个城市的400名成年美国人，进行了武馆经营、武术认知等方面问卷调查研究[110]。在相关研究中，较具创新性的是，采用海外民族志研究方法对美国康村进行的田野调查研究，揭示了武术在海外传播面临的问题[111]。此外，在研究对象方面也体现出广度和新度，关于广度，有研究涉及95个国家的留学生，回收有效问卷1638份，就武术的传播模式展开研究[112]。在新度方面，有研究以北美网络翻译平台"武侠世界"为例，探讨了网络文学中武术文化的译介与传播[113]。

在中外武技国际化传播比较方面，日本柔道、空手道明确"技击"属性、强化制度特色、突出"品德"传统等经验尤值中国武术借鉴，并得出明确发展定位，注重外在"包装"，释放人文教化功能的启示[114]。

5. 以历史梳理为背景获取新知成为武术传播研究的自觉

不忘本来，才能开辟未来。在武术传播历史的梳理中获取新知，成为武术传播研究的自觉，并认为正如寻根史学所期望的历史的某些经验可以映射到现今[115]。郭发明等以口述史研究方法，梳理了中华人民共和国成立以来中国武术对外交流历程，并提出要转变传播理念，坚持"以人为本"；传播武术文化核心价值观；塑造"和谐""文明""道义"的武术形象；重构武术文化发展战略[116]。张银行从认同视角回顾了海峡两岸武术交流史，进一步强化了武术在两岸文化交流工作中的角色担当和贡献率[117]。

还有研究以"徐磊事件"所造成的武术传播话语权危机为研究缘起，以媒介记忆理论梳理了明清以来传统武术话语权的历史钩沉，并提出话语权提升策略，即传播主体由"走出去"转为"互动化"；传播受众提高审美能力；传播媒介关注社会记忆的责任与义务[118]。

（二）武术段位制研究进展

中国武术段位制自1998年由原国家体委颁布实施后，历经22年的探索与发展，促进了武术文化和武术锻炼方法的有序科学传播，推动了群众性武术活动的广泛普及，推进了全民武术锻炼体系的建立和规范。伴随《武术段位制推广十年规划》的启动，以及"一带一路"倡议的稳步实施，武术段位制成为当下武术研究热点。

1. 武术段位制本体研究不断深入

自2008年5月以来，国家体育总局武术研究院聘请百余位具有代表性的民间武术传承人和专家学者，相继创编了以青少年为使用主体、以技术要素为核心、以"练打结合"为模式的《中国武术段位制系列教程》，一经出版即引起学者们的广泛关注。如马剑认为，中国武术段位制是介于武术运动员技术等级制度和民间传统武术传承之间的，针对全体习武者建立的一种由技术向理论方向发展的习武考评"刚性"准则秩序[119]。洪浩等认为，武术段位制构建了不同于竞技武术和传统武术的评价体系[120]。从理论指导实践的情况来看，随着学界对武术段位制本体研究的不断深入，武术段位制体系日渐完善。

2. 武术段位制推广研究不断突破

在武术段位制推广方面，洪浩等人在《武术段位制推广十年规划》的指导下，建构出由"外层环境"推广目标与推广保障，以及"内层传播"推广主体、内容、路径、对象、反馈与效果评价等共同构成的武术段位制推广模式。其他学者则主要从"社会推广、学校推广与国际推广"3个方面对段位制推广进行研究。如在武术段位制社会推广方面，万会珍等分析了河南省城市社区武术段位制推广存在的"考评机制不健全，考试场点分布不均衡；宣传力度和宣传手段不丰富；武术锻炼居民对段位制的认知度不够，不具考评意识；考评申报程序不便操作，考评标准不够清晰和明确；考评组织网络不健全，缺乏市场化运作"5个方面问题[121]。

在学校推广方面，由于民族文化复兴的时代背景，国粹武术在学校的开展状况广受关注。洪浩等认为，武术段位制与学校武术教学有机契合，有助于解决"教什么，如何教，谁来教"的3大问题，是推进中小学武术教育改革与发展的有力驱动[122]。茜广孝等提出，应把武术段位制纳入教学计划内，以教学大纲为保障，推动武术段位制在各高等院校的有序开展[123]。此外，地方武术拳种的段位制教程编写工作也取得了新成果，如四川省武术协会组织相关专家编写出版了《峨眉武术段位制教材》，并已在四川省大、中、小学进行推广。河南省汤阴县政府委托河南大学、河南科技学院正在编写《岳家拳段位制教程》。地方武术拳种段位制教程的编写以及学校推广工作，正逐步在全国各地展开。

随着武术国际化传播进程的加快，武术段位制的国际推广问题也迎来热议。吕旭涛指出，随着"一带一路"战略的实施，中国文化走出去的步伐将进一步加快，中国武术也将借助孔子学院这一武术国际传播新范式实现腾飞雄姿[124]。宋亚洲等则以"健康中国"战略为背景，提出了增设考评点，规范武术段位制考评制度；加强武术段位的宣传力度；与市场经济相结合，推动武术段位制的全面发展的建议及对策[125]。

综上而言，"一带一路"战略的实施，以及建设"健康中国"的时代需求，为武术段位制推广提出了新的时代使命、带来了新的发展机遇。在新的发展形势下，武术段位制研究呈现出如下新动向：第一，在"一带一路"战略背景下，武术段位制在国际推广过程中，如何促进"民心相通"以及不同文化间的理解，将成为武术段位制研究的新课题；第二，武术段位制社会化发展在"健康中国"和"中华优秀传统文化传承工程"建设中持续升温，武术段位制如何促进不同人群的身心健康、服务传统文化传承，将成为武术段位制研究的新领域；第三，地方武术拳种段位制教程的编写逐步展开，武术段位制技术体系研究将逐步完善。

（三）武术传播研究问题与趋势

4年来的武术传播研究所涉议题较多，整体上取得较大进展，但也存在一些不足。较为突出的是，多以宏观、定性研究居多，微观、定量研究相对匮乏，因而整体呈现出"重理论，轻实践""重宏大叙事，轻微观阐释"的特征。

展望未来，在新时代中国特色社会主义建设进程中，武术传播研究应进一步强化服务体育强国、教育强国、文化中国、健康中国及"一带一路"倡议国家战略的能力，"不忘本来，吸收外来，面向未来"地处理好实践探索与理论反思间的合理张力，在实践探索中强化理论总结，在理论研究中突出实践指导[126]。具体而言，建议重点关注以下5个方面：第一，提高政治站位，从"为谁传播、传播什么、怎么传播"的逻辑起点出发，强化武术传播研究服务国家系列重大战略的能力。第二，更多融入相关学科视角与理论，拓宽研究视野、强化理论支撑，同时注意不同视角与理论的互相融通与支撑。第三，强化个案研究，深入反思具体现象与宏观问题之间的互动与勾连，凸显研究的具体理论价值与现实实践意义；第四，在着重定性研究的基础上加强定量研究，以定性引导定量，以定量支撑定性，使研究的价值更高、内容更实。第五，进一步强化历史自觉与文化自信，更多关注武术传播的域外实践及比较研究，在更大时空范围内透视武术传播诸问题。

五、武术竞技研究进展

2016至2019年，武术竞技研究进展主要集中在竞技武术套路、散打、理论三个方面。申言之，竞技武术套路相关研究主要侧重其发展、文化、竞赛形式、技术、艺术审美等方面，涌现出较多成果。竞技武术散打相关研究的视角逐渐增多，研究方法呈现出多学科交叉态势，应用性研究受到重视。竞技武术理论相关研究的视野则有待进一步拓宽。

（一）竞技武术套路研究进展

1. 竞技武术套路研究的现状和成效

（1）探讨竞技武术的大发展

在西方现代体育影响下诞生的竞技武术具有鲜明的时代烙印，与中国社会文化发展密切相关。韩衍金等坚信这是武术发展过程中客观存在和不可回避的一种状态[127]。李凤成首先肯定了竞技武术套路的形式，认为其一方面扩大了武术文化的传播态势，另一方面，武术中的中国哲学精神可以为西方现代体育文化融入新的思想内涵[128]。在竞技武术套路发展策略上，李小进[129]、李富刚[130]等都从不同角度分析表达了竞技武术套路的发展，应坚持民族化与世界化并行不悖的"和而不同"的发展战略。

在竞技武术套路内容方面，邱丕相则认为运动队要像音乐家采风一样向民间学习，将存在于民间的大量技击方法和不同地区的技术风格融于竞技比赛的演练中[131]。马文友建议在竞技武术套路中多融入一些带有传统技击含义的动作，并将其放在主要地位[132]。同时，通过利用视觉文化和科技手段，艺术化地模拟和再现技击场景，更具"艺术"性地展现"技击"含义，引领武术的创新发展[133]。

在竞技武术套路国际化发展方面，郭发明等人认为，持之以恒的入奥申请，推动了竞技武术的国际化、科学化和标准化工作，引领武术走向世界竞技舞台，极大地推动了武术的对外交流[134]。王岗等人则强调在武术的竞技化和对外传播中要提升文化自觉和强化文化认同[135]。

（2）重视对武术文化的回归

竞技武术是武术改革的产物，随着社会的发展，武术呈现出多元化的发展趋势，武术文化也被赋予更为丰富的内涵。王洪珅等用生态的趋同适应表现来解释竞技武术的诞生[136]。任蓓等则以符号代码和符号文本相结合的方式，来证明在符号内部仍然保留有武术文化的传统的恒定要素[137]，反驳了竞技武术套路脱离传统武术的质疑。阎彬等认为武术的发展要跳出体育，回归其文化属性，将武术作为文化的符号文本进行保护、传承和开发[138]。可见，竞技武术套路中同样重视对武术文化内涵的体现。

（3）创新竞技赛事的新形式

竞技比赛是竞技武术套路交流传递的方式。杨建营认为应形成竞赛带动普及，普及又回馈竞赛的良性有效互动局面[139]。武冬提出了"单对统一"武术套路竞赛模式，通过对"单"套路演练和"对"套路式对练的结合，真正体现武术体用兼备的特点[140]。余沁芸等认为竞技武术套路比赛，不仅要展示武术本身的功法与技术，而且更要重视展现武术自身技击创意特色[141]。

（4）关注技术发展为突破口

随着竞技武术套路运动发展的现代化、训练的科学化以及竞技水平的极致化，优秀运动员之间的竞争更多地体现在对技术特征和训练细节的认识程度上。马庆等人将竞技太极拳的难度动作深入到神经、肌肉用力的专项化，进行更加科学化的专项动作技术和专项力量训练[142]。王晓娜研究了延长优秀女子武术套路运动员最佳竞技阶段体能训练方法[143]。在国外，竞技武术套路研究成果大多集中在训练数据的监控和统计方面，如用生物力学传感器对起蹬技术进行测量和定量分析[144]，以及对运动员体能[145]、运动员持续注意力的电流电位[146]等方面进行研究。

在由动作质量、演练水平、难度动作构成的竞技武术套路评分标准中，杨亮斌等认为，目前竞技武术套路比赛呈现"得难度者得天下"的倾向，改革和创新难度动作可以促进竞技武术套路的发展[147]。而夏柏华认为武术竞赛评分的绝对量化是不可能的，竞技武术套路仍要重视演练，且裁判员在评判过程中对于动作的劲力表达、身法配合等有分辨高低的能力[148]。对此，林小美等从心理学角度，对竞技武术套路裁判员在进行演练水平裁决时的裁决心智过程构建了模型，客观地分析了裁决过程中的裁决类型[149]。

（5）增加艺术审美的表现力

武术套路是技击攻防的高度提炼和艺术再现。因此，李富刚认为运动员需要用审美心理作用来提高演练，以使欣赏者用自己的审美意识与能力对运动员表现的意象与意境进行二度创作[150]。陈振勇等也认为武术演练过程中的动作造型和艺术审美功能直接指向人们思维感情的意象化，正是通过"身体意象"来体现"身体艺术"的价值和意义[151]。

武术套路对于人们美化形体与陶冶品质有着不可忽视的作用。张元驰功表示每个人对每个动作的速度、节奏、力度的感知，就是对身体能力和个性的体现，也是在竞技比赛中取得成绩高低的关键因素[152]。王岗等从"形神论"出发，将武术中的"手眼身法步"视为"形"，"精神气力功"归为"神"，协调一致才能做到形神兼备，这个过程即是审美修炼的过程[153]。

2. 新时代竞技武术套路研究展望

（1）竞技武术套路研究趋向多学科交叉态势

伴随社会文化的发展，竞技武术套路发展过程中所面临的问题和影响因素日益复杂，跨学科交叉研究将成为未来竞技武术套路研究的趋势。第一，基于多学科理论的竞技武术套路研究，一方面，从文化学、社会学、传播学等视角，对竞技武术套路中的人文内涵进行分析；另一方面，以医学、生理学、物理学、力学等理论知识对该项目的运动和训练规律进行探索。第二，质性研究与定量研究相互补充，多种理论基础综合运用，研究方法将更加丰富。

(2) 加强竞技武术套路推广研究

竞技武术套路的诞生和改革，一方面是为了适应西方主流体育文化，另一方面是为了更好地推广和弘扬中华武术。在当下不断强调文化自信的中华民族伟大复兴征程中，竞技武术套路作为独具民族特色的竞赛项目，其推广和发展的时代意义和现实价值将进一步凸显，由此相关学者和部门要结合新时代背景和国家发展战略，加强竞技武术套路的推广研究。

(3) 深化竞技武术套路的文化、审美研究

习近平总书记指出，要结合新的时代条件传承和弘扬中华优秀传统文化和美学精神。故此，竞技武术套路的发展要注重结合市场和大众需求，用创新思维对竞技武术套路进行改革探索，更加突出武术文化的核心地位，挖掘中国武术的美学精神，展现中华审美风范。

（二）竞技武术散打研究进展

以"散打"为关键词，在中国知网检索 2016 到 2019 年的核心期刊论文共 209 篇。进一步以"竞技武术散打"为主题检索，筛选出 36 篇主要文献，以下对近 4 年竞技武术散打研究进行综述。

1. 竞技武术散打研究总体特征

(1) 竞技武术散打研究内容逐渐丰富

按照研究内容，2016—2019 年竞技武术散打研究主要从"技术标准""科学训练""文化传承""发展前景"等方面展开。其中，技术标准类文献 8 篇，占比 22.22%；科学训练类文献 12 篇，占比 33.33%；文化传承类文献 6 篇，占比 16.67%；发展前景类文献 10 篇，占比 27.78%。相较而言，"科学训练""发展前景"方面是近年来学界研究热点，"技术标准""文化传承"方面仍需学界给予更多关注。

(2) 竞技武术散打跨学科交叉研究增多

近 4 年，竞技武术散打跨学科交叉研究增多。如《基于 SWOT-AHP 模型的中国散打发展战略研究》在研究方法上不再局限于逻辑推理、定性分析，而是通过构建量化模型得出我国武术散打应采取外部威胁与自身优势相结合的优势与威胁（ST）发展战略类型"[154]的结论。此外，《吴彬先生访谈录》[155]《夏柏华教授访谈录》[156]《张山先生访谈录》[157]等以口述史为研究方法的成果中，也涉及散打运动的历史与发展内容。

(3) 竞技武术散打研究向应用侧重

近 4 年，竞技武术散打研究成果呈现出"突出解决实际问题"的特点。如《我国武术赛事类型共生共存模式研究》[158]对国家武术赛事管理提供了可资参考的建议；《鞭腿击打不同类型目标引发膝关节运动损伤的危险时刻分析》则为散打运动员避免膝关节损伤提供了现实对策[159]。

2. 竞技武术散打研究进展

(1) 技术标准类研究呈现精细化

制定标准是一项竞技运动成熟和发展的标志。范铜钢等在《武术散打与奥运会同类项目技术标准化水平比较》中认为，现代武术散打技术体系在古代搏斗技术基础上走向规范，其不仅对古代技击术进行了再现，也对古代技击术进行了共性意义上的科学糅合。[160]他们在《竞技武术散打技术标准化研究》中还指出，建立武术散打技术内容标准，重点是对技术的主要内容包括拳法、腿法与摔法等进行统一界定，以及明确技术等级与相应的评价标准[161]。张成明在《武术散打比赛规则的加分制和减分制比较研究》中认为，今后武术散打竞赛规则的改革，可采用"减分制为主导，加分制为辅"的规则，增加比赛的观赏性和竞争力[162]。以上研究从技术、规则角度为竞技散打标准化进程，提供了较为细致的思路。

(2) 科学训练类研究呈现精准化

训练的科学化程度是竞技武术散打良性发展的重要前提。赵洪朋在《专项知觉训练对散打初学者知觉预测影响的研究》中认为，采用视觉搜索和预测相结合的训练方案，可在脑中建立暂时的最优化策略，提高预判的准确性和速度[163]；王聚龙在《优秀散打运动员心脏泵血功能对模拟比赛情景的应答变化特征》中指出，部分心脏泵血功能指标对模拟比赛具有较高应答性，为选拔散打人才、评估运动员心脏功能及科学训练提供了参考[164]；苏健蛟在《不同级别优秀散打运动员鞭腿技术动作特征及其对击打速度的影响》中提出，不同级别运动员鞭腿动作特征对击打速度存在显著差异，而相同级别运动员减轻体重、改善下肢关节运动方向和幅度，才是提高击打速度的关键[165]。综上可见，竞技武术散打已从传统经验型向现代科学型逐渐转型，也充分体现了由粗放型训练向精准化科学训练的转变。

(3) 赛事推广类研究呈现精深化

赛事推广类研究普遍采用"反思-建议"的范式。张君贤等认为我国武术赛事最终会"形成官方、协会、企业3方主导的综合赛事、职业赛事、商业赛事""既互利共生又和谐共存的发展模式"[166]。也有诸多学者从规则导向作用入手，为竞技武术散打运动推广建言谋策。如吉洪林提出"学校开展的武术散打运动应该以'禁止重击'为指导纲领，采用击而寸止、触而控制的理念，使'击中'的判定注重进攻、防守和控制，弱化其击打的力量性要求，保障参赛学生的安全"[167]。此外，《竞技武术国际化推广的思考》《韩国跆拳道振兴计划对我国武术散打发展的启示》等对散打国际推广路径的思考具有积极意义。

(4) 文化内涵类研究呈现回归化

随着文化强国战略的实施，武术散打要突出中国文化特色的观点在学界基本达成共识，刘凤虎等建议以厚重的传统文化母体为文化之源，提升散打运动的文化内涵[168]；李印东等在《武术技术创新与发展的思考》一文中认为要逐步形成既展现中国武术搏击特点、又彰显现代体育趋势的新型武术搏击项目"[169]。

分析可见，近年来学界开始重视散打运动的文化内涵研究，并在主导思想上向其母体——中国武术文化回归，这或许是学界对武术两次入奥失败后的反思，又或许是受振兴传统文化时代环境的影响。

六、武术健康研究进展

在"体医融合"和主动健康的趋势和背景下，武术促进健康的文化价值和社会意义逐渐凸显。武术注重养练结合，适合不同群体，并有着丰富的技术方法体系。国内外众多专家学者从健身文化、健身作用、健身机制和防病治病功效方面进行了大量研究，特别是近20年产生了大量的成果，不断论证了武术独特的健身价值和内在机理。近年来，由于自然科学领域理论与技术的发展，运动生物力学、心理学和神经认知科学以及脑科学的技术方法的突飞猛进，武术在延缓衰老、促进心理健康、慢病防治、癌症干预和神经退化性疾病辅助治疗，以及青少年体质健康促进等方面的价值不断被揭示。未来的研究需要在多维学科背景下，不断拓展武术健康促进研究对象群体、精准化干预设计方案、扩大拳种范围，进一步深入剂量关系和机制研究，在应用研究基础上，着重揭示基础理论层面的相关问题，为武术和医学理论及技术的发展提供依据。

（一）武术健康研究总体进展

在国外研究中，武术健康促进所采用的方式方法主要为太极拳，其被应用于治疗精神紊乱的研究[170]、老年人身体平衡的研究[171]、抑郁症状的改善[172]等。从研究视角上看，国外研究主要集中在武术对人体慢性病的干预效果上。总体而言，国外相关研究多为实证研究，通过实验得出武术锻炼与效果之间的因果关系，具有一定的可重复性和参考价值。

1. 需求者（包括体弱者和疾病患者）主动进行武术锻炼

通过众多学者调查发现，武术一直是大众阶层用来强身健体的手段，它在防未病、促进病后恢复中起着重要作用。体弱者为回归健康生活而积极寻找锻炼方式，体弱者包括先天体弱和后天因病体弱两种类型，其身体机能不宜进行剧烈运动，而又不得不依靠运动来改善身体机能。在此情况下，太极拳、木兰拳等运动方式温和的拳种，成为他们武术锻炼的重要内容。

武术习练切实使习练者受益，他们的情绪、体质、社会交往、相应的身体健康指标等得到了改善。有学者调查发现：参加太极拳运动的老年人在敌对心理健康水平上明显优于不参加者。对于"绝症"患者而言，武术锻炼在改变他们的焦虑心情中起到了积极作用。总之，武术在健康促进中起着"体弱者增强体力的'手杖'、中老年妇女的'美容术'、退休者重建生活的'媒介'、绝症患者的'救命稻草'"[173]的作用。

2. 以武术为手段对人体健康进行的主动干预

在相关实验中,研究者主要通过体质指标和生理生化指标来检验武术干预效果。干预人群主要为老年群体和病弱群体。许多调查类、实验类研究显示,长期从事武术锻炼不仅有助于身体健康,在改善人的情绪、精神状态及睡眠质量等都能起到一定作用。如有研究显示:16周太极拳锻炼可改善老年女性情绪状态、睡眠质量,在停练4周后仍有效,停练8周后对提高睡眠质量、减轻抑郁状态、改善躯体化和偏执状态能起到维持作用[174]。

3. 以武术为手段对心理健康进行干预

武术的功能之一在于促进人的心理健康。研究者通过调查发现,大学生武术锻炼者心理健康的总体水平,显著高于普通大学生,表明武术运动对大学生心理健康起到了有效的调节作用[175]。也有学者指出武术对心理健康的影响主要集中在"智力发育、意志品质、情绪情感、个性的影响、社会适应"[176]。

(二) 太极拳与健康促进研究进展

1. 促进骨骼健康,提高平衡机能

太极拳对平衡机能和骨骼健康的影响一直受国内外学者的关注。Yili 等[177]采用序列分析方法,得出太极拳对骨量缺失和原发性骨质疏松症患者具有正向效应。Wei Sun 等[178]比较了24式太极拳、快走和空白对照组在干预16周和干预后20周、24周单脚支撑以及压力中心(COP)前后、左右位移等指标的变化,发现太极拳在促进老年女性姿势控制和维持锻炼效果方面具有有效性;朱从彬[179]观察了每周3~5次,每次60分钟,持续12个月的24式太极拳可有效促进老年人步态稳定性和平衡控制能力。

关于太极拳改善平衡的原因与机制。Zhou 等[180]发现太极拳对老年人下肢肌力具有较好的促进作用;Holme 等[181]研究了太极拳对姿势—呼吸同步性的影响,认为太极拳能够减少因为呼吸扰动而产生的身体重心摇摆,从而降低不稳定性;Wei 等[182]研究发现,太极拳组相比对照组,神经肌肉系统的反应时间更短,这对肢体的协调性具有重要意义。X. Jia 等[183]研究认为,太极拳对帕金森患者的平衡作用可能与太极拳练习后柔韧性和整体协调性改善有关;S. Klamroth 等[184]进一步指出,每次40~60分钟,每周2~3次,持续12周的太极拳锻炼可能是改善帕金森患者姿势稳定性的有效剂量。

2. 改善神经认知功能和心理健康

太极拳对神经系统和认知功能的研究成为近年来的热点,特别是随着神经认知科学理论和技术的发展,脑电和影像学技术的应用,对进一步探索太极拳促进认知改善的内在神经可塑性机制提供了方法学依据。

(1) 延缓衰老神经调节效果和机制

太极拳延缓衰老的特征和内在调节机制一直不明确,目前的研究主要采用横断面

研究和跟踪研究的方式，从不同脑区结构和功能连接变化进一步揭示衰老进程中太极拳运动的影响效应。吕墨竹等[185]采用标准化低分辨率电磁扫描成像技术，发现长期练习太极拳的中老年人，在安静闭目状态下α波功率明显高于长期久坐习惯对照组，而慢波θ波成分的功率显著低于对照组，太极拳组左侧前额叶皮质以及枕叶皮质处α1波存在显著性的差异；Sijia Liu等[186]运用磁共振（MRI）技术发现长期太极拳组丘脑和海马的灰质体积大于日常其他活动练习者，同时表现出更高的冥想水平、更强的情绪稳定性和更低的冒险倾向。Jiao Liu等[187]运用静息态磁共振技术，发现相对于八段锦练习组，12周太极拳训练组内侧前额叶皮层和右侧壳核/尾状核的静息态功能连接增加，与对照组相比，太极拳组后扣带回皮层与右侧壳核/尾状核的静息态功能连接增加，而八段锦组内侧前额叶皮层与眶前额叶脑回/壳核静息态功能连接下降，可能与八段锦防止记忆衰退有关。Liye Zou等[188]运用随机对照实验的方法比较了12周改良18式陈式太极拳和24式太极拳对55岁以上中老年群体蒙特利尔认知功能、有氧能力和平衡机能的影响，发现陈式太极拳的效果更加显著。

（2）疾病治疗效果及机制

近年来，心身运动方式在神经退化性疾病中的作用逐渐得到证实，涉及的疾病主要包括在临床治疗中难以见效，而通过运动治疗在神经行为功能和神经可塑性方面取得较好效果的脑卒中、帕金森、纤维肌痛、轻度认知障碍等几类病群。

管细红等研究[189]发现12周太极拳训练后，帕金森病（PD）患者的症状自评量表（SCL-90）各维度得分较干预前显著下降，焦虑、抑郁等不良情绪有显著的改善。还有一项随机对照研究发现，在常规药物治疗的基础上再辅以太极拳训练治疗PD患者抑郁症状疗效更好[190]。Kong等发现太极拳能明显加强纤维肌痛患者认知控制网络和内侧前额叶皮层及前扣带回皮层静息态功能连接，因而具有改善因衰老引起的神经退化性疾病的辅助治疗价值。

在Sungkarat等[191]的一项随机对照研究中，将66例轻度认知障碍（MCI）老年人随机分为对照组和十式太极拳干预组，干预组经过每周3次、每次50分钟共计12周的家庭练习，干预组得分明显高于对照组。王乾贝等[192]使用蒙特利尔认知评估量表测试MCI老年人记忆力，通过每周至少4次、每次40分钟、3个月的太极拳训练，老年人视空间执行能力得分提高。刘静等[193]通过企业资源计划（ERP）技术研究陈式太极拳、核心稳定训练对非特异性下背痛症状改善的神经认知机制，结果显示太极拳训练组效果优于核心稳定组。陈玉民等[194]认为定期太极拳锻炼对注意力缺陷多动症（ADHD）倾向儿童有一定的治疗效果，儿童的前庭功能、本体感觉功能、独立因子和认知因子得分都有显著性提高。

3. 加强心肺功能

目前大量研究已证明有氧运动可以促进人体心肺机能，但何种运动方式既安全又有效，一直是学界关注的问题。太极拳由于其缓慢持续的运动节奏、适宜的运动强度、内外合一的技术特征，因而在老年人和慢病人群中受到青睐。由此，学者们也逐渐开始观察高血压患者、心肌梗死心脏康复患者、心力衰竭患者、冠心病患者和慢性阻塞性肺病（COPD）患者在接受太极拳运动治疗后的改善情况和可能原因。

刘涛等[195]认为在常规药物治疗基础上，太极拳对老年高血压患者降低血液流变学指标均有明显改善，并发症发生率显著低于对照组，并且随访一年后其生活质量依然显著高于研究前和对照组。沈小雨等[196]分析认为太极拳对老年高血压有良性调节作用，这与太极拳具有调节循环系统、呼吸系统、神经系统和内分泌及代谢系统的作用有密切关系。WANG等[197]通过荟萃（Meta）分析方法提示，太极拳能降低心血管疾病患者的血压及血脂水平，改善心力衰竭症状、增强体力及调节情绪。

慢性阻塞性肺疾病（COPD）是全球发病率和病死率最高的疾病之一。近年来，心身运动干预方式在COPD的临床治疗中发挥作用。一项Meta分析[198]显示，太极拳组6分钟步行试验（6MWD）、第一秒用力呼气量（FEV1）、最大肺活量（FVC）和圣乔治呼吸问卷中的呼吸困难评分、疲劳评分以及总评分较对照组显著提高，证明了太极拳运动可以改善患者的运动耐力、肺功能和生活质量。Chen等[199]的Meta分析亦通过对6MWD和伸膝力量进行综合分析，证实太极拳训练能够改善COPD患者的体能表现。

4. 调节内分泌免疫机能

太极拳对内分泌及免疫机能的影响，虽然目前研究也较为局限，但也从分子生物学角度不断揭示其内在机制，并提示作为辅助和替代医疗手段，太极拳在糖尿病、癌症和COPD等疾病的治疗中具有潜力[200]。

苏中军等[201]的一项Meta回归分析发现，与空白对照组相比，太极拳运动在改善血糖异常患者的糖代谢功能及胰岛素敏感性上有显著性优势。Wang等[202]比较了杨式、陈式、24式太极拳对二型糖尿病空腹血糖、糖化血红蛋白、空腹胰岛素、胰岛素抵抗和总胆固醇的影响，但也指出目前还缺乏足够证据表明长期太极拳练习具有更好的效果。

太极拳训练还可以缓解肺癌、乳腺癌化疗患者的疲劳状态，增强肌肉力量，提高运动活力[203]。太极拳锻炼能显著降低稳定期COPD患者血清中IL-6、IL-8及TNF-α的含量[204][205]，有助于缓解气道炎性反应；抑制IL-8作为中性粒细胞强效趋化剂及活化剂的作用，降低气道炎性程度；避免因高水平TNF-α而诱发的炎症损伤及气道高反应状态，有助于COPD患者病情进一步缓解。皮智文等[206]研究发现，90天太极拳练习可以改善控慢性荨麻疹患者体内细胞因子IFN-γ和IL-4水平，重建T辅助细胞亚群（Th1/Th2）平衡。

七、武术产业研究进展

在国家发展体育产业的强大政策支持下，武术产业获得快速发展，武术产业研究取得了显著成绩。经梳理武术产业研究成果，其主要包括武术健身养生产业、武术竞赛表演产业、武术影视传媒产业、武术创意游戏产业、武术旅游体验产业、武术教育培训产业、太极拳产业发展现状与问题、太极拳产业趋势及新途径、太极拳产业研究热点与核心竞争力培育、太极拳产业化与产业价值、太极拳产业发展战略研究等。相关研究正朝着区域化、集群化、国际化、品牌化方向发展，但研究成果整体质量不高。未来研究将在人才培养、大数据、人工智能、老龄化方面产生突破。围绕"绿色""生态""和谐""健康"为主题的相关研究将成为武术产业研究的热点领域。

（一）武术产业研究总体进展

全球化给体育产业的发展带来了机遇，在此背景下，体育产业得到政府和社会的高度重视。自2014年10月20日国务院颁布46号文件后，国务院、国家体育总局联合发改委、教育部、国家旅游局又发布了多项促进体育产业快速发展的利好政策。这些政策的相继出台，为武术产业的繁荣发展带来了重大机遇，使武术产业获得快速发展，取得了显著的成绩，武术产业研究也取得了一定的成果。

1. 武术产业研究总体回顾

以中国知网为基础文献来源，以"武术""产业""武术产业"为主题进行检索，发现近几年来关于武术产业的研究成果逐年减少，以武术产业为主题的学位论文也呈逐年下降的趋势。从研究内容来看主要包括以下几方面。

（1）武术健身养生产业

骆启晗指出，武术健身还普遍存在3个问题，第一，群众参与武术健身的意识缺乏；第二，武术健身的场地贫乏；第三，群众武术社会指导员匮乏。并提出要增加资金投入，形成政府、企业、武术健身团体相融合的多层次多角度支持，促进武术健身的发展[207]。马佩等指出，群众参与健身活动的意识依旧不高，参与武术健身活动的意识薄弱，还存在群众武术社会指导员匮乏，基础设施场地贫乏，城乡二元结构资源分配失衡等问题[208]。

（2）武术竞赛表演产业

余沁芸等提出，武术竞赛表演产业的创新方式主要以舞台表演为载体，并衍生出以武术元素为基础，通过引入人物角色和故事情节的武术情景剧、武术小品等多种表现形式，使得武术竞赛表演的艺术性和观赏性大大提高[209]。

（3）武术影视传媒产业

在经济快速发展、大众精神文化需求日益多样化的时代背景下，武术影视产业以其独特的感官娱乐表现形式以及内蕴的中华文化内涵成为武术娱乐化、产业化的重要载体和主要表现形式，但也存在产业链严重缺失、缺乏市场竞争力、融资面临诸多问题、产业政策和法制环境欠缺等问题[210]。为此，国家要建立市场竞争机制，实施促进产业融合的发展政策，促进武术影视产业链全面发展，同时还应拓展融资渠道，优化产业结构，强化市场调查和策划，进行多样化营销等手段促进武术影视产业的蓬勃发展。

(4) 武术创意游戏产业

武术创意游戏产业是当今武术创意产业中最具代表性，同时也是最活跃和产业规模最大的一种[211]，但存在严重的跟风现象，对武术文化精髓挖掘不够；技法玄幻庞杂，与现实中的武术技法严重脱节；游戏创意开发者对武术文化研究不深；游戏制作技术有待提高；游戏产业链尚需进一步完善等问题。因此，我们需要深入挖掘武术文化精髓，继续提高游戏制作水平，完善游戏产业链，使武术创意产业在原有基础上得到更全面的发展。

(5) 武术旅游体验产业

武术旅游既可以丰富人们的社会文化生活，满足人们的精神文化需求，同时，又可以提高旅游的观赏和精神价值。但现阶段武术旅游面临地域分布不均衡，项目种类多、亮点少，缺乏长远的规划和指导，管理混乱，武术旅游产品少，项目开发能力弱，武术产品开发不足，从业人员素质不高等诸多问题。因此，武术文化旅游发展应当遵循可持续发展原则，珍惜和保护武术旅游资源，并面向市场吸引游客以增加武术收益，突出地域特色，塑造品牌，发掘其文化内涵，满足人们多方位的内心需求，政府也应注重顶层设计，对武术旅游资源有长远的规划，整合资源，并结合市场消费需求，运用科技手段，以武术文化为创意元素，将武术文化生产成富含创意的武术产品。

(6) 武术教育培训产业

张鑫[212]认为武术作为特殊的教育类型，随着教育形式的改革而变化，其中武术培训机构顺应了教育市场化需求，是当前武术教育途径中最为广泛、突出的一种教育形式，却依然尚未得到广大群众的普遍认知，在市场化教育中处于劣势。如何扩大范围传递武术信息、激发群众需求、引导消费，成为武术培训机构"生死存亡"的核心点。

2. 武术产业研究总体趋势

武术是中国传统文化的典型代表，具有文化价值、道德价值、教育价值、艺术价值、健康价值等，这些价值将在多元共存的产业化过程中进一步转化为相应的武术产业[213]，在"健康中国""一带一路"时代背景下，得到广泛应用，产生了一定的社会效益、经济效益，成为一种朝阳产业，得到社会的普遍认可与密切关注。未来关于武术产业的相关研究将在全球经济大环境的作用下，结合中国市场经济实际展开研究，围绕"绿色""生态""和谐""健康"为主题的相关研究将成为武术产业研究的热点领域。

(二) 太极拳产业研究进展

近年来，在中华民族伟大复兴战略激励下，社会主义市场经济宏观环境在体育领域持续发挥着深刻作用与影响，拥有广泛群众基础的武术产业发展备受期待。作为当代武术运动传播状态良好、极具文化象征与综合意义的太极拳产业异军突起，日益引起社会关注，一批相关太极拳产业研究成果亦相应出现。以"太极拳""产业"为主题,查阅中国知网,2016—2019年有相关论文329篇,主要涵盖"太极拳""太极拳运动""太极拳文化""非物质文化遗产"等方面,与太极拳产业研究相关的高频主题词则集中体现为"文化产业""产业化""健身""旅游""互联网+""现状""发展"以及"传播"等。

1. 太极拳产业研究整体回顾

(1) 太极拳产业发展现状与问题

张保明[214]认为在云南省太极拳已成为一种新兴传统文化产业,各种太极拳企业和机构纷纷成立,但在产业化方面还存在着消费定位、经营策略等问题。张望龙等[215]运用文献资料法,对河南省太极拳发展现状进行研究指出,作为重要的太极拳产业中心,河南省太极拳文化产业的基础设施比较缺乏,产业发展仍没形成合力。

(2) 太极拳产业趋势及新途径

韩玮[216]强调,"互联网+"为传统产业带来了新发展机遇。太极拳产业化的形成与发展需要"互联网+"提供创新驱动力,找准商机并吸引外资。马晓晓[217]认为,在"互联网+"趋势下,太极拳产业将迎来大变革,太极拳教学也将由传统的"面授教学"走向"互联教学"。杨建英等[218]则强调了现代科学技术及实验仪器在太极拳产业科研中的前瞻作用。

(3) 太极拳产业研究热点与核心竞争力培育

张业廷等[219]运用CiteSpace软件进行可视化分析,近年来太极拳产业研究聚类主要有"品牌""旅游产品""武术文化""产业升级""推广""体育经济"等,其中研究较热的聚类包括"品牌""旅游产品"和"体育经济"。潘壮丽[220]同样强调了太极拳产业与体育经济的关系,认为拳术人才、产品科研、产业制度、文化传播、政策资源、自然资源、人为资源7方面是太极拳核心竞争力。太极拳产业需要借鉴美国职业篮球联赛(NBA)、中超联赛、法网联赛等体育赛事模式培养核心竞争力。

(4) 太极拳产业化与产业价值

赤新生[221]对太极拳产业化的价值等相关问题进行了探讨。王经水[222]指出,太极拳当代社会价值主要体现于对个人修身养性价值和社会和谐促进价值。毛朝阳[223]强调,太极拳产业体系存在着品牌认知度高、市场基础雄厚、时代前景广阔等显著优势。

(5) 太极拳产业发展战略研究

李伟[224]分析了瑜伽国际推广对于太极拳产业的积极经验,揭示了太极拳产业国际战略视野的重要性。杨静[225]强调,太极拳产业需要统筹兼顾竞技武术比赛与全民健身协调发展战略。李霄潇[226]指出,在全民健身上升为国家战略的背景下,促进太极拳产业健康发展尤其需要政府的支持与合理引导。

2. 太极拳产业研究评价

（1）太极拳产业研究折射的体育产业"46号文"政策驱动

2014年10月，国务院46号文件《关于加快发展体育产业促进体育消费的若干意见》出台，极大激发了体育产业市场的热情与动力。体育的绿色朝阳产业性质深入人心，传统武术广泛受众基础引人期待，太极拳特色带动作用令人鼓舞。因此，2016—2019年太极拳产业研究的成果在一定程度上显示出国务院体育产业46号文的政策驱动作用。

（2）太极拳产业研究凸显出"互联网+"时代特点

在"互联网+"理念引导下，太极拳与旅游、康复、休闲、娱乐、艺术、教育等领域的跨界融合案例层出不穷，以"互联网+"为主题的太极拳产业研究成果正越来越多地涌现，这种现象既反映了以互联网为代表的高新科技对于太极拳传播的驱动成效和积极作用，也显示出太极拳产业研究对于当代"互联网+"语境的主动适应与密切追踪，同时也展现出成果显著的战略突破与观点创新。

（3）太极拳产业研究引入计算机软件创新作用

与之前研究相比，近4年太极拳产业研究成果整体上明显体现出对于计算机软件技术的积极应用。研究者运用了CiteSpace等计算机软件，较为鲜明地呈现出数据采集与统计分析等方面的新意。另外一些研究者紧密结合手机和无线互联网等新型移动科技平台的大众普及状态，提出了基于各种手机软件（App）的太极拳产业思路，也是明显区别于以往相关研究的新颖之处。

（4）太极拳产业研究论文所在的期刊层次相对较低

2016—2019年太极拳产业研究相关成果，大多数见于一般中文期刊，核心期刊以上论文较少，中文社会科学引文索引（CSSCI）等高级别期刊论文凤毛麟角。这一现状亟需改善。

近年来，太极拳承载的传统文化特质，体现的健身康体效应，具有的社会民生促进作用，蕴含的修身养性功能，潜在的产业价值和经济效益等，越来越得到社会各界的普遍认可与密切关注。关于太极拳的研究成果正日益增多，在社会主义市场经济大环境的作用下，各种太极拳研究成果也程度不一地表现出与产业日趋紧密的正相关度。可以预见，今后围绕太极拳产业的相关研究将渐趋构成太极拳研究的热点领域之一，太极拳产业研究在社会经济中的应用前景广阔而光明。

八、民族传统体育其他项目研究进展

2016年以来，民族传统体育研究首先与国家战略重大需求紧密结合，紧紧围绕"一带一路""健康中国"领域展开深入研究，研究成果不仅体现在国家社科基金的立项数量上，而且也体现在论文和学术专著的出版方面。对民族传统体育自身学科体系的构建研究也成为热点和重点，诸多研究成果不仅提出具有中国特色的社会主义新时代民族传统体育学科建设体系，而且研究也进一步多元化和科学化。对于少数民族传统体育的研究也日趋多维化，从民族传统体育资源的开发到民族传统体育项目的传承与保护方面都展开了深入研究，产出一批重要的研究成果。当然其他民族项目如秋千、竞渡、掼牛等民族传统体育项目的研究也日渐深入，特别是对中国式摔跤的研究更为突出，涌现出一批新颖的具有一定影响力的研究成果，研究逐步呈现纵深化和精细化的发展态势。

（一）民族传统体育研究与国家战略发展紧密结合

"一带一路"是党中央提出的为实现"两个百年"奋斗目标和中华民族伟大复兴中国梦、协调推进"四个全面"战略布局的重要举措，意在进一步加强与东南亚、南亚、西亚乃至非洲的联系。我国丰富多彩的少数民族体育文化是"一带一路"文化交流传播领域的重要组成部分，其传承方式的多样性、内容构成的典型性、开展方式的灵活性都足以代表具有中国特色的文化信息资源的广博和精深。

从2016年开始，以"一带一路"为背景开展多方面民族传统体育研究已经形成一个高潮，特别是在国家社科基金立项方面逐步增多，例如"'一带一路'背景下青海丝路沿线少数民族传统体育文化保护与传承研究"（2018）、"一带一路"背景下中韩民族传统体育比较研究（2017）、"中国—东盟民族传统体育传播的历史经验与现实路径研究"（2018）、"中华民族传统体育的东盟推广与文化适应研究"（2016）。另一方面，《中国—东盟民族体育的融合发展》[227]《"一带一路"背景下散存少数民族体育文化信息资源的数字化保护问题研究》[228]《"一带一路"战略背景下少数民族体育文化遗产廊道构建研究》[229]等指出立足"一带一路"战略背景下，沿线各国的优秀民族体育文化信息资源必将形成共享机制。散存的少数民族体育文化虽然属于特定时期、特定民族、特定地域的产物，但它们仍有整合与发展的理由和条件。对少数民族体育文化信息资源进行数字化保护，是促进国家"一带一路"战略所蕴含的文化发展构想的有效途径，也是促进"一带一路"战略全面实现的重要文化动力。

（二）以"健康中国"为背景的民族传统体育研究成为热点

中共中央、国务院于2016年发布《"健康中国2030"规划纲要》（以下简称《纲要》）明确提出未来15年健康中国建设的总体思路，并提高到国家战略的高度。《纲要》的实施绩效问题，则由生存于此环境中的人起到决定性的作用。因此，人的身体健康、心理健康水平提升至关重要，重视民族传统体育事业发展、传播民族智慧和文化、提高民族身体健康水平也显得极为重要。近些年，在国家政策红利的倡导下，不少学者通过对集观赏、健身和娱乐于一体且风格独特、形式多样又内容丰富的少数民族传统体育的研究，不仅可以弘扬民族传统体育文化，还可以促进我国各民族传统体育广泛交流，增进各民族间的情感，进而推动全民健身的广泛普及与开展。例如国家社科基金项目"基于传统养生文化理念下的民族传统体育与健康促进的研究"、专著《四川藏、羌、彝族群众传统体育健身特征及健身行为形成机制研究》[230]、论文《"健康中国"战略背景下宁夏少数民族体育可持续发展研究》[231]等成果,预示这些方面的研究既是现阶段的研究热点,更是当前我国民族传统体育研究领域关注的前沿问题。

(三) 对民族传统体育学科体系的研究日益多元化和科学化

近年来,有关学者积极开展对中国特色社会主义新时期的民族传统体育学科的历史进行全面梳理,同时也提出了具有中国特色社会主义新时代民族传统体育学科建设的思路。研究集中在构建理论体系、继承修志传统、形成特色健身方式、深化经济效益、强化文化传承、树立文化自信等方面做出了历史贡献,但同时存在学科体系自洽性、学科建设制度性、学科评价标准化和学科管理复杂性等问题,需要通过共同参与和协商合作的方式加以改变。例如国家社科基金研究项目"差序格局视阈下民族传统体育生存状态差序等级及影响机制研究"(2018)、"民族传统体育在我国体育运行机制中的角色定位与战略选择研究"(2016),以及论文《中国特色社会主义新时代民族传统体育学科的建设研究》[232]等着重对民族传统体育学科理论体系进行分析。特别在对中国民族传统体育做出整体分类和发展历程进行梳理的同时,将民族传统体育发展的基础、民族传统体育的传承以及民族传统体育的未来,置于中华优秀传统文化的广阔背景中进行分析,从学科体系角度对中国民族传统体育做出了全面研究。

(四) 对民族传统体育旅游资源开发研究促进了少数民族传统体育的发展

随着经济社会的发展,全民健身事业不断完善,在推动社会主义文化大发展大繁荣的伟大进程中,民族传统体育研究已由早期的现状调查研究,逐渐向通过民族传统体育以及民族传统体育文化的发展带动当地体育旅游的发展,进而拉动体育消费水平的研究内容过渡。因此,当前民族传统体育研究领域不断拓宽,研究内容不断丰富,研究层次逐步深入发展。例如,学术专著《云南少数民族体育旅游资源产品化开发研究》[233]梳理了云南25个少数民族的主要体育旅游资源及其分布情况,系统分析了4个代表性少数民族——傣族、哈尼族、彝族、佤族的体育旅游资源的主要内涵、特征及开发利用现状。构建了云南少数民族传统体育旅游资源产品化开发的评价指标体系和评价模型,提出了云南少数民族传统体育旅游资源产品化开发的地方层级化开发模式,研究制定了云南少数民族传统体育旅游资源产品化开发的技术规程。相关研究还有《桂滇黔少数民族传统体育文化资源调查与开发利用研究》[234]《民族传统节庆体育与旅游产业融合发展研究——以黔东南苗族传统节庆体育为例》[235]。

(五) 从多维视角展开对少数民族传统体育的研究

近年来研究者通过挖掘、整理集民族性、竞技性、观赏性于一体的许多少数民族传统体育项目,在全国少数民族传统体育运动会上进行展示,其中一些更为完善和成熟的项目被列入全国民族运动会的竞赛项目。为使少数民族传统体育项目更好地传承与发展，让更多的人认识和了解民族传统体育，也对当代中国少数民族传统体育60年的工作进行了阶段总结，出版了标志性成果《中国少数民族传统体育大全》[236]，该书收录了党和国家领导人对民族传统体育事业的关怀，55个少数民族的介绍，少数民族传统体育项目的介绍，全国少数民族运动会竞赛项目的介绍，全国和地方少数民族传统体育运动会情况的介绍，以及地方民族传统体育发展状况等内容。

还有一些研究从非物质文化遗产角度对少数民族传统体育进行深入研究。特别是在国家社科基金研究层面这些研究较为突出，例如"宁夏民族传统体育与非物质文化遗产研究"（2017）、"武陵山区民族传统体育非物质文化遗产传承模式与发展路径研究"（2017）、"新疆少数民族传统体育传承对维护边疆地区稳定的作用研究"（2018）、"我国西南世居少数民族传统体育文化文献采辑与数据库建设研究"（2018）。

（六）其他项目研究逐步纵深化和精细化

中国式摔跤是我国民族传统体育项目的优秀代表之一，是蕴涵中国传统文化精髓和展现东方哲学精神的一项体育运动。近年来研究者相对较集中，涌现出一大批研究成果，如《新中国成立以来中国式摔跤发展历程的研究》[237]《相扑仪式化传承及对武术的启示》[238]《中央国术馆摔跤活动历史考察与当代启示》[239]，这些研究主要集中于对中国式摔跤发展历史、自身优势和推广的机遇进行剖析，分析和探讨其运动竞赛、竞赛规则和科学研究等相关要素，以期自我革新，摆脱尴尬境地，形成中国式摔跤的话语体系、理论体系和技术体系，成为中国优秀传统文化的民族传统体育的典型代表。

其他民族项目如秋千、竞渡、掼牛等民族传统体育项目的研究也日渐深入，涌现出一批新颖的研究成果。例如《秋千史话》[240]《少数民族体育文化空间生态建设研究——以哈尼族磨秋为例》[241]《历久弥新的凤舟竞渡——一种被忽视的竞渡文化形态》[242]《中国掼牛非物质文化遗产的保护机制研究——基于体育文化和科技创新的视角》[243]，这些研究成果的出现预示着少数民族传统体育的研究进入一个新的阶段。

九、总结

《民族传统体育学学科发展研究报告（2016—2019年）》包含武术历史、武术文化、武术教育、武术传播、武术竞技、武术健康、武术产业、民族传统体育其他项目，共8方面研究进展。武术历史研究近年来有所升温，武术口述材料得到高度重视，武术的通史、断代史研究多见于专著和教材，专题史研究则多见于论文，且内容较庞杂、方法较多元。武术文化研究受益于新时代中华文化的繁荣发展，在与社会的深度融合中创造出系列高质量成果，达成了武术是一种文化的共识。武术教育的研究认为当前武术教育重技能传授、轻文化理解，应系统化传授武术理论与技术，强化对抗，激发兴趣，发挥全国学校武术联盟等机构作用，推进教改进程。武术传播研究因多学科理论与视角的融入而拓宽了研究视野，武术影视及"互联网+"成为研究热点，与新时代国家发展战略的融合成为研究趋势,海外实证及中外比较研究的广度与深度有新突破,以历史梳理为背景并获取新知成为研究自觉,武术段位制的本体研究不断深入、推广研究不断突破。武术竞技研究在套路方面主要探讨了套路发展、竞赛形式、技术展现、艺术审美等,在散打方面呈现出方向多样、方法多元、学科交叉、应用性加强等趋势。武术健康研究进一步揭示了武术在延缓衰老、促进心理健康、慢病防治、癌症干预、神经退化性疾病辅助治疗及青少年体质健康促进等方面的价值。武术产业研究认为武术产业正朝区域化、集群化、国际化、品牌化方向发展,但研究成果整体质量不高,"绿色""生态""和谐""健康"主题研究正逐步成为热点。民族传统体育其他项目研究主要围绕"一带一路""健康中国"等国家战略重大需求展开,对民族体育自身学科体系的构建也是研究的热点和重点。

参考文献

[1] 上海体育学院,中国体育科学学会武术分会. 武术学科发展研究报告(2008—2011)[M]. 北京:人民体育出版社,2012:1-2.

[2] 郭玉成. 中国武术史[M]. 北京:高等教育出版社,2019.

[3] 四川省武术协会. 峨眉武术史略[M]. 北京:人民体育出版社,2017.

[4] 王家忠. 安徽武术文化历史研究[M]. 合肥:安徽师范大学出版社,2018.

[5] 张雪莲. 佛山武术史略[M]. 广州:广东人民出版社,2017.

[6] 程大力. 少林武术史考略[M]. 北京:宗教文化出版社,2016.

[7] 李吉远. 明代武术史研究[M]. 北京:中国社会科学出版社,2018.

[8] 刘良政. 明清徽州武术研究[M]. 合肥:黄山书社出版社,2017.

[9] 申国卿. 中国武术百年转型历程研究[M]. 北京:科学出版社,2018.

[10] 李吉远,谢业雷. 近百年中国武术史研究的回顾、现状及其展望[J]. 武汉体育学院学报,2019,53(1):70-76.

[11] 关硕,李士英. 中国近代武术传播的嬗变轨迹及规律研究(1911—1937)[J]. 沈阳体育学院学报,2016,35(5):139-144.

[12] 朱永飞. "十七年"武术发展特征、意义及其当代价值延伸[J]. 体育文化导刊,2018(4):141-146.

[13] 杜舒书,张银行. 中国武术教育的近现代转型研究[J]. 西安体育学院学报,2016,33(6):715-720.

[14] 麻晨俊,高亮. 中央国术馆考略[J]. 体育文化导刊,2018(1):127-131.

[15] 李臣,郑勤. 南京国民政府时期第一次国术国考及其影响[J]. 甘肃社会科学,2016(3):123-127.

[16] 周伟良. 图说古代武术史话[M]. 北京:人民体育出版社,2017.

[17] 吉灿忠. 武术文化空间论绎[M]. 北京:人民体育出版社,2017.

[18] 中国人民政治协商会议天津市委员会文史资料委员会. 近代天津武术家[M]. 天津:天津人民出版社,2016.

[19] 刘源正,季培刚. 三爷刘晚苍:刘晚苍武功传习录[M]. 北京:北京科学技术出版社,2016.

[20] 吉灿忠. 河南省武术拳械录 [M]. 北京：人民体育出版社, 2018.

[21] 王小兵. "断裂" 抑或 "连续"：明清之际峨嵋武术史再讨论 [J]. 体育学刊, 2016, 23 (1): 41-45.

[22] 梁冲焱. 知行合一：明末清初武术发展思想动力研究 [D]. 太原：中北大学, 2016.

[23] 周志凯. 李小龙武学思想阐微 [D]. 南昌：江西师范大学, 2016.

[24] 晋云龙. 马贤达武学理论研究 [D]. 西安：西安体育学院, 2016.

[25] 杨祥全. 中国武术思想史 [M]. 太原：山西科学技术出版社, 2017.

[26] 吴魏魏. 《手臂录》枪法学理研究 [D]. 上海：上海体育学院, 2017.

[27] 胡宏东. 吴殳《手臂录》研究 [D]. 广州：广州大学, 2017.

[28] 郭玉成. 武术家口述史研究范式的建构 [J]. 武汉体育学院学报：2018, 52 (1): 63-67.

[29] 郭玉成, 王琨, 王培含, 等. 吴彬先生访谈录 [J]. 北京体育大学学报, 2018, 41 (4): 116-122.

[30] 张路平, 郭发明, 赵光圣, 等. 门惠丰教授访谈录 [J]. 北京体育大学学报, 2018, 41 (4): 131-137.

[31] 郭玉成, 徐贵华, 王琨, 等. 夏柏华教授访谈录 [J]. 北京体育大学学报, 2018, 41 (4): 138-145.

[32] 武冬, 芦胜男, 韩卓君. 太极拳规定竞赛套路创编专家口述史——门惠丰、阚桂香教授访谈录 [J]. 北京体育大学学报, 2018, 41 (8): 119-126.

[33] 杨祥全. 中国武术思想史 [M]. 太原：山西科学技术出版社, 2017.

[34] 郭玉成. 中国武术文化研究述评 [J]. 成都体育学院学报, 2016, 42 (1): 40-45.

[35] 李守培, 郭玉成. 中国传统武术身心伦理的文化形成 [J]. 体育科学, 2017, 37 (4): 39-47.

[36] 李守培, 郭玉成. 中国传统武术天人伦理的历史形成研究 [J]. 体育科学, 2016, 36 (12): 77-84.

[37] 王岗, 赵连文, 朱雄. "再发现" 与 "再出发"：中国武术发展的文化反思 [J]. 体育学研究, 2019, 2 (2): 6-14.

[38] 关博. 武术文化研究四十年：轨迹、逻辑与趋势——以文化类型分类基于 CNKI 数据库分析 [J]. 体育与科学, 2019, 40 (1): 104-113.

[39] 王纳新, 于秀, 张银行. 武的文化解释 [J]. 北京体育大学学报, 2017, 40 (5): 132-137.

[40] 范铜钢, 郭玉成. 论武术文化传承的层次空间、时代困境与未来走向 [J]. 成都体育学院学报, 2016, 42 (1): 55-60.

[41] 乔玉成, 侯介华, 许登云, 等. 中国传统武术文化基因谱系研究 [J]. 北京体育大学学报, 2017, 40 (12): 122-132.

[42] 金玉柱, 王岗, 李丽. 中国武术文化主体性困境与重构 [J]. 首都体育学院学报, 2017, 29 (2): 128-131.

[43] 龚茂富. 论当代民族复兴进程中 "武术文化传统" 的复兴与重建 [J]. 北京体育大学学报, 2018, 41 (12): 137-144.

[44] 王登峰. 以学校武术教育助力国运昌盛与国脉传承 [J]. 上海体育学院学报, 2017, 41 (2): 71-74.

[45] 杨亮斌, 郭玉成, 李守培, 等. 新中国成立初期武术的生存状态及启示——基于中国武术家群

体的口述史分析[J].上海体育学院学报,2017,41(6):83-89.

[46] 周维方,赵光圣,郭玉成,等.传统武术当代社会价值及其实现路径——基于武术家口述史的研究[J].山东体育学院学报,2019,35(2):55-61.

[47] 谭腾飞,张继生,黎晓丹,等.武术对青少年社会适应的影响及学生类型的调节效应[J].武汉体育学院学报,2018,52(8):49-55.

[48] 王岗,韩金清,侯连奎.中国武术"立德树人"的价值取向:求真向善尚美[J].体育学刊,2018,25(6):1-6.

[49] 周维方,赵光圣."中国梦"视域下传统武术社会价值观照——基于武术家群体的口述史研究[J].北京体育大学学报,2018,41(6):132-139.

[50] 郭学松,刘佳丽,方千华,等.民间武术组织参与村落社会治理——我国台湾鹿陶洋宋江阵的人类学考察[J].上海体育学院学报,2018,42(4):86-93,99.

[51] 白永正.对武术发展空间中的"拳种"个体透视[J].北京体育大学学报,2017,40(7):120-124.

[52] 程斌,高健.中国传统文化对武术拳种形成与命名的影响[J].体育文化导刊,2017(8):47-50.

[53] 马文友.从美学视域解析中国武术套路的拳种纷呈现象[J].成都体育学院学报,2017,43(1):63-67,80.

[54] 杨建营.武术拳种的历史形成及体系化传承研究[J].体育科学,2018,38(1):34-41.

[55] 赵景磊,郭玉成.身份认同视域下梅花拳传承特征与机制研究[J].成都体育学院学报,2018,44(6):56-60,67.

[56] 刘帅兵.民国时期体育议决案对武术教育发展的影响[J].体育科学,2017,37(10):32-40.

[57] 王晓晨.学校武术教育百年变迁研究(1915-2015)[D].上海:上海体育学院,2017.

[58] 李源,赵连文,梁勤超.学校武术教育百年的演进逻辑与文化反思[J].北京体育大学学报,2016,39(6):110-115.

[59] 杜舒书,张银行.中国武术教育的近现代转型研究[J].西安体育学院学报,2016,33(6):715-720.

[60] 马剑,邱丕相.武术教育观需要一次境界跨跃:从技能教育转向文化教育[J].成都体育学院学报,2016,42(1):46-50,77.

[61] 段丽梅,戴国斌.学校武术的传承异化与教育人类学反思[J].北京体育大学学报,2018,41(10):139-145.

[62] 王海鸥.核心素养导向下的中小学武术教育的思考[J].西安体育学院学报,2018,35(4):460-464.

[63] 张继生,周惠新,谭腾飞.身体、情境、认知:武术教学的具身性及其哲学探索[J].武汉体育学院学报,2017,51(1):67-71.

[64] 戴国斌.中国武术教育"格拳致知"的文化遗产[J].体育学刊,2017,24(3):16-23.

[65] 王登峰.以学校武术教育助力国运昌盛与国脉传承[J].上海体育学院学报,2017,41(2):71-74.

[66] 王岗.对学校武术教育的历史回眸与当代发展的思考[J].北京体育大学学报,2016,39

(6)：90-95，101.

[67] 马文国. 文化全球化背景下中国学校武术教育发展的新思考［J］. 西安体育学院学报，2017，34（5）：579-583.

[68] 杨建营. 深陷困境的中华武术的发展之路——邱丕相教授学术对话录［J］. 体育与科学，2018，39（4）：18-25.

[69] 季浏. 我国《普通高中体育与健康课程标准（2017年版）》解读［J］. 体育科学，2018，38（2）：4-20.

[70] 陈飞，王晓东，杨建营. 人类生存视域下武术课程的改革与反思［J］. 沈阳体育学院学报，2018，37（5）：140-144.

[71] 李华斌，龚惠萍. "情景对练式"高校武术套路教学改革研究——以南拳为例［J］. 广州体育学院学报，2017，37（3）：121-124.

[72] 苏申根. 微课与翻转课堂融合在体育教育专业武术普修课教学中的实验研究［D］. 广州体育学院，2018.

[73] 龚茂富. 论中国文化"走出去"背景下的高校来华留学生武术教育改革［J］. 北京体育大学学报，2016，39（10）：83-88.

[74] 刘文武，岳庆利. 武术师资培养问题反思［J］. 北京体育大学学报，2018，41（3）：133-138.

[75] 杜晓红，陈永发，李冰琼，等. 高校体育教育专业武术必修课程的实施现状及困境解析［J］. 北京体育大学学报，2018，41（3）：95-102.

[76] 杨建营. 体育院校武术专业技术课程改革理念探析［J］. 体育科学，2018，38（12）：3-10.

[77] 郭玉成. 武术传播引论［M］. 北京：北京体育大学出版社，2006.

[78] 郭玉成，范铜钢. 武术标准化发展的战略思考［J］. 中华武术·研究，2016，5（1）：6-10.

[79] 刘韬光，郭玉成. 武术术语标准化命名研究［J］. 体育科学，2016，36（10）：26-31，79.

[80] 王飞，曾天雪. 武术标准化建构的反思［J］. 武汉体育学院学报，2016，50（1）：59-63，93.

[81] 范铜钢，郭玉成. 竞技武术散打技术标准化研究［J］. 首都体育学院学报，2016，28（6）：512-517.

[82] 蔡宝忠. 武术文化研究中存在的良现象及具象化趋势［J］. 北京体育大学学报，2018，41（2）：130-138.

[83] 李守培，郭玉成. 中医与武术标准化发展的比较［J］. 上海体育学院学报，2018，42（3）：60-66+102.

[84] 范铜钢，郭玉成. 武术散打与奥运会同类项目技术标准化水平比较——以拳击、摔跤、柔道、跆拳道项目为例［J］. 上海体育学院学报，2016，40（3）：62-67，86.

[85] 孙刚，殷优娜，李源. "第三空间"理论视域下中国武术的跨文化交际研究［J］. 北京体育大学学报，2018，41（6）：125-131.

[86] 孙刚，殷优娜. 跨文化教育：中国武术国际化发展的新视域［J］. 武汉体育学院学报，2017，51（5）：62-67.

[87] 马文友. 有"变"有"常"：当代武术发展的理性选择［J］. 北京体育大学学报，2017，40（10）：135-139.

[88] 李小进，赵广圣. 中国竞技武术本源问题的再认识——兼论中国武术的现代化转型与发展［J］. 中国体育科技，2018，54（1）：11-17.

[89] 何丽红. 知识生产：当代武术发展的动力学解构[J]. 北京体育大学学报, 2016, 39（4）：46-49.

[90] 赵刚. 武术文化安全的困境与破壁——基于十九大精神国家安全观的分析[J]. 体育与科学, 2018, 39（1）：11-20.

[91] 李义杰. 论武术文化传播的媒介逻辑与影像消费——基于功夫电影的分析[J]. 西南民族大学学报（人文社会科学版）, 2016, 37（9）：169-173.

[92] 李守培, 郭玉成. 中国武侠电影的武术传播分析[J]. 体育文化导刊, 2016（3）：79-83.

[93] 袁金宝, 王岗. 中国武术文化软实力发展的现状、困境及出路[J]. 首都体育学院学报, 2018, 30（5）：445-449.

[94] 郑建福. 运用微电影在大学校园传播中华传统武术文化的研究[J]. 体育文化导刊, 2016（3）：157-159.

[95] 李臣, 赵连文. 互联网时代中国武术"走出去"的现实困境与路径选择[J]. 武汉体育学院学报, 2017, 51（11）：75-79.

[96] 孙超. 大数据环境下武术的国际化传播研究[J]. 体育文化导刊, 2017（10）：22-24+86.

[97] 吴保占. 论武术表演文化的价值功能及其实现[J]. 体育文化导刊, 2017（9）：44-48.

[98] 丁传伟, 丁保玉, 张长念. 武术文化国际传播的新路径：以孔子学院武术培训与研究基地创意平台建设为例[J]. 首都体育学院学报, 2016, 28（3）：231-234.

[99] 王国志, 张宗豪, 张艳. "一带一路"倡议背景下中国武术国际传播偏向与转向[J]. 武汉体育学院学报, 2018, 52（7）：70-74, 87.

[100] 龚茂富. 论当代民族复兴进程中"武术文化传统"的复兴与重建[J]. 北京体育大学学报, 2018, 40（3）：127-133.

[101] 周维方, 赵光圣. "中国梦"视域下传统武术社会价值观照——基于武术家群体的口述史研究[J]. 北京体育大学学报, 2018, 41（6）：132-139.

[102] 袁金宝, 王岗, 金玉柱. 重构中国武术文化形象：缘由、路径及方法[J]. 北京体育大学学报, 2018, 41（3）：125-132.

[103] 陆小黑, 张道鑫. 文化软实力视域下中国武术的特有价值研究[J]. 山东体育学院学报, 2018, 34（2）：55-60.

[104] 陆小黑, 朱大梅. "寻根溯源"：武术文化软实力研究的正途[J]. 北京体育大学学报, 2018, 41（2）：139-144.

[105] 于文谦, 戴红磊. 中国武术对外推广的战略思考[J]. 首都体育学院学报, 2016, 28（1）：77-80.

[106] 李艳君, 岳庆利. 中国武术在意大利推广研究[J]. 体育文化导刊, 2017（9）：58-62.

[107] 徐卫伟, 李士英, 殷泽锋, 等. 武术在克罗地亚的发展、问题与路径选择[J]. 北京体育大学学报, 2018, 41（3）：139-145.

[108] 胡凯, 王燕. 武术的海外传播实证研究——以武术在美国孔子学院的传播为例[J]. 山东体育学院学报, 2017, 33（5）：36-39.

[109] 韩晓明, 胡晓飞. 太极拳国际化推广问题及对策——以冰岛、挪威和喀麦隆三国孔子学院为例[J]. 体育文化导刊, 2018（6）：20-24.

[110] 吴文峰, 薛红卫, 张晓丹, 等. 中国武术在美国传播现状解读[J]. 体育文化导刊, 2017

(3): 16-20, 39.

[111] 龚茂富. 美国"康村"武术的海外民族志研究 [J]. 上海体育学院学报, 2018, 42 (6): 69-73, 81.

[112] 周庆杰. 中国武术在来华留学生中传播的创新模式研究 [J]. 体育文化导刊, 2016 (7): 69-73.

[113] 刘毅, 张佐堂. 网络文学中武术文化的译介与传播——以北美网络翻译平台"武侠世界"为例 [J]. 西南交通大学学报 (社会科学版), 2018, 19 (6): 98-104.

[114] 王宇新, 高亮. 日本"武技"国际化传播的经验及启示 [J]. 体育文化导刊, 2017 (12): 32-36.

[115] 关硕, 李士英. 中国近代武术传播的嬗变轨迹及规律研究 (1911—1937) [J]. 沈阳体育学院学报, 2016, 35 (5): 139-144.

[116] 郭发明, 赵光圣, 郭玉成, 等. 中华人民共和国成立以来的武术对外交流及启示——基于武术家口述史的研究 [J]. 上海体育学院学报, 2018, 42 (5): 72-78, 86.

[117] 张银行. 海峡两岸武术交流史论: 认同的视角中国体育科技 [J]. 中国体育科技, 2018, 54 (1): 138-145.

[118] 刘宏亮, 顾文清, 王璇, 等. 中国传统武术话语权危机与提升策略 [J]. 武汉体育学院学报, 2018, 52 (12): 64-67.

[119] 马剑. 一种发展武术的准则秩序——基于中国武术段位制运行机制的比较解读 [J]. 北京体育大学学报, 2016 (5): 12-17, 23.

[120] 洪浩, 王靖博. 武术段位制新体系及其学校推广——基于武术与民族传统体育专业建设的视角 [J]. 武汉体育学院学报, 2016 (11): 49-53.

[121] 万会珍, 骆方成. 河南省城市社区实施武术段位制的现状及对策 [J]. 体育文化导刊, 2016 (6): 4-7.

[122] 洪浩, 王靖博. 武术段位制新体系及其学校推广——基于武术与民族传统体育专业建设的视角 [J]. 武汉体育学院学报, 2016 (11): 49-53.

[123] 茜广孝, 丁保玉. 高等体育院校武术段位制的发展对策研究 [J]. 中华武术·研究, 2016 (7): 68-72.

[124] 吕旭涛. 孔子学院: 武术国际传播新范式 [J]. 武术研究, 2017, 2 (12): 165.

[125] 宋亚洲, 陈中雨, 赵改秀. "健康中国"战略背景下中国武术段位制推广策略研究 [J]. 武术研究, 2018, 3 (9): 76-79.

[126] 邱丕相, 王震. 中国武术的回眸与展望 [J]. 体育学研究, 2018, 1 (3): 55-60.

[127] 韩衍金, 吕韶钧. 武术发展中的失真现象及原因探析 [J]. 体育文化导刊, 2019 (1): 54-59.

[128] 李凤成. 从师徒关系到约定契约: 武术文化传承机制演变的价值审视 [J]. 体育与科学, 2017 (3): 32-37.

[129] 李小进, 赵光圣. 中国竞技武术本源问题的再认识——兼论中国武术的现代化转型与发展 [J]. 中国体育科技, 2018 (1): 11-17.

[130] 李富刚, 于修涛. 武术套路审美的视觉化追求、反思与未来展望 [J]. 武汉体育学院学报, 2018 (11): 58-64.

[131] 杨建营．深陷困境的中华武术的发展之路——邱丕相教授学术对话录［J］．体育与科学，2018（4）：18-25．

[132] 马文友，杜艳华．视觉文化时代武术的发展模式及路径［J］．首都体育学院学报，2017（2）：137-140．

[133] 马文友．有"变"有"常"：当代武术发展的理性选择［J］．北京体育大学学报，2017（10）：135-139．

[134] 郭发明，赵光圣，郭玉成，等．中华人民共和国成立以来的武术对外交流及启示——基于武术家口述史的研究［J］．上海体育学院学报，2018（5）：72-78，86．

[135] 王岗，赵连文，朱雄．"再发现"与"再出发"：中国武术发展的文化反思［J］．体育学研究，2019（2）：6-14．

[136] 王洪珅，韩玉姬．生态适应视域下武术文化的趋同适应研究［J］．首都体育学院学报，2016（1）：81-84．

[137] 任蓓，黄龙．符号学背景下当代竞技武术套路符号的构成与特征解读［J］．北京体育大学学报，2016（4）：39-44．

[138] 阎彬，马学智．文化视野中的武术热：历史回溯与现实观照［J］．北京体育大学学报，2016（2）：23-28．

[139] 杨建营．竞技武术比赛存在的问题及解决思路探析［J］．西安体育学院学报，2016（1）：80-87．

[140] 武冬．"单对统一"武术套路竞赛模式研究［J］．北京体育大学学报，2016（4）：101-108．

[141] 余沁芸，林小美，马岚．武术产业到武术创意产业的实现路径［J］．体育文化导刊，2018（3）：97-102．

[142] 马庆，曾遽，丁保玉．竞技太极拳"322B+3"落地阶段下肢肌肉用力的特征研究［J］．天津体育学院学报，2016（4）：292-296．

[143] 王晓娜．延长优秀女子武术套路运动员最佳竞技阶段体能训练——以王晓娜体能训练为例［J］．北京体育大学学报，2017（5）：114-118，131．

[144] Xiaohong Wang, Chuan Zhi, Qiang Wang. Research on Wushu actions and techniques based on a biomechanical sensor system［J］. International journal bioautomation, 2017（2）：199-206．

[145] HSIAO, HUANG C, WEN, et al. Physical fitness characteristics of adolescent wushu athletes［J］. J Sports Med Phys Fitness, 2018, 58（4）：399-406．

[146] Javier Sanchez-Lopez, Juan Silva-Pereyra, Thalia Fernandez. Sustained Attention in Skilled and Novice Martial Arts Athletes：A Study of Event-Related Potentials and Current Sources［J］. Peer j, 2016（4）：e1614．

[147] 杨亮斌，郭玉成．竞技武术套路难度动作发展历程及对策——基于中国武术家的口述史分析［J］．武汉体育学院学报，2016（5）：52-55，67．

[148] 郭玉成，徐贵华，王琨，等．夏柏华教授访谈录［J］．北京体育大学学报，2018（4）：138-145．

[149] 林小美，张作舟．武术套路裁判员主观裁决心智过程研究［J］．中国体育科技，2017（5）：87-96，124．

[150] 李富刚．意境：武术套路追求的审美理想［J］．中国体育科技，2016（4）：3-12，17．

[151] 陈振勇，李斌．人类学视域下武术概念的重新审视［J］．成都体育学院学报，2017（5）：54-60，127．

[152] 张元驰功．武术人的精神境界研究［J］．体育文化导刊，2017（11）：188-192．

[153] 王岗，陈保学．中国武术美学精神论略［J］．上海体育学院学报，2019（2）：103-110．

[154] 刘凤虎，王美娟，韩跃刚．基于SWOT-AHP模型的我国武术散打发展战略研究［J］．中国体育科技，2016，52（3）：27-34．

[155] 郭玉成，王琨，王培含，等．吴彬先生访谈录［J］．北京体育大学学报，2018，41（4）：116-122，130．

[156] 郭玉成，徐贵华，王琨，等．夏柏华教授访谈录［J］．北京体育大学学报，2018，41（4）：138-145．

[157] 阴晓林，赵光圣，郭玉成，等．张山先生访谈录［J］．北京体育大学学，2018，41（4）：123-130．

[158] 张君贤，戴国斌．我国武术赛事类型共生共存模式研究［J］．沈阳体育学院学报，2016，35（5）：125-131．

[159] 苏健蛟，张颖慧．鞭腿击打不同类型目标引发膝关节运动损伤的危险时刻分析［J］．西安体育学院学报，2017（06）：127-133．

[160] 范铜钢，郭玉成．武术散打与奥运会同类项目技术标准化水平比较——以拳击、摔跤、柔道、跆拳道项目为例［J］．上海体育学院学报，2016，40（3）：62-67，86．

[161] 范铜钢，郭玉成．竞技武术散打技术标准化研究［J］．首都体育学院学报，2016，28（6）：512-517，523．

[162] 张成明，王舜．武术散打比赛规则的加分制和减分制比较研究［J］．北京体育大学学报，2017，40（4）：97-102．

[163] 赵洪朋．专项知觉训练对散打初学者知觉预测影响的研究［J］．沈阳体育学院学报，2016，35（2）：6-11．

[164] 王聚龙，刘存忠，王宏．优秀散打运动员下肢关节等速肌力特征研究［J］．武汉体育学院学报，2019，53（1）：92-97．

[165] 苏健蛟，张颖慧，马世坤．不同级别优秀散打运动员鞭腿技术动作特征及其对击打速度的影响［J］．武汉体育学院学报，2018，52（1）：87-94．

[166] 张君贤，戴国斌．我国武术赛事类型共生共存模式研究［J］．沈阳体育学院学报，2016，35（5）：125-131．

[167] 吉洪林，赵光圣，张峰．"禁止重击"的学校武术散打竞赛规则研究［J］．体育学刊，2017，24（3）：110-114．

[168] 刘凤虎，王美娟，韩跃刚．基于SWOT-AHP模型的我国武术散打发展战略研究［J］．中国体育科技，2016，52（3）：29-36．

[169] 李印东，刘永．武术技术创新与发展的思考［J］．北京体育大学学报，2017，40（12）：133-138．

[170] Ryan Abbott, MD, JD, et al. Tai Chi and Qigong for the Treatment and Prevention of Mental Disorders [J]. Psychiatr Clin North Am, 2013, 36 (1): 109-119.

[171] Qipeng Song, Xuewen Tiana, Del Wong, et al. Effects of Tai Chi exercise on Body Stability among

the Elderly during Stair Descent under Different Levels of Illumination [J]. Research in Sports Medicine, 2017, 25 (2): 197-208.

[172] Xin Liu, Justin Clark, Dan Siskin, et al. A Systematic Review and Meta-Analysis of the Effects of Qigong and Tai Chi for Depressive Symptoms [J]. Complementary Therapies in Medicine, 2015, 23 (4): 516-534.

[173] 戴国斌. 新中国武术发展的集体记忆———一项口述史研究 [M]. 北京：人民体育出版社, 2016: 37-89.

[174] 刘强. 16周太极拳锻炼及停练8周对老年女性心理健康的影响 [J]. 山东体育学院学报, 2016, 32 (6): 99-103.

[175] 邵路才, 金玉忠, 马强, 等. 武术锻炼对大学生心理健康的影响研究 [J]. 中国社会医学杂志, 2016, 33 (4): 358-340.

[176] 杨永强. 论武术运动对心理健康的影响 [J]. 吉林体育学院学报, 2007, 23 (5): 153-169.

[177] ZHANG Y L, CHAI Y, PAN X J, et al. Tai Chi for Treating Osteopeniaand Primary Osteoporosis: A Meta-Analysis and Trial Sequential Analysis [J]. Clin. Interv. Aging, 2019 (3): 91-104.

[178] SUN W, WANG L, ZHANG C, et al. Chi Exercise on Postural Control Ability in Older Wmen: A Randomized Controlled Trial [J]. J. Exerc. Sci. Fit, 2018, 16 (2): 55-61.

[179] 朱从彬. 太极拳锻炼对老年人步态稳定性的影响 [J]. 中国老年学杂志, 2018, 38 (6): 1394-1396.

[180] ZHOU M, PENG N, DAI Q, et al. Effect of Tai Chi on Muscle Strength of the Lower Extremities in the Elderly [J]. Chin. J. Integr. Med, 2016, 22 (11): 861-866.

[181] HOLMERS ML, MANOR B, HSIEH WH, et al. Tai Chi Training Reduced Coupling between Respiration and Postural Control [J]. Neurosci Lett., 2016, 610: 60-65.

[182] WEI S, CUI Z, SONG Q, et al. Effect of 1-Year Regular Tai Chi on Neuromuscular Reaction in Elderly Women: A Randomized Controlled Study [J]. Res. Sports. Med., 2016, 24 (2): 145-156.

[183] JIA X, LIANG P, LI Y, et al. Longitudinal Study of Gray Matter Changes in Parkinson Disease [J]. AJNR Am J Neuroradiol. 2015, 36 (12): 2219-2226.

[184] KLAMROTH S, STEIB S, Devan S, Pfeifer K. Effects of Exercise Therapy on PosturalInstability in Parkinson Disease: A Meta-analysis [J]. J. Neurol. Phys. Ther., 2016, 40 (1): 3-14.

[185] 吕墨竹, 郭峰. 基于sLORETA脑成像技术探究太极拳运动对中老年人安静状态下脑波影响的研究 [J]. 沈阳体育学院学报, 2019, 38 (2): 130-139.

[186] LIU S, LI L, LIU Z, et al. Long-Term Tai Chi Experience Promotes Emotional Stability and Slows Gray Matter Atrophy for Elders [J]. Front. Psychol., 2019, 30 (10): 91.

[187] LIU J, TAO J, LIU W, et al. Different Modulation Effects of Tai Chi Chuan and Baduanjin on Resting State Functional Connectivity of the Default Mode Network in Older Adults [J]. Soc. cogn. affect neurosci., 2019, 14 (2): 217-224.

[188] ZOU L, LOPRINZI PD, YU JJ, et al. Superior Effects of Modified Chen-Style Tai Chi versus 24-Style Tai Chi on Cognitive Function, Fitness and Balance Performance in Adults over 55 [J]. Brain Sci., 2019, 9 (5): 102.

[189] 管细红, 刘芸, 张琼, 等. 太极拳训练对帕金森患者心理健康及生活质量的影响 [J]. 中国健

康心理学杂志，2016，24（10）：1538-1541.

[190] 王建忠，彭有敬，郑志雄. 太极拳对于早期帕金森病患者抑郁的疗效研究[J]. 医学理论与实践. 2016, 29（19）：3309-3310.

[191] Sungkarat S, Boripuntakul S, Nipon Chattipakorn MD, et al. Effects of Tai Chi on cognition and Fall Risk in Older Adults with Mild Cognitive Impairment：A Randomized Controlled Trial [J]. J. Am. Geriatr. Soc., 2017, 65（4）：1.

[192] 王乾贝，绳宇. 太极拳运动对社区轻度认知障碍老年人认知功能的影响[J]. 中国康复理论与实践，2016，22（6）：645-649.

[193] 刘静，赵文楠，袁咏虹. 太极拳练习对慢性非特异性下背痛患者作用的事件相关电位研究 [J]. 中国运动医学杂志，2018，37（10）：826-832.

[194] 陈玉民，程亮. 太极拳锻炼对注意力缺少多动障碍倾向儿童的影响[J]. 成都体育学院学报，2016，42（5）：29-32.

[195] 刘涛，黄起东，刘伟忠. 太极拳运动对老年高血压患者血压、血液流变学及远期生活质量的影响[J]. 中国老年学杂志，2018，38（6）：1396-1398.

[196] 沈小雨，章代亮，吕君玲，等. 太极拳运动对老年高血压患者影响的研究进展[J]. 中国康复理论与实践，2016，22（11）：1298-1300.

[197] WANG XQ, PI YL, CHEN PJ, et al. Traditional Chinese Exercise for Cardiovascular Disease：A Systematic Review and Meta-Analysis of Randomized Controlled Trials [J]. J. Am. Heart. Assoc., 2016, 5（3）：e002562.

[198] GUO JB, CHEN BL, LaYM, et al. Tai Chi for Improving Cardiopulmonary Function and Quality of Life in Patients with Chronic Obstructive Pulmonary Disease：A SystematicReview and Meta-Analysis [J]. Clin. Rehabil., 2016, 30（8）：750-764.

[199] Chen YW, Hunt MA, Campbell KL, et al. The effect of Tai Chi on Four Chronic Conditions—Cancer, Osteoarthritis, Heart Failure and Chronic Obstructive Pulmonary Disease：A Systematic Review and Meta-Analyses [J]. Br. J. Sports. Med., 2016, 50（7）：397-407.

[200] Anne Marie Lunde Husebø and Tormod Lunde Husebø. Quality of Life and Breast Cancer：How Can Mind-Body Exercise Therapies Help an Overview Study [J]. Sports, 2017（5）：79.

[201] 苏中军，洪平. 太极拳运动对血糖异常患者糖代谢效果的 Meta 分析[J]. 陕西师范大学学报，2019，47（3）：39-47.

[202] WANG YG, ZHU N, ZHAO YY. Comparative study of effects between Yang's and Chen's Tai Chi on Middle-Aged and Elderly T2DM Patients [J]. Sci. File, 2017（14）：184-185.

[203] ZHANG LL, WANG SZ, CHEN HL, et al. Tai chi Exercise for Cancer-Related Fatigue in Patients with Lung Cancer undergoing Chemotherapy：A Randomized Controlled Trial [J]. J. Pain Symptom Manage, 2016, 51（3）：504-511.

[204] Shahriary A, Panahi Y, Shirali Y, et al. Relationship of Serum Levels of Interleukin6, Interleukin8, and C-reactive Protein with for Cedexpiratory Volume in First Second in Patients with Mustard Lung and Chronic Obstructive Pulmonary Diseases：Systematic Review and Meta Analysis [J]. Postepy Dermatol Alergol, 2017, 34（3）：192-198.

[205] Huang AX, Lu LW, Liu WJ, etal. Plasma Inflammatory Cytokine IL-4, IL-8, IL-10, and TNF-

alpha Levels Correlate with Pulmonary Function Patients with Asthma-Chronic Obstructive Pulmonary Disease（COPD）over Lap Syndrome［J］. Med. Sci. Monit, 2016, 22：2800-2808.

［206］皮智文, 梁荣相, 高平, 等. 太极拳运动对慢性荨麻疹患者外周血 IFN-γ 和 IL-4 水平的影响［J］. 中国皮肤性病学杂志, 2016, 30（10）：1020-1023.

［207］骆启晗. 武术健身发展现状及对策研究［J］. 武术研究, 2018, 3（7）：14-16.

［208］马佩, 吴旭东, 姜传银. 健康中国战略下群众武术开展的困境与对策［J］. 体育文化导刊, 2019（1）：43-47.

［209］余沁芸, 林小美, 马岚. 武术产业到武术创意产业的实现路径［J］. 体育文化导刊, 2018（3）：97-102.

［210］邢中有. 我国武术影视产业可持续发展研究［J］. 许昌学院学报, 2014, 33（5）：40-45.

［211］汝安, 虞定海. 武术创意游戏产业特征及个案分析［J］. 上海体育学院学报, 2010, 34（2）：62-65.

［212］张鑫, 熊亚兵. 武术教育培训机构招生策略分析［J］. 体育科技文献通报, 2019, 27（3）：124.

［213］王岗, 李卓嘉, 雷学会. 对中国武术文化资源产业转化的理论思考［J］. 上海体育学院学报, 2016, 40（6）：65.

［214］张保明. 云南省太极拳产业化发展问题研究［D］. 昆明：云南大学, 2016.

［215］张望龙, 王柏利. 河南省太极拳发展现状及趋势分析［J］. 武术研究, 2019, 4（4）：18-20.

［216］韩玮. 互联网+与地方太极拳产业融合发展路径研究［J］. 武术研究, 2019, 4（4）：55-57.

［217］马晓晓. "互联网+"背景下太极拳产业消费的发展战略研究［J］. 武术研究, 2018, 3（2）：82-84.

［218］杨建英, 杨建营. 现代科学技术在太极拳领域中的应用前景探析［J］. 中华武术·研究, 2018, 7（3）：6-9.

［219］张业廷, 李慧军. 我国太极拳产业研究热点与内容的可视化分析［J］. 体育科技, 2018, 39（3）：108-109, 111.

［220］潘壮丽. 太极拳产业核心竞争力的构成要素及培育策略研究［D］. 济南：山东体育学院, 2017.

［221］赤新生. 太极拳的产业价值研究［J］. 长治学院学报, 2016, 33（2）：61-63.

［222］王经水. 人类学视域下"十三五"时期武术文化发展价值研究——以太极拳拳种为例［J］. 武术研究, 2017, 2（9）：23-26.

［223］毛朝阳. 太极拳产业化发展的 SWOT 分析［D］. 济南：山东体育学院, 2017.

［224］李伟. 上海市徐汇区经营性健身场馆太极拳和瑜伽项目的 SWOT 分析及对策研究［D］. 上海：上海师范大学, 2016.

［225］杨静. 竞技武术比赛与全民健身协调发展研究［J］. 中华武术·研究, 2018, 7（12）：22-24.

［226］李霄潇. 全民健身视域下的我国太极拳健身运动探析［J］. 中国校外教育, 2018（6）：46-47.

［227］李乃琼. 中国—东盟民族体育的融合发展——以文化差异的视角［M］. 北京：中国社会科学出版社, 2018：12.

[228] 赵富学，程传银，高继科，等．"一带一路"背景下散存少数民族体育文化信息资源的数字化保护问题研究［J］．武汉体育学院学报，2017（1）：5-12.

[229] 王钧，王长生，谷松．"一带一路"战略背景下少数民族体育文化遗产廊道构建研究［J］．中国体育科技，2016（4）：38-43.

[230] 陈振勇．四川藏、羌、彝族群众传统体育健身特征及健身行为形成机制研究［M］．北京：中国广播影视出版社，2018：1.

[231] 马兆明，徐文红．"健康中国"战略背景下宁夏少数民族体育可持续发展研究［J］．武汉体育学院学报，2017（6）：29-32.

[232] 白晋湘，万义．中国特色社会主义新时代民族传统体育学科的建设研究［J］．体育科学，2018（10）：12-18.

[233] 朱露晓．云南少数民族体育旅游资源产品化开发研究［M］．北京：科学出版社，2019：2.

[234] 陈炜，朱岚涛，文冬妮．桂滇黔少数民族传统体育文化资源调查与开发利用研究［M］．北京：科学出版社，2018：8.

[235] 周平，刘婷，熊少波．民族传统节庆体育与旅游产业融合发展研究——以黔东南苗族传统节庆体育为例［J］．广州体育学院学报，2017（6）：50-53.

[236]《中国少数民族传统体育大全》编委会．中国少数民族传统体育大全（套装上下册）［M］．沈阳：辽宁民族出版社，2017：5.

[237] 朱建亮，叶伟，李嵘．新中国成立以来中国式摔跤发展历程的研究［J］．北京体育大学学报，2018（9）：136-145.

[238] 阎彬．相扑仪式化传承及对武术的启示［J］．体育文化导刊，2018（8）：153-158.

[239] 王晓东，郭春阳．中央国术馆摔跤活动历史考察与当代启示［J］．山东体育学院学报，2017（4）：43-47.

[240] 曹守和．秋千史话［M］．北京：社会科学文献出版社，2018：6.

[241] 王钧，王长生，谷松，等．少数民族体育文化空间生态建设研究——以哈尼族磨秋为例［J］．中国体育科技，2017（2）：113-118.

[242] 陈连朋，王岗，金玉柱，等．历久弥新的凤舟竞渡——一种被忽视的竞渡文化形态［J］．中国体育科技，2018（3）：37-43，86.

[243] 王怀建，林小美．中国掼牛非物质文化遗产的保护机制研究——基于体育文化和科技创新的视角［J］．中国体育科技，2018（6）：136-141.

体育管理学学科发展研究报告

Research Report on Disciplinary Development of Sport Management

（2016—2019）

体育管理分会
China Sport Science Society for Sport Management
2019.10

前 言

"十三五"时期是全面建成小康社会的决胜阶段,是协调推进"四个全面"战略布局,实现中华民族伟大复兴中国梦的重要时期,也是体育发展重要战略机遇期。"十三五"期间,党和国家对体育的重视和支持更加有力,国务院印发《全民健身计划(2016—2020年)》(国发〔2016〕37号);国务院办公厅印发《关于加快发展健身休闲产业的指导意见》(国办发〔2016〕77号)、《国务院办公厅关于加快发展体育竞赛表演产业的指导意见》(国办发〔2018〕121号)等系列规划和政策,为体育繁荣发展提供了重要机遇。体育各领域改革力度持续加大,政府体育部门改革不断深化,进一步厘清体育行政部门权力边界,减少审批事项,放宽市场准入,实施负面清单管理模式。贯彻落实《行业协会商会与行政机关脱钩总体方案》,深入推进全国性体育协会与行政机关脱钩改革,大力引导、培育、扶持体育社团、体育民办非企业单位、体育基金会等体育社会组织发展,创新体育社会组织管理方式,社会力量办体育成为趋势。进一步健全政府购买体育服务体制机制,政府购买公共服务、公私合营(PPP)等成为体育发展的新动力。伴随体育改革的深入,体育管理实践中不断涌现的各种新问题、新模式成为学术界讨论的焦点,体育管理学学科获得了前所未有的机遇,也被越来越多的人所认识、重视和应用,在促进我国体育事业和体育产业发展中的作用日益突出。

《体育管理学学科发展研究报告(2016—2019)》是在中国体育科学学会的领导下,由体育管理分会组织分会委员及部分院校体育管理学科骨干,在全面调研和反复论证基础上撰写完成的。本报告分别从公共体育服务与体育公共政策、体育发展战略与体制改革、体育营销与体育消费、健身俱乐部经营与服务质量管理、职业体育管理、体育场馆运营管理六个方面进行阐述,涵盖2016—2019年间体育管理学学科发展的新进展、新成果、新见解、新观点、新方法、新技术等的回顾、总结、评价,国内外研究进展比较,学科方向发展的趋势预测等主要内容,力求反映当前体育管理学学科发展现状与最新研究成果,凝练体育管理学学科未来发展方向。

本报告编写过程中得到了中国体育科学学会、各个院校以及广大体育管理研究者的大力支持与帮助,在此表示诚挚的感谢!

体育管理分会

2019年10月

课题组

组长：池　建

成员：（按姓氏笔画排序）

于美至　马玉华　王　钊　王　莉　王先亮

张瑞林　骆秉全　耿志伟　谢　英　谭建湘

撰稿人
Writers

（按姓氏笔画排序）
In Surname Strokes Sequence

于美至	西安体育学院
Yu MeiZhi	Xi'an Physical Education University
马玉华	山东体育学院
Ma YuHua	Shandong Sport University
王　钊	广州体育学院
Wang Zhao	Guangzhou Sport University
王　莉	北京体育大学
Wang Li	Beijing Sport University
王先亮	济南大学体育学院
Wang XianLiang	Institute of Physical Education, Jinan University
池　建	北京体育大学
Chi Jian	Beijing Sport University
张瑞林	吉林体育学院
Zhang RuiLin	Jilin Sport University
骆秉全	首都体育学院
Luo BingQuan	Capital University of Physical Education and Sports
耿志伟	北京体育大学
Geng ZhiWei	Beijing Sport University
谢　英	西安体育学院
Xie Ying	Xi'an Physical Education University
谭建湘	华南师范大学体育科学学院
Tan JianXiang	Institute of Sport Science, South China Normal University

体育管理学学科发展研究报告
Research Report on Disciplinary Development of Sport Management
(2016—2019)

Abstract

The report of the 19th National Congress of the Communist Party of China pointed out that socialism with Chinese characteristics has entered a new era, and the main contradictions in our society have been transformed into contradictions between the people's growing needs for a better life and the development of inadequate imbalances. The structural transformation of Chinese society in the new era has fundamentally changed the conditions for the existence of Chinese sports. With the steady advancement of the construction of sports powers and the vigorous implementation of the healthy China strategy, Chinese sports have been given a new starting point and positioning. The research report includes public sports service and sports public policy, sports development strategy and system reform, sports marketing and sports consumption, fitness club management and service quality management, professional sports management, sports stadium operation management, etc. Explain in various aspects, mainly covering the review, summary and evaluation of new progress, new achievements, new insights, new ideas, new methods, new technologies, etc. In the development of sports management disciplines from 2016 to 2019, comparison of research progress at home and abroad, development of disciplines Trend forecasting and outlook, etc.

目 录

引言

一、公共体育服务与公共体育政策

 （一）关于政府购买公共体育服务的研究

 （二）发达国家公共体育服务及其对我国启示的研究

 （三）公共体育服务协同供给相关研究

 （四）关于农村公共体育服务研究

 （五）公共体育服务标准化研究

 （六）关于公共体育政策的研究进展

  1. 公共体育服务政策相关研究

  2. 体育产业政策研究

  3. 国外关于公共体育政策的研究

二、体育发展战略与体制改革

 （一）体育发展战略与体制改革取得系列新成果

  1. 体育强国战略进入新时代

  2. 全民健身国家战略深入推进

  3. 健康中国国家战略全面实施

  4. 体育体制改革发展持续深化

  5. 体育发展战略与体制改革研究方法多元化

 （二）体育发展战略与体制改革成效显著

 （三）体育发展战略与体制改革国际化交融

 （四）体育发展战略与体制改革呈现新趋势

三、体育营销与体育消费

 （一）体育营销学科发展

  1. 我国体育营销领域研究成果概述

  2. 体育营销领域国内外研究进展对比

  3. 体育营销领域未来研究发展的方向和趋势

(二）体育消费研究

1. 我国体育消费领域研究成果概述
2. 体育消费领域国内外研究进展比较
3. 体育消费领域未来研究发展的方向和趋势

四、健身俱乐部经营与服务质量管理

（一）健身俱乐部经营管理研究

1. 俱乐部经营管理研究的研究对象更加丰富
2. 俱乐部经营管理规范化研究更强调应用性
3. 对俱乐部经营管理核心要素——"人"的研究进一步增强
4. 对俱乐部经营的研究更注重系统性
5. 俱乐部营销问题逐渐成为关注热点

（二）俱乐部服务质量管理研究

1. 俱乐部服务质量与顾客感知服务关系的研究
2. 俱乐部顾客感知服务效果及评价的研究
3. 俱乐部服务质量提升的研究

（三）本研究方向在社会经济发展中的应用及成效

1. 理论研究推动了健身俱乐部领域宏观管理工作的发展
2. 健身俱乐部相关APP研发成为市场关注的热点

（四）俱乐部经营与服务质量管理研究方向的发展展望

1. 将更加关注健身俱乐部管理的应用研究
2. 将更加关注定量研究和更深入的大数据分析
3. 将更加关注俱乐部营销策略问题的研究
4. 将更加关注互联网背景下的俱乐部智能化管理研究
5. 将更多利用各种社会资源，将学科研究与市场、行业研究紧密结合

五、职业体育管理

（一）我国职业体育管理的研究

1. 关于职业体育赛事转播的研究
2. 关于职业体育俱乐部的管理与联盟发展的研究
3. 关于职业体育赛事市场与消费的研究
4. 关于职业体育中社会责任与行业诚信缺失问题的研究
5. 关于职业体育与媒介关系的研究
6. 关于竞技体育职业化和职业体育定位的研究
7. 关于职业体育相关者权益的研究

（二）国外职业体育管理的研究

1. 关于职业体育中组织领导力的研究

2. 关于职业体育社交传播的研究

　　3. 关于职业体育运行收益方面问题的研究

（三）国内外职业体育管理研究特点及前景展望

　　1. 国内职业体育研究的主要特点

　　2. 国内关于职业体育研究的不足

　　3. 国外关于职业体育研究的主要特点

　　4. 职业体育研究的未来发展趋势预测

六、体育场馆运营管理

（一）国内体育场馆运营管理研究动态

　　1. 体育场馆规划建设

　　2. 体育场馆运营模式

　　3. 体育场馆公共服务

　　4. 体育场馆体制改革

　　5. 体育场馆投融资

（二）我国体育场馆运营管理存在的主要矛盾

　　1. 公益性与经营性脱节

　　2. 场馆规划建设与赛后运营脱节

　　3. 保障措施与扶持政策脱节

　　4. 运营队伍与市场开发的脱节

（三）我国体育场馆运营管理的发展趋势

　　1. 推动以赛后运营为主导的大型体育场馆建设"一体化"机制创新

　　2. 推动我国公共体育场馆改造功能与改革机制

　　3. 推动5G时代的体育场馆智能化转型升级

　　4. 加快打造体育服务综合体

参考文献

Contents

Preface

1 Public Sports Service and Public Sports Policy

1.1 Research on Government Purchase of Public Sports Service

1.2 Research on Public Sports Service in Developed Countries and Its Enlightenments to China

1.3 Research on Coordinated Supply of Public Sports Service

1.4 Research on Public Sports Service in Rural Areas

1.5 Research on Standardization of Public Sports Service

1.6 Research Progress on Public Sports Policy

   1.6.1 Research on public sports service policy

   1.6.2 Research on sports industry policy

   1.6.3 Research on public sports policy by foreign scholars

2 Sports Development Strategy and System Reform

2.1 New Achievements of Sports Development Strategy and System Reform

   2.1.1 Sports power strategy entering new era

   2.1.2 Promoting national fitness strategy

   2.1.3 Comprehensive implementation of national strategy for Healthy China

   2.1.4 Continuous deepening of reform and development of sports system

   2.1.5 Diversification of sports development strategy and system reform methods

2.2 Remarkable Results in Sports Development Strategy and System Reform

2.3 International Exchanges in Sports Development Strategy and System Reform

2.4 New Trends in Sports Development Strategy and System Reform

3 Sports Marketing and Sports Consumption

3.1 Research Report on Development of Sports Marketing Discipline

   3.1.1 Profile of research achievements in sports marketing in China

   3.1.2 Comparison of research progress in sports marketing in China and foreign countries

   3.1.3 Prospects and trends of future research in sports marketing

3.2 Research on Sports Consumption

3.2.1 Profile of research achievements in sports consumption in China
3.2.2 Research progress comparasion of sports consumption in China and foreign countries
3.2.3 Prospects and trends of future research in sports consumption

4 Fitness Club Management and Service Quality Management

4.1 Review of Researches on Fitness Club Management

4.1.1 Research on standardization of fitness club management with more emphasis on applicability
4.1.2 Further strengthening research on "human" ——core element of fitness club management
4.1.3 Research on fitness club management with more attention to system research
4.1.4 Increasing research focus on fitness club marketing
4.1.5 The problem of club marketing has gradually become the hotspot

4.2 Review of Researches on Service Quality Management of Fitness Clubs

4.2.1 Research on relationship between service quality of fitness clubs and customer perception service
4.2.2 Research on customer perception service effect and evaluation of fitness clubs
4.2.3 Research on improvement of service quality of fitness clubs

4.3 Application and Effectiveness of Fitness Club Management and Service Quality Management in Social and Economic Development

4.3.1 Theoretical research promoting macro-management development in fitness club field
4.3.2 Research and development of fitness club related APP becoming market hit

4.4 Research Prospects of Fitness Club Management and Service Quality Management

4.4.1 More attention to be paid to application of fitness club management
4.4.2 More attention to be paid to quantitative research and in-depth statistical analysis
4.4.3 More attention to be paid to research on marketing strategy of fitness clubs
4.4.4 More attention to be paid to research on intelligent management of fitness clubs under the background of the Internet
4.4.5 Making more use of various social resources and integrating discipline research with market and industry research

5 Professional Sports Management

5.1 Research on Management of Professional Sports in China

5.1.1 Study on professional sports event broadcasting
5.1.2 Research on professional sports club management and league development
5.1.3 Research on professional sports event market and consumption
5.1.4 Research on social responsibility and lack of industry credit in professional sports
5.1.5 Research on relationship between professional sports and media
5.1.6 Research on professionalization of competitive sports and orientation of professional sports
5.1.7 Research on rights and interests of professional sports related persons

5.2 Research on Management of Professional Sports in Foreign Countries

    5.2.1 Research on organizational leadership in professional sports

    5.2.2 Research on social communication of professional sports

    5.2.3 Research on operational income of professional sports

5.3 Characteristics and Prospects of Professional Sports Management Research in China and Foreign Countries

    5.3.1 Main characteristics of professional sports research in China

    5.3.2 Insufficiency of research on professional sports in China

    5.3.3 Main characteristics of professional sports research in foreign countries

    5.3.4 Prospects of future research development of professional sports

6 Operation and Management of Sports Stadiums

6.1 Research Trends of Sports Stadium Operation and Management in China

    6.1.1 Planning and construction of sports stadiums

    6.1.2 Operation modes of sports stadiums

    6.1.3 Public service of sports stadiums

    6.1.4 System reform of sports stadiums

    6.1.5 Investment and financing of sports stadiums

6.2 Major Problems of Sports Stadium Operation and Management in China

    6.2.1 Disconnection between public quality and private managment

    6.2.2 Disconnection between stadium planning & construction and post-competition operation

    6.2.3 Disconnection between safeguard measures and support policies

    6.2.4 Disconnection between operation team and market development

6.3 Development Trends of Sports Stadium Operation and Management in China

    6.3.1 Promoting "integration" mechanism innovation in large-scale sports stadium construction oriented by post-competition operation

    6.3.2 Promoting reform function and mechanism of public sports stadium in China

    6.3.3 Promoting intelligent transformation and upgrading of sports stadiums in 5G era

    6.3.4 Accelerating construction of sports service complexes

References

引言

改革开放 40 年来，中国已经成为世界第二大经济体，社会生产力水平显著提高，生产能力极大增强，已稳定解决了十几亿人的温饱问题，中国社会从生产型社会向消费型社会转变。十九大报告提出，中国特色社会主义进入新时代，我国社会主要矛盾已经转化为人民日益增长的美好生活需要和不平衡不充分的发展之间的矛盾。当人们的生存需要得到相对满足之后，社会如何能够供给高质量的满足人们精神层面需要的产品与服务就变得格外重要。随着体育强国建设的稳步推进，健康中国和全民健身战略的大力实施，中国体育被赋予了新的起点与定位。

新时代中国社会的结构转型已从根本上改变了中国体育赖以存在的条件，体育改革进入攻坚阶段，各种新问题、新模式、新举措、新观点不断涌现，体育中的管理问题再次成为学术界讨论的焦点。在 2016 年至 2019 年间，体育管理学学科以体育发展实践需求为导向，以体育科研院所为主体，紧密结合我国体育改革与发展实践，从管理学、法学、经济学、社会学、财政学、文化学、心理学等不同的学科视角出发，运用定性、定量等多元化研究方法，围绕体育发展战略、现代体育治理体系构建、政府购买公共体育服务、体育服务供给侧结构性改革、职业体育等体育发展中的重大理论与现实问题开展研究，形成了一批高质量的研究成果，并注重高水平研究成果的应用，全面提升了学科的创新能力和科学研究水平，为我国体育事业发展和重大决策提供咨询服务，发挥思想库作用。

本报告将从公共体育服务与体育公共政策、体育发展战略与体制改革、体育营销与体育消费、健身俱乐部经营与服务质量管理、职业体育管理、体育场馆运营管理六个方面对 2016—2019 年体育管理学学科发展的新进展、新成果、新见解、新观点、新方法、新技术进行回顾、总结与评价，对比国内外研究进展，并对学科发展趋势进行预测和展望。

一、公共体育服务与公共体育政策

公共服务制度是一个国家基础服务建设的重要内容，也是完善公共治理体系的重要环节。在新的历史时期，体育理论工作者以社会需求和当前存在的问题为导向对我国公共体育服务和公共体育政策进行深入的研究，对这些研究的热点进行回顾与评述，有利于我们在总结经验的基础上更好地对下一步的研究提供指导。纵观 2016 年以来关于公共体育服务的研究，研究的焦点主要集中在政府购买公共体育服务的实践与理论体系、发达国家公共体育服务及其对我国启示、公共体育服务供给模式与制度、农村公共体育服务理论与实践、公共体育服务绩效评估、公共体育服务标准化五个方面。关于公共体育政策的研究主要集中于公共体育服务政策研究、国外公共体育政策的分析、青少年体育政策研究、体育产业政策研究等。

(一) 关于政府购买公共体育服务的研究

政府购买公共服务已经成为推动政府职能转变、促进社会治理创新、提高公共服务质量的重要方式。学者们从多个视角出发，对政府购买公共服务的问题进行了广泛探讨，并形成了诸多值得总结和提炼的理论观点。

(1) 关于政府购买公共体育服务模式的研究。研究认为，政府购买公共体育服务的模式主要有"独立关系竞争性购买、独立关系非竞争性购买、依赖关系非竞争性购买"三种[1]。契约化购买模式或者说独立性竞争性购买方式是近年来我国各地探索实践的主要模式[2]。根据购买的对象可以分为竞争性购买与非竞争性购买两种[3]。

(2) 关于政府购买公共体育服务绩效评估的研究。研究认为，我国政府购买公共体育服务还处于初步阶段，在绩效评估的理论与实践方面都需要予以关注，涉及的各项制度还亟需完善[4][5][6]。

(3) 政府购买公共体育服务作为一项解决体育公共产品有效供给问题的主要措施已在全国多个城市被推广使用。其中，具有代表性的是江苏省常州模式、上海模式、广东模式等。研究认为，购买中存在的现实问题主要有：政府购买公共体育服务的认识不同、实际购买过程中的竞争性不强、对购买内容缺乏准确的估价[7]、政策法规不够成熟、承接主体区域发展还不够均衡、监督评估机制尚未建立、受益主体公平性有待考量等问题[8]。面临相关法律制度供给不足、缺乏制度化的保障机制、体育社会组织亟待发展壮大、财税优惠政策扶持力度不够[9]，认识差异、资金管理不科学、监督评价体系缺失等制度困境[10]。提出建立社会公众需求——表达机制，引入"第三方评估"，尝试建立"公共体育服务券"的政府购买模式等具体策略[11]。

(4) 对政府购买公共体育服务的国外实践研究，发现不同国家主要是根据其国情与实际需要采用不同的公共服务供给方式。其中澳大利亚的"昆士兰现象"，即学校体育外包，对我国政府购买公共体育服务具有一定的借鉴作用[12]。英国政府购买公共体育服务主要表现为强调购买的法律与制度完备、充足的资金保障、完善的购买程序、科学的合同管理与监管等特点[13]。

(5) 关于公共体育服务购买边界问题，研究认为，公共体育服务的本质为政府职能，政府购买公共体育服务的边界取决于政府的职能范围[14]。需要科学界定公共体育服务购买范围；基于政府的财力状况，拓展政府购买范围的广度和深度等[15]。

(6) 公共体育服务购买财政和法律等保障机制。研究认为，财政保障的欠缺正在制约着政府与社会力量的合作[16]；政府购买体育公共服务的有效实施依赖于法律的保障[17]。

（二）发达国家公共体育服务及其对我国启示的研究

世界发达国家公共体育服务体系各具特色，但又有许多共同之处，发达国家特别重视整合各方面资源建设公共体育服务体系，为公众参与体育活动提供良好、综合的服务[18]。体育公共服务管理分权化、产品标准化、供给社会化、资源配置均等化等是域外公共体育服务体系建设的基本经验[19]。美国公共体育服务的主要特点是先进的价值理念、科学的制度设计以及合理的路径选择[20]。

（三）公共体育服务协同供给相关研究

在政府转型背景下，公共体育服务供给主体从以政府为主逐渐转向公共、私人和非营利组织等，公共体育服务供给改革开始呈现出一种不同于以前的实践模式。

政府供给、市场供给、社会供给是公共体育服务的三种供给方式，构建相互协调、共同发展的多元供给方式是主流趋势[21]。在我国多元主体参与公共体育服务治理的协同机制要将政府主导协调、社会组织共享补充、私营组织互利共赢、个人积极参与作为协同机制的主体结构[22]。

（四）关于农村公共体育服务研究

习近平总书记在十九大报告中指出实施乡村振兴战略。全面推进农村公共体育服务治理转型是实现乡村振兴战略的需要[23]。如何提升我国农村公共体育服务能力和效率，是新时期我国体育工作的一大重要课题[24]。农村公共体育服务的历史使命在于担负全面小康社会实现的职责[25]。我国农村公共体育服务体系构成涉及供给主体、需求受体及场地设施、组织管理、经费保障、政策法规、信息宣传、技术指导、活动赛事、体质测试和监督评估九项客体要素[26]。

政府计划供给、无偿供给和需求侧的"搭便车"行为、"轻怠现象"，是造成农村公共体育服务供需矛盾的理论根源[27]。城乡二元发展的政策制度是导致农村公共体育服务"非均等化"发展的根源，财政支持"碎片化"是制约农村公共体育服务供给的关键[28]。

自主供给是中国农村公共物品供给的重要制度创新[29]。农村公共体育服务可以采用扁平化治理框架[30]。以"广集精投"的资金保障制度、全面质量管理制度、"偏利共生"的结对帮扶制度、学校体育资源输出制度、"民意在场"的参与式治理制度，优化农村公共体育服务[31]。

（五）公共体育服务标准化研究

2016年以来，公共体育服务标准化研究仍然是研究的焦点。研究认为，我国构建公共体育服务标准体系具有现实制度基础、技术上可能性、政府财政投入保障[32]。公共体育服务标准体系研究目的就是维护公共体育服务有效供给的"最佳秩序"[33]。公共体育服务标准化发展以法律法规为依据，推行标准化相关的新法律法规及加强标准化建设过程中监督检查的法制保障[34][35]。

随着政府转型的继续深化，公共体育服务也愈来愈成为学者关注和研究的热点。尤其中国特色社会主义进入了新时代，我国社会主要矛盾已经转化为人民日益增长的美好生活需要和不平衡不充分的发展之间的矛盾。在这样一个新的历史时代，公共体育服务有效供给的体制机制如何优化、公共体育服务标准化等我们需要更加关注。纵观上述研究可以看出，对公共体育服务价值理念、价值载体和输出等进行理论上和实证方面的探讨比较少；对农村公共体育服务研究较多；对城市社区公共体育服务供给、对特殊人群公共体育服务供给研究比较少。在研究中，运用公共管理学的相关理论研究时停留在理论解释层面的较多，理论构建方面的较少。我国公共体育服务研究中目前还没有足够重视公共体育服务绩效评估，是公共服务理论研究中比较薄弱的方面。政府购买公共体育服务在近些年研究中持续是热点，但是对于政府购买公共体育服务的理论基础研究仍然显得比较薄弱；对于政府购买公共体育服务的公平问题、绩效问题、质量问题关注不够。近些年来，一些地方政府在购买公共体育服务方面进行了积极的、渐进式的探索，虽然各地对政府购买服务进行了有益的尝试和实践，但进展程度不一，做法也不尽相同，仍面临不少困难和挑战，亟待进一步深入研究。在公共体育服务研究中，定性分析较多，定量分析较少。学界应基于问题导向和社会需求导向，在一定的学理基础上，根据实际情况，对存在的问题加快研究进程，促进我国政府公共体育服务稳定快速发展。

（六）关于公共体育政策的研究进展

1. 公共体育服务政策相关研究

2015年12月中央经济工作会议提出"供给侧结构性改革"的政策性导向。该政策导向概念的提出，必然会引发公共体育服务供给侧结构性变革的思考与讨论。公共体育服务供给在发展的关键时期政府应给予政策引导[36]。公共体育服务政策执行实质就是不同利益群体为获得各自利益而博弈的一个动态过程[37]。

我国地方政府购买公共体育服务政策的成效，取决于政策执行的状况[38]。政府购买公共体育服务是公共服务市场化最主要的制度安排之一[39]。研究发现，变通性执行是与上级利益博弈中的策略选择；在共同执行公共体育服务政策时，为维护自身的利益，不同执行主体容易陷入集体行动困境[40]。公共体育服务财政法规政策实施过程出现各地财政能力不均衡、财政投入不均衡、项目财政支出不均衡和体育设施建设投入不均衡的现象[41][42]。

2. 体育产业政策研究

体育产业政策是政府推进体育产业发展的重要手段之一，被各级地方政府广泛运用。学者们关注体育产业政策工具的研究，基于政策工具的视角，采用内容分析法，对国际层面和地方政府层面的体育产业政策进行分析[43][44][45][46]。财税政策工具内置的产业促进、经济发展、社会公平等性能，使其成为推动体育产业发展的天然利器，为世界多数国家和地区广为采用[47]。"十三五"时期，我国体育产业政策调整主要以政策内核系统整体跃升、政策内核系统内部结构均衡发展、政策工具科学选择和政策主体进一步明确为主要趋势[48]。

3. 国外关于公共体育政策的研究

国外关于公共体育服务制度的研究还是主要集中在体育的治理和传统的公共行政在处理体育问题遇到的挑战，以及如何进行制度设计和创新，还有微观上关于社区公共体育领域公共服务的设计、评估和政策等。很多的实践家和学者尽力去界定公共体育政策的范围。如基于欧洲大众体育宪章，研究影响大众体育参与的因素[49]。英国的体育政策最近通过"体育和体育溢价"对小学体育（PE）进行了可观的投资[50]。法国的体育政策基于两项原则：体育管理由国家为主导型转向体育协会为主导；关注体育联盟内专业和基层体育之间的团结[51]。澳大利亚政府正在引领一个综合体育政策发展的新时代[52]。大众体育一直是许多欧洲国家体育政策中的一个主要问题[53]。

我国体育政策的研究较之前已有了长足进步，越来越多的学者还是探索体育政策的本质、价值、分类和特点等问题。从体育政策研究的内容来看，体育产业政策相对于其他方面更为深入，成果更加显著。从体育政策研究的方法论来看，大部分研究运用社会学的研究方法，如访谈法、调查法、文献资料法、逻辑分析法、个案法等具体研究方法。关于公共政策研究的方法，如内容分析法、制度论的研究方法等的应用很少见。极少数研究成果运用了公共政策和经济学理论来解释体育政策中的问题，大部分研究成果就问题谈看法，对问题的解释未遵循理论依据。

二、体育发展战略与体制改革

体育发展战略与体制改革一直是体育管理研究的前沿和热点，2016—2019年我国体育发展战略与体育体制改革处于系统总结回顾与全面深化研究的关键时期。体育强国战略进入新时代，全民健身国家战略深入推进，健康中国国家战略全面实施，体育体制改革发展持续深化、体育发展战略与体制改革研究方法多元化。体育发展战略制定和体育改革成效显著的同时，部分问题也集中显现，发展战略和体制改革仍然滞后于经济社会发展，现有政策法规体系、体育体制改革仍无法有效支撑体育发展战略的实施。制定体育发展战略是世界通行的做法，我国体育发展战略研究和实施相对较晚，但表现出更高水平的统筹性和指导性。体育体制改革中，国外体育体制趋于国家统筹和社会发展的紧密结合，我国新型举国体制仍处于重要转型期。未来，体育发展战略与体制改革将呈现全新的发展趋势，向治理化、人本化、社会化的方向转型。

（一）体育发展战略与体制改革取得系列新成果

我国现行体育发展战略主要包括三个，即国家战略分别为健康中国和全民健身，体育领域最高战略为体育强国战略;体育体制改革围绕体育发展战略展开,呈现全面深化的态势。该阶段相关研究取得了丰硕的成果,主要内容如下。

1. 体育强国战略进入新时代

体育强国战略研究的重要时间节点为,2008年北京奥运会总结表彰大会上胡锦涛总书记提出的体育强国目标,2016—2019年体育强国战略研究再次深入,并且围绕党的十九大精神的要求和社会主义步入新时代的背景,学者们围绕新时代体育强国战略应具有的概念、要素、目标和实现路径等进行研究。习近平新时代中国特色社会主义思想和系列讲话精神,赋予了体育强国新的内涵,"加快建设体育强国,就要把握体育强国梦与中国梦息息相关的定位,把体育事业融入实现两个一百年奋斗目标大格局中去谋划,深化体育改革,更新体育理念,推动群众体育、竞技体育、体育产业协调发展"[54],形成了体育强国与中国梦紧密相连、全民健康是全面小康的重要内涵、体育强国是健康中国重要组成部分、深化改革和提升质量是体育强国建设的基本路径等系列重要成果[55]。以体育强国为体育领域最高战略,可将其划分全民健身战略、奥运争光战略、体育产业战略、体育科教战略、体育文化战略等子战略[56]。用新时代的精神和要求赋予体育强国新的理念,构建体育特色发展道路、具有活力的群众体育、发展均衡的竞技体育、现代化体育产业、独具魅力的体育文化和广泛的体育国际影响力是统筹体育强国建设的基本任务[57];体育产业是体育强国建设的内在逻辑,发展体育产业促进体育消费是体育强国建设的应有目标[58];竞技体育领域重点强化运动项目均衡发展、改革以全运会为龙头的竞赛制度、强化冰雪运动发展;群众体育是体育强国的基础和发展的"短板"[59];体育文化建设是体育强国的软实力表现[60]。

2. 全民健身国家战略深入推进

2014年,国务院《关于加快发展体育产业 促进体育消费的若干意见》"将全民健身上升为国家战略"[61],成为全民健身国家战略研究的肇端,从全民健身国家战略的意义、内涵、影响和实施路径等方面形成的研究成果不断丰富。2016—2019年,全民健身国家战略的研究呈现出不断深化发展的态势,深度阐释了全民健身的新时代价值、工作格局、政策法规体系、发展动因等重要内容。全民健身不仅具备体育价值和功能,而且具有促进政治稳固、社会发展、经济发展和文化发展的功能[62]。全民健身上升为国家战略,打破了以往局限于体育和健身的微观视野研究,形成大健康、大体育的工作格局[63]。全民健身国家战略政策法规体系初步形成[64]。全民健身国家战略的发展动因可以判断为,体育事业发展方式转变、国民经济和体育产业快速发展、提高全民身体素质、缓解群众体育需求矛盾等现实需求[65]。

3. 健康中国国家战略全面实施

"健康中国"首次于2015年十八届五中全会提出,2016年10月国务院印发《"健康中国2030"规划纲要》,健康中国国家战略正式成型。健康中国国家战略,核心内容包括健康优先、普及健康、改革创新、健康产业、预防为主、健康保障等主题[66]。健康中国战略，将体育纳入了国家健康体系，体育成为健康关口前移的关键所在[67]。体育在健康中国建设中的地位提升，应构建"健康主动养护型的体育健康"+"健康被动防治型的医学健康"双轨并行的战略模式[68]。体育领域实施健康中国国家战略，以健康理念改革体育治理体系，打通体育健康与医疗卫生"体医融合"的实施路径[69]。此外，以健康中国战略为统领，全民健身、体育产业、学校体育、体育文化等研究成果也在不断增多。

4. 体育体制改革发展持续深化

以健康中国、全民健身国家战略和体育强国战略为引领，体育体制改革持续推进并进入改革深水期[70]。总体来看，体育体制改革滞后于经济社会发展改革，体育体制发展的动力仍然源于经济社会发展的推动，改革动力仍然是行政自上而下主导的政府行为模式，行政管理体制改革有待进一步推进管办分离，体育组织改革、职业体育改革、体教结合、体育产业管理改革等亟需深入推动。当前体育体制改革的主要任务，统筹建立与经济社会改革相适应的体育现代化治理体系，具体实施政府职能转变、体育"放管服"改革、职业体育发展方式转型、体育社会组织管理、体育场馆运营改革、体育赛事管理体制改革、青少年体育管理体制改革等措施[71]。体育体制改革基本理论探讨逐渐深入，体育体制概念的属性、特征得到进一步明确，体育体制与体育管理体制分化，体育体制融入社会体制大系统之中[72]。体育体制改革呈现出联动包容整体发展和社会内生不断增长的趋势，将条块分割、政府驱动的体育，转化为协同共进、社会内生的体育，推动体育文化、体育组织、发展规范、发展评价等向市场化和社会化转型[73]。体育改革应以市场为资源配置基础惠及大众，改革中注重对体育人力、体育场馆等资源的保护，引入体育资源产权使用代理者竞争机制，规范体育资源产权交易市场运行[74][75]。以重点项目为视角，如围绕"三大球"进行的体育体制改革，重在发挥市场在资源配置中的决定性作用，加快推进职业化改革，完善体制改革制度供给，创新举国体制，协调多元化市场主体的利益诉求[76]。以社会力量参与为视角，政府购买社会公共服务、社会力量主导体育发展等新的改革趋势出现，推动体育治理的公共权力回归社会，实现体育资源"内循环"向"系统循环"的转变，实现社会力量由"被动参与"向"主动参与"的转变等[77]。

5. 体育发展战略与体制改革研究方法多元化

体育发展战略与体制改革研究中，传统研究方法仍然常见，新型研究方法相继引入。传统研究方法中，文献综述法、逻辑分析法、调查研究法、专家访谈法等，占据研究方法的主流；新型研究方法在应用中显示出了多元化和高质量的特征。法学研究方法中的法规检索、文献研究、规范分析[78]，用于体育法治、体育改革等研究，开拓了研究的视野；经济学、社会学、行政学的研究方法也逐渐引入，表现出较强的适用性；PEST（政治、经济、社会和技术）、SWOT（优势、劣势、机遇和威胁）等工具用于分析体育发展战略环境、体育政策，"理论依据—应然目标—动力机制"三维联动分析框架用于体育体制改革[79][80]，以实证为主导的契合机制、动员机制、作用机制和行动机制分析法用于战略规划及执行研究等，都取得了卓有成效的研究成果[81]。

（二）体育发展战略与体制改革成效显著

在健康中国、全民健身、体育强国等发展战略的推动下，系列配套政策、文件、规划等逐步完善，国务院印发《全民健身计划（2016—2020年）》（国发〔2016〕37号）指导全民健身活动的开展；国务院办公厅印发《关于加快发展健身休闲产业的指导意见》（国办发〔2016〕77号）、《国务院办公厅关于加快发展体育竞赛表演产业的指导意见》（国办发〔2018〕121号），指引促进健身休闲、竞赛表演及其产业加快发展步伐；体育总局、发展改革委等多个部门联合发布《中国足球中长期发展规划（2016—2050年）》《马拉松运动产业发展规划》《自行车运动产业发展规划》《山地户外运动产业发展规划》《水上运动产业发展规划》《关于大力发展体育旅游的指导意见》等系列规划和政策，为体育发展战略的落实提供了制度保障。总体来看，体育体制领域"大群体"工作格局初步形成，各级全民健身计划实现全覆盖，全运会增设群众比赛项目，体医融合取得突破进展；竞技体育取得新成绩，竞技体育基础更为坚实，三大球改革稳步推进；体育产业稳步增长[82]。

体育改革全面推进，促进体育事业快速发展的同时取得了良好的社会影响。"放管服"改革深化，政府简政放权、放管结合、提升服务工作取得实质进展，取消了商业性赛事和群众性体育赛事的审批权，激发了市场活力。全国性体育协会与行政机关脱钩改革深入，"让专业的人做专业的事情"成为主流，姚明、刘国梁、周继红等成为相关协会的主要负责人。社会力量办体育成为趋势，"社会能办好的事情交给社会办"，政府购买公共服务、公私合营（PPP）等成为体育发展的新动力。地方体育改革探索也逐步推进，虽然褒贬不一，但提供了探索的新路径。

体育发展战略和体育体制改革，在推动体育事业进步和社会发展中发挥了重要作用，受到了社会各界广泛认可，但是保障体育发展战略实施的制度保障还有待完善，推进体育改革的步伐还亟需加快。

（三）体育发展战略与体制改革国际化交融

进入新的发展阶段，世界主要国家推进了国家体育发展战略的更新与升级，对应性地调整了国家的体育体制。从研究成果上分析，国内研究的体育发展战略和体育体制改革宏观性研究成果较多，国外研究体育发展战略和体育体制改革的微观性成果居多，国内国外、不同国家之间相互认同、彼此学习的态势明显，国际化交融是体育发展战略和体制改革的主要特征。（1）美国推出了《健康公民2020》，衔接了《健康公民2010》。《健康公民2020》目标指向美国公民健康的现实问题，战略措施注重部门协同和相关利益主体的联动，提出了明确的健身活动等要求[83][84]。（2）俄罗斯颁布了

《2020年前体育发展战略》，提出竞技体育发展更高要求的同时，注重发展大众体育尤其是青少年体育，建设高质量体育保障设施，提升体育综合实力。同时颁布实施了新《劳卫制》，普及并提升大众体育。体育体制方面，俄罗斯体育部统筹管理的作用日益显著，表现出回归举国体制的倾向[85]。（3）日本《体育立国战略》实施周期为2010至2020年，当前处于战略实施的关键期，其重点任务是备战2020年东京奥运会，建立了以社区体育俱乐部为核心的新型后备人才培养系统。日本体育体制改革趋于国家统筹体育管理工作，正式成立了政府行政机构"日本体育厅"，作为文部科学省的特别外设机构[86][87]。（4）英国体育发展战略呈现出典型的双轨制特征，大众体育方面，形成了《运动未来》《青少年和社区体育战略（2012—2017）》《面向活跃的民族发展战略（2016—2021）》等战略规划，重点围绕青少年体育、社区体育等规划大众体育发展；竞技体育领域，实施世界级精英计划、长期运动员计划。体育体制方面，注重体育治理体系构建，注重管理机构以及相关利益主体之间的"协调、全力共享和互动合作"，注重建立外部合作伙伴关系、市场化原则、强化监督机制[88]；成立英国体育局主管竞技体育，整合资源，发挥体育协会作用[89]。

总之，制定国家体育发展战略是世界通行的做法，国内外对比分析，我国发展战略研究和实施相对较晚，但表现出更高水平的统筹性和指导性，国外体育发展战略表现出针对性、定量化特征。体育体制改革中，国外体育体制趋于国家统筹和社会发展的紧密结合，我国新型举国体制仍处于重要转型期。

（四）体育发展战略与体制改革呈现新趋势

我国体育发展战略与体制改革将呈现全新的发展趋势，全面向治理化、人本化、社会化的方向转型。（1）体育发展战略与体育体制重点强调体育治理体系完善和治理能力现代化，体育发展战略成为国家体育发展的高层次统筹谋划，着重推进形成优化顶层设计、协调相关部门、调动全部利益主体积极性的全新治理体系和工作格局。一方面重点推进健康中国和全民健身国家战略的融合互动，发挥全民健身对健康中国的有效支撑作用；另一方面，重点推进青少年体育发展战略规划制定与实施，形成以青少年体育（青少年体育振兴规划）、竞技体育（奥运争光计划）和群众体育（全民健身计划）为支撑的体育强国战略规划体系。（2）以人为本将成为体育发展战略制定和体育体制改革的立足点和出发点，我国经济社会发展步入社会主义新时代，制定体育发展战略和实施体育体制改革，将围绕人民群众美好生活的需求，发展体育事业和体育产业，让广大人民群众共享体育发展带来的幸福美好生活。（3）社会化成为体育发展战略和体育体制改革的基本方向，政府在体育领域的"放管服"改革进一步推进，社会力量成为举办体育事业和体育产业的主要力量，"政府引导、社会主导"的体育发展格局逐渐形成，体育资源由"系统内"循环向"系统间社会化"循环转变，政府向社会力量购买体育公共服务、政府与社会合作开展公私合营等创新化的管理模式不断涌现。未来一个时期，围绕治理化、人本化和社会化的改革和研究将不断深入推进，体育发展战略规划技术、体育战略评价机制、体育体制改革新型路径、国际体育发展战略与体制改革比较、社会力量办体育、强化体育监督管理机制、冬奥会发展战略与体制改革等成为研究的重点领域。

三、体育营销与体育消费

2016—2019年是我国体育产业从繁荣兴起到稳定发展的四年，我国专家学者对体育营销和体育消费的研究在成果数量、质量、涉及范围上都有不同程度的进步和创新，取得了较为丰厚的研究成果。本部分分别从公开出版的专著或教材、公开发表的论文、国内外学科发展对比、未来发展趋势四方面进行梳理和总结。总结和归纳的内容涵盖了近些年在体育营销与体育消费学科发展研究中出现的新进展、新成果、新观点、新方法和新技术，并且对比了国内外体育营销与体育消费学科研究进展，指出了我国体育营销与体育消费学科研究的不足，最后对体育营销与体育消费学科未来研究发展方向和趋势进行了展望。

（一）体育营销学科发展

我国体育营销发展逐渐走入正轨，与国际体育营销联系日渐密切。对近四年有关体育营销的研究文献统计分析，其研究内容主要集中两个方面：一是研究体育本身作为产品进行营销的手段方式；二是运用营销学的原理，研究以体育赛事为载体而进行的非体育产品的推广和品牌传播等。通过统计2016—2019年出版的关于体育营销的书籍主要有吴盼的《体育市场营销》、丹尼尔·J的《体育营销》、黄延春的《体育市场营销学》、刘勇的《休闲体育营销》等。

1. 我国体育营销领域研究成果概述

（1）公开出版的专著或教材。中国国家数字图书馆及其他相关渠道提供的资料表明，2016—2019年，我国发行、出版的关于体育营销的书籍共有12本（表1）。

表1 2016—2019年公开出版的有关体育营销的著作或教材一览表

序号	书籍名称	作者	年份
1	运动行销学	林文郎等	2016年
2	我国体育产业信息网站运营模式研究	张春萍，李世民	2016年
3	体育市场营销	王洪彬，唐坤	2016年
4	休闲体育营销	刘勇	2016年
5	职业足球联赛现场观众与球队关系品质研究	孙龙	2017年
6	活动赞助	贝蒂娜·康韦尔（T. Bettina Cornwell）著　蒋昕译	2017年

续表

序号	书籍名称	作者	年份
7	商业体育的品牌打造	（美）马克·普里查德（Mark P. Pritchard），（美）杰弗里·斯廷森（Jeffrey L. Stinson）著 谌莉译	2017年
8	赢在大数据—营销/房地产/汽车/交通/体育/环境行业大数据应用典型案例	陈新河主编	2017年
9	体育市场营销学	黄延春，周进国	2017年
10	媒介融合背景下的体育营销与传播探究	宋巍	2017年
11	体育营销	（美）丹尼尔·J. 布鲁顿（Daniel J. Bruton）著　史丹丹译	2017年
12	体育市场营销	吴盼，（英）保罗·布莱基（Paul Blakey）编著	2018年

（2）公开发表的论文。为适应国际、国内体育市场的蓬勃发展和体育市场经营管理的现实需要，我国专家、学者对近些年体育市场营销中出现的问题及特点进行了归纳、分析和总结，搜索到论文共320篇。

①体育赛事市场营销：2016—2019年，专家、学者对体育赛事营销的研究存在以下两个特点。

第一，体育赛事营销策略研究占研究方向的大多数，新媒体时代特点融入体育赛事营销策略研究中[90][91][92]。新媒体时代的出现，使得专家、学者们的研究重点从以往的线下营销推广策略逐渐转变成线上营销策略，互联网+成为一时间的热点。近些年随着新媒体时代的到来，专家学者们的研究方向也逐渐向其转变。

第二，体育赛事多样性增强，小众赛事、群众赛事、电子竞技赛事、体育科技营销研究迎来新发展[93][94][95][96][97]。国家对赛事审办简政放权之后，各类群众赛事、小众运动项目赛事层出不穷，逐渐成为我国赛事发展的重头戏，专家学者们对这类赛事的研究也逐渐增多。同时，电子竞技赛事的营销手段、方式逐渐成为专家学者的研究方向。

②健身休闲市场营销研究。研究发现，2016—2019年发表的健身休闲市场营销研究文献中，健身俱乐部的营销策略研究占据大部分，研究内容多为某某俱乐部的营销策略，包括关系营销、服务营销、对比营销、营销方案设计、策略优化、现状分析等[98][99][100]。其中，互联网+背景下的健身俱乐部营销策略研究、O2O营销策略也逐渐成为研究重点。

③体育用品市场营销研究。体育用品市场营销的文献主要从体育用品的营销策略、营销模式、营销渠道、品牌营销、消费者研究这几个方面来进行研究，

研究发现，在2016—2019年，我国专家学者对体育用品营销的研究篇幅较少，且

大多集中在产品的销售、品牌的推广模式上。近几年，国内运动品牌李宁、安踏迅速崛起，如何让本土品牌在国内销量迅速赶超耐克、阿迪达斯等国际大牌成为专家学者的研究重点[101][102][103]。同时，专家学者对女性体育用品营销策略的研究也逐渐兴起，如蔡睿研究认为，要充分挖掘女性体育用品的潜力和特质，迎合女性消费者口味制定消费策略，结合文化、旅游等进行策略制定[104]。

④体育培训市场营销研究。在中国知网上以"体育培训市场营销"作为主题进行搜索，发现2016—2019年共有13篇此类文献，占体育营销总文章的4%。

在研究过程中发现，有关体育培训市场营销的研究文献较少，其中大多数为体育培训市场的现状和问题研究，如李宏伟在对北京市篮球培训市场现状调研的基础上提出相应的营销策略[105]。研究表明，大部分体育培训机构忽视营销策略的运用，还基本运用面对面试课、地推等较简单的营销手段。因此，专家学者在日后的研究中应多依托基本营销理论，结合时代热点，运用互联网、新媒体等网络工具，对体育培训市场营销手段进行创新，带动其发展。

⑤体育彩票、体育旅游市场营销研究。通过知网搜索，主题为"体育彩票营销""体育旅游营销"的文献共45篇，其中体育彩票营销相关文献共7篇，占体育营销类文章总数的2.2%；体育旅游营销相关文献共38篇，占体育营销类文章总数的11.9%。

在研究过程中发现，对冰雪体育旅游产品营销的研究逐渐兴起[106][107][108]。同时，生态体育旅游概念被提出，生态旅游营销战略也逐渐成为专家学者的研究对象。如曾超在研究认为"生态体育旅游的开发和营销要在传统营销模式的基础上，从消费者体验角度出发，引入体验营销模式"[109]。不论是生态体育旅游还是冰雪体育旅游都是消费升级的具体体现。因此，专家学者对其营销策略进行研究分析，是非常有必要的，也为后期体育旅游的发展提供了良策。

网络彩票的兴起使得专家学者将研究重心转于此[110][111]。在近四年中，体育彩票营销仅有的7篇文献中，网络彩票、电子彩票营销策略的相关论文就达到3篇，可见其研究意义深远。

（3）研究方法。2016—2019年间，我国体育营销学科的研究方法主要呈现以下几个特点。一是，传统研究方法使用占据主导位置，如文献资料法、问卷调查法、实地调研法、数理分析法等，但部分论文已经开始使用一些数理分析工具如spss、citespace等对大量数据进行分析，从而得出相关结论；SWOT分析法也成为众多学者喜欢使用的方法之一，这也说明专家学者们从原来对体育营销做定性分析逐步向定量分析过渡。二是，体育营销学科发展时间尚短，还未有专门针对体育营销学科的研究方法出现，但专家学者们结合营销学、社会学、经济学等成熟学科的研究方法和理论知识，对体育营销学科的相关现象进行分析研究，从而得到结论提出建议。

2. 体育营销领域国内外研究进展对比

（1）体育营销领域国外研究发展。美国、英国等老牌资本主义国家的体育产业起步较早，发展至今也都取得了很好的成果。通过梳理 2016—2019 年国外体育营销领域相关文献，发现其研究存在以下特点。

①国外体育营销理论较多，且部分已经形成相应的理论体系指导实践。如美国的战略性体育市场营销已经以其独有的特征成为体育产品与服务的主导型市场营销模式，诸如此类营销模式或体系在国外体育营销研究中占据一定数量。

②国外体育营销研究范围较广，较有深度。国外的体育营销研究不单单拘泥于研究者所在国家或地区，而是放眼全球，尤其是一些举世闻名的体育用品品牌、体育赛事等。同时，国外学者在研究体育营销时，往往不会停留在表面的营销策略研究，而是多角度、深层次地挖掘体育事件背后的营销推广，从赞助、广告、公益、社交媒体等各个角度进行相关体育营销的研究。

（2）体育营销领域国内研究发展。通过梳理 2016—2109 年体育营销学科的知识成果，发现这四年中，我国体育营销研究存在以下几大特点。

①营销策略理论研究偏多，缺乏营销策略应用研究。在梳理近四年体育营销学科研究内容时发现，大多专家学者习惯于从理论出发，却很少关注营销策略应用的个案研究。

②新媒体、"互联网+"等时代背景成为专家学者研究重点。新媒体的产生和快速发展，使得体育营销有了新的传播手段和方式，在"互联网+"背景下，如何为我国体育营销的研究提供新的思路，最大限度地发挥品牌和经济价值，逐渐成为专家学者的研究方向。

③体育营销研究与竞技体育赛事研究紧密，与群众体育、学校体育结合虽较少，却呈上升趋势。自国家对赛事审批简政放权后，大众赛事的兴起成为我国体育事业的一大特点，群众体育、学校体育作为后奥运时期，我国体育事业发展的重点，市场营销也应与之结合。

④体育赛事营销仍占体育营销的主导地位，健身营销也成为研究重点之一。

3. 体育营销领域未来研究发展的方向和趋势

2016—2019 年，我国体育产业从发展迅猛到趋于稳定，随着我国体育产业发展目标节点的临近，我国体育营销学科未来研究将呈现以下发展趋势。

（1）研究深度增大，理论研究增多。体育市场营销的研究在数量增多的同时，也将不断增加深度，不再拘泥于表面的营销策略研究，而是深度挖掘体育营销学背后的经济学、社会学等学科的内涵。

（2）研究重点逐渐向群众体育、学校体育靠拢。群众体育赛事、学校体育赛事、小众运动品牌与体育营销的结合，将成为日后体育营销的研究重点。

（3）冰雪产业、体育旅游业、电子竞技产业、体育科技业等新兴体育产业业态的体育营销研究将会增多。新兴体育产业业态的快速发展将会引领我国体育营销学与之迅速结合，为专家学者提供新的研究方向，促进国内体育营销研究的快速发展。

(二) 体育消费研究

近几年，政府不断颁布体育产业相关政策，提倡大力发展体育产业，伴随资本不断注入，使得我国体育产业得到快速发展，群众的体育需求逐渐多样化。在消费升级的背景下，体育消费升级也蓄势待发。通过中国知网查阅 2016—2019 年间，以体育消费为主题的文献共 771 篇，研究内容主要集中在体育消费行为、体育消费特征、体育消费心理、体育消费影响因素、体育消费理论、体育消费现状调查等。

1. 我国体育消费领域研究成果概述

(1) 公开出版的专著或教材体育消费升级在即，专家学者对体育消费的研究也日渐丰富。2016—2019 年，专家学者对体育消费的研究也日渐增多，中国国家数字图书馆及其他相关渠道提供的资料表明，在此期间，我国出版发行的有关体育消费的书籍共有 8 本（表 2）。

表 2　2016—2019 年公开出版的有关体育消费的著作或教材一览表

序号	书名	作者	出版时间
1	结构与资本：新范式下转型时期体育消费的深度解读	代刚	2016 年
2	体育经济与娱乐消费	高源，赵志星，孟捷	2016 年
3	体育消费行为影响因素研究	张蕾	2016 年
4	健走运动形成历程、健身机理及家庭消费理念研究	魏烨，杨洪，高国军	2017 年
5	城镇居民体育旅游风险知觉消费行为研究	李刚	2017 年
6	城镇居民体育消费特征及增长机理研究	付鹏	2017 年
7	体育消费行为研究	张蕾	2017 年
8	体育消费者行为学	杨涛，王芳	2018 年

(2) 公开发表的论文在中国知网以"体育消费"为主题查询 2016—2019 年的研究成果，共搜索到 771 篇文研究内容为"体育消费"，具体类别包括体育消费现状、体育消费行为、体育消费心理、体育消费内容、体育消费方式、体育消费特征、体育消费意识、体育消费动机、体育消费水平、体育消费结构等。

①关于体育消费现状研究。在梳理 2016—2019 年体育消费相关文献时发现，体育消费现状是研究人数最多的一类。研究多以不同城市、不同地区、不同人群作为研究对象，从消费特点、消费习惯、消费内容、消费金额等方面分析当前城市/地区/人群体育消费的现状，再分析制约/影响其体育消费的因素[112][113]。

伴随消费升级，体育用品种类不再单一，越来越多休闲品牌、瑜伽品牌出现在大众视野，女性消费者逐渐成为体育消费市场主力，女性消费观的特殊性使得专家学者对其消费行为习惯进行研究[114]。

②关于体育消费行为研究。通过研究2016—2019年间体育消费行为相关成果发现，体育消费行为研究多为固定人群的体育消费行为[115][116][117]。

③关于体育消费心理研究。近四年我国专家学者对体育消费心理的研究并不多，尤其是单独作为体育消费心理研究的文献少之又少，大多数心理研究伴随体育消费行为研究出现[118][119]。多数优先分析特定人群的体育消费行为，继而分析其消费心理，从而得出结论，形成研究成果。

体育消费影响因素研究也是体育消费研究的一大部分，颇受专家学者青睐。吕雪敏运用层次分析法与大学生体育消费心理预期结构相结合，得出学生的体育消费心理影响因素包括对物价变化、未来理性分析、消费应对能力的结论[120]。李品仙运用Logistic回归模型来分析城镇居民体育消费意愿的影响因素。

近四年，我国体育消费研究从理论方面入手角度颇多，不同学者运用不同的理论对体育消费行为进行不同层面的分析，更加丰富了我国体育消费研究的内容和角度，使得整个体育消费研究多点开花，成果颇丰[121]。

2. 体育消费领域国内外研究进展比较

体育消费规模受国家经济水平影响，英国、美国等体育大国体育产业发展较早，其体育消费研究也起步较早。体育消费相关定义也基本是西方国家的研究学者提出，大多根据消费行为学已有理论来扩展、结合到体育消费学科中。在近四年的体育消费研究中，不难发现大多数国外的体育消费研究都和文化消费联系在一起。国外的体育消费研究大多从理论出发，结合实践进行分析，使得整个研究完整清晰。而我国目前的体育消费研究仍停留在表面的现状研究，以实践性研究为主，研究层面也只停留在体育产业层面，未向文化层面、经济层面扩展结合。

3. 体育消费领域未来研究发展的方向和趋势

通过对2016—2019四年中体育消费的研究成果进行梳理，可以看出我国体育消费研究在这四年中发展迅速、成果颇丰，无论从研究范围的广度还是研究内容的深度，都较前几年有了较大的进步。我国体育消费的研究将呈现以下趋势。

（1）理论研究增多，与实践研究高度契合。在将来，专家学者将依据经济学科、社会学科、心理学科等成熟的学科理论，来对体育消费学科进行分析研究，通过创立体育消费理论，建立完整的体育消费理论体系，来对我国体育消费进行新方向、新角度的研究。在此基础上，与目前的实践研究结合，努力向成熟学科研究成果靠拢。

（2）研究对象范围增大，不单单局限在大学生、女性等大范围人群。越来越多的弱势群体将走入专家学者的视野，如新型社区的农村人口、残疾人、老年人等在之前不受关注的人群，他们的体育消费水平也将逐渐提高，较其他大类人群具有一定特殊性，具有一定的研究意义。

（3）研究内容多样化、研究方法多元化。大数据在近几年的学术研究中迅速发展，各种算法、各种模型在专家学者的研究中被创立，spss、citespace等数理统计软件的运用,将在体育消费学科未来发展中逐渐被重视。

(4) 体育消费内容逐渐丰富,体育消费方式多元化发展。新型体育产业如冰雪产业、电子竞技产业、体育科技产业的快速兴起,也吸引越来越多消费者愿意进行购买消费,运动穿戴设备、电子竞技相关产品、小众体育赛事门票逐渐成为体育消费者的新目标。

四、健身俱乐部经营与服务质量管理

作为体育产业发展的一个重要的领域,俱乐部一直以来都是我国体育产业的重要业态形式,具有产生与发展早、活跃度高、普及度广的特点。特别是随着2014年以来我国发展体育产业、促进体育消费相关系列政策的出台,体育产业的市场潜力得以逐步释放,体育俱乐部进一步快速发展,体育俱乐部的市场热度持续不减,研究者对其的关注度也始终保持。本报告所指的"俱乐部"主要是指以满足大众健身、休闲为目的,具有经营性质的大众参与型体育俱乐部。纵观2016—2019年俱乐部经营与服务质量管理方向的研究,总体上呈现研究对象更关注个案、研究方法更注重定量分析、研究成果更强调应用性、研究机构更加多元化的特点。

(一) 健身俱乐部经营管理研究

1. 俱乐部经营管理研究的研究对象更加丰富

本阶段体育俱乐部经营管理相关研究的研究对象更加多元化,但仍以健身俱乐部的研究为主。从项目看,既涉及健身、乒乓球、羽毛球、跆拳道、足球、篮球、高尔夫、轮滑、网球等项目及青少年体育俱乐部等传统研究领域,也出现了一些对潜水、帆船、攀岩、泰拳、艺术体操、气排球、速度轮滑、自行车等新兴热门项目大众体育俱乐部的研究;从区域看,不仅包括大城市体育俱乐部的个案研究,更多地出现了一些对中小城市体育俱乐部的个案研究。相关研究涉及项目不断丰富、区域范围更为广阔,充分反映出当前体育俱乐部市场发展的繁荣。当然,相对于研究者对健身俱乐部经营管理较为深入的研究,对其他项目俱乐部经营管理的研究仍处于较为初级的阶段,主要研究内容大多仅涉及经营现状的描述及发展对策的提出。

2. 俱乐部经营管理规范化研究更强调应用性

一方面,与俱乐部经营管理规范化有关的研究更加注重通过技术手段完成管理系统的设计与实现,出现了一些利用JSP、SSM等计算机技术为俱乐部设计管理系统的应用研究[122][123]。紧盯健身俱乐部产品销售和营销问题,依据用户以往的购买行为,建立利用隐语义模型和Pearson算法对健身商品进行预测性打分和商品推荐的系统,采用O2O模式为健身消费者与线下健身俱乐部提供连接线上与线下健身服务的有效平台。

另一方面,作为俱乐部管理规范化研究的重要领域,对健身俱乐部经营管理标准化问题的研究也取得了一定进展。从以往仅注重健身俱乐部标准化经营管理的利弊分析,进入到对商业性俱乐部服务标准化内涵、外延及运行体系的分析研究。从仅关注健身俱乐部基本硬件条件的标准化分级评星,到将健身俱乐部经营管理的标准化确定为:既包括健身俱乐部经营服务的基本条件——"基础设备标准化",又包括经营服务的软件条件——"服务管理质量的标准化"两大方面[124][125]。从过程管理的角度,针对健身俱乐部指导服务的过程管理和组织管理构建的服务管理标准化评价体系[126],以及运用"重要性—表现程度分析法"IPA(Important-performance Analysis),对健身俱乐部体育指导服务标准化指标体系进行的探讨。

3. 对俱乐部经营管理核心要素——"人"的研究进一步增强

(1)俱乐部人力资源管理研究。商业性体育俱乐部作为高接触性服务企业,员工业务能力和水平等都会对客户的健身休闲效果及对俱乐部服务的感知有直接影响,关系着俱乐部的服务质量和业务绩效。这一时期,针对当前健身休闲行业人力资源管理存的问题,主要以教练员为研究对象,从员工归属感与忠诚度、员工职业倦怠等方面进行了研究。俱乐部人力资源管理的系统研究相对较为缺乏。

对员工归属感和忠诚度的研究,不仅探讨了薪酬福利待遇、培训机会、晋升空间等对不同职位员工忠诚度培养的影响[127],还从组织氛围和心理契约理论视角,探讨了组织承诺对员工工作归属感的影响[128]。

与以往对教练员职业倦怠的研究不同,本阶段研究者对教练员职业倦怠的研究更注重与其职业发展及其规划管理的联系[129];从职业效能发挥和可雇佣力水平评价的角度对教练员职业倦怠进行的研究[130];同时,还对职业倦怠与其他相关因素的关系进行了分析[131][132]。研究的重点是通过对相关因素与职业倦怠关系的分析找出解决健身俱乐部职业倦怠、提升个体职业效能的措施。另外,性别因素也是影响职业倦怠的重要因素。从性别角度进行的对比分析,发现女性私人教练的服务较男性教练而言会更令会员感到满意[133]。

(2)俱乐部人才需求与培养的研究。体育俱乐部以提供服务产品为主,高素质、专业化的从业人员是行业发展的基础。研究者一方面更加关注俱乐部从业人员的专业化程度,另一方面也十分关注相关专业人才培养问题。通过对健身俱乐部人才需求的调查分析,研究者认为,目前健身俱乐部人力资源缺口大,不仅缺乏既了解市场又懂得经营管理的专业人才[134][135],也缺乏既懂管理经营,又具备开展健身指导、康复训练服务技能的高素质人才[136]。"校企合作""学实交替""订单式"等新模式将改善健身俱乐部人才培养方式[137][138],细化健身俱乐部的实习组织与管理[139]。

(3)俱乐部消费者结构研究。①女性消费者的主力军地位再次被确认。大量调查研究的结果表明,当前女性消费群体仍是健身俱乐部不可忽视的重要部分,女性参与的健身积极性普遍高于男性[140][141];经济条件好、学历高的女性是当前健身俱乐部的主要消费群体[142];特别是高空瑜伽等新兴项目,更是以女性为主要消费群体[143]。②青少年消费者逐渐成为健身俱乐部新的消费主力。但通过对青少年参与经营性健身俱乐部锻炼支付意愿与消费行为的研究发现，支付意愿与消费行为间存在一定差距[144]。

（4）俱乐部消费者行为研究。消费者行为研究一直是俱乐部经营管理研究的重要内容。研究者除了围绕消费者的需求特征、需求现状，对消费者购买行为模式与特征等进行研究外，近期更进一步加强了对"消费者行为倾向"的研究。从消费者角度，对健身俱乐部顾客消费体验和行为倾向的研究进一步深入，有针对性地分析了其对推荐倾向、购买倾向等不同行为倾向的影响[145]。从经营者角度，探讨了"服务补救"对消费者行为意向的影响机理[146]，通过理论与实证研究分析了感知补救公平、负面情绪、卷入度在服务补救与消费者行为意向关系中发挥的作用，提升了人们对服务失误补救问题的认识。

（5）俱乐部客户关系管理研究。在俱乐部客户关系管理方面，研究者更加关注通过信息管理系统对客户进行管理，注重依靠技术手段提升健身俱乐部的服务效率和质量。通过 CRM 系统实现客户关系管理[147]；利用 weka 软件进行会员数据分析，筛选最佳顾客，并进行差别化会员管理[148]；利用微信和 APP 实现有效的会员关系管理[149]；通过建立专业健身网站，分享健身俱乐部的最新消息和信息，为健身俱乐部与消费者搭建互动平台[150]。

4. 对俱乐部经营的研究更注重系统性

对健身俱乐部经营的研究，较以往更强调其系统性。相比以往常见的现状描述，这一阶段对健身俱乐部经营管理的研究出现了一些运用定性与定量相结合的研究方法进行的系统分析。如采用 AHP 分析法，通过构建指标体系，对健身俱乐部经营环境和经营影响因素进行的系统分析[151]；通过建立健身俱乐部经营绩效评价指标体系，系统分析和评价健身俱乐部经营绩效问题[152]。

5. 俱乐部营销问题逐渐成为关注热点

健身俱乐部营销管理方面的研究成果明显增多，主要集中在健身俱乐部营销策略及其优化、健身俱乐部营销方案设计，以及互联网背景下的营销管理三个方面。健身俱乐部营销策略和营销方案的研究多是从关系营销、网络营销、整合营销、体验营销等营销模式出发，更注重结合实际问题，落脚在某种特定营销模式或组合营销模式，对健身俱乐部进行营销策略和营销方案的设计。对互联网背景下健身俱乐部营销问题的研究在这一时期关注度持续升温，研究者普遍认同自媒体平台、O2O 等互联方式在拉近俱乐部与消费者距离方面的作用，是当前行之有效的俱乐部营销管理工具，但对如何将传统营销方式和互联网优势进行深入结合，整合线上线下资源的探讨相对较少。

（二）俱乐部服务质量管理研究

1. 俱乐部服务质量与顾客感知服务关系的研究

目前对俱乐部服务质量的描述与分析通常建立在现状调查的基础上，采用问卷调查的方式对俱乐部消费者进行调查，这类研究数量较多，且以个案研究为主。虽然许多研究者都认可健身俱乐部服务质量的整体及各层面与消费者满意度显著正相关并存在线性关系[153]，但也有研究者认为仅以消费者满意度尚不足以全面反映健身消费服务质量，需结合消费者满意、信任、承诺和忠诚度等因素以及变量间的相互关系，通过健身消费服务质量与消费者忠诚度的整体性研究，才能够充分反映健身俱乐部及其行业的服务质量[154][155]。综合看来，"顾客感知服务质量"的研究对研究俱乐部服务质量有非常重要的作用，是研究俱乐部服务质量问题的重要方式。

2. 俱乐部顾客感知服务效果及评价的研究

研究者基于不同的理论模型对健身俱乐部消费者满意度进行了研究。基于 CCSI 模型（China Customer Satisfaction Index）的研究，从六个结构变量入手，利用 LISREL 方法估算模型，建立健身俱乐部顾客满意度指数模型，对健身俱乐部进行了长周期的调查和分析[156]。基于共生理论的研究，从健身俱乐部经营者与消费者共生关系的角度入手，强调顾客满意度是影响双方关系最主要的因素，构建了健身俱乐部与会员之间的互惠共生模型[157]。基于网络评论的研究，通过对设计以评论信息为基础的健身俱乐部服务质量评价指标，对第三方点评网站消费者评论信息进行综合分析[158]。基于 PZB 模型 SERVQUAL 量表的研究，通过识别客户期望与对服务性能看法间的差距来衡量服务质量，这是当前较为普遍使用的量表[159]。

3. 俱乐部服务质量提升的研究

健身俱乐部服务质量提升的研究呈现多样化的状态，基于不同的理论、不同的方法、不同的视角，研究者对服务质量提升的思考较为丰富且有新意。基于六西格玛理论，提出通过定义、测量、分析、改善和控制这五个步骤，研究减少顾客投诉、理解顾客期望、提高服务质量的方法[160]。基于员工优化的角度，从员工知识能力结构的角度出发，讨论了通过完善员工知识结构改善健身俱乐部的服务质量的问题[161]。基于服务流程优化角度，从分析健身俱乐部顾客消费流程出发，对健身俱乐部的服务内容（产品）、设施及布局对服务质量的影响、顾客消费流程中健身俱乐部服务供应展开的研究[162]，对做好服务体系设计和俱乐部服务质量管理工作具有极强的应用价值。

（三）本研究方向在社会经济发展中的应用及成效

1. 理论研究推动了健身俱乐部领域宏观管理工作的发展

健身俱乐部管理规范化和标准化的理论研究推动了健身俱乐部领域实践工作的发展，构建行之有效的行业等级评定标准体系已经成为促进行业规范发展的重要途径，对政府相关职能部门的行业监管，以及促进健身俱乐部行业的规范建设和可持续发展都产生了积极影响。2017 年，中国体育服务认证健身房星级评定委员会和专家指导委员会的成立，标志着我国健身行业服务评级工作进入一个新的阶段。同时，2019 年由浙江体育科学研究所起草、实施的全国首部关于体质测定与健身指导方面的技术标准——《体质测定与健身指导技术规范》地方标准,规定了体质测定与健身指导的诸多内容,在对现有健身俱乐部开展体质测定与健身指导技术进行规范的同时,提高了相关服务质量和专业水平,改变了多年来健身俱乐部服务无法可依的状态。

2. 健身俱乐部相关 APP 研发成为市场关注的热点

基于物联网、移动互联网的飞速发展,互联网背景下与健身俱乐部管理相关的应用发展很快。智能化技术及智能化设施设备简化了健身俱乐部的运行流程,通过平台上游招募健身教练,下游完成潜在用户转化;线上预约健身教练、安排健身时间、同步数据交互、实现智能运行、附加服务延伸,智能健身房管理系统、运动健身 APP 平台等不同于传统的经营管理方式、健身管理方式已逐步普及,并成为当前健身俱乐部行业发展中一个重要的内容。同时,由于其巨大的市场号召力,该领域也成为互联网软件企业及智能化设备研发制造企业关注的热点。

(四) 俱乐部经营与服务质量管理研究方向的发展展望

伴随我国体育产业进入快速发展的良好态势,未来一个时期,我国体育俱乐部经营管理与服务质量研究将会呈现以下趋势。

1. 将更加关注健身俱乐部管理的应用研究

对健身俱乐部的深入研究及规律探讨,将为未来其他各项目俱乐部的进一步研究和发展提供重要的参考和基础。关于健身俱乐部经营管理的研究将更加关注微观领域出现的各种实际问题,从提供可操作的对策与建议的角度提升其应用性。同时,中观层面的管理将更加关注行业发展的自律与规范。集合政府、研究者、行业从业者共同智慧与参与,理论与实践结合,建立一套符合我国国情的健身俱乐部服务标准化体系,对于建立行业准入制度、统一行业技术标准、推动行业发展、形成行业良性运行机制有着不可小觑的意义。

2. 将更加关注定量研究和更深入的大数据分析

目前俱乐部经营与服务质量管理的研究方法多以定性分析为主,除服务质量标准化、评价体系等领域运用定量分析方法以外,大多数研究尤其是现状研究依旧以逻辑推理与描述性统计等方法为主。未来,在定性研究的基础上,研究者将更加关注数据的深度挖掘与应用,定量研究和更深入的统计分析也将成为未来该领域重要的方法。该领域研究方法将呈现多样化和综合化的趋势。

3. 将更加关注俱乐部营销策略问题的研究

随着营销学理论的不断创新和发展,以及健身俱乐部领域营销问题受关注度的不断提升,除运用传统营销理论对健身俱乐部进行营销分析外,将有更多的研究通过应用新颖、独特的营销学视角、理念,从营销学角度深入探讨健身俱乐部经营管理和服务质量提升问题。

4. 将更加关注互联网背景下的俱乐部智能化管理研究

伴随互联网领域的进一步发展，未来俱乐部智能化管理、智能化升级变革的相关研究及其应用必将成为热点。信息化管理、智能化运行、同步化数据交互等都将成为俱乐部经营管理的基本需求，通过技术手段提升用户友好度、实现科学健身、完善轻量化管理、达到服务延伸、获得附加新业态等，都将使智能化成为俱乐部经营管理的标配。

5. 将更多利用各种社会资源，将学科研究与市场、行业研究紧密结合

俱乐部经营与服务质量管理方面的研究有极强的实践性、应用性，与健身休闲行业的发展息息相关。近年来，管理咨询公司、网络媒体平台（如美团点评网、智研咨询集团、前瞻产业研究院等）也纷纷加入到该领域的研究中，提供相关行业研究报告及数据，学科研究和行业研究联系越来越紧密。未来，充分整合各种社会资源，将学科研究和行业研究紧密结合，资源共享、互通有无，将成为该领域产学研合作的重要方向之一。

五、职业体育管理

职业体育属竞赛表演业，是观众和高水平运动员相互激励、共同创造的规模宏大的体育文化活动。随着职业体育产业内产品和服务的不断升级，职业体育已经成为体育产业的重要组成部分。自1994年中国足球职业化开始，中国职业体育已发展二十余年，早已从初创的"试水期"向规范化、制度化的方向转变。2016—2019四年间，学术界结合当前国内国际形势，在国家战略的指引下，职业体育的研究领域涌现了一大批高质量的科学成果，尤其围绕职业体育治理体系构成，职业体育法治化、标准化、规范化，以及职业体育俱乐部社会责任等方面的问题展开了激烈的争辩和讨论。

（一）我国职业体育管理的研究

2016年以来，随着中国职业体育改革向纵深发展，国内关于职业体育的研究主要集中于职业体育治理体系、职业体育俱乐部管理架构、运行机制和社会责任、职业体育经济增长和市场的促进方面等研究。

1. 关于职业体育赛事转播的研究

向会英通过对欧美8个职业体育发达国家的体育赛事转播权进行对比，结合中国的情况提出赛事转播权的销售建议[163]。李新文介绍了美国职业体育赛事电视转播权的开发状况，得出启示[164]。杨铄等对比分析了美、英、德、意、西五个职业体育发达国家的转播制度安排[165]。

2. 关于职业体育俱乐部的管理与联盟发展的研究

张宝钰认为，欧美国家对职业体育联盟的垄断行为一般采取豁免的态度[166]。姜熙认为，我国建立职业体育联盟可以选择"企业联营"模式和"混合模式"[167]。冯文杰研究了美国职业体育的起源和发展过程，从其管理法制化、结构扁平化、经营商业化的优点思考对中国的启示[168]。

学术界针对目前中国职业体育发展缓慢的原因进行了探讨。孙素玲认为原因在于缺乏对职业体育本质的精确把握[169]；姜熙则认为，制约我国职业体育发展的重要原因在于行政垄断，继而产生了管办不分问题[170]；赵明哲指出，新时代我国职业体育的发展困境在于供给主体、供给水平和供给保障三个方面[171]；荣霁等从组织的系统要素的视角透视了中国职业体育发展中存在问题[172]。

部分学者从更微观的企业组织层面，以职业体育俱乐部作为研究对象，集中讨论了效率、结构优化、治理等问题。张毅恒等认为，经济发展和政策利好是新时代我国职业体育俱乐部发展的动因，但俱乐部的发展还面临着一些问题[173]。张兵认为，我国职业体育源起与发展带有明显的脱域特征[174]。柳鸣毅等提出，我国职业体育应以合理配置资源、凸显民生功能、均衡协调发展、塑造职业明星为制度设计的框架[175]。张兵则进一步指出，当前中国职业体育不仅需发展与治理同步推进，还需应对全球化影响[176]。应晨林等立足《反垄断法》研究范式下，着重探讨我国职业体育行政垄断法律规制的特殊性与特殊需求、价值理念等问题[177]。

关于职业体育中竞争平衡的问题一直是学术界讨论的重点，张宝钰等提出，竞争平衡的比赛是职业体育联盟供给的核心产品[178]。闫成栋提出，职业体育俱乐部之间存在竞争与合作的联营关系[179]。严文华研究认为，国内职业体育发展的滞后导致了职业体育联赛竞争性平衡研究的相对滞后[180]。

3. 关于职业体育赛事市场与消费的研究

张瑞林等认为，职业体育赛事的网络化进程发展较缓，体育网络赛事的消费动机仍相对不足，在一定程度上制约了体育赛事消费模式的转变[181]。

张兵等在经济社会学视域下对中国职业体育市场生成逻辑进行了深入剖析[182]。张森等认为，中美两国职业体育消费者在样本特征、俱乐部认同感、消费行为等方面存在差异[183]。

王啸则基于中国足球协会超级联赛，着力探讨"足协新政"与球迷消费需求之间的联动关系[184]。江小涓指出，职业体育具有产业一般性，将遵循市场经济中产业发展的相同规律，精神和心理消费将构成未来 GDP 增量的主体[185]。

4. 关于职业体育中社会责任与行业诚信缺失问题的研究

闫成栋首先对职业体育社会责任的概念进行了界定[186]。韩炜等认为，职业体育组织社会责任是职业体育组织在实现自身利益的经营及决策过程中，所主动承载的维护和增进其他利益相关者利益的一种综合责任[187]。

张森等研究发现，职业体育俱乐部的企业社会责任对消费者的影响力逐渐增强[188]。此外，两位学者还将政治整合、经济、道德和情感作为职业俱乐体育部企业社会责任的具体维度[189]。

宋冰，张廷安等认为，未来的研究应加强对社会责任影响因素的探讨[190]。胡旭忠等认为，失信的成本过低使我国缺乏有效的失信惩戒机制，是导致我国体育行业诚信缺失的本质原因[191]。韩勇等从学理的角度提出，要设计《职业体育从业人员诚信从业准则》[192]。

5. 关于职业体育与媒介关系的研究

大众传媒是职业体育全球化的必要条件，信息时代下尤其是新媒体时代崛起的今日，大众传媒在职业体育不断壮大的过程中起着推波助澜的作用，学术界就职业体育与媒介关系问题展开了讨论。谢振华认为，媒体关系传播是职业体育俱乐部取得成功的最关键因素之一[193]。

李正良，王君予基于 NBA 和 CBA 官方微博的内容分析，研究发现信息的明星性均能显著提升受众的互动意愿；信息的娱乐性有利于提升受众的互动倾向；降低受众获取信息的成本能带来更好的受众互动效果[194]。张德胜等认为，公众号在运营上存在宣传力度不够，球队影响力也不大，导致公众号微信号关注度不高等问题[195]。

6. 关于竞技体育职业化和职业体育定位的研究

伴随着中国社会的结构性转型，举国体制下竞技体育如何可持续发展已经成为热议的话题，而竞技体育的职业化改革的探讨应是未来中国体育发展的目标和方向。李军岩，张春萍从 PEST 视角分析了我国职业体育所处的宏观环境，在此基础上确定了其发展定位[196]。黄文宾分析了竞技体育职业化进程中的伦理困境[197]。李军岩，程文广则认为，以英美为代表的欧美职业体育商业化过程经历了商业化的孕育、萌芽、成长、成熟四个阶段[198]。

7. 关于职业体育相关者权益的研究

关于职业体育领域内主要利益主体的权益问题也成为了学术界竞相争论的焦点。李航认为，债权人对公司制职业体育俱乐部的发展具有重要作用[199]。管伟认为，薪金纠纷特别解决机制的设立与该项目球员流动的限制程度密切相关[200]。

李军岩、张春萍提出职业体育发展过程伴随的一系列矛盾与冲突是职业体育利益相关者之间利益不均衡导致的结果[201]。闫成栋认为，职业体育俱乐部剩余权利结构是其生产要素提供者为实现各自目标而进行利益博弈和相互选择的结果[202]。

杨海东等认为，我国职业运动员权益诉求的障碍主要在于体育法律法规缺失的障碍、国家政策和地方政策衔接障碍、职业运动员保障制度障碍和职业运动员自身障碍[203]。许延威则分析了我国职业运动员人力资本产权交易制度中存在的主要问题[204]。

(二) 国外职业体育管理的研究

职业体育源于西方，属西方本土文化，历经上百年的发展，通过在市场上反复试错，已生成出相对合理的制度安排，并具备一定规模，形成庞大的产业链。2016年以来，西方学术界关于职业体育的研究已逐渐从较为宏观的制度层面、产业层面的研究，向更加微观具体的职业体育联盟和俱乐部如何提供更为完善的产品和服务的研究转向。近四年来，国外学术界关于职业体育的研究主要包括职业体育俱乐部管理、职业体育的传播以及职业体育中运行收益等方面。

1. 关于职业体育中组织领导力的研究

近年来人们对管理领域的领导力发展实践产生了浓厚的兴趣，对领导能力的关注和对人才发展的投资在不断增加。Frawley 研究认为，国家体育组织非常重视以经验为基础的机会，以此作为发展其工作人员的一种方式[205]。Parent 认为，职业体育很可能被要求在传统企业社会责任（CSR）的标准上达到更高的水平，领导力需要进一步提高[206]。Fransen 则探讨了运动员领导力知觉品质与优秀运动队效能之关系，认为高质量的运动员领导力与团队效能呈正相关[207]。

2. 关于职业体育社交传播的研究

Abeza 认为，达拉斯牛仔队的部门需要重组，以帮助其数据分析整合和社会媒体的转型。Facebook 的持久力及其在识别竞争中的作用也得到了强调[208]。此外，Abeza 采用观察性网络图法对北美四大联盟 20 支职业运动队使用 Twitter 作为关系营销工具的情况进行调查[209]。Blaszka 探讨了美国校际运动组织社交媒体使用模式、策略与挑战[210]。Laurall 提出，利用故事作为其营销的一部分，解释了体育行业的故事是如何融入社交媒体的[211]。

3. 关于职业体育运行收益方面问题的研究

Rockerbre 认为，以不同国家、不同货币的球队为特征的职业体育联盟，面临着汇率不确定性和风险[212]。Kesenne 采用两种不同的模型，研究了利润最大化联盟中某一特定收益分成安排与所有者利润之间的关系[213]。Southall 使用多元回归模型，研究了运动员的成功和运动员的毕业率之间的关系[214]。Allison 则通过以女子团体体育联盟为研究对象发现，女性球员的收益和组织收益明显低于男性[215]。Hendrickson 则就职业体育中的票务和赞助提出了自己的见解[216]。

(三) 国内外职业体育管理研究特点及前景展望

1. 国内职业体育研究的主要特点

纵观 2016—2019 年我国学者对职业体育管理的研究，可发现其研究特点主要表现在以下几个方面。

（1）通过20余年对西方职业体育管理制度的不断模仿，中国职业体育已初步成型，除了内部制度设计外，政府、协会和企业在职业体育治理体系中运行效率问题，以及如何在三方博弈框架下找到"帕累托最优"已成为学术界关注的重点。

（2）职业体育俱乐部作为职业体育产业中的核心力量，其任务已从计划经济体制下为完成省市体育局"争金夺银"的战略导向，开始向市场经济下如何提供高质量的产品和服务，如何营造与球迷、观众的客户关系等方向转变。近年来，学术界开始从现代企业制度的条件下思考中国职业体育俱乐部的可持续发展，而职业体育俱乐部的社会责任、治理体系的构建、市场营销等领域的问题也得到研究者的普遍关注。

（3）从历史上看，大众传媒是职业体育全球化发展的必要条件，而随着新媒体时代的到来，大众传媒再次颠覆了人与人、人与社会的关系，职业体育与媒介的关系问题重新成为了学术界关注的焦点问题。

2. 国内关于职业体育研究的不足

（1）国内关于职业体育的研究主要是从管理学、经济学、社会学、法学等角度透视该领域内的热点话题，对于更高层次的有关职业体育哲学层面的反思还非常罕见。

（2）随着职业体育商业化市场化的深入，导致职业体育联盟和俱乐部以追求利益最大化为最高目标，而对于职业运动员自身的生存与发展及其人文意义的思考尚未形成学术研究氛围。

（3）研究方法则多采用经验实证主义的研究方法，即用自然科学的态度分析职业体育领域的人文问题，以现象学为依据的质性研究方法的学术成果还不多。

3. 国外关于职业体育研究的主要特点

由于职业体育在西方发展相对较为成熟，已形成相对完备规范的制度体系，因此，国外关于职业体育研究主要集中于职业体育中组织领导力、社交传播以及运行收益等更为微观的层面。同时，与国内职业体育研究类似，同样缺乏关于职业体育人文意义的探讨。

4. 职业体育研究的未来发展趋势预测

基于2016—2019年国内外职业体育研究成果的归纳总结评价，预测未来职业体育的研究将出现以下趋势。

（1）经济全球化背景下，中国社会已从生产型社会向消费型社会转变，从哲学、文化学、心理学、人类学等高度深层次地对职业体育进行人文意义的反思已迫在眉睫，职业体育的应然性问题将会是未来学术界讨论的重点。

（2）职业体育是运动员和观众互相激励、共同创造的大众体育文化，两者构成了职业体育发展的核心元素。职业体育运动员的生存、发展以及退役后的保障问题、球迷行为的群体心理机制的探讨等基础问题亟待学术界的解释与预测。

（3）随着人工智能、大数据、脑科学的发展，人类对于其行为的认知取得了空前的进步，不可取代的人类的审美享受需要是职业体育发展壮大的力量源泉，运用现代科技新成果、新手段从人类学、美学视角探索阐释职业体育之审美应是未来学术研究的重要方向。

（4）职业体育的研究应紧密结合新时代下我国国家战略的总体要求，尤其在经济新常态、"一带一路"、构建人类命运共同体等国家未来发展战略的大背景下，职业体育在国家战略中如何发挥价值和作用将成为未来学术研究与讨论的热点问题。

六、体育场馆运营管理

"十三五"时期是全面建成小康社会决胜阶段，新的历史时期下，体育场馆是全民健身战略和健康中国战略实施的重要载体。当前，我国正处于全面建设小康社会的关键时期，对体育场馆服务功能和运营机制也提出更高的要求，体育场馆运营管理的转型升级和机制创新成为国内各级政府和学者的关注热点。

（一）国内体育场馆运营管理研究动态

从中国知网搜索 2016—2019 年体育场馆运营管理相关文献，其主要研究内容包括以下几个方面。

1. 体育场馆规划建设

姚小林认为，注重提高资源利用效率、审慎场馆建设与使用、严格执行可持续发展理念是冬奥会城市场馆规划趋势[217]。郭艳华的研究认为，发达国家大型体育场馆的建设数量、质量和文化等方面有一定的特点和优势[218]。刘仁盛，庞立春认为，要以"社区化为载体区域为依托，居民广泛参与为核心"，构建社区体育场馆网络[219]。邹本旭等学者构建了由经济发展水平、城市人口规模、体育赛事及城市总体规划等指标组成的建设规模指标体系[220]。曾建明认为，我国大型体育场馆规划建设存在场馆规划与区域条件不适应、建筑设施内部空间缺乏联系、功能布局失调等问题[221]。

体育场馆是满足人民群众日益增长的体育文化需求的主要载体和物质基础，也是城市生活品质提升和经济转型升级的重要载体，因此体育场馆规划建设与城市协同发展成为这一阶段研究的重点。但现有研究对"规划建设运营一体化"机制创新和实现路径的研究相对不足。

2. 体育场馆运营模式

张驰建议大中型场馆采用企业化运营和市场调节机制[222]。陈元欣等认为，我国体育场馆场馆租赁业税负增高，自主经营模式不利于场馆运营[223]。许月云，陈霞明认为，通过"公建民营"运营模式提高运营效能[224]。孔庆波等研究认为，应加大无形资产开发力度[225]。于文谦，张琬婷提出，构建"媒体、受众、终端消费者"的三位一体运营模式[226]。于萌，张琬婷进一步提出体育场馆"卖内容、卖受众、卖品牌"的三次售卖盈利模式[227]。黄昌瑞等通过对美国大型体育场馆盈利模式分析，启示我国体育场馆运营要鼓励俱乐部参与管理、重视无形资产开发、丰富服务内容、采用专业化运营等[228]。高晓波等提出大型体育场馆不同服务主体供给产品多样化问题[229]。

综上所述，这一时期国内学者在体育场馆的运营存在的问题、运营模式、盈利方式及服务供给等领域取得了积极的成果，并能结合市场经济环境及税收政策的变化形成相关研究成果，并逐步应用于实践领域。

3. 体育场馆公共服务

曹璐认为，我国应该加大对体育场馆公共服务的财政扶持，并构建体育场馆公共服务的评价指标体系[230]。陈元欣等认为，现有场馆政策存在补贴范围多，但局限于体育系统场馆，且补贴过程不透明等问题[231]。魏琳等认为，在场馆设施、场馆活动、健身指导、信息咨询服务以及体质监测服务等体育场馆公共服务内容方面存在较大提升空间[232]。郝海亭认为，现有大型体育场馆公共服务财政补贴政策在执行中存在诸多问题[233]。王钊，谭建湘较为全面地提出了体育场馆公共服务补贴的理论基础、具体办法、实施标准、实施程序与主体责任[234]。王玉珍等研究表明，我国对大型体育场馆财政补贴的驱动力主要来自社会效益和经济效益，美国则主要以经济效益驱动为主[235]。

上述文献主要针对体育场馆、我国体育场馆公共服务补贴实践过程中存在的问题、实施体系、补贴措施和评价标准等方面进行有益的探究，对进一步完善公共服务补贴政策有积极的作用。但相关研究者对现有补贴政策的实施效果及补贴方式转变的研究相对缺乏。

4. 体育场馆体制改革

十八届三中全会提出通过改革国有资产管理方式实现企业制度创新的思路，寻求国有制与市场体制结合的有效途径。李安娜，陈文倩从立足于体育场馆产权制度改革，提出分类改革的思路[236][237]。丁云霞等研究认为，采用体育场馆委托可以逐步减轻政府财政压力、提高运营能效[238]。柴王军则运用 Preker-Harding 模型理论，在理论上进一步提出体制内部改革模式、事业单位企业化管理改革模式、企事业并轨改革模式、BCO 改革模式、"事转企"改革模式、事业单位委托管理模式六种改革模式[239]。陈元欣提出了经营权入股俱乐部、委托俱乐部管理、长期租赁、ROT、成立合资运营公司和俱乐部自建自营六种俱乐部参与体育场馆运营的可行路径[240]。邹月辉，孙法亮认为，体育场馆混合所有制改革会存在国有资产流失、过度市场化影响公共体育服务和忽视治理机制规范化的风险[241]。周彪等则针对体育场馆经营权改革后的政府监管问题，构建了以政府为核心的多元参与格局监管体系[242]。

上述研究从产权制度、委托运营模式、职业俱乐部经营、混合所有制等方面探讨体育场馆体制改革的路径与模式，为国内体育场馆创新机制体制拓展了思路。但在体育场馆体制改革逐步进入深水区，改革过程中人员分流、资产划拨、公益性保障、税费条件变化、体育市场环境存在差异、改革资金保障等现实问题日益突出，并成为阻碍、限制体育场馆体制改革的阻力性问题,现有文献对上述问题的研究仍显不足。

5. 体育场馆投融资

体育场馆建设投入高,运营成本大,但融资困难始终是大型体育场馆发展的瓶颈,体育场馆投融资机制也是国内学者研究的主要内容之一。耿宝权基于全寿命期的LBPF融资模式,从宏观、中观、微观分析其融资风险[243]。叶晓甡等研究提出经营价值、商业价值和区位价值三类体育场馆PPP项目融资的要素[244]。李明等认为,PPP模式是解决大型体育场馆融资渠道单一的途经,并构建了PPP模式下大型体育场馆契约治理机制CFA模型[245]。陈磊、陈元欣认为,政策机制与项目运营是PPP模式在大型体育场馆应用的必要条件,而PPP模式下可以通过税收杠杆实现政府财政压力减轻与财政投入回收[246]。

现有文献显示,主要探讨大型体育场馆的投融资模式和机制,普遍认为PPP模式能较好地弥补大型体育场馆资金不足,又利于分散投资风险,从理论上有利于大型体育场馆投资、建设和运营。但是我国大型体育场馆通常是为举办大型赛事建设,PPP模式的实际运用过程中,存在私营机构融资成本较高与场馆运营回报收益较低、特许经营导致的垄断性与场馆服务资源的开放性、复杂的交易结构带来的低效率与建设周期的紧迫性等投融资的实际矛盾,亟待进一步研究突破和完善。

(二) 我国体育场馆运营管理存在的主要矛盾

在当前大众体育健康消费升级和深化供给侧结构性改革的新形势下,公共体育场馆的服务环境、服务功能、服务对象、服务方式和服务模式逐步发展变化。现有研究和运营实践证明,我国体育场馆仍普遍存在设施陈旧、功能退化、人员老化、机制僵化、服务弱化、闲置率高、效益低下等问题,并形成制约我国体育场馆运营管理进一步发展的四大主要矛盾。

1. 公益性与经营性脱节

目前相当多的地方政府在体育场馆赛后利用和运营管理上忽视公益性和经营性之间的目标与手段关系,把经济效益作为衡量体育场馆业绩的主要评价指标,在财政扶持政策上对事业性质的体育场馆由全额补贴转为差额补贴,甚至完全转为自收自支。近年来的调查显示,目前相当多的国内大型公共体育场馆商业性物业出租的收入占到场馆总收入的50%以上,有的甚至超过70%。

2. 场馆规划建设与赛后运营脱节

大型体育场馆建设与大型体育赛事的举办对提升城市形象、扩大城市知名度、带动地方经济社会发展的确发挥了重要推动作用,但与此同时,在大型体育场馆规划建设上越来越盲目追求高规格、大规模,与赛后运营管理完全脱节,没有充分考虑赛后的多功能运营和养护的需要。许多地方都把大型体育场馆当作城市标志性建筑来规划设计，过分注重外形设计，忽视其场馆赛后自身需要具备的多功能，盲目聘请外国设计师，设计理念脱离中国的实际，加大了场馆建成后日常运营的能耗和高昂的日常养护费用。

3. 保障措施与扶持政策脱节

国家法律、法规和政策已对公共体育场馆的公益性做出了明确的规定，但各地财税公共服务部门忽视公共体育场馆的公益性性质和特点，基本上将公共体育场馆等同于商业企业而实施相同的税费政策，不仅税种繁多，而且税率较高。缺乏保障性政策措施的另一个突出的问题就是场馆维修、维护费用没有保障，加速了场馆设备老化。从国外经验看，体育场馆在日常维护方面的支出应保持在场馆经费年度总支出的20%以上。由于我国很多体育场馆建设年份较早，场馆年久失修，设备老化，需要投入的费用就更大。

4. 运营队伍与市场开发的脱节

我国体育场馆的进入渠道多为体育系统内部流动，致使人员知识结构失衡，冗员滞胀，专业化人才匮缺。加上较多的体育场馆还属于传统的事业单位编制，场馆还承担着离退休人员工资、福利等开支，有的场馆离退休人员占到总人数的比重高达30%以上，造成场馆人员支出负担过大，人员成本效益不高。加上现有人员结构臃肿，岗位设置不合理，相当多的场馆"等、靠、要"和"守株待兔、等客上门"的现象十分严重，没有建立起适应市场经济环境要求的运营管理机构和制度，有的场馆甚至没有市场开发、营销服务部门。由于体育场馆经营管理者文化水平和业务素质普遍不高，缺乏创新思路，经营手段单一，场馆竞争力不强。

（三）我国体育场馆运营管理的发展趋势

1. 推动以赛后运营为主导的大型体育场馆建设"一体化"机制创新

大型体育场馆建设与运营脱节存在的突出问题引起了政府和社会高度关注。2014年国务院在《关于加快发展体育产业 促进体育消费的若干意见》中，将"创新体育场馆运营机制"列入了体育产业创新体制机制改革的三大任务之一。明确要求"积极推进场馆体制改革和运营机制创新，推行场馆建设、运营管理一体化模式，将赛事功能需求与赛后综合利用有机结合。"当前，在新一轮大型体育场馆建设高潮中，实现大型体育场馆建设由以某一赛事为主导向以赛后运营为主导的"一体化"机制转化，是新时期体育改革研究的重大和迫切任务。

2. 推动我国公共体育场馆改造功能与改革机制

公共体育场馆功能改造和机制改革引起政府和社会的广泛关注。近年来，国家连续颁布发展体育产业相关文件都涉及功能改造与机制改革，说明公共体育场馆功能改造和机制改革已成为深化场馆服务供给改革、优化场馆服务资源配置、强化场馆服务创新理念、活化场馆运营服务动力、细化场馆权属管理关系，实现提档升级的关键路径。

3. 推动 5G 时代的体育场馆智能化转型升级

5G 时代的到来，我国体育场馆服务将告别过去封闭型、粗放型的服务阶段，并将迎来产业化、智能化应用发展的新趋势。大数据、虚拟现实技术、人工智能、互联网等的快速发展与应用给体育场馆的运营管理、群众观赏体育赛事及参与体育锻炼等多个维度带来变革。体育场馆智能化升级并不是偶然，而是在"互联网+"时代体育产业升级转型的一个时代要求。

4. 加快打造体育服务综合体

2014 年国务院颁发的《关于加快发展体育产业 促进体育消费的若干意见》明确提出："以体育设施为载体，打造城市体育服务综合体，推动体育与住宅、休闲、商业综合开发。"2017 年初，江苏省发布了《加快体育服务综合体建设的指导意见》，并于年底出台《江苏省体育服务综合体评估及认证标准》，从规模与业态、使用情况、效益情况和管理情况四个方面十个细分项目对体育服务综合体进行全面评估。"十三五"期间，依托场馆资源建成的导向型体育服务综合体发展的速度不断加快，以体育休闲、生态观光、康体养生、体育旅游等为核心功能，以餐饮、购物、娱乐为辅助功能的特色资源型体育服务综合体也成为我国体育场馆创新发展的新方向。

参考文献

[1] 丛湖平，卢伟. 政府购买公共体育服务的模式、问题及建议——基于苏、浙、沪、粤等省市的调研 [J]. 体育科学，2016（12）：11-17.

[2] 孔德银. 我国政府购买体育公共服务模式研究——基于理论与经验的分析 [J]. 云南行政学院学报，2017（1）.

[3] 汪全胜，卫学芝. 政府购买体育公共服务的运作机制析论 [J]. 体育与科学，2017（4）：81-88.

[4] 吴卅. 政府购买公共体育服务绩效评估现状——基于上海市和常州市经验 [J]. 北京体育大学学报，2017，40（3）：11-15.

[5] 梅湘屏，郭建强. 政府购买公共体育服务绩效研究——以常州市为例 [J]. 体育科技，2017（3）：91-92.

[6] 冯维胜，曹可强. 政府购买公共体育服务的评估实践与反思 [J]. 首都体育学院学报，2016，28（6）：484-487.

[7] 刘玉. 广东省政府购买公共体育服务研究 [J]. 中国体育科技，2017（06）：38-48.

[8] 兰自力，骆映，魏太森. 逻辑检视与现实困境：政府购买公共体育服务路径探析 [J]. 武汉体育学院学报，2016，50（10）：13-18.

[9] 吴卅，常娟. 政府购买公共体育服务研究——基于上海市民体育大联赛个案调查 [J]. 体育文化导刊，2016（01）：3-6.

[10] 张大超，杨娟. 我国政府购买公共体育服务的现实困境和发展对策 [J]. 体育科学，2017，37

(9)：3-15，27.

[11] 高奎亭，李勇勤，孙庆祝，等．地方政府购买公共体育服务的经验、启示与选择［J］．首都体育学院学报，2018，30（2）：122-127.

[12] 李峰，刘璐．发达国家政府购买公共体育服务的经验及其启示［J］．云南行政学院学报，2017（2）．

[13] 谢叶寿，阿英嘎．英国政府购买公共体育服务的实践与启示［J］．体育与科学，2016（2）：66-70.

[14] 袁新锋．政府购买公共体育服务边界的研究［J］．山东体育学院学报，2017，33（3）：32-37.

[15] 沈克印，吕万刚．政府购买公共体育服务的学理逻辑与边界问题研究［J］．首都体育学院学报，2018，30（2）：117-121，131.

[16] 张小航，杨华．政府购买公共体育服务中的现代财政保障机制研究［J］．天津体育学院学报，2018，33（3）：185-190，216.

[17] 秦小平，王格格，王健，等．政府购买体育公共服务法律缺失与对策研究［J］．山东体育学院学报，2016，32（2）：1-5.

[18] 王占坤．发达国家公共体育服务体系建设经验及对我国的启示［J］．体育科学，2017，37（5）：32-47.

[19] 黄巧，王潇潇，刘国川．西方体育公共服务体系建设经验及其启示［J］．广州体育学院学报，2018（4）：5-8.

[20] 李凤芝，索烨，刘玉．美国公共体育服务社会化改革及启示研究［J］．沈阳体育学院学报，2016，35（2）：19-25.

[21] 来博．多元供给模式下我国公共体育服务供给侧结构性改革研究［J］．广州体育学院学报，2018，38（1）：34-37.

[22] 唐刚，彭英．多元主体参与公共体育服务治理的协同机制研究［J］．体育科学，2016，36（3）：10-24.

[23] 颜小燕．农村公共体育服务供给的治理机制研究——基于十九大报告中"乡村振兴"战略背景的分析［J］．体育与科学，2018，39（2）：13-19.

[24] 郑丽，张勇．农村公共体育服务供给侧改革协同治理路径研究［J］．沈阳体育学院学报，2016，35（3）：19-23.

[25] 郭修金，冉强辉，陈德旭，等．全面建成小康社会进程中农村公共体育服务发展的战略使命［J］．体育科学，2016，36（4）：42-50，60.

[26] 陈德旭．社会治理视域下我国农村公共体育服务体系建设与运行研究［D］．上海：上海体育学院，2017.

[27] 熊禄全，张玲燕，孔庆波．农村公共体育服务供给侧改革治理的内在需求与路径导向［J］．体育科学，2018，38（4）：22-36.

[28] 舒刚民．中国农村公共体育服务供给的治理路径［J］．成都体育学院学报，2017，43（5）：33-39.

[29] 郑旗，程风美．农户参与公共体育服务自主供给：意愿行为、影响因素及机制设计——基于Logistic-ISM分析方法的实证研究［J］．武汉体育学院学报，2018，52（5）：24-3.

[30] 王凯．农村公共体育服务扁平化治理的理论建构与路径展望［J］．体育科学，2017，37（10）：

90-97.

[31] 陈洋,张玲燕,熊禄全. 我国农村公共体育服务制度创新研究[J]. 体育文化导刊,2018,9(5):5-9.

[32] 杨明. 我国公共体育服务标准体系构建研究[J]. 武汉体育学院学报,2017,51(1):20-25,32.

[33] 樊炳有,王家宏. 公共体育服务标准体系框架构建及运行模式[J]. 体育学刊,2018,25(2):39-44.

[34] 谢正阳,汤际澜,陈新,等. 英国公共体育服务标准化评价模式发展历程、特征及启示[J]. 体育与科学,2018,39(6):62-74.

[35] 郭曼,徐凤琴. 我国公共体育服务标准化建设的保障机制[J]. 体育学刊,2017,24(4):36-39.

[36] 邹亚莉. 政策导向下公共体育服务供给方式的"契机—轨迹"研究[D]. 温州:温州大学,2017.

[37] 孙刚,魏彪,王开广. 山西省农村体育公共服务有效供给及财政政策研究[J]. 长治学院学报,2017,34(5):24-26.

[38] 郑旗. 我国地方政府购买公共体育服务政策执行机制[J]. 北京体育大学学报,2017,40(6):19-26.

[39] 郑旗. 我国地方政府购买公共体育服务政策执行机制[J]. 北京体育大学学报,2017,40(6):19-26.

[40] 张明. 利益的博弈:公共体育服务政策执行的微观阐释[J]. 沈阳体育学院学报,2017,36(6):32-40.

[41] 周东华,兰自力. 我国公共体育服务财政政策法规发展脉络、执行现状及对策研究[J]. 山东体育学院学报,2017,33(6):31-36.

[42] 张倩倩,秦伟. 基于财政投入视角的上海市体育公共服务均等化政策分析[J]. 体育科研,2017,38(4):50-54,73.

[43] 周红妹,林向阳. 地方政府推进体育产业发展的政策工具研究[J]. 天津体育学院学报,2016,31(5):375-379.

[44] 周红妹,林向阳. 政策工具视角下地方政府对国家体育产业政策的再制定[J]. 上海体育学院学报,2017,41(3):9-16.

[45] 余守文,肖乐乐. 政策工具视角下中国体育产业政策文本量化分析——以国务院46号文为例[J]. 体育学刊,2018,25(4):21-27.

[46] 王静. 基于政策工具视角下的体育产业现行政策分析与绩效评价——以《国务院关于加快发展体育产业促进体育消费的若干意见》为例[J]. 运动,2017(17):136-138,150.

[47] 叶金育. 体育产业发展中的财税政策工具:选择、组合与应用[J]. 体育科学,2016,36(6):73-83.

[48] 陈晓峰. 我国现今体育产业政策分析:存在问题与发展趋势[J]. 北京体育大学学报,2017,40(5):7-15.

[49] Hartmann-Tews I. Social stratification in sport and sport policy in the EuropeanUnion[J]. European Journal for Sport & Society,2016,3(2):109-124.

[50] ParnellD, Cope E, Bailey R, et al. Sport policy and English primary physical education: the role of professional football clubs in outsourcing [J]. Sport in Society, 2016: 1-11.

[51] ScellesN. France: Organisation of Sport and Policy Towards Sport Federations [M] // Sport Policy Systems and Sport Federations. Palgrave Macmillan UK, 2017.

[52] Brockett. Australia: Evolution and Motivators of National Sport Policy [M] // Sport Policy Systems and Sport Federations. Palgrave Macmillan UK, 2017.

[53] ScheerderJ, Vandermeerschen H, Breedveld K. Diversity in Participation Reigns, Policy Challenges Ahead: Sport for All (Ages) from a European Perspective [M] // Sport and Physical Activity across the Lifespan, 2018.

[54] 习近平. 开创我国体育事业发展新局面 加快把我国建设成为体育强国 [N]. 人民日报, 2017-08-28 (1).

[55] 布特. 习近平新时代建设体育强国思想及其价值研究 [J]. 南京体育学院学报, 2018, 1 (3): 1-12.

[56] 黄莉. 体育强国的理论框架与顶层设计——从"十九大"报告中的国家大战略思考体育发展战略 [J]. 北京体育大学学报, 2018, 41 (1): 9-16.

[57] 鲍明晓. 以新时代改革开放, 统领体育强国建设 [J]. 体育科学, 2019, 39 (3): 13-18.

[58] 王子朴, 朱亚成. 新时代中国体育强国建设中的体育产业发展逻辑 [J]. 北京体育大学学报, 2018, 41 (3): 8-13, 47.

[59] 高宇飞, 袁建国, 吴宝升. 体育强国战略中大众体育指标体系构建研究 [J]. 成都体育学院学报, 2017, 43 (4): 59-65.

[60] 舒为平, 李杨, 刘合智. 高等体育院校助力新时代体育文化建设的思考 [J]. 成都体育学院学报, 2018, 44 (5): 1-6.

[61] 国务院关于加快发展体育产业促进体育消费若干意见 [EB/OL]. [2019-05-15]. http://www.gov.cn/zhengce/cn.

[62] 周学荣, 吴明. 全民健身上升为国家战略的时代背景及价值 [J]. 体育学刊, 2017, 24 (2): 39-44.

[63] 戴志鹏, 王岗. 我国全民健身的工作格局变迁与政策体系演进 [J]. 武汉体育学院学报, 2017, 51 (11): 5-13.

[64] 陈华荣. 实施全民健身国家战略的政策法规体系研究 [J]. 体育科学, 2017, 37 (4): 74-86.

[65] 刘兰娟, 司虎克, 刘成. 全民健身上升为国家战略的历史演进与现实动因分析 [J]. 南京体育学院学报 (社会科学版), 2016, 30 (3): 17-25.

[66] 思雨. "健康中国2030"规划纲要通过审议成为推进健康中国建设的行动纲领 [J]. 中国食品, 2016 (18): 156.

[67] 卢元镇. 全民健身: 健康中国的有力支撑 [J]. 中国卫生, 2016 (9): 25-26.

[68] 董传升, 汪毅, 郑松波. 体育融入大健康: 健康中国治理的"双轨并行"战略模式 [J]. 北京体育大学学报, 2018, 41 (2): 7-16.

[69] 王松, 张凤彪. "健康中国"引领下全民健身国家战略实现路径研究 [J]. 体育文化导刊, 2017 (8): 38-41, 66.

[70] 王家宏, 鲍明晓, 谭华, 等. 聚焦改革开放40年: 中国体育改革与发展的思考 [J]. 体育学研

究，2018，1（6）：64-73.

[71] 国家体育总局. 体育发展"十三五"规划［N］. 中国体育报，2016-05-06（02）.

[72] 熊文，张兴梅，文海燕，等. 我国体育体制若干元理论问题研究［J］. 上海体育学院学报，2016，40（3）：15-22.

[73] 任海，张佃波，单涛，等. 体育改革的总体思路和顶层设计研究［J］. 体育学研究，2018，1（1）：1-12.

[74] 卢元镇. 体育改革中的体育资源保护问题［J］. 湖南人文科技学院学报，2016，33（4）：45-49.

[75] 李燕领，张广俊. 基于体育资源产权属性的我国体育体制改革研究［J］. 武术研究，2016，1（9）：108-112.

[76] 姜世波. 改革开放40年我国体育法治建设的回顾与展望［J］. 北京体育大学学报，2019，42（1）：87-97.

[77] 王先亮，王晓芳，韩继振. 社会力量办体育的可行性及实现路径［J］. 体育学刊，2016，23（6）：26-29.

[78] 梁美富，郭文霞. "健康中国"战略背景下体医结合的发展路径探讨——基于PEST分析［J］. 河北体育学院学报，2018，32（3）：52-56.

[79] 刘亮，吕万刚，付志华，等. 新时期我国体育体制的理性化重塑——研究路径回顾与分析框架探索［J］. 体育科学，2017，37（7）：3-9，36.

[80] 王先亮，王瑞静，时传霞. 我国体育产业战略规划编制的结构及有效性评价研究［J］. 吉林体育学院学报，2017，33（3）：1-7.

[81] 国家体育总局，国家统计局. 2017年全国体育产业总规模与增加值数据公告［EB/OL］.［2019-01-08］. http：//www.sport.gov.cn/

[82] 中国体育报报道组. 2018年全国体育局长会部分代表发言摘编［N］. 中国体育报，2018-12-28（2）.

[83] Healthy people 2020［EB/OL］. http：//www.Healthy people.Gov/2020/about/default.aspx.

[84] 李蓉，李军. 中美国家健康战略比较研究——基于《"健康中国2030"规划纲要》和《健康国民2020》文本［J］. 南京体育学院学报（社会科学版），2017，31（1）：42-47.

[85] 常利华. 俄罗斯体育管理体制及其对我国的启示［J］. 体育文化导刊，2016（11）：30-35.

[86] 南尚杰，马克. 日本《体育立国战略》对我国政府体育管理职能转变的启示［J］. 西安体育学院学报，2015，32（4）：400-405，455.

[87] 日本文部科学省. スポーツ立国戦略の推進［J］. 文部科学時報，2010（10）：13.

[88] 杨鸣，冯晓露，徐校飞，等. 英国群众体育发展战略的实现路径——基于英格兰体育理事会的实践［J］. 武汉体育学院学报，2018，52（6）：26-31.

[89] 黎涌明，陈小平. 英国竞技体育复兴的体系特征及对我国奥运战略的启示［J］. 体育科学，2017，37（5）：3-10.

[90] 刘俊甫，张杨. "互联网+"背景下大型体育赛事自媒体营销策略研究——以中网微信公众号为例［J］. 辽宁体育科技，2018，40（6）：31-34.

[91] 贾晨，贾宝安. 新媒体时代我国大型体育赛事营销策略研究［J］. 湖北体育科技，2017，36（11）：986-988.

[92] 鲍哲健．融媒体时代体育赛事营销传播研究［J］．新闻窗，2017（3）：89．

[93] 沈菲．基于4C理论的电子竞技赛事营销策略分析——以"英雄联盟"为例［J］．视听，2019（1）：209-210．

[94] 吴晓曦．打造赛事IP营销范本——以湖南卫视2018年IPTV广场舞大赛为例［J］．新闻战线，2018（24）：108-109．

[95] 陈玲慧．"体育电子竞技+VR"产业融合趋势研究［J］．当代体育科技，2018，8（28）：189-191．

[96] 张垚，朴勇慧，王坤．DotA2国际邀请赛的产品设计与营销推广［J］．河北体育学院学报，2018，32（2）：48-53．

[97] 邝鑫，徐剑．NFL"超级碗"赛事发展特征及启示［J］．体育文化导刊，2018（1）：73-76．

[98] 张鹤．石家庄市HD健身俱乐部关系营销策略研究［D］．石家庄：河北科技大学，2019．

[99] 车伟峰．丽景健身万豪店服务营销策略研究［D］．长春：吉林大学，2018．

[100] 孙雨珩．天津宝力豪与力奥健身俱乐部营销策略的对比分析［D］．天津：天津体育学院，2017．

[101] 隋亚男，李凌．体育用品网络营销中消费意愿模型与路径影响研究［J］．河北体育学院学报，2019，33（1）：56-61．

[102] 江亮，邹娟花，李红军，等．国内外一线体育用品品牌营销比较研究——以耐克、阿迪达斯与李宁、安踏为例［J］．河北体育学院学报，2016，30（6）：14-21．

[103] 蔡睿．大理白族女性体育用品开发与营销策略研究［J］．现代营销（下旬刊），2016（7）：75-76．

[104] 王潇．基于体验营销视角下的体育用品营销创新——以耐克为例［J］．体育研究与教育，2016，31（4）：37-39，48．

[105] 李宏伟．北京市篮球培训机构现状调查及营销策略研究［D］．北京：北京体育大学，2017．

[106] 闫昱静．互联网模式下冰雪体育旅游产业的管理与营销［J］．商业经济，2018（6）：57-58．

[107] 米思奇．滑雪体育旅游市场营销策略的实证研究［J］．湖北函授大学学报，2018，31（5）：84-85．

[108] 张明明，张大春．互联网+黑龙江省冰雪体育旅游的营销模式与发展路径［J］．体育世界（学术版），2018（1）：42-31．

[109] 曾超．生态体育旅游体验营销策略研究［D］．武汉：武汉理工大学，2016．

[110] 郑诗畅，刘宁宁，杨腕舒，等．网络彩票销售制约下的体育彩票营销研究——以上海市彩民为例［J］．哈尔滨体育学院学报，2016，34（6）：50-56．

[111] 吴伟航．体育彩票网络投注的营销策略研究［D］．长春：吉林大学，2016．

[112] 刘雨辰．我国大众体育经济消费现状及其策略［J］．经济研究导刊，2018（6）：72-73．

[113] 石峰，武传澍．延边州城乡居民体育消费现状调查与分析［J］．延边教育学院学报，2018，32（4）：121-123．

[114] 程继宏．成都市商业健身俱乐部女性消费群体消费现状与对策研究［D］．成都：成都体育学院，2017．

[115] 林永超，彭国强．基于消费者行为学的大学生休闲体育消费行为研究［J］．湖北理工学院学报（人文社会科学版），2018，35（5）：35-38．

[116] 袁峰. 社会分层视角下湛江居民体育消费行为研究 [J]. 体育科技文献通报, 2017, 25 (6): 40-41.

[117] 吴晓, 李江霞. "互联网+"对女性体育消费行为的影响——基于女性性别倾向理论的研究 [J]. 体育研究与教育, 2017, 32 (1): 23-26.

[118] 李宏. 大学生体育消费行为及消费心理分析——基于甘肃省四所高校的调查 [J]. 甘肃高师学报, 2018, 23 (5): 136-138.

[119] 王继强. 河南省社会各阶层体育消费心理和行为特征研究 [J]. 社科纵横, 2014, 29 (5): 109-112.

[120] 吕雪敏. 基于AHP的体育消费心理预期结构影响因素 [J]. 经济研究导刊, 2017 (22): 67-68.

[121] 吴晓, 李江霞. "互联网+"对女性体育消费行为的影响——基于女性性别倾向理论的研究 [J]. 体育研究与教育, 2017, 32 (1): 23-26.

[122] 段新娥. 基于JSP的健身俱乐部管理系统设计与实现 [J]. 山西电子技术, 2016 (6): 57-58, 68.

[123] 尚建成. 基于SSM健身俱乐部管理系统的研究与实现 [D]. 沈阳: 辽宁大学, 2018.

[124] 张允蚌, 谭贡霞, 葛雪珍. 江西省商业性健身俱乐部服务标准化现状研究 [J]. 标准科学, 2018 (10): 103-106.

[125] 张允蚌, 谭贡霞, 兰剑. 江西省商业性健身俱乐部服务标准化体系构建研究 [J]. 中国质量与标准导报, 2018 (10): 57-61.

[126] 胡良楠, 赵江鸿, 朱洪伟, 等. 陕西省体育健身俱乐部健身指导服务管理标准化研究 [J]. 体育研究与教育, 2019, 34 (1): 49-53.

[127] 陈士超. 济南市健身俱乐部员工忠诚度培养研究 [D]. 济南: 山东体育学院, 2016.

[128] 赵静雯. 商业健身俱乐部劳动关系氛围与健身教练工作满意度关系研究 [D]. 上海: 上海体育学院, 2017.

[129] 贾瑞红. 健身私人教练职业倦怠现象与职业规划研究——以重庆市区为例 [D]. 重庆: 西南大学, 2017.

[130] 曹爽. 西安市健身俱乐部教练职业效能感、职业倦怠与可雇佣力的研究 [D]. 西安: 西安体育学院, 2018.

[131] 李婷. 健身教练职业倦怠的现状及对策研究——以太原市商业健身俱乐部为例 [D]. 太原: 山西大学, 2011.

[132] 宋江. 山东省临沂市健身俱乐部私人健身教练职业倦怠研究 [D]. 曲阜: 曲阜师范大学, 2012.

[133] 董庆楠. 北京市一兆韦德健身俱乐部私人教练与服务质量关系的研究 [D]. 北京: 首都体育学院, 2018.

[134] 于海亮. 沈阳市健身俱乐部运营现状研究 [J]. 现代经济信息, 2016 (24): 462.

[135] 王洋. 运城市经营性健身俱乐部发展现状调查研究 [J]. 当代体育科技, 2016, 6 (33): 179-180, 182.

[136] 王慧超. 以"体医结合"理念为导向的社会体育指导与管理专业课程体系构建研究 [D]. 聊城: 聊城大学, 2018.

[137] 田浩. 石家庄学院社会体育专业校企合作实习现状研究［D］. 石家庄：河北师范大学，2017.

[138] 赵德勋. 社会体育指导与管理专业转型发展的探索与实践［J］. 石家庄学院学民报，2017，19（3）：151-155.

[139] 张宁. 社会体育指导与管理专业学生健身俱乐部实习内容构建的研究［D］. 石家庄：河北师范大学，2016.

[140] 范谓维. 苏北地区经营性健身俱乐部消费者阶层分析研究［J］. 体育科技文献通报，2016，24（6）：118-119.

[141] 郭亚玲. 临汾市经营性健身俱乐部现状及会员满意度的调查与分析［D］. 临汾：山西师范大学，2016.

[142] 喻丙梅. 福建省经营性健身俱乐部健身教练素质现状调查［J］. 闽南师范大学学报（自然科学版），2016，29（4）：48-52.

[143] 李圆圆，张万寿，陈丽，等. 不同城区经营性健身俱乐部瑜伽运动的开展现状及对策研究［J］. 商丘师范学院学报，2019，35（3）：94-96.

[144] 石媛. 山西省临汾市青少年参与经营性健身俱乐部锻炼的支付意愿及其影响因素［D］. 临汾：山西师范大学，2018.

[145] 周学希. 昆明市商业健身俱乐部顾客消费体验对行为倾向的影响研究［D］. 昆明：云南师范大学，2016.

[146] 徐开娟. 服务补救视域下商业健身会所服务质量提升研究［D］. 上海：上海体育学院，2016.

[147] 汪雅莉. 武汉市健身俱乐部客户关系管理研究［J］. 湖北经济学院学报（人文社会科学版），2017，14（2）：72-73.

[148] 谭浩强. 基于Weka的达州市健身俱乐部高端会员的开发与研究［D］. 成都：成都体育学院，2016.

[149] 王飞. "微信公众号和健身APP"在西安健身俱乐部会员关系管理中的探索［D］. 西安：西安体育学院，2017.

[150] 闫领先. 健身俱乐部关系营销战略研究［J］. 湖北体育科技，2017，36（3）：207-209.

[151] 王立燕. 基于AHP的商业健身俱乐部经营管理影响因素分析［J］. 江汉大学学报（自然科学版），2017，45（2）：179-185.

[152] 杨爽. 我国商业健身俱乐部经营绩效评价指标体系的构建研究［D］. 成都：成都体育学院，2016.

[153] 王立燕. 商业健身俱乐部服务质量对消费者满意度的影响效果分析［J］. 江汉大学学报（自然科学版），2018，46（2）：156-161.

[154] 黄谦. 体育健身休闲市场服务质量与消费者忠诚度关系研究［M］. 北京：中国社会科学出版社，2016.

[155] 佟岗. 商业健身俱乐部服务质量管理研究［M］. 北京：北京体育大学出版社，2017.

[156] 肖丽芳，王玉. 健身俱乐部顾客满意度指数模型的建立及应用研究［J］. 河北体育学院学报，2016，30（4）：21-27.

[157] 谭伟繁. 基于共生理论上海市健身俱乐部服务质量与会员满意度关系研究［D］. 上海：华东师范大学，2016.

[158] 王璐. 上海市商业健身会所服务质量状况与优化研究［D］. 上海：上海体育学院，2016.

[159] 邵莹. 南京市健身俱乐部服务质量评价研究[D]. 南京：南京财经大学，2018.

[160] 缪华翔. 六西格玛方法在提高健身俱乐部服务质量中的应用研究[J]. 运动，2017（22）：139-140.

[161] 崔雪娇. 经营性健身俱乐部员工顾客需求知识（CNK）的探索性研究[D]. 临汾：山西师范大学，2016.

[162] 王俊. 我国健身俱乐部服务流程质量管理的研究[J]. 阴山学刊（自然科学），2017，31（1）：43-45.

[163] 向会英. 比较法视野下欧美国家职业体育赛事转播权研究[J]. 成都体育学院学报，2019，45（1）：42-49.

[164] 李新文. 美国职业体育赛事电视转播权开发的经验及启示[J]. 当代电视，2016（10）：84-85.

[165] 杨铄，冷唐蒀，郑芳. 职业体育转播制度安排的国际比较研究[J]. 体育科学，2016，36（4）：20-32.

[166] 张宝钰. 欧美职业体育联盟反垄断豁免探析[J]. 体育文化导刊，2017（7）：34-37，42.

[167] 姜熙. 反垄断法视角下我国职业体育联盟建构的理论研究[J]. 武汉体育学院学报，2016，50（3）：42-48.

[168] 冯文杰. 论美国职业体育管理法制化、结构扁平化、经营商业化特点及其启示[J]. 南京体育学院学报（社会科学版），2017，31（5）：90-93.

[169] 孙素玲. 职业体育的发展逻辑[J]. 体育文化导刊，2016（7）：110-112，174.

[170] 姜熙. 反垄断法视角下我国职业体育联盟建构的理论研究[J]. 武汉体育学院学报，2016，50（3）：42-48.

[171] 赵明哲. 新时代我国职业体育发展困境与改革路径探究[J]. 南京体育学院学报（社会科学版），2017，31（5）：35-39.

[172] 荣霁，崔鲁祥，李松. 新时代背景下我国职业体育的协同治理研究[J]. 沈阳体育学院学报，2018，37（5）：68-74.

[173] 张毅恒，彭道海. 新时代我国职业体育俱乐部治理效率[J]. 武汉体育学院学报，2018，52（6）：12-19.

[174] 张兵. 从脱域到共同体：我国职业体育组织演化的经济社会学分析[J]. 体育科学，2016，36（6）：37-45.

[175] 柳鸣毅，丁煌. 我国职业体育制度设计与跨域治理路径展望[J]. 中国软科学，2016（4）：13-21.

[176] 张兵. 中国职业体育市场治理复杂性及其应对[J]. 体育科学，2018，38（10）：29-37.

[177] 应晨林，金学斌. 我国职业体育中的行政垄断及其规制研究[J]. 首都体育学院学报，2018，30（2）：132-135.

[178] 张宝钰，陈秀莲. 基于供求视角职业体育联盟竞争平衡分析[J]. 西安体育学院学报，2018，35（4）：441-444.

[179] 闫成栋. 论职业体育俱乐部之间的竞争平衡[J]. 武汉体育学院学报，2016，50（3）：24-28，55.

[180] 严文华，杨倩. 职业体育联赛竞争性平衡理论研究[J]. 成都体育学院学报，2016，42（2）：37-43.

[181] 张瑞林,李凌. "赛事链"溯源:职业体育赛事消费行为模式的影响效果[J]. 上海体育学院学报, 2018, 42 (2): 45-51.

[182] 张兵,仇军. 经济社会学视域下中国职业体育市场生成逻辑及发展策略选择[J]. 体育科学, 2017, 37 (7): 10-16.

[183] 张森,李明,洪叶. 中美两国职业体育消费动机比较研究[J]. 沈阳体育学院学报, 2016, 35 (1): 29-35.

[184] 王啸. 职业体育市场中政策变动对赛事消费需求的影响:基于中国足球协会超级联赛的实证研究[J]. 体育科学, 2018, 38 (10): 38-45.

[185] 江小涓. 职业体育与经济增长:比赛、快乐与GDP[J]. 体育科学, 2018, 38 (6): 3-13.

[186] 闫成栋. 职业体育俱乐部社会责任的语义分析[J]. 南京体育学院学报(社会科学版), 2017, 31 (6): 43-46.

[187] 韩炜,荣思军. 职业体育组织社会责任:概念、特点与承载内容[J]. 山东体育学院学报, 2018, 34 (4): 12-17.

[188] 张森,王家宏. 职业体育俱乐部的企业社会责任对消费者的长期影响[J]. 北京体育大学学报, 2018, 41 (10): 19-24, 31.

[189] 张森,王家宏. 我国职业体育俱乐部企业社会责任绩效的测量[J]. 成都体育学院学报, 2019 (2): 76-82.

[190] 宋冰,张廷安,龚波. 职业体育俱乐部社会责任研究热点与展望[J]. 沈阳体育学院学报, 2016, 35 (3): 47-52.

[191] 胡旭忠,韩靖,郭林翠. 职业体育征信系统建设构想[J]. 山东体育学院学报, 2019 (1): 6-11.

[192] 韩勇,赵毅,霍丁鹏,等. 论《职业体育从业人员诚信从业准则》之设计方略[J]. 体育与科学, 2016, 37 (4): 64-70, 106.

[193] 谢振华. 职业体育俱乐部的媒体关系传播[J]. 新闻爱好者, 2017 (5): 85-88.

[194] 李正良,王君予. 职业体育组织如何提升社交媒体受众互动——基于NBA和CBA官方微博的内容分析[J]. 新闻界, 2016 (23): 48-55.

[195] 张德胜,周洁,李峰. 微信平台在职业体育俱乐部品牌传播中的应用研究——以CBA东莞新世纪俱乐部微信公众号为例[J]. 广州体育学院学报, 2016, 36 (1): 7-10.

[196] 李军岩,张春萍. 当前我国职业体育定位的PEST分析及其实现路径探讨[J]. 沈阳体育学院学报, 2017, 36 (1): 8-12.

[197] 黄文宾. 竞技体育职业化进程中的伦理困境及其善化路径[J]. 西安体育学院学报, 2016, 33 (4) 440-444.

[198] 李军岩,程文广. 欧美职业体育商业化的历史演进及启示[J]. 体育文化导刊, 2017 (9): 171-175.

[199] 李航. 公司制职业体育俱乐部债权人利益保护研究[J]. 体育文化导刊, 2016 (2): 132-136.

[200] 管伟. 美国职业体育薪金纠纷特别解决机制研究[J]. 武汉体育学院学报, 2017, 51 (9): 61-65.

[201] 李军岩,张春萍. 我国职业体育利益相关者共生下的利益均衡分析[J]. 沈阳体育学院学报, 2016, 35 (3): 1-6.

[202] 闫成栋. 职业体育俱乐部剩余权利的归属 [J]. 成都体育学院学报, 2018, 44 (1): 47-51.

[203] 杨海东, 王一博, 邱金芝. 我国职业运动员权益诉求的障碍和突破 [J]. 体育文化导刊, 2018 (7): 62-66.

[204] 许延威. 我国职业运动员人力资本产权交易制度研究 [J]. 武汉体育学院学报, 2017, 51 (5): 39-43, 79.

[205] Experience – Based Leadership Development and Professional Sport Organizations. Frawley, Stephen. Daniel. Journal of Sport Management SN-08884773.

[206] Social Responsibility in Sports: Current Landscape. Parent, Brendan Journal of Legal Aspects of Sport SN-10720316.

[207] Is perceived athlete leadership quality related to team effectiveness? A comparison of three professional sports teams. Fransen, Katrien Haslam, S. Alexander Mallett, Clifford J. Steffens, Niklas K. Peters, Kim Journal of Science & Medicine in Sport SN-14402440.

[208] The Past, Present, and Future of Social Media in Professional Sports: Interview With Shannon Gross, Director of Content Strategy, Dallas Cowboys. Abeza, Gashaw International Journal of Sport Communication SN-19363915.

[209] Social Media as a Relationship Marketing Tool in Professional Sport: A Netnographical Exploration. Abeza, GashawSeguin, Benoit O'Reilly, Norm Nzindukiyimana, Ornella International Journal of Sport Communication SN-19363915.

[210] AN ANALYSIS OF COLLEGIATE ATHLETIC DEPARTMENTS'SOCIAL MEDIA PRACTICES, STRATEGIES, AND CHALLENGES. Blaszka, Matthew Cianfrone, Beth A. Walsh, Patrick Journal of Contemporary Athletics SN-15549933.

[211] Sports, storytelling and social media: a review and conceptualization. Laurell, Christofer Söderman, Sten International Journal of Sports Marketing & Sponsorship SN-14646668.

[212] Revenue Sharing in Professional Sports Leagues as a Hedge for Exchange Rate Risk. Rockerbie, Duane W. AU- Easton, Stephen T. International Journal of Sport Finance SN-15586235.

[213] evenue Sharing and Owner Profits in Professional Team Sports. Kesenne, Stefan Journal of Sports Economics SN-15270025.

[214] Athletic Success and NCAA Profit-Athletes' Adjusted Graduation Gaps. Southall, Richard M. Eckard, E. Woodrow Nagel, Mark S. AU- Randall, Morgan H. SN-07411235.

[215] Business or cause? Gendered institutional logics in women's professional soccer Allison, Rachel.

[216] View from the Field: Business Intelligence in the Sports World. Hendrickson, Haynes Sport Marketing Quarterly 2012/09//SN-10616934.

[217] 姚小林. 2002—2022 年:冬奥会举办城市体育场馆规划发展趋势 [J]. 武汉体育学院学报, 2016, 50 (3): 35-41.

[218] 郭艳华. 发达国家大型体育场馆建设的国际经验 [J]. 武汉体育学院学报, 2017, 51 (7): 44-48.

[219] 刘仁盛, 庞立春. 全民健身实施背景下体育场馆社区化建设问题探讨 [J]. 沈阳体育学院学报, 2017, 36 (3): 55-58, 66.

[220] 邹本旭, 王熙默, 曹连众, 等. 我国中小城市体育场馆建设规模指标体系构建研究 [J]. 武汉

体育学院学报，2018，52（5）：36-41.

[221] 曾建明. 城市大型体育场馆区域布局及其规划应对方略——以上海、广州、武汉、乌鲁木齐市为例 [J]. 热带地理，2018，38（4）：516-524.

[222] 张弛. 我国公共体育场馆运营现状分析及对策研究 [A]. 中国体育科学学会体育社会科学分会. 2016年全国体育社会科学年会论文集 [C]. 中国体育科学学会体育社会科学分会：中国体育科学学会体育社会科学分会，2016：4.

[223] 陈元欣，王华燕，张强. "营改增"对体育场馆运营的影响研究 [J]. 体育文化导刊，2016（2）：126-131.

[224] 许月云，陈霞明. 区域体育场馆运营现状与发展对策研究——以侨乡泉州为例 [J]. 山东体育学院学报，2017，33（2）：46-51.

[225] 孔庆波，张玲燕，熊禄全. 体育场馆资源无形资产的开发与管理研究 [J]. 西安体育学院学报，2017，34（5）：540-545.

[226] 于文谦，张琬婷. 二次售卖理论视角下大型体育场馆运营模式研究 [J]. 山东体育学院学报，2017，33（2）：16-21.

[227] 于萌，张琬婷. 基于"三次售卖理论"的大型体育场馆盈利模式 [J]. 体育学刊，2018，25（3）：62-66.

[228] 黄昌瑞，陈元欣，何凤仙，等. 美国大型体育场馆的盈利模式及启示 [J]. 体育文化导刊，2017（12）：126-131.

[229] 高晓波，郑慧丹，王春洁. 大型体育场馆不同服务主体供给产品多样化研究 [J/OL]. 体育学刊：1-7 [2019-06-17]. https：//doi.org/10.16237/j.cnki.cn44-1404/g8.20190606.001.

[230] 曹璐. 国外城市公共体育场馆服务大众体育发展经验及对我国的启示 [J]. 北京体育大学学报，2016，39（10）：38-45.

[231] 陈元欣，杨金娥，王健. 体育场馆运营支持政策的现存问题、不利影响与应对策略 [J]. 上海体育学院学报，2016，40（6）：24-29.

[232] 魏琳，廉涛，何天皓，等. 上海市大型体育场馆公共体育服务质量评价——基于公益开放时段的实证分析 [J]. 武汉体育学院学报，2016，50（12）：48-54.

[233] 郝海亭. 困境与突破：大型体育场馆免费低收费开放财政补助政策分析 [J]. 沈阳体育学院学报，2017，36（4）：42-48，83.

[234] 王钊，谭建湘. 广州市公共体育场馆公益性开放财政补贴措施研究 [J]. 体育学刊，2018，25（6）：73-78.

[235] 王玉珍，邵玉辉，杨军. 比较与启示：中美大型体育场馆公共财政补贴的对比研究 [J]. 天津体育学院学报，2018，33（6）：528-536.

[236] 李安娜. 我国大型公共体育场馆产权制度改革的区域差异研究 [J]. 武汉体育学院学报，2016，50（1）：27-35.

[237] 陈文倩. 我国大型公共体育场馆体制改革模式研究 [J]. 西安体育学院学报，2016，33（3）：295-298.

[238] 丁云霞，张林. 两权分离背景下公共体育场馆委托经营管理模式的应用 [J]. 北京体育大学学报，2017，40（2）：24-29.

[239] 柴王军. 基于Preker-Harding模型的大型公共体育场馆事业单位体制改革模式评价 [J]. 武汉

体育学院学报，2017，51（6）：13-23.

[240] 陈元欣，黄昌瑞，王健．职业体育俱乐部参与体育场（馆）运营研究［J］．体育科学，2017，37（8）：12-20.

[241] 邹月辉，孙法亮．公共体育场馆混合所有制改革风险规避研究［J］．沈阳体育学院学报，2018，37（5）：42-46.

[242] 周彪，陈元欣，姬庆．基于整体性治理的公共体育场馆经营权改革后政府监管体系构建研究［J］．中国体育科技，2019，55（4）：43-48.

[243] 耿宝权．大型体育场馆LBPF融资模式的风险和收益分析［J］．北京体育大学学报，2016，39（9）：12-16，23.

[244] 叶晓甦，许婉熔，徐青．基于多目标的大型体育场馆PPP项目的融资性研究［J］．成都体育学院学报，2016，42（6）：12-16.

[245] 李明，刘世磊，徐凤琴．基于PPP模式下大型体育场馆契约治理内外部机制的CFA模型构建与验证性研究［J］．沈阳体育学院学报，2017，36（1）：13-18，24.

[246] 陈磊，陈元欣．美国大型体育场馆运营中PPP模式应用研究［J］．首都体育学院学报，2018，30（4）：297-301.

体育产业学科发展研究报告

Research Report on Disciplinary Development of Sport Industry

（2016—2019）

体育产业分会
China Sport Science Society for Sport Industry
2019.10

前　言

体育产业学科是近年来我国体育领域研究中一门十分活跃的学科，它在推动我国体育管理体制改革、培育体育市场和体育消费以及促进体育产业成为国民经济新的增长点等方面发挥了积极的作用。

在国家层面，继 2014 年 10 月国务院发布《关于加快发展体育产业促进体育消费的若干意见》之后，国务院办公厅、国家体育总局和其他相关部委，先后又发布了多份政策性文件，支持和促进我国体育产业发展，充分体现了国家对大力发展体育产业的高度重视，进一步提升了体育产业在国民经济发展中的地位，使我国体育产业的发展进入了一个最佳机遇期。

在学术层面，过去的 4 年是我国体育产业学科研究非常活跃的 4 年，也是学术成果十分丰硕的 4 年。一大批学者围绕体育产业政策、体育产业结构、体育消费、体育产业融合、冰雪运动产业、体育旅游、体育彩票、体育服务贸易以及大型体育场馆等问题进行了大量的研究，体育产业研究已经成为政府、企业、学者和媒体等共同关注的话题。回顾和总结我国体育产业学科近 4 年来的建设与发展，展望体育产业学科发展的目标和前景，进而预测我国体育产业学科发展的趋势以及未来的研究，将进一步提升我国体育产业学科建设的整体水平，大力推进我国体育产业学科的快速发展。

本研究报告是在中国体育科学学会的指导下，由体育产业分会组织编写。在体育产业分会主任委员戴健教授的领导下，由体育产业分会常委张林教授担任顾问，并由体育产业分会秘书长曹可强教授组织专家完成撰稿。参与本研究报告撰稿的专家有：中国体育科学学会体育产业分会副主任委员张瑞林教授，体育产业分会常委史国生教授、曹可强教授、李海教授，体育产业分会委员程林林教授、肖林鹏教授、席玉宝教授、徐茂卫教授、陈元欣教授、邹德新教授，体育产业分会学术处主任郑家鲲教授和秘书史晨雨博士。王先亮博士、安婧、邱茜、李秦宇、吕季东和缪律等学者也参与了本研究报告部分内容的撰写。最后由曹可强教授统稿完成。

本研究报告的所有资料或信息均来自国内外公开的出版物或相关网站，对于报告中引用的资料和数据，在此一并致以谢忱。由于撰稿时间的限制和笔者掌握资料、信息的局限性，难免造成研究报告中部分资料、信息的滞后或遗漏，在此谨向读者表示歉意。

体育产业分会

2019 年 10 月

课题组

组长：戴　健

成员：（按姓氏笔画排序）

史国生　史晨雨　李　海　肖林鹏　邹德新

张　林　张瑞林　陈元欣　郑家鲲　徐茂卫

席玉宝　曹可强　程林林

撰稿人
Writers

（按姓氏笔画排序）
In Surname Strokes Sequence

史国生	南京体育学院
Shi GuoSheng	Nanjing Sport Institute
史晨雨	上海体育学院
Shi ChenYu	Shanghai University of Sport
李　海	上海体育学院
Li Hai	Shanghai University of Sport
肖林鹏	天津体育学院
Xiao LinPeng	Tianjin University of Sport
邹德新	南京体育学院
Zou DeXin	Nanjing Sport Institute
张瑞林	吉林体育学院
Zhang RuiLin	Jilin Sport University
陈元欣	华中师范大学
Chen YuanXin	Central China Normal University
郑家鲲	上海体育学院
Zheng JiaKun	Shanghai University of Sport
徐茂卫	武汉体育学院
Xu MaoWei	Wuhan Sports University
席玉宝	安徽师范大学
Xi YuBao	Anhui Normal University
曹可强	上海体育学院
Cao KeQiang	Shanghai University of Sport
程林林	成都体育学院
Cheng LinLin	Chengdu Sport University

体育产业学科发展研究报告
Research Report on Disciplinary Development of Sport Industry (2016—2019)

Abstract

In the context of the full implementation of the national strategy for the National Fitness, and accelerating the development of sport industry, sport industry disciplines ushered in unprecedented opportunities for development. The discipline of sports industry has achieved fruitful results in academic organization construction, academic exchanges, subject theory research, social services and personnel training, and laid a solid foundation for further improving the discipline level of the sports industry.

During the period of 2016—2019, the Sport Industry Branch of the Chinese Sport Science Society established the third committee. Universities and provinces (municipalities) have established a number of sport industry research platforms. The academic research results of the sport industry have been increasing, and the high-quality academic activities have achieved remarkable results. Academic influence is constantly improving. Especially for the related researches on the basic theories of sport industry, sport industry policy, fitness and leisure industry, competition performance industry, ice and snow sport industry, sport tourism, sport lottery industry, facility operation and sporting goods industry, many innovative ideas have emerged. It not only promotes the increasingly perfect theoretical framework of the sport industry discipline, but also guides the innovation and development of the sports industry practice field. In recent years, the scale of China's sport industry has expanded, and the structure of sport industry has been continuously optimized. The sports service industry with sport competitions, fitness and entertainment as its core has promoted the rapid development of relevant departments of the sport industry and has been exerted and contributed to the national economy.

There are certain differences in the progress of the research on the discipline of sport industry at home and abroad. The research on the discipline of domestic sports industry is closely integrated with the practice of sport industry in China, and the research methods are more abundant, and the research content is more targeted. In particular, the sport industry management model, policy innovation, and sport industry such as snow sport and sport tourism have received sustained attention. The research on foreign sport industry focuses on the sport market law, sport consumer behavior, ecological sustainability, interdisciplinary and other fields, which provides a mirror for the research of China's sport industry.

Looking into the future, the sport industry discipline research and sport industry practice will be more closely linked, leading the high-quality development of China's sport industry and better meeting the people's growing sport demand. Internet + sport, sport industry supply side reform, industrial organization research will be hot topics of basic theoretical research. Sport fitness and leisure industry structure, sport equipment research and development capabilities will be the focus of research. Within sport competition performance industry, sports project industrialization research will increase. The snow and ice sport industry will highlight market operation research, sport tourism routes and regional characteristics research will be strengthened. Sport lottery research will highlight multi-disciplinary exploration of market development mechanism. Investment and financing mode, intelligent venue construction and resource sharing in sport facility operation research will be hotspots. The sportswear industry has placed more emphasis on technology and branding.

It can be seen that in the development of China's sport industry disciplines, we must focus on the Healthy China and National Fitness Strategy, highlight the people-centered development thinking, and constantly enrich and improve the sport industry discipline system with Chinese characteristics, and contribute to the development of the sport industry and meet the growing needs of the diverse sport.

目 录

引言

一、体育产业学科发展的回顾、总结与评价

（一）2016—2019年体育产业学科发展情况

1. 体育产业省部级以上课题立项概况
2. 体育产业学科研究成果
3. 社会服务情况
4. 体育产业经营管理学科建设会议
5. 全国重要的体育产业学术会议
6. 体育产业研究机构建设情况

（二）2016—2019年体育产业学科发展的创新

1. 体育产业基础理论研究
2. 体育产业政策研究
3. 体育健身休闲业研究
4. 体育竞赛表演业研究
5. 冰雪运动产业研究
6. 体育旅游业研究
7. 体育彩票研究
8. 体育场馆运营研究
9. 体育用品业研究

二、体育产业学科在经济社会发展中的应用、成效和前景

（一）体育产业基础理论研究

1. 促进了体育产业与其他业态产业的融合发展
2. 促进了体育产业供给侧改革的深化
3. 促进了高校体育产业的发展

（二）体育健身休闲业研究

1. 扩大体育产业规模

2. 优化体育产业结构

3. 吸引社会资本介入

（三）体育竞赛表演业研究

1. 为政府决策提供依据

2. 为相关企业提供咨询服务

（四）体育旅游研究

1. 促进体育旅游市场规模增长

2. 扩大赛事经济影响力

3. 增加体育旅游客源

4. 引导差异化发展

5. 助力乡村发展

（五）体育彩票研究

（六）体育场馆运营研究

1. 为政府提供决策支持

2. 为地方提供科学规划

（七）体育用品业研究

1. 为政府与行业管理部门决策提供理论依据

2. 为提升竞争力拓展市场提供依据

3. 为消费者选择和使用体育用品提供参考

三、体育产业学科国内外研究进展比较

（一）体育产业基础理论研究

（二）体育产业政策研究

（三）体育健身休闲业研究

（四）体育竞赛表演业研究

（五）冰雪运动产业研究

（六）体育旅游研究

（七）体育彩票研究

（八）体育场馆运营研究

1. 2016—2019 年国外体育场馆研究高频关键词

2. 体育场馆运营研究的热点问题

（九）体育用品业研究

四、体育产业学科发展展望与建议

（一）体育产业基础理论研究

（二）体育产业政策研究

（三）体育健身休闲业研究

（四）体育竞赛表演业研究

（五）冰雪运动产业研究

（六）体育旅游研究

（七）体育彩票研究

（八）体育场馆运营研究

（九）体育用品业研究

参考文献

Contents

Preface

1 Review, Summary and Evaluation of the Development of Sport Industry Discipline

  1.1 Development of the Discipline of Sport Industry in 2016—2019

    1.1.1 Approval of Research Projects Related to Sport Indstry

    1.1.2 Research Achivments of the Discipline of Sport Industry

    1.1.3 Social Services

    1.1.4 Discipline Construction Conferences of Sport Industry

    1.1.5 Significant National Acdemic Conferences of Sport Industry

    1.1.6 Research Institues of Sport Industry

  1.2 Innovation of the Discipline Development of Sport Industry in 2016—2019

    1.2.1 Research on the Basic Theory of Sport Industry

    1.2.2 Policy Research of Sport Industry

    1.2.3 Sport Fitness and Leisure Industry Research

    1.2.4 Sport Competition Performance Industry Research

    1.2.5 Ice and Snow Sport Industry Research

    1.2.6 Sport Tourism Research

    1.2.7 Sport Lottery Research

    1.2.8 Sport Facility Operation Research

    1.2.9 Sport Supplies Industry Research

2 The Application, Effect and Prospect of the Discipline of Sport Industry in Economic and Social Development

  2.1 Research on the Basic Theory of Sport Industry

    2.1.1 Improving the Integration of Sport and Other Indsustry

    2.1.2 Improving the Supply-side Reform Deepening of Sport Industry

    2.1.3 Improving the Development of Collegiate Sport Industry

  2.2 Sport Fitness and Leisure Industry Research

2.2.1 Expanding the Scale of Sport Industry

   2.2.2 Optimize the Structure of Sport Industry

   2.2.3 Attacting the Social Investment

 2.3 Sport Competition Performance Industry Research

   2.3.1 Providing Basis for Government Decision

   2.3.2 Providing Consulting Services for Enterprises

 2.4 Sport Tourism Research

   2.4.1 Expanding the Scale of Sport Tourism Industry

   2.4.2 Expanding the Influnce of Sporting Event Economy

   2.4.3 Increasing Sport Tourists

   2.4.4 Leading Differentiated Development

   2.4.5 Helping the Development of Contryside

 2.5 Sport Lottery Research

 2.6 Sport Facility Operation Research

   2.6.1 Providing Basis for Government Decision

   2.6.2 Providng Scientific Planning for Local Government

 2.7 Sport Supplies Industry Research

   2.7.1 Providing Basis for Government and Industry Administration Decision

   2.7.2 Providing Basis for Improving Competitive Power and Expanding Market

   2.7.3 Providing Evidence for Consumer Chosing and Using Sport Supplies

3 Comparison of Research Progress in the Field of Sport Industry at Home and Abroad

 3.1 Research on the Basic Theory of Sport Industry

 3.2 Sport Industry Policy Research

 3.3 Sport Fitness and Leisure Industry Research

 3.4 Sport Competition Performance Industry Research

 3.5 Ice and Snow Sport Industry Research

 3.6 Sport Tourism Research

 3.7 Sport Lottery Research

 3.8 Sport Facility Operation Research

   3.8.1 High Frequency Key Words of International Sport Faicility Research in 2016—2019

   3.8.2 Hot Spots of Sport Facility Operation Research

 3.9 Sport Supplies Industry Research

4 Prospects and Suggestions for the Development of Sports Industry Discipline

 4.1 Research on the Basic Theory of Sport Industry

 4.2 Sport Industry Policy Research

4.3 Sport Fitness and Leisure Industry Research
4.4 Sport Competition Performance Industry Research
4.5 Ice and Snow Sport Industry Research
4.6 Sport Tourism Research
4.7 Sport Lottery Research
4.8 Sport Facility Operation Research
4.9 Sport Supplies Industry Research

References

引言

在我国经济结构调整、产业结构升级的大背景下，国家政策大力支持体育产业发展，大量资本涌入，市场主体活跃，体育消费市场逐步扩大，体育产业呈现出良好的发展态势。尤其是《国务院关于加快发展体育产业促进体育消费的若干意见》《国务院办公厅关于加快发展健身休闲产业的指导意见》等政策文件的颁布，使得我国体育产业学科获得了前所未有的发展机遇。回顾、总结和评价我国体育产业学科近4年的建设与发展概况，努力把握我国体育产业学科发展的历史机遇，不仅可以进一步加快我国体育产业学科建设的速度，更可以较大地提升我国体育产业学科发展的整体水平。

体育产业学科蓬勃发展。在过去的4年中，体育产业领域举办了一系列高质量的品牌学术活动，体育产业研究的社会影响力不断提升；高校、地方新建立近10家体育产业研究机构（中心），共有206项省部级以上课题立项，公开出版著作120多部，发表核心期刊、硕博士学位论文等共9878篇，研究热点不断得到关注，面向政府、企业、行业、高校的服务工作不断加强。

体育产业学科的创新观点不断涌现。学科理论框架日益成熟；先进的研究方法得到更广泛运用；产业政策对经济发展贡献力不断提升；体育休闲领域跨界融合正成为新理念、新格局；体育竞赛表演业体现经济、社会双重价值；冰雪产业成为研究"蓝海"，特色发展受到肯定；运动装备制造不断融入新技术；体育旅游呈多元化发展，融合共生空间形成；体育彩票服务管理体系、消费行为研究为其发展奠定了基础；体育场馆推行经营权改革、高效运营和多元化投资得到持续关注；体育用品品牌战略、技术创新、营销策略等体现更强的应用价值。

体育产业学科在经济社会发展中的应用成效显著，发展前景广阔。体育产业基础理论促进了体育产业与医疗服务、旅游产业的融合；体育健身休闲业的产业规模不断扩大，结构不断优化；体育竞赛表演业研究为政府、企业提供决策服务和咨询服务；体育旅游研究扩大赛事经济影响力，引导特色发展；体育彩票业社会责任、管理体系等研究为体育彩票健康发展打下坚实基础；体育场馆运营研究为政府决策、地方规划等提供了参考；体育用品业研究为提升竞争力、拓展市场提供依据，为消费者选择决策提供参考。

国内外体育产业学科研究各有侧重。基础理论方面西方发达国家注重集约导向、创新发展、新兴科技引领等模式研究；产业政策方面欧美发达国家更多靠市场自发调节；国内健身休闲研究范围相对集中，国外则范围更广；国外职业体育俱乐部税收政策、反垄断等实证研究较多，而我国多对政策进行理论描述；国内冰雪运动产业宏观研究居多，国外重点研究消费行为、滑雪设施；体育旅游领域国内更重视资源特征，国外则重视赛事旅游影响、生态可持续领域；国外基于神经科学、脑科学等研究体育彩票逐渐增多，国内则聚焦在购彩行为和销量影响；国外体育场馆与经济之间关系研究是热点，国内则集中在体育场馆管理模式等领域。

展望未来，体育产业学科将得到更好、更快发展。互联网+体育、体育产业供给侧改革、产业组织研究将是基础理论研究的热点，建议加强体育产业学科框架体系的深入研究；体育产业政策研究应聚焦国家发展战略和产业发展规律；体育健身休闲业产业结构、装备研发能力将是研究重点；体育竞赛表演业中运动项目产业化研究将增加；冰雪运动产业将突出市场运营研究；体育旅游路线及区域研究将被强化，建议重视体育旅游生态发展；体育彩票研究将突出多学科视角探索市场发展机制；体育场馆运营研究中投融资模式、运营智慧化发展、资源共享仍是热点；体育用品业研究更强调科技化，建议注重开发多元化产品，突出品牌建设。

一、体育产业学科发展的回顾、总结与评价

（一）2016—2019 年体育产业学科发展情况

1. 体育产业省部级以上课题立项概况

（1）国家社会科学基金关于体育产业的立项

国家社会科学基金是我国在科学研究领域支持基础研究的主渠道，具有较强的权威性、导向性和示范性作用。2016—2019 年，国家社会科学基金资助的体育类项目共计 491 项（含西部项目），其中与体育产业相关的项目共计 69 项，包括重点项目 5 项，一般项目 49 项，青年项目 13 项，西部项目和后期资助计划项目各 1 项，占总数的 13.24%（表 1）。

表 1　2016—2018 年国家社科基金关于体育产业方面的立项概况

	2016 年	2017 年	2018 年	总计	占比
重大项目	0	0	0	0	0.00%
重点项目	0	3	2	5	7.25%
一般项目	20	13	16	49	71.01%
青年项目	2	5	6	13	18.84%
西部项目	0	1	0	1	1.45%
后期资助计划项目	0	1	0	1	1.45%
总计	22	23	24	69	100.00%

注：根据全国哲学社会科学规划办公室网站（http://fz.people.com.cn/skygb/sk/index.php/Index/seach）的相关资料梳理（2019 年国家社科还未正式公布结果）。

从2016—2019年国家社会科学基金关于体育产业的立项来看，研究方向主要集中在体育产业发展路径、体育场馆、体育旅游、体育赛事、体育产业发展政策、体育产业与供给侧改革、运动休闲等方面，其中获得重点立项的课题主要集中在体育场馆的改革及治理、体育产业的资本市场等方面（表2）。

表2　2016—2018年国家社科基金关于体育产业方面立项课题研究的分类

序列	研究分类	2016年	2017年	2018年	总计	占比
1	体育产业发展政策方面的研究	3	0	1	4	5.80%
2	体育产业发展路径方面的研究	5	1	7	13	18.84%
3	体育产业与供给侧改革方面的研究	1	2	2	5	7.25%
4	体育经济方面的研究	0	0	1	1	1.45%
5	体育消费方面的研究	2	0	0	2	2.90%
6	体育场馆方面的研究	4	3	0	7	10.14%
7	体育旅游方面的研究	0	7	1	8	11.59%
8	体育用品方面的研究	3	2	0	5	7.25%
9	职业体育方面的研究	0	3	3	6	8.70%
10	体育赛事方面的研究	2	4	6	12	17.39%
11	运动休闲方面的研究	1	0	3	4	5.80%
12	健身休闲方面的研究	0	1	0	1	1.45%
13	体育彩票方面的研究	1	0	0	1	1.45%
	总计	22	23	24	69	100.00%

注：根据全国哲学社会科学规划办公室网站（http://fz.people.com.cn/skygb/sk/index.php/Index/seach）的相关资料梳理。

（2）国家自然科学基金关于体育产业的立项

表3　2016—2018年国家自科基金关于体育产业方面的立项概况

年份	题目	项目类型	所属学部
2016年	基于性能模拟与评价的寒地体育场馆气候适应性设计与关键技术研究	面上项目	工程与材料科学部
2017年	基于城市应急避难目标的体育场馆更新的模式语言研究	青年科学基金项目	工程与材料科学部
2018年	城市老年人弱势群体的健身休闲制约及协商路径研究	面上项目	地球科学部

注：根据国家自然科学基金项目查询系统网站（https://isisn.nsfc.gov.cn/egrantweb/）的相关资料梳理。

国家自然科学基金是根据国家发展科学技术的方针、政策和规划，以及科学技术的发展方向，面向全国资助的基础研究和应用研究，因此课题立项的要求较高、难度较大。2016—2019年在国家自然科学基金资助招标中共有三项和体育产业相关的课题获得国家自然科学基金资助，每年仅有一项（表3）。

（3）教育部人文社会科学基金关于体育产业的立项

教育部人文社会科学研究项目是国家相关部门秉承"科学、公正、高效"的原则，规范管理、择优立项的重要招标，具有较强的影响力和较大的覆盖面。2016—2019年教育部人文社会科学研究项目中"体育科学"共计378项，其中关于体育产业的课题43项，占总数的11.38%，平均每年11项左右。规划基金项目18项，占比41.86%；青年基金项目25项，占总数58.14%（表4）。立项课题主要集中在体育产业政策及发展路径、体育用品制造业、体育旅游产业发展、体育旅游规划和立法、体育赛事、健身休闲俱乐部等方面。

表4 2017—2019年教育部人文社会科学项目关于体育产业方面的立项概况

	2016年	2017年	2018年	2019年	总计	占比
规划基金项目	1	7	4	6	18	41.86%
青年基金项目	4	8	9	4	25	58.14%
总计	5	15	13	10	43	100.00%

注：根据中华人民共和国教育部社科司网站（http://www.moe.edu.cn/s78/A13/）的相关资料梳理。

（4）国家体育总局关于体育产业的立项

表5 2016—2019年国家体育总局关于体育产业方面课题立项概况

	2016年	2017年	2018年	2019年	总计	占比
重大项目	0	4	0	3	7	7.69%
重点项目	2	12	2	13	29	31.87%
一般项目	32	0	12	11	55	60.44%
总 计	34	16	14	27	91	100.00%

注：1. 根据国家体育总局官方网站（http://www.sport.gov.cn/）的相关资料整理。
2. 2016年为"体育哲学社会科学项目"，2017年至今为"决策咨询项目"。

国家体育总局的科研立项对我国体育产业的理论创新与发展具有极大的推动作用，亦可以反映国家有关部门和学界对体育事业的关注焦点。2016—2019年，国家体育总局共资助体育科学课题277项,与体育产业相关的课题立项共有91项,占总数的32.86%（表5）。立项课题主要集中在体育产业发展路径、体育产业资本市场研究、体育旅游发展、体育用品及消费促进、体育场馆建设和运营、体育产业政策与制度、体育赛事运行发展、体育赛事品牌及著作权等方面。

2. 体育产业学科研究成果

（1）公开出版的专著或教材

体育产业学科教材和专著一般是对体育产业学科进行全面系统论述或解读、详细科学考察或研究的结果,能够围绕复杂性问题作深入、细致的探讨和阐述,具有内容广范、论述系统、观点成熟的特点,具有较高的学术参考价值。据不完全统计,2016—2017年间,国内出版社公开出版发行有关体育产业方面的教材或专著120本左右,其中2017年有51本,占总数的42.50%,2016年和2018年分别为29本和34本。这些公开出版的专著和教材的关注点主要集中在体育产业、体育赛事、体育场馆、体育旅游、体育用品、体育市场、职业体育等。

为了加强体育经济与管理专业建设,中国体育科学学会体育产业分会联合高等教育出版社,出版了体育经济与管理专业系列教材,包括《体育产业概论（第二版）》《体育产业经营管理》《体育产业经济学》《体育产业创新创业教育》《体育市场调查》《体育赞助》《体育活动策划与运作》和《休闲体育概论》等。

（2）公开发表的论文

第一,体育产业公开发表的论文数量与分布。使用中国知网（CNKI）数据库检索,结果发现,2016—2019年,我国体育领域的学者和研究机构发表核心期刊论文、会议论文、硕博士学位论文共9878篇,其中核心类刊论文3776篇,重要会议论文747篇,博士论文174篇,硕士论文5181篇（表6）。

表6 2016—2019年体育产业公开发表的论文数量汇总表

序列	分类	核心期刊学术论文	重要会议论文	博士学位论文	硕士学位论文	总计	占比
1	体育产业	1244	198	46	1200	2688	27.21%
2	体育赛事	535	86	16	627	1264	12.80%
3	体育消费	248	38	20	625	931	9.42%
4	体育场馆	257	72	8	424	761	7.70%
5	体育旅游	283	84	11	343	721	7.30%
6	职业体育	236	38	16	343	633	6.41%
7	健身俱乐部	16	13	4	424	457	4.63%

续表

序列	分类	核心期刊学术论文	重要会议论文	博士学位论文	硕士学位论文	总计	占比
8	体育经济	231	36	8	176	451	4.57%
9	体育休闲	164	46	11	229	450	4.56%
10	体育用品	184	18	6	130	338	3.42%
11	体育培训	24	30	5	212	271	2.74%
12	体育彩票	65	11	8	108	192	1.94%
13	健身休闲	49	15	4	94	162	1.64%
14	运动休闲	82	28	0	28	138	1.40%
15	体育中介	39	20	2	25	86	0.87%
16	体育经营	15	3	3	57	78	0.79%
17	健身娱乐	10	1	3	50	64	0.65%
18	竞赛表演	22	4	2	27	55	0.56%
19	体育市场	19	2	0	24	45	0.46%
20	体育赞助	34	3	1	0	38	0.38%
21	体育经纪人	8	0	0	16	24	0.24%
22	体育经纪	6	0	0	10	16	0.16%
23	体育广告	5	1	0	9	15	0.15%
	总计	3776	747	174	5181	9878	100.00%

注：1. 检索时间为2019年06月08日。

2. 数据库为中国知网（CNKI）。

3. 《体育学研究》原名为《南京体育学院学报》（社会科学版）。

第二，体育类核心期刊公开发表的体育产业论文数量分布。体育类核心期刊是体育学的主要前沿，一般所含专业情报信息量大、质量高、影响力大，能够代表体育产业学科整体发展水平。据不完全统计，2016—2019年，体育类核心期刊公开发表体育产业论文数量1736篇（表7）。

表7　2016—2019年体育类核心期刊公开发表的体育产业论文数量分布

序列	体育类核心期刊	2016年	2017年	2018年	2019年	总计	占比
1	体育文化导刊	123	116	98	16	353	20.33%
2	广州体育学院学报	43	48	38	15	144	8.29%
3	武汉体育学院学报	50	41	36	11	138	7.95%
4	体育学研究	40	58	12	2	112	6.45%

续表

序列	体育类核心期刊	2016年	2017年	2018年	2019年	总计	占比
5	北京体育大学学报	34	40	32	3	109	6.28%
6	沈阳体育学院学报	32	33	38	4	107	6.16%
7	西安体育学院学报	24	37	32	11	104	5.99%
8	上海体育学院学报	34	30	24	4	92	5.30%
9	山东体育学院学报	30	25	31	6	92	5.30%
10	体育科学	27	19	32	2	80	4.61%
11	体育与科学	24	21	22	8	75	4.32%
12	天津体育学院学报	26	17	20	10	73	4.21%
13	首都体育学院学报	20	19	29	4	72	4.15%
14	成都体育学院学报	21	24	18	7	70	4.03%
15	体育学刊	24	21	20	3	68	3.92%
16	中国体育科技	19	13	10	5	47	2.71%
	总计	571	562	492	111	1736	100.00%

注：1. 检索时间为2019年6月8日。

2. 数据库为中国知网（CNKI）；期刊类型选择SCI来源期刊、EI来源期刊、核心期刊、CSSCI、CSCD。

3. 《体育学研究》原名为《南京体育学院学报》（社会科学版）。

3. 社会服务情况

（1）为政府决策提供依据

伴随社会经济的高速腾飞，我国体育产业学科的建设与发展也迎来了快速发展期。与此同时，体育产业学科在建设和发展过程中与也积极承担了体育产业十三五规划、体育产业、区域体育产业发展规划、冰雪运动促进文化旅游产业等课题的研究，为政府的重大体育产业决策提供政策建议和创新思想，影响政策和产业发展方向。例如《建设黑龙江冰雪产业"资源资产化、资产资本化、资本证券化"的国有投资平台》《旅游与文化——体育产业融合发展的现实路径》《文化、旅游、体育产业现状及面临的主要问题》《上海市社区健身服务体系研究》《体育助力上海城市文化品牌建设研究》等。此类课题研究工作一方面加强了体育产业学科为政府提供咨询服务的意识，并为各级政府的科学决策提供依据，提升了体育产业学科的社会影响力，同时也促进了体育产业学科的健康可持续发展。

（2）为社会提供智力服务

体育产业学科在建设和发展过程中为政府、研究机构、企业、社会公众之间构建了沟通、交流的桥梁；搭建了为官方提供决策支持、为企业及公众提供新思想的交流平台，协助决策者增强对体育经济与产业的理解。同时，体育产业学科积极致力于以价值为导向为中国体育产业提供建设性的思想与方案，加强在体育产业问题上的国际交流与合作，积极为社会提供智力服务，打造了国际社会中具有影响力与知名度的体育产业智库。如2017年12月8日，"2017京津冀国际体育产业大会"在北京举办，正式揭牌"北京体育产业智库"。2018年5月15日"青海省体育产业智库组建会议"在西宁召开，聘用50名专家入库。

（3）为企业提供社会服务

在我国经济结构调整、产业结构升级的大背景下，国家政策大力支持体育产业发展，大量资本涌入，市场主体活跃，体育消费市场逐步扩大，体育产业呈现了良好的发展态势，体育产业学科也获得了前所未有的进步。与此同时，体育产业学科在建设和发展过程中也为中国体育企业及政府机构设计具有前瞻性、全局性、创新性的未来发展方案，为企业体育战略的制定和企业商业计划的策划等提供咨询服务。其中协助企业制定体育战略包括为客户提供进入体育领域的战略提供实际和理论支持、完善其战略实施过程、降低进入风险；企业商业计划的策划包括为客户识别市场机会、结合企业自身情况策划相关领域的赞助和推广计划，包含赛事赞助、场馆运营、无形资产运作等。如2018年3月16日，"致敬不凡"中国中小企业协会体育产业工作委员会首届高峰论坛在河北承德举行。本次论坛就体育对企业发展的促进作用、我国城市体育产业的发展问题和应对策略、体育产业发展中的经济效益与社会效益等主题进行了交流，对当前体育产业发展及其在企业和国家发展中的重要作用进行权威解读，行业专家、企业高管结合各自经历，对当前体育产业和体育赛事中发展的热点难点问题展开讨论。

（4）为专业人才培养服务

第一，体育经济与管理专业设置。据不完全统计，截至2017年底我国开设体育经济与管理专业的高等院校有29所[1]，其中体育类院校有北京体育大学、上海体育学院、武汉体育学院等12所，财经类院校有中央财经大学、西南财经大学天府学院、武汉商学院、天津财经大学、上海财经大学浙江学院等14所，综合类高校中有浙江大学和北京工业大学耿丹学院，师范类高校中有北京师范大学体育学院。

第二，出版系列教材。教材建设事关体育产业专业发展和人才培养质量的提高，同时也是体育产业科学研究成果最直接的体现。调查显示，2016—2019年期间，高等教育出版社共出版体育产业领域学科近20部相关教材，重庆大学出版社、陕西师范大学出版总社、复旦大学出版社等，也都出版了体育产业经济、体育市场、体育旅游、体育赛事管理等方面的教材。

第三，高校人才培养。目前，我国高等教育改革发展已经进入深水区，到了关键的攻坚阶段。其中首要任务就是打破传统人才培养模式的瓶颈，培养出适应社会发展、适应国家建设需求的高素质人才。由此，2016—2019 年期间，开设体育产业相关专业高校的招生人数呈现递增趋势。

第四，师资队伍建设。2012 年 8 月 20 日，国务院印发了《国务院关于加强教师队伍建设的意见》，要求任课教师数量要满足各级各类教育发展需要，教师队伍整体要具有良好的职业道德素养、先进的教育理念、扎实的专业知识基础和较强的教育教学能力；教师队伍的年龄、学历、职务（职称）、学科结构以及学段要与教育事业发展相协调。通过调查部分体育类院校的体育经济与管理专业专职教师，其基本情况是：体育经济与管理专业教师博士研究生学历比例达到 100%，近 5 年新引进的教师普遍为博士学位，说明该专业师资队伍的学历较高。

第五，创新创业人才培养。体育产业的发展是社会经济发展的重要组成部分，而体育产业创新创业型人才的培养则是保证体育产业健康可持续发展的内在动力。体育产业创新创业人才是指在体育领域逐步积累创业人才素质、持续向体育产业领域发展、具备开拓体育文化产业实力的个体或群体，培养高层次、高质量、应用型体育产业创业领军人才离不开专业实践的培养。因此，国家及各级政府、高校有关部门从自身的实际情况出发，积极开展了各类体育产业创新创业大赛。

（5）管理干部培训情况

体育产业管理干部不仅是相关部门发展建设、工作开展的具体组织实施者，而且是保证体育产业发展方向、推进改革发展、提高体育产业水平的中坚力量。不断加强学习，提高体育产业管理干部培训的工作质量，培养具有国际视野和先进理念、掌握体育产业内在发展规律、善经营和会管理的职业化及专家化管理干部，是推动体育产业长期可持续发展的重要环节和关键前提。由此，2016—2019 年期间，安徽、山东、山西、浙江、云南等省份相关部门先后开展了形式多样的管理干部培训班或培训会议，旨在进一步强化体育产业管理干部队伍建设，提高运用政策、改革创新和服务基层的能力。

4. 体育产业经营管理学科建设会议

体育产业学科建设研讨会是为全国各相关院校提供交流研讨体育产业学科方面人才培养、课程设置、教材建设、师资队伍、招生就业等方面经验和问题的重要平台。在 2016—2019 年期间，共主办了 4 届全国体育产业经营管理学科建设研讨会，有力地推动了我国体育经济与管理专业的学科发展，对于全国开办体育经济与管理专业的高校更好地对接 2018 版新国标、制定新的人才培养方案具有重要的意义。

5. 全国重要的体育产业学术会议

体育产业学术会议是为我国体育产业领域的专家学者提供交流的一个平台，也是展现我国体育产业学科最新研究成果的一个重要渠道。在 2016—2019 年期间，体育产业分会先后在吉林体育学院、广州体育学院和山东体育学院举行了 3 届全国体育学术会议。北京大学体育科学研究所、体育教研部主办了 3 届中国体育产业高峰论坛。部分高校、研究机构或地方政府先后召开了体育产业方面的高峰论坛或研讨会。

6. 体育产业研究机构建设情况

为努力提升我国体育产业的软实力和核心竞争力，推动对体育产业的深入研究，2016—2019年期间，国家和省市层面有关部门先后成立了体育产业研究中心。例如，江苏省成立了"江苏省体育产业研究院"，贵州省成立了"贵州省体育旅游研究院"。此外，新疆财经大学、清华大学、黑龙江大学、上海工程技术大学、张家口学院、山西体育职业学院、吉首大学等高校先后成立了体育产业研究中心。

（二）2016—2019年体育产业学科发展的创新

1. 体育产业基础理论研究

（1）体育产业学科框架研究

关于体育产业学科框架问题的研究一直是体育学界探讨的重要领域。根据《中华人民共和国国家标准 GB/T 13745-2009》，体育科学下设13个二级学科，作为体育产业的上位体系，体育经济学属于体育科学下的13个二级学科之一。尽管学界尚未开展关于体育产业是否可以成为体育科学体系三级学科的大规模探讨，但这一问题也引发了一些学者的关注。早在2004年就已经有学者开展了体育产业经济学的研究，并出版了相关著述（吴超林、杨晓生《体育产业经济学》高等教育出版社.2004）。韩丁（2016）主持的《中国体育人文社会科学学科知识谱系与制度场域建构的研究》国家社科基金项目研究成果，试图构架起体育人文社会学科的体系，提出体育产业学或可成为体育人文社会学体系的一个方向或具体学科。卢元镇（2018）回顾了体育社会学的历史、阐释学科变革的内在动力，提出学科未来发展任务。他认为体育人文社会学目前尚处在一种松散集成的状态，体育产业学、体育社会学等学科应当在适宜的社会经济土壤中得到较快发展[2]。曹可强（2018）在其所著《体育产业概论》一书探讨了市场经济与体育产业、体育产业结构理论、体育消费、体育产业关联、体育产业组织及体育产业政策等内容。实际上，上述这些内容也在一定程度上体现了体育产业作为一门学科的基本框架体系。综上所述，虽然现在体育产业没有明确提出自身的学科属性，但确已成为体育经济学的重要研究方向或是一门三级学科。随着我国体育产业基础理论研究的不断深入，体育产业成为一门学科的条件将日益成熟，这为我国体育产业的发展提供更为丰富的理论参考。

（2）体育产业研究方法应用

研究方法是在研究中发现新现象、新事物，或提出新理论、新观点，揭示事物内在规律的工具和手段，它属于体育产业基础理论研究领域的一个重要内容。纵观近年体育产业基础理论研究的方法，主要包括文献资料法、问卷调查法、访谈法、观察法、思辨法、对比分析法、逻辑分析法等。学术创新往往会伴随产生许多新的研究方法，而新的研究方法同时会推动学术更大的发展。借鉴其他学科的研究方法已成为体育产业基础理论研究的一个亮点。王先亮（2017）利用统计学和产业经济学理论与方法，在对比新旧体育产业统计分类基础上，提供体育产业统计分类核算方法、核算体系并形成分析框架[3]。马力（2017）运用 Cite Space Ⅲ 软件绘制可视化知识图谱，定量和定性研究相结合，研究我国体育产业的知识基础、研究热点和前沿[4]。张龙（2017）通过消费系数的计算建立体育产业投入产出模型，并计算中间投入率和中间需求率分析体育产业结构特点，通过影响力和感应度系数的测度分析体育产业的波及效应[5]。总之，体育产业与产业经济学密不可分，研究方法也多出自产业经济学，投入产出分析、产业结构分析等研究方法也普遍应用到体育产业的研究上。分析 2016—2019 年体育产业领域文献使用的研究方法，可以发现学者多采用定量和定性相结合的方法，特别是定量与建模的组合，使研究结果更科学、更严谨。

（3）体育产业结构研究

体育产业结构是体育资源在体育部门之间配置的构成和相关性。当前我国体育产业内外部结构不合理，存在着一些问题，学界从不同角度力图寻求解决之道，优化体育产业结构。张金桥主持的 2016 年国家社科基金项目《供给侧结构性改革与我国体育产业结构优化研究》，旨在探讨供给侧结构性改革深入推进的背景下，我国体育产业结构如何更好地优化升级、向合理化和高级化方向发展。陈岩（2017）在其主编的《我国体育产业结构优化及其市场化运营研究》一书中，提出以体育产业为对象，主要涉及体育产业及其产业结构理论、我国体育产业结构的演进与发展、我国体育产业结构优化的策略、我国体育产业结构评价指标体系、体育产业市场化运营的理论与多元分析等内容[6]。任波（2018）采用产业结构优化理论、主导产业选择理论剖析我国体育产业结构的现实状况，探寻我国体育产业结构的形成机理，追溯我国体育产业结构的演进逻辑，提出我国体育产业结构的优化策略[7]。安俊英（2017）应用灰色系统理论建立 GM（1,1）预测模型，对我国 2016—2020 年体育产业及内部结构的变化趋势进行预测和分析，并探讨我国体育产业对国民经济的贡献情况[8]。综上所述，体育产业结构的研究多围绕我国体育产业现状展开分析，提出合理化建议或对未来发展趋势进行预测。

（4）体育消费研究

体育消费研究是体育产业基础理论研究的传统阵地。杜道理（2017）提出一个全新概念——炫耀性体育消费。基于西方炫耀性消费理论，审视炫耀性体育消费的现实背景、理论渊源及概念[9]。与之不同的是，肖锋（2016）从社会分层的视角对中国体育消费问题展开分析研究，建议从阶层调整的角度制定体育消费的政策，利用阶层差异进行体育市场细分及定位，根据阶层的流动性及时进行产品创新[10]。卢永雪（2016）从产业经济学的角度切入，运用 SCP 范式研究我国消费市场问题[11]。杨伊

(2017)分析我国现今体育消费与体育市场面临的问题,对我国体育消费与体育市场协调发展进行了深入的研究[12]。张振峰(2017)以体育消费需求升级为分析视角,通过分析体育产业存在的问题,指出体育产业转型发展路径[13]。

(5)体育市场研究

目前我国体育产业初步形成以竞赛表演和健身休闲为驱动,体育用品为之支撑,体育培训、体育中介、体育传媒等业态快速发展的良好态势。吴盼(2018)在《体育市场营销》一书中按照市场营销学经典理论的知识框架展开,阐述了如何将市场营销的经典理论有效地运用于体育产业的营销实践中。隋晓燕(2018)认为体育市场治理是推动体育产业良性发展的基础,吻合体育资源配置的经济学原理;市场治理并非单方面的事情,是政府、行业与市场共同的责任,未来以体育行业协会为主的非政府组织的作用会更突出[14]。除了研究体育市场治理的模式,李龙(2018)分析了体育领域所有参与者之间一种约定俗成的契约精神,以"公平竞争""诚信比赛"以及具体体育运动规则为主要内容的体育规则契约[15]。但在现实生活中,利益往往使得这种契约精神出现了背离现象,应采取策略使得体育契约精神回归。

综上所述,体育市场的研究涉及体育产业当中的诸多方面,学者们结合不同学科的理论和最新的政策解析出现在体育市场中的问题,以期推动体育市场健康、有序地发展,使体育市场成为拉动内需、促进经济增长的"新蓝海"。

2. 体育产业政策研究

体育产业政策是指政府以及体育主管部门为了达到国民经济与社会发展的预定目标,根据体育产业发展的客观要求以及自身特点,运用相关经济手段和政策工具来规划、干预、引导体育产业形成并发展的一种经济政策[16]。目前我国经济由高速增长转向高质量发展,体育产业作为我国经济新的增长点,并且能够带动相关产业的发展,现已引起各界关注。近年来体育产业政策频出。现代经济学理论认为政策是经济增长的关键要素,因此,运用产业政策发挥体育产业对经济高质量发展的贡献是目前形势下的必要选择。

(1)国务院政策性文件

2016年至今,国务院一共出台6份文件支持我国体育产业发展,涉及冰雪产业、体育竞赛表演产业、航空产业、电竞产业等(表8)。

表8 2016年至今国务院出台的体育产业政策一览

序号	发布时间	政策名称	发布机构
1	2019/3/31	关于以2022年北京冬奥会为契机大力发展冰雪运动的意见	中共中央办公厅、国务院办公厅
2	2018/12/21	关于加快发展体育竞赛表演产业的指导意见	国务院办公厅

续表

序号	发布时间	政策名称	发布机构
3	2016/11/29	关于进一步扩大旅游文化体育健康养老教育培训等领域消费的意见	国务院办公厅
4	2016/10/28	关于加快发展健身休闲产业的指导意见	国务院办公厅
5	2016/10/17	发展冰雪航空电竞产业	国务院
6	2016/6/23	国务院关于印发全民健身计划的通知	国务院

资料来源：根据相关网站整理。

同时也提出要扩大体育消费的目标，其中在冰雪运动方面，2022年发展要更均衡，竞技水平明显提高，冰雪产业发展更好。在体育竞赛表演产业方面，到2025年总规模要达到2万亿元，并要有100项具有较大知名度的体育精品赛事以及100个具有自主知识产权的体育竞赛表演品牌。在健身休闲产业方面，到2025年总规模达到3万亿元。在冰雪航空电竞产业方面，要因地制宜发展相关产业，提升这些运动项目器材装备研发制造能力。在全民健身方面，到2020年体育消费总规模要达到1.5万亿元。

（2）其他部委规范性文件

2016年至今，部委一共出台7份文件助力体育产业发展，主要涉及体育产业分类规范、体育产业发展规划、产业用地、企业赞助免税、冰雪场地建设规划、冰雪运动发展规划等方面（表9）。

表9 2016年至今其他部委出台的体育产业政策一览

序号	发布时间	政策名称	发布机构
1	2019/5/15	产业用地政策实施工作指引（2019年版）	自然资源部
2	2019/4/10	体育产业统计分类（2019）	国家统计局
3	2019/1/30	关于冬奥会和冬残奥会企业赞助有关增值税政策的通知	中华人民共和国财政部、税务总局
4	2017/8/10	体育产业发展"十三五"规划	国家发展改革委
5	2017/8/10	体育发展"十三五"规划	国家发展改革委
6	2016/11/3	全国冰雪场地设施建设规划（2016—2022年）	国家体育总局等7部委共同制定发布
7	2016/11/3	冰雪运动发展规划（2016—2025年）	国家体育总局等4部委制定

资料来源：根据相关网站整理。

在产业用地方面，自然资源部表示着重支持体育公共设施建设和鼓励自驾车旅居车营地以及冰雪场地设施的发展。在体育产业统计分类方面，国家统计局统一相关统计口径。在冬奥会和冬残奥赞助方面，财政部和税务总局做出相关规定。在冰雪场地建设方面，国家体育总局等 7 部委提出在 2022 年全国冰雪场地设施有效供给要有极大提升；在冰雪运动方面，国家体育总局等 4 部委指出到 2020 年冰雪产业总规模要达到 6 千亿元，到 2025 年直接参加冰雪运动的人数要超过 5 千万并要带动 3 亿人参与冰雪运动，冰雪运动产业总规模要达到 1 万亿元。

（3）国家体育总局文件

2016 年至今，国家体育总局共出台 4 份文件指导体育产业发展，涉及运动休闲特色小镇、体育消费、汽车自驾运动营地产业、冰雪运动等。在体育消费方面，2020 年全国总规模要达到 1.5 万亿元；在汽车自驾运动营地产业方面，到 2020 年每省（区、市）至少要建成 50 家汽车自驾运动的营地，2025 年每省（区、市）要建成 300 家汽车自驾运动的营地；在冰雪运动方面，河北省将建设冰雪产业聚集区（表10）。

表10 2016 年至今国家体育总局出台的体育产业政策一览

序号	发布时间	政策名称	发布机构
1	2019/3/11	关于印发运动休闲特色小镇试点项目建设工作指南的通知	国家体育总局办公厅
2	2019/1/16	进一步促进体育消费的行动计划（2019—2020 年）	国家体育总局联合国家发改委
3	2018/6/13	关于加快推动汽车自驾运动营地产业发展的通知	国家体育总局办公厅
4	2017/2/9	国家体育总局河北省人民政府合作发展冰雪运动框架协议	国家体育总局、河北省人民政府

资料来源：根据相关网站整理。

（4）地方规范性文件

2016 年至今，共有 9 个省市自治区发布体育产业发展相关文件，涉及电竞产业、冰雪产业、健身休闲产业等。如上海市发布电竞产业的扶持政策，最高有 1 千万资金的支持；河北省表示 2025 年要建成冰雪产业强省；江苏省指出健身休闲产业到 2020 年总规模要达到 3000 亿元，2025 年总规模要达到 4500 亿元；福建省提出到 2020 年要建成全民健身产业链和生态圈；吉林省指出到 2020 年将初步建成以"冰雪文化、冰雪体育、冰雪旅游"为核心的"3+X"冰雪全产业链，让冰雪产业成为经济发展新的战略增长极（表11）。

表11 2016 年至今地方出台的体育产业政策一览

序号	发布时间	政策名称	发布机构
1	2019/3/4	2019 年度上海市促进文化创意产业发展财政扶持资金	上海市人民政府
2	2018/5/28	关于印发河北省冰雪产业发展规划（2018—2025 年）的通知	河北省人民政府办公厅

续表

序号	发布时间	政策名称	发布机构
3	2017/6/26	江苏省出台《加快发展健身休闲产业的实施意见》	江苏省政府办公厅
4	2017/2/7	乌鲁木齐市出台促进文化体育产业发展新举措	乌鲁木齐市人民政府
5	2016/12/7	福建省全民健身实施计划（2016—2020年）	福建省人民政府
8	2016/9/29	吉林发布关于做大做强冰雪产业的实施意见	吉林省委、吉林省政府
9	2016/1/4	北京市人民政府关于加快发展体育产业的实施意见	北京市人民政府

资料来源：根据相关网站整理。

（5）代表性区域体育产业政策

2016年至今，京津冀地区的北京市、天津市、河北省共出台12份体育产业政策文件，涉及体育产业发展规划、冰雪产业、休闲健身产业等内容。同样，2016年至今，长三角地区的上海、江苏、浙江以及安徽四省共出台20多份体育产业政策，主要涉及电竞产业、竞赛表演产业、健身休闲产业、体育产业集聚区、水上运动产业、冰雪产业、航空运动产业以及体育特色小镇等。粤港澳地区、川渝地区、海南省等也都相继出台了促进本区域体育产业发展的政策文件。

3. 体育健身休闲业研究

（1）新进展

各界对体育健身休闲业关注度的提高是该产业蓬勃发展的侧面写照。根据国家统计局数据显示，2015—2018年我国人均GDP从8069美元上升到9509美元，当一个国家人均GDP达到8000美元时体育健身将成为国民经济的支柱产业[17]。以上两项数据说明，现阶段我国正处于体育健身休闲发展的黄金期。尽管我国人均GDP正在不断攀升，但是人均体育消费水平不及发达国家的1/10，说明我国健身休闲产业发展空间和潜力有待进一步挖掘和释放。

自2016年起，我国马拉松运动比赛场次、参数人数逐年增加，2018年我国共举办马拉松及相关赛事1581场，参赛人次达到583万。说明随着我国体育消费的不断升级，跑步等大众运动项目在多方参与下已经获得了我国体育健身爱好者广泛参与。然而对于冰雪运动等小众运动项目，由于场地环境、器材装备、配套服务和宣传引导等方面的不足，其普及程度依旧较低。水上运动、山地户外、航空运动和汽摩运动同样存在发展困境。现阶段，我国体育健身休闲业发展水平正在逐步提高，今后在巩固大众运动项目发展水平的基础上，有待依托政策红利加强小众运动项目场馆建设和消费引导，支持运动项目的普及和大众的参与。

（2）新观点

体育健身休闲业集生产服务和消费服务于一身，多元一体的性质决定了其研究视角的多元化，不同视角的交汇势必产生全新的观点和理念。现阶段政策文件已经明确了体育健身休闲业的发展方向，强调了其在健康中国建设中的定位与价值，因此，学界对该行业的焦点也转向了深化改革和跨界融合等方面。

跨界融合是近年来我国体育健身休闲业发展的重要理念。健身休闲产业是以体育运动为载体、以参与体验为主要形式、以促进身心健康为目的，向大众提供体育产品和体育服务的活动，涵盖健身服务、设施建设和器材装备制造等业态，与文化、生活、旅行、教育、科技、地产和电子通讯等产业的有着不同程度的交集。体育健身休闲产业的纵深发展，推动了该行业与其他行业的频繁跨界。政策引导下"体育+"的发展模式不断涌现，诸如"体育+文化""体育+旅游""体育+教育""体育+健康"和"体育+互联网"等模式不仅丰富了健身休闲产业的发展思路，而且增强了不同产业间的资源融合，由此形成了多领域交叉、互通互补的发展新格局。这种跨界融合的新格局一方面凸显了健身休闲在生活质量提升、健康促进和疾病干预等领域的作用，拓展了健身休闲的外延作用，另一方面带动了体育旅游、体育赛事、体育用品和体育场馆等相关产业的发展，丰富了健身休闲在体育产业中的内涵价值。

（3）新技术

践行全新的观点和理念不仅需要传统方法，更需要先进的技术手段来实现。为迎合全球新一轮的产业革命和科技升级，我国政府发布了《关于积极推进"互联网+"行动的指导意见》，以催生经济社会发展的新形态。值得注意的是，《关于促进"互联网+医疗健康"发展的意见》等文件均强调了"互联网+"概念在健康中国发展中的支撑作用。体育健身休闲产业发展在经历贵族化、大众化和多元化发展阶段后，已转入个性化发展阶段[18]。

科技创新在体育健身休闲业发展中的作用越发明显。诸如云计算、物联网、虚拟现实、增强显示和人工智能等新兴技术被引入体育健身休闲行业，在满足体育健身休闲用户线上买订看、线下锻炼的同时，通过移动客户端构建了健身用户、健身场馆和健身教练之间的平台，通过不同形式的服务增强了用户的健身休闲体验，并运用大数据实现了用户健康监控和健康保险的管理。不同人群对健康休闲有着不同的要求，近年来可穿戴式运动设备、虚拟现实运动装备已经逐渐被广大健身爱好者接受。这些现代化运动设备普及应用的背后，离不开企业的研发投入。由此可知，科技创新为体育健身休闲产业的发展注入了强大活力。

4. 体育竞赛表演业研究

（1）对体育竞赛表演业相关政策的研究

2018年12月21日国务院办公厅发布了《关于加快发展体育竞赛表演产业的指导意见》，意见提出：到2025年我国体育竞赛表演产业总规模达到2万亿元的具体目标，并且从五个方面规划引领体育竞赛表演产业发展，以促进体育产业优化结构、提质升级。2019年3月31日，中共中央办公厅、国务院办公厅印发《关于以2022年北京冬奥会为契机大力发展冰雪运动的意见》，该意见提出：要充分利用举办2022年北京冬奥会这一重大机遇，调动各方面大力发展冰雪运动的积极性，全面提高我国冰雪运动水平。一系列体育竞赛表演业相关政策的出台，为体育竞赛表演业的发展指明了方向。

有学者对我国体育竞赛表演业相关政策的颁布现状、存在问题及改进策略进行了研究，如王俊（2016）认为我国体育竞赛表演业政策缺乏专门性整体发展规划，政策内容较为宏观，提出要围绕当下我国体育竞赛表演业仍处于起步阶段的事实，注重竞赛表演市场主体的培育及政策杠杆的运用，加大财税优惠政策的辐射范围和力度[19]。陈亮（2016）对我国体育竞赛表演产业的政策体系现状、我国滑雪运动竞赛表演产业政策体系存在的问题进行分析，认为我国体育竞赛表演产业正处在发展的关键时期，完善的体育竞赛表演产业政策体系是确保我国体育竞赛表演产业健康稳定发展的重要制度保证，且滑雪运动的竞赛表演产业政策体系应该是一个动态的、完整的系统，应该重点针对结构问题同时又立足于整体发展战略，不仅要解决眼下问题还要放眼全局和未来[20]。

（2）对体育竞赛表演市场的研究

随着我国承办各项世界级比赛的数量不断增多，体育竞赛表演业市场规模的不断扩大，我国学者对体育竞赛表演业市场的相关研究不断增多，近年来，主要集中于区域性体育竞赛表演业市场发展和项目性体育竞赛表演业市场发展两方面。如郑烨（2016）通过对职业体育与职业队伍建设情况、近几年来大型体育赛事举办状况以及体育竞赛表演衍生产品开发情况等影响长沙市体育竞赛表演业发展的决定性因素分析，指出职业体育、大型体育赛事和体育竞赛衍生品市场是体育竞赛表演业发展的核心要件[21]。江小涓（2018）从要素配置、产业布局、主体行为、网络与数字时代特点及全球化程度等方面对职业体育竞赛表演业市场的发展进行研究，指出职业体育具有服务收费且价格由市场决定，要素按回报选择，投向和产业布局向人口、多收入高地区集中等产业一般性，同时，她认为职业体育具有经济和社会双重价值[22]。

（3）对体育竞赛表演产业融合的研究

体育竞赛表演业产业融合是以体育产业的本体产业——体育竞赛表演业为依托，以相关产业要素为载体，通过技术融合、业务融合、市场融合逐步发展形成的以体育竞赛表演业资源为核心，兼具相关产业特性的新型体育竞赛表演业态的动态发展过程。目前我国学者关于体育竞赛表演业产业融合的研究多为体育竞赛表演业与旅游业融合，体育竞赛表演业与文化、信息等产业融合的研究较为缺乏。黎伟（2018）以城市群为切入点，指出体育竞赛表演业与旅游业的融合发展要发挥城市群中心城市的先导作用，并且要根据区域特点和经济发展水平，在发展体育竞赛表演业的同时重点开发具有地域特色的民族传统表演活动[23]。张倩、谢祥项（2018）指出体育竞赛表演业与旅游业的融合发展要挖掘赛事旅游吸引力，培育赛事文化氛围。还有学者从"互联网+"的视角对体育竞赛表演业与旅游业的融合进行研究[24]。张冰、余可（2017）指出在大型体育竞赛通过微博、微信等自媒体得到了广泛的传播，互联网成为大型体育竞赛的宣传平台，可以利用开办重大的体育竞赛加速旅游业的成长[25]。

（4）对职业体育的研究

职业体育是体育竞赛表演业的支柱，目前我国关于职业体育竞赛表演业的运动项目的研究主要集中在足球、篮球上，电子竞技项目的研究近年来也不断增多，而关于乒乓球、羽毛球、冰球等运动项目的研究较为有限。江小涓（2018）将国内外职业体育赛事的场均观众人数、转播权收益等数据进行对比，描绘出我国职业体育的发展前景，并指出我国排球、乒乓球、羽毛球等运动项目的比赛多冠以"联赛"名称，但实质上球员身份、俱乐部性质等都并非典型的职业化，要加快排球、乒乓球、羽毛球等潜力较大的赛事的职业化进程。丁宏剑、尤慧君（2018）从联赛的运营管理、电视转播权、上座率、引进外援等方面对中国足球超级联赛进行分析，提出了中国足球超级联赛运营管理的建议。还有学者从供给侧的视角对我国职业体育竞赛表演业中供给的主体、供给水平、供给保障等方面进行分析，提出了我国职业体育供给侧结构性改革的路线与对策。

2018年8月，电子竞技成为第18届亚运会表演项目，这是电子竞技首次正式踏上国际体育赛事的舞台。关于职业体育竞赛表演业电子竞技项目的研究，余荣芳（2019）对电子竞技竞赛表演业的相关政策、赛事开展、传播媒体、赛事运营人才培养进行分析，总结出现存问题并提出发展策略[26]。邹月辉、田思（2019）从生命周期、技术革新、企业战略、人力资源等方面对电子竞技竞赛表演业的风险进行研究，并提出了相应的风险规避策略[27]。谭青山、孙娟（2018）从电子竞技赛事发展的角度进行研究，对我国电子竞技赛事的现状进行了分析，总结出我国电子竞技赛事所面临的问题，并提出了我国电子竞技赛事发展的路径[28]。

（5）对地域性体育竞赛表演业的研究

关于地域性体育竞赛表演业的研究，邹婷（2017）探讨了河南省体育竞赛表演业发展面临的问题，提出了河南省体育竞赛表演业发展的建议。黎伟（2018）以城市群为基础对广西城市群体育竞赛表演业与体育旅游业的融合发展进行了研究。李涛、刘超（2017）从体育赛事的开展情况、职业体育俱乐部数量、竞技体育水平、体育场馆情况和城市发展水平等方面对辽宁省体育竞赛表演业的发展现状进行分析，提出了辽宁省体育竞赛表演业的发展对策。孟祥军、郑旗（2016）以山西省体育竞赛表演业市场作为研究对象，将山西省体育竞赛表演业的发展时序分为特色项目重点发展区和后续培育发展区两个层次，将区域构建模式定位为"三圈"模式。

5. 冰雪运动产业研究

2015年7月31日北京冬奥会申办成功后，尤其是2016年以来，冰雪运动产业、冰雪体育产业、冰雪产业等研究成为了体育产业研究的新领域和新热点，冰雪运动产业发展、产业结构、产业布局、冰雪运动普及、冰雪运动文化、冰雪运动装备研究以及所采用的研究方法等取得重要进展，并形成了系列新成果。

(1) 冰雪运动产业成为体育产业研究"蓝海"

产业发展是冰雪运动产业最为关注的研究内容，一方面反映出我国冰雪产业亟需快速发展的现实理论需求，另一方面也反映出冰雪运动产业的研究还处于宏观层次，关注宏观上产业的发展，微观上消费者、厂商、市场等研究尚需加强。冰雪运动产业链条更长、冰雪运动装备业科技含量更高、冰雪运动产业带动性更强[29]，冰雪运动产业与夏季运动项目存在的不同发展规律逐渐彰显，成为促进体育产业发展和优化体育产业结构的重要领域。冰雪运动产业发展周期性显著，步入北京奥运周期是冰雪运动产业发展的最大机遇，在冬奥周期发展冰雪运动产业应重点坚持创新、协调、绿色、开放、共享理念引领冰雪体育产业发展，培育中国品牌冰雪装备、提供冰雪服务产品，创造冰雪赛事、冰雪休闲、智慧冰雪等新业态，推进冰雪运动产业科技创新等[30]。冰雪运动产业商务模式趋于完善，逐步形成了企业模式市场主导发展、混合模式政府与市场协同发展、社区模式政府主导特色发展三类基本模式，同时服务区块链、人工智能、大数据、互联网+、VR等推动冰雪运动商业模式不断创新[31]。多维发展和绿色发展成为冰雪运动发展的路径选择，以冰雪运动设施建设为基础、冰雪运动装备产业为保障、产业人才培养为关键、冰雪赛事活动为核心、融合发展为趋势构建多维发展路径，遵循环境伦理思想，着力发展绿色技术、转变发展方式、优化空间布局、完善法律保障等推进绿色发展[32]。

(2) 区域性冰雪运动产业研究热点频出

京津冀、黑吉辽、内蒙古、新疆等省（市、自治区）成为冰雪运动产业聚焦空间，立足区域优势发展具有区域特色的冰雪运动产业广受认可。借势北京冬奥会举办契机，努力构建京津冀冰雪体育产业链和冰雪旅游产业经济生态圈，北京打造冰雪赛事、冰上运动等冰雪名片[33]，天津重点促进冰雪"旅游+文化"项目，河北发挥生态和环境优势开展冰雪休闲、运动体验、冰雪旅游和赛事活动，并借助于"京津冀一体化"大力促进三地冰雪体育产业协同发展。东北三省具有天然的冰雪优势，从可持续发展的视角分析，吉林省和黑龙江省处于高协调发育期，辽宁省则处于磨合期，黑龙江和吉林省应加强滑雪产业在生态保护和科技创新能力上的提升，辽宁省则应深度挖掘滑雪产业可持续发展的潜力[34]。内蒙古冰雪运动产业研究，重点关注了冰雪体育旅游产业的发展，并且强调发挥地域优势促进中俄合作。南方地区冰雪运动产业的研究也提上了日程，冬奥会申办成功等因素为"北冰南展西扩"注入了动力，南方和中西部地区场地设施、冰雪人才等问题仍然突出，加强公众参与、政策法规、硬件设施、人才流动、产业融合和科技创新等是该类地区发展的必由之路[35]。此外，冰雪运动特色小镇成为体育产业空间聚集的亮点，特色产业、发展定位、合理选址和场地建设是冰雪小镇的核心，发展冰雪小镇应突出冰雪产业特色，创新融资模式，拓宽融资渠道，发挥功能叠加效应，大力引进高素质人才[36]。

(3) 新技术融入冰雪产业装备制造

冰雪装备、冰雪设施等行业是冰雪运动产业的重要支撑，冰雪运动产业的崛起亟需冰雪体育用品业的快速发展。从冰雪装备分析来看，国内品牌数量少、市场份额低、科技创新能力差、专业人才少、行业标准缺的问题仍然突出，利用冬奥会政策等机遇，加强自主创新、行业标准建设、人才培养、发展模式转变等是促进冰雪装备制造业发展的关键[37]。从冰雪设施制造分析，造雪机、压雪车、索道等冰雪场地设施仍以进口为主，国内缺乏制造企业、自主知识产权和自主品牌，发展冰雪设施制造重在加大政策支持、推进企业创新、引进高级人才、促进先进技术迁移[38]。从冰雪用品专利分析，我国专利数量偏少反映出自主知识产权高端技术的空缺，国内发明专利申请量占比最高，发明授权量和实用新型公开量接近，外观设计公开量占比最低，立足发明专利促进冰雪体育用品创新是发展的首选[39]。从冰雪体育用品企业分析，我国冰雪体育用品企业规模小、数量少，缺乏市场核心竞争力，培育冰雪体育用品企业核心竞争力应制定创新战略、发展核心技术、优化组织管理、实施专精策略、培育企业文化[40]。

（4）新型研究方法技术不断引入

以产业经济学的视角，通过逻辑分析、调查研究等方法研究冰雪运动产业依然是研究的主流方法技术，但是新的视角、新的方法和新的技术正推进冰雪运动产业由宏观研究向微观研究转型。社会学、管理学等研究方法相继引入，以地域社会学为视角研究我国滑雪产业集聚，为明确冰雪运动产业区域发展动力机制和特征提供了新途径[41]；运用管理学政策工具，分析我国冰雪运动产业政策制定的问题，提供制定政策、完善政策的依据。新型研究方法在探索冰雪运动产业消费、技术应用、市场结构等方面取得了大量的研究成果，利用消费者知觉价值图探讨冰雪体育旅游消费决策的影响因素，通过扎根理论分析得出冰雪体育用品共性技术应用过程绩效评价体系指标，运用 SCP 范式对我国滑雪产业的市场结构、市场行为和市场绩效，应用关联度分析与预测分析以及扎根理论分析的混合方法范式分析滑雪产业链，利用层次分析法等研究方法构建冰雪体育赛事品牌的层次结构模型，基于自我决定理论探讨不同类型滑雪消费动机对持续性滑雪消费行为层面与情感层面的影响。

6. 体育旅游业研究

从政策层面看，2016 年下半年国家密集出台了系列政策促进体育与旅游融合发展，让体育旅游成为发展新风口，体育旅游发展有着广阔的前景。其中，对体育旅游业的相关研究明显增加，主要集中在以下方面。

（1）体育旅游资源

2016 年以来，体育旅游资源在政策引导下的作用明显，区域性、线条性体育旅游资源呈现多元化发展。可以达成共识的是，体育旅游自然资源为游客提供了交通、产品、市场、路线、服务及客源，地貌形态、自然景观、户外条件等要素是开展体育旅游活动的基础。部分学者对体育旅游人文资源进行研究，从人文地理环境、政策环境、经济环境、资源环境、设施环境、社会环境等几方面分析，该研究指出走可持续发展的道路，要有体育旅游人文资源和生态旅游开发的意识，发挥政府宏观调控的作用，才能不断地促进经济的发展。

民族传统体育文化资源与旅游资源融合共生的文化空间形成，能够实现当地的传统体育文化由自发到文化自觉再到文化自信的转变，最终实现促进民族传统体育文化的发展。民族传统体育文化资源与旅游资源融合共生的文化空间构建就是将地区民族传统体育文化资源进行挖掘，开发出可供游客消费体验的旅游产品的过程。为丰富其保护和传承路径，揭示其空间分布及成因，主要运用GIS空间分析法，分别开展基于"点"（优秀旅游城市、5A级景区）要素、"线"（主要国道、铁路）要素、"点""线"二要素综合与我国445项体育非物质文化遗产旅游资源的相关分析。

（2）赛事旅游影响力

大型赛事旅游是体育旅游的主要组成部分，往往会给举办地带来长时间、多层面、广范围的影响，对大型赛事的研究贯穿了体育旅游的整个发展过程。随着互联网的普及，可持续发展、小型赛事、网络体育赛事消费等研究主题开始涌现，这些主题是否能成为研究的热点，还需要持续关注。不少研究表明，大型体育赛事的确会对举办城市的经济产生实质性的影响。城市受益于媒体报道的宣传以及市场得到的巨大利润，尽管这些赛事仅仅促进了举办地的经济，但是地方政府往往负担了沉重的活动费用，但这些经济收益都通过休闲、旅游和酒店业逐渐回归，从未返回到城市建设中。此外，大型赛事旅游也会影响本地居民的消费态度、收入结构和就业趋势。为了更好地证实赛事旅游的长期效果，应专注于周期性（long-term/short-term）、季节性（seasonal）、空间性（spatial）的观赛旅游，举办地以控制流量等策略改善赛事申办、筹备质量，间接促进社会繁荣。同样，小型赛事（高校联谊赛、社区赛事等）也展现了当地社会生命力，能刺激特定人群参与小众赛事旅游的多样化消费。

（3）体育旅游微观研究

体育旅游是一种由内在动机驱使的游客行为，创造了与目的地（活动、场所）特征相互作用的独特体验。体育旅游参与作为休闲参与的一部分得到确认，休闲旅游中的体育活动参与逐渐成为热点。然而，动机生成行为的过程会受到限制性因素阻碍，休闲限制理论认为交通、收入、时间和风险等因素可能会对行为产生中介作用，旅游者利用限制性协商策略应对这些阻碍。借用媒体效应、休闲度假、教育引导、家庭陪伴、自然吸引等策略来克服个体内心（intrapersonal）、人际间（interpersonal）和结构性（structure）限制因素，可以提升体育旅游参与效率与质量。微观研究证实了体育活动中的身体运动与旅游体验，呈现出了体育旅游的丰富性和综合性，表现了体育旅游资源、活动组织和效果评价的综合特质。

（4）体育旅游可持续发展

体育旅游可持续发展应重视自然空间、排放标准、资源耗散对城市拥挤、过度承载的影响，遵循现代治理规律。在评价体育旅游影响力和可持续能力的方法上，数据收集方法主要采用问卷调查法、现场调查法、访谈法等，样本也主要来自发达国家，较为复杂的关系多采用构建数学模型来研究，利用模型评价大型赛事对经济、环境、文化等方面的影响，验证旅游信息源特征、目的地形象、游客意愿之间的相互关系。在方法运用上，定量实证分析居多。通过对前人构建模型的实证研究发现信息源的多样性、信息源的类型、游客的年龄、受教育程度会影响认知评价，认知评价与动机会共同对游客的情感产生影响，但前者的影响要远远大于后者，并认为情感很可能是认知评价和目的地意象的中介变量。

7. 体育彩票研究

近几年，我国体育彩票领域的研究主要集中在以下四个方面。

（1）体育彩票玩法研究

在全面禁止网络售彩之后，体育彩票的销量实现强力反弹并稳步提升。在这一背景下，如何保障多种玩法之间的平衡发展，有效协调不同产品之间的竞争矛盾成为当前关注的重点。李刚和李杨芝（2018）认为，网络渠道销售体育彩票对于竞猜型彩票销售有着正向作用，但该作用并非业界所声称的那么大。更重要的在于，竞猜型彩票的发展，必定要遵从与体育彩票乃至中国彩票行业发展的大局，不宜以自身独特性而独立于外。在网络渠道销售体育彩票尚未解禁时期，销售机构也并非"无可作为"，仍有较多发展方式可以运用。

同时，在涉及竞猜型彩票的未来发展模式与合理走向的问题时，关于对中超联赛和赛马的竞猜尝试一直是业内讨论的重点和难点。普遍认为，这一尝试尚未成熟，且受到较多领域、较大范围和较为复杂的因素的影响，仍然需要系统科学论证。主要原因包括：第一，中超联赛。首先，潜藏风险巨大。20世纪末本世纪初，中国足坛曾存在大规模赌球、行贿和操纵比赛等行为。在中国足协管理能力、俱乐部经营理念和球员道德素质没有提升的情况下推出中超彩票，大规模假球作弊行为不可避免，代价也十分沉重。其次就是市场前景不足。第二，赛马彩票。首先是法律文化方面的限制。按照国际标准，赛马博彩属于博彩而非彩票，在《中华人民共和国刑法》中不被允许，且目前中国内地没有深厚的赛马文化；其次是市场前景不足。就算在少数地区被特批试点，如果不能网络销售只局限在当地，销量也不会太高。如试点地呼声最高的海南，乐观估算，当地赛马博彩销量与经济总量的比例，达到拥有300余年赛马传统的英国水平也不过33.26亿元，仅为2017年全国竞猜型彩票销量的3.58%；再次，筹资效率低下。赛马博彩的公益金率更低，如2016/2017财年，中国香港地区赛马博彩公益金率（博彩税率）为11.23%。如果中国内地推出同样公益金率的赛马彩票，无论是全部彩票的销量，还是公益金数量，都会大幅减少。张增帆（2017）基于美国彩票的发展经验，对我国即开型体育彩票的发展进行了系统分析和回顾，提出了多项推广建议，较好地在理论上指导了我国体育彩票的未来发展模式与路径。

（2）探索我国体育彩票健康发展模式

体育彩票机构及网点的服务管理体系的构建与创新逐渐成为当前中国体育彩票快

速发展、走向世界的重要基础和手段。马辉和吴殷（2016）以上海市为例，以内部顾客理论和服务质量测量为基础，对体育彩票内部顾客服务质量进行了系统评价与分析，对体育彩票机构内部服务质量的构成进行了探讨，并给出了体育彩票机构的基础构成部门管理工作的优化途径。陈刚等（2016）以体育彩票网站的互相超链接关系为基础，对当前我国主要的体育彩票网站的发展模式及其相互竞合关系进行了探讨，这对于未来网络售彩的发展论证奠定了基础，提供了一定视角和方法。

（3）体育彩票法律规制的建设

当前我国法律规制结构中的政企不分、经营正当性不足和监管虚化三类表现呼唤着坚实的制度变革。这种制度变革有必要从若干规制措施的改进层面进行有效推进，如通过法律制度对经营者的体彩经营行为进行若干限制，并施加严苛的法律责任。杨成等（2016）表示，这些规制措施有效落实的前提是一个健全优化的体彩法律规制结构，即监管主体和经营者主体在建制层面的改进，对监管主体要保证其独立、权威、高效的建制结构，对经营者主体则要在接受监管的前提下保证其规范化的运作机制。

（4）彩民购彩行为与认知及问题博彩

问题博彩始终是体育彩票业发展过程中不可回避的问题，也是学界研究的核心内容之一。在我国，这一研究领域尽管尚处于起步阶段，但也取得了一定成果，同时带动了体育彩票社会责任研究领域的创新与发展，从其他角度丰富和扩展了体育彩票的研究内容与范围。在这一背景下，关于体育彩票彩民的购彩行为与认知成为近几年学者们着重考虑的基础问题。刘圣文（2018）从消费价值理论视角出发，创建了竞猜型体育彩票消费者的多维感知价值结构，引入互联网赛事咨询变量，构建了影响竞猜型体育彩票消费者购彩行为的结构方程模型，系统分析了影响彩民购彩行为的内在作用机理，为今后我国体育彩票机构设计更加符合消费者需求的科学玩法提供了理论支撑。徐家熹和李海（2018）认为，我国体育彩票彩民购彩行为模式及认知情况对于我国体育彩票的后续发展有着重要作用，明确不同类型彩民的心理特征，对建立体育彩票彩民服务及帮扶工作机制，进一步加强我国体育彩票机构社会责任工作具有重要理论价值和实践意义。部分学者在这一主题上取得了阶段性的成果，在彩民购彩行为的基础理论方面收获颇丰，与国外较为成熟的研究也互为补充，填充了体育彩票或体育博彩研究领域的部分空白，也为我国体育彩票的健康发展奠定了基础。

8. 体育场馆运营研究

（1）体育场馆推行经营权改革研究

2016年4月，国家发改委和国家体育总局等24部门出台《关于促进消费带动转型升级的行动方案》，提出对行政机关和事业单位所属的体育场馆实行所有权属于国有，经营权属于公司的两权分离改革。随着相关文件的出台以及体育场馆经营权改革的持续推进，我国针对场馆经营权改革过程中出现的问题，如经营权改革的配套措施和政策、改革后政府监管体系的构建、民营资本参与场馆运营以及运营模式的分析、域外经验的梳理和分析等内容展开了研究。

（2）体育场馆招投标机制研究

招投标是主要的公开竞争性方式，经营权招投标也成为了体育场馆运营管理改革的核心内容。为有效规避经营权招投标过程中因操作不规范，制度设计不合理而致使政府和公众利益受损，我国相关学者针对招投标机制进行了研究。如陈元欣等提出公共体育场馆经营权招投标过程中存在竞争不充分、招标文件设计不科学、评审专业性不强、授予年限过长、合同核心条款缺失、监管机制不完善和制度设计导向不合理等问题，为有效规避，应以缔约前引入竞争机制、招投标搭建准市场、融合政府和市场各自优势与公共体育服务契约化供给为场馆经营权招投标的主要制度设计，并提出科学编制招标文件，合理确定投标人资格、选择适合运营模式、适当控制合同年限、邀请场馆运营专家参与评审，增加现场考察评审环节、推广场馆运营示范合同、建立激励监管机制，定期进行综合评价等优化策略。

（3）体育服务综合体的运营与发展研究

2014年10月，《国务院关于加快发展体育产业促进体育消费的若干意见》中提出"以体育设施为载体，打造城市体育服务综合体，推动体育与住宅、休闲、商业综合开发。"在政策的导向下，我国各地大量资本开始投资建设体育服务综合体，我国学者也从各个视角对体育服务综合体展开了研究。如蔡鹏龙、王家宏等对城市体育服务综合体的内涵和功能定位展开了研究，张强、王家宏等对体育服务综合体的发展模式和发展路径展开了研究，丁云霞等以"以人民为中心"为价值取向，对体育服务综合体的逻辑动因和消费者服务需求进行了分析。相关研究的丰富，为我国体育服务综合体的运营和发展提供了理论指导[42]。

（4）社会力量投资运营体育场馆研究

随着我国国民对体育需求的不断增长以及大量场馆的建设，仅依靠政府投入，不仅会造成巨额的财政消耗，在市场化进程中也无益于提高场馆运营效率，因此引入社会力量投资运营体育场馆是我国场馆两权分离改革的重要途径和内容，旨在激发场馆活力，实现场馆自我创造价值。我国相关学者对社会力量投资运营体育场馆展开了进一步研究。如李明、刘辉等对体育场馆PPP模式的契约治理内外部机制和融资法律问题进行了研究，陈磊等对美国大型体育场馆的PPP模式的应用进行了梳理和分析，陈元欣等提出职业体育俱乐部参与场馆运营对于俱乐部发展和提升场馆使用率均具有重要意义[43]。

（5）体育场馆各领域相关研究

随着经营权改革和供给侧结构性改革的持续推进，体育场馆运营在实践中暴露出了一系列矛盾，促使我国学者针对体育场馆各领域的纵向研究也更加深入。如在社会力量投资运营体育场馆领域，杨金娥、陈元欣等针对老旧厂房改造体育设施存在的问题和解决路径进行了研究，此外，陈元欣、姬庆等针对体育场馆经营权改革中的招投标机制、委托管理运营模式等进行了深入研究[44]。在场馆体量上，我国学者针对大型体育场馆、公共体育场馆、县域体育场馆等进行了针对性的研究。在体育场馆服务质量研究上，对服务外包综合质量评价体系、公共体育服务质量评价、健身休闲服务质量等进行了调查和研究。随着我国体育场馆研究体系的不断完善，纵向领域的研究将更加深入，以期能有针对性地解决我国体育场馆实践过程中遇到的问题和困境。

9. 体育用品业研究

（1）体育用品产业创新发展研究

体育用品业已然进入大数据时代下的经营环境，董立红（2017）通过对大数据时代我国体育用品业的发展创新研究，认为大数据智慧管理与体育用品企业存在捆绑式因果共生互动关系[45]。王少元（2018）指出：大数据下体育用品企业营销变革的理论框架包括营销变革路径和营销变革内容两个方面[46]。黄永正、胡永红（2019）对经济新常态下我国区域体育用品制造业发展特征进行了研究。潘子辉、陈颇（2018）基于基础设施建设、技术创新程度、人力资本供给、区域经济发展水平与企业财务发展状况5个维度，构建了我国体育用品制造业转型升级的综合能力评价指标体系[47]。谈艳、张莹、陈颇（2017）对我国体育用品制造业转型升级的影响因素进行了探讨，认为研发创新水平对体育用品制造业转型升级具有显著的促进作用，且影响效果越来越明显。目前，我国体育用品制造业应该逐步摆脱过度依赖外商投资和对外贸易的现状，加快提升研发创新能力，进一步夯实生产性服务业发展[48]。许春蕾（2017）运用价值共创理论探讨了体育用品企业战略转型的基点与路径。郑一婷、张传昌、王润斌（2018）从供给侧结构性改革视角，对我国体育用品制造业协同创新策略进行了研究[49]。

（2）体育用品品牌战略研究

李新啸、邱林飞（2019）对体育用品品牌理论框架进行了探讨，认为体育用品品牌构成要素是由内部要素、外部要素、传播要素、环境要素构成[50]。王启万、王珂炜、朱虹（2018）探讨了体育用品品牌生态位构成维度。构建了由社会环境、品牌资源、品牌群落、品牌社区、品牌载体、品牌属性、品牌认知7个维度及26个因子构成的体育用品品牌生态位结构体系[51]。王鹏、黄谦、陈茗婧（2019）对品牌来源地购买体验与品牌感知质量进行了实证研究，分析了品牌来源地困惑、购买体验与品牌感知质量之间的因果关系[52]。李大帅（2018）从品牌战略视阈对我国体育用品业改革进行了探讨，品牌战略是实现体育用品强国目标的重要战略，分析了我国体育用品产业的品牌建设存在的诸多问题[53]。张红梅（2017）对全球价值链下中国运动服装品牌国际化进行探讨，认为服装品牌的国际化有助于中国服装产业在全球价值链附加值的提升，促进产业的升级和提高产业发展的话语权[54]。张思浩（2017）基于蛛网模型的中外体育鞋服类产品品牌多维对比研究，对当前国内外体育鞋服类产品品牌发展影响维度进行比较分析[55]。

(3)体育用品技术创新和标准研究

李碧珍、陈若芳、王珍珍(2018)对驱动因素及创新模式进行探讨,构建了以创新驱动、服务模式创新、企业竞争力提升与价值实现的体育用品服务型制造创新架构[56]。周文静、王恒利、李凌(2018)运用结构熵权法进行指标熵权确立,并对我国体育用品制造企业创新能力进行时序演化分析和登记注册类型分组的企业创新能力差异分析,构建了创新投入、创新产出、创新环境3个一级指标;R&D投入、资金投入、设备投入、R&D产出、利润、企业内部创新活动、政府支持等23个二级指标的体育用品制造企业创新能力评价体系[57]。

专利是企业的核心竞争力,是科研成果市场化的桥梁。它能够提高产品的技术含量和质量、降低成本,使企业的产品在市场竞争中处于竞争优势。通过"知网专利数据库",从2016年1月1日至今,以"体育用品"关键词检索到专利185件,数量较少,而且发明专利数量更少。刘婧、程凯芳(2019)通过Patentics检索李宁和安踏公司的专利申请,分析两个公司的专利申请量、专利类型、申请趋势、技术领域、法律状态[58]。乔永忠、陈璇(2018)对体育用品制造业终止和有效专利维持时间进行了分析,指出体育用品制造业有效专利存量较大,专利运用活动活跃;体育器材及配件制造业专利有效率最低,该领域技术壁垒相对较弱;球类制造业与训练健身器材制造业有效专利发挥潜在价值的剩余寿命较长;运动防护用具制造业终止专利中高质量专利比重相对较高,其他体育用品制造业专利整体质量高[59]。瞿迪、翟丰(2018)对人工智能化体育用品发展进行了分析,认为体育产品智能化程度的再次升级已经成为行业发展的潮流,整个行业由单体可穿戴设备,向群体用品、体育器材、运动场馆延伸;功能上也由生理信息监测向人工智能系统主导下的具备一定主动感知、思考、反馈能力的体育产品升级[60]。傅钢强、杨明(2017)基于智能体育用品选择的微观经济学分析,提出技术创新是现阶段我国智能体育用品市场"供给侧"改革实施的首要内容。智能体育用品市场的发展对调整体育用品市场结构和扩大体育产业市场规模起到重要作用,作为体育消费者通过主动体验了解智能体育用品的用法和优点,并提高购买意识。作为厂商要主动对接用户体验需求,通过技术研发和工艺改进提高产品质量,不断提高其服务效用。作为政府管理部门,可以通过经济手段有效提高大众消费和厂商生产智能体育用品的积极性,促进体育用品产业结构调整和质量提升[61]。

(4)体育用品市场营销研究

张智敏、阎圣泉(2019)以迪卡侬为例探讨了体育用品企业的营销模式,迪卡侬成功的关键在于全产业链经营模式,通过对产品的研发、生产、仓储、运输、销售进行全程掌控,能够控制产品成本,保证高性价比[62]。曹飞(2017)以昂派体育公司为例探讨了体育行业O2O营销模式。结果显示:电子商务并不能取代线下实体店铺,全盘解决我国体育用品企业的库存危机,面对严峻的市场形势和强劲的国外竞争对手,应用O2O模式对体育产业企业现有商业模式进行创新,成为我国体育用品企业转型度过危机的一条出路[63]。

隋亚男、李凌（2019）通过研究体育用品网络营销中消费意愿模型与路径，认为体育用品网络营销中消费者的消费动机对消费意愿有正向影响，而感知风险有负向影响[64]。罗宇（2018）从消费者品牌忠诚度角度出发，探究了体育用品企业在开展善因营销时影响消费者品牌忠诚度的匹配度类别，进而研究了善因营销匹配度类别与品牌忠诚度之间的关系，以期为我国体育用品企业更加有效地实施善因营销提供理论支撑[65]。李海杰（2017）基于体育用品在天猫双十一网购中的销售数据，分析了其销售种类及数量上的差异与变化，探索了大众的体育消费倾向，在"互联网+体育"背景下，网络拓宽了体育产品营销渠道，助推了体育产品营销。郝爽（2017）对我国滑雪器材装备市场现状进行了研究，分析了目前中国滑雪器材装备市场的现状，找出我国滑雪器材装备市场存在的问题，提出了提升国产滑雪器材装备的品牌价值；提升滑雪器材装备生产的规模效益；注重市场细分，满足不同消费者的市场需求；协调区域滑雪器材装备市场发展；重视滑雪器材装备市场的推广与营销等来推动我国滑雪器材装备业发展的对策[66]。

（5）体育用品的其他研究

薛林峰、杨明（2018）对我国体育用品加工贸易转型升级进行研究，体育用品加工贸易在我国对外贸易中占据重要地位，在其发展过程中形成了以进料加工贸易为主，但国内产业配套能力有待加强的格局，同时也形成了"晋江模式"和"东莞模式"两种加工贸易模式[67]。张泽（2018）通过分析我国体育用品制造产业集群的网络结构，指出体育用品产业的生产网络、生产辅助网络和社会网络共同组成体育用品制造产业集群的网络结构，而动态性、开放性、互补性和本地化是体育用品制造产业集群的网络结构特征，有序的网络型结构促进体育用品制造产业集群竞争优势的体现[68]。王学实、潘磊（2018）分析了人民币有效汇率变动对我国体育用品制造业进出口贸易的影响，提出人民币实际有效汇率上升对体育用品制造业出口产生明显的抑制效应，且长期比短期影响效果更加显著；对进口则产生积极的促进作用，长期影响效果低于短期影响效果；贸易开放程度对于进出口贸易均产生正向作用[69]。

综上所述，体育用品研究的领域非常广泛，涉及学科多、跨学科研究，如经济学、管理学、体育学、社会学、政策学、材料学、标准化等。研究者各自从不同视角、不同层次，运用不同的方法与手段对体育用品的设计、生产、销售以及使用过程的某一对象、某一领域、某一现象等进行系统地研究，有理论研究、有应用研究，也有综合性的研究，取得了一些开拓性和原创性成果，产生了许多新思想、新观点、新理论和新方法。有些成果具有现实性、针对性，有较强的决策参考价值，对我国体育用品业健康发展有着建设性的意义。

二、体育产业学科在经济社会发展中的应用、成效和前景

(一) 体育产业基础理论研究

1. 促进了体育产业与其他业态产业的融合发展

(1) 体育产业与医疗服务业融合

在体育产业的融合研究中,体育产业与医疗服务业融合提出比较早,相关研究成果也较多。杨继星(2019)探讨体医融合的内涵和价值取向,根据当前开展中的制约因素,提出体医融合的构建路径。张鲲(2017)剖析了健康中国视角下"体医融合"的内涵及特征,并分别从"技术融合""资源融合""话语权融合"三方面着手,探索体医融合的发展模式。田小静(2018)基于体医结合视角,分析了全民健身服务体系存在的问题并提出了建构和优化全民健身服务体系的对策。李璟圆(2018)阐述了体育与医疗融合发展的实施路径,对于建立"体医融合"发展模式、解决体育和医疗长期脱离和构建全民健康保障体系具有理论指导作用。张文亮(2018)认为体育健康综合体是体育与健康服务供给的新业态、新模式,对体育健康综合体的内涵、服务供给内容、路径以及注意事项进行剖析,提出建设体育健康综合体的路径和推进其建设的对策[70]。综上,运动是良药这个理念已经深入人心,通过体医融合科学指导实施全民健身计划,实施特殊人群的体质健康干预计划,最终实现民众不得病、少得病、晚得病的目标。

(2) 体育产业与旅游产业融合

2016年12月,国家旅游局、国家体育总局共同印发《关于大力发展体育旅游的指导意见》指出:体育是发展旅游产业的重要资源,旅游是推进体育产业的重要动力;体育旅游是旅游产业和体育产业深度融合的新兴产业形态。杨强(2016)对体育产业与旅游产业融合的定义进行界定,探究两者融合的动力机制、重构手段、重构模式,并提出对策建议。李伟(2016)主要从体育和旅游产业的融合条件、融合内外动力和融合路径三方面进行分析,为体育与旅游产业在一个创新机制成熟的大环境中更好地融合提供理论基础。韦海琼(2016)基于共享经济视角,指出我国正在不断引导体育产业与旅游产业的融合发展。叶晨曦(2017)从内在需求和外在动力探析体育产业与旅游产业的融合机理。于海洋(2018)梳理体育产业与旅游产业融合发展的条件及路径机制,得出融合的动态演变过程,即技术融合、业务融合和市场融合三个阶段。综上所述,体育产业与旅游产业融合本质上是全民健身与全域旅游的全面融合,学者们多从融合条件、动力、模式、路径几个方面着手分析,探寻体育产业与旅游产业全面、深度融合的可能性。

(3) 体育产业与其他产业融合

2016—2019年体育产业融合相关研究呈现出多元化发展的势头,除了传统的体育

产业与医疗产业、旅游产业融合，与养老、文化等其他产业融合的研究层出不穷，研究内容也从单纯地解决问题，向更高层次思想、文化方向倾斜。叶宋忠（2017）对体育产业与养老产业边界进行界定，并对两大产业融合发展过程进行分析提出融合发展策略。韩松（2017）从产业融合的实践层面对我国体育产业与养老产业融合发展的态势格局进行前瞻性分析。邵继萍（2018）基于产业耦合视角考察体育产业发展的金融支持机制、实现路径及应对措施，对缓解体育类企业融资难问题具有现实意义，也有助于推进体育产业与金融业的耦合发展。方永恒（2018）对体育旅游产业与文化创意产业融合发展进行研究。王志文（2018）则基于产业融合的视角，概括运动休闲特色小镇发展概况，提出建设路径。综上所述，体育产业在发展过程中尝试与不同产业的融合，虽然有一些阻力，但是跨越融合已是未来发展的趋势。

2. 促进了体育产业供给侧改革的深化

2019年3月5日，国务院总理李克强在国务院政府工作报告中提出深化供给侧结构性改革，实体经济活动不断释放。学界对这一领域的探讨也较为踊跃，分别从不同角度探讨了供给侧改革视角下体育产业发展相关问题。李博（2016）提出新供给经济学源于供给学派但不同于传统的供给学派，是供给中国化；供给侧改革本质上是一种提高全要素生产率的经济改革模式。沈克印（2016）研究体育产业供给侧结构性改革的本质内涵、学理逻辑、发展现实与推进思路。学者还尝试用不同学科的理论、模型以及新出台的政策来解决体育产业中存在的问题，如李兵（2016）把善治理论引入公共体育服务供给侧改革当中，强化多元主体参与对体育治理措施；戴平（2017）从"钻石"模型理论范式维度研究我国体育产业供给侧改革问题；刘亮（2017）结合十八届五中全会"制造新供给"的要求，提出积极培育市场的资源、推进体育体制改革、引导公众体育消费观念、打造人才培养高地的策略。黄道名（2018）对我国体育产业供给现状的产业规模、结构、从业人员和区域发展进行分析，指出我国体育产业的内在困境并提出治理对策。

3. 促进了高校体育产业的发展

高校体育产业是国家体育产业发展的一个重要组成部分，一方面高校体育产业发展有自身的硬件和软件方面的优势，可以形成一个生产、流通、交换、消费的完整的体育产业市场系统。另一方面高校体育产业也受人员、经营理念等诸多因素的限制。刘伟言（2018）探讨高校发展体育产业的必要性，并提出走高校体育产业化、加强高校体育场馆开发与利用、重视体育竞赛组织和开发、促进高校体育信息产业发展等建议。孔祥娥（2018）阐述了高校体育产业内涵，分析我国高校体育产业现状及问题并提出创新发展路径。丁云霞（2016）对我国高校体育产业人才层级特征进行分析，运用安东尼模型相关理论，结合我国体育产业组织架构中相关层级人才素质的需求，将体育产业管理人才划分等级并提出高等学校体育产业人才培养设计。杨虎（2019）结合现阶段我国体育市场化运作的显示状况，对我国高校体育产业的共享模式、发展方向等相关问题进行探索研究[71]。上述研究成果，在参考借鉴以往研究的基础上，提出了一些新的观点，对促进我国高校体育产业的发展起到了积极的促进作用。

可以说，体育产业的发展并不是偶然，是为了满足民生需求。人民生活方式和消费方式升级的今天，迫切需要体育产品来满足需求。体育跟中国人的生活密切相关，不是孤立的存在。体育产业发展一方面从体育竞赛表演、健身休闲、体育培训、体育传媒入手，形成成熟的产业链，另一方面积极与旅游、教育、养老等产业跨界融合，互相促进。

（二）体育健身休闲业研究

1. 扩大体育产业规模

自2014年国务院出台《关于加快发展体育产业 促进体育消费的若干意见》以来，我国体育产业总规模从2014年的1.36万亿增长到2017年的2.2万亿，增加值从2014年的0.40万亿增长到2017年的0.78万亿，体育产业占GDP比重为0.94%，说明政策支持下我国体育产业规模正呈现不断扩大的态势。

需要注意的是，虽然我国体育产业规模呈现蓬勃的发展态势，但是我国健身休闲消费的整体水平长期处于低位。2016年，国务院印发的《关于加快发展健身休闲产业的指导意见》指出，到2025年我国健身休闲产业总规模将达到3万亿元，这意味着届时健身休闲业占体育产业的比重将达到60%。由此可知，未来随着政策的逐步落地，我国居民健身休闲消费需求仍有较大增长空间。

2. 优化体育产业结构

近年来，我国经济结构的持续改善推动了体育产业结构的不断优化。体育服务业增加值在体育产业内部结构中的比重不断提高，2017年达到56.9%，首次超过我国第三产业在国民经济中的比值（表12）。

表12　2015—2017年体育产业内部结构一览表

			体育服务业	体育用品制造业	体育建筑业
2015年	总量（亿元）	总产出	5713.6	11238.2	155.2
		增加值	2703.6	2755.5	35.3
	结构（%）	总产出	33.4	65.7	0.9
		增加值	49.2	50.2	0.6
2016年	总量（亿元）	总产出	6827.1	11962.1	2863.9
		增加值	3560.6	222.1	50.3
	结构（%）	总产出	35.9	62.9	1.2
		增加值	55.0	44.2	0.8

续表

			体育服务业	体育用品制造业	体育建筑业
2017年	总量（亿元）	总产出	5213.9	13509.2	3264.6
		增加值	7254.0	459.6	97.8
	结构（%）	总产出	36.5	61.4	2.1
		增加值	56.9	41.8	1.3

注：表格数据引自国家统计局、国家体育总局官方公告，体育服务业是指（除体育用品及相关产品制造、体育场地设施建设外的9大类）。

这一方面说明在政策利好和居民需求的双重刺激下，体育健身休闲活动、体育竞赛表演活动、体育场馆服务、体育中介服务、体育培训与教育、体育传媒与信息服务等体育服务业增长迅速；另一方面说明伴随我国体育产业整体水平的逐步提高，体育制造业和体育建筑业的价值和利润已经得到了有效兑现，而体育服务业的潜力依旧在获得市场的关注。

3. 吸引社会资本介入

国务院46号文件出台让资本市场与体育产业的关联愈发紧密。资本对体育产业的关注也从体育用品、体育彩票、体育旅游和健身培训等下游衍生产业，逐渐向体育节目等中游媒体传播靠拢。近年来，国内巨头已经介入了海外体育赛事并购和引入、稀缺赛事版权和投资控股体育核心产业等上游赛事资源。例如，万达集团耗资10亿欧元并购全球著名体育媒体制作及转播公司盈方体育传媒集团100%的股权，耗资6.5亿欧元收购美国世界铁人公司（WTC）；苏宁集团联合弘毅投资耗资4.2亿美元收购PPTV视频网站44%的股权，耗资5.32亿元接手舜天足球俱乐部，耗资2.7亿欧元并购意大利国际米兰俱乐部70%的股份，并投资TBG电竞俱乐部（现改名SNG战队）；阿里体育完成超12亿的A轮融资，并购互联网健身品牌乐动力等。透过上述案例可知，巨头企业对体育产业的布局已经形成了一定规模和体系。

（三）体育竞赛表演业研究

1. 为政府决策提供依据

我国学者从产业政策、产业结构和产业要素等方面对体育竞赛表演业的研究，为各级政府的科学决策提供了一定的理论和依据。国务院办公厅发布的《关于加快发展体育竞赛表演产业的指导意见》指出：我国体育竞赛表演产业存在有效供给不充分、总体规模不大、大众消费不积极等问题，并从五个方面规划引领体育竞赛表演业的发展。体育竞赛表演业的研究不但为政府的决策提供了一定的依据，还扩大了体育竞赛表演业对社会的影响。

2. 为相关企业提供咨询服务

体育竞赛表演业是体育产业的核心，发展体育竞赛表演业不仅可以挖掘和释放消费潜力，还对打造经济增长新动能具有重要意义。国务院办公厅发布的《关于加快发展体育竞赛表演产业的指导意见》提出：到2025年体育竞赛表演产业总规模达2万亿元，在2016年我国体育竞赛表演产业总规模约为6200亿元，距离达到2万亿元的规模还有一定的距离，体育竞赛表演业还有很大的发展空间，并且与发达国家相比还有一定差距。近年来我国学者对体育竞赛表演业政策、市场运营、产业融合等方面进行了较为深入的研究，分析了体育竞赛表演业中存在的问题，并提出了相应的解决对策。体育竞赛表演业研究领域内的很多学者与企业展开合作，为企业提供咨询服务，在一定程度上促进了体育竞赛表演业的发展。

（四）体育旅游研究

从体育旅游发展的态势看，中国未来十年是一个国际大赛的井喷期，给国内体育观赛旅游发展带来了赛事基础。随着国民可支配收入增加和健身意识提升，和体育运动相关的旅游产品也正在受到消费者的青睐，以马拉松、自行车等项目为主的体育参与旅游也将成为消费新的增长点。

1. 促进体育旅游市场规模增长

公开数据显示，目前我国体育旅游仅占旅游行业的5%，而发达国家占20%，旅游产业总值达到4万亿元。随着人们的收入水平和闲暇时间的增多，休闲体育如火如荼地进行着，而体育旅游是休闲体育中重要组成部分，已经成为人们生活中的必需品。在全球体育旅游市场飞速发展的当下，国内一线城市成为体育旅游消费的主导力量，一大批集多种功能于一体的体育特色旅游小镇应运而生，为体育产业发展注入了新的活力。如今，体育旅游风情小镇、乡村马拉松等体育旅游新模式为居民的生活注入了新活力，产生了显著的经济效应。

2. 扩大赛事经济影响力

各种类型的体育赛事和活动是一种重要的旅游节庆活动，吸引着众多旅游者前来参加。与普通旅游节庆相比，体育赛事显然具有一些更为突出的特点。例如，参加人数多、停留时间长等。一次大型体育盛会能给主办地带来大规模的旅游者群体，包括运动员、教练员、官员、记者、观众等，为主办地的旅游部门创造巨大的财富。大型体育赛事还具有其他宣传形式所无法比拟的广告效应，能大大提高主办地在国内外的知名度，从而为当地带来持久的旅游客源。

3. 增加体育旅游客源

同其他旅游项目相比，体育旅游是一种参与度高的旅游活动，旅游者与其目的地之间有着更强的互动性，能激发起旅游者更浓厚的兴趣。同时，随着生活水平的提高，人们越来越重视自身的健康，参加体育健身活动已成为世界性的热潮。健身和旅游都已成为时尚，将体育与旅游产品结合起来开发，更有利于吸引游客的参与。人们参与体育健身活动的热情能够长期地保持下去，而对某种特殊体育运动的爱好又使他们年复一年地前往拥有开展这种运动的条件的地区旅游。

4. 引导差异化发展

各地政府和企业在进行"体育+旅游"布局时，都会针对本区域的消费升级趋势来进行全域化的产业定位和业态选择。比如，在江苏、浙江、上海等沿海地区的体育产业发展速度就较快，"体育+旅游"的投资力度就可以大一些，而新疆、甘肃、宁夏等西部省区，体育产业基础薄弱，"体育+旅游"的投资力度则要与本地体育消费水平相称。除了在投资策略上的差异化，品牌上也要形成差异化。不同的小镇可以根据自己的资源禀赋发展不同的专项体育业态，形成独特的"体育+旅游"模式。比如一些传统的武术之乡就可以打造"武术+旅游"的模式，这种模式不易复制，很有竞争优势。需要注意的是，千万不能盲目引进国外体育IP，比如引进一些与中国人身体素质和运动习惯不适应的体育项目，这些体育项目在国外很火，但在国内不一定适合中国人的运动习惯。

此外，体育和旅游都能推动各国、各地区人民之间的平等友好往来，同时两者都能起到丰富人们的精神生活、净化人的心灵的作用。在经济效益方面，两者目前都已成为非常重要的经济产业。在那些体育产业和旅游产业发达的国家，这两种产业创造了大量的就业机会和巨大的财富。在环境效益方面，体育和旅游这两种产业对于环境都有着较高的要求；在其发展过程中，良好的环境本身就是一种资源优势。在环境保护观念深入人心的今天，各国、各地区在开展体育与旅游活动时，都十分重视维护和改善当地环境。旅游业的可持续问题早已引起广泛关注，而体育产业领域也越来越重视环境。

5. 助力乡村发展

2018年中央一号文件对实施乡村振兴制定了战略部署，随着乡村旅游形式的不断丰富，体育旅游伴随着备受青睐的高质量体验，在拉动消费、增强体验、刺激流动及重复参与等方面具备特殊功能。众所周知，乡村旅游研究源于农业集会、贫困困境、生存策略和第二居所等重点问题，其中，乡村的农事体育、运动居所、区域拓展与生活改善使体育旅游得以发展。

（五）体育彩票研究

在国家层面，学者们立足国情以及当前我国体育彩票市场和体育彩票机构的工作现状，对社会责任、公益金管理、管理体系构建等问题进行了较为系统的梳理，为我国体育彩票机构开展更为广泛的工作打下了坚实基础。同时，在理论的指导下，我国体育彩票机构的各环节工作也逐步完善与成熟，各类管理和实践工作进入有目标、有计划、有步骤的工作标准状态。同时，学者们在多学科理论知识和多研究方法的基础上对我国体育彩票彩民的博彩行为、博彩认知和问题博彩等问题及其内在关联进行了深入分析与探索，在理论上取得了突破，在实践上积累了经验，在发展上进入了正规，在有效指导我国体育彩票机构开展彩民教育、帮扶干预工作、品牌构建打造、市场开发等方面意义重大，效果显著。

在地方层面，各学科、各领域学者基于国家发展背景和地域发展差异，积极探索不同区域在体育彩票发展过程中暴露出的问题。不但为各省区市基于自身情况发展体育彩票提供了指导，同时也为国家层面体育彩票工作的开展打下了较好的地方基础。特别是以各地区自身发展脉络为主线，学者多从宏观和微观两个层面就核心问题进行解答，为体育彩票的发展乃至当地体育事业的发展提供了更好的视野和思路。以体育彩票机构社会责任研究为主导的系列研究，对于地方体育彩票社会责任工作的开展提供了较好的理论指导，本着发现问题、解决问题和实践成果的研究思路和工作思路，保障了我国体育彩票市场的健康繁荣，各地研究的成果相互借鉴、互相指导，对于我国体育彩票市场的整体发展与全面开发至关重要。

（六）体育场馆运营研究

1. 为政府提供决策支持

我国体育场馆运营的相关研究为我国政府的决策提供了理论基础，部分研究报告被政府采纳，在我国体育场馆运营中遇到的决策性问题，相关研究机构和学者也提供了理论支持。2016—2019 年，国家体育总局关于体育场馆方向的决策咨询项目达到 5 项。2017 年 8 月，国家体育总局印发了《关于公开征集体育产业研究基地和体育产业专家的公告》，面向全国公开征集体育产业专家和研究基地，最终清华大学等 16 家院校及研究机构成为了首批国家体育总局体育产业研究基地，在国家体育总局 2018 年体育产业委托研究项目中，江苏省体育产业研究院对《体育综合体发展现状、趋势及对策研究》课题进行了研究和汇报，在供给侧结构性改革和经营权改革的背景下，我国体育场馆运营研究在为政府提供决策支持中发挥着越来越重要的作用。

2. 为地方提供科学规划

前期我国体育场馆的建设和运营缺少理论指导，导致以赛事为目的的场馆后期运营不能满足全民健身的需求，场馆利用效率大大降低。随着学科体系不断健全，场馆运营的不断发展，如今我国体育场馆的全生命周期更注重以科学的规划为前提，充分提高场馆设计和建设的合理性。如近几年针对冬奥会场馆建设和运营的相关研究逐渐增多，为我国冬奥会场馆的可持续利用奠定了理论基础。

（七）体育用品业研究

研究成果为促进体育用品科技成果转化和技术进步，推动产业结构调整和转型升级提供支撑；为促进我国体育用品业规范市场运行秩序，促进统一市场的形成提供支撑。

1. 为政府与行业管理部门决策提供理论依据

体育用品产业的许多研究成果为研究政府的科学决策提供理论依据，有的成果可以转化为政府或部门的行政法规、规章和规范性文件，以及发展规划、计划及相关政策；有的成果可以转化为国家标准、行业标准。如《关于促进文教体育用品制造行业转型升级发展政策研究报告》，分析了文体用品行业面临的主要问题和发展形势，确定了文体用品行业转型升级和发展应遵循的指导思想、基本原则、主要目标及发展方向，以及应把握的重点工作任务。报告提出的行业转型升级和发展的保障措施建议，对推动我国文教体育用品行业持续创新发展，加快成为中国制造强国具有指导作用。《关于体育用品行业贯彻落实国家大健康理念的政策建议报告》和《关于"十三五"期间提高老年健身用品保障能力的科技项目报告》，作为研究报告的附件支撑报告的内容。项目研究成果为工业和信息化部发布《关于促进文教体育用品制造行业转型升级发展的指导意见》提供了基础材料和依据[72]，并在国务院办公厅《关于印发消费品标准和质量提升规划（2016—2020年）的通知》中也有所体现。

2. 为提升竞争力拓展市场提供依据

研究成果及时地反映市场需求的变化，如《2018体育用品消费研究报告》《2018年中国训练健身器材行业发展报告》等，为体育用品厂商提供市场信息，把握市场需要和发展趋势，开发适销对路的产品，拓展产品市场，发展深加工和高附加值的体育用品，调整产品结构，提高产品质量，为企业制定发展规划和经营策略提供科学依据。

研究成果及时地反映科技创新成果。促进科技成果专利化、专利标准化、标准产业化，加大了新技术、新材料、新工艺、新产品等创新成果的产业化力度，利用高新技术改造传统体育用品产业，依靠科技进步促进产品的升级换代，提高产品的科技含量。增强产品的国际竞争力，带动企业科技创新和技术进步，推动我国体育用品业结构调整和转型升级。

研究成果为体育用品行业建立有效的产业组织结构，优化调整产业结构，促进体育用品产业对人力、物力、财力以及自然资源的有效利用，建立起能够促进体育用品产业内各企业展开有效竞争的统一规范的市场，实现市场机制对产业结构调整和资源合理配置，推动我国体育用品业逐步从劳动密集、出口加工型转向技术密集、资本密集型以及知识经济、品牌效益型转变，保证我国体育用品业的健康发展。

3. 为消费者选择和使用体育用品提供参考

体育用品是日常生活中一种特殊消费品，它的设计生产从体育运动的实际出发，其结构性能符合运动项目的特点。体育用品的外观、规格、结构、理化性能等有一些特殊的要求，要符合国家标准和行业标准等。研究成果也为消费者合理选择和安全使用体育用品提供了大量信息，了解体育用品的品种、规格、质量和价格等，引导和创造体育用品消费，满足广大消费者多层次、多元化的需求。同时也了解了体育用品性能与构造，运动项目动作、技术的要求，有效合理地使用体育用品，扩大体育运动的实效，有利于运动成绩的提高和运动技术水平的发挥，有利于提高体育锻炼活动的效果，满足体育活动时人的身体活动、心理活动、情感活动的体验需要，促进体育运动的发展。

三、体育产业学科国内外研究进展比较

（一）体育产业基础理论研究

在西方发达国家，体育产业已经成为支柱型产业，而我国体育产业起步较晚，虽然近几年在政策引领下发展很快，但跟发达国家相比还是有不小的差距，需要学习和借鉴国外的先进经验。欧洲主要是以一体化为核心的集约导向型，美国则是以创新为核心的发展模式；新加坡是新兴国家，该国的体育产业主要是服务业，新兴科技引领体育产业的发展是新加坡的主要发展方式。各国的发展方式受到各方面的制约，因此呈现不同的个性化特征。

体育作为一项产业起源于英国。美国学者莉萨·马斯特拉莱西思提出英国是现代体育和体育产业的出生地。一方面，英国人创立体育产业中的绝大部分运动项目，并竭力推崇户外运动，如足球、橄榄球、高尔夫球、保龄球及部分水上和冰上运动项目。另一方面，体育产业发展过程中，不可缺少的开展组织形式，也就是俱乐部形式，最早也起源于英国。所以英国作为近代体育产业的发源地，对它的研究探寻是十分必要且有益的。姜同仁（2016）通过描述英国体育产业发展概括，发现英国体育产业发展方式呈现要素创新驱动、集约带动、产业结构优化、消费拉动的鲜明特征，而体育运动生活化、体育项目组织化、公共服务均等化、政府定位服务化、经营环境完善化是主要驱动力。宣杰（2017）分析二战后英国体育产业的发展历程、特点及原因，提炼出可供我国参考借鉴的发展经验。这些经验可以帮助我国体育产业发展方式的顺利转型和升级。

由上海体育学院体育产业发展研究院组织全球体育领域专家撰写的《国际体育产业发展报告》，是一本首次融合世界11个有代表性国家体育产业发展的综合研究报告，该书对美国、英国、澳大利亚、巴西、韩国等国家体育产业发展的历程、现状与特征进行系统梳理，对当前各国体育产业面临的挑战、问题以及未来趋势进行深入分析。另有学者也对域外体育产业发展情况进行了探讨，任波（2017）通过中美、中日比较视角，剖析了我国和美国、日本产业结构的内外部特征，探求产业结构的差异性，对优化我国体育产业结构起到借鉴和启示作用。韩靓（2018）对比中美体育产业的发展历程和细分市场，旨在借鉴美国体育产业的发展经验，以探寻中国体育产业未来发展方向。澳大利亚在政府购买公共体育服务方面起步较早，李屹松（2018）从澳大利亚

维多利亚州政府购买体育培训服务的政策安排、组织体系、流程路径、购买内容着手分析，借鉴澳大利亚政府购买体育培训服务的经验理顺我国政府购买公共体育服务的基本体系和制度，减少试错成本。

当前西方发达国家的体育产业发展已成为国家经济重要支撑点，体育产业结构相对合理，体育产业组织划分明确，体育产业发展的各个方面，既有所侧重，又相互扶持，从基础理论到实践都给我国的体育产业发展起到很好的示范作用。我们要遵照我国国情并结合我国体育产业现状，寻找一条适合中国体育产业发展之路。

（二）体育产业政策研究

欧美发达国家体育产业政策的主体是立法机关和行政机关，其体育产业政策主要包含体育产业运行和体育产业发展两方面的政策，并以体育产业发展政策为主。政策手段主要以通过立法、税收和财政拨款等为主。由于欧美发达国家比较成熟的市场经济体制，经济更多地是靠市场自发的调节，而调节手段一般是经济和法律手段，较少运用行政手段。欧美各国政府经常把部分体育活动作为增加社会福利的一种政策手段，所以政府会在财政等方面予以支持。在市场经济不发达的国家，其体育产业政策的制定以及实施主体更多是各级的政府部门，所以其政策手段更多地依赖行政手段。正是由于以上原因，导致我国与欧美发达国家体育产业政策研究的不同。

（三）体育健身休闲业研究

在科学引文索引网络核心合集，以"fitness and leisure sport"为主题检索词，时间跨度为自定义年份范围"2016—2019"，共得到相关文献105篇。其中体育科学类别的文献有24篇，占总文献数量的23%，公共环境卫生、休闲体育旅游和保健康复等类别的文献有81篇，占总文献数量的77%。由此可知，国外对体育健身休闲的研究正呈现多学科交叉的局面，体育学与其他学科均对该方向展开了系列研究。

在中国知网，以"体育健身休闲"为主题检索词，从2016年到2019年，来源类别为核心期刊、CSSCI和CSCD，共得到相关文献48篇。其中，体育类核心期刊的文献有41篇，占总文献数量的85%，其他类别核心期刊的文献有7篇，占总发文量的15%。由此可知，国内对体育健身休闲的研究主要集中在体育学科，跨学科交叉较少。

对比国内外研究进展可知，国内体育健身休闲研究范围相对集中，国外相关研究的范围更加广阔，提示我国该领域的研究在注重某一领域研究深度的同时，应积极拓展研究广度，学科间的融合将成为日后该领域的研究趋势。

（四）体育竞赛表演业研究

在体育竞赛表演业相关政策研究方面，国外学者很少直接对体育竞赛表演业的政策进行研究，多从场馆设施的财政补贴政策、职业体育俱乐部相关税收政策、体育产业反垄断等相关方面进行实证性研究，并且国外学者更加注重政策施行效果研究，对政策文本内容方面的发掘较为细致,而我国学者多从政策的重要性方面进行理论描述,通过现状分析阐述政策发展方向及政策的现实意义。

在体育竞赛表演业运动项目研究方面,欧洲学者对体育竞赛表演业的赛事结构、市场发展和区域特征等进行了较为深入的研究,并且主要集中在足球和篮球方面。我国学者对体育竞赛表演业运动项目的研究也集中在足球、篮球方面,但是研究深度与之相比还有一定差距。

（五）冰雪运动产业研究

国内冰雪运动产业研究中整体产业的宏观层次研究内容居多,微观层面对于消费者、冰雪赛事、冰雪休闲、冰雪用品及技术等研究成果不断增长,中观层面对于产业组织、产业布局、产业政策等研究还有待加强。国外冰雪运动产业的研究,集中于微观领域和中观领域,重点研究了冰雪运动产业消费人口、消费动机、消费行为、滑雪场地、滑雪设施以及冰雪运动产业相关影响因素,此外,阿尔卑斯山滑雪场、欧洲滑雪场、冬奥会经济效应、加拿大冰上运动产业、一带一路冰雪运动产业等是冰雪运动产业研究的热点区域、热门话题。从全球冰雪运动产业的总体情况分析,全球滑雪人口稳中有增,当前全球滑雪者在1.3亿人左右[73],滑雪场地数量基本稳定,部分国家地区快速增长尤其是中国,滑雪场质量普遍在提升,滑雪场分布与不同国家和地区的冰雪资源、经济发展等因素关系紧密。从冰雪运动产业商业模式的视角分析,国外学者认为滑雪经营经历了滑雪场、滑雪度假区、滑雪运营综合体等商业模式,大型互联型、现代化、连锁经营的滑雪经营模式广受认可,以游客、顾客为中心的理念得到强化,互联网+、VR虚拟现实技术等在滑雪、滑冰领域广泛应用[74]。从冰雪运动产业发展的各要素分析,市场化运作机制是冰雪运动制度的基础,冰雪运动文化方面体现出国内外不同文化底蕴与民族灵魂;全球冰雪运动参与者活动流向转移,与冰雪产业链形成的关系紧密;结合冰雪资源打造现代化服务的高品质冰雪资源聚集区,是冰雪体育产业区域分布的重要特征;冰雪运动平民化和大众化,冰雪旅游规模化,冰雪运动装备制造一流化,是冰雪运动产业发展的基础所在[75]。

（六）体育旅游研究

相比国外研究的视角,我国学者在研究前期更多地将眼光放在体育旅游资源和体育旅游空间上,十分重视体育旅游资源的特征和个性。2016年以来,体育旅游研究数量急剧增加,重点检索出核心期刊282篇,其中CSSCI131篇。国际研究方面,在WOS外文全信息库源以"sports tourism""sport tourism resources""recreational sport tourism"为主题检索到核心合集文献290篇（覆盖SCI-EXPANDED、SSCI、CPCI-S、A&HCI、ESCI）。

对比国内外机构发文情况（全球、国内前十）,国际研究机构前三为:卡尔加里大学商学院、格里菲斯大学商学院和佛罗里达大学旅游休闲学院。国内研究机构在国际期刊发文数量排名依次为上海体育学院经济管理学院、长春师范大学体育学院、海南经贸职业技术学院和河南理工大学体育学院。我国与美国、德国、澳大利亚的研究来往较密切，香港浸会大学及上海体育学院在国际上最具影响力。

研究内容显示，国外体育旅游重视赛事旅游影响、"动机—行为"心理分析、旅游健康促进、生态可持续4个子领域的剖析。国内研究重视体育旅游相关的基础概念和机制匹配。如项目旅游资源、休闲旅游资源、民族体育资源和区域性体育资源；赛事旅游经济观念，推动政策、规划的落实，实现体育旅游构建和谐社会的作用；还有部门联动方面的内容，一是加强政府部门间的机制联合，二是强调体育产品与旅游服务的产业新融合，另外在人才建设、政策制定方面加速融合，以集团化、旅游联盟及产业集群探索联动路径。

（七）体育彩票研究

以美国、欧洲、东南亚等国家或地区的博彩业为导向，在体育博彩、彩票、动物竞赛及赌场等多个博彩子业态的发展都已趋近于完全成熟。从管理体制的构建、社会责任工作的开展、游戏玩法的多元开发等多个方面都基本遵循着健康发展，稳步前进的基本原则与态势。在这一背景下，近些年国外学者在体育博彩领域的研究并未过于重视体制构建、玩法设计与管理等方向，而着重偏好博彩行为的研究，且问题博彩依旧是研究重点，但在方法和视角上有了更多创新，基于神经科学、认知科学、脑科学、生物医学等学科理论和方法的研究逐渐增多。就国内研究而言，学者的研究重点主要聚焦在彩民的购彩行为和体玩法销量影响因素探究两个大主题，同时以机构管理体系构建、法律制度的考量等研究为辅。

涉及国外的研究进展，关于问题博彩的神经生物机制研究成为近些年的发展重点。问题博彩的神经生物机制研究是该研究领域的最前沿也是最基础的研究，对于分析讨论消费者的博彩行为起着绝对重要的作用；而系统掌握博彩行为的基本原理对于体育博彩乃至整个博彩业的稳定和正确发展至关重要，对于我国体育产业来说，这也会在很大程度上影响着体育彩票业的未来走向和大众娱乐休闲方式的沉淀。这是一个由内而外，由深至浅的研究过程和积累经验的过程。因此，近些年国外学者在这一领域的研究成果值得深入分析和归纳，其中主要包括以下几个方面：第一是奖赏系统。问题博彩的产生和发展可能与腹侧额纹状体奖赏环路中多巴胺能活动不足及问题博彩个体对奖赏和惩罚都具有较低的敏感性有关，但两者的因果关系还需要更多的实证研究做进一步的解释；第二是线索加工。问题博彩个体在遇到博彩线索时，脑区活动的情况尚不统一，各学派的研究尚不成熟，但问题博彩与线索加工的脑区激活情况（活动过度或活动不足）有关，博彩线索很可能是诱发消费者进行博彩行为的关键因素之一；第三是冲动控制。大脑前额叶守岁对问题博彩个体的成瘾行为的控制和抑制，具有重要影响作用；第四是决策障碍。问题博彩个体在腹内侧前额皮层、眶额皮层和背外侧前额叶功能障碍可能是导致其决策障碍的神经机制之一。

(八) 体育场馆运营研究

1. 2016—2019 年国外体育场馆研究高频关键词

利用 citespace 对国外体育场馆研究的文献进行关键词共现网络进行分析，选取频次排名前 20 的关键词，发现高频关键词与高中心性关键词具有较高的一致性，通过聚类分析，可以发现近几年国外体育场馆研究中，体育场馆与赛事参与之间关系的研究、如因为赛事结果的不确定性，从体育场馆因素探讨提高赛事参与率的相关研究；体育场馆与赛事经济效益的相关研究，如体育场馆与职业体育赛事价值（物业价值、特许经营权等）的相关研究；体育场馆与观众需求的相关研究，如职业赛事与电视观众需求的相关研究；体育场馆与消费者行为的相关研究；体育场馆与运动干预相关研究；体育场馆与儿童、青少年及学生群体的身体健康相关研究；体育场馆相关政策研究等方向是研究热点，2019 年，体育场馆与体育经济之间的研究仍是热点及重点（表 13）。

表 13　2016—2019 年国外体育场馆研究高频关键词

频次	中心性	关键词	关键词表达
61	0.22	sport	运动
54	0.07	football	足球
32	0.04	stadium	体育场
26	0.09	stadium attendance	球场出勤率
23	0.1	impact	影响
19	0.02	outcome uncertainty	结果的不确定性
19	0	performance	性能
16	0.17	children	儿童
14	0.02	model	模型
13	0.12	student	学生
13	0.22	adolescent	青春期
13	0.23	health	健康
13	0.03	demand	需求
13	0.08	city	城市
13	0.04	mega event	超大型活动
12	0.06	policy	政策
12	0.12	school	学校
11	0.22	behavior	行为
11	0.01	gymnasium	体育馆
10	0	politics	政治

2. 体育场馆运营研究的热点问题

以主题和关键词为共现条件，形成我国体育场馆研究的共词网络。图1所示，我国体育场馆早期研究以全民健身和社会体育、体育资产和国有资产等为主。

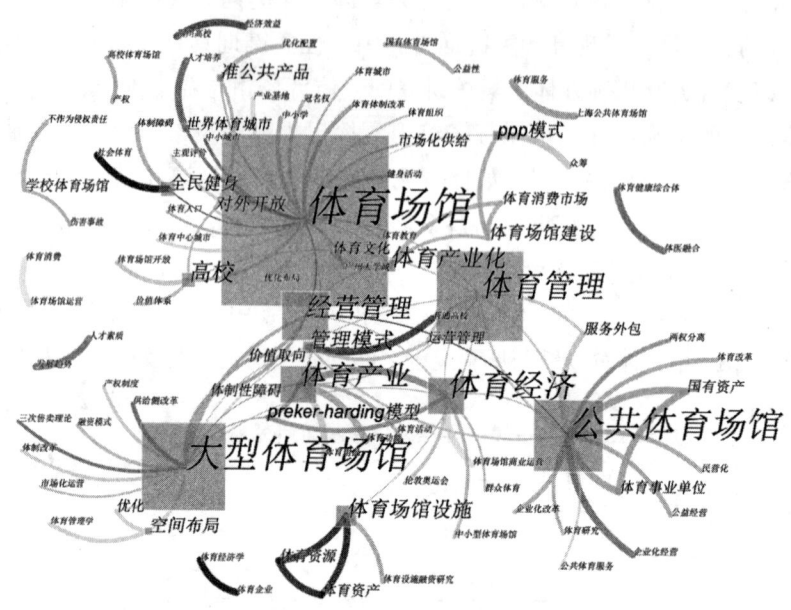

图1 我国体育场馆研究的关键词共现网络

将我国体育场馆研究的关键词进行量化分析，剔除体育场馆的不同表述，以及词义表述过于广泛的关键词，筛选出中心性较靠前的关键词，其中排名在前15位的关键词为体育管理、经营管理、体育经济、体育场馆设施、高校、全民健身、体育产业化、管理模式、PPP模式、空间布局、准公共产品、世界体育城市、体育场馆建设、公共体育服务、体育教育。从这些关键词我们大致可以看出，体育场馆的运营管理模式是研究热点之一。此外，场馆的产业化运营（包括社会资本投资场馆建设和运营）、场馆的基本公共服务职能、高校体育场馆以及不同功能视角下的体育场馆建设等方面也是我国体育场馆研究的主要内容。

（九）体育用品业研究

在欧美等主要发达国家中，体育产业增加值约占国民生产总值的2%～3%，而体育用品业的贡献达到60%。2016年全球体育用品市场规模总额达到3400亿美元，其中美国占据了26.5%的份额，整个欧洲占据了20%的份额，中国仅占6.37%的份额[76]。

从品类上看，包括健身器材、运动装备在内的体育设备市场，从2013年到2017年的年复合增长率为4.5%，2017年全球市场规模达到1423.9亿美元。运动鞋服方面，据统计门户网站The Statistics Portal数据显示，2017年全球市场规模达到1680亿美元，其中运动鞋贡献了821亿美元。据美国联合市场研究机构（Allied Market Research）

2015年底公布的《体育服装市场的最终用户模式和销售：全球市场的机会分析和行业预测（2014—2020）》中预测，到2020年，全球范围内的运动服装收益将达到1846亿美元[77]。另据中商产业研究院2017年公布的一项调查数据显示，运动和户外服装已成为美国服装市场最大的一类，2016年零售额达到709亿美元，此后将以5.1%的复合年均增长率稳步提升，2021年将达到911亿美元。此外，随着科技的不断进步和人们对个人健康关注度的提升，全球数字健身市场前景喜人，包括智能手环、智能手表在内的智能可穿戴健身设备将成为体育用品市场新的增长点。2017年全球智能可穿戴健身设备的收入达到170.7亿美元。预计到2020年，这一细分市场的规模将达到274亿美元[78]。

从品牌上看，全球体育用品市场依然是欧美大品牌的天下。以耐克和阿迪达斯为首的欧美品牌企业，不仅在其本土地区占有巨大的市场份额，同时也在中国、巴西等高利润率市场大幅扩张，成为体育用品市场乃至整个消费市场中举足轻重的领导者。2018年《财富》世界500强排行榜显示：耐克位列340位，阿迪达斯位列480位，营业收入分别为343.50亿美元和246.69亿美元，利润分别为42.40亿美元和12.37亿美元。2018年12月，世界品牌实验室编制的《2018世界品牌500强》揭晓，耐克排名第8位，阿迪达斯排名第49位，Puma排名第414位。2018年4月，美国券商机构Wedbush发布研究报告，根据全球各大运动品牌的财报业绩数据，获得全球运动用品市场的最新份额排行榜单。包括旗下Jordan品牌在内，美国体育用品巨头耐克2017财年销售达344亿美元，继续稳居冠军宝座。德国品牌阿迪达斯则以263亿美元排名次席。两大巨头占据全球约56%的市场份额，远远领先于其他品牌。排名第三至第八位的分别是Puma、Under Armour、New Balance、Skechers、Asicst和Lululemon[79]。

张元梁、平杰（2017）以DII数据库运动鞋相关专利数据为例，对中外体育用品业专利战略比较研究，从专利战略角度入手，对中外主要技术强国专利战略进行分析。他指出：美国、德国、日本是传统技术市场中心，完善的知识产权保护体系，培养了企业良好技术创新和专利保护意识，并形成核心企业集聚效应。凭借高质量的核心技术，利用同族专利申请逐步扩展、探索和垄断国际技术市场已成为国外大型跨国企业的重要专利战略，而国内多数企业仍滞留于国内市场。从耐克公司核心专利分布来看，人性化智能运动监测系统、新材料的运用、符合运动人体科学原理结构设计等成为其新一代技术研发的重心。耐克公司逐步形成具有"核心—边缘"合作网络特征的稳固高效的科研团队，使公司的技术始终处于连续升级和不断创新可持续发展的状态中。面对与国外企业在核心技术上的差距，我国知识产权制度体系还需进一步完善，提升企业技术创新和专利保护意识，稳步实现产业转型发展[80]。

甘泉（2018）在《李宁VS.耐克：对中国体育用品行业的启示》一文中，对耐克和李宁公司在历史文化、战略、营销、运营和财务数据的比较，得出：耐克公司是由两位大学体育师生创造的，他们经过多年的研发、销售，成为世界第一品牌。李宁公司是借李宁个人的名声和超凡的商业宣传运作能力，成为国内第一体育用品品牌。耐克已经实现了美国一地设计，生产劳动力成本低的区域生产，全球营销。2018年耐克全球销售额达343.50亿美元，李宁年销售额仅105.11亿人民币。耐克的优势在产品设计、市场营销和虚拟的外围企业群。这使得耐克牢牢地抓住价值链中利润最高、最重要的两端，而将低利润的制造转移出去。在中国市场上，李宁的营销和造势能力丝毫不比耐克逊色，但在设计和品牌形象定位上比耐克要弱，内部运营上比耐克及国际同行水平要低，在国际化方面，想要获得全球市场的普遍认可，李宁品牌仍需走向海外[81]。

四、体育产业学科发展展望与建议

（一）体育产业基础理论研究

展望一：互联网+体育产业研究。

"互联网+"代表一种新的经济形态，依托互联网信息技术实现互联网与传统产业的联合，它的来临为各行各业带来颠覆性影响，体育产业也不例外。自"互联网+"写入我国政府工作报告，"互联网+"新兴业态的改革就席卷国内。《体育产业发展"十三五"规划》明确提出鼓励开发以移动互联网技术为支撑的体育服务，提升场馆预定、健身指导、交流互动、赛事参与、器材装备定制等综合服务水平。积极推动在线体育平台企业发展壮大，整合上下游企业资源，形成体育产业新生态圈。当前，大数据、云计算等新概念走入人们视野，体育产业和大数据两大风口强强联合。未来互联网+体育产业研究将充分顺应"互联网+"这一趋势，利用互联网手段对体育产业发展的重构、互联网战略下体育路径探索以及互联网、体育和其他领域新兴业态的融合进行研究。

展望二：体育产业供给侧结构性改革研究。

供给侧结构性改革旨在调整经济结构，使要素实现最优配置，提升经济增长的质量和数量。供给侧改革是我国在经济需要转型的大前提下提出的，避免出现潜在的大幅度下滑，解决中国消费升级换代需求与中国制造未能与时俱进不相匹配的矛盾。学界对于体育产业供给侧改革的研究处于一个不断上升的趋势，从中国知网检索期刊发现，2016年发表32篇，2017年发表77篇，2018年发表91篇，可看出大体的变化趋势。作为一个覆盖面广、产业关联度高的上游产业，体育产业不仅是国民经济的组成部分，而且涉及国民经济诸多部门，在拉动经济增长、促进就业、优化产业结构、引导体育消费等方面都具有十分重要的作用，体育产业供给侧结构性改革的相关研究将不断丰富。

展望三：体育产业组织研究。

体育产业组织是体育产业基础理论研究的重要内容，对体育产业发展实践具有直接的推动作用。我国体育产业目前发展规模不断扩大，产业领域不断扩展，产业质量有所改善，产业效益明显增高，但我国体育产业尚处于发展阶段，各个环节市场化程度还较低，体育组织研究的必要性不断凸显。学界认为，我国体育产业组织发展经历了三个阶段，萌芽阶段（1988—2000年），快速发展阶段（2001—2012年）和平稳发展阶段（2013年至今）。个别学者对体育产业组织的时间序列和热点分布、体育产业组织研究相关理论与视角、体育产业组织研究创新思路和研究防线展望等进行分析，试图揭示体育产业组织发展趋势。因此，进一步加强体育产业组织相关研究，有助于我国体育产业发展壮大。

建议一：进一步创新探索体育产业研究方法的研究。

任何领域的研究均需借助一定的研究方法。一方面，体育产业的研究要遵循体育自身的性质和规律；另一方面，体育产业的研究要以经济学，特别是产业经济学的相关理论为基础，重点借鉴其研究方法和研究技术。客观来看，我国体育产业基础理论研究尚未形成自己独特的研究方法，但可以预测的是，学者们选择研究方法的使用将越来越多元化，且定性与定量相结合的方法使用也会愈加普遍。数理统计、科学量表、知识图谱、数学建模、结构方程等在体育产业研究中将会广泛应用。值得注意的是，伴随世界范围内信息化的演进，大数据作为一种新兴方法会推动体育基础理论研究方法的不断创新。当然，体育基础理论研究采用何种方法和手段，取决于研究对象、外部环境、内部情况等因素，其目的是通过采用适当的手段优化研究过程，获得更好的解决途径。

建议二：进一步健全体育产业学科框架体系的研究。

体育产业学科框架的研究体系相关问题的研究一直是学界试图开展的重要课题，虽然目前还没有形成自己的学科，但已成为一些学科的研究方向。与自然科学不同，社会科学在理论体系的构建上更为困难。因为社会科学研究中很难建立一个普遍的、统一的参照系，而在自然科学研究中则可以成功地建立一个相对统一的、在世界范围内适用的参照系。体育产业领域的研究归属社会科学范畴，同时，又是体育学科与经济学科的交叉领域，具有较强的应用性。随着体育产业基础理论研究不断深化，体育产业内涵、体育产业原理、体育产业结构、体育产业组织等方面研究越来越深入，体育产业学科框架体系框架将逐步搭建起来。

建议三：进一步加强理论与实践关联的研究。

基础理论研究本就与实践密不可分，任何理论都需要实践的检验并推动理论发展。实践是科学研究的来源和基础，科学研究又是实践向前发展的重要推动力量。相应的，体育产业的实践为体育产业研究提供了丰富的素材，而体育产业研究对体育产业的实践具有重要的理论指导作用。体育产业依托于产业经济学，与其有着相似的特征，而产业自身就和实践活动有着密不可分的关系。一方面，学者依靠现有的理论基础去探讨体育产业中存在的问题并尝试给出合理化解释；另一方面，在体育产业实践中又会发掘新规律、新方法，更新人们对于原有体系的认知。体育产业每一个政策、理论及观点的提出，都凝聚体育产业专家、学者对当前体育产业实践的认知。随着外部环境变化和产业升级，要修改原来的政策，体现出理论和实践相互作用。由此可见，未来的体育产业基础理论研究将会更加凸显出实践性、应用性和创新性，理论与实践关联的研究将更为迫切。

（二）体育产业政策研究

展望一：政策符合国家经济发展战略。

体育产业政策要以习近平新时代中国特色社会主义思想和体育思想为指导，站在战略高度对体育产业进行整体规划，使体育产业在加快体育强国的建设、促进经济高质量的发展、满足人民美好生活的需要等方面做出突出贡献。

展望二：政策遵循体育产业自身发展规律。

体育产业作为国民经济中的一个部门，与其他产业一样，不仅注重市场效益，还讲求经济效益；同时由于体育的特性，体育产业的产品还需要提供增强居民身体素质，发展社会生产，振奋民族精神，实现个人全面发展与社会文明全面进步等方面的价值，因此在制定体育产业政策时还需要多方面考察论证。

展望三：政策为体育产业新业态提供指导。

伴随政治、经济、社会以及科技等的变化，产业融合的趋势在现阶段愈加明显，体育产业同样如此。产业融合（Industry Amalgamation）是指同一产业内的不同行业或不同产业通过相互交叉、相互渗透，最终相融为一体，逐渐形成新产业的动态发展过程。体育产业融合的作用就是通过突破不同产业所形成的条块分割，降低交易的成本，形成体育产业持续的竞争优势。体育产业融合的现象现已经对我国社会、经济产生相当的影响，由此产生的体育产业新业态将会促进我国经济高质量发展、满足人民美好生活需要，因此体育产业政策应对这类新业态给予必要的、规范化的规划、监督和管理。

（三）体育健身休闲业研究

展望一：优化健身休闲业结构。

我国体育产业还处于发展的初级阶段，产业结构优化需要时间和空间上的积攒，我国体育产业中产品制造业依旧占据较大比重，以健身休闲为主的服务业比重有待提高。

展望二：健全健身休闲业服务体系。

虽然我国健身休闲产业规模正在逐步扩大、产值在逐步增长，但是健身休闲体系还存在部分缺失。第一，大众健身休闲模式较为单一，足篮排、乒羽网、徒步、路跑和广场舞等具备一定普及性、市场空间的日常健身项目有待加快发展；第二，户外、冰雪、山地、水上和航空等政策支持、具有消费引导的运动项目，还需根据政策、地（水、空）域、赛事和人文等条件推广开展。运动项目的发展不仅涉及健身休闲产业的内部，而且健身休闲产业的外延关系不容忽视。回顾过往，我国体育健身休闲与文化、教育、健康、旅游和通用航运等产业的融合度还不高，这不仅限制了体育健身休闲行业多元属性的发挥，而且未能形成产业间有效的互动，闭塞的发展环境阻碍了健身休闲产业伸出的触角。

展望三：提高相关装备研发能力。

长期以来，我国体育健身休闲器材和装备主要依靠国外输入，这一定程度上说明国内企业自主创新不足，由此也形成了对国外技术设备依赖性强、国内技术装备认可度低的局面。为此，今后需要从政策和资金方面给予国内企业研发投入上的支持，鼓励企业进行跨国合作，在学习国外先进技术的同时予以吸收转换，提升相关装备研发能力和关键技术的把握控制能力。

建议一：提升消费者认知。

缺乏优秀健身休闲俱乐部和品牌活动，相关示范基地和单位稀少，无法形成较好的引领示范作用。我国健身消费者的认知有待提升，虽然我国消费者的信心指数逐年提升，但是不同人群对健身休闲的重视程度不一，要实现体育产业结构的优化很大程度取决于消费者对体育健身的意识和投入程度以及对休闲生活方式的选择。

建议二：盘活健身休闲场地。

虽然我国体育通过几十年的发展，已经建成了一大批体育场馆和基础健身设施，但是大型体育场馆普遍存在利用率低，小型体育场馆往往存在运营状况不佳等情况。针对上述问题，未来我国要加强对已有体育场馆资源盘活的研究。

建议三：加强产学研合作

我国体育产业研究的集散地是体育类专业院校，学科以体育经管等专业为主，校际和学科间的交流较为薄弱。借鉴发达国家产学研协同化与集成化的发展经验，未来我国企业、科研院所和高校应挖掘综合性、专业类财经院校的学科、人才优势，引导部分专业学生辅修体育产业相关课程，在教师、科研人员指导下进行探究，注重研究成果的实效和转换价值，在推动健身休闲产业转型升级的同时形成"产学研用"一体化的模式。

（四）体育竞赛表演业研究

展望一：运动项目产业研究将增加。

目前我国体育竞赛表演业的研究范围较窄，仍有很大的研究空间，随着一系列体育竞赛表演业相关政策的施行，体育竞赛表演业的热度不断提升，相关研究会迅速增多。我国各运动项目的发展势头良好，关于体育竞赛表演业运动项目的研究将不止于篮球、足球，关于羽毛球、乒乓球、冰球等运动项目的研究会不断增加。并且我国对体育竞赛表演业各参与者的研究不够全面，现有研究多关于俱乐部、联盟，缺乏对中介等相关机构的研究。对于体育竞赛表演业产业发展方面的研究也不够全面，随着体育竞赛表演业的不断发展，关于体育竞赛表演业各参与者的研究会更加全面，产业链、产业标准等产业发展方面的研究也会日益完善。

展望二：研究方法将更加丰富。

当前体育竞赛表演业研究的研究方法主要为文献资料法、数理统计法和问卷调查法，未来体育竞赛表演业的相关数据会不断完善，研究领域也会更加细化，越来越多的研究方法将会运用到体育竞赛表演业的研究当中。并且随着新技术的不断出现，未来体育竞赛表演业的研究将会与更多的技术相结合，体育竞赛表演业的相关理论研究也会更加丰富。

（五）冰雪运动产业研究

展望一：偏向冰雪运动产业的中观研究。

国内冰雪运动产业研究中整体产业的宏观层次研究内容居多，微观对于消费者、冰雪赛事、冰雪休闲、冰雪用品及技术等研究成果不断增长，中观层面对于产业组织、产业布局、产业政策等研究还有待加强。国外冰雪运动产业的研究，集中于微观领域和中观领域，重点研究了冰雪运动产业消费人口、消费动机、消费行为、滑雪场地、滑雪设施以及冰雪运动产业相关影响因素，此外，阿尔卑斯山滑雪场、欧洲滑雪场、冬奥会经济效应、加拿大冰上运动产业、一带一路冰雪运动产业等是冰雪运动产业研究的热点区域、热门话题。

展望二：强调冰雪运动市场的运营研究。

从全球冰雪运动产业的总体情况分析，全球滑雪人口稳中有增，当前全球滑雪者人数在1.3亿人左右，滑雪场地数量基本稳定，部分国家地区快速增长尤其是中国，滑雪场质量普遍在提升，滑雪场分布与不同国家和地区的冰雪资源、经济发展等因素关系紧密。从冰雪运动产业商业模式的视角分析，国外学者认为滑雪经营经历了滑雪场、滑雪度假区、滑雪运营综合体等商业模式，大型互联型、现代化、连锁经营的滑雪经营模式广受认可，以游客、顾客为中心的理念得到强化，互联网+、VR虚拟现实技术等在滑雪、滑冰领域广泛应用。从冰雪运动产业发展的各要素分析，市场化运作机制是冰雪运动制度的基础，冰雪运动文化方面体现出国内外不同文化底蕴与民族灵魂；全球冰雪运动参与者活动流向转移，与冰雪产业链形成的关系紧密；结合冰雪资源打造现代化服务的高品质冰雪资源聚集区，是冰雪体育产业区域分布的重要特征；冰雪运动平民化和大众化，冰雪旅游规模化，冰雪运动装备制造一流化，是冰雪运动产业发展的基础所在。

（六）体育旅游研究

展望一：不断拓展概念界定的空间。

体育旅游一词具有广阔的外延，不能停留在体育与旅游的硬连接，其融合发展是体育项目、休闲娱乐和旅游康体的大融合。在国内体育旅游研究未成流派之势时，要怀有"海纳百川、包罗万象"的心态，不可把体育旅游局限在某一特定范围和具体特征下发展，一方面要创新全域体育旅游模式；另一方面要基于运动项目的创造性特征，关注航空、水上和陆地运动中的特征，进一步拓展概念界定的空间。

展望二：研究方法的精准运用。

我国体育旅游理论研究偏多，方法不够具体，实证统计方法运用不充分是国内学者对方法运用的普遍认识，本研究认为不能以偏概全，体育旅游"动机—情绪—行为"分析和户外伤害、健康类的研究必须借用专业统计软件和调研数据（医院、基地等），但我国体育旅游研究尚处于起步阶段，不可在众多项目旅游尚未形成的阶段就盲目照搬国外的实证范式。应当扎实概念并积累面板数据（如赛事旅游对经济的影响），多运用民族志、深度访谈等质性研究方法深刻地理解体育旅游对于中国国民的生活意义等，提炼出符合我国人民生活规律、消费特征的理论；以北京、上海等一线国际大赛聚集区作为数据积累的重点区域，从中观（产业）层面诠释大型赛事赋予城市和国家的价值，在不同层面实现体育旅游研究方法的精准选择。

展望三：强化体育旅游项目、路线及区域研究。

国内大量研究主要围绕"现状开发、资源描绘"，针对特定项目、固定线路和区域协调的研究相对欠缺，在研究层次上，基于特定线路和地区经济、生态可持续研究基本处于空白，如"哪些体育旅游项目具有推动区域经济发展、生态建设的作用"等。2017年，国家旅游局、国家体育总局联合发布了《"一带一路"体育旅游发展行动方案》（2017—2020年），应当立足于"一带一路"和"全域旅游"，从研究角度阐明不同体育旅游方式（项目、线路及区域）如何影响社会发展。

建议一：促进学科融合。

国内体育旅游研究的原理性知识积累不够，类似于深度休闲理论和休闲限制理论的本土化知识体系尚未构建。体育旅游的现象解释研究居多，没有建立起与旅游行为的直接联系，缺乏对不同旅游群体之间的差异比较。再者，国内体育旅游专门研究机构较少，旅游学、地理学方面的专家对体育旅游的关注度不够，体育界学者应当结合心理学、医学等学科对旅游现象进行研究。

建议二：重视体育旅游的健康、生态发展。

旅游健康具有监测和践行标准，体育旅游开发要以"公共健康、大健康"为引导，使运动项目转变为健康出游方式是实现"2030健康中国"目标的途径。众多景区面临改制、转型中的环境矛盾，依托自然资源的体育旅游活动要严守生态红线，政府、开发者不能只看眼前利益，尤其是大规模的滑雪场建造、水域开发等，应考虑后期的生态持续发展。

建议三：丰富"新时代"体育旅游发展思路。

国内研究已对大量区域性体育旅游资源进行了梳理，大体掌握了我国具有发展体育旅游的条件和潜力的地区，科研机构应当关注国际前沿动态，借鉴世界领先技术（如生态监测技术），重视森林体育、海洋体育、高空体育等具体方向，一方面向国际领先期刊的研究议题看齐，另一方面要立足于"新时代"发展需要，重视与人民生活质量、幸福感等新时代思想的结合，善于发现体育旅游在乡村振兴、精准扶贫等战略中的作用，丰富"新时代"体育旅游研究思路。

（七）体育彩票研究

展望一：进一步确保问题博彩评价的本土化和精准化。

目前关于问题博彩的诊断标准很多，但是学界始终处于不断争论的状态，对于问题博彩的诊断临界标准尚不统一，而且问题博彩严重程度水平如何进行划分及彼此之间是否具有相关性等问题的实证数据较少。寻求和研发最适合、最包容的关于问题博彩诊断的标准依旧是未来重要的研究主题。

展望二：多学科、多角度探索体育彩票市场的发展机制和内在逻辑。

未来研究可从多学科、多角度，将多种方法技术综合运用，系统分析讨论适合我国国情的体育彩票发展路径。广泛吸收各学科基础的学者观点和建议，多元论证体育彩票市场的发展模式与基本规律。特别是新时期特色社会主义背景下的转型道路探究、管理模式体系构建以及社会责任推广等问题。

（八）体育场馆运营研究

展望一：体育场馆改革发展问题仍是研究热点。

我国体育场馆改革不仅要以宏观政策为指导，还要以人民群众需求为导向，我国目前处于经营权改革的攻坚期，随着政策的不断推进和落地，在实践进程中，我国体育场馆运营遇到了许多新的问题，如公共体育服务供给质量的进一步提高和供给的精准化、公共体育服务的供给与经济效益的均衡、相关配套政策的制定等问题。随着体育场馆功能改造和机制改革的进一步推进，如何保障体育场馆功能更好地满足群众需求也是亟需解决的问题，因此未来体育场馆运营研究仍将以体育场馆改革发展问题为研究热点。

展望二：体育场馆投融资模式的实证研究。

随着国民体育需求不断增长，仅依靠政府财政力量不足以满足群众对体育场地的大量需求，社会资本的注入是我国体育产业发展的基本动力，也是我国体育场馆建设发展的新动力，我国体育场馆 PPP 模式的应用尚处在发展初级阶段，还需要通过大量的实证研究积累理论基础和经验，因此体育场馆投融资模式的实证研究是我国体育场馆运营的研究热点之一。

展望三：赛事场馆后续利用问题的研究。

体育场馆不仅是我国举办赛事、竞技训练的重要场地，也是我国人民群众健身休闲的主要场地，为了满足我国竞技体育发展需要，我国建设的大量体育场馆主要体现为赛事功能，欠缺考虑赛事举办后的持续利用，尤其是非一线城市，赛事资源相对较少，导致场馆的利用率不高，在满足全民健身需求方面表现乏力。随着我国承接的国际大型体育赛事越来越多，越来越多以赛事为目的场馆将被投入建设和使用，尤其正值 2022 年冬奥会筹备阶段，如何保证赛后场馆满足群众体育健身场地需求，对赛事场馆的后续利用问题的研究十分迫切。

展望四：体育场馆运营智慧化发展研究。

经历了互联网+，物联网+，人工智能的发展，为更好地促进体育场馆运营和提高服务质量，我国体育场馆在科技发展的背景下，逐渐向运营智慧化发展。但我国现在的体育场馆运营的智慧化水平还处在初级阶段，如何更好地实现科学技术的发展与体育场馆的运营相结合，还需要学术界和社会主体的共同努力。

展望五：学校体育场馆资源社会共享的进一步研究。

第六次全国体育场地普查数据显示，我国教育系统管理的体育场地面积达10.56亿平方米，占比53.01%，在我国群众体育需求不断增长，体育场地设施供给不足的矛盾中，教育系统场地资源对外开放，能有效缓解我国场地不足的困境。但学校体育场馆对外开放涉及的安全、资金等相关问题，在实践过程中一直没有得到有效解决，因此学校体育场馆资源社会共享的进一步研究十分必要。

（九）体育用品业研究

展望一：更加注重科技化。

一方面，科技化的产品功能多样，能满足消费者个性化、多样化的需求。以可穿戴智能设备为例，由于可以实时监控卡路里消耗、距离、心跳率、睡眠持续时间、出汗率、体温等数据，深受健身人群喜爱，销售量逐年增长。另一方面，科技化智能化的产品使用方便。以运动鞋为例，目前全球范围内的各大运动鞋品牌均已试水3D打印运动鞋。包括耐克、阿迪达斯、以及国产品牌匹克等都已推出较为成熟的3D跑鞋。因为科技先进、轻便、充满未来感，很快打开和抢占了市场。

展望二：更加注重体验化。

在消费升级的背景下，消费需求已经由满足基本需求升级到更高层次的意识需求，体验式消费成为消费者选购产品时的重要选择。品牌体验店能够使消费者在功能丰富、互动多样的环境中购物和休闲，充分享受一站式的消费体验。通过体验店，消费者从购买产品到购买"生活方式"，经营者也可根据市场需求，迅速研发个性化的体验产品。同时，以产品为中心，打造服务产业链，提高服务质量、增加用户粘度。中国体育用品企业必须注重产品的体验化、场景化氛围营造。

展望三：更加注重网络化。

网络已成为体育用品业进入互联网时后代不可或缺的销售工具，相比传统营销时代，移动营销具有快速、简单、便捷、互动性强等优点。在美国，互联网体育用品年消费额由2014年的973亿增长到2016年的1949亿。在欧洲，2015年约有1/3的网络用户通过网络购买服装和体育用品、旅游票务和预订旅馆。中国网民数量超过美国，这也使得国内体育用品网络销售快速增长。目前不少体育用品通过品牌官网自营、体育用品销售网站专营、综合购物网站自营、依托第三方网络平台经营等方式，扩大销量，因此，中国体育用品企业也必须重视网络化。

建议一：开发个性化、多元化、时尚化的产品。

适应消费升级，中国体育用品企业应更多专注体育细分领域，开发设计满足各年龄层次、各性别、各阶层的体育产品，延伸产业链条，增加附加值，形成新的能满足个性化特色需求、有市场竞争力的产品，从而提高企业的可持续发展能力。

建议二：提升产品的舒适度。

企业产品的最终目的是满足消费者需求。体育企业应从运动解剖学、运动生理学、运动医学、运动生物力学等方面，从品牌认知、包装设计、柔性制造、销售渠道、消费氛围、服务便捷化、性价比等方面求实效，生产更多注重人性化、个性化、差异化和具有内在品质及其独特性的产品，提升产品的舒适度、便捷度、时尚感，满足和引领体育消费新需求。

建议三：强化产品品牌建设。

中国体育企业要制定和实施自己品牌战略规划，并根据企业产品客观实际，有针对性地进行企业品牌文化建设，探索适宜于企业自身的品牌成长模式。通过赞助、捐助等手段树立良好的品牌形象和声誉，建立品牌信任，获得品牌忠诚度，最终达到提升品牌影响力，实现从普通品牌、著名品牌到国际品牌的发展之路。

参考文献

[1] 李燕，赵伟，赵志鹏，等．高校体育经济与管理专业建设与人才培养模式研究［J］．河北体育学院学报，2019，33（03）：68-73.

[2] 卢元镇．从"体育科学"到"体育人文社会学"——对学科分化与整合的思考［J］．体育科学，2018，38（7）：3-5.

[3] 王先亮，高岩，董昱．体育产业统计分类的核算方法及分析框架［J］．西安体育学院学报，2017，34（6）：658-663.

[4] 马力，蒋睿睿．基于CiteSpace Ⅲ的我国体育产业研究文献计量学分析［J］．淮北师范大学学报（自然科学版），2017，38（4）：66-71.

[5] 张龙．中国体育产业关联性和波及效应分析［J］．山西财经大学学报，2017，39（S2）：29-32.

[6] 陈岩．我国体育产业结构优化及其市场化运营研究［M］．北京：中国水利水电出版社，2017.

[7] 任波．中国体育产业结构的形成机理、演进逻辑与优化策略［J］．沈阳体育学院学报，2018，37（4）：14-20.

[8] 安俊英，杨倩，黄海燕．基于灰色系统理论的我国体育产业结构预测研究［J］．天津体育学院学报，2017，32（5）：406-410.

[9] 杜道理．炫耀性体育消费：现实背景、理论探源及概念思辨［J］．上海体育学院学报，2017，41（2）：30-35.

[10] 肖锋，徐家兰．影响与启示：当代中国社会分层与体育消费［J］．南京体育学院学报，2016，30（5）：42-47．

[11] 卢永雪．基于SCP范式的体育消费市场研究［J］．体育文化导刊，2016（11）：118-121.

[12] 杨伊，王跃．我国体育消费与体育市场协调发展研究［J］．体育科技，2017，38（1）：101-102.

[13] 张振峰.体育消费需求升级视角下体育产业转型发展路径[J].西安体育学院学报,2017,34(4):453-458.

[14] 隋晓燕.我国体育产业治理模式及优选策略研究[J].北京体育大学学报,2018,41(2):33-39.

[15] 李龙,范占江.背离与回归:体育市场主体的契约精神[J].西安体育学院学报,2018,35(6):641-646.

[16] 王子朴,原玉杰,詹新寰.我国体育产业政策发展历程及其特点[J].上海体育学院学报,2008(02):15.

[17] HOLDEN R. Leisure, sports & society[J]. Leisure Studies, 2015, 34(4): 510-512.

[18] STEPHANIE M. The promise of creative/participatory mapping practices for sport and leisure research[J]. Leisure Studies, 2017, 36(2): 182-191.

[19] 王俊.基于国家层面的体育产业政策内容发展研究[D].武汉:湖北大学,2016.

[20] 陈亮.浅析我国滑雪运动竞赛表演产业政策体系[J].商,2016,(30):290.

[21] 郑烨.长沙市体育竞赛表演业发展现状分析[J].湘南学院学报,2016,37(05):99-103.

[22] 江小涓.职业体育与经济增长:比赛、快乐与GDP[J].体育科学,2018,38(06):3-13.

[23] 黎伟.广西城市群体育竞赛表演业与体育旅游业的融合发展[J].运动,2018(19):145-146.

[24] 张倩,谢祥项.海南省大型体育赛事与旅游融合发展的价值和策略[J].体育文化导刊,2018(11):106-110.

[25] 张冰,余可."互联网+"视域下体育与旅游产业融合策略研究[J].商业经济研究,2017(04):203-205.

[26] 余荣芳,王爱文,辜德宏.我国电子竞技产业发展的问题与对策[J/OL].体育成人教育学刊:1-7[2019-06-08].https://doi.org/10.16419/j.cnki.42-1684/g8.20190524.018.

[27] 邹月辉,田思.我国电子竞技产业发展风险与规避研究[J/OL].体育成人教育学刊:1-5[2019-06-08].https://doi.org/10.16419/j.cnki.42-1684/g8.20190524.011.

[28] 谭青山,孙娟,孔庆波.我国电子竞技赛事发展研究[J].体育文化导刊,2018(12):56-60,65.

[29] 钟文.开拓冰雪运动产业新蓝海[N].人民日报,2017-10-26(011).

[30] 本报评论员.新发展理念引领冰雪产业新发展[N].中国体育报,2018.04.18(001).

[31] 张瑞林.我国冰雪体育产业商业模式建构与产业结构优化[J].体育科学,2016,36(05):18-23,53.

[32] 王韶玉.我国冰雪运动产业绿色发展的路径研究[J].中国社会科学院研究生院学报,2017(05):10-16.

[33] 刘墨非.北京全方位打造"冰雪名片"[J].北京观察,2019(02):54-57.

[34] 牟健,周振国.东北三省滑雪产业可持续发展水平的实证研究[J].吉林体育学院学报,2018,34(05):64-69.

[35] 王露露,陈丹,高晓波.我国南方冰雪产业发展问题及对策[J].体育文化导刊,2019(04):94-99.

[36] 邰邦国,沈克印.我国冰雪特色小镇的规划建设[J].体育成人教育学刊,2018,34(04):13-17.

[37] 吕婵. 黑龙江省优势冰雪体育产业选择与培育研究 [J]. 哈尔滨体育学院学报, 2016, 34 (2): 20-25.

[38] 贾文彤, 杨金田. 对我国冰雪运动设备制造业发展的思考 [J]. 河北体育学院学报, 2018, 32 (3): 19-23.

[39] 尹然, 张文龄. 从专利视角看我国滑雪产业现状及创新方向 [J]. 中国发明与专利, 2019, 16 (4): 69-75.

[40] 梁爱群, 杨思瞳, 李盈. 我国冰雪体育用品企业核心竞争力的培养 [J]. 冰雪运动, 2008 (3): 91-93.

[41] 张毅, 袁雷, 孟辉. 地域社会学视域下我国滑雪产业集聚地域社会样态研究 [J]. 西安体育学院学报, 2018, 35 (6): 671-676.

[42] 张强, 陈元欣, 王华燕. 我国城市体育服务综合体的发展路径研究 [J]. 成都体育学院学报, 2016, 42 (04): 21-26; 王家宏, 蔡朋龙, 陶玉流. 我国城市体育服务综合体的发展模式与推进策略 [J]. 武汉体育学院学报, 2017, 51 (7): 5-13; 丁云霞, 潘时华. 体育综合体转型发展的逻辑动因与路径——基于"以人民为中心"的体育价值取向 [J]. 上海体育学院学报, 2018, 42 (6): 30-35.

[43] 李明, 刘世磊, 徐凤琴. 基于PPP模式下大型体育场馆契约治理内外部机制的CFA模型构建与验证性研究 [J]. 沈阳体育学院学报, 2017, 36 (1): 13-18, 24; 刘辉. 我国大型体育场馆项目PPP融资法律问题研究 [J]. 武汉体育学院学报, 2017, 51 (11): 48-53; 陈磊, 陈元欣. 美国大型体育场馆运营中PPP模式应用研究 [J]. 首都体育学院学报, 2018, 30 (4): 297-301; 陈元欣, 黄昌瑞, 王健. 职业体育俱乐部参与体育场（馆）运营研究 [J]. 体育科学, 2017, 37 (8): 12-20.

[44] 杨金娥, 陈元欣, 黄昌瑞. 老旧厂房改造体育设施之存在问题和解决路径 [J]. 武汉体育学院学报, 2018, 52 (10): 18-23; 陈元欣, 姬庆, 周彪. 公共体育场（馆）委托管理激励机制研究 [J]. 中国体育科技, 2019, 55 (1): 52-60.

[45] 董立红. 大数据时代我国体育用品业的发展创新研究 [G] // Harry Zhang. Proceedings of 2017 7th International Conference on Education and Sports Education (ESE 2017) V76. 西班牙马德里: Singapore Management and Sports Science Institute, 2017: 299-302.

[46] 王少元. 大数据时代体育用品企业营销变革研究 [D]. 成都: 成都体育学院, 2018.

[47] 潘子辉, 陈颇. 经济新常态下中国体育用品制造业转型升级综合能力评价研究 [J]. 沈阳体育学院学报, 2018, 37 (5): 47-53.

[48] 谈艳, 张莹, 陈颇. 中国体育用品制造业转型升级的影响因素研究 [J]. 沈阳体育学院学报, 2017, 36 (1): 38-42.

[49] 郑一婷, 张传昌, 王润斌. 供给侧改革视域下我国体育用品制造业协同创新策略研究 [J]. 哈尔滨体育学院学报, 2018, 36 (2): 44-49, 56.

[50] 李新啸, 邱林飞. 体育用品品牌理论框架探析 [J]. 浙江体育科学, 2019, 41 (2): 15-21.

[51] 王启万, 王珂炜, 朱虹. 体育用品品牌生态位构成维度研究 [J]. 沈阳体育学院学报, 2018, 37 (6): 6-9.

[52] 王鹏, 黄谦, 陈茗婧. 品牌来源地购买体验与品牌感知质量——基于中国体育用品的实证研究 [J]. 西安体育学院学报, 2019, 36 (1): 38-44.

[53] 李大帅. 品牌战略视阈下我国体育用品企业生产改革研究 [J]. 湖北体育科技, 2018, 37 (11): 955-957.

[54] 张红梅. 全球价值链下中国运动服装品牌国际化研究 [D]. 上海: 东华大学, 2017.

[55] 张思浩. 基于蛛网模型的中外体育鞋服类产品品牌多维对比研究 [D]. 杭州: 杭州师范大学, 2017.

[56] 李碧珍, 陈若芳, 王珍珍等. 驱动因素及创新模式研究——以安踏为例 [J]. 福建师范大学学报, 2018 (1): 46-56.

[57] 周文静, 王恒利, 李凌. 基于结构熵权模型的体育用品制造企业创新能力评价及实证研究 [J]. 天津体育学院学报, 2018, 33 (5): 412-418.

[58] 刘婧, 程凯芳. 李宁 vs 安踏: 体育用品专利技术竞争情报研究 [J]. 中国发明与专利, 2019, 16 (4): 56-62.

[59] 乔永忠, 陈璇. 体育用品制造业终止和有效专利维持时间 [J]. 武汉体育学院学报, 2018 (6): 56-63.

[60] 瞿迪, 翟丰. 人工智能化体育用品发展研究 [J]. 体育文化导刊, 2018 (6): 104-108.

[61] 傅钢强, 杨明. 智能体育用品选择的微观经济学分析——基于供给侧、需求侧和政府责任规制 [J]. 南京体育学院学报, 2017, 16 (4): 155-160.

[62] 张智敏, 阎圣泉. 体育用品企业营销模式研究——以迪卡侬为例 [J]. 中国管理信息化, 2019, 40 (4): 107-108.

[63] 曹飞. 体育行业 O2O 营销模式研究——以昂派体育公司为例 [D]. 南京: 南京大学, 2017.

[64] 隋亚男, 李凌. 体育用品网络营销中消费意愿模型与路径影响研究 [J]. 河北体育学院学报, 2019, 33 (1): 56-61.

[65] 罗宇. 体育用品善因营销匹配度对消费者品牌忠诚度影响研究 [J]. 价格月刊, 2018, 499 (12): 64-70.

[66] 郝爽. 我国滑雪器材装备市场现状与发展对策研究 [D]. 哈尔滨: 哈尔滨体育学院, 2017.

[67] 薛林峰, 杨明. 我国体育用品加工贸易转型升级研究 [J]. 武汉体育学院学报, 2018, 52 (5): 44-49.

[68] 张泽. 体育用品制造产业集群的网络结构和特征分析 [J]. 浙江体育科学, 2018, 40 (3): 25-28.

[69] 王学实, 潘磊. 人民币有效汇率变动对我国体育用品制造业进出口贸易的影响 [J]. 武汉体育学院学报, 2018 (4): 38-43.

[70] 张文亮, 杨金田, 张英建, 等. "体医融合" 背景下体育健康综合体的建设. 体育学刊, 2018, 25 (6): 60-67.

[71] 杨虎. 全民共享视域下高校体育产业的发展研究 [J]. 体育世界 (学术版), 2019 (2): 42-43.

[72] 编委会. 文体制造业转型升级发展政研会在京召开 [J]. 文体用品与科技, 2017 (21): 9.

[73] Laurent Vanat. 2017 International Report on Snow & Mountain Tourism——overview of the key industry figures for ski resorts [R]. 9th edition, April 2017.

[74] 王飞, 朱志强. 推进滑雪产业发展的大型滑雪旅游度假区建设研究 [J]. 体育科学, 2017, 37 (4): 11-19.

[75] 田栋. 奥运经济效应及我国发展冰雪经济的国际经验比较与借鉴 [J]. 全球化, 2018 (9): 100-111, 117, 136.

[76] 国信证券. 他山之石——探究全球体育用品巨头发展之路 [R/OL]. (2016-01-14). https://www.docin.com/p-1427598986.html.

[77] Sports apparel market by End User (Men, Women, Kids) and Mode of Sale (Retail stores, Supermarkets, Brand outlets, discount stores, Online stores) -Global Opportunity Analysis and Industry Forecast 2014-2020 https://www.allied market research com/sports-apparel-market.

[78] Fitness Trackers Market- Global Opportunity Analysis and Industry Forecast, 2017-2023 [EB/OL]. 2018. https://www.reportlinker.com/p05371964/Fitness-Trackers-Market-Global-Opportunity-Analysis-and-Industry-Forecast html.

[79] Revenue from footwear segment of Nike, Adidas and Puma from 2010-2017 (in billion on US dollars) [EB/OL]. 2018. https://www.statista.com/statistics/278834/revenue-nike-adidas-puma-footwear-segment.

[80] 张元梁, 平杰. 中外体育用品业专利战略比较研究——以DII数据库运动鞋相关专利数据为例 [J]. 中国体育科技, 2017, 53 (6): 54-64.

[81] 甘泉. 李宁 VS. 耐克: 对中国体育用品行业的启示 [D]. 北京: 清华大学, 2015.

体育新闻传播学学科发展研究报告

Research Report on Disciplinary Development of Sport Journalism and Communication

（2016—2019）

体育新闻传播分会

China Sport Science Society for Sport Journalism and Communication

2019.10

前　言

2016—2019年正处于"十三五"时期，是全面建成小康社会的决胜阶段，是实现中华民族伟大复兴中国梦的重要时期，作为新闻传播学与体育学的交叉学科，体育新闻传播学为促进我国体育全面协调可持续发展、实现体育强国建设目标，充分发挥体育在建设健康中国、增强国家凝聚力和文化竞争力等方面起到了独特作用。

本研究报告是在中国体育科学学会的指导下，由体育新闻传播分会组织编写。在体育产业分会主任委员陈伟教授的领导下，由体育新闻传播分会副主任委员、分会常委郝勤教授担任顾问，并由体育新闻传播分会秘书长郭晴教授组织专家完成撰稿，历时8个月完成。本研究报告分为五部分，第一部分回顾了体育新闻传播学科发展历程；第二部分是对我国2016—2019年体育新闻传播学术专著及学术活动的综述，该部分主要对这四年发表的学术论文、出版的学术专著、教材进行了梳理和评述，并回顾了这四年间体育新闻传播学的学术会议、立项的课题情况及对外交流；第三部分梳理了2016至2019年我国体育新闻传播教育取得的成就、人才培养特色及课程特色；第四部分为他山之石，对西方体育新闻传播研究的综述为我国体育新闻传播研究发展提供了具有启发性的思考；第五部分是对我国体育新闻传播学科发展的评析和学科的未来想象。

本报告引言由郭晴教授（成都体育学院）、薛文婷教授（北京体育大学）撰写，第一部分《体育新闻传播研究综述》由李芳教授（沈阳体育学院）撰写，第二部分《体育新闻传播学术专著及学术活动综述》由陈岐岳副教授（首都体育学院）撰写，第三部分《我国体育新闻传播教育成就》由郭晴教授（成都体育学院）、潘虹燕副教授（成都体育学院）撰写，第四部分《西方体育新闻传播综述》由张盛副教授（上海体育学院）、付晓静教授（武汉体育学院）撰写，第五部分《我国体育新闻传播学科发展评析及学科想象》由李金宝教授（南京体育学院）撰写。统稿由郭晴教授完成。成都体育学院新闻传播学专业博士研究生李平平，研究生徐刍尧、支城龙参与了研究报告摘要翻译、前期资料收集和后期校对等工作，在此对他们的辛勤劳动表示感谢。

本报告的撰写得到了成都体育学院新闻传播学院、北京体育大学新闻与传播学院、上海体育学院传媒与艺术学院、武汉体育学院新闻传播学院、沈阳体育学院体育人文学院、南京体育学院体育教育与人文学院、首都体育学院人文学系、广州体育学院传媒学院等院系的大力支持,提供了宝贵的科研资料和社会服务等信息,在此向以上院系的支持表示衷心的感谢。

由于撰稿时间的限制和笔者掌握资料、信息的局限性,难免造成研究报告中部分资料、信息的滞后或遗漏,在此谨向读者表示歉意。

体育新闻传播分会

2019 年 10 月

课题组

组长：陈 伟

成员：（按姓氏笔画排序）

付晓静 李 芳 李金宝 张 盛 陈岐岳

郝 勤 郭 晴 潘虹燕 薛文婷

体育新闻传播学学科发展研究报告
Research Report on Disciplinary Development of Sport Journalism and Communication
(2016—2019)

Abstract

Sports journalism and communication is a subject that can be conferred by sports colleges and universities at the same time with a first-level degree in sports science and a first-level degree in other disciplines (journalism and communication) besides sports science. As an interdisciplinary subject of sports science and Journalism and communication science, it was born in the 1980s. After the 18th National Congress of the CPC, General Secretary Xi Jinping's speech spirit in the Symposium on philosophy and Social Sciences was deeply understood. He was brave in exploring and innovating in the construction of knowledge system, personnel training, academic research and foreign exchanges, in order to promote the comprehensive, coordinated and sustainable development of China's sports and strive to achieve the goal of building a strong sports country. Standard, give full play to sports news report, sports propaganda and sports culture construction in promoting the development of China's sports cause, enhancing national cohesion and cultural competitiveness, etc. It has made important contributions to the development of China's sports discipline and sports cause.

From the internal mechanism and external needs, Sports Journalism and sports communication as independent disciplines have become a reality: independent knowledge system has been formed, personnel training methods are increasingly diversified and remarkable achievements have been made, discipline construction has taken a big step forward, research fields are becoming broader and broader, and the cohesion of academic community is becoming more and more strong. Strong, the explanatory power and social service power of the research results on sports phenomenon are becoming stronger and stronger, and the service in strengthening national self-confidence, sports national image construction, cultural dissemination and other aspects also shows unique advantages.

In the construction of knowledge system, we can see the theoretical support of four major discipline clusters to sports journalism and communication: communication discipline clusters (communication, journalism, sociology, psychology, politics, etc.); sports science clusters (sports theory, Olympic history, etc.); media economics clusters (economics, management, market, etc.); Information Science and Technology Group (Statistics, Information Technology, Data Mining, Visual Design). Specifically, on the basis of the original ability of traditional sports media to collect, compile and evaluate, sports journalism inclines to humanistic literacy and new media technology, and combines the characteristics of integrated media, expands the new fields of network sports news reporting, VR/IR new technology and sports news reporting, sports events public signal production and so on. On the basis of the original research paradigm of "mass communication type + sport" and "communication process + sport", sport communication research paradigm of "cultural research orientation and functionalism orientation" and "sport relationship communication paradigm" have been developed.

In academic research, in recent years, the research content of sports communication discipline in business practice and policy-oriented two-wheeldrive, clearly reflects the era in the intergenerational transformation of research content. From the number of sports news dissemination papers published in core journals, 2016—2019 shows a marked growth trend compared with the previous 2012—2015; in research methods, empirical description is still the main method from 2016 to 2019, and mathematical statistics, interview and investigation methods are gradually becoming high-frequency use methods, but oral history Qualitative research methods, such as field investigation, field investigation, video observation and word frequency analysis, have been applied to the field of sports news communication. During this period, the research field of Sports Journalism and communication mainly focused on the development of new media sports events and sports media; the research of sports event broadcasting right, sports culture communication, Sports International communication, sports communication and national image, media image presentation and sports television and sports commentary And other fields. From the perspective of research, the characteristics of interdisciplinary and cross-cultural are obvious. In addition, there are many articles which focus on the basic theory of sports news and sports communication and comment on western sports communication academic research, which has important theoretical value for the development of sports news communication discipline in China.

From 2016 to 2019, Sports Journalism and communication science published monographs and projects, showing the following characteristics: 1. "Sports News" and "Sports Communication" and the characteristics of the times and integration. The research field of vision is no longer confined to the media itself, breaking through the category of mass communication with "sports audience as the focus and effect as the purpose", but focusing on interaction and communication, exploring sports information communication and sports culture, sports communication and organization (state) governance, sports communication and cross-cultural communication in a broader perspective. Macroscopic studies such as flow. 2. Times and integration. The theme of the study involves international sports communication, sports crisis communication, traditional sports culture communication, sports culture industry development, sports city culture communication, sports event broadcast right, sports soft power and other related content. These topics not only reflect the current attention of sports communication to the reality, but also have obvious characteristics of the times. They also reflect the trend of integration of sports communication research and other disciplines.

Major breakthroughs have been made in academic activities and foreign exchanges. In addition to the annual "Sports News Communication Academic Seminar", the "International Sports Communication High-end Forum" has been held for the fifth time, and has become the business card of the subject of sports news communication in China in the international sports news communication academia. In addition, the holding of "Forum for Young Scholars of Sports Communication" and "Workshop on Research and Methods of Sports News Communication" provided a platform for young scholars of this discipline to exchange and cooperate academically, display their achievements and collide with wisdom, accumulate research and continue learning. The scope of foreign exchanges has gradually expanded, and the strategy of "inviting in and going out" has been adopted. Wushu, Beibei, adult and upper bodies have basically formed a regular plan for visiting scholars abroad. Researchers are regularly selected to exchange with and invite foreign countries.

目 录

引言

一、体育新闻传播研究综述

（一）学术论文发表平台与成果数量

（二）研究方法

（三）研究领域

（四）研究视角：跨学科跨文化的多元融合

二、体育新闻传播学术专著及学术活动综述

（一）学术专著评述

（二）课题立项概况

（三）学术会议及培训概况

 1. 全国体育新闻传播学术研讨会

 2. 体育新闻传播青年论坛

 3. 体育新闻与体育传播研究工作坊

（四）国际交流概况

 1. 交换学者制度化

 2. 国际学术会议持续化

 3. 国际期刊编委新突破

三、体育新闻传播人才培养综述

（一）新闻传播学专业本科人才培养概况

 1. 培养目标

 2. 培养要求

（二）研究生人才培养概况

（三）人才培养特色

 1. 特色课程建设

 2. 实践教学创新

 3. 交换学生项目开发

（四）教材建设概况

四、西方体育新闻传播研究综述

（一）定义体育传播

（二）探问体育传播

（三）建构体育传播

（四）反思研究范式

五、体育新闻传播学科展望

（一）新时期体育新闻传播学研究特征

1. 学科定位更加明确

2. 学科领域独立性逐渐显现

3. 学科研究内容现实性强

4. 体育新媒体研究呈现多元化

（二）新时期体育新闻传播研究的主要议题

1. 满足受众需求的数据可视化信息的生产与传播

2. 基于体育赛事产业链的转播体系建设与完善

3. 技术变革中的人工智能体育新闻生产与消费

4. 体育公共关系传播议题丰富与多元

5. 跨文化传播中的体育文化认同

（三）体育新闻传播学科未来发展的主要趋势

1. 学科合作：体育新闻传播研究新发展

2. 业务融合：体育新闻传播实践新期待

3. 理论创新：体育新闻传播功能新拓展

4. 重塑再造：体育新媒体研究期待新突破

参考文献

Contents

Preface

1 Summary of Sports News Communication Research

   1.1 Number of Publishing Platform and Academic Papers

   1.2 Research methods

   1.3 Research Field

   1.4 Research Perspective: Multi-disciplinary and Cross-cultural Integration

2 Summary of Academic Monographs and Academic Activities of Sports Journalism & Communication

   2.1 Comments on Academic Monographs

   2.2 Overview of National Projects

   2.3 Overview of Academic Conferences and Training

      2.3.1 National Symposium on Sports News Communication

      2.3.2 Sports News Communication Youth Forum

      2.3.3 Workshop on Sports News and Sports Communication

   2.4 Overview of International Academic Activities

      2.4.1 Institutionalization of exchange scholars

      2.4.2 Continuation of International Academic Conferences

      2.4.3 New Breakthrough of International Journal Editorial Board

3 Summary of Sports Journalism & Communication Education

   3.1 Overview of Undergraduate Programs of Sport Journalism and Communication

      3.1.1 Training objective

      3.1.2 Training Requirements

   3.2 Overview of Postgraduate Programs of Sport Journalism and Communication

   3.3 Education Characteristics in Sport Journalism and Communication

      3.3.1 Characteristic Course Construction

      3.3.2 Innovation in Practical Teaching

3.3.3 Exchange Student Project Development

3.4 Overview of Textbook about Sport Journalism and Communication released

4 Summary of Sport Journalism and Communication Research in Western Countries

4.1 Definition of Sports Communication

4.2 Exploring Sports Communication

4.3 Constructing Sports Communication

4.4 Reflections on Research Paradigm

5 Prospect of Sport Journalism and Communication

5.1 Characteristics of Sport Journalism and Communication

5.1.1 Discipline orientation is clearer

5.1.2 Disciplinary independence gradually emerges

5.1.3 Subject research content is realistic

5.1.4 Research on new sports media is diversified

5.2 Main Issues of Sport Journalism and Communication Research

5.2.1 Production and dissemination of data visualization information to meet the needs of audiences

5.2.2 Construction and Improvement of Broadcasting System Based on Sports Industry Chain

5.2.3 Artificial Intelligence Sports News Production and Consumption in Technological Change

5.2.4 Sports Public Relations Communication Issues are Rich and Diversified

5.2.5 Sports Cultural Identity in Cross-cultural Communication

5.3 The Development Trend of Sport Journalism and Communication

5.3.1 Disciplinary Cooperation: New Development of Sports News Communication Research

5.3.2 Business Integration: New Expectations of Sports News Communication Practice

5.3.3 Theoretical Innovation: New Development of Sports News Communication Function

5.3.4 Rebuilding and Rebuilding: New Breakthrough in Sports Media Research

References

引言

体育新闻学的产生和体育新闻实践、体育新闻教育与研究的发展紧密相关。就世界范围而言,现代意义上的体育新闻于19世纪上半叶产生——是近代体育业、新闻业的互动产物,于19世纪下半叶成为正式的新闻品种,于20世纪逐渐成为最受大众欢迎的新闻品种。

新中国成立后,体育新闻业因政治运动频繁一度发展缓慢,但在改革开放后迅速走上了发展的快车道:20世纪80年代,因为竞技体育的迅猛发展和新闻改革的初步探索,体育新闻传播在传者队伍、报道内容、媒介格局、受众需求、传播效果方面都有了质的变化和提升。其中,体育部(组)的相继成立、体育版(栏)的普遍设置,标志着体育报道开始成为一种独立的新闻品种并日趋专业化;上世纪90年代,随着市场经济建设步伐加快、职业联赛兴起、新闻改革深化、传播科技日新月异,通讯社、报刊、广播、电视等传统媒体的体育新闻传播获得快速发展,网络体育新闻传播也初露峥嵘,体育新闻竞争日趋激烈甚至白热化;新世纪以来,北京奥运会成功举办,新媒体技术日新月异,体育新闻传播格局发生了翻天覆地的变化。

我国的体育新闻传播教育起步于20世纪80年代。1983年,全国只有14家新闻教育机构[1]。当年5月,中宣部和教育部在北京联合召开新中国成立以来第一次全国新闻教育工作座谈会,决定加快发展和改革新闻教育。此后,各地高校纷纷设置新闻学专业。上海体育学院率先于1985年开办体育新闻写作专项班,于1987年开办体育新闻专业试点班(体育教育专业体育新闻方向),于1989年正式开办体育新闻专业,成都体育学院于1997年开始着手体育新闻方向研究生,这两所高校成为我国体育新闻传播教育的开拓者。进入21世纪,我国的体育新闻传播教育开始跨越式发展。各体育院校纷纷开办新闻学专业体育新闻方向。截至目前,开办新闻学专业的体育类本科高等学校有12所。

体育新闻学概念在我国出现于1985年。当年,体育报社副主编马信德出版了《体育新闻学ABC》一书,阐述了体育新闻的起源、特征及体育记者的修养。1995年,上海体育学院单承芳发表《体育新闻学》一文,指出"体育新闻学"这一概念,这一新概念的问世标志着体育新闻学这门学科已进入起步阶段,并认为体育新闻学"既体现体育学、新闻学的基本理论,又包含自身完整的学科体系"[2]。2000年,成都体育学院郝勤撰文《论体育新闻学的性质特征及学科建设》,强调体育新闻学是研究体育新闻传播现象和规律的"专门学科",是新闻学的"学科分支"和专业方向,也是一个"学科体系"[3]。2006年,北京体育大学易剑东认为,体育新闻学的学科性质属于新闻学的分支学科(最专业的分支新闻学)和体育学的应用学科[4]。

体育传播学的产生和传播学在中国的传入与发展进程紧密相关。传播学被确立为二级学科和本科目录专业后，体育院校虽然没有设立传播学本科专业，却纷纷增设传播学方面的课程，体育传播学的概念也随之产生。在我国，正式提出体育传播学概念并对其进行系统阐述的是郝勤、郭晴发表于2003年的论文——《论体育传播学的性质特点及其理论架构》。该文认为，在学科属性上，体育传播学既是体育科学体系中的重要组成部分，也是传播学的一个分支学科，表现出鲜明的学科交叉性和边缘性特征[5]。

随着新闻传播学一级学科地位的确立，体育新闻传播学也应运而生。2004年，中国体育科学学会体育新闻传播分会正式成立，为体育新闻传播学界、业界人士提供了一个对话、交流、研讨的平台，极大推动了我国体育新闻传播教育和研究的发展。

经过几代学者学人的开疆拓土、辛勤耕耘，体育新闻学和体育传播学在教育领域、人才培养、理论建构方面"已经初具规模，取得了令人瞩目的成就，初步形成了一批国内研究群体，建立了全国性学术组织，定期召开全国性学术会议，开始与国外同行建立交流与合作关系，在国内外相关学界与业界也开始初具影响"[6]。2018年，也有学者指出，"在40年的发展历程中，我国体育新闻传播学研究在宏观上建立了独立的研究框架，出版了相关教材，培养了大量人才，为服务国家体育新闻传播实践作出重要贡献。"

一、体育新闻传播研究综述

本报告采用了文献资料法、知识图谱分析法、词频分析法等研究方法，对2016年至2019年发表的体育新闻传播学论文进行了研究。本研究利用CNKI数据库，选取北大核心期刊目录汇总（2014年版）收录的体育类核心期刊16种，新闻与传播类核心期刊27种，以及北大核心期刊目录汇总（2017年版）收录的体育类核心期刊16种，新闻与传播类核心期刊24种，运用人工方法进行地毯式筛选与统计，剔除与体育新闻传播有关的会议通知、新闻报道、人物介绍等无效文献，共获得论文625篇。此外，由于其他类别北大核心期刊数量较多，无法进行人工筛选，因此采用在中国知网高级搜索中，以"体育新闻""体育新闻报道""体育电视""赛事解说""赛事转播""体育传播""奥林匹克传播""体育广告""体育新媒体""体育文化传播""体育大众传播""体育新闻传播学教育"等为搜索词条，以发表在核心期刊的论文为检索条件，进行模糊检索，经过甄别和筛选，剔除重复和不属于本学科研究范畴的样本，共获得论文20篇。因此本报告最终确定645篇体育新闻传播领域的核心论文作为研究样本。在研究方法上，将研究样本中每一篇文章作为一个分析单位进行分析，选取研究机构和关键词要素，通过Citespace软件绘制科学知识图谱，结合关键词共现图、热点时区图、机构合作图进行分析。采用的描述性分析指标主要有文献来源和研究方法，所得数据通过Excel处理。

（一）学术论文发表平台与成果数量

根据《现状与未来：对我国体育新闻与传播研究的思考——基于2012—2015年发

表的学术论文》（2016）[7]以及《改革开放40年我国体育新闻传播学回顾与展望》（2018）[8]对该领域研究论文的分类方法，本研究报告将体育新闻传播研究的论文分为体育新闻理论与实务论文（包含体育新闻理论、体育新闻采写编评及与体育新闻报道业务相关的研究论文）；体育传播理论与实践论文（包含体育传播、体育文化传播、新媒体体育传播、体育国际传播、体育文化传播、民族传统体育传播、体育广告以及对体育传播现象进行解读的研究论文）；体育解说与体育影视论文（包括体育解说、体育电视和体育电影等方面研究论文）和体育新闻传播教育类论文（表1）。

表1 2016—2019年体育新闻传播核心论文研究领域分类表（N=645 单位：篇）

期刊来源		体育类期刊		新闻传播类期刊		其他类别期刊	合计	
		北大核心	南大核心	北大核心	南大核心	北大+南大核心		
体育新闻理论与实务	体育新闻理论	16	14	74	1	0	105	224
	体育新闻实务	3	8	99	5	4	119	
体育传播理论与实践	体育传播	28	47	49	5	2	131	333
	新媒体体育传播	18	12	42	6	3	81	
	体育国际传播	10	8	3	0	2	23	
	体育文化传播	12	21	27	1	4	65	
	民族传统体育传播	4	4	4	1	4	17	
	体育广告	1	0	5	0	0	6	
	体育新闻传播史	5	4	1	0	0	10	
体育解说与体育影视	体育解说	0	3	6	0	0	9	83
	体育电视	12	7	31	5	1	56	
	体育电影	10	6	2	0	0	18	
体育新闻传播教育		—	1	1	3	0	0	5	5
总计		—	120	135	346	24	20	645	

从发表论文的总数上看，2016—2019年在核心期刊上发表的体育新闻传播类论文有466篇平均每年近116篇，"2012—2015年发表核心论文为116篇"，"2008—2011年发表论文173篇"[9]，体育新闻传播学研究论文的数量大大高于前4年，此外需要说明的是，关于2019年核心论文统计时间截止到2019年4月30日，2019年只统计前4个月发表核心论文，数据尚不是完整全年数据。

从论文发表的期刊来源看，在体育类学术期刊上发表的体育新闻传播学论文共255篇，占总数的39.5%；在新闻传播类学术期刊发表的论文共370篇，占总数的57.4%；

其他类学术期刊发表的论文为20篇，占3.1%。北大核心466篇，南大核心159篇。在645篇文章中，发表于体育类权威核心期刊《体育科学》的15篇，相较于2012—2015年的2篇呈现突飞猛进的进展趋势。而发表于新闻传播类权威核心期刊《新闻与传播研究》的数量依然未突破零记录。与2012—2015年相比，发表在新闻传播类学术期刊上的论文比例有所增加，而发表在体育类学术期刊上的论文比例明显下降，综合类期刊上的论文比例略为增加。横向来看所发期刊中有38%为各大体育院校校报，各大体育院校校报是体育新闻传播研究的重要聚集地。纵向分析，体育新闻传播类文章占体育院校校报总文章数较小，可见体育新闻传播学术影响力在整个体育界的学术圈内还有很大提升空间。

如图1可见，南大核心期刊体育新闻传播发文量基本呈增长的态势，2019年因数据不完整，尚无法全面分析其变化情况，可忽略不计。

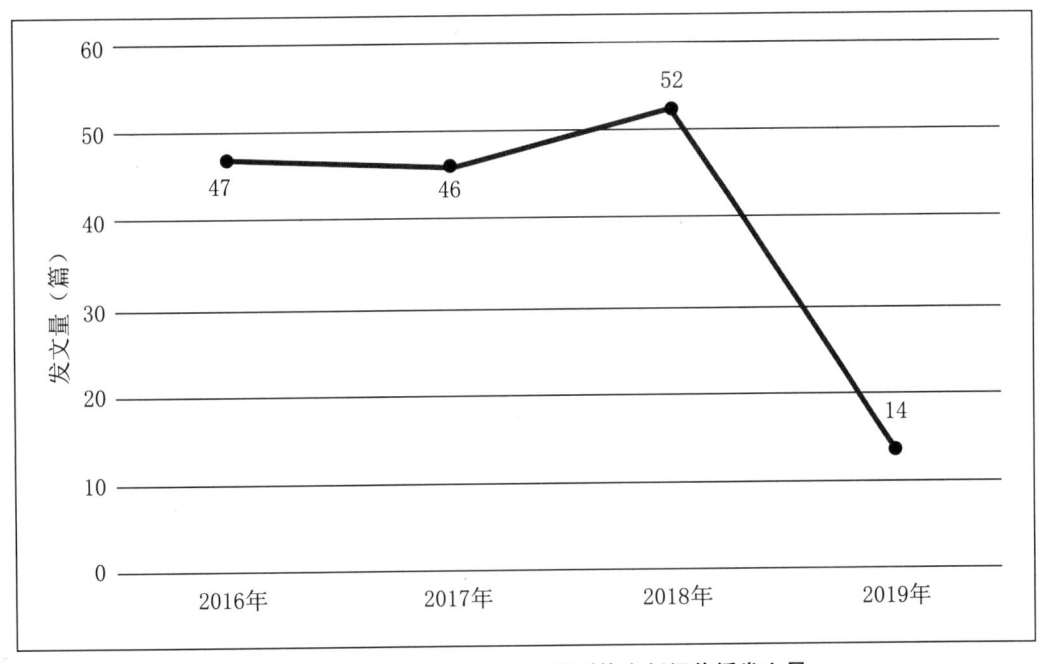

图1　2016—2019年南大核心期刊体育新闻传播发文量

如图2可见，2016—2019年北大核心期刊体育新闻传播发文量呈较为显著的下降趋势，尤其在2018年，由2017年179篇减少到65篇，降幅较大。图3为其他类核心期刊发表体育新闻传播论文情况，整体呈显著的增长趋势。

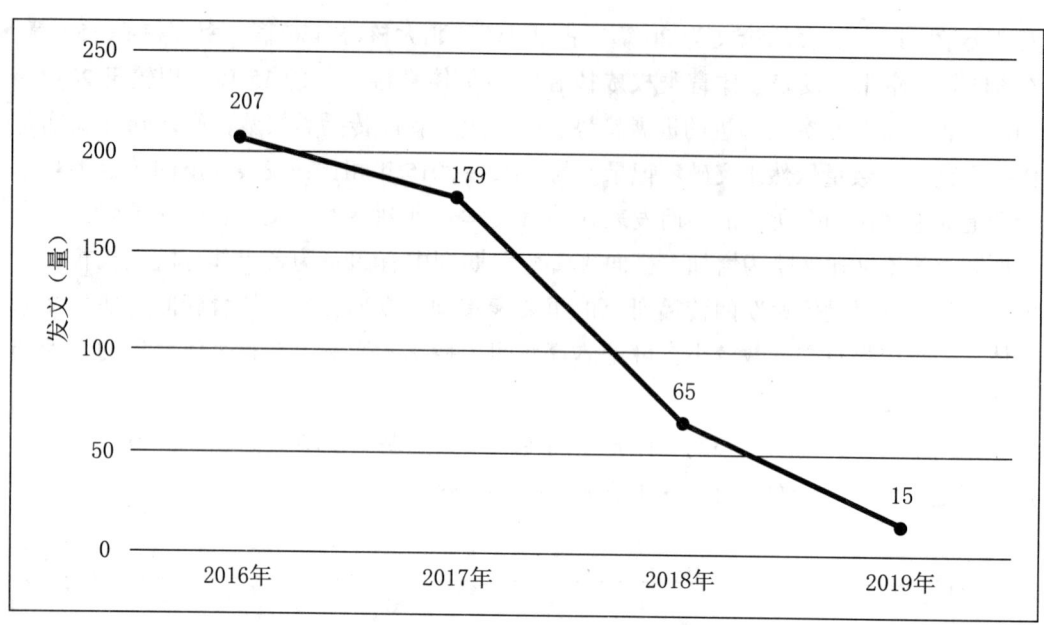

图2 2016—2019年北大核心期刊体育新闻传播发文量

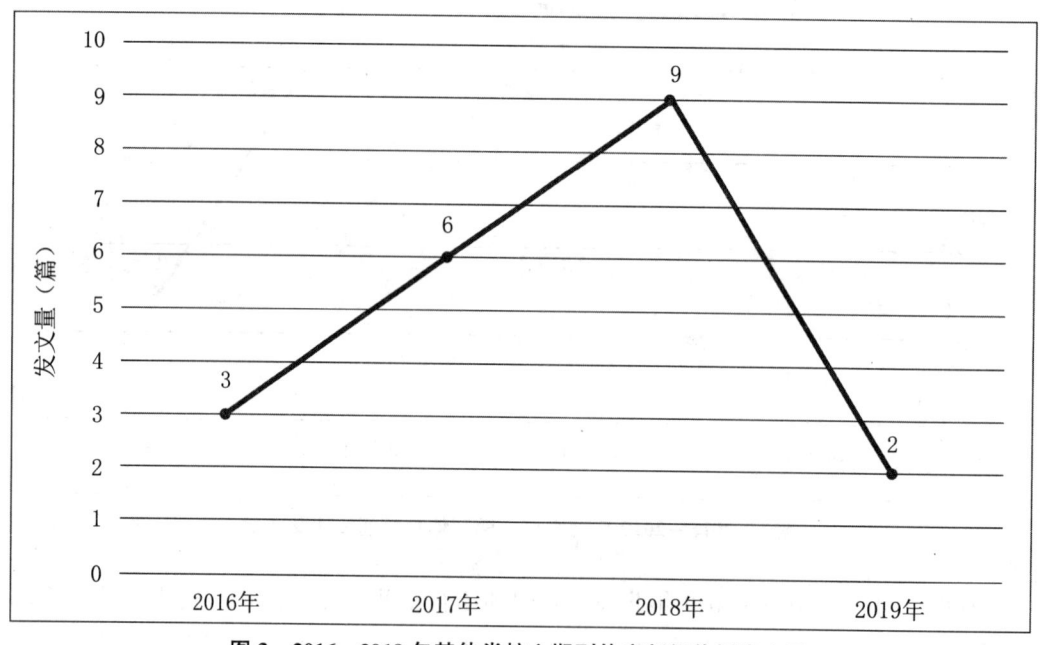

图3 2016—2019年其他类核心期刊体育新闻传播发文量

从图4可知，各类体育期刊整体体育新闻传播领域发文量呈下降趋势，2018年降幅较大，但图1可知南大核心期刊发文量呈现增长趋势，图2北大核心论文呈下降趋势，可以判断出当前学界对南大核心期刊需求度和关注度明显提升，而对北大核心期刊关注度明显下降，进一步体现了南大核心期刊对高校教师、各学术机构研究人员以及博硕士论文评职称、绩效考核、人才项目申报及高水平人才交流等方面，具有较为重要意义。

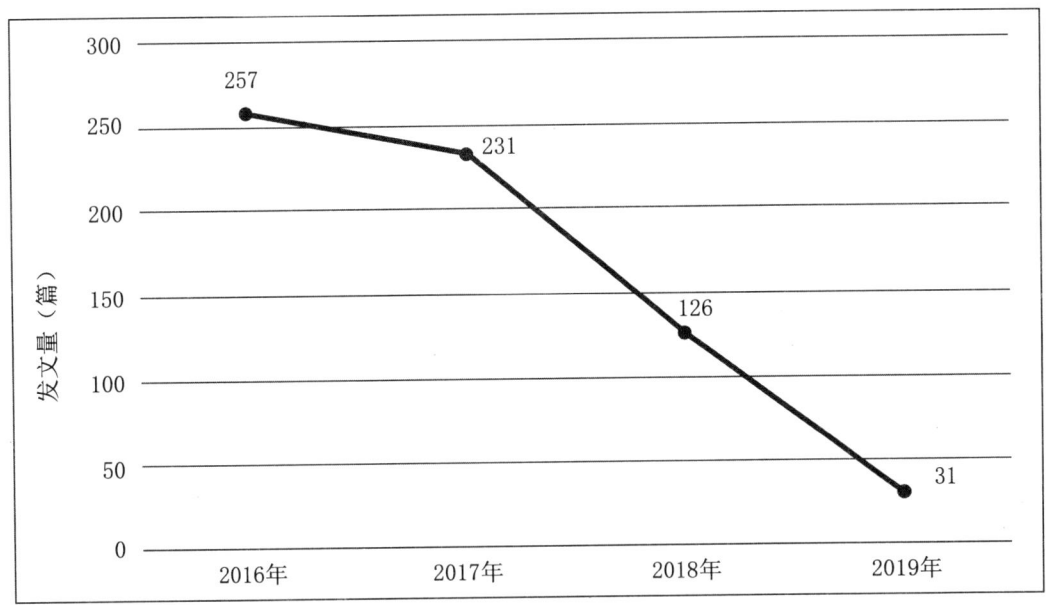

图 4　2016—2019 年体育新闻传播领域各类核心期刊发文量

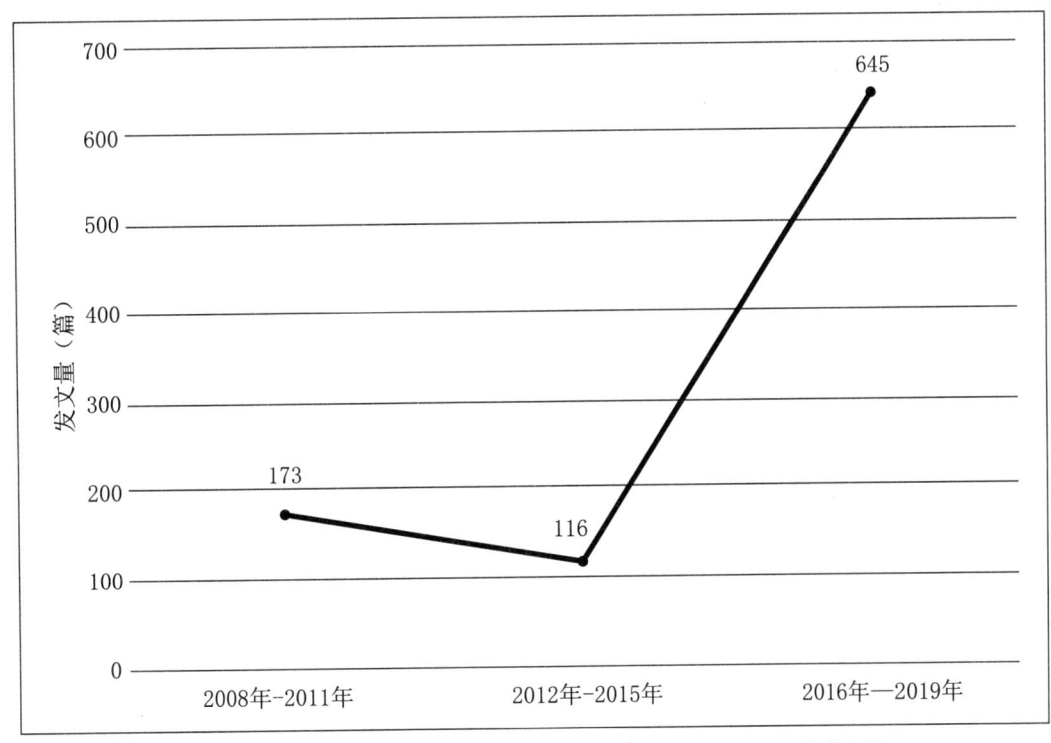

图 5　2008—2019 年每 4 年体育新闻传播领域核心期刊发文量对比图

由图 5 可见，从核心期刊发表的体育新闻传播领域论文数量看，2016—2019 年与之前的 2012—2015 年相比，呈明显增长趋势。

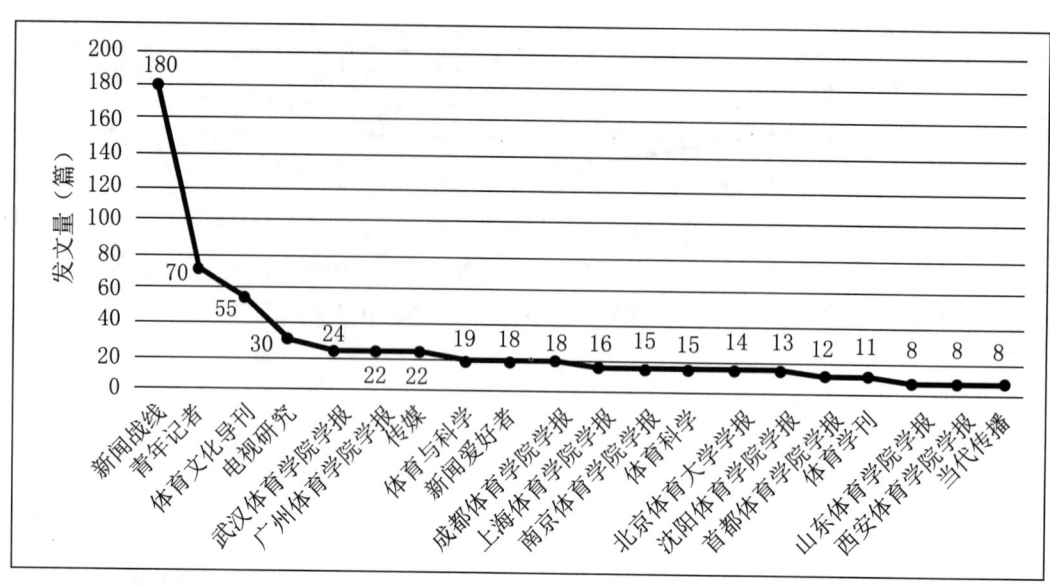

图 6 2016—2019 年体育新闻传播核心论文分布期刊前 20 名比较图

表 2 体育新闻传播研究论文期刊来源统计表（N=645 单位：篇）

期　刊	发文量	期　刊	发文量
新闻战线	180	现代传播（中国传媒大学学报）	5
青年记者	70	中国记者	4
体育文化导刊	55	新闻界	4
电视研究	30	新闻记者	4
武汉体育学院学报	24	贵州民族研究	4
广州体育学院学报	22	中国出版	3
传　媒	22	中国体育科技	2
体育与科学	19	新闻大学	2
新闻爱好者	18	出版发行研究	2
成都体育学院学报	18	黑龙江民族丛刊	2
上海体育学院学报	16	教学与管理	2
南京体育学院学报	15	安徽师范大学学报（人文社会科学版）	1
体育科学	15	北方法学	1
北京体育大学学报	14	电影评介	1
沈阳体育学院学报	14	福建茶叶	1
首都体育学院学报	11	高教探索	1
体育学刊	11	湖南社会科学	1
山东体育学院学报	8	江汉学术	1

续表

期　刊	发文量	期　刊	发文量
西安体育学院学报	8	科技与出版	1
当代传播	8	上海对外经贸大学学报	1
中国广播电视学刊	7	郑州大学学报（哲学社会科学版）	1
新闻与写作	7	中国高校科技	1
出版广角	7	中文信息学报	1

由图6和表2可知，2016—2019年核心期刊发表的体育新闻传播领域论文数量，新闻战线最多，为180篇，其次为青年记者70篇，体育文化导刊55篇，电视研究30篇，武汉体育学院学报24篇，广州体育学院学报22篇，传媒22篇，体育与科学19篇，成都体育学院学报和新闻爱好者为18篇，上海体育学院学报16篇。体育类核心期刊包括顶级的期刊如体育科学、上海体育学院学报、武汉体育学院学报、体育科学等发表体育新闻传播领域论文相对较多，而新闻传播类核心期刊尤其是顶级期刊发表论文相对较少，新闻与传播研究和国际新闻界近4年尚未发表体育新闻传播领域论文，亟待体育新闻传播研究者尽快融入大新闻传播学术圈，发出自己的声音，获得一定的学术地位。

（二）研究方法

在传播学学科化的过程中，传播学集大成者威尔伯·施拉姆将传播学建构为一个以定量研究为主要方法，以协助政府、企业管理为主要研究目标，以大众传播+过程模式为特征的学科。虽然在此后传播学的发展中，批判学派、文化研究逐渐涉入传播研究领域，并与经验研究并列，共同构成了传播学的诠释主义范式和批判主义范式，但来自社会学的定量研究依然在西方的传播学研究和体育新闻传播研究中占主导地位。我国传播学引介于西方，但在研究方法使用上，虽然实证量化分析在研究中逐渐受到重视，但采用思辨、文献法的论文仍明显多于实证量化分析，"现象描述+主观性评析"依然为其主要特征[10]。但从近4年发表核心论文可见，数理统计法、访谈法、调查法逐渐成为高频使用方法，同时口述史、田野调查、词频分析法、社会网络分析法、大数据分析法等研究方法开始逐渐运用到体育新闻传播领域，体育新闻传播领域开始出现研究方法的融合、拓展与创新。

通过对2016—2019年发表645篇论文的量化统计与内容分析，在研究方法的使用上，采用思辨、文献法的论文明显多于实证量化分析，但是与此同时，实证量化分析在研究中也在逐渐受到重视。纵观体育新闻传播学领域研究方法的演变历程可见，2004—2007年，体育新闻传播研究论文主要以经验描述为主，2008—2011年体育新闻传播学研究在方法上有较大进展。在资料收集方法上，除采用传统的文献资料法、问卷调查法、访谈法以外，内容分析法、控制实验法和民族志法等在研究中均有所使用。

虽然实证量化分析在2012—2015年体育新闻与传播研究论文中逐渐受到重视，但采用思辨、文献法的论文明显多于实证量化分析。2016年至2019年间仍然以经验性描述为主，数理统计法、访谈法、调查法也逐渐成为高频使用方法，值得一提的是口述史、实地调研、田野调查、录像观察法、词频分析法等质性研究方法开始运用到体育新闻传播领域。整体而言，从体育新闻传播研究的起步至今，现象描述+主观性的评析为其主要特征。

由表3得出，2016—2019年在体育新闻传播研究方法运用上，文献资料法、逻辑分析法等定性思辨研究共543篇，占全部论文的87.3%。而诸如历史分析法、量化分析法、田野调查、口述史、大数据分析、词频分析法等虽有所涉猎，但使用频次较低，可见这些在其他学科领域近年来已经较为普遍使用的研究方法，在体育新闻传播领域上刚刚开始尝试性地创新应用，尚未形成气候。

表3 体育新闻传播研究论文研究方法统计表

研究方法	使用频次	研究方法	使用频次
文献资料法	519	历史分析法	4
文本分析法	82	实地调研法	3
案例分析法	37	田野调查法	3
内容分析法	32	录像观察法	3
逻辑分析法	24	比较分析法	3
数理统计法	19	口述史研究	1
访谈法	12	网络大数据分析	1
调查法	12	实验法	1
量化分析	5	词频分析法	1

通过对645篇论文分析得出，大多数体育新闻传播领域学术论文以描述性研究为主，以经验性总结、逻辑思辨以及应用性研究为主。定量研究多为简单的数理统计和内容分析法，但一些质量较高、研究方法具有一定创新性论文也开始逐渐呈现。如2016年《体育热点事件微传播特质研究——基于微博传播关键节点的实证分析》选取近3年传播热度最高的体育事件，将体育热点事件大数据量化的计量结果与质化研究方式相结合，在多极化的传播结构中，寻找关键节点并利用其属性，揭示影响体育事件新媒体传播的重要因素，运用stata计量分析软件，通过回归分析、相关分析、卡方检验等统计技术对各变量之间的关系进行量化分析，得出体育热点事件微博传播中关键节点的影响因素系数。

新媒体发展打破了建立在大众传播过程模式上的传播学研究范式，认知传播学、计算传播学成为传播学研究的分支，社会网络分析方法、网络民族志研究、大数据挖掘等社会学、人类学方法在传播学研究中广泛使用。因此，叙事学方法、大数据挖掘、民族志研究、社会网络分析等社会学、人类学方法开始在体育新闻传播研究中出现[11]。例如《体育明星品牌形象探索性研究》运用到了深度访谈和网络分析法,《"一带一路"国家文化战略背景下太极拳国际化传播策略》使用了文献资料法、田野调查法、专家访谈法及归纳分析法,2018年《我国标志性体育赛事传播力研究——以"武网"为例》论文借鉴媒体传播力的评价指标建构标准,结合标志性体育赛事的特征,从公众认知度、媒体曝光度、网络关注度以及城市形象引导度四个维度建构了标志性体育赛事传播力评价指标体系,并以"武网"为典型案例,借助问卷调查和网络大数据分析相结合的方式,对标志性体育赛事的传播力现状做了测量。

词频分析法在情报学领域早已应用多年,在大新闻传播领域,近几年应用也较多,但在体育新闻传播研究领域的应用尚不多见。"词频的波动与社会现象之间有着内在的联系,一定的社会现象和情报现象会引起一定的词频波动"[12]。因而,以词频分析的方法研究某行业的研究成果,可以比较准确、清楚地概括出该行业研究的热点、发展现状乃至推测这一行业的未来走势[13]。2016年刊发的《美国体育传播经典著述评析》采用词频分析法对80年代以来美国体育传播经典著述进行了分析,研究结果认为美国体育与传播研究的大致脉络为"建构独立的体育与传播领域的呼吁——体育与传播研究文化回路框架的建立——媒介体育、媒介体育复合体、三位一体等体育与传播研究独立的概念和理论的提出——体育与传播研究文化回路框架的完善——传播学研究框架的提出——跨文化、跨学科研究成果的呈现"。当然,这样的脉络不是直线型的,或者是有着明确界限的替代,而是呈现出犬牙交错或平行发展的状态。此外,通过对这些体育传播研究成果的分析,可以看到美国的体育传播研究主要关注体育传播与性别、体育迷与社会关系、体育广告与营销、国家与全球化等议题[14]。2019年《海峡两岸体育新闻语言多特征计量对比研究》基于台湾联合新闻网运动栏目和大陆人民网体育栏目的近三十二万字语料,借鉴Biber多特征多维度语言分析的方法,利用Antconc、Debug、Microsoft Access等语料处理软件,定量对比海峡两岸体育新闻语言标准型、次比、词汇密度、词频覆盖率、高频词、低频词、词类分布、词长、句长、句类等多项语言特征。

体育人类学将民族志方法称为田野调查法。在体育人类学看来,民族志是获取研究资料的最基本途径,是撰写"民族志"的源泉,也是民俗体育研究的基础。2018年《"一带一路"国家文化战略背景下太极拳国际化传播策略》和2016年《文化地理学视野下杨式太极拳传播研究》均是采用田野调查的方式对我国民族传统体育项目太极拳的传播进行研究。网络民族志是发轫于人类学的新媒体研究方法,主要用来探究网络社区的人际互动关系,它被当作一种数据收集分析和素材整理呈现的特别的参与观察式研究实践。网络民族志主要通过大量收集网络平台及时互动的人际对话作为数据,然后用传统文化人类学的嵌入式观察法对这些数据进行阐释性分析,2017年《网络视频体育直播场域中的互动行为与体育动员——以腾讯视频2017年"NBA全明星正赛"直播为例》从场域理论的视角出发,采取网络民族志的田野观察研究方法,从演播室、比赛现场和多媒介互动渠道等几个维度去分析网络视频直播中的互动行为,揭示网络视频体育直播的主体关系和运行机制。

(三) 研究领域

通过对 645 篇体育新闻传播领域核心论文文本阅读以及知识聚类图研究发现,2016—2019 年体育新闻传播学的研究领域主要集中在以下几个方面:①新媒体体育赛事、体育媒体等的发展研究;②体育赛事转播权、体育版权、著作权等方面研究;③体育文化传播研究;④民族传统体育研究;⑤体育国际传播研究;⑥体育传播与国家形象、媒介形象呈现研究;⑦体育游戏、电子竞技研究;⑧体育电视与体育解说研究;⑨体育电影研究等。(图 7、图 8)

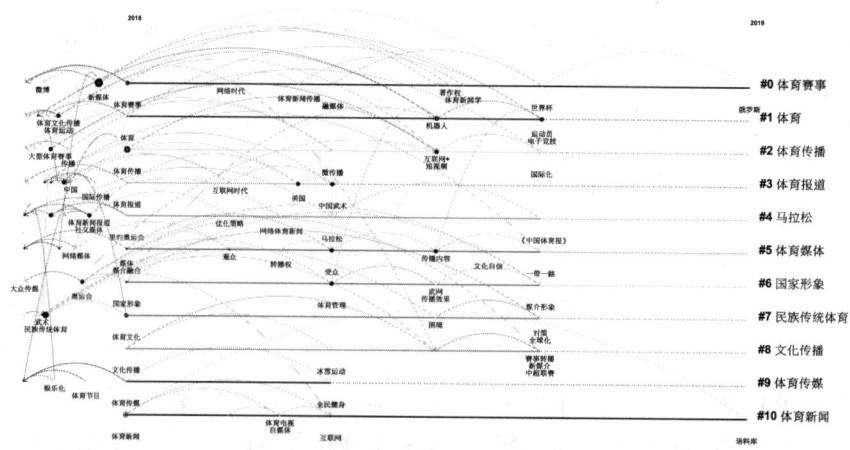

图 7 体育新闻传播研究热点关键词聚类图

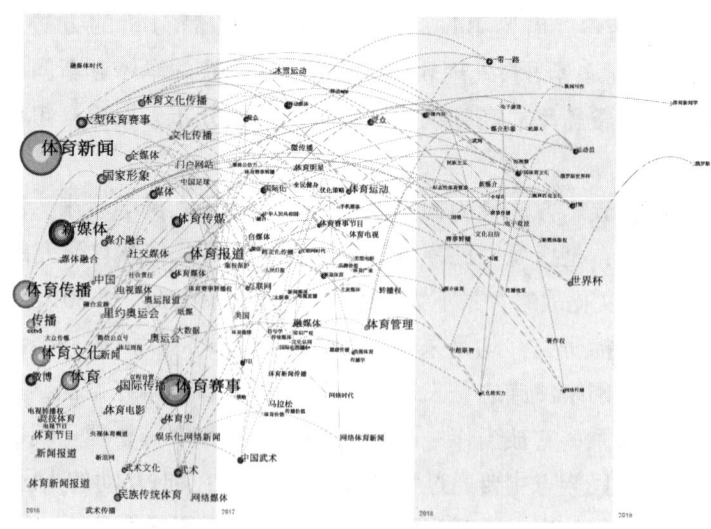

图 8 体育新闻传播研究热点关键词时区图

表4 核心期刊体育新闻传播研究中心性前30名关键词统计表

Freq	Centrality	Keyword	Year	Freq	Centrality	Keyword	Year
10	0.51	民族传统体育	2016	2	0.28	赛事传播	2018
33	0.46	新媒体	2016	2	0.28	短视频	2018
2	0.45	媒介体育	2018	9	0.27	体育电影	2016
3	0.37	赛事转播	2018	2	0.27	文化软实力	2018
5	0.36	美国	2017	6	0.26	中国武术	2017
2	0.36	新媒体版权	2018	11	0.24	体育文化传播	2016
13	0.35	大型体育赛事	2016	2	0.24	网络传播	2018
8	0.33	奥运会	2016	3	0.23	运动员	2018
5	0.32	受众	2017	3	0.19	纸媒	2016
2	0.31	传播内容	2018	11	0.18	体育运动	2016
44	0.3	体育传播	2016	9	0.18	武术	2016
11	0.3	体育管理	2017	9	0.17	媒介融合	2016
5	0.3	微信公众号	2016	5	0.17	体育媒体	2016
8	0.29	社交媒体	2016	45	0.16	体育赛事	2016
2	0.29	中国体育文化	2018	33	0.16	体育文化	2016

表5 核心期刊体育新闻传播研究频次前30名关键词统计表

Freq	Centrality	Keyword	Year	Freq	Centrality	Keyword	Year
69	0.06	体育新闻	2016	11	0.18	体育运动	2016
45	0.16	体育赛事	2016	10	0.06	世界杯	2018
44	0.3	体育传播	2016	10	0	微博	2016
33	0.46	新媒体	2016	10	0.51	民族传统体育	2016
33	0.16	体育文化	2016	10	0.08	中国	2016
28	0.09	体育	2016	9	0.13	媒体	2016
20	0.06	传播	2016	9	0.17	媒介融合	2016
19	0.03	体育报道	2016	9	0.15	文化传播	2016
14	0.06	国际传播	2016	9	0.18	武术	2016
13	0.35	大型体育赛事	2016	9	0.03	体育节目	2016
13	0.09	体育传媒	2016	9	0.27	体育电影	2016
12	0.11	国家形象	2016	8	0.33	奥运会	2016
11	0.24	体育文化传播	2016	8	0	新闻	2016
11	0.3	体育管理	2017	8	0.08	全媒体	2016
11	0.06	里约奥运会	2016	8	0.05	体育新闻报道	2016

如表4、表5可见，2016年以来，体育新闻传播领域学术论文主要围绕"民族传统体育""新媒体""媒介体育""赛事转播""新媒体版权""大型体育赛事""社交媒体""短视频""体育文化传播"等核心关键词为中心展开，体现了近几年体育新闻传播学界研究的焦点和核心议题。表5中对体育新闻传播研究频次的统计分析可见，"体育新闻""体育赛事""体育传播""新媒体""体育文化""体育""传播""体育报道""国际传播""大型体育赛事""体育传媒""国际形象""体育文化传播""体育管理""里约奥运会"等关键词出现频次较高，体现了当前体育新闻传播领域主要的研究热点和关注聚焦点。

2016—2017年的研究更加关注新媒体在体育传播中的实践运用以及体育文化传播研究。融媒体时代来临，体育新闻传播的研究领域开始由门户网站、报刊、APP、微博转到体育微传播、赛事直播、微信公众号和自媒体传播，新媒体的发展为体育新闻传播研究提供了大量素材，2016年的里约奥运会成为当年体育新闻传播学研究的重要内容。随着"一带一路"政策的推行，"体育+一带一路"的研究也成为热点，中国的体育文化尤其是传统民族体育如何走向国际成为新的研究方向。

2018—2019年，电子竞技和新媒体版权研究成为新的发力点。传统媒体时代赛事转播权仅限于电视媒体，近年网络直播和短视频的飞速发展，使网络媒体对赛事转播是否涉及到法律问题受到关注。国际奥委会在2017年10月同意将"电子竞技"视为一项运动，国内在同年11月腾讯举办的数字体育全球峰会上，首次聚焦数字体育发展，可见电子竞技的体育化成为我们研究的新的发力点。

值得一提的是，2016—2019年有多篇文章开始关注体育新闻与体育传播基础理论，《体育传播研究的学术地图》从话语的角度对传播概念和体育概念进行分析，提出了文化研究取向与功能主义取向相结合的体育传播研究学术地图。《现状与未来：对我国体育新闻与传播研究的思考——基于2012—2015年发表的学术论文》提出我国体育新闻与传播研究的发展需要重新审视基本概念和研究路径，建构独立的研究框架和领域，从社会结构与社会关系的发展变化中发掘问题，从跨学科视角展开研究[15]。而《试论体育新闻学知识体系的独立性及研究的逻辑起点》回应了前文提出的"重新审视基本概念和研究路径，建构独立的研究框架和领域"这一全新命题，在近年来"新闻学重造"这一学术界热议话题基础上，重新审视体育新闻实践的独立性和特殊性问题，并创新性提出"体育新闻应具有自有的知识体系框架和逻辑起点"。体育新闻实践决定了体育新闻传播规律的特殊性，从而造就了体育新闻知识体系的诞生，即体育新闻学是一门具有独立性的特殊学问[16]。此外，《重访体育新闻学研究的基本特性》从体育新闻专业主义、新媒体和融合媒体发展等几大视角重新审视体育新闻学的基本特性，认为新闻专业主义是体育新闻学研究的重要特性；新媒体和融合媒体研究是体育新闻学未来研究的核心特性[17]。《体育传播研究范式转换：基于话语分析的策略》提出目前我国体育传播研究主要存在"体育+传播过程"和"体育+传播类型"2种范式，其基于本质主义认识论立场，以大众传播理论为元理论，并将传播视为传递，难以指导体育传播研究的现实需要。在体育传播研究中,应将不同的传播话语作为理论和分析工具阐释体育现象。提出从功能主义、文化研究取向上将传播是传递、互动与共享、控制、权力、游戏、撒播等6种话语用于审视竞技运动、身体教学、身体锻炼、运动休闲、民俗游戏和武术等6种体育现象的研究路径[18]。而《改革开放40年我国体育新闻传播学回顾与展望》对改革开放40年我国体育新闻传播及学术研究的发展历程进行了系统总结,提出未来的体育新闻传播学研究应增强与其他学科的融合,建立更具解释力与包容性的研究范式,引入新的研究方法,在服务国家战略的同时兼顾学术独立性,在培训全媒体型体育新闻传播人才的同时加强国际合作与交流,参与国际体育传播学术话语的建构。该文在梳理该学科发展历程的基础上,提供了大量关于该学科发展的历史性资料[19];《从体育媒介到媒介体育——对体育新闻传播发展的思考》则再次重申了媒介体育的概念,为体育传播学的独立性提供了理论基础。此外《从一元到多元:新中国体育传播的话语变迁》《近代中国体育新闻史概述》《体育新闻传播的特征与转型路向》等文章对该学科基础理论的建立都有独特的价值。

2016—2019年该学科对西方体育传播学术研究的研究越来越深入。《近年来西方体育传播研究的转向与趋向》厘清国际体育传播研究在进入21世纪初之后的5个显著的转向,即从媒介体育研究转向真正意义上的体育传播研究;从量化研究为主转向多渠道、多方法的研究;从传播学经典范式研究转向整个人文社会科学领域的跨学科范式研究;从文字传播主导转向影像传播研究;从传统媒体研究转向新媒体研究。研究提出当前国际体育传播研究中的5个趋向,即英语中心主义和西方体育项目主导的趋向突出;西方意识形态主导的趋向突出;关注女性主义题材的趋向突出;关注体育明星题材的趋向突出;强调全球化、后现代和全媒体语境的趋向突出[20]。《中国立场、世界眼光、跨界方法、实践指向——体育传播研究的文化转向》用文化研究的视角观照中外体育传播研究的发展态势,发现从20世纪80年代开始,中外体育传播研究都开始出现了文化转向,将体育放置在更为广阔的社会历史文化语境之中。伴随大众文化的兴起,媒介体育成为体育传播的主要介质,越来越多的研究者开始关注体育问题。体育传播研究的文化转向表现为问题视域的自然拓展、研究方法的自觉探索和研究共同体的自发组合。文章提出中国体育传播研究的发展要坚持中国立场、世界眼光、跨界方法、实践指向[21]。《美国体育传播研究经典著述评析》《英国体育传播研究的时代语境、核心关键词与架构探究——兼论中国体育传播研究的理论困境》《重新定义体育新闻》等文章的发表既反映了国内学者试图通过分析西方体育新闻传播研究的历程来充实该学科的理论基础,也有借助他山之石反思我国该学科发展之意。上述文章立意高远,对西方体育新闻传播研究的分析全面而深刻,对我国体育新闻传播研究的发展具有重要理论价值。

从整体上看,新媒体研究和体育赛事研究在期刊论文中占有非常大的比重。纵观近十年体育新闻传播研究议题,无不与技术环境、政策导向、体育赛事、实践需要等因素紧密关联。研究议题多来源于体育界的赛事动向以及新闻传播界的业界发展,体育新闻传播学研究的总体导向仍然是以实践为导向。在新闻业务研究上关注新媒体和社交媒体的发展以及对体育新闻、赛事报道的影响，关注媒介融合和媒介转型下体育媒体的发展。

（四）研究视角：跨学科跨文化的多元融合

2016—2019年的体育新闻与传播研究论文与上一个4年相比有了较为广阔多元的视角，跨学科、跨文化研究开始出现。部分论文不局限在传统的新闻学或传播过程模式范畴内进行研究，而是运用了多学科的视角，借鉴其他社会科学的理论进行学术研究，这在体育传播类的论文中尤其明显。

本节采用统计关键词出现频率的方法观察知识结构发展。同一文献中出现多个同一研究领域或方向的关键词时，它们出现的次数越多，关系越密切、距离越近。图中节点的大小代表作为关键词出现的频次，可以表现研究者们讨论的焦点议题；节点之间的连线表示主题之间的关联，连线的粗细程度则表示发生关联的次数。

由图9可见2016年至2019年体育新闻传播学研究的热点，新的研究热点体现了近4年体育新闻传播研究的新方向和新特征。

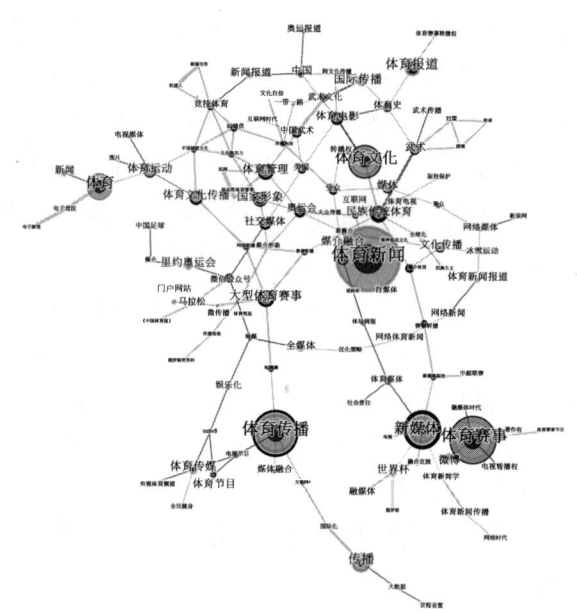

图9 体育新闻传播研究热点关键词共现图

2016—2019年的体育新闻传播学论文与上一个4年相比，有了更为广阔的视角，论文研究视角的跨学科、跨文化特点较为明显。部分论文不局限于新闻学或者传播学以内进行研究，而是运用了多学科的视角，借鉴其他社会科学的理论进行学术研究。这在体育传播类的论文中尤其明显，很多论文从社会学、文化学、经济学、法学等多个学科的视角对一些体育现象进行解读，如《从"战争想象"到全球景观：足球世界杯的隐喻与嬗变》《射何以成道——游戏文化机制的符号学研究》《媒介生态视阈下我国民族传统体育文化传播问题研究》《青少年运动健康传播模式：理论框架、变量关系及效果评估》。

此外，体育新闻传播领域研究更多体现与母学科的相互呼应与关照。胡翼青在《中国传播学40年：基于学科化进程的反思》中指出，任何学科的学科特性都会因为其知识更多地偏向社会应用或偏向学术建构而有所不同。传播学的学科合法性是被官方确定的，而并非是因为学理的自主原创和足够成熟而自然而然形成的。也正是因为如此，中国传播研究的学科化进程主要是由外部力量而非内部力量所趋动，因此这种学科化的过程有着非常独特的逻辑：它更容易受到外力的扰动而缺乏与之相对抗的内在自主性。也正是这种逻辑形成了中国传播学的独特样貌。并引用黄旦所说："当前的确是讨论新闻传播研究的一个上好时机，但要有新的基点和思路。我们不是再爬从前的那座山，修葺从前的那座庙，而是需要新的想象力。"（黄旦，2014）[22]。刘海龙，吴欣慰在《2018年传播学新观点》中指出面对传媒环境颠覆变革时期带来的机遇与挑战，更需要传播学人瞄准传播学研究的新可能，即新的领域、发展、角度，进一步反思与开创传播学想象力的新空间。并从人工智能时代的身体研究、电子游戏的玩家研究、社交媒体、虚拟社群与身份认同、情感研究的新维度、数字化记忆与技术怀旧、关系与意义建构的媒介观等方面提出传播学研究的新视角、新领域[23]。而郭晴在《新时代我国体育传播研究的主要议题》中回应了新闻与传播学母学科关注的几大全新视角，在把握时代背景与学科发展动态的基础上，提出并剖析了体育传播学研究的8个主要议题：体育IP的传播研究；网络赛事直播与体育赛事解说研究；电子竞技研究；体育迷群研究；现代体育国际传播研究；民族传统体育项目传播研究；媒介体育的变迁与社会记忆研究；体育新闻传播史研究[24]。

同时，在体育新闻类的论文中，很多研究在讨论新闻业务方面的问题时，也运用多种学科视角进行分析。因此，一些研究出现了一种情况，即对新闻业务的研究也融合了新闻传播、文化传播的分析。此外，体育新闻与传播教育类的论文数量较少，这也显示出各个高校在体育新闻传播人才培养上已从早期的迷茫中逐渐找到了方向，而新的问题还有待发掘。

国家发展、社会变迁、传播机制和社会心理变化使体育学科与新闻传播学两个母学科都处于学科范式转换期，体育新闻传播学的研究正处在一个大变革的时代，这一时期体育传播研究体现出的学科独立性逐渐显现，研究方法从描述性研究到多种方法的运用，研究视角呈现出跨学科与开放的特征，基础理论研究开始凸显，以国家政策和新媒体技术驱动的现实性与应用型研究并存，学科反思向纵深方向发展。

二、体育新闻传播学术专著及学术活动综述

学术专著是一个学科发展水平的重要标志，是一个学科的知识生产者对该学科前沿学术问题的思考和对学科发展最大的贡献，也是学科与学科之间交流的重要渠道。

教材则是学科职业化程度的集中体现，是人才培养的基石。

2016—2019年，体育传播研究领域的学术专著涉及到体育新闻传播的多个面向，包含体育报道、体育影视、体育经营管理、体育社会发展、体育文化传播等。2016—2019年，涉及体育新闻传播的教材则涵盖了冬季奥运项目报道、国际体育传播实务、体育新闻编辑、体育解说评论和网络新闻概论等领域。

（一）学术专著评述

学术专著是衡量一个学科发展程度的最重要的指标，学术专著的研究选题、研究方法、研究结论是该学科领域学者对该学科发展的智力贡献。总体而言，近4年国内出版的体育新闻传播专著呈现出了井喷式的上升状态，是上一个周期的2.6倍。选题上视野广阔，研究内容丰富，理论性和创新程度较高，在某种程度上是对我国体育新闻传播现实的回应，反映了学术界对奥林匹克运动、体育文化现象的独立思考，也不乏对体育新闻传播实践经验的总结。

2016—2019年，据不完全统计，体育新闻传播著作共有23部（表6）。其中，毕雪梅教授撰写的《体育关系网：基于体育参与的社会网络传播》根据传播学基本原理以及社会网络理论和方法技术，对体育关系网进行研究和分析，揭示了体育参与行为中的传播学特征，摆脱了以前用大众传播理论建构体育传播研究框架的范式，建构了一种新的体育传播观。《城市景观体育研究：以上海为例》（侯小琴）用具体的案例分析解释了对体育传播的看法，将景观与体育城市相结合，诠释了体育城市文化的形成与传播。《商业性体育赛事承办权交易价格形成机制研究》（王凯）、《公共与垄断：奥运传播中的知识产权研究》（李金宝）论证了体育赛事版权，为体育赛事版权交易与运作提供了理论与操作路径；贺幸辉博士的《奥运官方电影史》和《视觉媒介、奥运仪式与文化认同》是奥林匹克影视研究的力作。前者该书不仅涉及奥运官方电影简史、奥运官方电影的制作，还探讨了奥林匹克精神、女性、国族、种族、体育文化传播、国家形象塑造，并对2008北京奥运官方电影做了全案研究，这是关于奥运官方电影的百科全书式的论著，填补了国内体育电影研究领域的一项空白。

此外，路云亭教授的《文明的冲突：足球在中国的传播》和余艳青博士的《身体、体育比赛与电视传播》从文化学、身体哲学的角度诠释了体育文化，《电视体育节目制作与转播》（陈岐岳）、《新媒体与体育传播》（张宏伟）等两本美国经典新闻传播业务的译著，则将发达国家体育新闻节目制作与传播的先进理念介绍给国内读者。

表6 体育新闻传播学术著作（按时间先后排序）

序号	专著名称	第一著作人	出版社	出版时间	书刊号
1	城市景观体育研究：以上海为例	侯小琴	华中科技大学出版社	2016/08	ISBN 9787568016865
2	文明的冲突：足球在中国的传播	路云亭	上海人民出版社	2016/08	ISBN 9787208138810

续表

序号	专著名称	第一著作人	出版社	出版时间	书刊号
3	门户网站里约奥运会新闻传播发展研究	李芳	北京体育大学出版社	2016/08	ISBN 9787564423797
4	四大商业门户网站体育新闻叙事研究（1996—2015）	高萍	北京体育大学出版社	2016/08	ISBN 9787564423827
5	新媒体与体育传播（译著）	张宏伟	中国传媒大学出版社	2016/12	ISBN 9787565714122
6	中国体育报刊出版研究	王宏江	四川科学技术出版社	2017/02	ISBN 9787536484955
7	体育影像传播	龚莉萍	人民体育出版社	2017/03	ISBN 9787500949862
8	现代体育与社会进步	张德胜	华中科技大学出版社	2017/04	ISBN 9787568025300
9	商业性体育赛事承办权交易价格形成机制研究	王凯	南京大学出版社	2017/06	ISBN 9787305184598
10	媒介融合背景下的体育营销与传播探究	宋巍	延边大学出版社	2017/06	ISBN 29787115461667
11	奥运官方电影史	贺幸辉	北京体育大学出版社	2017/06	ISBN 9787564425777
12	身体、体育比赛与电视传播	余艳青	中国广播影视出版社	2017/08	ISBN 9787504377685
13	大型体育赛事媒介传播效果理论与实践	张业安	上海人民出版社	2017/08	ISBN 9787208144644
14	电视体育节目制作与转播（译著）	陈岐岳	中国传媒大学出版社	2017/11	ISBN 9787565715259
15	公共与垄断：奥运传播中的知识产权研究	李金宝	东南大学出版社	2017/12	ISBN 9787564175931
16	新媒体时代体育传播研究	徐明明	延边大学出版社	2017/12	ISBN 9787568839679
17	体育知产力	李鹏	吉林人民出版社	2018/03	ISBN 9787206164862
18	现代体育传播第2辑	魏伟	中国广播电视出版社	2018/03	ISBN 9787504379436
19	媒体与竞赛表演的联姻	李鹏	吉林人民出版社	2018/05	ISBN 9787206146879
20	体育关系网：基于体育参与的社会网络传播	毕雪梅	北京体育大学出版社	2018/07	ISBN 9787564427993
21	On Air 全国电视体育节目主持人研究会论文集	沙桐	上海交通大学出版社	2018/07	ISBN 9787313196590
22	体育赛事公用信号产品及营销推广研究	毕雪梅	光明日报出版社	2018/08	ISBN 9787519443344
23	视觉媒介、奥运仪式与文化认同	贺幸辉	北京体育大学出版社	2018/08	ISBN 9787564429683

（二）课题立项概况

国家社科基金课题的立项对一个学科发展有重大意义，一方面它展现了该学科的研究水平，另一方面它对学科研究重点也具有指引作用。2016—2019年期间，体育新闻传播类相关选题获得国家哲学社会科学立项32项，其中2016年7项，2017年9项，2018年6项，2019年10项（表7）。从立项课题的选题看，体育新闻传播类研究呈现出明显的学科交叉性，与母学科相比，研究对象呈现出鲜明的特殊性，国家形象与对外传播、互联网和大数据传播、民族传统体育传播、"一带一路"体育文化传播是立项的重点和焦点。

表7 体育新闻传播学国家社科基金项目（2016—2019）

项目负责人	项目名称	立项时间	项目类别	学科	项目批准号
李荣芝	国家形象视阈下的中国乒乓球文化传播研究	2016	一般项目	体育学	16BTY005
周榕	新媒体时代体育危机处理研究	2016	一般项目	体育学	16BTY034
张永虎	京杭运河传统体育文化的传承与发展研究	2016	一般项目	体育学	16BTY037
付晓静	"互联网+"时代的体育传播转型研究	2016	一般项目	体育学	16BTY108
王庆军	"互联网+"时代中国民族传统体育国际化传播研究	2016	一般项目	体育学	16BTY110
张长念	武术国际传播人才培养研究	2016	一般项目	体育学	16BTY112
王国志	中国武术国际化传播的问题分析与策略研究	2016	一般项目	体育学	16BTY113
李臣	中国武术深度国际化传播研究	2017	重点项目	体育学	17ATY011
熊坚	"一带一路"背景下中华龙狮文化传播及产业化发展研究	2017	一般项目	体育学	17BTY029
彭立群	"一带一路"视域下的新疆少数民族体育文化传播研究	2017	一般项目	体育学	17BTY033
赵溢洋	社交媒体"人际网络"与青少年体育健康促进研究	2017	一般项目	体育学	17BTY045
张晓琳	"马拉松跑现象"对我国城市文化发展的影响机理及实现路径研究	2017	一般项目	体育学	17BTY051
孟涛	"一带一路"沿线国家武术文化传播的发展战略研究	2017	一般项目	体育学	17BTY105
王凯	基于产业链理论的体育赛事媒体版权运行体系研究	2017	青年项目	体育学	17CTY001
刘元国	文化强国战略背景下体育文化代际冲突研究	2017	青年项目	体育学	17CTY008

续表

项目负责人	项目名称	立项时间	项目类别	学科	项目批准号
张惠彬	互联网体育赛事节目的版权保护研究	2017	青年项目	体育学	17CTY015
刘旻航	"一带一路"进程中的我国体育文化建设研究	2018	一般项目	体育学	18BTY015
史友宽	"一带一路"背景下体育文化国际传播研究	2018	一般项目	体育学	18BTY022
刘赞	改革开放四十年体育新闻演进中的社会价值观研究	2018	一般项目	体育学	18BTY023
刘亚云	体育赛事转播权垄断问题与机制创新研究	2018	一般项目	体育学	18BTY024
林小美	中国武术国际传播能力建设研究	2018	一般项目	体育学	18BTY025
刘东锋	2022年北京冬奥会对中国国家软实力的影响及提升路径研究	2018	一般项目	体育学	18BTY048
张德胜	新时代中国体育外交转型的机制创新与路径选择研究	2019	重点项目	体育学	
瞿巍	中国体育重大事件数字化影像口述史采集、整理与研究暨资料库建设（1949—2019）	2019	重点项目	体育学	
茹秀英	2022年北京冬奥会背景下中国奥林匹克教育传承与创新研究	2019	一般项目	体育学	
支川	中国武术科学话语体系构建及跨文化传播研究	2019	一般项目	体育学	
孙高峰	健康中国视域下全民健身与智能媒介融合发展研究	2019	一般项目	体育学	
郭晴	中国英语体育新闻对外传播话语模式研究	2019	一般项目	体育学	
李娟	我国大型体育赛事品牌塑造及其实现路径研究	2019	一般项目	体育学	
马鸿韬	我国体育竞赛与文化表演互动融合模式及实践研究	2019	一般项目	体育学	
蔡艺	中国传统体育文化在朝鲜半岛的传播与嬗变研究	2019	一般项目	体育学	
姜南	中国武术嵌入国家形象话语体系的机制研究	2019	青年项目	体育学	

（三）学术会议及培训概况

作为学术共同体交流、学习和成果分享与展示的平台，学术会议在学科发展、凝聚力量中起到了重要作用。体育新闻传播学在中国体育科学学会体育新闻传播的组织与带领下，在分会成立之日起每年组织学术研讨会，至今举办十四届；从2012年始每两年举办国际体育传播高端论坛，至今举办五届；自2016年始，每两年举办体育传播青年学者论坛，至今已举办两届；自2018年始，每两年举办一次体育传播研究与方法研究工作坊。

1. 全国体育新闻传播学术研讨会

2016年12月，第十二届全国体育新闻传播学术研讨会在广州体育学院举办。会议主题是"媒介融合——创新创业与新闻人才培养"。中国体育科学学会体育新闻传播分会主任委员、成都体育学院党委书记陈伟教授，南京体育学院副院长史国生教授，中国体育科学学会体育新闻传播分会副会长郝勤教授、杜友君教授、曹勇教授、张玉田教授以及国家体育总局宣传司、新华社、人民体育出版社、中国体育报业总社等媒体单位的领导和嘉宾出席了会议。本次会议收到论文172篇，经评审录用92篇。中国体育科学学会体育新闻传播分会副会长郝勤、新华社高级记者陈越、知名体育评论员金宝成、北京体育大学博士生导师于晓光、广州体育学院体育新闻与传播系主任王晓东、成都体育学院魏伟、南京体育学院王凯等分别作大会报告。学者们以分会场主题报告和墙报展示的形式进行学术交流，会场还开设书记论坛和研究生交流专场，为参加会议的高校师生提供更多交流学习的机会。

2017年12月第十三届全国体育新闻传播学术研讨会由南京体育学院承办。本次研讨会主题为"融合·分享·纪录"。来自国家体育总局、中国体育科学学会等数十家单位的领导嘉宾、学界专家教授、业界知名学者以及来自全国22所院校的近150名师生代表参与了本次学术交流。北京师范大学新闻学院喻国明教授、成都体育学院新闻系郭晴教授、国家体育总局原宣传司司长温文女士等做了大会报告；来自各个高校的教师及书记，分别参与了体育新闻人才培养圆桌会议和体育新闻人才培养书记论坛；本次研讨会还加入了Workshop工作坊的研讨形式，分别以"体育电影全案""体育赛事版权""体育创意传播实践"为主题进行交流。本届研讨会为研究生设置了专场。

2018年11月，第十四届全国体育新闻传播学术研讨会由北京体育大学新闻与传播学院承办。来自国家体育总局、北京冬奥组委、新华社等单位的领导、嘉宾，以及来自全国20余所院校的师生，围绕"新时代·新奥运·新视野——体育文化的历史传承与国际传播"这一大会主题进行成果分享与学术交流。中国新闻史学会副会长、中国人民大学新闻学院副院长王润泽教授、成都体育学院郝勤教授、国家体育总局宣传司副司长曹康、北京冬奥组委新闻宣传部副部长徐济成在专题报告环节作了报告，北京体育大学博士生导师毕雪梅教授、北京外国语大学魏伟教授、武汉体育学院付晓静教授和上海体育学院杨剑锋副教授，作为一等奖获奖教师代表分享了他们的研究成果，主题涉及奥运报道的媒介实践变迁、体育新闻的基本特性、体育传播产品转型、体育电子游戏研究等内容。本次年会共设立了体育解说人才培养、体育微电影制作与传播、电子竞技与体育传播、体育传播与社会记忆四个工作坊。本次年会共接收157篇投稿，经过评选，共评选出教师组获奖论文51篇，学生获奖论文56篇。

2. 体育新闻传播青年论坛

中国体育传播青年学者论坛是国内第一个针对45岁以下青年学者的专题论坛，2016年7月第一次举办，每两年举办一次，采用推荐制。在首届论坛中来自国内高校近30名体育新闻传播青年学者以"体育传播研究现状与新媒体应用"为主题进行了交流。在"体育传播研究现状"专题里，青年研究者开始了重构体育传播研究理论框架的尝试。中国体育传播青年学者论坛延续了第十届体育新闻传播研讨会工作坊的研讨主题，再次聚焦到体育传播研究的核心理论和框架建构上。不管是对该研究领域的发展回顾，还是对英国体育传播研究的评析，或者从符号学角度对体育传播研究的思考都是试图超越原有研究范式的尝试。从该届论坛上学术报告的视角看，问题意识更强，对该领域的核心研究问题有了多视角的思考，学术性更浓，并初步搭建了一个更紧密的对话和合作平台。此次论坛之后，参与论坛的青年学者开始向国内唯一一家体育传播期刊《现代体育传播》投稿，将其作为学术交流的平台，部分学者开始合作翻译西方体育传播经典学术作品，《堕落的体育明星》《定义体育传播》《体育、媒介与重大事件》等译作已经出版或正在出版中。

6月29—30日，第二届中国体育传播青年学者论坛在武汉体育学院成功举行。本次论坛由武汉体育学院、中国体育科学学会体育新闻传播分会、《体育文化导刊》联合主办，以"体育传播与社会记忆"为主题，从梳理体育社会记忆的角度，助推体育传播研究向纵深发展，呼应新时代体育传播的发展趋势。本次论坛为体育传播青年学者搭建一个交流分享的平台，推动了体育传播研究的深度创新，通过学校、学会、学术期刊联合办会的形式，有利于科研成果的产出和推广。

3. 体育新闻与体育传播研究工作坊

2018年7月20日，首届体育新闻传播研究与方法暑期工作坊在成都体育学院举行，该工作坊由四川省体育传播高水平团队联合北京师范大学新闻传播学院共同主办，来自武汉体育学院、沈阳体育学院、四川师范大学等高校30余名博士和青年教师参加了工作坊。本次工作坊为体育传播学的青年学者们提供了一个非常好的学习和交流平台，对全国体育传播学的学术共同体的建立具有非常重要的意义。

全国体育新闻传播学术研讨会是凝聚全国体育新闻传播学科的研究者、教师及研究生的平台，国际体育传播高端论坛是国际化、高水平研究成果展现的舞台，体育传播青年学者论坛针对青年学者，提供深度互动与交流的机会，研究方法工作坊则承担了继续教育与成果积累的使命。持续的、针对不同参与对象的、担任不同使命的、具备不同形式的学术活动活跃了学术共同体，凝聚了力量，加强了了解与合作，促进了体育新闻传播学科的发展。

（四）国际交流概况

2016—2019年期间，体育新闻传播学科在国际交流上有重大突破，不仅交流的项目多、层次丰富、涉及面广、形式多样，而且中国学者在国际学术界的影响力越来越大，国际体育传播高端论坛成为我国体育新闻传播学在国际学术交流中的一张名片。

1. 交换学者制度化

从全国体育院校体育新闻传播学科的发展情况来看，交换学者已成为高校进行国际交流的主要手段。2016年以来，高校受国家留学基金委或其它经费项目资助赴国外进行访问交流的教师数量不断增加，这客观上也反映了本学科国际交流程度的加深与学科地位的提升。据不完全统计，2016—2019年间，全国体育院校体育新闻传播学科一共派出访问交流学者19人次，其中北京体育大学有7人次，上海体育学院3人次，武汉体育学院4人次，首都体育学院2人次，成都体育学院3人次。这些访问学者多数都在美国、英国等大学进行访问交流，也有部分在新西兰、泰国等。

除了将教师送出去进行访问交流外，将国际知名教授"请进来"交流也是重要内容。武汉体育学院新闻传播学院2015年聘请了美国密苏里大学新闻学院、知名华人学者周树华为学校"楚天学者"讲座教授。周树华教授每年都会定期驻校讲学交流，不仅为本科生、研究生开设专题讲座，同时还与本院教师展开国际学术合作，积极推动本院科研水平的提升。成都体育学院聘请国际奥组委媒体运行部部长安东尼·奥德格作为客座教授，不定期向本科生和研究生进行授课。

2. 国际学术会议持续化

在国际合作方面，成都体育学院新闻传播学科一直在致力于搭建国际体育传播交流的学术舞台。2011年，成都体育学院创办了两年一届的国际体育传播高端论坛，2013年、2015年分别举行了第二届、第三届国际体育传播高峰论坛，产生了较大影响力。2017年7月，第四届（成都）国际体育传播高端论坛举行，论坛以"转型、变迁与跨越：新格局下的体育传播研究"为主题，来自德国、法国、加拿大、日本、瑞士、英国和中国人民大学、北京师范大学、南京师范大学等高校的17位学者与行业人士就当下全球体育传播理论和实务展开深入探讨。包括国际奥委会媒体运行主管暨新闻委员会主席安东尼·埃德加、法国蒙彼利埃大学罗邦·雷库等都在会上阐述了各自对于数字时代下体育新闻传播变革的理解与分析。会议议题丰富，尤其关注传播生态巨变下的体育新媒体景观，同时对奥林匹克传播进行回观和反思，围绕一些传统问题和新议题展开探讨，以及体育传播研究的进一步提升和拓展。本次论坛在体育传播研究发展历程中具有承前启后的重要意义。媒介技术变革引发的新挑战和新问题早已不复停留在"被发现"的阶段，面对已然重塑的体育传播生态，国内外学者从各个角度进行了审视，既有理念的前导性思辨，也有传统理论架构的重建，对奥林匹克传播的深度观照有立有破，中西方学者的反思与批判交相辉映，从传统媒介体育、体育教育、武术传播、体育叙事学研究中可以看到中外研究旨趣的和而不同，市民足球实践、环境体育新闻突破疆域壁垒，在交流中互鉴。体育传播研究关注基础理论的逻辑结构、形成与流变，以及它们与社会语境、历史文化、信息技术的渊源与互动。本次论坛上，研究者和实践者通过哲学思辨、科学实证、归纳演绎等多种方法自觉反思体育传播的责任与价值,探索契合时代的研究新理念,迎接来自社会变革和技术合力带来的新挑战、新机遇。

2016—2019年以来,各体育院校体育新闻传播学科教师赴境外参加国际学术会议的人数不断增加,在国际顶级论坛中发出中国体育新闻传播学者的声音。2016年巴西奥科会,武汉体育学院张德胜、王雷、曾兰平、叶涛参加巴西里约奥运会科学论文报告会,并分专题作口头发言。2017年,武汉体育学院万晓红赴捷克参加国际传播学会(ICA)举办的年会,并进行了专题发言。2018年,北京体育大学毕雪梅、黄芦雷娅、徐明明分别赴美国参加国际媒介与传播研究学会(IAMCR)与国际传播年会。此外,首都体育学院参加国际学术会议的教师有5人(次),赴国(境)外参与2022冬奥雪车、钢架雪车裁判和竞赛官员考察学习1人。

3. 国际期刊编委新突破

2016—2019年期间,本学科教师国际学术合作有了新突破,开始进军国际顶级体育传播期刊担任编委,这标志着中国体育传播学术影响力在世界范围内得到认可。代表人物为时任成都体育学院教授的魏伟。魏伟担任SAGE出版社的Communication & Sport(SSCI传播类Q1期刊)和Human Kinetics出版社的英文期刊International Journal of Sport Communication 2019—2020年编委会委员。他曾经与Journal of Sports Media创刊主编Brad Schultz教授合作,在Routledge Hankbook of Sport Communication上撰文,曾在International Journal of Sport Communication上发表论文,参与德国传媒大学Thomas Horky教授FIFA2014巴西世界杯和2018俄罗斯世界杯跨国研究团队,作为联合编辑将与来自德国、美国等国学者在Communication & Sport 2020年组稿特刊。魏伟曾担任中英文辑刊Modern Sport Communication主编,该刊刊发的论文50%以上由英文撰写。他曾在佛罗里达州立大学传播学院跟随Arthur Raney教授从事博士后研究,在西悉尼大学文化与社会研究所担任访问教授,与David Rowe教授合作,并曾在汉堡体育年会等国际学术会议上担任主旨发言。

三、体育新闻传播人才培养综述

我国的体育新闻传播教育起步于20世纪80年代。20世纪90年代,体育新闻专业一度进入《普通高等学校本科专业目录》。1994年5月,我国第一个体育新闻院系在上海体育学院成立。进入21世纪,我国的体育新闻传播教育开始跨越式发展,各体育院校纷纷开办新闻学专业体育新闻方向,截至目前,开办新闻学专业的体育类本科高等学校有12所。在新闻学体育新闻专业发展的同时,伴随着社会实践的需要,戏剧与影视学类下设广播电视编导、播音与主持艺术等专业和影视摄影与制作、视觉传达设计、数字媒体艺术专业与体育结合,体育播音与主持、体育电视编导、体育广告、网络与体育新媒体等方向也分别落户各大体育院校的新闻传播(及艺术)院系。基于学科和专业发展的实际情况，本报告只对体育新闻与体育传播人才的培养进行梳理和总结。

（一）新闻传播学专业本科人才培养概况

目前全国开办新闻传播学体育新闻与体育传播方向的高等学校有12所，分别是上海体育学院（1989）、北京体育大学（2000）、成都体育学院（2000）、广州体育学院（2000）、武汉体育学院（2001）、天津体育学院（2001）、西安体育学院（2002）、南京体育学院（2003）、首都体育学院（2004）、沈阳体育学院（2004）、哈尔滨体育学院（2009）和山东体育学院（2016）。通过对这12所院系培养方案的整理，发现新闻传播学体育新闻与体育传播方向人才培养的基本特征如下：

1. 培养目标

目前，各体育院校新闻学本科专业的培养目标虽然在表述上不完全相同，但都强调学生首先要具备社会主义核心价值观、人文素养等，其次要具备扎实的新闻传播知识技能及较强的各类传统媒体及新媒体采、写、编、评、摄等专业技能和素质，熟悉国内新闻和宣传政策法规，同时有系统的体育知识和体育新闻传播知识。重点培养能在新闻传媒、文化传播、政府部门等企事业单位从事新闻传播、宣传策划与媒介管理等工作的新闻学专门人才。

2. 培养要求

各体育院校新闻学专业本科学生主要学习人文与社会科学的基本知识，掌握新闻传播历史和基本理论，接受新闻传播实践的训练，具备利用多种传播媒介从事新闻传播活动的能力，具体主要从四个方面进行了要求。

第一，从知识结构上，需要掌握新闻传播学相关理论知识和基本业务技能，拥有比较广博和扎实的人文学科和社会科学基本知识，了解党和国家新闻宣传的方针、政策和相关法规，掌握业界发展现状与变化趋势，了解外国行业和专业发展动态，了解并掌握计算机和现代新媒体技术基础知识以及相关应用，具备较高的外语应用能力等。

第二，在能力培养上，要求学生具备与新闻传播学类工作相适应的理论学习能力，并掌握持续学习的方法，具备与新闻传播实践的发展变化相适应的业务动手能力和创新实践能力，具备良好的语言文字表达能力与沟通能力，掌握社会科学研究的基本方法，具备初步的社会科学调查与研究能力等。

第三，在素质培养上，要求学生具备良好的政治素质，有正确的政治立场和方向，有坚定的新闻工作的党性原则，坚持马克思主义新闻观，坚持正确舆论导向，并维护国家利益、遵纪守法；同时要求学生有较高的道德素质，坚守职业伦理道德，坚守新闻真实性等基本准则，有强烈的社会责任感和崇高的职业理想；另外，有良好的专业素质，具有清晰的新闻从业者的角色认知，懂得竞争协作，具备创业基本素质等。

第四，在特色培养上，注重体育新闻专业特色的培养，要求学生具备体育运动的专业知识储备，具有体育人文社会科学的知识背景；了解运动项目知识与竞赛规则、体育赛事史，具备体育社会学理论知识；同时掌握体育新闻传播学基本理论，具备从事体育新闻的采访、写作、编辑、评论、摄影、摄像等能力，具备体育新闻传播的文字、图像、音频、视频的理论知识和实践技能，了解新媒体在体育领域的运用等。

总之，本科生培养要求主要集中在人文素养、新闻专业核心技能、体育新闻专业核心技能等三个方面。

(二) 研究生人才培养概况

目前，多数体育院校招收新闻学硕士研究生，其中北京体育大学招收体育人文社会学体育新闻方向的研究生和新闻与传播硕士，上海体育学院招收新闻传播学研究生和新闻与传播专业硕士，成都体育学院招收新闻传播学研究生和新闻与传播专业硕士以及体育人文社会学体育新闻方向的研究生，武汉体育学院招收体育人文社会学体育新闻传播方向的研究生，沈阳体育学院招收体育人文社会学体育新闻传播方向的研究生和新闻与传播专业硕士，首都体育学院招收新闻与传播专业硕士等。

纵观各个体育院校的硕士培养情况，具有以下几个特点：

一是各个院校都比较强调高层次应用型人才培养，一方面希望学生相较于本科生有更高的知识能力，同时也希望学生具有实践应用性能力。

二是各个院校都比较注重体育新闻学这一优势特色的凸显，希望学生能具备体育新闻的优势，以利于学生在未来的科研或实践中，能够更好地占有一席之地。

三是各个院校的体育新闻学专业方向都体现了各个院校自己的优势特色，比如上海体育学院开设了广电体育传播、体育赛事宣传与媒介服务、网络传播与新媒体等方向；成都体育学院开设了体育宣传与公共关系、视觉传播等方向。

四是相较于本科生培养而言，研究生培养的灵活性更大，这样的好处是使学生在科研上有更多的个性特点，缺点则是有可能会流于形式，没有真正落实到人才培养上。

(三) 人才培养特色

1. 特色课程建设

各体育院校在新闻传播学体育新闻传播方向的课程设置上都严格遵照国家标准，但在突出体育特色方面，各个学校之间有一些差异。

有的学校在专业必修课中开设了较多体育新闻特色课程，比如成都体育学院的新闻学专业在课程设置上非常注重体育新闻特色，开设了《体育新闻采访与写作》《新闻评论与体育评论》《新闻摄影（含体育摄影）》《体育广告》《体育宣传与公共关系》等必修的特色课程；沈阳体育学院开设了《体育传播学》《体育新闻采访》《体育新闻写作》《体育新闻评论》《体育新闻编辑》等必修的特色课程；首都体育学院开设了《体育新闻学》《体育赛事报道》《体育纪实摄影》《体育解说与评论》《体育报道编译》等必修的特色课程。

有的学校在专业必修课中开设的体育新闻特色课程较少,但在选修课中有较多体育新闻特色课程,比如北京体育大学的新闻学专业仅开设了《体育新闻学概论》《体育赛事媒体运行服务》两门特色必修课程,其他体育新闻特色课程放在了三组模块里,要求在选择完整一组模块的基础上,再选修其他模块课,而每组模块课程中都有4门以上的体育新闻特色课程,如《体育新闻传播史》《体育传播学》《体育视频新闻制作》《体育纪录片创作》《体育解说》《体育营销传播概论》《体育赛事展示》等(2018版培养方案);上海体育学院的新闻学专业仅开设了《体育传播学》作为特色必修课程,其他体育新闻特色课放在了选修课中,如《英语体育新闻作品解读》《英语体育新闻报道》《国际体育赛事听说》《体育新闻深度报道》《体育数据新闻》《社交媒体与体育传播》《体育新闻播音与主持》《体育评论与解说》等;南京体育学院的新闻学专业仅开设了《体育媒介经济管理》《体育新闻深度报道》两门必修课,其他体育新闻特色课放在了选修课中,比如《体育市场营销》《健康传播》《体育经纪人》《体育竞赛组织与管理》《体育影视鉴赏》《体育纪录片创作》《体育专题节目策划与制作》《体育媒介公关实务》《体育赛事评论实务》《体育主持与解说艺术》。

此外,开发国际课程也是该学科近几年在课程建设上的创新。给学生提供丰富广泛的国际课程资源,也是人才培养国际化的一个重要表现。首都体育学院新闻学专业积极引入国际课程资源,为本科生国际交流开辟新通道。2017年6月邀请美国中北大学体育管理专业负责人Dr. Jason Rice,为学院本科生开设了为期一周的"体育市场营销系列讲座",20多名学生全程参与了学习,收到了较好效果。2018年12月3日—14日,新闻学专业还特邀加拿大渥太华大学MarijkeTaks博士、Eric MacIntosh博士为本科生讲授《冰雪运动产业发展与管理》《冰雪赛事市场开发》两门课程。课程为全英文授课,授课时间持续两周,除了2017级冰雪方向学生,课程还对其他专业的本科生和研究生、部分教师预约开放。外籍教授不仅给学生带来了最新的冰雪运动赛事营销案例和理论分析,还把国外的课堂组织和主题讨论等教学组织形式带到老师和同学面前。

2. 实践教学创新

各个体育院校的新闻学专业对实践教学的开展相对比较灵活,也比较多元化。实践教学主要包含以下内容:

第一是专业实训。专业实训的形式多样,有的学校组织新闻采写集中实践、新闻业务技能比赛、科研训练和创新创业活动、学术活动;有的学校组织社会调查、志愿服务、公益活动、科技发明和勤工助学等。丰富多彩的专业实训增强了学生的技能训练,也加强了学生对体育新闻与传播职业领域的了解。

第二是建立校外实习基地和双导师制。大多数体育新闻传播专业的院系都会利用当地的媒体资源,建立校外实习基地,从业界聘请导师,实行双导师制。以上举措拓展了教学渠道与平台,为学生提供更多的专业实训机会。如北京体育大学、沈阳体育学院、首都体育学院分别与新华社、中央电视台、北京电视台、北京人民广播电台及搜狐体育、腾讯体育、新浪体育等媒体及互联网公司合作，为学生提供了参加2016里约奥运会报道、2018俄罗斯足球世界杯报道的机会；成都体育学院则聘请国际奥委会新闻部部长安东尼为客座教授，不仅亲自为学生授课，还为学生提供了观摩平昌奥运会媒体运行的机会。

第三为毕业论文（设计）。自2013年成都体育学院实施毕业论文改革以来，毕业设计成为本科生毕业考评的一种方式，此后毕业设计逐渐在其他高校毕业考核中推广。毕业论文着眼于科学研究方法的训练，培养学生科学思维和文字表达能力以及分析问题的逻辑推理能力，着重让学生学习和掌握新闻传播研究方法及搜集、整理资料、撰写毕业论文的基本方法。毕业设计分平面、视频、网络和广告作品四种，学生任选其一单独或两人一组完成。在指导老师的指导下，在充分调查、研究的基础上进行原创设计和制作，体现学生在掌握基本知识和原理前提下的创造性和实际操作能力。

第四为创新实践，包括参与全国创新创业大赛、微电影大赛、体育视频大赛、广告大赛、大学生艺术节等形式。形式多样、内容丰富的创新实践增强了学生的职业技能和竞争力。如武汉体育学院学生李明子荣获2017年凤凰卫视"中华小姐"环球大赛总冠军；学生张琛2018年荣获第十届海峡两岸广播电视主持新人大赛金奖；学生张路宽的作品《泰山皮影戏》荣获2017年中国大学生计算机设计大赛微电影类一等奖。

3. 交换学生项目开发

人才培养的国际化也是本学科国际交流的重要组成部分。高校在交换学生及国际化课程资源等方面都进行了一些积极的探索。

北京体育大学新闻与传播学院于2018年启动了体育赛事解说、体育赛事制作人才培养国际实验班项目。合作院校为西班牙马德里大学皇家马德里研究生院（2017级）、加拿大阿尔伯塔大学（2018级）。实验班从各专业本科一年级学生中选拔，采用1+1+2模式，单独编班上课。其中第一学年按原专业培养方案培养，同时在第一学年春季学期加开《中外文化交流》《非虚构写作》《普通话语音与发声》等预备课程；达到英语水平要求的学生于第二学年秋季学期赴国外高校交流学习一年。第三、四学年在本校进行学习。

首都体育学院新闻学专业十分重视人才培养的国际、国内合作与交流，2018年有6名学生通过北京市外培计划选派到加拿大英属哥伦比亚大学学习。近几年来新闻学专业所依托的学院共选派43人赴俄罗斯国立体育大学、韩国龙仁大学、马来西亚博特拉大学、台湾国立体育大学、台湾真理大学、丹麦葛来福大学等大学交换学习，多人参加丹麦、英国、加拿大的暑期游学项目。

研究生层面，各校体育新闻传播学科也结合自身学校平台的优势，积极推动研究生的国际交流。如武汉体育学院新闻传播学院连续两年有2位研究生参加国家汉办组织的境外孔子学院对外汉语教师项目，分别赴泰国、新西兰传播中华文化；沈阳体育学院体育新闻传播学院2018年派出2名研究生赴伊利诺伊大学香槟分校参与国际研究生科研辅导项目；上海体育学院2018年有3名研究生到拉夫堡大学攻读硕士学位。

（四）教材建设概况

教材是人才培养的重要手段，也标志着学科成熟水平。体育新闻与体育传播类教材从有限的体育新闻业务类教材逐渐向体育影视、体育解说、体育公共关系等体育艺术与传播类教材发展，体现出该学科在人才培养方向上的拓展。2016—2019年，体育新闻传播学科共出版教材6部（表8）。其中《冬季奥运项目报道手册》为国内首部针对某一运动项目而开发的教材，该教材的出版对2022年冬奥会体育赛事报道有重要意义，本教材也首次梳理了冬奥会的发展沿革。《体育解说评论》《网络体育新闻传播概论》等教材及时更新了内容，对国际体育传播实务、体育新闻编辑、体育解说评论和网络新闻概论等课程提供了更多思路和选择。《大型赛事媒体运行原理与新闻服务体例》聚焦于体育赛事的媒体运行，使体育传播人才的培养更具有针对性。

表8 体育新闻传播教材（按时间先后排序）

序号	教材名称	第一著作人	出版社	出版时间	书刊号
1	国际新闻媒介	万晓红	清华大学出版社	2016/03	ISBN 9787302428411
2	体育解说评论	张德胜	华中科技大学出版社	2017/06	ISBN 9787568025560
3	网络体育新闻传播概论	张伟	暨南大学出版社	2017/08	ISBN 9787566821843
4	电视新闻摄像与编辑	蔡新丰	暨南大学出版社	2018/01	ISBN 9787566810397
5	冬季奥运项目报道手册	陈岐岳	中国传媒大学出版社	2019/01	ISBN 9787565720314
6	大型赛事媒体运行原理与新闻服务体例	姜晓红	暨南大学出版社	2019/03	ISBN 9787566811431

2018年在中国体育科学学会体育新闻传播分会的组织下，全国一些长期从事体育新闻教育的教师联手，将20多年体育新闻教育的经验记录下来，撰写了"体育新闻传播系列教材"，包含了《体育新闻学》《体育新闻采访》《体育新闻写作》《体育新闻评论》《体育新闻编辑》等教材，该系列教材将于2019年出版。此外，"体育传播与艺术系列教材"也正在筹划中，初步拟定包括《体育纪录片》《体育播音主持》《体育解说》《体育电影》《电子竞技》《体育摄影》和《体育赛事转播》等教材。

在体育新闻传播学科师生共同努力下，该学科在人才培养手段、课程设计、教材建设上不断创新和探索，促进了学科建设的发展，取得了一定的成就，增强了在体育学和新闻传播学中的影响力和学科地位。武汉体育学院和成都体育学院分别在2010年和2014年获得体育学体育新闻传播博士学位授予权；成都体育学院新闻与传播学院早在2011年就获得新闻传播学一级学科硕士学位授权点，武汉体育学院新闻与传播学院则在 2014 年获得新闻与传播专业硕士学位授权点之后，又获得了新闻传播学一级学科硕士学位授权点和广播电视领域艺术硕士专业学位授权点；2017 年上海体育学院获批新闻传播学一级学科硕士授权点。2015 年，成都体育学院"体育传播研究团队"获得省高水平团队称号；2019 年，成都体育学院新闻传播专业获得省双一流专业，并被推荐为全国双一流专业，武汉体育学院新闻学专业被评为省级一流本科专业，新闻与传播类实践教学团队被评为省级教学团队，同年，上海体育学院新闻学专业成为上海市双万计划专业，并推荐申报国家级双万计划。

目前，该学科的毕业生在中央电视台、新华社、腾讯、新浪等媒体占据重要岗位。

四、西方体育新闻传播研究综述

以体育传播活动为对象的体育传播学研究正呈现出蓬勃发展的状态。但与此相伴，对于其作为一个专门学术领地的合法性与边界问题构成了新千禧以来国际体育传播学领域理论探求的主线。该领域相关研究在体育传播（Sport Communication）和传播与体育（Communication and Sport）等概念范畴下进行，而概念表达的细微差异背后凸显出微妙的学术关注侧重，前者将传播的概念置于更为中心的地位，而"体育"对学术探究的核心要素"传播"构成了修饰，而后者则对"传播"与"体育"二者一视同仁，尽管出场次序有别，但并无轻重之分，关注的重点是两者之间的关联。但是，自体育传播试图在西方学术领地中获得独立的合法地位之日起，体育与传播的关系与权重问题就成为理论争辩的焦点。尤其是在传播学科强势发展渐成显学，并迅速衍生出繁茂的分支之际，体育传播作为传播学和体育学交叉融合的新兴领域，已随着传播实践的显著性而不断得到正名和确认，但是在学术层面如何为自己的领地设定合理而清晰的边界，却依然是一个非常迫切的问题。经历了近 40 年的沉淀，对这些关键问题的梳理也成为审视当下西方体育传播学发展现状的关键所在。本部分主要以近年来该领域出版的学术专著、期刊和主要学术机构的活动为分析对象，对西方体育传播学发展的近况进行一个概览性的审视。

（一）定义体育传播

经过新千禧第一个十年的开拓，近年来体育传播学研究在以美国学者为代表的西方学界推动下，在学术体制化层面取得了比较显著的进展。2015 年以来，一系列学术活动和项目的开展强化了这一领域学术探究的理论合法性与影响力。《传播与体育》期刊的主编、洛约拉马利蒙特大学教授劳伦斯·文内尔在 2015 年的一篇社论文章中对 2015 年作为一个节点性的时刻做了极具自觉性的反思，他指出，迈克尔·里尔发表《超级碗：神话式奇观》近 40 年之后，一个自成一体且渐趋稳固的学术领地正在形成，而与其相关联的体制化进程也已达到一个爆发点（tipping point）。在文内尔看来，首先，一个具有"媒介、体育和社会取向"的学者群已经形成；其次，这个群体以体育传播为学术职业；再次他们以传播研究与体育作为学术探索基本路径[25]。同样，2015

年以来，几部对体育传播进行理论建构和学术梳理的重要著作似乎也在表征着这样一个关键性的时刻。

2015 年由美国阿拉巴马大学教授安德鲁·比林斯等撰写的《传播与体育：领域勘测》由国际学术出版社 SAGE 发行。显而易见的是，这本著作的出版是体育传播学领域一个有明显体系化倾向的尝试与努力。著作对 14 个与体育相关的传播现象和议题展开了细致论述，包括体育中的共同体、体育媒介、体育粉丝文化、体育与神话、体育中的性别、种族、政治及其商业化，同时涉及体育运动中的亲子互动、运动员与教练员的关系及运动中的小群体与团队等议题[26]。著作对该领域进行了具有学术深度的扫描，系统汇集了相关研究的核心文献，将理论与实践进行了较好的结合。

两年之后的 2017 年，安德鲁·比林斯又编撰了《定义体育传播》一书，对体育传播领域的研究主题和议题进行了系统梳理，汇集来自不同学科学者贡献的广泛研究视角，显示了近年来体育传播研究的广度与深度。比林斯教授别有洞见地将多元化议题归入到人文主义、组织/关系和中介化三种研究取径。其中，人文主义的取径包括体育作为修辞的创制、体育作为批评/文化研究、体育与传播伦理、体育与民族志、体育与政治传播、作为性别/女性主义研究的体育、体育与种族以及体育与同性恋群体等 8 个议题；组织/关系的取径包括体育与组织传播、作为群体间传播的体育、作为人际传播的体育、作为家庭传播的体育以及作为健康传播的体育等 5 个议题；而中介化研究取径涵盖体育传播作为国际传播、新闻透镜、受众研究、娱乐研究、广播研究、社交媒体网络研究及体育与游戏、体育与广告和体育与公共关系等 9 个议题。正如比林斯在阐述编撰的意图时所宣称，《定义体育传播》不仅仅是罗列 22 个与体育相关的传播分支，而是要说明各个特定的分支如何与体育相关，借此相关性，如何基于传播学的理论厘定相关研究边界，从而对现有研究体育与传播关系的重要文献进行评估，对未来相关领域的研究廓清方向[27]。

2018 年霍华德大学战略、法律和管理传播教授欧威米奇里（Onwumechili）撰写的《体育传播》则是体育传播学教学和研究领域最为新近的一本专著，该书以国际化视角梳理与体育传播实务相关的各类理论问题和应用领域。全书正文分为 5 个部分：第一部分涵盖了新老媒体运营实践的体育传播实务；第二部分考察多样性的受众群体，除了通常涉及的球迷、种族和性别等议题，还论及了残障群体与体育，并以案例形式分析了民族主义以及身份议题对体育与传播的影响；第三部分分析了市场与作为商品的体育，涉及体育经济、大型体育赛事以及体育危机传播与形象修复；第四部分就体育英雄与名流、健康体育传播、数字游戏体育以及体育传播中的法律与伦理等问题展开了论述；第五部分介绍了体育领域的研究方法，并且用专门章节叙述了传播与体育研究中的理论化工作[28]。总体而言，欧威米奇里的《体育传播》侧重于用传播学理论分析体育产业中的传播现象，但作者对经济、政策等因素之外的文化变量也给予了充分的重视，尤其是关于文化因素影响体育运动和运动中不同群体身份建构的相关论述在不同章节中均有展开。

值得一提的是，保罗·佩德森等出版于2007年的《体育传播策略》也在10年后推出更新的第二版。在延续第一版注重实务和产业导向的基础上，作者对大部分内容进行了改写，第七章体育大众传播的副标题为聚合与改变的角色，内容涵盖体育出版和印刷、平面体育媒体、有限电视广播、网络体育媒体及体育杂志、体育书籍等所谓传统体育媒体。与之相对应的是第八章体育新媒体，集中反映了体育领域中的互联网使用、网络体育传播模式以及体育新媒体传播平台。在体育传播技术形态和媒体业态加速迭代的背景下，新版仍然保留了体育传播的社会学维度，如性别、版权、隐私、国家主义与体育媒介的关系，以及当代影响体育媒介的其它相关社会学议题[29]。

从上述著作可以发现，在美国，文内尔、佩特森和比林斯等学者积极推进体育传播学体系化建构的努力在近年结出了初步成果，该领域的学科视角更加开阔，且不断凝练的学科方向凸显了一个日趋成熟的学术共同体的学科自觉，即以一种全景式的学术视野去界定体育传播的研究方向与专属领域。

英国的体育传播研究呈现出议题的庞杂与多学科领域的交织，确切的说，"体育传播"并不是一个成熟的学术概念，它只是一个杂而不乱的研究领域。"英国的体育传播研究主要围绕'体育-文化-传播'这一体系探索传媒在文化传播中扮演的重要角色，挖掘英国体育文化与传播的独特元素。虽说未能形成一个被共同认同和接受的统一的研究范式，但由于其研究主体大多秉承英国文化研究的学术传统，较多采取了媒介研究中的文化研究取向，"文化分析"成为英国体育传播研究的核心关键词。"[30]

英国体育传播研究有一个松散的学术组织JOG，由英国当代媒介体育研究的奠基人加里·惠内尔创办，来自英国格拉斯哥大学的雷蒙德·波伊勒教授，澳大利亚悉尼大学的大卫·罗伊教授，英国百年老校中兰开夏大学的约翰·霍恩教授，卡勒多尼安大学的休奥德内尔教授，以及布莱顿大学的阿兰·汤林森教授和约翰·萨登教授等是该组织的成员，这些知名学者加入到有关英国体育文化的研究中，围绕"体育-文化-传播"这一体系探索传媒在文化传播中扮演的重要角色。

（二）探问体育传播

目前，国际学术领域致力于体育传播与体育新闻专门研究的三本期刊均位于美国，按创刊时间先后分别为《Journal of Sports Media》《International Journal of Sport Communication》和《Communication & Sport》。

《Journal of Sports Media》首期发刊于2006年，由内布拉斯加大学出版社和约翰霍普金斯大学出版社共同发行。该期刊包括学术文章、论文、书评和一些会议和研讨会的报告。虽然大多数文章都是学术性的，但也包括来自行业领导者和体育媒体人物的文章，这些文章的主题是吸引非学术性读者的。期刊所刊载的文章展现了体育媒体对当代社会文化不可忽视的影响，以及相关主体对于该研究领域日益增长的兴趣的回应。从早期较为关注奥运会等单一赛事和美国四大联赛的特定赛事与球队，到更加广泛和国际化的议题，该期刊提供了对该领域的深入探索，并促进了对体育媒体的实践，增进了对体育传播价值和对整个文化影响的理解。

《传播与体育》由 SAGE 出版社与国际传播与体育协会（International Association for Communication and Sport）合作出版，是一份由同行评议的研究期刊，每年出版 6 期，以促进国际学术界对传播与体育关系的理解。C&S 出版的研究和批判性分析，来自不同的学科和理论角度，以促进对不同背景下的传播现象的理解，通过体育来展现其背后的个人、社会和文化。《传播与体育》从传播过程、策略、产业、文本等方面考察体育传播，论文选题涵盖大众和新媒体环境下的体育和媒体研究，涉及人际、群体、组织和其他传播环境下的研究，善于运用体育修辞、话语和叙事分析作为研究方法。更加难能可贵的是，该期刊鼓励从广泛的学科视角研究体育传播和媒体，包括体育研究/社会学、管理学、市场学、政治学、经济学、哲学、历史学、教育学、运动机能学、卫生学，以及文化、政策、城市、性别、种族和能力研究。《传播与体育》在理论上是较为多样的，定性、定量、批判性、历史取向和其他方法的研究在收入文章中均有代表之作。

《国际体育传播》是一份坚持让同行以最高标准评审、吸收世界各地的知名和新兴学者的线上、多媒体的学术期刊。通过南加州大学安纳伯格传播与新闻学院的慷慨承诺，该杂志获得资助。《国际体育传播》杂志文章的公开访问是免费的，作者不收取任何费用，所有读者都可以访问。作为一本跨学科期刊，虽然以传播为中心，但对于与传播学研究相交叉的众多学科及方法的贡献，期刊持开放和欢迎的态度。《国际体育传播》提供了一个平台，用于传播同行评审的研究和与体育传播相关的独特的不同活动的信息。尽管许多期刊只涵盖了体育和传播的一个方面，但《国际体育传播》是第一个通过涵盖体育传播相关主题来提供全方位的视野的期刊。这份严格审查的季刊以定量和定性文章为特色，包括前沿研究、案例研究和社论，鼓励学者、从业者提交关于体育传播的相关分析和原创研究。编辑委员会的成员是来自不同领域的体育传播学者，如批判性研究、体育管理、广告、传播政策、历史、媒体研究、心理学、电信、文化研究、体育营销、国际传播、性别研究、新闻、公共关系、传播理论和新媒体。《国际体育传播》每季出版一次，分别在 3 月、6 月、9 月和 12 月出版。

（三）建构体育传播

国际体育传播协会（IACS）成立于 2002 年，当时仅有八名从事传播和体育领域研究的学者在亚利桑那州立大学西校区参加了首届传播与体育峰会，就如何在更加广阔的传播学学科范围内促进与体育相关的研究制定策略。由这八位学者组成的工作组于 2004 年在《传播年鉴》（Communication Yearbook）发表了专门的篇章，并向国家传播协会（NCA）提交申请，要求增加一个传播和体育部门。随后，该小组在《西方传播杂志》（Western Journal of Communication）上发表了关于传播与体育的专刊，标志着传播学杂志对体育传播开始形成了集中的关注。2006 年，亚利桑那州立大学西分校主办了第二届传播与体育峰会，来自美国各地的 20 多位学者参加了会议。2008 年，第三届传播与体育峰会在克莱姆森大学举行，出席人数再翻一番，安迪·比林斯担任项目策划。这种项目化、可持续的学术行动不仅滋养了一批杰出的体育传播学者，而且也扶持了新一代年轻学者的成长，并使他们融入到不断壮大的体育传播学术共同体中。

2015年以来，国际体育传播协会先后举办三次峰会。2015年第八届传播与体育峰会由北卡罗来纳大学在查鲁特主办，在当时新建的查罗特骑士队主场BB&T棒球场开幕，除了40个学术讨论小组外，特邀嘉宾还包括了迈克·里尔（Michael Real博士，皇家大学教授），凯米·马提尼（Kami Mattioli，大学篮球编辑），阿提斯·提曼（Artis Twyman，NFL圣路易斯公羊传播高级总监）和朱迪亚·瓦拉多（Jodie Valade，体育专栏作家，达拉斯晨报和堪萨斯城之星记者），可谓云集学界和业界的领军人物。2016年的第九届传播与体育峰会由费里斯州立大学主办，邀请来自不同学科的学者参加，重点讨论了传播与体育的国际化、小联盟体育的重要性，同时进一步界定了传播与体育的研究和活动。

最近举办的第十届峰会又回到了亚利桑那州立大学，聚集了来自多个学科的学者，会议的主题是劳伦斯·文内尔博士所做的《周年纪念、发展轨迹和体育传播的挑战》（Anniversaries, Trajectories, and the Challenges for the Communication of Sport）。该届峰会如前文所述，对近年来的学术成果产出做了一个反思性的总结并展望了学科发展的未来。

在产业化和商业化导向浓厚的美国，体育传播学者面临很大的挑战。他们一方面要保持与业界的紧密接触，另一方面又要提升学科自身的理论化水平，避免学术产出沦为对业界实践的简单总结和评价，同时也要比肩其它人文社会学科对"体育传播"这一全球级现象的学术思考。难怪文内尔在对《传播与体育》期刊2016年出版文献的分析中颇具紧迫感地指出，阅读量位居前10的文献更多地出自于体育社会学领域学者之手[31]。

（四）反思研究范式

通过对西方体育传播研究的历史梳理，也可以看到英国的民族中心主义、独特的文化研究范式以及散而不乱的研究风格对体育与传播研究深刻、潜移默化的影响，美国深受功能主义影响的经验主义研究范式、建立在职业联赛上的体育公共关系研究、独特的性别研究和种族研究议题在体育传播研究中的映射。一个国家的社会科学研究总是与自己独特的社会背景、研究立场、现实环境相勾连。与西方重视职业体育相比，中国的体育现象更为复杂，数字时代体育产业与体育传播的融合、网络体育赛事直播背后的场域分析、民族传统体育的现代化转型、健康体育观念的广泛传播、中国传统体育文化的挖掘及其对中国国家形象的塑造、企业文化的建构、个人修养的完善等问题都需要体育传播研究者做出回应。如果借用一下比林斯提出的人文主义、组织/关系和中介化的三种研究取径，不难发现，文化研究取向在国际体育传播学领域近年来的学术生产中得到了更具自发意识的凸显，它表现在：一是对于广泛的、融入日常生活和产业运作的体育传播实践,学者更加迫切地希望理解其背后多层次和多维度的文化建构及其意义生产,这不仅表现在日益增多的期刊论文中,而且也体现在学者对体育传播领域研究的自我反思和总结中;二是早期以媒介为中心的视角正在被更多元化的研究视角所取代,突出表现在比林斯(Andy·Bilings)和欧威米奇里(Onwumechili)等人对人际传播、家庭传播、健康传播等非媒介化传播领域的关注,以及对少数群体的文化认同、性别文化、民族主义和体育英雄与粉丝现象的探究;三是西方学者一方面通过国际大型赛事来研究体育传播在全球文化工业中的运作,尤其是欧美品牌赛事超越民族国家地域界限的全球化传播,同时也更加自觉地意识到不同国家的本土文化差异对体育传播的影响。虽然大部分的研究聚焦于欧美国家体育与传播在本国文化脉络下的运行,但探究全球语境下体育传播的过程与结构正在成为国外学者的共识。

对我国体育传播研究而言,在产业、技术、政策等因素的作用下,我国体育传播实践同样面临着行业变革、转型和创新所带来的挑战与机遇,但是无论是对业界还是学界而言,都需要反思存在的问题与不足,推动研究水平的持续提升。

我国体育新闻学与体育传播学的发展离不开自身土壤和国际环境的影响,因此就需要在特定历史脉络和发展趋势下分析和审视其现状与未来。一是要增强互鉴的意识。这种互鉴不是简单地分析我国学界与业界和欧美的差异,而是从体育传播作为文化传播的内在属性出发,在现代化和全球化的趋同之势背后发现体育传播文化机理的差异,探究东西方体育文化交流与融合的可能。二是增强重返的意识。在传播技术和虚拟技术不断推动体育媒介化发展的当下,重返体育作为人际互动的仪式化场景,已经体现在国际传媒旗舰和高科技企业"回到客厅"等新千禧的商业策略中,但体育传播学术界却仍未给予足够重视。总体而言,"比较"意识和"重返"意识其实对应的是空间的拓展和时间的延伸,就是要从他者和历史去借鉴学术资源来思考本土与当下。事实上经过之前较为单一化、碎片化和程式化的研究形态,放眼全球和重返原初的思维有助于学者从更具历史性和整体性的角度深化体育新闻学和体育传播学研究。

五、体育新闻传播学科展望

近年来,在媒介与体育关系的市场化、商品化和国际化持续发展中,体育和新闻业的关系在被不断重塑与转型,受到媒介、文化、政治等因素制约和影响的体育新闻传播学研究在新时期充满了机遇与挑战。以互联网为代表的新传播革命正在重构世界,新技术引发全新的社会形态,构建全新的社会关系,这为体育新闻传播学打开全新的研究领域。在"技术升级"与"赛事举办"的新时期,体育新闻传播学一方面不断拓展自身的"研究视野",另一方面为体育文化传播提供了"研究架构",更好地实现体育文化的历史传承及对外传播。从体育新闻传播学科建设的角度看,由于新媒体的样态变化和社交媒体带来的关系革新,体育新闻学的内涵和外延都发生了不可忽视的变化。在新时期丰富的中国体育传播实践语境中,体育新闻的研究范式不断更新和驱动,体育新闻传播理论在研究议题、研究规范、研究方法上都取得了不俗的成绩。与此同时，传统理论范式难以解决新技术带来的一系列体育新闻传播现象，范式改革的期许和困惑始终相伴。尽管以四年为周期来考察中国体育新闻传播的学科发展略显短暂，但也可让问题的思考更有时效和更为具体。

(一) 新时期体育新闻传播学研究特征

体育新闻传播学作为一门专业性强、交叉性强、应用性强和实践性强的学科，在技术驱动的社会变革所带来的传播生态和媒体运行逻辑的变化中，不断调整发展的思路和方向。体育新闻传播学也在焦点问题的多维视野聚合、研究方法的多维拓展中找到自己的方位。

1. 学科定位更加明确

随着新媒体、大数据时代的来临，在中国体育传播研究议题不断丰富的情况下，体育传播毫无疑问具有与生俱来的科学性，不少学者正努力将体育传播研究发展成为独立的学科领域，在寻找体育传播（学）的逻辑起点、建构讨论中国体育传播（学）发展的基础、探寻中国体育传播科学评价的全面与深度指标的努力中，已经勾勒出体育传播（学）研究的明显特征。在体育传播发展的过程中，体育新闻学的学术研究发挥了重要的指导和推进作用，同时在实践中也不断深化、拓展和延伸着相关研究工作。在研究内容从"小新闻"到"大传播"的发展过程中，体育新闻传播的学科定位也更加明确。所谓体育传播的小新闻是指以体育新闻的采写编评、体育媒介的经营管理等具体业务和媒体内部业务为主的体育传播新闻传播研究；所谓体育大传播是指体育传播研究突破"小新闻"的框架，研究视野不再局限于媒体内部，突破了以"体育受众为重点、效果为目的"的大众传播学范畴，而是以互动、沟通为重点，在更广阔的视野中探索体育信息传播与体育文化、体育传播与组织（国家）治理、体育传播与跨文化交流等宏观研究。体育新闻传播在大型体育赛事报道研究、体育文化传播、体育国际传播等方面不断开垦研究的新领域。据此，可以看到体育传播学不管是借用西方的知识和话语体系，还是通过本地化以其独特性彰显合法性，都有力证明体育新闻传播学的学科影响、学科身份、学科本体和学科地位的问题。

2. 学科领域独立性逐渐显现

虽然新时期以来，我国体育传播理论研究伴随体育传播实践得到越来越多的重视，研究的成果越来越丰富，研究的视野越来越多元，对体育传播的研究也更多地从关于体育新闻业务实践转向为体育传播的社会影响，但数字化技术对传统新闻业的系统性冲击，使得中国体育媒体格局正在或者已经发生了结构意义上的重组。媒体行业做了许多有益的探索，虚拟现实、机器人写作、大数据挖掘、算法推送等技术不断推动媒介的生产、传播和消费向多元化发展。与此同时，体育新闻传播学术界对这一行业变局的回应则显得比较从容：一方面，既有的理论与概念资源仍在尝试对新现象进行收编和整合；另一方面，围绕一些老话题的讨论，着力表现其复杂性与不确定性。尽管如此，体育新闻传播学科研究内容在业务实践和政策导向的双轮驱动中，明显体现出时代在研究内容的代际转化。就应用性而言，新闻传播实践是新闻学关注和研究的对象，实践的变化往往促进学术研究对象、内容和方法的更新。体育新闻传播理论研究内容方面集中于报道特征分析、框架研究、议程构建、标题制作、报道策略；赛事传播方面则关注两季奥运会、欧洲足球五大联赛、世界杯、亚运会为代表的大型赛事的传播；体育传媒经济则把研究内容聚焦于体育赛事版权开发与保护、体育产业发展、体育广告与营销、体育媒体的经营、新媒体下传统媒体的发展策略；职业素养方面则关注新闻从业者职业素养、新闻专业主义等方面的研究，研究内容和领域独立性逐渐显现。

3. 学科研究内容现实性强

从新闻传播的本体论到体育新闻传播的本土化，对学科的焦虑事实上蕴含着本土化的争议。应用性和多学科性是体育新闻传播的两个显著特征。如今的体育新闻传播研究，不管是描述现象的研究还是解释效果的研究，体育新闻传播研究的总体导向是以实践为主，以竞技体育和大众体育作为传播的支撑轴。体育新闻传播研究议题一般来源于业界，而后得到学界研究并成为知识网络中的有机组成部分，学界对于议题的理论探讨有时反作用于业界，对于业界有指导作用，甚至表现出一定程度的前瞻性。自 2015 年申奥成功以来，在相关部门与专家学者的共同努力下，新一轮奥运备战工作正在有条不紊地进行当中，当前学界研究的热点问题主要集中在冬奥赛事解说、冬奥知识产权研究、冬奥文化传播等领域。宏观层面"大而专"的研究把握学科发展总方向，微观层面"小而优"的研讨丰富学科理论内涵。体育文化传播、赛事转播、全面健康、冬奥战略推广等在宏观层面展开；体育赛事的发展与评价、体育舆情特点、媒介版权转换、体育类 APP 及门户平台的创新扩散发展等则成为微观讨论的重点。从本体论到本土化的多元叙事反映我国体育新闻传播研究紧跟体育活动的发展实践，研究方向和选题都呈现明显的实用主义倾向，实务研究依然是其主流，而体育新闻传播研究随着赛事也出现周期性变化。"新时代""新奥运""新视野"下的"新探索"，衬托出当前我国体育新闻传播事业蓬勃发展的历史新姿态。

4. 体育新媒体研究呈现多元化

近年来，人工智能技术得到迅速发展，也越来越广泛地被应用于线索发现、信息采集、内容的生产和分发、效果反馈等各个新闻实践环节。算法与新闻的结合，是人工智能进入传媒业的主要方式之一。目前，算法新闻集中体现在机器写作（算法内容生成）和个性化推荐（算法内容推荐）这两种新闻实践上。对此，学界给予了持续的关注和深入的思考，也产生了一些新的观点和看法。当新闻生产的每个环节都快速迈向智能化，人类也将实现从人到赛博格的转变，不仅新闻业的发展迎来"拐点"，新媒体研究也正迎来"拐点"。随着信息技术和网络技术的不断发展，以手机为核心的移动新媒体成为社会信息传播过程中的重要载体，手机媒体对体育新闻传播的影响明显。

体育新闻成为受众关注的重要内容，体育新闻 App 成为受众获取体育新闻的重要渠道。与报纸、广播、电视等传统媒体相比，体育新闻 App 在信息传播过程中表现出时效性、综合性和移动性等特点，体现了体育新闻 App 的传播优势。因此，在推动体育新闻 App 发展的过程中，必须重视对大型体育赛事新闻的传播，满足受众对信息的需求，提升媒体市场竞争力和社会影响力。应将体育新闻 App 由单纯的新闻传播平台转化为互动平台，使受众可以通过体育新闻 App 进行交流和互动。应明确体育新闻 App 发展过程中存在的问题，充分发挥体育新闻 App 的传播优势，推动体育新闻传播的发展[32]。以人工智能、算法推送为基础的媒介技术遭遇信息茧房等传播伦理问题的困扰。

（二）新时期体育新闻传播研究的主要议题

互联网技术在新闻传播上的普遍应用催生了各式新媒体，特别是媒介融合的持续深入导致新闻传播实践发生了前所未有的变革，并引发新闻传播研究和新闻传播学的悄然变革。从体育新闻传播的沉寂文本走向热闹的体育新闻实践场域，我们发现在技术变革不断冲击传统新闻传播业态时，体育新闻传播业务创新是中国新闻业务改革的先锋。

1. 满足受众需求的数据可视化信息的生产与传播

具体的新闻报道实践中，在平面媒体的体育新闻报道日渐式微的情况下，为了满足大数据时代体育新闻传播受众的信息需求和数据价值开发，体育新闻报道可视觉化的改革成为新时期体育新闻业务改革的重点。一直以来，体育新闻报道都被科技所推动，大数据时代的科技让体育新闻报道出现了新的变化。体育新闻的数据可视化是数据新闻在大数据时代下衍生出的新形态。体育新闻数据可视化成为学界和业界关注的热点，并终于成为体育新闻报道中的主要呈现方式之一，体育新闻传播的数据可视化产业也有了新发展。有别于竞技体育层面，面向体育迷的数据新闻更加简单易懂，如在视频直播中嵌入数据、更准确高效地制作各类数据图、为媒体采编人员提供更多专业的数据分析支持等，从而极大提升了数据新闻的专业性和比赛观赏性，获得更好的传播效果[33]。赛事信号制作数据化发展趋势也不断加快，基于为持权转播机构实施媒体服务的实践，内容提供已逐步脱离卫星通道而实现远程数据化传输，体育新闻报道内容层面的数据覆盖。体育新闻报道方式层面的数据传输[34]。伴随体育信息和数据的可视化呈现，体育新闻短视频则成为体育新闻传播的重要形式。

2. 基于体育赛事产业链的转播体系建设与完善

赛事转播是体育赛事传播中的核心单元，技术化、专业化和立体化开发是近几年体育赛事转播的突出特点。从赛事推广、赛事转播、赛事展示到赛事营销等，围绕体育赛事的立体化传播形成的融合态势已经越来越突出[35]。对重要赛事进行转播不但满足受众的收视需求，也是体育媒介产业化的有效途径。伴随着体育媒介产业发展，依托重大体育赛事，以中央电视台为主体的电视媒体和以腾讯、PPTV 等网络媒体在体育赛事转播中构建了中国体育赛事转播新体系。有学者总结2018年中央电视台的体育赛事转播趋势：独家拥有稀有赛事资源转播；深耕国内主流项目、优势项目的赛事转播；发掘民间传统体育赛事、新型群众赛事转播价值；培育小众化体育赛事、冬季运动项目赛事转播[36]。在数据化背景下，国际体育组织以赛事信号制作与传输为抓手，加大对体育新闻报道的影响和控制，以实现自身经济利益和价值观传播的目标。增强报道采制力量，推进内容生产极致化。数据信号生产与传输技术的发展，提高体育赛事信号内容生产能力，消除了信号内容传输障碍，增加了体育赛事报道播出渠道，激发了信号和报道内容生产的积极性。为了统一推广自身赛事，获取经济利益，也为了通过赛事传播价值观，扩大社会影响，赛事组织方都会在可能的情况下提升传播内容的制作和控制力度[37]。

3. 技术变革中的人工智能体育新闻生产与消费

媒介技术变迁对传播格局，特别是新闻传播格局的重构，是近年来新闻传播研究的热点。媒体的智能化的推荐机制带来新闻传播业的多向思考，它一方面消融传统传媒业的固有边界，另一方面正在重塑传媒业的原有生态。2015年，新华社开始使用机器人"快笔小新"来撰写中国足球超级联赛的报道，速度快效果好，得到了业内人士的认可。腾讯公司使用dreamwriter来创作体育新闻。2016年里约奥运会期间，人工智能机器人"张小明"通过对奥组委数据的接受和分析，每天可以撰写30—40篇文章。与此同时，《华盛顿邮报》通过机器人赫利奥格拉夫发布了大量里约奥运会的新闻。《纽约时报》体育版"副主编"——机器人山姆·曼彻斯特在里约奥运会期间与注册用户的短信聊天甚至一改报纸严肃刻板的印象[38]。人工智能技术在传媒业的应用模式及其引发的媒介生态变革，特别是其对新闻生产的影响，继续成为2018年新媒体领域研究的一大焦点。虽然面对这些快速的人工智能与传播技术发展，中国体育新闻传播研究总体上没有走出互联网趋势发展的前面，只是根据业界的实践做阐释性的描述，但人工智能对体育新闻传播业带来的深刻影响，体育新闻传播者开始采集或运用大数据来报道新闻已经是是事实。

4. 体育公共关系传播议题丰富与多元

体育公共关系研究一直是体育新闻传播研究的重要内容，传统的体育媒介公共关系主要包括体育赛事媒介运行、新闻服务、新闻发言人、危机应对等方面。新时期的体育媒介公共关系研究则随着体育新闻传播实践的丰富边界一再得以拓展。大数据时代的体育公关传播更加强调体育公关传播主体与客体之间的双向互动、数据搜集与分析更加重要、体育赛事推广更加精准、危机预警与舆情监测更加科学。体育在强化国家形象、外交立场、发挥国民社会动员作用等方面起着不可替代的作用，不少国家开始以体育为平台介入政治和意识形态的活动。体育国际形象是一个国家的体育特征与具体表现，体现了国际社会对一个国家体育水平的认知与评价，也是世界认识国家的重要要素。通过对大型体育赛事的转播报道，不但全方位、多角度提供赛事信息满足受众的多元需求，同时也利用体育赛事的传播平台，勇敢发出中国声音，不但改善中国媒体及体育的形象，也改变和提升中国的国际形象。在实施中国特色外交的号召下，在国际大型体育赛事提升国家形象成效的感召下，在中国密集举办国际大型体育赛事的背景下，国际大型体育赛事在推动我国公共外交事业中的发展，促进大国特色外交格局的形成，促进中国国际形象的进一步提升等方面，发挥越来越显著的作用。利用体育赛事塑造国家形象既遵循国际关系互动的政治定律，也暗合国际体育外交的独特路径。在注重国家形象传播，追求提升文化话语权与软实力，实现中华民族体育文化的全球性共享的语境中，体育政治传播研究的兴起折射出大国自信，视野变化映衬出强国追求，是体育新闻传播学者对时代变迁的历史回应，是以发展进步的眼光，多角度、辩证性地思考体育新闻传播新功能的时代回答，也是新时期体育新闻传播理论研究的必然。

5. 跨文化传播中的体育文化认同

区域"内爆"、国家"爆裂"成为社会新组合空间下的社会不稳定发展重要趋势，民族国家在权力边界、国族认同、传统价值等在内的主体性问题上遭遇了前所未有的困境。政治认同不仅通过日常的、制度性的影响来实现，还需要通过媒介来强化凝聚力与认同力。重大体育赛事已经成为超国家、超文化、超等级的巨型狂欢节，它集体育精神、民族精神的国际主义于一体，形成了一套具有独特审美旨趣的文化价值观。体育跨文化传播特征和促进民族文化认同的作用就愈发显示出价值，体育跨文化传播也自然成为研究重点。体育赛事电视直播仪式，无疑为建构国家民族这个想象的共同体提供了强大的技术手段。重大体育赛事表现出对空间和时间的征服，让受众在节日和仪式中体验体育赛事带来的利益共享，为中国的国际传播提供舞台。体育新闻促进公民之间的一致性，同时减少了社会中的不满情绪，促进身份认同和社会有机融合。体育的社会凝聚作用不断拓展体育新闻传播的新功能。利用重大体育赛事进行共识传播，是国家认同和文化认同构建的有效手段。如2018年亚运会赛事转播报道中，中央广播电视总台就以"中国骄傲"为报道核心，以弘扬爱国主义、集体主义和拼搏精神为主线开展，新闻推出主题宣传片，沿着主题脉络展开报道、梳理各个项目，聚焦中国代表团征程，充分展示中国队争金夺银、为国争光的精神风貌，弘扬爱国主义，做到所有金牌报道全覆盖无遗漏。充分展现中国体育健儿争金夺银、为国争光的精彩过程，体现与亚洲各代表团运动员的友好互动。

（三）体育新闻传播学科未来发展的主要趋势

人类传播历史的新闻样态、主流传播模式一直在变化之中。基于技术导向的体育新媒体研究、偏向政治传播的体育国际传播研究，正成为体育新闻传播研究的两大焦点。中国体育新闻传播学研究应在引领体育新闻传播的实践中，展望其发展方向。

1. 学科合作：体育新闻传播研究新发展

体育新闻传播学具有很强的融合性，现在的体育新闻传播研究已经不可避免地与包括文化研究、性别研究、社会学、人类学、政治经济学、心理学、历史学等多种学科融会贯通。社会学等学科与传播研究之间历经了融合、区隔到现今再渗透的过程。体育新闻传播跨学科研究的实践拓展必定会打破学科领域的碎片化，实现学术传统和研究领域的多样性，从而推动不同传统学科间的对话，破解体育新闻传播学科及研究的内卷化。把体育新闻传播研究触角延伸到政治学、社会学、经济学、心理学、管理学、统计学、体育学甚或自然科学的数学、计算机科学等诸多学科领域，移植相关理论，借鉴其研究视角和研究方法，进行多路向与多方法的跨学科研究，取得有影响的跨学科学术研究成果是未来体育新闻传播研究的一条历史进路。在体育新闻传播研究中，既要用他者眼光，借鉴社会科学、自然科学等学科的理论、方法与知识，甚至是数据、资源与规范，更要着眼现实，关注中国现实与中国问题，提供新闻传播学的新视角、新方法和新观念，形成体育新闻传播学的高水准、高格调的学术研究成果。另外，在体育新闻传播研究的历史进程中，不断推动体育新闻传播学发展的政治、经济、技术、文化等因素先后登场，这并不意味着先出现的因素消失了，而是以不同形态和内涵继续存在，并与后出现的因素互相影响，产生融合、叠加的现象。当然，体育新闻传播的学科性与跨学科自然也会产生二元冲突，与越来越明显的跨学科趋势之间产生了深刻的矛盾，对于多学科环境中成长的体育新闻传播学来说尤为突出，也成为近年来国内外学者反思体育新闻传播学研究的主要方向。当然，"破"与"立"均受制于综合因素。总体而言，体育新闻传播的跨学科研究势在必行，应自觉地发挥跨学科性强的优势。

2. 业务融合：体育新闻传播实践新期待

中国媒介改革面临的深层考量是技术进步和传播环境变化对媒介提出的融合改革要求。与此同时，媒介融合本身的着眼点也在发生变化，融合的最终导向是全方位生态融合。媒体融合向度取决于价值的流向，在媒体产业价值链中，没有所谓上游下游之分，内容生产仍是价值高地。体育新闻报道应当把握媒体融合发展的规律，优化报道内容及生产方式。在体育新闻传播领域，以人工智能、大数据、区块链为代表的新媒介技术，正在对全球传媒业产生颠覆性的影响，不仅使人类社会正加速迈入一个"泛媒""智媒"化的信息时代；也使得虚拟偶像、网红机器人、AI主播等新现象不断涌现，预示着人机深度互动迎来了集中爆发的时刻。新媒体主导的媒介整合让传统意义上传统平面体育新闻、广电体育新闻工作者和新媒体从业者的职业边界渐渐模糊，"跨界"工作成为了新媒体时代体育新闻从业者的日常形态。媒体平台化是融合发展的要义，需要"通过一体化全平台运营实现商业模式的突破，实现互利共赢"[39]。平面媒体大量采用音视频、广播电视和新媒体逐渐开始重视深度报道，让过往不同媒介之间的差异逐渐消解，体育新闻媒介融合的功能日益体现。在时代和科技的双重影响下，体育新闻研究天地广阔，等待着研究人员对其进行不断的探索和发掘[40]。新媒体研究面临的另一个维度难题在于，新媒体技术在其进化过程中呈现出的明显的迭代特征，新的技术尚未完全普及就被更新的技术所替代，这些新技术不仅对体育新闻传播业的运作产生了巨大影响，也在深刻改变着新媒体作为一个研究领域的面貌。

3. 理论创新：体育新闻传播功能新拓展

体育新闻传播技术每隔几年就会发生重大的技术革新，体育新闻传播学研究不能只停留在不断描述新传播形态的"特征"上，而要相对宏观地研究互联网发展对体育社会、体育传播对人的大脑思维的影响。传播思想史的研究其实都不能脱离对传媒的使命、责任和功能的当下性思考。仅仅有立场是不够的，关键是理论和现实的对应关系，有多少种关系，就有多少种视角。也许正是通过越来越丰富的关系和视角的组合、交叉和对视，对传播思想史的学术研究得以不断扩大共识的边界或强化认同的选择，昭示其未来的勃勃生机。面对当下技术扩散与社会转型的复杂角色冲突，体育新闻传播媒介的众声喧哗是各种社会意识的起伏、转化和流变的再现。在体育新闻传播发展过程中，逐渐明确了体育事件的周期性和事件性、竞技性与参与性、民族性与全球化的互动性，即体育有时会出现在"外向的"乃至全球的范围，有时亦会成为当地的焦点或国内密切的关注点，扮演着对冲突、紧张以及一系列焦点问题的表达媒介。在权力与关系多元架构下，国际体育赛事极大地加速了体育的全球化进程，裹挟着几乎所有后现代语境中的权力关系，成为具有普适性的话语空间[41]。在中国体育新闻传播学科建设的主体自觉中，除以媒介形态或媒介场域作为知识轴心的媒介学取向外，还应以"公共性"作为体育传播的价值基点的伦理学取向，重视新的专业领域和边缘学科的出现，关注新的重大问题的研究，欢迎学科交叉与多重交叉，新老交错、技术发展、制度变迁带来了诸多体育传播研究挑战，需要广大体育新闻传播学者以一种探索精神，强化学科理性、拓展思想深度、关注当下问题、开展内容方法视角的创新推动本土体育传播学研究，拓展和提升体育新闻传播的功能。呼唤体育新闻传播研究者提高媒介研究的开放性，吸收、整合不同渠道的意见资源，批判性地看待智能媒介建构的文化价值意义，从而在此基础之上不断发掘体育新闻传播学科能够得以回应的理论落差，勾连起新媒介技术与公共生活福祉之间的内在共鸣。

4. 重塑再造：体育新媒体研究期待新突破

体育新闻传播涉及现实复杂问题的社会现象。体育新闻传播学从产生之日起，其研究路径与方法天然地具备跨学科研究特性和多学科基因。包罗万象的学术关注点，集中地突出问题意识，注重与社会的广泛联系，强调研究的社会价值与实践意义的研究目标、路径与方法都体现体育传播研究特征，预示着时代场景和学术取向的矛盾与统一。作为一门新兴学科，体育新闻传播学的时代性超过了许多传统学科。新媒体的普及给体育新闻传播学带来一片全新的开阔地带，互联网和流媒体技术既是传媒生态的搅局者和破坏者，又是未来传媒生态的引领者和建立者，不确定的媒体架构、媒介技术及新闻实操，都会是体育媒介市场变革的根源，体育新闻传播必将在体育媒体时代变革中寻找研究内核。在继续我国体育传播研究满足对策研究的逻辑下，强化体育传播理论关怀，加强本体理论和基础研究也是体育传播的一大发展方向。在过往体育新闻传播研究的学术理念，如果说有工具理性、政策导向、急功近利问题的话，那在体育新闻传播研究的自反性思考及未来研究趋势中，如果防止体育新闻传播研究的功利主义与企业绩效思维左右着传播学的效果研究，就是需要认真思考的问题。这就要求体育新闻传播研究在现实的时代背景下，思索研究取向，创造一种时代场景和学术取向的关联互涉的社会意义。任何学科的知识生产和理论构建都是人类知识理论普及的有机组成部分，是在世界知识理论谱系背景之下的发生与延展。体育新闻传播学的话语生产既包含着知识生产、价值生产，也包含规则生产和意识生产。作为一门社会科学领域的学科，体育新闻传播学探索人类社会的各种体育传播现象以及隐藏其中的一般规律，传统的学科形成模式最重要的特征，在于内部的一致性与外部的差异性。然而这种通过独特性以彰显合法性的期待，与越来越明显的跨学科趋势之间产生了深刻的矛盾[42]。

  传播即存在，媒介定生死。以媒介为轴心来界定传播的观念以至于媒介理论涵盖传播学知识体系是逐步形成的。体育新闻学隶属于体育与媒介研究；体育与媒介研究又隶属于体育传播学研究。随着体育在消费社会中的重要性日益凸显、竞技体育在当代社会中的符号隐喻功能日益显现，体育新闻的社会化功能、社会控制功能、民族主义功能和外交功能的作用逐渐被认识，新时期体育政治传播研究显示出空前的活力。从学科建制、发展规模、成果数量、议题覆盖、社会影响、跨界交流等方面看，中国体育新闻传播学发展迅速，为自己的合法性提供了理论基础，也一定程度奠定了学科自信，早期学术合法性存疑的焦虑有所缓解，并在知识体系、研究范式上呈现出整合体育人文社会学的学科优势。面临体育新闻传播大发展带来的理论创新、学科布局拓展的历史机遇，体育新闻传播学界应该以完全的学术自觉、以学科建设的胸怀实现体育传播学研究的又一次跨域与突破。

参考文献

[1] 沈正赋. 坚持用科学发展观统领我国新闻传播学学科建设与发展 [J]. 东南传播，2010（6）：16-18.

[2] 单承芳. 体育新闻学 [J]. 体育文史，1995（6）：58-59.

[3] 郝勤. 论体育新闻学的性质特征及学科建设 [J]. 成都体育学院学报，2000（5）：12-15.

[4] 易剑东，蔡文菊. 北京体育大学新闻学本科专业建设研究 [J]. 北京体育大学学报，2006（10）：1392-1396.

[5] 郝勤，郭晴. 论体育传播学的性质特点及其理论架构 [J]. 体育文化导刊，2003（9）：27-30.

[6] 郝勤，郭晴，周雪蕾，等. 中国体育新闻传播学发展报告（2008—2011）[J]. 成都体育学院学报，2012，38（3）：1-6.

[7] 郭晴，潘虹艳，赵艳芳，等. 现状与未来：对我国体育新闻与传播研究的思考——基于2012—2015年发表的学术论文 [J]. 上海体育学院学报，2016，40（5）：18-24.

[8] 郭晴，唐雨晴. 改革开放40年我国体育新闻传播学回顾与展望 [J]. 上海体育学院学报，2018，

42（5）：30-37.

［9］ 郝勤，郭晴，等．中国体育新闻传播学发展报告（2008—2011）［J］．成都体育学院学报，2012（3）：1-6.

［10］ 郭晴，潘虹燕，赵艳芳，等．现状与未来：对我国体育新闻与传播研究的思考——基于2012—2015年发表的学术论文［J］．上海体育学院学报，2016，40（4）：18-24.

［11］ 郭晴，潘虹燕，等．现状与未来：对我国体育新闻与传播研究的思考［J］．上海体育学院学报，2016（9）：18-24.

［12］ 邓珞华．词频分析：一种新的情报分析研究方法［J］．大学图书馆通讯，1988（2）：18-25.

［13］ 郭晴，潘虹燕，魏伟，等．美国体育与传播研究经典著述评析——兼论美国体育与传播研究的发展脉络和特点［J］．上海体育学院学报，2016，38（4）：16-21.

［14］ 郭晴，潘虹燕，等．美国体育传播研究经典著述评析［J］．上海体育学院学报，2016（4）．

［15］ 郭晴，潘虹燕，赵艳芳，等．现状与未来：对我国体育新闻与传播研究的思考——基于2012—2015年发表的学术论文［J］．上海体育学院学报，2016，40（4）：18-24.

［16］ 毕雪梅．试论体育新闻学知识体系的独立性及研究的逻辑起点［J］．成都体育学院学报，2019，45（1）：14-20.

［17］ 魏伟．重访体育新闻学研究的基本特性［J］．成都体育学院学报，2019，45（1）：21-27.

［18］ 郭晴，王宏江．体育传播研究范式转换：基于话语分析的策略［J］．上海体育学院学报，2017，41（6）．

［19］ 郭晴，唐雨晴．改革开放40年我国体育新闻传播学回顾与展望［J］．上海体育学院学报，2018，42（5）：30-37.

［20］ 魏伟．近年来国际体育传播研究的转向和趋向［J］．体育科学，2016，36（5）：10-17.

［21］ 杨珍，王奥，段梦瑶．中国立场、世界眼光、跨界方法、实践指向——体育传播研究的文化转向［J］．成都体育学院学报，2019，45（1）：9-13.

［22］ 胡翼青，张婧妍．中国传播学40年：基于学科化进程的反思［J］．国际新闻界，2018（1）：72-89.

［23］ 刘海龙，吴欣慰．2018年传播学新观点［J］．湖南师范大学社会科学学报，2019（3）．

［24］ 郭晴，李平平．新时代我国体育传播研究的主要议题［J］．成都体育学院学报，2019，45（1）：1-9.

［25］ Lawrence A Wenner. Anniversaries, Trajectories, and the Challenges for the Communication of Sport［J］. Communication&Sport，2017，5（4）：399-406.

［26］ Andrew C Billings, Michael L Butterworth, Paul David Turman. Communication and Sport：Surveying the Field［J］. SAGE Publications, Inc., 2015.

［27］ Andrew C Billings. Defining Sport Communication［M］. Newyork：Routledge, 2017.

［28］ Chuka Onwumechili. Sport Communication：An International Approach［M］. Newyork：Routledge, 2018.

［29］ Paul M Pedersen, Kimberly S Miloch, Pamela C Laucella. Strategic sport communication［M］. Human Kinetics，2017.

［30］ 杨珍．英国体育传播研究的时代语境、核心关键词与架构探究——兼论中国体育传播研究的理论困境［J］．体育科学，2016（5）．

［31］ Lawrence A Wenner. Anniversaries, Trajectories, and the Challenges for the Communication of Sport

[J]. Communication&Sport, 2017, 5（4）：399-406.

[32] 赵 健. 体育新闻 App 的传播特点与发展趋势[J]. 新闻战线, 2017（6）（下）：135.

[33] 付晓静, 张德胜. 体育新闻数据可视化的新趋势——基于 2016 年体育新闻实践的分析[J]. 2017（9）：96.

[34] 戴进. 数据传输对体育新闻报道的影响及对策研究[J]. 电视研究, 2019（4）：42.

[35] 陈志生. 全媒体时期体育赛事传播立体化对新闻专业教育产生的影响[J]. 北京体育大学学报, 2011, 40（11）：86.

[36] 李金宝, 洪钢. 2018 年央视体育赛事转播特点评析[J]. 电视研究, 2019（4）：58-59.

[37] 戴进. 数据传输对体育新闻报道的影响及对策研究[J]. 电视研究, 2019（4）：42.

[38] 魏伟. 重访体育新闻学研究的基本特征[J]. 成都体育学院学报, 2019, 45（1）：26.

[39] 赵睿, 喻国明. 技术驱动下传媒经济研究的转向与进路——2016 年中国传媒经济研究的热点、框架与逻辑演进[J]. 国际新闻界, 2017（1）：66.

[40] 周树华, 杨壹壹. 机遇与挑战：国外体育新闻研究进展及其启示[J]. 成都体育学院学报, 2015, 41（2）：26.

[41] 杨珍, 王奥, 段梦瑶. 中国立场、世界眼光、跨界方法、实践指向——体育传播研究的文化转向[J]. 成都体育学院学报, 2019, 45（1）：10.

[42] 龙强, 吴飞. 认同危机与范式之惑：传播学研究反思[J]. 国际新闻界, 2018（2）：75.

子报告

体育学术期刊发展研究报告

Research Report on Development of
Sport Academic Journals

（2014—2018）

体育新闻传播分会

China Sport Science Society for Sport Journalism and Communication

2019.10

前　言

改革开放以来，党和国家高度重视体育事业的发展，体育成为衡量社会文明程度的重要指标，在社会发展中扮演了重要角色。我国体育在国内外取得的一系列成绩，离不开学术的支持，我国体育研究不仅呈现了高质量的研究成果，还形成了各具特色的研究范式和学术流派。党的十八大胜利召开后，以习近平同志为核心的党中央全面深化不同领域的改革，取得了卓越成效，推动了社会高质量发展。体育学是研究人的运动行为的学科，学术期刊对体育学学科发展起着关键性作用，体育学学科体系结构和层次的发展需要学术期刊作为媒介传播。当前，我国已经成为世界重要的学术研究中心，学术期刊发展也是我国重点发展的方向。近几年体育学研究呈现出什么样的发展脉络、有什么样的研究规律、如何提升我国体育学术期刊的内涵是亟待解决的问题。

为进一步发挥体育期刊在体育科技创新、科学引领、学科建设和学术繁荣中的重要作用，全面了解体育期刊的发展概况，在中国体育科学学会的指导下，体育新闻传播分会和期刊工作委员会组织编写了本研究报告。为了更系统地研究 2014—2018 年我国体育学术期刊的发展概况，本研究报告以期刊可视化分析软件 CiteSpace5.2 为研究工具，对发表在北大核心期刊（体育学）的 23493 篇学术论文进行可视化分析。本研究报告主要分为五部分，第一部分为 16 种体育学术期刊的刊文概况，对 5 年来不同期刊的发文量进行汇总分析，发现不同期刊的发文量都在减少，呈现出了专业化、规范化、层次化和内涵式提升的办刊特点；第二部分是在我国体育学术期刊发展中，产生了一大批高影响力作者，他们集中于具有博士授权点的师范类学校和专业体育学院，且大多数高产作者主持过国家社科基金项目；第三部分梳理了体育学术期刊重点关注的研究热点，主要集中在体育社会、体育产业、体育政策、竞技体育职业化、全民健身、体育国际化、体育教育、冬奥会和体育观念问题等方面；第四部分是对我国体育学术期刊研究内容的聚类分析，对运动训练学和运动人体科学领域的研究热点进行进一步分析；第五部分为我国体育学术期刊的发展提出了合理化的建议。

体育新闻传播分会

2019 年 10 月

课题组

组长：陈 伟

成员：（按姓氏笔画排序）

付晓静 李 芳 李金宝 张 盛 陈岐岳

郝 勤 郭 晴 程志理 潘虹燕 薛文婷

撰稿人
Writers

（按姓氏笔画排序）
In Surname Strokes Sequence

程志理	《体育与科学》编辑部
Cheng ZhiLi	Edrtorial Department of *Sports and Science*
闫士展	《体育与科学》编辑部
Yan ShiZhan	Editorial Department of *Sports and Science*

体育学术期刊发展研究报告
Research Report on Development of Sport Academic Journals
(2014—2018)

Abstract

Academic journals are the main carrier of scientific and technological literature, and the main platform for gathering cutting-edge information and literature resources. The development ofsci-tech periodicals is of great significance to serve the construction of an innovative country, maintain national prosperity and social stability, enhance the academic influence of relevant researchers in their international counterparts, enhance the discourse power of international exchanges of sci-tech culture and promote the transformation and upgrading of China's sci-tech publishing industry. Sports academic journals are the carrier of the academic presentation mode and academic results of the research on people's sports behavior. In the development of various scientific activities, sports academic journals are also an important platform to show the national sports major strategy and promote the production of academic thoughts. They play an important role in the current sports research. Party after eighteen big, different sports academic journals in deeply comprehend the new era of sports enterprise development history glorious achievements, on the basis of the national sports modernization in the process of the major problems facing the study, for the innovation, the academic achievements academic exchange service discipline construction, cultivating talents and scientific research experience in different aspects played a crucial role.

To make a more profound understanding of the sports science academic journals in China from 2014 to 2018 development situation, this report 16 kinds of Peking University for five years, 23493 academic papers published in core journals of visual analysis, using the knowledge map Citespace5. 2 software installation package to academic papers in the title, author, research institutions, key words and different information, the complex propositions through visual means for subject law of development of sports science, offer advice to the development of the journals. According to the analysis, it can be seen that. (1) In the past five years, the number of articles published in China's academic journals of physical education shows a declining trend, and different journals put forward new requirements on the brand construction and connotation development of periodicals. The academic journals of physical education show the continuous expansion of research scope, digitalization of academic contents and research methods, and move towards the direction of specialization, standardization, layering and connotative promotion. (2) The process of physical education in China pays more attention to team cooperation, especially a group of authorized doctoral programs such as east China normal university, central China normal university and Shanghai institute of physical education pay more attention to team cooperation, and become a high-yield team in physical education research. (3) In the past five years, a large number of research hotspots have been formed, including competitive sports, sports management, sports culture, mass sports, school sports, traditional ethnic sports, sports economy, sports industry, campus football, sports history and sports tourism. The formation of these hot spots has formed the development structure of physical education in China. The traditional research structure of competitive sports, mass sports, school sports and sports management has not changed. (4) The sports academic journals in China post hot spots around the sports society, economy, policy, professional sports, the national fitness and sports internationalization, sports education, games and then explores its sports thinking problem, changed the traditional research on research content words, rhetoric, and the disadvantages of hot air to analyze specific issues, and the ability to combine illustrates the social hot spots, and have achieved good application value. In terms of the use of research methods, Meta analysis, oral history and other research methods reflecting the characteristics of the subject have produced a large number of high-quality research results. (5) The research of physical education focuses on the humanities of physical education and ethnic traditional physical education, while the research content of physical education and training and sports human body science is less. The field of sports training mainly focuses on four aspects: sports training theory, physical training, psychological control of sports training, and sports training experience and application in European and American countries. The research focuses on five aspects: mitochondrial quality control, skeletal muscle, exercise intervention in diabetes, exercise intervention in obesity and exercise and nutrition. (6) The development of academic journals of physical education should improve academic influence from the aspects of optimizing the evaluation system of journals, paying attention to sports and human science, promoting the internationalization level of academic research, supporting academic institutions to establish English journals and strengthening the awareness of journal norms.

目 录

引言

一、问题的提出与研究设计
（一）问题的提出
（二）研究设计
  1. 研究工具
  2. 数据来源

二、体育学术期刊发文量概况与刊文特点
（一）2014—2018 年体育学术期刊发文数量概况
（二）2014—2018 年体育学不同学术期刊发文数量
（三）2014—2018 年体育学术期刊刊文的特点
  1. 体育学术范围不断扩大
  2. 体育学术研究的微观化
  3. 体育学术研究的数字化

三、2014—2018 年体育学研究高影响力作者分析

四、2014—2018 年我国体育学术期刊研究热点与演进趋势分析
（一）我国体育学术期刊研究热点分析
（二）我国体育学术期刊研究热点的研究趋势分析

五、2014—2018 年我国体育学术期刊研究的聚类分析
（一）运动训练学研究热点分析
  1. 运动训练理论方面
  2. 体能训练方面
  3. 运动训练的心理控制方面
  4. 欧美国家运动训练经验与应用
（二）运动人体科学研究热点分析
  1. 线粒体质量控制方面

2. 骨骼肌方面

3. 运动干预糖尿病方面

4. 运动干预肥胖方面

5. 运动与营养问题

六、中国体育学术期刊发展探析

（一）优化当前体育学术期刊评价体系

（二）注重运动人体科学的系统研究

（三）体育学术研究的国际化水平有待提升

（四）支持更多的体育学术机构创办外文学术期刊

（五）强化学术期刊刊文的规范意识

参考文献

Contents

Preface

1 Question Proposal and Research Design

1.1 The Presentation of the Question

1.2 Research Design

    1.2.1 Research tool

    1.2.2 Data Source

2 General Situation of the Number of Articles Published in Physical Education Academic Journals and the Characteristics of the Articles Published

2.1 Overview of the Number of Articles Published in Academic Journals of Physical Education from 2014 to 2018

2.2 The Number of Articles Published by Different Academic Journals of Physical Education from 2014 to 2018

2.3 Characteristics of Articles Published in Academic Sports Journals from 2014 to 2018

    2.3.1 The Academic Scope of Physical Education Keeps Expanding

    2.3.2 The Microcosm of Sports Academic Research

    2.3.3 Digitalization of sports Academic Research

3 Analysis of High-impact Authors in 2014-2018 Physical Education Research

4 Analysis of the Research Hotspots and Evolution Trend of Chinese Sports Academic Journals from 2014 to 2018

4.1 Analysis of the Research Hotspots of Academic Journals of Physical Education in China

4.2 Research Trend Analysis of the Research Hotspots of Academic Journals of Physical Education in China

5 Cluster Analysis of Research on Academic Journals of Physical Education in China from 2014 to 2018

5.1 Analysis of Research Hotspots of Physical Education and Training

5.2 Analysis of hot Spots in Sports Human Body Science Sesearch

6 Analysis on the development of Chinese sports academic journals

6.1 Optimize the Current Evaluation System of Sports Academic Journals

6.2 Pay Attention to the Systematic Research of Sports Human Body Science

6.3 The Internationalization Level of Sports Academic Research Needs to be Improved

6.4 Support More Academic Sports Institutions in Establishing Academic Journals in Foreign Languages

6.5 To Strengthen the Awareness of Standardization of the Srticles Published in Academic Journals

References

引言

体育学术期刊可以反映当前体育学学科研究的学术前沿，在我国学术期刊发展中扮演了重要角色，是我国期刊发展不可或缺的一部分。我国体育学术期刊大规模发行始于改革开放初期，经历了40余年的快速成长，逐步走向成熟，产生了较高的影响力，为体育学的学科发展做出了巨大贡献。截止到2018年年底，北京大学图书馆共收录体育学核心期刊16种，分别是《体育科学》《体育与科学》《中国体育科技》《北京体育大学学报》《上海体育学院学报》《武汉体育学院学报》《西安体育学院学报》《首都体育学院学报》《体育学刊》《天津体育学院学报》《体育文化导刊》《成都体育学院学报》《广州体育学院学报》《山东体育学院学报》《沈阳体育学院学报》和《体育学研究》，本研究报告的分析数据也是来源于以上16种期刊2014—2018年发表的23493篇学术论文。

近5年来，我国体育学术期刊的刊文数量呈现出连续递减的趋势，刊文特点呈现出研究范围不断扩大、研究内容不断细化和学术研究的数字化特点。核心作者是推动体育学学术进步的源泉，我国体育学术期刊核心作者集中于北京体育大学、上海体育学院、华东师范大学、华中师范大学、华南师范大学、福建师范大学和南京师范大学等博士点授权单位，呈现出团队合作的特点，以季浏、王健和陈佩杰为核心的学术团队贡献的成果数量最多。但是，也暴露出核心作者研究方向不固定和研究课题与论文内容不相关等问题，这说明作者队伍需要进一步稳定结构，明确自己的研究方向，在同一领域深入探讨问题，结合社会发展做好每一项研究。

目前，我国体育学术期刊的刊文领域主要集中在体育人文社会学和民族传统体育学两个学科。通过分析研究热点和演进趋势可以得知，我国体育学术期刊的研究热点集中于体育社会、体育产业、体育政策、竞技体育职业化、全民健身、体育国际化、体育教育、冬奥会和体育观念问题等方面，在研究内容上改变了传统研究大话、套话和空话的弊病，对具体问题进行分析，并且能够结合社会热点进行阐释，取得了较好的应用价值。此外，在运动训练学和运动人体科学领域也取得了一定的成果。运动训练学领域主要注重运动训练理论、体能训练、运动训练的心理控制和欧美国家运动训练经验与应用4个方面的研究。运动人体科学热点主要集中在线粒体质量控制、骨骼肌、运动干预糖尿病、运动干预肥胖和运动与营养5个方面。

面对过去5年体育学术期刊取得的学术成就，体育学术期刊更应该坚持专业化的办刊理念，在以下5个方面做出努力，继续提高体育学术期刊的社会影响。第一，优化当前体育学术期刊的评价体系。应该摆脱传统评价中"重引用"和"重影响因子"的办刊思维，鼓励办刊机构以提高学术质量为目标进行创新。第二，注重运动人体科学的系统研究。运动人体科学研究通过实验和精准计算，探究运动行为与人体健康模式，是体育学学科基础建设的内容，应通过体育学术期刊的科研开发与学术传播的影响力，增加运动人体科学的发文量，提升学术创新的探索精神。第三，体育学术研究的国际化水平有待提升。在审视体育学科问题中，国际化的视角构成了综合研究的大局观，但借鉴国际经验并不一定要全部按照西方发达国家的经验生搬硬套，而是需要将有用的经验与我国的国情相结合，站在责任落实和机制有效运行的系统思维之上，提升整体化的国际化视野。第四，支持更多的体育学术机构创办外文学术期刊。体育学术期刊发展走国际化道路，这是我国科技与世界接轨的窗口指向。体育学外文期刊的办刊是一项系统工程，需要长周期才能完善，在此期间，可以将中国的优秀学术论文翻译成外文，与国外的学术搜索系统合作，实现中国学术话语的国际化。第五，强化期刊刊文的规范意识。学术期刊发展的前提是规范，在体育学术期刊发展中缺少规范意识，尤其是关键词的选择和核心观点的表达，这就需要不同办刊机构强化对学术规范的推广。

一、问题的提出与研究设计

（一）问题的提出

改革开放以来，党和国家高度重视体育事业的发展，体育成为衡量社会文明程度的重要指标，在社会发展中扮演了重要角色。我国体育在国内外取得的一系列成绩，离不开学术的支持，我国体育研究不仅呈现了高质量的研究成果，还形成了各具特色的研究范式和学术流派。2017年10月，中国共产党第十九次全国代表大会在北京胜利召开，标志着我国进入了一个新时代。党的十九大报告提出要加快建设创新型国家，强调科学研究在科技进步中的重要作用[1]。当前，我国已经成为世界重要的学术研究中心，学术期刊发展也是我国重点发展的方向。近几年体育学研究呈现出什么样的发展脉络、有什么样的研究规律、如何提升我国体育学术期刊的内涵是亟待解决的问题。

（二）研究设计

1. 研究工具

本研究报告以期刊可视化分析软件CiteSpace5.2为研究工具。CiteSpace是一款由美裔博士陈超美基于JAVA程序设计开发的一款可视化的文献分析软件，是科技信息化高度发展的结果。纵观人类发展，人类经历过了五次信息革命，分别是：语言的使用；文字的创造；印刷术的发明；电报、电话、广播、电视的发明和普及；计算机技术及现代通信技术的普及与应用。现在，正在经历第六次信息革命：云计算与物联网的发展与应用。在互联网和数字化时代没有到来之前，学者们为了解一个学科领域发展的整体状况，必须查阅该领域几乎所有的文献，然后经过自己的加工，从大量文献中筛选出相对重要的文献。这样的工作不仅耗费时间，而且难度也非常大。不同学者选取文献时，因为站立角度和主观判断的差异，就如盲人摸象中的各个盲人，往往选取的材料有很大出入，结论也难以得到重复验证。随着知识大爆炸和信息化时代的到来，海量信息时代也随之到来，它就像一头不仅奔跑而且还在不断变化形状的大象。这个时候想通过传统方法来捕捉学科发展的脉动越来越困难。在对多学科领域进行研究时，对文献动态的发展作一个综述性的回顾尤其困难。因此，迫切需要具有更大客观性、科学性、高效性的方法来研究科学学科的结构与发展。1955年加菲尔德（E. Garfield）在《科学》杂志（Science）上发表关于引文索引的文献，奠定了引文分析的基础。这不仅推动了代表学术共同体的多学科数据库——SCI的发展，而且还为研究科学的动态发展状况设计了一系列成熟的概念性关注。引文分析概念成为当今科学计量学、文献计量学、信息计量学、网络计量学的基础。加菲尔德的发明极大地改变了科学计量学家们研究科学共同体的方式。经过多年发展，特别是美国信息研究所（ISI）提供的引文数据库使引文结构的大样本统计分析越来越便利，知识图谱已成为科学共同体结构与发展实证研究的主流方法，广泛用于很多学科领域。

　　知识图谱的发展经历了三个阶段。第一阶段，引文分析技术的出现。1999年斯莫尔（H. Small）明确提出借助引文图谱实现科学可视化。从普赖斯（D. Price）、加菲尔德到斯莫尔，已确立起日臻完备的引文分析理论与方法，构成科学计量学的基础与主流，在一定意义上形成了科学计量学中一门成熟的分支学科——引文分析学。20世纪90年代以来，科学计量学运用统计分析、引文分析和网络分析方法，以及计算机图形学、图像处理与可视化技术，在科学知识图谱和知识可视化方面得到了迅猛的发展。第二阶段，社会网络分析技术阶段。在引文网络研究中，引入复杂网络和社会网络的基本概念与最新成果，把引文分析、复杂网络和社会网络三种理论与方法统一起来，将科学知识图谱理论与方法提高到一个新的水平。这种变化不仅可以对引文网络知识分布、知识流动、知识演化等特有规律产生深化认识，而且还可以促进探索普遍存在于自然、社会和人文的复杂网络的一般规律，具有重大的学术价值。第三阶段，可视化知识图谱阶段。1987年，美国国家科学基金会发表《科学计算中的可视化》，标志着科学可视化的诞生[2]。信息可视化（information visualization，Info Vis）最早由罗伯逊（G. Robertson）等在1989年提出，指在计算机、网络通信技术支持下，以认知为目的，对非空间的、非数值型的和高维信息进行交互式视觉表明的理论、方法与技术。计算机可视化信息处理软件，是通过直观的动态图像信息处理的方式，显示出专业领域中出现的交叉学科的复杂现象，从而获得详尽的前沿科技研究动态，而且还有助于在复杂的科研信息中开辟新的未知领域，提供快速独立科学判断的客观依据。2003年，美国科学院组织的"Mapping Knowledge Domains"讨论会预示着世界科学计量学中知识图谱和可视化研究的春天的到来。我国大连理工大学的刘则渊教授以此次会议为契机，展开了对知识图谱的研究。他于2005年在国内提出知识图谱研究，于2008年出版了《科学知识图谱：方法与应用》一书[3]。此后，知识图谱的应用研究在国内不断涌现，取得了丰硕的成果。

2. 数据来源

本研究的数据来自于中国知网（CNKI），将搜索范围定位"期刊"，以"年 between2014，2018"为检索基本条件，分别将刊名精确匹配于北京大学图书馆公布的北大核心期刊名录，分别是《体育科学》《体育与科学》《中国体育科技》《北京体育大学学报》《上海体育学院学报》《武汉体育学院学报》《西安体育学院学报》《首都体育学院学报》《体育学刊》《天津体育学院学报》《体育文化导刊》《成都体育学院学报》《广州体育学院学报》《山东体育学院学报》《沈阳体育学院学报》、《体育学研究》［原《南京体育学院学报（社会科学版）》］，经过检索分析和剔除无效文献后，得到2014—2018年我国体育学核心期刊有效论文23493篇。

二、体育学术期刊发文量概况与刊文特点

（一）2014—2018年体育学术期刊发文数量概况

图1为2014—2018年体育学术期刊发文数量的统计图，可以看出我国体育学术期刊的论文数量连续5年下降，平均每年减少近200篇。目前期刊出版中，页数一般固定不变，发文数量的减少说明文章的字数明显增加，问题研究深度也逐步提高，研究质量自然得到一定程度的提升。党的十八大以来，我国高度重视期刊的品牌与内涵发展，改变原有只重视发文数量、不重视质量的传统观念，严格办刊，重视编辑部制度建设，借用现代化传播平台交流学术热点，探讨研究方法与写作技巧，研究水平整体提升，这与体育学16家期刊的努力密不可分。2018年，体育学核心期刊发文量仅4340篇，论文刊发数量减少的趋势依然没有改变，"优中选优"的学术规范要求，已经成为新时期体育学术期刊发展的显著特征。

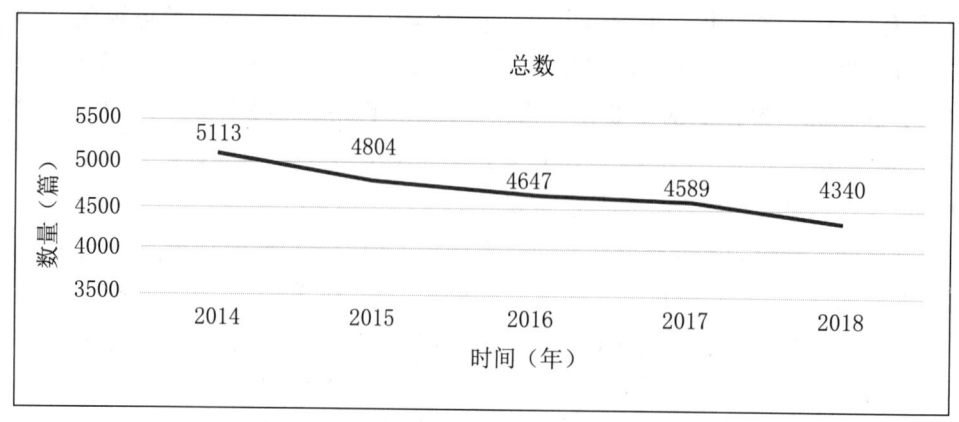

图1　2014—2018年体育学术期刊发文数量概况

(二) 2014—2018 年体育学不同学术期刊发文数量

在北大核心的 16 本期刊中，出版周期为月刊的有 4 本，出版周期为双月刊的有 12 本。5 年间，发文量最高的是《体育文化导刊》，共发表 2647 篇论文，占总数的 11.27%，发文量最低的是《天津体育学院学报》，共发表 461 篇论文，占总数的 1.96%。在期刊发文数量方面，16 本期刊大部分是逐年递减，刊文量减少最多的是《体育学研究》，《南京体育学院学报（社会科学版）》自改名为《体育学研究》后，刊文量由 145 篇/年直接减少到 66 篇/年。在体育学已发论文中，约 80% 的学术论文发表于专业体育学院主办的期刊中，可见，我国体育学办刊的核心力量是专业体育院校。随着我国博士招生规模的不断扩大，期刊论文发表竞争也逐渐增大，这也促进年轻人更加注重研究积累，在能力范围内挖掘研究潜力，开展更高水平的研究项目（表1）。

表1 2014—2018 年体育学期刊发文量一览表

时间	周期	2014	2015	2016	2017	2018	总数（篇）	贡献率（%）
体育科学	月刊	146	140	135	121	138	680	2.89
体育与科学	双月刊	141	112	101	100	99	553	2.35
中国体育科技	双月刊	126	117	121	110	113	587	2.50
北京体育大学学报	月刊	291	271	260	262	239	1323	5.63
上海体育学院学报	双月刊	112	105	93	89	99	498	2.12
武汉体育学院学报	月刊	216	197	191	184	179	967	4.12
西安体育学院学报	双月刊	140	127	123	114	123	627	2.67
体育学刊	双月刊	184	166	155	159	143	807	3.44
首都体育学院学报	双月刊	120	116	118	118	111	583	2.48
天津体育学院学报	双月刊	107	96	95	84	79	461	1.96
体育文化导刊	月刊	650	587	525	520	365	2647	11.27
成都体育学院学报	双月刊	220	136	128	117	124	725	3.09
广州体育学院学报	双月刊	201	199	187	187	178	952	4.05
山东体育学院学报	双月刊	139	130	122	127	136	654	2.78
沈阳体育学院学报	双月刊	170	162	149	135	130	746	3.18
体育学研究※	双月刊	136	128	128	145	66	603	2.57
总数		5113	4804	4647	4589	4340	23493	100

备注：《体育学研究》于 2018 年 1 月正式发行，原刊名为《南京体育学院学报（社会科学版）》。

（三）2014—2018 年体育学术期刊刊文的特点

1. 体育学术范围不断扩大

体育学的研究取得了飞速的发展，首要特点就是研究范围的不断扩大，体育科学的探索已经冲破了传统的狭小领域，研究广度也在不断提高。我国体育学研究从开始只从教育学和生理学两个角度展开，到现在竞技体育、群众体育和体育产业的研究取得了飞速发展，研究成果也转化为实践，为我国体育事业的发展提供了必要的智慧支持。体育学术已经渗透到人文学科和自然学科的每一个领域，研究范围扩大意味着体育学术期刊禀赋的责任更加重大，在以后的研究中更应该拓宽思路，注重创新，为国家的科技发展和社会进步做出贡献。

2. 体育学术研究的微观化

通过发文数量明显可以看出，发文数量的减少并不意味着研究项目的减少，而是体育学术研究逐步走向深入，学者们开展的研究逐步向微观方向发展，论文研究方向由宏观描述转化为就学科内部某个问题进行深入分析。期刊发展中，期刊栏目逐步细化，研究也逐步系统化，这种现象反映了体育学术研究者对体育科学微观领域的认识不断精细化，也意味着不同学者的研究领域更加明确，对研究方向认知度增强。

3. 体育学术研究的数字化

现代科学的发展已经不能仅仅凭借经验得到结论，需要应用数学的方法得到准确结论。从改革开放初期开始，数学已经应用于体育研究中，近几年不同的数理处理方法也不断呈现，定量化结果的呈现对体育学术研究成果的科学性提升有重要意义。在过去的几年中，体育学术研究非常重视定性与定量相结合的方式，使得体育学术研究成果更具有创新性、客观性和准确性，提高了人们对体育科学的科学认识。

三、2014—2018 年体育学研究高影响力作者分析

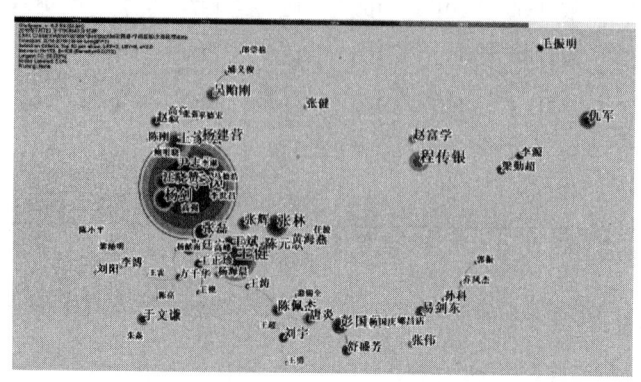

图 2　2014—2018 年体育学研究高影响力作者分析

图 2 是 2014—2018 年体育学研究高影响力作者的可视化分析结果。通过该图可以看出，全国影响力作者根据热度一共分为 3 个梯队，影响力最高的是华东师范大学季浏，华东师范大学作者团队影响力在全国最高，汪晓赞、杨剑、杨建营、高强、马德浩和尹志华等一批学者都具有较高影响力。华中师范大学王健影响力次之，王斌和陈元欣等一批学者也具有较高的影响力，团队发文质量较高。此外，武汉体育学院王岗、苏州大学王家宏、南京师范大学程传银、上海体育学院张林与郭玉成和南京体育学院彭国强发文频次较高，这些作者逐渐成为体育学术期刊的核心作者（表 2）。通过可视化分析结果可以得出三点：第一，研究单位团队组建的梯队建设非常关键，这是研究得以深入延续的重要保障，在高影响力作者的第一梯队中，多为各大高校的博士生导师。第二，全国高影响力的学术团队以具有博士点的师范类大学为主，华东师范大学体育健康学院、华中师范大学体育学院、南京师范大学体育科学学院和福建师范大学体育科学学院的高产作者比较多，不同学校之间的学术合作也比较频繁。在体育专业院校中，上海体育学院也组建了诸多团队，且研究领域比较分散，说明上海体育学院在体育学不同学科发展中都有一定影响力。第三，第一、二梯队作者大多数拥有主持过国家社会科学基金项目的经历，所刊发的论文基本都是有国家社会科学基金等不同科研项目的支持。对第一梯队高影响力作者的论文进行检索，发现这些作者的研究方向并不是特别固定，而且领域交叉非常大，刊发论文涉猎范围比较广，学术取向的稳定性不高。

表 2 2014—2018 年体育学研究高影响力作者一览表

等级	高影响力作者及其发文频次
第一梯队	季浏（145），王健（72），王岗（60），王家宏（47），程传银（47），张林（35），杨剑（34），彭国强（32），杨建营（31），郭玉成（31），王斌（30）
第二梯队	张磊（29），仇军（28），陈佩杰（28），于文谦（27），陈元欣（26），戴国斌（25），石岩（24），张力为（23），易剑东（23），赵富学（23），刘宇（22），吴贻刚（22），张辉（22），汪晓赞（22），唐炎（21），司虎克（20），毛振明（20）
第三梯队	张伟（19），张瑞林（19），赵毅（19），黄海燕（19），张廷安（18），张健（17），李凌（17），赵光圣（17），孙科（16），尹志华（16），李金龙（16），舒盛芳（16），钟秉枢（16），刘阳（15），李博（15），梁勤超（15），王正珍（15），刘文武（14），姚颂平（14），孙葆丽（14），李源（14），王涛（14），邓星华（14），方千华（13）

四、2014—2018 年我国体育学术期刊研究热点与演进趋势分析

(一) 我国体育学术期刊研究热点分析

图 3 为 2014—2018 年我国体育学研究热点分析图，在这 5 年中形成了竞技体育、

体育管理、体育文化、群众体育、学校体育、民族传统体育、体育经济、体育产业、校园足球、体育史和体育旅游等一大批研究热点。这些热点的形成，决定了我国体育学学科发展结构。虽然竞技体育、群众体育、学校体育和体育管理的传统研究结构没有改变，体育研究的热点依然没有脱离母学科概念的束缚，体育学研究的特色还没有形成，但是在这些研究热点的领域中，产生了一些新的研究分支，这些分支又细化了研究领域，有助于将研究问题细化，提高研究的质量。近5年，我国体育学研究热点具有以下七大特征。

第一，中国特色体育研究体系初步形成。新时代、体育强国和奥运会等关键词成为热点，说明体育研究方向同国家的体育改革与目标相契合。党的十九大报告提出了我国进入新时代，并且将体育强国作为我国体育发展的总目标，这些关键词能够成为热点就说明我国体育学研究的宏观目标已经确立，体育助力于新时代各项事业建设的方向不会改变。

第二，研究对象群体得到了进一步细化。通过关键词获得的热点可以明显看出，研究对象涉及青少年、大学生、老年人和肥胖群体，将这些群体与"体力活动""体质健康""有氧运动""骨骼肌""体质百分比"和身体活动相结合，与"健康中国"战略密切相关，体育服务于全民健康，有助于不同群体健康水平的提升。群众体育内部的整体协同发展应该作为国家发展的一项公益事业，群众体育发展过程中的"时尚消费""家庭活动环境""社区健身环境"和"休闲体力活动"需要与不同的群体有效结合，对于人们的"文化认同"具有重要意义。

第三，体育管理的研究依然在政策和文化的双重基础之上。体育管理是我国体育学术研究中的老话题，但是在研究中体育管理的依据依然建立在体育政策之上，体育管理研究注重与体育公共服务、体育社会组织和全面健身相结合，在体育管理过程中，也注重民俗体育和民族传统文化的继承与发展，这对于促进体育管理研究应用于实践更有指导意义。

第四，竞技体育发展更注重域外经验的借鉴。随着竞技体育国际合作项目的增加，中国与世界各国在竞技体育领域交流日益紧密，欧美国家竞技体育发展经验得到体育学术界的重视。在国际经验的借鉴上，学者们结合域外不同国家管理体制、典型政策法规、竞技体育俱乐部管理案例和精英运动员运动能力全方位提升等内容提出了本土化建议。竞技体育域外经验的推广与本土化改革理路的提出，加速了国家竞技体育改革的步伐，推动了中国体育与国际体育的融合贯通。

第五，体育教育依然在教育学的框架下展开。体育的教育属性在体育学研究中的地位始终没有改变过，当前体育教育的研究重点依然是体育教师、体育教学、体育课程、人才培养和高水平运动员等方面，这些领域也是学校体育活动开展的重要内容，也就是说，在研究内容和理论基础上体育教育始终站在教育学的学科体系之上，这一点依然没有改变。

第六，体育的经济功能成为体育学研究的重要转向。社会政治功能一直是体育学的研究热点，起到突出体育在国家、地区、政治制度和对外交流等方面的作用。党的十八大以来，体育改革更加注重市场在体育资源配置中的决定性作用，学者们对体育产业与国民经济发展之间的关系、培育体育市场与体育消费的参与主体、体育资金和体育投资的规模、体育产业宏观发展计划与产业发展政策相配套等内容，展开了深入讨论。

第七，武术与民族传统体育的研究依然以文化为中心。武术、民族传统体育和体育非物质文化遗产的研究都是以"体育文化"为切入点，提高我国体育的软实力。"武术文化""民族传统体育文化""体育非物质文化遗产""尚武精神"等依然是武术与民族传统体育研究的热点。武术与民族传统体育研究的重要方向，是将其研究放在"文化空间"探讨，这样明确了民族传统体育的发展"文化属性"，同时在研究方法上侧重使用"主题叙事"和"口述史"的研究方法。

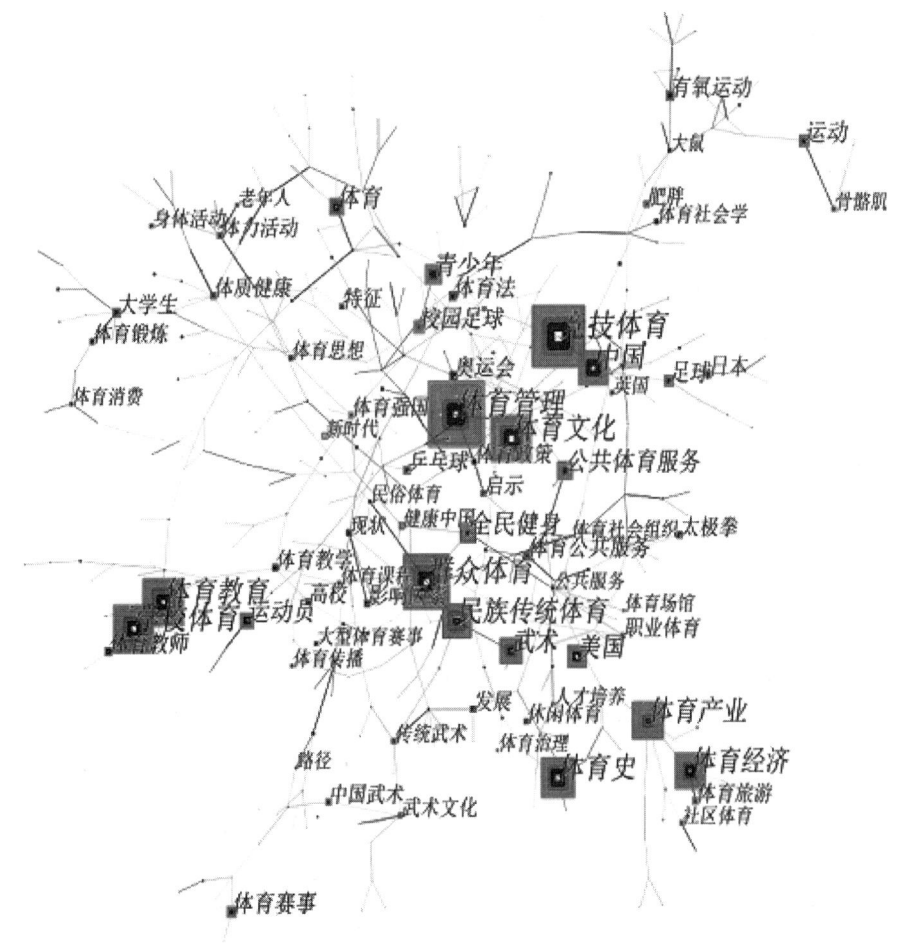

图 3　2014—2018 年体育学研究热点分析

（二）我国体育学术期刊研究热点的研究趋势分析

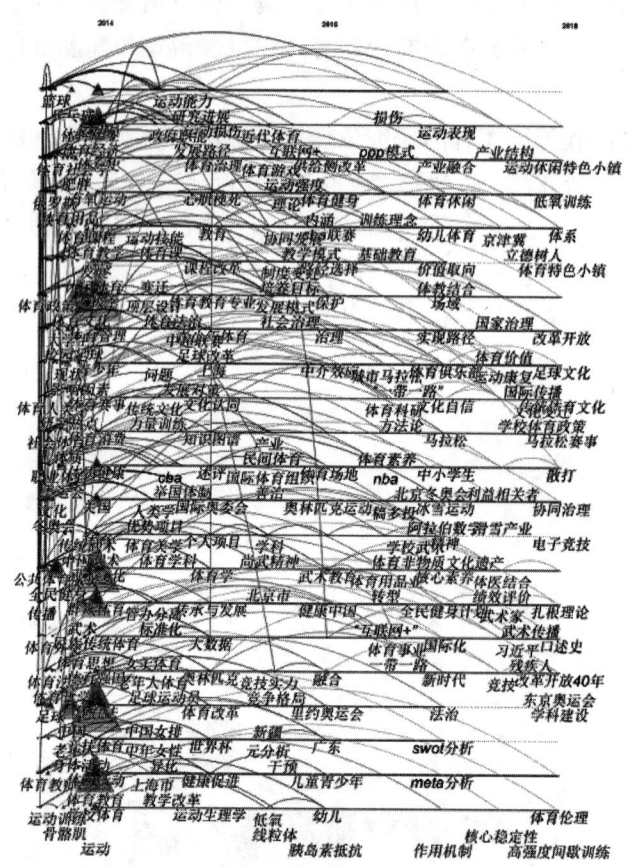

图4 我国体育学术期刊研究热点的演进趋势

通过图4可以看出，我国体育学术期刊发文热点变化是：围绕体育社会学、体育产业、体育政策、竞技体育职业化、全民健身、体育国际化、体育教育、冬奥会和体育观念问题的进一步深化；在研究内容上，改变了传统研究讲大话、套话和空话的弊病，对具体问题进行分析，并且能够结合社会热点进行阐释，取得了较好的应用价值；在研究方法上，除了有SWOT传统分析方法[4]，还产生了Meta分析[5]、口述史[6]等一批具有体育特色的研究范式，推动了体育学学科建设。体育学研究热点的研究趋势重点从十个方面进行分析。

第一，体育社会学方面。体育社会学的研究重点围绕社会体育、民间体育和全民健康3个领域展开。在体育社会组织研究的基础上，重点对马拉松文化[7]和马拉松赛事[8]进行研究，这是体育社会学研究的重要转变，这与全国各地马拉松赛事的举办数量实现"井喷式"增长有关。马拉松已经成为一种新的社会现象，已经与社会体育、民间体育和全民健身相结合，当然马拉松赛事的发展也存在着各种争议，马拉松赛事如何科学、快速发展成为当前重要的课题。

第二，体育产业方面。体育产业的经济发展是文化产业的重要内容，体育产业的推进应该建立在"供给侧改革"[9]的大环境下，注重利用"互联网+"的优势，实现体育产业结构的调整[10]，逐步与不同文化产业相融合[11]。"供给侧改革""互联网+""产业结构"和"产业融合"已成为研究热词。目前，在体育产业研究中，运动休闲特色小镇成为热点。

第三，体育政策方面。党的十八以来，体育政策纳入国家顶层设计，这些政策形成了体育治理的依据。体育政策的研究面临制度变迁的困境，政策体系应该是体育实践的方法论，也是体育实现健康可持续发展的保障。"以人民为中心"[12]"新时代体育""协调发展理念"[13]"中国模式""体育公益"[14]和"把握国际机遇"[15]等一系列关键词成为体育政策研究的导向。

第四，竞技体育的职业化方面。竞技体育改革是我国体育事业发展的难题，竞技体育的研究始终与举国体制的制度相关，在竞技体育的职业化改革中，学者提出依据运动项目的发展规律，结合自治和他治的原则，倡导具有中国特色的善治模式，与欧美职业体育发展经验相融合，以体育产业为依托，以国际体育组织管理制度为依据实现竞技体育的职业化。关于竞技体育职业化，重点围绕足球、女排、体操和篮球等运动项目，紧紧围绕世界杯、奥运会等大型体育赛事展开。"青少年足球""竞争格局"[16]"后备人才服务"[17]"足球联赛""职业等级""动作难度""制胜规律"[18]和"欧冠联赛"是这方面研究中出现最多的关键词，此外，从体育制度改革服务于竞技体育的职业化发展方面来看，"价值冲突""仲裁制度""法律多元主义""治理体系""体育诚信"[19]和"竞赛内部纠纷"[20]成为关键词，建设职业体育联盟、健全联赛制度、实现竞技体育市场化是落实新观念的实施方案。

第五，全民健身方面。全民健身是群众体育的改革方向，全民健身应该与全民健康紧紧结合起来，在结合的过程中注重简政放权政策的落实，"健康中国"[21]"全民健身计划"[22]和"政府绩效评价"[23]是目前研究的热词。在全民健身的研究中，由传统的宏观分析变为扎根调研，注重全民健身的基层问题，这种改变有助于提高群众体育改革的效率，也是一个非常有价值的研究方向。

第六，国际体育方面。随着现代化的推进与经济全球化的发展，国际体育成为国际文化交流的重要内容，尤其是大型体育赛事日益增多，国际体育的相关问题研究受到重视，"体育外交"[24]"国际体育话语权提升"[25]和"文化影响力增强"[26]是目前的研究热词。在"一带一路"的国际交往中，我国体育如何有效融入国际体育成为研究的重要命题。

第七，体育教育方面。体育教育的研究在内容上变化不大，重点是学生体质健康水平和健康干预问题，"体力活动""体育教师"和"儿童青少年发展"是体育教育的研究热点。在指导方针上，学校体育如何落实"立德树人"的教育目标成为重要内容。"青少年体育"中的身体活动与体力锻炼，在研究中与之对应的关键词主要有"运动技术""快速力量""运动素质""高强度跑动""运动气氛""旋转速度""身体自尊"[27]和"角色预期"[28]，可见，对于青少年体育的发展侧重于学生素质和心理的综合培养。青少年的发展离不开运动素质和体能的综合提升，在研究中，与青少年的"肥胖""超重"等社会现象概念密切结合，是体育学研究中最受关注的问题。除了"身体活动""体力活动"等一系列核心关键词外，"体育行为"的研究也得到重视，"体育行为"[29]与"锻炼模式"[30]成为青少年体质健康与体力活动的重要研究方向，计步器[31]、加速度计[32]、GIS定位系统[33]和跟踪调查等各种方法的综合利用，成为解释身体活动行为、自我效能与身体文化，以及青少年自我发展模型的有效手段。

第八，北京冬奥运会研究。随着北京冬奥会的申办成功，举办一届具有特色的冬奥会成为国家的重要战略目标[34]。在关于冬奥会的研究中，冰雪运动成为研究的热点，一方面与国家大力倡导发展冰雪运动有关[35]，另一方面与国家普及奥林匹克教育有关[36]。北京冬奥会的研究，重点是围绕我国优势项目和个人项目展开，服务于我国奥运健儿在冬奥会上取得理想名次。在当前研究中，如何利用冬奥会契机大力发展冰雪产业、实现冰雪运动普及是重点。

第九，体育思想研究。体育思想的研究紧紧与"新时代"相结合，在2014—2018年，女子体育思想和教育思想是有关我国体育思想研究的重点。体育思想的研究更应该站在国际化的立场上开展，注重国际名人与国际体育相关政策的思想提炼，对我国体育学术的发展具有重要推动作用。近年来，习近平体育思想成为重点研究的方向，习近平体育思想的内容与当代体育价值是体育思想研究的重要内容。

第十，武术与民族传统体育研究。关于武术和民族传统体育研究都能建立在"国际化""标准化"和"社会化"的大背景之下，"尚武精神"是当前武术研究的重要内容[37]，"体育文化传承"是民族传统体育研究的重要方向[38]。在武术与民族传统体育传承方面，均设计了强化"体育教育"的有效路径。现有武术与民族传统体育作为一种体育文化资源，对武术家和非物质文化遗产传承人的研究日渐重视，多采用"口述史"的研究方法对武术资源和非物质文化遗产传承进行研究，取得了较高的影响力。当前，武术与民族传统体育的研究，均能站在新时代的立场，对武术和民族传统体育的"核心价值""话语权力""国家形象"和"体育强国战略"紧密结合，探寻武术与民族传统体育的"文化地位"。

五、2014—2018年我国体育学术期刊研究的聚类分析

我国体育学术期刊研究热点主要集中在体育社会学、体育产业、体育政策、竞技体育职业化、全民健身、国际体育、体育教育、北京冬奥运会、体育观念和民族传统体育10个方面，这些研究推动了体育学学科发展和社会进步。但是，我国自体育学学科确立以来，就形成了体育人文社会学、体育教育训练学、运动人体科学和民族传统体育学的学科发展结构，体育人文社会学是当前研究的重点，而体育教育训练学和运动人体科学研究相对薄弱。为了更全面地了解体育学学科发展概况，本研究报告对23493篇论文进行聚类分析，以获得更多的关键词，了解体育教育训练学和运动人体科

学两个学科的发展概况。运用 CiteSpace 软件进行自动聚类后，得到学科研究热度的剪影图（图 5），共获得 22 个研究模块（表 3），在不同类别下获取影响力较高的 100 个关键词，剔除体育人文社会学和民族传统体育学中的热点关键词，得到体育教育训练学和运动人体科学的研究热点。

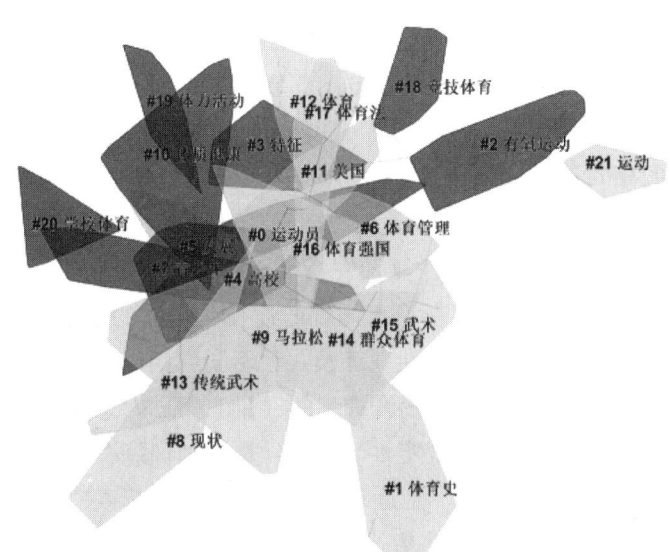

图 5　我国体育学术期刊刊文聚类分析剪影图

表 3　我国体育学术期刊刊发论文聚类结果一览表

位次	聚类名称	聚类编号	剪影值	位次	聚类名称	聚类编号	剪影值
1	运动	22	0.986	12	有氧运动	3	0.897
2	学校体育	21	0.977	13	体育强国	17	0.891
3	竞技体育	19	0.961	14	高校	5	0.888
4	体育史	2	0.956	15	武术	16	0.881
5	马拉松	10	0.941	16	体力活动	20	0.878
6	发展	6	0.939	17	群众体育	15	0.875
7	现状	9	0.936	18	美国	12	0.857
8	青少年	8	0.921	19	体育法	18	0.844
9	体育	13	0.912	20	传统武术	14	0.842
10	运动员	1	0.903	21	特征	4	0.771
11	体质健康	11	0.898	22	体育管理	7	0.771

（一）运动训练学研究热点分析

1. 运动训练理论方面

运动训练理论研究主要分布于19（表3中的聚类编号，后同）"竞技体育"板块，运动训练理论的研究中，存在着以苏联的运动训练理论为主体的主流训练理论与以茅鹏为代表的"一元训练理论"的学派分歧，苏联运动训练理论认为，运动能力包括"体能"和"技术"两个元因素，"体能"是基础。训练学家茅鹏从运动学观察动作技术就是自身肌体的相对运动，认为体能和技术实质上是一体的，两者只是指称不同，以有利于在研究分析中运用罢了。"一元训练理论"这种新观念的建立，逐渐与运动竞赛实践揭示的人体运动行为的整体性复杂性特征相吻合，"复杂性训练理论"[39]的提出，就意味着运动能力从旧稳态向新稳态涌现的途径是机体的运动任务和训练环境改变。运动训练的周期安排也主张非线性训练模式，不同周期训练注重"功能训练"[40]，也就是倡导专项训练的个性化安排。提升训练的"量""质""度"和"力"是训练的关键，"量"是运动训练可变化的规定性，"质"是运动训练存在的本质原因，"度"是运动训练操作的实践维度，"力"是运动训练形式的能动反映[41]。运动训练的目的是增长运动能力，运动训练的生物学基础应该实现从超量恢复学说到运动适应理论的转变，运动能力在运动训练中坚持"改变-适应-改变"的动态提升。在竞技体育训练中，合理的"运动训练周期"是维持高竞技状态的最佳途径[42]。

2. 体能训练方面

体能训练方面的研究主要分布于19"竞技体育"和20"体力活动"板块。体能训练的研究重点是核心力量训练，不同运动项目运动员的核心力量训练是目前的分析热点，"腰椎稳定性"[43]"快速力量""专项力量"和"专项稳定性"[44]等是研究的热词。功能性力量训练以专项技术为前提，如排球中"跳跃腾空杀球""拦网效果"和"原地正手杀球"[45]等专项技术的生物力学分析，对动作质量控制水平的提升有重要作用。耐力训练也体能训练的重要内容，耐力训练以"能量代谢"为主要内容，"乳酸阈"和"两极化"的训练模式[46]、高强度间歇训练和短距离速度重复训练是耐力训练的3个研究热点。

3. 运动训练的心理控制方面

运动训练的心理控制方面研究主要分布于1"运动员"和19"竞技体育"板块。运动心理机能是人们参与体育活动或竞技比赛的基本能力，在竞技运动或训练中"红色心理效应"影响不同运动员的认知。长期运动训练会造成"运动性心理疲劳"，运动员的IAT测验可以检测心理疲劳程度，为了科学地缓解运动疲劳可以建立可靠的"师徒模式"[47]、牢固的"人际信任"[48]和稳定的"团队凝聚力"[49]，不断强化自己的"角色预期"，提升运动训练参与者的"运动心理韧性"。运动训练中，需要科学地把握运动参与者的"运动动机",因为运动动机引发的身体自尊、一般自我效能感、强迫症状、感觉寻求、社会支持、完美主义和人格等心理因素会造成"运动成瘾"现象[50]。因此,运动动机与运动成瘾之间的关系也是当前研究的重要议题。

4. 欧美国家运动训练经验与应用

欧美国家运动训练经验与应用研究主要集中在12"美国"和20"体育"板块,国内运动员选材方面的研究逐渐淡化,取而代之的是国外运动员选材。运动员选材中"天赋说"与"基因说"成为美国运动员选材的首要标准,"身体素质""专项技能"和"健康水平"是衡量运动员运动潜力的主要指标。在运动员选材中,欧美国家注重专门性的"生物学诊断",确定对"运动成绩"有特别重要作用的机体功能。"竞技整体性"也是欧美国家科学选材的主要指标[51],需要建立运动员长期培养目标和周期安排。"运动移动辅助工具"成为欧美国家的研究热点,并在国内很快得到推广,例如,运动平衡能力陆上训练测试器、水中超等长训练设备等辅助设备的应用,对提高最大转矩、速度、力量和爆发等专项素质都有一定提高。此外,在训练方式方面,欧美国家训练、科研和保障"三位一体"的无缝衔接与充分融合,是世界竞技运动训练发展的一个显著特征。

(二)运动人体科学研究热点分析

1. 线粒体质量控制方面

线粒体质量控制的研究主要分布于21"运动"板块,这类研究是运动促进体质健康与科学预防疾病的靶向。线粒体是细胞中具有两层膜包被的细胞器,是细胞有氧呼吸的主要场所,可以为细胞活动提供能量。运动可以促进新生线粒体生物合成、融合与分裂动态平衡及失去功能的线粒体的自噬清除,维护整个线粒体网络的功能。线粒体功能已经得到了确认,对于线粒体质量控制的研究可以直接、精准地反映研究对象,这类研究也是国际上认可度最高的研究范式。在研究样本选择上,多数采用"老鼠""大龄老鼠"和"动物实验"为实验对象,通过"大强度运动""高强度间歇训练"和"同期训练"的运动方式,也有采用"电刺激"[52]和"激光干预"[53]等实验手段,分析"白细胞介素-4""第三类去乙酰化酶"和"泛素-蛋白酶体"等指标的量变与运动之间的关系。线粒体质量控制方面的研究针对性较强,可以通过具体指标"科学监控"人的肌肉、骨骼和脑功能变化,准确判断出运动对人体的影响。

2. 骨骼肌方面

关于骨骼肌的研究主要分布于1"运动员"和19"体力活动"板块,这类研究主要围绕"肌肉损伤"[54]、"肌肉衰老(或肌肉萎缩)"[55]和"骨骼肌肥大"[56]3个方面展开。这类研究主要围绕运动的弊端展开,尤其是职业运动员长期高强度开展训练,"肌肉收缩蛋白"的分解速率加快,造成"延迟性肌肉收缩"而产生骨骼肌损伤,严重影响运动员的运动寿命和竞技水平。针对肌肉衰老的研究分为"抗衰老"和"防衰老"两个方面，抗衰老主要针对老年人，防衰老主要针对运动员，"白细胞介素"是重要衡量指标。骨骼肌增长的最佳方式是"大强度阻力训练"[57]，运动诱导骨骼肌生理适应肥大机制涉及多种信号传递，"RNA 水平"和"蛋白水平"的调节是研究的重点。骨骼肌与"运动适应"的适应机制和作用机理是当前研究的热点和难点，"细胞自噬""蛋白泛素化降解"和"内质网应激"是当前研究运动对骨骼肌影响的主要指标。

3. 运动干预糖尿病方面

运动干预糖尿病的研究也是当前研究的热点，尤其是针对"2 型糖尿病"研究较多。糖尿病是影响人类健康的三大疾病之一，我国有近 3 亿人患有糖尿病，运动不足是导致糖尿病频发的主要原因。这类研究集中于 3"有氧运动"板块，因为糖尿病前期运动干预的总原则是全身的"有氧运动"，运动干预采用"循环阻力运动""身体伸展"和"柔韧"的方式，测试"内脂素""血糖 Visfatin"和"血清代谢"等指标的变化反映干预糖尿病的效果。现有研究成果可以肯定的是，运动对糖尿病，尤其是对"2 型糖尿病"的干预和治疗具有一定的效果，但是现有研究方案和干预糖尿病内在通路与机制需要进一步探究。针对此问题，需要设计包含"有氧耐力训练"和"抵抗性训练"的综合方案，科学设定"运动处方"，选择科学的指标测量，探析运动对糖尿病干预的内在理路。

4. 运动干预肥胖方面

肥胖也是当前全球面临的共同问题，国内对于肥胖问题的研究重点集中在 3"有氧运动"、8"青少年"和 20"体力活动"板块。从现有研究成果看，青少年肥胖问题的测量方式由"体重指数（BMI）"和"腰臀比"两项常规指标测量向"体成分测试（生物电阻测量法）""肝脏脂肪测量""游离脂肪酸"和"血生化脂"方式转变，运动对肥胖群体的干预没有摆脱有氧运动的范式[58]，通过测量人体电阻、磁共振、血液检查等方式得到的肥胖干预结果更客观，可以为科学干预肥胖问题提供依据[59]，这类研究对于青少年肥胖问题的监控极为重要，也是学校体育研究需要关注的重点领域。

5. 运动与营养问题

运动与营养问题研究集中在 1"运动员"和 8"青少年"板块，这类研究主要是针对运动员和青少年运动与营养的关系展开探讨。由于不同群体的运动负荷和训练方式差异性很大，因此"营养配餐"和"营养补给"成为运动人体科学研究的重要方向，针对营养重点监控的是"高脂饮食"。此外，营养与运动员防病、治病的关系也是关注的重点领域，营养、药物与运动负荷三者之间的关系是当前研究的热点，尤其是从事高强度和强负荷运动的运动员，营养摄入与"激素控制"是科学开展运动训练的关键[60]。

六、中国体育学术期刊发展探析

(一) 优化当前体育学术期刊评价体系

当前,体育学术期刊数量较少和核心作者发文较多的重要原因就是期刊必须应对严格的评价标准,国家和不同学术评价组织定期对社会科学研究成果进行影响力评估,期刊面临国家社科基金评选、CSSCI 和北大核心数据库的收录和排名,这些学术评价思维束缚了期刊办刊的自主性和创新性。尽管这些评估方法有利于促进期刊规范性的提升,但是对具有创新性、短时间无法取得影响力的办刊理念,还是无法有效落实。这就需要相关职能部门采取措施,激励不同期刊大胆创新,尤其是对具有体育学特色的研究方法和理论研究进行积极鼓励。

(二) 注重运动人体科学的系统研究

体育学的发展一直沿着体育人文社会学、体育教育训练学、运动人体科学和民族传统体育学 4 个二级学科而进行细化。体育学现有研究重点围绕体育人文社会学、体育教育训练学和民族传统体育学 3 个 2 级学科开展,忽视了运动人体科学的发展,运动人体科学研究的缺失与我国体育科研机构基础条件较差有关。运动人体科学属于自然学科,主张通过科学实验和精准计算探究人体的健康模式。因此,体育学术期刊加大运动人体科学的发文数量,尤其是注重体育运动在生命健康中的重要地位,有助于了解体育运动对于人体健康的真实作用。体育对于人的健康也是一把"双刃剑",体育人文社会科学的理论研究往往让人们忽视体育运动对人的消极影响,这对于体育的长期发展并无益处。

(三) 体育学术研究的国际化水平有待提升

体育科学是综合性的学科体系,这个学科体系决定了在该类研究活动中,必然涉及各门知识与研究方法,反映在学科研究上带有各学科的综合研究特征。体育学科体系的研究综合程度逐步加深。在审视体育学科问题中,国际化的视角构成了综合研究的大局观,但借鉴国际经验并不一定是全部按照西方发达国家的经验生搬硬套,而是将有用的经验与我国的国情相结合。目前,我国对美国、英国和日本的诸多经验进行过研究,但是在经验转化上并没有有效落实,根本原因在于我们的研究视野还不够宽阔,没有站在责任落实和机制有效运行的系统思维之上,为此,研究关键点在国际化视野的整体化上要有所提升。

(四) 支持更多的体育学术机构创办外文学术期刊

体育学术期刊发展走国际化道路,这是我国科技与世界接轨的窗口指向。我国体育学术期刊评估注重中文期刊的审核,忽略外文期刊的创办与普及,为此,有待更多的体育学术组织积极申请英文刊号,学习国外学术期刊的办刊经验,积极与国际体育学术的学者互动交流。体育学外文期刊的办刊是一项系统工程,需要很长周期才能完善,在此期间,可以将中国的优秀学术论文翻译成外文,与国外的学术搜索系统合作,实现中国学术话语的国际化。

(五)强化学术期刊刊文的规范意识

学术研究是一项复杂而规范的系统工程,在当前学术研究中规范问题始终没有解决,尤其是"关键词"选择和研究内容匹配方面有待提高。"运动生物化学""运动生理学"和"运动生物康复"等一系列具有体育学科特色的关键词使用在论文中经常出现,但是仔细查阅原文后发现这些关键词使用在文中并不恰当,它们只是论文的选题方向。"对策""我国"和"发展"等一批高影响力关键词呈现在读者面前,这样并不能体现体育特色和研究内容,这就需要学术期刊发文前认真与作者沟通,重视关键词在文中的重要作用,遵循学术规范、学术道德和学术创新的基础上提高关键词的学科特色,不断构建具有中国特色的体育学术研究体系。

参考文献

[1] 李晓智,闫士展. 新时代,新思想,新目标,新征程——《体育与科学》学术工作坊"新时代·新探索:十九大精神与中国特色体育"论坛综述[J]. 体育与科学,2018,39(2):1-6.

[2] 郭文斌. 知识图谱理论在教育与心理研究中的应用[M]. 杭州:浙江大学出版社,2015.

[3] 王琪. 知识图谱视野中的西方百年体育学术史[M]. 北京:北京体育大学出版社,2015.

[4] 李东波. 全国青少年"未来之星"阳光体育节SWOT战略对策研究[J]. 中国体育科技,2018,54(5):140-145.

[5] 董宏,孟良,王荣辉. 体育锻炼对中老年人群骨密度影响的meta分析[J]. 北京体育大学学报,2016,39(3):58-65,87.

[6] 夏天. 体育口述史的价值与推进策略[J]. 体育文化导刊,2018(12):137-141,158.

[7] 孙高峰,刘燕. 热追捧与冷思考:"马拉松现象"对城市文化的影响及理性审视[J]. 北京体育大学学报,2018,41(4):38-43,88.

[8] 王克稳,李慧,耿聪聪,等. 马拉松赛事旅游的国际研究述评、实践启示与研究展望[J]. 体育科学,2018,38(7):80-91.

[9] 刘盼盼. 中国体育供给侧改革若干问题探讨[J]. 体育学刊,2018,25(3):27-31.

[10] 唐炜. 京津冀区域体育产业结构优化配置:基于产业同构的实证研究[J]. 天津体育学院学报,2018,33(2):164-169.

[11] 吴学峰. 体育强国背景下体育产业融合研究[J]. 广州体育学院学报,2018,38(5):30-33.

[12] 韩慧,郑家鲲. "以人民为中心"的体育发展观探赜:逻辑、内涵与价值——基于习近平总书记关于体育工作重要论述研读[J]. 武汉体育学院学报,2018,52(11):5-11.

[13] 王科飞,董顺波. 中原经济区城乡社区体育现状及协调发展路径[J]. 上海体育学院学报,2014,38(3):36-40.

[14] 郧昌店. "自发公益—制度公益":群众体育运行中的郧村个案[J]. 武汉体育学院学报,

2014, 48 (1): 29-33.

[15] 战文腾, 孙晋海, 曲爱宁. 国际体育组织善治改革问题研究 [J]. 西安体育学院学报, 2018, 35 (5): 513-520.

[16] 牟骏睿. 中美俄竞技体育竞争格局的多维审视 [J]. 沈阳体育学院学报, 2014, 33 (3): 116-121.

[17] 杨国庆. 我国竞技体育后备人才多元化培养模式与优化策略 [J]. 上海体育学院学报, 2017, 41 (6): 17-22.

[18] 朱岩, 葛春林, 周鹏. 里约奥运会中国女排比赛回合系统制胜规律研究 [J]. 首都体育学院学报, 2018, 30 (2): 174-178.

[19] 陈翀. 偏失与重塑: 我国体育诚信文化构建研究 [J]. 体育文化导刊, 2017 (5): 11-14, 35.

[20] 钱静. 中国足球协会内部纠纷解决机制的完善——以体育自治为基础的考量 [J]. 体育与科学, 2014, 35 (3): 44-48.

[21] 刘青, 赵元吉, 刘智丽, 等. 体育在健康中国建设中的作用及走向 (笔谈) [J]. 成都体育学院学报, 2017, 43 (1): 1-7.

[22] 舒宗礼. 全民健身国家战略背景下社区青少年体育社会组织的培育与发展 [J]. 体育科学, 2016, 36 (6): 3-10.

[23] 闫士展, 孙庆祝, 马德森. "学校体育设施对外开放" 政策绩效评价指标体系构建与实证研究 [J]. 北京体育大学学报, 2014, 37 (4): 21-26.

[24] 钟秉枢, 刘兰, 张建会. 新时代中国体育外交新使命 [J]. 体育学研究, 2018, 1 (2): 37-44.

[25] 张伟, 张廷晓. 我国国际体育话语权的对称性实现研究 [J]. 沈阳体育学院学报, 2018, 37 (6): 80-84.

[26] 赵鲁南, 赵曼. 国际体育多极化视野下我国体育国际竞争力研究 [J]. 西安体育学院学报, 2017, 34 (4): 432-441, 446.

[27] 庞文绮. 体育锻炼对师范女大学生身体自尊的影响 [J]. 体育学刊, 2017, 24 (3): 123-127.

[28] 陈少青, 张俊, 李文道. 初中生性别角色与体质健康及体育态度的关系 [J]. 体育学刊, 2014, 21 (6): 81-87.

[29] 彭春政. 自我决定理论在海上作业人员体育锻炼行为促进领域的应用 [J]. 天津体育学院学报, 2018, 33 (5): 448-454.

[30] 彭春政. 自我决定理论在海上作业人员体育锻炼行为促进领域的应用 [J]. 天津体育学院学报, 2018, 33 (5): 448-454.

[31] 何晓龙, 史文越, 盛张群. 智能手环/手机应用程序在不同步行速度或路面中的计步有效性研究 [J]. 中国体育科技, 2016, 52 (6): 122-127.

[32] 温煦, 袁冰, 李华, 等. 论智能可穿戴设备在我国体力活动大数据分析中的应用 [J]. 中国体育科技, 2017, 53 (2): 80-87.

[33] 王超, 贺刚, 陈晓红. 健身场所空间特征与青少年身体活动的关系——基于GIS与加速度计的实证研究 [J]. 上海体育学院学报, 2018, 42 (3): 36-43.

[34] 易剑东. 热点·视点·观点——北京2022冬奥会研究的回顾与前瞻 [J]. 体育学研究, 2018, 1 (1): 62-70.

[35] 刘罡. 冰雪运动人才储备战略布局思考——基于2018韩国平昌冬奥会视角[J]. 南京体育学院学报（社会科学版），2017，31（3）：76-80.

[36] 王润斌，贺冬婉. 国际奥林匹克教育的理念发微与实践达成——康斯坦丁诺斯·乔治亚迪斯教授学术访谈录[J]. 体育与科学，2016，37（2）：7-12.

[37] 张强强，胡平清. "尚武精神"概念的内涵探析[J]. 体育文化导刊，2017（6）：177-180.

[38] 李凤成. 从师徒关系到约定契约：武术文化传承机制演变的价值审视[J]. 体育与科学，2017，38（3）：32-37.

[39] 仇乃民. "二元"与"一元"：我国运动训练理论研究的反思与启示——一种基于复杂性科学与哲学的视角[J]. 天津体育学院学报，2017，32（5）：417-422.

[40] 李捷，裘晟，王晓军，等. 论运动训练的科学化与竞技训练实践的几个关键问题（中）——传统"大周期"训练分期生物逻辑基础初步分析[J]. 成都体育学院学报，2018，44（3）：19-24.

[41] 陈小平. 运动训练长期计划模式的发展——从经典训练分期理论到"板块"训练分期理论[J]. 体育科学，2016，36（02）：3-13.

[42] 胡海旭，佟岗，刘文武，等. 板块周期"叫板"马氏运动训练分期理论——基于科学史的释疑与讨论[J]. 上海体育学院学报，2015，39（3）：50-55.

[43] 赵星，罗冬梅，单西瑶，等. 腰椎稳定性对NLBP患者躯干肌群形态机能特性的影响[J]. 北京体育大学学报，2016，39（7）：52-58.

[44] 汪敏加，张艺宏，宋思琦. 核心稳定性运动对慢性非特异性腰痛患者腰骶结构的影响[J]. 首都体育学院学报，2017，29（5）：459-462，480.

[45] 张肃，郭峰，张日辉. 国家青年男子羽毛球运动员原地正手杀球与跳跃腾空正手杀球动作上肢肌肉肌电分析[J]. 北京体育大学学报，2014，37（2）：82-85，90.

[46] 王志锋. 世居3500m高原13~18岁中学生乳酸阈心率的实验研究[J]. 中国体育科技，2014，50（4）：102-107.

[47] 王巾轩. 师徒制下的武术文化传承——基于吴式太极拳师徒传承的个案研究[J]. 上海体育学院学报，2014，38（4）：89-94.

[48] 秦曼，董海军. 体育拓展训练对大学生人际交往和人际信任影响的研究[J]. 沈阳体育学院学报，2017，36（3）：89-92.

[49] 窦海波，丁振峰，刘传海. 高校高水平集体球类项目团队凝聚力与团队效能关系之研究[J]. 北京体育大学学报，2015，38（3）：132-138.

[50] 曲辉，姚家新. 运动成瘾心理影响因素的病例对照研究[J]. 西安体育学院学报，2017，34（1）：112-120.

[51] 廖婷，李丹阳，闫琪. 青少年身体功能整体性发展与功能性力量训练[J]. 首都体育学院学报，2015，27（2）：146-150.

[52] 潘治国，王谦，孙一. 高强度间歇训练对SD大鼠骨骼肌交感缩血管反应和功能性抗交感的影响：NO和α_1-AR的作用[J]. 首都体育学院学报，2018，30（6）：562-568.

[53] 史秀超，蔡梦昕，田振军. 间歇运动和粒细胞集落刺激因子促进心梗大鼠干细胞动员与内源性心肌细胞增殖的激光共聚焦/流式细胞术观察分析[J]. 体育科学，2016，36（4）：68-76.

[54] 姜自立，李晓斌，刘瑞东，等. 短跑不同模式速度耐力训练对肌肉损伤的影响[J]. 中国体育

科技，2018，54（5）：101-107.

[55] 王今越，王小虹，冯维斗. 运动训练抑制了 TGFβ 通路并缓解了 D-半乳糖诱导衰老大鼠的肌肉流失 [J]. 体育科学，2014，34（10）：72-77.

[56] 冯钰，程泽鹏，史仍飞. 骨骼肌肥大动物模型的研究进展 [J]. 中国体育科技，2017，53（6）：79-84.

[57] 罗炯，欧阳一毅. 全身振动介入抗阻力训练对能量消耗的影响研究 [J]. 武汉体育学院学报，2017，51（6）：77-82.

[58] 白爽，唐东辉，侯玉洁，等. 8周有氧运动对高脂喂养肥胖小鼠血管内皮炎症及 microRNA-126 表达的影响 [J]. 体育科学，2018，38（8）：59-66，74.

[59] 徐磊，李春艳，毛彩凤，等. 运动结合饮食干预对肥胖青少年血清脂肪酸组分和身体成分的影响及其相关性研究 [J]. 武汉体育学院学报，2018，52（9）：86-92.

[60] Р·В·塔姆波甫采娃，И·А·尼库利娜. 不同专项运动员完成极限工作时的能量代谢激素调节的特点 [J]. 首都体育学院学报，2017，29（1）：1-3.

运动生理与生物化学学科发展研究报告

Research Report on Disciplinary Development of Sport Physiology and Biochemistry

(2016—2019)

运动生理与生物化学分会
China Sport Science Society for Sport Physiology and Biochemistry
2019.10

前 言

随着当代科学技术的日新月异，给运动生理与生物化学学科提出了新的挑战，需要本学科进行阶段性回顾和思考，对当今运动生理与生物化学学科发展现状与趋势做出正确的判断，全面调研我国运动生理、运动生物化学、运动营养生化和兴奋剂检测方面的发展势态，展望未来我国的运动生理与生物化学学科将如何面向国家需求来开展基础研究和科技创新等问题，为本学科在基础研究和推广应用这两个方面取得新的重大进展奠定基础。

运动生理与生物化学学科发展研究报告（2016—2019）是中国体育科学学会运动生理与生物化学分会自 2009 年 12 月 18 日成立以来承担的第三次学科综述研究。运动生理与生物化学分会高度重视本项工作，专门成立了"运动生理与生物化学学科发展研究报告"项目的七个专题研究小组（科学健身专题；运动训练生理生化监控专题；运动防治慢性疾病的分子生物学专题；运动营养学专题；运动与整合生理学专题；综合环境与运动能力专题；运动生理与生物化学教学专题），内容涵盖了竞技体育和大众健身两个层面的、近年的研究热点和重点专题。各个专题小组多次会议讨论研究报告的体系和框架，并根据其专题特点细分为不同的研究领域，由该领域的专家、学者撰写该专题的发展研究报告。

本项研究的立意是立足我国运动生理与生物化学学科自身发展实际，参考借鉴国际学术前沿动向，通过七个专题研究报告形式反映我国运动生理与生物化学学科发展现状，每个专题强调对当前国内外热点研究领域中的具体问题进行系统深入探讨，侧重于对新理论、方法和应用研究等方面进展的介绍，并注意尽可能地加强评述与展望的力度，试图对该专题的发展目标和前景展望进行整合，如运动防治慢性疾病的分子生物学专题中特意将运动调控代谢紊乱综合征、心血管疾病、神经系统疾病和骨质疏松症的分子生物学机制作为研究热点展望，以求更好地完善学科报告的咨询功能。另外，本学科报告的选题不囿于对传统学科和专业的认识，除了传统的运动营养生化、运动训练监控两个方面外，特别选择了国际研究相对集中的多个方面作为重点题目，力求使学科报告能够更加深入与国际化。此外，专题研究报告的撰写者都是在该专题研究领域内从事多年系统研究并取得丰富成果的科研人员，注重基础研究和应用研究的结合，兼顾竞技体育与大众健身的融合，通过研究者第一手的研究体会形成最佳学术成果，最大限度地为正在或将要开展此专题领域研究的同行提供借鉴和启发。

运动生理与生物化学学科是一门既经典又与时俱进的学科，内容涉及运动生理、运动生物化学、运动营养和运动分子生物学等多个方面，关系到竞技体育与群众体育的各个环节。受选题范围内、时间等诸多因素的限制，本报告可能存在着的疏漏和不当之处，恳请广大读者予以谅解并热忱欢迎提出宝贵批评意见，以利今后改进。

运动生理与生物化学学科发展研究报告撰写任务的顺利完成，得到了诸多专家、学者及高校、科研单位的大力支持，衷心感谢参与此次运动生理与生物化学学科发展调研工作的所有专家、学者和单位！

运动生理生化分会

2019 年 10 月

课题组

组　长：田　野

副组长：冯连世

成　员：(按姓氏笔画排序)

丁树哲　石丽君　白旭宇　伊木清　汤　强　邱俊强

何子红　汪　涵　张　勇　张　漓　房国梁　赵杰修

翁锡全　曹建民　覃　飞　薄　海

撰稿人
Writers

（按姓氏笔画排序）
In Surname Strokes Sequence

丁树哲	华东师范大学
Ding ShuZhe	East China Normal University
石丽君	北京体育大学
Shi LiJun	Beijing Sport University
田　野	国家体育总局体育文化发展中心
Tian Ye	Sports Culture Development Center
白旭宇	云南省体育科学研究所
Bai XuYu	Yunnan Research Institute of Sports Science
冯连世	国家体育总局体育科学研究所
Feng LianShi	China Institute of Sport Science
伊木清	国家体育总局运动医学研究所
Yi MuQing	National Institute of Sports Medicine
汤　强	南京体育学院
Tang Qiang	Nanjing Sport Institute
邱俊强	北京体育大学
Qiu JunQiang	Beijing Sport University
何子红	国家体育总局体育科学研究所
He ZiHong	China Institute of Sport Science
汪　涵	国家体育总局体育科学研究所
Wang Han	China Institute of Sport Science
张　勇	天津体育学院
Zhang Yong	Tianjin University of Sport

张 漓	国家体育总局体育科学研究所
Zhang Li	China Institute of Sport Science
房国梁	国家体育总局体育科学研究所
Fang GuoLiang	China Institute of Sport Science
赵杰修	国家体育总局体育科学研究所
Zhao JieXiu	China Institute of Sport Science
翁锡全	广州体育学院
Weng XiQuan	Guangzhou Sport University
曹建民	北京体育大学
Cao JianMin	Beijing Sport University
覃 飞	国家体育总局体育科学研究所
Qin Fei	China Institute of Sport Science
薄 海	武警后勤学院
Bo Hai	Logistics University of People's Armed Police Force

运动生理与生物化学学科发展研究报告
Research Report on Disciplinary Development of Sport Physiology and Biochemistry
(2016—2019)

Abstract

From the point of roles and functions of Exercise Physiology and Biochemistry in competitive sports and wellness&fitness, the present report introduces the current development situation, domestic and foreign development comparison, development trends and strategies in seven main topics of this second-grade subject as follows: physical activity and exercise guidelines for Chinese, physiological and biochemical monitoring of training, exercise molecular biology, exercise and sports nutrition, Integrative Physiology of Exercise, Integrated environment and sports ability, and exercise physiology and biochemistry teaching.

In the special topic of physical activity and exercise guidelines for Chinese, an international widespread and sound survey is introduced, which includes about 47,500,000 healthy people and 3,500,000 cancer cases. In this study they make a conclution that weight control and exercise are the most important anti-cancer measures. In the special topic of physiological and biochemical monitoring of training, the application of training load, Time-Motion Analysis, heart rate variability and acute to chronic workload ratio in training are introduced in detail. In the special topic of exercise molecular biology, four main parts are introduced as follows: ①molecular mechanism of excercise regulatemetabolic syndrome; ②cardiovascular diseases; ③chronic diseases; ④neurological diseases for building public service network in national fitness promotion. In the special topic of exercise and sports nutrition, current researches, scientific service and applications, national standards and guidelines, and update of national team centralized procurement of nutritious food winning products catalogue are described and future development prospects of exercise and sports nutrition are discussed. In the special topic of Integrative Physiology of Exercise, domestic and international research progress and comparisons, applications in social and economic development, and problems needed to be further investigated are discussed. In the special topic of Integrated environment and sports ability three aspects as follows: altitude hypoxia, hot environment and air pollution and their impact on exercise performance are described. In the special topic of exercise physiology and biochemistry teaching, research progress in publication of teaching materials, teaching methods, and the construction of online courses are included.

By far, Exercise Physiology and Biochemistry has experienced a rapid development as a second-grade subject, however, there are still some development gaps and problems compared with advanced foreign countries.

目 录

引言

一、运动生理与生物化学的新进展、新成果、新见解、新观点、新方法、新技术等方面的回顾、总结和评价

  （一）科学健身
    1. 不同运动健身方法对脂代谢影响的机制研究更加深入
    2. 低氧环境下运动的生物学机制研究
    3. 高强度间歇训练的机制研究

  （二）运动训练监控
    1. 关于训练负荷的内部负荷和外部负荷
    2. 时间运动分析的广泛应用
    3. HRV 在监控应激与恢复方面的应用
    4. 急慢性负荷比的应用与争议

  （三）运动防治慢性疾病的分子生物学
    1. 运动调控代谢紊乱综合征
    2. 运动与心血管疾病
    3. 运动与神经系统疾病
    4. 运动与骨质疏松症

  （四）运动营养学
    1. 运动营养研究的广度和深度有所加强
    2. 运动员精准营养新技术和新方法的研究与应用迈上新台阶
    3. 运动营养相关国标、行标、指南等的发布实施与修订
    4.《国家队集中采购营养食品中标产品目录》的动态更新
    5. 运动营养培训与宣教更加完善
    6. 学科发展和人才队伍建设

  （五）运动与整合运动生理学
  （六）综合环境与运动能力
    1. 高原低氧训练

2. 高温环境

3. 大气污染

（七）运动生理与生物化学教学

1. 运动生理与生物化学课程设置与教学内容体系研究新成果

2. 运动生理与生物化学教材出版新成果

3. 运动生理与生物化学教学方法研究新成果

4. 运动生理与生物化学网络课程建设成果

二、运动生理与生物化学在社会、经济发展中的应用、成效和前景

（一）科学健身

（二）运动训练监控

（三）运动防治慢性疾病的分子生物学

（四）运动营养学

1. 运动营养助力国家队备战与参赛

2. 健身人群的营养服务

3. 运动营养功能食品产业发展

4. 运动营养知识普及

（五）综合环境与运动能力

1. 高原低氧训练

2. 高温环境

3. 大气污染

三、运动生理与生物化学国内外研究进展比较

（一）科学健身

（二）运动训练监控

1. 训练监控理论趋于成熟

2. 国外在监测手段多元化方面领先于国内

（三）运动营养学

（四）运动与整合生理学

（五）综合环境与运动能力

1. 高原低氧训练

2. 高温环境

3. 大气污染

四、运动生理与生物化学的发展目标、前景展望、趋势预测和研究方向建议等

（一）科学健身

（二）运动训练监控

1. 在众多指标与数据中获得最有价值的数据

2. 以运动员和教练员理解的方式报告监控结果

(三) 运动防治慢性疾病的分子生物学

(四) 运动营养学

(五) 运动与整合运动生理学

(六) 综合环境与运动能力

1. 高原低氧训练

2. 高温环境

3. 大气污染

参考文献

Contents

Preface

1 The evaluation and summary of the emerging developments, outcomes, perspectives, methods and technologies of the exercise physiology and biochemistry

1.1 Physical activity and exercise guidelines for Chinese

    1.1.1 The enhancement of the breadth and depth in the study of the effects on lipid metabolism by different exercise and fitness methods

    1.1.2 The study of the biological mechanism of hypoxia training

    1.1.3 The study of the mechanism of High – Intensity Interval Training (HIIT)

1.2 Physiological and biochemical monitoring of training

    1.2.1 Theinternal load and external load of training load

    1.2.2 The widespread application ofTime-Motion Analysis

    1.2.3 The application of HRV in monitoring stress and recovery

    1.2.4 The application and controversy ofacute to chronic workload ratio in training

1.3 Exercise molecular biology

    1.3.1 Excercise regulate metabolic syndrome

    1.3.2 Excercise and cardiovascular diseases

    1.3.3 Excercise and chronic diseases

    1.3.4 Excercise and neurological diseases

1.4 Exercise and sports nutrition

    1.4.1 The enhancement of the breadth and depth in the study of exercise and sports nutrition

    1.4.2 The study and application of the emergingmethods and technologies in athletes' precision nutrition

    1.4.3 The publication, implementation and revision of National Standards and guidelines related to exercise and sports nutrition

    1.4.4 The dynamicupdates of national team centralized procurement of nutritious food winning products catalogue

    1.4.5 Thetraining and propaganda of exercise and sports nutrition are more perfect

    1.4.6 The development of subject and the construction of talent team

1.5 Integrative Physiology of Exercise

1.6 Integrative environment and sports ability

    1.6.1 Altitude hypoxia training

    1.6.2 Hot environment

    1.6.3 Air pollution

1.7 Exercise physiology and biochemistry teaching

    1.7.1 The new achievements in the study of course setting up and teaching content system of exercise physiology and biochemistry

    1.7.2 The new achievements of the publications of exercise physiology and biochemistry teaching

    1.7.3 The new achievements of the teaching methods of exercise physiology and biochemistry

    1.7.4 The new achievements of the construction of online exercise physiology and biochemistry courses

2 The application, effects and prospect of Exercise Physiology and Biochemistry in the development of society and economics

2.1 Physical activity and exercise guidelines for Chinese

2.2 Physiological and biochemical monitoring of training

2.3 Exercise molecular biology

2.4 Exercise and sports nutrition

    2.4.1 Exercise and sports nutrition helps the National team in the preparation and participation of the games

    2.4.2 Nutrition services for fitness people

    2.4.3 The development of exercise and sports nutrition in functional food industry

    2.4.4 The spread of the knowledge of exercise and sports nutrition

2.5 Integrative environment and sports ability

    2.5.1 Altitude hypoxia training

    2.5.2 Hot environment

    2.5.3 Air pollution

3 The domestic and international research comparisons of the exercise physiology and biochemistry

3.1 Physical activity and exercise guidelines for Chinese

3.2 Physiological and biochemical monitoring of training

    3.2.1 The concept of physiological and biochemical monitoring of training tends to mature

    3.2.2 International researches are ahead of the domestic in the diversification of monitoring means.

3.3 Exercise and sports nutrition

3.4 Integrative Physiology of Exercise

3.5 Integrativeenvironment and sports ability

    3.5.1 Altitude hypoxia training

3.5.2　Hot environment

　　3.5.3　Air pollution

4　The suggestions of the development goal, prospect blueprint, future trend and study focus of exercise physiology and biochemistry

　　4.1　Physical activity and exercise guidelines for Chinese

　　4.2　Physiological and biochemical monitoring of training

　　　　4.2.1　Obtain the most valuable data from a wide range of indicators and data

　　　　4.2.2　Report monitoring results in a way that athletes and coaches understand

　　4.3　Exercise molecular biology

　　4.4　Exercise and sports nutrition

　　4.5　Integrative Physiology of Exercise

　　4.6　Integrated environment and sports ability

　　　　4.6.1　Altitude hypoxia training

　　　　4.6.2　Hot environment

　　　　4.6.3　Air pollution

References

引 言

运动生理学是研究人体在体育运动影响下身体机能变化规律的学科,是人体生理学的一个分支,主要研究领域包括体育运动对人体生理机能的影响,体育锻炼提高人体健康水平的生理学机制和运动训练提高人体运动成绩的生理学依据。运动生物化学是从分子水平(包括生物大分子和分子),研究运动对人体分子组成(化学组成)的适应以及物质代谢(化学变化)和能量代谢相互规律的一门学科,主要研究领域包括身体化学组成的相互作用与运动能力的关系,运动时代谢过程的相互关系及其调节和提高运动能力和增强体质的生物化学基础。运动生理与生物化学在竞技体育的备战工作中(如2016年里约奥运会、2018年雅加达亚运会)发挥着重要的作用,尤其是在运动负荷的监控与运动恢复及兴奋剂监测等方面;此外,运动生理与生物化学在群众体育、大众健身中也具有重要的指导作用,如健康人群(儿童、青少年、中老年)和特殊人群(高血压、高血脂、超重或肥胖、骨质疏松等疾病患者)的运动处方的制定、实施与监控。

由于中国体育科学事业的发展,运动生理与生物化学领域的科研也在不断发展,其在竞技体育和全民健身领域的科技保障作用也愈来愈大,因此中国体育科学学会于2010年9月正式对外宣布成立运动生理与生物化学分会,分会的成立极大地促进了中国运动生理学与运动生物化学的发展与国际交流。目前,运动生理与生物化学分会主要开展运动生理学、运动生物化学、运动营养学、综合环境与运动能力、科学健身等方向的学术研讨、学术交流、业务培训和科普宣传活动,并积极开展与国际相关学术团体的学术交流和研讨。

整体来看,我国运动生理与生物化学二级学科近来取得了突飞猛进的发展,但与国外相比,我国运动生理与生物化学二级学科仍存在着一定的差距和问题,有待国内广大科研工作者努力开拓与进取!

一、运动生理与生物化学的新进展、新成果、新见解、新观点、新方法、新技术等方面的回顾、总结和评价

(一)科学健身

随着我国人民生活水平的提高,对健康的关注和对科学健身方法的需求也越来越多样化和个性化,但多数人健身的目的仍然以减脂和防治糖尿病、心血管病等慢病为主。近年来,缺乏运动、睡眠不足、吸烟等不良生活方式问题与肥胖、糖尿病和心血

管疾病之间的关系不断被研究所证实，虽已广为人知，但全球肥胖问题日趋严重，糖尿病和心血管疾病发病率及长期控制率也并未得到有效遏制，这表明对人体糖脂代谢调控的研究仍需重大突破。同时，有氧能力作为健康素质的一个重要方面，其评估和改善方法也逐渐为大众所关注。

在2016—2019年度中，基础研究较多关注科学健身的生物学机制领域。近几年肥胖运动干预和运动提高胰岛素敏感性的机制研究仍然是热点，但新的运动干预方法对糖、脂代谢影响受到的关注逐渐增加，尤其是集中在高强度间歇训练和低氧训练等几种运动干预方法的研究。

1. 不同运动健身方法对脂代谢影响的机制研究更加深入

通过炎症因子及其相关影响因素变化，探讨运动干预的机制仍是研究关注较多的方向。Han研究发现2型糖尿病伴血清chemerin水平的明显提升，国内研究发现chemerin与肥胖及相关疾病密切相关，它可能是联系肥胖及其相关疾病中炎症和糖脂代谢紊乱的重要分子。有氧运动可以降低血清和组织的chemerin水平，但其机制目前还不是很清楚。李灵杰等研究发现跑台运动能显著减少肥胖小鼠比目鱼肌和腓肠肌几丁质酶-3样蛋白-1（chitinase 3-like-1，CHI3L1）的表达，CHI3L1会诱导大量的前炎症因子产生，进而扩大炎症反应。运动可以显著下调腓肠肌促炎因子TNF-α和IL-6的表达，间接地调节骨骼肌CHI3L1表达。白爽等研究发现8周有氧运动干预缓解肥胖小鼠内皮细胞分子粘附显著，同时该研究观察到血清炎性因子水平减低，血管内皮炎症得到改善，研究者认为这一结果可能与运动诱导miR-126增加相关。

2. 低氧环境下运动的生物学机制研究

随着低氧训练健身逐渐受到重视，有关低氧/高原健身的生物学机制也有相应的报导，研究方向较多的集中在体验环境对脂肪代谢的影响。路瑛丽等研究发现低氧训练组肥胖大鼠血清骨形成标志物OC、PICP、PINP显著升高，4周低氧训练促进肥胖大鼠骨形成和骨吸收，骨代谢处于动态平衡中。张荷等研究发现，低氧运动能有效改善肥胖诱导的胰岛素抵抗，同时可促进GLUT4的生成及其在骨骼肌细胞内分布，其机制可能与小窝蛋白Caveolin-3含量升高有关。徐建方等人的研究发现低氧训练通过抑制脂肪组织miRNA-27表达，上调PPARγ表达，促进脂肪酸的结合与转运，低氧暴露降低体重和体脂与代谢过程中提高脂肪利用率有关。低氧环境下耐力训练能显著激活骨骼肌自噬，有利于维持细胞内环境的稳态，调节脂代谢紊乱。王茹等的研究认为低氧环境能够促进瘦素水平增加，结合Mg的补充，这种效果更加明显。间歇性低氧训练是一种特殊的低氧训练模式。赵杰修等认为，这种训练模式能够在相对短的时间内促进运动员恢复，而Suzuki发现间歇性低氧训练能显著上调PGC-1α mRNA表达，有利于提升小鼠骨骼肌脂肪代谢率的提升。田倩倩综述了近期有关低氧训练条件下体重控制的机制，认为低氧训练状态下，在PPARs和AMPK共同作用下，瘦素、胰岛素和脂联素相互作用，提高肥胖机体对胰岛素的敏感性，改善肥胖体内胰岛素状态，调节肥胖机体糖脂代谢。

3. 高强度间歇训练的机制研究

高强度间歇训练（HIIT）近年来受到了广泛的关注，涉及此训练方式的生物学机制文献报导较多。不过遗憾的是有关人体的生物学机制实证研究非常少，机制研究还是以动物模型研究成果为主。

刘瑞东、曹薇等较为系统地综述了HIIT在人体中的应用情况，研究发现与低强度耐力训练相比，HIIT能更有效地提高普通人群的糖酵解酶和氧化酶活性，提高最大功率和最大摄氧量测试成绩，能够利用更多的脂类和更少的肝糖原。HIIT对儿童青少年而言也是一种非常好的健身方法，而多数研究普遍认可HIIT的时间经济性和短期内产生有益效果的多样性。

研究发现HIIT干预能有效延缓增龄大鼠VO_{2max}和运动能力的下降，其机理可能是通过延缓ROS在机体内的堆积并延缓增龄大鼠骨骼肌AMPK和PGC-1α蛋白表达量下降来实现的。高强度间歇训练能明显减少内脏脂肪积累，与HIIT训练时内脏脂肪组织HSL-ser563磷酸化特异性提高，进而促进脂肪水解有关。HIIT可以有效促进骨骼肌线粒体能量代谢关键酶的活性，这种训练方法对于提高骨骼肌氧化能力和机体心肺耐力有更高的效率。尽管HIIT有比较高的锻炼效率，但是其风险也引起了研究者的关注。王林佳等发现HIIT训练能够更快、更好地改善心肺耐力，但同时也发现HIIT训练血压上升的风险强于中等强度运动。

（二）运动训练监控

运动训练的终极目标是利用生物适应的过程来提高体能，进而提高成绩。运动训练的过程就是应激—适应—再应激—再适应的过程。运动训练应激和适应过程中机体激素、血液、尿液指标的变化规律是运动生理生化监控研究的主要理论基础，也是运动员科学训练不可缺少的技术支持。

2016—2019年，有关训练负荷，时间运动分析，HRV在监控应激与恢复以及急慢性负荷比的应用较为深入，本部分将围绕以上四点展开详细叙述。

1. 关于训练负荷的内部负荷和外部负荷

在运动训练学范畴内，负荷是指运动和非运动负担（单个或多个生理、心理或机械应激源），作为应用于人类生物系统（包括亚细胞元件、单个细胞、组织、一个或多个器官系统或个体）的刺激。负荷通常分为外部负荷和内部负荷，外部负荷指的是施加在运动员身上的外部运动刺激，这些刺激的测量独立于运动员的内部特征。任何外部负荷都会引起运动员生理和心理上的反应，与其他生物和环境因素的相互作用并引起变化，这种响应称为内部负荷。我们可以通过对外部负荷和内部负荷的监测来分析运动应激与适应的规律（表1）。

表 1　外部负荷和内部负荷的常用监控方法

负荷类型	监控手段和方法示例
外部负荷	训练或比赛时间（秒、分、小时或天） 训练或比赛频率（如每天、每周、每月的训练或比赛） 训练或比赛的类型 时间-运动分析（如全球定位系统分析） 输出功率、速度、加速度 神经-肌肉功能（如跳跃测试、等速测力和增强式俯卧撑） 动作重复次数（如投球、投球、投球、发球和跳跃） 距离（如跑步、骑车或游泳的公里数） 急性：慢性负荷比
内部负荷	主观疲劳感觉（RPE 等级或评分） 阶段主观疲劳感觉［持续时间（min）× RPE］ 心理量表，如情绪状态量表（POMS）、运动员疲劳恢复问卷（REST-Q-Sport）、运动员日常生活分析问卷（DALDA）、总恢复量表（TQR）、大学生运动员生活事件调查（LESCA）、多组分训练压力量表（MTDS）、运动焦虑量表（SAS）等 睡眠情况（如睡眠质量和睡眠时间） 生化、激素、免疫评估 心理运动速率 心率 心率与 RPE 比值 心率恢复（HRR） 心率变异性（HRV） 训练冲量（TRIMP） 血乳酸浓度 血乳酸与 RPE 比值

注：心率（heart rate，HR）；主观疲劳等级（ratings of perceived exertion，RPE）

（引自 SOLIGARD T 等，2016）

2. 时间运动分析的广泛应用

时间运动分析（Time-Motion Analysis，TMA）需要使用全球定位系统（如北斗系统或 global positioning system，GPS）和视频分析系统（如 Prozone TM）。GPS 是目前大多数进口设备测量外部负荷的常用方法，已经被越来越多地用于一系列球类项目的团队运动中。在一项对高水平运动员关于 GPS 应用的调查显示，43% 的受访者表示他们在使用 GPS 运动监控设备；另一项来自澳大利亚、欧洲和美国（足球）的职业足球俱乐部的调查发现，在 41 个被调查的俱乐部中，有 40 个俱乐部通过 GPS 收集每个赛季中每个球员的数据。

时间-运动和数字符号分析（time motion and notational analysis）是对精细和离散运动的摄影技术分析。数字符号分析已经在众多体育联赛中成为流行趋势，包括篮球、足球、美式和英式橄榄球联盟，但是观察者的数量、经验和观察视角的质量，会影响分析的有效性和可靠性。最新的基于图像捕捉的视觉运动跟踪系统不需要人工操作，但其依然存在由于球员间的阻挡，以及身体的碰撞而导致的追踪混乱问题。

3. HRV 在监控应激与恢复方面的应用

心率变异性（HRV）是直接影响心脏节律的生理因素指标（Acharya et al., 2006）。大量研究显示，HRV 反映了心脏通过平衡自主神经系统的调节来适应不断变化的环境压力、锻炼和疾病的能力。很多国外的监控系统如 Omegawave、Firstbeat 均使用 HRV 评估运动员对运动训练的准备情况。智能手机应用程序与心率监视器可以实现更加容易和方便的 HRV 监控，从而更加精确地确定训练的最佳时间、强度负荷及恢复。快速恢复指数（Quick Recovery Test Score）是 Firstbeat 训练监测系统由心率变异性（HRV）推算出的一个衍生指标，恢复指数由心率水平、HRV（低、高频功率）和基于 HRV 的呼吸速率计算，能够反映运动员的恢复状况，数值越高代表恢复越好，具有简便易测、直观易懂等优点。

4. 急慢性负荷比的应用与争议

急慢性负荷比（acute to chronic workload ratio；ACWR）是 Gabbett 等人根据 Banister 和 Calvert 的早期工作提出的概念，ACWR 旨在建立负荷变化与受伤风险相关的关系模型。根据该模型开发的运动员管理系统可以根据训练负荷数据，计算预定义时期（如 7 天、14 天和 21 天）的累积负荷，获得急性慢性负荷比值（ACWR）。一般来说，这个比值是在 28 天内计算出来的，它描述了过去 7 天内累积的运动量，并与过去三至六周的平均（长期）运动量进行对比分析。如果慢性负荷逐渐增加到高水平，而急性负荷保持在低水平（即 ACWR 范围在 0.8~1.3 之间），运动员的身体素质可能会发展得很好。相反，如果急性负荷超过慢性负荷（即 ACWR 超过 1.5），运动员被认为准备不足，受伤风险可能增加。ACWR 对体育科学家和（或）医务人员在监测运动员时可能带来许多好处。它在近几年被推荐为一种识别受伤风险的有效方法，已在澳大利亚足球、板球和橄榄球等多个运动项目中得到验证。

尽管 ACWR 被认为是监测受伤风险的指标，大多数研究指出它是一种有用的工具，但有效性在最近受到质疑，争论点主要集中在为了获得最精确的 ACWR，用于量化训练负荷的数据是否足够可靠、准确。应该仔细考虑所选择的测量方法和标准，以减少不准确性。此外指标和数据收集方法也应该尽可能地系统和一致。

（三）运动防治慢性疾病的分子生物学

运动对保持身体机能和生理健康是必不可少的。它作为一种慢性疾病的预防和治疗手段，已经纳入了治病处方中。同时，随着生命科学技术的日新月异，有关运动调控慢性疾病的分子生物学研究也逐渐深入。运动对于慢性疾病的预防和治疗是一个全身性的整合过程，但为了更好地理解运动在防治慢性疾病中的分子作用机制，将对运动调控各种慢性疾病的分子机制分别进行概述。

本部分结合大量国内外最新研究，对运动有效防治代谢紊乱综合征（metabolic syndrome，MetS），心血管疾病，神经系统疾病和骨质疏松症的分子生物学机制进行了详细解读。

1. 运动调控代谢紊乱综合征

代谢综合征，它由世界卫生组织（WHO）定义为以腹部肥胖、胰岛素抵抗、高血压和高脂血症为特征的复杂的病理状态，现已经发展为一个真正的全球性问题。热量的摄入和消耗不平衡、久坐不同的生活方式以及遗传或表观遗传的影响均是造成代谢综合征的重要因素。实际上MetS并不是一种单一的疾病，这种综合征会导致2型糖尿病、冠状动脉疾病、中风和其他疾病的发生。

1）胰岛素抵抗综合征

胰岛素抵抗综合征（Insulin resistance syndrome，IRS）是大多数糖尿病患者初始潜在的致病因素。面对胰岛素敏感性的降低，胰岛β细胞将会增加胰岛素的分泌，从而维持体内葡萄糖稳态。目前认为，胰岛素抵抗状态下的高血糖症与许多其他心血管危险因素和心血管发病率和死亡率的增加有关。

（1）胰岛素抵抗的分子机制

大量的研究证实胰岛素的发病机制可以归纳为基因缺陷、异位脂肪积聚、缺乏运动和炎症反应。①骨骼肌和脂肪细胞分别占胰岛素刺激葡萄糖摄取的60%~70%和10%左右。胰岛素抵抗导致骨骼肌中糖原合成和蛋白质分解代谢受损，以及抑制脂蛋白脂肪酶活性，诱导游离脂肪酸和炎症子的释放增加，炎症因子如白介素-6（interleukin-6，IL-6），肿瘤坏死因子-α（Tumor Necrosis Factor-α，TNF α）及瘦素（Leptin，LP）。②肝脏器官占胰岛素刺激葡萄糖处理的30%，胰岛素抵抗导致葡萄糖的输出和脂肪酸代谢受损，导致肝脏甘油三脂含量和极低密度脂蛋白（very low density lipoprotein，VLDL）分泌增加。③胰岛素抵抗通过减少内皮细胞产生的一氧化氮和增加导致血小板聚集的促凝因子的释放造成内皮细胞功能障碍。在胰岛素抵抗状态下，PI3K（phosphoinositide 3-kinase）通路受到抑制，MAPK（mitogen-activated protein kinase）激酶通路完好，导致内皮细胞胰岛素有丝分裂效应，从而引发动脉粥样硬化。

（2）运动改善胰岛素抵抗的研究进展

研究发现，长期中小强度的有氧运动能够增强大鼠的肝细胞膜和骨骼肌细胞膜胰岛素受体与胰岛素结合的效率，增强组织对胰岛素的敏感性。肌肉和脂肪细胞对胰岛素刺激的葡萄糖摄取主要通过葡萄糖转运体4（glucose transporter 4，GLUT4）来完成的。在骨骼肌中，GLUT4是胰岛素和运动刺激葡萄糖转运的关键葡萄糖转运蛋白酶，胰岛素激活胰岛素受体底物-1（Insulin receptor substrate-1，IRS-1），从而使得PI3K的活化水平增加，进而促进GLUT4转位上膜，增加葡萄糖进入细胞。特别注意的是，在2型糖尿病患者和肥胖患者中均存在GLUT4的功能障碍，从而使得葡萄糖的利用效率降低，积聚于血液中，造成高血糖症。近年来的研究发现，有规律的运动可以通过增加骨骼肌 GLUT4 的转录水平和蛋白水平，从而改善葡萄糖摄取利用水平，增强葡萄糖氧化。单磷酸腺苷活化蛋白激酶（Adenosine 5'-monophosphate-activated protein kinase，AMPK）作为生物能量代谢调节的关键分子，是研究代谢性疾病的核心。Yanmei 等人使用 AMPKα2$^{-/-}$ 小鼠和 C57BL6 小鼠进行研究发现，有氧运动可以使骨骼肌中的组蛋白去乙酰化酶（histone deacetylases，HDACs）中的 HDAC4/5 失活，从而显著提高 GLUT4 的转录水平。用荧光素酶标记法发现 HDAC4 与 HDAC5 协同抑制 GLUT4 启动子在 C2C12（成肌细胞）肌管中的转录活性，然而，单纯沉默 HDAC4 或 HDAC5，代偿性的作用将会出现。此外，野生型小鼠的一次锻炼可使 HDAC4/5 的活性减少，而这种现在未在 AMPKα2$^{-/-}$ 小鼠中观察到，说明运动通过减少 HDAC4/5 的活性增加 GLUT4 的基因和蛋白表达增加是 AMPK α2 亚基的依赖性行为。

2）高脂血症

高脂血症是由脂肪代谢异常造成的一种或多种血浆中脂质高于正常水平的病变，又称为高脂蛋白血症，主要是以高甘油三酯、高胆固醇、低密度脂蛋白 LDL 升高，而高密度脂蛋白 HDL 降低为特征。脂蛋白的代谢紊乱是动脉粥样硬化发生的关键因素。

（1）高脂血症的病理表征

血浆脂蛋白含有不同数量的脂质氧化产物（lipid oxidation products，LOP），它与动脉粥样硬化的风险有关。最近的研究发现，血浆脂蛋白是 LOP 的活性载体，低密度脂蛋白（LDL）直接向外周组织转运，高密度脂蛋白（HDL）则向相反方向转运。LDL 携带 LOP 水平高说明风险升高，而 HDL 携带的 LOP 水平高似乎与保护机制有关。人体内的脂代谢有外源性代谢和内源性代谢两种途径。①外源性代谢是指从饮食摄入的胆固醇和甘油三酯在小肠中合成乳糜微粒及其代谢过程。外源性甘油三酯主要由乳糜微粒运送。食物中的甘油三酯经肠道吸收、再酯化，与磷脂、吸收的胆固醇及小肠细胞合成的载脂蛋白（apoB48、apoA）结合形成 CM，经淋巴管进入血液，并从 HDL 接受 ApoCII 等载脂蛋白，激活脂蛋白酯酶 LPL。乳糜微粒在脂蛋白酯酶的作用下，其内核的甘油三酯不断水解产生脂肪酸和甘油，被细胞利用，产生能量或以能量的形式储存。②内源性代谢途径是指肝脏合成极低密度脂蛋白，后者转变为中间密度脂蛋白和低密度脂蛋白，低密度脂蛋白被肝脏或其他器官代谢的过程。此外，还有胆固醇逆转运途径。

（2）运动调控脂蛋白代谢

研究发现，有氧运动能够降低高脂血症大鼠血清三酰甘油（TG）、总胆固醇（TC）、低密度脂蛋白（LDL）的水平，升高高密度脂蛋白（HDL）的水平，并且减少主动脉内膜的增厚现象。其机制可能与前蛋白转化酶（proprotein convertase subtilisin/kexin type 9，PCSK9）和胆固醇调节原件结合蛋白（sterol-regulatory element binding proteins，SREBPs）蛋白表达有关。PCSK9 是近年来发现的新的 LDL 清除生物标志物，是心血管疾病的治疗靶点。研究发现，有氧运动可以降低高脂喂养的 C57BL/6 小鼠血液中非低密度脂蛋白和 PCSK9 的浓度。相反可以增加肝脏中 SREBP2、LDLr 和 PCSK9 mRNA 水平的表达。Mark 等人的研究发现，长时间规律性的剧烈运动能对抗高密度脂蛋白功能障碍。

3）2 型糖尿病和妊娠期糖尿病

"糖尿病"一词描述了一组因胰岛素绝对或相对缺乏而导致的血糖升高（高血糖）的情况。2 型糖尿病（Type 2 diabetes mellitus，T2DM）的关键问题是出现胰岛素抵抗，机体试图释放更多的胰岛素来代偿胰岛素受体敏感性下降带来的需要。T2DM 患者最初接受的是改变生活方式的治疗，饮食的控制与运动结合共同缓解病症。妊娠期糖尿病（Gestational diabetes mellitus，GDM）是指妊娠中期或晚期被诊断出的 1 型或 2 型糖尿病。GDM 孕妇及后代未来患 2 型糖尿病、肥胖症和代谢综合征的风险都将增加。GDM 和 2 型糖尿病的发病机制相似。研究发现，与没有接受过力量训练的女性相比，参与过力量训练的女性 2 型糖尿病的发病率降低了 30%，同时女性心血管疾病的风险降低了 17%。而对比只参加有氧运动，既参与有氧有参与力量锻炼的女性罹患 2 型糖尿病和心血管疾病的风险会更低。运动对糖尿病分子机制的调控主要包括以下几个方面：

（1）运动激活胰岛素信号通路

单次运动就可以提高骨骼肌的胰岛素敏感性，也能短暂增加 IL-6 的水平。运动激活 AMPK，进而诱发 TBC1 域家族成员 TBC1D4 和 TBC1D1 的磷酸化，因此，提高 GLUT4 在细胞膜表面的表达，以刺激葡萄糖的运输。此外，运动可以直接增加 GLUT4 的生物生成。同时，运动可以通过激活 Akt 底物 AS160 和 aPKC 来增强胰岛素信号转导，尤其是在胰岛素 PI3K 级联的远端。所有这些步骤对于 GLUT4 在质膜上的转运和对接/融合都是必不可少的。

（2）运动降低炎症反应

肿瘤坏死因子 α（tumor necrosis factor-α，TNF-α）和白细胞介素-6（interleukin-6，IL-6）是重要的炎症生物学标志物，在一定程度上也被看作胰岛素抵抗的标志物。TNF-α 诱导胰岛素抵抗的主要机制是通过 c-Jun 的 N 末端激酶（JNK）通路促进 IRS-1 的丝氨酸/苏氨酸磷酸化和抑制 NF-κB 信号通路，有效阻断 IRS-1 与胰岛素受体结合。IL-6 抑制 GLUT4 合成，增加细胞因子信号转导，抑制 cytokine signaling-3（SOCS-3）的表达，诱导胰岛素抵抗，干预胰岛素信号通路中的重要因子，如 IRS-1、IRS-2、PI3K、Akt 等。因此，控制 TNF-α 和 IL-6 或其他炎症标志物的释放和活性可能有助于降低胰岛素抵抗。炎症因子的血浆水平与运动之间的负相关关系已经被证实。运动可以通过抑制 TNF-α 来增加胰岛素的敏感性。对运动干预成年 2 型糖尿病患者炎症标志物/细胞因子的研究发现，运动与 C-反应蛋白（C-reactive protein，CRP）和 IL-6 水平的显著降低有关。运动可以通过调节机体固有的先天免疫系统，如降低 Toll 样受体（TLR）的激活，从而降低机体的炎症状态。

（3）运动上调抗氧化能力

氧化应激是指机体氧化和抗氧化机制的失衡，如活性氧（ROS）和抗氧化防御之间的紊乱。丙二醛（MDA）和8-异前列腺素（8-isoprostane）是ROS最常用的标记物。身体利用两种类型的抗氧化防御，一种是酶抗氧化系统，包括超氧化物歧化酶（SOD）、过氧化氢酶（CAT）和谷胱甘肽过氧化物酶（GSH-Px）；另一种是非酶抗氧化系统，包括维生素C、维生素E、谷胱甘肽、褪黑素、类胡萝卜素、微量元素铜和锌。当活性氧的生成超过抗氧化剂的防御能力时，氧化应激就会出现，并进一步导致各种病理过程，如2型糖尿病。Soares的研究发现，16周的运动后DNA链断裂、FPG敏感位点显著减少、脂质过氧化水平降低且抗氧化活性增加。8周耐力训练课降低力竭运动后LDH以及血浆脂质过氧化物LOOH的水平，提高CAT的表达。

4）肥胖

肥胖会增加心血管疾病、糖尿病、高血压、癌症、呼吸困难、运动系统紊乱和血脂异常的风险。运动配合低热量饮食，可以促进身体脂肪的减少，瘦体重的增加和脂肪减少引起病症的缓解。

与外部因素相关，肥胖诱导的游离脂肪酸（free fatty acids，FFA）的增加可以通过脂质积累（异位脂质）引发胰岛素抵抗。这可能会激活非典型PKC，抑制胰岛素信号传导和胰岛素刺激的骨骼肌葡萄糖摄取，以及减少胰岛素刺激的肝糖原合成这可能导致胰岛素抵抗和肝脏葡萄糖输送增加。此外，FFA通过直接激活TLR4和先天免疫反应来触发胰岛素抵抗，并且，肥胖与炎症因子有关，其特征在于脂肪组织巨噬细胞的积累增加。炎症因子增加脂肪分解并促进肝脏甘油三脂的合成，并且由于脂肪酸酯化增加而引起高脂血症。脂肪巨噬细胞还可以刺激抑制胰岛素信号传导的炎性细胞因子，加速肝脏糖异生和餐后高血糖的发生。

2. 运动与心血管疾病

运动训练可降低心血管死亡率和心血管事件，尤其是中风、冠心病、心力衰竭、动脉粥样硬化和子痫前期。因此，缺乏运动现在被认为是最普遍的心血管风险因素之一。运动对心血管的保护机制常归因于许多经典心血管危险因素的降低，包括高血脂、高血压、肥胖、葡萄糖、2型糖尿病和氧化应激等危险因素的压力，同时还包括调节血管生成、内皮祖细胞、基础心率、内皮功能、自主控制、动脉重构。

（1）高血压

大量的研究发现，长期规律性有氧运动可以起到降低血压的效果，改善血管的舒缩功能，并对血管形态进行修复，但其中的机制有待于进一步研究。运动训练对血压起到保护作用，可以降低心血管事件的风险指标。体育活动可以增加线粒体功能，帮助进行高血压控制，以及改善肾功能和能量代谢。此外，代谢分析表明，在有氧运动或是抗阻训练后，脂肪酸水平和支链氨基酸发生显著改变。在持续性高血压期间，微小动脉因灌注压的增加而发生广泛的结构和功能的变化。血管平滑肌细胞（vascular smooth muscle cells，VSMCs）也会经历离子通道的电重构，从而使得动脉血管保持较高的血管张力。Ca^{2+} 和 K^+ 通道在调节细胞内的 Ca^{2+} 水平、静息膜电位（Em）和细胞收缩力方面具有重要作用。长期规律的有氧运动可以使高血压相关的 Cav1.2 和 Kca1.1 通道的改变正常化，从而恢复周围阻力血管的血管舒缩功能。研究发现，Ca^{2+} sparks 和 BKca 在高血压大鼠脑血管平滑肌细胞中的耦合增强，这可能是对维持其功能完整性的适应性反应，而长期规律性有氧运动能阻止这种病理性的代偿，恢复脑动脉功能。有氧运动防止遗传性高血压中脑动脉 RYR-BKca 耦联作用增强，维持离子通道的脑功能稳态。对于不同强度的有氧运动，学者也进行了研究，结果显示中等强度的有氧运动能够逆转病理性的 Cav1.2 通道的改造，而高强度有氧训练加剧了高血压大鼠肠系膜动脉 VSMC 中 Cav1.2 的不良重构。其中运动可下调 Cav1.2 通道的 α1C 亚基的 RNA 水平和蛋白水平。

除了对高血压 VSMC 离子通道的调控外，有氧运动在 VSMC 表型转化的 DNA 甲基化调控中也发挥着重要作用。越来越多的研究对 microRNA（miRNA，miR）对 VSMC 在病理发展过程中或对外部刺激反应中表型转换的机制。miRNA 是一类保守的单链 RNA 小分子（19~25 个核苷酸），通过与靶 mRNA 转录本的 3′-未翻译区不完全或完全互补结合，对蛋白质合成产生负面影响。这种转录后翻译为更好地理解血管对运动和高血压的适应提供表观遗传的解释。mirRNA 是高血压期间 VSMC 表型转换的关键，其中 miRNA-145 高表达，尤其是在收缩表型的 VSMC 中。miRNA-145 的确实会导致严重的血管生成。研究发现，mir-145 参与了有氧运动调控高血压 VSMC 从合成表型想收缩表型的转变，并且，mir-145 通过靶向 Akt 的上游信号对 Akt 进行负向调控，但其他调控信号也可能参与 Akt 在运动过程中的激活。

（2）动脉粥样硬化

动脉粥样硬化（atherosclerosis，AS）作为一种常见的心血管疾病，其特征是在大动脉中积聚脂质和纤维成分。动脉粥样硬化的早期病变包括皮下积聚的大量胆固醇吞噬的巨噬细胞，称为"泡沫细胞"。由于血流动力学的差异，动脉内存在病变形成的首选部位。动脉发生病变后，富含脂肪的坏死碎片和平滑肌细胞（SMCs）不断积累。这种"纤维病变"通常有一个"纤维帽"，由 SMCs 和细胞外基质组成，细胞外基质包裹着富含脂肪的"坏死核心"。斑块可以变得越来越复杂，包括腔表面的钙化、溃疡，以及从血管壁介质生长到病变的小血管出血。虽然晚期病变可发展到足以阻断血流，但最重要的临床并发症是由于血栓或血凝块形成而导致的急性闭塞，从而导致心肌梗死或中风。通常血栓的形成与病变的破裂或侵蚀有关。

在 AS 小鼠中，有氧运动显著降低了促成 AS 发展的 ET1 和 AngII 的表达水平。此外，运动抑制促炎细胞因子 TNF-α、IL-6、CRP、MCP-1 的分泌和激活抗炎细胞因子 IL-10 的分泌。有氧运动可以诱导调节 TLR4-traf6 信号通路的 mirRNA，从而减弱 AS 中的炎症信号通路。此外，有氧运动可降低血管紧张素 II 和内皮素 1（ET-1）水平，防治与 AS 相关的病变的形成（如斑块和泡沫细胞）。炎症细胞因子 TLR4、TNF receptor 6（TRAF6）和 NFκB 的表达可以被运动或他汀类药物有所改善，有氧运动还增加了 miRNA146a 的水平，miR-146a 与 TRAF6 基因的 3′端非翻译区相互作用，降低了 TRAF6 的表达。

3. 运动与神经系统疾病

（1）阿兹海默综合征

阿兹海默综合征（Alzheimer's disease，AD）是一种进行性神经退行性疾病，伴有认知功能减退综合征。药物治疗一直处于 AD 治疗的主导地位。然而，在大多数情况下，当老年人遭受情景记忆、工作记忆和执行功能的认知衰退时，药物治疗伴随着临床延迟。另一方面，越来越多的证据表明，运动干预可能改善老年人认知障碍的进展。轻度认知障碍（mild cognitive impairment，MCI）是 AD 的临床前阶段，在此阶段，神经变性可以通过神经可塑性逆转。因此，在 MCI 早期进行运动干预，以 AD 为风险进行健康老龄化，可以减缓认知障碍的进程，为痴呆提供一种有前景的非药物治疗手段。

目前对于治疗 AD 的运动类型主要有三种：单纯的认知运动、单纯的体力活动、认知运动与体力活动相结合。探究运动对 AD 的病理机制至关重要。Adlard 和他的同事们发现，运动可以减少 AD 小鼠的 Aβ 在额叶皮层和海马区的负载，并且经典的 amyloid-β（Aβ）退化机制被证实是一个独立通路，因为关键酶脑啡肽酶和胰岛素降解酶均未发生变化。然而，短期锻炼活动降低了蛋白水解淀粉样前体蛋白（APP）的碎片，这支持了运动通过调节应用代谢和淀粉样蛋白级联来减少 Aβ，从而提高最终的学习和记忆结果。此外，值得注意的是，运动诱导的 ROS 调节在增强认知功能和增加神经发生中发挥作用。由于中枢神经系统对异常氧化应激过于敏感，研究证实 AD 和 MCI 中脂质过氧化物标志物升高。同时，研究表明，运动后，纹状体的抗氧化酶超氧化物歧化酶（SOD）和谷胱甘肽过氧化物酶（GPX）活性增加，同时也观察到脑啡肽酶活性的增加导致 Aβ 退化，这可能对记忆和认知的提高起作用。然而，低水平的 ROS 也可能损害细胞功能，破坏氧化还原稳态，而运动导致氧化挑战的平衡。另一方面，运动是神经营养因子的重要调节因子，包括 BDNF、IGF-1 和血管内皮生长因子（VEGF）。已有研究表明，BDNF 在突出可塑性、神经可塑性及学习和记忆的发展中具有极其重要的作用。研究证实，运动可以上调 BDNF 的表达，同时也可以调控 BDNF 的下游信号通路。运动提高的其他主要神经营养因子时 IGF-1 和 VEGF，它们对神经生长和大脑营养供应至关重要。运动减少炎症标记物（TNF-α、c 反应蛋白和 IL-6）可能是其分子机制之一。有研究表明，运动可提高乙酰胆碱水平和多巴胺、麝香草碱受体密度，调节海马神经递质释放，促进神经元增殖。

（2）抑郁症

抑郁症是一种压力和情绪失调的综合症，涉及额边缘网络的结构完整性受损。Meta 分析的证据表明，在抑郁症的成年人中，海马体、前扣带回皮质、前额皮质、纹状体和杏仁核的体积减少，以及受损的白质完整性经常被观察到。运动已经被证明是治疗抑郁症的有效方法。运动和抗抑郁症药物均可通过共同的神经分子机制减轻抑郁，包括增加神经营养因子的表达、血清素和去甲肾上腺素的可用性增加，HPA-axis 活性调节，减少全身炎症信号。这些过程影响新神经元的发育，增加神经元之间的突出连接，增强脑血管系统功能。

4. 运动与骨质疏松症

骨质疏松症是人类最常见的骨骼疾病，发病率随年龄增长而增加。其特点是骨量低、骨组织恶化、骨结构破坏、骨强度受损、骨折风险增加。改善骨骼健康的措施包括增加身体活动水平、戒烟、减少酒精的摄入，降低跌倒的风险，且要确保钙和维生素 D 的补充。

运动能增加骨皮质的血流量，有利于血液向骨骼内输送钙离子，促进破骨细胞向成骨细胞的转变，形成骨骼。研究发现，适度中等强度的运动训练，特别是各种力量型训练，可以使血雌二醇、睾酮水平明显升高，从而刺激成骨细胞的增殖，促进新骨的形成，使骨量和骨密度增加，而过度的耐力训练则会出现相反的变化，导致机体内雌激素和雄激素的分泌下降。

运动可以增加小鼠血清性激素水平，降低抑制破骨细胞形成和骨吸收的细胞因子水平，如 IL-1、IL-6 和 Cox-2。机械应力有助于运动诱导的骨量和骨密度的增加，BMPs、MAPK 和 Wnt 等信号通路可能参与了骨的形成。中等强度的运动对骨骼健康具有积极的影响，包括骨密度和骨骼强度，其效果高于低强度运动。有趣的是，尽管高强度运动对骨量有负面影响，但它可以保持甚至增加骨骼强度。此外，运动诱导的成骨作用伴随着 Wnt 信号通路的激活。

（四）运动营养学

"健康中国"是国家战略！随着 2016 年《"健康中国 2030"规划纲要》这一纲领性文件的发布与实施，与全民健康有关的各个行业领域均迎来了巨大的发展机遇，在经济社会发展、民生及全民健康促进中的重要性日渐凸显。

在"健康中国"大背景下，国家陆续出台了与大营养、大体育和大健康有关的多项计划，《全民健身计划（2016—2020 年）》《国民营养计划（2017—2030 年）》，加上在此之前发布的《国务院关于加快发展体育产业促进体育消费的若干意见》（国发第46 号）、《中国食物与营养发展纲要（2014—2020 年）》等，共同构成了体育、营养及其运动营养与健康领域的发展蓝图。尤其是将"体医融合"和应用非医疗手段预防和治疗疾病写入重要文件中，对加强运动及营养与健康的研究、监测与干预；公共服务体系建设；国家标准与行业标准的制修订；精准营养技术方法及运动（营养）处方的研究与推广；运动营养产业的升级换挡等多方面均提出了明确要求。以上内容已成为近 4 年运动营养领域发展的焦点和亮点。

以下我们就 4 年来运动营养学科的进展、在经济社会发展中的作用、国内外进展的比较和学科发展前景等进行了简要回顾。

1. 运动营养研究的广度和深度有所加强

运动营养是应用性非常强的交叉学科，4 年来，无论是在竞技体育还是在全民健身领域，以需求为导向的基础和应用研究有所加强，深度与广度实现了一定程度的突破。2016 年，鉴于我国健身人群数量的不断增加及对运动营养健康食品的需求不断增长，但与发达国家比，我国目前的运动营养健康产品的数量和质量，包括高功效因子健康靶向作用与筛选、提升产品功效的应用基础研究等又相对不足或落后的现状，《国民营养计划（2017—2030 年）》中明确将开展"吃动平衡行动"：推广健康生活方式；提高运动人群营养支持能力和效果；推进体医融合发展。"十三五"国家重点研发计划突破性地设立了与运动营养相关的几个专项及课题内容，如营养功能性食品制造关键技术研究与新产品创制专项设立了课题：高效运动营养功能因子研究和营养健康食品创制及产业化。心脑血管疾病营养及行为干预关键技术及应用策略研究设立的课题：吃、动结合等综合干预方案研究与应用（其中含运动/营养处方研究与应用）。科技冬奥专项课题：冬季项目运动员科学营养智能系统与伤病防控体系的研究与应用，将就运动员科学营养智能化所需的不同项目运动员代谢与能量消耗、标准、运动员营养产品、智能监测设备、算法模型及个性化营养支持方案等进行全面研究与应用。

营养因子和植物营养活性物质的作用与作用机制的研究一直是应用基础与产品研发的热点。过去 4 年，一些运动营养研究团队通过各级各类项目/课题对动植物蛋白及其水解物、食用功能肽、（支链）氨基酸、肌酸、1,6-二磷酸果糖、磷脂酰丝氨酸、γ-氨基丁酸、壳聚糖、硝酸盐、姜黄素、叶黄素、黑果枸杞、白藜芦醇、丙氨酰-谷氨酰胺、轻络素、绿原酸、甜菜碱、β-葡聚糖、益生菌、咖啡因、维生素、矿物质、奶制品及某些保健食品功能成分如黄芪甲苷、红景天苷、丹参素等，以及上述物质的不同组合在物质和能量代谢、运动性骨骼肌和肾损伤、炎症反应、肠道屏障功能、免疫机能、增肌减脂及运动后体能恢复等进行了研究，并取得了一些有意义的结果，形成了不同作用的组方的运动员营养食品，将为中国运动员取得优异成绩和全民健身群体提供优质产品服务。

2. 运动员精准营养新技术和新方法的研究与应用迈上新台阶

随着我国运动员进入备战 2020 年东京奥运会和 2022 年北京冬奥会新周期的攻坚阶段，运动营养科技助力在形式和内容上有了较大改进，其中比较突出的是：2015 年，更新版"触摸屏运动员膳食营养分析与管理系统"在国家队运动员餐厅得到应用，为运动员餐厅和运动员做好配餐和餐厅与运动员的膳食营养管理提供了有用的工具。2018 年，为实现运动员精准营养配餐，新型营养监控智能化设备与技术开始在备战 2020 东京夏季奥运会和 2022 北京冬季奥运会的部分运动员餐厅投入使用，在食物切配、计量、营养分析计算、运动员膳食营养数据管理与个性化指导等方面初步实现了

"精细化、精准化、规范化",配餐和用餐更科学、更便捷。随着软硬件设施与技术的不断改进与完善,以及国家队运动营养师的逐步配备,运动营养助力奥运备战将逐步实现科学化、智能化及个性化,从而在提升运动员竞技水平和健康水平中发挥更重要作用。

3. 运动营养相关国标、行标、指南等的发布实施与修订

无论是科学研究开发、科技服务还是相关产业发展都需要标准、指南作为技术支撑。近几年,与运动营养有关的国标、行标、指南等的发布实施与制修订对支撑运动营养研究与开发、科技服务工作,推动产业发展发挥了非常重要的作用。

食品安全国家标准《运动营养食品通则》(GB 24154-2015)2015年11月实施,为运动营养食品研发与生产、质量控制与监督、产业规范发展、国家队科技服务等提供了依据,体育行标《运动营养品功效评价程序和方法》(TY/T 5002-2014)于2014发布实施,成为食品企业研发和评价机构科学评价运动营养品的操作指南,使运动人群能应用到安全、有效的运动营养品,2019年已立项进行修订,扩充其他种类运动营养品的功效评价程序和方法。

另外,国标《团餐标准》(包含运动员餐厅标准)正在制订中;还有《优秀运动员营养推荐标准》和《冬季项目运动员营养推荐标准》正在立项中;《运动营养师工作规范》《运动营养品使用管理办法》的初稿已完成。

以上标准、规范和管理办法等的发布与实施,必将为未来国家队乃至大众健身人群的运动营养工作的标准化、规范化、科学化打下坚实的基础。

4.《国家队集中采购营养食品中标产品目录》的动态更新

国家队使用的营养食品实行政府集中采购制已有10多年了,自从采用该方法后,因使用营养品所致的食源性兴奋剂阳性明显减少,采购清单中的营养食品每1~2年进行动态更新,使市场上合格的营养食品能及时地提供给国家队运动员。最新更新的中标产品较以前有所增加,进口营养品采购周期较长的问题亦得到一定程度解决。

5. 运动营养培训与宣教更加完善

专业技术人员如何学习和传播知识需要通过培训和宣教。

自1997年起,国家体育总局(科教司和人事司)委托运动医学研究所每年举办运动营养师(课程)培训和运动员食品安全研讨会,到目前已有国家队及训练基地餐厅的专业技术人员共2000多人次参加了培训,过去4年已开办5期培训班;北京体育大学连续3年开办健身营养师培训班;运动营养分会连续2年开办运动营养基础理论与基本技能培训班,以及其他类型的培训班、尤其是各中心举办的教练员培训班中均涉及运动员合理营养的讲授内容。许多运动营养科技工作者也通过各种媒介出版发表了科学运动营养知识读物。

以上培训和宣教活动为专业运动员和健身人群提升合理营养知识素养、提高科学

应用运动员营养食品的认识和水平起到了非常重要的作用。

6. 学科发展和人才队伍建设

4年来，中国体育科学学会运动医学分会、运动生理与生化分会每次学术会议均包括了约20%的与运动营养有关的学术交流内容；中国食品科学技术学会运动营养食品分会如期举行了每2年一次的学术、技术交流活动"国际运动营养食品高层论坛"；中国食品科学技术学会年会首次将运动营养内容列入其营养功能食品分会的交流活动中；北京体育大学"运动与健康中国2030国际论坛"（含运动营养分论坛）已连续举办3届，并连续4年举办运动（营养）生化会议；2016年底，中国营养学会成立运动营养分会并举办了第一次年会，其后每年举办一次年会；尚有其他一些在体育、医学、营养、食品与健康领域的学术活动都或多或少地包含了运动营养学术技术交流内容。

除上述运动营养专业技术人才的岗位培训外，注册营养师和注册运动营养师队伍建设已逐渐步入正轨。国家在取消公共营养师资格评审制度后，由中国营养学会担起了国家注册营养师水平评价的重任，注册营养师和注册营养技师水平考试每年举办1~2次，与此同时，已连续3年开展注册营养师免试推荐工作。国家体育总局运动医学研究所运动营养研究中心被中国营养学会聘为注册营养师免试推荐工作的机构，该中心还获得"注册营养师实践教学基地"的资格。到目前为止，有近50名从事运动营养工作的科技人员免试获得了注册营养师资质，并将通过运动营养研究中心这一"注册营养师实践教学基地"的运动营养专业培训获得"注册运动营养师"资质，成为一名可服务于国家队运动员的合格"注册运动营养师"。注册营养师及注册运动营养师队伍的不断壮大，必将为国家队和健身人群提供科学的、便捷的服务。

（五）运动与整合运动生理学

运动是对全身机体稳态的一个挑战，涉及许多细胞、组织和器官，这些细胞、组织和器官的反应都是由收缩的骨骼肌代谢活动增加引起的，或者是它们对代谢活动增加的应答。然而，运动也是一个改变整个机体稳态的干预方式，包括每个细胞、组织和器官均参与了对运动的应答和适应。

长期以来，生理学主要利用"还原论"的思维和方法进行研究，即从宏观到微观，把一个生物体还原到各个系统、器官、细胞、分子、基因。但对于人体这样一个复杂的系统，单纯依靠还原论的研究是存在较大局限性的。基于此，研究者提出整合生理学（Integrative Physiology）的概念，即在经典生理学基础上强调自上而下、由宏至微的整体观，重视在机体内环境中分子、细胞、器官同层次间和不同层次之间的相互关联机制，并揭示其在整体活动、环境应答、疾病发生和发展中的作用。目前，我国的运动生理学研究也是更多地集中在对运动执行器官（骨骼肌、心肌）和代谢器官（肝脏、脂肪）的孤立研究，难以系统揭示运动的系统健康效应。

随着国际整合生理学研究的不断深入，整合运动生理学（Integrative Physiology of

Exercise）或整合运动生物学（Integrative Exercise Biology）已成为当前和未来运动生理学研究的发展趋势。从不同层面揭示运动应激下重要组织脏器及交互调控网络的应答规律，这也是实现运动促进健康的运动生理学转化研究的必要理论基础。

近年来，国际整合运动生理学研究方兴未艾，对运动应激中各组织器官之间功能活动的交互调控机制有了崭新认识。细胞生物学界权威杂志《Cell Metabolism》从2014年起每年都会发表一篇整合运动生理学研究综述，该刊分别于2015、2017和2019年连续三次举行"运动代谢（Exercise Metabolism）国际学术研讨会"，特别是2019年会议中将"健康与疾病中的器官间交流和信号整合"和"运动应激中器官间功能协同"等作为重要议题。该刊还在2015和2017年《Cell Metabolism》先后组织专辑讨论运动促进健康领域中广泛的整合运动生理学命题。与之相呼应，自2014年起美国运动医学会（ACSM）更明确以"Integrative Physiology of Exercise"为主题分别于2014年、2016年、2019年连续召开了三届"双年会"，这些会议先后设立了"运动预防癌症与内分泌和免疫功能""线粒体呼吸对运动应答的整合路径""运动与性别""运动与代谢可塑性""肌肉肥大的分子传感器""运动中能量代谢与蛋白稳态的交互调控""运动与外泌体""肌-脑轴在运动脑健康中的作用"等多个专题。2018年，在由中国体育科学学会运动生理与生化分会承办的第17届国际运动生物化学大会（北京）上"整合运动生理学研究"也是会议的重要主题之一。在以上国际研究前沿进展中，近年来整合运动生理学的代表性的研究包括：①肌肉因子鸢尾素（Irisin）发现者Spiegelman实验室进一步鉴定了骨细胞和脂肪细胞Irisin受体为αV类整合素，揭示了Irisin的内分泌调控途径；②Pedersen实验室证明，运动诱导骨骼肌释放肌肉因子白介素-6（IL-6），后者激活NK细胞，降低小鼠罹患肿瘤（黑色素瘤、肝癌、肺癌）的发生率和生长比率。③Ruas实验室证明，运动激活了骨骼肌的犬尿氨酸生物转化途径，使之迅速转化为犬尿酸，防止其通过血脑屏障诱导抑郁症。同时，犬尿酸通过激活Gpr35促进白色脂肪棕色化，提高机体代谢率。

在各位同仁的共同努力下，国内整合运动生理学领域也取得了较快的发展。2015年，由国家自然科学基金委生命科学部组织编写了"十三五"学科发展战略报告《生命科学》，运动生理学学科首次进入生理学与整合生物学学科发展规划。具不完全统计，2016年至今，该领域共获得国家自然科学基金资助18项。2018年，国家自然科学基金委员会调整学科申请代码时，增设了"运动与健康"研究方向（代码C110604），下设了与整合运动生理学相关研究领域，显示了整合运动生理学在运动生理学中的广阔研究前景。近年来，该领域在SCI收录杂志和国内权威期刊发表论著17篇。多篇论文摘要分别入选全国体育科学大会、全国运动生理与生化学术会议、华人运动生理与体适能学者学会年会、国际运动生物化学会议、亚洲线粒体研究与医学学会，美国运动医学会等国内外重要学术会议（部分为特邀报告和主题报告），显著地扩大了中国运动生理学学科的学术影响力，代表性研究成果包括：①陕西师范大学田振军研究组在心梗动物模型中，利用骨骼肌基因片段注射技术证明，骨骼肌来源的卵泡抑素样蛋白1

（FSTL1）在运动干预后，可扩散至心肌，通过 TGF-β-Samd2/3 信号通路促进心肌血管新生。②解放军空军军医大学的高峰研究组在《Circulation Research》上发表工作，他们发现运动可促进骨骼肌、肝脏和血管内皮细胞释放循环外泌体 miR-342-5p，后者通过靶向 Caspase 9 和 Jnk2 抑制缺氧/复氧诱导的心肌细胞凋亡，还可通过靶向磷酸酶基因 Ppm1f 增强 Akt 等细胞存活通路。③暨南大学苏国辉院士研究组证明，运动可刺激脂肪组织分泌脂联素，后者入脑后作用于海马神经前体细胞，调节情绪状态，有效改善抑郁症。此外，他们还发现，运动可激活脑内 BDNF 信号通路，减少慢性压力应激导致的小鼠感觉皮层 V 层锥体神经元顶树突棘的丢失，进而改善相关工作记忆缺陷。④天津体育学院张勇研究组在衰老动物模型中发现，有氧运动可调控肌源性白介素-6（IL-6）抗炎/促炎生物效应的切换，进而促进 IL-6 进入循环系统，正性调控心肌线粒体稳态。此外，他们给与 IL-15 敲除小鼠注射 MPTP 诱导帕金森症模型，证明肌源性 IL-15 是运动诱导脑健康的必要因子之一。

（六）综合环境与运动能力

在不同的外部环境中运动，会对机体产生不同于普通环境的不同影响，在综合环境与运动能力相关课题的研究中，一般围绕高原低氧训练、高温环境和空气污染等热点研究方向展开，本部分也着重介绍了上述三种环境与运动能力的相关性研究及相关防护措施。

1. 高原低氧训练

（1）高原（低氧）训练监控指标体系不断丰富发展

早期的高原（低氧）训练研究主要围绕运动员有氧能力参数变化展开，随着训练方法的多样、运动项目的普及和实验方法的创新，高原（低氧）训练研究的监控指标体系在不断扩展。现阶段除了涉及运动员常规生理生化指标，还包括免疫机能、神经和心理认知、氧化应激等参数，尤其更关注训练负荷的监控问题。Billy Sperlich 等建立的评价高原训练期间德国中长跑运动员客观和主观的运动生理心理应激指标体系，可综合评价运动员的训练负荷情况，防止高原期间慢性疲劳和肌肉损伤的发生。潘丹丹对赛艇高原训练的研究中，负荷量通过持续训练时间、公里数等来确定，强度根据德国赛艇协会水上训练强度等级进行划分；用血乳酸、心率等机能监控指标评定负荷强度，用血红蛋白、尿素、睾酮等评价负荷量，将训练负荷量化与机能指标的监控相结合，使高原训练的负荷安排更加合理。国内一些新型实用型监测指标也不断引入，高炳宏等研究认为高原训练中无创微循环指标呈现出波浪形的变化特点，各参数变化特点主要与高原缺氧及运动负荷的变化有关，其可作为检验高原训练是否达到效果的一种简便、无创方法。

（2）高原（低氧）训练对运动能力的全面提升作用凸显

高原低氧训练的最终目的是提高人体运动能力，虽然以生理生化指标为代表的科研数据与运动能力存在着一定相关关系,但教练员运动员更关注运动表现的改善,近年来的实践研究逐渐证明高原(低氧)训练对人体从有氧到无氧供能能力、肌肉功能等各方面运动能力都有提升作用。Sebastian R. Diebel 等观察到 10 天的高原训练可使运动员耐力表现的预测指标之一的跑步经济性(RE)显著提高[4]。Amador 等研究认为,在保持正常力量训练前提下,传统的高住高练 3 周并不会对高水平游泳运动员的游泳出发时间和负重下蹲跳成绩产生不利影响,不用过分担心高原训练对运动员肌肉功能的影响。当然,评估高原(低氧)训练运动能力的变化会受到执行训练计划差异性和评价标准客观性的影响,需要在研究中更加重视实验条件等的控制。

(3)新型的训练方法模式拓宽了高原(低氧)训练的运用领域

为不断开发高原(低氧)训练的效果,传统的模式近年来有了一定发展和创新,一些新型的训练方法在传统方法基础上进行综合和交叉尝试。比较有代表性的如多种高原与低氧组合训练、高原(低氧)环境的重复冲刺训练、局部缺氧的加压训练法、吸入 CO 模拟高原训练、提高高原训练适应性的呼吸肌训练等。Girard 在 2017 年对高原低氧训练的模式重新进行了划分和界定,并通过实验认为,与常氧环境相比,通过高原训练上调非血液学外周适应(即增加无氧和神经肌肉通路的激活),在低氧中的进行抗阻训练或重复冲刺训练,可以更进一步提高重复冲刺的能力。吴旸等综述分析小强度的局部缺氧性加压力量训练(BFR)既可以显著提高骨骼肌的力量水平,还可以促进肌肉生长、防止肌肉萎缩。这些创新性的方法模式下的积极性结论对促进高原(低氧)训练发展将有一定的推动作用。

(4)高原(低氧)训练的对象扩展、研究焦点范围扩大

由于高原训练对提升人体各方面运动能力的作用不断被证实,不仅开展高原训练的项目已由早年的体能性耐力项目为主扩展到几乎所有运动项目,研究也由竞技体育扩展到群众体育领域,研究对象从年龄上、职业上都有大幅度涉及。研究焦点在传统关注点上有深入,如 Kamila Płoszczyca 对 1997 年至 2017 年期间发表的国际英文文章分析后指出,针对即使在高原训练期间 EPO 水平显著提高,也不能保证恢复到海平面后血液学指标的改善的现象,要关注影响高原训练的有效性的低氧剂量、训练内容、运动员的训练背景和 EPO 产生的个体变异性等其他变量因素。关注点也涉及如减肥和骨骼肌功能改变的方面热点研究,如田倩倩等研究显示在低氧训练状态下,脂肪酸氧化供能比例增加,有节约糖供能的作用,起到减控体重的效果。在李洁等的 HiHiLo 研究方案中证明骨骼肌线粒体呼吸链功能对低氧训练有习服期,习服过程需要 3 周时间。第 4~5 周线粒体呼吸链功能可显著提高,第 5 周训练效果最佳。

2. 高温环境

(1)高温高湿环境下的运动训练生理生化监控

高温高湿环境下进行运动训练或比赛,因选择合适的生理生化指标进行监控,对热病发生进行预警,防止高温高湿导致的运动能力下降和机体损伤。目前,湿球温度

(Wet bulb global temperature，WBGT) 是综合评价人体接触作业环境热负荷的一个基本参量，被美国运动医学学会在运动医学中进行推广，目前被不同运动协会所采纳，但WBGT 是一个气候指数且不能说明代谢产热或穿衣着装，因此不能预测热量的散失。热指数是指高温时，当相对湿度增加后，人体真正感受到的温度会超过实际温度，也就是体感温度（Apparent temperature）。目前美国天气服务中心已给出"长时间暴露或者连续体力活动对机体产生热障碍的风险对应表"，运动参与者可通过当天的湿度及温度查询高温天气预警等级，进而避免高温对机体的损害。泌乳素、生长激素、皮质醇和外周血去甲肾上腺素可作为高温高湿环境下训练监控的敏感生理生化指标。生理应激指数（physiological strain index，PSI）是基于直肠温度和心率的比率换算得出的，可用于高温环境下运动人群的热适应情况评价。

(2) 降温策略

皮肤降温会降低高温环境中运动时的心血管压力，而全身降温可降低器官和骨骼肌的温度。运动训练前和竞技比赛前，有效降低运动员体温的预冷方案和措施多种多样，根据预冷作用部位和使用特点的不同，将预冷方法大致分为三类：第一类为外部预冷降温，如穿降温背心、喷洒冷凝水雾和暴露在冷空气中等；第二类是影响核心部位的方法，为内部降温，如补液、摄入冷水、吸冷空气等；第三类为混合降温，将外部预冷与内部预冷的方法相互结合使用，或者是同一类中的两种（两种以上）不同预冷手段同时叠加使用或者依次使用，如水中浸泡加暴露在冷空气中的两种措施同时使用，可根据具体环境特征选择适合的降温策略。

预冷降温有益于热环境中持久运动（如中长距离跑、自行车、网球和团体项目）的体育活动。体内降温法（即冰浆）可在运动中使用，而网球和团体项目运动员也可在暂停休息间歇采用混合降温法。使用风扇和商用降温冰背心可能是湿热环境中的一个实用方法，它们可提供有效地降温而不损害肌肉温度。无论如何，降温方法应该在训练中进行测试和个性化，以将对运动员的干扰减至最小程度。

(3) 个体化热习服

个体的习服反应可能有所不同，因此应该使用一些简易的指标进行监控，例如标准次最大强度运动时心率增加幅度的减少。监控热习服的其他较难与较不敏感指标包括出汗率和钠含量，核心温度和血浆容量。因此，建议运动员在重大高温赛事前数月进行一个习服练习以确定他们个体化的适应与衰减速率。赛季前和赛季中，运动员可考虑在与比赛场地相同的环境中进行训练，或如不可能的话，则应在室内热环境房内进行训练。理想条件下，为了最大化所有的效益，热习服阶段应超过 2 周。

3. 大气污染

空气污染问题已成为影响健康的主要环境风险。大气环境污染如何影响机体健康；在污染环境中从事运动存在哪些健康风险和隐患；运动是否可以抵抗空气污染所造成的机体损伤及其相关机制；雾霾环境下运动的安全阈值和雾霾环境下运动是否影响运动能力等研究内容，对于在大气环境质量未能得到有效控制的情况下，促进安全合理地运动健身，保障人体健康具有非常重要的意义。空气污染与运动能力的相关性研究，已经成为当前运动生理学研究的热点之一。

（1）大气污染对户外运动人群健康及其运动能力的影响

研究表明，在高浓度颗粒物污染环境下进行6min最大载荷功率自行车试验，研究发现在高浓度颗粒物环境下从事运动后20min，运动能力显著下降。另有流行病学研究调查了美国7次马拉松中前三名选手在8~28年的时间里的成绩，结果显示，成绩下降与女性的急性PM10暴露有关，但与男性无关，这些发现可能表明女性更易受伤害，因此在进行运动建议时应考虑性别这一影响因素。鉴于此，越来越多运动参与者担心自己在空气污染环境下从事运动对身体产生不利影响，因而放弃运动或减少运动次数。Ruopeng An对美国已发表的相关研究进行meta分析发现：空气污染程度加剧与身体活动减少呈现显著正相关，特别是呼吸道疾病患者，PM2.5浓度每增加一个单位（$\mu g/m^3$），久坐不动人群数目增加1.1%。这也提示我们，应正确引导体育运动人群，合理选择健身场所，避免在极端污染环境下进行运动，选择场地内运动，继续保持良好的运动习惯。

（2）运动训练对空气污染导致的机体损伤的抵抗效应

运动有益健康，是大量实验研究、流行病学调查长期得出的结论。运动促进健康的正面效应可能大于空气污染的负面效应。Matt研究发现，在交通造成的空气污染环境下进行2小时的中等强度间歇运动（15min运动+15min休息，共4组，50%~70%最大心率），运动可延缓或是降低空气污染对呼吸道系统造成的损害。Kubesch研究也表明，间歇性运动可减弱交通相关污染对机体产生的收缩压升高和肺功能下降，污染物浓度越低，保护效应越理想。

（七）运动生理与生物化学教学

随着我国社会经济发展和健康中国战略的提出，特别是2016年10月25日《"健康中国2030"规划纲要》的颁布和实施，体育融入健康中国建设已成为当代体育改革发展的时代责任，也是推动体育面向经济社会大局和人的全面发展，实现科学发展、创新发展的必然要求。基于以上背景，高等体育人才培养也正面临时代的挑战，运动生理学和运动生物化学作为高等体育教育中重要的专业基础课程，课程设置及其建设、教材和教学方法如何适应时代对高等体育人才培养的需求也就成为有关主管部门、教师和相关教育工作者关注的热点，并开展了一系列研究，取得一定的新成果。

1. 运动生理与生物化学课程设置与教学内容体系研究新成果

（1）课程设置

2018年1月30日教育部发布了《普通高等学校本科专业类教学质量国家标准》，涵盖了体育学类以内的92个本科专业类、587个专业，《普通高等学校本科专业类教学质量国家标准》的颁布对建设中国特色、世界水平的高等教育质量标准体系具有重要的标志性意义。《普通高等学校本科专业类教学质量国家标准》对各专业类师资队伍数量和结构、教师学科专业背景和水平、教师教学发展条件等提出定性和定量相结合的要求，同时，明确了各专业类的基本办学条件、基本信息资源、教学经费投入等要求。《普通高等学校本科专业类教学质量国家标准》还列出了各专业类知识体系和核心课程体系建议对各专业类知识体系和核心课程体系建议。就体育学类的体育教育、运动训练、社会体育指导与管理、武术与民族传统体育、运动人体科学、运动康复、休闲体育等7个专业而言，专业类基础课程中均有运动生理学，是体育学类本科专业均必须开设的课程。而运动机能生理生化测试则安排在运动人体科学专业3+X专业核心课程中，而运动生物化学、运动营养学、运动训练生物学监控等课程则安排在专业拓展课程理论模块一中。

（2）教材内容体系

教材内容体系是实施专业人才培养方案课程内容的具体体现，为适应我国高等体育发展和健康政策的颁布和实施对人才需求，2016—2019年间仅有2篇文献分别对运动生理学和运动生物化学课程教材内容体系进行了研究报道，一篇是南京体育学院运动健康科学系张媛撰写的《国内外高校运动生理学教材对比简析》，另一篇是广州体育学院运动与健康学院翁锡全等撰写的《我国运动生物化学教材内容体系特点分析与重构设想》，这两篇文章分别对我国运动生理学和运动生物化学出版的教材内容体系进行了梳理，并提出了对教材内容体系改革的建议。

张媛在对国内外运动生理学教材基本概况、形式设计、结构体系对比的基础上，提出我国高校运动生理学教材改革建议。首先，从教材整篇内容的凝练上，作者针对运动生理学教学时数显著减少，而篇幅却逐渐增加情况，建议应重新界定"基础篇"与"应用篇"的知识内容，"基础篇"的内容不应以人体生理学的内容作为主线进行编排，而应从运动生理学实际出发，编排属于运动生理学范畴的主要内容，使学生在学习基础篇的同时就能够较好地掌握运动生理学相关基础知识。对于"应用篇"，为了更好地培养学生将基础知识有效应用于实践的能力，提出将应用篇内容与基础篇相融合，基础知识后搭配相应的应用案例或实验操作。其次，从教材内容更新和改进上，提出在形式安排上应借鉴国外教材形式多样性的特点，每章开始即列出本章学习目标、本章大纲、关键词或概念。鉴于运动生理学知识体系的特点，教学内容多，理论性强，学生学习起来普遍感到抽象、枯燥、缺乏兴趣，结合这一现状，教材每章节内容应更加丰富多彩，对教材内容予以扩展和延伸，同时，还可穿插一些最新研究进展、相关知识所涉及的国际、国内学术论战，知识课外拓展等，多方面丰富教材内容。此外，作者认为国内运动生理学教材所涉及的内容知识点较多，而在教学实践中，有些章节的内容没有实用性且与运动生理学的关联较弱，应考虑删减。如第三章血液中第三节血液凝固和纤维蛋白溶解内容、第五节血型与输血原则、第七章肾脏功能以及第九章感觉机能等。另一方面，教材还应补充与运动生理学紧密相关的知识，如国外教材中涉及的"运动过程中的代谢特点"内容，其从安静、安静向运动状态转化、运动后恢复等不同阶段从运动频率、强度、方式、持续时间等不同方面分析能量、物质、气体代谢特点。再如，国外教材专门列出一章内容讲解运动过程中酸碱平衡问题，这是国内教材所忽略的。

翁锡全等分析了我国教材内容体系的发展及特点，指出了教材体系的不足，同时，结合当今体育运动发展特别是健康中国背景下运动健康促进对运动生物化学人才的需要，提出了我国运动生物化学教材内容体系的构想。目前涉及运动生物化学课程的体育相关本科专业运动训练、武术与传统体育、体育教育、休闲体育、社会体育指导与管理、运动人体科学、运动康复等，提出构建适应健康中国建设高等体育人才需要的运动生物化学课程教学内容体系，可从竞技体育、休闲体育和运动健康三个维度考虑。对于竞技体育来说，在运动训练中明确运动项目运动时机体的生化基础及其变化特点，是采取训练方法针对性、有效性和创新性，控制训练负荷适宜性和避免过度训练，提高运动能力、挖掘运动潜能的首要基础。因此，竞技体育维度的运动训练、武术与传统体育专业的运动生物化学教材就要打破以往"基础生化—运动生化—应用"为主线的内容体系，确立以运动时生化能力为核心，按照"运动素质生化基础—训练—监控—评定"主线构建教材内容体系。对于休闲体育来说，它是通过各种体育活动达到增强体质、促进身心健康的一种休闲生活方式，区别于竞技体育，休闲体育维度的体育教育、休闲体育、社会体育指导等专业的运动生物化学教材内容，则要从运动生物化学原理出发，以人体基本化学组成为基础，以不同休闲体育项目运动时生化变化与适应为核心，重点阐述休闲体育的生化原理、休闲体育的生化监控与身体机能评定以及不同人群休闲体育健身的生化指导。对于运动健康维度的运动人体科学、运动康复专业的运动生物化学教材内容，则要学生了解和掌握怎样运动才能促进健康、适宜运动为何能调节机体代谢、维持机体平衡而达到强身健体，其生化机制是什么等科学指导运动锻炼的理论基础与应用，确立以"健康第一、科学运动"为理念，以"运动促进健康体适能生化平衡"为主线的教材内容体系。

2. 运动生理与生物化学教材出版新成果

教材是课程建设的基本工作之一，教材是课程教学内容体系的具体表现，也是直接关系人才培养的质量。随着《普通高等学校本科专业类教学质量国家标准》的实施和体育类各专业人才培养方案的制定，相应运动生理学和运动生物化学教材将陆续出版。

（1）运动生理学教材出版成果

2016—2019年各年度出版运动生理学教材共有两个版本和一个版本实验教材和一个版本习题集。两个教材版本一是2016年7月由汪军主编、北京体育大学出版社出版的《运动生理学》，该书主要分为运动生理学基础、运动训练生理学、运动健身生理学三篇，具体内容涉及：运动与骨骼肌、运动时的物质与能量代谢、运动与氧摄取和运输、肌肉运动的调节、有氧无氧工作能力、身体素质等。二是2016年11月北京体育大学出版社出版、运动生理学编写组编写，除绪论外，分为三部分：第一部分，运动生理学基础，介绍了运动生理学的基本理论和基本知识；第二部分，运动训练生理学，介绍了与运动训练关系比较密切的运动生理学理论和知识；第三部分，运动健身生理学，该部分主要由与运动健身相关的章节组成。运动生理学实验教材是由屈红林、刘瑞莲主编，湖南师范大学出版社于2017年2月出版的《运动生理学实验创新指导》，内容包括绪论、肌肉力量的评定、基础生理学实验、能量供应与代谢、身体组成成分的测定、有氧能力的评定、无氧能力的测评、运动性疲劳的鉴定、其他常见设计综合性实验和运动生理学机能虚拟实验介绍等，还有就是2016年2月由乔德才和邓树勋主编、高等教育出版社出版的《运动生理学题解（第三版）》，这是邓树勋、王健、乔德才、郝选明主编的高等院校体育教育本科教材《运动生理学（第三版）》的配套用书。该书拟定为23章，每章设有"学习要点""学习难点""习题"和"参考答案"四个部分，题型有填空题、判断题、选择题、名词解释、简述题和论述题，内容上较好地反映了体育专业《运动生理学》课程的目标，突出体育专业教学的重点、难点和体育专业特点。此外，在2018年国家体育总局科教司公布的第一期运动训练专业教材与在线课程建设立项项目，运动生理学课程分别由北京师范大学乔德才教授和华南师范大学郝选明教授负责。

（2）运动生物化学教材出版成果

2016—2019年各年度出版运动生物化学教材共有4个版本和一个版本实验教材和一个版本习题集。四个教材版本一是2016年5月由翁锡全主编、广东高等教育出版社出版的《运动训练生物化学》，该教材书除绪论外，分为八章，内容包括骨骼肌的生化与运动训练、力量素质生化基础与训练、速度素质生化基础与训练、速度耐力素质生化基础与训练、有氧耐力素质的生化基础与训练、运动训练监控的生化分析、提高运动能力的营养生化分析、运动训练效果的生化评定。二是2016年5月由李裕和、翁锡全主编，广东高等教育出版社出版的《运动健康生物化学》，该教材主要针对运动人体科学、运动康复、康复治疗专业，全书除绪论外，分为9章，分别包括人体化学组成、运动时人体的无氧代谢、运动时人体的有氧代谢、运动健身保障的生化基础、健康体适能的生化分析、运动增进健康的生化分析、运动延缓衰老的生化分析、常见病运动康复的生化分析和健康体适能的生化评价。三是武桂新、严翊主编，2017年3月由重庆大学出版社的《简明运动生物化学》，分为健身运动的生化基础和竞技运动的生化基础两部分：第一部分介绍运动、体重控制和营养之间的相互关系和实践应用，运动防治慢性代谢性疾病的生化原理和应用技术；第二部分主要介绍了运动中的能量代谢和水盐代谢及相应的实践应用，力量、速度和耐力训练中的物质代谢能量供应特点、疲劳的生化表现、训练恢复和适应的生物化学，以及运动营养的生化原理和实践应用，增强了相关知识和应用的整体性。四是2019年1月由高等教育出版社出版林文弢主编的《运动生物化学》，内容包括绪论、人体化学组成与健康和体能、运动时人体的无氧代谢供能过程、运动时人体的有氧代谢供能过程、运动训练的生物化学原理、运动训练方法的生物化学分析、运动训练监控的生物化学分析、运动训练适应与效果的生物化学评定。实验教材是 2016 年 7 月由张蕴琨、丁树哲主编，高等教育出版社出版的《运动生物化学实验》，内容包括运动生物化学实验的基本操作和基本技术、运动生物化学基础性实验、运动生物化学综合性实验、运动生物化学设计性实验、运动生物化学拓展性实验和运动生物化学常用仪器及技术六个部分。此外，2016 年 7 月还高等教育出版社还出版了张蕴琨、丁树哲主编的《运动生物化学题解》，是十二五国家级规划教材《运动生物化学（第二版）》的配套用书，还有在 2018 年国家体育总局科教司公布的第一期运动训练专业教材与在线课程建设立项项目，运动生物化学课程由广州体育学院翁锡全教授负责。

3. 运动生理与生物化学教学方法研究新成果

在高等体育教育人才培养中，除在《普通高等学校本科专业类教学质量国家标准》框架下进行人才培养方式、课程设置、教学内容体系等方面改革外，还要进行教学方法、手段创新与应用，才能确保教学质量的提高，保证高等体育人才的培养质量。在 2016—2019 年各年度中，高校运动生理学和运动生物化学教师，特别是青年教师在运动生理学和运动生物化学教学中大胆开展教学研究与实践，取得了可喜的教学成果。

（1）运动生理学教学方法研究与成果

从 2016—2019 年间在中国知网可查阅有关运动生理学教学研究论文共有 85 篇：2016 年有 49 篇、2017 年有 17 篇、2018 年有 17 篇、2019 年有 2 篇，85 篇中期刊论文 37 篇，会议论文 48 篇，其中涉及课堂理论教学研究的有 73 篇，实验教学研究的有 18 篇，此外有关本科运动生理学教学研究的有 79 篇，研究生教学的有 6 篇。从运动生理学教学方法研究内容来看，涉及自主、合作、探究学习、研讨式、研究性、微课、慕课、雨课堂、翻转课堂、参与式、案例、PBL、动画图示等教学方法和教育技术应用研究，其中翻转课堂是应用较广泛的方法之一。说明在体育学类本科各专业运动生理学课程教学中，为了提高教学质量和效果，任课教师踊跃开展教学研究。以上研究均表明，与传统教学方法比较，采用现代教育理论方法和现代教育技术均可有效激发学生学习运动生理学的兴趣，提高教学质量和效果。如王冬梅等采用翻转课堂应用于运动生理学教学中，结果显示，通过翻转课堂教学可提高学生的学习积极性，更好引导学生通过将理论与实际相结合，来形成趣味课堂教学，从而提高学生对专业知识的掌握。再如王平霞等采用微课在《运动生理学》实验教学中的应用研究结果显示，实验组考核成绩、课堂教学评价、学生课堂教学满意度，均显著高于对照组（$P<0.05$），同时指出，在运动生理学实验教学中，引入微课教学，能提高运动生理学实验教学的效果与质量，提高教学满意度，值得在教学实践中应用。

（2）运动生物化学教学方法研究与成果

相对于运动生理学教学方法研究的热闹景象，运动生物化学教学方法方面研究显得冷清，从 2016—2019 年间在中国知网可查阅的运动生物化学教学方法研究文献仅有 9 篇，其中 2016 年 4 篇、2017 年 3 篇、2018 年 2 篇，9 篇文献 7 篇为期刊论文，2 篇为会议论文；其中 7 篇涉及运动生物化学课堂理论教学研究，2 篇涉及实验教学研究。从运动生物化学教学方法研究内容来看，涉及案例分析、微课、多媒体、理论融合实验教学等。同样，与传统教学方法比较，采用现代教学理念方法和教育技术不仅可提高教学效果，还可促进运动生物化学课程建设，如张雪琳等以首都体育学院运动生物化学的教学改革研究表明，运动生物化学课程教学改革结果优化了教学内容，改革实验教学，开放实验室，强调多元化多媒体教学，灵活运用现代信息技术，运用多样化的考核评价体系，并且加强了教学团队建设等。蓝道忠根据运动训练专业学生的文化基础、个性化发展以及专业的特点，在运动生物化学教学中采用分层教学方案，并将实验课内容有机融入理论课教学中，并以多种教学方法实践合理创设学生主动参与学习的教学环境，构建了适合于运动训练专业学生运动生物化学课程的教学模式及实施方案。

4. 运动生理与生物化学网络课程建设成果

随着教育信息技术的发展与应用，高等体育教育教学已不限于运动场馆、课室、实验室，也不局限于课程表的上课时间，信息技术的应用已使运动生理与生物化学教学跨越了时空限制，教育信息技术从以前的多媒体教学、精品课程发展至今天的视频公开课、精品资源共享课、慕课。在爱课程网（http://www.icourses.cn）上，目前运动生理学精品资源共享课和慕课，运动生理学精品资源共享课的负责人华南师范大学的郝选明教授，课程章节有 17 章，还有对应章节习题练习、测试试卷、其他资源和讨论专区等。慕课有 3 个，一个为国家精品在线课程课程，2018 年认定，负责人是苏州大学的张林教授，团队成员有罗丽教授、张庆讲师和岳春林副教授，内容包括 15 章和实验共 45 视频和相应测验；另一个是江西师范大学的黄文英教授负责，团队成员有聂晶副教授、陈栋副教授、袁艳副教授和郑松波副教授，内容分为基础理论篇和应用篇，共 13 章、65 个知识点；还有一个就是湖南师范大学的汤长发教授为负责人，内容共 17 章、53 个知识点及相应测验。此外，目前爱课程网的运动生物化学仅有一个国家级精品资源共享课，为 2017 年认定，负责人是广州体育学院林文弢教授，课程章节有 10 章，同时还有对应章节习题练习、测试试卷、其他资源和讨论专区等，而广州体育学院翁锡全教授负责的运动生物化学在线课程为国家体育总局科教司立项项目，于 2019 年 9 月完成上线。

二、运动生理与生物化学在社会、经济发展中的应用、成效和前景

（一）科学健身

多数人进行运动健身的主要目的为防治肥胖、糖尿病、心血管疾病等慢性疾病，

而这些慢性疾病长期以来一直是影响人类寿命的主要病种，也是增加社会医疗卫生支出成本的主要病种，因此该领域的研究在社会经济方面的意义重大，一直为全世界所关注和重视。

近年来，由于糖、脂代谢异常与癌症的相关性被众多研究所证实，使得人们对科学健身的重要性有了进一步的认识。2018年5月，美国国家癌症研究所和世界癌症研究基金会基于数百项研究结果、5100万人的数据（其中包括350万个癌症病例）所形成的大量可靠的循证证据，推出了迄今为止关于生活方式和癌症预防的最全面和最权威报告《膳食、营养、运动与癌症：全球观点》，该报告全面总结了关于饮食、营养、运动等生活方式是如何影响癌症风险的，提出：控制体重和运动是最为重要的防癌措施。运动防癌的机制可能包括：提高胰岛素敏感性、提升人体特异性和获得性免疫力、显著减少氧化应激和提高DNA修复能力等。这些证据，一方面使得跨病种、多视角研究的必要性大大提升，另一方面也使得科学健身防治慢病的社会效益与经济效益预期进一步放大。

（二）运动训练监控

运动员生理生化监测已成为运动员日常训练和准备重大赛事的重要组成部分，在高水平运动队中，不做训练监控的体育项目已经非常少见。国外很多大公司在体育监测系统上投入了大量资源，许多新技术和公司瞄准了运动员训练监测市场，研发系统性的或便携式的监测设备，从而推动了该产业的飞速发展。由于这些发展，运动教练、运动科学家、力量和体能训练从业者进一步了解训练过程中人体变化的本质与规律，更好地掌握训练规律，推动着人类运动能力极限挑战的不断更新。

（三）运动防治慢性疾病的分子生物学

随着人们生活水平的不断提高，慢性疾病的发病率也到达了一个新的高度。如何控制和预防慢性疾病的发生也成为了当代医学正在积极攻克的重要难题。身体活动至少是35种慢性疾病预防的有效手段。在过去的二十年里，关于运动作为几种慢性疾病的治疗手段的重要性也积累了相当多的知识。美国运动医学学会（ACSM）提出"运动是良医"，并指出建立个人体育锻炼水平标准的重要性。适当的体育锻炼已经被推广为降低慢性疾病的治疗手段之一。大量的研究表明，运动是多种慢性疾病治疗方法的有效补充。对于特定的病症而言，运动疗法与药物干预一样，甚至更有效。运动疗法具有阻止疾病进程，改善疾病症状，增加肌肉力量和提高生活质量的效果。运动调控慢病的分子机制是复杂的、多层次的，未来的分子生物学研究将有待解开这些难题。

（四）运动营养学

"健康中国"的国策为健康相关的领域带来巨大历史发展机遇的同时，亦赋予了前所未有的责任。运动营养学科作为其中一份子，已在近几年的经济社会发展、民生服务中已广泛应用，且成效显著，自身也得到快速发展。未来，在这一背景下亦将充分发挥它的巨大潜能，为"健康中国"添砖加瓦。

1. 运动营养助力国家队备战与参赛

合理营养（膳食+营养补充）是运动员科学训练的重要组成部分，是保障运动员科学训练、提升体能和维持良好健康状态的基础，它直接关系到运动员训练的有效性、健康状态和运动竞技水平，是取得优异成绩的关键因素之一。因此，运动营养科研攻关与科技服务一直是助力国家队备战的重要内容之一。

为做好科技助力国家队备战奥运和参赛，过去4年，我们从运动营养工作调研、膳食营养调查、营养生化测试与机能评定、组织专家下队讲学、重点运动员个性化服务、运动营养师培训与下队服务、运动营养食品筛选、运动员餐厅食品安全以及训练场和赛场临场服务指导等多方面开展工作。

里约奥运会开幕前1年，我们对包括冬季项目在内的国家队营养工作进行了调研，涉及16个运动项目管理中心、15个国家队训练基地及其餐厅、36支运动队的17名膳食管理人员、117名教练员、125名运动员。2018年，我们又在北京的国家队训练基地餐厅进行了调研。我们发现，在运动队营养工作的管理、运动员餐厅与食品安全、运动营养品采购与管理等方面存在一些问题，并据此提出了针对性的改进建议，为国家队运动员的备战训练和比赛发挥了一定作用。我们还与所有运动项目中心备战奥运负责部门保持联系，并通过国家体育总局训练监控与体能恢复专家组，委派知名专家下队讲学、现场咨询指导、制定个性化营养恢复方案等。另外，各科研院所为运动队开展运动营养生化检测服务已成常规，为训练和营养状态监控与评价提供了可靠的实验测试数据。还有，一年1~2次的国家体育总局运动营养师培训班不间断进行，使参加奥运备战服务的国家队运动营养科技工作者（包括营养师、队医、厨师等）的运动营养理论与技能不断巩固和更新。同时，我们还组织国家队训练基地运动员餐厅的管理人员及厨师进行研讨和现场交流，提高了运动员科学配餐重要性的认识，统一了科学配餐流程。为北京、秦皇岛、多巴和昆明的9个训练基地配备了《触摸屏运动员膳食营养分析与管理系统》，也进行了使用方法的培训。我们还组织编写了《运动员合理营养知识手册》《里约奥运会参赛运动员身体机能调整营养方案》《国家队运动员餐厅配餐指导手册》《国家队运动员餐厅食品安全监测指导手册》《国内外运动营养进展》等，在里约奥运会前半年分发到运动员手中，人手一册。另外，我们还为重点国家队和重点运动员开展了卓有成效的个性化运动营养服务，主要有：男女排球队、冬季项目花滑和速滑队、摔跤柔道队、游泳队、射击射箭队、帆船帆板队、皮划艇队、男女足球队等。以上所做的工作为餐厅配餐和运动员用餐科学化、保证运动员有效训练、促进恢复及提升竞技水平发挥了较好的作用。

2018年，为探索备战东京奥运会科技助力的服务创新模式，运动营养专家组作为雅加达亚运会中国代表团科技保障营的一员参与了亚运会的营养保障工作，通过网络媒介、面对面现场交流指导等方式，从国家队整体的饮食服务到运动员个性化营养支持方案制定等为全体运动员开展了全赛程、全方位的营养科技助力服务。每个国家队的随队运动营养科技人员则工作在训练和比赛的第一线，为中国运动员在雅加达亚运会上取得优异成绩助了一臂之力。

另外，自2012年开始，国家体育总局设立了运动营养科技服务与食品安全年度专项支持国家队的运动营养助力奥运备战，为保障国家队运动员的训练和膳食与营养补充起了重要作用。

2. 健身人群的营养服务

"没有全民健康，就没有全面小康。"2008年奥运会后，国家将大众健身提升到与奥运战略同等重要的地位。越来越多的健身爱好者需要营养科学指导，因此，在包括参加马拉松跑、游泳、跳广场舞等健身人群中开展合理营养知识的普及与营养方案指导已成为众多基层运动营养科技工作者的职责和任务之一。全国很多健身俱乐部配备了营养师。2018年，中国营养学会在全国优秀体重管理门诊/机构的评比条件中，将配备营养师是必备条件之一。未来，建立健身人群营养网络信息服务平台，推进特定健身人群精准营养指导将成为推进健康中国行动和国民营养计划的"吃动平衡行动"的主要任务。

3. 运动营养功能食品产业发展

无论是专业运动员还是健身人群对运动营养功能食品需求不断增长，运动员营养食品产业的市场份额在逐渐扩大。中国体育科学学会通过专家评审确定国家队运动员运动营养食品招标采购清单，使专业运动员应用的运动营养食品在安全和功效上有了保障。高效运动营养因子研究与运动营养功能食品研发已列入国家"十三五"重点研发计划的不同专项中，为运动人群提供安全且功效明确的营养功能食品有了国家项目的支持，这在前若干年是不可想象的。定期修订国家食品安全标准《运动营养食品通则》是必要的，体育行业标准《运动营养食品评价程序与方法》的修订已于2019年立项，这将成为引领行业发展、提升运动营养食品技术研发能力、推动产业升级换挡的新引擎。

4. 运动营养知识普及

《国民营养计划（2017—2030年）》中，通过建立健身人群营养网络信息服务平台，推广吃动平衡的健康生活方式，推进特定健身人群精准营养指导是"吃动平衡行动"重中之重的任务。在不久将来，随着不同人群、不同环境、不同营养状态、不同疾病和健康状态下的运动营养处方的研究成果不断推出，运动营养师队伍的不断壮大，先进的互联网和物联网技术应用，健身人群将从各种渠道适时获得这些运动营养知识与技术方法，实现科学运动+智慧营养。

《国务院关于实施健康中国行动的意见》已于近期发布，《健康中国行动（2019—

2030年）》已为未来10年各领域的行动内容、方式与考核指标做了统一周密的安排。

（五）综合环境与运动能力

1. 高原低氧训练

高原（低氧）训练的国内外研究有多年历史，是提高运动员成绩水平的有效手段，很多运动项目已经把高原训练作为重要的赛前状态调控和提高运动能力的手段，并获得了丰硕的研究成果和实践经验。相信随着国内竞技体育水平日益提升、全民健身与全民健康的深度融合，未来高原（低氧）训练将在运动训练与健康促进方面发挥重要作用。

2. 高温环境

目前户外运动、马拉松赛事被越来越多人群接受和喜爱，在炎热的夏季进行运动，运动参与者患热痉挛、热晕厥、热衰竭和热射病等热疾病风险性大，因此开发高温高湿环境中敏感指标的快速诊断试纸和测试方法，对热疾病的诊断、预测和监控将产生较大的社会贡献和经济效益。此外，降温装备的研发与生产也将吸引大量运动团队和运动爱好者的关注和青睐，推动体育健康产业链的发展。

3. 大气污染

世界卫生组织（WHO）估计，每年有800万人的过早死亡与空气污染有关。PM2.5导致全球420万人过早死亡，在未来20年内，将成为全球第七致死因子。运动有益健康，是大量实验研究、流行病学调查长期得出的结论。并且，有研究认为规律的运动可抵抗空气污染导致的机体损害。因此，科学运动抵抗大气染污对机体健康负面影响将具有极大的社会、经济效益。

三、运动生理与生物化学国内外研究进展比较

（一）科学健身

近几年来，科学健身的基础研究较多关注对其生物学机制的深入研究，在生物学机制领域的研究中，国内科研人员具有较高水平的科研能力和较为丰硕的研究成果，此部分内容已经在第一部分展开了详细论述。目前，国内使用组学的方法进行生物学机制的研究还不多，这一点与国外的研究团队还存在一定的差距。

（二）运动训练监控

1. 训练监控理论趋于成熟

在过去的20年间，国外学者先后从应激—适应的角度全面和深入地诠释了运动能

力在训练过程中的增长、保持和下降,对与运动密切关联的神经-肌肉系统、内分泌系统和能量代谢系统在训练刺激作用下的变化进行了研究。近年来,Meeusen 等人进一步发展了该理论,改进了适应模型和过度训练的分期理论,一方面为训练过程提供了理论支持,另一方面也推动了该领域的机制性探讨。我国近年来也多采用该理论模型,对运动员的急性应激、长期适应以及不同的疲劳状态进行分析。

2. 国外在监测手段多元化方面领先于国内

目前训练监控有多种测量技术,除了传统监控技术仍在应用,近年来还不断有应用新技术的可穿戴设备被研发出来。在这些仪器或监控系统的研发、整合和应用方面,欧美等体育发达国家仍领先于全球,我国在应用方面多依赖于全套引进国外的系统,并借助于国外的数据库进行对比。尽管在应用手段方面与国际上保持一致,但急需加强我们的自主研发能力,并建立相关项目的国内优秀运动员的监控平台和数据库。

(三)运动营养学

不可否认,与其他体育学科一样,运动营养学科无论在研究、成果转化还是在产业发展与人才队伍建设等方面与发达国家比还存在差距。原创性研究成果较少,学科发展还不尽人意;产学研协作机制不够完善、成果转化效率较低、产业规模还相对较小、产品不够丰富、功效不够明确、同质化明显等;注册营养师和注册运动营养师队伍还不够壮大,且在发展中还遇到一些困难。期望随着《健康中国行动(2019—2030年)》的实施,以上不足会有较大改善。

目前,运动(营养)处方的研究已逐步规模展开,并在全民健身人群中得到应用。然而我们发现,过去几年中运动营养对健康和运动能力影响的原创性基础研究还相对较少,在国际上有影响的成果就更少,这是国内运动营养研究在今后需要着力加强的。

值得一提的是,我国为国家队专业运动员开展运动营养助力的服务实践与发达国家比并不逊色,甚至做得更好。限于饮食文化和营养知识素养的差别,部分运动员并没有从运动营养科技工作者全方位的科技服务中获得与他们的付出同等的效益。

以上是我们对比运动营养学科国内、国外差异的主要感受,限于篇幅,不一一详述。

(四)运动与整合生理学

与国外比较,国内整合运动生理学研究虽有了明显的进步,但差距仍较为明显。主要表现在:①相关领域研究团队较少,且较为分散,缺乏有效合作和系统性研究。②技术手段相对落后,国内尚缺乏大规模开展组织特异性基因敲除/过表达的条件,难以解释器官间的交互调控机制。③国内研究更多集中于骨骼肌与其他组织器官之间的交互作用,内脏器官(肝脏、脂肪等)之间的关联机制尚缺乏研究。④高通量组学技术和研究尚未在整合运动生理学领域广泛运用和开展,等等。

（五）综合环境与运动能力

1. 高原低氧训练

从国内外的研究进展看，高原（低氧）训练在丰富监控指标、评估运动能力、创新训练方法，展望综述研究等方面均有发展、并关注高原训练减肥、骨骼肌变化机制等焦点问题，对学科的发展和训练实践水平提高均有促进。

近年来国内外不乏高原（低氧）训练领域的综述性的研究，这些研究或深入探讨最新的领域研究现状，或利用新的统计方法及软件分析研究文献，梳理近期高原（低氧）训练的研究热点、争议点，以及传统关注点的新动态，脉络化地展示了高原（低氧）训练研究的新方向。李志刚等通过对国内低氧训练研究现状的可视化分析，认为新的低氧训练方式的应用、低氧训练的健康促进功能、低氧训练的分子机理的探讨和学科交叉成为今后的国内研究趋势。Michael J. Hamlin 等通过 Meta 分析自然与模拟高原训练对团队运动员高强度间歇跑成绩影响，提供了将高原训练推广到集体团队项目的依据。

2. 高温环境

结合近年来已经发表的实验研究和相关调查，关于高温高湿环境下运动参与者机体改变主要研究集中在：高温高湿环境对运动能力的影响；热习服过程中机体生理调节机制的变化；高温高湿环境运动后机体恢复的相关干预措施；高温高湿环境中补液的方案及效果研究。高温联合运动干预对高血脂症、胰岛素抵抗、脂肪肝等慢性疾病的干预效果。

已发表的国内大部分研究主要集中在不同干预方式对高温高湿环境运动导致的疲劳恢复和相关机制。营养补剂、拉伸运动、水浴等干预方式均有涉及，其中部分研究选择中药提取物进行高温高湿环境运动后的干预补充剂，其干预效果和应用可行性目前尚不确定，仍需进一步研究验证。另外，中国体育代表团备战 2018 年雅加达亚运会组织编写了针对高温气候的《备战 2018 年雅加达亚运会系列指导手册气候服务与训练指导手册》，为中国体育代表团取得金牌榜第一提供了科技保障。

国外研究除上述研究热点外，有部分涉及特殊人群在高温高湿环境中运动能力的改变，如研究高温高湿环境下对经期女运动员自主神经和体温调节能力的影响。而在高温高湿环境中比赛，已发表的国外文献也更侧重细节的研究，如在高温高湿环境下，如何高效完成热身运动，运动中摄入冷水或冰浆会导致身体在高温下产生净降温效果，也有少量研究已涉及热应激后对运动机体产生的相关机制研究。

3. 大气污染

近年，关于运动和空气暴露的相关人群研究表明，由于分析涉及空气污染物及运动方案两个复杂因素，同类研究较少，但已经发现运动对空气污染暴露环境下肺功能的改善效应。

在高浓度污染物暴露/交通污染高峰时段进行运动，由于运动过程中参与者每分通气量增加，导致更多颗粒物进入机体。已有国外研究表明，在交通环境下骑行的人群比乘坐公交车（静坐人群）每分通气量高 4.5 倍，这也增加了更高浓度的污染物通过呼吸道进入机体的概率，增加气道和血管损伤敏感性。已发表的研究表明，短期/一次性短期空气污染物中暴露进行运动可导致机体肺功能降低、免疫功能下降、心血管功能及微循环损害等身体不适或生理病理状态改变。这种机体改变与颗粒物浓度有关，大多为暂时/急性机体损伤。

赵杰修研究团队结合 1990—2007 年已发表的关于运动和空气暴露的相关人群研究进行了分析，由于分析涉及空气污染物及运动方案两个复杂因素，发现了运动对空气污染暴露环境下肺功能的改善效应。而对于其他系统的干预效果，由于文献量有限，未得出明确结果，这也提示我们：高质量的同类研究对未来数据整合的荟萃研究的结果多样性至关重要。

四、运动生理与生物化学的发展目标、前景展望、趋势预测和研究方向建议等

（一）科学健身

在健康中国的战略背景下，加强科学健身方法的系统研究，特别是有关方法的剂量效应研究应该成为今后的方向。纵观这几年的研究，相关研究鲜见报导，更早的研究散见于 2011—2012 年前后。剂量效应研究可以为科学健身方法的应用提供更为精确的定量方法，并可以为运动风险的防范提供依据。

（二）运动训练监控

1. 在众多指标与数据中获得最有价值的数据

由于多种监控手段的使用，当前训练监控工作者们获得的数据不是太少而是太多，在步入数字化时代之后，如何得到最有用的信息并正确分析处理是最重要的，对运动项目的深入了解是找到有用信息的关键。根据运动项目的不同，监测的性质可能会有很大差异，而且经常需要使用不止一种监测工具。最近的证据表明，许多运动员，教练和支持人员正在采取越来越科学的方法进行负荷监测，因此，最具科学性的指标与数据总是最受关注。此外，传统的监控方法（乳酸和心率）仍然是最有效及有价值的训练负荷监控手段。

2. 以运动员和教练员理解的方式报告监控结果

监控报告的呈现方式非常重要，如果向运动员和教练提供准确且易于理解的反馈，

有助于训练过程的实施,那么训练监控工作可以最大程度地发挥其科学价值,最终提升运动员的运动表现。很多监控系统之所以受到运动队的欢迎很大程度上取决于其后台的数据处理的自动化和结果呈现界面的直观化,以及对积累数据的纵向分析和挖掘,为科研人员与运动员和教练之间提供了有效的沟通途径。因此,以教练员和运动员理解的方式报告结果是所有监控工作能否实现价值最大化的关键所在。

(三) 运动防治慢性疾病的分子生物学

运动在慢病的防治中发挥着重要作用,人类和动物实验的研究让我们对运动防治常见慢性疾病的分子机制有了更加深入的认识和了解,也为运动作为"药物"进行慢病防治提供了分子依据。未来对运动预防慢病的研究可以更为广泛和深入,同时,运动、药物与营养的配合治疗也可以加入慢性疾病的研究中。

(四) 运动营养学

随着社会经济的发展,人们对生活品质的追求和健康重要性认识的提升,科学运动+合理营养的健康促进效益逐渐被大家接受,运动营养学科迎来了前所未有的黄金发展时期,无论是在竞技体育还是大众健身领域,运动营养学科将会发挥越来越重要的作用。

以需求为导向、准确地凝练科学问题,以多学科理论与方法进行整体、器官组织、细胞/亚细胞和分子水平的基础和验证研究,实现"研学产用"一体化的创新发展模式,以更好地服务于竞技体育与大众健身实践的发展目标。

在研究方面,我们要在原创性应用基础研究上多投入,聚焦运动、营养与健康的前沿热点问题,多出成果、出高水平成果。在学科发展方面,我们要打造国家级的既属于中国也属于世界的运动营养学术技术交流平台,加强学校和从业人员的运动、营养与体能和健康的课程教育和继续教育,提示本学科队伍规模与学科影响力。加强科研成果市场转化,根据大众需求,联合研发生产质量过硬、功效明确的差异化营养食品,并为消费者进行个性化定制与应用指导,同时加强宣教、培训以更新消费者观念、扩大消费规模等应是促进产业发展的核心内容,是扩大国产产品市场份额的必要途径。

运动营养学科是应用性非常强的交叉学科,随着医学、生物学、营养学、食品科学、运动科学、康复保健科学以及互联网、物联网技术等的理论和技术发展与突破,运动营养学将与上述学科深度融合交叉。

未来,应用这些理论和技术打造的智慧化个性运动+营养技术将成为促进个体健康、防病治病的良方。运动营养师队伍亦将成为备受青睐的职业。

(五) 运动与整合运动生理学

整合运动生理学的研究还只能说是在起步的阶段。发展整合运动生理学,首先需要有运动生理科学工作者(包括生命科学各个学科和临床学科的学者)对它的意义和重要性的广泛共识，然而更重要的是要进行转化性研究的具体实践。2015 年美国国立卫生院（NIH）共同基金设立并开始了"人体身体活动的分子传感器（Molecular Transducers of Physical Activity in Humans）"研究计划（资助强度 1.7 亿美元），旨在广泛筛选和编目受人类身体活动的生物分子，确定一些身体活动系统效应的关键分子并特征化其功能，这一"分子图谱"的建立将极大推动运动促进健康效应的转化。

面向运动与健康深入地开展整合运动生学研究，需要运动生理科学和生命科学各个不同学科（包括临床学科）的学者和机构之间的广泛合作，获得充足的资助，进行大量的跨学科研究。对于开展整合生理学研究的学者来说，还需要有比以前更广阔的知识面、新的研究思路和假设，以及各种新的科学研究手段和技术支撑。未来整合运动生理学研究的展望：

①运动应激中非经典内分泌组织器官之间功能活动的交互调控机制

探讨在机体应答运动应激中，骨骼肌、心肌、心血管系统、消化系统和脂肪等非经典内分泌组织器官之间如何协同应答运动应激，揭示组织器官间的交互调控机制。

②运动应激中重要组织脏器内不同细胞之间的交互调控机制

探讨在机体应答运动应激中，骨骼肌、心血管系统、神经系统、消化系统、内分泌系统和脂肪等重要组织脏器内不同类型细胞之间相互作用在维持该组织器官微环境稳态及其生理功能中的交互调控机制。

③"运动模拟"（exercise mimetics）的实现

在充分阐明运动健康效应的宏观和微观调控机制的基础上，利用整合生理学研究手段筛选新型内源性和外源性生物活性物质模拟运动或辅助运动，更好地推进转化运动生理学的发展（表 2）。

表 2 整合运动生理学研究获国家自然基金资助一览表（2016—2019 年）

序号	研究时间（年）	课题名称
1	2012—2016	运动干预衰老性肌萎缩：活性氧和线粒体稳态的调控
2	2014—2017	预运动训练诱导的肌源性白介素-15 对 MPTP 致小鼠帕金森发病的干预：自噬与凋亡平衡的机制研究
3	2014—2017	抗阻训练促进骨骼肌分泌神经营养因子 1 和卵泡抑素样因子 1 对心梗心脏的保护效应
4	2015—2018	运动中 HIF-1α 对肠黏膜屏障的调控机制研究
5	2015—2018	肌肉因子白介素 15 在运动改善胰岛素抵抗中的作用及机制
6	2016—2019	有氧运动通过肠道菌群-肝脏轴影响非酒精性脂肪肝的效应及机制
7	2016—2019	IGF-1/GSK3β 通路在有氧运动改善阿尔茨海默病中的作用与机制
8	2017—2020	运动应激下 TOM70/Tfam 介导线粒体调控先天性免疫反应的研究
9	2017—2020	高原缺氧条件下肝脏犬尿氨酸代谢亢进对中枢性运动疲劳的影响及机制

续表

序号	研究时间（年）	课题名称
10	2017—2020	有氧运动通过抑制心磷脂重塑酶 ALCAT1 表达改善心梗心脏重塑的机制研究
11	2017—2017	miRNAs 在有氧运动调控细胞自噬改善流感病毒抵抗中的作用研究
12	2018—2021	运动干预对 II 型糖尿病的预防与治疗：运动诱导的 Irisin 对 miR-143 介导的细胞自噬功能状态在 II 型糖尿病中的调控作用与机制
13	2018—2021	运动释放 Irisin 改善肥胖成人内皮祖细胞及其外泌体功能活性的作用机制
14	2018—2021	高强度间歇训练减少腹部内脏脂肪的效果、机制及心脏风险性研究
15	2018—2021	运动干预衰老骨骼肌的 UPRmt 机制：活性氧介导的 SIRT3 调控作用研究
16	2019—2021	PVAT 旁分泌 H2S 调节平滑肌细胞 KCNQ 通道在运动干预肥胖高血压中的作用和机制
17	2019—2022	PGC-1α 介导运动抗抑郁的"肌脑 Crosstalk"机制研究
18	2019—2022	肌肉因子 VEGFB 在运动改善射血分数保留心衰时骨骼肌重塑中的作用及机制

（六）综合环境与运动能力

1. 高原低氧训练

高原（低氧）训练始于自然环境的高原训练，之后模拟高原环境的低氧训练应运而生。高原训练和低氧训练均以低压低氧环境和训练的双重刺激激发人体运动潜能为目的，但因环境条件差异性的影响，两者在训练效果和研究所关注的焦点上有所不同。高原训练为在复杂自然环境、训练计划因素影响较大的条件下开展，更注重训练效果和解决实际问题；低氧训练的实验条件操作性和可控性相对较强、实验过程严谨可控、结果结论明确，近年来低氧训练研究更趋丰富，但有待理论的实践化。

未来高原（低氧）训练的研究将继续纵深发展，体现学科交叉的多元性。以往的研究中，还存在着集中在生理生化方面的重复性研究偏多，虽然探讨高原（低氧）训练机制的研究较多，但存在着模拟高原的低氧训练实验室研究推广到实际运用不够、研究性指标实践采用的操作性有待改进、新型训练方法的尚采用需要多轮次研究验证等理论服务于实践的问题。将来研究可能趋向于高原（低氧）训练效果的评估，高原（低氧）训练的个体差异化实施，高原训练在大众健身研究领域的推广运用，高原（低氧）训练与医学、康复学和营养学的交叉应用等的研究。

2. 高温环境

基于已发表的研究，个体化热习服方案库的建立及其相关指标的应用及筛选依然为今后研究热点之一。同时开发高温高湿环境中敏感指标的快速诊断试纸和测试方法，对热疾病的诊断、预测和监控将产生较大的社会贡献和经济效益。此外目前已发表的各种干预措施的效果仍需进一步验证,同类研究也可进行数据荟萃分析。另外,高温已经成为东京2020年奥运会最大干扰因素之一,赛事组织者和运动主管机构需结合相关环境预警指数,完善赛事管理机制,避免极端气候对运动参与者造成的意外伤害。

3. 大气污染

由于运动和空气污染物为两个相对复杂的变量,且高浓度的污染物暴露存在伦理学及安全效应的相关考量,因此高浓度污染环境下的安全阈值的定量化研究很难开展,而目前借助流行病学健康风险模型的大数据分析相关研究较少。此外,运动对颗粒物损伤机体产生的保护效应的相关机制研究也仍在起步阶段,急需大量相关研究进一步探索。

参考文献

[1] 林小晶,王晓慧.炎症因子chemerin在肥胖及其相关疾病中的作用及运动对chemerin调控的研究进展[J].生理科学进展,2017,48(5):383-387.

[2] Stefanov T, Bluher M, Vekova A, et al. Circulating chemerin decreases in response to a combined strength and endurance training. Endocrine, 2014, 45: 382-391.

[3] 李灵杰,张靓,陈雪飞.跑台运动对肥胖小鼠骨骼肌CHI3L1表达的影响及其机制[J].中国运动医学杂志,2018,37(7):581-587.

[4] 白爽,唐东辉,侯玉洁,李娟,衣雪洁.8周有氧运动对高脂喂养肥胖小鼠血管内皮炎症及microRNA-126表达的影响[J].体育科学,2018,38(8):59-66,74.

[5] 路瑛丽,荆文,冯连世,等.低氧训练对肥胖大鼠骨代谢的影响[J].中国体育科技,2018,54(5):88-93.

[6] 张荷,周越,张一民.低氧运动改善肥胖大鼠胰岛素抵抗中Caveolin的变化[J].北京体育大学学报,2018,41(7):64-69.

[7] 徐建方,路瑛丽,冯连世.低氧训练对肥胖大鼠脂肪组织miRNA-27b/PPARγ脂代谢通路的影响[J].中国体育科技,2018,54(5):56-64.

[8] 赵芳芳,文根,吴菊花,等.低氧耐力运动对营养性肥胖大鼠骨骼肌自噬蛋白表达的影响[J].中国运动医学杂志,2019,38(4):289-295.

[9] 王茹,苏利强,杨钦,等.低氧训练对肥胖青少年减控体重的影响与血镁浓度相关[J].体育科学,2016,36(9):28-35,47.

[10] 赵杰修,张漓,路瑛丽,等.高原(低氧)和高温环境下运动训练生理生化监控研究进展[J].中国运动医学杂志,2016,35(12):1165-1171.

[11] Suzuki J. Short-duration intermittent hypoxia enhances endurance capacity by improving muscle fatty acid metabolism in mice. Physiol Rep, 2016 Apr, 4 (7): 12744.

[12] 田倩倩,杨钦,王茹.HIFs、PPARs及AMPK在低氧训练减控体重中的调节机制[J].生理学报,2018,70(5):511-520.

[13] 刘瑞东,曹春梅,刘建秀,等.高强度间歇训练的应用及其适应机制[J].体育科学,2017,37(7):73-82.

[14] 曹薨,庄洁,全明辉,等.高强度间歇训练和中等强度持续训练对健康成人心肺适能影响的Meta分析[J].中国体育科技,2018,54(4):62-68.

[15] 邓建伟,曹莉.高强度间歇训练与儿童、青少年健康促进的研究进展[J].中国体育科技,2019,55(7):1-14.

[16] 蒋中业,苏浩,杨中亚,等.16周高强度间歇训练对增龄大鼠骨骼肌ROS-AMPK-PGC-1α通路及最大摄氧量的影响[J].中国运动医学杂志,2019,38(5):379-386.

[17] 刘阳,梅佳顺,何玉秀.高强度间歇训练通过不同部位HSL磷酸化差异性激活减少内脏脂肪积累的机制研究[J].体育科学,2018,38(9):56-64.

[18] 梁春瑜,王林佳,倪震,等.不同时长高强度间歇训练与中等强度持续运动对大鼠骨骼肌AMPK、PGC-1α表达量及最大摄氧量的影响[J].中国运动医学杂志,2017,36(5):390-399.

[19] 王林佳,苏浩,梁春瑜,等.不同时长HIIT与中等强度运动后大鼠VO_2max及血液心血管风险指标的变化[J].中国体育科技,2016,52(6):81-85.

[20] 刘俊一.有氧体育锻炼与大学生执行功能关系的"剂量效应".北京体育大学学报[J].2017,40(1):58-64.

[21] 陈小平.运动训练生物学基础模型的演变——从超量恢复学说到运动适应理论[J].体育科学,2017,37(1):3-13.

[22] 钟景辉.基于RPE的训练冲量在业余马拉松跑者训练负荷监控中的应用研究[D].北京:首都体育学院,2019.

[23] 赵丹彤,闫琪,樊云彩,等.优秀花样游泳运动员高强度间歇训练的负荷监控与效果评价[J].中国体育教练员,2019,27(1):28-32.

[24] 杨强,朱东,李晓霞.篮球运动员运动负荷监控方法的研究进展[J].吉林体育学院学报,2019,35(1):43-46.

[25] 袁鹏,周苏坡.运动负荷监控方法研究进展[J].体育学研究,2018,1(6):74-87.

[26] 闫琪,廖婷,张雨佳.数字化体能训练的理念、进展与实践[J].体育科学,2018,38(11):3-16.

[27] 宋淑华,孙振武,张国伟.运用TRIMP监控云南省长跑运动员训练负荷的效果[J].中国体育教练员,2018,26(3):57-59.

[28] 曾远生.优秀短跑运动员赛前训练负荷及机能状态的生化监控[J].成都体育学院学报,2018,44(04):86-91.

[29] 林鹏杰.国内运动训练监控研究的可视化分析[J].当代体育科技,2018,8(4):42-43.

[30] 王梁,申占全,黄俊朋,等.基于Player Load~(TM)及IMA的篮球训练与比赛负荷监控[J].广州体育学院学报,2018,38(01):73-76,128.

[31] 宋涛,袁春平,沈友青,等.心率变异性应用于运动训练监控研究进展[J].中国运动医学杂志,2016,35(4):400-404.

[32] 马国强,Bretan Ross Parsons,李之俊,等.训练课RPE在短距离自行车训练负荷监控中的应用[J].体育科研,2014,35(5):18-23.

[33] No Authors Listed. Load, Overload and Recovery in the Athlete: Select Issues for the Team Physician-A Consensus Statement [J]. Current sports medicine reports, 2019, 18 (4): 141-8.

[34] BOURDON P C, CARDINALE M, MURRAY A, et al. Monitoring Athlete Training Loads: Consensus Statement [J]. International journal of sports physiology and performance, 2017, 12 (Suppl 2): S2161-S70.

[35] CARFAGNO D G, HENDRIX J C, 3RD. Overtraining syndrome in the athlete: current clinical practice [J]. Current sports medicine reports, 2014, 13 (1): 45-51.

[36] FOSTER C, RODRIGUEZ-MARROYO J A, DE KONING J J. Monitoring Training Loads: The Past, the Present, and the Future [J]. International journal of sports physiology and performance, 2017, 12 (Suppl 2): S22-S8.

[37] HALSON S L. Monitoring training load to understand fatigue in athletes [J]. Sports medicine, 2014, 44 (Suppl 2): S139-47.

[38] SOLIGARD T, SCHWELLNUS M, ALONSO J M, et al. How much is too much (Part 1)? International Olympic Committee consensus statement on load in sport and risk of injury [J]. British journal of sports medicine, 2016, 50 (17): 1030-41.

[39] MEEUSEN R, DUCLOS M, FOSTER C, et al. Prevention, diagnosis, and treatment of the overtraining syndrome: joint consensus statement of the European College of Sport Science and the American College of Sports Medicine [J]. Medicine and science in sports and exercise, 2013, 45 (1): 186-205.

[40] VANRENTERGHEM J, NEDERGAARD N J, ROBINSON M A, et al. Training Load Monitoring in Team Sports: A Novel Framework Separating Physiological and Biomechanical Load - Adaptation Pathways [J]. Sports medicine, 2017, 47 (11): 2135-42.

[41] MCLAREN S J, MACPHERSON T W, COUTTS A J, et al. The RelationshipsBetween Internal and External Measures of Training Load and Intensity in Team Sports: A Meta-Analysis [J]. Sports medicine, 2018, 48 (3): 641-58.

[42] Saklayen, Mohammad G. The Global Epidemic of the Metabolic Syndrome. Curr Hypertens Rep, 2018, 20 (2): 12.

[43] Zimmet PZ. HYPERINSULINEMIA——HOW INNOCENT A BYSTANDER [J]. Diabetes Care, 1993, 16 Suppl 3 (Suppl. 3): 56-70.

[44] Matthaei SM, Stumvoll M, Kellerer M, et al. Pathophysiology and Pharmacological Treatment of Insulin Resistance 1 [J]. Endocrine Reviews, 2001, 21 (6): 585-618.

[45] Samuel V, Shulman G. Mechanisms for Insulin Resistance: Common Threads and Missing Links [J]. Cell, 2012, 148 (5): 0-871.

[46] Samuel VT, Shulman GI. The pathogenesis of insulin resistance: integrating signaling pathways and substrate flux [J]. The Journal of clinical investigation, 2016, 126 (1): 12-22.

[47] Sowers JR, Frohlich ED. Insulin and insulinresistance [J]. Clin Biochem Rev. 2004, 88 (1): 63-82.

[48] Wu G, Meininger CJ. Nitric oxide and vascular insulin resistance [J]. Biofactors, 2010, 35 (1): 21-27.

[49] Wang CCL, Gurevich I, Draznin B. Insulin Affects Vascular Smooth Muscle Cell Phenotype and Migration Via Distinct Signaling Pathways [J]. Diabetes, 2003, 52 (10): 2562-2569.

[50] Pearson-Leary J, Mcnay EC. Novel Roles for the Insulin-Regulated Glucose Transporter-4 in Hippocampally Dependent Memory [J]. Journal of Neuroscience, 2016, 36 (47): 11851-11864.

［51］Cartee G D. Mechanisms for Greater Insulin-stimulated Glucose Uptake in Normal and Insulin Resistant Skeletal Muscle after Acute Exercise［J］. Am J Physiol Endocrinol Metab, 2015, 309（12）: E949.

［52］Dos Santos, Júlia Matzenbacher, Moreli ML, Tewari S, et al. The effect of exercise on skeletal muscle glucose uptake in type 2 diabetes: an epigeneticperspective［J］. Metabolism, 2015, 64（12）: S002604951500267X.

［53］Niu Y, Wang T, Liu S, et al. Exercise-induced GLUT4 transcription via inactivation of HDAC4/5 in mouse skeletal muscle in an AMPKα2-dependent manner［J］. Biochimica et Biophysica Acta（BBA）- Molecular Basis of Disease, 2017, 1863（9）: 2372-2381.

［54］Ahotupa M, Suomela JP, Vuorimaa T, et al. Lipoprotein-specific transport of circulating lipid peroxides［J］. Annals of Medicine, 2010, 42（7）: 521-529.

［55］Shao B, Heinecke JW. HDL, lipid peroxidation, and atherosclerosis［J］. The Journal of Lipid Research, 2009, 50（4）: 599-601.

［56］Wen S, Jadhav KS, Williamson DL, et al. Treadmill Exercise Training Modulates Hepatic Cholesterol Metabolism and Circulating PCSK9 Concentration in High-Fat-Fed Mice［J］. Journal of Lipids, 2013, 2013: 1-9.

［57］Sarzynski MA, Ruiz-Ramie JJ, Barber J L, et al. Effects of Increasing Exercise Intensity and Dose on Multiple Measures of HDL（High-Density Lipoprotein）Function［J］. Arteriosclerosis Thrombosis and Vascular Biology, 2018, 38（4）: ATVBAHA. 117. 310307.

［58］Shiroma EJ, Cook NR, Manson J E, et al. Strength Training and the Risk of Type 2 Diabetes and Cardiovascular Disease［J］. Medicine & Science in Sports & Exercise, 2017, 49（1）: 40-46.

［59］Hussey SE, McGee SL, Garnham A, et al. Exercise increases skeletal muscle GLUT4 gene expression in patients with type 2 diabetes［J］. Diabetes Obesity & Metabolism, 2012, 14（8）.

［60］Soares JP, Amélia M Silva, Oliveira MM, et al. Effects of combined physical exercise training on DNA damage and repair capacity: role of oxidative stress changes［J］. Age, 2015.

［61］Serkan R. Effects of endurance training on exhaustive exercise-induced oxidative stress markers［J］. African Journal of Pharmacy and Pharmacology, 2011, 5（3）.

［62］Livhits M, Mercado C, Yermilov I, et al. Behavioral Factors Associated with Successful Weight Loss after Gastric Bypass［J］. American Surgeon, 2010, 76（10）: 1139-1142.

［63］Dresner A, Laurent D, Marcucci M, et al. Effects of free fatty acids on glucose transport and IRS-1-associated phosphatidylinositol 3-kinase activity［J］. Journal of Clinical Investigation, 1999, 103（2）: 253-9.

［64］Sinha R, Dufour S, Petersen KF, et al. Assessment of Skeletal Muscle Triglyceride Content by 1H Nuclear Magnetic Resonance Spectroscopy in Lean and Obese Adolescents: Relationships to Insulin Sensitivity, Total Body Fat, and Central Adiposity［J］. Diabetes, 2002, 51（4）: 1022-1027.

［65］Unger R, Orci L. Lipotoxic diseases of nonadipose tissues in obesity［J］. International Journal of Obesity, 2000, 24（Supplement 4）: S28-S32.

［66］Dong B, Qi D, Yang L, et al. TLR4 regulates cardiac lipid accumulation and diabetic heart disease in the nonobese diabetic mouse model of type 1 diabetes［J］. AJP Heart and Circulatory Physiology, 2012, 303（6）: H732-42.

[67] Weisberg S. Obesity is associated with macrophage accumulation in adipose tissue [J]. J Clin Invest, 2003, 112.

[68] Xu H, Barnes GT, Yang Q, et al. Chronic inflammation in fat plays a crucial role in the development of obesity-related insulin resistance [J]. Journal of Clinical Investigation, 2003, 112 (12): 1821-1830.

[69] Wen H, Wang L. Reducing effect of aerobic exercise on blood pressure of essential hypertensive patients [J]. Medicine, 2017, 96 (11): e6150.

[70] Dimeo F, Pagonas N, Seibert F, et al. Aerobic Exercise Reduces Blood Pressure in Resistant Hypertension [J]. Hypertension, 2012, 60 (3): 653-658.

[71] Garvey SM, Russ D W, Skelding MB, et al. Molecular and metabolomic effects of voluntary running wheel activity on skeletal muscle in late middle - aged rats [J]. Physiological Reports, 2015, 3.

[72] Dotzert MS, Murray MR, Mcdonald MW, et al. Metabolomic Response of Skeletal Muscle to Aerobic Exercise Training in Insulin Resistant Type 1 Diabetic Rats [J]. Scientific Reports, 2016, 6: 26379.

[73] Black S E, Elizabeth M, Freedson PS, et al. Improved insulin action following short-term exercise training: role of energy and carbohydrate balance [J]. Journal of Applied Physiology, 2005, 99 (6): 2285.

[74] Hoshino D, Tamura Y, Masuda H, et al. Effects of decreased lactate accumulation after dichloroacetate administration on exercise training-induced mitochondrial adaptations in mouse skeletal muscle [J]. Physiological Reports, 2015, 3 (9).

[75] Clifford L, Dampney BW, Carrive P. Spontaneously hypertensive rats have more orexin neurons in their medial hypothalamus than normotensive rats [J]. Experimental Physiology, 2015, 100 (4): 388-398.

[76] Potenza M A, Marasciulo FL, Chieppa DM, et al. Insulin resistance in spontaneously hypertensive rats is associated with endothelial dysfunction characterized by imbalance between NO and ET-1 production [J]. Ajp Heart & Circulatory Physiology, 2005, 289 (2): H813-22.

[77] Sonkusare S, Palade PT, Marsh JD, et al. Vascular calcium channels and high blood pressure: Pathophysiology and therapeutic implications [J]. Vascular Pharmacology, 2006, 44 (3): 131-142.

[78] Joseph B K, Thakali KM, Moore CL, et al. Ion channel remodeling in vascular smooth muscle during hypertension: Implications for novel therapeutic approaches [J]. Pharmacological Research, 2013, 70 (1): 126-138.

[79] Shi L, Zhang H, Chen Y, et al. Chronic exercise normalizes changes in Cav1.2 and KCa1.1channels in mesenteric arteries from spontaneously hypertensive rats [J]. British Journal of Pharmacology, 2015, 172 (7).

[80] Chen Y, Zhang H, Zhang Y, et al. Exercise intensity-dependent reverse and adverse remodeling of voltage-gated Ca^{2+} channels in mesenteric arteries from spontaneously hypertensive rats [J]. Hypertension Research Official Journal of the Japanese Society of Hypertension, 2015, 38 (10): 656.

[81] Klimczak D, Jazdzewski K, Kuch M. Regulatory mechanisms in arterial hypertension: role of microRNA in pathophysiology and therapy [J]. Blood Pressure, 2016: 1-7.

[82] Mechanisms and therapeutic potential of microRNAs inhypertension [J]. Drug Discovery Today, 2015, 20 (10): S135964461500197X.

[83] Ji L Y, Jiang DQ, Dong NN. The role of miR-145 in microvasculature [J]. Die Pharmazie, 2013, 68

（6）：387-391.

[84] Boettger T, Beetz N, Kostin S, et al. Acquisition of the contractile phenotype by murine arterial smooth muscle cells depends on the Mir143/145 gene cluster [J]. The Journal of clinical investigation, 2009, 119 (9)：2634.

[85] Elia L, Quintavalle M, Zhang J, et al. The knockout of miR-143 and -145 alters smooth muscle cell maintenance and vascular homeostasis in mice：correlates with human disease [J]. Cell Death & Differentiation, 2009, 16 (12)：1590-1598.

[86] Liao J, Zhang Y, Wu Y, et al. Akt modulation by miR-145 during exercise-induced VSMC phenotypic switching in hypertension [J]. Life Sciences, 2018, 199：71-79.

[87] Zouridakis, E. Increased plasma endothelin levels in angina patients with rapid coronary artery disease progression [J]. European Heart Journal, 2001, 22 (17)：1578-1584.

[88] Mitani H, Takimoto M, Bandoh T, et al. Increases of vascular endothelin-converting enzyme activity and endothelin-1 level on atherosclerotic lesions in hyperlipidemicrabbits [J]. European Journal of Pharmacology, 2000, 387 (3)：313-319.

[89] Cozzi R, Attanasio R, Montini M, et al. Effect of Aerobic Exercise on miRNA-TLR4 Signaling in Atherosclerosis [J]. International Journal of Sports Medicine, 2014, 35 (04)：344-350.

[90] Ying CM, Yang L, Yao SJ, et al. Exercise Intervention Associated with Cognitive Improvement in Alzheimer's Disease [J]. Neural Plasticity, 2018, 2018：1-10.

[91] Adlard, P. A. Voluntary Exercise Decreases Amyloid Load in a Transgenic Model of Alzheimer \ " s Disease [J]. Journal of Neuroscience, 2005, 25 (17)：4217-4221.

[92] Schrag M, Mueller C, Zabel M, et al. Oxidative stress in blood in Alzheimer's disease and mild cognitive impairment：A meta-analysis [J]. Neurobiology of Disease, 2013, 59：100-110.

[93] Lazarov O, Robinson J, Tang YP, et al. Environmental Enrichment Reduces Aβ Levels and Amyloid Deposition in Transgenic Mice [J]. Cell, 2005, 120 (5)：0-713.

[94] Berchtold NC, Chinn G, Chou M, et al. Exercise primes a molecular memory for brain-derived neurotrophic factor protein induction in the rat hippocampus [J]. Neuroscience, 2005, 133 (3)：853-861.

[95] Mattson MP, Maudsley S, Martin B. A neural signaling triumvirate that influences ageing and age-related disease：insulin/IGF-1, BDNF and serotonin [J]. Ageing Research Reviews, 2004, 3 (4)：0-464.

[96] Ding YH, Li J, Yao WX, et al. Exercise preconditioning upregulates cerebral integrins and enhances cerebrovascular integrity in ischemic rats [J]. Acta Neuropathologica, 2006, 112 (1)：74-84.

[97] Sardi F, Fassina L, Venturini L, et al. Alzheimer's disease, autoimmunity and inflammation. The good, the bad and the ugly [J]. Autoimmunity Reviews, 2012, 11 (2)：149-153.

[98] Blotnick E, Anglister L. Exercise modulates synaptic acetylcholinesterase at neuromuscularjunctions [J]. Neuroscience, 2016：S0306452216000725.

[99] Berchtold NC, Kesslak JP, Cotman CW. Hippocampal brain-derived neurotrophic factor gene regulation by exercise and the medial septum [J]. Journal of Neuroscience Research, 2002, 68 (5)：511-521.

[100] Berchtold NC, Chinn G, Chou M, et al. Exercise primes a molecular memory for brain-derived neurotrophic factor protein induction in the rat hippocampus [J]. Neuroscience, 2005, 133 (3)：853-861.

［101］Russo-Neustadt AA, Beard RC, Huang YM, et al. Physical activity and antidepressant treatment potentiate the expression of specific brain-derived neurotrophic factor transcripts in the rat hippocampus ［J］. Neuroscience, 2000, 101（2）: 0-312.

［102］Garza AA, HaTG, Garcia C, et al. Exercise, antidepressant treatment, and BDNF mRNA expression in the aging brain ［J］. Pharmacology Biochemistry and Behavior, 2004, 77（2）: 209-220.

［103］Lin TW, Kuo YM. Exercise Benefits Brain Function: The Monoamine Connection ［J］. Brain Sciences, 2013, 3（1）: 39-53.

［104］Lopresti AL, Hood S D, Drummond PD. A review of lifestyle factors that contribute to important pathways associated with major depression: Diet, sleep and exercise ［J］. Journal of Affective Disorders, 2013, 148（1）: 12-27.

［105］Mathur N, Pedersen B K. Exercise as a Mean to Control Low-Grade Systemic Inflammation ［J］. Mediators Inflamm, 2014, 2008（1）: 109-502.

［106］Ernst C, Olson AK, Pinel JPJ, et al. Antidepressant effects of exercise: Evidence for an adult-neurogenesis hypothesis ［J］. Journal of Psychiatry & Neuroscience, 2006, 31（2）: 84-92.

［107］Erickson K I, Leckie RL, Weinstein AM. Physical activity, fitness, and gray matter volume ［J］. Neurobiology of Aging, 2014, 35: S20-S28.

［108］Voss M W, Vivar C, Kramer AF, et al. Bridging animal and human models of exercise-induced brain plasticity ［J］. Trends in Cognitive Sciences, 2013, 17（10）: 525-544.

［109］Lihui L, XiC, Shuang L, et al. Influence of Exercise on Bone Remodeling-Related Hormones and Cytokines in Ovariectomized Rats: A Model of Postmenopausal Osteoporosis ［J］. PLoS ONE, 2014, 9（11）: e112845.

［110］Wu J, Wang X, Chiba H, et al. Combined intervention of soy isoflavone and moderate exercise prevents body fat elevation and bone loss in ovariectomized mice ［J］. Metabolism-clinical & Experimental, 2004, 53（7）: 942-948.

［111］Robling AG, Niziolek PJ, Baldridge LA, et al. Mechanical Stimulation of Bone in Vivo Reduces Osteocyte Expression of Sost/Sclerostin ［J］. Journal of Biological Chemistry, 2007, 283（9）: 5866-5875.

［112］Canalis, Ernesto. Wnt signalling in osteoporosis: mechanisms and novel therapeutic approaches ［J］. Nature Reviews Endocrinology, 2013, 9（10）: 575-583.

［113］Xi C, Lihui L, Jianmin G, et al. Treadmill running exercise prevents senile osteoporosis and upregulates the Wnt signaling pathway in SAMP6 mice ［J］. Oncotarget, 2016, 7（44）.

［114］Hawley JH, Hargreaves M, Joyner MJ, and Zierath JR. Integrative Biology of Exercise ［J］. Cell, 2014, 159: 736-749.

［115］Nikla Emambokus N and Granger A. Messmer-Blust A. Cell Metabolism: Clinical and Translational Reports ［J］. Cell Metab, 2015, 22: 1-3.

［116］Zierath JR and Harriet Wallberg-Henriksson H. Looking Ahead Perspective: Where Will the Future of Exercise Biology Take Us? ［J］. Cell Metab, 2015, 22: 25-30.

［117］Granger A, Mott R, Helenius T, et al. Exercise Metabolism, Set 2 ［J］. Cell Metab. 2017, 25: 977

［118］Kim H, Wrann C D, Jedrychowski M, et al. Irisin Mediates Effects on Bone and Fat via αVIntegrinReceptors ［J］. Cell, 2018, 175（7）: 1756-1768.

[119] Pedersen L, Idorn M, Olofsson GH, et al. Voluntary running suppresses tumor growth through epinephrine- and IL-6-dependent NK cell mobilization and redistribution [J]. Cell Metab, 2016; 23 (3): 62-554.

[120] Agudelo LZ, Ferreira DMS, Cervenka I, et al. Kynurenic acid and Gpr35 regulate adipose tissue energy homeostasis and inflammation [J]. Cell Metab, 2018, 6; 27 (2): 378-392.

[121] 国家自然科学基金委员会生命科学部,国家自然科学基金委员会"十三五"学科发展战略报告 [S]. 北京:科学出版社,2017: 368-399.

[122] Xi Y, Gong DW, Tian ZJ. FSTL1 as a Potential Mediator of Exercise-Induced Cardioprotection in Post-Myocardial Infarction Rats [J]. Sci Rep, 2016, 6: 32424.

[123] Hou Z, Qin X, Hu Y, et al. Longterm Exercise-Derived Exosomal miR-342-5p: A Novel Exerkine for Cardioprotection [J]. Circ Res, 2019, 124 (9): 1386-1400.

[124] Chen K, Zheng Y, Wei JA, et al. Exercise training improves motor skill learning via selective activation of mTOR [J]. Sci Adv, 2019; 5 (7): eaaw1888. doi: 10.1126/sciadv.aaw1888.

[125] Neufer PD, Bamman MM, Muoio DM, et al. Understanding the Cellular and Molecular Mechanisms of Physical Activity-Induced HealthBenefits [J]. Cell Metab, 2015, 22: 5.

[126] Fan W and Evans RM. Exercise Mimetics: Impact on Health and Performance [J]. Cell Metab, 2017, 25 (2): 242-247.

[127] Billy Sperlich, Silvia Achtzehn, et al. Load management in elite German distance runners during 3-weeks of high-altitude training [J]. Physiol Rep, 2016, 4 (12): 1-7.

[128] 潘丹丹. 赛艇高原训练负荷的量化与监控 [C]. 2016: 31.

[129] 高炳宏,朱欢,张昊楠,等. 优秀男子赛艇运动员6周高原训练无创微循环相关指标变化特点研究 [J]. 西安体育学院学报, 2017, 34 (1): 99-105.

[130] Sebastian R Diebel, Ian Newhouse, et al. Changes in Running Economy, Respiratory Exchange Ratio and $VO_{2\,max}$ in Runners following a 10-day Altitude Training Camp [J]. Int J Exerc Sci, 2017, 10 (4): 629-639.

[131] Amador García-Ramos, Igor Štirn, et al. The Effect of an Altitude Training Camp on Swimming Start Time and Loaded Squat Jump Performance [J]. PLOS ONE, 2018, 11 (7): 1-11.

[132] Olivier Girard1, Franck Brocherie, et al. Effects of Altitude/Hypoxia on Single- and Multiple-Sprint Performance: A Comprehensive Review [J]. Sports Med, 2017: 1-19.

[133] 吴旸,李倩,包大鹏,等. 加压力量训练对下肢骨骼肌影响的Meta分析 [J]. 中国体育科技, 2019, 55 (3): 20-26.

[134] Kamila Płoszczyca, Józef Langfort, et al. The Effects of Altitude Training on Erythropoietic Response and Hematological Variables in Adult Athletes: A Narrative Review [J]. Frontiers in Physiology, 2018 (9): 1-15.

[135] 田倩倩,杨钦,王茹. HIFs、PPARs及AMPK在低氧训练减控体重中的调节机制 [J]. 生理学报, 2018, 70 (5): 511-219.

[136] 李洁,王世超. 高住高练低训不同时程大鼠骨骼肌线粒体呼吸链功能的变化 [J]. 中国运动医学杂志, 2016, 35 (1): 32-35.

[137] 李志刚,林文弢. 国内低氧训练研究现状的可视化分析 [J]. 体育科研, 2018, 39 (1):

56-64.

[138] Michael J. Hamlin, Catherine A. Lizamore, et al. The Effect of Natural or Simulated Altitude Training on High-Intensity Intermittent Running Performance in Team-SportAthletes: A Meta-Analysis [J]. Sports Med, 2017: 1-16.

[139] 教育部高等学校教学指导委员会. 普通高等学校本科专业类教学质量国家标准（上）[M]. 北京: 高等教育出版社, 2018.

[140] 张媛. 国内外高校运动生理学教材对比简析 [J]. 当代体育科技, 2017, 7 (35): 115-118.

[141] 翁锡全, 蓝道忠, 林文弢, 等. 我国运动生物化学教材内容体系特点分析与重构设想 [J]. 生命的化学, 2017, 37 (6): 1100-1106.

[142] 汪军. 运动生理学 [M]. 北京: 北京体育大学出版社, 2016.

[143] 运动生理学编写组. 运动生理学 [M]. 北京: 北京体育大学出版社, 2016.

[144] 屈红林, 刘瑞莲. 运动生理学实验创新指导 [M]. 长沙: 湖南师范大学出版社, 2017.

[145] 乔德才, 邓树勋. 运动生理学题解 [M]. 北京, 高等教育出版社, 2016.

[146] 翁锡全. 运动训练生物化学 [M]. 广州: 广东高等教育出版社, 2016.

[147] 李裕和, 翁锡全. 运动健康生物化学 [M]. 广州: 广东高等教育出版社, 2016.

[148] 武桂新, 严翊. 简明运动生物化学 [M]. 重庆: 重庆大学出版社, 2017.

[149] 林文弢. 运动生物化学 [M]. 北京: 高等教育出版社, 2019.

[150] 张蕴琨, 丁树哲, 运动生物化学实验 [M]. 北京: 高等教育出版社, 2016.

[151] 张蕴琨, 丁树哲, 运动生物化学题解 [M]. 北京: 高等教育出版社, 2016.

[152] 王冬梅, 刘海斌, 王荣梅. 翻转课堂在运动生理学中的应用研究 [J]. 课程教育研究, 2017 (29): 249.

[153] 王平霞, 朱小云. 微课在《运动生理学》实验教学中的应用研究 [J]. 当代体育科技, 2018, 8 (33): 69-73.

[154] 张雪琳, 崔玉鹏, 赵明华. 运动康复专业运动生物化学课程教学改革——以首都体育学院为例 [J]. 课程教育研究, 2018 (16): 11-12.

[155] 蓝道忠. 运动训练专业本科运动生化教学内容体系与教学模式创新研究 [D]. 广州: 广州体育学院, 2013.

体能训练学科发展研究报告

Research Report on Disciplinary Development of
Strength and Conditioning Training

（2016—2019）

体能训练分会
China Sport Science Society for Strength and Conditioning Training
2019.10

前 言

体能训练是理论和实践高度融合的基础应用型学科。构建运动科学和训练实践的桥梁是实现体能训练系统化、科学化和个性化的重要依托。对运动员来说，体能训练的根本目标是以全面挖掘人体多个系统的机能，系统挖掘多方面的运动能力，为技术发挥、战术执行及心理调控提供有效支撑，进而塑造良好的整体运动表现。体能训练的科学化是竞技运动训练科学化的基石，是实现高水平运动运动表现及突破个人极限的关键。

传统观念认为，体能训练的对象主要是竞技运动员，随着经济和社会发展，现代体能训练应用边界大大拓展。目前，大众健康体能、特殊人群、特种行业（军警等）等领域的体能训练发展迅猛，同时，科学体能训练还广泛应用于慢病干预、骨骼肌损伤治疗等领域，展示了体能训练干预大众健康的积极价值。

本报告以国际化视野为基础，较全面地揭示了国际体能训练研究进展，为我国体能研究实现后发优势，构建体能训练科学体系、建立系统的人才培养体系等奠定基础。从内容上看，第一，以竞技体能训练国际研究进展为重点，对竞技体能训练的主要构成要素，即力量、速度、耐力、灵敏等方面研究进展分别进行综述；对影响训练计划制定的多个方面的基础理论做深入的探讨，包括力量训练分期理论、力量训练计划制定、不同训练顺序、过度训练及女性运动员三联症；积极践行科技助力，备战奥运，总结在备战奥运会过程中涌现出来的训练方法，如加压训练、高强度间歇训练、基于速度的力量训练、水中体能训练及脑科学应用于运动表现等。第二，对大众健康体能、特殊人群及特种行业体能训练等方面进行概述，以展现体能训练全貌。第三，简要概述国际体能训练认证体系发展概况、国际体能训练研究趋势，科学循证我国体能训练发展面临的主要问题及我国体能训练发展的主要趋势。

我国体能面临着重大发展机遇，以国际化视野，大力推动原创的体能研究，构架中国特色的体能训练体系，切实践行科学化的体能训练，将是我国体能训练实现后发优势的重要依托。研究范式的转型是关键，科技的介入及多学科交叉融合是实现我国体能研究突破的关键。以体能研究国际化为抓手，夯实科学研究、专业认证、学术平台、社会服务、专业人才培养等要素构成的良性发展生态圈，是我国体能持续健康发展的根本保障。

特别感谢参与编写并作出卓越贡献的体能训练分会的专家,同时感谢相关引文文献的作者们。

体能训练分会
2019 年 10 月

课题组

组　　长：吕万刚

副组长：陈小平　袁守龙

成　　员：（按姓氏笔画排序）

于　亮　马　瑞　王　雄　牛永刚　尹　军　尹晓峰　朱文斐
朱昌宇　闫　琪　孙宇亮　李　山　李　卫　李丹阳　李春雷
李海鹏　李豪杰　邹晓峰　张　婧　张　漓　周瑞航　屈金涛
赵　华　赵焕彬　赵　歌　徐　飞　徐建方　高　岩　黄宝宏
崔运坤　阙怡琳　黎涌明　魏文哲　魏宏文

体能训练学学科发展研究报告
Research Report on Disciplinary Development of Strength and Conditioning Training (2016—2019)

Abstract

Strength and conditioning is a basic applied subject with deep integration of theory and practice. Bridging the gap between sports science and training practice provides an important support for the systematization, scientization and individualization of strength and conditioning. For athletes, the fundamental goal of strength and conditioning is to systematically excavate the functions of human body systems and sports ability in many aspects, so as to provide effective support for technical and tactical implementation as well as psychological regulation, which consequently shapes the overall sports performance. The scientization of physical training is the cornerstone of scientific competitive sports training, as well as the key to realize high level sports performance and break through personal limits.

Traditionally, strength and conditioning is mainly designed for competitive athletes. With the development of economy and society, the application boundary of modern strength and conditioning has been greatly expanded. At present, strength and conditioning for public health, special population (adolescents, women and the elderly), special industries (military and police, etc.) and other fields is developingrapidly. At the same time, scientific strength and conditioning is also widely used in chronic disease intervention, skeletal muscle injury treatment etc., which is of positive value for the intervention on public health.

Based on an international vision, this report comprehensively reveals the research progress of international strength and conditioning, and lays a foundation for the realization of later-coming advantages, the construction of scientific system of strength and conditioning, and the establishment of a systematic talent training system in China.

1. Introduction to the Development of Strength and Conditioning

Strength and condition training is a term that has been adapted to include several modalities of exercise, such as strength, speed, endurance, agility, flexibility, balance plyometrics etc. Multiple modalities of training enhance several health and skill-related components of muscular fitness. Integration of multiple modalities of training is critical to optimizing total conditioning.

Strength and condition training contains not only elite sports strength and conditioning training, but also strength and conditioning for public health, special population (adolescents, women and the elderly), special industries (military and police, etc.)

2. Research Progress of Competitive Strength and Conditioning

Summarize the research Progress of Competitive Strength and Conditioning is important to built the China system of strength and conditioning and plant the professional coach of strength and conditioning.

Basic theory of competitive strength and conditioning contains resistance training, speed training, agility Training, endurance training, functional training, research on strength and conditioning test and evaluation.

Popular methods of preparing for the Olympic Games is the good tool to cultivate athletics potential. Brain Science and sports Performance will be the great potential research areas for strength and conditioning. Velocity-Based Strength Training is a good research direction for strength training, the velocity is important for the transfer from strength to power.

3. Strength and Conditioning in Other Areas

With the development of economy and society, the application boundary of modern strength and conditioning has been greatly expanded. At present, strength and conditioning for public health, special population (adolescents, women and the elderly), special industries (military and police, etc.) and other fields is developing rapidly.

Strength and conditioning is widely used inpublic, Youth, children and tactical Health and physical fitness. Through providing the professional training system, the strength and conditioning coach has the chance to solve the social problem.

4. Latest Development of International and Domestic Strength and Conditioning

Establish a series of system is the trend in the international strength and conditioning field. It is easy to cultivate professionals based on the systems. Scientific Evidence-Based Research is the vital trends in International Strength and Conditioning field.

Main Trend of the Development of Strength and Conditioning in China: Bridging the gap between sports science and training practice; systematization, scientization and individualization of strength and conditioning; Specialization of strength and conditioning etc.

5. Conclusion

Strength and conditioning is a basic applied subject with deep integration of theory and practice. We would bridge the gap between sports science and training practice which provides an important support for the systematization, scientization and individualization of strength and conditioning. For athletes, the fundamental goal of strength and conditioning is to systematically excavate the functions of human body systems and sports ability in many aspects, so as to provide effective support for technical and tactical implementation as well as psychological regulation, which consequently shapes the overall sports performance. The scientization of physical training is the cornerstone of scientific competitive sports training, as well as the key to realize high level sports performance and break through personal limits.

目 录

引言

一、体能发展概述

二、竞技体能训练研究进展

（一）竞技体能训练的基础理论

1. 抗阻训练的关键价值
2. 速度训练研究进展
3. 灵敏性训练研究进展
4. 耐力训练研究进展
5. 身体功能训练研究进展

（二）竞技体能训练计划制定

1. 力量训练分期理论
2. 力量训练计划制定
3. 训练负荷调控
4. 训练顺序安排
5. 过度训练

（三）竞技体能训练科技及方法

1. 脑科学与运动表现
2. 加压训练
3. 高强度间歇训练
4. 基于速度的力量训练

三、其他领域体能训练

（一）大众健康体能训练

1. 基本概念的区分
2. 健康体能（HRPF）的要素

（二）青少年体能训练

1. 青少年有氧能力的发展

2. 青少年无氧能力的发展

3. 青少年体能训练计划应注意的问题

（三）幼儿体能训练

1. 幼儿动作技能评价的分类

2. 动作技能发展评价的主流测试工具

（四）特种行业体能训练

四、国际国内体能训练最新发展

（一）国际体能训练认证体系发展概况

（二）我国体能训练发展面临的主要问题

1. 重复零散引进，耗费大量人力物力

2. 缺乏业界共识，理论研究和训练实践脱节

3. 新旧理念冲突，训练系统难以融合

4. 知识传播平台缺乏，区域普惠性丧失

5. 行业规范缺失，市场上鱼龙混杂

6. 对接国家战略不力，浪费大好发展机遇

7. 整体研究能力薄弱，全球话语权严重缺失

8. 体系化严重缺失

9. 运动科学和训练实践割裂严重

10. 过度夸大训练理念

（三）我国体能训练发展的主要趋势

1. 多学科融合

2. 体能与运动康复有效衔接

3. 体能教练专业化和职业化

4. 体能训练研究的科学化

5. 体能训练逐步产业化

6. 学科建设系统推进

7. 体能训练专业治理高效化

五、总结

参考文献

Contents

Preface

1 Introduction to the Development of Strength and Conditioning

2 Research Progress of Competitive Strength and Conditioning

  2.1 Basic Theory of Competitive Strength and Conditioning

    2.1.1 The Value of Resistance Training

    2.1.2 Speed Training Research

    2.1.3 The Research Progress of Agility Training

    2.1.4 The Research Progress of Endurance Training

    2.1.5 Functional Training

  2.2 Competitive Strength and Conditioning Programming

    2.2.1 Periodization Theory of Strength Training

    2.2.2 Strength Training Programming

    2.2.3 Training Load Control

    2.2.4 Training Sequence Arrangement

    2.2.5 Overtraining

  2.3 Technology and Methods of Competitive Physical Training

    2.3.1 Brain Science and Sports Performance

    2.3.2 Blood Flow Restriction Training

    2.3.3 High Intensity Intermittent Training

    2.3.4 Velocity-Based Strength Training

3 Strength and Conditioning in Other Areas

  3.1 Public Health and Physical Fitness

    3.1.1 The Distinction of Basic Concept

    3.1.2 Elements of Physical Fitness

  3.2 Youth Health and Physical Fitness

    3.2.1 Development of Aerobic Capacity in Adolescents

3.2.2 Development of Anaerobic Capacity in Adolescents

3.2.3 Issues to be Noted in the Youth Physical Training Programme

3.3 Children Health and Physical Fitness

3.3.1 Classification of Assessment of Children's Motor Skills

3.3.2 Mainstream Test Tool for Motor Skill Development Evaluation

3.4 Physical Training for Special Trades

4 Latest Development of International and Domestic Strength and Conditioning

4.1 Overview of the Development of the International Strength and Conditioning Certification System

4.2 Main Problems in the Development of Strength and Conditioning in China

4.2.1 Repeated Scattered Introduction, Cost a Lot of Manpower and Material Resources

4.2.2 Lack of Industry Consensus, Disconnection Exists Between Theoretical Research and Training Practice

4.2.3 The Old and New Ideas Conflict with Each Other, and the Training System Is Difficult to Integrate

4.2.4 The Lack of Knowledge Dissemination Platform and the Loss of Regional Benefits

4.2.5 Lack of Industry Norms, the Market Is a Jumble of Fishes and Dragons

4.2.6 Not Able to Synergize the National Strategies and Waste Great Development Opportunities

4.2.7 The Overall Research Capacity Is Weak and the Global Discourse Power Is Seriously Lacking

4.2.8 Systematization Is Seriously Missing

4.2.9 The Separation between Sports Science and Training Practice Is Obvious

4.2.10 Overstating the Training Concept

4.3 Main Trend of the Development of Strength and Conditioning in China

4.3.1 Multidisciplinary Integration

4.3.2 physical Fitness Connects Exercise Rehabilitation Effectively

4.3.3 The Specialization and Professionalism of Physical Fitness Coaches

4.3.4 Scientific Research on Physical Training

4.3.5 Physical Training is Gradually Industrialized

4.3.6 Subject Construction Is Advanced Systematically

4.3.7 Physical Fitness Training Professional Management Tends to High Efficiency

5 Conclusion

References

引言

建立现代化的体能训练体系，构架运动科学和训练实践的桥梁至关重要。长期以来，由于我国竞技运动训练领域不重视从多个运动科学的视角审视训练和研究训练，研究范式较少采用科学性高的实验研究，导致在探索不同竞技运动项目特征、构架现代化的训练要素体系及解决专门性的问题时出现困难。架构基于运动科学为基础的现代竞技运动理论体系，是重塑我国竞技运动训练理论体系科学性、有效性和指导力的必由之路。以运动科学为支撑，为深入认识项目特征、运动训练过程和方法手段选择等提供源源不断的理论武器，进而为实现不断突破运动表现做准备。整合运动科学和训练实践是构建现代体能训练科学体系的重要根基。基于此，美国体能协会也将架构运动科学和训练实践的桥梁作为科学化的重要依托。以多元化的运动科学为基础，密切衔接运动实践，构建完善的体能训练体系，才能从根本上解决体能训练安全性、科学性和个性化的问题。

我国体育院系体育学下属专业设置，存在明显的"学科"和"术科"之分，直接导致运动科学和训练实践的相对割裂。在体能研究过程中，多个运动科学方向之间也存在一定程度的割裂，运动生理、运动生物力学等都从各自的学科视角审视运动背后的科学支撑，不能以整合的思路、多元化的视角来解读运动的科学奥秘。从实践层面上来看，目前体育院校培养的大多数专业的学生很难深入我国的精英运动员训练过程中去，所谓"学院派"就是这种局面的生动写照。运动科学相关专业及运动训练和体育教育相关的术科专业应逐步实现融合发展。践行健康中国国家战略、奥运攻关战略等为具备复合型能力结构的体能训练专业学生提供广阔的发展空间。

受到多方面因素的影响，我国现代体能训练研究存在诸多问题：运动科学和训练实践割裂、体能训练的体系化和科学化不够，体能训练的实验和实证研究薄弱，对精英运动员、大众、特殊人群及特种行业人群体能研究薄弱，体能训练的国际研究贡献率低，国际体能研究的话语权和影响力低下等。我国的体能研究、专业建设和人才培养不能脱离国际体能研究的肥沃土壤，汲取国际上几十年积累下来的研究成果，借鉴多个国家体能教练培养体系，推动体能研究范式转型等，是我国实现我国体能训练科学化、系统化和先进性的关键所在。

自2017年以来，体能训练分会在我国体能训练专业治理方面做出卓有成效的工作，通过强化体能训练专业治理，打造系列中国体系，引导体能研究的科学化和国际化，打造国际国内体能专业人士交流的平台等，我国的体能训练的专业建设、人才培养、产业培育、研究的国际影响力等有力地推动了中国体能训练快速及健康的发展。

一、体能发展概述

目前来看,国际对于"体能"概念的理解基本统一。美国体能协会(NSCA)、英国体能协会(UKSCA)、澳大利亚体能协会(ASCA)则把体能定义为"Strength Training and Conditioning",其中 Conditioning 的意思是指除了力量之外的身体素质,也可理解为对环境的适应能力。美国运动医学学会(ACSM)认为"体能"指的是 Physical Fitness,其构成有:心肺机能、肌肉适能、柔韧性、身体成分。

国际上与体能对应的英文主要是 Physical Fitness、Strength and Conditioning。欧洲的普遍使用部分专家普遍使用 Physical Fitness 指代体能训练,这里分别适用竞技体能和大众健康体能。而在美国,美国体能协会的界定普遍被接受,主要用 Strength and Conditioning 指代体能训练,只是美国体能协会在构建体能训练体系中,以竞技体能为基础,同时拓展出大众健康体能、特殊人群体能及特种行业体能训练。在欧美国家,体能训练的内涵基本一致,主要是指力量、耐力、灵敏及多向速度、柔韧、平衡及协调等。

在我国,传统观点认为,体能是竞技能力的重要支撑要素。实质上,现代体能训练在我国作为体育学下属独立学科,已经呈现出诸多新的特点:第一,现代体能训练实现运动科学和训练实践的深度融合;第二,现代体能训练实现研究和训练高度一体化发展;第三,实现对体能系统化构架,这又为个性化的体能需求和专项化的体能需求奠定基础;第四,推动体能和技能的高度整合,作为技术的内在机制,体能的精细发展为技术的精雕细琢提供了更多可能;第五,现代体能训练的研究范式以实验研究为主,主要借助多方面的运动科学为理论基础,诸如运动生理生化、运动生物力学等,直接实现体能研究的国际化;第六,体能训练的外延大大拓展,从仅仅关注竞技体能为主,逐步拓展到对大众健康体能、特殊人群及特种行业体能的关注上来,特别是和幼儿、青少年、女性及老年人的需求结合起来,大大拓展了体能的应用空间。总之,现代体能具有的系统理论基础、科研潜力、应用空间,特别是在解决精英运动员的运动表现及大众运动健康上的指导力等方面,决定了体能训练独立作为专业的发展的合理性。实际上,中国体能训练的专业定位、体系构架与专业研究范式等基本上与国际上保持一致。

现代复合型训练团队背景下,体能训练作为职业,与运动伤害防护和运动康复等存在一定的职能交叉。从专业的视角来看,一定的专业职能交叉为不同专业之间的高效衔接提供了一定基本条件,术业有专攻,各个领域应做好各自专业主题的事情。由于对体能训练的外延缺乏理性认识,在我国存在过度拓展体能训练专业边界或以专业衔接部分的内容当做体能训练主题,诸如部分体能从业者将功能训练当做体能训练的主体等问题,导致这些问题的根源是对体能训练的外延缺乏理性和科学认识所致。实质上,狭义的功能训练起源于运动康复领域,是运动康复和体能训练两个领域的衔接应用领域,在体能训练实践过程中,功能性训练的根本目标是塑造良好的动作模式,为打造专项化的体能训练奠定基础。功能性训练应是体能训练的重要组成部分,不能也不应取代体系化的体能训练。

体能训练是理论和实践高度融合的基础应用科学。构建运动科学和训练实践的桥梁是实现现代体能训练系统化、科学化和个性化的重要依托。对运动员来说，体能训练的根本目标是塑造整体运动表现，以全面挖掘人体多个系统的机能，系统进行培养、塑造和挖掘多方面的运动能力，为技术习得和发挥，战术的执行及心理调控提供有效支撑。同时，强大的体能储备也为体能、技术、战术、心理调控的全面整合提供强大的结构基础。体能训练的科学化是竞技运动训练科学化的基石，是实现高水平运动运动表现突破个人极限和人类极限关键所在。传统上，体能训练主要是针对竞技运动员。随着经济和社会的现代体能训练应用边界大大拓展，大众健康体能，特殊人群（青少年、女性和老年人），特种行业（军警等）等领域的体能训练发展迅猛，同时，科学体能训练可有效促进慢病的运动干预、骨骼肌损伤等领域，综合发挥着体能训练干预大众健康的积极价值。

二、竞技体能训练研究进展

（一）竞技体能训练的基础理论

1. 抗阻训练的关键价值

抗阻训练是肌肉对抗外界阻力的能力。根据运动项目的需求，运动员可能需要控制自身体重来对抗重力（如短跑、体操等）、自身体重和对手体重（英式橄榄球、摔跤等）或者外界的物体（如足球、举重等）。同时，很多集体球类项目对多向速度和灵敏性有很高的要求，这就要求施加的力会导致身体在空间中的位置发生改变，比如篮球中锋运动员在防守过程中需要快速地弹跳进行空中防守，同时在落地后还需要快速地水平多方向移动，力量训练就需要转化为使身体高效进行竖直和水平方向三维空间的控制能力。

基于牛顿第二运动定律（加速定律），即力（f）等于质量（m）和加速度（a）的乘积（$f=ma$）。基于这个理论，某质量一定的物体的加速度和外力的大小成正比和外力的方向一致。所以，肌肉力量大小是运动员身体或者外界物体能够有效移动的最主要决定因素。大量研究结果表明，一定的肌肉大力量和发力率（Rate of Force Development, RFD）、爆发力、跳跃、冲刺跑、变向、体育专项技巧以及激活后增强效应的程度有正相关关系。

研究显示发力率和输出功率是运动表现最重要的特征。考虑到肌肉力量是提高其他能力的基础，所以更大的发力率和爆发力输出是基础大力量训练的重要目的。

1）**发力率**（Rate of force development）

发力率可以定义为力的变化与时间变化的比值。关于运动表现，考虑到各种任务都有时间限制，快速产生力的能力是至关重要的。这个观点被大量研究所支持，跳跃和冲刺跑的落地时间相比，前者需要更长的时间（>300ms）产生最大力量。如上所述，提高肌肉力量可以提高运动员力量和发力率。前人研究显示抗阻训练可以提高运动员的发力率特点，这样可以提高运动表现。最近的研究表明发力率和更大的肌肉力量，是提高爆发力输出的基础。

2）爆发力输出

爆发力输出和发力率被认为是影响运动表现最重要的因素。爆发力输出可被定义为做功的速率。任何体育专项动作都需要完成一定的机械功。虽然做功本身非常重要，但是运动员完成某项任务的时间都是有限的，所以做功的时间越短越好。比如，一名运动员完成制定任务的时间比较快就会比他的对手有竞争优势（如篮球中的篮板球）或者赢得比赛的胜利（如100米冲刺跑）。

研究显示不同水平的运动员之间爆发力输出是不同的，先发和替补队员之间的爆发力输出也是不同的。更进一步的研究显示如冲刺跑、跳跃、变向、投掷速度等运动表现指标与爆发力输出时间存在很强的相关性。鉴于爆发力输出对于运动员成功的重要性，许多体能教练都试图通过各种训练手段来提高这些素质。

3）抗阻训练预防运动损伤

抗阻训练被认为在降低损伤风险上具有重要作用——不仅能降低在肌力训练房里受到的损伤，还能降低在专业运动训练、娱乐或在日常活动中受到的损伤。较大的肌力能增加关节的稳定性，使运动员能抵抗弹振动作所产生的肌力。肌腱、韧带及骨骼能适应抗阻训练，可增加刚性、横截面积和骨密度，这些适应能为骨骼系统提供更好的支持和增加肌力的传输效率。适当的抗阻训练能增加肌肉的平衡，如训练所有的肌肉群及改善较弱的肌力。增加肌肉的平衡被认为能减少受伤的风险；但仍需要更多地研究连接肌肉的平衡和预防损伤之间明确的关系。身体两侧的肌肉应该要维持平衡发展和拮抗关系。肌肉的平衡训练需要肌肉（指主动肌和拮抗肌）确保其肌力和长度维持在相似的水平。肌肉的平衡训练可能对降低过度使用导致损伤的风险很重要（膝部韧带拉伤/扭伤、腘绳肌撕裂、肩部受伤与下背痛/伤害）。例如：性别差异（激素、解剖与肌力不平衡）会使女性运动员更容易受到前交叉韧带的损伤。肩关节内旋、外旋转肌之间肌力的平衡对减少运动员肩部伤害很重要。有学者建议，腘绳肌与股四头肌肌力的比例至少为60%，惯用腿与非惯用腿之间肌力的差异应<10%。大学的女性运动员如果左右腿屈膝肌肌力差异>15%，以及腘绳肌与股四头肌比例<75%，可能是腿部损伤的高风险人群。最后，适当地增强腹肌、腘绳肌、伸髋肌和竖脊肌的肌力是预防下背部损伤的关键。

2. 速度训练研究进展

1）概述

速度是人体快速运动的能力，是人体运动中一项重要的基础素质，对灵敏素质和爆发力有很大的影响。速度在不同的运动项目中有不同的表现形式，在竞技运动中，速度素质可以包括反应速度、动作速度和移动速度。反应速度是人体对各种刺激反应的快慢；动作速度是人体完成单个动作所用的时间；位移速度是指周期性运动中，人体在单位时间内通过的距离。由于各种运动项目对速度存在不同的需求，因此，在对速度训练时有不同的方法。比如，在单纯速度比赛中，以田径、游泳中的短距离项目为代表；还有一些需要短距离加速和冲刺能力的项目，比如田径中的跳远、三级跳、撑杆跳、足球、篮球、橄榄球、棒垒球等项目；还有的项目需要的是在不同方向进行快速改变方向的项目，比如排球、羽毛球、网球等。无论是什么项目，在速度训练过程中主采用的训练内方法与手段包括：技术训练、抗阻训练、助力速度及力量与爆发力训练等几个方面。

2）多方向速度

多方向移动是身体运动功能训练体系中重要的一环，在许多项目中被作为步法训练的基础来进行，常与灵敏素质联系在一起，多方向速度不仅包括向各个方向加速度的能力，还包括减速与变向的能力，是灵敏素质中最重要的组成部分。影响多方向速度的因素主要包括身体姿势、动作模式、加速及减速能力、不同平面的平衡能力等。在训练过程中，要根据不同项目的专门的训练。

目前，我国对多方向移动的的研究尚处于起步阶段，相关的研究还不是很多，尹军认为，多方向移动包括准备姿势、侧跨步、变换方向、交叉步和后交叉步等动作。多方向移动的核心是在较短的距离进行快速移动、快速变向能力，也可以说是加速-减速（制动）-结合变向再加速的能力。在这一过程中更多的是要求加速向减速（制动）的能力以及爆发式加速的能力。

在进行多方向移动训练中需要注意的一个问题是要防止运动损伤，防止损伤的一个重要因素就是改善关节灵活性，特别是髋关节和踝关节的灵活性练习，这两个关节的灵活性可以间接保护膝关节。防止损伤的另一个重要手段就是正确动作模式的训练。目前的动作模式主要有各方向的基本姿态控制、抗阻姿态和助力姿态控制等。防止运动损伤的第三个要素是平衡的力量训练，主动肌、协动肌与拮抗肌之间的力量比要基本相当，过度的练习主动肌可能会在减速时降低运动表现，甚至受伤。这些训练除有防止运动损伤的作用外，也可以改善和提高运动表现，在训练中处于基础地位。

3. 灵敏性训练研究进展

敏捷素质是体育项目重要的运动能力之一，其重要表现是根据运动干预的信号刺激进行多方向的加速转换，展现良好爆发力和速度。美国国家体能协会出版的相关专著对敏捷素质进行了相对较为全面的解释，认为对于所有运动项目来说，快速的变向能力是决定运动员成功与失败的重要能力之一，实际上大多的体育项目在运动与竞技过程中都要求整个身体进行即刻的加速与减速，根据不同的比赛场上形式进行判断，做出变向动作。敏捷能力被许多教练员、运动员作为主要训练内容，针对敏捷训练的实践研究和实验研究也成为国外研究的重要领域，运用文献计量统计方法对近十年的敏捷训练研究成果进行分析。

1) 数据来源、研究工具与分析策略

数据来源于 Web of Science™ 核心合集的 SCI 数据库。对 2010—2019 年 6 月的数据库文献检索，检索主题为"ability training"进行检索，检索时间为 2019 年 6 月 16 日，检索到文章 620 篇、会议摘要 140 篇、综述 20 篇、其他相关 10 篇。运用相关引文分析原理，借用 CiteSpace 5 软件对文献的关键词、被引频次、国家等特征信息进行分析，得出敏捷训练的这一研究领域的前沿热点。前沿热点的归类分析主要通过 CiteSpace 5 软件中的关键词和特征词的共现聚类的时间线图，并结合关键词的突现频次和中心值进行实现。

2) 研究结果与分析

(1) 敏捷训练研究学科领域分析

在 Citespace 5 软件对 2010—2019 年的期刊进行共引分析（图1），图谱数据显示过去十年针对敏捷训练研究的学科领域涉及生理学、体能训练、运动医学、营养学、健康科学、体能训练学、物理治疗、运动技能控制等。从期刊共引网络图谱数据显示针对敏捷训练的中介中心性进行审视，形成 15 个节点（中心值>0.1）主要涉及的研究领域为应用生理学、力量训练、运动与健康研究、运动医学、运动康复医学、运动机能学。从图谱可以清晰得出国外学者文献共引情况近十年研究成果的学科领域从集中逐渐发散的情况，在 2010—2012 年涉及的研究学科领域主要是运动医学、体能训练、矫形与运动康复方面，在 2011—2013 年展现更多学科领域的交叉涉及运动生理学、运动康复训练、运动机能学、运动康复学等，2014—2019 年的五年中针对敏捷训练的研究文献共现中没有出现集中（中心值>0.1）的节点，但是可以看得出学科交叉更加广泛，其中生物力学、康复医学、运动心理学、运动机能学、运动营养学等，可得对于敏捷训练的基础研究增加，除了对敏捷性训练的实践研究增加，也对其机理机制研究。

图1　2010—2019 年期刊共引分析

(2) 敏捷训练素质研究运动学特征概述

根据对 2000—2019 年已检索文献的关键词、主题进行分析，相关研究曾指出

Citedspace 5可视化指标的中心中心值高于0.1，说明其对某研究领域具有较高的贡献率。对近十年的文献的关键词进行可视化处理（图2），得出涉及其他素质指标的速度（0.21）、爆发力（0.16）、反应速度（0.12）可见针对敏捷训练的干预因素主要集中以上三个运动素质上，针对敏捷训练研究的文献中对决策判断能力、纵跳能力、无氧能力、平衡能力、加速能力等方面对敏捷素质的影响进行研究，研究呈现多样化。另外，近十年的研究中涉及敏捷素质训练的研究中涉及的主要运动项目涉及足球、短跑、手球、篮球、橄榄球等，并针对敏捷训练对高水平运动员的竞技状态、竞技表现进行研究。

从敏捷训练的时间的动态趋势上，2010—2015年的五年里敏捷训练研究主要从项目入手，例如：足球、短跑、橄榄球的项目的运动员，涉及速度、爆发力、无氧能力等方面进行研究，2016—2019年阶段，敏捷素质训练研究的关键词集中在负荷量、肌肉力量、决策判断能力、腿部爆发力、耐力、变向能力、超等长训练、变向能力，与过去五年比敏捷训练研究逐渐细化，更注重敏捷素质训练的原理，干预因素的有效性研究，并对有效性结合研究对象的竞技表现进行分析，凸显研究基础性和实用性。

图 2 近十年期刊关键词可视化处理

（3）敏捷训练测试类型

根据已发表的研究成果，可以得出敏捷训练测试都是采用跑的模式和方向转变的计划设计方案。敏捷性主要表现在动态的外部环境影响下，运动员能够能够迅速地做出判断与决策，进而采用相应的动作解决问题。这种敏捷能力也更能体现出运动员能够很好地调整动作行为即根据专项的目标任务采用特定的跑的急停、加速、变向等，敏捷性的训练多基于特定的任务，其本质是技能的提升，经过长期规范训练提高动作行为能力和身体生理的适应能力，进而提高动作的有效性。有研究认为高水平运动员应该能够根据外部环境的因素快速而准确地做出反馈尤其对技能型的运动员，根据外部环境的变化能够迅速做出判断做出相应特定动作，减少无关的多余动作，目前针对敏捷训练测试的类型主要采用"T"测试、快速往返跑、505、"L"跑、"Z"跑。

（4）敏捷训练实践

敏捷素质训练的有效性，需要教练员要根据项目的专项需求创设特定外部训练环境或者特定的信息信号，能够让运动员迅速地协调信息与动作间的耦合。其中较为重要能力的就是反应性能力的提升即反应性敏捷训练，运动员能够根据对手或信号的变化做出预判，并做出适当的动作行为。为了提升敏捷训练，教练采用专门性限制、专项相关干预因素、特定线路设计等，多种条件的变化能够提升运动员的敏捷素质能力，其中跑的距离与路线设计要结合专项、敏捷训练的目标，也可以对运动员的听觉和视觉的信号干预也能起到相关有效的作用，目前主要采用收缩复合训练（增强式训练）的各种跳跃提高运动员的，有研究认为 7 周训练，每周两次训练，总计 1400 次跳跃，中等强度对敏捷素质能力提升具有良好的效果。

3）小结

敏捷训练的研究成果都采用不同的干预方式，其中训练内容、运动强度、运动量都存在很大差异，对敏捷素质能力测试类型也不尽相同，训练周期不同，项目不同，研究对象包括老人、儿童，高水平运动员等也存在差异，很多存在小样本研究。因此，敏捷训练的研究成果结论在实践运用过程中要谨慎，需要进步更加针对性大样本研究。根据已发表的敏捷素质训练研究可以得出收缩复合训练能够有效地提升敏捷素质，但是训练项目设计、训练的运动强度和运动量、专项动作、相似跳跃动作、训练周期等需要科学性规划，另外敏捷素质训练还要考虑干预对象特点即运动水平、年龄等因素。

4. 耐力训练研究进展

1）耐力的基本概念及决定因素

一般来说，耐力是指持续进行运动的能力。根据运动项目的不同，耐力可分为：运动时间长且持续进行的中低强度的耐力（如马拉松、铁人三项等项目的耐力）；运动时间短但持续进行的中高强度的耐力（如中短距离跑、划船、游泳等项目的耐力）；高强度运动和低强度运动不断反复进行的间歇性高强度耐力（如网球、足球等项目的耐力）。另外，根据肌肉参与度的不同，也可分为全身耐力和局部肌肉耐力。

耐力受到个体各种生理因素的影响，主要包括：①有氧代谢能力；②致疲劳物质消除能力；③动作经济性；④能量储备等，而这些因素又由以下因素决定（表1）：

表 1　耐力的决定因素

		肺换气能力	呼吸肌肌力和肺泡数量
有氧代谢能力	氧的运输能力	血液循环能力	心脏的泵血机能、外周血管阻力
		携氧能力	血红蛋白含量
	肌肉有氧代谢能力		慢肌数量、毛细血管密度、肌红蛋白数量、线粒体数量

续表

致疲劳物质消除能力	运输乳酸的载体数量、酸性物质的缓冲物数量
动作经济性	体重、体脂率、肌肉力量、协调性
能量储备（超长距离）	糖储备

2）耐力评估指标的研究进展

近年来，由于计算机和高速传感器技术的巨大进步，已经可以采用快速气体分析器直接分析口鼻处吸入和呼出的气体成分，再通过数学的方法模拟出各种各样的混合室，不仅能够快速准确地计算出通气量、摄氧量、二氧化碳等常用指标，而且还衍生出呼气末端氧分压、呼气末端二氧化碳分压、氧脉搏、通气效率等指标，可以在十几分钟时间内无创地精确分析心肺机能、肌肉有氧代谢能力、乳酸代谢能力、动作经济性的大小以及不同运动强度时的能耗。

目前，心肺耐力的综合评估指标虽然依然沿用前人的部分研究结果，如最大摄氧量、最大摄氧量速度及其维持时间；无氧阈、动作经济性；肌氧饱和度等指标，但是，为了更加精确地分析每一名运动员优势与不足，近年来，氧脉搏、通气效率、最大潮气量、过剩二氧化碳排出量等指标，开始大量用于详细分析运动员心脏的机能、肺的机能及肌肉的有氧代谢能力。表2是目前较为常用的耐力评估指标体系。

表2 耐力的评估指标

能力	决定因素	指标
综合耐力	有氧代谢+乳酸代谢+经济性+耐酸能力	递增运动力竭速度（功率）
有氧代谢能力	慢肌有氧代谢能力（脂肪代谢能力）	最大脂肪氧化强度摄氧量
	慢肌+部分Ⅱa型肌肉有氧代谢能力	无氧阈摄氧量
	慢肌+全部Ⅱa型肌肉有氧代谢能力	最大摄氧量
乳酸消除能力	减少产生—快速运输—快速分解	无氧阈强度
耐酸能力	乳酸缓冲能力	最大摄氧量强度维持时间
动作经济性	单位距离能耗	每公里能耗
肺换气能力	呼吸肌肌力	最大通气量、最大潮气量
氧运输能力	心脏泵血机能、血红蛋白数量	氧脉搏
肌肉耐力	肌肉内氧储备	肌氧饱和度下降率

3）耐力训练方法研究进展

（1）耐力训练强度划分的变化

过去，在制定耐力训练计划时，一般以推算最大摄氧量强度或最大心率为100%，再以运动心率的高低,将运动强度划分为了低强度、中等强度和高强度。而其中的每一个强度又分为了 2~3 个不同级别。但随着心肺功能测试仪、肌氧饱和度仪、表面肌电仪等设备的不断改进,进入 21 世纪以后,体育工作者不仅可以准确分析运动员各项能力的优势与不足,而且还能判断出每名运动员提高不同能力的准确阈值,因此不再以简单模糊的低强度、中等强度和高强度来发划分,而是更倾向于以各项阈值的百分比来制定训练强度,使得训练内容不仅更有针对性,而且负荷控制的准确性也大幅度提高。这些阈值主要包括最大脂肪氧化强度、无氧阈强度和最大摄氧量强度(表 3)。

表 3 常用的阈强度与最大摄氧量强度的关系

	又名	$\%\dot{V}O_{2max}$ 范围	主观感觉	血乳酸值 (mmol/L)	心率 (bpm)
最大脂肪氧化强度	糖阈 有氧阈;LT_2	40%~60%	轻松,呼吸频率接近于 20 次/分钟	≈2	60%~70% 最大心率
无氧阈	OBLA LT_4	65%~85%	较累—累,呼吸频率 30~40 次/分钟	≈4	80%~90% 最大心率
最大摄氧量强度	最大有氧强度	100%	很累,呼吸频率 50~60 次/分钟	>8	95%~100% 最大心率

2) 不同耐力强度阈值训练的作用与方法

①最大脂肪氧化强度训练的作用与方法。

顾名思义,最大脂肪氧化强度是脂肪消耗量最大的临界点。虽然 Frayn 早在 1983 年提出了最大脂肪氧化强度的概念,但直到进入 21 世纪之后,随着能量代谢测试设备的发展和广泛普及,最大脂肪氧化强度才开始逐渐被人们所熟知。目前,普遍认为,最大脂肪氧化强度是有效提高耐力的最低强度。

在低于最大脂肪氧化强度的运动,虽然可以在疲劳感很低的情况下减少脂肪,并促进血液循环,但是,由于运动中产生的乳酸浓度低,所以肌纤维周围的毛细血管数量和肌纤维中肌红蛋白数量、线粒体数量不会出现适应性增多。此外,只有接近于最大脂肪氧化强度时,每搏输出量才会接近于最大,因此如果运动强度低于最大脂肪氧化强度,心脏的泵血机能也无法得到有效发展。

因而,最大脂肪氧化强度是提高肌肉耐力和心脏泵血机能的最低强度。在此强度下常采用节奏稳定的匀速运动方式。运动持续时间根据不同的目的,设为 40~90 分钟不等。

②无氧阈强度的作用与方法。

无氧阈是指随着运动强度的增大而开始发生乳酸积累、二氧化碳排出量和通气量激增的临界点。过去,判断无氧阈多采用有创的多级血乳酸测试法,而现在则主要是以无创的 V-slope 法为主。

在进行接近于无氧阈强度的长时间运动时,由于肌乳酸浓度高于日常生活中的乳酸强度,肌纤维为了适应,会逐渐提高毛细血管密度、线粒体数量及乳酸输送载体

MCT1 的数量。同时，肌纤维还会产生优先将脂肪类物质作为能量源的积极变化。这将节省肌糖原的使用量，并减少乳酸的产生量，并最终导致骨骼肌内糖原储备增大和抗疲劳能力的提高。另外，无氧阈强度时，心脏的每搏输出量会维持在最大，因此在这种条件下长时间、有节奏的律动时，为了适应这种负荷，心腔容积会逐渐变大、射血能力也会逐渐增强。

目前，无氧阈强度训练采用的运动方式主要有三种，即恒定负荷方式、渐增负荷方式和变速负荷方式。恒定负荷方式是指在接近于无氧阈强度下进行大运动量匀速运动的训练模式，多适用于训练水平高、训练年限较长的优秀耐力项目运动员。渐增负荷方式，是指从80%无氧阈强度逐步递增到无氧阈强度的大运动量训练模式，它对普通运动员和高水平耐力运动员中都适用。变速负荷方式，是指间歇性地进行无氧阈强度运动和低强度运动的大运动量训练模式，对低水平运动员和非耐力性项目运动员比较适用。

③最大摄氧量强度的作用与方法。

关于最大摄氧量强度的作用与应用方法，主要开始于20世纪90年代左右，经过多年的研究和普及，最大摄氧量强度训练目前已经成为相对成熟的训练方法。

最大摄氧量强度是大部分肌肉都参与的条件下，摄氧量达到最大值的临界强度。因此，最大摄氧量强度是调动所有有氧系统的运动强度。当用这一强度运动时，可以使绝大部分与有氧代谢相关的组织器官都得以动用，并得到锻炼，其作用具体表现为：提高肌纤维毛细血管密度和线粒体数量；提高乳酸输送载体MCT1和MCT4数量；提高痛阈，进而提高耐乳酸能力；提高呼吸肌肌力，促进呼吸效率等。但是，由于这时心率达到了最大值，并且持续时间较长，且心脏回血不充分，有可能出现对心肌的供血不足和心肌损伤。

最大摄氧量强度课的训练一般有两种方式：一种是采用100%最大摄氧量强度，以最大摄氧量速度持续时间的60%~80%进行的间歇性训练。另一种是间歇性递增运动，其起始负荷可以是无氧阈强度，之后以5%的递增幅度递增，当达到最大摄氧量强度时，再维持3~5分钟。以上两种方式的间歇时间均以能够高质量的完成下一组训练为准，一般情况下运动员心率恢复到120bpm即进行下一组的训练。

5. 身体功能训练研究进展

1）身体运动功能训练国内外研究现状及进展比较

（1）身体运动功能训练的起源及国外发展情况

最早为职业运动员进行身体运动功能训练的是美国原 Athletes Performance Institute 的创始人 Mark 先生；他作为国际上运动训练领域中的知名领头人和创新者将最新的体育科学知识应用于运动员前沿训练中。

国外的身体运动功能训练的内容体系涵盖了 FMS 测试、SFMA、Y-BALANCE 测试、软组织唤醒、神经-肌肉系统激活、脊柱力量准备、动作准备、快速伸缩复合练习、动作技能、速度与多方向加速、力量与旋转爆发力、能量系统发展、再生与恢复等。其训练目标强调的是动作训练，而不是训练肌肉，即通过训练提高完成专项技术所需要的专门动作质量和竞技表现能力，而不是提高肌肉的力量。其理论在发展过程中不仅从生理学角度强调神经对肌肉的支配作用，动作的稳定性和关节运动的灵活性；还从解剖学角度，强调了通过大肌群率先发力带动小肌群的用力，即发挥大肌群的发动机作用；并且从运动力学角度关注躯干支柱的作用，强调了动力链的传递速度和功率。

（2）我国的身体运动功能训练发展现状

我国身体训练理论与方法在汲取传统体能训练经验的基础上，更加突出强调动作模式训练，把完成专项动作所需的肌肉力量更好地募集起来，以更好地提高技术动作的质量和效益。

最早将美国高水平运动员身体运动功能训练引入我国高水平运动员训练领域的是原国家体育总局竞体司副司长刘爱杰博士与袁守龙博士、陈小平博士等人合作，于2010年组织翻译了共十四部教练员岗位培训教材《动作训练》《快速伸缩复合练习》《跑得更快》《划得更快》《运动生理学》等，对身体运动功能训练的理念、核心概念、内容体系、方法体系等方面进行了探索。2011年，由首都体育学院、国家体育总局训练局和北京体育大学组成的备战2012年伦敦奥运会国家队身体运动功能训练团队，与美国AP职业身体运动功能训练专家一起，开始为中国乒乓球队、跳水队、体操队等13支国家队提供服务，为我国运动员在伦敦奥运会上取得境外参赛最佳成绩做出了积极贡献。尹军教授与其他团队人员于2013年出版了中国第一部专项身体运动功能训练研究的专著《乒乓球运动者身体运动功能训练》。此后，国家体育总局竞体司为备战2016年里约奥运会再次组建国家队身体运动功能训练团队，为22支国家队提供身体运动功能训练服务。

在2015年出版的《身体运动功能训练》和《身体运动功能诊断与训练》两部教材，为全国各高校开设身体运动功能训练课程的师生提供了学习资料。与此同时，全国范围内开始有学者关注青少年身体运动功能训练，并从不同视角撰写了大众健身和青少年身体运动功能或康复训练方面的文章数十篇。

2）身体运动功能训练的发展动态和研究热点

自2012年以来，身体运动功能训练不仅从备战奥运会过程中取得了巨大的社会效益，并逐渐在社会上得到了迅速发展，全国几万家健身俱乐部开始引入身体运动功能训练体系。2014年，包括清华大学附中上地学校和海淀区花园村二小等学校开展了身体运动功能练习操，极大地丰富了体育课教学内容和方法。中央电视台体育频道《运动大不同》栏目组分别在2014年在2015年先后制作大众身体运动功能练习方法，以引领大众科学健身。

随着身体运动功能训练理念和方法的普及，其研究方向和热点除为专业队运动员保障服务，以提高竞技能力和运动表现外，还有如何运用身体运动功能训练的理论和方法来促进包括中国青少年体质健康和大众健康领域。

（二）竞技体能训练计划制定

1. 力量训练分期理论

力量训练分期（Periodization of Strength Training）是一套相对独立的力量训练理念和方法学体系。分期的目的在于根据竞赛或大周期安排，通过有计划的调控各种力量训练要素（组数、次数、训练频率、阻力形式、肌肉收缩形式、组间间歇、练习顺序等）产生持续及最佳的训练适应，预防过度训练与损伤，提高专项能力（爆发力或肌肉耐力）。

分期训练的目标，无论长期还是短期，都会集中在训练适应效果的最佳化和避免过度训练上。对比分期训练和不分期训练（non-varied program）效果后发现，不分期训练很容易出现效果停滞（training plateaus），而分期训练可以获得更持续的训练效果。固定在单组8~12次或5组10RM或6组8RM的力量训练，分别在4~24周不等的阶段对比中，无论是最大力量、肌肉耐力，还是动作功率都明显低于线性和非线性分期训练效果。

一项关于分期力量训练的元分析结果显示，与不分期力量训练相比，无论性别、有无训练经验，分期力量训练后，肌肉力量提高的幅度更大（Rhea and Alderman, 2004）。不过，训练效果在不同训练群体中存在较明显的差异，具体表现在女性在相对力量上，较男性提高得更明显。无训练经历者较有一定训练背景以及运动员群体，力量增加的幅度更大。综合研究结果发现，分期力量训练与不分期力量训练效果在第9~20周的差异表现的最明显。

2. 力量训练计划制定

1）概述

在苏联和欧洲，训练计划制定的结构一般分为准备期、竞赛期和过渡期。在美国，通常将训练过程分为季前、赛季和季后三个阶段。从力量训练角度，美式力量训练计划的结构一般分为增肌期、力量/爆发力发展期、峰值保持期以及过渡期。美式力量训练阶段以训练目标进行命名，如峰值/保持期是力量或爆发力水平达到最高水平的训练阶段。过渡期通常始于赛季结束，在过渡期内并非停止训练，持续时间也较短，主要是对原有训练强度和训练量有意降低的休整性训练。

美式力量训练计划结构中，不同训练阶段的负荷量度、训练内容及方法也会出现明显区别。从增肌期到峰值期，训练强度持续走高，训练量持续走低。需要指出，虽然线性分期力量训练过程中，训练量和训练强度此消彼长，但在每周的训练日及周间的负荷量度也会表现出小幅波动。即便是某一练习手段，在某训练阶段中的负荷量度也会根据训练要求进行调整。

随着训练阶段的推进，训练手段的数量也会逐渐减少。这样会保证训练量的减少，从而避免过度训练，可以将省下来的训练精力保证更高的训练强度。同样，在训练手段的选择上，随着训练的推进，会以多关节训练手段为主。在爆发力训练发展阶段，则主要以爆发性练习为主，即举重类练习及上下肢超等长练习。而且，很多力量训练计划都以多关节练习主要训练内容，几乎不安排单关节训练。在力量训练计划结构及内容上，除了美式设计外，还有其他形式。超负荷是制定力量训练计划时主要考虑的问题，但超负荷安排要有系统性，并应与渐进性和多样性原则相结合。在应用超负荷时，必须给运动员留出充足的时间，使其逐渐适应新的训练刺激。

任何合理的力量训练计划都少不了训练调节与变化。当运动员适应当前的训练计划时，教练员就应该调整训练刺激或强度，从而使运动员产生新的积极性适应。当运动员训练水平提高时，就应该调整训练安排，保证运动员朝既定的训练目标不断前进。力量训练中的渐进性设计必须合理，渐进幅度一定要与运动员的训练水平相匹配。在通常情况下，为了保证合理的训练渐进性，需要结合多样性和分期原则。

为了设计出有效的力量训练计划，教练员必须要处理好计划中各种训练要素间的关系，如训练频率、练习手段及顺序、计划结构、组间间歇时间以及有计划的渐进性调整等。制定训练计划时，教练员应按步骤或顺序逐一完成。在分期训练模式指导下进行计划制定，能够保证运动员取得预期效果或实现目标。首先，教练员要对运动员训练的起始状况进行询问与评估，这一步是完成计划的重要前提，与后续步骤密不可分。

通过增加运动量（做多少）和运动强度（参与程度或训练难度）可以提高训练负荷。但运动员和运动项目不同，训练负荷的增加不能一概而论。田径运动中，公里数和速度是量化训练负荷的常用指标，而组数、次数和重量是举重运动员的负荷标准。相比之下，面对相同的训练负荷，初级运动员付出的要更多。有些运动项目中，难以衡量运动强度和运动量的主要原因在于计算单位。例如，摔跤项目中的倒地次数，体操项目中完成规定动作的次数，表现"难美"性项目中通过难度系数来反映运动强度。

无论怎样，训练中的负荷量与强度应在互动中不断增加，这样才有可能进一步开发运动员的适应性，最终提高运动能力。有时，训练适应会因为各种影响因素而表现出滞后效应。适应能力提高过程中出现的训练效果推后被称为"训练效果延迟效应"（LLTE）。可见，这种"训练效果延迟效应"是一种投资而不是购得。

2）线性分期力量训练模式（Linear periodization）

线性分期可谓古老的分期力量训练模式。线性分期也称作传统力量与爆发力分期（classic strength and power periodization）或台阶式分期（stepwise periodization）。这种分期模式的负荷变化特征表现为训练负荷量的逐渐减少以及训练强度的逐渐增加。以自由重量训练为例，训练初始阶段的训练强度较低，每组重复次数较多，随着训练的推进，训练强度逐渐增加，训练重复次数逐渐减少。

过去，线性分期力量训练主要满足一年内只有1~2场重大比赛的训练需要。通常出现年度大周期或双周期的安排。这样，就会形成两次训练强度峰值。但考虑到赛前调整及身心恢复问题，训练强度峰值只能安排在赛前较短的一段时间。

同样，技术训练也会在赛前达到最大训练强度。线性分期训练中，年度大周期包含的训练阶段也会持续较长时间，如3~4个月。研究和实践经验告诉我们，力量和爆发力会在较短的时间内得到提高。因此，如今的线性分期中的训练阶段一般会设计为2~6周，一个大周期持续的时间就会对应为8~24周，而检验线性分期训练效果的时间维度也相对较短（即8~24周）。

3）非线性分期力量训练模式（Nonlinear periodization）

非线性分期力量训练是目前更为流行的力量训练模式。由于多数线性分期力量训练的目的是在赛季或重大比赛期间使力量和爆发力达到最高水平。但是，当今赛季漫长，需要运动员或运动队在整个赛季都要保持较好的竞技状态，因此长期保持高水平的力量和爆发力水平非常重要和必要。

对于赛季较长的球类项目，非线性分期力量训练模式更合适。相比之下，线性分期模式下的力量和爆发力训练，只是在赛季开始前或赛前出现峰值，但大赛往往会安排在赛季即将结束之时。因此，线性分期力量训练形成的峰值出现的时间固定，且持续时间较短。此外，由于线性分期训练负荷结构特点，往往会引起积累性疲劳，使得赛季开始时的运动表现不佳。相比之下，非线性分期较明显的训练负荷变化（训练量和训练强度）可以在较长时间内保持良好的体能状态。总体上，非线性分期采用RM和"次数训练区"训练负荷方式，即4~6RM、8~10RM、12~15RM。此外，1~3RM或20~25RM也会安排在非线性分期训练中。

根据负荷结构变化频率，非线性分期模式可进一步分为周内非线性（daily nonlinear periodization）、单周非线性（weekly nonlinear periodization）以及双周非线性（biweekly nonlinear periodization）分期模式。

非线性分期力量训练时，训练量和训练强度不会采用长时间此消彼长的变化方式。如果在保证训练总量一致的前提下，无论是单周还是双周非线性都可以看作是线性分期的一种设计形式。非线性分期设计可以是每周3次，每次训练课以3次训练区训练为主。多关节练习多采用3次训练区，单关节练习则采用8~10RM训练负荷。如周一和周四为3种训练区的多关节练习，包括举重类练习；周二和周五则采用8~10RM训练负荷。非线性分期在训练负荷结构变化上的选择多种多样。例如，一周安排2次训练课时，可以采用2种训练区，接下来的一周可以沿用上周的1种训练区，再配合另一种训练区进行训练。在非线性分期训练模式中，也可以随着训练进程逐渐提高训练强度，减少训练量，训练手段上由一般性力量练习过渡到爆发力为主的训练上去。

4）线性与非线性力量训练模式比较与融合

非线性与线性分期力量训练模式在一个完整赛期或训练大周期的不同训练阶段可以有不同的选择。例如，在准备期或赛季前期以线性分期训练模式为主，在准备期后期和赛季，以非线性分期训练模式为主。这种安排既可以在赛季维持力量及爆发力水平，而且在一定程度上还可以提高体能水平，从而促进比赛成绩。

在对力量训练计划效果进行对比时，应该注意研究的时间跨度以及受试者的运动水平。在开始训练最初的4~6周时间里，只要计划合理可行，力量水平都会因此神经系统为主的适应变化而明显提高。由此可见，短期对比分析会因上述原因而"遮蔽"不同训练计划之间的优劣之分。尤其以未经训练者作为受试对象时，更是如此。这样看来，如果短期内训练模式之间的比较认为某种训练模式更好的话，更有可能说明这种模式会更快地引起神经-肌肉系统的适应性变化。但时间一长，也许任何一种训练模式的优越性都会"消失"。短期内如果没有出现肌肉横断面积的增加或瘦体重的增加时，可以说训练模式之间的优劣是无法有效区分的。

而且，分期模式之间的比较此前多数以非经训练或训练水平较低的运动员为研究对象，高水平运动员之间的对比研究几乎没有。20世纪，Häkkinen等（1989）指出，高水平运动员在力量或爆发力水平上的变化会非常缓慢而有限。因此，从非运动员身上拿来的研究结果无法直接应用到高水平运动员群体中去。同样，不是所有肌肉（群）力量都以相同的速度在增长。例如，16周的分期力量训练卧推力量的增长幅度就远不及下蹲力量（Willoughby，1993）。所以，作为教练员要注意，即便是同样的训练计划或模式，肌群和练习手段不同，训练效果也存在差异。

在分期训练模式的对比中，最常见的是线性分期与周内非线性分期模式间的比较。但这些训练模式中的训练负荷跨度大，每组训练次数从4次到25次不等。很明显，训练负荷量度是训练效果（如最大力量等）最重要的影响因素。如果两种训练模式相比较时，训练总量无法相等，那么就很难说是训练模式引起效果差异。实际上，周内非线性分期在一周内的训练量度变化十分明显，但线性分期可能在数周内训练量度却基本保持稳定。这种情况就会影响到研究结果的一致性。有些研究显示，周内非线性训练模式在提高肌肉力量上比线性分期更明显。另外，一些研究虽然没有发现两种训练模式之间存在显著差异，但支持非线性分期在最大力量上的训练效果。但也有研究支持线性分期在最大力量上的训练效果。然而，也有研究发现非线性分期和线性分期在提高力量上并没有什么不同。具体到最大力量增长幅度上，两种训练模式之间还是有一定区别。由于受试者对象训练水平普遍较低，研究周期一般不超过16周。因此，非线性分期模式在最大力量的训练效果上与线性分期相似，甚至在一定程度上效果更好。还有一项研究对比了线性分期与混合分期训练模式，其中混合分期模式中的前6周采用线性分期，随后采用非线性分期，从力量增长程度上，研究结果认为混合分期的训练效果更好。可见，今后还需要进一步加强两种训练模式的比较。尤其要注重在高水平运动员长期训练效果上的对比分析。

3. 训练负荷调控

随着社会的发展和科技的进步，体育运动已经从基础的娱乐与消遣游戏变成了竞技性、职业化的产业。为了达到商业需求，各种单项和多项赛事日益繁多，使得如今参加高水平体育运动的运动员的比赛日程更加冗长与拥挤。

这种固有的比赛需求增长以及比赛的愈发激烈，高水平和发展阶段的运动员不得不面临不断提高的竞技压力。为此，运动员和他们的支持团队必须想尽办法来通过各种合法的方式提高运动表现。即便影响运动表现的因素有很多，但是他们主要使用的工具是训练和比赛本身。

训练和比赛都会为运动员机体带来负荷。负荷被定义为"以运动或非运动负担的形式（单一或多方面生理学、心理学或力学的压力）作用于人体生物学系统（包括亚细胞成分，单个细胞，组织，一个或多个器官系统，或者个体）的刺激。"负荷可以在不同的时期内（秒、分钟、小时到天、周、月和年）和以不同的量级（如持续时间、频率和强度）被施加作用于运动员的生物学系统之上。负荷作用于人体会刺激机体稳态发生改变，并导致人体系统产生一系列的稳态调整应答，也就是人们常说的"适应"。对一定程度刺激的适应会提高运动员体适能和运动表现的提升。然而如果急性或慢性刺激超过机体所能承受的范围，或者机体处在适应不良的状态，过度的刺激会导致机体的功能性和非功能性训练过度、过度训练综合征、亚临床组织损伤、临床症状、时间损失伤病状态，随着持续施加负荷，可能会导致死亡。死亡在运动中较为罕见，通常伴随着潜在疾病（例如，潜在结构性心脏病触发致命的心律失常）。这种负荷和健康之间的关系被称为之健康统一体，其中负荷和恢复相互拮抗（图3）。

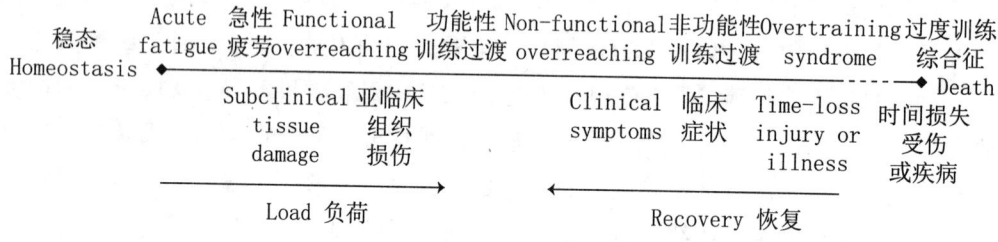

图 3 健康统一体（改编自 Fry[5]等人）

1）负荷和损伤的监控方式

现阶段负荷的监控可以分为内在负荷和外在负荷的监控。衡量外在负荷通常包括量化运动员训练或比赛负荷，例如训练的小时数、跑动距离、功率输出、已完成比赛数或者投掷的总数；然而，其他外界影响因素，如生活事件、日常或旅途劳顿，可能同样重要。内在负荷通过评估内在生理学或者心理学对于外在负荷的应答进行衡量，一些例子包括衡量心率（生理学/客观的）、自主费力感知或一系列心理学压力因素（心理学/主观的）。内在和外在负荷的监控的常用指标见表4。

尽管衡量外在负荷对于理解运动员的客观运动表现很重要，但是了解运动员个体对于外界负荷刺激的应答能力和个人最佳生物学适应能力也很重要。因为不同个体对于特定刺激的应答不同，不同运动员、甚至是同一运动员在不同状态下达到最佳生物学适应的负荷也不同。例如，在特定时间段内维持特定跑速或者在自行车功率输出的能力在不同运动员中能产生高低不同的主观费力感知和心率。因此匹配内在和外在负荷对于运动员负荷的监控而言是更加有效的。

运动损伤被公认为是竞技体育的不可避免的一部分。传统的运动损伤监控需要较为清晰且可鉴定的受伤发生，并通常将损伤导致的运动损失时间作为损伤严重程度的的衡量。然而这一标准通常能够被较好地利用在辨别急性损伤上，却很难利用在由于组织对反复负荷的不良适应累积导致的过度损伤的鉴别中。因为这类损伤没有清晰的受伤发生，而是随着时间逐渐发生，伴随着逐步明显的临床症状或者功能受限。通常这一类损伤只有当症状积累到特定研究所使用的损伤定义（例如，症状是否首次发生，运动表现下降或者伤停）之后才被报告为运动损伤。

因此专家建议在进行伤病监控时，除了传统的运动损伤监控方式之外，还应该引入多变量的前瞻性伤病监控方式、建立有效且敏感的运动损伤积分体系，在报告受伤风险时使用患病率而非发病率，并从功能水平的角度对运动损伤的严重程度进行分类。

表4 外在和内在负荷监控的度量工具范例

负荷类型	度量范例
外在负荷	训练或比赛时间（秒、分钟、小时或天） 训练或比赛频率（如每天、每周、每月的训练课和比赛次数） 训练或比赛的类型 时间运动分析（如全球定位系统分析） 功率输出、速度和加速度 神经-肌肉功能（如跳跃测试、等速测力和快速伸缩负荷俯卧撑） 运动重复次数记录（如抛、投、击打、发球和跳跃） 距离（如跑步、自行车或游泳的公里数） 急性与慢性负荷比
内在负荷	费力感知（如自主费力感知，RPE） 训练课自主费力感知（如训练时长（分钟）× RPE） 心理学量表（如情绪状态量表（POMS）、运动员恢复-压力问卷（REST-Q-SPORT）、运动员生活需求日常分析（DALDA）、总恢复量表（TQR）、大学生运动员生活事件问卷（LESCA）、多组分训练痛苦量表（MTDS）、劳顿和振奋量表、简洁版COPE、瑞典大学人格量表（SSP）、特质焦虑问卷（STAI）、运动焦虑量表（SAS）、运动应对技能量表-28（ACSI-28）、身体意识量表、运动中激励气氛感知问卷（PMSCQ）和运动投入量表（CtES） 睡眠（如睡眠质量和睡眠时长） 生物化学、激素水平、免疫水平评估

续表

负荷类型	度量范例
内在负荷	精神运动速度
	心率
	心率：RPE 比值
	心率恢复（HRR）
	心率变异性（HRV）
	训练冲量（TRIMP）
	血乳酸浓度
	血乳酸：RPE 比值

2）绝对负荷和运动损伤的风险

绝对负荷指的是运动员所受内在与外在负荷的总和。高绝对训练和或比赛负荷被认为是田径/跑步、棒球、板球、足球、定向越野、联盟式橄榄球、联合式橄榄球、游泳、三项全能、排球和水球的受伤风险因素。但是，高绝对负荷在包括田径/跑步、澳式足球、联盟式橄榄球、联合式橄榄球和三项全能的不同研究中被指出并未提高受伤风险。在一些情况下，高绝对负荷似乎能够为高水平运动员和非高水平运动员提供保护以防受伤。

训练和比赛负荷的管理不良会导致组织水平或者运动员全身水平不同机制的受伤风险提高。在组织水平，如果训练和比赛负荷的量级（强度、频率和训练量）超过了组织现有的负荷承载能力（有时会被称为组织"功能上限"），或者如果负荷周期之间的恢复不足，训练和比赛的负荷就可能导致过度的超微结构损伤和受伤。这一机制是一系列过劳损伤类型的病例病因学模型基础，包括骨压力损伤、肌腱疾病和髋股关节痛等。现在认为重复负荷导致的累积组织疲劳可能会提高运动员对于受伤的易感性，尤其是那些完全急性的损伤例如前交叉韧带撕裂，但是，这一假设需要未来的论证。

从运动员个体的角度出发，不合理的绝对负荷会以导致运动损伤的方式影响决策能力、协调性和神经-肌肉控制，进而加剧受伤风险的提高。例如来自训练和比赛的累积疲劳会导致肌肉发力和肌纤维收缩速度下降，使得肌肉被动组织所承担的力增加。这会导致肌肉的动力学、运动学和神经反馈发生改变，并可能降低关节的稳定性，进一步导致急性损伤和过度劳损损伤风险的上升。

目前关于绝对负荷和运动损伤风险关联的研究认为，绝对负荷低也可能会带来运动损伤的风险增加。出现这一现象的原因可能是因为平时训练的低绝对负荷会使得身体面对高竞技负荷时的应对能力不足。人体的器官和系统对于外界负荷的适应具有特异性，不同运动模式、负荷强度、持续时间和频率会带来神经-肌肉系统、心血管系统、骨骼肌系统和代谢系统的特异性适应。合理的训练及比赛负荷及运动员机体对负荷的适应能够提高运动员接受和承受负荷的能力，增强运动员的韧性，保护其避免伤病。这些研究表明训练与比赛负荷需要保持在一个合理的区间内，过高或者过低的绝对负荷都可能增加运动员受运动损伤的风险。

4. 训练顺序安排

许多运动项目可能既需要耐力，也需要爆发力，对最大力量也有要求。这意味着既要进行有氧训练，也要进行抗阻训练（或无氧训练）。但训练内容的顺序安排不同，训练效果将有很大差异。研究发现，从机体对运动适应过程中的细胞内调控机制来看，耐力训练和抗阻训练（或无氧训练）对机体的影响存在制约。机体对这两种训练方式的适应机制，有着非常大的差异。运动适应的分子生物学研究发现，耐力训练可激活 AMPK 信号，通过 PGC-1a 作用于骨骼肌内的线粒体，增强后者的合成与机能提升，而抗阻训练可通过激活 mTOR 信号，通过 4EBP1 和 p70S6K 信号而增强骨骼肌蛋白合成。但 AMPK 可激活 mTOR 的上游信号 TSC1/2 复合体信号，后者对 mTOR 信号起抑制效应。因而，一般认为耐力训练与抗阻训练间存在相互影响。

一般认为，在抗阻训练后进行耐力训练，将使抗阻训练的训练效果打折扣。有研究发现，抗阻训练与耐力训练结合时，下肢力量在前 7 周继续提升，但之后出现平台现象，即几乎不增长。这提示，肌肉增长受到有氧训练的抑制。认为可能是有氧训练抑制了快肌纤维的功能，同时降低了肝糖原水平，后者也限制了在抗阻训练时的应急反应能力。同时，有氧训练可能促使快肌向慢肌转化。这都将影响抗阻训练的效果，但也不应谈虎色变，应在训练中尽量避免二者的负面影响。一般认为，在抗阻训练（或无氧训练）后加强有氧代谢有助于运动后内环境的改善、促进磷酸肌酸的恢复、乳酸的清除。但进行有氧训练时仍须谨慎进行。可能不需要进行大负荷的有氧训练，否则可能引起肌肉力量下降、爆发力减弱的负面效应。但如果将有氧训练与抗阻训练（或无氧训练）结合时，却有助于提升有氧能力。有研究发现，相比单独的有氧训练，两者训练的结合可使最大肌力、最大跑速等指标提升。因而，对于耐力项目而言，抗阻练习具有在不影响有氧代谢指标的情况下，帮助提升有氧耐力能力的功能。建议耐力项目在训练中加入适当的抗阻练习。

目前有观点认为，从健身减脂的角度看，在耐力练习前进行抗阻练习（或无氧练习）将有助于减脂效果。有研究发现，抗阻练习（或无氧练习）对机体内分泌的刺激更深刻，有些激素的剧烈变化有助于激活脂肪的动员，紧接着再进行耐力练习，将有助于对脂肪的代谢与利用。不同训练顺序的安排，产生的训练效益将有很大差别。应根据训练目的，合理地安排训练顺序，以获得最佳的训练效益。

5. 过度训练

运动训练的训练刺激对运动员运动表现的重要性不言而喻，训练后的恢复又直接关系到运动训练的效果和运动成绩。训练质量是高水平运动成绩的基础，也是运动员从事专业化训练一直到巅峰期运动成绩保持的关键因素。但教练员、运动员的经验和科学证据都发现，并非所有的训练刺激都能提高或保持运动员的运动水平和运动成绩，也并非所有的训练计划和安排都能挖掘出运动员的最大潜力。我们有无数辉煌的成功案例，也有不少惨痛的经验教训。所以说，训练科学是一门艺术，也是哲学，优秀的教练员是本专业领域内的艺术家和哲学家。

实践证明，运动员在大负荷的训练刺激和有效恢复不足的情况下，运动表现会出现非正常下降，同时伴随多系统指标的负面变化，这种情况早期被认为是运动性疲劳积累的恢复问题。后来运动生理学和训练学领域用专业术语"过度训练（overtraining，OT）"来描述这类问题。实际上，过度训练的提出已有上百年，因为关系运动员的运动表现和健康而备受关注，如何有效预测、防治过度训练也是体育科学领域的重大研究课题。所以，本部分从实践应用和研究探索等角度，系统梳理和探讨了过度训练的概念、研究基础、预测指标和防治手段等方面的研究进展，以期为运动员科学训练和竞赛保障提供参考和建议等。

1) 过度训练的概念和不同阶段

目前，欧洲运动科学学会（European College of Sport Science，ECSS）和美国运动医学学会（American College of Sports Medicine，ACSM）的联合声明中指出，过度训练是一个不断发展的过程，短期的不适应造成运动员过量负荷（功能性过量负荷：functional overreaching，FOR）或极度过量负荷（非功能性过量负荷：nonfunctional overreaching，NFOR），长期的不适应会导致生理、神经化学和激素调控异常的过度训练症候群（overtraining syndrome，OTS）。

这个概念中涉及过度训练的几个不同阶段：①运动员训练后导致"短期"运动表现下降的暂时性反应称为"过量负荷"（overreaching）或功能性过量负荷（functional overreaching，FOR）；②当训练刺激不断增加且没有足够的时间恢复时，运动员可能进入一种"极度过量负荷"的状态，也称为"非功能性过量负荷（nonfunctional overreaching，NFOR）"。③如果不重视 FOR/NFOR 阶段训练与恢复之间的平衡，就会出现过度训练（OT），出现运动表现下降、疲劳上升、活力下降及激素失调等症状，称为过度训练综合征（overtraining syndrome，OTS），见表 5。需注意的是：①上述几个阶段在界定、恢复时间等方面，有各自特定的内涵和意义；②实际上，当上述症状出现时，很难区分运动员究竟处于 NFOR 阶段还是 OT 阶段。

表 5 过度训练定义的相关术语

术语	代名词	定义	运动表现下降	意义
功能性过量负荷（FOR）	短期过量负荷	训练导致数天至数周运动表现暂时性下降，休息恢复后运动表现提高	数天至数周	积极结果：超量恢复/积极适应

续表

术语	代名词	定义	运动表现下降	意义
非功能性过量负荷（NFOR）	长期过量负荷	强度训练导致数周至数月运动表现下降，伴随心理和/或神经内分泌指标出现异常，但充分休息恢复后能够恢复	数周至数月	负面结果：症状加重、训练时间减少
过度训练症候群（OTS）	—	与严重的 NFOR 症状一致，但：①更长时间的运动表现下降（＞2个月）；②更严重的症状和生理指标下降（心理、神经、内分泌和免疫系统功能指标异常）；③伴随其他应激指标异常	数月至更长时间	负面结果：症状加重、甚至可能结束运动生涯

（1）过度训练的分型

过度训练分为交感神经型与副交感神经型两种。交感神经型过度训练症候群（sympathetic OTS）包括安静时交感神经活性增加，其症状主要发生在肌力及爆发力训练项目的年轻运动员。而副交感神经型过度训练症候群（parasympathetic OTS）包括安静及运动中的副交感神经活性增加。最终，运动员不同的过度训练状态（FOR/NFOR）会走向副交感神经型的症状，并长期压制大部分生理机能。但因为 OTS 症状有可能出现逆转，有的运动员在过量负荷阶段（FOR、NFOR 阶段）的运动表现有提高，但有些运动员进入过量负荷阶段就很容易导致 NFOR，进而造成 OTS，所以很难判断不同类型过度训练转为长期现象的确切时间点，见图4。

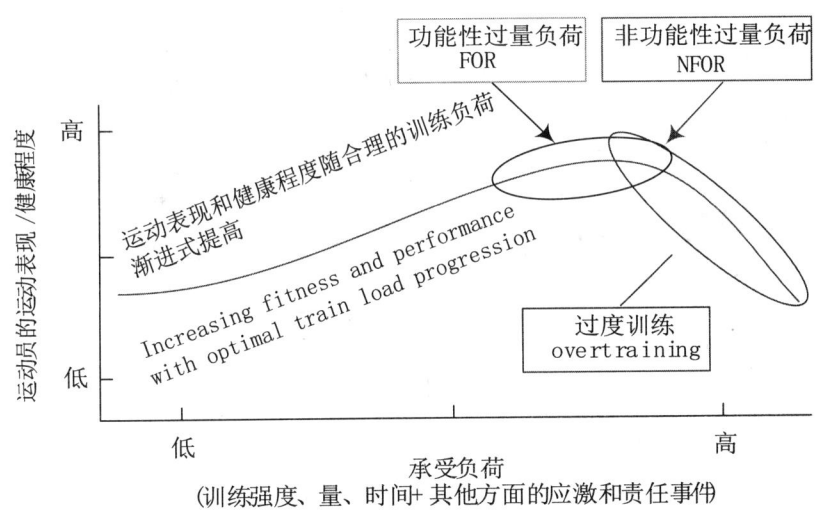

图4 FOR-NFOR-OT 的三阶段划分是评价和预测过度训练的理论基础

（2）过度训练的成因

一直以来，过度训练的具体成因和生理机制并无定论。基本明确的是，过度训练的主要成因是剧烈训练和恢复不充分出现失衡，长期失衡导致一系列压力累积的总和。因为训练的目的是为了让身体经历渐进式超负荷，使生理上的反应和适应帮助提升运动表现，而成功的训练不但要提供超负荷，同时也要通过适当的恢复来避免过多超负荷。当训练频率、量或强度（或其组合）过多且休息和营养不足，就有可能造成疲劳和（或）伤病。这种累积性的训练压力，如果导致过度训练，在 FOR→NFOR→OT/OTS 的不同阶段，可能对应不同的生理或心理症状指标的显著改变（也可能没有），运动员过度训练的不同阶段，需要不同的恢复时间（数天→数周→数月→数年）。

过度训练是训练、营养、恢复和其他应激责任事件综合作用的结果，其核心是一种长期适应不良的现象，不仅是指运动员适应不良，而是指许多生理、神经及生物化学激素调控指标出现异常。过度训练的复杂成因对应运动员在运动表现、骨骼肌、能量代谢、神经系统、内分泌系统和心理方面出现的复杂症状，这为过度训练的监控、评价、预防和治疗带来了极大的困难。目前国内外均没有给出统一且令人满意的解决方案，见图5。

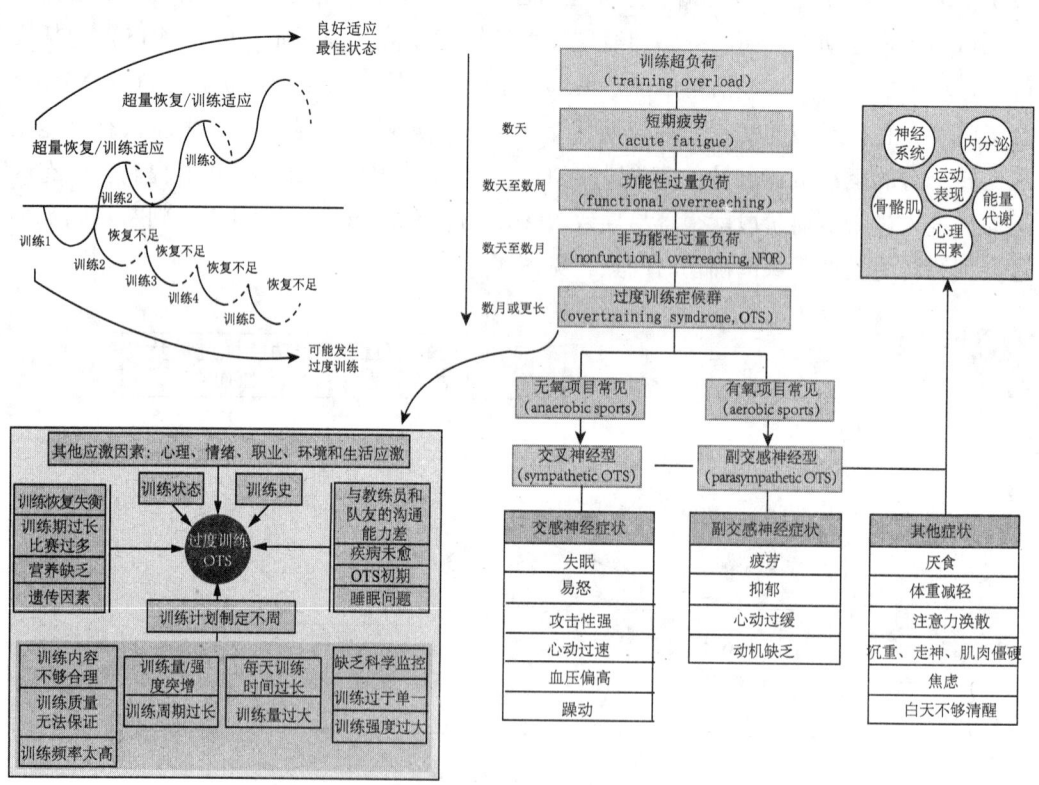

图5 过度训练的可能成因和不同症状

2）基础研究问题：过度训练的可能机制

一直以来，国内外都通过观察性研究（描述性、分析性研究）和实验性研究（干预实验、临床实验等）及理论性研究等途径来研究过度训练。观察性研究注重描述和分析，重在归纳和总结过度训练的特征，实验性研究注重研究变量的控制，重在探索过度训练的可能机制。有学者希望认为，过度训练动物模型有助于指导 NFOR/OTS 进一步的假设检验。总体来看，在机制研究方面，国内外开展了大量的相关研究，有丰硕的研究成果，但仍未取得重大突破。

（1）动物造模研究机制

虽然通常认为 OTS 比 NFOR 更严重，但目前并无确切有力的证据支持或反对这一说法，因此，无论是人体还是动物实验，准确界定 OT/OTS 都非常困难。通过 OTS 造模来研究过度训练，是应用最多但难度很大的方法。国外学者在 20 世纪 60—80 年代，国内学者在 20 世纪 90 年代至 21 世纪初，分别进行了过度训练大鼠实验模型的研究和探索。对比分析发现，国外学者近年来国外关于过度训练动物实验研究的数量偏少，但他们早期建立的大鼠过度训练模型已非常全面，更吻合过度训练的概念和多症状特征，包括生理、生化（血液激素）、神经、空间感知和行为学等多系统指标，而运动模型不仅包括大运动量、大强度，还包括肌肉离心收缩等方式。而国内研究主要集中在大鼠跑台和游泳两种方式建立过度训练的大鼠模型。

目前能检索到的文献中，叶剑飞等（1992）最早在国内公开发表大鼠跑台过度训练模型的研究，但有人认为该模型难度较大，不便采用。我们考察后认为，国内朱全等（1998）建立的大鼠游泳模型更加吻和过度训练症状，该研究对训练结束后大鼠的运动表现有非常细致的描述，生化指标的选取全面、合理，推荐考虑作为将来同类研究的参考模型，但该模型可能存在大鼠脱落较为严重，衰竭、死亡率过高的问题。朱全等建立模型后，成功用于研究过度训练时 RAS 的变化及 Captopril 的保护作用，也得到国内更多学者的认可。国内过度训练营养干预的最新研究也源自于朱全等建立的大鼠模型。

综上，研究人员试图从生理机制角度理解 OT/OTS，寻找 OT/OTS 这个复杂连续体（cotinuum）诸多症状的合理解释，从而为临床应用服务。目前针对 OTS 复杂症状，已提出的重要假说和可能机制包括：糖原假说、中枢疲劳假说、谷氨酰胺假说、氧化应激假说、自主神经系统假说、下丘脑假说和细胞因子假说。尽管不同假说都存在一定的局限性，也难以解释 OTS 的所有症状，但这些假说主导了 OTS 有关的基础研究。需注意的是：①虽然国内外成功建立诸多的 OT/OTS 动物模型，但通常做法是建模"自评成功"后，即开展相关研究，各种 OTS 模型的信效度并未进一步进行验证和确认。②建立动物 OTS 模型的最大困难在于缺乏主诉和心理测评，但与人体实验研究相比，更便于施加统一的超负荷训练（training overload）、更有利于控制动物出现较为典型的病理生理症状，有利于客观揭示 OTS 的病理生理规律和机制。③从研究的质量/数量和研究重点来看，国外运动科学和训练学家重点关注的基础研究已不再是过度训练的动物实验研究，而是转向于人体实验监控、评价、预测运动员过度训练的应用基础类研究。④理论上而言，国内动物实验建模的研究，用的是大运动量或超大运动量建立的副交感神经型过度训练模型，没有涉及大强度造成交感神经型过度训练模型的研究。

（2）人体实验研究

因为研究伦理学的限制和运动员群体的特殊性，很难通过设计严格的人体实验去研究过度训练。所以更多研究是通过对过度训练人群（运动员、军人等）的观察性研究（包括描述性研究和分析性研究）去探索其可能的机制。

Green 等（2012）跟踪了 13 名加拿大精英冰球运动员 5~6 个月的训练，用肌肉活检技术研究了肌细胞阶段性的特征变化，并从能量消耗和能量供应角度对优秀运动员的过度训练模型和机制进行了探索，这是目前通过高水平运动员的过度训练模型进行人体实验机制研究的一项重要研究。Nicoll 等（2016）首次通过肌肉活检和蛋白质印迹分析技术，在人体中发现大功率过度负荷训练（high-power overreaching protocol）和大强度过度训练（high-intensity overtraining protocol）会导致肌肉的丝裂原活化蛋白激酶总量和磷酸化（t-MAPK 和 p-MAPK）出现过量表达，提示这有可能是人体在训练超负荷和过度训练适应不良症状的重要机制。而其他研究，更多地是从过度训练复杂症状对应的运动表现、骨骼肌、能量代谢、神经系统、内分泌系统和心理方面进行的观察性研究。

综上，国内外很少通过人体实验去探究过度训练的机理，除伦理学考虑外，还有一个重要原因是准确界定 OT/OTS 非常困难。虽然现有理论假设认为 NFOR 症状和危害小于 OTS，但目前尚缺乏直接证据和 NFOR 过渡到 OTS 的可靠判断指标及标准。因此，大多数研究过度训练的人体实验中，无法明确鉴别 NFOR 与 OTS，而是将二者视为一个阶段进行研究，这加大了相关研究结果的不确定性。所以人体实验相关研究，更多地偏向于应用研究和/或应用基础研究。

（三）竞技体能训练科技及方法

1. 脑科学与运动表现

2016 年，中共中央、国务院印发的《"健康中国 2030"规划纲要》明确提出了"启动实施脑科学与类脑研究"，运动认知神经科学研究也将成为 21 世纪中国运动心理学的新方向，在过去的 20 年中，研究人员发现了运动对人类脑健康和功能具有积极意义。例如，研究发现，运动可以改善人脑的认知功能。近年来，随着认知神经科学的不断进步，越来越多的科学家开始利用神经影像技术来研究某一领域的专家。研究普遍认为，人脑结构与功能会随着学习与训练发生适应性的变化。从动物实验到利用非侵入性神经影像技术对人脑的研究，越来越多的证据表明运动技能学习可以使人脑发生可塑性变化。

脑可塑性主要是指脑的中枢神经系统的分子、突触、细胞等生理结构及功能发生变化，短期或长期的学习均可引起脑可塑性变化，比如，产生新的神经连接、新的神经胶质、新的神经细胞和血管等，这些变化也进一步支持了人类行为的可塑性理论。虽然人们已经意识到脑可因行为的改变而发生可塑性变化，但是，其可塑性变化难以直接通过实验进行证明。磁共振成像（Magnetic Resonance Image，MRI）技术的出现为人们探索脑的可塑性提供了切实可行的研究手段。

运动技能专家主要是指在运动技能领域能够熟练精确操作某项专业技能动作的人，他们一般拥有卓越非凡的动作表现能力。例如，体操运动员可以用优美的身体姿态表现出高难度的动作技术，跳水运动员可以在空中完成复杂优美的身体翻腾动作并且成功入水等。研究认为，要成为一个领域的专家通常需要花费数千小时的艰苦努力和实践。长期运动技能学习引起运动技能专家脑可塑性变化主要体现在脑结构和功能层面，脑结构层面的变化反映了神经解剖学结构的变化。例如，大脑皮层中灰质皮层厚度的变化、皮层面积的变化、灰质体积的变化以及白质纤维结构发生的若干变化等。大脑功能层面的变化描述了当个体参与某些特定的认知任务、运动或处于静息状态时，神经元组织募集的变化特征，例如，神经元活动的增加或减少，网络连接的增强或减弱等。

1) 运动与脑可塑性的主要发现

第一，基于磁共振成像的运动技能专家脑可塑性研究表明，运动技能专家在脑结构与功能层面相比普通对照组表现出了独特变化，不同类型的运动技能专家的大脑产生可塑性变化的区域不同；相同类型的运动技能专家也会表现出不同的可塑性变化模式。

第二，运动技能专家脑结构可塑性方面，主要表现在脑灰质和白质方面的结构性变化，脑灰质方面的结构性变化主要是皮层厚度、灰质体积等指标；脑白质方面的结构性变化主要是各向异性分数等指标。

第三，运动技能专家脑功能可塑性方面，粗大运动技能和精细运动技能的学习共同影响的脑区主要在感觉运动系统、注意系统、边缘和皮质下系统等；运动员脑灰质产生可塑性变化的区域还包括视觉系统，钢琴家的脑灰质产生可塑性变化的区域还包括听觉系统。

第四，运动技能专家脑结构的可塑性变化可能归因于对特定运动技能进行深入训练进而引起了脑神经的细胞分子学结构发生了可塑性变化，未来，需要进一步结合动物实验和人体影像学研究来解释运动技能专家脑可塑性变化机制。

2) 运动与脑可塑性的未来展望

第一，运动技能专家脑可塑性变化不仅仅与执行的特定运动技能任务相关，样本构成、被试性别、专家的选择、专家的经验、控制组和专家组的匹配等因素也可能会影响磁共振成像计算结果。因此，未来的研究在被试的同质性方面要尽量考虑上述因素。

第二，虽然 DTI 为科学家研究白质纤维的结构及其可视化提供了一个强大的工具，但它也有局限性，部分体积效应和模型无法应对非高斯扩散是其主要缺点，未来，基于 DTI 的采集方案、图像处理、数据分析和结果解释等也需要不断得到验证和发展。

第三，关于运动技能专家的研究横断面研究居多，纵向研究较少；任务态磁共振研究较多，静息态磁共振研究较少，未来可以进一步对运动员从纵向的视角结合任务态和静息态磁共振来观察短期或长期运动技能学习与训练的脑可塑性变化。

第四，关于运动技能专家脑可塑性的研究，单一模态居多，未来可以从多模态融合（结构像、功能像和DTI像等）的视角深入探索运动技能专家的脑可塑性特点，随着图论的不断发展，磁共振成像数据可以用于构建运动技能专家全脑网络，基于图论分析运动技能专家脑网络的拓扑属性（小世界属性、模块化及高度连接的枢纽等）值得进一步探索。

2. 加压训练

1）加压训练的基本概念

加压训练（KAATSU Training），也称限制血流训练（Blood Flow Restriction Training，BFR Training），是指使用专业的加压绑带，对上肢或下肢的根部施加一定的压力，使血液循环受到适度控制，并在这种状态下进行低强度运动的方法。相对于这种动态的方法，只加压而不进行运动的静态方法常被称为加压疗法。目前，在日本、美国、欧洲、澳大利亚以及中国等多个国家，加压训练作为一种安全、高效的运动方法，已广泛应用于提高肌肉力量和耐力、抗衰老、伤病康复以及提升运动表现等方面。

2）加压训练效果研究进展

力量、心肺耐力、速度和灵敏性等是构成运动能力的重要组成部分。已有大量的研究证实，加压训练在这些方面均具有显著的效果。

（1）加压训练在提高力量方面

在加压训练提升力量素质方面，已有众多研究证实，加压训练不仅对无训练基础的普通人群有效，对力量训练水平很高的运动员也同样有效。

在限制血液循环的条件下进行运动，会出现因动脉血流入减少而造成的对远心端运动肌肉的氧供不足。而在氧供不足的条件下，以有氧代谢为主的慢肌纤维的募集会受到抑制，取而代之的是能够激活更多不依赖于有氧代谢的快肌纤维。而反复地刺激快肌纤维收缩，则会迫使其适应性地变化，表现为肌肉横截面积的增加和肌肉力量的增大。

（2）加压训练在提高耐力方面

在加压训练对耐力素质的影响方面，无论从单关节的肌肉耐力指标来看，还是从折返跑、最大摄氧量等全身耐力指标的研究来看，加压训练能够在提高肌肉力量的同时，还可以有效改善肌肉耐力，促进全身耐力素质的提高。

在缺氧条件下，快肌收缩主要以无氧供能为主，而作为代谢副产物，磷酸、乳酸等酸性物质也会大量产生。一般情况下，人体在运动时，快肌产生的乳酸等致疲劳物质会随着血液循环运输到慢肌、心肌、肝脏等处分解和再利用。但在加压条件下，由于限制了血液循环，运动产生的磷酸、乳酸等致疲劳物质会因无法随静脉顺利排出而发生大量堆积，甚至有时还会远远超过大负荷训练时的局部浓度。而如果经常性地进行这种运动，为了缓解体内这种酸性环境，人体会产生为应对缺氧和酸性环境的适应性变化。例如，为了获得更多的氧气，并加快磷酸、乳酸等的排出，机体会适应性地增加毛细血管密度、线粒体数量及乳酸转运载体的数量。其结果是人体的有氧代谢能力和乳酸消除能力得到大幅度提高。

（3）加压训练在提高速度和灵敏性方面

越来越多的研究证实，专项训练结合加压训练，有助于运动员短跑速度、跳跃能力和灵敏性的提高。

相对于传统的力量训练，加压训练可以在负荷更小的情况下提高力量，且二者提高力量素质的效果相近，而力量素质的提高，则有助于速度和灵敏性的提高。另一方面，加压训练可以更精准地发展与特定动作相关的肌肉。由于加压带的重量很小，对大多数运动动作的影响很小，因此可以在速度、爆发力、灵敏性以及专项技术练习中使用。由于在进行这种练习方式时，只增加生理负荷而不改变动作结构，因而更有利于专项相关肌肉的发展，并防止非专项肌肉的过度增长。而这方面的优势，也有助于速度和灵敏性的提高。

3. 高强度间歇训练

高强度间歇训练（High-inensity Interval Training，HIIT）在一百多年前便被田径运动员所采用。德国弗莱堡大学的教练员兼生理学家 Woldemar Gerschler 和 Hans Reindell 在 1950 年之前对 HIIT 进行了大量的研究和实践。但是 HIIT 作为一种训练方法而广为人知则得益于捷克中/长跑运动员 Ernil Zatopek 在 1952 年赫尔辛基奥运会上夺得 5000m、10000m 和马拉松三枚金牌这一壮举。1960 年，瑞典生理学家 Per Olof Astrand 所在的研究组首次对 HIIT 的进行实验研究，发现 HIIT 可以让运动员更长时间地维持一个高生理学反应［如摄氧量［VO_2］、心率和血乳酸］。众多耐力性项目的教练员通过采用 HIIT，使运动员的 VO_2 更长时间处于或接近最高水平（$\dot{V}O_{2max}$），以达到提高运动员运动能力的目的。

进入 21 世纪时，低强度（有氧）持续训练对于耐力性项目的重要性已成为高水平运动队的共识，世界水平的耐力运动员都已具备高水平的有氧能力。在这个背景下，竞技体育研究和训练热点的摆钟再次摆向了 HIIT，以在保证有氧能力最佳化的前提下，运动员（尤其是耐力项目运动员）的无氧能力能够通过高质量的 HIIT 得到进一步的提高。在此同时，随着对球类项目研究的深入，HIIT 也成为球类项目的研究热点。竞技体育领域的这一转变也带动了运动锻炼和慢性疾病康复领域对 HIIT 的关注，健身人群和慢性疾病人群纷纷开始尝试运用 HIIT 进行健身和康复。

1）定义

常见的训练方法可以根据训练过程中有无间歇分为"无间歇类"和"有间歇类"

两大类，"无间歇类"训练方法包括持续训练、法特莱克训练和变速训练；"有间歇类"训练方法包括间歇训练和重复训练。由于不低于无氧阈或最大乳酸稳态的负荷强度属于高强度，因此间歇训练属于高强度训练（间歇训练＝HIIT）。不同竞技体育项目的训练计划中几乎包括了以上所有训练方法，只是不同训练方法的比重和实施形式根据项目特征的不同而有所区别。HIIT是指以不低于无氧阈或最大乳酸稳态的负荷强度进行多次持续时间为几秒到几分钟的练习，并且每两次练习之间安排使练习者不足以完全恢复的静息或低强度练习的训练方法。

HIIT的"高强度"是对不低于无氧阈或最大乳酸稳态的负荷强度的一个统称，然而这个强度区间却是跨度最大的一个强度区间，如在跑步类项目中，这个跨度可从小于$90\%v\dot{V}O_{2max}$（$v\dot{V}O_{2max}$＝递增负荷测试中出现最大摄氧量时对应的跑速）到大于$180\%v\dot{V}O_{2max}$。文献中报道的不同形式的HIIT主要区别于所对应的不同强度，如长间歇（long）HIIT对应的强度区间为$V_{crit}-v\dot{V}O_{2max}$（$V_{crit}$＝临界速度），短间歇训练对应的强度区间为$100\%\sim130\%v\dot{V}O_{2max}$，重复冲刺训练（RST）对应的强度区间为$120\%\sim170\%v\dot{V}O_{2max}$，冲刺间歇训练对应的强度区间为大于$160\%v\dot{V}O_{2max}$。其他体育项目的HIIT同样存在这样的强度区间，只是实施这种训练方法的运动方式不一样（如游、骑、滑或划）。

从HIIT的定义来看，HIIT包括负荷强度、负荷持续时间、间歇休息的强度、间歇休息持续时间和负荷次数5个因素。但是除此之外，HIIT还包括运动方式、组数、多组持续时间、组间强度和组间持续时间（图6）。这10个与HIIT相关的指标都是影响HIIT训练效果的因素，在安排HIIT时都需要给予考虑。以往研究主要针对负荷强度、负荷持续时间、间歇休息的强度和间歇休息持续时间这四个因素，这四个因素也是影响HIIT训练效果的主要因素。

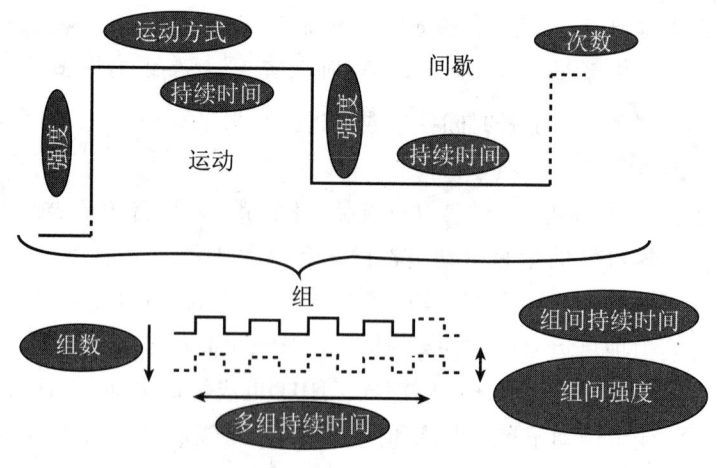

图6　HIIT的10个指标

2) HIIT 提高运动能力的可能机制

尽管一些研究对 HIIT 提高运动能力的机制进行了探索，但并未得到一个明确的答案。出现这种局面的原因可能是多方面的，包括 HIIT 研究周期的不够长、研究对象的运动水平参差不齐、对高水平的研究不够等。HIIT 提高运动能力的机制还有待更多的研究。现有的 HIIT 研究大都表明，当受试者未受过训练或者训练量小，或者受试者为青年群体时，其 $\dot{V}O_{2max}$ 很可能没有达到个体的生理极限。对这样的人群增加训练量，不管是 HIIT 还是 CT，都很可能带来 $\dot{V}O_{2max}$ 的显著提高。只是 HIIT 由于强度高，能同时刺激有氧供能系统和无氧供能系统，一些研究中证明 HIIT 的训练效果好于 CT。有关 HIIT 提高 $\dot{V}O_{2max}$ 的机制还尚不明确。

3) 高水平运动员运用 HIIT 的建议

高水平运动员在已有负荷量（每周约 20 小时的训练量）的刺激下，过多地增加高强度负荷（如 HIIT）会造成运动员的恢复不足，并进一步导致过度训练。其他体育项目（如球类项目和对抗类项目）运动员在有氧能力方面只相当于耐力项目的中等水平，因此这些运动员可以通过 HIIT 来同时提高有氧和无氧能力，并且这种训练可以结合专项技术练习进行。尽管高水平运动员的干预性实验很难组织，HIIT 对高水平运动员的训练效果仍需要更多对高水平运动员的研究来证实。

4. 基于速度的力量训练

力量训练通常是以一次最大重复次数动作所对应的负荷（Repetition Maximum，RM）作为参照，再根据达成既定训练目标所需的练习次数选取相应的%1RM 来表示，称之为"传统"或"基于百分比"的负荷设定方式，已被应用多年。在实践训练中，教练员通过对运动员 1RM 进行直接测试和评估，再根据现有的连续重复次数%1RM 量表即，可获知运动员不同重复次数所需的%1RM 负荷。然而，受外界环境因素、训练疲劳和生活方式等因素的影响，运动员的 1RM 可能始终处于动态变化之中而非恒定值。资料显示，1RM 的日常波动范围甚至可达到±18%。而且，由于重复动作产生疲劳造成的速度损耗或由于所选训练负荷偏小而产生的较高的动作速度，也会使力量训练难以达到理想的效果。此外，对于训练经验不足的青少年运动员或身体存在伤病的高龄运动员而言，执行传统的 1RM 测试可能引发损伤风险。

目前，在国外的体能训练的设计安排和科研文献研究中，将运动速度达到特定的目标作为制定力量训练负荷衡量标准的相关研究日益丰富，有关速度的测试已经被研究多年，这为基于速度进行力量抗阻训练（Velocity-Based Training，VBT）的效果提供了客观的信息。本部分对这些研究进行归纳论述，以期为基于速度的力量训练提供理论参考和实践依据。

1) 基于速度的力量训练在实践中的具体应用

Christopher A. fahs 等人在一篇探究深蹲向心速度影响因素的研究中，探究 13 名大学橄榄球运动员和 8 名大学垒球运动员深蹲 1RM 杠铃速度与下肢长度、训练经验、力量与 36.6 米冲刺时间之间的关系。结果显示平均速度与训练年限（r=0.254、p=0.266），肢体长度（r=0.002、p=0.992）和相对力量（r=20.090、p=0.699）不相关，而与 36.6m 冲刺跑时间（r=20.612、p=0.003），深蹲相对平均爆发力（r=0.489、p=0.029）和深蹲相对峰值爆发力（r=0.901、p<0.001）呈现高度正相关。从而得出结论：1RM 深蹲峰值速度可能是运动员相对输出功率能力和速度的有用指标。教练可以考虑在力量测试期间测量动作速度作为力量和爆发力替代方式。

Baker 等人在对高水平英式橄榄球联队运动员的训练监控时发现，经过适当次数的重复练习后，训练动作的爆发力和速度有所下降。当一组力量训练中，当动作速度损失 35%（深蹲、硬拉等下肢练习）或 45%（卧推、实力推等上肢练习）时，将引起更多的肌肉损伤从而需要更长的恢复时间，这对于处于比赛期或期待更高运动表现的运动员而言将带来负面影响。除此之外，该研究在卧推、深蹲和引体向上等动作中发现，1RM 负荷所对应的动作速度为每组力量练习最后一次重复（力竭）时的速度（如 3RM 的第 3 次动作为最后一次重复，6RM 的第 6 次动作为最后一次重复，以此类推）并将其定义为"最大努力速度（力竭速度）"。因而建议教练员可应用上述信息进行训练指导和调整，避免运动员在训练中进行非必要的训练次数，提升训练效率。Mann 等人在另一篇橄榄球运动员力量速度训练的研究中指出，基于速度的力量训练显著提升大学生橄榄球运动员的力量输出能力，与此研究中得出了类似的结论。

有关抗阻力量训练速度的研究指出，速度的损耗和削减预示着运动员出现了神经-肌肉疲劳。在一节训练课程中，重复监测同一练习的动作速度可能用于估计新陈代谢的压力（如血乳酸和血氨水平等）和神经-肌肉疲劳程度。类似的观点在一项对 18 名具备力量抗阻训练经验的成年男性进行深蹲和卧推的训练监控研究中也得到了证实，当受试者以速度为 1m/s 时的负荷执行三组训练后，动作的平均速度呈下降趋势，并与训练后受试者原地纵跳测试成绩的下降高度相关。此外，该研究还指出：卧推动作速度的下降程度比深蹲动作更多，与深蹲和卧推训练后血乳酸峰值浓度的高低密切相关，也表明动作速度可用来预测机体代谢压力。

由此可见，VBT 在目前的橄榄球、垒球和足球等专项训练中均有所应用，有助于科学设置训练负荷，提升训练效率，帮助教练员及时掌握运动员的训练状态。同时，在一定程度上也可视为疲劳状态的"指示器"，用于预测机体的代谢压力。

2）总结与展望

在数字化体能训练大背景下，基于速度的力量训练愈发地成为运动训练领域中备受瞩目的研究热点。其最大优势在于：在日常中肌肉力量表现呈现波动时确定运动员的最佳训练负荷，提高力量训练的有效性，同时提供实时反馈以增强运动员训练的积极性和动力。

从目前的科研情况来看，当前该领域的研究全部为外文文献，国内研究则几乎为空白。纵观国内现状，受制于训练场地、监测设备和运动队伍思想观念等因素，基于速度的力量训练仅在一些大型体育科研训练机构、优秀运动队伍训练或高水平精英运动员的个人训练中有所应用，在大多数基层运动队伍中的普及范围还有待拓展，在理论研究与实践应用方面还需要进行更为深入的研究和探讨。基于速度的力量训练对于提升单位时间内的训练效率，激发运动员训练斗志，以及设置精英运动员的个性化体能训练方案均具有非常重要的意义，关于力量训练中速度监测的深度应用和监测设备手段的进一步创新将开启体能训练未来发展的新篇章。

三、其他领域体能训练

（一）大众健康体能训练

随着科学技术和社会经济的发展，人们的生活方式有了很大变化，而与此相对应的则是人类疾病谱的重大变化。以前威胁人类健康的重大疾病如传染病、寄生虫病等已经显著减少，而由于不良饮食习惯、不平衡膳食、精神紧张、吸烟、饮酒、缺乏运动等不良生活方式引起的慢性疾病成为影响人类健康的主要原因，作为社会进步的一个标志，人类健康水平已经成为当今世界关注的焦点。习近平总书记在全国卫生与健康大会上指出："要倡导健康文明的生活方式，树立大卫生、大健康的观念，把以治病为中心转变为以人民健康为中心，建立健全健康教育体系，提升全民健康素养，推动全民健身和全民健康深度融合。"《"健康中国2030"规划纲要》指出，2030年经常参加体育锻炼人数要达到5.3亿人。在此大背景下，体育得到了广泛关注，同时也受到了大众的亲睐。

1. 基本概念的区分

人体所具备的有充足的精力从事日常工作（学习）而不感疲劳，同时有余力享受休闲活动的乐趣，能够适应突发状况的能力被称为体适能，是英文短语"Physical Fitness"的中文翻译。其最早出现于1914年军事选材中，有学者提出体适能是指能够承受当时军事选材中艰难困境中的能力（physical fitness alone which can endure the terrible hardship of present campaign），类似于体能，也有学者用短语"physical aptitude"表达。我国学者指出，所谓体能，在我们的《词解》里称之为"运动员机体的基本运动能力"，是运动员竞技能力的重要组成部分。但是，应该指出的是，体能与体能训练不是一个新的领域，不是一个新的问题，我们国家自从有运动训练以来就有体能训练，只不过当年称之为"身体素质训练"。这两个概念的含义略有区别，而基本内容是一致的。美国运动医学学会将体适能又分为健康体适能和竞技体适能。健康体适能包括身体成分、心肺耐力、肌肉力量和耐力、柔韧性等；竞技体适能包括耐力、速度、平衡性、协调性、爆发力、反应力、灵敏性等，相当于我们国家提出的身体素质。近几年又提出了代谢体适能的概念，有学者将其定义为：线粒体利用代谢底物的能力与肌肉最大摄氧量之间的比值（A definition of metabolic fitness is proposed as the ratio between mitochondrial capacity for substrate utilisation and maximum oxygen uptake of the muscle）。在安静和运动状态下脂肪的利用率增加意味着有较高的代谢体适能。肌肉练习又可以增强葡萄糖代谢的能力，其潜在机制是运动诱导蛋白质编码基因被激活。但是基因表达的增加持续时间相对较短，这意味着保持较强的代谢适能需要一定的体育活动规律，运动要维持一定的时间。

2. 健康体能（HRPF）的要素

众所周知，人体本身是一个由多个复杂系统构成的有机整体，以体能为载体的运动表现受到多种因素影响，除了通过遗传效应而获得先天性的体能之外，后天性的体能则主要经由有效的体能训练而得到提高。对于大众而言，体能训练主要指 HRPF 的训练，主要包含身体成分、心肺耐力、肌肉力量、耐力和柔韧性等几个要素。HRPF 也是衡量儿童和青少年发育、生长和生活方式的一项指标。

儿童的身体成分在儿童肥胖、病人的临床管理和作为成人疾病途径的营养规划方面已经引起人们的兴趣。在儿童和青少年时期，人体的比例和化学成分会发生变化。这个时期体重增加的大部分是瘦体重而不是脂肪。疾病对身体构成有多种影响，可能会影响瘦体重和脂肪量。在某些疾病中，这两种成分的变化方向是相同的，而在有些疾病中，这种变化是矛盾的，可能被相对正常的体重所掩盖。较高的脂肪含量和较低的瘦体重都可能是导致成年疾病风险增加的原因。最新研究表明，心肺适能与皮下脂肪和内脏脂肪均相关，肌肉适能仅与皮下脂肪有关。Petter 等研究发现，瘦素和心肺适能有关，并且其影响机制不仅限于胰岛素抵抗或（和）肥胖。Jackson 等研究发现心肺适能随着年龄的增长呈非线性下降，在 45 岁之后，这种下降速度更快，另有研究说明，可能原因是线粒体功能随年龄的增加而下降，导致与年龄相关的肌肉适能和心肺健康水平的下降。久坐不动的人群应该进行适量的身体活动，以降低过早死亡的风险。进行骨骼肌有氧运动训练可以改善机体对最大运动量的心肺反应。男性中年后较低的心肺适能水平与较高的 CVD 死亡风险率相关，年轻时 CRF 越好，成年至中年的健康状况下降越少，表明越早参加运动越能对健康起到促进作用。

但最新研究发现，在代谢综合征患者中，CRF 的运动训练增加并不能预测他们健康风险因素的改善。相反，体重减轻（<2%）是提高 MetS z 分数的重要因素，因此应该在运动训练项目中予以强调。Chen 等研究也发现，不同的 BMI 等级与不同的心肺健康预测因子相关，并且心肺健康指标在性别之间存在差异。由于有充分的证据表明心肺功能不佳是心血管疾病及其相关死亡的独立危险因素，因此建议将这一简单的生理指标作为心血管疾病危险因素评估和管理的重要标志。

ACSM 将肌肉力量和肌肉耐力统称为"肌肉适能"，将其作为健康相关体适能的一部分。较好的肌肉适能与维持较高的骨骼量、保持肌腱的完整性以及提高糖耐量关系密切，这些与骨质疏松、运动损伤以及糖尿病的发生关系密切。肌肉适能（MF）和

CRF 一样，都是代谢综合征（MS）的独立预测因子。肌力的增加可以改善肌腱的僵硬程度。增加肌肉力量水平可能有助于预防老年人与年龄相关的慢性肾脏疾病（CKD）。上下肢的肌肉力量与糖尿病并发症的测量相关，特别是与自主神经功能相关。美国爱荷华大学一项大型研究也表明，只需要保证每周约 1 小时的肌肉训练，就可以降低 40%~70% 患心脏病的风险。刘善云等研究也表明，为期 10 周的核心力量训练能显著提高中年男性的身体静态和动态平衡能力。Sekendiz 等对久坐女性进行瑞士球核心力量训练，结果其腹、背部和下肢肌肉耐力、灵活性和动态平衡性都有所改善。

（二）青少年体能训练

在整个童年和青少年时期，所有机能系统都将以非线性的方式发展。青少年不是微缩版的成年人。探索青少年科学化体能训练体系，对于培养高质量的体育后备人才及提高青少年身体健康有重要的意义。以国际权威高水平研究为基础，全面论述青少年体能训练科学体系，包括有氧能力、无氧能力、主要的运动素质、运动技能与体能的关系等方面，以构建科学化的青少年体能体系。

1. 青少年有氧能力的发展

大量最新实验研究表明，各种耐力训练方案对处于不同生长和成熟阶段的青少年在有氧运动方面产生显著的积极影响。大量的研究报道青少年在生长速度高峰之前进行训练对最大摄氧量有显著的提升，且有氧训练的效应不受性别影响。近年来，在部分有氧训练的研究中，通过对长跑青少年运动员和未接受过训练的青少年进行对比，结果发现接受过训练的青少年比未接受训练的有更高水平的最大摄氧量。同样的研究结果也在自行车运动员、游泳运动员等中发现。这些运动员中，男孩的最大摄氧量大于 60 ml/kg/min，而女孩大于 50 ml/kg/min。

据 BASES 关于儿童期与青春期的可训练性的专家立场声明，64% 低于 11 岁的研究和 57% 处于 11~18 岁的研究结果显示青少年参与有氧训练后，最大摄氧量都有显著增加。其中，低于 11 岁（7.7%）和大于 11 岁（8.6%）的青少年最大摄氧量增加的幅度相当，也就是说，青少年在青春期前、中、后进行相同的训练方案，他们的有氧训练适应性相似。因此，该声明提倡青少年在整个成熟期间都是可以进行有氧训练的，并且青少年的有氧训练性与他们的成熟度无关。

无论男孩或女孩，他们的最大摄氧量从青春期前开始增加，且在接近 PHV 时，最大摄氧量发展速率最快。最大摄氧量在 PHV 之后还会持续增加，但男孩的最大摄氧量始终高于女孩。根据大样本的纵向研究发现，从 11 岁到 17 岁，女孩的最大摄氧量提高了约 50%，男孩的最大摄氧量则几乎提高 100%。平均来看，10 岁时，男孩比女孩的最大摄氧量普遍高 10%，到 16 岁时，男孩比女孩的最大摄氧量高出 35%。瘦体重及其血红蛋白浓度是造成青少年有氧耐力出现性别差异的重要原因。从 6~18 岁没有接受过系统训练的男性青少年，最大摄氧量除以身体质量总体保持在 48~50 ml/kg/min，而女孩则呈现出下降趋势，大约为 45~35 ml/kg/min。

2. 青少年无氧能力的发展

1）无氧能力与年龄

与有氧能力不同，无论如何设定标准化测试方案，儿童期和青春期前期的无氧能力总是低于青春期时，而青春期的无氧能力明显低于成年人。这与青少年的身体形态有关，随着年龄的变化，神经-肌肉、遗传学效应等因素对青少年无氧能力的影响越来越大。在男孩中，从儿童期、青春期到成年期最大功率得到持续增加。女孩的最大功率输出在儿童期和青春期都有所增加，只是在青春期后期到成年期，功率输出增长会出现相对停滞状态。

William 等人的研究表明最大功率输出随着年龄的变化而明显地增加。其中，男孩在 12~13 岁之前呈缓慢的线性增加，但在之后会出现快速的增加。Van Praagh 和 Franca 研究表明，冲刺能力随着年龄从儿童期到青春期再到成年期的逐渐提升。无氧运动能力通常在男性生命的第三个十年和女性的第二个十年中，趋于平稳。

2）无氧能力与性别

男孩和女孩的最大功率输出值通常都比最大摄氧量的提升更为显著，在青少年的成熟期尤其明显。随着年龄和成熟度的变化，青少年的无氧能力会明显地增加，从 12 到 17 岁，女孩的最大功率值约有 65% 的增加，而男孩的最大功率值约有 120% 的增加。Armstrong 等人对分别 100 名 12 岁的男孩和女孩进行 Wingate 无氧能力测试，发现女孩的最大功率值和平均功率都明显高于男孩。

在 2015 年，国际奥委会关于青少年体育发展的共识声明认为，从 7 到 12 岁，男孩和女孩的最大功率值几乎是呈直线增加的，但在之后直到他们进入成年期的早期阶段，男孩的增加更为显著。在 12 岁之前，女孩通常比男孩有更高的最大无氧功率，这是由于女孩在生理发育上平均比男孩早所致，但在 17 岁的时候，男孩和女孩之间的差异达到 50%。

此外，有研究表明，与成年人相比，青少年无氧能力差的主要原因与他们的肌肉含量相关。Viru 等人观察到在性成熟期间，男性的睾酮分泌增加十倍，从而导致男性肌肉质量和强度显著增加。同样，Viru 等人认为在青春发育期的后期，参与运动的女孩生长因子释放得更多，进而促进肌肉质量和力量得以快速发展。

Bailey 等人认为，在青春期前进行高强度运动提高肌肉含量的效果是有限的，具有适当的激素分泌才足以促进青少年的肌肉生长。尽管如此，青春期前的青少年也可以通过抗阻训练获得力量的提升，进而提高运动表现。

Viru 等人基于横向研究和纵向研究表明，肌肉力量增加的峰值发生在青春期，其中男孩在 13~16 岁，而女孩在 11~15 岁。与力量发展不同，根据纵向研究证据，青少年男孩的两个速度发展的敏感期，分别出现在 5~7 岁和 12~14 岁。此外，基于横向研究数据，青少年的爆发力的敏感期出现在男孩的 7~11 岁和 13~16 岁，女孩则出现在 6~9 岁和 10~12 岁。

3）无氧能力与成熟度

Duche 等人通过对 9 至 14 岁的男孩的无氧耐力进行研究，发现青少年无氧能力在青春期出现明显地提升。研究通过纵向的研究方法来观察青少年的无氧能力发展，只是研究的样本量相对较小，以及过于简单化的统计分析限制了对数据更详细解读。

Falk 和 Bar-Or 在 18 个月内，对 27 名男孩的 PP 值和 MP 值进行研究，发现与身体质量相关的 PP 值似乎在他们成熟期的每个阶段都有所增加。Williams 等人也证实，青少年在生长成熟阶段，无氧能力与身体质量的相关性是逐渐增加的。

有研究表明，与青春期的青少年相比，儿童期的青少年合成 ATP 的无氧代谢能力明显较低。Naughton 等人认为在青少年时期无氧代谢能力的提升，主要原因是青少年进行身体活动和运动过程中，酶活性、血乳酸和运动后的氧耗得到了显著改善。Lehmann 等人认为，青少年肾上腺素的释放受到限制，导致糖酵解代谢能力降低，这是不发达的交感神经—肾上腺系统造成的。因此，如果青少年进行持续时间小于 10 秒的高强度运动时，他们的无氧代谢不会受到限制；但当进行 10 秒的高强度运动时，无氧糖酵解的激素会受到限制。

Van Praagh 认为在性成熟之前，青少年的无氧能力已经得到发展，且与改善的神经—肌肉控制有关。Saltin 认为运动神经动作电位在青春期之前已经得到增加，并表明训练可以伴随自然发育而促进肌肉的发展。与成年人相比，青少年处于身体发育的快速生长期，身体机能尚不完善，无氧运动能力相对较弱。

3. 青少年体能训练计划应注意的问题

第一，国际顶尖青少年体能专家普遍认为，年轻运动员的训练应该是一个长期的过程，应避免教练、家长或运动员自己为了短期利益而牺牲孩子的身体健康。

第二，虽然所有青年都可以通过结构化的体能训练方案取得成绩进步，但教练不应在不考虑儿童的技术表现或享受程度的情况下增加训练的强度、量或频次。

第三，虽然关于青少年体能训练的大多数研究都是短期的，但是有研究显示通过对青少年进行持续两年的周期化抗阻训练，最大力量、爆发力和多向速度获得明显提升。

第四，教练应不断强化青少年动作技能的宽度和深度，提高青少年完成动作的质量和力量的高效调控。

第五，青少年可以通过结构性的训练获得运动表现的提升，但是要特别注意遵循循序渐进训练原则来进行。

第六，不断强化体能和技术的整合训练，对青少年来说，爆发力、多向速度、无氧耐力等应和技术高度融合，以提高完成技术的效率。

(三) 幼儿体能训练

近十余年来，青少年儿童肥胖、体质下降成为一个全球化的现象。面对儿童肥胖，西方国家特别重视儿童运动技能的发展，认为这一阶段形成的运动技能，对终身身体活动习惯以及健康体重、心血管适能、肌肉力量耐力均具有积极影响。

0~7岁幼儿属于儿童早期，在这一阶段运动技能发展主要集中在动作上。动作是幼儿探索世界的方式，是身心发展的重要组成，也是身体活动的主要形式。动作技能评价是幼儿体育与健康促进的基石，早在自20世纪起，就有心理学家开始对婴幼儿运动技能发展进行研究，经过多年积累，世界范围内的儿童动作技能评价领域沉淀了丰富的成果，为各类幼儿园所、医疗机构服务于幼儿动作技能发展提供了方向性的指导。当前，幼儿动作技能发展评价的主要观点与方法包括以下几个方面。

1. 幼儿动作技能评价的分类

"动作"是一个大的概念，包含了多种形式。当前儿童动作技能评价方法在测量维度、测量内容、测量取向上各不相同，也是源于各种评价方法对不同动作形式的侧重的差异。为了更好理解动作评价，促进动作技能评价的良性发展，1998年美国学者Allen W. Burton 和 Daryl E. Miller，梳理了所有儿童动作相关评价方法，将动作技能评价分类为6个水平，分别是对"动作技能基础、运动能力、早期关键动作、基本动作技能、专门动作技能、功能性动作技能"的评价（图7）。

水平一，动作技能基础评价，考察儿童作为一个自然人的动作相关能力，包括姿势控制、体成分、身体形态、心血管耐力、认知、关节柔韧性、动机、肌肉力量和耐力、神经功能、感知觉。以上各种能力为动作技能的获得提供了条件与保障，是幼儿动作技能发展的基础。

水平二，运动能力（motor ability）评价，考察儿童在完成一系列动作时所反映出来的协调、灵敏、平衡能力。运动能力之所以被列入动作发展评价的类别，是由于儿童动作发展评价关注的不是动作规格，而是对动作协调、动作灵敏、动作平衡能力的考察。

水平三，早期关键动作评价，关注幼儿在能够站立以及双脚行走前，所获得有关翻转、坐、爬、站、走以及物体操控等动作的发展水平。

水平四，基本动作技能评价，通常幼儿在1~7岁形成的，对竞技运动和休闲性体育活动抽取出的共性动作要素的协调运用能力。包括位移动作（如走、跑、跳、并步、滑步等）和物体操控动作技能动作（如投、抛、接、击、打、踢、拍等）两大类。基本运动技能强调操作过程中肢体的协调配合，动作各部分组成在时间和空间上的正确关系，包括正确的动作顺序、手眼协作、左右肢体协调配合。

水平五，专项动作技能评价，是基本动作技能在特定的运动任务中的运用能力，经常通过专项运动技术来测评。

水平六，功能性动作技能评价，是在自然的生活、学习、娱乐的环境下，对可能存在问题的儿童进一步观察评价。分别判断幼儿早期关键动作、基本运动技能、专门性动作技能在实际生活中的运用能力，以弥补静态评价可能产生的评价偏差与信息遗漏。

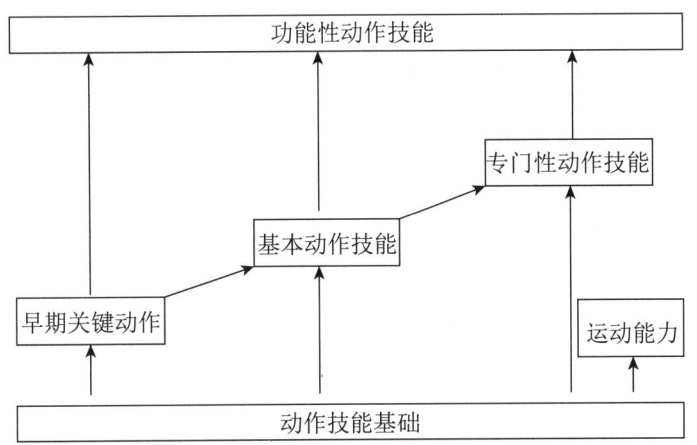

（资料来源：Allen W. Burton & Daryl E. Miller. MOVEMENT SKILASSESSMENT. Human Kinetics, 1998）

图 7　动作技能分类

如图7所示，以上6个水平的动作评价可分为三个层次。第一层包括动作技能基础和运动能力，是动作技能发展的物质基础和目标导向。第二层包括早期关键动作、基本动作技能、专门动作技能，是与儿童发展阶段相对应的动作发展评价，前一个动作的发展是后一个动作的基础。第三层次为功能性动作技能，它在早期关键动作、基本动作技能、专门动作技能评价之上，又与三个动作分别对应，表明对儿童不同阶段动作技能发展水平的评价，不仅要依据测量条件下的技能表现，也要观察动作技能在现实生活中的运用。

2. 动作技能发展评价的主流测试工具

（1）动作技能评价的主流工具

动作技能发展评价在世界范围内呈现百花齐放的状态，近半个世纪以来，针对儿童动作技能开发的评价工具超过40余种，从近几年来学术成果看，有一些动作技能评价工具被研究者频繁使用，成为国际主流动作技能评价工具，如大肌肉群动作发展测评（TGMD-3）、布尼氏动作熟练度测评（BOT-2）、儿童运动发展测评（MABC-2）、皮博迪动作发育量表（PDMS-2）等。这些动作技能测量工具之所以受到世界范围内的广泛关注与应用，源于以下几方面原因。

第一，从评价内容上，不同程度关注了幼儿的基本动作技能，或者完全围绕基本动作技能两个维度13个动作展开，或者选取部分动作作为测试内容，因此被研究者用作基本动作技能评价工具，广为应用。

第二，这些评价都是基于一定动作方法，广泛收集数据，根据月龄、性别建立常模，确定百分位数或动作技能商，以评价儿童动作发展在同龄儿童群体中所处位置。从方法上具有较高科学性和可靠性，信效度较好。

第三，这些评价方法都由母语为英语的研究者制定，有利于世界范围内的交流与传播。

（2）评价工具对不同动作技能的侧重与交叉

尽管TGMD-3、BOT-2、MABC-2、PDMS-2被应用者视为幼儿基本动作技能发展的评价工具，但在本质上四个评价方法关注的幼儿动作技能发展各不相同。

布尼氏动作熟练度测评（BOT-2），侧重对幼儿运动能力的评价，适用于4~14岁青少年儿童。测试包括4个维度（精细动作控制、四肢协调、全身协调、力量和灵敏），8个分量表（速度与灵敏、平衡、双侧肢体协调、力量、上肢协调、上肢速度与灵巧、反应速度、视觉-动作控制），完整版和精简版2种版本，其中完整版共计包括46项动作任务。

皮博迪动作发育量表（PDMS-2），包含了早期关键动作技能和基本动作技能，测试从出生到6岁11个月年龄幼儿的粗大与精细动作，是幼儿早期关键动作发展测试的常用工具。

大肌肉群动作发展测评（TGMD-3），是一个围绕幼儿基本动作技能进行测试的方案，目标人群为3~10岁儿童。测试以过程评价为导向，由测试者对儿童动作环节做出主观判断打分，再根据年龄性别折合成标准分。测试内容包括两大类13个基本动作，位移动作包含跑、单脚向前跳、双脚向前跳、前滑步、侧滑步、跨跳步6项技能；物体操控动作包括双手侧击、单手正手击反弹球、单手原地拍球、双手接球、踢固定球、上手投球、低手抛球7项技能。

儿童运动发展测评（MABC-2）有两个独立的评价体系，MABC Test 和 MABC checklist。前者MABC Test由运动科研人员研发，侧重幼儿的运动能力，测试对象为4~16岁青少年儿童，测试内容包括3个维度（手部精细动作、抛接、动态与静态平衡），8个测试项目组成。后者MABC checklist由医务人员制定，关注功能性动作测评，针对可能存在动作发展问题的儿童，进行日常活动、生活环境、运动态度的进一步观察与测评。

综上可见，以上主流动作技能评价工具覆盖了四个动作类别，并且每个测量工具都含不止一个动作类别。1998年Allen W Burton和Daryl E Miller曾以6级动作评价分类为框架，梳理45个动作技能评价工具，结果显示几乎所有评价工具都包含了两种以上的动作类别。这提示我们，对幼儿进行动作技能发展评价，可根据各个工具所涵盖的动作类别，多角度地运用。

(四) 特种行业体能训练

近些年，军人体能训练受到广泛关注。军人体能训练不同于竞技体育训练和一般的大众健身，具有一定的行业特点。军人体能训练要符合实战的需要，围绕实战需求和环境展开训练。不可能像竞技体育一样有规定好的比赛时间、比赛场次，可以围绕比赛日期安排好系统的周期训练，保障运动员有最好的竞技状态参与比赛，也不可能像大众健身一样自娱自乐，只是为了减肥塑形，很少去冲击自己的身体极限。军人的训练目标则完全不一样，即使在极端恶劣的状态下也要能发挥出自己的水平，保证能够完成训练和实战任务。原先的"操场化"体能和"应试化"体能，不能适应战场需求，练好体能，为打胜仗，通过体能训练提高战斗力已经是不争的事实。

军队重视基础体能训练，一系列文件的出台和实施，进一步促进了军人体能训练，从机关到基层、从干部到士兵，形成了一股军人体能训练热潮。自新中国成立以来，不断对军人体育锻炼的结构和标准进行编修。从《劳卫制》达标到体育锻炼达标，再到体能训练与达标，创新了训练内容，优化了结构体系，突破了专业局限，将体能项目整合为基础性、专业性和辅助性3类，把体型标准作为军人必须达标的内容，把年龄、性别、海拔作为调节训练难度的主要参数。研究领域从身体素质到锻炼标准，再到实战化体能训练，但研究方法手段单一，研究深度不够，研究系统性不强；对国外军人体能训练的研究，有利于我军体能训练更好地服务部队战斗力的提升。通过研究美俄等国军人的体能训练，发现我军缺乏现代战争的经验，对现代信息化战争中体能训练在认识和实践层面存在一定差距；同时指出我军目前体能训练的思路是"三从一大"，这种训练在指导思想上是积极的，在一定程度上提高了受训官兵的身心素质，但同时也暴露出伤病现象过多、偏训、漏训的弊端。训练后的恢复措施欠缺，导致伤病时有发生，主要发生部位是腰、膝、踝部位，肌肉、肌腱和韧带损伤，皮肤擦伤，以及疲劳性骨折发生较高。为进一步提高训练效果，防止伤病的发生，就有必要及时改进体能训练方法，进行科学性训练。体能测试与评估从经验到数字再到智能化，研发了《军人体能数字化智能测试系统》，使基础体能考核实现"数字化"。该系统展示出数字化采集、智能化监测、科学化评估的较好效果，适合于大样本人群的体能普考和成绩评定工作。

军人体能训练的未来研究方向和重点应该是不同军兵种的体能训练特殊性研究，研究不同军兵种的体能需求，分析科学组训和训练效果，分析从战斗准备到形成战斗力以及战斗中的体能需求；不同战场环境的体能训练模拟研究，突出城市巷战、丛林战、山地战等特点，围绕促进战斗力的生成进行研究。抗疲劳能力研究，伤病的预防和控制研究，以及营养和恢复等也是今后一段时间的军人体能研究热点和趋势。

四、国际国内体能训练最新发展

(一) 国际体能训练认证体系发展概况

体能训练组织建立与认证体系的实施明确了发展方向、整合了内外资源,并且规范了专业人员资质,是体能训练的专业化的重要指标,同时可以为体能训练专业的发展提供借鉴。

在美国劳工统计局职业展望手册中,个人照护服务类中,有体能训练人员(Fitness Trainers & Instructors)的分类,并提供美国运动医学会(American College of Sports Medicine,ACSM)、美国体能协会(National Strength & Conditioning Association,NSCA)的链接,作为体能职业与大学或其他机构体能专业课程的信息参考,还提供了美国运动委员会(American Council on Exercise,ACE)、美国国家运动医学会(National Academy of Sports Medicine,NASM)、美国私人教练联合会(National Federation of Professional Trainers,NFPT)、美国体能委员会(National Council on Strength and Fitness,NCSF)、国际体育科学协会(International Sports Sciences Association,ISSA)、美国认证机构委员会(National Commission for Certifying Agencies,NCCA)、美国运动专业人员注册局(US Registry of Exercise Professionals)等机构的链接,作为私人教练与团操教练的认证信息参考。

美国运动医学会、美国体能协会、美国运动委员会、美国国家运动医学会、美国私人教练联合会、美国体能委员会、国际体育科学协会都有体能相关职业认证,而这些机构有的是非营利组织,有的是企业。比较特别的是美国认证机构委员会、美国运动专业人员注册局,这两个组织不对专业人员认证,而是提供相关服务。

美国认证机构委员会是确保这些机构严格、公正地进行专业鉴定认证,合格的机构所发的证书上,除了机构自己的标章外,还会有一个"NCCA"的标章。此一机制利于业界分辨证书的含金量,避免滥发证的问题。美国运动专业人员注册局是由美国运动医学会、美国体能协会、美国运动委员会、美国体能委员会、普拉提方法联盟(Pilates Method Alliance,PMA)、大学体能教练协会(Collegiate Strength and Conditioning Coaches Association,CSCCa)所组成,使命是确保注册的运动专业人员在医疗、健康、健身和运动表现领域的独特作用得到认可。

(二) 我国体能训练发展面临的主要问题

1. 重复零散引进,耗费大量人力物力

自21世纪初,我国加入世界贸易组织及北京成功申奥,为实现竞技运动成绩在本土奥运会上的突破,探索运动项目科学化训练成为重要的课题,引进国际化竞技运动训练最新成果,总结我国本土竞技运动训练经验成为两条重要的实现路径,也就是

"引进来"和"本土化"。体能训练的国际化有两种形式:"引进来"和"走出去"。竞技运动训练研究的国际化为体能训练发展提供了重大发展契机。

"引进来"有两种实现路径:引进国际上多年积累的训练理论和多元化的方法,引进国际上顶尖的体能训练专家。21世纪初,鉴于国内体能训练理念较为滞后、理论研究缺乏、训练实践经验不足等客观现实,国家体育总局等相关部门投入大量人力物力,先后多次派遣优秀教练员、科研人员等赴美国、德国、法国等体能训练理论和实践相对成熟的国家学习,并在备战历届奥运会中获得了较好的成绩。同时,各级各类社会组织和体育机构也纷纷学习和引进国外体能训练的理念、理论、方法、手段,并广泛应用到竞技体育、学校体育、社会体育、特殊体育等领域,也获得了一定的效果。但纵观我国体能训练行业发展历程,在学习和引进国外体能训练的成果时存在碎片化、重复化、零散性的状况,导致在宏观上存在预防损伤的体能训练、运动能力提高的体能训练、损伤康复的体能训练之间的割裂严重,在中观上存在训练理念和训练方法手段兼容不足,在微观上存在各项身体素质训练之间衔接不足等状况,严重人为地割裂了体能训练系统。

2. 缺乏业界共识,理论研究和训练实践脱节

业界共识是体能训练行业发展的重要前提,但目前体能训练行业之间严重缺乏业界共识,影响了我国体能训练行业的发展。健康体能训练行业和竞技体能训练行业之间存在严重的业界认知和实践操作差异,不同训练理念引导的从业人员之间存在一定的排斥和贬低现象,不同培训认证机构之间难以达成共识等。业界共识难以达成,造成了目前我国体能训练行业的发展呈现出多流派、难融合的尴尬现状,进而导致体能训练认知的科学性不足和实践操作的实效性不高的状况。

同时,理论研究和训练实践的结合是体能训练实践针对性、实效性、操作性的基础,更是体能训练行业健康持续发展的关键。随着认识的提高和科学技术的进度,我国体能训练的相关研究得到重视,并在一定范围内开展了较为大量的研究。但是目前客观存在理论研究和训练实践融合度差的问题,并出现了所谓的"实践派""学院派"等相关的社会称谓。目前体能训练行业的研究人员以相关体育科学研究所的科研人员为主,以相关高等学校的教师为辅,但存在部分科研成员跨学科、跨专业、跨领域、不实践、不下队研究体能训练的状况,导致了部分理论研究成果与运动训练实践割裂,难以为体能训练的有效开展提供科学的借鉴作用。

3. 新旧理念冲突,训练系统难以融合

随着国际体能训练行业的发展,近年来国际上涌现出多种体能训练相关的理念,并以书籍、讲座、培训等形式传到国内。新训练理念的出现,体现了体能训练研究和实践工作的进步,也表明了体能训练从业人员勤于思考、勇于创新的精神。然而,由于近年来体能训练的焦点化和热点化,市场需求不断增加,致使某些体能训练理念的出现、引进、宣传等存在领域夸大、功能夸大的现象;且由于是新生事物,存在体系

不完善，训练方法、手段盲目求新求变的状况，导致部分新理念与传统理念冲突严重、与现有普遍使用的成熟体系难以契合的现象。因此，体能训练从业人员必须对新的理念采取"扬弃"的态度，客观审视新理念产生的需求动机、项目依托、受众群体、利益链条等背景，科学论证新理念指导下的训练方法、手段的针对性、实效性、操作性、系统性；认真探求新的理念、方法、体系与现有运行的成熟体系之间融合的可能性、契合点等，做到吸收其精华，摒弃其糟粕，万勿采用"拿来主义"的方式，要以"以我为主""为我所用""融合共生"的态度对待新旧理念、体系的冲突现象。

4. 知识传播平台缺乏，区域普惠性丧失

目前体能训练在我国体育事业中得到高度重视，竞技体育领域、社会体育领域、学校体育领域、特殊体育领域等都急切需求科学体能训练的理念、内容、方法、手段，急需以先进、成熟的体能训练体系以指导运动训练、体育教学、大众健身、特殊体育训练的开展。随着体能训练行业的建设，相关体育部门、机构、协会先后成立以体能训练研究中心、体能训练研究所、体能训练协会等，负责体能训练的研究、培训、信息发布等知识的传播工作；同时相关社会体育俱乐部、体育公司也纷纷开展体能训练的培训、认证工作。但纵观目前我国体能训练知识信息的传播平台，无论是微信公众号、MOOC（慕课）等线上平台，还是认证、培训、沙龙、论坛等线下平台，在传播知识信息的系统性、全面性上存在严重不足；而体能训练知识信息的传播主要以北京体育大学、首都体育学院、武汉体育学院等高校，中国体育科学学会体能训练分会等学术组织，知识信息的传播平台数量缺乏；同时从区域上分析，北京、上海、广州、武汉、山东、浙江等沿海和中东部省市，对体能训练知识信息的传播广度较大、速度较快，而西部、北部、部分南部省市传播体能训练知识信息的广度较小、速度较慢，出现严重的区域差异。

5. 行业规范缺失，市场上鱼龙混杂

行业规范是体能训练行业健康发展的重要保障，遗憾的是目前我国体能训练行业仍存在行业规范严重缺失的状况。目前我国体能训练行业没有形成科学完善的体能教练员从业标准、体能训练操作规范，体能教练员的职业入门标准、基本资格能力界定不清、阐述不明，体能教练员应该具备的知识结构、运动技术、执训能力、职业道德、沟通交流等职业素养含糊模糊。且高等院校、体育部门、社会机构、体育公司、协会学会等均纷纷开展体能训练相关的认证和培训，但培训内容呈现严重的碎片化、表面化的状况，只能作为零散的知识传达和技能传授，认证培训的专业性、系统性、科学性严重不足，目前我国体能教练员的认证培训市场鱼龙混杂。根据目前认证培训市场的现状，我国体能训练教练员认证急需建立高校、学会、市场相结合的认证培训体系，在政府的引导、监督下，高校负责培训课程体系研发与修订、培训过程的技术指导与评价、培训系统师资的培养与开发、体能教练培训与认证系统的行业标准制定、体能教练专业的建设与发展等研发保障和人才输出；而学会和市场系统负责培训认证系统平台的开发与建设，培训与认证课程的具体实施，政府相关部门沟通与协调，不同领域（如竞技体育、全民健身、教育系统、医疗系统等）技术整合与开发等各项运行工作。

6. 对接国家战略不力，浪费大好发展机遇

近年来，国家相继发布了《健康中国"2030"规划纲要》《体育发展"十三五"规划》《"十三五"卫生与健康规划》等国家战略，对全民健康、全民健身、体医融合、医养结合、康养结合等提出了宏观要求，涉及儿童青少年、中青年、老年人等不同年龄群体，涉及学校体育、社会体育、竞技体育等不同体育领域，涉及健康提升、损伤康复、运动能力提升等不同功能需求，涉及体育行业、医疗行业、康养行业等不同行业的融合。在此大背景下，体能训练作为能够糅合不同群体、不同体育领域、不同行业的重要途径和满足不同功能需求的重要手段，应该积极的对接国家战略，需求发展良机。但目前来讲，我国的体能训练行业的发展领域仍处于以竞技体育领域为主、学校体育为辅、游离于社会体育和特殊体育领域边缘的状况，处于以儿童青少年群体为主、以中青年为主、游离于老年人群体边缘的状况，处于以体育行业为主、游离于医疗行业和康养行业边缘的状况。因此，体能训练行业的后续发展必须积极响应国家战略，充分发挥体能训练的综合功能，做好不同群体、不同领域、不同行业的融合工作，充分利用大好发展良机，做好更好、更快的发展。

7. 整体研究能力薄弱，全球话语权严重缺失

美国等国家的体能训练开始于20世纪40年代，经过长期的探索和研究，已经形成理论研究深入系统、发展理念新颖、训练模式多样、工作体系完备、训练流程清晰等，具有鲜明特点，理论研究和实践应用并举的一整套训练系统。而我国现代体能训练始于20世纪90年代末期，且发展历程中主要以引进美国等国家的体能训练理念、内容、方法、手段为主，以提高训练实践中运动员专项运动能力为主要目的，而没有进行深入、系统、科学的理论研究。虽然近年来随着认识的提高和体能训练研究队伍的壮大，我国体能训练行业也进行了一些研究，但研究方法的先进性、研究命题的前沿性、研究结果的权威性不足，且体能训练机制等基础研究数量不多、多学科交叉研究缺乏，导致我国体能训练研究在全球体能训练产业话语权严重缺失。

8. 体系化严重缺失

竞技体育领域的体能训练的根本作用是塑造突破个人或人类极限的运动表现。主要的实现方式是通过不断挖掘人体系统的运动能力，高效的运动技术和战术整合，有效开发人类的智商，精准调整运动心理状态，兼顾与训练和比赛环境的交互作用等来综合实现。

构成运动能力要素的多样性，要素之间关系的复杂性，综合决定了训练的系统性。运动表现最终是以整体形式在运动场上呈现出来的，人们只是为认识和研究事物的需

要，将整体上分割为不同的要素，再分别认识和研究各个要素。这种方法论确实为认识事物提供了便利，但是也很容易导致不利的局面。大量的分割导致认识事物本质出现困难，人们很容易陷入构建理论的陷阱，进而导致理论和实践的割裂越来越大，使训练理论的训练实践的指导力下降。

体能训练最终要靠不同的训练计划、训练方法来训练不同的要素，逐步身体不同系统形成短期和长期适应，进而塑造系统且个性化的运动表现，但是理论上的过度分割导致在实践过程中进行整合时出现巨大困难。这种隔离的重要表现是人们为训练各个要素，忽视了整体要素背后的系统运动科学，于是不自觉的陷入关注个别要素、训练方法或手段以及具体的科技手段之中。整合运动科学和训练实践是构建现代体能训练科学体系的重要根基。基于此，美国体能协会也将构架运动科学和训练实践的桥作为科学化的重要依托。以多元化的运动科学为基础，密切衔接运动实践，才能从根本上解决体能训练安全性、系统化、专项化和个性化的问题。

9. 运动科学和训练实践割裂严重

建立现代化的体能训练体系，构架运动科学和训练实践的桥梁至关重要，但是并不容易。长期以来，由于我国竞技运动训练领域不重视从多个运动科学的视角审视训练和研究训练，研究范式较少采用科学性高的实验研究，导致在探索不同竞技运动项目特征、构架现代化的训练要素体系及解决专门性的问题时出现困难。事实上，我们对部分专项特征的把握和认识时常处在钟摆式的矛盾之中，缺少稳定地、螺旋地持续深化地认识事物的本质，问题的根源在于缺乏科学知识体系、科学思维和有效的方法论做支撑，时常陷于对多样化的特征及表征认识的陷阱之中，缺乏深入认识事物的理论武器和有效方法论。

构架基于运动科学为基础的现代竞技运动理论体系，是实现重塑我国竞技运动训练理论体系科学性、有效性和指导力的必由之路。以运动科学为支撑，为深入认识项目特征、运动训练过程和方法手段选择等提供源源不断的理论武器，进而为实现不断突破运动表现做准备

10. 过度夸大训练理念

在备战 2008 年奥运会的过程中，在体育总局有关部门的领导和推动下，我国竞技运动训练理念开始走出国门，积极引进国际竞技运动训练新理念、新理论及新方法。核心区训练、功能性训练、功能动作筛查、专项体能训练等方面的理论先后被引进到我国，这些理论及相关运动训练的专业知识为我国的训练届带来了很多的新鲜的元素，一定程度上为我国竞技运动训练中的诸多问题提供了理论方案。竞技运动领域的对外交流确实为我国竞技运动训练打开了一扇窗，人们据此开始反思我国竞技运动训练理论存在的问题，同时思考完善和革新之道。

任何好的训练理论及理念都有一定的适用范围，在解决竞技运动训练的系统需求和多元化需求时都面临一定的困难。任何训练理念或者某方面的理论都应该依托一定

的训练体系,才能综合发挥作用。在实践的过程中间,由于片面解读、缺少系统化的训练体系支撑,及运动科学的严重缺失等导致在实践应用过程中间出现诸多问题,诸如过度夸大训练理念及支撑某些理念的方法及手段等,导致对基层竞技体能训练等方面存在很多误导。一度出现只训练核心,忽视杠铃基础力量训练,或者只进行功能训练,忽视爆发力为支撑的多向速度和灵敏性训练等现象,诸如此类的现象为体能训练的科学化发展带来了负面影响。对某些训练理念及训练方法的过度重视和应用,不自觉中忽视了体系化的理论或多元化的方法,继而影响训练的科学性和系统性,直接或间接影响专项化训练的效果。

(三) 我国体能训练发展的主要趋势

1. 多学科融合

现代体能训练是多学科交叉融合发展的系统工程,是利用神经生理学、功能解剖学、生物力学、运动医学研究的成果,是从进化论、人体发育学、动作模式等方面进行深入的研究和探索而来。

现代的体能训练的兴起主要得益于身体消费文化的兴起。随着工业化的发展,人能很容易获得生活必需品。基本的生理需求得到了满足后,对精神文化的需求有所增加。职业体育、大众的健身服务等行业也随之兴起。大量的社会资源涌向这一领域,为现代体能的高速发展提供了物质基础。加上体能相关的基础学科如生理、解剖、生物力、运动医学等学科研究成果的积累,为当代体能的发展提供了理论基础。其中比较有代表性的就是运动医学的快速发展对于体能研究的促进。运动医学或者说是康复医学在第二次世界大战后,由于战争导致的许多伤员需要恢复身体的功能,使得这一交叉学科的快速发展。而当代的体能借鉴了运动医学的许多理念和方法,这在一定程度上促进了体能的发展。

2. 体能与运动康复有效衔接

现代体能的快速发展很大程度上得益于与运动康复为代表的运动医学的结合。陈方灿提出"体能康复"的概念,认为体能和康复本质上是一致的,都是以"功能"的提升为目标。它的特点是以体能训练方法为介入手段,结合康复医学的基础知识为支撑点,再根据运动专项的需要而帮助运动员恢复身体的运动机能水平,协调发展运动素质。

现代体能训练在原来力量训练、体操、田径训练的基础上,更加注意关节、肌肉的损伤风险控制,注重动作的模式问题,不再仅仅从运动的成绩来评价体能训练的效果,而是要求在运动风险和运动疲劳可控的前提下,高效率地取得好的运动成绩,更加注重身体机能素质的均衡性,而不是某一项指标。在这种理念下,比较有代表性的是核心区训练和功能性训练,两种训练都更加关注于提高运动的效率,减少损伤的风险。

核心区训练是为了核心稳定性和力量的提高。核心稳定为上下肢运动创造支点，并协调上下肢都发力，使得力量的产生、传递和控制达到最佳化，有利于减少能量的损失，更加高效地进行运动。对运动员而言，良好的核心稳定性可以使技术动作更加高效，对于以体能为主要影响因素的田径、游泳、自行车等项目而言，可以使相同速度下的体能消耗减小，节省体力，对提高成绩是非常重要的；功能性训练（Functional Training）同样来源于康复领域，后来逐渐应用于竞技体育领域。以提高"功能"为目标，均衡发展各个部位的力量，协调发展不同的运动能力。

3. 体能教练专业化和职业化

自从现代奥运会以来，人类在众多运动项目的成绩上实现突破，如100米实现从12秒到9秒58的突破等。运动成绩提高的动力催生着教练员探索竞技运动训练的奥秘，教练员越来越深入探索竞技运动训练过程中的身体训练。此外，职业体育兴起，加剧了竞技体育的竞争，逐渐催生出专门的体能训练师。中国体育科学学会体能训练分会目前已经打造出中国体能训练师三级认证体系。该体系的重要特点是，体系化、科学化和国际化。中国体系的打造为我国体能训练专业化和职业化发展奠定了基础。

4. 体能训练研究的科学化

受多方面因素的影响，我国体能研究大多停留在训练模式、训练特征、训练计划等方面，缺少运动科学的学科支撑，严重忽视实验和实证研究。国际体能训练研究具备鲜明的研究特点：研究对象是运动的人、研究的科学基础主要是多个运动科学，研究范式主要是大量实验或实证研究。

体能训练的发展趋势：以运动科学的基础理论为依托，切实解读人体运动的奥秘；体能测评、研究和训练一体化；科学循证的体能训练研究成为热点；科技深入介入体能训练实践；专项化的体能训练亟待深入研究；脑科学和运动表现的研究契合目前最新科技发展；特殊人群、特种行业体能训练、体能干预慢性病等方面的研究前景广阔；现代体能研究范式是实验研究和实证研究。

5. 体能训练逐步产业化

最尖端的体能训练主要是服务于高水平的职业运动员，但是大众健康体能的需求、特殊人群和特种行业的体能需求、不同职业人群对健康体能的需求以及非传染性慢病对体能训练的需求等巨大的社会需求催生体能训练的应用市场。体能训练的专业化是体能训练形成产业化的基础。目前美国的专业组织NSCA、EXOS等公司都是美国体能训练产业的主要力量。

6. 学科建设系统推进

2018年3月，体能训练获教育部批准为体育学下的本科新专业。北京体育大学、上海体育学院、武汉体育学院、成都体育学院、山东体育学院等先后获批举办体能训练专业。这为系统、全面、长期培养高水平的体能训练人才提供了学历保障。通过体能训练专业的本科、硕士及博士学历的系统培养，可打造具有国际化素养的、训练实践能力和专业研究能力于一体的高层次人才。扎实的学历教育，结合多样化的职业教育，为我国体能训练专业人才践行健康中国国家战略和奥运攻关战略，积极回应社会需求等打下坚实基础。

7. 体能训练专业治理高效化

2017年9月，中国体育科学学会体能训练分会的正式成立，标志着我国的体能训练治理迈向新的阶段。体能训练分会与全国体育院校协作，组织全国体能训练专家、运动科学家、部分国际体能训练专家在强化我国体能训练专业治理方面做出卓有成效的工作。第一，组织国内外专家打造中国体能训练师认证体系，实现与国际体能认证体系对接，体现体能训练的专业化和科学化；第二，打造系列认证平台，如中国体能高峰论坛、中国青少年体能论坛、国际水中科学运动论坛、中国特种行业体能大会、中国冰雪运动体能高峰论坛等；第三，组织国内外专家打造中国体能系列官方立场声明，逐步形成规范化的行业共识，建立专业话语体系；第四，推动全国体能训练本科专业建设、全国体育职业学院体能专科专业建设；第五，打造系列体能研究沙龙，推动体能研究的科学化和国际化；第六，引进系列国际体能训练经典之作、编写高质量认证教材；第七，强化国际合作，先后于英国体能协会、英国体育科学学会、澳大利亚体能协会等专业组织建立密切的合作关系，推动体能研究的中国声音走向国际化。通过强化体能训练专业治理，打造系列中国体系，引导体能研究的科学化和国际化，打造国际国内体能专业人士交流的平台等，我国体能训练在专业建设、人才培养、产业培育、研究的国际影响力等方面必将获得快速且健康的发展。

五、总结

体能训练是理论和实践高度融合的基础应用科学。体能训练的根本目标是以全面挖掘人体多个系统的机能，系统塑造多方面的运动能力，为技术习得和发挥，战术的执行及心理调控提供有效支撑，进而塑造整体运动表现。强大的体能为技术、战术、心理等要素的全面整合提供结构基础。体能训练的科学化是竞技运动训练科学化的基石，是实现高水平运动表现和突破个人极限的关键。

目前，随着经济和社会的现代体能训练应用边界大大拓展，大众健康体能，特殊人群（青少年、女性和老年人），特种行业（军警等）等领域的体能训练发展迅猛。同时，科学体能训练可有效干预慢病的运动干预、骨骼肌损伤等领域，综合发挥着体能训练干预大众健康的积极价值。

体能训练科学化的关键是系统化，具体表现为：第一，系统的运动科学理论支撑，包括运动解剖学、运动生物力学、运动生理学、运动生物化学、运动营养学、运动心理学、测评理论等；第二，体能训练实践体系，主要包括：①构成体能的主要运动能力力量、速度、耐力、灵敏、柔韧、核心区训练等；②杠铃、哑铃等众多训练方法和手段；③影响适应不同运动项目和运动员特定需求的因素。

构架运动科学和体能训练实践的桥梁是建立体系化体能训练的根基，强化多个方向运动科学和多个层次的训练实践之间的衔接，结合运动项目或运动员的需求，制定和执行合理的体能训练计划是实现体能科学化的基本保障。

体能训练需要通过不同的训练工具来完成不同的方法或手段，以达到特定的训练目标。训练工具或器械是实现训练目标的手段。从理论上来看，体能构成要素多元化决定了体能训练手段的多样性，但是对训练工具缺乏理性和体系化的认识，导致出现工具性的异化，进而导致在实践层面出现诸多认识误区：高科技的训练工具就是好的；传统的训练工具就是落后的；跟专项训练动作模式或运动轨迹的训练工具才是有效的；杠铃训练容易导致受伤等。对此，需要客观理性来审视。第一，没有万能的训练工具，不同的训练工具具有不同的训练价值；第二，要从系统观来看，但凡使用的工具能有效解决运动员体能缺陷的训练，都属于专项化的训练；第三，历史上出现的很多训练工具都有自身的训练价值，有些经典的训练工具甚至一直沿用至今；第四，科技化的训练工具具有特定的训练价值，有的可实现一定程度的数字化监控，但是要避免形成科技依赖。

建立现代化的体能训练体系，构架运动科学和训练实践的桥梁至关重要。长期以来，由于我国竞技运动训练领域不重视从多个运动科学的视角审视训练和研究训练，研究范式较少采用实验研究，导致在探索不同竞技运动项目特征、构架现代化的训练要素体系及解决专门性的问题时出现困难。事实上，我们对部分专项特征的把握和认识时常处在钟摆式的矛盾之中，缺少稳定的、持续深化认识事物本质，根源在于缺乏科学知识体系、科学思维做支撑，时常陷于对多样化的特征及表征认识的陷阱之中，缺乏深入认识事物的理论武器和有效方法论。

2017年，中国体育科学学会体能训练正式成立标志着我国的体能训练治理迈向新的阶段。通过强化体能训练专业治理，打造系列中国体系，引导体能研究的科学化和国际化，打造国际国内体能专业人士交流的平台等，我国的体能训练的专业建设、人才培养、产业培育、研究的国际影响力等方面必将获得快速且健康的发展。

参考文献

[1] 张定凤.不同短距离项目起跑反应时特征的研究［J］.青少年体育，2019（3）：80-81.

[2] 翟华楠，冯传诚.60m与60m栏优秀运动员起跑反应时与运动成绩的时序特征［J］.武汉体育学院学报，2018，52（11）：95-100.

[3] 姜宏斌.田径短跨项目起跑反应时与运动成绩关联的研究［J］.首都体育学院学报，2016，2805：469-475，480.

[4] 冯孟育.浅析世界优秀男子短跑运动员反应时与运动成绩关系［J］.体育世界（学术版），2016（10）：7-8.

[5] 王连凡.影响百米运动员起跑反应速度的因素及其训练方法的分析［J］.体育科技文献通报，

2016, 2407: 66-68.

[6] 严梦婷. PNF 技术用于改善短跑运动员起跑反应动作时的生理学探讨 [J]. 体育科技文献通报, 2017, 25 (11): 77-78.

[7] Mitter B, Hölbling D, et al. Concurrent Validity of Field-Based Diagnostic Technology Monitoring Movement Velocity in Powerlifting Exercises [J]. Journal of Strength and Conditioning Research.

[8] Faccioni A. Assisted and resisted methods for speed development: Part 2 [J]. Modern Athlete and Coach, 1994, 32 (2): 3-6.

[9] Zafeiridis A, Saraslanidis P, Manou V, et al. The effects of resisted sled-pulling sprint training on acceleration and maximum speed performance [J]. Journal of sports medicine and physical fitness, 2005, 45 (3): 284-290.

[10] Marco Cardinale R N A K. Strength and Conditioning Biological Principles and Practical Applications [M]. Wiley, 2011.

[11] 尹军. 提高青少年速度与多方向移动能力的练习方法 [J]. 体育教学, 2014, 34 (07): 15-17.

[12] Patrick M. Holmberg, agilty training for experienced athlete dynamical systems approach [J]. Strength Cond J. 2017.

[13] Abbas Asadi, Hamid Arazi, Rodrigo Ramirez-Campillo, Jason Moran, Mikel Izquierdo. Influence of maturation stage on agility performance gains after plyometric training: a systematic review and meta-analysis [J]. Strength Cond J. 2017.

[14] 张健, 等. 国际儿童青少年身体活动研究的学科特征、动态演进与前沿热点解析 [J]. 体育科学, 2018 (12).

[15] Besier T F, Lloyd D G, Cochrane J L, et al. External loading of the knee joint during running and cutting maneuvers [J]. Med Sci Sports Exerc, 2001, 33: 1168-1175.

[16] Farrow D, Young W, and Bruce L. The development of a test of reactive agility for netball: A new methodology [J]. Med Sci Sports Exerc, 2002, 8 (1): 52-60.

[17] Jeffreys I. Motor learning-Applications for agility, part 1 [J]. Strength Cond J, 2006, 28: 72-76.

[18] Young W B and Farrow D. A review of agility: Practical applications for strength and conditioning [J]. Strength Cond J, 2006, 28: 24-29, 2006.

[19] Young WB, McDowell MH, and Scarlett BJ. Specificity of sprint and agility training methods. J Strength Cond Res 15: 315-319, 2001.

[20] Arazi H, Coetzee B, Asadi A. Comparative effect of land and aquatic based plyometric training on the jumping ability and agility of young basketball players [J]. South African J Res Sport, Phys Edu Rec, 2012, 34: 1-14.

[21] Asadi A, Arazi H, Young W B, etal. The effects of plyometric training on change of direction ability? A meta-analysis [J]. Int J Sports Physiol Performance, 201611: 563-573.

[22] Chaouachi A, Othman B A, Hammami R, et al. The combination of plyometric and balance training improves sprint and shuttle run performances more often than plyometric-only training with children [J]. Strength Cond Res, 2014, 28: 401-412.

[23] De Hoyo M, Gonzalo-Skok O, Sanudo B, et al. Comparative effects of in-season full-back squat,

resistedsprint training, and plyometric training on explosive performance in U-19 elite soccer players [J]. Strength Cond Res 2016, 30 (2): 368-377.

[24] Lloyd R S, Oliver J L, Hughes M G, et al The influence of chronological age on periods of accelerated adaptation of stretch-shortening cycle performance in pre and postpubescent boys [J]. Strength Cond Res, 2011, 25: 1889-1897.

[25] Meylan C M, Cronin J B, Oliver J L, et al. The effect of maturation on adaptations to strength training and detraining in 11-15-year-olds [J]. Scand J Med Sci Sports, 2014, 24: e156-16.

[26] Young W B, Dawson B, Henry G R. Agility and change of direction speed are independent skills: Implications for training for agility in invasion sports [J]. Int J Sports Sci Coach, 2015, 10 (1): 159-169.

[27] Di Prampero P E, Atchou G, Brückner J C, et al. The energetics of endurance running [J]. Eur J Appl Physiol, 1986, 55: 259-266.

[28] Morgan D W, Baldini F D, Martin P E, et al. Ten kilometer performance and predicted velocity at V_{O2max} among well-trained male runners [J]. Med. Sci. Sports Exerc, 1989, 21: 78-83.

[29] 山地啓司. 最高有酸素ランニング速度の意義と評価 [J]. 日本運動生理学雑誌, 1998, 5 (1): 89-99.

[30] Farrell P A, Wilmore J H, Coyla E F, et al. Plasma lactate accumulation and distance running performance [J]. Med. Sci. Sports, 1979, 11: 338-344.

[31] Tanaka k, Watanabe H, Konishi Y, et al. Longitudinal associations between anaerobic threshold and distance running performance [J]. Eur. J. Appl. Physiol, 1986, 55: 248-252, 1986.

[32] 田中喜代次. 持久性競技者の競技成績とAT. 体育の科学 [J], 1995, 39 (5): 382-390.

[33] Conly D L Krahenbuhl G S. Running economy and distance running performance in highly trained athletes [J]. Med Sci Sports Eerec, 1980, 12: 357-360.

[34] Belardinelli R, Barstow T J, Porszasz J et al. Changes in skeletal muscle oxygenation during incremental exercise with infrared spectroscopy [J]. Eur J Appl Physiol, 1995, 70, 487-492.

[35] Hamaoka T, Iwane H, Shimomitsu T, et al. Noninvase measures of oxidative metabolism on working human muscles by near-infrared spectroscopy [J]. Appl Physiol, 1996, 81 (3), 1410-1417.

[36] Lacour J R, Padilla-Magunacelaya S, Barthélémy JC, et al. The energetics of middle-distance running [J]. Eur. J. Appl. Physiol, 1990, 60: 38-43.

[37] Padilla S, Bourdin M, Barthélémy J C, et al. Physiological correlates of middle-distance running performance. A comparative study between men and women [J]. Eur. J. Appl. Physiol, 1992, 65: 561-566.

[38] Hill D W, Rowell A L. Responses to exercise at the velocity associated with VO_{2max} [J]. Med Sci Sports Exerc. 1997, 29: 113-116.

[39] Toshitsugu Yoshioka, Kohei Nakagaki, Naoki Mukai, et al. Effects of muscle morphological characteristics on long-distance running performance [J]. Phys. Educ. Hlth. Sport Sci, 2009, 54: 89-98, .

[40] Kacin A, Strazar K. Frequent low-load ischemic resistance exercise to failure enhances muscle oxygen delivery and endurance capacity [J]. Scand J Med Sci Sports, 2001 (21): e231-e241.

[41] Apiwan M, Nuttaset M, et al. Effects of resistance exercise combined with vascular occlusion on muscle function in athletes [J]. Eur J Appl Physiol, 2013, 113: 1767-1774.

[42] ABE T, FUJITA S, NAKAJIMA T, et al.. Effects of low-intensity cycle training with restricted leg blood flow on thigh muscle volume and VO_{2max} in young men [J]. J Sports Sci Med, 2010, 9 (3): 452-458.

[43] Park S, Kim J K, Choi H M, et al. Increase in maximal oxygen uptake following 2-week walk training with blood flow occlusion in athletes [J]. European Journal of Applied Physiology, 2010, 109 (4): 591-600.

[44] SLYSZ J, STULTZ J, BURR J F. The efficacy of blood flow restricted exercise: A systematic review & meta-analysis [J]. J Sci Med Sport, 2015, 19 (8): 669-675.

[45] URSPRUNG W, SMITH J D. The Effects of Blood Flow Restriction Training on VO_{2max} and 1.5 Mile Run Performance [J]. International Journal of Exercise Science: Conference Proceedings. San Antonio, 2017: 29-41.

[46] FLECK S J, KREAMER W J. Designing Resistance Training Programs [M]. Human Kinetics, 1987: 7, 102-105.

[47] POLIQUIN C. Five steps to increasing the effectiveness of your strength training program [J]. National Strength and Conditioning Association Journal, 1988, 2 (10): 34-39.

[48] RHEA R M, BALL S D, PHILLIPS W T, et al. A Comparison of Linear and Daily Undulating Periodized Programs With Equated Volume And Intensity For Strength [J]. Journal of Strength and Conditioning Research, 2002, 16 (2): 250-255.

[49] Steven Fleck, William Kraemer. Designing Resistance Training Programs [M]. Champaign: Human Kinetics, 2014: 257-290.

[50] BOMPA T O. Periodization Training for Sports [M]. Human Kinetics, 1999: 123-215.

[51] PLISK S S, STONE M H. Periodization Strategies [J]. Journal of Strength and Conditioning Research, 2003, 25 (2): 19-37.

[52] BOMPA T O. Periodization: Theory and Methodology of Training (4th) [M]. Human Kinetics, 1999: 209-210.

[53] STONE M H, OBRYANT H, GARHAMMER J. A hypothetical model for strength training [J]. Journal of Sports Medicine and Physical Fitness, 1981, 21 (3): 342-351.

[54] STONE M H, STONE M, SANDS W. Principles and Practice of Resistance Training [M]. Human Kinetics, 2007: 259-286.

[55] FLECK S J, KREAMER W J. Designing Resistance Training Programs [M]. Human Kinetics, 1987: 7, 102-105.

[56] FLECK S J, KREAMER W J. Periodization Breakthrough [M]. Advanced Research Press, 1996: 17-73.

[57] WILSON J, WILSON G. A practical approach to the taper [J]. National Strength and Conditioning Association Journal, 2008, 30 (2): 10-17.

[58] RUSS E. Track coach talks with Tudor Bompa [J]. Track Coach, 2004 (4): 5243-5247.

[59] KRAEMER W J, FLECK S J. Optimizing Strength Training: Designing Nonlinear Periodization Workouts [M]. Human Kinetics, 2007: 1-27.

[60] Verkhoshansky Y, Stiff M. Supertraining [M]. New York: Ultimate Athlete Concepts, 2009: 313-392.

[61] Issurin V. New Horizons for the Methodology and Physiology of Training Periodization [J]. Sports Medicine, 2010, 40 (3): 189-206.

[62] Issurin V. Block Periodization: Breakthrough in Sport Training [M]. New York: Ultimate Athlete Concepts, 2008: 2-34.

[63] Yessis M, Trubo R. Secrets of Soviet Sports Fitness and Training [M]. New York: Arbor House, 1987: 32-45.

[64] Turner. The Science and Practice of Periodization: A Brief Review [J]. National Strength and Conditioning Association Journal, 2011, 33 (1): 34-46.

[65] National Strength and Conditioning Association. Essentials of strength training and conditioning (4nd ed.) [M]. Triplets, 2014.

[66] Hoffman J. NSCA's Guide to Program Design [M]. Champaign: Human Kinetics, 2012: 44-49.

[67] Steven Fleck, William Kraemer. Designing Resistance Training Programs [M]. Champaign: Human Kinetics, 2014: 257-290.

[68] Jared W Coburn, Moh H Malek. NSCA's essentials of personal training [M]. Champaign: Human Kinetics, 2012.

[69] Verkhoshansky Y, Stiff M. Supertraining [M]. New York: Ultimate Athlete Concepts, 2009: 313-392.

[70] BOMPA T O. Periodization: Theory and Methodology of Training (4th) [M]. Human Kinetics, 1999: 209-210.

[71] JOHN G. Periodization research and an example application [J]. National Strength and Conditioning Journal. 2002, 24 (6): 62-70.

[72] APEL J M, LACEY R M, KELL R T. A Comparison of Traditional and Weekly Undulating Periodized Strength Training Programs with Total Volume and Intensity Equated [J]. Journal of Strength and Conditioning Research, 2011, 25 (3): 694-703.

[73] BAKER D, WILSON G, CAROLYN R. Periodization: The effort on strength of manipulating volume and intensity [J]. Journal of Strength and Conditioning Research, 1994, 8 (4): 235-242.

[74] BUFORD T W, ROSSI S J, SMITH D B, et al. A Comparison of Periodization Models during Nine Weeks with Equated Volume and Intensity for Strength [J]. Journal of Strength and Conditioning Research, 2007, 21 (4): 1245-1250.

[75] WILLOUGHBY D S. The effects of mesocycle-length weight training programs involving periodization and partially equated volumes on upper and lower body strength [J]. Journal of Strength and Conditioning Research, 1993, 7 (1): 2-8.

[76] HOFFMAN J R, RATAMESS N A, KLATT M, et al. Comparison between different off-season resistance training programs in Division Ⅲ American college football players [J]. Journal of Strength and Conditioning Research, 2009, 23 (1): 11-19.

[77] DE LIMA P J, FROLLINI C, DONATTO F T, et al. Comparison of linear and reverse linear periodization effects on maximal strength and body composition [J]. Journal of Strength and Conditioning Research, 2009, 23 (1): 266-274.

[78] FROLLINI P J, LIMA A D, DONATTO F, et al. Comparison between linear and daily undulating periodized resistance training to increase strength [J]. Journal of Strength and Conditioning Research,

2009, 23 (9): 2437-2442.

[79] KRAEMER W J, FLECK S J. Optimizing Strength Training: Designing Nonlinear Periodization Workouts [M]. Human Kinetics, 2007: 1-27.

[80] FLECK S J. Periodized strength training: A critical review [J]. Journal of Strength and Conditioning Research, 1999, 13 (1): 82-89.

[81] Jeffrey, H. Sport in history: an introduction [M]. London: Palgrave Macmillan, 2010.

[82] Booth F W, Thomason D B. Molecular and cellular adaptation of muscle in response to exercise: perspectives of various models [J]. Physiol. Rev, 1991, 71, 541-585.

[83] Hawley J A, Hargreaves M, Joyner M J, et al. Integrative biology of exercise [J]. Cell, 2014: 159, 738-749 (2014).

[84] Soligard T, et al. How much is too much (Part 1)? International Olympic Committee consensus statement on load in sport and risk of injury [J]. Br. J. Sports Med, 2016, 50, 1030-1041.

[85] Fry R W, Morton A R, Keast D. Overtraining in athletes. An update. Sports Med, 1991, 12, 32-65.

[86] Impellizzeri F M, Rampinini, Marcora SM. Physiological assessment of aerobic training in soccer [J]. J Sports Sci, 2005, 23, 583-592.

[87] Borresen J, Lambert M I. The quantification of training load, the training response and the effect on performance [J]. Sports Med, 2009, 39, 779-795.

[88] Halson S L. Monitoring Training Load to Understand Fatigue in Athletes [J]. Sports Medicine, 2014, 44, 139-147.

[89] Saw A E, Main L C, Gastin P B. Monitoring the athlete training response: subjective self-reported measures trump commonly used objective measures: a systematic review [J]. Br. J. Sports Med, 2016, 50, 281-291.

[90] A V, M V. Nature of training effects. in Exercise and sport science [M]. Lippincott Williams & Wilkins, 2000.

[91] Halson S L. Monitoring training load to understand fatigue in athletes [J]. Sports Med, 2014, 44 (Suppl 2), 139-47.

[92] Soligard T. etal. Sports injuries and illnesses in the Sochi 2014 Olympic Winter Games [J]. Br. J. Sports Med, 2015, 49, 441-447.

[93] Alonso J-M, et al. Preparticipation injury complaint is a risk factor for injury: a prospective study of the Moscow 2013 IAAF Championships [J]. Br. J. Sports Med, 2015, 49, 1118-1124.

[94] Willick S E, etal. The epidemiology of injuries at the London 2012 Paralympic Games [J]. Br. J. Sports Med, 2013, 47, 426-432.

[95] Hägglund M, Waldén M, Bahr R, etal. Methods for epidemiological study of injuries to professional football players: developing the UEFA model [J]. Br. J. Sports Med, 2005, 39, 340-346 (2005).

[96] Junge A, et al. Injury surveillance in multi-sport events: the International Olympic Committee approach [J]. Br. J. Sports Med, 2008, 42, 413-421.

[97] Fuller C W, et al. Consensus statement on injury definitions and data collection procedures in studies of football (soccer) injuries [J]. Sports Med, 2006, 40, 193-201.

[98] Fuller, C. W. etal. Consensus statement on injury definitions and data collection procedures for studies of

injuries in rugby union [J]. Sports Med, 2007, 41, 328-331.

[99] Farelli A D. Sport Participation: Health Benefits, Injuries and Psychological Effects [M]. Nova Science Publishers, Incorporated, 2011.

[100] Bahr R, etal. The IOC Manual of Sports Injuries: An Illustrated Guide to the Management of Injuries in Physical Activity [M]. Wiley, 2012.

[101] Clarsen B, Myklebust G, Bahr R. Development and validation of a new method for the registration of overuse injuries in sports injury epidemiology: the Oslo Sports Trauma Research Centre (OSTRC) Overuse Injury Questionnaire [J]. Br. J. Sports Med, 2013, 47, 495 – 502.

[102] Clarsen B, Ronsen O, Myklebust G, et al. The Oslo Sports Trauma Research Center questionnaire on health problems: a new approach to prospective monitoring of illness and injury in elite athletes [J]. Br. J. Sports Med, 2014, 48, 754-760.

[103] Roos K G, et al. Epidemiology of 3825 injuries sustained in six seasons of National Collegiate Athletic Association men's and women's soccer (2009/2010-2014/2015) [J]. Br. J. Sports Med, 2017, 51, 1029-1034.

[104] Piggott B, Newton M J, McGuigan M R. The relationship between training load and incidence of injury and illness over a pre-season at an Australian Football League club [J]. J. Austrailian Strength Cond, 2008, 17, 4-17.

[105] Rasmussen C H, Nielsen RO, Juul MS, et al. Weekly running volume and risk of running-related injuries among marathon runners [J]. Int. J. Sports Phys. Ther, 2013, 8, 111-120.

[106] Veugelers K R, Young W B, Fahrner B, et al. Different methods of training load quantification and their relationship to injury and illness in elite Australian football [J]. J. Sci. Med. Sport, 2016, 19, 24-28.

[107] Dye S F. The pathophysiology of patellofemoral pain: a tissue homeostasis perspective [J]. Clin. Orthop. Relat. Res, 2005: 100-110.

[108] Magnusson S P, Langberg H, K jaer M. The pathogenesis of tendinopathy: balancing the response to loading [J]. Nature reviews. Rheumatology, 2010, 6, 262-268.

[109] Bennell K L, Malcolm S A, Wark J D, et al. Models for the pathogenesis of stress fractures in athletes [J]. Br. J. Sports Med, 1996, 30, 200-204.

[110] Warden, S. J., Davis, I. S. & Fredericson, M. Management and prevention of bone stress injuries in long-distance runners [J]. J. Orthop. Sports Phys. Ther, 2014, 44, 749-765.

[111] Cortes N, Greska, E, Kollock R, et al Changes in lower extremity biomechanics due to a short-term fatigue protocol [J]. J. Athl. Train, 2013, 48, 306-313.

[112] Rogalski B, Dawson B, Heasman, J, et al. Training and game loads and injury risk in elite Australian footballers [J]. J. Sci. Med. Sport, 2013, 16, 499-503.

[113] Hooper D R, et al. Effects of fatigue from resistance training on barbell back squat biomechanics [J]. J. strength Cond. Res, 2014, 28, 1127-1134 (2014).

[114] Baumhauer J F, Alosa D M, Renstrom A F, et al. A prospective study of ankle injury risk factors [J]. Am. J. Sports Med, 1995, 23, 564-570.

[115] Johnson U, Ivarsson A. Psychological predictors of sport injuries among junior soccer players [J].

Scand. J. Med. Sci. Sports, 2011, 21, 129-136 (2011).

[116] Ivarsson A, Johnson U. Psychological factors as predictors of injuries among senior soccer players: A prospective study [J]. J. Sports Sci. Med, 2010, 9, 347-352.

[117] Ivarsson A, Johnson U, Podlog L. Psychological predictors of injury occurrence: a prospective investigation of professional Swedish soccer players [J]. J. Sport Rehabil, 2013, 22, 19-26.

[118] MEEUSEN R, DUCLOS M, FOSTER C, et al. Prevention, diagnosis, and treatment of the overtraining syndrome: joint consensus statement of the European College of Sport Science and the American College of Sports Medicine [J]. Med Sci Sports Exerc, 2013, 45 (1): 186-205.

[119] FRY A C, KRAEMER W J. Resistance exercise overtraining and overreaching: Neuroendocrine responses [J]. Sports Med, 1997, 23 (2): 106-129.

[120] HAFF G G, TRIPLETT N T. Essentials of strength training and conditioning (4th Ed) [M]. Champaign, IL: Human Kinetics, 2016, 124-128, 145-148.

[121] RATAMESS N A, KRAEMER W J, VOLEK J S, et al. The effects of amino acid supplementation on muscular performance during resistance training overreaching [J]. J Strength Cond Res, 2003, 17 (2): 250-258.

[122] CARDOOS N. Overtraining syndrome [J]. Curr Sports Med Rep, 2015, 14 (3): 157-158.

[123] KREHER J B. Diagnosis and prevention of overtraining syndrome: an opinion on education strategies [J]. Open Access J Sports Med, 2016, 7: 115-122.

[124] KREHER J B, SCHWARTZ J B. Overtraining syndrome: a practical guide [J]. Sports Health, 2012, 4 (2): 128-138.

[125] CADEGIANI F A, KATER C E, GAZOLA M. Clinical and biochemical characteristics of high-intensity functional training (HIFT) and overtraining syndrome: findings from the EROS study (The EROS-HIFT) [J]. J Sports Sci, 2019, 37 (11): 1296-1307.

[126] WINSLEY R, MATOS N. Overtraining and elite young athletes [J]. Med Sport Sci, 2011, 56: 97-105.

[127] MATOS N F, WINSLEY R J, WILLIAMS C A. Prevalence of nonfunctional overreaching/overtraining in young English athletes [J]. Med Sci Sports Exerc, 2011, 43 (7): 1287-1294.

[128] MORGAN W P, O'CONNOR P J, SPARLING P B, et al. Psychological characterization of the elite female distance runner [J]. Int J Sports Med, 1987, 8 Suppl 2: 124-131.

[129] HOOPER S, MACKINNON L T, HANRAHAN S. Mood states as an indication of staleness and recovery [J]. Int J Sport Psychol, 1997, 28 (1): 1-12.

[130] O'CONNOR P J, MORGAN W P, RAGLIN J S, et al. Mood state and salivary cortisol levels following overtraining in female swimmers [J]. Psychoneuroendocrinology, 1989, 14 (4): 303-310.

[131] KOUTEDAKIS Y, SHARP N C. Seasonal variations of injury and overtraining in elite athletes [J]. Clin J Sport Med, 1998, 8 (1): 18-21.

[132] HANIN Y L. Emotions in sports [M]. Champaign, IL: Human Kinetics, 2000: 191-207.

[133] RAGLIN J, SAWAMURA S, ALEXIOU S, et al. Training practice and staleness in 13-18-year-old swimmers: a cross-cultural study [J]. Pediatr Exerc Sci, 2000, 12 (1): 61-70.

[134] KENTTA G, HASSMEN P, RAGLIN J S. Training practices and overtraining syndrome in Swedish age-

group athletes [J]. Int J Sports Med, 2001, 22 (6): 460-465.

[135] HOHL R, FERRARESSO R L, DE OLIVEIRA R B, et al. Development and characterization of an overtraining animal model [J]. Med Sci Sports Exerc, 2009, 41 (5): 1155-1163.

[136] 步斌, 张希彬, 肖邦良, 等. 过度训练对心肌影响的病理和酶组织化学研究——过度训练模型的建立 [J]. 成都体育学院学报, 1998, 24 (3): 72-77.

[137] 冯小东, 秦香. 过度训练状态下大鼠肠黏膜超微结构和免疫病理性变化研究 [J]. 天津体育学院学报, 2008, 23 (1): 71-73.

[138] 叶剑飞, 余闽, 岑浩望. 过度训练的病理生理及康复 I: 大鼠过度训练模型的建立 [J]. 中国运动医学杂志, 1992, 11 (1): 15-21+31.

[139] 郑陆, 隋波, 潘立平, 等. 过度训练动物模型的建立 [J]. 中国运动医学杂志, 2000, 19 (2): 179-181.

[140] 李宁川, 金其贯, 孙新荣. 力竭性游泳训练对建立过度训练动物模型的作用 [J]. 体育与科学, 2000, 21 (1): 53-55.

[141] 田振军, 熊正英, 郭进, 等. 大鼠游泳过度训练模型的建立及心室构型改建研究 [J]. 陕西师范大学学报 (自然科学版), 1996, 24 (3): 104-109.

[142] 朱全, 浦钧宗. 大鼠过度训练时 RSS 的变化意义及 Captopril 的保护作用 [J]. 中国运动医学杂志, 1999, 18 (2): 117-120.

[143] 崔笑梅, 曹建民, 周海涛, 等. 黑果枸杞子对过度训练大鼠骨骼肌 MAPK 信号通道蛋白表达及抗氧化剂应激损伤能力的影响 [J]. 中国实验方剂学杂志, 2017, 23 (3): 122-127.

[144] 胡戈, 曹卉, 周海涛, 等. 姜黄素对过度训练大鼠肾脏细胞凋亡的调控作用及其机制 [J]. 中国应用生理学杂志, 2018, 34 (6).

[145] 杨栋, 莫中成. 姜黄素对过度训练大鼠骨骼肌 p38MAPK 的表达及抗氧化能力的影响 [J]. 中国体育科技, 2019, 55 (2): 76-80.

[146] GREEN H J, BATADA A, COLE B, et al. Muscle cellular properties in the ice hockey player: a model for investigating overtraining [J]. Can J Physiol Pharmacol, 2012, 90 (5): 567-578.

[147] NICOLL J X, FRY A C, GALPIN A J, et al. Changes in resting mitogen-activated protein kinases following resistance exercise overreaching and overtraining [J]. Eur J Appl Physiol, 2016, 116 (11-12): 2401-2413.

[148] ASTION M L, WENER M H, THOMAS R G, et al. Overtraining in neural networks that interpret clinical data [J]. Clin Chem, 1993, 39 (9): 1998-2004.

[149] FRY A C, KRAEMER W J, VAN BORSELEN F, et al. Performance decrements with high-intensity resistance exercise overtraining [J]. Med Sci Sports Exerc, 1994, 26 (9): 1165-1173.

[150] FRY A C, KRAEMER W J, VAN BORSELEN F, et al. Catecholamine responses to short-term high-intensity resistance exercise overtraining [J]. J Appl Physiol, 1985, 77 (2): 941-946.

[151] LI X, HUANG W X, LU J M, et al. Effects of a multivitamin/multimineral supplement on young males with physical overtraining: a placebo-controlled, randomized, double-blinded cross-over trial [J]. Biomed Environ Sci, 2013, 26 (7): 599-604.

[152] MOUROT L, BOUHADDI M, PERREY S, et al. Decrease in heart rate variability with overtraining: assessment by the Poincare plot analysis [J]. Clin Physiol Funct Imaging, 2004, 24 (1): 10-18.

[153] SLIVKA D R, HAILES W S, CUDDY J S, et al. Effects of 21 days of intensified training on markers of overtraining [J]. J Strength Cond Res, 2010, 24 (10): 2604-2612.

[154] SUSTA D, DUDNIK E, GLAZACHEV O S. A programme based on repeated hypoxia-hyperoxia exposure and light exercise enhances performance in athletes with overtraining syndrome: a pilot study [J]. Clin Physiol Funct Imaging, 2017, 37 (3): 276-281.

[155] VARLET-MARIE E, MERCIER J, BRUN J F. Is plasma viscosity a predictor of overtraining in athletes [J]. Clin Hemorheol Microcirc, 2006, 35 (1-2): 329-332.

[156] DUCLOS M. A critical assessment of hormonal methods used in monitoring training status in athletes [J]. Internation SportMed, 2008, 9 (3): 56-66.

[157] URHAUSEN A, KINDERMANN W. Diagnosis of overtraining: what tools do we have [J]. Sports Med, 2002, 32 (2): 95-102.

[158] RAASTAD T, GLOMSHELLER T, BJORO T, et al. Changes in human skeletal muscle contractility and hormone status during 2 weeks of heavy strength training [J]. Eur J Appl Physiol, 2001, 84 (1-2): 54-63.

[159] MUNERA A, PRADO-RIVERA M A, CARDENAS-POVEDA D C, et al. Overtraining modifies spatial memory susceptibility to corticosterone administration [J]. Neurobiol Learn Mem, 2017, 145: 232-239.

[160] KREIDER R B, FRY A C, O'TOOLE M L. Overtraining in sport [M]. Human Kinetics Pubikims, 1998: 69-86.

[161] MEEUSEN R, PIACENTINI M F, BUSSCHAERT B, et al. Hormonal responses in athletes: the use of a two bout exercise protocol to detect subtle differences in (over) training status [J]. Eur J Appl Physiol, 2004, 91 (2-3): 140-146.

[162] CADEGIANI F A, KATER C E. Body composition, metabolism, sleep, psychological and eating patterns of overtraining syndrome: Results of the EROS study (EROS-PROFILE) [J]. J Sports Sci, 2018, 36 (16): 1902-1910.

[163] CADEGIANI F A, KATER C E. Hypothalamic-Pituitary-Adrenal (HPA) Axis Functioning in Overtraining Syndrome: Findings from Endocrine and Metabolic Responses on Overtraining Syndrome (EROS) -EROS-HPA Axis [J]. Sports Med Open, 2019, 3 (1): 45.

[164] CADEGIANI F A, KATER C E. Hormonal aspects of overtraining syndrome: a systematic review [J]. BMC Sports Sci Med Rehabil, 2017, 9: 14.

[165] KAJAIA T, MASKHULIA L, CHELIDZE K, et al. The Effects of Non-Functional Overreaching and Overtraining on Autonomic Nervous System Function in Highly Trained Athletes [J]. Georgian Med News, 2011, (264): 97-103.

[164] KROSHUS E, WAGNER J, WYRICK D, et al. Wake up call for collegiate athlete sleep: narrative review and consensus recommendations from the NCAA Interassociation Task Force on Sleep and Wellness [J]. Br J Sports Med, 2019, 53 (12): 731-736.

[165] HAUSSWIRTH C, LOUIS J, AUBRY A, et al. Evidence of disturbed sleep and increased illness in overreached endurance athletes [J]. Med Sci Sports Exerc, 2014, 46 (5): 1036-1045.

[166] LASTELLA M, VINCENT G E, DUFFIELD R, et al. Can Sleep Be Used as an Indicator of Overreaching and Overtraining in Athletes [J]. Front Physiol, 2018, 9: 436.

[167] VRIJKOTTE S, ROELANDS B, PATTYN N, et al. The Overtraining Syndrome in Soldiers: Insights from the Sports Domain [J]. Mil Med, 2019, 184 (5-6): e192-e200.

[168] BUYSE L, DECROIX L, TIMMERMANS N, et al. Improving the Diagnosis of Nonfunctional Overreaching and Overtraining Syndrome [J]. Med Sci Sports Exerc, 2019.

[169] CADEGIANI F A, KATER C E. Hormonal response to a non-exercise stress test in athletes with overtraining syndrome: results from the Endocrine and metabolic Responses on Overtraining Syndrome (EROS) - EROS-STRESS [J]. Sci Med Sport, 2018, 21 (7): 648-653.

[170] CADEGIANI F A, KATER C E. Novel insights of overtraining syndrome discovered from the EROS study [J]. BMJ Open Sport Exerc Med, 2019, 5 (1).

[171] 魏高峡, 李佑发. 21世纪中国运动心理学的新方向: 运动认知神经科学研究 [J]. 体育科学, 2012, 32 (1): 54-63.

[172] Blomquist K B, Danner F. Effects of physical conditioning on information-processing efficiency [J]. Percept Mot Skills, 1987, 65 (1): 175-186.

[173] Hill R D, Storandt M, Malley M. The impact of long-term exercise training on psychological function in older adults [J]. J Gerontol, 1993, 48 (1): 12-17.

[174] 张育恺, 周成林, 陈爱国, 等. 慢性锻炼与认知功能关系的回顾与展望——国际历史发展的视角 [J]. 体育科学, 2017 (05): 68-79.

[175] 陈爱国, 朱丽娜, 王鑫, 等. 短时中等强度有氧运动对儿童脑的可塑性影响: 来自脑功能局部一致性的证据 [J]. 体育科学, 2015 (08): 24-29.

[176] Maguire E A, Woollett K, Spiers H J. London taxi drivers and bus drivers: a structural MRI and neuropsychological analysis [J]. Hippocampus. 2006, 16 (12): 1091-1101.

[177] Draganski B, Gaser C, Busch V, et al. Neuroplasticity: changes in grey matter induced by training [J]. Nature. 2004, 427 (6972): 311-312.

[178] Aydin K, Ucar A, Oguz K K, et al. Increased gray matter density in the parietal cortex of mathematicians: a voxel-based morphometry study [J]. AJNR Am J Neuroradiol, 2007, 28 (10): 1859-1864.

[179] Gaser C, Schlaug G. Brain structures differ between musicians and non-musicians [J]. J Neurosci. 2003, 23 (27): 9240-9245.

[180] 任占兵, 胡琳琳, 张远超, 等. 运动技能专家脑可塑性研究进展: 来自磁共振成像的证据 [J]. 中国体育科技, 2019, 55 (02): 3-18.

[181] Ericsson K A. Deliberate practice and acquisition of expert performance: a general overview [J]. Acad Emerg Med. 2008, 15 (11): 988-994.

[182] Ericsson K A, Lehmann A C. Expert and exceptional performance: evidence of maximal adaptation to task constraints [J]. Annu Rev Psychol. 1996, 47: 273-305.

[183] Jäncke L. Music drives brain plasticity [J]. F1000 Biol Rep, 2009, 1: 78.

[184] Miall C. 10,000 hours to perfection [J]. Nat Neurosci. 2013, 16 (9): 1168-1169.

[185] Sagi Y, Tavor I, Hofstetter S, et al. Learning in the fast lane: new insights into neuroplasticity [J]. Neuron, 2012, 73 (6): 1195-1203.

[186] Zatorre R J, Fields R D, Johansen-Berg H. Plasticity in gray and white: neuroimaging changes in brain structure during learning [J]. Nat Neurosci, 2012, 15 (4): 528-536.

[187] Karabulut M, Mccarron J, Abe T, et al. The effects of different initial restrictive pressures used to reduce blood flow and thigh composition on tissue oxygenation of the quadriceps [J]. Journal of Sports Sciences, 2011, 29 (9): 951-958.

[188] Jr J A L, Garcia S D, Sato Y, et al. Neuromuscular Responses during Knee Extension Exercise in Combination with Different Blood Flow Restriction Initial Pressures [J]. Medicine Andence in Sports & Exercise, 2012, 44 (2): 199-199.

[189] Karabulut M, Leal J A, Garcia S D, et al. Tissue oxygenation, strength and lactate response to different blood flow restrictive pressures [J]. Clinical Physiology and Functional Imaging, 2014, 34 (4): 263-269.

[190] KIM J, LANG J A, PILANIA N, et al. Effects of blood flow restricted exercise training on muscular strength and blood flow in older adults [J]. Experimental gerontology, 2017, 99127-132.

[191] COUNTS B R, DANKEL S J, BARNETT B E, et al. Influence of relative blood flow restriction pressure on muscle activation and muscle adaptation [J]. Muscle & Nerve, 2016, 53 (3): 438-445.

[192] Yasuda T, Loenneke JP, Robert S, et al. Effects of Blood Flow Restricted Low-Intensity Concentric or Eccentric Training on Muscle Size and Strength [J]. PLoS ONE, 2012, 7 (12): e528-543.

[193] LUEBBERS P E, WITTE E V, OSHEL J Q. The Effects of practical blood flow restriction training on adolescent lower body strength [J]. J Strength Cond Res, 2017.

[194] 盛菁菁, 魏文哲, 孙科, 等. 加压状态下慢速下坡步行的生理负荷与增肌效果研究 [J]. 中国体育科技, 2019, 55 (3): 13-19.

[195] SAKURABA K, ISHIKAWA T. Effect of isokinetic resistance training under a condition of restricted blood flow with pressure [J]. J Orthop Sci, 2009, 14 (5): 631-639.

[196] YAMANAKA T, FARLEY R S, CAPUTO J L. Occlusion training increases muscular strength in division IA football players [J]. J Strength Cond Res, 2012, 26 (9): 2523-2529.

[197] GODAWA T M, CREDEUR D P, WELSCH M A. Influence of compressive gear on powerlifting performance: role of blood flow restriction training [J]. J Strength Cond Res, 2012, 26 (5): 1274-1280.

[198] 李志远, 赵之光, 王明波, 等. 4周加压训练对男子手球运动员身体成分和最大力量的影响 [J]. 中国体育科技, 2019, 55 (5): 37-43.

[199] Kacin A, Strazar K. Frequent low-load ischemic resistance exercise to failure enhances muscle oxygen delivery and endurance capacity [J]. Med Sci Sports, 2011, (21): e231-e241.

[200] Apiwan M, Nuttaset M, et al. Effects of resistance exercise combined with vascular occlusion on muscle function in athletes [J]. Appl Physiol, 2013, 113: 1767-1774.

[201] MADARAME H, KURANO M, FUKUMURA K, et al. Haemostatic and inflammatory responses to blood flow-restricted exercise in patients with ischaemic heart disease: a pilot study [J]. Clinical physiology and functional imaging, 2013, 33 (1): 11-17.

[202] ABE T, FUJITA S, NAKAJIMA T, et al. Effects of low-intensity cycle training with restricted leg blood flow on thigh muscle volume and VO_{2max} in young men [J]. J Sports Sci Med, 2010, 9 (3): 452-458.

[203] Park S, Kim J K, Choi H M, et al. Increase in maximal oxygen uptake following 2-week walk training with blood flow occlusion in athletes [J]. European Journal of Applied Physiology, 109 (4): 591-600.

[204] SLYSZ J, STULTZ J, BURR J F. The efficacy of blood flow restricted exercise: A systematic review & meta-analysis [J]. J Sci Med Sport, 2015, 19 (8): 669-675.

[205] URSPRUNG W, SMITH J D. The Effects of Blood Flow Restriction Training on $\dot{V}O_{2max}$ and 1.5 Mile Run Performance [C] // International Journal of Exercise Science: Conference Proceedings. San Antonio: Texas A&M University. San Antonio, 2017: 29-41.

[206] Abe T, Kawamoto K, Ysuda T, et al. Eight days KAATSU-resistance training improved sprint but not jump performance in collegiate male track and field athletes [J]. International Journal of Kaatsu Training Research, 2015, 1 (1): 19-23.

[207] Cook C J, Kilduff L P, Beaven C M. Improving strength and power in trained athletes with 3 weeks of occlusion training [J]. International Journal of Sports Physiology and Performance, 2014, 9 (1): 166-172.

[208] MANIMMANAKORN A, HAMLIN M J, ROSS J J, et al. Effects of low-load resistance training combined with blood flow restriction or hypoxia on muscle function and performance in netball athletes [J]. J Sci Med Sport, 2013, 16 (4): 337-342.

[209] 王明波，李志远，魏文哲，等. 高水平男子手球运动员下肢加压力量训练效果实证研究 [J]. 中国体育科技，2019, 55 (5): 30-36.

[210] MAIOR A S, SIMÃO R, MARTINS M S, et al. Influence of blood flow restriction during low-intensity resistance exercise on the postexercise hypotensive response [J]. J Strength Cond Res, 2015, 29 (10): 2894-2899.

[211] NETO G R, SOUSA M S, COSTA P B, et al. Hypotensive effects of resistance exercise with continuous and intermittent blood flow restriction [J]. J Strength Cond Res, 2015, 29 (4): 1064-1070.

[212] FAHS C A, ROSSOW L M, THIEBAUD R S, et al. Vascular adaptations to low-load resistance training with and without blood flow restriction [J]. Eur J Appl Physiol, 2014, 114 (4): 715-724.

[213] OZAKI H, MIYACHI M, NAKAJIMA T, et al. Effects of 10 weeks walk training with leg blood flow reduction on carotid arterial compliance and muscle size in the elderly adults [J]. Angiology, 2011, 62 (1): 81-86.

[214] SHIMIZU R, HOTTA K, YAMAMOTO S, et al. Low-intensity resistance training with blood flow restriction improves vascular endothelial function and peripheral blood circulation in healthy elderly people [J]. Eur J Appl Physiol, 2016, 116 (4): 749-757.

[215] EVANS C, VANCE S, BROWN M. Short-term resistance training with blood flow restriction enhances microvascular filtration capacity of human calf muscles [J]. J Sports Sci, 2010, 28 (9): 999-1007.

[216] LARKIN K A, MACNEIL R G, DIRAIN M, et al. Blood flow restriction enhances post-resistance exercise angiogenic gene expression [J]. Med Sci Sports Exerc, 2012, 44 (11): 2077-2083.

[217] Beekley M D, Sato Y, Abe T, KAATSU-walk training increases serumbone-specific alkaline phosphatase in young men [J]. International Journal of Kaatsu Training Research, 2005, 1 (2): 77-81.

[218] 叶琼. 加压训练搭配振动训练对老年男性骨质代谢和骨密度的影响. 中国骨质疏松杂志，2018, 24 (3): 290-294.

[219] HIRAIZUMI Y, NAKAJIMA T, SATO Y, et al. KAATSU training as a new effective exercise therapy in a case of femoral medial condyle osteonecrosis [J]. Int J KAATSU Training Res, 2016, 12 (1): 1-4.

[220] 赵之光, 程金娜, 魏文哲, 等. 加压训练和传统增肌训练对优秀男子手球运动员部分激素及生物活性因子的影响 [J]. 中国体育科技, 2019, 55 (5): 20-29.

[221] CLARK B C, FERNHALL B, PLOUTZ-SNYDER L L. Adaptations in human neuromuscular function following prolonged unweighting: I. Skeletal muscle contractile properties and applied ischemia efficacy [J]. J Appl Physiol, 2006, 101 (1): 256-263.

[222] KUBOTA A, SAKURABA K, KOH S, et al. Blood flow restriction by low compressive force prevents disuse muscular weakness [J]. J Sci Med Sport, 2011, 14 (2): 95-99.

[223] Takarada Y, Takazawa H, Ishii N. Applications of vascular occlusion diminish disuse atrophy of knee extensor muscles [J]. Med. Sci. Sports Exerc, 2000, 32 (12): 2035-2039.

[224] Ohta H, Kurosawa H, Ikeda H, et al. Low-load resistance muscular training with moderate restriction of blood flow after anterior cruciate ligament reconstruction [J]. Acs. Orthop. Scnnd, 2003, 74 (1): 62-68.

[225] 太田晴康. 筋萎縮に対する血流制限下での低負荷筋力訓練の有効性について——前十字靭帯再建術後のトレーニングでの検討 [J]. 日本臨床スポーツ医学会会誌, 2002, 10: 282-289.

[226] GILES L, WEBSTER K E, MCCLELLAND J, et al. Quadriceps strengthening with and without blood flow restriction in the treatment of patellofemoral pain: A double-blind randomised trial [J]. Br J Sports Med, 2017, 51 (23): 1688-1694.

[227] TILLMA R. The Use of Blood Flow Restriction Therapy in the treatment of a professional baseball player status post meniscectomy: A case report [R]. Iowa: The Univerity of Iowa, 2017.

[228] YOW B G, TENNENT D J, DOWD T C, et al. Blood flow restriction training after achilles tendon rupture [J]. J Foot Ankle Surg, 2018, 57 (3): 635-638.

[229] 佐藤義邵. 加圧トレーニングの理論と実践 [M]. 講談社, 2010.

[230] ABE T, LOENNEKE J P, FAHS C A, et al. Exercise intensity and muscle hypertrophy in blood flow——restricted limbs and non——restricted muscles: A brief review [J]. Clin Physiol Funct Imaging, 2012, 32 (4): 247-252.

[231] NAKAJIMA T, KURANO M, IIDA H, et al. Use and safety of KAATSU training: Results of a national survey [J]. Int J Kaatsu Training Res, 20062 (1): 5-13.

[232] CLARK B, MANINI THOFFMAN R, et al. Relative safety of 4 weeks of blood flow-restricted resistance exercise in young, healthy adults [J]. Scand J Med Sci Sports, 2011, 21 (5): 653-662.

[233] NAKAJIMA T, TAKANO H, KURANO M, et al. Effects of KAATSU training on haemostasis in healthy subjects [J]. International Journal of Kaatsu Training Research, 2007, 3 (1): 11-20.

[234] ZAAR M, JOHANSSON P, NIELSEN L, et al. Early activation of the coagulation system during lower body negative pressure [J]. Clinical physiology and functional imaging, 2009, 29 (6): 427-430.

[235] NETO G R, NOVAES J S, SALERNO V P, et al. Does a resistance exercise session with continuous or intermittent blood flow restriction promote muscle damage and increase oxidative stress [J]. Journal of Sports Sciences, 2018, 36 (1): 104-110.

[236] THIEBAUD R S, YASUDA T, LOENNEKE J P, et al. Effects of low-intensity concentric and eccentric exercise combined with blood flow restriction on indices of exercise-induced muscle damage

[J]. Interventional Medicine and Applied Science, 2013, 5 (2): 53-59.

[237] SUDO M, ANDO S, POOLE D C, et al. Blood flow restriction prevents muscle damage but not protein synthesis signaling following eccentric contractions [J]. Physiological reports, 2015, 3 (7).

[238] CLARK B, MANINI T, HOFFMAN R, et al. Relative safety of 4 weeks of blood flow-restricted resistance exercise in young, healthy adults [J]. Scandinavian Journal of Medicine & Science in Sports, 2011, 21 (5): 653-662.

[239] Suga T, Okita K, Takada S, et al. Effect of multiple set on intramuscular metabolic stress during low-intensity resistance exercise with blood flow restriction [J]. European Journal of Applied Physiology, 2012, 112 (11): 3915-3920.

[240] Wernbom M. Effects of vascular occlusion on muscular endurance in dynamic knee extension exercise at different submaximal loads [J]. J STRENGTH Cond Res, 2006, 20: 272-377.

[241] Abe T, Kearns C F, Sato Y. Muscle size and strength are increased following walk training with restricted venous blood flow from the leg muscle, Kaatsu-walk training. [J]. Journal of Applied Physiology, 2006, 100 (5): 1460.

[242] LOENNEKE J P, FAHS C A, ROSSOW L M, et al. Effects of cuff width on arterial occlusion: implications for blood flow restricted exercise [J]. European Journal of Applied Physiology, 2012, 112 (8): 2903-2912.

[243] Flanagan E P. Researched Applications of Velocity Based Strength Training [J]. Journal of Australian Strength and Conditioning, 2014, 22 (2): 58-69.

[244] González-Badillo J J, Pareja-Blanco F, Rodríguez-Rosell D, et al. Effects of velocity-based resistance training on young [114] soccer players of different ages [J]. Journal of Strength & Conditioning Research, 2015, 29 (5): 1329-1338.

[245] Christou M, Smilios I, Sotiropoulos K, et al. Effects of resistance training on the physical capacities of adolescent soccer players [J]. Journal of Strength & Conditioning Research, 2006, 20 (4): 783-791.

[246] Hoffman J R, Ratamess N A, Cooper J J, et al. Comparison of loaded and unloaded jump squat training on strength/power performance in college football players [J]. Journal of Strength & Conditioning Research, 2005, 19 (4): 810-815.

[247] Ramírez J M, Núñez V M, Lancho C, et al. Velocity based training of lower limb to improve absolute and relative power outputs in concentric phase of half-squat in soccer players [J]. Journal of Strength & Conditioning Research, 2015, 29 (11): 3084-3088.

[248] Evagelos M, Christos P, Konstantinos S, et al. Strength training effects on physical conditioning and instep kick kinematics in young amateur soccer players during preseason [J]. Percept Mot Skills, 2004, 99 (2): 701-710.

[249] Kotzamanidis C, Chatzopoulos D, Michailidis C, et al. The effect of a combined high-intensity strength and speed training program on the running and jumping ability of soccer players [J]. Journal of Strength & Conditioning Research, 2005, 19 (2): 369-375

[250] Phillips N. Essentials of Strength Training and Conditioning [J]. Physiotherapy, 1997, 83 (1): 47.

[251] Behm D G, Sale D G. Velocity Specificity of Resistance Training [J]. Sports Medicine, 1993, 15

(6): 374.

[252] Jidovtseff B, Harris N K, Crielaard J M, et al. Using the load-velocity relationship for 1RM prediction [J]. Journal of Strength & Conditioning Research, 2011, 25 (1): 267-270.

[253] Conceição F, Fernandes J, Lewis M, et al. Movement velocity as a measure of exercise intensity in three lower limb exercises [J]. J Sports Sci, 2015, 34 (12): 1099-1106.

[254] Mann, Bryan J, Ivey, et al. Velocity-Based Training in Football [J]. Strength & Conditioning Journal, 2015, 37 (6): 52-57.

[255] Mann J B, Thyfault J P, Ivey P A, et al. The effect of autoregulatory progressive resistance exercise vs linear periodization on strength improvement in college athletes [J]. Journal of Strength & Conditioning Research, 2010, 24 (7): 1718-1723.

[256] García-Ramos A, Pestaña-Melero F L, Pérez-Castilla A, et al. Mean velocity vs mean propulsive velocity vs peak velocity: which variable determines bench press relative load with higher reliability [J]. Journal of Strength & Conditioning Research, 2017, 32 (5): 1273-1279.

[257] Gonz Lez-Badillo J J, Sā N-M L. Movement velocity as a measure of loading intensity in resistance training [J]. International Journal of Sports Medicine, 2010, 31 (05): 347-352.

[258] González-Badillo J J, Marques M C, Luis S M. The Importance of Movement Velocity as a Measure to Control Resistance Training Intensity [J]. Journal of Human Kinetics, 2011, 29A (Special Issue): 15-19.

[259] Picerno P, Iannetta D, Comotto S, et al. 1RM prediction: a novel methodology based on the force-velocity and load-velocity relationships [J]. European Journal of Applied Physiology, 2016, 116 (10): 2035-2043.

[260] Pérez-Castilla A, García-Ramos A, Padial P, et al. Load-velocity relationship in variations of the half-squat exercise [J]. Journal of Strength and Conditioning Research. April 04, 2018 - Volume Publish Ahead of Print - Issue - pdoi: 10.1519/JSC.0000000000002072.

[261] Beckham G K, Olmeda J J, Flores A J, et al. The Relationship between Maximum Pull-up Repetitions and First Repetition Mean Concentric Velocity [J]. Journal of Strength & Conditioning Research, 2018, 32 (7): 1831-1837.

[262] Fahs C A, Rossow L M, Zourdos M C. An Analysis of Factors Related to Back Squat Concentric Velocity [J]. Journal of Strength & Conditioning Research, 2018, 32 (9): 2435-2441.

[263] Baker D G, Newton R U. Change in power output across a high-repetition set of bench throws and jump squats in highly trained athletes [J]. Journal of Strength & Conditioning Research, 2007, 21 (4): 1007.

[264] Lin C H, Lin S H, Jang F L. Velocity Loss as an Indicator of Neuromuscular Fatigue during Resistance Training [J]. Medicine & Science in Sports & Exercise, 2011, 43 (9): 1725.

[265] Mike Mcguigan P. Monitoring Training and Performance in Athletes [J]. Human Kinetics, 2017.

[266] D R A. Effect of Instantaneous Performance Feedback During 6 Weeks of Velocity-Based Resistance Training on Sport-Specific Performance Tests [J]. Journal of Strength & Conditioning Research, 2011, 25 (1): 87-93.

[267] Fry A C, Kraemer W J. Resistance exercise overtraining and overreaching. Neuroendocrine responses

[J]. Sports Medicine, 1997, 23 (2): 106-129.

[268] No authors listed. Physical Fitness and Military Efficiency: Are the Medical Tests for Recruits Too Severe [J] Hospital (Lond 1886), 1914, 56 (1473): 649.

[269] 王智慧. 运动训练学研究进展：理论热点与综合向度——田麦久教授学术访谈录 [J], 体育与科学, 2013. 34 (5): 4-8.

[270] Saltin B, Pilegaard H. Metabolic fitness: physical activity and health [J]. Ugeskr Laeger, 2002, 164 (16): 2156-2162.

[271] Von Korn P, Müller J, Quell C, et al. Health-Related Physical Fitness and Arterial Stiffness in Childhood Cancer Survivors [J]. Front Cardiovasc Med, 2019, 6: 63.

[272] Wells J C. Body composition in childhood: effects of normal growth and disease [J]. Proc Nutr Soc, 2003, 62 (2): 521-528.

[273] An K Y, Kim S, Oh M, et al. Cardiopulmonary fitness but not muscular fitness associated with visceral adipose tissue mass [J]. Arch Physiol Biochem, 2019, 22: 1-6.

[274] Petter Bjornstad, Melanie Cree-Green, Amy Baumgartner, et al. Leptin is associated with cardiopulmonary fitness independent of body-mass index and insulin sensitivity in adolescents with type 1 diabetes: a brief report from the EMERALD study [J]. J Diabetes Complications, 2017, 31 (5): 850-853.

[275] Jackson A S, Sui X, Hébert J R, et al. Role of Lifestyle and Aging on the Longitudinal Change in Cardiorespiratory Fitness [J]. Archives of Internal Medicine, 2009, 169 (19): 1781-1787.

[276] Gonzalezfreire M, Scalzo P, Agostino J D. Skeletal muscle ex vivo mitochondrial respiration parallels decline in vivo oxidative capacity, cardiorespiratory fitness, and muscle strength: The Baltimore Longitudinal Study of Aging [J]. Aging Cell, 2018, 17 (2): e12725.

[277] Blair S N, Kampert J B, Kohl R, et al. Influences of cardiorespiratory fitness and other precursors on cardiovascular disease and all-cause mortality in men and women [J]. J Clin Sport Med, 1997, 14 (3): 205-210.

[278] Wolff C A, Konopka A R, Suer M K, et al. Increased cardiorespiratory fitness and skeletal muscle size following single-leg knee extension exercise training [J]. J Sports Med Phys Fitness, 2018, 28 (3-4).

[279] Berry J D, Willis B, Gupta S, et al. Lifetime Risks for Cardiovascular Disease Mortality by Cardiorespiratory Fitness Levels Measured at Ages 45, 55, and 65 Years in Men: The Cooper Center Longitudinal Study [J]. J Am Coll of Cardiol, 2011, 57 (15): 1604-1610.

[280] Benck L R, Cuttica M J, Colangelo L A, et al. Association between Cardiorespiratory Fitness and Lung Health from Young Adulthood to Middle Age [J]. Am J Respir Crit Care Med, 2017, 195 (9): 1236-1243.

[281] Mora-Rodriguez R, Ortega J F, Morales-Palomo F, et al. Weight loss but not gains in cardiorespiratory fitness after exercise-training predicts improved health risk factors in metabolic syndrome [J]. Nutr Metab Cardiovasc Dis, 2018, 28 (12): 1267-1274.

[282] Chen L, Kuang J, Pei J H, et al. Predictors of cardiorespiratory fitness in female and male adults with different body mass index: National Health and Nutrition Examination Survey 1999-2004 dataset [J].

Ann Med, 2017, 49 (1): 83-92.

[283] Després J P. Physical Activity, Sedentary Behaviours, and Cardiovascular Health: When Will Cardiorespiratory Fitness Become a Vital Sign? [J]. Can J Cardiol, 2016, 32 (4): 505-513.

[284] Kucio C, Niesporek J, Kucio E, et al. Evaluation of the effects of neuromuscular electrical stimulation of the lower limbs combined with pulmonary rehabilitation on exercise tolerance in patients with chronic obstructive pulmonary disease [J]. Hum Kinet, 2016, 54: 75-82.

[285] Holzer D, Epro G, Mccrum C, et al. The role of muscle strength on tendon adaptability in old age [J]. Euro J Appl Physiol, 2018, 118 (11): 2269-2279.

[286] Gardini A, Poehlke T, Reimer J, et al. Muscular Strength is Independently Associated with Cystatin C: The KORA-Age Study [J]. Int J Sport Med, 2018, 39 (3): 225-231.

[287] Balducci S, Sacchetti M, Orlando G, et al. Correlates of muscle strength in diabetes: The study on the assessment of determinants of muscle and bone strength abnormalities in diabetes (SAMBA) [J]. Nutr Metab & Cardiov Dis, 2014, 24 (1): 18-26.

[288] 环球网. 最新研究: 肌肉训练比有氧运动更有助于预防心脏病 [EB/OL]. [2018-11-22]. http://health.huanqiu.com/health_news/2018-11/13613097.html.

[289] 刘善云, 张翔, 孙江波, 等. 10周核心力量练习对男性中老年人平衡能力的影响 [J]. 中国应用生理学杂志, 2017, 33 (4): 365-368.

[290] Sekendiz B, Cuğ M, Korkusuz F. Effects of Swiss-ball core strength training on strength, endurance, flexibility, and balance in sedentary women [J]. Strength Cond Res, 2010, 24 (11): 3032-3040.

[291] Ezzelle L, Moutoux, M. Critical review of the Test of Gross Motor Development [J]. Physical and Occupational Therapy in Pediatrics, 1993, 12, 73-87.

[292] Clark JE, Allen W Burton, Daryl E Miller. MOVEMENT SKILL ASSESSMENT [M]. Human Kinetics, 1998.

[293] JS Metcalfe. The mountain of motor development: A metaphor [M]. // Motor development: Research and reviews, 2002,: 163-190.

[294] Sackett D, Rosenberg W, Gray J, et al Evidence based medicine: what it is and what it isn't. BMJ, 1996, 312, 71.

[295] Levant, R, Hasan N. Evidence-based practice in psychology [J]. The American Psychologist, 2006, 61 (4), 271-285.

[296] Wampold B, Goodheart C, Levant R. Clarification and elaboration on evidence-based practice in psychology [J]. American Psychologist, 2007, 62, 616-618.

[297] Rosner, A. Evidence-based medicine: revisiting the pyramid of priorities [J]. Journal of Bodywork and Movement Therapies, 2012, 16 (1), 42-49.

[298] Murad M, Asi N, Alsawas M, et al. New evidence pyramid. BMJ, 2016, 21 (4), 125-127.